Stürzer / Koch · Vermieter-Lexikon

Vermieter-Lexikon

Ein Ratgeber für die tägliche Praxis

von
Rechtsanwalt Rudolf Stürzer, München
(Buchstaben A–L und „Schönheitsreparaturen“)
und
Rechtsanwalt Michael Koch, München
(Buchstaben M–Z)

4. völlig überarbeitete Auflage

Haufe Verlagsgruppe
Freiburg · Berlin · München

Hinweis:

Dieses Lexikon wurde entnommen der Gruppe 10 des Loseblattwerkes

Schönhofer / Reinisch
Haus- und Grundbesitz in Recht und Praxis **(HuG)**,

das mit ca. 5 000 Seiten in 4 Ordnern 7–8mal jährlich aktuell gehalten wird und unter Bestell-Nr. 62.01 zum Grundwerkspreis von DM 148,– mit vierwöchiger Ansichtsfrist bestellt werden kann.

Die Deutsche Bibliothek – CIP-Einheitsaufnahme

Vermieter-Lexikon: Ein Ratgeber für die tägliche Praxis / von Rudolf Stürzer und Michael Koch. – 4., völlig überarb. Aufl. – Freiburg i. Br.: Haufe, 1997
ISBN 3-448-03659-5
NE: Stürzer, Rudolf; Koch, Michael

ISBN 3-448-03659-5 Bestell-Nr. 62.36

1. Auflage 1992 (ISBN 3-448-02629-8)
2. Auflage 1994 (ISBN 3-448-02878-9)
3. Auflage 1996 (ISBN 3-448-03389-8)

Lektorat: Andrea Hirt

Umschlag-Entwurf: Philippe Dudek, Freiburg i. Br.

Satz und Druck: F. X. Stückle, Druck und Verlag, Ettenheim

Das Papier ist aus chlorfrei gebleichtem Zellstoff hergestellt.

Vorwort

Vermieten und Mieten hat sowohl im privaten Bereich als auch im wirtschaftlichen Geschehen eine zentrale Bedeutung. Dementsprechend groß ist das Informationsbedürfnis sowohl der Vermieter als auch der Mieter. Leider erschwert jedoch die komplizierte und unübersichtliche Materie des Mietrechts nicht nur dem Laien, sondern oft auch dem Fachmann die Lösung anstehender Probleme.

Bei Abfassung des vorliegenden Werkes haben die Autoren daher größten Wert darauf gelegt, auf alle bedeutsamen Rechtsfragen des Alltags brauchbare und möglichst praxisnahe Antworten zu geben. Dem Vermieter, dem meist die Rolle des Tätigwerdenden zukommt und der dabei eine Vielzahl von Formalien einhalten muß (z. B. bei einer Mieterhöhung), werden Ratschläge für das richtige Vorgehen gegeben. Es werden aber auch die von Gesetzgebung und Rechtsprechung gezogenen Grenzen aufgezeigt, damit Unstimmigkeiten von vornherein vermieden werden können.

Entsprechend den praktischen Erfahrungen der Autoren über die Gewichtung der mietrechtlichen Probleme wurden die einzelnen Stichwörter kürzer oder intensiver erläutert. Breiten Raum nehmen danach die Ausführungen zur Mieterhöhung, zur Kündigung und zu den Betriebskosten („Nebenkosten") ein, denen durch ihr starkes Ansteigen immer größere Bedeutung zukommt. Neben den für das Wohnraummietrecht bedeutsamen Rechtsentscheiden wurden auch die neuen mietrechtlichen Bestimmungen über das Recht des Vermieters zur Teilkündigung sowie die umfangreiche Rechtsprechung des Bundesverfassungsgerichts zum Kündigungsrecht des Vermieters insbesondere wegen Eigenbedarf eingearbeitet. Berücksichtigt wurden ferner die Sondervorschriften für die neuen Bundesländer einschließlich des Mietenüberleitungsgesetzes sowie des Schuldrechtsanpassungsgesetzes.

Wir hoffen, daß das vorliegende Werk allen, die mit dem Mietrecht privat oder beruflich befaßt sind, die notwendige Hilfestellung bei der Vermeidung wie auch bei der Lösung anstehender Probleme gibt.

München, September 1997 — Die Autoren

Abkürzungs- und Literaturverzeichnis

a. A.	anderer Ansicht
a. a. O.	am angegebenen Ort
abl.	ablehnend
Abs.	Absatz
Abschn.	Abschnitt
AcP	Archiv für die zivilistische Praxis
a. E.	am Ende
a. F.	alte Fassung
AfA	Absetzung für Abnutzung
AG	Amtsgericht; Aktiengesellschaft
AGB	Allgemeine Geschäftsbedingungen
AktG	Aktiengesetz
allgem.	allgemein(e)
Anm.	Anmerkung
AO	Abgabenordnung
Art.	Artikel
Aufl.	Auflage
AVB	Allgemeine Versicherungsbedingungen
AZ, Az.	Aktenzeichen
BAnz	Bundesanzeiger
BauNVO	Baunutzungsverordnung
BauR	Baurecht (Zeitschrift)
BAV	Bundesaufsichtsamt für das Versicherungswesen
BayBO	Bayerische Bauordnung
BayObLG	Bayerisches Oberstes Landesgericht
BayVBl	Bayerische Verwaltungsblätter
BB	Der Betriebsberater (Zeitschrift)
BBauBl	Bundesbaublatt
Bd.	Band
BeurkG	Beurkundungsgesetz
BewÄndG	Bewertungsänderungsgesetz
BewDV	Durchführungsverordnung zum Bewertungsgesetz
BewG	Bewertungsgesetz
BewRGr	Richtlinien für die Bewertung des Grundvermögens
BFH	Bundesfinanzhof
BGB	Bürgerliches Gesetzbuch
BGBl.	Bundesgesetzblatt
BGH	Bundesgerichtshof

BGHZ	Entscheidungen des BGH in Zivilsachen
BlGBW	Blätter für Grundstücks-, Bau- und Wohnungsrecht
BMF	Bundesfinanzminister(ium)
BStBl	Bundessteuerblatt
Buchst.	Buchstabe
BV	wohnungswirtschaftliche Berechnungsverordnung
BVerfG	Bundesverfassungsgericht
BVerfGE	Bundesverfassungsgericht (Entscheidungen)
BVerwG	Bundesverwaltungsgericht
BvR	Registerzeichen des BVerfG für Verfassungsbeschwerden
BWNotZ	Zeitschrift für das Notariat in Baden-Württemberg
ca.	circa
cbm	Kubikmeter
DB	Der Betrieb (Zeitschrift)
dergl.	dergleichen
ders.	derselbe
D.Hausbes.Ztg.	Deutsche Hausbesitzer-Zeitung
DIN	Deutsche Industrie-Norm
Diss.	Dissertation
DNotZ	Deutsche Notar-Zeitschrift
DStZ	Deutsche Steuerzeitung
dt.	deutsch
DVBl	Deutsches Verwaltungsblatt
DWW	Deutsche Wohnungswirtschaft (Zeitschrift, herausgegeben vom Zentralverband der Deutschen Haus-, Wohnungs- und Grundeigentümer)
EDV	Elektronische Datenverarbeitung
EFG	Entscheidungen der Finanzgerichte
EGAO	Einführungsgesetz zur Abgabenordnung
EGBGB	Einführungsgesetz zum Bürgerlichen Gesetzbuch
EinfamHVO	Verordnung über die Bemessung des Nutzungswertes im eigenen Einfamilienhaus
ErbbauVO, ErbbRVO	Verordnung über das Erbbaurecht
ESt	Einkommensteuer
EStG	Einkommensteuergesetz
EStR	Einkommensteuer-Richtlinien
evtl.	eventuell
EW	Einheitswert

f., ff.	folgende
FG	Finanzgericht
FlurberG	Flurbereinigungsgesetz
Fußn., Fn	Fußnote
G.	Gesetz
GBO	Grundbuchordnung
GE	Berliner Grundeigentum (Zeitschrift)
gem.	gemäß
GewStDV	Gewerbesteuer-Durchführungsverordnung
GG	Grundgesetz
ggf.	gegebenenfalls
GmbH	Gesellschaft mit beschränkter Haftung
GrdstVG	Grundstücksverkehrsgesetz für land- und forstwirtschaftliche Grundstücke
GrStG	Grundsteuergesetz
GrStR	Grundsteuer-Richtlinien
GVBl	Gesetz- und Verordnungsblatt
ha	Hektar
HFR	Höchstrichterliche Finanzrechtsprechung
HGB	Handelsgesetzbuch
h. M.	herrschende Meinung
Hrsg.	Herausgeber
HuG	Haus- und Grundbesitz in Recht und Praxis (Loseblattwerk)
insbes.	insbesondere
i. ü.	im übrigen
JGG	Jugendgerichtsgesetz
JR	Juristische Rundschau (Zeitschrift)
JurBüro	Das juristische Büro (Zeitschrift)
JuS	Juristische Schulung (Zeitschrift)
Justiz	Die Justiz (Amtsblatt des Justizministeriums Baden-Württemberg)
KG	Kommanditgesellschaft; Kammergericht Berlin
KGJ	Jahrbuch für Entscheidungen des Kammergerichts Berlin
KO	Konkursordnung
Komm.	Kommentar
KostO	Kostenordnung
KWG	Gesetz über das Kreditwesen

LAG	Lastenausgleichsgesetz
LG	Landgericht
LSG	Landessozialgericht
lt.	laut
ltd.	leitend
MaBVO	Makler- und Bauträgerverordnung
MBO	Musterbauordnung
MDR	Monatsschrift für Deutsches Recht
ME	Miteigentum (Miteigentumsanteil)
MHG	Gesetz zur Regelung der Miethöhe
Mill.	Million
MinBl	Ministerialblatt
MittBayNot	Mitteilungen des Bayerischen Notarvereins
MittRhNotK	Mitteilungen der Rheinischen Notarkammer
Mrd.	Milliarde
Mü	München
m. w. N.	mit weiteren Nachweisen
MWSt	Mehrwertsteuer
nachf.	nachfolgend
NJW	Neue Juristische Wochenschrift
NJWE	NJW-Entscheidungsdienst, Miet- und Wohnungsrecht
NJW-RR	Neue Juristische Wochenschrift, Rechtsprechungsreport
NMV	Neubaumietenverordnung
Nr.	Nummer
n.v.	nicht veröffentlicht
o.ä.	oder ähnlich(es)
OFD	Oberfinanzdirektion
OHG	Offene Handelsgesellschaft
OLG	Oberlandesgericht
OLGZ	Entscheidungen des Oberlandesgerichts in Zivilsachen
qm	Quadratmeter
Rdn.	Randnummer
RE	Rechtsentscheid
ReichsHstG	Reichsheimstättengesetz
RFH	Reichsfinanzhof
RGBl	Reichsgesetzblatt
RGZ	Entscheidungen des Reichsgerichts in Zivilsachen

ROG	Raumordnungsgesetz
Rpfl.	Der Deutsche Rechtspfleger (Zeitschrift)
RStBl	Reichssteuergesetzblatt
Rz.	Randziffer
s.	siehe
SE	Sondereigentum
SHG	Sozialhilfegesetz
StÄndG	Steueränderungsgesetz
StAnz	Staatsanzeiger
Stat.	Statistik (statistisch)
StBauFG	Städtebauförderungsgesetz
str.	streitig
StuW	Steuer- und Wirtschaftsberater (Zeitschrift)
Tz.	Textziffer
u.	und
u. a.	unter anderem
u. ä.	und ähnliches
Überbl.	Überblick
UG	Untergeschoß
UmwG	Umwandlungsgesetz
Urt.	Urteil
usw.	und so weiter
u.U.	unter Umständen
v.	von, vom
VA	Verwaltungsanordnung
VAG	Versicherungsaufsichtsgesetz
VerglO	Vergleichsordnung
vgl.	vergleiche
v.H.	vom Hundert
VO	Verordnung
Vorbem.	Vorbemerkung
VStG	Vermögensteuergesetz
VVG	Versicherungsvertragsgesetz
WährG	Währungsgesetz
WEG	Wohnungseigentumsgesetz
WEM	Wohnungseigentumsmitteilungen (Zeitschrift)
WGBV	Verfügung über die grundbuchmäßige Behandlung der Wohnungseigentumssachen

Seite XII

WoBauG	Wohnungsbaugesetz
WoBindG	Wohnungsbindungsgesetz
WohnGebBefrG	Gesetz über Gebührenbefreiung beim Wohnungsbau
WoPG	Wohnungsbau-Prämiengesetz
WPM	Wertpapiermitteilungen (Zeitschrift)
z. B.	zum Beispiel
Ziff.	Ziffer
ZMR	Zeitschrift für Miet- und Raumrecht
ZPO	Zivilprozeßordnung
z. T.	zum Teil
ZVG	Zwangsversteigerungsgesetz

Stichwort-Übersicht

(mit Verweis-Stichwörtern in *Kursiv*-Schrift)

Seite

Seite XIV

Abbuchung → „Mietzins“

Abmahnung

Abmahnung ist die anläßlich eines vertragswidrigen Verhaltens des Mieters erfolgte Aufforderung des Vermieters an den Mieter, das vertragswidrige Verhalten in Zukunft zu unterlassen. Im Gesetz ist die Abmahnung in den §§ 550 und 553 BGB als Voraussetzung der Unterlassungsklage bzw. der Kündigung des Mietverhältnisses ausdrücklich vorgeschrieben, wenn der Mieter von der Mietsache einen vertragswidrigen Gebrauch macht (z. B. unbefugte Gebrauchsüberlassung an Dritte, Überbelegung einer Wohnung, unerlaubte Haustierhaltung, ruhestörender Lärm, Gefährdung der Mietsache). Bei anderen Vertragsverstößen, z. B. ständig unpünktliche Mietzahlung, ist die Abmahnung zwar nicht förmliche Voraussetzung für die Kündigung, jedoch kann im Einzelfall die für die Kündigung notwendige Erheblichkeit leichter angenommen werden, wenn der Mieter das vertragswidrige Verhalten trotz Abmahnung fortsetzt (OLG Oldenburg, Rechtsentscheid vom 18. 7. 1991, WM 1991, 467; siehe im einzelnen bei „Kündigung“).

> Die Einhaltung einer bestimmten Form ist für die Abmahnung zwar nicht vorgeschrieben, jedoch ist aus Beweisgründen unbedingt Schriftform zu empfehlen und die Zustellung mit **Zustellungsnachweis** (z. B. durch Einschreiben mit Rückschein; Boten, siehe auch „Bote“; Gerichtsvollzieher) vorzunehmen.

Erklärt ein Bevollmächtigter (z. B. Rechtsanwalt, Hausverwalter, Haus- und Grundbesitzerverein) die Abmahnung, ist eine schriftliche **Vollmacht** im Original beizufügen, da die Abmahnung eine rechtsgeschäftsähnliche Erklärung darstellt, auf die § 174 BGB entsprechend anwendbar ist. Andernfalls kann die Abmahnung unter Hinweis auf die fehlende Vollmacht zurückgewiesen werden. Sind mehrere Personen Mieter, muß die Abmahnung allen gegenüber ausgesprochen werden, wobei Empfangsvollmacht auf der Mieterseite zulässig ist.

Die Abmahnung muß das beanstandete Verhalten **konkret bezeichnen**; allgemeine Formulierungen (z. B. „Sie haben wiederholt die Nachtruhe im Hause gestört“) genügen nicht. Vielmehr ist die Vertragswidrigkeit, d. h. der Tatbestand, der die Abmahnung ausgelöst hat, so genau wie möglich darzustellen (z. B. wann, wo und auf welche Art und Weise die Nachtruhe gestört wurde). Bei Maßnahmen, die der Mieter vertragswidrig unterlassen hat (z. B. bei Schönheitsreparaturen), sind die auszuführenden Arbeiten konkret zu benennen.

In einer Abmahnung wegen laufend unpünktlicher Zahlung muß dargelegt werden, welche Miete nicht pünktlich eingegangen ist und wie lange der Zeitraum der Verzögerung war, damit der Mieter die Möglichkeit hat, die Verspätungen abzustellen. Eine lediglich formelhafte Beanstandung, z. B. daß die Miete entgegen den Bestimmungen des Mietvertrages nicht am 3. Werktag eingegangen ist, reicht daher nicht aus (so LG Frankfurt / M., WM 1992, 370).

Soll aufgrund eines erneuten Vertragsverstoßes nach Abmahnung eine Kündigung ausgesprochen werden, muß ein zeitlicher Zusammenhang zwischen der Abmahnung und der erneuten Vertragsverletzung bestehen. Liegt daher z. B. nach der Abmahnung wegen laufender unpünktlicher Zahlung ein größerer Zeitraum, in dem der Mieter pünktlich gezahlt hat, muß bei wiederum unpünktlicher Zahlung eine erneute Abmahnung ausgesprochen werden.

Umstritten ist, ob in der Abmahnung zusätzlich eine bestimmte **Rechtsfolge** (Unterlassungsklage, Kündigung) für den Fall weiterer Verstöße angedroht werden muß (so z. B. LG Hamburg, WM 1986, 338). Nach richtiger Auffassung (Sternel, Mietrecht, 3. A., IV 394; vgl. auch OLG Hamburg, WM 1986, 12) ist diese Androhung nicht notwendig, da der Vermieter häufig erst nach Abmahnung entscheiden kann, ob er auf die Erhebung einer Unterlassungsklage beschränkt ist oder ob er das Mietverhältnis kündigen kann, weil seine Rechte in erheblichem Maße verletzt sind (so auch LG Kleve, WM 1995, 537). Jedoch sollte in der Abmahnung klar zum Ausdruck kommen, daß weitere Verstöße bzw. das Unterlassen der Beseitigung des vertragswidrigen Zustandes die entsprechenden rechtlichen Konsequenzen nach sich ziehen werden.

Zur Beseitigung eines vertragswidrigen Zustandes (z. B. bei unerlaubter Gebrauchsüberlassung) ist eine angemessene **Abhilfefrist** zu setzen, deren Länge sich nach den Umständen des Einzelfalles bestimmt.

Entbehrlich ist eine Abmahnung nur ausnahmsweise, wenn der Vertragsverstoß so gravierend ist, daß dem Vermieter die Fortsetzung des Mietverhältnisses nicht zugemutet werden kann (§ 554 a BGB, z. B. Straftat zum Nachteil des Vermieters, Brandstiftung) oder die Abmahnung mit Sicherheit nicht zu einer Beseitigung des vertragswidrigen Zustandes führen kann, z. B. weil der Mieter die Beseitigung ernsthaft und endgültig verweigert oder vollendete Tatsachen geschaffen hat, so daß die Abmahnung nur eine „leere Förmelei“ wäre (vgl. BGH, MDR 1975, 572; LG München I, ZMR 1985, 384).

Abnahmeprotokoll → „Wohnungsabnahmeprotokoll“

Abrechnung der Betriebskosten

Inhaltsübersicht

1 Vereinbarung von Abschlagszahlungen

Eine Abrechnung in mietrechtlichem Sinne kann nur erfolgen, wenn und soweit der Mieter **Vorauszahlungen** in Form von Abschlagszahlungen geleistet hat. Soweit dagegen eine sogenannte „Bruttomiete“ (vgl. „Mietzins“) vereinbart wurde, in der die Betriebskosten enthalten sind, ist der Vermieter weder berechtigt noch verpflichtet, über die in der Miete enthaltenen Betriebskosten abzurechnen bzw. Auskunft oder Rechenschaft zu erteilen. Gleiches gilt bei Vereinbarung einer **Betriebskostenpauschale**, mit der die Betriebskosten ungeachtet ihrer Höhe abgegolten sein sollen. Wer behauptet, keine Pauschale, sondern eine abzurechnende Vorauszahlung sei vereinbart, trägt dafür die Beweislast (LG Mannheim, MDR 1976, 757).

Trotz Bezeichnung als „Vorauszahlung" kann nach Ansicht des LG München I (Urt. vom 10. 5. 1989, Az.: 14 S 18 290/88) eine Betriebskostenpauschale stillschweigend vereinbart worden sein, wenn der Vermieter 8 Jahre lang keine Betriebskostenabrechnungen vorgelegt, der Mieter auch keine verlangt hat, da die Parteien damit zum Ausdruck gebracht haben, daß es mit der Zahlung der Pauschale sein Bewenden haben soll und der Mietvertrag in diesem Punkt stillschweigend abgeändert wurde.

Im frei finanzierten Wohnungsbau dürfen lediglich die Kosten der **Sammelheizung** und **Warmwasserversorgung** (vgl. „Betriebskosten" Abschnitt 2.4; 2.5) nicht im Mietzins enthalten oder als Pauschale vereinbart sein (Unzulässigkeit einer „Warmmiete"), da diese nach den Bestimmungen der Heizkosten-Verordnung (vgl. „Heizkosten-Verordnung") getrennt zu erfassen und zu verteilen sind. Bezüglich der **übrigen** Betriebskosten steht es den Parteien frei, eine Bruttomiete, in der diese enthalten sind, oder eine Nettomiete zuzüglich einer Vorauszahlung auf die Betriebskosten zu vereinbaren. Nur im öffentlich geförderten sozialen Wohnungsbau und im steuerbegünstigten oder freifinanzierten Wohnungsbau, der mit Wohnungsfürsorgemitteln gefördert worden ist, ist die Vereinbarung einer Nettomiete zuzüglich einer Betriebskostenvorauszahlung vorgeschrieben (§ 27 Abs. 3 II. BV).

Die Verpflichtung des Mieters zur Leistung von Vorauszahlungen setzt eine **eindeutige Vereinbarung** voraus. § 4 Abs. 1 Miethöhegesetz (MHG), wonach für Betriebskosten im Sinne des § 27 II. BV angemessene Vorauszahlungen verlangt werden dürfen, gibt selbst keinen Anspruch auf Leistung von Vorauszahlungen. Er geht vielmehr vom Bestehen einer entsprechenden vertraglichen Vereinbarung aus. Fehlt eine solche oder ist sie unwirksam (vgl. „Betriebskosten" Abschnitt 1), ist der Vermieter zur Abrechnung weder berechtigt noch verpflichtet.

2 Änderung der Mietzinsstruktur

Grundsätzlich besteht kein Rechtsanspruch des Vermieters auf Änderung des Mietvertrages, so daß die Umstellung einer vereinbarten Bruttomiete auf eine Nettomiete zuzüglich einer Vorauszahlung auf die Betriebskosten (Änderung der Mietzinsstruktur) nur im Einvernehmen mit den Mietern möglich ist.

2.1 Bei freifinanzierten Wohnungen

Eine **Ausnahme** besteht im freifinanzierten Wohnungsbau lediglich für die Kosten der **Wasserversorgung** und der **Entwässerung** sowie der **Müllabfuhr** (§ 4 Abs. 5 MHG, der durch das 4. Mietrechtsänderungsgesetz – BGBl. I S. 1257) mit Wirkung zum 1. 9. 1993 in das Miethöheregelungsgesetz eingefügt wurde). Danach kann der Vermieter durch einseitige schriftliche Erklärung bestimmen, daß die Kosten der Wasserversorgung und der Entwässerung ganz oder teilweise nach dem **erfaßten** unterschiedlichen Wasserverbrauch der Mieter und die Kosten der Müllabfuhr nach einem Maßstab umgelegt werden dürfen, der der unterschiedlichen Müllverursachung Rechnung trägt, oder daß diese Kosten unmittelbar zwischen den Mietern und denjenigen abgerechnet werden, die die entsprechenden Leistungen erbringen (z. B. Gemeinde, Zweckverband, Stadtwerke).

Die einseitige Vertragsänderung ist nach dem Wortlaut dieser Bestimmung jedoch nur dann möglich, wenn der Verbrauch erfaßt wird, z. B. durch entsprechende Zähler. Die Erklärung kann auch nur für **künftige** Abrechnungszeiträume abgegeben werden und ist nur mit Wirkung zu Beginn eines Abrechnungszeitraumes zulässig. Sind die Kosten im Mietzins enthalten, ist dieser entsprechend herabzusetzen (§ 4 Abs. 5 MHG).

2.2 Bei preisgebundenen Wohnungen

Eine weitere Ausnahme von dem Grundsatz, daß die Änderung der Mietzinsstruktur nur im Einvernehmen mit den Mietern möglich ist, besteht bei **preisgebundenem** Wohnraum, da hier aufgrund der Verordnung v. 5. 4. 1984 (BGBl. I S. 546) eine Bruttomiete spätestens bis 31. 12. 1986 auf eine Nettokaltmiete umgestellt werden mußte. Dies ist jedoch keine Ausschlußfrist, so daß die einseitige Umstellung auch noch nach diesem Zeitpunkt, längstens jedoch bis zum Ablauf der Preisbindung der konkreten Wohnung vorgenommen werden kann (LG Koblenz, WM 1996, 560).

Ferner kann der Vermieter durch einseitige Erklärung (§ 10 Abs. 1 WoBindG) den Katalog der vom Mieter zu tragenden Betriebskosten für zukünftige Abrechnungszeiträume auch auf solche Kostenarten ausdehnen, deren Umlagefähigkeit im Mietvertrag noch nicht vereinbart war (LG Köln, WM 1991, 259). Dies gilt auch, wenn der Mietvertrag erst nach dem 30. 4. 1984 abgeschlossen worden ist (LG Mönchengladbach, WM 1997, 272). Ausgeschlossen ist dies nur, wenn die Umlage der betr. Kosten im Mietvertrag ausdrücklich ausgeschlossen ist oder sich aus den Umständen ergibt (vgl. § 10 Abs. 4 WoBindG). Die einseitige Gestaltungserklärung (§ 10 Abs. 1 Satz 2 WoBindG) ist jedoch nur wirksam, wenn in ihr die Umstellung **berechnet und erläutert** ist. Dies erfordert für die Umstellung von Altverträgen eine neue Wirtschaftlichkeitsberechnung und eine Berechnung und Erläuterung der für die Umlage vorgesehenen Betriebskosten. Hierzu ist erforderlich, daß die in die Umlage einzubeziehenden Betriebskosten einzeln und namentlich aufgeführt werden; der bloße Hinweis auf Betriebs- oder Nebenkosten reicht nicht aus (LG Aachen, WM 1995, 545). Die Umstellung kann jedoch **nicht rückwirkend**, sondern nur für die Zukunft erfolgen. Dies gilt auch dann, wenn der Mietvertrag eine **Gleitklausel** (siehe „Kostenmiete“, Abschnitt 2) enthält (LG Bonn, WM 1997, 229).

Nach Beendigung der Preisbindung kann die Umstellung der Mietzinsstruktur nur noch einvernehmlich erfolgen. Kommt eine Einigung nicht zustande, verbleibt es bei der vereinbarten Bruttomiete. Der Vermieter ist dann jedoch berechtigt, **Erhöhungen** der in der Miete enthaltenen Betriebskosten durch einseitige Erklärung (§ 4 Abs. 2 MHG) auf die Miete umzulegen. Die Rechtsentscheide des OLG Karlsruhe und des OLG Zweibrücken (WM 1981, 153; siehe „Mieterhöhung bei Wohnraum“, Abschnitt 4.2) stehen nicht entgegen, da diese Rechtsentscheide nicht für den Fall der Vereinbarung einer Kostenmiete gelten (LG Kiel, WM 1995, 546).

2.3 Schlüssige Änderungen

Eine vertragliche Vereinbarung über die Umlage bestimmter Betriebskosten wird grundsätzlich **nicht** schon dadurch **schlüssig abgeändert** bzw. erweitert, wenn der Vermieter über einen Zeitraum von neun Jahren unrichtige Abrechnungen übersandt und der Mieter den sich hieraus ergebenden Saldo ohne Beanstandung bezahlt hat (LG Mannheim, Urt. v. 11. 5. 1994, ZMR 1994, XVI).

Mangels eines entsprechenden Rechtsbindungswillens bedeutet es umgekehrt aber auch keinen schlüssigen Verzicht des Vermieters auf bestimmte Betriebskostenpositionen, wenn er jahrelang nur einen Teil der umlegbaren Betriebskosten in die Abrechnungen aufgenommen hat (AG Neuss, DWW 1996, 284). Etwas anderes kann jedoch gelten, wenn die Parteien diese Frage zuvor erörtert haben und der Vermieter aufgrund der Erörterungen den Eindruck gewinnen konnte, daß der Mieter mit einer Erweiterung der Umlagenvereinbarung einverstanden ist (LG Mannheim, a.a.O.).

Gleiches gilt, wenn der Vermieter dem Mieter schriftlich mitgeteilt hat, daß er künftig auch andere als die im Mietvertrag vereinbarten Betriebskosten umlegen wird und der Mieter daraufhin über mehrere Jahre vorbehaltlos auch diese weiteren Betriebskostenpositionen bezahlt hat (LG Kassel, DWW 1996, 312). In diesen Fällen kommt der für eine schlüssige Vertragsänderung erforderliche rechtsgeschäftliche Bindungswille des Mieters hinreichend deutlich zum Ausdruck, so daß von einer entsprechenden Änderung des Mietvertrages auszugehen ist (LG Kassel, a.a.O.).

Hat der Mieter über mehrere Jahre bestimmte Betriebskosten (z. B. die Kosten des Wassers und der Entwässerung) aufgrund eines Versorgungsvertrages unmittelbar an die kommunalen Stadtwerke bezahlt, ist eine Unklarheit im Mietvertrag bezüglich der Umlage dieser Betriebskostenpositionen dahin zu verstehen, daß diese Betriebskosten nicht im Mietzins enthalten und vom Mieter somit weiterhin separat zu zahlen sind (LG Stuttgart, WM 1996, 626).

3 Anpassung von Vorauszahlungen

Jede Partei kann eine **Anpassung** der vereinbarten Vorauszahlungen verlangen, wenn sich aus der Betriebskostenabrechnung über die vorausgegangene Periode ergibt, daß die geleistete Vorauszahlung infolge stark gestiegener oder gesunkener Betriebskosten nicht mehr den tatsächlich anfallenden Betriebskosten entspricht. Der Vermieter ist hier auch ohne ausdrückliche Vereinbarung zu einer Erhöhung mit Wirkung für die Zukunft berechtigt, da eine diesbezügliche Anpassungsmöglichkeit der Vereinbarung von Vorauszahlungen nach Treu und Glauben von vornherein innewohnt (Sternel, Mietrecht, 3. Aufl., III, 326; vgl. LG München I, ZMR 1980, 315; AG Karlsruhe, DWW 1993, 21; Palandt/Putzo, § 4 MHG, § 4 Randnr. 8). Dementsprechend kann auch der Mieter ohne bzw. trotz einer entgegenstehenden vertraglichen Regelung vom Vermieter die Herabsetzung der monatlichen Vorauszahlungen für Heizungs- und Warmwasserkosten verlangen, wenn sich die vereinbarten Vorauszahlungen im späteren Verlauf des Mietverhältnisses als unangemessen hoch erweisen. Die Vorauszahlungen dürfen die zu erwartenden Betriebskosten jedoch leicht übersteigen, da die Möglichkeit künftiger Kostensteigerungen berücksichtigt werden muß. Zur einseitigen **Herabsetzung** der Vorauszahlungen ist der Mieter nicht berechtigt. Insofern kommt zur Durchsetzung des Anspruchs auf Herabsetzung lediglich der Klageweg oder ein Zurückbehaltungsrecht des Mieters hinsichtlich künftiger Vorauszahlungen in Betracht (BayObLG, RE v. 5. 10. 1995, RE-Miet 1/95, WM 1995, 694). Für Mietverhältnisse über preisgebundenen Wohnraum ist die Erhöhungsmöglichkeit in § 20 Abs. 4 Neubaumietenverordnung geregelt.

Zu den Sonderregelungen auf dem Gebiet der ehemaligen DDR vgl. „Betriebskosten“, Abschnitt 3.

4 Der Abrechnungszeitraum

Über die Vorauszahlungen ist **jährlich** abzurechnen (§ 4 MHG). Darunter ist nicht notwendig das Kalenderjahr oder das Jahr gerechnet vom Beginn des Mietverhältnisses, sondern ein einmal festgelegtes und dann einzuhaltendes Geschäftsjahr zu verstehen (Palandt / Putzo, Randnr. 7 zu § 4 MHG). Jedoch ist der Vermieter bei Vorliegen vernünftiger Gründe zur Änderung des Abrechnungszeitraumes berechtigt (AG Köln, WM 1997, 232).

5 Form der Abrechnung

Die Abrechnung hat **schriftlich** und getrennt für jedes Mietverhältnis zu erfolgen und muß jedem Mieter zugehen, so daß z. B. eine Bekanntmachung im Treppenhaus nicht genügt.

6 Inhalt der Abrechnung

Die inhaltlichen Anforderungen an eine ordnungsgemäße Abrechnung ergeben sich aus § 259 BGB (Rechenschaftspflicht) und der Entscheidung des BGH vom 23. 11. 1981 (ZMR 1982, 108) sowie dem Rechtsentscheid des OLG Schleswig vom 4. 10. 1990 (DWW 1990, 355; Weber / Marx X / S. 84). Danach muß sie bei Gebäuden mit mehreren Einheiten mangels besonderer vertraglicher Vereinbarungen folgende Mindestangaben enthalten: Eine geordnete und übersichtlich aufgegliederte Einnahmen- und Ausgabenaufstellung, so daß sie auch von einem juristisch und betriebswirtschaftlich nicht geschulten Mieter nachvollzogen werden kann. Er muß die umgelegten Kosten klar ersehen und überprüfen können; nicht genügt die Benennung eines Endbetrages, der nur unter Heranziehung der Bestimmungen des Mietvertrages nachvollziehbar ist (BGH, a.a.O.). Insofern ist es nach Auffassung des LG Berlin (WM 1995, 717) auch nicht ausreichend, wenn lediglich Gesamtbeträge für einzelne Positionen angeführt werden; vielmehr sind diese nach einzelnen Rechnungsdaten aufzuschlüsseln, so daß der Mieter die einzelnen Positionen der Abrechnung anhand der Belege „abhaken" kann und nicht erst Gesamtbeträge auseinanderrechnen muß (vgl. LG Berlin, WM 1996, 154; a. A.: Schmid in ZMR 1996, 415, wonach diese Entscheidung die vom BGH aufgestellten Anforderungen überspannt und es daher genügt, die Ausgaben entsprechend den Positionen der Anlage 3 zu § 27 II. BV darzustellen).

Weiter müssen die Angabe und Erläuterung des zugrunde gelegten Verteilerschlüssels, die Berechnung des Anteils und der Abzug der Vorauszahlungen enthalten sein. Bestreitet der Mieter die Richtigkeit der qm-Angaben (z. B. der Gesamtfläche der Wohnanlage), trifft den Vermieter nicht die Darlegungs- und Beweislast für die Richtigkeit dieser Daten. Insofern ist der Vermieter – sofern er einheitlich verfährt – nicht verpflichtet, den Mieter darüber aufzuklären, nach welchen Gesichtspunkten und wie er die qm-Flächen ermittelt, nach deren Verhältnis zueinander die Betriebskosten verteilt werden (LG Köln, Urt. v. 17. 8. 1995, DWW 1996, 51).

Zum Zwecke der Nachvollziehbarkeit für den Mieter sind in der Abrechnung detailliert nach Betriebskostenarten die **gesamten** Betriebskosten des Anwesens anzugeben und zu erläutern, wie sich daraus gemäß dem vereinbarten und anzugebenden Umlageschlüssel der Umlagebetrag für die **einzelne** Wohnung errechnet. Bei einer Verteilung nach Flächen ist sowohl die Gesamtfläche des Anwesens als auch die Fläche der betreffenden Wohnung und bei einer Umlage nach Kopfteilen die Gesamtzahl der Personen zu benennen.

Zum Wesen einer ordnungsgemäßen **Heizkostenabrechnung** gehört es grundsätzlich, daß sich **Abrechnungs- und Ablesezeitraum** nach den – technischen und wirtschaftlichen – Möglichkeiten des Einzelfalles weitgehend **decken**. Jedoch ist die Grenze grundsätzlich erst dann überschritten, wenn – ohne entsprechende vertragliche Bestimmungen – Abrechnungs- und Ablesezeitraum derart auseinanderklaffen, daß der ausgewiesene Abrechnungszeitraum und der tatsächlich abgerechnete Ablesezeitraum erheblich vonein ander abweichen. Das ist noch nicht der Fall, wenn der Vermieter den Abrechnungszeitraum nach der Jahresmitte bemißt, die Ablesung hingegen jeweils praktisch am Ende der Heizperiode vornehmen läßt: damit ist nämlich die volle Heizperiode (z. B. 1. 10. bis 30. 4.) in den zugehörigen Abrechnungszeitraum eingegangen. Hingegen ergibt sich daraus grundsätzlich keine erhebliche Divergenz, so daß dann die Monate Mai und Juni, für die ein Betrieb der Heizung nur in relativ geringem Umfang in Betracht kommt, jeweils in den nachfolgenden Abrechnungszeitraum einbezogen werden. Eine Heizkostenabrechnung ist daher nicht stets schon dann nicht prüffähig und in ihrem Saldo deshalb nicht fällig, wenn der ihr zugrunde gelegte Abrechnungszeitraum und der tatsächliche Ablesezeitraum um Wochen (hier: 10 Wochen) auseinanderfallen (OLG Schleswig, a.a.O.).

Letztlich erfordert die Nachvollziehbarkeit der Abrechnung die **Verrechnung** des ermittelten Anteils mit vom Mieter geleisteten Vorauszahlungen.

Eine nicht nachvollziehbare Abrechnung kann **nicht** durch nachträgliche Erläuterung **geheilt** werden. Vielmehr ist eine neue Abrechnung zu erstellen (LG Berlin, DWW 1997, 152).

7 Umfang der Rechnungslegungspflicht

Der Umfang der Rechnungslegungspflicht bestimmt sich im Einzelfall nach dem Grundsatz der Zumutbarkeit, d. h. nach einer sinnvollen Relation zwischen dem Arbeits- und Zeitaufwand des Vermieters einerseits und den schutzwürdigen Interessen des Mieters andererseits. Dabei rechtfertigt es die Größe des Mietobjekts allein nicht, den Vermieter teilweise von Abrechnungspflichten freizustellen (OLG Schleswig, a.a.O.). Jedoch verstößt es in verfassungswidriger Weise gegen die Eigentumsgarantie des Art. 14 GG, wenn an die Nebenkostenabrechnung überspannte Anforderungen gestellt und dem Vermieter damit die Verfolgung seiner Ansprüche unzumutbar erschwert wird (BVerfG, Beschl. v. 3. 12. 1993, DWW 1994, 246).

Die Hinnahme fehlerhafter Abrechnungen in der Vergangenheit bindet den Mieter nicht und führt daher insbesondere nicht zu einem Verzicht des Mieters auf eine nachvollziehbare Abrechnung (LG Essen, Urt. v. 7. 9. 1990, WM 1991, 121).

Bei Abrechnung von Betriebskosten einer **vermieteten Eigentumswohnung** ist der Vermieter berechtigt, den Mieter auf die Abrechnung des Verwalters zu verweisen, wenn diese den Anforderungen des § 259 BGB genügt (LG Düsseldorf, WM 1990, 201).

7.1 Einsichtsrecht des Mieters

Der Vermieter ist nicht verpflichtet, mit der Abrechnung die **Belege** oder eine Kopie auszuhändigen (OLG Düsseldorf, Urt. v. 22. 4. 1993, WM 1993, 411; a. A.: LG Essen, DWW 1996, 371, wonach eine Betriebskostenabrechnung erst fällig wird, nachdem der Vermieter dem Wunsch des Mieters nach Übersendung von Kopien gegen Kostenerstattung nachgekommen ist). Der Mieter kann lediglich die **Einsichtnahme** in die Unterlagen (Rechnungen, Gebührenbescheide) verlangen. Bei einer vermieteten Eigentumswohnung gehört dazu die Jahresabrechnung des Verwalters für die vermietete Wohnung einschließlich der zugehörigen Anlagen; nicht aber die beim Verwalter befindlichen Rechnungen (LG Mannheim, WM 1996, 630). Das Recht auf Einsichtnahme besteht auch dann, wenn die Jahresabrechnung gegenüber der Wohnungseigentümergemeinschaft bestandskräftig ist (LG Frankfurt / M., WM 1997, 52).

Die Einsichtnahme hat grundsätzlich **beim Vermieter** bzw. dessen Beauftragten (Hausverwalter, Rechtsanwalt) zu erfolgen. Nur aus wichtigem Grund kann der Mieter **ausnahmsweise** die Vorlage an einem anderen Ort verlangen (vgl. § 811 Abs. 1 Satz 2 BGB). Ein wichtiger Grund liegt vor, wenn die Einsichtnahme beim Vermieter dem Mieter nicht zumutbar ist, was im Einzelfall zu prüfen ist, und z. B. bei Krankheit des Mieters, persönlicher Feindschaft der Parteien oder bei großer Entfernung (vgl. AG Osnabrück, WM 1976, 94; AG Frankfurt, Urt. v. 4. 8. 1988, Az. 33 C 1584/88–26) gegeben sein kann. Das Verlangen des Mieters zur Vorlage an einem – ausnahmsweise von ihm zu bestimmenden – Ort kann der Vermieter in entsprechender Anwendung des § 29 Abs. 2 der Neubaumietenverordnung jedoch dadurch erfüllen, daß er dem Mieter **Kopien** übersendet, wobei er dies von der **vorherigen** Erstattung der Kosten für die Anfertigung der Kopien und deren Übersendung abhängig machen kann (§ 811 Abs. 2 Satz 2 BGB entsprechend; vgl. AG Oldenburg, WM 1993, 412).

Bei **preisgebundenem** Wohnraum kann der Mieter grundsätzlich anstelle der Einsicht in die Rechnungsunterlagen Ablichtungen gegen Erstattung der Auslagen verlangen (§ 29 Abs. 2 Satz 1 NMV).

8 Die Umlageschlüssel

8.1 Im freifinanzierten Wohnungsbau

Mit Ausnahme der Kosten für Heizung und Warmwasser, die nach den Bestimmungen der Heizkosten-Verordnung zu verteilen sind (vgl. „Heizkosten-Verordnung"), können im **freifinanzierten** Wohnungsbau alle Betriebskosten nach dem Verhältnis der **Flächen** (nach qm) abgerechnet werden. Diese Verteilung ist der Abrechnung nach **Kopfteilen** schon deshalb vorzuziehen, weil die Flächen des Hauses und damit die Anteile regelmäßig konstant bleiben, während die Abrechnung nach Kopfteilen eine ständige Überprüfung der Anzahl der im Haus wohnenden Personen erfordert. Zwar ist anzuerkennen, daß die Abrechnung nach qm im Einzelfall zu Abweichungen gegenüber dem tatsächlichen Verbrauch führen kann, z. B. bei einer großen, nur mit einer Person belegten Wohnung im Vergleich zu einer kleinen, von mehreren Personen bewohnten Wohnung; jedoch können diese Abweichungen durch den oft sehr unterschiedlichen Verbrauch (z. B. von Wasser) der einzelnen Mieter auch bei einer Abrechnung nach Kopfteilen auftreten, so daß die Vereinbarung der Abrechnung nach qm grundsätzlich weder unbillig im Sinne von § 315 BGB ist, noch eine unangemessene Benachteiligung des Mieters darstellt. In diesem Sinne hat auch das OLG Hamm (RE v. 27. 9. 1983, DWW 1983, 278; Weber / Marx, III / S. 51) entschieden, daß selbst die Verteilung der verbrauchs**abhängigen** Nebenkosten (Wasser, Entwässerung, Müll) durch den Vermieter unter den Mietparteien nach dem Flächenmaßstab, d. h. nach dem Verhältnis der verschiedenen Wohnungsflächengrößen nicht schlechthin in jedem Fall unbillig im Sinne der §§ 315, 316 BGB und daher grundsätzlich auch für das Gericht verbindlich ist.

8.2 Wann liegt Unbilligkeit vor?

Das Vorliegen einer Unbilligkeit ist anhand der konkreten Umstände des Einzelfalles zu prüfen und wird nur in Ausnahmefällen zu bejahen sein, z. B. wenn der alleinstehende Mieter in einer relativ großen Wohnung für die verbrauchsabhängigen Betriebskosten (z. B. Wasser, Abwasser) mehr als das Doppelte als bei Umlage nach Kopfteilen zu zahlen hätte (LG Düsseldorf, WM 1994, 30; vgl. auch LG Aachen, WM 1991, 503, wonach eine Unbilligkeit erst beim Dreifachen gegeben ist). Dagegen kann sich der Mieter auf eine Unbilligkeit nicht berufen, wenn er für die Betriebskosten Wasser, Abwasser, Müllabfuhr und Aufzug nicht mehr als das Doppelte im Vergleich zur Abrechnung nach Kopfteilen zahlen muß und der Vermieter eine solche Abrechnung nur unter Verwaltungsmehraufwand erstellen konnte (LG Aachen, WM 1993, 410).

Bei den verbrauchs**un**abhängigen Betriebskosten (z. B. Grundsteuer, Sach- und Haftpflichtversicherung) wird der Mieter eine Unbilligkeit nur in besonders gelagerten Ausnahmefällen begründen können (vgl. LG Wuppertal, WM 1993, 685, wonach die Abrechnung der verbrauchs**un**abhängigen Betriebskosten nach dem Verhältnis der Wohnflächen grundsätzlich der Billigkeit entspricht, während die Abrechnung dieser Kosten nach Kopfteilen unangemessen sein kann).

Ist aber eine Umlage nach Kopfteilen vereinbart, muß auch eine nicht ständig anwesende Mietpartei ihren vollen Anteil zahlen (AG Karlsruhe, DWW 1993, 21).

Grundsätzlich ist es auch nicht unbillig, **Gewerbe- und Wohnräume gemeinsam abzurechnen**, da die gewerbliche Mitbenutzung eines Hauses nicht zwangsläufig zur Entstehung höherer Betriebskosten führt; maßgeblich sind Art und Umfang der Benutzung, so daß ein Vorwegabzug für Betriebskosten der Gewerberäume nur dann veranlaßt ist, wenn in den Gewerberäumen ein weit überhöhter Verbrauch entsteht. Dies kann z. B. in einem Friseur- oder Waschsalon der

Fall sein, wohl kaum aber in einem Büro (vgl. dazu LG Frankfurt/M., NJWE 1997, 26, wonach ein Vorwegabzug generell vorzunehmen ist, wenn die Gewerbefläche ca. 3/4 der Gesamtfläche beträgt). Hat der Vermieter in Ausübung seines Leistungsbestimmungsrechtes Wohn- und Geschäftsräume einheitlich abgerechnet, muß der Mieter, der die Billigkeit bestreitet, plausibel darlegen, daß die Gewerberäume erhöhte Kosten verursachen und er hierdurch benachteiligt wird (LG Düsseldorf, Urt. v. 3. 4. 1990, DWW 1990, 240; a. A.: AG Wiesbaden, WM 1996, 96, wonach eine getrennte Vorwegerfassung der verbrauchs**abhängigen** Betriebskosten (z. B. Müll, Wasser) der Geschäftsräume nur dann unterbleiben kann, wenn dies objektiv nicht möglich ist; vgl. auch Sternel, Mietrecht, IV 358).

Der Vermieter hat gemäß den §§ 315, 316 BGB das Recht zur **einseitigen Festlegung** des Umlegungsmaßstabes nach billigem Ermessen. Dagegen kann eine **Änderung** des einmal festgelegten Maßstabes **nur einvernehmlich** mit Zustimmung sämtlicher Beteiligter erfolgen (vgl. LG Wiesbaden, WM 1992, 630).

Ist der vom Vermieter festgelegte Verteilerschlüssel grob unbillig oder infolge geänderter Umstände grob unbillig geworden, kann der Mieter eine Änderung weder für die Vergangenheit noch für den laufenden Abrechnungszeitraum, sondern nur für die Zukunft verlangen; es sei denn, dem Vermieter lagen bereits vor Beginn der Abrechnungsperiode verläßliche Anhaltspunkte für eine sich ergebende grobe Unbilligkeit vor (LG Düsseldorf, WM 1996, 777).

Hat der Mieter zwei Abrechnungsperioden lang einen bestimmten Umlegungsmaßstab unbeanstandet hingenommen, kann der Vermieter jedoch von einem Einverständnis des Mieters ausgehen (so LG Düsseldorf, DWW 90, 240).

8.3 Bei Verwaltungseinheiten

Steht im frei finanzierten Wohnungsbau dem Vermieter nach dem Mietvertrag hinsichtlich des Modus der Abrechnung der Mietnebenkosten (unter Außerachtlassung der Nebenkosten für Heizung und Warmwasserversorgung) ein einseitiges Bestimmungsrecht gemäß den §§ 315, 316 BGB (nach billigem Ermessen) zu, so widerspricht es regelmäßig nicht billigem Ermessen im Sinne der genannten Vorschriften, wenn der Vermieter bei der Abrechnung verbrauchsabhängiger und nicht verbrauchsabhängiger Mietnebenkosten mehrere Gebäude zu einer Wirtschafts- bzw. Verwaltungseinheit **zusammenfaßt** und aus den sich ergebenden **Gesamtbeträgen** nach Maßgabe der mietvertraglichen Vereinbarungen den auf den einzelnen Mieter entfallenden Anteil sowohl der verbrauchsabhängigen als auch der verbrauchsunabhängigen Mietnebenkosten errechnet (OLG Koblenz, RE v. 27. 2. 1990, DWW 1990, 171).

Voraussetzung ist jedoch das Vorliegen einer **Verwaltungseinheit**, die folgende Anforderungen erfüllen muß:

Die Gebäude müssen einheitlich verwaltet und in einem unmittelbaren örtlichen Zusammenhang stehen. Dafür genügt es, daß sie ein zusammenhängendes Bau- und Wohngebiet bilden; eine unmittelbare Nachbarschaft ist dafür nicht unbedingt erforderlich. Zwischen den einzelnen Gebäuden dürfen keine wesentlichen Unterschiede im Wohnwert bestehen, was bedeutet, daß für sie dieselben Kriterien zu gelten haben: sie müssen nach demselben bautechnischen Stand errichtet worden sein und dieselbe Bauweise und dieselbe Ausstattung aufweisen. Darüber hinaus müssen sie der gleichartigen Nutzung dienen und auch dieselbe Nutzungsart haben; dazu gehört, daß die einzelnen Gebäude und Wohnungen einen vergleichbaren Zuschnitt haben (OLG Koblenz, a.a.O.).

8.4 Bei preisgebundenem Wohnraum

Bei **preisgebundenem** Wohnraum sind für bestimmte Betriebskostenarten die Abrechnungsmaßstäbe gesetzlich vorgeschrieben:

Die Kosten des Betriebs der **zentralen Brennstoffversorgungsanlage** dürfen nur nach dem Brennstoffverbrauch umgelegt werden (§ 23 Abs. 2 NMV).

Die laufenden monatlichen Grundgebühren für **Breitbandanschlüsse** dürfen nur zu gleichen Teilen auf die Wohnungen umgelegt werden, die mit Zustimmung des Nutzungsberechtigten angeschlossen wurden (§ 24 a Abs. 2 NMV).

Die Kosten **maschineller Wascheinrichtungen** dürfen nur auf die Benutzer der Einrichtungen umgelegt werden (§ 25 Abs. 2 NMV). Durch die seit 1. 8. 1992 gültige Neufassung der Neubaumietenverordnung wurde der bisherige Zwang, die **Kosten der Müllabfuhr** nach der Wohnfläche abzurechnen, beseitigt. Nach dem neu eingefügten § 22 a sind diese Kosten nach einem **Maßstab**, der der unterschiedlichen Müllverursachung durch die Wohnparteien Rechnung trägt oder nach dem Verhältnis der Wohnflächen umzulegen.

Die **Kosten der Wasserversorgung** (§ 21 NMV) sind künftig **zwingend** nach dem individuellen Verbrauch abzurechnen, wenn **alle** Wohnungen des Gebäudes mit Wasserzählern ausgerüstet sind. Bislang hatte der Vermieter auch in diesen Fällen noch die Wahlmöglichkeit und konnte die Kosten auch nach den Wohnflächen abrechnen. Dies ist jetzt nur noch möglich, wenn nicht alle Wohnungen mit Wasserzählern ausgerüstet sind. Die Neuregelung ist insbesondere für die Bundesländer wichtig, in denen die Landesbauordnungen den Einbau von Wasserzählern für jede Wohnung vorschreiben (z. B. Hamburg). Eine solche Verpflichtung kann jedoch nicht bundesgesetzlich, sondern nur durch die Länder geregelt werden.

Die **Kosten der Entwässerung** sind mit dem für die Kosten der Wasserversorgung anzuwendenden Maßstab umzulegen (§ 21 Abs. 3 Satz 2 NMV).

Im übrigen besteht bei preisgebundenem Wohnraum eine Verpflichtung zur Umlage der Betriebskosten nach dem Verhältnis der Wohnflächen (§ 20 Abs. 2 NMV).

Die Kosten des Betriebs maschineller **Aufzüge** (§ 24 NMV) und des **Breitbandkabelnetzes**, ausgenommen der Grundgebühren (§ 24 a NMV), dürfen auch nach anderem, einvernehmlich mit allen Mietern einheitlich festlegten Umlagemaßstab verteilt werden.

Bei den Kosten des maschinellen **Aufzuges** kann Wohnraum im Erdgeschoß von der Umlage ausgenommen werden (§ 24 Abs. 2 NMV).

Für die Umlegung der **Heizungs- und Warmwasserkosten** findet die Heizkosten-Verordnung Anwendung (§ 22 Abs. 1 NMV, vgl. „Heizkosten-Verordnung"). Liegt eine Ausnahme nach § 11 der Heizkosten-Verordnung vor, ist § 22 Abs. 2 NMV zu beachten.

9 Abrechnungsfristen

Die Frage, **wann** der Vermieter nach Ablauf des Abrechnungszeitraumes spätestens abrechnen muß, ist nur für **preisgebundenen** Wohnraum (§ 20 Abs. 3 Satz 4 NMV) gesondert geregelt. Nach dieser Vorschrift ist die jährliche Abrechnung dem Mieter spätestens bis zum Ablauf des **12. Monats** nach Ende des Abrechnungszeitraumes zuzuleiten, wobei der Vermieter die Abrechnung fristgerecht zugeleitet hat, wenn er sie vor Ablauf der Jahresfrist an den Mieter absendet (AG Bremen, WM 1995, 593). Diese Frist ist nach der Neufassung eine **Ausschlußfrist** für Nachforderungen, es sei denn, der Vermieter hat die Geltendmachung erst nach Ablauf der Jahresfrist nicht zu vertreten. Dies ist z. B. der Fall, wenn der Vermieter nach einem Prozeß über die erteilte Betriebskostenabrechnung dem Mieter unverzüglich eine neue korrekte Betriebskostenabrechnung zuleitet (AG Köln, WM 1995, 399).

Für den **frei finanzierten** Wohnungsbau bestehen keine starren Fristen. Der Vermieter hat die Abrechnung innerhalb **angemessener** Frist nach Beendigung des Abrechnungszeitraumes durchzuführen, wobei als Richtlinie für die Bestimmung der Angemessenheit i. d. R. die 12-Monats-Frist für den preisgebundenen Wohnraum herangezogen werden kann (vgl. auch LG Hamburg, Urt. v. 26. 11. 1985, Az. 16 S 221/85). Im Einzelfall kann jedoch auch eine längere Frist angemessen sein, wenn z. B. dem Vermieter die Belege noch nicht vollständig vorliegen oder er noch die Rechnungsstellung durch Dritte abwarten muß.

Auch eine Mietvertrags**klausel**, wonach die Abrechnung jeweils **bis zum 30. Juni** zu erfolgen hat, schließt Nachforderungen des Vermieters bei Überschreitung der Abrechnungsfrist nicht aus (LG Limburg, WM 1997, 120).

Bei Beendigung des Mietverhältnisses vor Ablauf des Abrechnungszeitraumes hat der Mieter nur einen Anspruch auf Ermittlung der Verbrauchsstände, nicht auf vorzeitige Abrechnung (MüKo, Rdn. 192 vor § 535 BGB).

10 Rechte des Mieters bei nicht fristgerechter Abrechnung

Bei nicht fristgerechter Abrechnung kann der Mieter die Zahlung weiterer Vorschüsse auf die Betriebskosten solange verweigern (§ 273 BGB), bis ihm Abrechnung erteilt ist (BGH, Urt.

v. 29. 2. 1984, DWW 1984, 166). Der Mieter ist jedoch nicht zur Zurückbehaltung des Grundmietzinses berechtigt, da zwischen dem Grundmietzins und dem Anspruch auf Betriebskostenabrechnung weder ein Gegenseitigkeitsverhältnis i. S. v. § 320 BGB noch eine hinreichende Abhängigkeit (Konnexität) i. S. v. § 273 BGB besteht (OLG Koblenz, Urt. v. 20. 1. 1994, DWW 1995, 81; WM 1995, 154).

Der Mieter ist auch nicht berechtigt, die Rückerstattung der gesamten Betriebskostenvorauszahlungen zu verlangen (LG Koblenz, WM 1995, 98; BVerfG, Beschl. v. 9. 6. 1993, WM 1995, 98; a. A.: LG Gießen, WM 1995, 442; LG Hamburg, WM 1997, 380: Der Rückzahlungsanspruch des Mieters entfällt jedoch sofort, wenn der Vermieter – sei es auch erst im Prozeß – formell ordnungsgemäß abrechnet; sachliche Einwendungen gegen die Richtigkeit der Abrechnung sind in diesem Rechtsstreit nicht zuzulassen).

Unabhängig davon kann der Mieter seinen Anspruch auf Abrechnung der Betriebskosten im Wege einer Klage durchsetzen. Zur Problematik einer sog. „Stufenklage" (Klage auf Abrechnung und Auszahlung des Guthabens, § 254 ZPO), vgl. BGH, Urt. v. 5. 5. 1994, NJW 1994, 2895.

11 Verwirkung von Nachzahlungsansprüchen

Eine **Verwirkung** des Anspruchs des Vermieters auf Nachzahlung von Nebenkosten aus der Abrechnung kann zwar **vor der Verjährung** der Ansprüche eintreten; jedoch nicht allein dadurch, daß der Vermieter es längere Zeit unterlassen hat, abzurechnen und den Anspruch geltend zu machen.

Die länger dauernde Untätigkeit des Vermieters ist grundsätzlich nur einer der bei der Prüfung der Verwirkung zu würdigenden Umstände des Einzelfalles (KG Berlin, RE v. 14. 8. 1981, ZMR 1982, 182; Weber / Marx, I/S. 104).

Ohne Hinzutreten besonderer Umstände kann der Mieter bei objektiver Würdigung nur aufgrund des reinen Zeitablaufs nicht annehmen, der Vermieter verzichte auf die Abrechnung und Geltendmachung von Nebenkosten, da die Verwirkung **auf Ausnahmefälle beschränkt** ist (BGH, Urt. v. 29. 2. 1984, DWW 1984, 166). Die Verwirkung setzt vielmehr voraus, daß zu dem **Zeit**moment (verspätete Abrechnung) noch ein **Umstands**moment hinzutritt, das die Feststellung rechtfertigt, der Mieter habe darauf vertrauen können, daß der Vermieter die Forderung nicht mehr geltend mache und er sich hierauf auch bereits eingerichtet hat. Der Mieter kann bei objektiver Würdigung nicht annehmen, allein deswegen, weil der Vermieter in angemessener Frist nicht abgerechnet habe, verzichte dieser auf Forderungen, die ihm über die geleisteten Vorauszahlungen hinaus zustehen, denn die Gründe für das Versäumnis können vielgestaltig sein. Dem Vermieter darf es nicht schon ohne weiteres zum Nachteil gereichen, wenn er mit der Geltendmachung der Forderung, sei es aus Kulanz, Bequemlichkeit oder Sorglosigkeit zuwartet (BGH, a.a.O.; so auch LG Aachen,

DWW 1993, 42). Das **Zeit**moment kann nach Auffassung des LG Hannover (WM 1996, 427) jedoch bereits ein Jahr nach Ablauf der Abrechnungsperiode gegeben sein (§ 26 Abs. 3 NMV analog). Das zur Verwirkung zusätzlich erforderliche **Umstands**moment kann erfüllt sein, wenn vom Vermieter trotz zwischenzeitlicher Mieterhöhungen keine Anpassung der erheblich zu niedrigen Vorauszahlungen verlangt wurde und der Mieter wegen der unterlassenen Abrechnungen darauf vertrauen durfte, daß seine Vorauszahlungen kostendekend sind (LG Hannover, a.a.O.). Ferner kann ein Umstandsmoment in der Beendigung des Mietverhältnisses und der **vorbehaltlosen** Rückzahlung der Kaution (vgl. „Kaution") liegen, da die Beendigung des Mietverhältnisses regelmäßig Anlaß ist, bestehende Ansprüche geltend zu machen oder sich diese zumindest vorzubehalten; andernfalls kann der Schuldner darauf vertrauen, daß keine Ansprüche mehr erhoben werden (vgl. LG Essen, WM 1989, 399; LG Mannheim, ZMR 1990, 378; LG Berlin v. 13. 3. 1990, Bln GrdE 1990, 657). Vgl. dazu auch BGH (RE v. 11. 4. 1984, DWW 1984, 165), wonach der Vermieter von preisgebundenem Wohnraum i. S. v. § 1 NMV seinen Anspruch auf Erhebung des Umlegungsbetrages, der durch die vom Mieter geleisteten Vorauszahlungen nicht gedeckt ist, nicht bereits dadurch verliert, daß er die Abrechnung nicht innerhalb von 3 Monaten nach Ende des jeweiligen Abrechnungszeitraumes erstellt.

12 Verjährung von Nachzahlungsansprüchen

Die Verwirkung der Ansprüche, die bereits vor Eintritt der Verjährung erfolgen kann, ist **von Amts wegen** zu berücksichtigen; die Verjährung dagegen nur, wenn sich der Berechtigte auf sie **beruft** (vgl. § 222 Abs. 1 BGB). Die Verjährung des Anspruchs des Vermieters auf Nachzahlung von Betriebskosten tritt nach **4 Jahren** ein (§ 197 BGB). Sie **beginnt** mit dem Schluß des Jahres zu laufen, in welchem der Anspruch fällig ist (§ 201 BGB). Fällig ist der Anspruch nach Zugang einer nachvollziehbaren Abrechnung und Ablauf einer angemessenen Zeit zur Nachprüfung (BGH, RE v. 19. 12. 1990, DWW 1991, 44; vgl. auch OLG Frankfurt, ZMR 1983, 410).

13 Der Rückforderungsanspruch des Mieters

Rückforderungsansprüche des Mieters wegen überzahlter Betriebskosten **verjähren** bei fortbestehendem Mietverhältnis ebenso nach 4 Jahren (OLG Hamburg, RE v. 19. 1. 1988, WM 1988, 83; Weber / Marx, VIII/S. 25). Gleiches gilt auch für den Anspruch des Mieters auf Rückzahlung von periodisch, d. h. zu festgesetzten Zahlungsterminen geleisteten Betriebskostenvorauszahlungen, wenn für diese Vorauszahlungen von vornherein der Rechtsgrund fehlt, z. B. weil keine wirksame Vereinbarung bestanden hat (OLG Hamm, Urt. v. 1. 3. 1995, DWW 1995, 189).

Im Falle einer **Zwangsverwaltung** (vgl. „Zwangsverwaltung") ist der Zwangsverwalter verpflichtet, dem

Mieter Guthaben aus einer Betriebskostenabrechnung auszuzahlen, auch wenn dieser die Vorauszahlungen in zulässiger Weise noch an den Zwangsverwaltungsschuldner, den Vermieter, erbracht hat (OLG Hamburg, RE v. 8. 11. 1989, Weber / Marx, IX/S. 51).

14 Der Nachforderungsanspruch des Vermieters

Dem Vermieter ist die Geltendmachung von Nebenkostennachforderungen grundsätzlich auch dann nicht verwehrt, wenn die sich aus der Abrechnung ergebende Nachforderung den Vorauszahlungsbetrag wesentlich übersteigt (OLG Stuttgart, RE v. 10. 8. 1982, MDR 1982, 1021; es sei denn, dem Vermieter war bei Vertragsabschluß bereits bekannt (z. B. aus den Abrechnungen der Vorjahre), daß die Betriebskosten wesentlich (hier: 50 %) über dem vereinbarten Vorauszahlungsbetrag liegen (vgl. LG Celle, DWW 1996, 192). Bei **öffentlich geförderten** Wohnungen kann ein Verstoß gegen die Bestimmung des § 20 Abs. 1 Satz 3 NMV zum Ausschluß einer Nachforderung führen (vgl. LG Mannheim, WM 1994, 693).

Nachforderungen aus der jährlichen Nebenkostenabrechnung sind **nicht** Mietzins i. S. d. § 554 BGB. Kommt der Mieter mit der Begleichung dieser Forderungen in Verzug, kann der Vermieter nicht nach § 554 BGB fristlos kündigen (OLG Koblenz, RE v. 26. 7. 1984, Weber / Marx, IV/S. 58). Zur Begleichung der Nachforderung ist dem Mieter eine angemessene Frist einzuräumen, die ihm auch eine Überprüfung der Abrechnung ermöglicht (vgl. AG Gelsenkirchen, WM 1994, 549: ein Monat).

Dennoch kann der Vermieter seine Forderung einschließlich des Verzugschadens (z. B. Zinsen, Kosten der Rechtsverfolgung) durch **Mahnbescheid** bzw. **Klage** geltend machen. Erhebt er jedoch Klage trotz einer nicht ordnungsgemäßen Abrechnung, wird diese erst schlüssig, wenn die einzelnen Fehler nachgebessert sind bzw. bei einer insgesamt nicht nachvollziehbaren Abrechnung eine neue Abrechnung erteilt worden ist. Erkennt der Mieter im Prozeß die Klageforderung nach Vorlage einer ordnungsgemäßen Abrechnung unverzüglich an, trägt der Vermieter die Verfahrenskosten (§ 93 ZPO; LG Essen, WM 1983, 118).

> Ein pauschales Bestreiten der Richtigkeit der Abrechnung durch den Mieter genügt nicht. Vielmehr muß er Einwände gegen die Angaben in der Betriebskostenabrechnung **in substantiierter** Art und Weise vortragen, z. B. daß die entsprechende Position gemäß den mietvertraglichen Vereinbarungen nicht in die Abrechnung einbezogen werden darf oder nach Einsicht in die Unterlagen festgestellt wurde, daß der angesetzte Betrag unrichtig ist (LG Düsseldorf, DWW 1992, 26).

Weiterhin darf der Mieter die Zahlung der Nachforderungen nur insoweit verweigern, als er in substantiierter Art und Weise Fehler vortragen kann. Zu einer vollständigen Verweigerung der Zahlung ist der Mieter nur berechtigt, wenn die Abrechnung insgesamt fehlerhaft oder unschlüssig und nicht nachvollziehbar ist. Ist die Betriebskostenabrechnung dagegen gedanklich und rechnerisch nachvollziehbar, so daß der Mieter in die Lage versetzt ist, den Anspruch des Vermieters nachzuprüfen, ändern auch einzelne Abrechnungsposten, die strittig und möglicherweise ungerechtfertigt sind, jedenfalls dann nichts an der Fälligkeit der Gesamtabrechnung im übrigen, wenn die strittigen Positionen aus der Abrechnung unschwer herausgerechnet werden können (vgl. BGH, ZMR 1990, 97).

Jedoch ist der Mieter in einem nachfolgenden Rechtsstreit über die Nachzahlung von Betriebskosten nicht auf die in der vorprozessualen Korrespondenz erhobenen Einwände beschränkt (LG Kiel v. 16. 1. 1992, WM 1992, 696).

Fehler oder Unzulänglichkeiten in der Abrechnung, die eine Überprüfung weder unmöglich noch unzumutbar schwierig machen, können auch keinen Anspruch des Mieters auf Rückzahlung von Betriebskostenvorauszahlungen begründen (LG Hamburg, WM 1997, 180).

Bei substantiiertem Bestreiten trifft im Prozeß den Vermieter die **Darlegungs- und Beweislast** für die Richtigkeit der Angaben in der Abrechnung.

15 Die Anfechtung der Abrechnung

Eine **unrichtige** Abrechnung kann der Vermieter wegen Irrtums anfechten und anschließend eine neue korrekte Abrechnung erstellen, wenn z. B. aus Versehen zu geringe Beträge angesetzt oder Positionen übersehen wurden.

Wenn jedoch der sich aus der Betriebskostenabrechnung ergebende Saldo zwischen den Parteien bereits **ausgeglichen** wurde, ist jede Partei mit nachträglichen Einwendungen ausgeschlossen, die bereits bei Rechnungserteilung hätten geltend gemacht werden können (LG Aachen, WM 1987, 50; AG Hamburg, WM 1996, 777). Der Vermieter, der die Abrechnung erstellt hat oder hat erstellen lassen, kann ihre Richtigkeit anhand der ihm zur Verfügung stehenden bzw. von der Abrechnungsfirma zur Verfügung gestellten Unterlagen überprüfen.

Der Mieter seinerseits hat ebenfalls ausreichende Kontrollmöglichkeiten. Zum einen muß die Abrechnung nachvollziehbar sein und zum anderen kann er Einsicht in die Rechnungsunterlagen verlangen. Wird nach einer von beiden Seiten möglichen Prüfung, die sich nach der Abrechnung für eine der Vertragsparteien ergebende Forderung **vorbehaltlos** ausgeglichen, haben die Parteien damit auf der Grundlage der Abrechnung einen Schuldbestätigungsvertrag geschlossen, durch den das Schuldverhältnis zwischen ihnen hinsichtlich der Nebenkosten festgelegt wurde. Weiterhin ist auch ein Anspruch aus ungerechtfertigter Bereicherung ausgeschlossen, da der Bestätigungsvertrag als deklaratorisches Schuldanerkenntnis nicht der Rückforderung wegen ungerechtfertigter Bereicherung unterliegt (LG Aachen, a.a.O.; vgl. auch LG Lüneburg, MDR 1979, 759; LG Marburg, ZMR 1980, 153; Klas in WM 1994, 595).

Hat der Vermieter vor Abschluß eines **gewerblichen** Mietvertrages für die Mehrwertsteuer optiert und schuldet der Mieter vertraglich die auf den Mietzins entfallende Mehrwertsteuer, so gilt dies im Wege ergänzender Vertragsauslegung auch für die Verpflichtung des Mieters zur Zahlung der Mehrwertsteuer auf das sich aus der Schlußabrechnung ergebende Nebenkostensaldo, da es dem Zweck der Umlegung der Nebenkosten widersprechen würde, wenn der Vermieter den hierauf entfallenden Steueranteil zu tragen hätte (OLG Düsseldorf, WM 1996, 211, Sternel, Mietrecht, 3. A., III 27 m.w.N.).

Abstandszahlungen

Abstandszahlungen sind Geldleistungen, um einen anderen zum Abschluß einer bestimmten Vereinbarung zu bewegen.

Häufig werden Abstandszahlungen geleistet, um den Vertragspartner zur Aufhebung eines langfristigen Mietvertrages zu veranlassen, z. B. den Mieter zum Abschluß eines Mietaufhebungsvertrages (vgl. „Mietaufhebungsvertrag“) über die unter Kündigungsschutz stehende Wohnung. Umgekehrt können entsprechende Zahlungen auch vom Mieter angeboten werden, um die vorzeitige Entlassung aus einem langfristigen Mietverhältnis zu erreichen.

Grundsätzlich können Abstandszahlungen frei vereinbart werden. Lediglich bei Sozialwohnungen sind einmalige Leistungen mit Rücksicht auf die Überlassung der Wohnung unzulässig (§ 9 Abs. 1 WoBindG). Eine Vereinbarung, durch die sich der Mieter verpflichtet, für den erhöhten Verwaltungs- und Vermietungsaufwand infolge der vorzeitigen Vertragsauflösung eine **Pauschal**abgeltung in Höhe von einer Monatsmiete (netto/kalt) ohne besonderen Nachweis des Vermieters zu zahlen, ist auch formularvertraglich wirksam (OLG Hamburg, RE v. 17. 4. 1990, DWW 1990, 174; Weber/Marx, X/S. 89 = Sammelband Nr. 244).

Nach Auffassung des LG Frankfurt/Main (Urt. v. 23. 8. 1994, WM 1994, 605) gilt dies jedoch nur für eine **gesondert** getroffene Vereinbarung anläßlich der Aufhebung des Mietvertrages, nicht aber für Klauseln in einem Formularmietvertrag. Auch eine Formularklausel, wonach der Mieter als „Kosten des Vertrages“ die Gebühren des vom Vermieter für den Vertragsschluß beauftragten Rechtsanwalts bezahlen soll, ist unzulässig und kann einen Zahlungsanspruch des Vermieters nicht stützen (AG München, WM 1994, 604).

Bei Eigentumswohnungen werden gelegentlich durch Beschluß sog. **Umzugskostenpauschalen** vereinbart. Sie sollen etwaige Schäden, die beim Auszug eines Mieters entstehen können (z. B. Treppenhausbeschädigung), abdecken. Der Umlagefähigkeit dieser Kosten auf Mieter stehen im Einzelfall gesetzliche Vorschriften nicht entgegen, während eine entsprechende formularvertragliche Vereinbarung (auch durch mehrfache inhaltsgleiche Verwendung, vgl. „Allg. Geschäftsbedingungen") wegen Verstoßes gegen § 11 Nr. 5 bzw. § 9 AGB-Gesetz als pauschalierter Schadenersatzanspruch unwirksam ist.

Auch sog. **„Ablösezahlungen"** werden häufig als Abstandszahlungen bezeichnet, die vom Nachmieter oder dem Vermieter an den Vormieter als Ausgleich für das Zurücklassen von Einbauten oder Einrichtungsgegenständen geleistet werden und nichts anderes als die Zahlung des Kaufpreises für diese Gegenstände darstellen.

Im **freifinanzierten** Wohnungsbau sind solche Vereinbarungen über die Zahlung eines Entgelts für zurückgelassene Gegenstände bzw. Einbauten grundsätzlich zulässig. Ein solcher Vertrag, durch den der Wohnungssuchende sich im Zusammenhang mit dem Abschluß eines Mietvertrages über Wohnräume verpflichtet, von dem Vermieter oder dem bisherigen Mieter eine Einrichtung oder ein Inventarstück zu erwerben, ist jedoch im Zweifel unter der aufschiebenden Bedingung geschlossen, daß der Mietvertrag zustande kommt (§ 4a WoVermG). Durch diese Regelung soll der neue Mieter vor dem nicht seltenen Fall geschützt werden, daß er vom Vormieter z. B. bei der Besichtigung der Wohnung Gegenstände oder Einrichtungen erwirbt, anschließend aber der Mietvertrag mit dem Vermieter aus irgendwelchen Gründen nicht zustande kommt. In diesem Fall ist auch der Kaufvertrag hinfällig (§§ 4a Abs. 2 Satz 1 WoVermG, 158 Abs. 1 BGB).

Die Vereinbarung über die **Höhe** des Kaufpreises ist unwirksam, soweit dieser in auffälligem Mißverhältnis zum Wert der Einrichtung oder des Inventarstücks steht (§ 4 a Abs. 2 Satz 2 WoVermG). Ein auffälliges Mißverhältnis ist gegeben, wenn der vereinbarte Kaufpreis den objektiven Wert (Zeitwert) des Inventarstücks oder der Einrichtung (siehe „Einrichtungen") um mehr als 50 % überschreitet (BGH, Urt. v. 23. 4. 1997, NJWE 1997, 169). Dies gilt auch für Ablösevereinbarungen, die nicht Inventarstücke oder Einrichtungen, sondern **andere Leistungen** des bisherigen Mieters betreffen, insbesondere Renovierungsleistungen oder Einbauten, die wesentliche Bestandteile des Gebäudes geworden sind (z. B. Heizungsanlage). § 4a Abs. 2 WoVermG ist insofern **entsprechend** anwendbar.

Da eine Ablösevereinbarung nur unwirksam ist, „soweit" Leistung und Gegenleistung in einem auffälligen Mißverhältnis stehen, bleibt sie mit dem rechtlich unbedenklichen Teil wirksam (BGH, a.a.O.).

> Dies bedeutet, daß der Wohnungssuchende nicht den gesamten, sondern nur den Teil des Kaufpreises zurückverlangen kann, der den Zeitwert zuzüglich 50 % überschreitet.

Unbeschadet dessen ist die Kaufpreisvereinbarung unwirksam, wenn sie ein **verstecktes Entgelt** für das Überlassen der Wohnung darstellt (vgl. LG Trier, Urt. v. 11. 4. 1991, WM 1991, 532; AG München, WM 1990, 13; LG Frankfurt, WM 1989, 166; Sternel, Mietrecht, 3. Aufl., III 217). In diesem Fall kann die Unwirksamkeit der Ablösevereinbarung nach Ansicht des LG Hamburg (Urt. v. 6. 6. 1991, DWW 1991, 340) auch auf einen Verstoß gegen § 2 Abs. 2 Ziff. 2 Wohnungsvermittlungsgesetz gestützt werden, wenn der neue Mieter die Wohnung erst von dem weichenden Mieter nachgewiesen bekommen hat. Gemäß dieser Bestimmung steht dem Wohnungsvermittler ein Provisionsanspruch nicht zu, wenn er Eigentümer, Verwalter, Vermieter oder **Mieter** der Wohnung ist, da hier keine echte Maklertätigkeit vorliegt (§ 2 Abs. 2 Satz 2 WoVermG seit 1. 9. 1993).

Unwirksam ist auch eine Vereinbarung, die den Wohnungssuchenden oder für ihn einen Dritten verpflichtet, ein Entgelt dafür zu leisten, daß der bisherige Mieter die gemieteten Wohnräume räumt (§ 4 a Abs. 1 WoVermG).

Wirksam ist jedoch eine Vereinbarung über die Erstattung von Kosten, die dem bisherigen Mieter nachweislich für den **Umzug** entstehen (§ 4 a Abs. 1 Satz 2 WoVermG).

Bei **Sozialwohnungen** sind Leistungen des neuen an den alten Mieter als verbotene Abstandszahlung unzulässig (§ 9 Abs. 1 WoBindG), soweit der Kaufpreis den Wert der Gegenstände zum Zeitpunkt der Übergabe übersteigt (BGH, MDR 1977, 393).

> Der Mieter hat grds. bei Beendigung des Mietverhältnisses bei Abstands- und bei Ablösezahlungen weder gegen den Vermieter noch gegen den Nachmieter einen Anspruch auf Erstattung dieser Geldleistungen, wenn nicht ausdrücklich etwas anderes vereinbart ist.

Beläßt z. B. der Mieter eine von ihm eingebaute Küche in der Wohnung, ohne mit dem Vermieter eine Entschädigung zu vereinbaren, steht ihm keine Forderung auf den Zeitwert zu (LG Berlin, Urt. v. 24. 5. 1994, ZMR 1994, XIII).

Abstellen von Fahrzeugen

Das Abstellen von Kraftfahrzeugen und Fahrrädern richtet sich grundsätzlich nach den in der **Hausordnung** festgelegten Bestimmungen (siehe auch „Hausordnung") oder nach individuellen Vereinbarungen. **Fehlt** eine entsprechende Regelung, gilt folgendes:

> **Kraftfahrzeuge** dürfen innerhalb des Mietgrundstücks nur in Garagen oder auf angemieteten Stellplätzen abgestellt werden, nicht jedoch im Hof oder auf den Zugängen bzw. Zufahrten. **Fahrräder** hat der Mieter in seinem Kellerabteil

oder einem speziellen Abstellraum unterzubringen.

Das Abstellen im Hausflur, Kellerabgang, Kellervorraum, in den Gemeinschaftsräumen oder auf anderen nicht mitvermieteten Flächen hat der Vermieter ausnahmsweise nur dann zu dulden, wenn anderweitige Abstellmöglichkeiten nicht vorhanden sind und eine Gefährdung anderer Hausbewohner sowie eine Beeinträchtigung deren Mietgebrauches ausgeschlossen ist.

Der Vermieter kann das **Waschen** und **Reparieren** von Fahrzeugen im Hofraum und auf anderen nicht mitvermieteten Flächen untersagen.

Im Falle des Verstoßes gegen vorbezeichnete Grundsätze kann der Vermieter nach fruchtloser Abmahnung **Unterlassungsklage** erheben (§ 550 BGB). Eine Kündigung kann grundsätzlich erst dann ausgesprochen werden, wenn die Unterlassungsklage nicht zum Ziel führt.

Änderung des Mietvertrages

1 Einvernehmliche Änderung

Nach dem Grundsatz „pacta sunt servanda" (Verträge müssen eingehalten werden) sind die Parteien eines Vertrages grundsätzlich für die gesamte Laufzeit an dessen Inhalt gebunden und können den Vertrag nur im gegenseitigen Einvernehmen ändern (§§ 145 ff., 535 BGB). Will der Mieter z. B. in den zu Wohnzwecken angemieteten Räumen ein Gewerbe ausüben oder umgekehrt die Geschäftsräume zu Wohnzwecken benutzen, bedarf es hierfür einer **einvernehmlichen** Änderung des Mietvertrages, z. B. in Form eines von beiden Parteien unterzeichneten Nachtrages.

2 Einseitige Änderung

Einseitig kann der Vertrag von einer Vertragspartei nur abgeändert werden, wenn dies bei Vertragsschluß ausdrücklich vereinbart wurde (z. B. Erhöhungsklausel bei langfristigen Geschäftsraummietverträgen) oder das Gesetz eine einseitige Abänderungsmöglichkeit bestimmt (z. B. für Mieterhöhungen wegen Modernisierung oder wegen Betriebskosten- bzw. Kapitalkostenerhöhungen). Auch das Recht des Vermieters von Wohnraum, vom Mieter die Zustimmung zu einer Erhöhung des Mietzinses bis zur ortsüblichen Vergleichsmiete zu verlangen, stellt eine Ausnahme vom Bindungsgrundsatz dar, da der Mieter bei Zulässigkeit und Begründetheit des Erhöhungsverlangens zur Erteilung der Zustimmung verpflichtet ist.

3 Schlüssige Änderung

Der Mietvertrag kann jedoch auch durch **schlüssige Handlung**, also dadurch abgeändert worden sein, daß sich eine Partei mit Wissen der anderen über einen längeren Zeitraum entgegen den Bestimmungen des Mietvertrages verhält. Weiß der Vermieter zum Beispiel, daß der Mieter in den zu Wohnzwecken angemieteten Räumen eine gewerbliche Tätigkeit ausübt und duldet er dies widerspruchslos über einen längeren Zeitraum, kann der Mieter einer entsprechenden Abmahnung bzw. Unterlassungsklage des Vermieters entgegenhalten, der Mietvertrag sei durch schlüssiges Handeln einvernehmlich dahingehend abgeändert worden, daß die Räume nunmehr nicht nur zu Wohnzwecken, sondern auch zu gewerblichen Zwecken benutzt werden dürfen. Entsprechendes kann auch gelten, wenn sich der Mieter entgegen den Bestimmungen des Mietvertrages ohne Zustimmung des Vermieters ein Haustier anschafft und der Vermieter dies über einen längeren Zeitraum widerspruchslos duldet.

Eine schlüssige – **stillschweigende – Zustimmung zur Untervermietung** hat das LG Frankfurt/M. (DWW 1992, 84) auch in einer rügelosen Duldung der Untervermietung über einen Zeitraum von 1 1/2 Jahren gesehen.

Werden nach dem Tod eines Mieters die von diesem bislang benutzten Bodenverschläge von anderen Mietern des Hauses in Benutzung genommen

(Anschluß Seite A 23)

und duldet der regelmäßig anwesende Vermieter dies in Kenntnis der Umstände über 6 Monate lang, werden diese Verschläge Gemeinschaftseinrichtungen, deren Nutzung der Vermieter ermöglichen muß (KrsG Gotha, DWW 1992, 317). Eine **Kenntnis des Hausmeisters** reicht jedoch nicht aus, da dieser nicht Vertreter des Vermieters i. S. v. § 166 BGB ist (AG Westerburg, WM 1992, 600).

Der Einwand einer schlüssigen Vertragsänderung kann daher vermieden werden, wenn das vertragswidrige Verhalten unverzüglich nach dessen Erkennung beanstandet wird, wobei dies aus Beweisgründen möglichst schriftlich und mit Zustellungsnachweis erfolgen sollte.

Strittig ist derzeit, ob eine mietvertragliche Klausel, wonach Änderungen und Ergänzungen nur wirksam sind, wenn sie schriftlich niedergelegt wurden **(Schriftformklausel)** wirksam ist. Während das LG München I im Urt. vom 14. 1. 1988 (WM 88, 145) die Meinung vertrat, eine formularvertragliche Schriftformklausel sei wegen Verstoßes gegen das Gesetz zur Regelung des Rechts der Allgemeinen Geschäftsbedingungen unwirksam, hält das LG Frankfurt (Urt. vom 27. 2. 1990, Az.: 2/13 0 474/89) eine Formularklausel dieses Inhalts für wirksam.

Eine höchstrichterliche Entscheidung zu dieser Frage bleibt abzuwarten.

Allgemeine Geschäftsbedingungen (AGB)

Inhaltsübersicht

1 Definition

Gemäß § 1 Abs. 1 Satz 1 des Gesetzes zur Regelung des Rechts der Allgemeinen Geschäftsbedingungen (AGB-Gesetz), das am **1. 4. 1977** in Kraft getreten ist (§ 30 AGB-Gesetz), sind Allgemeine Geschäftsbedingungen alle für eine Vielzahl von Verträgen vorformulierten Vertragsbedingungen, die eine Vertragspartei der anderen Vertragspartei bei Abschluß eines Vertrages stellt (zum Erfordernis des „Stellens" von Geschäftsbedingungen vgl. BGH, Urt. v. 24. 5. 1995, NJW 1995, 2034). So stellen z. B. vorgedruckte Klauseln eines **Formularmietvertrages** regelmäßig Geschäftsbedingungen im Sinne dieser Vorschrift dar. Gleiches gilt, wenn in einem Vordruck von zwei Alternativen lediglich eine anzukreuzen bzw. durchzustreichen ist, unselbständige Ergänzungen in ergänzungbedürftige Formulare eingetragen werden (BGH, Urt. v. 2. 3. 1994, DWW 1994, 248), Leerräume durch vorgegebene Alternativen auszufüllen sind (BGH, NJW 1992, 503) oder ein vorformulierter Vorschlag hinzugefügt ist, der durch die Gestaltung des Formulars im Vordergrund steht und die anderen Wahlmöglichkeiten überlagert (BGH, Urt. v. 7. 2. 1996, NJW 1996, 1208). Dagegen handelt es sich **nicht** um Allgemeine Geschäftsbedingungen, wenn das Formular lediglich offene Stellen enthält, die vom Vertragspartner nach seiner freien Entscheidung als selbständige Ergänzung auszufüllen sind und vom Verwender keine vorformulierten Entscheidungsvorschläge hinzugefügt wurden (BGH v. 7. 2. 1996, a.a.O.). Ferner liegen bei hand- oder maschinenschriftlichen Zusätzen grundsätzlich keine Geschäftsbedingungen, sondern **Individualvereinbarungen** vor (BGH, Urt. v. 2. 3. 1994, DWW 1994, 248; BGH, NJW 1972, 46). Solche Zusätze werden jedoch dann wieder als Geschäftsbedingungen qualifiziert, wenn sie für eine „Vielzahl von Verwendungen" im Sinne von § 1 Abs. 1 AGB-Gesetz bestimmt sind, wobei die Rechtsprechung für eine „Vielzahl" bereits **drei bis fünf** Verwendungen ausreichen läßt (BGH, NJW 1981, 2344) und das AGB-Gesetz auch schon bei der ersten Verwendung anwendet, wenn der Zusatz für weitere Verwendungen vorgesehen ist (Ulmer-Brandner-Hensen, AGBG, § 1 Rdn. 23 ff.).

2 Voraussetzung einer Individualvereinbarung

Voraussetzung einer Individualvereinbarung ist daher, daß die Ergänzung nicht schon vorher (z. B. in einem anderen Vertrag) verwendet wurde und bei Vertragsschluß auch nicht beabsichtigt war, sie häufiger zu verwenden (BGH, Urt. v. 2. 3. 1994, DWW 1994, 248). Jedoch wird eine für einen bestimmten Vertrag individuell vereinbarte Klausel nicht deshalb nachträglich zu einer Allgemeinen Geschäftsbedingung, weil sie später noch einmal benutzt worden ist (BGH, a.a.O.). Benutzt ein Vermieter z. B. mehrfach den selbst entworfenen hand- oder maschinenschriftlichen Mietvertrag oder fügt er dem Formularvertrag einen solchen als Zusatzvertrag hinzu, gelten seine

Vertragsbedingungen als Allgemeine Geschäftsbedingungen und er selbst als Verwender dieser Geschäftsbedingungen, wobei es nicht auf die Wort-, sondern lediglich auf die Inhaltsgleichheit der Verwendungen ankommt (BGH, NJW 1992, 2283).

Die **Beweislast**, daß es sich bei den zusätzlichen Vereinbarungen um für eine Vielzahl von Verträgen vorformulierte Vertragsbedingungen handelt, trägt der Mieter.

Konnte der Mieter den Beweis führen, daß die strittige Vereinbarung für eine mehrfache Verwendung vorgesehen war (z. B. durch Vorlage weiterer Verträge mit inhaltsgleicher Zusatzvereinbarung), obliegt es dem Vermieter, darzulegen und zu beweisen, daß die Vereinbarung im einzelnen ausgehandelt wurde und daher nach § 1 Abs. 2 AGB-Gesetz keine Geschäftsbedingung darstellt.

2.1 Anforderungen an das „Aushandeln"

Die Anforderungen an dieses **„Aushandeln"** werden von der Rechtsprechung jedoch sehr hoch angesetzt, so daß der Nachweis in der Praxis äußerst schwierig ist.

Nach dem Rechtsentscheid des OLG Hamm (RE vom 27. 2. 1981, DWW 81, 149; Weber/Marx, I/S. 110) wird ein vom Vermieter verwandter Formularvertrag über Wohnraum nicht dadurch zur Individualabrede, daß der Mieter wenige Tage nach Unterzeichnung des Formularmietvertrages ein ebenfalls formularmäßig erstelltes, ihm vom Vermieter gestelltes Schriftstück unterschreibt, worin er bestätigt, daß er vor Abschluß des Mietvertrages ausreichend Zeit gehabt habe, denselben durchzulesen, die einzelnen Bestimmungen zu prüfen, zur Kenntnis zu nehmen und daß er sich vorbehaltlos mit allen Bestimmungen des Vertrages einverstanden erklärt.

Ein „Aushandeln" setzt nach der Rechtsprechung vielmehr voraus, daß der Inhalt der Klausel vor Unterzeichnung des Vertrages zur Disposition gestellt und dem Mieter damit Gelegenheit gegeben wurde, den Inhalt der Klausel zu beeinflussen (vgl. BGH, WM 1986, 52; NJW 1988, 410; NJW 1991, 1678).

2.2 Rechtsfolge

2.2.1 Individualvereinbarung

Die Unterscheidung, ob es sich bei einer bestimmten Vertragsklausel um eine „Geschäftsbedingung" oder um eine Individualvereinbarung handelt, ist praktisch von entscheidender Bedeutung, wenn eine Partei ihre Ansprüche auf diese Klausel stützt und die andere Partei einwendet, die Klausel sei unwirksam. Verlangt z. B. der Vermieter von seinem Mieter die Durchführung von Schönheitsreparaturen gem. einer mietvertraglichen Vereinbarung und wendet der Mieter ein, diese Klausel sei unwirksam und er sei daher zur Durchführung der Schönheitsreparaturen nicht verpflichtet, ist vorab die Wirksamkeit der entspr. Vereinbarung zu prüfen.

Handelt es sich bei dieser Vereinbarung um eine **Individualvereinbarung**, ist diese nur dann unwirksam, wenn sie gegen zwingendes Recht verstößt, was im Gesetz z. B. durch die Formulierung „abweichende Vereinbarungen sind unwirksam" zum Ausdruck gebracht wird oder wenn ein Verstoß gegen die guten Sitten oder gegen Treu und Glauben (§§ 138, 242 BGB) vorliegt. Dies wird jedoch nur im Ausnahmefall gegeben sein.

2.2.2 Geschäftsbedingung

Anders verhält es sich, wenn die Vereinbarung als **Geschäftsbedingung** zu qualifizieren ist, da in diesem Fall die Wirksamkeit anhand des Gesetzes zur Regelung des Rechtes der Allgemeinen Geschäftsbedingungen (AGB-Gesetz) zu prüfen ist. Danach ist eine Klausel nicht nur nach den erwähnten allgemeinen Regeln, sondern bereits dann unwirksam, wenn sie den Vertragspartner im Sinne von § 9 AGB-Gesetz „unangemessen benachteiligt". Eine **unangemessene Benachteiligung** wird in der Regel dann angenommen, wenn sich die Klausel zu weit zu Lasten des Klauselgegners (hier: des Mieters) von der gesetzlichen Regelung entfernt. So bestimmt z. B. der § 536 BGB, daß der Vermieter die Mietsache in gebrauchsfähigem Zustand zu erhalten hat mit der Folge, daß nach dieser gesetzlichen Regelung die Durchführung von **Schönheitsreparaturen** Sache des Vermieters und nicht des Mieters ist. Bei Prüfung der Wirksamkeit einer Klausel, die dem Mieter die Schönheitsreparaturen überbürdet, stellt sich somit die Frage, ob von dieser gesetzlichen Regelung zu weit zu Lasten des Mieters abgewichen und dieser somit unangemessen benachteiligt wurde im Sinne von § 9 AGB-Gesetz. Dies kann der Fall sein, wenn z. B. die Fristen für die Durchführung der Arbeiten zu kurz bemessen wurden oder die Klausel den Mieter zur uneingeschränkten Renovierung beim Auszug verpflichtet (zur Wirksamkeit einer Formularklausel, die den Mieter zur Durchführung von Schönheitsreparaturen verpflichtet, vgl. im einzelnen „Schönheitsreparaturen").

Eine zunehmend am Gedanken des Mieterschutzes orientierte Auslegung des Gesetzes zur Regelung des Rechtes der Allgemeinen Geschäftsbedingungen hat in jüngster Zeit dazu geführt, daß zum Teil jahrzehntelang verwendete Formularklauseln für unwirksam erklärt wurden.

3 Beispiele unwirksamer Klauseln nach § 9 AGBG

Die Unwirksamkeit der überwiegenden Zahl der mietvertraglichen Formularklauseln wurde von der neueren Rechtsprechung (vgl. insbesondere OLG München, Urt. vom 12. 1. 1989, WM 1989, 128; OLG Celle, Urt. vom 29. 12. 1989, WM 1990, 103; BGH, Urt. vom 7. 6. 1989, NJW 1989, 2247; BGH, Urt. vom 15. 5. 1991, Az.: VIII ZR 38/90) auf einen Verstoß gegen die **Generalklausel des § 9 AGB-Gesetz** gestützt, so daß dieser Bestimmung die größte praktische Bedeutung zukommt. Dies auch deshalb, weil eine

Bestimmung nach § 9 AGB-Gesetz selbst dann unwirksam sein kann, wenn sie keinen Verstoß gegen die Verbotskataloge der §§ 10 und 11 AGB-Gesetz beinhaltet.

Folgende Klausel zeichnet den Vermieter zwar in einer nach § 11 Nr. 7 und 8 AGB-Gesetz zulässigen Weise von der Haftung für einfache und konkrete **Fahrlässigkeit** frei, führt jedoch nach dem OLG Celle a.a.O. zu einer unangemessenen Benachteiligung des Mieters gem. § 9 AGB-Gesetz:

„Die Benutzung des **Fahrstuhles** geschieht auf eigene Gefahr. Für etwaige, durch die Benutzung des Fahrstuhles entstehende Schäden haftet der Vermieter nur, soweit ihn vorsätzliches oder grobfahrlässiges Verschulden trifft."

Das Oberlandesgericht Celle a.a.O. führt in den Gründen aus, daß es nicht sachgerecht ist und die Interessen des Mieters in erheblichen Maßen verletzt, wenn der Vermieter, der eine Anlage – wie hier einen Fahrstuhl – im Miethaus eröffnet und dem Mieter mit zur Verfügung stellt, für sein eigenes Verschulden oder das seiner Erfüllungsgehilfen nur eingeschränkt haften soll.

Weiterhin wurden von der Rechtsprechung u. a. **folgende Klauseln** wegen Verstoßes gegen **§ 9 AGB-Gesetz** für **unwirksam** erklärt:

- „Die Kosten für auch ohne Verschulden des Mieters notwendige **Reparaturen** an den ihm überlassenen Zentralheizungs- und Warmwasserversorgungsanlagen, an Öfen, Herden, Spültischen, Türen, Schlössern, Fenstern, Fensterläden, Rolläden, Jalousien, Markisen, WC- und Badeeinrichtungen, Gas- und Wasserleitungen, Handwaschbecken, Bodenbelägen, elektrischen Einrichtungen, Gemeinschaftsantennen hat der Mieter bis einschließlich DM 100,– im Einzelfall auf sich zu nehmen und sich bei größerem Aufwand mit dem genannten Betrag zu beteiligen. Dasselbe gilt im Fall einer Neuanschaffung eines der genannten Gegenstände.
  Den darüber hinausgehenden Betrag trägt der Mieter ebenfalls, wenn er den Schaden nicht rechtzeitig vorher angezeigt hat." (BGH, Urt. v. 7. 6. 89, NJW 89, 2247).
- „Der Mieter hat auf seine Kosten die mitvermieteten Anlagen und Einrichtungen in den Mieträumen wie Rolläden, Licht- und Klingelanlagen, Schlösser, Wasserhähne, Heizkörperventile, Klosettspüler, Wasch- und Abflußbecken, Öfen, Badeöfen, Thermen, Herde u. ä. Einrichtungen in gebrauchsfähigem Zustand zu halten und alle an diesen Anlagen notwendig werdenden Reparaturen auf seine Kosten durchführen zu lassen" (BGH v. 15. 5. 1991).
- „Thermen sind auf Kosten des Mieters wenigstens einmal im Jahr von einem Fachmann zu warten" (BGH v. 15. 5. 1991).

Zur Wirksamkeit von sog. **Kleinreparaturklauseln** vgl. „Kleinreparaturen".

Zur vertraglichen Abwälzung von Reparaturen auf den Mieter bei der Gewerberaummiete vgl. „Instandhaltung und Instandsetzung der Mieträume“.

- „Der Mieter **tritt** dem Vermieter schon jetzt, für den Fall der Untervermietung, die ihm gegenüber dem Untermieter zustehenden Forderungen nebst Pfandrecht in Höhe der Mietforderung des Vermieters zur Sicherheit **ab**“ (BGH v. 15. 5. 1991).
- „Der Mieter ist verpflichtet, auch nach Abschluß des Mietvertrages die Installation einer **Gemeinschaftsantenne** oder eines **Kabelanschlusses** zu dulden“ (BGH v. 15. 5. 1991). **Wirksam** ist folgende Klausel: „Soweit ein Breitbandkabelanschluß in der Wohnung vorhanden ist, der von einem Dritten, der das Haus verkabelt hat, betrieben wird, ist der Vermieter nicht verpflichtet, einen Kabelanschluß herzustellen“ (BGH, Urt. v. 20. 1. 1993, DWW 1993, 74). Dabei darf dem Mieter allerdings nicht untersagt werden, eine eigene Antenne anzubringen.
- „Die Mieter **bevollmächtigen** sich untereinander in der Weise, daß jeder von ihnen allein berechtigt ist, Willenserklärungen mit Wirkung für alle entgegenzunehmen oder abzugeben“ (BGH v. 15. 5. 1991).
- „Eine **Temperatur** von mindestens 20 °C für die Zeit von 7.00 Uhr bis 22.00 Uhr in den vom Mieter hauptsächlich benutzten Räumen gilt als vertragsgemäß . . .“ (BGH v. 15. 5. 1991).
- „Für eine **gleichmäßige Temperatur** wird eine Gewähr nicht übernommen, insbesondere nicht bei etwaiger Überbelegung des Hauses“ (BGH v. 15. 5. 1991).
- „Soweit zulässig, ist der Vermieter bei Erhöhung bzw. Neueinführung von Betriebskosten berechtigt, den entsprechenden Mehrbetrag vom Zeitpunkt der Entstehung umzulegen“.

  Diese Klausel ist **unwirksam**, weil sie keine Beschränkung auf den Katalog der Anlage 3 zu § 27 der II. BV enthält und außerdem hinsichtlich des Zeitpunktes der Erhöhung gegen § 4 Abs. 2 MHG (vgl. „Mieterhöhung bei Wohnraum, Abschnitt 4“) verstößt (BGH a.a.O.).

  Unwirksam ist auch eine Formularklausel, wonach der Vermieter (bei fehlender Vereinbarung) einen „geeigneten, auch unterschiedlichen“ Betriebskosten-Umlagemaßstab bestimmen kann, weil eine solche Klausel hinsichtlich der Heiz- und Warmwasserkosten von den zwingenden Vorschriften der §§ 6–9 Heizkostenverordnung abweicht und weiterhin nicht erkennen läßt, daß das Bestimmungsrecht des Vermieters an die §§ 315, 316 BGB (billiges Ermessen) gebunden und damit eingeschränkt ist.

Ebenso ist eine Formularklausel **unwirksam**, die dem Vermieter auch während der Mietzeit das Recht einräumt, „soweit zulässig, den Verteilungsschlüssel (für die Betriebskosten) angemessen neu zu bilden", weil auch das unterschiedlose Abänderungsrecht einen Verstoß gegen die Heizkostenverordnung darstellt und sich der Vermieter eine Abänderung des Umlageschlüssels nach billigem Ermessen auch nur dann vorbehalten darf, wenn sachliche Gründe dafür vorliegen (BGH a.a.O.).

– „Das **Halten** von **Haustieren** ist unzulässig".

  Dieses generelle Verbot ist **unwirksam**, weil es auch Tiere erfaßt, deren Anwesenheit naturgemäß auf das Vertragsverhältnis keinen Einfluß haben können, z. B. Zierfische im Aquarium (BGH a.a.O.). Werden solche Kleintiere ausdrücklich ausgenommen, ist ein formularvertragliches Tierhaltungsverbot auch ohne Erlaubnisvorbehalt wirksam (LG Hamburg, WM 1993, 120; Sternel, Mietrecht, 3. Aufl., II 168; vgl. auch bei „Tierhaltung").

– „Bei Beendigung des Mietverhältnisses ist der Mieter verpflichtet, **Dübeleinsätze** zu entfernen, Löcher ordnungsgemäß und unkenntlich zu verschließen, etwa durchbohrte Kacheln durch gleichartige zu ersetzen".

  Diese Klausel ist **unwirksam**, weil sie sich auch auf Fälle erstreckt, in denen das Anbringen von Dübeln und Löchern zum vertragsgemäßen Gebrauch unerläßlich war (BGH a.a.O.).

– „Befindet sich der Mieter mit der Zahlung des Mietzinses im Rückstand, so sind eingehende **Zahlungen** zunächst auf die Kosten einschließlich etwaiger Prozeßkosten, dann auf die Zinsen und zuletzt auf die Hauptschuld, und zwar zunächst auf die ältere Schuld, **anzurechnen**" (BGH v. 15. 5. 1991).

– „Der Mieter ist ohne ausdrückliche schriftliche Erlaubnis des Vermieters (weder zu einer **Untervermietung** der Mieträume) noch zu einer sonstigen Gebrauchsüberlassung an Dritte, ausgenommen besuchsweise sich aufhaltender Personen, berechtigt" (BGH v. 15. 5. 1991).

– „**Schäden** in den Mieträumen, am Gebäude, an den zum Gebäude oder Grundstück gehörenden Einrichtungen und Anlagen, die über den Rahmen der §§ 15 und 16 hinausgehen, hat der Mieter auf seine Kosten beseitigen zu lassen, wenn und insoweit ihn, die zu seinem Haushalt gehörenden Personen, seine Untermieter und Besucher, die von ihm beauftragten Handwerker oder sonstige, zu ihm in Beziehung stehenden Personen durch Vernachlässigung der Obhutspflicht oder in sonstiger Weise ein Verschulden trifft".

An dieser Klausel wurde beanstandet, daß der Mieter auch für „sonstige, zu ihm in Beziehung stehende Personen" haftet, sowie auch dann haftet, wenn die genannten Personen „in sonstiger Weise ein Verschulden trifft".

Dagegen bleibt die Haftung des Mieters für die zu seinem Haushalt gehörenden Personen (Untermieter, Besucher und von ihm beauftragte Handwerker) wegen Vernachlässigung der Obhutspflicht, unbeanstandet.

- „**Kosten** und Abgaben, die mit dem Abschluß dieses Vertrages verbunden sind, gehen zu Lasten des Mieters" (BGH v. 15. 5. 1991).
- „Für **Beschädigungen** der Mieträume und des Gebäudes sowie der zu den Mieträumen oder zu dem Gebäude gehörenden Anlagen ist der Mieter ersatzpflichtig, soweit sie von ihm oder den zu seinem Haushalt gehörigen Personen oder von Untermietern, Besuchern, Lieferanten, Handwerkern usw. schuldhaft verursacht werden" (OLG München WM 1989, 128).
- „Zum Zwecke der Ausübung eines **Pfandrechtes** ist der Vermieter oder ein Beauftragter desselben berechtigt, die Mieträume allein oder in Begleitung eines Zeugen zu **betreten**" (OLG München a.a.O.).
- „Falls der Mieter vor Ablauf des Vertrages die Räume verläßt, ist er verpflichtet, die **Schlüssel** an den Vermieter oder an dessen Beauftragten zu übergeben und zwar auch dann, wenn er noch Gegenstände in den Räumen belassen hat, jedoch aus Anzahl oder Beschaffenheit der zurückgelassenen Gegenstände die Absicht des dauernden Verlassens der Räume zu erkennen ist. In diesen Fällen ist der Vermieter im Interesse des Mietnachfolgers berechtigt, die Mieträume schon vor der beendigten Räumung **instandsetzen** zu lassen, ohne daß der Mieter das Recht hat, deshalb die Zahlung der Miete ganz oder teilweise zu verweigern oder die gezahlte Miete ganz oder teilweise zurückzuverlangen" (OLG München a.a.O.).
- „**Nachträgliche Änderungen** und Ergänzungen derselben sind nur wirksam, wenn sie **schriftlich** niedergelegt sind" (OLG München a.a.O.).
- Unwirksam ist auch eine Formularklausel, die den Mieter (Pächter) im Falle einer von ihm verschuldeten Kündigung zur Zahlung einer Vertragsstrafe (z. B. in Höhe einer Monatsmiete) verpflichtet (OLG Düsseldorf, Urt. v. 23. 11. 1995, MDR 1996, 465).

Unwirksam ist bei **Wohn**raummietverträgen auch der **formularmäßige** Ausschluß des Kündigungsrechts des Mieters bei Versagung der Untervermieterlaubnis nach § 549 Abs. 1 S. 2 BGB (vgl. die Zusammenstellung der gegensätzlichen Standpunkte in BGH, NJW 1990, 3016 sowie LG Hamburg, WM 1992, 689). Strittig ist, ob dies auch für Mietverhältnisse über **Geschäfts**räume gilt. Bei **Geschäfts**raummietverhältnissen ist der **formularmäßige** Ausschluß des Sonderkündigungsrechtes des Mieters im Falle der Verweigerung der Untervermieterlaubnis jedenfalls dann gem. § 9 AGBG unwirksam, wenn eine Untervermietung vertraglich zwar nicht ausgeschlossen ist, der Vermieter die erforderliche Erlaubnis nach dem Inhalt des Vertrages aber nicht nur bei Vorliegen konkreter Versagungsgründe (z. B. übermäßiger Abnutzung der Mietsache, Schmälerung vorhandener Sicherheiten aus dem Vermieterpfandrecht), sondern nach Belieben verweigern kann (BGH, Urt. v. 24. 5. 1995, NJW 1995, 2034; vgl. auch BGH, Urt. v. 4. 7. 1990, BB 1990, 1796).

Formularvertraglich **un**wirksam sind auch Vereinbarungen, wonach die Erteilung der Erlaubnis nur **schriftlich** gültig ist (BGH, NJW 1991, 1750) oder vom Vermieter **frei widerrufen** werden kann (uneingeschränkter Widerrufsvorbehalt; BGH, NJW 1987, 1692). Solche Vereinbarungen sind nur wirksam, wenn sie von den Parteien im Einzelfall individuell ausgehandelt wurden.

Unwirksam sind auch Klauseln in **Wohn**raummietverträgen, die eine **Mietzinsminderung** durch den Mieter (siehe „Minderung des Mietzinses") **ausschließen oder beschränken** (z. B. von einer vorherigen Anzeige abhängig machen). Solche Klauseln sind nicht nur formularvertraglich wegen Verstoßes gegen § 9 AGBG, sondern **auch bei individueller Vereinbarung** wegen Verstoßes gegen § 537 Abs. 3 BGB unwirksam.

Dagegen kann in Mietverträgen über **Geschäfts**räume das **Minderungsrecht** auch formularvertraglich wirksam ausgeschlossen werden (BGH, NJW 1984, 2404; OLG Düsseldorf, DWW 1990, 85; OLG München, Urteil vom 24. 9. 1986, Az.: 7 U 6077/85; Wolf / Eckert, Handbuch des gewerblichen Miet-, Pacht- und Leasingrechts, 6. Auflage, Randn. 133). Nach Ansicht des OLG Düsseldorf, a.a.O. besagt diese Klausel nämlich nur, daß der Mieter vorläufig den vollen Mietzins zu zahlen hat, nimmt ihm aber nicht das Recht, das zuviel geleistete nach Bereicherungsrecht (§ 812 BGB) zurückzufordern. Soweit dem Mieter Schadensersatzansprüche und das Kündigungsrecht verbleiben, ist er nicht unangemessen benachteiligt im Sinne von § 9 AGB-Gesetz (OLG Düsseldorf, a.a.O.).

Wirksam ist der Ausschluß der **Fortsetzungsfiktion** des § 568 BGB durch folgende Formulierung:

– „Setzt der Mieter den Gebrauch der Mietsache nach Ablauf der Mietzeit fort, so gilt das Mietverhältnis nicht als verlängert. § 568 BGB findet keine Anwendung" (BGH v. 15. 5. 1991, NJW 1991, 1750).

Dagegen ist der **Ausschluß** der **Fortsetzungsfiktion** durch folgende Klausel unwirksam: „Wird nach Ablauf der Mietzeit der Gebrauch der Sache vom Mieter fortgesetzt, so findet § 568 BGB keine Anwendung". Da diese Klausel nur die Nichtanwendbarkeit einer gesetzlichen Bestimmung erklärt, jedoch nicht auf die Rechtsfolge hinweist, wonach dadurch das Mietverhältnis nicht verlängert wird, ist die Klausel für einen rechtlich nicht vorgebildeten Durchschnittsbürger unverständlich und wird daher gemäß § 2 Abs. 1 Nr. 2 AGBG nicht wirksam in den Mietvertrag einbezogen (OLG Schleswig, Beschl. v. 27. 3. 1995 – 4 RE-Miet 1/93; NJW 1995, 2858; WM 1996, 85).

Im kaufmännischen Rechtsverkehr kann auch das Recht zur **Aufrechnung** und Zurückbehaltung formularvertraglich ausgeschlossen werden, soweit es nicht rechtskräftig festgestellte oder unstreitige Forderungen betrifft (BGH, Urt. v. 27. 1. 1993, DWW 1993, 170).

Wirksam ist auch der formularmäßige **Ausschluß** des **Konkurrenzschutzes** in Geschäftsraummietverträgen (OLG Hamburg, ZMR 1987, 94). Der Ausschluß ist nur dann mit einem wesentlichen Grundgedanken der §§ 535 S. 1, 536 BGB nicht vereinbar, wenn der Wettbewerber ein völlig gleiches Warensortiment oder gleiche Dienstleistungen anbietet (OLG Düsseldorf, DWW 1992, 368; vgl. auch BGH, NJW-RR 1988, 717 ff.). Auch Konkurrenzschutz**regelungen**, die den Mieter verpflichten, „keine Waren zu führen, die bereits in einem anderen Geschäftslokal des Hauses (Einkaufszentrum) geführt werden", sind formularvertraglich wirksam und verstoßen nicht gegen § 9 AGBG, da mit einem solchen Konkurrenzverbot lediglich eine ohnehin bestehende Rechtslage angesprochen wird, die aus der vertraglichen Überlassungspflicht (§ 536 BGB; vgl. Sternel, 3. Aufl., II 117) oder jedenfalls aus dem Grundsatz von Treu und Glauben (§ 242 BGB) folgt (OLG Celle, DWW 1995, 216); siehe auch das Stichwort „Wettbewerbsschutz".

Wirksam ist auch die formularmäßige Vereinbarung einer **Betriebspflicht** des Mieters in einem Geschäftsraummietvertrag, da die Rentabilität eines in den gemieteten Räumen betriebenen Unternehmens grundsätzlich allein in die wirtschaftliche Risikosphäre des Mieters fällt (BGH, Urt. v. 29. 4. 1992, DWW 1993, 69).

Das uneingeschränkte Risiko für die Erteilung einer **behördlichen Erlaubnis** kann dem Mieter formularvertraglich nicht übertragen werden (BGH, Urt. v. 27. 1. 1993, DWW 1993, 170). Jedoch bestehen keine rechtlichen Bedenken gegen eine Vereinbarung, wonach die Beschaffung einer notwendigen Konzession (z. B. zum Betrieb einer Gaststätte) Sache des Mieters sein und der Mietvertrag erst mit Erteilung der Konzession wirksam werden soll (BGH, Urt. v. 2. 3. 1994, ZMR 1994, 253). Eine Vertragsklausel, die den Mieter verpflichtet, sämtliche **Genehmigungen** für seinen **Betrieb** auf eigene Kosten und Gefahr selbst einzuholen, ist dahingehend auszulegen, daß der Mieter lediglich das Risiko für solche Genehmigungen trägt, die in seinem Verantwortungsbereich liegen; nicht aber ein Risiko, das mit der Beschaffenheit und Lage der Mietsache in Zusammenhang steht (z. B. das Risiko der Verweigerung einer Gaststättenkonzession wegen fehlender Stellplätze – vgl. OLG München, Urt. v. 19. 5. 1995, ZMR 1995, 401).

Gleiches gilt für die Vereinbarung, daß der gewerbliche Mietvertrag unter der aufschiebenden Bedingung der Erteilung der erforderlichen **Zweckentfremdungsgenehmigung** geschlossen wird (vgl. das Stichwort „Zweckentfremdung"). Wirksam ist auch eine Formularklausel, die eine Umlage der für die Zweckentfremdung zu entrichtenden **Ausgleichsabgabe** auf den

Mieter bestimmt (KG Berlin, Urt. v. 15. 1. 1996, GE 1996, 413).

Das unter gewissen Voraussetzungen bestehende Recht des Mieters zur Stellung von **Ersatzmietern** (siehe „Ersatzmieter") kann durch eine Formularklausel nicht generell ausgeschlossen werden (BGH, Urt. v. 29. 4. 1992, a.a.O.).

Weiterhin beinhaltet das AGB-Gesetz in den §§ 10 und 11 **Verbotskataloge**. Für die Verbote in § 10 AGB-Gesetz ist kennzeichnend, daß sie unbestimmte Rechtsbegriffe enthalten (z. B. unangemessen, anerkennenswert) und somit zur Feststellung der Unwirksamkeit eine richterliche Wertung im Einzelfall erfordern (Klausel-Verbote mit Wertungsmöglichkeit). Dagegen führt ein Verstoß gegen ein Klausel-Verbot des § 11 AGB-Gesetz zwingend zur Unwirksamkeit (Klausel-Verbote **ohne** Wertungsmöglichkeit).

4 Beispiele unwirksamer Klauseln nach § 10 AGBG

Nach § 10 AGB-Gesetz ist u. a. **unwirksam**:

- Die Vereinbarung eines Rechtes des Vermieters, die versprochene **Leistung zu ändern** oder von ihr abzuweichen, wenn nicht die Vereinbarung der Änderung oder Abweichung unter Berücksichtigung der Interessen des Vermieters für den Mieter zumutbar ist (§ 10 Nr. 4 AGB-Gesetz). Z. B. „Der Vermieter behält sich vor, dem Mieter eine andere als die im Mietvertrag bezeichnete Wohnung zu überlassen".

  Formularmäßige **einseitige Leistungsänderungen** sind grundsätzlich nur wirksam, wenn die Klausel schwerwiegende Änderungsgründe nennt und die Interessen des Vertragspartners angemessen berücksichtigt (BGH, NJW 1994, 1060). Daher ist eine Klausel in einem Formularmietvertrag für Geschäftsräume, die den Vermieter berechtigt, nach Vertragsschluß die Zahlung der **Mehrwertsteuer** auf den vereinbarten Mietzins zu verlangen, jedenfalls dann unwirksam, wenn der Mieter nicht zum Vorsteuerabzug berechtigt ist (LG Magdeburg, WM 1996, 700).

- Eine Bestimmung, die vorsieht, daß eine Erklärung des Vermieters von besonderer Bedeutung dem Mieter **als zugegangen gilt** (§ 10 Nr. 6 AGB-Gesetz; z. B. Kündigung, Mahnung, Frist- und Nachfristsetzungen).

- Eine Bestimmung, nach der der Vermieter für den Fall, daß der Mieter vom Vertrag zurücktritt oder den Vertrag kündigt, eine unangemessen hohe **Vergütung** für die Nutzung der Räume oder einen unangemessen hohen Ersatz von Aufwendungen (z. B. für die Weitervermietung) verlangen kann (§ 10 Nr. 7 AGB-Gesetz).

5 Beispiele unwirksamer Klauseln nach § 11 AGBG

Nach § 11 AGB-Gesetz ist u. a. **unwirksam**:

- Eine Bestimmung, durch die das **Leistungsverweigerungsrecht** des Mieters nach § 320 BGB ausgeschlossen oder eingeschränkt wird oder das **Zurückbehaltungsrecht** des Mieters, soweit es auf demselben Vertragsverhältnis beruht, ausgeschlossen oder eingeschränkt, insbesondere von der Anerkennung von Mängeln durch den Vermieter abhängig gemacht wird (§ 11 Nr. 2 AGB-Gesetz), z. B. „Falls der Mieter vor Ablauf des Vertrages die Räume verläßt, ist der Vermieter im Interesse des Mietnachfolgers berechtigt, die Mieträume schon vor der beendigten Räumung **instandsetzen** zu lassen, ohne daß der Mieter das Recht hat, deshalb die Zahlung der Miete ganz oder teilweise zu verweigern oder die gezahlte Miete ganz oder teilweise zurückzuverlangen“ (OLG München a.a.O.).

  Diese Klausel verstößt gegen § 11 Nr. 2 AGB-Gesetz, da sie das Leistungsverweigerungsrecht gemäß § 320 BGB bei (teilweiser) Nichterfüllung des Vertrages aufhebt bzw. einschränkt (OLG München a.a.O.).

- Eine Bestimmung, durch die dem Mieter die Befugnis genommen wird, mit einer unbestrittenen oder rechtskräftig festgestellten Forderung **aufzurechnen** (§ 11 Nr. 3 AGB-Gesetz), z. B. „Der Mieter kann gegenüber dem Mietzins mit einer Gegenforderung nur aufrechnen oder ein Zurückbehaltungsrecht ausüben, wenn die Gegenforderung auf dem Mietverhältnis beruht, unbestritten ist oder ein rechtskräftiger Titel vorliegt und er die Ausübung seines Zurückbehaltungsrechtes mindestens einen Monat vor Fälligkeit des Mietzinses dem Vermieter schriftlich angekündigt hat“.

  Diese Klausel verstößt gegen § 11 Nr. 3 AGB-Gesetz, da sie die Aufrechnung auf Gegenforderungen aus dem Mietverhältnis beschränkt und entscheidungsreife Forderungen, die den unbestrittenen und rechtskräftig festgestellten Forderungen bei der Inhaltskontrolle gleichstehen, nicht ausnimmt (OLG Celle a.a.O.).

- Eine Bestimmung, durch die der Vermieter von der gesetzlichen Obliegenheit freigestellt wird, den Mieter zu **mahnen** oder ihm eine **Nachfrist** zu setzen (§ 11 Nr. 4 AGB-Gesetz), z. B. „Führt der Mieter die Schönheitsreparaturen nicht vertragsgemäß durch, kann der Vermieter sofort Schadenersatz wegen Nichterfüllung verlangen“.

  Diese Bestimmung verstößt gegen § 11 Nr. 4 AGB-Gesetz, da sie den Vermieter von der Pflicht zur Nachfristsetzung mit Ablehnungsandrohung nach § 326 BGB befreit (vgl. auch „Schönheitsreparaturen“).

- Die Vereinbarung eines **pauschalierten** Anspruches des Vermieters auf **Schadenersatz** oder Ersatz einer Wertminderung, wenn die Pauschale den in den geregelten Fällen nach dem gewöhnlichen

Lauf der Dinge zu erwartenden Schaden (z. B. den Mietausfall) oder die gewöhnlich eintretende Wertminderung übersteigt oder dem Mieter der Nachweis abgeschnitten wird, ein Schaden oder eine Wertminderung sei überhaupt nicht entstanden oder wesentlich niedriger als die Pauschale (§ 11 Nr. 5 AGB-Gesetz), z. B. „Bei verspäteter Zahlung ist der Vermieter berechtigt, mindestens DM 10,– für jede schriftliche Mahnung als **Auslagenersatz** zu erheben" oder „Die Höhe des **Zinssatzes** wird mit 2 % über dem jeweiligen Diskontsatz der Deutschen Bundesbank vereinbart".

Diese Klauseln sind unwirksam, da dem Mieter nach der Art der Formulierung der Nachweis eines geringeren Schadens nicht gestattet ist (OLG Celle a.a.O.).

Wirksam ist dagegen folgende **Formular**klausel in einem auf Wunsch des Mieters abgeschlossenen **Mietaufhebungsvertrag:** „Für den erhöhten Verwaltungs- und Vermietungsaufwand Ihrer vorzeitigen Vertragsauflösung bezahlen Sie eine **Pauschal**abgeltung in Höhe von einer Monatsmiete – netto/kalt – ohne besonderen Nachweis des Vermieters" (OLG Hamburg, RE vom 17. 4. 1990, DWW 1990, 174).

– Eine Bestimmung, durch die dem Vermieter für den Fall der Nichtabnahme oder verspäteten Abnahme der Leistung, des Zahlungsverzuges oder für den Fall, daß sich der Mieter vom Vertrag löst, Zahlung einer **Vertragsstrafe** versprochen wird (§ 11 Nr. 6 AGB-Gesetz; vgl. auch § 550 a BGB).

– Ein **Ausschluß oder eine Begrenzung der Haftung** für einen Schaden, der auf einer grobfahrlässigen Vertragsverletzung des Vermieters oder auf einer vorsätzlichen oder grobfahrlässigen Vertragsverletzung eines gesetzlichen Vertreters oder Erfüllungsgehilfen des Vermieters beruht; dies gilt auch für Schäden aus der Verletzung von Pflichten bei den Vertragsverhandlungen (§ 11 Nr. 7 AGB-Gesetz), z. B. „Die Ansprüche des Mieters gemäß § 538 BGB sind ausgeschlossen".

Diese Klausel verstößt gegen § 11 Nr. 7 AGB-Gesetz, da der Ausschluß vom Schadenersatzansprüchen wegen Mängel der Mietsache auch grobe Fahrlässigkeit und Vorsatz des Vermieters und seiner Erfüllungsgehilfen umfaßt (BayObLG, RE vom 17. 12. 1984, NJW 1985, 1716; Weber/Marx, IV/S. 93).

Wirksam ist danach eine Klausel, welche die gesetzliche Haftung des Vermieters bei Vorsatz und grober Fahrlässigkeit bestehen läßt und den Vermieter lediglich bei **leichter Fahrlässigkeit** von der Haftung befreit, z. B. „Der Vermieter haftet nicht für Schäden, die dem Mieter an den ihm gehörenden Einrichtungsgegenständen durch Feuchtigkeitseinwirkungen entstehen, gleichgültig welcher Art, Herkunft, Dauer und welchen Umfanges die Feuchtigkeitseinwirkung ist, es sei denn, daß der Vermieter den Schaden vorsätzlich oder grob fahrlässig herbeigeführt hat" (OLG Stuttgart, RE vom 11. 4. 1984, ZMR 1984, 309; Weber/Marx, IV/S. 89).

Konsequent ist daher auch die Rechtsprechung des BGH, wonach formularmäßig auch die verschuldens**un**abhängige Garantiehaftung des Vermieters nach § 538 Abs. 1 1. Alt. BGB (siehe auch „Mängel") für anfängliche Sachmängel ausgeschlossen werden kann. Der BGH begründet dies damit, daß es sich bei der verschuldensunabhängigen Garantiehaftung des Vermieters um eine für das gesetzliche Haftungssystem („Verschuldensprinzip") untypische Regelung handelt (BGH, Beschluß vom 4. 10. 1990, NJW-RR 1991, 74).

Praktische Bedeutung kann ein solcher Haftungsausschluß erlangen, wenn die Mietsache mit einem Mangel behaftet ist, den sowohl der Mieter als auch der Vermieter bei Vertragsabschluß weder erkannt hat noch hätte erkennen können (z. B. gesundheitsgefährdende Asbest- und Formaldehydkonzentrationen in den Mieträumen; vgl. Landgericht München I, Urt. vom 26. 9. 1990, Az.: 31 S 20071/89). In diesem Fall haftet der Vermieter unter den Voraussetzungen des § 538 BGB auf Schadensersatz, wenn er nicht seine Haftung in wirksamer Weise beschränkt hat.

– Ebenfalls wirksam ist folgende Klausel: „Der Vermieter haftet nicht für durch Feuer, Rauch, Sott, Schnee, Wasser, Schwamm und allmähliche Einwirkungen von Feuchtigkeit entstandene Schäden an den Sachen des Mieters, es sei denn, daß die Schäden durch Vernachlässigung des Grundstücks entstanden sind und der Vermieter trotz rechtzeitiger Anzeige und Aufforderung durch den Mieter es unterlassen hat, Mängel zu beseitigen" (OLG Hamburg, RE vom 26. 4. 1991, Az.: 4 U 25/91).

– Eine Bestimmung, durch die für den Fall des Leistungsverzuges des Vermieters oder der von ihm zu vertretenden Unmöglichkeit der Leistung das Recht des Mieters, sich vom Vertrag zu **lösen,** ausgeschlossen oder eingeschränkt oder das Recht des Mieters, **Schadenersatz** zu verlangen ausgeschlossen oder entgegen § 11 Nr. 7 AGB-Gesetz eingeschränkt wird (§ 11 Nr. 8 AGB-Gesetz), z. B. „Der Vermieter haftet nicht für rechtzeitige Freistellung der vermieteten Räume durch den bisherigen Mieter (oder die rechtzeitige Fertigstellung der Räume), es sei denn, der dadurch dem Mieter entstehende Schaden beruht auf einer vorsätzlichen oder grob fahrlässigen Vertragsverletzung des Vermieters oder auf einer vorsätzlichen oder grob fahrlässigen Vertragsverletzung eines gesetzlichen Vertreters oder Erfüllungsgehilfen des Vermieters".

Nach Ansicht des OLG München (WM 1989, 128) könnte der juristisch nicht vorgebildete Mieter unter der Formulierung „haftet nicht" nicht nur eine Einschränkung seiner Schadenersatzansprüche, sond. auch eine Einschränkung seines Rücktrittsrechtes verstehen („kundenfeindlichste Auslegung"), dessen Einschränkung aber geg. § 11 Nr. 8 a AGB-Gesetz verstößt.

Darüber hinaus handelt es sich bei der Gebrauchsüberlassungspflicht des Vermieters um eine Kardinalpflicht, so daß die Schadensersatzpflicht grundsätzlich auch nicht für den Fall der leichten Fahrlässigkeit abbedungen werden kann (vgl. OLG Düsseldorf, DWW 1993, 197). Der Haftungsausschluß für leichte Fahrlässigkeit würde nicht nur eine – nach § 11 Nr. 8 b AGB-Gesetz zulässige – Einschränkung der Schadensersatzpflicht, z. B. der Höhe nach oder für bestimmte Schadensarten bedeuten, sondern einen unzulässigen Teilausschluß der Schadensersatzpflicht darstellen (vgl. BGH, NJW-RR 1989, 625). Eine solche Klausel ist daher sogar im kaufmännischen Verkehr bei der Vermietung von Gewerberäumen unwirksam (OLG Düsseldorf, a.a.O.).

Unzulässig ist auch eine formularmäßige **Freizeichnungsklausel** in einem Gewerbe-Mietvertrag, wonach der Vermieter keine Gewähr dafür leistet, daß die Räume einschläg. behördl. und techn. Anforderungen entsprechen u. der Mieter entspr. Auflagen u. ähnl. auf eigene Kosten erfüllen muß (OLG Düsseldorf, DWW 1992, 366).

– Eine Bestimmung, die für den Fall des teilw. **Leistungsverzuges** des Vermieters oder bei von ihm zu vertretender teilw. Unmöglichkeit zur Leistung das Recht des Mieters ausschließt, **Schadenersatz** wegen Nichterfüllung der **ganzen** Verbindlichkeit zu verlangen oder von dem **ganzen** Vertrag zurückzutreten, wenn die teilw. Erfüllung des Vertrages für ihn kein Interesse hat (§ 11 Nr. 9 AGB-Gesetz), z. B. eine Klausel, wonach der Mieter nur bzgl. der Räume vom Vertrag zurücktreten darf, die ihm nicht überlassen wurden.

– Eine Bestimmung, durch die der Vermieter die **Beweislast** zum Nachteil des Mieters ändert, insb. indem er dem Mieter die Beweislast für Umstände auferlegt, die in seinem Verantwortungsbereich liegen (§ 11 Nr. 15 a AGBG), z. B. „Dem Mieter obliegt der Beweis dafür, daß schuldhaftes Verhalten (bei Beschädigung der Mieträume etc.) nicht vorgelegen hat".

Die Klausel verstößt nach Ansicht des OLG München (WM 1989, 128) gegen § 11 Nr. 15 a AGB-Gesetz, da der Mieter die Klausel so verstehen könnte, als sei immer er beweispflichtig, obwohl nach der geltenden Beweislastverteilung vorab der Vermieter beweisen muß, daß die Schadenursache im Gefahrenbereich des Mieters, d. h. in einem Bereich, welcher der unmittelbaren Einflußnahme, Herrschaft und Obhut des Mieters unterliegt, gesetzt worden ist.

Erst wenn der Vermieter diesen Beweis geführt hat, hat sich der Mieter umfassend hinsichtlich Verursachung und Verschulden zu entlasten (OLG München a.a.O.).

– Eine Bestimmung, durch die der Vermieter die **Beweislast** zum Nachteil des Mieters ändert, insbesondere indem er dem Mieter bestimmte Tatsachen bestätigen läßt (§ 11 Nr. 15 b AGB-Gesetz), z. B. „Die **anliegende Hausordnung** ist Bestandteil des Vertrages" oder „Vorstehender Vertrag sowie die beigefügte Hausordnung wird nach genauer Durchsicht hiermit vorbehaltlos anerkannt."

  Solche Klauseln verstoßen gegen § 11 Nr. 15 b AGB-Gesetz, da sie dem Mieter die Tatsache bestätigen lassen, daß die Hausordnung dem Mietvertrag beigefügt ist. Diese Bestätigung führt zu einer Veränderung der Beweislast zum Nachteil des Mieters, da es bei der Bezugnahme auf die „anliegende Hausordnung" als Vertragsbestandteil um eine Wissenserklärung geht, die die Einbeziehung der Hausordnung im Sinne von § 2 Abs. 1 AGB-Gesetz herbeiführen soll (OLG Celle, WM 1990, 103).

  Eine andere Rechtslage besteht in den Fällen, in denen die Hausordnung rückseitig abgedruckt ist und dem Mieter daher bei Vertragsschluß tatsächlich zur Verfügung steht (BGH, NJW 1982, 1388).

– Eine Bestimmung, durch die Anzeigen oder Erklärungen, die dem Vermieter oder einem Dritten gegenüber abzugeben sind, an eine strengere **Form** als die Schriftform oder an besondere **Zugangserfordernisse** gebunden werden (§ 11 Nr. 16 AGB-Gesetz), z. B. „Die Kündigung durch den Mieter bedarf der Zustellung durch Einschreiben mit Rückschein an den Vermieter". Diese Klausel verstößt gegen § 11 Nr. 16 AGBG, da die Erklärung des Mieters an ein bes. Zugangserfordernis gebunden wird.

6 Überraschende oder ungewöhnliche Klauseln

Eine Unvereinbarkeit mit dem AGB-Gesetz liegt weiterhin vor bei **überraschenden** oder **ungewöhnlichen** Klauseln (§ 3 AGB-Gesetz). Dies ist der Fall, wenn der Mieter nach den Gesamtumständen des Mietvertrages wegen der Ungewöhnlichkeit der Klausel mit einer solchen Regelung nicht zu rechnen brauchte (z. B. der Mietvertrag beinhaltet eine Verpflichtung zum Kauf von Einrichtungsgegenständen oder die **Abtretung von Lohn- oder Gehaltsansprüchen** an den Vermieter).

Eine ihrem Inhalt nach grundsätzlich wirksame Klausel kann nach § 3 AGB-Gesetz unwirksam sein, wenn sie sich an einer Stelle im Vertrag befindet, an der üblicherweise mit einer solchen Regelung nicht zu rechnen ist. Werden

z. B. in die **Hausordnung**, die vorrangig das Zusammenleben der Hausbewohner untereinander regeln und vertragliche Verpflichtungen konkretisieren soll, vertragliche Hauptpflichten des Mieters (z. B. Durchführung von Schönheitsreparaturen) aufgenommen, ist eine solche Regelung trotz ihrer grds. Zulässigkeit nach § 3 AGBG unwirksam (vgl. „Hausordnung").

7 Vorrang individueller Vereinbarungen

Gemäß § 4 AGB-Gesetz haben **individuelle** Vertragsabreden Vorrang vor Allgemeinen Geschäftsbedingungen, so daß die Allgemeinen Geschäftsbedingungen insoweit nicht gelten, als die Individualvereinbarung den gleichen Sachverhalt regelt (zur Schriftformklausel siehe „Änderung des Mietvertrages"). Die Klausel „bisherige schriftliche oder mündliche Mietvereinbarungen treten mit dem Wirksamwerden des vorliegenden Vertrages außer Kraft" widerspricht dem aus § 4 AGB-Gesetz herzuleitenden Grundsatz des Vorranges der Individualabrede. Wegen dieses Widerspruches liegt eine unangemessene Benachteiligung i.S.v. § 9 AGB-Gesetz vor (OLG Celle, WM 1990, 103).

8 Auslegungszweifel

Gemäß **§ 5 AGB-Gesetz** gehen **Zweifel bei der Auslegung** von Allgemeinen Geschäftsbedingungen zu Lasten des Verwenders. Führt die Auslegung nach objektiven Kriterien dazu, daß sich mindestens zwei rechtlich vertretbare Auslegungsmöglichkeiten ergeben, gilt die für den Mieter günstigere Alternative. Darüber hinaus kann eine Klausel nach § 5 AGB-Gesetz insgesamt unwirksam sein, wenn sie so unklar formuliert ist, daß zahlreiche Auslegungen möglich sind und eine exakte Bestimmung des Inhaltes daher nicht mehr durchführbar ist. Eine Klausel unterfällt jedoch nicht dieser Unklarheitenregelung, wenn sie auch bei oberflächlicher Lektüre für jeden durchschnittlich gebildeten Mieter eindeutig ist und unmißverständlich ausgelegt werden kann (vgl. AG Bad Hersfeld, WM 1996, 706 unter Bezugnahme auf LG Wiesbaden, Urt. v. 20. 3. 1995, wonach die in einem Zeitmietvertrag enthaltenen Kündigungsfristen selbstverständlich erst nach Ablauf der Festmietzeit gelten).

9 Umgehung des AGB-Gesetzes

Gemäß **§ 7 AGB-Gesetz** findet das Gesetz auch dann Anwendung, wenn seine Vorschriften durch anderweitige Gestaltungsmöglichkeiten **umgangen** werden sollen.

10 Rechtsfolgen unwirksamer Formularklauseln

Die **Rechtsfolgen** der Unwirksamkeit von Formularklauseln regelt **§ 6 AGB-Gesetz**:

§ 6 Abs. 1 AGB-Gesetz bestimmt, daß der Vertrag trotz Unwirksamkeit **einzelner** Klauseln grundsätzlich wirksam bleibt, das **Vertragsverhältnis** zwischen den Parteien also **weiterbesteht**. Der ganze Vertrag wäre ausnahmsweise nach § 6 Abs. 3 AGB-Gesetz nur dann unwirksam, wenn das Festhalten an ihm eine unzumutbare Härte für einen Vertragspartner darstellen würde. Dies wird jedoch im Mietrecht von der Rechtsprechung im Hinblick auf die Konsequenzen (Räumung der Wohnung) regelmäßig abgelehnt.

Gemäß § 6 Abs. 2 AGB-Gesetz tritt anstelle der unwirksamen Formularvereinbarung die **gesetzliche Regelung**. Dies erfolgt ohne Zutun der Parteien, so daß ein Durchstreichen der entsprechenden Bestimmungen nicht erforderlich ist.

Wirksam ist daher folgende Klausel:

– „Wenn und insoweit eine der Bestimmungen dieses Vertrages gegen zwingende gesetzliche Vorschriften verstößt, tritt an ihre Stelle die entsprechende gesetzliche Regelung" (BGH v. 15. 5. 1991).

Wird z. B. eine Formularklausel, die den Mieter abweichend vom § 536 BGB zur Durchführung von **Schönheitsreparaturen** verpflichtet, für unwirksam erklärt (z. B. weil die darin bestimmten Fristen zu kurz sind), tritt an deren Stelle die für den Vermieter ungünstige gesetzliche Regelung des § 536 BGB, wonach der Vermieter zur Erhaltung der Mietsache in gebrauchsfähigem Zustand verpflichtet ist und der Mieter daher keinerlei Schönheitsreparaturen durchführen muß.

11 Verbot einer geltungserhaltenden Reduktion

Eine Reduzierung des Inhaltes einer unwirksamen Klausel auf einen noch zulässigen Inhalt durch sogenannte **„geltungserhaltende Reduktion"** (z. B. Verlängerung der zu kurzen Renovierungsfristen auf einen zulässigen Zeitraum) ist von der Rechtsprechung bisher abgelehnt worden (BGH, NJW 84, 48; NJW 85, 319; NJW 89, 2247).

Das Gericht ist weder berechtigt noch verpflichtet, einer unwirksamen Klausel durch Einschränkungen oder Erweiterungen (z. B. Festlegung eines dem Mieter zumutbaren Gesamtaufwandes bei Kleinreparaturen; vgl. „Kleinreparaturen") zu einem zulässigen Inhalt zu verhelfen.

Eine Klausel ist daher entweder in ihrem vollen Umfange wirksam oder aber insgesamt unwirksam mit der bereits erwähnten Rechtsfolge.

Eine **Ausnahme** besteht nur dann, wenn nur ein Teil der Klausel unwirksam ist und sich dieser unwirksame Teil inhaltlich und sprachlich von dem wirksamen Teil so trennen läßt, daß nach Wegfall des unzulässigen Klauselteils die restl. Bestimmung eine sprachlich und inhaltlich selbständige und sinnvolle Fassung behält. In diesem Fall ist die Feststellung der Unwirksamkeit auf den unwirksamen Teil zu beschränken (BGH, Urt. v. 15. 5. 1991, NJW 1991, 1752; OLG Hamburg, RE v. 13. 9. 91, WM 1991, 523).

Der BGH hatte folgende Klausel zu prüfen: „Schäden in den Mieträumen, am Gebäude, an den zum Gebäude oder Grundstück gehörenden Einrichtungen und Anlagen hat der Mieter auf seine Kosten beseitigen zu lassen, wenn und soweit ihn, die zu seinem

Haushalt gehörenden Personen, seine Untermieter und Besucher, die von ihm beauftragten Handwerker oder sonstige, zu ihm in Beziehung stehenden Personen durch Vernachlässigung der Obhutspflicht oder in sonstiger Weise ein Verschulden trifft".

Als unangemessene Benachteiligung hat der BGH nur die Ausdehnung der Klausel auf **„sonstige zu ihm in Beziehung stehende Personen"** und auf ein Verschulden **„in sonstiger Weise"** gesehen. Nachdem die Klausel auch nach Wegfall dieser Satzteile eine sprachlich und inhaltlich selbständige und sinnvolle Fassung behält, ist die Klausel insoweit weiterhin wirksam. Gleiches gilt für eine Formularklausel, die in einem Satz sowohl eine – wirksame – Verpflichtung des Mieters zur Durchführung von **Schönheitsreparaturen** als auch eine – unwirksame – Verpflichtung des Mieters zur Durchführung von **Kleinreparaturen** enthält. Trotz Unwirksamkeit der Kleinreparaturregelung bleibt die Verpflichtung zur Durchführung von Schönheitsreparaturen wirksam (BayObLG, RE v. 12. 5. 1997, RE-Miet 1/96, WM 1997, 362).

Darüber hinaus hat der BGH die Zulässigkeit der geltungserhaltenden Reduktion durch einschränkende Auslegung einer Klausel insbesondere bei allgemein üblichen Klauseln bejaht, die im Geschäftsverkehr in zulässiger Weise gehandhabt werden (BGHZ 92, 396). Darin kommt der Gedanke zum Ausdruck, daß eine allgemein akzeptierte und in ihrem wesentlichen Anwendungsbereich nicht zu beanstandende Klausel nicht schon deshalb insgesamt für unwirksam erachtet werden soll, weil ihre zu weite Fassung in für die praktische Anwendung nicht relevanten Einzelfällen zu einem Verstoß gegen die Grundsätze der §§ 9 ff. AGBG führen kann (vgl. BayObLG, RE v. 6. 5. 1993, WM 1993, 335 sowie OLG Stuttgart, RE v. 19. 8. 1993, DWW 1993, 328).

Wegen des grundsätzlichen Verbotes der geltungserhaltenden Reduktion ist auch eine Bestimmung im Mietvertrag, wonach im Falle der Unwirksamkeit nicht die gesetzliche Regelung, sondern eine Regelung maßgebend sein soll, deren wirtschaftlicher Erfolg dem der unwirksamen Klausel soweit wie möglich entspricht (sog. **salvatorische Klausel**), wegen Verstoßes gegen § 6 Absatz 2 AGBG unwirksam (LG Dortmund, AGBE I Nr. XI).

12 Persönlicher Anwendungsbereich des AGB-Gesetzes

§ 24 AGBG beschränkt den **persönlichen Anwendungsbereich** des AGB-Gesetzes:
Werden Allgemeine Geschäftsbedingungen gegenüber einem **Kaufmann** (Voll oder Minderkaufmann) verwendet und gehört der Vertrag zum Betrieb seines Handelsgewerbes, finden die §§ 2, 10, 11 und 12 AGBG keine Anwendung (§ 24 Satz 1 Ziff. 1 AGBG). Bei Verwendung eines Formularvertrages gegenüber einem Kaufmann kann sich die Unwirksamkeit einer Klausel daher nicht aus den Verbotskatalogen der §§ 10 und 11 AGBG ergeben. Jedoch kann eine Klausel durchaus nach § 9 AGBG für unwirksam an-

gesehen werden, wenn sie zu weit zu Lasten des Vertragspartners von der gesetzlichen Regelung abweicht, wobei bei der Beurteilung dieses Umstandes auf die im Handelsverkehr geltenden Gewohnheiten und Gebräuche angemessen Rücksicht zu nehmen ist (§ 24 Satz 2 AGBG).

13 Zeitlicher Anwendungsbereich des AGB-Gesetzes

§ 28 AGBG beschränkt den zeitlichen Anwendungsbereich des AGB-Gesetzes: § 9 AGBG ist die einzige Vorschrift, die auch für **vor Inkrafttreten** des Gesetzes **(1. 4. 1977)** abgeschlossene Mietverträge gilt (§ 28 Abs. 2 AGBG). Alle übrigen Bestimmungen des AGB-Gesetzes gelten nicht für Verträge, die vor diesem Zeitpunkt abgeschlossen wurden (§ 28 Abs. 1 AGBG).

Das AGB-Gesetz findet **keine** Anwendung zugunsten des Mieters, wenn der Mietvertrag mit einem Formular abgeschlossen wurde, das vom **Mieter** entwickelt worden ist und von diesem regelmäßig verwendet wird (OLG Frankfurt, Urt. v. 25. 1. 1995, GE 96, 47).

Anfechtung des Mietvertrages

Nach den Vorschriften des Bürgerlichen Gesetzbuches kann ein Vertrag wegen **Irrtums** (§ 119 BGB) oder **arglistiger Täuschung** bzw. widerrechtlicher Drohung (§ 123 BGB) angefochten werden. Der Vertrag ist dann als **von Anfang an nichtig** anzusehen (§ 142 Abs. 1 BGB).
Dies ist nur bei Anfechtung des Mietvertrages **vor Überlassung** der Mietsache möglich. **Nach Überlassung** der Mietsache kann der Vertrag nur noch mit Wirkung **für die Zukunft** angefochten werden. Der Vertrag entfällt daher erst mit Zugang der Anfechtungserklärung beim Anfechtungsgegner (LG Mannheim, ZMR 1965, 239; LG Nürnberg-Fürth, MDR 1966, 1004).
Ein **Anfechtungsgrund**, der Voraussetzung für eine wirksame Anfechtung ist, liegt praktisch jedoch nur in Ausnahmefällen vor, da grundsätzlich die Kündigungs- und Gewährleistungsvorschriften des Mietrechts als Sondervorschriften den allgemeinen Vorschriften über die Anfechtung vorgehen (LG Mannheim, ZMR 1965, 239). Eine Anfechtungsmöglichkeit bleibt daher auf Fälle beschränkt, die von den Kündigungsvoraussetzungen nicht hinreichend erfaßt werden, z. B. die Eigenschaften einer Person betreffen. Dabei ist von der Rechtsprechung bisher nicht abschließend geklärt worden, in welchen Fällen die unrichtige Beantwortung einer vom Vermieter gestellten Frage, z. B. im Wege einer sog. **„Selbstauskunft“** (siehe „Selbstauskunft“), den Vermieter zur Anfechtung des Mietvertrages wegen arglistiger Täuschung berechtigt.

> Grundsätzlich stellt die unrichtige Beantwortung nur dann einen Anfechtungsgrund dar, wenn die Frage **zulässig** war und die falsche Beantwortung von wesentlicher Bedeutung für das Mietverhältnis ist.

Als **zulässig** wurden von der Rechtsprechung Fragen nach dem **Arbeitgeber** und den **Einkommensverhältnissen** (LG Köln, DWW 1984, 75; AG Bonn, WM 1992, 597) sowie nach dem **Familienstand** (LG Landau, WM 1986, 133) angesehen. Die Einkommensverhältnisse muß der Mieter zwar nicht ungefragt offenlegen, entsprechende Fragen hat er jedoch wahrheitsgemäß zu beantworten (LG München II, WM 1987, 379).

Überwiegend als **unzulässig** werden Fragen nach einer Mitgliedschaft in einem Mieterverein, dem Bestehen einer Schwangerschaft, dem Grund für die Beendigung eines früheren Mietverhältnisses oder der Anhängigkeit von staatsanwaltschaftlichen Ermittlungsverfahren (AG Hamburg, WM 1992, 598) gewertet.

Weiterhin **umstritten** ist in der Rechtsprechung, ob ein Irrtum über die Zahlungsfähigkeit des Mieters einen Irrtum über eine verkehrswesentliche Eigenschaft im Sinne des § 119 Abs. 2 BGB darstellt und zur Anfechtung des Mietvertrages berechtigt. Während das LG Ravensburg (WM 1984, 297) keine Verpflichtung des Mieters sah, von sich aus vor Abschluß des Mietvertrages seine Einkommensverhältnisse offenzulegen, vertrat das AG Hagen (WM 1984, 296) die Meinung, daß ein Anfechtungsgrund nach § 119 Abs. 2 BGB vorliegt, wenn der Mieter bei Vertragsschluß nicht offenbart, daß er bereits eine eidesstattliche Versicherung abgegeben hat. Auch ein wegen Geistesschwäche Entmündigter muß dem Vermieter nicht seine Beschränkung in der Geschäftsfähigkeit offenbaren (Bundesverfassungsgericht, Beschluß vom 11. 6. 1991, DWW 1991, 280).

Angehörige → „Eigenbedarf“

Angemessener Ersatzwohnraum → „Kündigungsschutz“

Anpassungsklausel → „Wertsicherungsklausel, Leistungsvorbehalt“

Antenne

Eine **gesetzliche** Verpflichtung des Vermieters, dem Mieter den Empfang einer bestimmten Anzahl von Fernseh- und Rundfunkprogrammen zu ermöglichen, besteht **nicht**. Der Vermieter ist lediglich verpflichtet, eine bei Abschluß des Mietvertrages vorhandene Antenne auf seine Kosten in vertragsgemäßem Zustand zu erhalten (§ 536 BGB), wobei dieser vom Umfang und Zustand der Antennenanlage bei Vertragsschluß abhängt und dadurch festgeschrieben wird. Der Mieter hat daher weder Anspruch auf Erweiterung einer Antennenanlage noch Anspruch auf Bereitstellung einer solchen durch den Vermieter, wenn bei Vertragsabschluß keine Antenne vorhanden war.

> Der Mieter ist jedoch berechtigt, auf seine Kosten eine Einzelantenne (Hochantenne) auch außerhalb der Mieträume anzubringen, solange keine Gemeinschaftsantenne zum Empfang der **ortsüblichen** Programme vorhanden ist und eine Zimmerantenne keinen ausreichenden Empfang ermöglicht (BayObLG, RE v. 19. 1. 1981, NJW 1981, 1275).

Insoweit handelt es sich um eine Maßnahme des Mieters im Rahmen des **vertragsgemäßen** Gebrauchs, die nicht der Zustimmung des Vermieters bedarf.

1 Wann ist die Zustimmung des Vermieters erforderlich?

Das Anbringen von Antennen, die einen darüber hinausgehenden Empfang ermöglichen sollen ist **nicht mehr** vom vertragsgemäßen Gebrauch gedeckt und daher nur mit Zustimmung des Vermieters zulässig. Dies gilt insbesondere für **CB-Dachfunkantennen** sowie für **Parabolantennen** (Parabolspiegel) zum Direktempfang des Satellitenfernsehens. Solche technischen Neuerungen führen erst dann zur Ausweitung des vertragsgemäßen Gebrauchs, wenn sie für weite Schichten der Bevölkerung selbstverständlich geworden sind und zum allgemeinen Lebensstandard gehören (vgl. BayObLG, a.a.O.). Dies trifft derzeit weder für CB-Funkantennen noch für Parabolantennen zu (vgl. LG Mannheim, DWW 1991,310; LG Stuttgart, DWW 1991, 309; LG Bochum, DWW 1991, 308, 309; LG Arnsberg, DWW 1991, 243; LG Koblenz, DWW 1990, 119; AG Andernach, WM 1990, 492; Pfeifer, DWW 1990, 353).

2 Wann muß der Vermieter zustimmen?

> Jedoch unterfallen auch Empfangsanlagen für **nicht ortsübliche** Rundfunk- und Fernsehprogramme dem Grundrecht auf **Informationsfreiheit** (Art. 5 GG), so daß der Vermieter die Zustimmung zur Einrichtung einer Empfangsanlage, die über den vertragsgemäßen Gebrauch der Mietsache hinausgeht, nach den Grundsätzen von Treu und Glauben (§ 242 BGB) nur dann versagen kann, wenn dem Vermieter **sachbezogene Gründe** zur Seite stehen (BVerfG, Beschl. vom 15. 10. 1991, WM 1991, 573; BayObLG, a.a.O.).

Dementsprechend hat das OLG Frankfurt mit Rechtsentscheid vom 22. 7.

1992 (Az.: 20 REMiet 1/91, NJW 1992, 2490) entschieden, daß der Vermieter, der nicht in demselben Haus wohnt, die Montage einer Parabolantenne gestatten muß, wenn folgende Voraussetzungen vorliegen:

- Das Haus hat weder eine Gemeinschaftsparabolantenne noch einen Breitbandkabelanschluß und es ist ungewiß, ob ein solcher Anschluß verlegt werden wird.
- Der Mieter stellt den Vermieter von allen im Zusammenhang mit der Installation der Antenne entstehenden Kosten und Gebühren frei, auch soweit sie aus der Pflicht des Mieters sich ergeben, nach Beendigung des Mietverhältnisses die Antenne zu entfernen, für sämtliche durch die Antenne verursachten Schäden zu haften oder der im Einzelfall möglichen Pflicht, bei späterer Errichtung einer Gemeinschaftssatellitenantenne bzw. dem Anschluß des Hauses an das Kabelfernsehen durch den Vermieter die Einzelantenne zu entfernen.
- Die Antenne wird von einem Fachmann unter Beachtung bestehender Vorschriften angebracht.
- Der Vermieter kann einen **geeigneten** Montageort bestimmen.
- Sofern es sich bei dem vermieteten Wohnraum um eine **Eigentumswohnung** handelt, muß der Vermieter einen Anspruch gegen die übrigen Eigentümer auf Zustimmung zum Anbringen einer Parabolantenne haben (§ 22 WEG).

Als **Ausnahmefälle**, in denen eine solche Verpflichtung des Vermieters trotz Vorliegen dieser Voraussetzungen **ausgeschlossen** sein kann, hat das OLG Frankfurt die Montage einer sehr großen oder auffälligen Parabolantenne an einem freistehenden Bungalow oder einer Jugendstilvilla genannt und dies mit einer nicht zumutbaren Verunzierung begründet.

> Dem Rechtsentscheid des OLG Frankfurt ist zu entnehmen, daß der Vermieter grundsätzlich bereits dann die Montage einer Parabolantenne untersagen kann, wenn das Anwesen mit einer Gemeinschafts-Parabolantenne oder einem Breitbandkabelanschluß ausgestattet oder ein solcher Anschluß zeitlich absehbar ist.

Dementsprechend kann der Vermieter nach Anschluß des Anwesens an das Breitbandkabel i. d. R. die Entfernung einer vom Mieter montierten Parabolantenne verlangen. Dies gilt grds. auch dann, wenn der Mieter die Parabolantenne vor der Verkabelung montiert und eine Genehmigung des Vermieters nicht eingeholt hatte (LG Gera, Urt. v. 14. 7. 1994, WM 1994, 523).

Diese Rechtsauffassung kann zwar zu einer Beschränkung der Informationsfreiheit des Mieters (Art. 5 Abs. 1 S. 1 GG) führen, wenn über die Parabolantenne Satellitenprogramme empfangen werden können, die nicht in das Kabelnetz eingespeist sind. Nachdem aber der Mieter auch über einen Kabelanschluß sein Informationsinteresse weitgehend realisieren kann und sein Recht auf Informationsfreiheit daher nicht wesentlich beeinträchtigt ist, überwiegt im Regelfall das ebenfalls grundgesetzlich geschützte Eigentumsinteresse des Vermieters (Art. 14 Abs. 1 GG), über die äußere Gestaltung seines Anwesens zu bestimmen (BVerfG, Beschl. v. 10. 3. 1993, DWW 1993, 96 und vom 16. 4. 1993, WM 1993, 231).

Anders kann die Interessenabwägung jedoch ausfallen, wenn der Mieter über den Durchschnittsfall hinausgehende berechtigte Interessen vortragen kann, z. B. eine fremdsprachliche Muttersprache spricht oder **ausländischer** Staatsangehöriger ist.

3 Besonderheiten bei ausländischen Staatsangehörigen

Nach dem Rechtsentscheid des OLG Karlsruhe vom 24. 8. 1993 (WM 1993, 525) muß der Vermieter hier trotz des Kabelanschlusses die Montage einer Parabolantenne dulden, wenn folgende Voraussetzungen erfüllt sind:

- Der Breitbandkabelanschluß befriedigt das Bedürfnis des Mieters auf Empfang von Fernsehprogrammen aus dessen Heimatland derzeit und in absehbarer Zukunft nicht, während eine Parabolantenne diesem Mangel abhelfen kann.
- Der Antennenanlage stehen Vorschriften des Baurechts und des Denkmalschutzes ebensowenig entgegen wie Rechte Dritter.
- Der Mieter folgt bei der Wahl des Aufstellungsortes der Bestimmung des Vermieters, die dieser unter Beachtung der empfangstechnischen Eignung danach trifft, wo ihm die Anlage am wenigsten störend erscheint. Eine auch nach allgemeiner Verkehrsanschauung erhebliche Verunzierung durch die Antennenanlage tritt nicht ein.
- Die Antenne wird zur weitgehenden Sicherung vor denkbaren Schäden fachmännisch angebracht.
- Erhebl. nachteilige Eingriffe in die Bausubstanz sind ausgeschlossen.
- Der Mieter stellt den Vermieter von allen im Zusammenhang mit der Installation entstehenden Kosten und Gebühren frei. Gleiches gilt hinsichtlich der Haftung für durch die Antenne verursachte Schäden und den Aufwand für die Beseitigung der gesamten Antennenanlage nach Mietende.
- Auf Verlangen des Vermieters hat der Mieter das Haftungsrisiko durch Abschluß einer Versicherung und den Beseitigungsaufwand in sonstiger Weise (z. B. Kaution) abzusichern.
- Im Falle mehrerer berechtigter Einzelbegehren auf Duldung von Parabolantennen folgt die Maßnahme der Bestimmung des Vermieters, der mehrere Mieter im Rahmen der technischen Möglichkeiten auf die Nutzung einer gemeinsam anzubringenden und zu finanzierenden Parabolantennenanlage verweisen darf.

Diesem Rechtsentscheid ist zu entnehmen, daß einem ausländischen Staatsangehörigen nicht generell unter Hinweis auf den vorhandenen oder zeitlich absehbaren Kabelanschluß die Montage einer Parabolantenne untersagt werden kann (so auch das OLG Hamm, Beschl. v. 3. 9. 1993, DWW 1993, 331). Darin liegt nach einer neueren Entscheidung des BVerfG (Beschl. v. 9. 2. 1994, Az.: 1 BvR 1687/921, NJW 1994, 1147) keine verfassungswidrige Bevorzugung von Ausländern. In diesem Fall ist bei der Abwägung der Interessen des Vermieters und des Mieters insbesondere zu berücksichtigen, in welchem Umfang der Mieter Programme seines Heimatlandes über das Kabelnetz empfangen kann. Bezüglich der Streitfrage, ob der Mieter bereits dann auf den Kabelanschluß verwiesen werden darf, wenn er damit nur einen Heimatsender empfangen kann, hat das BayObLG mit Beschl. v. 25. 3. 1994 (RE-Miet 6/93, WM 1994, 317) den Erlaß eines Rechtsentscheids abgelehnt mit der Begründung, daß dies nur im **Einzelfall** anhand einer konkreten **Interessenabwägung** entschieden werden kann (so auch das BVerfG, Beschl. v. 30. 6. 1994, GE 1994, 1248). Der ausländische Mieter muß sich daher zwar nicht generell mit nur einem über das Kabel zu empfangenden Heimatprogramm begnügen, jedoch hat das Informationsinteresse des Mieters auch keinen absoluten Vorrang gegenüber den Belangen des Vermieters. Es ist daher eine Interessenabwägung zwischen dem Informationsinteresse des Mieters und dem Interesse des Vermieters an der Vermeidung einer optischen Beeinträchtigung durch Montage mehrerer Parabolantennen vorzunehmen, in die trotz eines bestehenden Kabelanschlusses auch die Möglichkeit und Zumutbarkeit der Montage einer Gemeinschaftsparabolantenne einbezogen werden muß, da ein greifbares Interesse des ausländischen Mieters an der Auswahl zwischen mehreren Heimatprogrammen auch ohne nähere Begründung gegeben ist (BVerfG, Beschl. v. 14. 9. 1995 – 1 BvR 1471/94, DWW 1995, 371). Im Einzelfall kann die Interessenabwägung aber auch ergeben, daß sich der ausländische Mieter mit nur einem über das Kabel zu empfangenden Heimatprogramm begnügen muß. Dies kann z. B. der Fall sein, wenn der Vermieter das historische Bild einer denkmalgeschützten Siedlung erhalten will und Vorschriften des Denkmalschutzes oder des Baurechts der Montage einer Parabolantenne entgegenstehen (BVerfG, Beschl. v. 21. 6. 1994, GE 1994, 1248; vgl. auch LG Tübingen, DWW 1994, 358).

Der Mieter darf auch nicht grundsätzlich auf anderweitige Informationsmöglichkeiten, wie Rundfunk, Zeitungen oder Videoaufzeichnungen verwiesen werden (BVerfG a. a. O.).

Ermöglicht der Kabelanschluß nicht den Empfang von Heimatsendern, die dem Informationsinteresse des Mieters genügen **und** erklärt sich der Mieter zur Erfüllung der vom OLG Karlsruhe genannten Voraussetzungen bereit (Montage durch einen Fachmann, Freistellung des Vermieters von allen Kosten etc.), wird die Entscheidung daher letztlich von der optischen Beeinträchtigung des Anwesens im Einzelfall abhängen. Ist diese nur geringfügig, muß der Vermieter die Montage der Antenne dulden (vgl. LG Freiburg, WM 1993, 669 sowie LG Hagen, DWW 1996, 52, wonach es nicht gerechtfertigt ist, den türkischen Mieter auf 4 über das Kabel zu empfangende Programme zu beschränken, wenn er mit der Parabolantenne 8 Heimatprogramme empfangen kann und Störungen des Erscheinungsbildes des Anwesens nicht vorliegen bzw. nicht dargelegt worden sind).

Dagegen wird der Vermieter zur Verweigerung der Erlaubnis berechtigt sein, wenn die Antenne aus technischen oder sonstigen Gründen das Anwesen erheblich verunzieren würde, wobei sich der Vermieter auch nicht auf das Risiko eines Prozesses mit der Denkmalschutzbehörde einlassen muß, wenn diese die Entfernung verlangt (vgl. AG Gelsenkirchen, DWW 1993, 369). Insofern kann das Begehren eines ausländischen Mieters auf Errichtung einer Parabolantenne zwar nicht mit der Begründung abgewiesen werden, daß dann auch sämtlichen anderen Mietern dasselbe Recht eingeräumt werden müßte, jedoch kann der Umstand, daß zahlreiche Mieter eines Wohnkomplexes aufgrund ihrer je bes. Umstände ein berechtigtes Interesse an einer Parabolantenne haben, durchaus bei der Abwägung mit dem Eigentümerinteresse des Vermieters berücksichtigt werden (BVerfG, a. a. O.). Dabei ist jedoch zu prüfen, ob zur Vermeidung oder Abmilderung einer optischen Beeinträchtigung die Errichtung einer Gemeinschaftsparabolantenne in Betracht kommt (BVerfG, Beschl. v. 14. 9. 1995, a.a.O.). Bei dieser Interessenabwägung kann das Interesse eines Mieters, der zwar im Ausland geboren wurde, jedoch die deutsche Staatsangehörigkeit angenommen hat, geringer gewichtet werden als das Interesse eines auf Dauer in Deutschland lebenden ausländischen Mieters, der seine ausländische Staatsangehörigkeit beibehält (BayObLG, Beschl. v. 28. 10. 1994, NJW 1995, 337; vgl. dazu auch LG Berlin, DWW 1995, 115).

4 Bestimmung des Montageorts

Hat der Mieter nach den vorbezeichneten Grundsätzen einen Anspruch auf Gestattung einer Parabolantenne, bleibt dem **Vermieter** die Auswahl eines geeigneten Montageortes vorbehalten. Dementsprechend kann der Vermieter z. B. verlangen, daß eine unerlaubt an der Fassade angebrachte Antenne fachmännisch auf das Dach umgesetzt wird, wobei dieses Verlangen selbst dann nicht von vornherein unbillig ist, wenn dem Mieter dadurch erhebliche Kosten (hier: DM 3 000,00) entstehen (LG Wiesbaden, DWW 1995, 53). Weigert sich der Vermieter jedoch, dem Mieter einen geeigneten Montageort zu benennen, darf der Mieter die Antenne an ihrem ursprünglichen Platz belassen (BVerfG, Beschl. v. 10. 11. 1995, NJWE 1996, 26).

5 Beseitigungsanspruch des Vermieters

Besteht kein Anspruch des Mieters auf Gestattung der Montage, kann der Vermieter seine Zustimmung verweigern bzw. die Entfernung einer eigenmächtig angebrachten Antenne verlangen und den Mieter auf Beseitigung bzw. Unterlassung (§ 550 BGB) verklagen, falls er dem Verlangen auf Entfernung in angemessener Frist nicht nachkommt (vgl. LG Kaiserslautern, DWW 1993, 201). Dies gilt auch dann, wenn der Mieter zwar einen Anspruch auf Gestattung einer Parabolantenne hat, diese aber eigenmächtig ohne vorherige Rücksprache mit dem Vermieter an einem dem Vermieter nicht genehmen Ort angebracht und sich damit über das Bestimmungsrecht des Vermieters hinweggesetzt hat (BVerfG, Beschl. v. 10. 11. 1995 – 1 BvR 2119/95, WM 1996, 82).

Bei einer vermieteten Eigentumswohnung kann die Eigentümergemeinschaft – unabhängig von einem evtl. Anspruch des Mieters gegen seinen Vermieter auf Zustimmung zur Montage der Antenne – die Beseitigung einer nicht genehmigten Antenne verlangen und den Mieter darauf verweisen, einen evtl. bestehenden Anspruch auf Zustimmung gegen seinen Vermieter durchzusetzen (BVerfG, Beschl. v. 11. 7. 1996 – 1 BvR 1912/95; WM 1996, 608).

Der Vermieter kann auch die Beseitigung der Antenne verlangen, wenn diese unfachmännisch montiert wurde (z. B. Durchbohren des Türrahmens zwecks Kabelverlegung) und der Mieter die Schadensbeseitigung und die Übernahme des Haftungsrisikos für die Installation ablehnt (LG Bremen, WM 1995, 43).

In der Aufforderung zur Entfernung der Antenne sollte auch ausführlich dargelegt werden, welche Eigenschaften des Mietobjektes durch die Parabolantenne beeinträchtigt werden und die Abwägung zugunsten des Eigentümerinteresses rechtfertigen (vgl. BVerfG, Beschl. v. 15. 6. 1994, WM 1994, 365). Eine unzumutbare Beeinträchtigung der Eigentümerinteressen kann sich insbesondere auch aus der unfachmännischen Montage der Antenne (z. B. Durchbohren des Türrahmens zwecks Kabelverlegung) sowie daraus ergeben, daß sich der Mieter nicht zur Schadensbeseitigung und Übernahme des Haftungsrisikos für die Installation verpflichtet (LG Bremen, WM 1995, 43). Der Streitwert und die Berufungssumme richten sich dabei nach den voraussichtlichen Kosten der Beseitigung der Antenne (LG München I, Beschl. v. 12. 10. 1993, WM 1993, 745).

Der Mieter kann auch nicht einwenden, beim Kabelanschluß keine Gebührenfreiheit zu genießen, da Kauf und Montage einer Parabolantenne mit erheblichen Kosten verbunden sind.

Duldet der Vermieter jedoch die Anbringung einer Parabolantenne bei einem Mieter, muß er dies nach den Grundsätzen der Gleichbehandlung (Art. 3 GG) auch anderen Mietern gestatten (LG Kaiserslautern, a.a.O.).

Nachdem bei wenigen Kabelfernsehanschlüssen die Kabelservicegesellschaft zur Tariferhöhung und evtl. zur Kündigung des Vertrages genötigt sein könnte, ist ein Großvermieter auch im Interesse der anderen Mieter gehalten, die Beseitigung der Parabolantenne zu verlangen, weil nur so über eine hohe Anschlußzahl das günstige Preis-Leistungsverhältnis des Kabelservicevertrages gewahrt werden kann (LG Kaiserslautern, a.a.O.).

> Bei **Beendigung** des Mietverhältnisses ist der Mieter berechtigt (§ 547 a BGB), aber auf Verlangen des Vermieters auch verpflichtet, eine von ihm angebrachte Antenne abzubauen und den ursprünglichen Zustand wiederherzustellen.

6 Ersatz von Aufwendungen

Errichtet der Vermieter auf seinem Anwesen eine Gemeinschafts(parabol)antenne oder läßt er das Anwesen an das Breitbandkabel anschließen, über das ausländische Mieter mehrere Heimatprogramme empfangen können, kann der Vermieter grundsätzlich eine frühere Erlaubnis aus wichtigem Grund widerrufen (vgl. AG Oberhausen, DWW 1996, 56) und die Demontage der von den Mietern angebrachten Antennen verlangen, wobei die Mieter wegen der Aufwendungen für die Einzelantennen keinen Anspruch gegen den Vermieter haben (vgl. AG Arnsberg, DWW 1995, 317). Etwas anderes gilt, wenn dem Mieter die eigene Antenne einen erheblich umfassenderen oder besseren Empfang ermöglicht.

> Die **Kosten** für die erstmalige Errichtung einer Gemeinschaftsantenne sowie die Kosten für die Erweiterung einer vorhandenen Gemeinschaftsantenne können eine Mieterhöhung wegen Modernisierung nach § 3 MHG begründen.

Dagegen zählen **Reparaturkosten,** unabhängig von der Ursache (z. B. Verschleiß, Defekt), zu den nicht umlagefähigen Instandhaltungskosten.

Anzeigepflicht

Die Obhutspflicht über die Mietsache verpflichtet den Mieter gemäß § 545 Absatz 1 BGB, dem Vermieter unverzüglich anzuzeigen, wenn sich im Laufe der Mietzeit ein **Mangel** der vermieteten Sache zeigt, wenn eine Vorkehrung zum Schutz der Mietsache gegen eine **nicht vorhergesehene Gefahr** erforderlich wird oder sich ein Dritter ein Recht an der Sache anmaßt.

> Ein **Mangel** im Sinne dieser Vorschrift ist **jeder Fehler** an der Miet-

sache, unabhängig davon, ob er die Brauchbarkeit und Nutzbarkeit der Mietsache beeinträchtigt.

Ebenso ist bei Drohung durch eine unvorhergesehene Gefahr (z. B. Schaden am Dach, Wasserschäden) nicht Voraussetzung der Anzeigepflicht, daß der Mieter dadurch in seinem Mietgebrauch unmittelbar gestört wird. Bemerkt er einen Fehler oder eine drohende Gefahr für die Mietsache, hat er dies dem Vermieter **unverzüglich**, d. h. ohne schuldhaftes Zögern (§ 121 BGB), schriftlich oder mündlich anzuzeigen. Die Beurteilung, ob die Anzeige unverzüglich erfolgt ist, ist anhand der konkreten Umstände des Einzelfalles zu treffen.

Haben die vom Vermieter veranlaßten Mängelbeseitigungsarbeiten nicht zu einem dauerhaften Erfolg geführt, trifft den Mieter regelmäßig eine **erneute Anzeigepflicht;** dies gilt nur dann nicht, wenn die fortbestehende Mangelhaftigkeit der Mietsache dem Vermieter oder einem Dritten, dessen Wissen sich der Vermieter zurechnen lassen muß, ohnehin bekannt ist (OLG Düsseldorf, Urt. vom 25. 10. 1990, DWW 1991, 17). Eine erneute Anzeigepflicht besteht auch dann, wenn sich die nach Anzeige des Schadens versuchte Reparatur (z. B. des Boilers) als undurchführbar erweist (LG Gießen, WM 1996, 557).

Unterläßt der Mieter die Anzeige, obwohl ihm der Mangel bzw. die drohende Gefahr bekannt oder nur aufgrund grober Fahrlässigkeit unbekannt war (BGH, WM 76, 152), ist er dem Vermieter zum **Ersatz des** daraus entstehenden **Schadens** verpflichtet. Tritt z. B. ein Wassermehrverbrauch auf, weil es der Mieter unterlassen hat, dem Vermieter die Undichtigkeit des Spülkastens der Toilette anzuzeigen, hat der Mieter dem Vermieter die Kosten dieses Mehrverbrauchs zu erstatten, der anhand der Rechnungen für die Vergleichsmonate ermittelt werden kann (LG Frankfurt, WM 1990, 425).

Für die **Verursachung** spricht der **Beweis des ersten Anscheins**, wenn der Defekt des Spülkastens und der erhöhte Wasserverbrauch zeitlich zusammentreffen (LG Lübeck, WM 1991, 482). Will der Mieter diesen erschüttern, muß er darlegen und beweisen, daß in der fraglichen Zeit eine andere Schadensquelle als mögliche Ursache des Mehrverbrauchs entstanden ist (LG Lübeck, a.a.O.).

Eine Formularklausel, wonach der Mieter „für einen durch nicht rechtzeitige Anzeige verursachten weiteren Schaden ersatzpflichtig ist", ist wirksam (BGH, Urt. v. 20. 1. 1993, DWW 1993, 74).

Soweit der Vermieter infolge der Unterlassung der Anzeige außerstande war, Abhilfe zu schaffen, ist der Mieter nicht berechtigt, wegen des Mangels die Miete zu mindern, nach § 542 Abs. 1 Satz 3 BGB ohne die Bestimmung einer Frist zu kündigen oder Schadensersatz wegen Nichterfüllung zu verlangen (§ 545 Abs. 2 BGB).

Aufrechnung gegen den Mietzins

Aufrechnung ist die wechselseitige Tilgung zweier sich gegenüberstehender Forderungen durch einseitiges Rechtsgeschäft. Der Mieter kann grundsätzlich gegen die Mietzinsforderung des Vermieters mit einer fälligen Forderung auch dann aufrechnen, wenn diese nicht aus dem Mietverhältnis, sondern aus einem anderen Rechtsverhältnis herrührt. Führt zum Beispiel der Mieter für den Vermieter in dessem Auftrag handwerkliche Arbeiten an dem Anwesen aus und steht die Begleichung der Rechnung durch den Vermieter noch aus, kann der Mieter unter Erklärung der Aufrechnung seine fällige Werklohnforderung von dem Mietzins abziehen und lediglich den verbleibenden Rest überweisen. Dieses Recht zur Aufrechnung kann vertraglich nur in engen Grenzen **ausgeschlossen bzw. eingeschränkt** werden.

Formularvertraglich ist ein Aufrechnungsausschluß generell unzulässig, wenn er auch unbestrittene, rechtskräftig festgestellte oder entscheidungsreife Forderungen des Mieters erfaßt (§ 11 Ziffer 3 AGB-Gesetz; OLG Celle, Urt. vom 29. 12. 1989, WM 1990, 103). Nimmt eine Klausel ausdrücklich nur rechtskräftig festgestellte, nicht aber unstreitige Forderungen vom Verbot der Aufrechnung aus, werden diese trotzdem von dem Sinngehalt der Klausel mitumfaßt, so daß die Klausel nicht schon deswegen unwirksam ist (BGH, Urt. v. 27. 1. 1993, DWW 1993, 170; vgl. auch BGHZ 107, 185, 189). Darüber hinaus besteht bei Mietverhältnissen über **Wohn**raum eine Besonderheit für die Aufrechnungsbefugnis des Mieters mit Schadenersatzansprüchen nach § 538 BGB: Trotz eines vertraglichen Aufrechnungsausschlusses kann der Mieter von Wohnraum nach **§ 552 a BGB** mit Schadenersatzforderungen immer aufrechnen – unabhängig davon, ob diese unbestritten, rechtskräftig festgestellt oder entscheidungsreif sind – wenn er seine Absicht mindestens einen Monat vor Fälligkeit des Mietzinses schriftlich angezeigt hat.

Schadensersatzforderungen des Mieters nach § 538 BGB können entstehen, wenn ein Mangel der Mietsache bei Vertragsschluß vorhanden war (§ 538 Abs. 1 1. Alternative). Es handelt sich hierbei um eine **Garantiehaftung** des Vermieters, die auch dann eingreift, wenn die Auswirkungen des Mangels erst später eintreten. Weiterhin, wenn ein Mangel später infolge eines Umstandes eintritt, den der Vermieter **zu vertreten** hat (§ 538 Abs. 1 2. Alternative, z. B. Vermieter läßt das undichte Dach trotz Kenntnis des Zustandes nicht reparieren, so daß dem Mieter dadurch ein Schaden an seinen Einrichtungsgegenständen entsteht).

Schließlich hat der Mieter nach § 538 Abs. 2 BGB einen Anspruch auf Ersatz der zur Beseitigung eines Mangels aufgewendeten Kosten, wenn sich der Vermieter mit der Beseitigung des Mangels **in Verzug** befunden hat, z. B. den angezeigten Mangel trotz einer auf

Mängelbeseitigung des Mieters gerichteten Mahnung (§ 284 Abs. 1 BGB) nicht behoben hat.

Mit solchen Forderungen kann der Mieter trotz eines vertraglichen Aufrechnungsausschlusses **aufrechnen**, wenn er diese Absicht dem Vermieter mindestens einen Monat vor Fälligkeit des Mietzinses **schriftlich angezeigt** hat.

Fehlt dagegen ein Aufrechnungsausschluß, kann der Mieter mit fälligen Forderungen aus § 538 BGB ohne vorherige Anzeige aufrechnen.

Ein nach Maßgabe des AGB-Gesetzes zulässiges Verbot, gegen Mietzinsforderungen aufzurechnen, wirkt auch **nach Mietende** weiter, solange das Mietobjekt nicht zurückgegeben ist und der Vermieter Ansprüche auf Nutzungsentschädigung hat, da andernfalls der in Zahlungsverzug befindliche Mieter gegenüber dem vertragstreuen Mieter privilegiert würde (OLG Düsseldorf, WM 1995, 392).

Aufzug

Soweit keine besonderen Vereinbarungen getroffen wurden (z. B. in der Hausordnung), kann der Mieter den Aufzug zu jeder Tages- und auch zur Nachtzeit benutzen. Der Vermieter ist verpflichtet, den Aufzug auf seine Kosten in betriebsbereitem und betriebssicherem Zustand zu erhalten.

Nach einer Entscheidung des OLG Karlsruhe (ZMR 1960, 300) muß der Aufzug mit einer **Alarmanlage** ausgerüstet sein, damit der Benutzer im Bedarfsfall einen zur Hilfeleistung bereiten Dritten verständigen kann.

Die **Betriebskosten** des Aufzuges – nicht aber die Instandhaltungskosten – können gemäß einer vertraglichen Vereinbarung vom Mieter neben der Miete verlangt werden (vgl. „Betriebskosten“, Abschnitt 2.7).

Streitig ist, ob eine **Umlage** der Betriebskosten auch auf die **Erdgeschoßmieter** erfolgen darf. Im Bereich der **Kostenmiete** gilt die Vorschrift des § 24 Abs. 2 der Neubaumieten-Verordnung. Danach **kann** Wohnraum im Erdgeschoß von der Umlage ausgenommen werden, so daß es im Ermessen des Vermieters liegt, ob er auch die Erdgeschoßmieter mit Betriebskosten für den Aufzug belastet oder nicht. Entsprechendes gilt auch für die Umlage im **frei finanzierten** Wohnungsbau (vgl. LG Hannover, WM 1990, 228; AG Frankf., NJW-RR 1989, 1359). Daher ist bei einer mietvertragl. Vereinbarung, wonach die Betriebskosten nach einem festen Maßstab (z. B. dem Verhältnis der Wohn- oder Nutzflächen; s. „Abrechnung der Betriebskosten“) umgelegt werden, auch der Mieter einer EG-Wohnung zur anteiligen Tragung der Aufzugskosten verpflichtet (LG Duisburg, Urt. v. 28. 5. 1991, WM 1991, 597). Diese Vereinbarung verstößt auch nicht gegen Treu u. Glauben oder die guten Sitten, vielmehr läßt das Gesetz eine solche Vereinbarung ausdrückl. zu (LG Duisburg, a.a.O.; AG Freiburg, WM 1993, 745).

Dementsprechend hat das OLG Düsseldorf (NJW-RR 1986, 95) für den Bereich des **Wohnungseigentumsrechtes** entschieden, daß sich an den Betriebskosten des Aufzugs auch diejenigen Raumeigentümer beteiligen müssen, die ihn nicht benötigen.

Nach einer anderen Meinung ist die Umlage jedenfalls dann nicht unangemessen, wenn der Erdgeschoßmieter die Möglichkeit hat, mit dem Aufzug andere Räumlichkeiten zu erreichen, die ihm zur Benutzung zur Verfügung stehen, z. B. Speicher, Keller, Garage (AG Hamburg, WM 1988, 170; AG Wiesbaden, WM 1988, 66).

Außenwerbung

Vorwiegend im Bereich der **Geschäftsraummiete** tritt die Frage auf, ob und in welchem Umfang der Mieter **Schilder** oder sonstige Werbemaßnahmen am oder im Haus anbringen darf.

Fehlt eine entsprechende vertragliche Regelung, dürfen sowohl Gewerbetreibende als auch Angehörige freier Berufe (z. B. Ärzte, Rechtsanwälte, Steuerberater, Architekten) Namens- oder Firmenschilder an der Außenwand des Hauses, in dem sich ihre Mieträume befinden, anbringen, wobei neben der Namensangabe auch zusätzliche Angaben, z. B. über Sprechzeiten, Geschäftszeiten, zulässig sind.

Die Werbung muß dem Charakter des Hauses angepaßt sein. Verunstaltungen braucht der Vermieter nicht zu dulden. Die Werbung darf üblicherweise im Bereich von der oberen Kante der Fenster der Mieträume bis zur unteren Kante der Fenster des darüberliegenden Stockwerkes angebracht werden.

Auch die Anbringung von **Warenautomaten** an der Außenfront von Geschäftsräumen wird heute vielfach als verkehrsüblich und vom vertragsgemäßen Gebrauch umfaßt angesehen. Danach ist der Vermieter grundsätzlich zur Duldung der Anbringung von Warenautomaten durch den Mieter verpflichtet, wobei dieser jedoch bei Beendigung des Mietverhältnisses zur Entfernung und Herstellung des ursprünglichen Zustands verpflichtet ist.

Im Hinblick auf die durch die Rechtsprechung erfolgte erhebliche Ausweitung des zulässigen Mietgebrauchs bei gewerblicher Vermietung empfiehlt es sich, in Mietverträgen über Geschäftsräume **konkrete Vereinbarungen**, insbesondere über Art, Ort und Umfang der Außenreklame des Mieters zu treffen.

Unabhängig von der mietvertraglichen Zulässigkeit ist im Einzelfall die Erforderlichkeit einer **öffentlich-rechtlichen Genehmigung** (z. B. Baugenehmigung) zu prüfen, wobei die mietrechtliche Zulässigkeit nichts über die öffentlich-rechtliche Zulässigkeit besagt und letztere nicht automatisch die Zulässigkeit der Anbringung gegenüber dem Vermieter rechtfertigt.

Automaten → „Außenwerbung“

Haben die Parteien eines Mietvertrages über ein **Ladenlokal** vereinbart, daß der Mieter nur eine bauordnungsbehördlich genehmigte Reklametafel anbringen darf, so kann der Vermieter, ist diese Genehmigung vor Montage nicht erteilt, die Beseitigung verlangen (OLG Düsseldorf, Urt. v. 19. 12. 1991, DWW 1992, 116).

Bagatellschäden → „Kleinreparaturen"
Balkon → „Wohnfläche"
Bauherrenmodell → „Geschäftsräume", „Herausgabeanspruch gegen Dritte"

Baukostenzuschuß

Der Baukostenzuschuß ist eine Geld- oder Sachleistung, die der Mieter oder für ihn ein Dritter an den Vermieter zum Neubau, Wiederaufbau, Ausbau, zur Erweiterung, Wiederherstellung oder Instandsetzung von Räumen erbringt, ohne daß der Vermieter zur vollen oder teilweisen Rückerstattung dieser Leistung vertraglich verpflichtet ist. Ob eine solche Vereinbarung vorliegt, ist durch Auslegung zu ermitteln (vgl. BGH, NJW 1964, 37).

Sinn und Zweck dieser Leistung durch den Mieter ist regelmäßig die Erlangung von noch zu errichtenden Räumen zu vergünstigten Bedingungen.

Für Mietverhältnisse über **Wohnraum** gilt unabdingbar die Sonderregelung des Artikel 6 des Gesetzes zur Änderung des Zweiten Wohnbaugesetzes (II. WobauG), anderer wohnungsbau rechtlicher Vorschriften und über die Rückerstattung von Baukostenzuschüssen vom 21. 7. 1961 (BGBl I S. 1041) in der Fassung vom 24. 8. 1965 (BGBl I S. 969). Danach besteht grundsätzlich ein gesetzlicher Anspruch auf **Rückzahlung** bei Beendigung des Mietverhältnisses. Beruht die Beendigung des Mietverhältnisses auf einem vom Vermieter **zu vertretenden** Umstand, haftet der Vermieter nach den Vorschriften über den Rücktritt (§ 347 BGB), so daß der Baukostenzuschuß voll anzusetzen und vom Empfang an zu verzinsen ist.

Im übrigen haftet der Vermieter nur nach Bereicherungsgrundsätzen, wobei es darauf ankommt, ob und inwieweit sich der empfangene Zuschuß noch in seinem Vermögen befindet.

> Zurückzuerstatten ist der Teil des Baukostenzuschusses, der nicht durch die Dauer des Mietverhältnisses als getilgt anzusehen ist.

Bei Vereinbarungen nach dem 21. 7. 1961 gilt ein Zuschußbetrag in Höhe des Mietzinses für ein Jahr durch eine Mietdauer von vier Jahren von der Leistung an als getilgt.

Der Anspruch auf Rückerstattung steht dem **Mieter** bzw. dem **Dritten** zu, der den Baukostenzuschuß **geleistet** hat und **verjährt** nach Ablauf eines Jahres ab Beendigung des Mietverhältnisses (Art. 6 des Gesetzes zur Änderung des II. Wohnbaugesetzes, anderer wohnungsbaurechtlicher Vorschriften und über die Rückerstattung von Baukostenzuschüssen vom 21. 7. 1961).

Im Gegensatz zum verlorenen Baukostenzuschuß kann auch ein **abwohnbarer** Baukostenzuschuß in Form einer Mietvorauszahlung oder eines Mieterdarlehens vereinbart werden (vgl. „Mietvorauszahlung“, „Mieterdarlehen“), wobei nicht die von den Parteien gewählte Bezeichnung, sondern ausschließlich deren Wille entscheidend und durch Auslegung zu ermitteln ist (BGHZ 6, 204).

Unzulässig ist die Leistung eines **verlorenen** Baukostenzuschusses für eine öffentlich geförderte Wohnung, für die öffentliche Mittel nach dem 31. 12. 1956 bewilligt wurden (§ 9 WoBindG, § 50 Abs. 1 II. WobauG).

Dagegen ist die Leistung eines **abwohnbaren** Baukostenzuschusses in Ausnahmefällen nach § 9 Wohnungsbindungsgesetz (WoBindG) zulässig.

Bauliche Veränderungen durch den Mieter

1 Zustimmungspflichtigkeit

Bauliche Veränderungen der Mietsache (z. B. Einziehen oder Entfernen von Zwischenwänden, Erstellen von Mauerdurchbrüchen, Einbau einer Etagenheizung) darf der Mieter grundsätzlich nur mit Einwilligung des Vermieters durchführen. Ausgenommen sind Veränderungen geringfügiger Art im Rahmen des vertragsgemäßen Gebrauchs. Ein solcher liegt insbesondere vor, wenn die Veränderung rückgängig gemacht werden kann, kein Eingriff in die bauliche Substanz erfolgt, die Einheitlichkeit der Wohnanlage nicht beeinträchtigt wird, Mitbewohner nicht gestört werden und keine nachteiligen Folgewirkungen zu befürchten sind, z. B. das Anbringen von zusätzlichen Steckdosen, das Erstellen eines Telefonanschlusses, das Anbringen von Dübeln in angemessenem Umfang (vgl. LG Aurich, DWW 1989, 223; LG Göttingen, WM 1990, 199); das Anbringen einer Holzverkleidung (strittig; vgl. LG Osnabrück, WM 1986, 231); Aushängen der Zimmertüren, Entfernen von Türzargen und Einbauschränken (LG Berlin, WM 1996, 138); **nicht** das Anbringen von Styroporplatten (vgl. LG Bad Kreuznach, WM 1990, 292); **nicht** die Montage einer Balkonverkleidung (LG Hamburg, HambGE 1990, 185).

Davon zu unterscheiden sind **Einrichtungen** durch den Mieter. Diese sind mit der Mietsache lediglich in wieder trennbarer Weise und nur zu einem vorübergehenden Zweck verbunden und bedürfen keiner Einwilligung des Vermieters (vgl. „Einrichtungen“), z. B. Aufstellen einer transportablen Duschkabine (LG Berlin, WM 1990, 421), einer Einbauküche (LG Konstanz, WM 1989, 67), Installierung von Rolläden, Anbringen eines Fußbodenbelages; bei Verkleben nur, wenn keine Substanzbeeinträchtigung erfolgt (LG Essen, WM 1987, 257), Erneuerung eines Wasserhahnes oder eines Wasch- bzw. WC-Beckens (LG Lüneburg, WM 1995, 701).

Der Mieter hat keinen Anspruch gegen den Vermieter auf Erteilung der Einwilligung zu einer den vertragsgemäßen Gebrauch überschreitenden baulichen Veränderung.

Daher ist der Vermieter auch berechtigt, seine Zustimmung zu einer baulichen Änderung, die mit erheblichen Eingriffen in die Bausubstanz verbunden ist (z. B. Umbau des Bades) von der Stellung einer Sicherheit durch den Mieter für damit verbundene Haftungsrisiken abhängig zu machen (AG Hamburg, WM 1996, 29).

2 Rechtsfolgen baulicher Änderungen

2.1 Ansprüche des Vermieters

Nimmt der Mieter **ohne Zustimmung** des Vermieters bauliche Veränderungen vor, verletzt er in der Regel schuldhaft seine Obhutspflicht und ist zur Leistung von Schadenersatz verpflichtet (OLG München, Urt. v. 28. 6. 1985, DWW 1986, 16). Der Vermieter kann entweder sofort die Herstellung des ursprünglichen Zustandes verlangen (BGH, NJW 74, 1463) oder sich ausdrücklich vorbehalten, dies spätestens bei Beendigung des Mietverhältnisses zu fordern.

Bei Beendigung des Mietverhältnisses hat der Mieter grundsätzlich sämtliche von ihm eingebrachten Einrichtungen und Einbauten zu entfernen. Hierzu gehört z. B. auch die Entfernung von Holzzwischendecken bzw. Übernahme der Kosten für den Abtransport durch den Vermieter (LG Berlin, Urt. v. 24. 5. 1994, ZMR 1994, XIII).

Auf eine Zumutbarkeit für den Mieter, insbesondere im Hinblick auf die Kosten für die Herstellung des ursprünglichen Zustandes, kommt es nicht an. Nach einem Urteil des BGH (NJW 66, 1409) hat der Mieter eines Wohnhauses, der auf dem Grundstück ohne Zustimmung des Vermieters eine **Garage** errichtet hat, diese auf Verlangen des Vermieters zu entfernen.

Stimmt der Vermieter der vom Mieter beabsichtigten baulichen Veränderung **zu**, ohne sich ausdrücklich vorzubehalten, bei Beendigung des Mietverhältnisses die Herstellung des ursprünglichen Zustandes zu verlangen, ist in Rechtsprechung und Literatur umstritten, ob die Zustimmung **auf die Mietdauer** begrenzt ist, mit der Folge, daß der Mieter bei Beendigung des Mietverhältnisses die Veränderungen rückgängig machen muß, oder ob diese vorbehaltlose Zustimmung diesen Anspruch des Vermieters völlig ausschließt und der Mieter daher zur Entfernung nicht verpflichtet ist.

Nach der herrschenden Meinung ist die Zustimmung grundsätzlich auf die Dauer der Mietzeit beschränkt, so daß die Zustimmung das Recht des Vermieters, die Herstellung des ursprünglichen Zustandes zu verlangen, grundsätzlich nicht ausschließt (BGH, NJW 1959, 2163; LG Berlin, MDR 1987, 234; LG Düsseldorf, NJW-RR 1987, 1043).

Eine Ausnahme von diesem Grundsatz gilt dann, wenn die baulichen Veränderungen zur Mängelbeseitigung (vgl. § 538 Abs. 2 BGB) notwendig waren oder vorgenommen wurden, um die Mieträume in einen vertragsgemäßen Zustand zu versetzen (LG Bochum, MDR 1967, 2015). Weiterhin ist der Mieter nicht zur Beseitigung der von ihm vorgenommenen baulichen Veränderungen auf seine Kosten verpflichtet, wenn der Vermieter den Baumaßnahmen zugestimmt hat **und** außerdem Grund zu der Annahme besteht, er habe auf die Entfernung nach Beendigung des Mietverhältnisses verzichtet (vgl. Emmerich-Sonnenschein, Mietrecht, 2. Auflage, § 556 Randnr. 16).

Bei Maßnahmen, die **objektiv** eine Wertverbesserung bewirken (z. B. vollständiges Fliesen eines Bades, Ersatz von Öleinzelöfen durch eine Nachtspeicherheizung), kann der Mieter einem Verlangen des Vermieters auf Herstellung des ursprünglichen Zustandes entgegenhalten, daß die vorbehaltlose Zustimmung einen schlüssigen Verzicht beinhaltet hat (vgl. auch LG Mannheim, MDR 1969, 763; LG Hamburg, WM 1988, 305).

Dagegen kann dies nicht angenommen werden, wenn die Maßnahme auf die subjektiven Wünsche und Vorstellungen des Mieters zugeschnitten oder stark geschmacksgeprägt ist und sich für die Wohnung nicht objektiv werterhöhend auswirkt (z. B. Wanddurchbruch zwischen zwei ausreichend großen Zimmern).

Weiterhin kann ein schlüssiger Verzicht nicht aus der bloßen Tatsache hergeleitet werden, daß der Vermieter den ihm bekannten Veränderungen des Mietobjektes durch den Mieter nicht widersprochen hat (OLG Düsseldorf, Urt. vom 8. 2. 1990, DWW 1990, 119). Soweit ein Mieter zur Herstellung des ursprünglichen Zustandes verpflichtet ist, geht diese Verpflichtung auch ohne ausdrückliche Regelung auf einen **Mietnachfolger** über, der im Einverständnis mit dem Vermieter Einbauten seines Rechtsvorgängers übernimmt (OLG Hamburg, Urt. vom 13. 6. 1990, DWW 1990, 202).

Es kann für den Vermieter keinen Unterschied machen, ob er einem Mieter erlaubt, Einbauten eines früheren Mieters aufgrund eines Vertrages zwischen den Mietern weiter zu benutzen und in diesem Rahmen damit verbundene bauliche Veränderungen duldet oder dem Mieter gestattet, selbst Einrichtungen einzubringen, die mit baulichen Änderungen verbunden sind. Der Mieter, der bauliche Änderungen übernimmt, ist daher dem Mieter gleichzustellen, der entsprechende Maßnahmen selbst ausführt.

Zwar wird der Vormieter durch Abschluß des Mietvertrages mit dem Nachfolger konkludent aus der Verpflichtung entlassen, den ursprünglichen Zustand wiederherzustellen, jedoch kann der Mieter daraus nicht schließen, daß der Vermieter auch von ihm die Wiederherstellung des ursprünglichen Zustandes nicht verlangen werde. Ein derartiger Verzicht bedarf einer ausdrücklichen Regelung (OLG Hamburg a.a.O.).

Soweit der Mieter verpflichtet ist, Einrichtungen (z. B. Teppichböden) seines

Mietvorgängers zu entfernen und den ursprünglichen Zustand wieder herzustellen, muß er auch etwaige damit zusammenhängende Schäden beheben z. B. Schäden am Unterboden, die durch Verkleben der Teppichböden entstanden sind (LG Mainz, WM 1996, 759).

2.2 Ansprüche des Mieters

> Entfällt ausnahmsweise die Pflicht des Mieters zur Herstellung des ursprünglichen Zustandes, kann er grundsätzlich keinen Ersatz für seine Aufwendungen nach § 547 BGB verlangen, da weder aus der Einwilligung noch aus dem ausdrücklichen oder schlüssigen Verzicht des Vermieters gefolgert werden kann, daß die baulichen Veränderungen seinem Interesse oder seinem mutmaßlichen Willen entsprochen haben.

Der Mieter hat auch keinen bereicherungsrechtlichen Anspruch nach §§ 812 ff. BGB, wenn die Baumaßnahmen nicht Teil der Gegenleistung für die Raumüberlassung und damit abwohnbar waren, sondern nach Vertragsschluß ihm lediglich gestattet worden sind (KG Berlin, Urt. vom 13. 1. 1986, Az.: 8 U 328/85; Bln GE 86, 497; siehe auch unter „Abstandszahlungen").

Auch Aufwendungen, die der Mieter zur Herstellung eines vertragsgemäßen Zustandes der Mietsache tätigt, kann der Mieter nur nach § 538 Abs. 2 BGB bei Verzug des Vermieters mit der Reparatur verlangen, da es sich insofern nicht um notwendige Verwendungen i. S. d. § 547 Abs. 1 BGB handelt (BGH, Urt. v. 30. 3. 1983, WPM 1983, 766).

Ersetzt ein Mieter die aus transportablen Ölöfen bestehende Wohnungsheizung durch eine Etagenheizung, besteht ebenfalls kein Ersatzanspruch des Mieters wegen notwendiger Verwendungen. Gleiches gilt für Ansprüche aus Geschäftsführung ohne Auftrag, wenn die Absicht des Ersatzverlangens fehlte. Ein Bereicherungsanspruch kann ausscheiden, wenn der Vermieter an der Heizungsanlage kein Interesse hat (LG Mannheim, NJWE 1996, 266).

Dagegen können **notwendige und vom Vermieter zu ersetzende Verwendungen** des Mieters vorliegen, wenn Gegenstand des Mietvertrages die Überlassung eines Wohnhauses in stark renovierungsbedürftigem Zustand ist, das sich der Mieter nach seinen Bedürfnissen herrichten soll und die Maßnahmen des Mieters **zur Erhaltung oder Wiederherstellung der Mietsache erforderlich** sind, so daß diese auch der Eigentümer selbst hätte tätigen müssen, um das Anwesen zu erhalten (BGH, Urt. v. 20. 1. 1993, WM 1994, 201: Erneuerung des Dachstuhls einschließlich Dacheindeckung, Erneuerung der Elektro- und Sanitärinstallation, Beseitigung von Feuchtigkeitsschäden im Wand- und Fußbodenbereich).

Darüber hinausgehende, lediglich **nützliche** Verwendungen (z. B. Modernisierungsmaßnahmen) kann der

Mieter nur nach den Grundsätzen der Geschäftsführung ohne Auftrag verlangen, die aber voraussetzen, daß die Maßnahmen dem wirklichen oder mutmaßlichen Willen des Vermieters entsprachen (§ 547 Abs. 2 i. V. m. § 683 BGB). An das Vorliegen dieser Voraussetzungen sind strenge Anforderungen zu stellen. Dagegen kann z. B. sprechen, wenn der Umfang der Arbeiten vom Mieter selbst bestimmt wurde und die erforderlichen Kosten nicht absehbar waren (BGH, a. a. O.). Liegen die Voraussetzungen der Geschäftsführung ohne Auftrag nicht vor, kommt nur ein Anspruch des Mieters aus ungerechtfertigter Bereicherung (§§ 812 ff. BGB) in Betracht, der jedoch voraussetzt, daß durch die Verwendungen ein Wertzuwachs, insbesondere eine Erhöhung des Verkehrswertes des Gebäudes eingetreten ist (BGH, a. a. O.).

Verpflichtet sich ein Mieter von Geschäftsräumen zur Durchführung bestimmter Maßnahmen, hat er nach Beendigung des Mietverhältnisses hinsichtlich der geschaffenen Einrichtungen weder ein Wegnahmerecht aus § 547 a BGB noch einen Anspruch auf Ersatz von Verwendungen gemäß § 547 BGB unabhängig davon, ob es sich um notwendige oder nützliche Verwendungen handelt (BGH, Urteil vom 8. 11. 1995, NJWE 1996, 33, m.w.N.).

Wird ein Pachtvertrag aus Gründen, die in der Sphäre des Pächters liegen, vorzeitig beendet, hat der Pächter – mangels konkreter Vereinbarungen – keinen Anspruch auf Ersatz für Renovierungs- und Modernisierungsmaßnahmen, wenn diese Maßnahmen nach Zeitpunkt und Umfang in das Belieben des Pächters gestellt waren, damit er den Betrieb nach seinen Vorstellungen und somit im eigenen Interesse möglichst gewinnbringend führen kann (OLG München, NJWE 1996, 10).

Sofern in einem auf längere Zeit fest abgeschlossenen Mietvertrag vorgesehen ist, daß der Mieter **entschädigungslos Investitionen** zu erbringen hat, kann bei **vorzeitiger** Beendigung des Vertragsverhältnisses ein Bereicherungsanspruch des Mieters nur darauf beruhen, daß der Vermieter vorzeitig in den Genuß des erhöhten Ertragswertes des Mietobjektes kommt. Die Höhe dieses Anspruchs bemißt sich daher weder nach den vom Mieter aufgewendeten Kosten noch nach einer Wertsteigerung des Mietobjekts, sondern gemäß § 818 Abs. 2 BGB ausschließlich danach, inwieweit der Vermieter durch die Investitionen in die Lage versetzt wurde, eine höhere Miete zu erzielen oder die Leistungen des Mieters in sonstiger Weise gewinnbringend zu nutzen, z. B. durch Erlangung eines Baukostenzuschusses von dem Nachmieter (BGH. a.a.O.).

Unbeschadet dessen ist bei Mietverhältnissen über Geschäftsraum grds. auch die Vereinbarung eines **verlorenen Zuschusses** wirksam und zulässig (OLG München, NJWE 1996, 9 zu einem Zuschuß i. H. v. DM 200 000).

3 Vereinbarungen über bauliche Änderungen

Ist der Vermieter mit den beabsichtigten Maßnahmen des Mieters einverstanden, ist dringend anzuraten, eine aus Beweisgründen möglichst schriftlich abzufassende und von den Parteien zu unterzeichnende **Vereinbarung** zu schließen.

Sie sollte als **Mindestinhalt** folgendes enthalten:
- die Bezeichnung und genaue Beschreibung der beabsichtigten Maßnahmen,
- eine Regelung über die Kostentragung sowie über das Risiko und die Gefahren der Ausführung,
- die Verpflichtung zur Einholung anderweitiger Genehmigungen sowie für den Fall der Beendigung des Mietverhältnisses.

Hier ist insbesondere zu regeln, ob der Mieter zur Herstellung des ursprünglichen Zustandes oder der Vermieter zur Zahlung einer Ablösesumme in Höhe des Zeitwertes verpflichtet sein soll, wobei auch dessen Ermittlung (durch Sachverständigengutachten oder Festlegung bestimmter Abschreibungssätze, z. B. 10 % pro Jahr) festgelegt werden sollte.

Die vom Bundesjustizministerium herausgegebene Mustervereinbarung über Mietermodernisierung kann insofern als Orientierungshilfe dienen, sollte aber entsprechend den Umständen des konkreten Falles ergänzt bzw. abgeändert werden. Dabei sind im Einzelfall, z. B. bei beabsichtigten Eigenleistungen des Mieters, auch Vereinbarungen über die Haftung des Mieters für Schäden und Schadensfolgen sowie über den Abschluß entsprechender Versicherungen durchaus ratsam.

Zur Vermeidung von Schäden ist der Mieter insbesondere verpflichtet, sich die entsprechenden technischen Kenntnisse anzueignen; andernfalls läuft der Mieter Gefahr, Schadenersatz leisten zu müssen bzw. von einer Versicherung (z. B. der Feuerversicherung) in Regreß genommen zu werden (OLG Hamm, Urt. v. 10. 3. 1992, Az. 7 U 148/91).

Ist der Mieter vertraglich zur Herstellung des ursprünglichen Zustands verpflichtet, kann es sich um eine **Hauptleistungspflicht** handeln, wenn dafür erhebliche Kosten aufgewendet werden müssen (vgl. BGH, NJW 1988, 1778, bei Kosten in Höhe von DM 8 000; vgl. auch BGH, WM 1997, 217; OLG Hamburg, WM 1992, 70). Dies bedeutet, daß der Vermieter **Schadenersatz** wegen Verletzung dieser Pflicht nur unter den Voraussetzungen des § 326 BGB fordern kann. Der Vermieter muß dem Mieter zur Bewirkung der Leistung eine angemessene Frist mit der Erklärung bestimmen, daß er die Annahme der Leistung nach Fristablauf danach ablehnen werde. Dabei muß der Vermieter die geforderten Arbeiten bereits bei Fristsetzung im einzelnen **genau bezeichnen** (zu § 326 BGB vgl. „Schönheitsreparaturen").

Kommt der Mieter bei Vertragsende mit der Wiederherstellung des ursprünglichen Zustands in **Verzug** und können die Räume deshalb nicht anderweitig vermietet werden, hat der Mieter für den entstehenden Mietzinsausfall **Schadenersatz** zu leisten (OLG Frankfurt/M., Urt. v. 11. 5. 1992, DWW 1992, 336).

Wirksam ist eine vertragliche Regelung, wonach die Um- bzw. Einbauten entschädigungslos zurückzulassen sind, da nur bezüglich **Einrichtungen** des Mieters (vgl. § 547 a Abs. 3 BGB) ein Ausgleich vorgeschrieben ist.

Bauliche Veränderungen durch den Vermieter → „Modernisierung", „Instandhaltung und Instandsetzung der Mieträume"

Beendigung des Mietverhältnisses

Die bedeutsamsten Fälle der Beendigung eines Mietverhältnisses sind **Zeitablauf** (§ 564 Abs. 1 BGB, vgl. „Zeitmietvertrag"), **Kündigung** (§ 564 Abs. 2 BGB, vgl. „Kündigung") und **Mietaufhebungsvertrag** (§ 305 BGB, vgl. „Mietaufhebungsvertrag").

Weiterhin kann ein Mietverhältnis beendet werden durch Eintritt einer auflösenden Bedingung (§ 158 Abs. 2 BGB; bei Wohnraum jedoch eingeschränkt durch § 565 a Abs. 2 BGB), Rücktritt (§ 346 BGB; beachte aber § 570 a BGB, wonach bei Wohnraummietverhältnissen ab Überlassung an den Mieter die Vorschriften über die Kündigung gelten), nicht zu vertretende Unmöglichkeit der Gebrauchsgewährung (§§ 275 Abs. 1, 323 Abs. 1 BGB), Anfechtung (§ 142 BGB; vgl. „Anfechtung") und durch Verwaltungsakt (§§ 182, 61, 86 BauGB).

Zur Abwicklung des Mietverhältnisses vgl. „Rückgabe der Mietsache".

Befristeter Mietvertrag → „Zeitmietvertrag"
Belästigungen → „Störungen des Hausfriedens"
Belegungsbindung → „Sozialwohnung"
Berechtigtes Interesse → „Kündigungsschutz", Abschnitt 2
Berufsausübung → „Gewerbliche Nutzung von Wohnräumen"
Beschädigung → „Verschlechterung der Mietsache"

Besuchsempfang

Der Mieter ist berechtigt, Besuche zu jeder Zeit und in beliebiger Anzahl unabhängig vom Geschlecht zu empfangen, soweit damit keine Störung des Hausfriedens oder die vertragswidrige Benutzung der Wohnung (z. B. Prostitution in der Wohnung) verbunden ist.

Die Frage, **bis zu welcher Dauer** noch von einem Besuch gesprochen werden kann und ab wann eine Gebrauchsüberlassung vorliegt, ist ausschließlich anhand der konkreten Umstände des **Einzelfalles** zu beantworten (vgl. dazu AG Frankfurt/Main, Urt. v. 12. 1. 1995, WM 1995, 396, wonach jedenfalls ein Zeitraum von 3 Monaten die normale Besuchsdauer überschreitet; siehe auch unter „Kündigungsschutz", Abschn. 2.1). Behauptet der Mieter, bei der aufgenommenen Person handele es sich um einen Besucher, obliegt der in der Praxis schwer zu führende Beweis des Gegenteils dem Vermieter.

> Ein genereller vertragl. **Ausschluß** des Rechtes des Mieters, Besuch zu empfangen, ist sowohl fomularvertraglich nach § 9 AGBG, als auch einzelvertraglich nach § 138 Abs. 1 BGB unwirksam, da die Wohnung nach dem Grundgesetz (vgl. Art. 13) eine Freistätte und unverletzlich ist.

Das Betreten des Hauses kann der Vermieter bestimmten Besuchern nur untersagen, wenn schwerwiegende Gründe vorliegen, z. B. wenn diese laufend Streitigkeiten oder Ruhestörungen verursachen. Dementsprechend ist auch das mietvertragliche Verbot, bestimmte Personen aus der Verwandtschaft des Mieters als Besucher in der Mietwohnung zu empfangen, nur wirksam, wenn solche schwerwiegenden Gründe im Einzelfall vorliegen (LG Hagen, WM 1992, 430).

Betreten und Besichtigen der Mieträume

Der Vermieter kann vom Mieter gemäß § 809 BGB verlangen, daß dieser ihm das Betreten und Besichtigen der Mieträume gestattet, wenn der Vermieter einen Anspruch in Ansehung der Mietsache hat oder sich Gewißheit verschaffen will, ob ihm ein solcher Anspruch zusteht und die Besichtigung der Räume aus diesem Grunde von Interesse ist (z. B. zum Zwecke der Prüfung von Schadenersatzansprüchen bei Beschädigung der Mietsache durch den Mieter).

Im übrigen bestehen **keine konkreten gesetzlichen Regelungen** über ein Betretungs- und Besichtigungsrecht des Vermieters. Soweit auch keine **vertraglichen** Vereinbarungen getroffen wurden, gesteht die Rechtsprechung dem Vermieter ein Besichtigungs- und Betretungsrecht unter Hinweis auf das dem Mieter in den gemieteten Räumen zustehende Hausrecht **nur in engen Grenzen** zu. Danach darf der Vermieter die Räume betreten, wenn dies notwendig ist, damit er seiner Verpflichtung zur Erhaltung eines vertragsgemäßen Gebrauches (§ 536 BGB) nachkommen kann (z. B. Prüfung, Reparatur, Wartung der Mietsache) oder wenn das Betreten der Wohnung für die Wahrung seiner Rechte erforderlich ist (z. B. Aufmaß zum Zwecke einer Mieterhöhung, Besichtigung durch Kauf- oder Mietinteressenten nach Kündigung, Ablesen von Meßeinrichtungen).

Der Mieter ist auch verpflichtet, das Betreten der Wohnung durch den Vermieter und einen Mitarbeiter der zuständigen Stelle zu dulden, um eine Bauprüfung zur Erteilung der Abgeschlossenheit durchzuführen (LG Hamburg, WM 1994, 425).

> Zur Prüfung der Erforderlichkeit oder der Durchführung einer anstehenden **Instandhaltungsmaßnahme** darf der Vermieter die Wohnung auch **mit Fachleuten** betreten, soweit und sooft dies erforderlich ist. Entsprechendes gilt im Falle des **Verkaufes** bzw. der **Weitervermietung** nach Kündigung.

Soll die Wohnung verkauft und vor dem Verkauf renoviert werden, ist der Mieter berechtigt, sich von den Personen, die deswegen die Wohnung betreten wollen, den Ausweis vorzeigen zu lassen und deren Namen zu notieren (AG München, WM 1994, 425).

Ohne Vorliegen eines konkreten Anlasses gesteht die Rechtsprechung (vgl. BGH, Versicherungsrecht 1966, 82) dem Vermieter ein Betretungs- und Besichtigungsrecht nur in Abständen von **etwa zwei Jahren** zu.

Abweichend von diesen allgemeinen Grundsätzen kann ein Besichtigungs- und Betretungsrecht des Vermieters vertraglich, insbesondere hinsichtlich der Voraussetzungen und der Betretungszeiten, geregelt werden.

Formularvertragliche Regelungen können jedoch von den dargelegten Grundsätzen nur unwesentlich zu Lasten des Mieters abweichen, da sie ansonsten eine „unangemessene Benachteiligung" des Mieters im Sinne von § 9 AGB-Gesetz darstellen können und danach unwirksam sind (vgl. „Allgemeine Geschäftsbedingungen"). Unwirksam wäre z. B. die formularmäßige Vereinbarung eines laufenden Besichtigungsrechtes ohne konkreten Anlaß in kurzen Zeitabständen oder zu unüblichen Zeiten sowie an Sonn- und Feiertagen und zwischen 18.00 Uhr und 10.00 Uhr. Die Vereinbarung eines jederzeitigen Betretungsrechtes des Vermieters wäre auch individualvertraglich wegen Verstoßes gegen Art. 13 Abs. 1 GG (Unverletzlichkeit der Wohnung) unwirksam (vgl. BVerfG, Beschl. v. 26. 5. 1993, WM 1993, 377). Soweit wirksame vertragliche Vereinbarungen bestehen, richtet sich das Besichtigungs- und Betretungsrecht des Vermieters ausschließlich nach deren Inhalt.

> Soweit nach diesen Ausführungen ein Besichtigungs- und Betretungsrecht des Vermieters besteht, bedarf es zur Durchführung trotzdem grundsätzlich der **Terminabsprache** mit dem Mieter, wobei auf wichtige Belange des Mieters Rücksicht zu nehmen ist (LG Göttingen, WM 1982, 279). Jedoch ist der Mieter nicht berechtigt, den Zutritt des Vermieters zusammen mit anderen Personen (z. B. Kaufinteressenten, Handwerkern) davon abhängig zu machen, daß ihm Name und Anschrift dieser Personen mit-

geteilt werden (LG Stuttgart, Urt. v. 24. 4. 1991, WM 1991, 578; LG Trier, WM 1993, 185).

Es ist daher ratsam, dem Mieter angemessene Zeit vor der beabsichtigten Besichtigung (mind. 24 Stunden; vgl. AG Köln, WM 1986, 86; AG Aachen, WM 1986, 87) einen Termin mitzuteilen, verbunden mit der Aufforderung, von sich aus einen anderen Termin zu benennen, wenn der vorgeschlagene Termin aus wichtigen Gründen nicht wahrgenommen werden kann.

Nur im **Ausnahmefall** bedarf es kei ner Terminabsprache, wenn zur Abwehr einer konkreten Gefahr die Mieträume zur Feststellung oder Durchführung unaufschiebbarer Maßnahmen betreten werden müssen (z. B. bei einem Wasserrohrbruch).

Der Vermieter hat auch im Falle eines Betretungsrechtes keinen Rechtsanspruch auf Aushändigung der **Wohnungsschlüssel** durch den Mieter, jedoch ist der Mieter bei persönlicher Verhinderung verpflichtet, trotzdem den Zugang zur Wohnung zu gewährleisten, indem er z. B. den Schlüssel einer Person seines Vertrauens aushändigt, die dem Vermieter zum vereinbarten Termin Zutritt zur Wohnung ermöglicht.

Verweigert der Mieter grundlos das Betreten der Wohnung, darf der Vermieter die Wohnung weder mit einem Nachschlüssel noch mit Gewalt öffnen, da er sich damit dem Vorwurf der verbotenen Eigenmacht (§ 858 BGB) und des Hausfriedensbruches (§ 123 StGB) aussetzen könnte. Vielmehr ist der Vermieter darauf angewiesen, **Klage auf Zutritt** vor dem zuständigen Amtsgericht zu erheben, wobei in eilbedürftigen Fällen das Betretungsrecht auf dem Wege einer **einstweiligen Verfügung** durchgesetzt werden kann.

Die unberechtigte Verweigerung des Zutritts durch den Mieter verpflichtet diesen zum **Ersatz des** dadurch entstandenen **Schadens** (z. B. der Mehrkosten für die nochmalige An- und Abfahrt des Handwerkers; AG München, WM 1994, 425). Der unberechtigten Verweigerung des Zutritts kommt es gleich, wenn der Mieter den Zutritt von unzumutbaren Bedingungen abhängig macht, z. B. verlangt, daß die Schuhe vor dem Betreten der Wohnung ausgezogen werden müssen (AG München, a. a. O.).

Weiterhin kann der Mieter zum Ersatz des Mietausfalles verpflichtet sein, wenn ein Mietinteressent die gekündigte Wohnung nicht besichtigen kann und im Streitfall bewiesen werden kann, daß der Interessent infolge des Verhaltens des Mieters vom Vertragsschluß Abstand genommen hat.

Der Mieter ist auch nicht berechtigt, Kaufinteressenten der Wohnung ungefragt seine Vermutungen zum Zustand des Gebäudes und der Mietsache mitzuteilen und das Kaufobjekt in unsachlicher Weise schlecht zu machen. Dies stellt eine eklatante Vertragsverletzung dar und kann den Vermieter insbesondere beim Hinzutreten weiterer Umstände zur fristlosen Kündigung gemäß § 554 a BGB berechtigen (LG Hannover, Urt. v. 2. 6. 1995, WM 1995, 538).

Betriebskosten

Inhaltsübersicht

1 Allgemeines

Betriebskosten sind die Kosten, die **dem Eigentümer** (Erbbauberechtigten) durch das Eigentum am Grundstück (Erbbaurecht) oder durch den bestimmungsgemäßen Gebrauch des Gebäudes oder der Wirtschaftseinheit, der Nebengebäude, Anlagen, Einrichtungen und des Grundstückes **laufend** entstehen (§ 27 Abs. 1 Zweite Berechnungsverordnung – II. BV).

Nicht darunter fallen die Kosten, die **dem Mieter** durch die Benutzung der Wohnung laufend entstehen (z. B. die Kosten des Energieverbrauches innerhalb der Wohnung, wenn der Mieter selbst Vertragspartner des Energielieferanten ist).

Weiterhin sind vom Begriff der Betriebskosten diejenigen Kosten nicht umfaßt, die vom Mieter üblicherweise außerhalb der Miete unmittelbar getragen werden. So besteht z. B. in verschiedenen Gebieten die gewohnheitsmäßige Übung, daß verschiedene Kosten, die grundsätzlich den Eigentümer treffen (z. B. Müllabfuhr, Entwässerung, Straßenreinigung), unmittelbar vom Mieter gezahlt werden. In diesen Fällen sind diese Kosten nicht als Betriebskosten anzusetzen.

Der Begriff der Betriebskosten setzt weiterhin voraus, daß die Kosten dem Eigentümer **laufend** entstehen, jedoch brauchen die Kosten weder in derselben Höhe, noch in denselben Zeitabständen, z. B. jährlich, anzufallen. Auch Kosten, die **turnusmäßig**, z. B. alle drei bis fünf Jahre (z. B. Reinigung des Öltanks, Überprüfung des Fahrstuhls durch den TÜV) entstehen, zählen zu den Betriebskosten. Dagegen fallen **einmalig** oder in nicht voraussehbaren Zeitabständen entstehende Kosten nicht unter den Begriff der Betriebskosten (z. B. zählen die Kosten für eine einmalige Sperrmüllabfuhr nicht zu den Kosten der Müllabfuhr).

Nachdem die Vorschriften der II. BV einschließlich der Anlage 3 grundsätzlich nur auf öffentlich geförderte Wohnungen direkt anwendbar sind, war früher umstritten, ob die darin enthaltenen Begriffsbestimmungen auch für den frei finanzierten Wohnungsbau gelten. Nachdem jedoch der Gesetzgeber im Gesetz zur Regelung der Miethöhe vom 18. 12. 1974 (BGBl I S. 3603 – MHG), das ausschließlich für den frei finanzierten Wohnungsbau gilt, auf die Begriffsbestimmungen der Betriebskosten in § 27 der II. BV verwiesen hat (vgl. § 4 MHG), ist anerkannt, daß die in der II. BV enthaltenen Definitionen auch für die Auslegung von Verträgen über die Vermietung von frei finanzierten, nicht preisgebundenen Wohnungen entsprechend heranzuziehen sind. Es sind daher sowohl zur Ermittlung des **Umfanges** der Betriebskosten als auch zur Ermittlung des **Inhaltes** der einzelnen Betriebskostenarten die Bestimmungen der Anlage 3 der II. BV heranzuziehen. So ergibt sich z. B. aus Nummer 2 der Anlage 3, daß die Kosten der **Wasserversorgung** unter den Begriff der Betriebskosten fallen und weiterhin, daß zu dem Inhalt dieser Betriebskostenart gehören: Die Kosten des Wasserverbrauches, die Grundgebühren und die Zählermiete, die Kosten der Verwendung von Zwischenzählern, die Kosten des Betriebes einer hauseigenen Wasserversorgungsanlage und einer Wiederaufbereitungsanlage einschließlich der Aufbereitungsstoffe.

Der Mieter ist zur Zahlung von Betriebskosten bzw. zur Leistung einer Vorauszahlung auf die Betriebskosten nur verpflichtet, wenn und soweit dies vertraglich ausdrücklich vereinbart wurde.

Fehlt eine entsprechende vertragliche Vereinbarung, sind die Betriebskosten in der Zahlung des Mietzinses enthalten und können nicht zusätzlich verlangt werden. Ein Rechtsanspruch auf nachträgliche Änderung des Mietvertrages bzw. Abschluß entsprechender Vereinbarungen besteht grundsätzlich nicht. Nur im Ausnahmefall kann sich ein Umlagerecht im Wege der ergänzenden Vertragsauslegung ergeben, wenn z. B. dem Vermieter nach Vertragsabschluß Betriebskosten aufgrund von baulichen Änderungen durch den Mieter entstehen (vgl. OLG Köln, Urt. v. 13. 7. 1994, ZMR 1995, 69).

Nach dem Rechtsentscheid des Bay ObLG vom 26. 2. 1984 (DWW 1984, 73; Weber/Marx, IV/S. 84) genügt für die Umlegung aller in der Anlage 3 zu § 27 II. BV enthaltenen Betriebskosten die vertragliche Bestimmung, daß für die „Betriebskosten gemäß § 27 II. BV" neben der Miete ein monatlicher Vorauszahlungsbetrag in Höhe von DM ... zu leisten ist.

Eine zusätzliche Erläuterung oder **Beifügung** des Betriebskostenkataloges der Anlage 3 ist nach dieser Rechtsprechung für eine wirksame Umlage **nicht mehr erforderlich**.

Nach Ansicht des Gerichtes handelt es sich bei dem Begriff der Betriebskosten nicht um einen ausfüllungsbedürftigen, unbestimmten, sondern um einen in einer Rechtsvorschrift definierten, bestimmten und **eindeutigen** Rechtsbegriff, der weder eine richterliche Ausfüllung im Einzelfall noch Billigkeitserwägungen zuläßt. Etwas anderes gilt nur bei der Umlage von „Sonstigen Betriebskosten" gem. Ziff. 17 der Anl. 3 zu § 27 II. BV; diese müssen nach überwiegender Meinung genau bezeichnet werden (siehe Abschnitt 2.17).

Eine Bestimmung, wonach der Mieter „die **Neben**kosten" zu tragen habe, ist mangels hinreichender Bestimmtheit unwirksam (OLG Frankfurt, Urt. v. 1. 11. 1984, WM 1985, 91). Ebenso Formulierungen, wonach der Mieter „sämtliche Nebenkosten, insbesondere ..." oder „... etc." oder „alle Nebenkosten" zu tragen hat (OLG Hamburg, Urt. v. 15. 11. 1989, HambGE 1990, 97; OLG Düsseldorf, Urt. v. 25. 7. 1991, DWW 1991, 283). Bei Auslegung einer die Nebenkosten betreffenden Bestimmung kommt ein Rückgriff auf § 27 II. BV i. V. m. Anlage 3 nur in Betracht, wenn auf diese Vorschrift im Mietvertrag Bezug genommen ist (OLG Düsseldorf, a.a.O.).

Die **Bezugnahme** auf die Begriffsbestimmung und Einzelaufzählung der Betriebskosten in Anlage 3 zu § 27 II. BV ist auch im Bereich des nicht preisgebundenen Wohnraumes dazu geeignet, den Kreis der nach § 4 MHG umlagefähigen Aufwendungen möglichst bestimmt abzugrenzen. Daher liegt auch in der **formularvertraglichen Verweisung** auf § 27 II. BV kein Verstoß gegen das AGBG. Auch nach dem Rechtsentscheid des OLG Karlsruhe vom 18. 10. 1985 (DWW 1986, 70; Weber/Marx, V/S. 68) ist es zur wirksamen Umlage der Betriebskosten **nicht** erforderlich, daß der Mietvertrag die **einzelnen** Betriebskosten genau bezeichnet, für welche die Vorauszahlung gelten soll, sondern im Anschluß an die Verweisung auf § 27 der II. BV die wesentlichen Positionen nur stichwortartig nennt.

> Dagegen kann der Begriff der Betriebskosten **nicht** über den Kostenkatalog in Anlage 3 zu § 27 II. BV hinaus **erweitert** werden.

Nach dem Rechtsentscheid des OLG Koblenz vom 7. 1. 1986 (DWW 1986, 42; Weber/Marx, VI/S. 46) ist gemäß den §§ 4, 10 MHG eine Vereinbarung unwirksam, nach der der Mieter auf **andere** Nebenkosten als die in Anlage 3 zu § 27 der II. BV genannten Betriebskosten monatliche Vorauszahlungen zu leisten hat, die erhöht werden können und über die jährlich abzurechnen sind. In den Gründen dieses Rechtsentscheides wird weiter ausgeführt, daß „die Bestimmungen der II. BV über die Betriebskosten die **Grenze** darstellen, über die hinauszugehen dem Vermieter verwehrt ist“.

Daraus ergibt sich, daß bei Mietverhältnissen über **Wohn**raum eine Vereinbarung über die Zahlung anderer Nebenkosten **schlechthin** und nicht nur dann unwirksam ist, wenn Vorauszahlungen auf diese Nebenkosten geleistet werden sollten. Entsprechend ist nach dem Rechtsentscheid des OLG Karlsruhe (WM 1988, 204; Weber/Marx, VIII/S. 62) eine solche Vereinbarung auch dann unwirksam, wenn die Umlagevereinbarung nach Beginn des Mietverhältnisses getroffen wurde.

> Die Umlage **anderer** Nebenkosten, wie Verwaltungs-, Instandhaltungs-, Kapitalkosten, Abschreibungen, Erbbauzinsen, kann daher bei der Vermietung von Wohnraum **nicht** wirksam vereinbart werden. Diese Kosten sollte man daher bereits bei der Kalkulation der Grundmiete berücksichtigen und im Mietvertrag nicht separat ausweisen.

Wurden solche Kosten (z. B. Verwaltungskosten) trotzdem separat z. B. durch einen festen Betrag ausgewiesen, besteht ein Anspruch auf Bezahlung nur dann, wenn der Betrag aufgrund seiner Stellung im Mietvertrag eindeutig der Grundmiete und nicht etwa den Betriebskosten zuzurechnen ist, z. B. durch die Vereinbarung, daß neben der Miete und den Betriebskosten zusätzlich ein weiterer bestimmter Betrag für Verwaltungskosten zu zahlen ist (LG Düsseldorf, DWW 1996, 123).

Zur Möglichkeit der Umlage von Hausverwaltungskosten im **Geschäfts**raummietvertrag vgl. OLG Nürnberg, WM 1995, 308 sowie KG

Berlin (GE 1995, 563), wonach Verwaltungskosten selbst dann umlagefähig sind, wenn das Verwaltungsunternehmen dem Vermieter gehört.

Werden durch Sach- oder Arbeitsleistungen des Eigentümers Betriebskosten im Sinne der Anlage 3 zu § 27 II. BV **erspart**, dürfen dafür gemäß § 27 Abs. 2 II. BV Beträge angesetzt werden, die für eine gleichwertige Leistung eines Dritten, insbesondere eines Unternehmens, angesetzt werden könnten, jedoch ausschließlich der Umsatzsteuer des Dritten. Dies gilt selbst dann, wenn der Mieter keine natürliche Person ist (z. B. eine GmbH) und mit der Durchführung der Arbeiten (z. B. Gartenpflege, Hausreinigung) rechtlich verselbständigte Regiebetriebe beauftragt (LG Hamburg, ZMR 1995, 32).

Zu den Sachleistungen können z. B. die Stellung des Brennmaterials für Heizung oder der Reinigungsmittel für Haus- oder Straßenreinigung gehören; zu den Arbeitsleistungen die Bedienung und Pflege der Zentralheizung, des Gartens oder die Reinigungsarbeiten.

Der Vermieter ist bezüglich der vom Mieter geleisteten Betriebskostenvorauszahlungen nicht Treuhänder. Er ist zwar verpflichtet, den Grundsatz der Wirtschaftlichkeit zu beachten, muß aber nicht die preisgünstigste Bewirtschaftungsweise, z. B. durch Einstellung eigener Arbeitskräfte, wählen (LG Hamburg a.a.O.).

2 Die Betriebskostenarten gemäß der Anlage 3 zu § 27 II. BV

2.1 Die laufenden öffentlichen Lasten des Grundstückes (Nr. 1)

Dazu gehören sämtliche laufend wiederkehrenden Verbindlichkeiten, deren Erhebung auf öffentlichem Recht beruht, namentlich die **Grundsteuer**. Diese kann in der vollen Höhe angesetzt werden. Im Falle einer Grundsteuervergünstigung darf nur die tatsächlich gezahlte Grundsteuer angesetzt werden.

Ist neben grundsteuerbegünstigtem Wohnraum noch Geschäftsraum oder nichtbegünstigter Wohnraum vorhanden, darf den begünstigten Wohnungen nur der Teil der Grundsteuer zugerechnet werden, der auf sie entfällt. Dagegen zählen **nicht** zu den öffentlichen Lasten des Grundstückes die Personensteuern des Vermieters (Vermögen-, Einkommensteuer) sowie Realsteuern, z. B. die Gewerbesteuer, die auch dann nicht zu den öffentlichen Lasten zählt, wenn das Grundstück zum Betriebsvermögen gehört, da sich die Steuerpflicht auch dann nicht aus dem Eigentum am Grundstück, sondern aus dem Betrieb des Gewerbes ergibt (vgl. Rundschreiben des Bundesministers für Städte-, Bau- und Wohnungswesen vom 20. 7. 1970).

Die **Hypothekengewinnabgabe** zählt nach der ausdrücklichen Regelung der Nr. 1 nicht zu den Betriebskosten, da sie als besondere Form der Vermögensabgabe vom Vermieter selbst getragen werden soll.

2.2 Kosten der Wasserversorgung (Nr. 2)

Hierzu gehören die Kosten des Wasserverbrauches, die Grundgebühren, die Kosten der Anmietung oder anderer Arten der Gebrauchsüberlassung von Wasserzählern sowie die Kosten ihrer Verwendung einschließlich der Kosten der Berechnung und Aufteilung, die Kosten des Betriebes einer hauseigenen Wasserversorgungsanlage und einer Wasseraufbereitungsanlage einschl. der Aufbereitungsstoffe.

2.2.1 Die Kosten des Wasserverbrauches („Wassergeld") zählen zu den Betriebskosten, unabhängig davon, ob sie als öffentlich-rechtliche Gebühr oder privatrechtliches Entgelt erhoben werden. Als Wasserverbrauch ist nur der reguläre (auch der verschwenderische durch einen oder mehrere Mieter) anzusehen, nicht aber ein irregulärer, z. B. durch eine defekte Toilettenspülung oder durch einen Wasserrohrbruch (AG Bergisch Gladbach vom 8. 3. 1983, WM 84, 230). Insofern darf das Gericht einen Vortrag des Mieters zu Alternativursachen eines im Vergleich zu Vorzeiträumen exorbitanten Wasserverbrauchs nicht übergehen; andernfalls liegt eine Verletzung des Anspruchs auf rechtliches Gehör vor (BVerfG, Beschl. v. 23. 9. 1996, NJWE 1996, 265).

2.2.2 Die Grundgebühren

2.2.3 Die Kosten der Anmietung oder anderer Arten der Gebrauchsüberlassung von Wasserzählern sowie die Kosten ihrer Verwendung einschließlich der Kosten der Berechnung und Aufteilung. Stehen diese im Eigentum des Vermieters, können **Wartungs- und Eichkosten** angesetzt werden. Nicht umlagefähig sind Reparaturkosten. Kosten des Austausches können dann angesetzt werden, wenn der Austausch als Ersatz für die Eichung erfolgt ist, nicht aber, wenn dies wegen eines Defektes erforderlich war (AG Neuss, DWW 1988, 284; AG Bremerhaven, DWW 1987, 19).

2.2.4 Kosten des Betriebes der hauseigenen Wasserversorgungsanlage: Hierzu gehören z. B. die Wartungskosten eines hauseigenen Brunnens, einer Pumpanlage oder eines Wasserwerkes sowie die Kosten von vorgeschriebenen Wasseruntersuchungen (AG Altena, Urt. v. 5. 6. 1981, WM 1983, 2); nicht aber Reparaturkosten der Wasserversorgungsanlage.

2.2.5 Die Kosten einer Aufbereitungsanlage einschl. der Aufbereitungsstoffe: Aufbereitungsanlagen sind Anlagen zur Verbesserung der Wasserqualität, z. B. Filteranlagen und Entkalkungsgeräte. Ansatzfähig sind die Wartungskosten und die regelmäßig zu erneuernden Aufbereitungsstoffe. Dagegen sind die Kosten von Maßnahmen bzw. Dosiermitteln, die in erster Linie dem Korrosionsschutz der Wasserleitungen dienen, nicht ansatzfähig (AG Lörrach, WM 1995, 593).

Wasserkosten, die bei anderen Positionen der Anlage 3 (z. B. bei der Gartenpflege, Betrieb von maschinellen Wascheinrichtungen) anfallen und dort auch erfaßbar sind (z. B. durch Zähler), sind unter diesen Positionen und nicht unter Nr. 2 anzusetzen.

2.3 Die Kosten der Entwässerung (Nr. 3)

Hierzu gehören die Gebühren für die Haus- und Grundstücksentwässerung, die Kosten des Betriebes einer entsprechenden nichtöffentlichen Anlage und die Kosten des Betriebes einer Entwässerungspumpe.

2.3.1 Die Kosten für die Haus- und Grundstücksentwässerung: Zu diesen Kosten gehören sämtliche, für die Entwässerung in Rechnung gestellten Gebühren, unabhängig davon, ob sie für Schmutz- oder für Regenwasser erhoben werden.

2.3.2 Die Kosten des Betriebes einer entsprechenden nichtöffentlichen Anlage, z. B. die Kosten der Reinigung einer eigenen Kläranlage oder Sickergrube, wenn das Gebäude nicht an das öffentliche Kanalnetz angeschlossen ist.

2.3.3 Die Kosten des Betriebes einer Entwässerungspumpe, insbes. für Strom, Reinigung, Prüfen und Abschmieren.

Nicht ansatzfähig sind die Kosten, wenn sie vom **Hauswart** ohne zusätzliche Vergütung erledigt werden (vgl. Abschnitt 2.14). Nicht zu den Kosten der Entwässerung zählen Kosten der Beseitigung einer Rohrverstopfung im Hauptstrang der Abwasserleitung (OLG Hamm, RE vom 19. 5. 1982 WM 82, 201; Weber/Marx, II/S. 98). Diese Kosten sind als Instandhaltungskosten nicht umlagefähig (siehe auch „Verstopfung“).

2.4 Die Kosten der Heizung (Nr. 4)

Darunter fallen folgende Kosten:
Die Kosten des Betriebes der zentralen Heizungsanlage einschließlich der Abgasanlage (Nr. 4 a); vgl. Abschnitt 2.4.1.

Die Kosten des Betriebes der zentralen Brennstoffversorgungsanlage (Nr. 4 b); vgl. Abschnitt 2.4.2.

Die Kosten der eigenständig gewerblichen Lieferung von Wärme, auch aus Anlagen im Sinne des Buchstabens a, (Nr. 4 c); vgl. Abschnitt 2.4.3.

Die Kosten der Reinigung und Wartung von Etagenheizungen (Nr. 4 d); vgl. Abschnitt 2.4.4.

2.4.1 Zu den Kosten des Betriebes der zentralen Heizungsanlage einschließlich der Abgasanlage gehören die Kosten der verbrauchten Brennstoffe und ihrer Lieferung, die Kosten des Betriebsstroms, die Kosten der Bedienung, Überwachung und Pflege der Anlage, der regelmäßigen Prüfung ihrer Betriebsbereitschaft und Betriebssicherheit einschließlich der Einstellung durch einen Fachmann, der Reinigung der Anlage und des Betriebsraumes, die Kosten der Messungen nach dem Bundesimmissionsschutzgesetz, die Kosten der Anmietung oder anderer Arten der Gebrauchsüberlassung einer Ausstattung zur Verbrauchserfassung sowie die Kosten der Verwendung einer Ausstattung zur Verbrauchserfassung einschließlich der Kosten der Berechnung und Aufteilung.

> Der Begriff der zentralen Heizungsanlage ist gleichbedeutend mit dem Begriff der **Zentralheizung**.

Darunter ist eine Anlage zu verstehen, die alle wesentlichen Räume eines Gebäudes ausreichend mit Wärme versorgt, unabhängig von der Art des Energieträgers. Zentralheizungen müssen grundsätzlich den Anforderungen der Verordnung über energiesparende Anforderungen an heizungstechnische Anlagen und Brauchwasseranlagen in der Neufassung vom 20. 1. 1989 (BGBl I S. 120) entsprechen (Näheres siehe bei „Heizungsanlagenverordnung").

Mit Wirkung ab 1. 3. 1989 sind in Nr. 4 a durch die Verordnung zur Änderung energiesparender Vorschriften vom 19. 1. 1989 die Worte „einschließlich der **Abgasanlage**" eingefügt worden.

Zur Abgasanlage gehört insbesondere der Schornstein einschließlich der Verbindungsstücke zur Heizanlage (z. B. Rauch- und Abgasrohre); weiterhin Drosselvorrichtungen (Drosselklappen oder Schieber), Zugbegrenzer, Nebenlufteinrichtungen, Absperrvorrichtungen, Abgasventilatoren sowie andere Bestandteile der Verbindung zwischen Heizungsanlage und Schornstein.

2.4.1.1 Die Kosten der **verbrauchten Brennstoffe** und ihrer Lieferung:

Diese Kosten umfassen auch Kosten für Brennstoffzusätze (z. B. Additive zur Reinigung) und Anfeuerungsmaterial. Angesetzt werden können nur die tatsächlich entstandenen Kosten, so daß auch Mengenrabatte oder Preisnachlässe zugunsten des Mieters zu berücksichtigen sind.

> Jedoch ist es Sache des Vermieters, zu entscheiden, zu welchem Zeitpunkt und von wem er die Brennstoffe einkauft.

Der Vermieter ist nicht verpflichtet, den jeweils **preisgünstigsten Lieferanten** herauszufinden und zu beauftragen (AG Frankfurt, Urt. vom 20. 2. 1981, ZMR 83, 199). Bei den Kosten der Anlieferung können neben den Kosten für das Einbringen in den Lagerraum auch **Trinkgelder** angesetzt werden, soweit diese angemessen und üblich sind.

Kosten für das **Trockenheizen eines Neubaues** können nicht als Betriebskosten angesetzt werden, da sie nicht laufend, sondern einmalig entstehen und damit nicht unter den Begriff der Betriebskosten fallen.

2.4.1.2 Die Kosten des Betriebsstromes:

Hierzu gehören sämtliche Stromkosten, die für das Betreiben der Heizungsanlage anfallen, z. B. der Strom für Pumpen, Brenner, elektrisch arbeitende Wärmefühler, elektrische Wärmepumpen, weiterhin für die Beleuchtung des Heizraumes sowie für Strom, der im Rahmen der Überwachung, Pflege und Reinigung der Anlage verbraucht wird.

Können diese Kosten nicht mit einem separaten Zähler erfaßt werden, sind sie zu schätzen (z. B. anhand der Werte über den Stromverbrauch der einzelnen Geräte und deren Betriebsdauer).

2.4.1.3 Die Kosten der **Bedienung**, Überwachung und Pflege der Anlage:

Hierzu gehören die Sach- und Personalkosten einschließlich der Sozialbeiträge, die dem Eigentümer laufend entstehen, insbesondere beim arbeitsintensiven Betrieb von Kokszentralheizungen (Anheizen und Unterhalten der Brennstelle, Beseitigen von Asche und Schlacke). Jedoch können auch bei automatisch arbeitenden Öl- und Gaszentralheizungen Kosten anfallen, insbesondere dann, wenn der Eigentümer nicht im Haus wohnt und daher einen Dritten mit diesen Arbeiten betrauen muß (AG Mannheim, Urt. vom 24. 1. 1979, DWW 79, 64). Trotz der Regelung in § 27 Abs. 2 II. BV, wonach für Sach- und Arbeitsleistungen, die der Eigentümer selbst ausführt, entsprechende Kosten angesetzt werden dürfen, wird von der Rechtsprechung ein Ansatz für **ersparte Bedienungskosten** einer Zentralheizung durch den Eigentümer regelmäßig mit der Begründung abgelehnt, daß aufgrund der Geringfügigkeit der Leistungen ein Geldwert kaum bestimmbar ist.

2.4.1.4 Die Kosten der regelmäßigen **Prüfung** der Betriebsbereitschaft und Betriebssicherheit der Anlage einschließlich der Einstellung durch einen Fachmann: Diese Kosten werden zusammenfassend meist als **„Wartungskosten“** bezeichnet, deren Umfang u. a. von der Art der Ausführung und dem Alter der Anlage abhängig ist. Der Betreiber einer heiztechnischen Anlage mit einer Nennwärmeleistung von mehr als 11 kW ist nach § 9 Abs. 1 der Heizungsanlagenverordnung verpflichtet, die regelmäßige Wartung durchführen zu lassen. Diese darf grundsätzlich nur von Personen vorgenommen werden, welche die zur Wartung notwendigen Fachkenntnisse und Fertigkeiten besitzen (vgl. „Heizungsanlagen-VO“).

Zur Wartung können u. a. folgende Maßnahmen gehören: Überprüfen und Einstellen der Feuerungseinrichtungen, Reinigen und Einstellen des Brenners einschließlich der Kosten neuer Dichtungen, Filter und Zerstäuberdüsen (LG Hamburg, Urt. vom 13. 7. 1978, WM 78, 242), Überprüfen der zentralen regeltechnischen Einrichtungen, Probeläufe, Messungen der Abgaswerte und der Abgastemperaturen, Kontrolle und Nachfüllen des Wasserstandes. Von den umlagefähigen **Wartungs**kosten streng zu trennen sind die nicht umlagefähigen **Instandhaltungs- und Instandsetzungs**kosten (z. B. Einbau einer neuen Pumpe oder Reparatur des Brenners). Werden diese Reparaturen zusammen mit Wartungsarbeiten durchgeführt, sind die Kosten der Reparatur aus dem Gesamtbetrag der Kosten herauszurechnen. Um Streitigkeiten vorzubeugen, ist daher zu empfehlen, den Fachbetrieb anzuweisen, die Beträge für Re paratur und Wartung auf der Rechnung möglichst gesondert auszuweisen.

2.4.1.5 Die Kosten der **Reinigung** der Anlage und des Betriebsraumes:

Dazu gehört insbesondere das Reinigen des Heizkessels durch Entfernung von Verbrennungsrückständen und Wasserablagerungen sowie des Brenners (soweit dies nicht bereits im Rahmen der Wartung erfolgt ist, siehe Abschnitt 2.4.1.4).

Weiterhin fällt darunter nach überwiegender Meinung auch das **Reinigen** des Öltanks und das Beseitigen des Ölschlamms (AG Regensburg, WM 1995, 319). Die gegenteilige Auffassung, wonach die Reinigung des Öltanks zu den nicht umlagefähigen Instandhaltungskosten zählt (Wichardt, ZMR 1980, 2), ist abzulehnen, da durch die Reinigung keine Instandhaltung durch Beseitigung von Mängeln erfolgt, sondern lediglich Beschädigungen vorgebeugt und die Betriebssicherheit gewährleistet wird (vgl. OLG Celle, Urt. v. 24. 11. 1994, NJW 1995, 3197, wonach der Eigentümer verpflichtet ist, den Tank im Abstand von 5 – 7 Jahren zu reinigen und zu überprüfen).

Die Reinigungskosten entstehen dem Eigentümer auch „laufend" i. S. von § 27 Abs. 1 II. BV, selbst wenn sie nicht jährlich, sondern in größeren Abständen anfallen.

> Dagegen sind die Kosten einer **Beschichtung** oder des Anstrichs des Öltanks **keine** Betriebskosten, sondern Instandhaltungskosten (LG Frankenthal, Urt. vom 10. 4. 1985, ZMR 1985, 302).

Angesetzt werden können auch die Kosten für die Reinigung des Betriebsraumes einschließlich der Aufwendungen für das Reinigungsmaterial (LG Hamburg, Urt. vom 18. 4. 1958, ZMR 1960, 75).

2.4.1.6 Die Kosten für **Messungen** nach Bundesimmissionsschutzgesetz:

Der Betreiber einer Feuerungsanlage (mit Ausnahme von Kleinanlagen) ist verpflichtet, die Erfüllung der in der Verordnung bestehenden Anforderungen vom zuständigen Bezirksschornsteinfegermeister durch wiederkehrende Messungen jährlich überwachen zu lassen. (Verordnung zur Durchführung des Bundesimmissionsschutzgesetzes – Verordnung über Feuerungsanlagen). Der Betreiber hat innerhalb sechs Wochen eine Wiederholungsmessung durchführen zu lassen, wenn sich ergibt, daß die Anlage den Anforderungen nicht genügt. Die Kosten der Wiederholungsmessung können nur dann nicht angesetzt werden, wenn der Eigentümer die Wiederholungsmessung zu vertreten hat, z. B. weil er die Anlage nicht durch einen Fachmann regelmäßig hat überprüfen lassen.

2.4.1.7 Die Kosten einer **Ausstattung** zur **Verbrauchserfassung**: Unter Ausstattung zur Verbrauchserfassung sind Wärmezähler und Heizkostenverteiler im Sinne von § 5 HeizkostenVO zu verstehen, wobei nur solche verwendet werden dürfen, hinsichtlich derer sachverständige Stellen bestätigt haben, daß sie den anerkannten Regeln der Technik entsprechen oder ihre Eignung auf andere Weise nachgewiesen wurde.

Nach dem jetzigen Stand der Technik gehören dazu: Mechanische oder elektrische **Wärmezähler** nach DIN 4713 Teil 4, **Heizkostenverteiler** nach dem Verdunstungsprinzip und Heizkostenverteiler mit elektronischer Meßgrößenerfassung.

Bei **Anmietung** oder **Leasen** der Geräte durch den Vermieter darf dieser die Kosten auf die Mieter im Wege der Heizkostenabrechnung nur dann umlegen, wenn er den Mietern die dadurch entstehenden Kosten mitgeteilt und die Mehrheit der Mieter innerhalb eines Monats nach Zugang der Mitteilung nicht widersprochen haben (§ 4 Abs. 2 HeizkostenVO). Widerspricht die Mehrheit der Mieter der Anmietung, kann der Vermieter seine Aufwendungen nur umlegen, indem er die Geräte kauft und den Kaufpreis über eine Mieterhöhung nach § 3 MHG – nicht über die Heizkostenabrechnung – an die Mieter weitergibt (vgl. „Modernisierung"). Entsprechendes gilt für den Austausch vorhandener Geräte gegen Geräte mit höherer Maßgenauigkeit (z. B. Austausch von Geräten nach dem Verdunstungsprinzip gegen elektronische Heizkostenverteiler).

Die Kosten des Austausches von Erfassungsgeräten infolge der gesetzlich vorgeschriebenen Eichung (z. B. bei Wärme- und Warmwasserzählern) können im Rahmen der Heizkostenabrechnung auf den Mieter umgelegt werden, wobei gem. § 7 Abs. 2 Heizkosten-Verordnung auch eine Aufteilung auf mehrere Jahre zulässig ist (AG Koblenz, DWW 1996, 252; AG Neuss, DWW 1988, 284; Bub-Treier, III A 94). Gleiches gilt für Wartungskosten von elektronischen Heizkostenverteilern einschließlich des erforderlichen Batterieaustausches (AG Koblenz, a.a.O.).

Eine Kostenumlage ist jedoch nicht möglich, wenn der Austausch infolge eines Defektes erforderlich wird, da es sich dann um eine nicht umlagefähige Instandhaltungsmaßnahme handelt.

2.4.1.8 Die Kosten der **Berechnung und Aufteilung:**

Dazu gehören die Kosten der Ermittlung der Betriebskosten und deren Aufteilung auf den einzelnen Mieter sowie das Erstellen der Heizkostenabrechnung. Aufwendungen des Vermieters im Zusammenhang mit der Erstellung der Abrechnung (z. B. Zusammenstellung der Kosten für den Wärmemeßdienst, Gespräche mit Unternehmen, Porti, Versandkosten der Rechnungen) zählen dagegen zu den nicht umlagefähigen Verwaltungskosten.

2.4.2 Zu den Kosten des Betriebes der zentralen Brennstoffversorgungsanlage gehören die Kosten der verbrauchten Brennstoffe und ihre Lieferung, die Kosten des Betriebsstromes und die Kosten der Überwachung sowie die Kosten der Reinigung der Anlage und des Betriebsraumes.

Diese Kosten sind hier anzusetzen, wenn die einzelnen Räume zwar zentral versorgt werden, jedoch nicht direkt mit Wärme (dann Zentralheizung, Nr. 4 a, s. Abschnitt 2.4.1), sondern primär durch eine Pumpe mit Brennstoff aus einem zentralen Vorratsbehälter, der dann zum Betrieb der angeschlossenen Einzelöfen verwendet wird. Für die einzelnen Positionen gelten die Ausführungen in Abschnitt 2.4.1 entsprechend.

2.4.3 Zu den Kosten der eigenständig gewerblichen Lieferung von Wärme (auch aus Anlagen im Sinne von Nr. 4 a, s. Abschnitt 2.4.1) gehören das Entgelt für die Wärmelieferung und die Kosten des Betriebes der zugehörigen Hausanlagen entsprechend Nr. 4 a, s. Abschnitt 2.4.1. Die Neufassung der Nr. 4 c durch die Verordnung zur Änderung energiesparender Vorschriften vom 19. 1. 1989 stellt nunmehr klar, daß zur eigenständigen gewerblichen Lieferung von Wärme neben der aus Fernheizwerken auch diejenige aus zentralen Heizungsanlagen gehören kann, wenn der Gebäudeeigentümer sie einem Dritten zur eigenständigen gewerblichen Lieferung übertragen hat.

Eine eigenständige Lieferung ist gegeben, wenn der Lieferant die Anlage im eigenen Namen und für eigene Rechnung betreibt und die Wärme ebenso liefert. Eine gewerbliche Lieferung von Wärme ist gegeben, wenn der Lieferant einen auf Gewinnerzielung gerichteten, selbständigen Gewerbebetrieb im Sinne der Gewerbeordnung betreibt.

2.4.4 Die Kosten der Reinigung und Wartung von Etagenheizungen:

Hierzu gehören die Kosten der Beseitigung von Wasserablagerungen und Verbrennungsrückständen in der Anlage, die Kosten der regelmäßigen Prüfung der Betriebsbereitschaft und Betriebssicherheit und der damit zusammenhängenden Einstellung durch einen Fachmann sowie die Kosten der Messungen nach dem Bundesimmissionsschutzgesetz.

Die Beseitigung von Wasserablagerungen erfolgt in der Regel durch **Entkalken** bzw. Reinigen der wasserführenden Teile, insbesondere des Kessels, der Leitungen und der Heizkörper.

Zur Beseitigung von Verbrennungsrückständen gehört insbesondere die Reinigung des Brennerraumes, des Kessels, des Brenners und der Abgasanlage.

Bezüglich der Kosten der regelmäßigen Prüfung der Betriebsbereitschaft und Betriebssicherheit und der damit zusammenhängenden Einstellung durch einen Fachmann wird auf die Ausführungen in Abschnitt 2.4.1.4 und bezüglich der Kosten der Messungen nach dem Bundesimmissionsschutzgesetz auf die Ausführungen in Abschnitt 2.4.1.6 verwiesen.

2.5 Die Kosten der Warmwasserversorgung (Nr. 5)

Darunter fallen folgende Kosten:

Die Kosten des Betriebs der zentralen Warmwasserversorgungsanlage (Nr. 5a); vgl. Abschnitt 2.5.1.

Die Kosten der eigenständig gewerblichen Lieferung von Warmwasser, auch aus Anlagen im Sinne des Buchstaben a (Nr. 5 b); vgl. Abschnitt 2.5.2.

Die Kosten der Reinigung und Wartung von Warmwassergeräten (Nr. 5c); vgl. Abschnitt 2.5.3.

2.5.1 Zu den Kosten des Betriebes der zentralen Warmwasserversorgungsanlage gehören die Kosten der Wasserversorgung entsprechend Nr. 2, soweit sie nicht dort berücksichtigt sind, und die Kosten der Wassererwärmung entsprechend Nr. 4 a (s. Abschnitt 2.4.1).

Die Umlage der Kosten des Frischwassers kann entweder insgesamt über Nr. 2 (Kosten der Wasserversorgung; s. Abschnitt 2.2) oder separat bezüglich des zu erwärmenden Frischwassers über die Nr. 5 a, erfolgen. Bezüglich des Umfanges der Kosten der Wassererwärmung wird auf die entsprechenden Ausführungen in Abschnitt 2.4.1 verwiesen.

2.5.2 Zu den Kosten der eigenständig gewerblichen Lieferung von Warmwasser, auch aus Anlagen im Sinne des Buchstabens a, gehören das Entgelt für die Lieferung des Warmwassers und die Kosten des Betriebes der zugehörigen Hausanlagen entsprechend Nr. 4 a (s. Abschnitt 2.4.1). Bezüglich dieser Kosten wird auf die entsprechenden Ausführungen in Abschnitt 2.4.3 verwiesen.

2.5.3 Zu den Kosten der Reinigung und Wartung von Warmwassergeräten gehören die Kosten der Beseitigung von Wasserablagerungen und Verbrennungsrückständen im Inneren der Geräte sowie die Kosten der regelmäßigen Prüfung der Betriebsbereitschaft und Betriebssicherheit und der damit zusammenhängenden Einstellung durch einen Fachmann.

Diese Kosten fallen an, wenn die Warmwasserversorgung der Wohnung nicht durch eine zentrale Warmwasserversorgungsanlage im Sinne der Nr. 5 a (s. Abschnitt 2.5.1), sondern **dezentral** durch **Einzel**geräte in der Wohnung (z. B. Boiler, Durchlauferhitzer) erfolgt.

Die Beseitigung von Wasserablagerungen erfolgt in der Regel durch Entkalken der Geräte. Im einzelnen wird auf die Ausführungen in Abschnitt 2.4.4 verwiesen.

Bezüglich der für den Betrieb der Geräte aufzuwendenden Strom- bzw. Gaskosten sowie der anfallenden Reinigung und Pflege des Äußeren der Geräte geht die II. BV davon aus, daß es sich hierbei nicht um Kosten handelt, die primär den Eigentümer treffen und im Rahmen der Betriebskosten umgelegt werden können, sondern diese Kosten überwiegend vom Mieter außerhalb der Miete unmittelbar getragen werden.

2.6 Die Kosten verbundener Heizungs- und Warmwasserversorgungsanlagen (Nr. 6)

– bei zentralen Heizungsanlagen entsprechend Nr. 4 a und entsprechend Nr. 2, soweit sie nicht dort bereits berücksichtigt sind,
oder

- bei der eigenständig gewerblichen Lieferung von Wärme entsprechend Nr. 4 c und entsprechend Nr. 2, soweit sie nicht dort bereits berücksichtigt sind,
  oder
- bei verbundenen Etagenheizungen und Warmwasserversorgungsanlagen entsprechend Nr. 4 d und entsprechend Nr. 2, soweit sie nicht dort bereits berücksichtigt sind.

2.7 Die Kosten des maschinellen Personen- und Lastenaufzuges (Nr. 7)

Hierzu gehören die Kosten des Betriebsstromes, die Kosten der Beaufsichtigung, der Bedienung, Überwachung und Pflege der Anlage, der regelmäßigen Prüfung ihrer Betriebsbereitschaft und Betriebssicherheit einschließlich der Einstellung durch einen Fachmann sowie die Kosten der Reinigung der Anlage.

Nicht unter diese Bestimmung fallen Aufzüge, die nicht maschinell betätigt werden, z. B. von Hand betätigte Lastenaufzüge.

Zu den Kosten des Betriebsstromes zählt der gesamte zum Betrieb erforderliche Strom einschließlich der Beleuchtung des Fahrkorbes.

Zu den Kosten der Beaufsichtigung, Bedienung, Überwachung und Pflege gehören die Kosten für einen **Aufzugwärter**, der nach den Bestimmungen der Verordnung über Aufzugsanlagen (Aufzugsverordnung vom 27. 2. 1980; BGBl I S. 205, geändert durch Verordnung vom 17. 8. 1988; BGBl I S. 1685) unter gewissen Voraussetzungen vorgeschrieben ist sowie die Kosten für **wiederkehrende Wartungsarbeiten** (z. B. Abschmieren, Ölwechsel) an der Anlage.

> Dagegen können **Reparatur**maßnahmen, z. B. durch Ersatz schadhafter bzw. verschlissener Teile (z. B. Kontrollampen, Kohlen, Kontakte), **nicht** angesetzt werden. Werden diese Arbeiten im Rahmen eines Wartungsdienstes durchgeführt, sollte der ausführende Betrieb angewiesen werden, die Positionen für Wartung einerseits und Reparatur andererseits auf der Rechnung nach Möglichkeit getrennt auszuweisen.

In gleicher Weise müssen von den Kosten eines abgeschlossenen Wartungsvertrages die in dessen Rahmen ausgeführten **Reparatur**kosten der Anlage bei der Betriebskostenabrechnung in Abzug gebracht werden. Ist eine Aufteilung nicht möglich, sind die anteiligen Reparaturkosten durch Schätzung zu ermitteln, wobei nach der Rechtsprechung ca. 20 bis 50 % der Gesamtkosten auf Reparaturmaßnahmen entfallen (LG Berlin, GE 87, 827; AG München, WM 78, 87; AG Bruchsal, WM 88, 62; LG Aachen, DWW 1993, 42: 40 %).

Die Kosten der regelmäßigen Prüfung der Betriebsbereitschaft und Betriebssicherheit der Anlage einschließlich der Einstellung durch einen Fachmann umfassen die Kosten der Funktions- und Sicherheitsprüfung der Anlage sowie die Kosten für die Prüfung durch eine sachverständige Person (z. B. TÜV, freier Sachverständiger).

2.8 Die Kosten der Straßenreinigung und Müllabfuhr (Nr. 8)

Hierzu gehören die für die öffentliche Straßenreinigung und Müllabfuhr zu entrichtetenden Gebühren oder die Kosten entsprechender nichtöffentlicher Maßnahmen. **Gemeindliche Satzungen** bestimmen regelmäßig einen Benutzungszwang, soweit entsprechende gemeindliche Einrichtungen vorhanden sind. Die Gebühren werden nach gemeindlichen Gebührensatzungen erhoben und können als Betriebskosten umgelegt werden.

In verschiedenen Gemeinden werden die Gebühren der Müllabfuhr in Form des Kaufes sogenannter **„Müllmarken"** durch den Benutzer erhoben. In diesem Fall liegen keine Betriebskosten vor, da die Kosten nicht dem Eigentümer entstehen, sondern vom Mieter üblicherweise außerhalb der Miete unmittelbar getragen werden.

Kosten für entsprechende nichtöffentliche Maßnahmen können anfallen, wenn die Gemeinde von ihrer Befugnis Gebrauch gemacht hat, den Anliegern die Reinigungspflicht ganz oder teilweise aufzuerlegen und öffentliche Einrichtungen zur Durchführung nicht vorhanden sind bzw. das Gebiet nicht an die öffentliche Straßenreinigung angeschlossen ist.

Unter den Begriff der Straßenreinigung fallen nicht nur die Säuberung der an das Grundstück angrenzenden öffentlichen Fußgängerwege und Straßen, sondern auch die **Beseitigung von Schnee** und das **Streuen** bei Schnee- und Eisglätte (BGH, Urt. vom 27. 11. 1984, ZMR 85, 120; Gather, DWW 85, 270).

> Überträgt der Vermieter diese Arbeiten gegen Entgelt an einen Dritten, wobei dies auch ein Mieter des Anwesens sein kann, können die entstehenden Kosten (einschließlich eines üblichen Trinkgeldes) auf alle Mieter des Anwesens umgelegt werden.

Weiterhin sind die Kosten für **Reinigungs-** und **Streumittel** ansatzfähig, nicht jedoch Anschaffungskosten oder die Abschreibung für eingesetzte Geräte. Führt der Eigentümer die Arbeiten selbst durch, kann er nach § 27 Abs. 2 II. BV den Betrag (ohne Umsatzsteuer) in Ansatz bringen, den er an einen Dritten für diese Leistungen hätte bezahlen müssen. Werden die Arbeiten vom **Hauswart** ohne zusätzliche Vergütung im Rahmen seiner Tätigkeit durchgeführt, können Kosten hierfür mit Ausnahme entstehender Materialkosten nicht angesetzt werden. Gleiches gilt, wenn die Mieter diese Arbeiten ohne Vergütung aufgrund einer vertraglichen Vereinbarung durchzuführen haben, da dann keine umlagefähigen Betriebskosten entstehen.

Zu den Kosten der **Müllabfuhr** zählen nur Kosten, die zur Beseitigung des

Mülls **laufend** (§ 27 Abs. 1 II. BV) entstehen, wobei diese Kosten jedoch weder in derselben Höhe, noch in denselben Zeitabständen anzufallen brauchen. Daher zählen zu den Kosten der Müllabfuhr auch Kosten, die turnusmäßig in größeren Zeitabständen anfallen (z. B. für die Beseitigung von Gartenabfällen, Verbrennungsrückständen aus koksbetriebenen Zentralheizungen). **Nicht** zu den Kosten der Müllabfuhr zählen dagegen diejenigen Kosten, die nur einmalig oder in nicht vorhersehbaren Zeitabständen entstehen (z. B. die Beseitigung von Bauschutt, Sperrmüll).

Betriebskosten eines Müllschluckers, einer Müllpresse oder einer maschinellen Müllbeseitigungsanlage sind nicht unter den Kosten der Müllabfuhr, sondern unter den sonstigen Betriebskosten (vgl. Abschn. 2.17) anzusetzen.

2.9 Die Kosten der Hausreinigung und Ungezieferbekämpfung (Nr. 9)

Zu den Kosten der Hausreinigung gehören die Kosten für die Säuberung der gemeinsam benutzten Gebäudeteile, wie Zugänge, Flure, Treppen, Keller, Bodenräume, Waschküchen, Fahrkorb des Aufzuges.

Die Kosten umfassen sowohl Personal- als auch Sachkosten (z. B. für Reinigungsmittel), jedoch nicht die Anschaffungskosten für Reinigungsgeräte. Im Falle der Beauftragung eines Reinigungsinstitutes können die tatsächlich entstehenden Kosten angesetzt werden, soweit diese im Rahmen des Üblichen liegen.

Entsprechend der Definition des Begriffes der Betriebskosten können Reinigungskosten als Betriebskosten nur umgelegt werden, soweit sie **„laufend“** im Sinne von § 27 Abs. 1 II. BV entstehen. Daher können einmalig oder in nicht vorhersehbaren Zeitabständen anfallende Reinigungsarbeiten nicht angesetzt werden (z. B. aufgrund von Baumaßnahmen, Wasserschäden, Sachbeschädigungen durch Farbschmierereien etc.); auch dann nicht, wenn die Kosten zur Beseitigung der Folgen eines eindeutig vertragswidrigen Verhaltens einiger Mietparteien aufzuwenden waren (LG Siegen, WM 1992, 630). Entsprechende Forderungen können nur an den bzw. die Verursacher gestellt werden, selbst wenn deren Ermittlung in der Praxis oft auf Schwierigkeiten stößt.

Entsprechendes gilt für die Kosten der **Ungezieferbekämpfung**, die nur umlagefähig sind, wenn sie z. B. aufgrund behördlicher Anordnung zur regelmäßigen Ungezieferbekämpfung **laufend** entstehen (LG Köln, WM 1997, 230); nicht jedoch, wenn sie z. B. zur Entseuchung einer einzelnen Wohnung notwendig wurden (LG Siegen, a.a.O.).

2.10 Die Kosten der Gartenpflege (Nr. 10)

Hierzu gehören die Kosten der Pflege gärtnerisch angelegter Flächen einschließlich der Erneuerung von Pflanzen und Gehölzen, der Pflege von Spielplätzen einschließlich der Sanderneuerung, der Pflege von Plätzen, Zugängen und Zufahrten, die dem nichtöffentlichen Verkehr dienen.

Strittig ist, ob die Kosten der Gartenpflege nur dann umgelegt werden können, wenn der Mieter die gärtnerisch angelegten Flächen auch benutzen darf (so LG Karlsruhe, WM 1996, 230; a. A.: AG Essen, WM 1978, 157 sowie Schmid in DWW 1997, 143 unter Verweisung auf LG Hamburg, WM 1995, 32, wonach es genügt, daß die Gartenflächen der Verschönerung des Anwesens oder der Verbesserung der Wohnumgebung dienen).

Zur Pflege gärtnerisch angelegter Flächen gehört auch das **Rasenmähen**, das **Beschneiden** der Bepflanzung (Hecken, Bäume, Büsche etc.), das Unkrautentfernen, das Säubern und Nachsäen der Rasenflächen, das Düngen und Bewässern der Flächen, das Abfahren von Gartenabfällen.

Die Kosten der **Bewässerung** können wahlweise unter Nr. 2 (s. Abschnitt 2.2) und die Kosten für das Abfahren des Abfalles auch unter Nr. 8 (s. Abschnitt 2.8) angesetzt werden.

Nicht zu den Betriebskosten gehören die **Anschaffungskosten** eines **Rasenmähers** (LG Hamburg, Urt. v. 30. 5. 1985, WM 1985, 390). Dagegen sind die Betriebskosten des Rasenmähers, z. B. für Betriebsstoffe und Wartung, ansatzfähig (LG Hamburg, WM 1989, 640). Ebenso Reparaturkosten, da es sich hierbei nicht um Reparaturen am Mietobjekt handelt, sondern die Reparatur zur Pflege der gärtnerischen Anlage notwendig ist (AG Bergheim, WM 1985, 369).

Die Kosten der **Erneuerung von Pflanzen** und Gehölzen können angesetzt werden, soweit die Erneuerung aus gärtnerischen Gründen angebracht ist, z. B. um eine Lücke zu schließen, die durch eine eingegangene Pflanze entstanden ist. Die Kosten der **Beseitigung von Pflanzen**, z. B. für das Fällen von Bäumen sind grundsätzlich umlagefähig (LG Hamburg, WM 1994, 695); es sei denn, die Kosten sind infolge jahrelanger Vernachlässigung der Gartenpflege entstanden (zu den Ausnahmen vgl. AG Hamburg, WM 1986, 123; 1989, 641). Auch die Beseitigung von Sturmschäden gehört zu den Kosten der Gartenpflege (LG Hamburg, WM 1989, 640).

> Zu den Kosten der Pflege von **Spielplätzen** gehört auch das Sauberhalten des Platzes, die Überwachung und Instandhaltung der Spielgeräte, die Erneuerung der Plattenwege zu den Spielplätzen, der Sitzbänke auf den Spielplätzen (LG Hamburg, WM 1989, 640) sowie das **Erneuern des Sandes** in den üblichen Abständen.

Wird ein Austausch des Sandes aufgrund außergewöhnlicher Verunreinigungen notwendig (z. B. durch Hunde, Unwetter), sind die Kosten hierfür nicht als Betriebskosten umlagefähig.

Pflegekosten für **Plätze, Zugänge** und **Zufahrten**, worunter auch Mülltonnen-, Teppichklopf- und Wäschetrokenplätze fallen, können umgelegt werden, wenn diese nicht dem öffentlichen Verkehr dienen. Entscheidend ist hierbei die öffentlich-rechtliche Widmung, so daß auch Privatwege, deren

Benutzung durch andere Personen vom Eigentümer geduldet wird, zu den Flächen im Sinne der Nr. 10 gehören. Pflegekosten sind die Kosten für Reinigung einschließlich der Beseitigung von Unkraut sowie die Durchführung der Räum- und Streupflicht einschließlich der Streugutkosten.

Führt der Eigentümer die Arbeiten selbst durch, kann er nach § 27 Abs. 2 II. BV den Betrag (ohne Umsatzsteuer) in Ansatz bringen, den er an einen Dritten für diese Leistungen hätte bezahlen müssen.

Wurden die Arbeiten vom **Hauswart** ohne zusätzliche Vergütung im Rahmen seiner Tätigkeit durchgeführt, können Kosten hierfür mit Ausnahme entstehender Materialkosten nicht angesetzt werden. Gleiches gilt, wenn die **Mieter** diese Arbeiten ohne Vergütung aufgrund einer vertraglichen Vereinbarung durchzuführen haben, da dann keine umlagefähigen Betriebskosten entstehen. Der zur Ausführung der Arbeiten vertraglich verpflichtete Mieter hat die erforderlichen Gerätschaften (z. B. Rasenmäher) grundsätzlich selbst zu beschaffen und zu unterhalten, soweit nicht ausdrücklich etwas anderes vereinbart ist. Wurde vom Eigentümer ein Rasenmäher gestellt, kann der Mieter nicht auch noch die Instandsetzung und Betriebskosten verlangen (AG Ebersberg, Urt. vom 7. 12. 1979, WM 85, 258).

Erfüllt der Mieter seine vertraglichen Verpflichtungen nicht, kann der Vermieter die Kosten eines beauftragten Gärtners ersetzt verlangen, wenn er dem Mieter vorher eine **Frist mit Ablehnungsandrohung** gesetzt hat (AG Solingen, WM 84, 196).

Bei Verzug mit den Arbeiten ist der Mieter daher (möglichst schriftlich) aufzufordern, die zu bezeichnenden Arbeiten unter Setzung einer angemessenen Frist bis zu einem bestimmten Termin durchzuführen und anzukündigen, daß nach Ablauf der Frist ein Dritter diese Arbeiten auf seine Kosten durchführen wird.

2.11 Kosten der Beleuchtung (Nr. 11)

Hierzu gehören die Kosten des Stromes für die Außenbeleuchtung und die Beleuchtung der von den Bewohnern gemeinsam benutzten Gebäudeteile, wie Zugänge, Flure, Treppen, Keller, Bodenräume, Waschküchen. Stromkosten für die Beleuchtung der Zuwege sind ansetzbar, sofern die Leuchten auf Privatgelände und nicht auf öffentlichem Straßengrund stehen (LG Aachen, DWW 1993, 42).

Kosten für die Beleuchtung der Wohnung werden dagegen üblicherweise vom Mieter außerhalb der Miete unmittelbar getragen und fallen daher nicht dem Eigentümer an. Zu den Kosten des Stromes zählen neben den Verbrauchskosten auch die Grundgebühr, die Zählermiete sowie die anfallende Umsatzsteuer.

> Dagegen gehören die Kosten für den **Ersatz von Beleuchtungskörpern sowie deren Teile** (z. B. Glühbirnen, Leuchtstofflampen) nicht zu den Betriebskosten, sondern zu den nicht umlagefähigen Instandhaltungskosten.

Gleiches gilt für eventuelle Kosten der Bedienung der Beleuchtung, da diese Position in Nr. 11 nicht genannt ist.

2.12 Die Kosten der Schornsteinreinigung (Nr. 12)

Hierzu gehören die **Kehrgebühren** nach der maßgebenden Gebührenordnung, soweit sie nicht bereits als Kosten nach Nr. 4 a (s. Abschnitt 2.4.1) berücksichtigt sind. Durch Rechtsverordnung der Länder (Kehr- und Überprüfungsordnungen) ist geregelt, welche Schornsteine, Feuerstätten, Lüftungsanlagen, etc. in welchen Zeitabständen gereinigt und geprüft werden müssen. Weiterhin ist durch Kehr- und Überprüfungsgebührenordnungen geregelt, welche Gebühren und Auslagen der Bezirksschornsteinfeger zu erheben hat.

Durch die Verordnung zur Änderung energiesparender Vorschriften vom 19. 1. 1989 können Kehrgebühren nach Nr. 12 nur noch angesetzt werden, soweit sie nicht bereits bei den Kosten des Betriebes der Zentralheizungsanlage (Nr. 4 a) berücksichtigt wurden. Dazu zählen nach der Neufassung (vgl. Abschnitt 2.4.1) auch die Kehrgebühren als Kosten der Abgasanlagen. Ebenso bestimmt die Neufassung des § 7 Abs. 2 Heizkostenverordnung, daß diese Kehrgebühren zu den Heizkosten zählen.

Die Kehrgebühren sind somit grundsätzlich bereits unter Nr. 4 a anzusetzen, mit der Folge, daß eine Umlage zusammen mit den übrigen Heizkosten mindestens zu 50 % nach dem erfaßten Wärmeverbrauch erfolgt und die Kehrgebühren daher nicht mehr in vollem Umfang nach den Wohnflächen umgelegt werden können (zu den Kehr- und Überprüfungs-Verordnungen der Länder vgl. Hertle, ZMR 87, 321).

2.13 Die Kosten der Sach- und Haftpflichtversicherung (Nr. 13)

Hierzu gehören namentlich die Kosten der Versicherung des Gebäudes gegen Feuer-, Sturm- und Wasserschäden, der Glasversicherung, der Haftpflichtversicherung für das Gebäude, den Öltank und den Aufzug.

Aus dem Begriff „namentlich" in Nr. 13 geht hervor, daß Nr. 13 keine abschließende Aufzählung enthält. Daher können noch andere als die genannten Versicherungen unter Nr. 13 fallen, soweit sie dem Bereich der Sach- oder Haftpflichtversicherungen zugerechnet werden können und sich auf das **Gebäude** beziehen.

Nicht ansatzfähig sind daher die Prämien einer **Rechtsschutzversicherung** (vgl. OLG Düsseldorf, WM 1995, 434). Ebenso nicht die Kosten einer **privaten Hausratversicherung**.

Unter den Begriff der Sachversicherung fallen auch **spezielle Versiche-**

rungen für eine elektrische und elektronische Anlage (z. B. eine Versicherung, die Schäden an der Wechselsprechanlage, Aufzugsanlage oder Gemeinschaftsantennenanlage abdeckt).

Für den Ansatz der Versicherungskosten ist es unerheblich, ob es sich um eine Pflichtversicherung oder um eine freiwillige Versicherung handelt.

In der mietvertraglichen Verpflichtung des Wohnungsmieters, die (anteiligen) Kosten der Gebäudefeuerversicherung zu zahlen, liegt die stillschweigende Beschränkung seiner Haftung für die Verursachung von Brandschäden auf Vorsatz und grobe Fahrlässigkeit (BGH, Urt. v. 13. 12. 1995, WM 1996, 212).

2.14 Die Kosten für den Hauswart (Nr. 14)

Hierzu gehören die Vergütung, die Sozialbeiträge und alle geldwerten Leistungen, die der Eigentümer (Erbbauberechtigte) dem Hauswart für seine Arbeit gewährt, soweit diese nicht die Instandhaltung, Instandsetzung, Erneuerung, Schönheitsreparaturen oder die Hausverwaltung betreffen.

Der Hauswart, auch **Hausmeister** genannt, ist streng vom **Hausverwalter** zu unterscheiden, dessen Kosten nicht umlagefähig sind.

Während der Hausverwalter aufgrund vertraglicher Verpflichtung die zur Bewirtschaftung des Anwesens notwendigen Verwaltungsleistungen ausführt (z. B. Einziehung des Mietzinses, Abrechnung der Betriebskosten, Geschäftsverkehr mit Mietern und Behörden), erstreckt sich die Tätigkeit des Hauswartes auf Maßnahmen praktisch-technischer Art, z. B. Haus-, Treppen-, Straßenreinigung, Gartenpflege, Bedienung der Zentralheizung, Behebung kleinerer Schäden; bei größeren Wohnanlagen auch Pförtner- und Notdiensttätigkeiten (LG Köln, WM 1997, 230). Führt der Hauswart auch Tätigkeiten der Hausverwaltung aus, darf bei den Betriebskosten nur der Teil der Entlohnung angesetzt werden, der auf die Tätigkeit als Hauswart entfällt. Der Mieter kann jedoch nicht verlangen, daß der Hausmeister ein Stundenbuch führt, in dem die umlagefähigen und nicht umlagefähigen Leistungen erfaßt werden (LG Karlsruhe, WM 1996, 230). Ansatzfähig sind das Arbeitsentgelt, die Sozialbeiträge, die Beiträge zur Unfallversicherung, die Kosten einer Vertretung bei Krankheit oder Urlaub sowie Sachleistungen. Zu den Sachleistungen zählt insbesondere der **Mietwert** einer unentgeltlich überlassenen **Wohnung** bzw. bei einer verbilligten Miete die Differenz zwischen dem Mietwert und dem tatsächlich gezahlten Mietzins. Soweit der Eigentümer Arbeitsleistungen eines Hauswarts – nicht eines Hausverwalters – selbst ausführt, kann er den Betrag als Betriebskosten ansetzen, der für die gleichwertige Leistung eines Dritten angesetzt werden könnte (§ 27 Abs. 2 II. BV), nicht jedoch die Umsatzsteuer des Dritten. Die gegenteilige Meinung des LG Wiesbaden (Urt. v. 24. 5. 1982, WM 84, 82), wonach ein Ansatz für Eigenleistungen nicht zulässig ist, ist abzulehnen, da sie den Inhalt des § 27 Abs. 2 II. BV verkennt.

2.15 Die Kosten des Betriebes der Gemeinschaftsantennenanlage (Nr. 15 a) und der mit einem Breitbandkabelnetz verbundenen privaten Verteileranlage (Nr. 15 b)

2.15.1 Zu den Kosten des Betriebes der Gemeinschaftsantennenanlage gehören die Kosten des Betriebsstromes und die Kosten der regelmäßigen Prüfung ihrer Betriebsbereitschaft einschließlich der Einstellung durch einen Fachmann oder das Nutzungsentgelt für eine nicht zur Wirtschaftseinheit gehörende Antennenanlage.

Der Betriebsstrom ist der zum Betrieb des Antennenverstärkers notwendige Strom, der entweder über einen eigenen Zähler oder anhand der technischen Daten des Verstärkers zu ermitteln ist. Die Kosten eines **Antennenwartungsvertrages** können angesetzt werden, soweit in dessen Rahmen die regelmäßige Prüfung der Betriebsbereitschaft und die Einstellung der Anlage erfolgt. **Nicht** ansatzfähig sind **Reparaturen**, unabhängig von der Ursache (Verschleiß, Sturmschäden, etc.). Werden im Rahmen der Wartung auch Reparaturen ausgeführt, kann nur der auf die Wartung entfallende Teil angesetzt werden.

Hat der Vermieter die Gemeinschaftsantennenanlage von einem Dritten lediglich **gemietet**, kann der Mietzins als Betriebskosten angesetzt werden, zuzüglich Strom-, Prüfungs- und Einstellungskosten, soweit der Vermieter diese neben der Miete zu bezahlen hat.

2.15.2 Zu den Kosten des Betriebes der mit einem Breitbandkabelnetz verbundenen privaten Verteileranlage gehören die Kosten entsprechend Abschnitt 2.15.1; ferner die laufenden monatlichen Grundgebühren für Breitbandanschlüsse. Stromkosten können auch hier durch den Betrieb eines für einen einwandfreien Empfang notwendigen Verstärkers anfallen. Nicht umlagefähig sind nach Ansicht des AG Freiburg (WM 1996, 285) die laufenden Kosten für einen Sperrfilter, der verhindert, daß der Mieter, der dem Kabelanschluß nicht zugestimmt hat, unberechtigterweise Programme aus dem Kabelnetz empfangen kann.

Von den umlagefähigen **laufenden** monatl. Grundgebühren sind die nicht als Betriebskosten ansatzfähigen **einmaligen** Anschlußgebühren des Anwesens bzw. der Wohnung an das Breitbandkabel zu unterscheiden. Diese können jedoch im Wege einer Mieterhöhung wegen Modernisierung nach § 3 MHG (vgl. „Modernisierung“, „Kabelfernsehen“) angesetzt werden.

2.16 Die Kosten der maschinellen Wascheinrichtung (Nr. 16)

Hierzu gehören die Kosten des Betriebsstromes, die Kosten der Überwachung, Pflege und Reinigung der maschinellen Einrichtung, der regelmäßigen Prüfung ihrer Betriebsbereitschaft und Betriebssicherheit sowie die Kosten der Wasserversorgung entsprechend Nr. 2, soweit sie nicht dort bereits berücksichtigt sind (s. Abschnitt 2.2). Zu den maschinellen

Wascheinrichtungen zählen Wasch- und Trockenmaschinen, Schleudern, Bügelautomaten und ähnliches.

Die Betriebskosten umfassen die Stromkosten einschließlich der Zählermiete, die Wartungs- und Prüfungskosten sowie die Wasserkosten entsprechend Nr. 2 der Anlage 3. Diese sind grundsätzlich über einen separaten Verbrauchszähler zu ermitteln oder in hinreichender Weise festzustellen. Erfolgte keine Trennung von den übrigen Wasserkosten und sind diese daher bereits in Nr. 2 der Anlage 3 enthalten, ist ein Ansatz unter Nr. 16 nicht möglich. Werden die Betriebskosten auf alle Mieter umgelegt, müssen Einnahmen aus dem Münzbetrieb bei der Abrechnung gutgebracht werden (AG Hamburg, WM 1993, 619).

2.17 Sonstige Betriebskosten (Nr. 17)

Darunter fallen die in den Nr. 1 bis 16 nicht genannten Betriebskosten, insb. die Betriebskosten von Nebengebäuden, Anlagen und Einrichtungen. In Betracht kommen folgende:

- Kosten für **Müllschlucker** oder maschinelle Müllbeseitigungsanlagen, z. B. Kosten für das Erneuern der Behälter, für die Reinigung und Wartung der Anlage.
- Kosten für **Feuerlöschgeräte**, z. B. für das Prüfen oder Erneuern des Lösch- oder Druckmittels in regelmäßigen Abständen.
- Kosten für die regelmäßige Überwachung und Prüfung von **Blitzableitern**.
- Kosten für das regelmäßige **Reinigen von Dachrinnen**, wenn durch Laub von Bäumen eine Verstopfung des Ablaufes zu erwarten wäre. Nicht umlagefähig ist dagegen das Reinigen zum Zwecke der Anbringung eines neuen Anstriches, da es sich insoweit um eine Instandhaltungsmaßnahme handelt sowie die außerturnusmäßige Reinigung infolge außergewöhnlicher Umstände (z. B. nach einem Sturm).
- Kosten für **Dachrinnenheizung**, z. B. Strom- u. Wartungskosten.
- Betriebskosten für **Gemeinschaftseinrichtungen**, z. B. Schwimmbad, Sauna, Spielplatz, Hobbyraum, soweit diese allen Mietern zur Verfügung stehen.

Die wirksame Umlage solcher „sonstigen Betriebskosten“ erfordert die **genaue Bezeichnung** des Kostengegenstandes im Mietvertrag; nicht ausreichend ist die pauschale Anführung von „sonstigen Betriebskosten“ (LG Osnabrück, WM 1995, 434; LG Hannover, WM 1991, 358; vgl. OLG Oldenburg, WM 1995, 430).

3 Sonderregelungen für das Gebiet der ehemaligen DDR

Beim Abschluß von Mietverträgen **nach** Inkrafttreten des Mietenüberleitungsgesetzes (MÜG – BGBl I, S. 748, abgedruckt in WM 1995, 359 ff.) am **11. 6. 1995** gelten für die Umlage von Betriebskosten bzw. für Betriebskostenvorauszahlungen die allgemeinen Vorschriften, wonach hierfür eine ausdrückliche vertragliche Vereinbarung erforderlich ist.

Bei Mietverhältnissen, die **vor** dem 11. 6. 1995 abgeschlossen wurden, kann der Vermieter Betriebskosten i. S. des § 27 II. BV auch nach diesem Zeitpunkt bis zum 31. 12. 1997 durch schriftliche Erklärung auf den Mieter umlegen und hierfür Vorauszahlungen in angemessener Höhe verlangen. Sind bis zu diesem Zeitpunkt Betriebskosten umgelegt oder angemessene Vorauszahlungen verlangt worden, gilt dies als vertraglich vereinbart (§ 14 Abs. 1 MHG). Dem Vermieter bleibt damit **bis zum 31. 12. 1997** die von der Betriebskostenumlage-Verordnung (nunmehr außer Kraft) geschaffene Möglichkeit erhalten, Betriebskosten einseitig auf den Mieter umzulegen und entsprechende Vorauszahlungen zu verlangen. **Nach** diesem Zeitpunkt gilt die Umlage von Betriebskosten und die Anforderung von Vorschüssen als vertraglich vereinbart, damit auch nach Auslaufen der Regelung eine Rechtsgrundlage für den Vermieter besteht, die Betriebskosten umzulegen und Vorschüsse anzufordern.

Betriebskosten, die auf Zeiträume **vor** dem 11. 6. 1995 entfallen, **sind** nach den bisherigen Vorschriften der Betriebskostenumlage-Verordnung abzurechnen. **Später** angefallene Betriebskosten aus einem Abrechnungszeitraum, der vor dem 11. 6. 1995 begonnen hat, **können** nach den bisherigen Vorschriften abgerechnet werden (§ 14 Abs. 2 MHG).
Durch Aufhebung der Betriebskostenumlage-Verordnung entfällt die Kappung der umlagefähigen Heizkosten gemäß § 4 Abs. 3 dieser Verordnung. Da der Zeitpunkt des Inkrafttretens des Gesetzes nicht immer mit dem Ende eines Betriebskostenabrechnungszeitraumes zusammenfallen wird, bestimmt § 14 Abs. 2 MHG, daß Betriebskosten, die vor dem Inkrafttreten des Gesetzes angefallen sind, auch nach dem Inkrafttreten nach den bisherigen Vorschriften abgerechnet werden müssen. Konkret bedeutet dies, daß die Kosten der Heizung und Warmwasserversorgung für den Zeitraum bis zum Inkrafttreten des Gesetzes nur bis zu der in § 4 Abs. 3 der Betriebskostenumlage-Verordnung bestimmten Höhe auf den Mieter umgelegt werden dürfen (DM 2,50/m^2 Wohnfläche monatlich für Kosten der Heizung und Warmwasserversorgung bzw. 2,10/m^2 Wohnfläche monatlich, wenn nur Heizkosten umgelegt werden). § 14 Abs. 2 S. 2 MHG gewährt dem Vermieter die Möglichkeit, auch Betriebskosten für den Abrechnungszeitraum nach Inkrafttreten des Gesetzes nach den bisherigen Vorschriften umzulegen und abzurechnen, um einen einheitlichen Abrechnungsschlüssel innerhalb eines Abrechnungszeitraumes zu erhalten.

Betriebskostenabrechnung → „Abrechnung der Betriebskosten“
Beweislast → „Verschlechterung der Mietsache“

Beweissicherung

Beweissicherung ist die vorsorgliche Beweisaufnahme vor Beginn eines möglichen Prozesses und dient der Feststellung tatsächlicher Umstände (z. B. Zustand der Mietsache bei Rückgabe für Ersatzansprüche des Vermieters, Mängel von Handwerkerleistungen). Dagegen bleibt die Klärung der Rechtslage (z. B. ob ein entsprechender Anspruch besteht) dem Hauptverfahren vorbehalten.

Das Verfahren zur Sicherung des Beweises wurde durch das Rechtspflege-Vereinfachungsgesetz vom 17. 12. 1990 (BGBl I S. 2849, 2850) mit Wirkung ab 1. 4. 1991 in den §§ 485 ff. ZPO neu geregelt und als **„Selbständiges Beweisverfahren“** bezeichnet.

> Danach kann während oder außerhalb eines Streitverfahrens auf Antrag einer Partei die Einnahme des Augenscheins, die Vernehmung von Zeugen oder die Begutachtung durch einen Sachverständigen angeordnet werden, wenn der Gegner zustimmt oder zu besorgen ist, daß das Beweismittel verlorengeht oder seine Benutzung erschwert wird (§ 485 Abs. 1 ZPO).

Die Voraussetzungen für die Durchführung eines selbständigen Beweisverfahrens sind daher **nicht** gegeben, wenn der Mieter nur wissen will, zu welchem Prozentsatz die bestehenden Mängel eine Mietminderung rechtfertigen. Der **Prozentsatz einer Mietminderung** kann nicht Gegenstand eines selbständigen Beweisverfahrens sein, da das selbständige Beweisverfahren nicht als Druckmittel zur Durchsetzung einer rechtlichen Schlußfolgerung, z. B. Anerkennung der Mietminderung durch den Vermieter, sondern der Erhaltung des Beweismittels dient (LG Berlin, Urt. vom 13. 12. 1990, WM 1991, 163). Unzulässig ist auch ein selbständiges Beweisverfahren zur Prüfung der Frage, ob der für eine Wohnung vereinbarte Mietzins den ortsüblichen Mietzins um mehr als 50 % übersteigt, da sich das Verfahren nicht auf die Feststellung des Wertes einer Sache richtet (LG Köln, NJWE 1996, 268).

Ist ein Rechtsstreit **noch nicht** anhängig, kann eine Partei die schriftliche Begutachtung durch einen Sachverständigen beantragen, wenn sie ein **rechtliches Interesse** daran hat, daß festgestellt wird: der Zustand einer Person oder der Zustand oder Wert einer Sache (z. B. einer Wohnung); die Ursache eines Personenschadens, Sachschadens oder Sachmangels (z. B. von Feuchtigkeit in der Wohnung); der Aufwand für die Beseitigung eines Personenschadens, Sachschadens oder Sachmangels. Der Begriff des rechtlichen Interesses ist **weit** zu verstehen (LG Saarbrücken, WM 1992, 144). Nach § 485 Abs. 2 ZPO ist ein rechtliches Interesse anzunehmen, wenn die Feststellung der Vermeidung eines Rechtsstreits dienen kann.

Ist ein Rechtsstreit **noch nicht anhängig**, so ist der Antrag bei dem Gericht zu stellen, das nach dem Vortrag des Antragstellers zur Entscheidung in der Hauptsache berufen wäre. In dem nachfolgenden Streitverfahren kann sich der Antragsteller auf die Unzuständigkeit des Gerichts **nicht berufen**.

Ist ein Rechtsstreit **anhängig**, ist der Antrag beim Prozeßgericht zu stellen.

In Fällen dringender Gefahr kann der Antrag auch bei dem Amtsgericht gestellt werden, in dessen Bezirk die zu vernehmende oder zu begutachtende Person sich aufhält oder die in Augenschein zu nehmende oder zu begutachtende Sache sich befindet.

Der Antrag kann vor der Geschäftsstelle zu Protokoll erklärt werden.

Der **Antrag** muß gemäß § 487 ZPO enthalten:
Die Bezeichnung des Gegners (z. B. des Mieters); die Bezeichnung der Tatsachen, über die Beweis erhoben werden soll (z. B. Schäden, Mängel der Mietsache); die Benennung der Zeugen oder die Bezeichnung der übrigen nach § 485 zulässigen Beweismittel; die Glaubhaftmachung der Tatsachen, die die Zulässigkeit des selbständigen Beweisverfahrens und die Zuständigkeit des Gerichts begründen sollen.

Der Antrag auf Feststellung von Mängeln und deren Beseitigungsaufwand erfordert **nicht** die Angabe konkreter Sanierungsmaßnahmen und der für ihre Durchführung aufzuwendenden Kosten, da nach der neuen Fassung des § 485 Abs. 2 ZPO die Einholung eines Sachverständigengutachtens nicht davon abhängig ist, daß der Antragsteller schon vorbereitend eine detaillierte Feststellung z. B. über ein Privatgutachten oder einen Kostenvoranschlag veranlaßt. Der Antrag muß lediglich soweit substantiiert sein, daß der Verfahrensgegenstand zweifelsfrei abgrenzbar ist und der Sachverständige Art und Umfang der übertragenen Tätigkeit einschätzen kann (KG Berlin, WM 1992, 76).

Die Auswahl des Sachverständigen obliegt dem Gericht (§§ 492, 404 ZPO).

Die Kosten eines selbständigen Beweisverfahrens gehören grundsätzlich, soweit sie einem bestimmten Rechtsstreit zuzuordnen sind, zu denen des Rechtsstreites (BGH, WPM 1985, 1361), so daß die unterliegende Partei die Kosten des selbständigen Beweisverfahrens zu tragen, insbesondere der obsiegenden Partei die entstehenden Kosten zu erstatten hat (§ 91 ZPO).

Ist ein Rechtsstreit **nicht** anhängig, hat das Gericht nach Beendigung der Beweiserhebung auf Antrag ohne mündliche Verhandlung anzuordnen, daß der Antragst. binnen einer zu bestimmenden Frist Klage zu erheben hat.

Kommt der Antragsteller dieser Anordnung nicht nach, hat das Gericht auf Antrag durch Beschluß auszusprechen, daß er die dem Gegner entstandenen Kosten zu tragen hat. Die Entscheidung kann ohne mündliche Verhandlung ergehen. Sie unterliegt der sofortigen Beschwerde (§ 494 a ZPO).

Hat der Gegner im selbständigen Beweisverfahren eine ihm mögliche Einwendung unterlassen, kann dies zu einer für ihn ungünstigen Verschiebung der

Beweislast führen, da er dann im Hauptprozeß beweisen muß, daß das Ergebnis des selbständigen Beweisverfahrens unzutreffend ist, z. B. wenn er erst nachträglich die vom Sachverständigen im selbständigen Beweisverfahren getroffene Feststellung der Verschmutzung von sanitären Anlagen bestreitet (OLG Düsseldorf, ZMR 1988, 174).

Zu beachten ist, daß im Rahmen eines Mietverhältnisses der Antrag auf Durchführung eines selbständigen Beweisverfahrens **nicht** geeignet ist, die **Verjährung zu unterbrechen** (BGH, NJW 1995, 252; OLG Köln, WM 1993, 538; OLG Düsseldorf, NJW-RR 1991, 208; vgl. auch „Verjährung").

Im Rahmen des selbständigen Beweisverfahrens ist auch eine **Streitverkündung** möglich. Diese ist insbesondere von Bedeutung, wenn z. B. für den Schaden an der Mietsache die Verantwortlichkeit eines Dritten (z. B. eines Untermieters) in Frage kommt. Die im Beweisverfahren unterlegene Partei kann dann dem Dritten das Beweisergebnis entgegenhalten, so daß eine weitere Beweisaufnahme über den gleichen Gegenstand ausscheidet (BGH, Urt. v. 5. 12. 96, GE 1997, 366).

Blumen

Innerhalb der Mieträume darf der Mieter Blumen in beliebiger Art und Anzahl, auch ohne Einwilligung des Vermieters, halten, solange das Eigentum des Vermieters dadurch nicht beeinträchtigt wird (z. B. Schäden durch extreme Feuchtigkeitsentwicklung, die durch normales Lüften nicht mehr abgeführt werden kann).

Außerhalb der angemieteten Räume (z. B. im Treppenhaus) dürfen Pflanzen nur mit Einwilligung des Vermieters aufgestellt werden, wobei ein Anspruch auf Erteilung der Einwilligung nicht gegeben ist. Entsprechendes gilt für das Anbringen von Blumenkästen an der Außenwand des Hauses und das Aufstellen solcher Kästen auf dem Fensterbrett vor den Fenstern.

Der gegenteiligen Auffassung, wonach der Mieter **Blumenkästen auf dem Fensterbrett** vor dem Fenster auch ohne Bewilligung des Vermieters aufstellen darf, kann nicht gefolgt werden, da Flächen außerhalb der Mieträume vom Mietgebrauch grundsätzlich nicht mehr umfaßt werden und eine Beeinträchtigung des Eigentums des Vermieters oder anderer Personen naheliegend ist (z. B. Verschmutzung der Fassade durch herabtropfendes Gießwasser oder abgespülte Erde). Weiterhin kann dem Mieter auch zugemutet werden, Blumen lediglich innerhalb der Mieträume aufzustellen.

Stellt der Mieter ohne Einwilligung des Vermieters Pflanzen außerhalb der Mieträume auf, kann der Vermieter Beseitigung innerhalb angemessener Frist fordern.

Boiler → „Betriebskosten", Abschnitt 2.5.3

Bote

Im Mietrecht spielt der Bote, insbesondere bei der **Zustellung** von Schriftstücken, eine wichtige Rolle. Bote kann jede (möglichst volljährige) Person sein, die nicht Vertragspartner ist.

> Wird bestritten, daß ein Schriftstück zugegangen bzw. fristgerecht zugegangen ist, liegt die **Beweislast** für den Zugang bzw. den fristgerechten Zugang bei demjenigen, der sich darauf beruft.

Bestreitet der Mieter z. B., daß ihm die Kündigung des Vermieters noch spätestens am 3. Werktag eines Monats (§ 565 Abs. 2 BGB) zugegangen ist und behauptet der Mieter einen Zugang zu einem späteren Zeitpunkt, so daß die Kündigungserklärung verfristet wäre, ist der Vermieter für den rechtzeitigen Zugang beweispflichtig.

Weder für **normale Postsendungen, noch für Einschreiben** besteht ein Beweis des ersten Anscheins, daß eine zur Post gegebene Sendung den Empfänger auch zu einem bestimmten Zeitpunkt erreicht hat (BGH, NJW 64, 1176). Auch ein **Einschreiben mit Rückschein** gilt nicht als zugegangen, wenn es wegen Abwesenheit des Empfängers nicht ausgehändigt und nur ein Benachrichtigungszettel hinterlassen wird (BAG, NJW 63, 554; OLG Hamm, Versicherungsrecht 82, 1070). Die Zustellung durch Boten ist auch ratsam, wenn der **fristgerechte** Zugang sichergestellt werden soll.

> Bei Zustellung durch einen Boten trägt das Original über der Anschrift des Empfängers den Vermerk **„Zugestellt durch Boten“.** Auf der Durchschrift bestätigt der Bote durch seine Unterschrift, daß er das Original dieses Schriftstückes durchgelesen und am . . . um . . . in den Briefkasten der Wohnung . . . eingeworfen hat.

Der Bote muß den Inhalt des zuzustellenden Schriftstückes kennen und dieses so in den Bereich des Empfängers bringen, daß dieser die Möglichkeit hat, vom Inhalt der Erklärung Kenntnis zu nehmen (BGHZ, 67, 275; BAG, NJW 84, 1651). Zum Bereich des Empfängers gehören hierbei die von diesem zur Entgegennahme von Erklärungen bereitgehaltenen Einrichtungen, wie z. B. der Briefkasten. Wirft der Bote des Vermieters das Schriftstück (z. B. Kündigung, Mieterhöhungsverlangen), dessen Inhalt ihm bekannt ist, in den Briefkasten des Mieters ein, **gilt** dieses grundsätzlich auch dann als zugegangen (§ 130 Abs. 1 BGB), wenn der Empfänger wegen Abwesenheit nicht in der Lage war, vom Inhalt der Erklärung Kenntnis zu nehmen (vgl. BAG, AP Nr. 7 und 8; OLG Hamm, MDR 81, 965; siehe auch „Kündigung“, Abschnitt 1.8).

Die Zustellung durch einen Boten ist daher insbesondere dann zu empfehlen, wenn damit zu rechnen ist, daß der Empfänger die Annahme des Schriftstückes **verweigern** wird. Gleiches gilt, wenn der Empfänger die Annahme bereits verweigert hat und das Schriftstück daher von der Post zurückgesandt wurde.

Im Streitfall ist der Bote **Zeuge** dafür, daß und wann ein Schriftstück zugestellt wurde.

Breitbandkabel → „Kabelfernsehen“

Briefkästen

Verfügt die Wohnung über keinen separaten Briefkasten, ist der Mieter zur Montage eines Briefkastens außerhalb der Wohnungstüre berechtigt, wobei dem Vermieter die Auswahl eines geeigneten Platzes obliegt.
Dies gilt nicht, wenn eine Hausbriefkastenanlage der Deutschen Bundespost vorhanden ist. In diesem Fall hätte der Mieter auch keinen Anspruch gegenüber der Post auf Zustellung in den Wohnungsbriefkasten (OVG Berlin, ZMR 1972, 141). Nach einem Urteil des LG Mannheim (WM 76, 231) ist nicht nur der Mieter zur Montage eines eigenen Briefkastens berechtigt, sondern der Vermieter auch verpflichtet, dem Mieter einen separaten Briefkasten zur Verfügung zu stellen.

Ausreichend ist, daß der Briefkasten zum vertragsgemäßen Gebrauch geeignet ist. Daher besteht **kein Anspruch auf eine bestimmte Ausführung**, z. B. nach der DIN-Norm, die u. a. Größe, Beschriftung und Verschließbarkeit regelt (AG Münster, WM 87, 53).

Der Vermieter ist auch nicht verpflichtet, im Hauseingangsbereich eines Mehrfamilienhauses Hausbriefkästen zu installieren, wenn der Postbedienstete durch geeignete Vorrichtungen (z. B. Türeinwurf, Wohnungsbriefkasten) in der Lage ist, die Post für jede Wohnung direkt zuzustellen (AG Flensburg, WM 1996, 215).

Bruttomiete → „Mietzins“

Bürgschaft

Die Bürgschaft ist neben der Kaution (vgl. „Kaution") die häufigste Form der Sicherheitsleistung des Mieters an den Vermieter. Sie dient der Absicherung der Ansprüche des Vermieters aus dem Mietverhältnis. Die Bürgschaft kann vom Vermieter nicht einseitig durch Verwertung in eine Barkaution verwandelt werden (OLG Düsseldorf, DWW 1992, 213). Ein grundsätzlicher Nachteil der Bürgschaft gegenüber einer Barkaution besteht darin, daß der Nennbetrag der Bürgschaft während der gesamten Dauer des Mietverhältnisses unverändert bleibt. Dagegen wachsen bei der Barkaution die Zinsen der Kaution zu, führen somit zu einer Erhöhung der Sicherheit (vgl. das Stichwort „Kaution") und gleichen zumindest einen Teil des Kaufkraftverlustes aus.

Durch den Bürgschaftsvertrag verpflichtet sich der Bürge gegenüber dem Vermieter, für die Erfüllung der Verbindlichkeiten des Mieters einzustehen. Dabei kann die Bürgschaft auch für eine künftige oder eine bedingte Verbindlichkeit übernommen werden (§ 765 BGB).

Eine Mitwirkung des Mieters als Hauptschuldner ist nicht notwendig. Der Bürgschaftsvertrag wird im Hinblick auf die Zahlungsfähigkeit in der Regel **mit einer Bank geschlossen;** jedoch kann die Bürgschaft auch von jedem **Dritten** geleistet werden, z. B. vom Vater für seinen studierenden Sohn.

Die Bürgschaft bedarf gemäß § 766 BGB der **Schriftform**, wobei die neuere Rechtsprechung des BGH besonders strenge Anforderungen an die Einhaltung der Schriftform stellt (BGH, Urt. v. 29. 2. 1996, MDR 1996, 810). Danach ist die Schriftform nur gewahrt, wenn die Bürgschaftsurkunde außer dem Willen, für eine fremde Schuld einzustehen auch die Bezeichnung des Gläubigers (Vermieter), des Hauptschuldners (Mieter) sowie der verbürgten Forderung (Ansprüche aus dem Mietverhältnis) enthält. Die Übergabe eines Blankoformulars genügt nicht. Der Bürge kann das Bürgschaftsformular zwar blanko unterzeichnen und einen Dritten ermächtigen, die Urkunde in dem erforderlichen Umfang zu ergänzen, jedoch muß dann auch die Vollmacht zur Ergänzung der Urkunde (abweichend von § 167 Abs. 2 BGB) **schriftlich** erteilt werden. Gleiches gilt für die Bevollmächtigung eines Dritten zur Abgabe der Bürgschaftserklärung. Diese Grundsätze gelten auch für ältere Bürgschaften (BGH, a.a.O.).

Für die Verpflichtung des Bürgen ist der jeweilige Bestand der Hauptverbindlichkeit maßgebend (§ 767 Abs. 1 BGB). Durch ein Rechtsgeschäft, das der Hauptschuldner nach der Übernahme der Bürgschaft vornimmt, wird die Verpflichtung des Bürgen nicht erweitert (§ 767 Abs. 1 Satz 3 BGB). Eine Mietbürgschaft umfaßt daher nur den Mietzins für die Dauer der vereinbarten Mietzeit einschließlich einer bereits bei Bürgschaftsübernahme vorgesehenen Verlängerung und einschließlich einer evtl. Nutzungsentschädigung (§ 557 Abs. 1 BGB) nach Ablauf der Mietzeit, nicht aber den Mietzins für die Zeit einer stillschweigenden Verlängerung des Mietverhältnisses (§ 568 BGB) oder einer zwischen den Parteien vereinbarten Vertragsfortsetzung (LG Gießen, WM 1994, 673).

Der Bürge kann die dem Mieter zustehenden Einreden geltend machen (§ 768 Abs. 1 BGB). Er kann dem Anspruch des Vermieters die Einrede der Verjährung der Hauptforderung entgegenhalten, da eine entsprechende Anwendung des § 390 S. 2 BGB auf Bürgschaften von der Rechtsprechung abgelehnt wird (OLG Hamm, Urt. v. 24. 2. 1995, ZMR 1995, 255). Anders ist die Rechtslage bei der Barkaution. Hier kann der Vermieter gegen den Kautionsrückzahlungsanspruch des Mieters gem. § 390 S. 2 BGB auch mit verjährten Ansprüchen aufrechnen (siehe die Stichwörter „Verjährung“ und „Kaution“).

Der Bürge leistet bei mehreren gegen den Hauptschuldner bestehenden Forderungen **im Zweifel** auf die im Zeitpunkt der Zahlung fällige Schuld (OLG Düsseldorf, DWW 1992, 213).

Der Bürge kann auch die Befriedigung des Vermieters verweigern, solange nicht der Vermieter eine Zwangsvollstreckung gegen den Mieter ohne Erfolg versucht hat (§ 771 BGB).

Zu empfehlen ist der Abschluß einer sogenannten **„selbstschuldnerischen Bürgschaft“**, da in diesem Falle sofort der Bürge in An spruch genommen werden kann und nicht erst gegen den Mieter als Hauptschuldner vorgegangen werden muß (vgl. § 773 Abs. 1 Nr. 1 BGB).

Weiter kann vereinbart werden, daß der Bürge auf sämtl. ihm zustehenden Einreden, insb. auch der Anfechtbarkeit u. Aufrechenbarkeit (§§ 768, 770 BGB) verzichtet und die Bürgschaft vom Burgen nicht vor vollst. Rückgabe der Mietsache bzw. einer bestimmten Zeit danach beendet werden kann. Bei zeitlicher Befristung der Bürgschaft auf einen bestimmten Zeitraum nach Beendigung des Mietverhältnisses muß berücksichtigt werden, daß der Bürge zwar für alle Verbindlichkeiten haftet, die vor Ablauf der Befristung fällig geworden sind (z. B. für rückständige Mieten, für Schadensersatzansprüche wegen unterlassener Schönheitsreparaturen selbst dann, wenn die Nachfrist erst nach Ablauf der Bürgschaft endet – vgl. § 767 Abs. 1 Satz 2 BGB); der Bürge jedoch nicht mehr haftet, wenn eine Forderung erst nach Ablauf der Befristung fällig wird, z. B. eine Nachforderung aus einer Betriebskostenabrechnung, die mangels Vorliegen der entsprechenden Daten erst nach Ablauf der Befristung erteilt werden konnte.

Bei Mietverhältnissen über **Wohnraum** besteht eine **erhebliche Einschränkung**, da die Bürgschaft eine Sicherheit i. S. v. § 550 b BGB darstellt mit der Folge, daß die Begrenzung der gesamten, durch den Mieter zu leistenden Sicherheit auf das **Dreifache** der Monatsmiete auch für die Bürgschaft gilt (vgl. Palandt, Anm. 1 c zu § 550 b BGB).

> Daher ist die Vereinbarung, **nebeneinander** eine Barkaution und eine Bürgschaft zu stellen, **unzulässig**, wenn und soweit beide Sicherheiten betragsmäßig zusammengenommen die Summe von **3 Monatsmieten** überschreiten.

Der gleichwohl geschlossene Bürgschaftsvertrag ist nach den §§ 550 b, 134 BGB ebenfalls nichtig (OLG Köln, Urt. vom 30. 8. 1988, WM 1989, 136). Dies ergibt sich aus dem Zweck der Vorschrift des § 550 b BGB, den Mieter vor zu hohen Belastungen durch Sicherheitsleistungen zugunsten des Vermieters zu schützen, der ohnehin durch sein Pfandrecht gemäß § 559 BGB eine – vielfach allerdings wohl unzureichende – Sicherheit besitzt. Abgesehen davon würde der Abschluß neuer Mietverträge wesentlich erschwert, wenn der Vermieter berechtigt wäre, neben einer Barkaution bis zur Höhe von 3 Monatsmieten eine der Höhe nach unbeschränkte Bürgschaft zu fordern.

Die Abrede über die Stellung einer Bürgschaft stellt auch eine **zum Nachteil des Mieters** abweichende Vereinb. i. S. d. § 550 b Abs. 3 BGB dar, weil dieser die Bürgschaft eines Dritten beibringen soll, die im Haftungsumfang die Begrenzung des § 550 b Abs. 1 BGB übersteigt. Das gilt auch dann, wenn der Dritte die Bürgschaft für den Mieter unentgeltlich geleistet hat.

In den Fällen der schenkweise gewährten Bürgschaft hat der Mieter nicht lediglich den Wechsel des Gläubigers gemäß § 774 BGB zu gewärtigen, vielmehr stellt es bereits einen Nachteil dar, daß der Mieter genötigt ist, den Dritten als Bürgen zu stellen und deshalb dessen Bereitschaft, für ihn unentgeltliche Leistungen zu erbringen, nicht mehr für andere Zwecke nutzen kann (OLG Köln a.a.O.).

Wenngleich § 550 b Abs. 3 BGB unmittelbar nur die Abrede zwischen Vermieter und Mieter betrifft, so ist doch auch der von den Parteien geschlossene **Bürgschaftsvertrag nichtig**. Die genannte Vorschrift ist als Verbotsnorm im Sinne des § 134 BGB anzusehen, die zur Unwirksamkeit auch des Geschäfts führt, durch das die nichtige Sicherungsabrede erfüllt werden soll. Zwar ist ein Rechtsgeschäft, bei dem nur ein Partner gegen ein gesetzliches Verbot verstößt und der andere nicht durch dieses Verbot geschützt werden soll, in der Regel nicht unwirksam, jedoch kann nach Sinn und Zweck der jeweiligen Verbotsnorm auch ein solches nur einseitig verbotswidriges Geschäft der Nichtigkeit gemäß § 134 BGB anheimfallen. Das gilt auch für einen Bürgschaftsvertrag, durch den eine gegen § 550 b BGB verstoßende Sicherheitsabrede erfüllt wird.

Ohne die Nichtigkeitsfolge bestünde die Gefahr, daß der Schutz des § 550 b

BGB bei Sicherungsleistungen durch Bürgen weitgehend unterlaufen würde. Wäre der Bürgschaftsvertrag nicht unwirksam, wäre der Vermieter nicht gehindert, sich aus dieser Sicherheit zu befriedigen. Das könnte allenfalls dadurch verhindert werden, daß der Mieter die Bürgschaft bei dem Vermieter kondiziert (d. h. im Wege der ungerechtfertigten Bereicherung zurückfordert).

Hierzu wäre er wegen der Unwirksamkeit der zugrundeliegenden Sicherungsabrede rechtlich in der Lage. Ein solches Verhalten ist jedoch bei den rechtlich meist unerfahrenen Mietern regelmäßig nicht zu erwarten. Da er sich deshalb in der Regel trotz der Nichtigkeit der zugrundeliegenden Sicherheitsabrede gemäß § 550 b BGB aus der Bürgschaft Befriedigung verschaffen könnte, bestände für den Vermieter kaum Veranlassung, davon abzusehen, derartige unzulässige Sicherheiten zu verlangen, wenn der Bürgschaftsvertrag nicht unwirksam wäre (OLG Köln a.a.O.).

Zwar hat der Bundesgerichtshof im Urteil vom 20. 4. 1989 (DWW 1989, 255) die Frage der Unwirksamkeit auch des Bürgschaftsvertrages ausdrücklich offengelassen, jedoch betont, daß der Mieter verlangen kann, den Bürgen über den Betrag von **drei Monatsmieten** hinaus nicht in Anspruch zu nehmen, wenn der Vermieter den Abschluß eines Mietvertrages über Wohnraum davon abhängig gemacht hat, daß der Mieter neben einer Barkaution zusätzlich eine Bürgschaft stellt.

Dieses Recht des Mieters kann auch der Bürge einredeweise (§ 768 Abs. 1 BGB) geltend machen (BGH a.a.O.). Eine Ausnahme besteht nach dem neueren Urteil des BGH vom 7. 6. 1990 (Az.: IX ZR 16/90) dann, wenn der Dritte – im vorliegenden Fall der Vater des eine Wohnung suchenden Studenten – **von sich aus** und unaufgefordert dem Vermieter eine Bürgschaft für den Fall des Vertragsschlusses zusagt, nachdem von diesem der Abschluß bereits einmal abgelehnt worden ist.

Hier hatte der Vermieter keine Bürgschaft verlangt, sie wurde ihm vielmehr vom Vater des Mietinteressenten **angeboten**, um Bedenken des Vermieters gegen die Bonität seines Sohnes auszuräumen.

Es widerspricht nicht dem Schutzzweck des § 550 b BGB, wenn Eltern für ihre Kinder – anstelle einer Anmietung im eigenen Namen – von sich aus einem Vermieter eine Bürgschaft für den Fall eines Vertragsschlusses zusagen. Dies gilt zumindest dann, wenn mit einer solchen Bürgschaft erkennbar keine besonderen Belastungen für den Mieter verbunden sind (BGH a.a.O.).

Seite B 44

Der BGH hat seine Entscheidung in folgendem Leitsatz zusammengefaßt:

> „Gibt unaufgefordert ein Dritter dem Vermieter eine Bürgschaft unter der Bedingung, daß ein Wohnraummietvertrag zustandekommt, und wird dadurch der Mieter nicht erkennbar belastet, so ist die Bürgschaft nach Eintritt der Bedingung wirksam. Der Vermieter kann den Bürgen auf Zahlung in Anspruch nehmen, wenn der Mieter seinen vertraglichen Verpflichtungen nicht nachkommt."

Darlehen des Mieters → „Mieterdarlehen“

Denkmalschutz

Baudenkmäler sind Gebäude oder Teile davon aus vergangener Zeit einschließlich dafür bestimmter historischer Ausstattungsstücke, deren Erhaltung wegen ihrer geschichtlichen, künstlerischen, städtebaulichen, wissenschaftlichen oder volkskundlichen Bedeutung im Interesse der Allgemeinheit liegt (vgl. z. B. Art. 1 Bayerisches Denkmalschutzgesetz).

> Wurde ein Anwesen unter Denkmalschutz gestellt, bedarf jede Beseitigung oder Veränderung von geschützten Teilen sowohl im Außen- als auch im Innenbereich der Erlaubnis der zuständigen Behörde.

Dabei kann sich die Erhaltungswürdigkeit eines Baudenkmals auch daraus ergeben, daß ein Haus nach dem Erscheinungsbild die historische städtebauliche Substanz veranschaulicht, wie sie auf Stichen aus früherer Zeit dargestellt ist (BayObLG, Beschl. v. 9. 4. 1992, NJW 1993, 341).

Die Erlaubnispflichtigkeit bzw. Genehmigungsfähigkeit einer beabsichtigten Maßnahme sollte daher vorab mit der Behörde abgeklärt werden (vgl. z. B. Bekanntmachung über den Vollzug des Art. 11 Bayerische Bauordnung und des Denkmalschutzgesetzes; Einbau von Einscheibenfenstern in historische Gebäude vom 23. 3. 1977, MABl S. 315, KMBl I S. 112). Näheres zum Denkmalschutz siehe Gruppe 8/Untergruppe III.

Dienstwohnung → „Werkwohnung“

Dingliches Wohnrecht

Wenn dem Benutzer einer Wohnung eine stärkere Rechtsstellung verschafft werden soll, als es beim Abschluß eines Mietvertrages der Fall ist, kommt die Vereinbarung eines Wohnrechtes in Betracht. Soll dieses auch gegenüber einem eventuellen Käufer des Grundstückes wirken, bedarf es der Eintragung in das Grundbuch (**dingliche** Sicherung; § 1093 BGB).

Nach § 1093 Abs. 1 BGB ist der Benutzer berechtigt, das Gebäude oder einen Teil des Gebäudes (z. B. einzelne Räume) unter Ausschluß des Eigentümers als Wohnung zu benutzen. Der Vorteil für den Benutzer liegt insbesondere darin, daß er vor Kündigung des Eigentümers oder eines Rechtsnachfolgers (z. B. wegen Eigenbedarfes) geschützt wird.

> In der Praxis werden Wohnrechte vor allem dann begründet, wenn ein Grundstück überlassen wird (z. B. an die **Kinder** im Rahmen einer **vorweggenommenen Erbfolge)** und sich der Überlassende ein lebenslanges Gebrauchsrecht an einer Wohnung des Gebäudes sichern will (Altenteil).

Hier bleibt das Wohnrecht auch bei einer **Zwangsversteigerung** bestehen (OLG Hamm, Rechtspfleger 86, 270).

Das dingliche Wohnrecht kann auch auflösend **bedingt** bestellt werden, so daß es bei Eintritt einer festgelegten Bedingung (z. B. Verheiratung des Wohnberechtigten) erlischt. Das Wohnrecht kann **entgeltlich oder unentgeltlich** vereinbart werden; dabei sollte auch eine klare Vereinbarung getroffen werden, ob und welche Betriebskosten der Wohnberechtigte tragen soll und inwieweit er zur Unterhaltung des Gebäudes und der Räume verpflichtet ist.

Soweit eine Vereinbarung fehlt, gilt die **gesetzliche Regelung:** Gesetzlich ist der Berechtigte zu schonender Ausübung (§§ 1090 Abs. 2, 1020 Satz 1 BGB) und zur Unterhaltung der Wohnung im Rahmen der §§ 1093 Abs. 1 Satz 2, 1041 BGB verpflichtet, d. h. Ausbesserungen und Erneuerungen an den Räumen hat er nur durchzuführen, soweit sie zur **gewöhnlichen** Unterhaltung der Sache gehören, z. B. laufende Anstricharbeiten, Ersetzen zerbrochener Fensterscheiben, Beseitigung geringer Schäden und sonstige gewöhnliche Reparaturen (Münchner Kommentar, § 1041 Randnr. 2). Dagegen ist er zur Vornahme **außergewöhnlicher** Maßnahmen nicht verpflichtet, so daß diese dem Eigentümer verbleiben, z. B. umfangreiche Innen- und Außenputzarbeiten, Instandsetzung des gesamten Daches, Anbringung einer Wärmedämmung, Instandsetzung und Erneuerung der elektrischen Anlage (Münchner Kommentar a.a.O.). Von den Wohnungs**nebenkosten** muß der Berechtigte die durch die Benutzung der Wohnung verursachten Betriebskosten tragen (Heizung, Müll, Wasser; vgl. Palandt, RN 10 zu § 1093 BGB). Die Parteien können jedoch vertraglich abweichende Regelungen treffen und auch vereinbaren, daß der Eigentümer die Kosten von Nebenleistungen (z. B. Schönheitsreparaturen, Heizungs-, Strom- und Wasserkosten) trägt. Eine solche vertragliche Verpflichtung des Eigentümers ist als Inhalt des Wohnungsrechtes im Grundbuch eintragungsfähig (OLG Schleswig, Beschl. v. 9. 6. 1994, WM 1995, 44).

Der Berechtigte ist befugt, seine Familie, die zur standesgemäßen Bedienung und zur Pflege erforderlichen Personen sowie seinen Verlobten oder Lebensgefährten in die Wohnung **aufzunehmen** (§ 1093 Abs. 2 BGB; BGH, WM 82, 310). Weiterhin bedarf auch die vorübergehende Aufnahme eines Besuches keiner Gestattung. Dagegen darf sonstigen Dritten die Allein- oder Mitbenutzung nur bei Gestattung des Eigentümers überlassen werden (§ 1092 Abs. 1 Satz 2 BGB).

- **Vermietung an Dritte**

Gleiches gilt für die **Vermietung**. Bei einer unerlaubten Vermietung kann der Eigentümer Unterlassung verlangen; der Mietzins steht aber auch in diesem Fall dem Inhaber des Wohnrechts zu (OLG Oldenburg, Urt. v. 11. 1. 1994, ZMR 1994, 507). Hat der Eigentümer die Räume nach Auszug des heimpflege- und sozialhilfebedürftig gewordenen Berechtigten mit dessen Zustimmung vermietet, steht dem **Sozialamt** aus keinem rechtlichen Gesichtspunkt ein Anspruch aus übergeleitetem Recht auf die Mieteinnahmen des Eigentümers zu. Der Eigentümer ist auch nicht verpflichtet, eine Vermietung durch den Wohnberechtigten oder das Sozialamt zu gestatten (§ 1092 Abs. 1 Satz 2 BGB; OLG Oldenburg, Urt. v. 3. 5. 1994, WM 1995, 591).

Ausnahmsweise kann der Inhaber des Wohnungsrechts auch ohne Vorliegen einer Gestattung berechtigt sein, die Räume bei unvorhergesehener persönlicher Verhinderung (z. B. stationäre Pflegebedürftigkeit) einem Dritten zu überlassen. Das Bestehen eines solchen Rechts hängt davon ab, ob nach Lage und Art der Räume eine Nutzung durch andere Personen ohne Beeinträchtigung des Eigentümers möglich ist (vgl. auch OLG Köln, FamRZ 1991, 1433) und ob der Wohnungsberechtigte sich in einer existenzbedrohenden **Notlage** befindet, so daß er auf die durch Vermietung oder sonstige Nutzung zu erzielenden Erträge dringend angewiesen ist (OLG Köln, Beschl. v. 6. 2. 1995, DWW 1995, 112). Zwar besteht auch in diesem Fall keine Verpflichtung des Eigentümers, die Räume selbst zu benutzen und dafür eine Nutzungsentschadigung zu zahlen oder sich selbst um eine Vermietung zu kümmern. Bei berechtigten Interessen des Eigentümers an einer Selbstnutzung oder der Mieterauswahl ist dies aber vom Wohnungsberechtigten hinzunehmen (OLG Köln, a.a.O.).

Ein **Widerruf der Gestattung** kann nur bei Vorliegen wichtiger Gründe, z. B. erhebliche Vertragsverletzungen durch Nutzer, erfolgen.

Ein bloß subjektives in der Person des Berechtigten liegendes Ausübungshindernis (z. B. stationäre Pflegebedürftigkeit) führt nicht zum **Erlöschen** des Wohnungsrechts (OLG Köln, Beschl. v. 6. 2. 1995, DWW 1995, 112). Dies gilt jedenfalls dann, wenn sich noch Möbel und persönliche Habe des Berechtigten in der Wohnung befinden. Während seiner Abwesenheit darf der Berechtigte die Wohnung einem Familienangehörigen überlassen, wenn die Möglichkeit besteht, daß der Berechtigte wieder in die Wohnung zurückkehrt, um sich dort pflegen zu lassen (OLG Oldenburg, a.a.O.).

Steht das dingliche Wohnrecht **mehreren Personen** (z. B. einem Ehepaar) zu und zieht ein Ehepartner endgültig aus der Wohnung aus, hat er gegen den in der Wohnung verbleibenden Ehepartner keinen Anspruch auf Zahlung einer

Nutzungsentschädigung, da der für das Miteigentum geltende § 745 Abs. 2 BGB auf das dingliche Wohnrecht nicht anwendbar ist, wenn einer von mehreren Wohnberechtigten die Wohnung endgültig verlassen hat (BGH, Urt. v. 8. 5. 1996, NJW 1996, 2153).

Der Wohnberechtigte darf die zum gemeinschaftlichen Gebrauch der Bewohner bestimmten Anlagen und Einrichtungen mitbenutzen (§ 1093 Abs. 3 BGB). Für den Umfang sind bei Fehlen von besonderen Vereinbarungen die allgemeinen Lebensgewohnheiten maßgebend. Danach dürfen in der Regel Sammelheizung, Wasserleitungen, Keller, Treppenhaus, Hof, Waschküche, Trockenboden, Entsorgungsanlagen mitbenutzt werden; nicht aber der **Garten**, da dieser zum Wohnen nicht erforderlich ist (Palandt, RN 13 zu § 1093 BGB).

Der Eigentümer darf die vorhandenen Anlagen und Einrichtungen nicht ersatzlos beseitigen, jedoch ersetzen oder umgestalten, sofern dies dem Wohnberechtigten zumutbar ist (BayObLG, WM 1997, 116).

- **Mitbenutzung gemeinschaftlicher Anlagen und Einrichtungen**

Parkflächen und **Garagen** dürfen nur mitbenutzt werden, wenn sie die Kraftfahrzeuge aller Bewohner aufnehmen können; daher nicht einzelne Garagen (Palandt, a.a.O.).

Das dingliche Wohnrecht nach § 1093 BGB ist **nicht übertragbar** und **nicht vererblich.**

Dagegen ist das ebenfalls in das Grundbuch einzutragende **Dauerwohnrecht** nach § 31 des Wohnungseigentumsgesetzes vererblich und veräußerlich und berechtigt zur Vermietung und Verpachtung.

> Erfolgte lediglich die Vereinbarung eines **schuldrechtlichen** Wohnrechtes ohne dingliche Sicherung (also ohne Eintragung ins Grundbuch), wirkt die Vereinbarung nur zwischen den Vertragsparteien, nicht aber gegenüber einem Käufer des Anwesens.

Doppelvermietung

Eine Doppelvermietung liegt vor, wenn eine Sache (z. B. eine Wohnung) zweimal vermietet wird.

Dies kann sich z. B. ergeben, wenn der Vermieter in der unrichtigen Annahme, nur ein schriftlicher Mietvertrag sei wirksam, mit einem Interessenten konkrete mündliche Vereinbarungen bezüglich der Vermietung der Wohnung trifft und die Wohnung anschließend an einen weiteren Interessenten mit schriftlichem Mietvertrag nochmals vermietet.

Eine Doppelvermietung kann auch dadurch entstehen, daß der Vermieter die von ihm gekündigte Wohnung an einen neuen Mieter vermietet, sich die ausgesprochene Kündigung aber als rechtsunwirksam erweist und somit zwei Mietverhältnisse vorliegen.

Weiterhin führt auch folgender Sachverhalt zu einer Doppelvermietung: Nachdem der Mieter gekündigt hat, schließt der Vermieter mit einem neuen Mieter einen Mietvertrag ab, der einen Monat nach Beendigung des alten Mietverhältnisses beginnt. Der Mieter zieht trotz seiner Kündigung zum Ablauf der Kündigungsfrist nicht aus und der Vermieter versäumt es, binnen zwei Wochen seinen, einer Fortsetzung des bisherigen Mietverhältnisses entgegenstehenden Willen, zum Ausdruck zu bringen. Das Mietverhältnis hat sich daher, trotz der Kündigung des Mieters, gemäß § 568 BGB auf unbestimmte Zeit verlängert, so daß im Zeitpunkt des Beginns des Mietverhältnisses mit dem neuen Mieter 2 wirksame Mietverträge bestehen.

Diesen Beispielsfällen ist gemeinsam, daß jeweils zwei **voll wirksame** Mietverträge vorliegen (vgl. dazu z. B. BGH, MDR 1962, 398; LG Berlin, WM 1975, 116) und jeder Mieter einen Anspruch auf Erfüllung, d. h. auf Überlassung der Wohnung hat (AG Freiburg, WM 1993, 117), der Vermieter aber nur einen Mietvertrag durch Raumüberlassung erfüllen kann.

Dem Vermieter kann nicht im Wege einer **einstweiligen Verfügung** vorgeschrieben werden, welchem Mieter er die Wohnung überlassen muß (OLG Frankfurt/M., NJW-RR 1997, 77).

Geschützt ist vielmehr derjenige Mieter, der zuerst den rechtmäßigen Besitz an der Wohnung erlangt hat.

Der Vertragspartner des anderen Mietvertrages verliert seinen Erfüllungsanspruch auf Überlassung der Räume und ist auf Schadenersatzansprüche gegen den Vermieter wegen Nichterfüllung des Mietvertrages beschränkt (LG Berlin, WM 1975, 116; LG Mannheim, WM 1974, 240; LG Berlin, ZMR 1988, 178; differenzierend: LG Köln, WM 1990, 65). Dieser Schadenersatzanspruch richtet sich nicht nach den Regeln der Unmöglichkeit, sondern ausschließlich nach § 538 Abs. 1 BGB (BGH, Urt. v. 5. 7. 1991, WM 1991, 545) und umfaßt z. B.

- Ansprüche des Mieters auf Ersatz von Maklerkosten,
- die höhere Miete für eine gleichwertige Ersatzwohnung oder
- Kosten für einen vorübergehenden Hotelaufenthalt.

Duldungspflicht des Mieters → „Modernisierung"

Durchlauferhitzer → „Betriebskosten", Abschnitt 2.5.3

Eheähnliche Gemeinschaft

1 Vertragspartner des Vermieters

Bei Überlassung der Wohnung an ein unverheiratetes Paar kann der Mietvertrag sowohl mit beiden als auch mit einem Partner abgeschlossen werden.

> In Anbetracht der Tatsache, daß auch dann, wenn der Mietvertrag nur mit einer Person abgeschlossen wurde, die Aufnahme einer weiteren Person nur in Ausnahmefällen untersagt werden kann (vgl. „Untermiete"), ist aus haftungsrechtlichen Gründen grundsätzlich zu empfehlen, den Vertrag mit **beiden** abzuschließen.

Dann **haftet jeder** als Gesamtschuldner für Verbindlichkeiten in **voller** Höhe, während andernfalls nur der **Vertragspartner** in Anspruch genommen werden kann und ein Zugriff auf den lediglich in die Wohnung aufgenommenen Lebenspartner nicht möglich ist, z. B. wenn nach Auszug Schäden hinterlassen werden, zu deren Behebung die Kaution nicht ausreicht.

Sollen **beide** Personen Vertragspartner werden, müssen im Mietvertrag beide als Mieter aufgeführt und der Mietvertrag von beiden unterzeichnet werden. Werden zwar beide Partner als Mieter aufgeführt, ist der Vertrag aber nur von einer Person unterschrieben oder ist nur einer als Mieter aufgeführt, der Vertrag aber von beiden unterschrieben, ist der Mietvertrag grundsätzlich nur mit der unterzeichnenden Person bzw. nur mit der im Mietvertrag aufgeführten Person zustande gekommen.

Stellvertretung kann bei einem schriftlichen Mietvertrag nur angenommen werden, wenn sich dies aus einem Zusatz zur Unterschrift ergibt, da eine Stellvertretung beim Abschluß von Mietverträgen nicht die Regel, sondern die Ausnahme ist (LG Mannheim, NJW-RR 1994, 274; WM 1987, 414; vgl. auch AG Osnabrück, WM 1996, 754).

2 Adressat bei Räumungsklagen

Wurde der Mietvertrag mit beiden abgeschlossen, sind alle **Willenserklärungen**, z. B. Mieterhöhungsverlangen oder Kündigung, **an beide** zu richten. Entsprechendes gilt für die Erhebung einer **Räumungsklage**, wobei diese nach Beendigung eines mit beiden Lebenspartnern begründeten Mietverhältnisses auch gegen denjenigen Lebenspartner gerichtet werden kann, der den Besitz an der Wohnung (z. B. durch Auszug) bereits endgültig aufgegeben hat (BGH, Beschl. v. 22. 11. 1995, Az. VIII ARZ 4/95, WM 1996, 83). Wurde der Mietvertrag dagegen nur mit einem Partner abgeschlossen, ist strittig, ob aus dem Räumungstitel gegen den Vertragspartner auch gegen den anderen vollstreckt werden kann (so Thomas-Putzo, ZPO, § 885, Anm. 1 b; LG Freiburg, WM 1989, 571) oder ein Räumungstitel auch gegen den Lebensgefährten erforderlich ist, d. h. gegen beide geklagt werden muß (so LG Kiel, WM 1991, 507; OLG Hamburg,

Beschl. v. 6. 12. 1990, Az. 6 W 73/90; Sternel, Mietrecht, 3. Aufl., V 91). Eines besonderen Vollstreckungstitels gegen den mitbesitzenden Lebenspartner (oder sonstige mitbesitzende Personen) bedarf es jedenfalls dann nicht, wenn dieser ohne oder gegen Wissen und Willen des Vermieters den Mitbesitz begründet und wider Treu und Glauben über einen erheblichen Zeitraum gegenüber dem Vermieter verheimlicht hat (OLG Hamburg, DWW 1992, 365).

In Anbetracht dieser uneinheitlichen Rechtsprechung hat der Vermieter ein berechtigtes Interesse an der Erlangung eines Räumungstitels gegen den mitbesitzenden Lebensgefährten; dieser kann nicht einwenden, der Klage gegen ihn fehle das Rechtsschutzinteresse (vgl. OLG Schleswig, RE v. 17. 11. 1992, WM 1992, 674). Daher ist es grundsätzlich zu empfehlen, auch den mitbesitzenden Lebensgefährten auf Räumung zu verklagen.

3 Auszug eines Mieters

Wurde der Mietvertrag mit **beiden** abgeschlossen, läßt der **Auszug** eines Lebenspartners das Mietverhältnis unberührt, d. h. er bleibt weiterhin Vertragspartei und haftet auch nach dem Auszug als Gesamtschuldner für alle Verpflichtungen aus dem Mietverhältnis. Dies gilt selbst dann, wenn das Verlassen der Wohnung erkennbar endgültigen Charakter hat und ein Wiedereinzug nicht beabsichtigt ist (LG Köln, WM 1996, 266). Ein Ausscheiden aus dem Mietverhältnis ist nur einvernehmlich mit Zustimmung des anderen und des Vermieters möglich, wobei ein Anspruch gegenüber dem Vermieter auf Abgabe der Zustimmung nicht besteht.

Ebenso kann auch die Kündigung des Mietverhältnisses nur durch beide Mieter gemeinsam erfolgen. Die Kündigungserklärung nur eines Mieters ist gegenstandslos und entfaltet keine Rechtswirkungen. Nach Trennung und Auszug aus der Wohnung kann jedoch der Mieter von dem in der Wohnung verbliebenen Mitmieter die Zustimmung zur Kündigung des Mietverhältnisses verlangen und den Mitmieter ggfs. auf Abgabe der Zustimmung verklagen (LG Karlsruhe, WM 1996, 146; LG Hamburg, WM 1993, 343; LG Köln, WM 1993, 613; LG München II, WM 1993, 611); jedoch nur auf Zustimmung zur Kündigung zum nächstmöglichen Zeitpunkt, selbst wenn der Vermieter einer früheren Beendigung zustimmen würde (LG Gießen, WM 1996, 273). Dagegen besteht bei einem **befristeten** Mietverhältnis wegen des Ausschlusses der ordentlichen Kündigung während der Laufzeit auch kein Anspruch auf Zustimmung (LG Gießen, a.a.O.).

Der Anspruch auf Zustimmung zur Kündigung ergibt sich aus den Vorschriften über die Kündigung der Gesellschaft (§ 723 BGB) bzw. Aufhebung der Gemeinschaft (§ 749 BGB), da der Mitmieter andernfalls trotz seines Auszuges aus der Wohnung für alle Ansprüche aus dem Mietverhältnis weiterhaften und auch im Falle der Freistellung durch den anderen dessen Insolvenzrisiko tragen würde (LG Hamburg, a.a.O.). Prozeßrechtlich handelt es sich insofern weder um eine familienrechtliche noch um eine mietrechtliche Streitigkeit, so daß ein besonderer Gerichtsstand nicht gegeben ist (LG München II, a.a.O.).

4 Rechtsbeziehungen zwischen den Mietern

Die Rechtsbeziehungen im **Innen**verhältnis zwischen den Partnern richten sich nach den Regeln der BGB-Gesellschaft. Danach muß sich jeder anteilig entsprechend den getroffenen Vereinbarungen solange an den Wohnkosten beteiligen, bis der Vertrag vollständig abgewickelt ist (OLG München, ZMR 1994, 216).
Besteht der Mietvertrag nur mit einem Lebenspartner, ist dieser grundsätzlich berechtigt, dem anderen den Zutritt zur Wohnung zu verwehren und die Räumung zu verlangen, wenn die Gemeinschaft aufgelöst ist (Palandt, BGB, 51. Aufl., Einf. v. § 1353 Rdn. 36; AG Gelsenkirchen, WM 1994, 194). Auf ein u. U. bestehendes Recht auf vorübergehende Gewährung einer Minimalunterkunft kann sich der Ausgewiesene nicht berufen, wenn er durch unzumutbares Verhalten den Vertrauenstatbestand zerstört hat (KrsG Magdeburg, WM 1992, 310).

5 Tod eines Mieters

> Beim **Tod** eines Partners ist zu unterscheiden, ob der Mietvertrag von beiden oder nur mit einem Lebenspartner abgeschlossen war.

Sind **beide** Vertragspartner, hat der Überlebende bereits aus dem Mietvertrag weiterhin ein Recht zum Besitz. War dagegen **nur der Verstorbene** Vertragspartner, hatte der Überlebende nach bisher überwiegender Meinung nur dann ein Recht zum Verbleib in der Wohnung, wenn er **Erbe** des Verstorbenen war, da er nur dann in die Stellung des Erblassers und damit in das Mietverhältnis eingetreten war (§§ 1922 Abs. 1, 1967 BGB). Andernfalls konnte mangels einer gesetzlichen Regelung kein Eintritt des Lebenspartners in das Mietverhältnis erfolgen.

Eine entsprechende Anwendung des § 569 a Abs. 2 BGB, wonach die hausstandszugehörigen Familienangehörigen in das Mietverhältnis eintreten, wurde überwiegend abgelehnt, da der Begriff der „Familienangehörigen" nach dieser Ansicht voraussetzt, daß diese verwandt oder verschwägert sind (vgl. Palandt, Anm. 3 zu 569 a BGB).

Davon abweichend hat in Anbetracht der gesellschaftspolitischen und sozialen Veränderungen das BVerfG in einer Entscheidung (Beschl. v. 3. 4. 1990, DWW 1990, 199) ausgeführt, daß es nicht zu beanstanden ist, wenn § 569 a Abs. 2 BGB im **Einzelfall entsprechend** auch auf den Partner einer nichtehelichen Lebensgemeinschaft angewendet wird und dieser somit in das Mietverhältnis eintritt.

§ 569 a Abs. 2 BGB spricht zwar nur von „Familienangehörigen", jedoch ist dies darauf zurückzuführen, daß nichteheliche Lebensgemeinschaften erst ausgangs der 70er-Jahre in einem Umfang an Bedeutung gewonnen haben, die der Gesetzgeber bei der Schaffung des § 569 a BGB so nicht vorausgesehen hatte. Dieser Veränderung muß im Einzelfall durch Ausweitung des Anwendungsbereiches des § 569 a Abs. 2 BGB Rechnung getragen werden.

> In diesem Sinne hat nunmehr der Bundesgerichtshof mit RE v. 13. 1. 1993 (NJW 1993, 999) entschieden, daß der überlebende Partner einer eheähnlichen Gemeinschaft in entsprechender Anwendung des § 569a Abs. 2 Satz 1 BGB in den Mietvertrag des verstorbenen Mieters eintritt.

Eine eheähnliche Gemeinschaft liegt aber nur dann vor, wenn es sich um eine Lebensgemeinschaft zwischen Mann und Frau handelt, die auf Dauer angelegt ist, daneben keine weitere Lebensgemeinschaft gleicher Art zuläßt und sich durch innere Bindungen auszeichnet, die ein gegenseitiges Einstehen der Partner füreinander begründen, also über die Beziehungen in einer reinen Haushalts- und Wirtschaftsgemeinschaft hinausgeht (BVerfG, Beschl. v. 17. 11. 1992, WM 1993, 240). Gleichgeschlechtliche und ihrer Art nach nur vorübergehend angelegte Partnerschaften scheiden damit von vornherein aus und können sich nicht auf ein Eintrittsrecht berufen.

Ob die Voraussetzungen für ein Eintrittsrecht im Einzelfall erfüllt sind, kann anhand von – nicht erschöpfend aufzählbaren – Indizien festgestellt werden. Dabei ist insbesondere die lange Dauer des Zusammenlebens, die Versorgung von Kindern und Angehörigen im gemeinsamen Haushalt und die Befugnis, über Einkommen und Vermögensgegenstände des Partners zu verfügen, von Bedeutung (vgl. auch OLG Saarbrücken, RE v. 6. 3. 1991, NJW 1991, 1760; Weber/Marx, XI/S. 80 = Sammelband Nr. 117).

Die Darlegungs- und Beweislast für das Vorliegen der Eintrittsvoraussetzungen trifft denjenigen, der sich auf das Eintrittsrecht beruft, wobei es für den Betroffenen nicht unzumutbar ist, die zur Feststellung erforderlichen Informationen zu erteilen (BGH, a.a.O.).

Unbeschadet dessen verbleibt dem Vermieter das Recht zur außerordentlichen Kündigung (§ 569 a Abs. 5 BGB), wenn in der Person des Lebenspartners ein wichtiger Grund vorliegt; nach wohl herrschender Rechtsprechung jedoch nur dann, wenn zugleich ein berechtigtes Interesse des Vermieters an der Beendigung des Mietverhältnisses besteht (vgl. „Kündigung", Abschnitt 3.2.2.1).

Beim Tod des Mieters einer **Sozial**wohnung ist dessen Lebenspartner und Erbe, der die Wohnung mit dem Mieter in eheähnlicher Lebensgemeinschaft bewohnt hat, nicht berechtigt, die Wohnung ohne Übergabe einer Wohnberechtigungsbescheinigung weiter zu bewohnen, da er nicht zum Kreis der Familienangehörigen (§ 8 Abs. 2 II. WoBauG) gehört (VG Berlin, WM 1996, 22).

Ehegatten als Mieter

1 Vertragspartner des Vermieters

Die Überlassung der Räume an ein Ehepaar führt nicht automatisch zu einem Mietverhältnis mit beiden Eheleuten. Für die Frage, ob beide Eheleute oder nur einer von beiden Vertragspartner ist, kommt es vielmehr auf den Inhalt des Mietvertrages an.

> Sollen **beide** Eheleute Vertragspartner des Vermieters werden, müssen im Vertrag beide als Mieter angeführt und der Vertrag von beiden unterzeichnet werden.

Schwierigkeiten bei der Beurteilung von bereits abgeschlossenen Mietverträgen ergeben sich, wenn zwar beide Ehegatten als Mieter aufgeführt sind, jedoch nur einer unterschrieben hat, oder wenn umgekehrt nur einer als Mieter bezeichnet ist, der Vertrag aber von beiden unterschrieben wurde.

Im erstgenannten Fall ist der Mietvertrag grundsätzlich nur mit dem Unterzeichner zustandegekommen, wenn sich nicht eindeutig (z.B. durch einen Vertretungsvermerk) oder zumindest aus den Umständen ergibt, daß die Unterschrift auch im Namen des anderen erfolgt ist (vgl. § 164 Abs. 1 Satz 2 BGB). War z. B. der Ehepartner, der den Mietvertrag nicht unterzeichnet hat, an der Wohnungsbesichtigung und den Vertragsverhandlungen beteiligt, kann sich aus diesem Umstand ergeben, daß der Unterzeichnende auch in Vertretung des anderen gehandelt hat (vgl. auch OLG Düsseldorf, WM 1989, 362, wonach im Zweifel anzunehmen ist, daß der andere Ehegatte von dem Unterzeichnenden vertreten worden ist; sowie OLG Oldenburg, MDR 1991, 968).

Im letztgenannten Fall ist der Mietvertrag trotz der von beiden geleisteten Unterschrift grundsätzlich nur mit dem zustandegekommen, der als Mieter bezeichnet ist, da das Angebot des Vermieters zum Abschluß des Vertrages nur der als Mieter bezeichneten Person gegenüber abgegeben wurde und somit auch nur von dieser angenommen werden konnte (vgl. LG Frankfurt, WM 1981, 183).

Allerdings kann auch in diesem Fall eine schlüssige Einbeziehung des anderen in den Mietvertrag erfolgt sein, wenn der nicht im Vertrag angeführte Partner seine Unterschrift in Gegenwart des Vermieters geleistet hat.

> Die Abgabe von **Erklärungen**, z. B. Mieterhöhungsverlangen, Kündigungen, sollten daher **im Zweifel** stets gegenüber **beiden** Ehegatten erfolgen.

2 Kündigung durch den Vermieter

Nur bei Vorliegen besonderer Umstände kann es nach Treu und Glauben ausnahmsweise zulässig sein, daß die Auflösung eines mit beiden Ehepartnern geschlossenen Mietvertrages durch Kündigung des Vermieters schon dann wirksam ist, wenn die Kündigung nur dem in der Mietwohnung verbliebenen Ehegatten gegenüber erklärt wurde und diesem zugegangen ist (OLG Frankfurt, WM 1991, 76).

Die Frage, ob und wann solche besonderen Umstände vorliegen, ist jeweils im Einzelfall zu prüfen. Der Umstand, daß ein Ehepartner die Wohnung seit Jahren endgültig verlassen und aufgegeben hat, ohne dem Vermieter dies anzuzeigen und seine neue Anschrift mitzuteilen, kann im Einzelfall einen solchen besonderen Umstand darstellen, da es überspitzt formalistisch erschiene, auch in diesem Fall an dem Erfordernis der Erklärung und des Zugangs der Kündigung gegenüber beiden Eheleuten festzuhalten (OLG Frankfurt, a.a.O.; vgl. auch BGH, MDR 1964, 308; LG Frankfurt/M., WM 1992, 129).

Vgl. dazu im einzelnen **„Personenmehrheit auf Mieterseite“**.

3 Räumungsklage gegen beide Ehepartner

Der Vermieter kann bei Beendigung eines Wohnraummietvertrages, der nur mit einem Ehegatten abgeschlossen worden ist, auch den anderen Ehegatten, der nicht Mieter geworden ist, auf Rückgabe der Wohnung in Anspruch nehmen. Eine **Räumungsklage** sollte daher auch in diesem Fall gegen **beide** Ehegatten erhoben werden, da in Rechtsprechung und Literatur umstritten ist, ob andernfalls aus dem Räumungstitel gegen den Vertragspartner auch gegen den anderen Ehegatten vollstreckt werden kann. Wegen dieser Rechtsunsicherheit fehlt einer Klage gegen den Ehepartner, der nicht Vertragspartner ist, auch nicht das erforderliche Rechtsschutzinteresse (OLG Schleswig, RE v. 17. 11. 1992, WM 1992, 674). Dementsprechend kann nach Beendigung eines mit beiden Ehepartnern begründeten Mietverhältnisses die Räumungsklage auch gegen den Ehepartner gerichtet werden, der den Besitz an der Wohnung (z. B. durch Auszug) bereits endgültig aufgegeben hat (BGH, Beschl. v. 22. 11. 1995, Az. VIII ARZ 4/95, WM 1996, 83).

4 Auszug/Einzug eines Ehegatten

> Der **Auszug** eines von beiden Vertragspartnern aus der Ehewohnung läßt das Vertragsverhältnis unberührt. Er haftet auch nach dem Auszug weiterhin als Gesamtschuldner für alle Verpflichtungen aus dem Mietverhältnis.

Der aus der Wohnung ausgezogene **unterhaltspflichtige** Ehepartner kann auch nach der Ehescheidung von dem in der Wohnung verbleibenden Partner grundsätzlich nicht die Zustimmung zur Kündigung der gemeinsam angemieteten Ehewohnung verlangen, da es sich bei dem Innenverhältnis eines Mieterehepaares nicht um eine Gesellschaft oder Gemeinschaft (§ 741 BGB), sondern um ein familienrechtliches Verhältnis handelt, das durch die Scheidung der Ehe nicht beendet worden ist, und es zu den wechselseitigen Unterhaltsobliegenheiten gehört, das bestehende Mietverhältnis nicht zu beenden (LG Düsseldorf, WM 1996, 36).

Ein Ausscheiden aus dem Mietverhältnis ist nur einvernehmlich mit Zustimmung des anderen und des Vermieters möglich (BayObLG, RE v. 21. 2. 1983, DWW 1983, 71; Weber/Marx, III/ S. 13). Ein Anspruch gegenüber dem Vermieter auf Abgabe der Zustimmung besteht nicht. Allein aus dem Auszug und der jahrelangen Trennung der Eheleute kann ein Einverständnis mit der Entlassung aus den Verpflichtungen des Mietvertrages nicht hergeleitet werden. Gleiches gilt grundsätzlich selbst dann, wenn die Ehe nach dem Auszug geschieden wird. Jedoch kann der Familienrichter die Ehewohnung im Rahmen des Scheidungsverfahrens einem Ehegatten zuweisen; vgl. dazu im einzelnen **„Ehescheidung“**.

Umgekehrt besteht auch kein Anspruch des Vermieters auf Eintritt des Ehegatten in das Mietverhältnis, wenn der Mieter nach Abschluß des Mietvertrages geheiratet und den Ehegatten in die Mietwohnung aufgenommen hat (LG Aachen, NJW-RR 1987, 1373).

Beim Auszug eines Ehegatten aus der gemeinsamen Wohnung steht jedoch dem verbleibenden Partner nach Ablauf einer **Übergangsfrist** (hier: 2 1/2 Monate) regelmäßig kein Anspruch gegen den anderen Ehegatten auf (interne) Beteiligung an der Zahlung des Mietzinses (§ 426 Abs. 1 BGB) zu. Eine Ausnahme kann allenfalls gelten, wenn besondere Gründe für eine Beteiligung vorliegen (OLG München, NJWE 1997, 6). Dies bedeutet, daß der aus der Wohnung ausgezogene Ehegatte zwar gegenüber dem Vermieter in voller Höhe weiter haftet, gegenüber dem in der Wohnung verbleibenden Partner jedoch zu keinerlei Zahlungen verpflichtet ist.

5 Tod eines Ehegatten

Beim **Tod** eines Ehegatten ist zu unterscheiden, ob der Mietvertrag mit beiden oder nur mit einem Ehegatten geschlossen war.

Haben die Ehegatten den Wohnraum **gemeinschaftlich** gemietet und einen gemeinsamen Hausstand geführt, wird das Mietverhältnis beim Tode eines Ehegatten unabhängig von der Erbfolge mit dem überlebenden Ehegatten fortgesetzt (§ 569 b BGB).

Der überlebende Ehegatte kann das Mietverhältnis unter Einhaltung der gesetzlichen Frist kündigen. Die Kündigung kann nur für den 1. Termin erfolgen, für den sie zulässig ist (siehe „Kündigung“, Abschnitt 2.2.2.2). Ein außerordentliches Kündigungsrecht des **Vermieters** besteht hier **nicht**.

War dagegen **nur der verstorbene** Mieter Vertragspartner, tritt mit dem Tod des Mieters (§ 569 a Abs. 1 BGB) der Ehegatte in das Mietverhältnis ein, wenn er nicht binnen eines Monats, nachdem er vom Tod Kenntnis erlangt hat, dem Vermieter gegenüber erklärt, daß er das Mietverhältnis nicht fortsetzen will. Hier kann der **Vermieter** das Mietverhältnis unter Einhaltung der gesetzlichen Frist kündigen, wenn in der Person des Ehegatten ein wichtiger Grund vorliegt (§ 569 a Abs. 5 BGB; vgl. „Kündigung", Abschnitt 3.2.2.1).

Ehescheidung

Die Scheidung einer Ehe hat grundsätzlich auf das Mietverhältnis **keinen Einfluß.** Wurde der Mietvertrag mit beiden Eheleuten als Mieter geschlossen, sind und bleiben beide auch nach Scheidung der Ehe und Auszug eines Ehepartners aus der Wohnung als **Gesamtschuldner** verpflichtet (siehe auch „Ehegatten als Mieter").

> Der aus der Mietwohnung ausgezogene Ehepartner kann aus dem Mietverhältnis nur mit Zustimmung des Vermieters und des Ehepartners ausscheiden (BayObLG, RE v. 21. 2. 1983, DWW 1983, 71; Weber/Marx, III/S. 13). Ein Anspruch gegenüber dem Vermieter auf Abgabe dieser Zustimmung besteht nicht.

Ebenso besteht grundsätzlich kein Anspruch gegen den in der Wohnung verbleibenden Partner auf Zustimmung zur Kündigung der gemeinsam angemieteten Ehewohnung (vgl. dazu im einzelnen „Ehegatten als Mieter").

Jedoch kann der Familienrichter im Rahmen des Scheidungsverfahrens bestimmen (§ 5 Abs. 1 der Verordnung über die Behandlung der Ehewohnung und des Hausrates – **Hausratsverordnung**), daß ein von beiden Ehegatten eingegangenes Mietverhältnis von einem Ehegatten allein fortgesetzt wird oder daß ein Ehegatte anstelle des anderen in ein von diesem eingegangenes Mietverhältnis **eintritt**. Besteht kein Mietverhältnis an der Ehewohnung, kann der Richter zugunsten eines Ehegatten ein Mietverhältnis an der Wohnung **begründen**. Hierbei setzt der Richter den Mietzins fest. Ist dieser neu zu bilden, soll der Richter vorher die Preisbehörde hören. Der andere Ehegatte wird dadurch für die Zukunft von den Verpflichtungen des Mietverhältnisses befreit. Für bereits entstandene Verbindlichkeiten haftet er dagegen in vollem Umfang weiter.

> In der Praxis erfolgt die Zuweisung der Wohnung in der Regel an denjenigen, dem die elterliche Sorge für die Kinder übertragen wurde, da vom Gericht zugunsten der Kinder die gewohnte Umgebung berücksichtigt wird und dem Alleinstehenden eher die Suche nach einer

neuen Wohnung zuzumuten ist. Ansonsten wird häufig dem wirtschaftlich Schwächeren die Wohnung zugewiesen, da der wirtschaftlich Stärkere leichter eine Ersatzwohnung findet.

Jedoch darf der Vermieter durch die wirtschaftlich ungünstigere Lage des neuen Mieters nicht schlechter gestellt werden. Der Richter hat daher die Möglichkeit (§ 5 Abs. 1 Satz 2 Hausratsverordnung), dem Ehegatten gegenüber Anordnungen zu treffen, die geeignet sind, die aus dem Mietverhältnis herrührenden Ansprüche des Vermieters zu sichern (z. B. kann eine Mithaftung des ausziehenden, unterhaltspflichtigen Ehegatten oder eine Sicherheitsleistung zugunsten des Vermieters angeordnet werden; vgl. OLG Hamm, Beschl. v. 29. 6. 1993, WM 1994, 273). Durch die **Zuweisung der Ehewohnung** an einen Partner wird dieser als Alleinmieter gegenüber dem Vermieter auch dann zur Zahlung des Mietzinses verpflichtet, wenn er nicht in der Wohnung wohnt und diese seinem geschiedenen Ehepartner überläßt (AG Potsdam, WM 1994, 522).

Der Vermieter ist im gerichtlichen Verfahren **Beteiligter** (§ 7 Hausratsverordnung), da die Entscheidung mit ihrer Rechtskraft auch ihm gegenüber vertragsgestaltende Wirkung hat (§ 16 Hausratsverordnung). Bei fehlendem Einverständnis des Vermieters besteht trotz Einigkeit der Ehegatten ein Regelungsbedürfnis bezüglich der Fortsetzung des Mietverhältnisses über die Ehewohnung (OLG Hamm, a.a.O.). Eine Zustimmung des Vermieters ist für die Zuweisung der Wohnung im gerichtlichen Verfahren jedoch nicht erforderlich. Etwas anderes gilt nur dann, wenn der Antrag auf Auseinandersetzung über die Ehewohnung später als ein Jahr nach Rechtskraft des Scheidungsurteiles gestellt wurde. In diesem Fall darf der Richter in die Rechte des Vermieters nur eingreifen, wenn dieser einverstanden ist (§ 12 Hausratsverordnung).

Die Möglichkeit der richterlichen Zuweisung der Ehewohnung besteht auch bereits **vor** der rechtskräftigen Scheidung der Ehe, wenn sich die Ehegatten nicht einigen können, wer in der Wohnung bleibt (§ 1361 b BGB). Jedoch ist im Verfahren keine endgültige Regelung, sondern nur eine Zuweisung der Ehewohnung zur **vorläufigen** Benutzung möglich (§ 1361 b Abs. 1 BGB). Eine Umgestaltung oder Neubegründung des Mietverhältnisses findet in diesem Falle daher nicht statt.

Anstelle einer Zuweisung der Ehewohnung an einen Ehepartner kann der Richter auch anordnen, daß die Wohnung zwischen den Ehegatten geteilt wird, wenn eine **Teilung** der Wohnung möglich und zweckmäßig ist (§ 6 Abs. 1 Hausratsverordnung). Dabei kann der Richter auch bestimmen, wer die Kosten zu tragen hat, die durch die Teilung und ihre etwaige spätere Wiederbeseitigung entstehen (§ 6 Abs. 1 Satz 2 Hausratsverordnung). Für die Teilwohnungen kann der Richter neue

Mietverhältnisse begründen, die anstelle eines schon bestehenden Mietverhältnisses treten. Hierbei setzt der Richter den Mietzins fest. Ist dieser neu zu bilden, soll der Richter vorher die Preisbehörde hören (§ 6 Abs. 2 in Verbindung mit § 5 Abs. 2 Sätze 2 und 3 Hausratsverordnung).

Eigenbedarf

Inhaltsübersicht

1 Definition

Eigenbedarf gilt als berechtigtes Interesse des Vermieters an der Kündigung eines unter Kündigungsschutz stehenden Mietverhältnisses. Eigenbedarf liegt vor, wenn der Vermieter die Räume als Wohnung für sich, die zu seinem Hausstand gehörenden Personen oder seine Familienangehörigen benötigt (§ 564 b Abs. 2 Nr. 2 BGB).

Die vermieteten Räume müssen daher **zu Wohnzwecken** benötigt werden. Ein Benötigen zu anderen, z. B. gewerblichen oder beruflichen Zwecken, stellt keinen Eigenbedarf (§ 564 b Abs. 2 Nr. 2 BGB) dar. Einem Eigenbedarf steht jedoch nicht entgegen, wenn der Vermieter in einem gekündigten Einfamilienhaus nur ein Zimmer beruflich nutzen will (LG Hamburg, WM 1986, 87).

2 Begünstigter Personenkreis

Hausstandsangehörige sind Personen, die der Vermieter bereits vor Ausspruch der Kündigung auf Dauer in seiner Wohnung aufgenommen hatte. Dazu zählen z. B. die Familienmitglieder, auch der Lebensgefährte (Barthelmess, § 564 b Randnr. 80) sowie Hilfspersonen.

Der Begriff der **„Familienangehörigen“** ist zwar in § 8 Abs. 2 II. Wohnungsbaugesetz definiert, jedoch lehnt die Rechtsprechung eine entsprechende Anwendung dieser sehr weit gefaßten Definition auf das Mietrecht mit der Begründung ab, daß dies den unterschiedlichen wohnungspolitischen und mieterschutzrechtlichen Zielsetzungen der beiden Rechtsvorschriften nicht gerecht werden würde (OLG Oldenburg, RE v. 16. 12. 1992, DWW 1993, 171; Weber/Marx, XII/S. 97). Andererseits wäre die Beschränkung des Begriffs nur auf Verwandte in gerader Linie eine unzulässige Einschränkung des Verfügungsrechts des Vermieters (OLG Braunschweig, RE v. 1. 11. 1993, WM 1993, 731). Nach der Rechtsprechung zählen zu den Familienangehörigen (§ 564 b Abs. 2 Nr. 2 BGB) jedenfalls die Kinder (OLG Karlsruhe, RE v. 14. 1. 1982, DWW 1982, 271; Weber/Marx, II/S. 42 = Sammelband Nr. 71), die Enkel, der Ehegatte (auch der getrennt lebende Ehegatte, solange der Scheidungsantrag noch nicht gestellt ist – vgl. LG Frankfurt/M., NJW-RR 1996, 396; nicht: der geschiedene Ehegatte – vgl. AG Hamburg, WM 1996, 39), die Geschwister (BayObLG, RE v. 24. 11.

1983, WM 1984, 14; Weber/Marx, III/ S. 65 = Sammelband Nr. 85), die Eltern und Großeltern, ebenso Schwiegerkinder, Schwiegereltern (LG Köln, WM 1994, 541), Stiefkinder (LG Hamburg, WM 1997, 177), Pflegekinder, Pflegeeltern (OLG Braunschweig, a.a.O.).

Entferntere Verschwägerte und Verwandte (z. B. Schwager, Neffen, Nichten) gehören nur dann zu den Familienangehörigen (§ 564 b Abs. 2 Nr. 2 BGB), wenn besondere Umstände vorliegen, die eine enge Bindung des Vermieters zu dieser Person ergeben oder ihnen der Vermieter rechtlich oder zumindest moralisch zur Gewährung von Unterhalt oder Fürsorge verpflichtet ist und sich daraus die Verantwortlichkeit des Vermieters für den Wohnbedarf des Angehörigen ergibt (OLG Oldenburg, a.a.O.; vgl. auch OLG Braunschweig, a.a.O. für Cousine; LG Münster, WM 1991, 107 sowie LG Frankfurt, WM 1996, 621, wonach Eigenbedarf für den Neffen in Frage kommt, wenn ein enges und familiäres Verhältnis besteht; LG Wiesbaden, Urt. v. 26. 2. 1991, WM 1991, 491 für Nichte; LG Mainz, Urt. v. 26. 3. 1991, WM 1991, 554 für Schwager; LG München I, WM 1990, 23 für Stiefkinder; AG Frankfurt, WM 1991, 108 für Tante der Ehefrau des Vermieters). Gleiches gilt, wenn sie dem Vermieter persönlich nahestehen (Voelskow im Münchener Kommentar, § 546 b Rdn. 56), z. B. weil familiäre Beziehungen zu diesen Personen unterhalten werden und die Überlassung der Wohnung der Pflege dieser Beziehungen dienen soll (vgl. Bub-Treier, Randnr. IV 67; LG Ravensburg, WM 1993, 51: Kündigung für Cousine bei enger verwandtschaftlicher Bindung). Wird Eigenbedarf für einen entfernteren Verwandten oder Verschwägerten geltend gemacht, sollten die genannten Umstände bereits im Kündigungsschreiben vorgetragen werden.

Handelt es sich bei dem Angehörigen um einen ausländischen Staatsbürger, setzt die Kündigung wegen Eigenbedarf zusätzlich voraus, daß diese Person ein Aufenthaltsrecht am Ort der Mietwohnung hat (LG Hamburg, WM 1994, 210).

3 Berechtigte Interessen des Vermieters

Ein **„Benötigen"** der vermieteten Räume (§ 564 b Abs. 2 Nr. 2 BGB) ist gegeben, wenn der Vermieter **vernünftige und nachvollziehbare Gründe** für die Inanspruchnahme der Wohnräume für sich oder eine begünstigte Person hat (BGH, RE v. 20. 1. 1988, DWW 1988, 78; Weber/Marx, VIII/S. 45 = Sammelband Nr. 94).

Ein vernünftiger und nachvollziehbarer Grund ist gegeben, wenn ein volljähriges Kind des Vermieters, das noch bei seinen Eltern wohnt, zwecks **Gründung eines eigenen Hausstandes** in die vermietete Wohnung einziehen will (vgl. z. B. LG München I, WM 1994, 538). Insofern steht einer Kündigung wegen Eigenbedarfs auch nicht entgegen, daß das Kind unverheiratet ist und mit einem Partner in lediglich eheähnlicher Lebensgemeinschaft zusammenlebt (vgl. OLG Karlsruhe, RE v. 14. 1. 1982, DWW 1982, 271; Weber/Marx, II/S. 42). Ferner steht einem Eigenbedarf nicht entgegen, daß der Angehörige die Miete nicht aufbringen kann, da es dem Vermieter freisteht, die Wohnung (teilweise) unentgeltlich zu überlassen (LG Köln, WM 1995, 110).

Der **bloße Wunsch** des Vermieters, seine Wohnung einem Familienangehörigen zur Verfügung zu stellen oder selbst zu nutzen, rechtfertigt die Eigenbedarfskündigung jedoch **nicht** (BGH, a.a.O., entgegen OLG Hamburg, RE v. 10. 12. 1985, NJW 1986, 852, Weber/Marx, V / S. 48 = Sammelband Nr. 90).

> Für den Käufer einer vermieteten Eigentumswohnung, der noch zur Miete wohnt und die Wohnung zur Selbstnutzung erworben hat, ist jedoch bereits der Wunsch, „Herr der eigenen vier Wände" zu sein, ein vernünftiger und nachvollziehbarer Grund, der zur Kündigung wegen Eigenbedarfs berechtigt (BVerfG, Beschl. v. 11. 11. 1993, WM 1993, 729).

Eine andere Beurteilung würde den Erwerber in die Rolle des reinen Kapitalanlegers drängen und ihm in verfassungsrechtlich unzulässiger Weise eine nicht gewünschte Lebensgestaltung aufzwingen. Weiter ist nicht erforderlich, daß der Vermieter bislang unzureichend oder zu teuer untergebracht ist (BVerfG, a.a.O.). Deshalb ist der Vermieter, der sich eine Wohnung gekauft hat, um dort seinen **Altersruhesitz** zu haben, mit der Kündigung des Mietverhältnisses über diese Wohnung nicht schon deswegen ausgeschlossen, weil seine eigenen Wohnraume nicht größer sind als die Wohnung, die er bei Erklärung der Kündigung nutzt (vgl. LG Kiel, Urt. v. 31. 1. 1991, WM 1991, 490, für den Fall, daß ein Altbauer seine Altenteilswohnung nutzen will).

Den Eltern, die dem Mieter ihrer Wohnung kündigen, um diese ihrem Kind zur Nutzung zur Verfügung zu stellen, weil andernfalls die Gefahr bestünde, daß sich das Kind vom Elternhaus löst, kann nicht entgegengehalten werden, Eigenbedarf liege nicht vor, weil das Kind im Hause der Eltern ausreichend untergebracht ist.

Berechtigt ist das Interesse des Vermieters außerdem dann, wenn er im eigenen Hause wohnen will, um die Heizung zu warten und das Haus verwalten zu können (BGH, a.a.O.).

Ein berechtigtes Interesse liegt auch vor, wenn der Vermieter nach einem **Arbeitsplatzwechsel** durch Inanspruchnahme der gekündigten Wohnung die Strecke zum Arbeitsplatz erheblich verkürzen kann (LG Stuttgart, WM 1991, 106). Erfolgt die Kündigung wegen eines geplanten, zukünftigen Arbeitsplatzwechsels, muß im Kündigungsschreiben substantiiert und konkret der vorhandene Wunsch eines Arbeitsplatzwechsels vorgetragen werden (LG Bonn, WM 1994, 209).

Auch der Wunsch nach einer größeren, günstiger geschnittenen oder gelegenen oder besser ausgestatteten Wohnung kann ein berechtigtes Interesse an der Kündigung darstellen (vgl. LG Landau, WM 1993, 678).

Kündigt der Vermieter, der selbst zur Miete wohnt, mit der Begründung, er wolle in die eigene Wohnung einziehen, da seine Mietwohnung erhebliche Mängel aufweist, kann ihm nicht entgegengehalten werden, er könne vom Vermieter Mängelbeseitigung verlangen (BVerfG, ZMR 1993, 507).

Ein berechtigtes Interesse des Vermieters liegt auch vor, wenn nur in der vermieteten Wohnung die Möglichkeit zur Schaffung eines notwendigen **Arbeitszimmers** besteht (LG Heidelberg, WM 1994, 682). Ebenso, wenn der Vermieter in der vermieteten Wohnung auch längerfristigen Besuch seiner Kinder und Enkelkinder besser und ohne größere Umstände beherbergen kann (LG Hamburg, WM 1994, 683). Gleiches gilt, wenn der Vermieter nur in der herausverlangten Wohnung eine dringend benötigte **Pflegeperson** unterbringen kann (LG Karlsruhe, DWW 1995, 144).

Ein berechtigtes Interesse ist auch gegeben, wenn der Vermieter eine im Erdgeschoß liegende Wohnung kündigen will, weil er aufgrund seines Gesundheitszustandes seine im oberen Geschoß liegende Wohnung nur noch mit Mühe erreichen kann (LG Karlsruhe, a.a.O.).

Ferner kann ein berechtigtes Interesse vorliegen, wenn der Vermieter die **Scheidung** von seiner Ehefrau beabsichtigt und trennungsbedingt in die vermietete Wohnung einziehen will (AG Lüdenscheid, DWW 1996, 374; LG Köln, WM 1997, 48). Die Einzugsabsicht muß sich aber aus dem Vortrag des Vermieters klar und eindeutig ergeben, wenn die Trennung erst bevorsteht (LG Köln, a.a.O.).

Der Eigentümer ist im Rahmen seiner Verfügungsbefugnis nicht nur zum Verkauf, zur Eigennutzung und zur Vermietung berechtigt, sondern auch zur **Umgestaltung** nach seinen Wünschen. Daher hindert auch die Herbeiführung eines Eigenbedarfsgrundes durch einen der Lebensplanung entsprechenden Umbau von Wohnraum die Kündigung auch dann nicht, wenn sich der Eigenbedarf als Folge einer unerwarteten Fehlplanung einstellt. Dem Vermieter kann daher nicht entgegengehalten werden, daß er den jetzigen Eigenbedarf durch seinen vorherigen Umbau selbst verursacht hat (BVerfG, Beschl. v. 17. 7. 1992, WM 1993, 231).

Die Fachgerichte dürfen auch nicht verbindlich ihre Vorstellungen über angemessenes oder zweckmäßiges Wohnen an die Stelle der Lebensplanung des Eigentümers setzen. Kündigt z. B. der Vermieter eine Wohnung, um jedem seiner beiden Kinder ein eigenes, abgeschlossenes Zimmer zur Verfügung zu stellen, ist es den Fachgerichten verwehrt, darüber zu befinden, ob dies pädagogisch und erzieherisch sinnvoll ist (LG Hamburg, Urt. v. 25. 10. 1990, WM 1991, 38). Entsprechendes gilt, wenn der Vermieter einen Angehörigen, z. B. seinen Bruder, in die Wohnung aufnehmen will, dies aber nur in der größeren, vermieteten Wohnung möglich ist (LG Hamburg, a.a.O.).

Dementsprechend hat das Gericht auch den Wunsch des Vermieters nach **Zusammenlegung** zweier Wohnungen – der selbstgenutzten und der vermieteten Nachbarwohnung – grundsätzlich zu akzeptieren, wenn hierfür vernünftige und nachvollziehbare Gründe vorliegen. Es darf den Vermieter nicht auf andere Alternativen verweisen, die nach Ansicht des Gerichts ebenfalls geeignet wären, den Wohnbedarf des Vermieters zu erfüllen (BVerfG, Beschl. v. 23. 12. 1993, Az. 1 BvR 853/93, DWW 1994, 75; zur Zusammenlegung von Wohnungen vgl. auch BVerfG, WM 1989, 114).

Hat das Landgericht eine Eigenbedarfskündigung als durch vernünftige und nachvollziehbare Gründe gerechtfertigt erachtet, muß eine dagegen gerichtete Verfassungsbeschwerde erfolglos bleiben (BVerfG v. 20. 7. 1989, WM 1989, 409; Weber/Marx, IX/S. 80).

3.1 Nutzung für begrenzte Zeit

Nach einem Rechtsentscheid des Bayerischen Obersten Landesgerichts (WM 1993, 252) kann ein berechtigtes Interesse des Vermieters an der Beendigung eines Wohnraummietverhältnisses auch dann gegeben sein, wenn der Vermieter die Räume **nur für begrenzte Zeit** nutzen will, z. B. in der Zeit zwischen dem Abbruch des von ihm bewohnten Anwesens und der Fertigstellung des Neubaus. Ob in einem solchen Fall die vom BGH geforderten „vernunftigen und nachvollziehbaren" Gründe vorliegen, kann nur aufgrund einer umfassenden Würdigung der Umstände des Einzelfalls beurteilt werden. Exakte zeitliche Grenzen können nicht gezogen werden, da die Dauer der beabsichtigten Nutzung nur ein Faktor – wenngleich ein bedeutsamer – von mehreren Faktoren ist, die für das Vorliegen vernünftiger und nachvollziehbarer Gründe maßgebend sind.

Beabsichtigt der Vermieter eine **längerfristige** Nutzung, d. h. eine Nutzung über „mehrere Jahre" (BayObLG, a.a.O.), ist es unerheblich, ob das Ende des Eigenbedarfs bei der Kündigung bereits feststeht. In diesem Fall müssen daher lediglich die allgemein für den Eigenbedarf erforderlichen Voraussetzungen gegeben sein.

Will der Vermieter die Wohnung dagegen **nur für kurze Zeit** („wenige Monate") nutzen, müssen weitere Umstände vorliegen, z. B. ein besonders dringender Wohnbedarf des Vermieters, etwa weil seine bisherige Wohnung nicht mehr zur Verfügung steht, oder der Vermieter ein besonderes Interesse gerade an der Nutzung der vermieteten Wohnung hat, etwa weil sein Arbeitsplatz in unmittelbarer Nähe dieser Wohnung liegt und er auf dessen rasche Erreichbarkeit angewiesen ist oder der Vermieter für eine andere Wohnung deutlich größere Aufwendungen tätigen müßte.

Letztlich kann auch von Bedeutung sein, ob der genaue Zeitpunkt, zu dem der Vermieter die Wohnung wieder freigeben kann, noch nicht feststeht und daher die Möglichkeit gegeben ist, daß er über den vorgesehenen Termin hinaus in der Wohnung bleiben muß (BayObLG, a.a.O.).

Zusammenfassend läßt sich feststellen: Je länger die beabsichtigte Nutzung der Wohnung durch den Vermieter dauern soll, um so eher kann ein berechtigtes Interesse des Vermieters bejaht werden.

> Anders ausgedrückt: Je kürzer der Zeitraum der beabsichtigten Nutzung ist, desto triftigere Gründe wird der Vermieter für den Nachweis eines berechtigten Interesses vorzubringen haben.

Nach einem Urteil des LG München I (WM 1993, 677) im Anschluß an den o. g. Rechtsentscheid liegt eine Nutzung über „mehrere Jahre" erst bei einem Zeitraum von mindestens 3 Jahren vor. Bei einer kürzeren Nutzung kann ein vernünftiges und nachvollziehbares Erlangungsinteresse des Vermieters nur gesehen werden, wenn der Vermieter einen erheblichen Mehraufwand darlegen kann, der ihm gerade durch eine anderweitige Unterbringung entstehen wird.

3.2 Nutzung als Zweitwohnung

Die Frage, ob und unter welchen Voraussetzungen der Vermieter zur Kündigung wegen Eigenbedarfs berechtigt ist, wenn er die vermietete Wohnung lediglich als **Zweitwohnung** nutzen will, wurde bislang obergerichtlich nicht entschieden. Auch hier wird es in erster Linie auf die Umstände des Einzelfalles ankommen, wobei ein berechtigtes Interesse des Vermieters nicht bereits deshalb verneint werden kann, weil es sich lediglich um eine Zweitwohnung handelt. Jedoch werden von den Mietgerichten gerade in diesem Fall sehr hohe Anforderungen an das Vorliegen von „vernünftigen und nachvollziehbaren" Gründen im Sinne der BGH-Rechtsprechung gestellt und Eigenbedarf nur dann anerkannt, wenn dem Vermieter andernfalls **erhebliche Nachteile** drohen. So hat z. B. das Landgericht Hamburg (Urt. v. 7. 5. 1992, WM 1993, 351) den Eigenbedarf eines Vermieters nicht anerkannt, der an seinem Zweitwohnsitz während der Woche übernachten und seine Mittagspause verbringen wollte, um sich die tägliche Fahrt zu dem 37 km entfernten Hauptwohnsitz zu ersparen. Dagegen hat das LG Hamburg in einem neueren Urteil vom 1. 3. 1994 (WM 1994, 431) unter Hinweis auf den Rechtsentscheid des BayObLG (a.a.O.) entschieden, daß der auswärts wohnende Vermieter Eigenbedarf geltend machen kann, wenn er aus beruflichen Gründen an wenigstens 8 bis 10 Arbeitstagen im Monat am Ort der Mietwohnung zeitweisen Aufenthalt nimmt und es ihm nicht zuzumuten ist, jeweils ein Hotel aufzusuchen. Nicht ausreichend ist nach Auffassung des LG Berlin (NJW-RR 1997, 74), wenn eine 4 1/2-Zimmer-Wohnung nur einmal pro Woche für eine Übernachtung genutzt werden soll.

3.3 Nutzung eines Teiles der Wohnung

Hat der Vermieter lediglich Bedarf an einem Teil der vermieteten Wohnung, kann er das Mietverhältnis nicht wegen Eigenbedarfs kündigen, da Eigenbedarf (§ 564 b Abs. 2 Nr. 2 BGB) nur vorliegt, wenn der Vermieter die **gesamte** Wohnung benötigt (OLG Karlsruhe, RE v. 3. 3. 1997 – 3 RE-Miet 1/97, WM 1997, 202). Benötigt er nur einen Teil der vermieteten Räume, kommt eine Kündigung dieses Teils der Wohnung nur nach der allgemeinen Vorschrift des § 564 b Abs. 1 BGB (siehe „Kündigungsschutz", Abschnitt 2) in Betracht. Voraussetzung ist jedoch, daß die Interessen des Mieters dadurch nicht unzumutbar beeinträchtigt werden. Dies kann u. a. der Fall sein, wenn sich der Wohnraumbedarf des Mieters z. B. durch Wegzug früher in der Wohnung lebender Kinder oder anderer Hausgenossen deutlich eingeschränkt hat und der vom Vermieter beanspruchte Teil der überlassenen Mieträume so von dem, dem Mieter verbleibenden Teil abgetrennt ist oder abgetrennt werden kann, daß der Mieter dort ohne Einschränkungen weiterhin seinen Lebensmittelpunkt haben kann. Behauptet der Vermieter substantiiert einen solchen Sachverhalt, wird der Mieter deshalb gehalten sein, vernünftige und nachvollziehbare Gründe für den Fortbestand seines bisherigen Wohnraumbedarfs trotz geänderter Verhältnisse vorzutragen, und zwar in ähnlicher Weise, wie es dem Vermieter bei der Darlegung seines Eigenbedarfs obliegt (OLG Karlsruhe, a.a.O.; LG Duisburg, NJW-RR 1996, 718).

4 Interessenabwägung

> Die berechtigten Interessen des Vermieters sind bei der Entscheidung darüber, ob Eigenbedarf anzunehmen ist, **nicht** gegen die Belange des Mieters **abzuwägen.**

§ 564 b BGB stellt ausdrücklich allein auf das Interesse des Vermieters ab. Die besonderen Belange des Mieters im Einzelfall sind nur auf dessen Widerspruch (§ 556 a BGB) zu beachten. Wären die im Einzelfall vorliegenden besonderen Belange des Mieters bereits bei der Prüfung zu beachten, ob ein berechtigtes Interesse des Vermieters an der Kündigung anzunehmen ist, liefe dies darauf hinaus, daß der Vermieter zur Schlüssigkeit einer Räumungsklage die besondere Interessenlage des Mieters schildern muß, die ihm häufig nicht bekannt ist. Darüber hinaus wäre es nicht im Sinne des sozialen Mietrechts, den Vermieter zu Ermittlungen über die sozialen Verhältnisse des Mieters zu veranlassen (BGH, a.a.O.; vgl. auch „Kündigungsschutz", Abschnitt 3).

Aufgrund zahlreicher Verfassungsbeschwerden gegen mietgerichtliche Entscheidungen hatte sich das Bundesverfassungsgericht in den letzten Jahren häufig mit den unterschiedlichen Interessen der Mietparteien gerade im Falle einer Kündigung zu befassen und eine Interessenabwägung unter Berücksichtigung grundrechtlicher Aspekte vorzunehmen.

Dabei hat das Bundesverfassungsgericht mit Beschluß vom 26. 5. 1993 (Az. 1 BvR 208/93, WM 1993, 377) entschieden, daß das Besitzrecht, welches der Mieter aufgrund seines Mietvertrages an der Wohnung hat, ein vermögenswertes Recht entsprechend dem Eigentum des Vermieters (Art. 14 Abs. 1 Satz 1 GG) ist. Gesetzgebung und Rechtsprechung sind deshalb verpflichtet, die beiden miteinander konkurrierenden Eigentumspositionen in ein ausgewogenes Verhältnis zu bringen.

Der Gesetzgeber hat die notwendige Interessenabwägung zwischen § 564 b BGB (Kündigung nur bei Vorliegen eines berechtigten Interesses; siehe „Kündigungsschutz“, Abschnitt 2) und § 556 a BGB (sog. „Sozialklausel“; vgl. „Kündigungsschutz“, Abschnitt 3) vorgenommen. Dazu hat das Bundesverfassungsgericht bereits in einem früheren Urteil betont (Urt. v. 14. 2. 1989, DWW 1989, 46; Weber/Marx, VIII/S. 97), daß das Kündigungsrecht des Vermieters ohne Verfassungsverstoß von einem berechtigten Interesse an der Beendigung des Mietverhältnisses abhängig gemacht werden darf. Jedoch haben die Gerichte **unverhältnismäßige Eigentumsbeschränkungen** zu vermeiden. Daher ist auch eine Nachprüfung des Entschlusses des Vermieters, seine Wohnung selbst zu nutzen, nicht unbeschränkt zulässig.

> Die Fachgerichte haben die Befugnis des Eigentümers, sein Leben und den Gebrauch seines Eigentums so einzurichten, wie er dies für richtig hält, zu achten und müssen seinen Entschluß, die vermietete Wohnung nunmehr selbst zu nutzen oder durch den – enggezogenen – Kreis privilegierter Dritter nutzen zu lassen, grundsätzlich akzeptieren und ihrer Rechtsfindung zugrundelegen (BVerfG, a.a.O.).

Andererseits ist es im Hinblick auf das ebenfalls grundgesetzlich geschützte Besitzrecht des Mieters zulässig, den Erlangungswunsch des Vermieters nur dann zu berücksichtigen, wenn dieser **ernsthaft, vernünftig und nachvollziehbar** ist. Dabei kann der Mieter beanspruchen, daß das Gericht seinen Einwänden nachgeht und insbesondere prüft, ob

- der **Selbstnutzungswunsch ernsthaft** verfolgt wird,
- eine **Alternativwohnung** vorhanden ist,
- der geltendgemachte **Wohnbedarf weit überhöht** ist.

5 Ernsthaftigkeit des Nutzungswunsches

Voraussetzung eines durchsetzungsfähigen Eigennutzungswunsches ist nicht nur, daß er den Anforderungen des Rechtsentscheids des BGH vom 20. 1. 1988 (a.a.O.) genügt, d. h., daß er vernünftig und nachvollziehbar ist. Voraussetzung ist auch, daß er überhaupt **ernsthaft verfolgt wird**. Zeitweise Verkaufsabsichten des Vermieters sprechen dabei nicht per se gegen die beabsichtigte Selbstnutzung, wenn der Vermieter berechtigte Zweifel haben durfte, ob er die vermietete Wohnung in absehbarer Zeit selbst nutzen kann (LG Lüneburg, Urt. v. 17. 5. 1990, WM 1991, 490). Hat der Vermieter jedoch seinen Eigennutzungswillen nach dem Ausspruch der Eigenbedarfskündigung aufgegeben und das Mietobjekt zum Verkauf angeboten, kann er die Kündigung nicht weiterverfolgen, wenn er in der Folgezeit von der Verkaufsabsicht wieder Abstand nimmt und erneut beabsichtigt, das Mietobjekt selbst zu nutzen. In diesem Fall muß er eine erneute Kündigung aussprechen (LG Mannheim, Urt. v. 27. 4. 1994, ZMR 1994, XV).

Bei einer Kündigung nach dem mißlungenen Versuch einer Mieterhöhung können von den Gerichten dann besonders strenge Anforderungen an den vom Vermieter zu führenden Beweis des Kündigungsgrundes gestellt werden, wenn die Gründe für den Eigenbedarf bereits vor der Mieterhöhung bestanden haben und Verdacht auf vorgeschobenen Eigenbedarf besteht (LG Köln, WM 1995, 109; vgl. auch LG Limburg, WM 1991, 111).

Ebenso können sich Zweifel an der Ernsthaftigkeit des Nutzungswunsches aus einem früher vorgetäuschten Eigenbedarf ergeben (LG Karlsruhe, ZMR 1989, 427). Die Einzugsabsicht ist einer Beweisaufnahme zugänglich. Es kann gegen Art. 103 Abs. 1 GG (Anspruch auf rechtliches Gehör) verstoßen, wenn das Fachgericht einen vom Mieter angebotenen Beweis für das Fehlen der Einzugsabsicht nicht erhebt (BVerfG, Beschl. v. 25. 10. 1990, NJW 1990, 3259).

Ferner muß das zur Entscheidung über die Räumungsklage berufene Gericht die vom Mieter dargelegten Umstände, die gegen die Ernsthaftigkeit des Nutzungswunsches des Angehörigen sprechen, in Erwägung ziehen (BVerfG, Beschl. v. 18. 1. 1991, WM 1991, 146). Will der Vermieter seiner Tochter und deren Lebensgefährten eine größere Wohnung zur Realisierung des Kinderwunsches überlassen, spricht allein die Tatsache, daß die Tochter unverheiratet ist, nicht gegen die Ernsthaftigkeit dieser Nutzungsabsicht (BVerfG, Beschl. v. 20. 2. 1995, Az. 1 BvR 665/94, WM 1995, 260). Setzt die beabsichtigte Eigennutzung Umbaumaßnahmen voraus, hat das Gericht im Einzelfall der Frage nach der baurechtlichen Realisierbarkeit des Eigennutzungswunsches nachzugehen. Für die Wirksamkeit der Kündigung ist jedoch grundsätzlich nicht erforderlich, daß die Baugenehmigung bei Ausspruch der Kündigung bereits vorliegt (OLG Frankfurt, RE v. 25. 6. 1992, NJW 1992, 2300; Weber/Marx, XII/S. 78). Der Vermieter muß aber bereits im Kündigungsschreiben konkrete Planungen anführen und darlegen, daß das Bauvorhaben zumindest genehmigungsfähig ist und erforderliche Zustimmungen, z. B. der Wohnungseigentümergemeinschaft, erteilt werden oder bereits vorliegen (LG Kiel, WM 1992, 691).

In den Entscheidungsgründen muß zwar nicht jedes Vorbringen ausdrücklich beurteilt werden, insbesondere dann nicht, wenn es sich um letztinstanzliche, mit ordentlichen Rechtsmitteln nicht mehr angreifbare Entscheidungen handelt. Jedoch müssen in den Gründen die wesentlichen, der Rechtsverteidigung dienenden Tatsachen- und Rechtsausführungen der Verfahrensbeteiligten verarbeitet werden.

> Die Fachgerichte haben sämtlichen vom Mieter vorgetragenen Gesichtspunkten nachzugehen, die Zweifel an der Ernsthaftigkeit des Selbstnutzungswunsches begründen. Sie müssen daher ein substantiiertes Bestreiten des geltend gemachten Eigenbedarfs durch den Mieter im Räumungsprozeß umfassend würdigen.

Dies gilt auch, wenn der Eigenbedarf auf mehrere Gründe gestützt wird (BVerfG, Beschl. v. 13. 1. 1995, Az. 1 BvR 1420/94, WM 1995, 140).

Ebenso liegt ein Verfassungsverstoß vor, wenn das Gericht das gegen den behaupteten Eigenbedarf des Vermieters gerichtete Vorbringen des Mieters als verspätet zurückweist, ohne seine von der höchstrichterlichen Rechtsprechung zu den Präklusionsvorschriften insoweit abweichende Rechtsfindung einfachrechtlich ausreichend darzutun (BVerfG, Beschl. v. 29. 11. 1990, WM 1991, 147).

6 Eigenbedarf trotz Alternativwohnung

Eine weitere Grenze des Erlangungswunsches bildet der **Mißbrauch**. Dieser liegt nicht schon dann vor, wenn dem Eigentümer eine oder mehrere andere freigewordene Wohnungen zur Verfügung stehen. Auch in diesem Fall muß das Gericht bedenken, daß der Nutzungswunsch des Eigentümers grundsätzlich zu beachten ist. Trotz anderweitig freigewordener oder freiwerdender Wohnungen ist es daher nicht mißbräuchlich, wenn der Vermieter vernünftige und nachvollziehbare Gründe für diesen Wunsch anführen kann. Dieser Darlegungslast kann sich der Vermieter jedoch nicht allein dadurch entledigen, daß er die freigewordene oder freiwerdende **Alternativwohnung** sofort an einen Dritten vermietet und sodann die Unmöglichkeit ihrer Ingebrauchnahme geltend macht. Dies folgt nicht nur aus dem Gesetzeszweck, sondern auch aus dem allgemeinen Rechtsgedanken, daß sich nicht auf Eintritt oder Fortfall einer Tatsache berufen kann, wer diese treuwidrig herbeigeführt hat (vgl. § 162 BGB).

Wendet der Mieter ein, dem wegen Eigenbedarfs kündigenden Vermieter habe eine geeignete andere Wohnung zur Verfügung gestanden, verstößt es gegen das verfassungsrechtliche Willkürverbot, wenn dieser Einwand allein mit der Begründung zurückgewiesen wird, die Alternativwohnung sei anderweitig vermietet worden (BVerfG, Beschl. v. 13. 11. 1990, NJW 1991, 157). Vielmehr bedarf die Beachtlichkeit des Räumungsbegehrens dann besonderer

Prüfung, wenn der Bedarf zwar vorhanden ist, jedoch ernsthaft die Möglichkeit in Betracht kommt, ihn ohne Inanspruchnahme der gekündigten Wohnung zu befriedigen. Es kommt dann auf die Qualität derjenigen Argumente an, welche der Vermieter für das Festhalten an seinem ursprünglichen Nutzungswunsch hat.

> In diesem Sinne haben die Gerichte zu prüfen, ob das Festhalten am ursprünglichen Räumungsbegehren vernünftig und nachvollziehbar und nicht rechtsmißbräuchlich ist.

Das Gericht muß sich mit den Belangen des Mieters angemessen auseinandersetzen und das Freiwerden einer Alternativwohnung in einer Weise berücksichtigen, welche auch den Belangen des Mieters Rechnung trägt. Eine Rechtsfindung, die eine solche Auseinandersetzung vermissen läßt, ist nicht mehr angemessen und damit willkürlich (BVerfG, Beschl. v. 1. 3. 1991, DWW 1991, 185).

Auf die „generelle Eignung" der freigewordenen Wohnung darf jedoch nicht abgestellt werden, da dieser Maßstab verfassungsrechtlich unzulässig ist (BVerfG, Beschl. v. 7. 11. 1990, NJW 1991, 158).

> Vielmehr kommt es darauf an, ob die Räume im konkreten Einzelfall nach Größe, Lage und Zuschnitt geeignet sind, den Wohnbedarf ohne wesentliche Abstriche gegenüber der gekündigten Wohnung zu befriedigen.

Das Gericht darf seine eigene Planung nicht an die Stelle derjenigen des Eigentümers setzen.

> **Beispiel:**
> Ein jungverheiratetes Ehepaar, das in eine 74 qm große 3-Zimmer-Wohnung ziehen will, muß sich nicht auf eine deutlich kleinere 2-Zimmer-Wohnung verweisen lassen (BVerfG, Beschl. v. 7. 11. 1990, NJW 1991, 158); ebenso OLG Düsseldorf (Urt. v. 11. 6. 1992, WM 1993, 49), wonach eine Wohnung mit 59 qm keine geeignete Alternativwohnung gegenüber einer 70 qm großen Wohnung darstellt.

Dementsprechend hat das Gericht auch zu akzeptieren, wenn der Vermieter im Hinblick auf die beabsichtigte Eheschließung und die Verwirklichung des Kinderwunsches eine 150 qm große 5-Zimmer-Wohnung beziehen will und die 100 qm große Alternativwohnung für zu klein hält (BVerfG, Beschl. v. 2. 2. 1994 – 1 BvR 1422/93, NJW 1994, 995).

Bei einer **Dachgeschoßwohnung**, in der die vorhandene Wohnfläche durch Dachschrägen und Stützpfeiler beeinträchtigt und die Aufstellung der bisher eingelagerten Möbel des Vermieters nur eingeschränkt möglich ist, kommt es auf die vom Gericht zu prüfenden Umstände des Einzelfalles an, ob diese Wohnung als geeignete Alternativwohnung angesehen werden kann. Jedenfalls ist es dem Fachgericht verwehrt, die Eignung als Alternativwohnung ohne Erhebung der angebotenen Beweise, z. B. Inaugenscheinnahme, zu bejahen (BVerfG, Beschl. v. 30. 6. 1994, Az. 1 BvR 2048/93, NJW 1994, 2605).

Sind aber die gekündigte Wohnung und die Alternativwohnung baugleich und im gleichen Gebäude und weiterhin auch die Unterschiede im Stockwerk und der Zeitpunkt des möglichen Bezugs nicht gravierend, scheidet eine Inanspruchnahme der Alternativwohnung nicht von vornherein aus (BVerfG v. 13. 11. 1990, a.a.O.).

Dagegen kann vom Vermieter nicht die Inanspruchnahme der Alternativwohnung verlangt werden, wenn diese ungünstiger liegt (z. B. zum Arbeitsplatz; vgl. LG Duisburg, WM 1990, 512 oder zur Vermieterwohnung bei Benötigung einer Pflegekraft; vgl. LG Frankfurt, WM 1990, 79) oder wenn sich aus der Alternativwohnung wesentlich höhere Mieteinnahmen erzielen lassen (vgl. LG Mannheim, DWW 1993, 140 bei Mehreinnahmen von DM 2 097,– jährlich; LG Düsseldorf, WM 1989, 248; LG Hannover, WM 1989, 302; a. A.: LG Stuttgart, WM 1991, 493). Der Vermieter ist jedenfalls nicht verpflichtet, eine wesentliche Vergrößerung ohnehin bestehender Verluste hinzunehmen oder Teile seiner Einkünfte aus seiner Berufstätigkeit zur Abwendung dieser Verluste zu verwenden, um dem Mieter die Wohnung zu erhalten (LG Mannheim, a.a.O.).

Trägt der Vermieter vor, die freigewordene Wohnung wolle er nicht beziehen, weil sich diese nicht wie die gekündigte Wohnung mit weiteren Räumen des Anwesens **verbinden** lasse und somit seinen gestiegenen Wohnbedarf nicht erfüllen könne, muß sich das Instanzgericht mit diesem Vorbringen auseinandersetzen und prüfen, ob dieser Vortrag im konkreten Fall einen vernünftigen und nachvollziehbaren Grund darstellt. Gleiches gilt für das Vorbringen des Vermieters, der Eigenbedarf sei erst nach Weitervermietung der freien Wohnung entstanden (BVerfG, Beschl. v. 10. 7. 1992, Az. 1 BvR 1614/91, WM 1992, 513).

Der Vermieter muß sich nicht auf die Alternativwohnung verweisen lassen, wenn diese bereits vor dem Auftreten des Eigenbedarfs dem allgemeinen Wohnungsmarkt nicht zur Verfügung gestanden hatte, z. B. weil sie zur Vermietung als Ferienwohnung bestimmt war (BVerfG, Beschl. v. 3. 10. 1989, DWW 1990, 16; Weber/Marx, IX/S. 94).

Insoweit ist die durch Art. 14 Abs. 1 Satz 2 GG geschützte Dispositionsfreiheit des Eigentümers zu respektieren und seine Entscheidung hinzunehmen, wie er die Nutzung seiner sonstigen Eigentumsgegenstände festgelegt hat.

> Hatte sich der Eigentümer daher entschlossen, weitere Immobilien nicht dem allgemeinen Wohnungsmarkt zur Verfügung zu stellen, sondern gewerblich zu nutzen und so die finanzielle Grundlage für seine eigenverantwortliche Lebensgestaltung zu schaffen, und hält er bei Auftreten des Eigenbedarfs an diesem Entschluß fest, muß der Richter das akzeptieren.

Er darf sich nicht in den Entscheidungsprozeß, der zu dieser Festlegung geführt hat, hineinbegeben (BVerfG v. 3. 10. 1989, a.a.O.).

7 Anbietpflicht des Vermieters

Strittig ist, ob der Vermieter aus Treu und Glauben (§ 242 BGB) verpflichtet ist, dem Mieter die freigewordene, aber für den Vermieter ungeeignete Alternativwohnung bzw. seine (des Vermieters) freiwerdende Alternativwohnung zur Anmietung **anzubieten** (so z. B. LG Nürnberg-Fürth, Urt. v. 28. 9. 1990, WM 1991, 110; Urt. v. 16. 11. 1990, WM 1991, 40; LG Hamburg, WM 1992, 192; vgl. auch LG Münster, Urt. v. 22. 5. 1991, WM 1991, 691; a. A.: LG Frankenthal, WM 1990, 79). Eine entsprechende Obliegenheit des Vermieters besteht nach dem Rechtsentscheid des OLG Karlsruhe vom 27. 1. 1993 (DWW 1993, 40) jedenfalls dann, wenn **im selben** Hausanwesen nach Zugang der Kündigung eine andere Wohnung freigeworden ist und keine Umstände vorliegen, die eine Neubegründung eines Mietverhältnisses mit dem gekündigten Mieter als unzumutbar erscheinen lassen.

Diese Obliegenheit beruht nach den Gründen dieses Rechtsentscheids auf dem Umstand, daß der Mieter bei einer Kündigung wegen Eigenbedarfs die Wohnung aufgeben muß, obwohl er sich vertragstreu verhalten hat. Der Vermieter ist daher gehalten, seine Interessen so schonend wie möglich durchzusetzen, damit die unerwünschten Folgen der allein aus der Sphäre des Vermieters herrührenden Kündigung so gering wie möglich bleiben.

> Dabei muß das Angebot zum Abschluß eines Mietvertrages über die freiwerdende Wohnung zu angemessenen Bedingungen erfolgen, d. h. zu den bisher für die Vermietung der Alternativwohnung geltenden bzw. zu den ortsüblichen oder im betreffenden Anwesen üblichen Bedingungen.

Erfüllt der Vermieter diese Obliegenheit nicht, kann der Mieter die Räumung der Wohnung mit dem Einwand des Rechtsmißbrauchs verweigern.

Dies gilt jedoch nicht, wenn besondere Umstände die Neubegründung eines Mietverhältnisses mit dem gekündigten Mieter als unzumutbar erscheinen lassen, z. B. bei vertragswidrigem Verhalten des Mieters (OLG Karlsruhe, a.a.O.). Nach Auffassung des LG Mannheim (WM 1996, 475) muß es sich insofern jedoch um Vertragsverletzungen handeln, die den Tatbestand der außerordentlichen oder ordentlichen Kündigung erfüllen, da „Spannungen" unterhalb der Kündigungsschwelle die Anbietpflicht nicht berühren. Nach einer neueren Entscheidung des BVerfG besteht eine Anbietpflicht auch dann nicht, wenn der Vermieter die **leerstehende Wohnung** dem allgemeinen Wohnungsmarkt nicht mehr zur Verfügung stellen wollte, da eine solche Anbietpflicht allenfalls für Wohnungen erwogen werden kann, die leerstehen **und** die der Vermieter ohnehin zu vermieten beabsichtigt

(BVerfG, Beschl. v. 23. 11. 1993, Az. 1 BvR 904/93, NJW 1994, 435). Dabei entscheidet allein der Vermieter, welche Wohnungen aus seinem Bestand er für eine Vermietung vorsieht. In diese Disposition dürfen die Fachgerichte nicht eingreifen, indem sie eine Anbietpflicht auch für solche Wohnungen entwickeln, die der Vermieter gerade nicht anderweitig vermieten, sondern selbst, z. B. als Übergangswohnung während der Bauzeit, nutzen möchte. Vielmehr müssen die Gerichte den Entschluß des Eigentümers, weitere Immobilien nicht dem allgemeinen Wohnungsmarkt zur Verfügung zu stellen, akzeptieren und dürfen ihm nicht eine bestimmte Nutzung seiner Eigentumsgegenstände vorschreiben (so bereits das BVerfG im Beschl. v. 3. 10. 1989, DWW 1990, 16).

Nach anderen Entscheidungen **entfällt** die Anbietpflicht des Vermieters auch, wenn die freiwerdende Wohnung bereits seit längerer Zeit einem Dritten versprochen ist (LG Regensburg, Urt. v. 6. 11. 1990, WM 1991, 109), der Mieter das Vertrauensverhältnis durch sein Verhalten erschüttert hat (LG Karlsruhe, Urt. v. 9. 11. 1990, WM 1991, 41) oder Mieter und Vermieter verfeindet sind und die Alternativwohnung im persönlichen Lebens- und Wohnbereich des Vermieters gelegen ist (LG Regensburg, a.a.O.).

Hat der Vermieter dem Mieter geeigneten Ersatzwohnraum angeboten, kann der Mieter gegenüber dem Eigenbedarf des Vermieters auch nicht den **Härtegrund** fehlenden Wohnraums geltend machen (LG Waldshut-Tiengen, WM 1993, 349; vgl. „Kündigungsschutz“, Abschnitt 3).

Die Entscheidung des Gerichts über die Streitfrage, ob der Vermieter verpflichtet ist, dem Mieter im Falle der Eigenbedarfskündigung eine vergleichbare freie Wohnung zum Bezug anzubieten, unterliegt nicht der Überprüfung durch das Bundesverfassungsgericht (BVerfG, Beschl. v. 28. 1. 1992, Az. 1 BvR 1054/91, WM 1992, 180). Jedoch kann das Gericht eine solche Pflicht nicht allein mit der Begründung verneinen, die zur Verfügung stehende Wohnung sei für den gekündigten Mieter zu klein. Diese Auffassung verletzt das Recht des Mieters auf freie Entfaltung seiner Persönlichkeit, wozu auch gehört, daß der Mieter seinen Wohnbedarf nach seinen eigenen Vorstellungen bestimmen, also auch einschränken darf.

Allerdings sind die Gerichte nicht gehindert zu prüfen, ob eine dem Vermieter nicht mehr zumutbare **Überbelegung** vorliegt oder der Bezug der Wohnung gegen bau- oder polizeirechtliche Vorschriften verstoßen würde. Liegen solche Umstände vor, kann in der Ablehnung der Anbietpflicht kein Verstoß gegen Mieter-Grundrechte gesehen werden (BVerfG, a.a.O.).

Zur Frage, unter welchen Voraussetzungen der Vermieter im Falle einer Eigenbedarfskündigung verpflichtet ist, dem Mieter Auskunft über seinen Grundbesitz und über freie, freigewordene bzw. gekündigte Wohnungen zu geben, vgl. LG München I, Urt. v. 29. 3. 1995, WM 1996, 38; LG Berlin, WM 1994, 75.

8 Überhöhter Wohnbedarf

Unter Mißbrauchsgesichtspunkten kann das Gericht auch prüfen, ob mit dem Erlangungswunsch ein **„weit überhöhter Wohnbedarf"** geltend gemacht wird. Diese Prüfung unterliegt allerdings Grenzen (vgl. etwa Beschluß der 2. Kammer des 1. Senats vom 18. 1. 1988, ZMR 1988, 129).

> Grundsätzlich unterliegt es nämlich der alleinigen, sich aus dem Eigentumsrecht ergebenden, Befugnis des Vermieters zu bestimmen, welchen Wohnbedarf er für sich und seine Angehörigen als angemessen ansieht (BVerfG, Beschl. v. 23. 11. 1993, DWW 1994, 44).

Die Gerichte sind daher insbesondere nicht berechtigt, ihre Vorstellungen von angemessenem Wohnen verbindlich an die Stelle der Vorstellungen und der Lebensplanung des Eigentümers zu setzen (BVerfG v. 23. 11. 1993, a.a.O.). Vielmehr müssen sie die Argumente des Vermieters für die Inanspruchnahme des Wohnraums ausreichend würdigen und können einen überhöhten Wohnbedarf nur aus objektiven Gründen aufgrund tatsächlicher Feststellungen im Einzelfall annehmen. So darf das Gericht z. B. den Eigenbedarf des Vermieters nicht mit dem formelhaften Hinweis verneinen, eine 65 qm große 3-Zimmer-Wohnung sei groß genug für einen 2-Personenhaushalt (BVerfG, Beschl. v. 19. 3. 1993, Az. 1 BvR 1714/92, WM 1994, 130) oder eine 150 qm große 5-Zimmer-Wohnung stelle zwingend einen überhöhten Wohnbedarf für ein unverheiratetes Paar dar (BVerfG, Beschl. v. 2. 2. 1994, Az. 1 BvR 1422/93, NJW 1994, 995; vgl. auch BVerfG, Beschl. v. 30. 6. 1994, Az. 1 BvR 2048/93, NJW 1994, 2605, wonach die Gerichte grundsätzlich auch akzeptieren müssen, daß der Vermieter mit seiner Lebensgefährtin eine 156 qm große 5½-Zimmer-Wohnung beziehen will; so auch LG Gießen, Urt. v. 20. 4. 1994, ZMR 1994, 565: Eine 5-Zimmer-Wohnung kann nicht grundsätzlich als deutlich zu groß für zwei Personen angesehen werden, wobei es auch nicht Aufgabe der Gerichte sein kann, Wohnbedarfsplanung zu betreiben).

Dementsprechend müssen die Mietgerichte auch akzeptieren, daß der Vermieter seiner Tochter und deren Lebensgefährten eine 150 qm große 5-Zimmer-Wohnung zur Realisierung der beabsichtigten Familiengründung und des Kinderwunsches überläßt (BVerfG, Beschl. v. 20. 2. 1995, Az. 1 BvR 665/94, WM 1995, 260).

Bei der Entscheidung der Frage, ob überhöhter Wohnbedarf vorliegt, müssen die Gerichte zur Vermeidung eines Wertungswiderspruchs auch den derzeitigen Wohnbedarf des gekündigten Mieters berücksichtigen. Will z. B. der Vermieter zusammen mit seiner Lebensgefährtin in eine 5½-Zimmer-Wohnung einziehen, wird der Einwand eines überhöhten Wohnbedarfs wohl unbegründet sein, wenn die gekündigte Wohnung derzeit auch nur von zwei Personen bewohnt ist (vgl. BVerfG, Beschl. v. 30. 6. 1994, a.a.O.).

Der Vermieter sollte daher bereits im Kündigungsschreiben sämtliche Umstände vortragen, die für die Inanspruchnahme des Wohnraums und gegen den Vorwurf eines überhöhten Wohnbedarfs sprechen.

Die Inanspruchnahme überdurchschnittlicher Wohnflächen wurde vom BVerfG als vernünftig und nachvollziehbar anerkannt, wenn der Vermieter wegen seiner selbständigen Tätigkeit ein Arbeitszimmer benötigt, für die Betreuung seines Kindes ein Au-pair-Mädchen in seinen Haushalt aufnehmen will oder zusätzliche Flächen für die Unterbringung einer Sammlung benötigt (vgl. BVerfG, Beschl. v. 31. 1. 1994, Az. 1 BvR 1465/93, NJW 1994, 994, wonach die Fachgerichte dem Vermieter nicht vorschreiben dürfen, daß er seine bereits vorhandene Puppensammlung statt in der Wohnung aufzustellen außerhalb derselben in Kisten verpackt lagern muß).

Das Fachgericht darf in die Pläne des Vermieters auch dann nicht korrigierend eingreifen, wenn dieser seine künftige Lebens- und Wohngestaltung dahin ausrichten möchte, Wohn- und Arbeitsstätte im selben Haus zu haben und eine repräsentative Wohnung zu besitzen, um dort Geschäftspartner in wohnlicher Atmosphäre bewirten zu können. Dieser Umstand ist auch nicht geeignet, den Wohnzweck-Charakter der beanspruchten Räume aufzuheben (BVerfG, Beschl. v. 30. 6. 1994, a.a.O.).

Wegen der notwendigen Einzelfallbewertung können zur Frage, ab wann ein überhöhter Wohnbedarf angenommen wird, lediglich beispielhaft einige Fälle genannt werden:

So hat das BVerfG bereits in einer früheren Entscheidung (WM 1985, 75) erklärt, daß eine Kündigung unzulässig ist, wenn der Vermieter zusammen mit seinem kleinen Kind eine 250 qm große 7-Zimmer-Wohnung beansprucht.

Überhöhter Bedarf wurde auch angenommen, wenn eine 4-Zimmer-Wohnung einer 22jährigen Studentin überlassen werden soll (LG Frankfurt, WM 1990, 479; vgl. auch LG München I, WM 1990, 346; LG Bremen, WM 1992, 20: Überlassung einer 105 qm großen 3-Zimmer-Wohnung zur alleinigen Nutzung an eine 18jährige Schülerin); LG Bremen, WM 1994, 541: Überlassung einer 84 qm großen Dreizimmer-Penthouse-Wohnung zur alleinigen Nutzung an eine 19jährige Auszubildende. Dagegen wurde überhöhter Bedarf **verneint**, wenn dem 36 jährigen berufstätigen Sohn ein 168 qm großes Einfamilienhaus zur Verfügung gestellt wird (LG Köln, WM 1995, 110; a. A.: LG Kiel, WM 1991, 492, für ein Haus mit 110 qm Wohnfläche an einen 25jährigen Sohn). Kein überhöhter Wohnbedarf auch bei Überlassung einer 4-Zimmer-Wohnung an den Sohn und dessen Lebensgefährtin (LG Kassel, WM 1989, 416; LG Hannover, WM 1989, 418) oder einer 3-Zimmer-Wohnung mit 75 qm an eine Einzelperson (LG Hamburg, WM 1994, 683).

Zusammenfassend kann festgestellt werden, daß die Rechtsprechung zur

Annahme eines überhöhten Wohnbedarfs neigt, wenn größere Wohnflächen (ab ca. 100 qm) an gerade volljährige und noch in der Ausbildung stehende Kinder überlassen werden sollen.

> Die Entscheidung, ob überhöhter Wohnbedarf geltend gemacht wird, richtet sich nach den **gegenwärtigen** Lebensumständen und nicht nach der langfristigen Lebensplanung für den gegenwärtig nicht gegebenen Fall (BVerfG v. 23. 8. 1990, NJW 1990, 3259; LG Kiel, a.a.O.).

Solche gegenwärtigen Lebensumstände sind jedoch bereits gegeben, wenn der Vermieter seiner Tochter und deren Lebensgefährten wegen einer beabsichtigten Familiengründung und der Realisierung des Kinderwunsches eine 150 qm große 5-Zimmer-Wohnung überlassen will. Eine Konkretisierung des Kinderwunsches durch eine zum Zeitpunkt der Kündigung vorliegende oder während des Räumungsprozesses eintretende Schwangerschaft kann nicht verlangt werden. Insofern spricht auch die Tatsache, daß die Tochter unverheiratet ist, nicht gegen die Ernsthaftigkeit des Kinderwunsches (BVerfG, Beschl. v. 20. 2. 1995, Az. 1 BvR 665/94, WM 1995, 260).

8.1 Eignung der Wohnung zur Bedarfsdeckung

> Die Gerichte haben des weiteren zu prüfen, ob die Wohnung die Nutzungswünsche des Vermieters überhaupt erfüllen kann, d. h. geeignet ist, den geltend gemachten Bedarf zu decken (BVerfG, WM 1989, 114; ZMR 1994, 59).

Daran kann es z. B. fehlen, wenn die Wohnung für den Vermieter und seine Familie erheblich zu klein ist. Auch dies darf allerdings nicht dazu führen, daß dem Eigentümer der Eigennutzungswunsch „ausgeredet wird", die Vorstellung des Gerichtes also verbindlich an die Stelle der Lebensplanung des Eigentümers tritt (BVerfG v. 14. 2. 1989, a.a.O.). Ein Eigenbedarf kann daher nicht schon deshalb verneint werden, weil sich der Raumbedarf eines jungen Ehepaares bei ungewissem Familienzuwachs weiter vergrößern könnte und die vermietete Wohnung dann ungeeignet wäre (LG Landau, WM 1993, 678).

8.2 Öffentlich geförderter Wohnraum

Eine öffentlich geförderte Wohnung kann der Vermieter wegen Eigenbedarfs nur kündigen, wenn er oder die begünstigte Person **wohnberechtigt** ist (§ 5 Wohnungsbindungsgesetz; LG Siegen, WM 1987, 416). Daher ist die Eigenbedarfskündigung zugunsten eines Angehörigen unwirksam, wenn der Vermieter weder im Besitz eines Freistellungsbescheides ist noch die verbindliche Zusage der zuständigen Stelle nachweist, daß er die Wohnung nach der Räumung dem Angehörigen überlassen darf (LG Essen, WM 1993, 676).

8.3 Unzulässig genutzte Räume

Räume, die bauordnungsrechtlich nicht als Aufenthaltsräume zugelassen, aber trotzdem zu Wohnzwecken vermietet sind (z. B. Kellerräume), können selbständig nicht aufgrund einer Eigenbedarfskündigung herausverlangt werden, da es dann an einer Eignung zu Wohnzwecken fehlt (LG Hamburg, WM 1994, 432).

9 Vorhersehbarkeit des Eigenbedarfs

Nach den Ausführungen des Bundesverfassungsgerichtes kann eine Kündigung wegen Eigenbedarfes auch gegen den **Grundsatz von Treu und Glauben** (§ 242 BGB) verstoßen, wenn sie aus Gründen erfolgt, die schon bei Abschluß des Mietvertrages vorlagen.

> Der Vermieter setzt sich zu seinem eigenen Verhalten in Widerspruch, wenn er die Wohnung auf unbestimmte Zeit vermietet, obwohl er entweder entschlossen ist oder zumindest erwägt, die Wohnung oder einen Teil davon selbst in Gebrauch zu nehmen.

Er soll dem Mieter, der mit einer längeren Mietdauer rechnet, die mit jedem Umzug verbundenen Belastungen dann nicht zumuten, wenn er ihn über die Absicht oder zumindest die Aussicht begrenzter Mietdauer nicht aufklärt (BVerfG v. 14. 2. 1989, a.a.O.). In diesem Fall kann eine Kündigung des Vermieters wegen Eigenbedarf für die Dauer von 5 Jahren ausgeschlossen sein (LG Paderborn, WM 1994, 331).

Dementsprechend kann es dem Vermieter verwehrt sein, eine Wohnung bzw. ein Haus zu kündigen, wenn er für Eigenbedarf nur einen **Teil** davon benötigt und dies bei der Vermietung bereits vorhersehbar war (BVerfG, Beschl. v. 19. 10. 1993, NJW 1994, 308). In diesem Fall obliegt es dem Vermieter, die Räume nicht einheitlich, sondern getrennt durch Abschluß separater Mietverträge zu vermieten, um im Bedarfsfall einzelne Räume kündigen zu können, ohne gegen das Verbot der Teilkündigung zu verstoßen.

Der Eigentümer hat die Möglichkeit (§ 564 c BGB), die Wohnung auch dann zu vermieten, wenn er sie entweder später selbst nutzen will oder wenn er sich über seine Eigenbedarfsabsichten noch nicht endgültig schlüssig ist. Eine solche Vertragskonstruktion („Besonderer Zeitmietvertrag“) ist jedoch auf den Zeitraum von 5 Jahren begrenzt (vgl. „Zeitmietvertrag“), so daß eine Bedarfsvorschau über diesen Zeitraum hinaus nicht verlangt werden kann und sich der Vermieter auf Gründe, die bereits bei Abschluß des Mietvertrages vorlagen, jedenfalls dann berufen kann, wenn zwischen Vertragsabschluß und Kündigung mehr als 5 Jahre liegen.

Unbeschadet dessen dürfen die Anforderungen an eine zureichende **Bedarfsvorschau** durch den Vermieter von den Gerichten nicht überspannt werden. So ist z. B. eine Eigenbedarfskündigung nicht wegen einer bei Begründung des Mietverhältnisses schon absehbaren Eigenbedarfslage unwirksam, wenn zur Familie des Vermieters **Kinder** oder Heranwachsende (z. B. die Enkeltochter) gehören, von denen der Vermieter nicht weiß, wann sie sich vom elterlichen Haushalt lösen und an welchem Ort sie selbständig leben wollen. Schließt der Vermieter bei dieser Sachlage einen Mietvertrag auf unbestimmte Zeit, kann ihm bei einer Kündigung wegen Eigenbedarfs für eine dieser Personen nicht entgegengehalten werden, die nunmehr eingetretene Situation wäre für ihn absehbar gewesen und er hätte daher nur einen befristeten Mietvertrag schließen dürfen (LG Mannheim, Beschl. v. 31. 5. 1990, DWW 1990, 309; vgl. auch LG Stuttgart, WM 1989, 249).

Die Anforderungen an eine Bedarfsvorschau sind auch überspannt, wenn von einem Vermieter, der selbst zur Miete wohnt, verlangt wird, er dürfe nur einen befristeten Mietvertrag abschließen, weil er mit einem Eigenbedarf seines Vermieters rechnen müsse (BVerfG, Beschl. v. 19. 7. 1993, Az. 1 BvR 501/93, ZMR 1993, 505; vgl. auch BVerfG, Beschl. v. 28. 5. 1993, Az. 1 BvR 1515/92, ZMR 1993, 363).

Ein Verstoß gegen Treu und Glauben liegt auch nicht vor, wenn der Eigentümer nach dem Wegfall eines gewerblichen Zwischenmieters mit dem Endmieter unter Hinweis auf eine Eigenbedarfslage einen Mietvertrag auf unbestimmte Zeit schließt und kurze Zeit später wegen Eigenbedarfs kündigt (LG Lübeck, WM 1993, 613).

Kündigt der Vermieter dem Mieter, weil er am Ort seines neuen Arbeitsplatzes eine Wohnung benötigt, kann der Mieter dieser Kündigung nicht den Umstand entgegenhalten, daß der Vermieter in der Zeit, in der er noch auf Arbeitsplatzsuche war, eine vergleichbare Wohnung anderweitig vermietet bzw. ein bestehendes Mietverhältnis verlängert hat. Andernfalls würde nach Auffassung des Bundesverfassungsgerichts (Beschl. v. 28. 5. 1993, NJW 1993, 2166) unzulässig in die Lebensplanung des Vermieters eingegriffen werden, da der Vermieter während seiner Arbeitsplatzsuche nicht wissen konnte, ob ein Arbeitsverhältnis auch tatsächlich zustande kommt.

10 Angekaufter Eigenbedarf

> Die Geltendmachung von Eigenbedarf verstößt nicht gegen Treu und Glauben, wenn dieser durch den Kauf einer vermieteten Wohnung erst geschaffen worden ist (sog. **„angekaufter Eigenbedarf"**), es sei denn, treuwidrige Umstände kommen hinzu (BayObLG, RE v. 14. 7. 1981, DWW 1981, 234; Weber/Marx, I/S. 55 = Sammelband Nr. 58).

Kündigt der Vermieter wegen Eigenbedarf, weil ihm selbst die von ihm bewohnte Wohnung gekündigt wurde, kommt es weder auf die Gründe dieser Kündigung an, noch ob der Vermieter durch sein Verhalten Anlaß zu dieser Kündigung gegeben hat (Schmidt-Futterer/Blank, Randnr. B 621; Emmerich-Sonnenschein, § 564b, Randnr. 45). Dennoch soll sich der Vermieter nach Auffassung des LG München I (WM 1996, 770) im Kündigungsschreiben nicht allgemein auf die ihm gegenüber erklärte Kündigung berufen dürfen, sondern muß die Gründe dieser Kündigung zumindest umrißhaft darlegen.

Dem Käufer einer Eigentumswohnung, der diese eigens zu dem Zwecke erworben hat, selbst darin zu wohnen, kann jedoch das Risiko eines Rechtsstreites mit dem Vermieter seiner bisherigen, ihm wirksam gekündigten Mietwohnung zur Vermeidung der Kündigung des Mieters der angekauften Eigentumswohnung in der Regel nicht zugemutet werden (BayObLG, a.a.O.). Unbeschadet dessen ist der Käufer einer vermieteten Eigentumswohnung nach der neueren Rechtsprechung des BVerfG (Beschl. v. 11. 11. 1993, a.a.O.) grundsätzlich bereits dann zur Kündigung berechtigt, wenn er selbst noch zur Miete wohnt, so daß es nicht darauf ankommt, ob ihm die von ihm bewohnte Mietwohnung gekündigt wurde.

11 Künftiger Eigenbedarf

Den Rechtsentscheiden des BayObLG vom 2. 3. 1982 (NJW 1982, 1159; Weber/Marx, II/S. 44 = Sammelband Nr. 72) und des OLG Hamm vom 24. 7. 1986 (DWW 1986, 242; Weber/Marx, VI/S. 32 = Sammelband Nr. 92) ist zu entnehmen, daß es ausreichend ist, wenn die Gründe für den Eigenbedarf spätestens bei Beendigung des Mietverhältnisses mit einiger Sicherheit vorliegen. Ein Vorliegen im Zeitpunkt des Zuganges der Kündigung kann daher nicht gefordert werden.

Nach dem Rechtsentscheid des BayObLG (a.a.O.) hat ein 82jähriger Vermieter regelmäßig bereits dann ein berechtigtes Interesse an der Beendigung des Mietverhältnisses, wenn aufgrund äußerer Umstände mit einiger Sicherheit damit gerechnet werden kann, daß er die Dienste einer in seinen Hausstand aufzunehmenden Hilfsperson in naher Zukunft für seine Lebensführung (Pflege und Wartung) benötigt. Zumindest bei einjähriger Kündigungsfrist ist dies auch dann anzuerkennen, wenn die Personen, deren Dienste in Anspruch genommen werden sollen, bei Vornahme der Kündigung noch nicht feststehen (OLG Hamm, a.a.O.), d. h., daß zumindest in diesem Fall eine konkrete Pflegeperson im Kündigungsschreiben nicht benannt werden muß. Insofern muß der Vermieter daher nicht abwarten, bis der Bedarfsfall eingetreten ist; er kann auch für den Zeitpunkt des voraussichtlichen Eintritts kündigen, wenn der Bedarfsgrund schon konkretisierbar und sein Eintritt absehbar ist.

Dagegen ist eine **„Vorratskündigung“**, mit der nicht ein mit einiger Sicherheit eintretender, sondern nur ein wahrscheinlicher **künftiger** Eigenbedarf geltend gemacht wird, unzulässig (z. B. Kündigung, weil die Vergrößerung der Familie „geplant“ ist).

Dies ist von Verfassungs wegen nicht zu beanstanden, da keine unverhältnismäßige, mit Art. 14 GG unvereinbare

Zurückstellung der Eigentümerbefugnisse vorliegt, wenn dem Eigentümer der Zugriff auf das vermietete Objekt erst dann gestattet ist, wenn und soweit dieser durch **gegenwärtige** beachtliche Gründe motiviert ist (BVerfG v. 23. 8. 1990, NJW 1990, 3259). Solche sind gegeben, wenn der im Zeitpunkt der Kündigung noch nicht pflegebedürftige Vermieter die Wohnung einer Person überlassen will, die ihn bei Eintritt des Pflegefalles versorgt und objektive Anzeichen, wie hohes Alter, vorausgegangene Erkrankungen, Fehlen von im Hause oder in der Nähe wohnenden Angehörigen die Notwendigkeit rechtzeitiger Vorsorge rechtfertigen (LG Saarbrücken, WM 1992, 690).

Gegenwärtige beachtliche Gründe liegen auch vor, wenn der Vermieter erwarten muß, daß sein berufliches Arbeitsverhältnis altersbedingt kurzfristig durch Entlassung beendet werden kann und er Vorsorge für seinen künftigen Wohnsitz dadurch treffen will, daß er eine geeignete, vermietete Wohnung mit der Eigenbedarfskündigung beansprucht (OLG Düsseldorf, Urt. v. 11. 6. 1992, WM 1993, 49).

12 Auswahlrecht des Vermieters

Liegt Eigenbedarf vor, steht es dem Vermieter frei, welchem von mehreren Mietern seines Hauses er kündigt (BayObLG, RE v. 2. 3. 1982, NJW 1982, 1159; Weber/Marx, II/S. 44 = Sammelband Nr. 72; vgl. auch LG Stuttgart, WM 1976, 56). Soziale Belange braucht der Vermieter hierbei nicht zu berücksichtigen (BGH v. 20. 1. 1988, a.a.O.). Demgegenüber kann sich der gekündigte Mieter nicht darauf berufen, daß einem anderen Mieter hätte gekündigt werden müssen. Seine Belange sind vielmehr auf seinen Widerspruch hin erst im Rahmen des § 556 a BGB zu berücksichtigen (BGH, RE v. 6. 7. 1994, WM 1994, 454).

> Jedoch wird der Vermieter im eigenen Interesse an einer raschen Durchsetzung der Kündigung demjenigen Mieter kündigen, der sich am wenigsten auf Härtegründe berufen kann.

13 Inhalt des Kündigungsschreibens

> Im **Kündigungsschreiben** sind sämtliche Gründe, die als berechtigtes Interesse des Vermieters für die ausgesprochene Kündigung von Wohnraum berücksichtigt werden sollen, grundsätzlich auch dann nochmals anzugeben, wenn sie dem Mieter bereits zuvor mündlich oder schriftlich mitgeteilt oder in einem Vorprozeß geltend gemacht worden waren.

Die Bestimmung des § 564 b Abs. 3 BGB, wonach die Wirksamkeit der Kündigung eines Wohnraummietverhältnisses die Darlegung der **Kündigungsgründe** bereits im Kündigungsschreiben erfordert, ist mit der Eigentumsgarantie des Grundgesetzes vereinbar (BVerfG, Beschl. v. 28.

1. 1992, Az. 1 BvR 1319/91, WM 1992, 178). Dieser Begründungszwang führt zwar dazu, daß der Vermieter im Kündigungsschreiben bestimmte persönliche Verhältnisse offenbaren muß, jedoch ist dies durch das Interesse des Mieters gerechtfertigt, zum frühestmöglichen Zeitpunkt Klarheit über seine Rechtsposition zu bekommen und die Erfolgsaussichten eines Vorgehens gegen die Kündigung abschätzen zu können (BVerfG, Beschl. v. 8. 4. 1994, ZMR 1994, 252). Die **bloße Wiedergabe** des Gesetzestextes **genügt** diesen Anforderungen an die Begründungspflicht daher **nicht**.

Andererseits ist der Vermieter im Hinblick auf sein allgemeines Persönlichkeitsrecht nicht verpflichtet, solche Daten seines persönlichen Lebensbereiches im Kündigungsschreiben mitzuteilen, die für den Entschluß des Mieters, der Kündigung zu widersprechen oder diese hinzunehmen, nicht von Bedeutung sein können (BVerfG, a. a. O.).

Vom Vermieter kann jedoch die Mitteilung verlangt werden, in welcher Weise er bei Ausspruch der Kündigung seinen gewöhnlichen und regelmäßigen Wohnbedarf deckt. Dabei muß der Vermieter auch seine anderen **leerstehenden** Wohnungen erwähnen (hier: ein 75 km entferntes Anwesen) und vortragen, aus welchen Gründen er dort seinen Wohnbedarf nicht decken kann. Sind die Gründe hierfür nachvollziehbar, darf ihm die Kündigung wegen Eigenbedarf nicht versagt werden. Kommt der Vermieter dieser Begründungspflicht nicht nach, ist die Kündigung trotz objektiven Vorliegens der Eigenbedarfsvoraussetzungen aus formalen Gründen unwirksam. In dem vom Bundesverfassungsgericht entschiedenen Fall wurde in den Gründen ausdrücklich darauf hingewiesen, daß es dem Vermieter nicht zumutbar ist, ein 75 km entferntes Anwesen zu beziehen. Jedoch wurde die Räumungsklage trotzdem abgewiesen, weil die Kündigung aus formalen Gründen mangels **Angaben über das leerstehende Anwesen** unwirksam war. Grundsätzlich bedarf es jedoch nicht der Darlegung des sonstigen (vermieteten) Grundbesitzes des Vermieters und der Gründe, weshalb der Eigenbedarf dort nicht realisiert werden kann (LG München I, Urt. v. 29. 3. 1995, WM 1996, 38).

13.1 Schilderung der Gründe bei erneuter Kündigung

Bei einer **erneuten** Kündigung, die z. B. wegen Zweifel an der Wirksamkeit einer bereits erfolgten Kündigung ausgesprochen wird, ist es jedoch ausreichend, daß sich die erneute Kündigung **ausdrücklich** auf die in dem früheren Kündigungsschreiben genannten Gründe bezieht, wenn seitdem insoweit keine Änderungen eingetreten sind. Höhere Anforderungen an die Begründung der erneuten Kündigung wären unzumutbar streng und mit der Eigentumsgarantie nicht mehr vereinbar, da der Mieter durch eine wörtliche Wiederholung der in der ersten Kündigung angeführten Gründe keine weiteren für seinen Beschluß bedeutsamen Informationen erhielte und dies daher nur eine leere Förmelei darstellen würde (BVerfG, Beschl. v. 10. 7. 1992, Az. 1 BvR 658/92, NJW 1992, 2752).

13.2 Angabe von Bedarfsperson und Sachverhalt

Bei Begründung der Eigenbedarfskündigung muß sich der Vermieter im Kündigungsschreiben auch festlegen, für welche **Person** (Angabe von Name, Alter, Anschrift) er Eigenbedarf geltend macht (LG München I, Urt. v. 27. 3. 1991, WM 1991, 490) und einen **konkreten Sachverhalt** (Lebensvorgang) vortragen, auf den das berechtigte Interesse dieser Person an der Erlangung der Wohnung gestützt wird (BayObLG, RE v. 14. 7. 1981, DWW 1981, 234; 17. 12. 1984, WM 1985, 50; Weber/Marx, I/S. 55 = Sammelband Nr. 58 und IV/S. 65 = Sammelband Nr. 89). Die bloße Angabe des Wortes „Eigenbedarf" ist nicht ausreichend. Ebensowenig **Formulierungen** wie

- „Die Wohnung wird für die 24jährige Tochter benötigt" (LG Göttingen, NJW-RR 1990, 592) oder
- „Die Tochter des Vermieters will mit ihrem Partner die Wohnung beziehen" (LG Gießen, WM 1991, 39).

Vielmehr hat der Vermieter die **Gründe** für den Eigenbedarf **näher darzulegen** (z. B. durch Schilderung der derzeitigen Wohnverhältnisse des Berechtigten), damit der Mieter sich darüber im klaren werden kann, ob **berechtigte** Interessen des Vermieters zu einer Beendigung des Mietverhältnisses führen (BVerfG v. 20. 10. 1988, WM 1989, 483; BVerfG v. 18. 7. 1988, WM 1989, 484; Weber/Marx, IX/S. 79).

13.3 Schilderung der Vorteile des Wohnungswechsels

> Im **Kündigungsschreiben** sollte ferner möglichst ausführlich dargelegt werden, welche Vorteile der Bezug der zu kündigenden Wohnung gegenüber der vom Vermieter bzw. von dessen Angehörigen derzeit genutzten Wohnung hat (z. B. Größe, Ausstattung, Lage, Arbeitsplatznähe, wirtschaftliche Belastung, gesundheitliche Gründe u. ä.).

Wird die Kündigung darauf gestützt, daß die vermietete Wohnung wesentlich größer als die derzeit vom Vermieter bewohnte Wohnung ist, muß das Kündigungsschreiben eine Darlegung der **Wohnungsgrößen** (Wohnfläche in qm, Anzahl der Zimmer) enthalten (LG Mannheim, WM 1996, 707).

Kündigt der Vermieter mit der Begründung, er wolle nicht länger zur Miete, sondern im eigenen Haus wohnen, muß er im Kündigungsschreiben nicht auch die derzeitigen Wohnverhältnisse der Familienangehörigen und der sonstigen Personen darlegen, die mit ihm in die gekündigten Räume einziehen werden, da es insoweit unerheblich ist, ob diese Personen im Eigentum oder zur Miete wohnen (BVerfG, Beschl. v. 23. 11. 1993, NJW 1994, 311; vgl. dazu auch BVerfG, Beschl. v. 11. 11. 1993, WM 1993, 729). Auch wenn der Vermieter die Eigenbedarfskündigung auf den Wunsch stützt, seinem erwachsenen Sohn und dessen Freundin eine gemeinsame Wohnung zur Verfügung zu stellen, muß er den Namen und die Wohnverhältnisse der Freundin nicht schon im Kündigungsschreiben mitteilen, da an die Begründung der Kündigung keine unzumutbar strengen Anforderungen gestellt werden dürfen (LG Oldenburg, WM 1996, 220 unter Hinweis auf BVerfG, NJW 1994, 311; LG Gießen, Urt. v. 20. 4. 1994, ZMR 1994, 565; a. A.: LG Hamburg, WM 1993, 50).

Wird das berechtigte Interesse am Bezug der Wohnung nicht von der Zahl der **künftigen Wohnungsnutzer** abhängig gemacht, muß der Vermieter im Kündigungsschreiben auch nicht ausführen, ob er die Wohnung künftig mit einer Lebenspartnerin beziehen will (LG Mannheim, DWW 1995, 113).

Wird der Eigenbedarf mit einer Belastung des Grundstücks begründet, sind **Lasten und Einkünfte des Grundstücks** im Kündigungsschreiben nachvollziehbar darzulegen (BVerfG, Beschl. v. 17. 7. 1992, WM 1993, 231).

Verfügt der Vermieter über **keine anderen vergleichbaren** freien, freiwerdenden oder gekündigten Wohnungen, in denen der Eigenbedarf in gleicher Weise realisiert werden kann, sollte der Mieter im Kündigungsschreiben auch darüber informiert werden.

13.4 Wechsel der Bedarfsperson

Ein **Auswechseln von Kündigungsgründen** hinsichtlich der Person, deretwegen Eigenbedarf geltend gemacht wird, ist grds. unzulässig (LG Düsseldorf, WM 1992, 130). Dies bedeutet, daß z. B. eine Kündigung wegen Eigenbedarfs für den Sohn nicht nachträglich auf einen Eigenbedarf für die Tochter gestützt werden kann, wenn der Eigenbedarf für den Sohn nicht mehr besteht. Vielmehr muß die Kündigung in diesem Fall erneut unter Einhaltung der gesetzlichen Fristen und einer auf die Lebensumstände der Tochter zugeschnittenen Begründung ausgesprochen werden. Etwas anderes gilt jedoch, wenn der Eigenbedarf für eine **Hilfs- oder Pflegeperson** geltend gemacht wurde, da der Eigenbedarf insofern lediglich an die Person des Vermieters, nicht aber an die Wohnverhältnisse der Pflegeperson gebunden ist und ein Austausch dieser Person daher die Interessenlage nicht verändert (LG Ellwangen, NJWE 1996, 124).

14 Wegfall des Eigenbedarfs

Entfallen die eine Kündigung wegen Eigenbedarfs rechtfertigenden Gründe, bevor die Kündigungsfrist abgelaufen ist und der Mieter die Wohnung geräumt hat, ist der Vermieter verpflichtet, den Mieter davon zu unterrichten und auf dessen Verlangen das Mietverhältnis fortzusetzen (OLG Karlsruhe, RE v. 7. 10. 1981, NJW 1982, 54; Weber/Marx, I/S. 67 = Sammelband Nr. 68). Diese Verpflichtung entfällt, wenn der Mieter vor dem Wegfall des Kündigungsgrundes die Wohnung schon geräumt hatte.

Fällt der Eigenbedarf vor Räumung weg, trifft den Vermieter auch eine strafrechtlich relevante **Hinweispflicht** gegenüber dem Mieter, auf die veränderte Lage hinzuweisen.

Bei Verstoß gegen diese Pflicht kann ein **Betrug** durch Unterlassen vorliegen (BayObLG, Urt. v. 5. 2. 1987, NJW 1987, 1654).

Die Hinweis(Garanten)pflicht besteht grundsätzlich bis zur Räumung der Wohnung und zwar auch dann, wenn der Mieter im Vertrauen auf das Vorliegen des eigenen Bedarfes und noch vor dessen Wegfall mit dem Vermieter einen rechtswirksamen gerichtlichen Räumungsvergleich abgeschlossen hat. Dem Vermieter ist zur Aufklärung des Mieters eine angemessene Frist zuzubilligen, die sich nach den Umständen des Einzelfalles bemißt (BayObLG, a.a.O.).

Liegt jedoch bereits ein **rechtskräftiger Räumungstitel** vor, ist der Vermieter nicht mehr verpflichtet, dem Mieter den nach Rechtskraft eingetretenen Wegfall des Eigenbedarfs mitzuteilen und die Vollstreckung zurückzustellen. Er darf vielmehr – ungeachtet des Wegfalls des angegebenen Kündigungsgrundes – weiter vollstrecken und über die Wohnung anderweitig verfügen, es sei denn, der Kündigungsgrund wäre (nachweislich) ursprünglich bereits nicht gegeben, d. h. vorgetäuscht gewesen (LG Köln, Urt. v. 9. 12. 1993, WM 1994, 212; vgl. auch LG Köln, WM 1984, 248). In diesem Fall würde die Zwangsvollstreckung aus dem erschlichenen Räumungsurteil als vorsätzliche sittenwidrige Schädigung (§ 826 BGB) zum Schadenersatz verpflichten, wobei dieser dadurch zu leisten sein kann, daß der Vermieter die Zwangsvollstreckung zu unterlassen hat (LG Mönchengladbach, WM 1995, 186). Ein Räumungsurteil ist jedoch nicht erschlichen, wenn der Vermieter lediglich Umstände verschweigt, die nach der letzten mündlichen Verhandlung und vor der Verkündung des Räumungsurteils nach einer Eigenbedarfskündigung eintreten und den Eigenbedarf nicht ausschließen. Ein rechtskräftiges Räumungsurteil wird auch nicht sittenwidrig ausgenutzt, wenn der Vermieter Umstände verschweigt, die zu einem Wegfall des Eigenbedarfs vor Ablauf der gerichtlich bewilligten Räumungsfrist erst zu einem Zeitpunkt führen werden, nachdem der Mieter, ohne die Räumungsfrist ausgeschöpft zu haben, bereits geräumt haben wird (LG Düsseldorf, WM 1995, 186).

Eine **verspätete Mitteilung** über den Wegfall des Eigenbedarfs kann den Vermieter grundsätzlich zum Schadenersatz verpflichten, es sei denn, der Auszug des Mieters entsprach ohnehin seinen Vorstellungen und die Verspätung für den Abschluß des Mietvertrages über die neue Wohnung war daher nicht ursächlich. Dann ist es dem Mieter auch zuzumuten, mit dem neuen Vermieter über eine Aufhebung des Mietvertrages zu verhandeln, wenn genügend Mietbewerber vorhanden waren (LG Arnsberg, Urt. v. 5. 3. 1990, DWW 1990, 308).

15 Vorgetäuschter Eigenbedarf

> Ein Betrug durch positives Tun kann vorliegen, wenn der Vermieter die Kündigung mit Eigenbedarf begründet, obwohl ihm bekannt ist, daß dieser nicht gegeben ist (**„vorgetäuschter Eigenbedarf“**).

Dies gilt auch dann, wenn sich der Mieter anschließend durch Abschluß eines Vergleiches zur Räumung der Wohnung verpflichtet (LG Düsseldorf, DWW 1996, 55).

15.1 Anspruch des Mieters auf Schadenersatz

Der Mieter kann **Schadenersatz** wegen positiver Vertragsverletzung sowie aus § 823 Abs. 2 BGB in Verbindung mit § 263 StGB und § 826 BGB verlangen, zum Beispiel:

- Ersatz aller mit dem Umzug in Zusammenhang stehenden Kosten (vgl. dazu im einzelnen: LG Saarbrücken, WM 1995, 173, AG Nürnberg, WM 1995, 180, LG Braunschweig, WM 1995, 185 sowie LG Karlsruhe, DWW 1992, 22: Kosten für neue Spüle und Gardinen),
- Ersatz von Makler- und Prozeßkosten,
- Mehrkosten für die Anmietung einer vergleichbaren Wohnung (LG Hamburg, WM 1995, 175; LG Darmstadt, WM 1995, 165); jedoch nur gemäß der Fälligkeit der jeweiligen Mehrbeträge (BGH, MDR 1972, 411);

nicht dagegen Kosten, die dem Mieter im Zusammenhang mit dem nach der Kündigung erfolgten Erwerb (Finanzierung und Herrichtung) einer Eigentumswohnung entstehen (LG Karlsruhe, DWW 1992, 22).

Weiterhin kann der Mieter Wiedereinräumung des Besitzes durch **Wiedereinzug** in die Wohnung verlangen, solange diese noch nicht an einen Dritten vermietet worden ist. Wurde die Wohnung jedoch bereits neu vermietet, kann die Überlassung der leerstehenden Wohnung an den neuen Mieter nicht durch eine einstweilige Verfügung blockiert werden, da § 938 Abs. 1 ZPO keinen Eingriff in die Rechte Dritter (hier: des neuen Mieters) gestattet (LG München I, Beschl. v. 16. 5. 1991, WM 1991, 577).

Der durch einen Wohnungswechsel entstandene **Schaden eines Mieters** kann auch dann als durch eine unberechtigte Eigenbedarfskündigung des Vermieter **verursacht** angesehen werden, wenn der Mieter die Unwirksamkeit der (nicht formgerecht begründeten) Kündigung erkannt, aufgrund mündlich dargelegter schlüssiger Eigenbedarfsgründe das Mietverhältnis dann aber einvernehmlich, z. B. durch Abschluß eines **Mietaufhebungsvertrages**, mit dem Vermieter beendet hat (BayObLG, RE v. 25. 5. 1982, NJW 1982, 2003 im Anschluß an OLG Karlsruhe, RE v. 7. 10. 1981, WM 1982, 11; Weber/Marx, II/S. 39 = Sammelband Nr. 74 und I/S. 67 = Sammelband Nr. 68).

15.2 Rechtslage bei Räumungsvergleich

Anders ist die Rechtslage zu beurteilen, wenn sich der Vermieter zu einer

Gegenleistung, z. B. Zahlung eines Abstandsbetrages oder Verzicht auf Schönheitsreparaturen, verpflichtet hat:

> Kündigt der Vermieter den Mietvertrag wegen Eigenbedarf, bestreitet sodann der Mieter den behaupteten Kündigungsgrund und schließen die Parteien schließlich unter Aufrechterhaltung ihrer wechselseitigen Standpunkte einen außergerichtlichen oder gerichtlichen **Vergleich,** in dem sich der Mieter zur vorzeitigen **Räumung,** der Vermieter zur Erbringung einer nicht unbedeutenden **Gegenleistung** verpflichtet, so steht dem Mieter nach Räumung auch dann kein Schadenersatzanspruch gegen den Vermieter zu, wenn sich nachträglich herausstellt, daß der Eigenbedarf des Vermieters bis zum Abschluß des Vergleiches nicht bestanden hat.

Voraussetzung ist aber, daß durch den Vergleich gerade der Streit darüber beigelegt worden ist, ob der behauptete Eigenbedarf gegeben oder nur vorgetäuscht war (OLG Frankfurt/Main, RE v. 6. 9. 1994, Az. 20 RE-Miet 1/93, WM 1994, 600). Nur in diesem Fall kann in dem Abschluß des Vergleiches ein **Verzicht** des Mieters auf Schadenersatzansprüche gesehen werden. Sollte durch den Vergleich dagegen nur der Streit hinsichtlich der Schlüssigkeit und Beweisbarkeit des Eigenbedarfstatbestandes beigelegt werden, sind Schadenersatzansprüche des Mieters nicht ausgeschlossen. Diese Frage ist anhand der umfassend zu würdigenden Umstände des Einzelfalles zu entscheiden (OLG Frankfurt, a.a.O.; LG Köln, ZMR 1990, 382; LG Tübingen, WM 1993, 553).

Einen Verzicht des Mieters auf Schadenersatzansprüche wird man jedenfalls dann annehmen können, wenn die Frage, ob der Eigenbedarf gegeben oder nur vorgetäuscht war, zwischen den Parteien streitig gewesen ist, sie aber trotzdem den Räumungsvergleich abgeschlossen haben (vgl. LG Gießen, WM 1995, 183; OLG Celle, MDR 1995, 252). In diesem Fall sind Schadenersatzansprüche des Mieters auch dann ausgeschlossen, wenn sich der Vermieter in dem Vergleich nicht zu einer Gegenleistung verpflichtet hat. Dies ergibt sich aus den Gründen des RE des OLG Frankfurt (a.a.O.), wonach die Gegenleistung des Vermieters nicht eine Voraussetzung für den Ausschluß der Schadenersatzansprüche, sondern nur ein Abgrenzungskriterium gegenüber anderen Rechtsentscheiden darstellt (LG Gießen, WM 1995, 589).

Wurde dagegen die Frage, ob der Eigenbedarf nur vorgetauscht war, nicht erörtert und schließen die Parteien einen Vergleich, wonach „sämtliche wechselseitigen Ansprüche aus dem Mietverhältnis erledigt seien", bezieht sich diese Klausel nur auf die beim Vergleichsabschluß bestehenden Ansprüche. Schadenersatzansprüche des Mieters wegen Nichtmitteilung des späteren Wegfalls des Eigenbedarfs vor dem Auszug sind hiervon nicht erfaßt (LG Hamburg, WM 1995, 168).

Verzichtet der Mieter jedoch in einem Vergleich, der eine Abfindung beinhaltet, ohne Differenzierung auf „seine Rechte aus dem Mietverhältnis", ist auch ein Schadenersatzanspruch wegen vorgetäuschten Eigenbedarfs ausgeschlossen (LG Berlin, GE 1995, 1551; DWW 1996, 56).

Der Vermieter kann einen Räumungsvergleich nicht mit der Begründung **anfechten**, er sei arglistig getäuscht worden, weil der Mieter nicht offenbart habe, daß er eine Ersatzwohnung in Aussicht oder bereits zum Bezug angemietet hat (LG Braunschweig, WM 1995, 184).

Zur Frage, ob der Anspruch des Mieters auf Zahlung des im Vergleich vereinbarten Abstandsbetrages bei nicht rechtzeitiger Räumung entfällt, vgl. LG Nürnberg-Fürth, WM 1995, 181.

Ein Schadenersatzanspruch besteht infolge des fehlenden Ursachenzusammenhanges zwischen der Kündigung und dem Auszug des Mieters auch dann nicht, wenn sich aus den Umständen, z. B. dem vorangegangenen Schriftverkehr, ergibt, daß der Mieter **freiwillig** geräumt hat, z. B. weil er aus anderen Gründen das Interesse an der Wohnung verloren hat (LG Osnabrück, Urt. v. 14. 3. 1990, WM 1990, 435). Gleiches gilt, wenn der Mieter aus anderen Gründen, z. B. aufgrund fristloser Kündigung wegen Zahlungsverzuges, ohnehin zur Räumung verpflichtet war (LG Gießen, WM 1995, 163) oder wenn der Schaden des Mieters überwiegend auf eigenem Verschulden beruht, der Mieter z. B. trotz einer für ihn erkennbar unwirksamen Kündigung räumt (LG Kassel, WM 1989, 392).

Ein Schadenersatzanspruch des Mieters kann grundsätzlich immer nur dann begründet sein, wenn der Vermieter in **unredlicher** Weise von dem in § 564 b BGB normierten Kündigungsrecht Gebrauch gemacht hat, etwa durch wahrheitswidrige Angabe von nicht oder so nicht vorhandenen Kündigungsgründen; nicht aber, wenn die Kündigung nur deshalb unwirksam ist, weil die dem Mieter mitgeteilten Kündigungsgründe nach richterlicher Beurteilung kein berechtigtes Interesse an der Beendigung des Mietverhältnisses ergeben haben (OLG Hamm, RE v. 31. 1. 1984, DWW 1984, 133; Weber/Marx, IV/S. 59 = Sammelband Nr. 86; LG Mannheim, Urt. v. 8. 11. 1995, WM 1995, 710).

Ein Schadenersatzanspruch des Mieters setzt auch ein **Verschulden** und somit zumindest Fahrlässigkeit des Vermieters voraus. Dies kann jedoch bereits dann gegeben sein, wenn der Vermieter seine Nutzungsabsicht vor Ausspruch der Kündigung bzw. vor der Erklärung, die Wohnung selbst nutzen zu wollen, nicht ausreichend geprüft und daher eine in Wirklichkeit nicht bestehende Nutzungsabsicht fahrlässig behauptet hat (vgl. LG Mannheim, WM 1991, 693).

Ein Schadenersatzanspruch wegen vorgetäuschten Eigenbedarfs ist jedoch **nicht** gegegeben, wenn nur ein Auswechseln der Bedarfsperson stattfindet und die andere Person ebenfalls Begünstigte einer Eigenbedarfskündigung gewesen wäre (LG Münster, WM 1995, 171).

Verlangt der Mieter vom Vermieter Schadenersatz mit der Behauptung, der Eigenbedarf sei vorgetäuscht gewesen, ist strittig, wer die Darlegungs- und **Beweislast** für diese Behauptung trägt. Nach allgemeinen Grundsätzen muß der **Anspruchsteller** – somit der Mieter – beweisen, daß Eigenbedarf nicht bestanden hat oder noch vor Räumung der Wohnung entfallen ist (so LG Koln, Urt. v. 12. 4. 1994, WM 1995, 172; LG Frankfurt / Main, WM 1995, 165). Dagegen vertreten andere Gerichte die Auffassung, daß dem Mieter der sog. Beweis des ersten Anscheins (prima-facie-Beweis) zugute kommt, wenn die Wohnung nach seinem Auszug nicht entsprechend dem geltend gemachten Eigenbedarf genutzt, sondern z. B. anderweitig vermietet oder verkauft wird. Dieser Umstand würde nach der Lebenserfahrung auf einen vorgetäuschten Eigenbedarf hinweisen, so daß sich die Beweislast umkehrt (§ 282 BGB) und der Vermieter darlegen und beweisen muß, daß der Eigenbedarf bestanden hat und erst nach dem Auszug des Mieters entfallen ist (so u. a. LG Hamburg, WM 1995, 175; LG Aachen, WM 1995, 164; AG Nürnberg, WM 1995, 180). Insofern hat auch das BVerfG (Beschl. v. 30. 5. 1997 – 1 BvR 1797/95, WM 1997, 361) entschieden, daß es von Verfassungs wegen nicht zu beanstanden ist, wenn an die Darlegungslast des Vermieters über den Wegfall des Eigenbedarfes hohe Anforderungen gestellt werden.

16 Kündigungssperrfristen

Die Kündigungsfrist ist abhängig von der Dauer des Mietverhältnisses (§ 565 Abs. 2 BGB) und beträgt maximal 12 Monate (vgl. im einzelnen „Kündigungsfristen"). Wurde jedoch an den vermieteten Wohnräumen **nach** Überlassung an den Mieter Wohnungseigentum begründet **(„Umwandlung")** und das Wohnungseigentum veräußert, kann sich der Erwerber auf Eigenbedarf nicht vor Ablauf von **3 Jahren** seit der Veräußerung an ihn berufen (§ 564 b Abs. 2 Nr. 2 Satz 2 BGB).

Ist die ausreichende Versorgung der Bevölkerung mit Mietwohnungen zu angemessenen Bedingungen in einer Gemeinde oder einem Teil einer Gemeinde besonders gefährdet, verlängert sich die Frist von 3 Jahren auf **5 Jahre.** Diese Gebiete werden durch Rechtsverordnung der Landesregierungen für die Dauer von jeweils höchstens 5 Jahren bestimmt (§ 564 b Abs. 2 Nr. 2 Sätze 3 und 4 BGB).

Entsprechende Rechtsverordnungen, die eine Kündigungssperrfrist von 5 Jahren bestimmen, waren bei Redaktionsschluß in folgenden Ländern in Kraft: Baden-Württemberg, Bayern, Berlin, Brandenburg, Bremen, Hamburg, Hessen, Niedersachsen, Nordrhein-Westfalen, Rheinland-Pfalz, Schleswig-Holstein.

Das Saarland hat von der Ermächtigung zum Erlaß einer entsprechenden

Rechtsverordnung keinen Gebrauch gemacht.

Unabhängig vom Bestehen einer Verordnung, die eine Kündigungssperrfrist von 5 Jahren bestimmt, dürfen die Landesregierungen nach **dem Gesetz über eine Sozialklausel in Gebieten mit gefährdeter Wohnungsversorgung** vom 22. 4. 1993 (BGBl. I S. 487) durch Rechtsverordnung nunmehr auch Gebiete i. S. dieses Gesetzes bestimmen, in denen die ausreichende Versorgung der Bevölkerung mit Mietwohnungen zu angemessenen Bedingungen in einer Gemeinde oder in einem Teil einer Gemeinde besonders gefährdet ist. In diesen Gebieten gilt dann für den Fall, daß eine vermietete Wohnung in eine Eigentumswohnung umgewandelt und anschließend verkauft wurde, folgendes:

> Bis zum Ablauf von **10 Jahren** nach dem Verkauf kann der Käufer das Mietverhältnis nicht wegen Eigenbedarfs (§ 564 b Abs. 2 Nr. 2 BGB) oder wegen Hinderung der wirtschaftlichen Verwertbarkeit (§ 564 b Abs. 2 Nr. 3 BGB) kündigen. Auch danach ist eine Kündigung aus diesen Gründen nicht möglich, wenn die vertragsmäßige Beendigung des Mietverhältnisses für den Mieter oder ein bei ihm lebendes Mitglied seiner Familie eine nicht zu rechtfertigende Härte bedeuten würde, es sei denn, der Vermieter weist dem Mieter angemessenen Ersatzwohnraum zu zumutbaren Bedingungen nach.

Gegen die Verfassungsmäßigkeit dieser Regelung wurden bereits zutreffende Bedenken erhoben. Diese gründen sich u.a. darauf, daß das Gesetz die Kündigung für 10 Jahre in jedem Fall ausschließt, d.h. auch ohne Vorliegen einer besonderen Härte in der Person des Mieters und eine Interessenabwägung gegen die Belange des Vermieters in diesem Fall nicht stattfindet (vgl. Börstinghaus/Meyer, NJW 1993, 1353). Eine verfassungsgerichtliche Entscheidung liegt derzeit jedoch noch nicht vor.

> Das Sozialklauselgesetz findet jedenfalls **keine** Anwendung, wenn die **Veräußerung** des Wohnungseigentums **vor** dessen Inkrafttreten am 1. 5. 1993 erfolgt ist (OLG Stuttgart, RE v. 22. 2. 1995, Az. 8 RE-Miet 1/94, WM 1995, 262).

Nach der zutreffenden Begründung des OLG Stuttgart beschränkt sich der Zweck des Gesetzes darauf, den Kaufanreiz für **künftige** Erwerber vermieteter Eigentumswohnungen zu vermindern. In die gesetzliche Neuregelung sollten daher nicht auch die vor diesem Zeitpunkt bereits erfolgten Veräußerungen einbezogen werden. Dies ergibt sich aus dem Protokoll der Bundestagssitzung vom 26. 3. 1993 sowie aus dem Umstand, daß eine ausdrückliche Regelung über die Rückwirkung des Gesetzes nicht in den Gesetzeswortlaut aufgenommen worden ist (OLG Stuttgart, a.a.O.). Den abweichenden Auffassungen, die eine Rückwirkung bejahen (u. a. LG Hamburg, a.a.O., LG München I, a.a.O.; Börstinghaus / Meyer, NJW 1993, 1353), ist das OLG Stuttgart ausdrücklich nicht gefolgt.

Das BayObLG (Beschl. v. 23. 3. 1995, RE-Miet 2/95, WM 1995, 305) hat den Erlaß eines weiteren Rechtsentscheids zu dieser Problematik abgelehnt, da die Frage durch den Rechtsentscheid des OLG Stuttgart bereits beantwortet und damit nicht mehr von grundsätzlicher Bedeutung ist (vgl. auch BayObLG, Beschl. v. 21. 3. 1995, RE-Miet 2/94 = BayObLGZ 1995 Nr. 24, WM 1995, 380, wonach Satz 2 Nr. 1 des Sozialklauselgesetzes entgegen seinem Wortlaut nicht als Sozialklausel, sondern als Sperrfristregelung anzusehen ist, die auf eine Kündigung, welche dem Mieter vor Inkrafttreten am 1. 5. 1993 zugegangen ist, keine Anwendung findet).

Bei Kündigung einer **umgewandelten** Wohnung wegen Eigenbedarfs oder Hinderung der wirtschaftlichen Verwertbarkeit, die **vor** dem 1. 5. 1993 erworben wurde, gilt daher nur die 3- bzw. 5jährige Kündigungssperrfrist. Diese beginnt bereits mit der Grundbucheintragung des ersten Erwerbers des (nach Überlassung des Wohnraumes an den Mieter begründeten und sodann veräußerten) Wohnungseigentums zu laufen. Weitere Erwerber treten in diese Frist ein (§ 571 BGB); für sie beginnt die Frist nicht neu zu laufen (BayObLG, RE v. 24. 11. 1981, NJW 1982, 451).

Eine einschränkende Auffassung vertritt das KG Berlin (Beschl. v. 9. 5. 1996, WM 1996, 395). Danach ist das Sozialklauselgesetz nur dann nicht anwendbar, wenn das Wohnungseigentum bereits vor dem **1. 8. 1990** erstmals veräußert wurde (so auch OLG Hamburg, Beschl. v. 22. 11. 1996, WM 1997, 29).

Entsprechende Rechtsverordnungen, die eine Kündigungssperrfrist von **10 Jahren** bestimmen, waren bei Redaktionsschluß in folgenden Ländern in Kraft: Baden-Württemberg, Bayern, Berlin, Brandenburg, Bremen, Hamburg, Hessen, Niedersachsen, Nordrhein-Westfalen. Betroffen sind i. d. R. sämtliche größeren Städte und Gemeinden, aber auch zahlreiche kleinere Gemeinden in den jeweiligen Bundesländern.

> Vor Abfassung der Kündigung einer umgewandelten Wohnung sollte daher bei der zuständigen Gemeinde bzw. Stadtverwaltung angefragt werden, ob in dem betreffenden Gebiet eine auf 5 oder 10 Jahre verlängerte Kündigungssperrfrist gilt.

In Gebieten, die sowohl in der Verordnung über die 5jährige Sperrfrist als auch in der Verordnung nach dem neuen Gesetz über die Sozialklausel genannt sind, läuft dieses Gesetz für die ersten 5 Jahre nach dem Verkauf der Wohnung leer.

> Eine **Sperrfrist gilt nicht,**
> - wenn das Wohnungseigentum bereits **vor** Überlassung an den Mieter begründet war;
> - wenn nur eine Teilung, aber keine Weiterveräußerung vorge-

nommen wurde (z. B. der Eigentümer eines Mietshauses wandelt die Wohnungen in Eigentumswohnungen um und kündigt dann einem Mieter wegen Eigenbedarfs für seinen Sohn);
- wenn ein Wohngrundstück von einem Alleineigentümer an mehrere Miteigentümer veräußert wird, eine Umwandlung in Eigentumswohnungen aber nicht erfolgt;
- wenn die Veräußerung **vor** der Teilung stattgefunden hat, z. B. wenn der Vermieter nach Überlassung der Wohnung an den Mieter das Hausgrundstück als Miteigentümer in einer Bruchteilsgemeinschaft mit Dritten erworben hat und dann die Erwerber das Eigentum am Grundstück nach § 3 und/oder § 8 WEG in der Weise unter sich in Wohnungseigentum aufgeteilt haben, daß sie mit jedem ihnen zustehenden Miteigentumsanteil (bzw. -teilanteil) das Sondereigentum an einer bestimmten Wohnung verbunden haben (BGH, RE v. 6. 7. 1994, WM 1994, 452; so bereits KG Berlin, RE v. 26. 3. 1987, DWW 1987, 150).

Eine Sperrfrist greift in diesem Fall nicht ein, da § 564 b Abs. 2 Nr. 2 Satz 2 BGB nicht nur eine Umwandlung, sondern zusätzlich eine **nachfolgende** Veräußerung voraussetzt. Eine entsprechende Anwendung dieser Vorschrift ist nicht veranlaßt, da sich das nach dem Schutzzweck der Norm vorausgesetzte erhöhte Risiko einer erst durch die Umwandlung und Veräußerung geschaffenen Eigenbedarfslage – ebenso wie bei Begründung von Wohnungseigentum durch einen Alleineigentümer – in diesem Fall gerade nicht verwirklicht. Jeder Miteigentümer konnte sich auch schon vor Umwandlung ohne Rücksicht auf seine quotielle Beteiligung auf Eigenbedarf berufen, so daß sich das Risiko des Mieters, wegen Eigenbedarf gekündigt zu werden, durch die Umwandlung nicht erhöht. Vielmehr verringert sich dieses Risiko durch den Wegfall der übrigen Miteigentümer auf der Vermieterseite, da nach der Umwandlung nur noch ein Eigenbedarf des jeweiligen Wohnungseigentümers zur Kündigung berechtigt (BGH, a.a.O.).

16.1 Erwerb durch Gesellschaft bürgerlichen Rechts

Nicht anders ist es auch zu bewerten, wenn die Gesellschafter einer **Gesellschaft bürgerlichen Rechts** das Hausgrundstück nach Überlassung der Wohnungen an die Mieter erworben und durch Gesellschaftsvertrag vereinbart haben, daß jedem Gesellschafter an je einer Wohneinheit ein ausschließliches Nutzungsrecht zusteht (OLG Karlsruhe, RE v. 22. 5. 1990, NJW 1990, 3278, Weber/Marx X/S. 68 = Sammelband Nr. 97). Zur Begründung führt das OLG Karlsruhe aus, daß sich die Erwerber bei der Ausgestaltung der Benutzungsregelung zwar am Recht des Wohnungseigentums orientiert haben mögen, diese Benutzungsregelung aber trotzdem **schuldrechtlicher** Natur bleibt. Das Gesetz erfaßt aber nach seinem eindeutigen Wortlaut nur eine in der Bildung von Wohnungseigentum liegende **dingliche** Regelung. Weil es sich um eine schuldrechtliche Benutzungsregelung handelt, geht ein bestehendes Mietverhältnis auf die Miteigentumer insgesamt, nicht aber auf den Nutzungsberechtigten der einzelnen Wohnung als Vermieter über (§§ 571, 577 BGB; im Gegensatz etwa zur Begründung eines Dauerwohnrechtes, § 31 Abs. 1 WEG). Dem Mieter steht somit die **Gesamtheit** der Miteigentümer als Vermieter gegenüber. § 564 b Abs. 2 Nr. 2 Satz 2 BGB setzt dagegen voraus, daß der Mietvertrag auf den Erwerber übergegangen ist (§ 571 BGB; Veräußerung an einen Dritten).

Nachdem es für eine Kündigung wegen Eigenbedarfs genügt, daß die Eigenbedarfsvoraussetzungen bei einem Miteigentümer vorliegen, kann ein Miteigentümer wegen Eigenbedarfs kündigen und braucht nur die allgemeine Kündigungsfrist (siehe „Kündigungsfristen"), nicht aber die Sperrfrist (§ 564 b Abs. 2 Nr. 2 Satz 2 BGB) einzuhalten. Dagegen muß die Sperrfrist trotz der noch nicht vollzogenen Begründung von Wohnungseigentum eingehalten werden, wenn die Vertragsgestaltung ausschließlich der Umgehung der Sperrfrist dienen soll.

Das ist der Fall, wenn

- bei Abschluß des Kaufvertrages die Abgeschlossenheitsbescheinigung bereits vorgelegen hat und
- aufgrund des Kaufvertrages Wohnungseigentum (§ 3 WEG) gebildet werden soll (innerhalb einer bestimmten Frist oder bei Absicherung durch ein Druckmittel – vgl. LG Duisburg, WM 1997, 266),
- dem Miteigentümer bei Erwerb des Bruchteilseigentums an dem Hausgrundstück eine bestimmte Wohnung zur ausschließlichen Nutzung zugewiesen worden ist und
- diese Nutzungsregelung ebenso wie der dauernde Ausschluß des Aufhebungsverlangens im Grundbuch eingetragen ist (§ 1010 BGB; OLG Karlsruhe, RE v. 10. 7. 1992, WM 1992, 519; Weber/Marx, XII/S. 90).

16.2 Erwerb im Wege der Zwangsversteigerung

Der Zuschlag von Wohnungseigentum im Wege der **Zwangsversteigerung** (siehe „Zwangsversteigerung") ist als Veräußerung (§ 564 b Abs. 2 Nr. 2 Satz 2 BGB) anzusehen. Das bedeutet, daß nicht nur der Käufer, sondern auch der Ersteigerer einer **umgewandelten** Eigentumswohnung (vgl. „Umwandlung") die Kündigung wegen Eigenbedarfs erst nach Ablauf der Sperrfrist aussprechen kann.

Dies gilt auch dann, wenn das Mietverhältnis unter Einhaltung der gesetzlichen Frist von 3 Monaten gekündigt wird (§ 57 a ZVG; siehe „Kündigung", Abschnitt 3.2.2.2). Maßgebender Kündigungstermin ist dann der Termin, zu dem das Mietverhältnis erstmals nach dem Ende der Sperrfrist unter Beachtung der gesetzlichen Frist (§ 565 Abs. 2 Satz 1, Abs. 5 BGB) gekündigt werden kann (BayObLG, RE v. 10. 6. 1992, WM 1992, 424; Weber/Marx, XII/S. 72).

Ist in den Fällen des § 564 b Abs. 2 Nr. 2 Satz 2 BGB die Sperrfrist einzuhalten, **beginnt** sie mit der Eintragung des 1. Erwerbers des (nach Überlassung des Wohnraumes an den Mieter begründeten und sodann veräußerten) Wohnungseigentumes im Wohnungsgrundbuch. Weitere Erwerber treten in diese Frist ein (§ 571 BGB); für sie beginnt die Frist nicht neu zu laufen (BayObLG, RE v. 24. 11. 1981, NJW 1982, 451; Weber/Marx, I/S. 76 = Sammelband Nr. 121). Eine Kündigung des Erwerbers wegen Eigenbedarfes kann nicht vor Ablauf der Sperrfrist und somit nicht zu deren Ablauf ausgesprochen werden (OLG Hamm, RE v. 3. 12. 1980, DWW 1981, 47; Weber/Marx, I/S. 61 = Sammelband Nr. 62). Für die nach Ablauf der Frist ausgesprochene Kündigung gelten die gesetzlichen Fristen (§ 565 Abs. 2 BGB; OLG Hamm, a.a.O., siehe „Kündigungsfristen").

Unterliegt die umgewandelte Wohnung der Preisbindung, kann sich der Erwerber nicht auf Eigenbedarf berufen, solange die Wohnung als **öffentlich gefördert** gilt (§ 6 Abs. 7 WoBindG). Dies gilt auch, wenn der Mieter Fehlbeleger ist (LG Tübingen, WM 1996, 545).

Die Sperrfrist (§ 564 b Abs. 2 Nr. 2 BGB) läuft dabei neben der Dauer der Bindung, so daß eine Berufung auf Eigenbedarf nach Ablauf der längeren der beiden Fristen möglich ist.

17 Sonderregelungen in den neuen Bundesländern

Bei Mietverhältnissen auf dem Gebiet der **ehemaligen DDR,** die **vor** dem Wirksamwerden des Beitritts am 3. 10. 1990 abgeschlossen wurden, konnte eine Kündigung wegen Eigenbedarfs grundsätzlich erst **nach dem 31. 12. 1995** ausgesprochen werden.

Dies galt jedoch **nicht**, wenn der Ausschluß des Kündigungsrechtes dem Vermieter angesichts seines Wohnbedarfs und seiner sonstigen berechtigten Interessen auch unter Würdigung der Interessen des Mieters nicht zugemutet werden konnte (Gesetz zur Verlängerung der Wartefristen in der ehemaligen DDR v. 21. 12. 1992 – BGBl. I S. 2117).

Allein das Vorliegen von vernünftigen und nachvollziehbaren Gründen nach dem BGH-Rechtsentscheid vom 20. 1. 1988 (a.a.O.) war für eine Eigenbedarfskündigung insoweit nicht ausreichend.

Erforderlich war darüber hinaus, daß die Abwägung der beiderseitigen Interessen einen erheblich dringenderen Wohnbedarf des Vermieters ergab, z. B. weil die Wohnung zur Unterbringung pflegebedürftiger Eltern des Vermieters benötigt wurde (BezG Potsdam, WM 1992, 308) oder weil der Vermieter derzeit unzureichend untergebracht und der Kündigungsausschluß für ihn daher eine unzumutbare Härte war. Insofern blieb jedoch der Wunsch des Vermieters nach größerem als unter Verhältnissen in der DDR üblichen und innegehaltenem Wohnraum unberücksichtigt (KrsG Leipzig-Stadt, WM 1992, 65); ebenso war eine unzumutbare Härte nicht anzunehmen, wenn die seit 8 Jahren bestehende

Wohnsituation des Vermieters lediglich verbesserungswürdig war (KrsG Wernigerode, WM 1992, 428).

Unbeschadet dessen war eine Eigenbedarfskündigung auch dann zulässig, wenn die Räume dem Vermieter durch nicht zu rechtfertigende Zwangsmaßnahmen oder durch Machtmißbrauch, Korruption, Nötigung oder Täuschung seitens staatlicher Stellen oder Dritter entzogen worden waren sowie, wenn der Mieter bei Abschluß des Vertrages nicht redlich war (Art. 232 § 2 Abs. 3 EGBGB n. F.).

Weiterhin sollte der Mieter nunmehr nicht einen noch umfassenderen Bestandsschutz genießen als nach der alten DDR-Regelung.

Eine Kündigung wegen Eigenbedarf war daher auch dann zulässig, wenn eine Aufhebung des Mietverhältnisses möglich gewesen wäre (§ 122 ZGB DDR).

Die Anforderungen an die Begründungspflicht des Vermieters bei der Geltendmachung von Eigenbedarf vor dem 31. 12. 1995 waren daher noch erheblich höher als bei einer entsprechenden Kündigung im übrigen Bundesgebiet bzw. von Mietverträgen, die nach dem 3. 10. 1990 abgeschlossen wurden.

17.1 Überlassungsverträge

Überlassungsverträge, d. h. Verträge, durch die dem Nutzer vor dem 3. 10. 1990 ein bisher staatlich verwaltetes Grundstück durch den staatlichen Verwalter gegen Leistung eines Geldbetrages und Übernahme der öffentlichen Lasten überlassen wurde (§ 1 a EGBGB), werden als auf unbestimmte Zeit geschlossene Mietverträge fortgesetzt (§ 34 SchuldRAnpG).

17.2 Kündigungsausschlußfristen

Eine Kündigung durch den Grundstückseigentümer war bis zum Ablauf des 31. 12. 1995 ausgeschlossen (§ 38 Abs. 1 SchuldRAnpG). **Bis zum Ablauf des 31. 12. 2000** kann der Grundstückseigentümer den Mietvertrag nur kündigen, wenn er das auf dem Grundstück stehende Gebäude zu Wohnzwecken für sich, die zu seinem Hausstand gehörenden Personen oder seine Familienangehörigen **benötigt und** der Ausschluß des Kündigungsrechts dem Grundstückseigentümer angesichts seines Wohnbedarfs und seiner sonstigen berechtigten Interessen auch unter Würdigung der Interessen des Nutzers nicht zugemutet werden kann.

Die genannte Frist verlängert sich bis zum **31. 12. 2010**, wenn der Nutzer auf dem Grundstück in nicht unerheblichem Umfang Um- und Ausbauten oder wesentliche bauliche Maßnahmen zur Substanzerhaltung des Gebäudes unternommen hat, die nicht den in § 12 Abs. 2 des Sachenrechtsbereinigungsgesetzes bestimmten Umfang erreichen. Die Fristverlängerung tritt jedoch nicht ein, wenn mit den Arbeiten erst nach dem 20. 7. 1993 begonnen wurde (§§ 38 Abs. 2, 39 SchuldRAnpG).

17.3 Grundstücksveräußerung

Ist das Grundstück **veräußert** worden, kann sich der Erwerber nicht vor Ablauf von 3 Jahren seit der Eintragung der Rechtsänderung in das Grundbuch auf Eigenbedarf zu Wohnzwecken berufen. Dies gilt jedoch nicht, wenn der auf die Veräußerung des Grundstücks gerichtete Vertrag vor dem 13. 1. 1994 abgeschlossen worden ist (§ 38 Abs. 3 SchuldRAnpG).

17.4 Abtrennbare Grundstücksteile

Der Grundstückseigentümer ist auch berechtigt, eine Kündigung des Mietvertrages für eine **abtrennbare**, nicht überbaute **Teilfläche** des Grundstücks zu erklären (§ 40 SchuldRAnpG). Die Kündigung ist zulässig, wenn das Grundstück größer als 500 qm und die darüber hinausgehende Fläche abtrennbar und selbständig **baulich** nutzbar ist. Das Recht zur Kündigung steht dem Grundstückseigentümer auch hinsichtlich einer über 1000 qm hinausgehenden Fläche zu, die abtrennbar und angemessen **wirtschaftlich** nutzbar ist.

Eigentümerwechsel

1 Voraussetzungen

Ein Eigentümerwechsel tritt ein bei Tod des Vermieters sowie bei Veräußerung oder Zwangsversteigerung. Beim Tod des Vermieters tritt an dessen Stelle der Erbe oder eine Erbengemeinschaft, der/die als Gesamtsrechtsnachfolger alle Rechte und Pflichten des Erblassers aus dem Mietverhältnis kraft Gesetzes (§ 1922 BGB) übernimmt.

> Die Erben sind an alle vom Erblasser mit den Mietern getroffenen Vereinbarungen gebunden und haben daher keinen Anspruch auf Abschluß eines neuen Mietvertrages oder auf ändernde oder zusätzliche Vereinbarungen.

Schließt der Mieter mit dem Erben jedoch freiwillig einen neuen Mietvertrag ab, ist dieser in vollem Umfang wirksam. Im Falle der Veräußerung des Grundstückes nach der Überlassung an den Mieter tritt der Erwerber anstelle des Vermieters in die sich aus dem Vertrag ergebenden Rechte und Pflichten ein (Grundsatz: **Kauf bricht nicht Miete**; § 571 BGB). Als Veräußerungsgeschäft i. S. d. Bestimmung kommen in Betracht: Kauf, Tausch, Schenkung, Vermächtnis, Einbringen in eine Gesellschaft. Der Grundstücksveräußerung steht die Veräußerung des Erbbaurechtes gleich.

Veräußert ist das Grundstück, wenn der Erwerber Eigentümer geworden ist. Eigentumserwerb setzt dingliche **Einigung** über den Übergang des Eigentums (= Auflassung) und **Eintragung** des Erwerbers ins Grundbuch voraus. Nicht genügt für den Eigentumsübergang das obligatorische Verpflichtungsgeschäft, etwa der notarielle Kaufvertrag, durch den sich der Verkäufer verpflichtet, dem Käufer die Sache zu übergeben und das Eigentum daran zu verschaffen.

> Weder die in einem Grundstückskaufvertrag aufgenommene Bestimmung, wonach Besitz, Nutzen und Lasten an einem bestimmten Tag auf den Käufer übergehen, noch die Eintragung einer Auflassungsvormerkung führt den Wechsel auf Vermieterseite herbei, sondern erst die Eintragung ins Grundbuch (BGH, WM 1989, 141).

2 Kündigung und Mieterhöhung durch den Käufer

Vor Eintragung im Grundbuch kann der Mietvertrag auf Vermieterseite allein durch „**dreiseitigen** Vertrag" zwischen Verkäufer, Käufer und Mieter übergehen (LG Hamburg, WM 1993, 48).

Solange der Eigentumsübergang nicht vollzogen ist, bleibt der Veräußerer Vermieter. Der Käufer kann in diesem Stadium weder ein bestehendes Mietverhältnis kündigen (LG Münster, WM 1991, 105; LG Ellwangen, WM 1991, 489; LG Osnabrück, WM 1990, 81) noch die Zustimmung zu einer Mieterhöhung verlangen (LG Köln, WM 1996, 623; LG Karlsruhe, WM 1991, 48) oder eine Mieterhöhungserklärung z. B. wegen Kapitalkostensteigerungen abgeben (LG Köln, WM 1996, 625), wobei es insofern auf die Verhältnisse zum Zeitpunkt der Abgabe (nicht des Zugangs) der Erklärung ankommt (LG Köln, WM 1996, 623). Ferner kann der Käufer vor Grundbucheintragung keinen Mietaufhebungsvertrag und keinen Räumungsvergleich ohne Mitwirkung des Verkäufers schließen (LG Ellwangen, a.a.O.).

Strittig ist, ob der Verkäufer diese Rechte an den Käufer **abtreten** kann, so daß dieser bereits nach Abschluß des notariellen Kaufvertrages, aber vor seiner Eintragung kündigen bzw. die Miete erhöhen kann. Zum Teil wird die Abtretungsmöglichkeit des Kündigungsrechtes vor Eigentumsübergabe bejaht (Palandt, Anm. 1 d zu § 571 BGB; Fricke, ZMR 1979, 65), jedoch spricht sich die überwiegende Meinung dagegen aus (Schmidt-Futterer/Blank, 5. Aufl., B 52; Sternel, Mietrecht, IV 2; vgl. auch LG Kiel, WM 1992, 128, wonach der Vermieter das Kündigungsrecht weder abtreten noch einen Dritten zur Kündigung im eigenen Namen ermächtigen kann).

Entsprechend wird überwiegend auch die Zulässigkeit der Abtretung des Anspruches auf Abgabe eines Mieterhöhungsverlangens vor Eigentumseintragung abgelehnt (Barthelmess, MHG, § 1 Randnr. 19; Emmerich-Sonnenschein, MHG § 2 Randnr. 49; Schmidt-Futterer/Blank C 81; LG Hamburg, WM 1985, 310). Daher kann der noch nicht eingetragene Erwerber auch nicht die Zustimmungsklage im Wege der **Prozeßstandschaft** für den Vermieter erheben (LG Augsburg, WM 1990, 226).

Der Erwerber kann im Stadium zwischen Vertragsabschluß und Eintragung das Erhöhungsverlangen nur im Namen des Vermieters erklären. Hat er es aber im eigenen Namen erklärt, kann der

Vermieter die Erklärung nicht genehmigen (§ 185 BGB; Sternel III 637).

3 Kündigung und Mieterhöhung durch den Verkäufer

Ein Erhöhungsverlangen, das vom Verkäufer wirksam geltend gemacht worden ist, wirkt zugunsten des danach – während des Laufes der Zustimmungsfrist – in das Mietverhältnis eintretenden Erwerbers fort (LG Kassel, WM 1996, 417; LG Hildesheim, WM 1985, 364 zur Klagebefugnis des Veräußerers).

Besteht eine **Zwangsverwaltung** des vermieteten Grundstücks, ist der neue Eigentümer auch nach Grundbucheintragung so lange nicht zur Verwaltung des Grundstücks befugt, bis die Zwangsverwaltung aufgehoben wurde (vgl. § 148 Abs. 2 ZVG). Ein trotzdem gestelltes Zustimmungsverlangen zur Mieterhöhung ist daher unwirksam (vgl. AG Dortmund, WM 1993, 364). Die Aufhebung der Zwangsverwaltung heilt die fehlerhafte Mieterhöhungserklärung nicht (AG Dortmund, WM 1994, 546).

Eine Kündigung des Vermieters vor Verkauf der Mietsache wird durch den Verkauf nicht unwirksam. Der Käufer tritt vielmehr in die durch die Kündigung begründeten Vermieterrechte ein (§ 571 BGB), wird also Inhaber auch des Rückgabeanspruchs nach § 556 Abs. 1 BGB. Ausnahmen von diesem Grundsatz macht die Rechtsprechung bei Kündigungen wegen Eigenbedarfs (vgl. „Eigenbedarf") und wegen Hinderung der wirtschaftlichen Verwertbarkeit (vgl. „Kündigungsschutz", Abschnitt 2.3) mit der Begründung, daß gerade durch den Verkauf der Wohnung das Erlangungsinteresse wegfällt. Daher verbleibt es bei dem Grundsatz, daß die Kündigung des Verkäufers zugunsten des Käufers fortwirkt, falls das Erlangungsinteresse des Verkäufers trotz der Kündigung fortbesteht.

> Dies ist z. B. der Fall, wenn der Eigentümer/Verkäufer, der wegen Eigenbedarfs gekündigt hat und die Wohnung nun veräußern will oder muß, sichergestellt hat, daß der Käufer ihm die Nutzung gestattet. Ebenso, wenn der Verkäufer wegen Eigenbedarfs für einen Angehörigen kündigt und die Wohnung anschließend an diesen Angehörigen veräußert oder verschenkt, da der Angehörige dann nicht nur einen eigenen, sondern einen mit dem – fortbestehenden – Verkäuferbedarf praktisch deckungsgleichen Eigenbedarf hat (OLG Hamm, RE v. 21. 7. 1992, WM 1992, 460; Weber/Marx, XII/S. 94).

Wie in den Gründen dieses Rechtsentscheids zutreffend ausgeführt wird, dürfen sich für den Mieter aus einem Vermieterwechsel zwar keine Nachteile ergeben (§ 571 BGB), jedoch soll der Vermieterwechsel dem Mieter auch keine Vorteile bringen. Daher wirkt die Kündigung des Vermieters hier auch dann zugunsten des Käufers – des Angehörigen –, wenn dieser bei einer eigenen Kündigung wegen Eigenbedarfs eine Sperrfrist wegen einer vorangegangenen Umwandlung einhalten müßte (OLG Hamm, a.a.O.; zur Sperrfrist vgl. „Eigenbedarf").

4 Bindung des Käufers an bestehende Vereinbarungen

Nach **Umwandlung** eines Mietshauses in Eigentumswohnungen (siehe „Umwandlung") kann es vorkommen, daß Teile der Mietsache im Sondereigentum (z. B. die Wohnräume), andere Teile im Gemeinschaftseigentum (z. B. Gartenanteil, Trockenraum) stehen. In diesem Fall kann der Wohnungskäufer das Mietverhältnis nur zusammen mit der Eigentümergemeinschaft durch eine **einheitliche** Erklärung kündigen (LG Hamburg, WM 1997, 47). Zwei getrennte und nur auf den Leistungsteil bezogene Kündigungen wären als Teilkündigungen nicht wirksam. Bei Bestehen eines **Sondernutzungsrechtes** kann der Käufer jedoch als alleiniger Vermieter angesehen werden (entsprechend § 577 BGB). Dagegen vertritt das LG Berlin (WM 1997, 330) die Auffassung, daß der Wohnungskäufer regelmäßig alleiniger Vermieter wird und das Mietverhältnis daher auch alleine kündigen kann.

Im Zeitpunkt der Vollendung des Eigentumserwerbs (Eintragung im Grundbuch) tritt der Käufer anstelle des Verkäufers mit allen Rechten und Pflichten in das bestehende Mietverhältnis ein (§ 571 BGB). Der Abschluß eines neuen Mietvertrages zwischen dem Käufer und dem Mieter ist nicht erforderlich und kann auch nur im Einvernehmen, d. h. mit Zustimmung des Mieters, erfolgen, da ein Rechtsanspruch des Käufers auf Abschluß eines neuen Mietvertrages nicht besteht. So kann der Käufer z. B. nicht verlangen, daß der Mieter neben der Miete nunmehr auch die anfallenden Betriebskosten trägt, wenn im Vertrag eine Bruttomiete vereinbart ist, in der alle Betriebskosten enthalten sind.

> Vor Erwerb einer vermieteten Wohnung sollte daher auch der bestehende Mietvertrag eingehend geprüft werden, da der Käufer grundsätzlich an alle das Mietverhältnis betreffende Vereinbarungen zwischen dem ehemaligen Eigentümer und dem Mieter gebunden bleibt.

So ist z. B. der Grundstückserwerber auch an die generell erteilte Erlaubnis zur **Untervermietung** eines Teils der Wohnung gebunden (LG Kiel, WM 1994, 610); ebenso ist dem Grundstückserwerber das auf besonderen Umständen beruhende Vertrauen des Mieters, nicht vor Ablauf einer bestimmten Zeit gekündigt zu werden, zuzurechnen (LG Arnsberg, WM 1994, 540).

Der Grundstückserwerber muß sich u. U. auch die **widerspruchslose Hinnahme einer Mietminderung** über längere Zeit durch den Voreigentümer zurechnen lassen und kann nachträglich die Berechtigung zur Minderung nicht mehr bestreiten (AG Dortmund, WM 1994, 535). Dagegen wirkt die Zahlung der Miete unter **Vorbehalt** zwecks Aufrechterhaltung von Minderungsansprüchen **nicht** gegenüber dem Erwerber, da der Vorbehalt keine vertragsergänzende oder ändernde Wirkung hat und daher nicht nach § 571 BGB auf den Erwerber übergeht (LG Köln, WM 1996, 615).

Gleiches gilt für bloße **Gestattungen** durch den Voreigentümer, z. B. zum Abstellen von Möbeln in nicht vermieteten Kellerräumen. Dies kann vom Käufer jederzeit widerrufen werden, da es sich insofern grundsätzlich nur um ein **Leih- oder Gefälligkeitsverhältnis** ohne vertragliche Bindung handelt. Eine stillschweigende Erstreckung des Mietgebrauchs infolge Duldung über einen längeren Zeitraum kann nur für Gemeinschaftsanlagen angenommen werden; im übrigen beruht die Duldung im Zweifel auf einer jederzeit widerruflichen Gestattung (LG Saarbrücken, NJWE 1997, 3; Sternel I 213; II 180).

5 Übergang von Ansprüchen

Auch **Verwendungsersatzansprüche** des Mieters (vgl. „Verwendungen") gehen grundsätzlich nicht auf den neuen Eigentümer über. Der Anspruch kann daher nur gegenüber demjenigen geltend gemacht werden, der zum Zeitpunkt der Verwendung Vermieter war. Gegenüber dem ausscheidenden Vermieter beginnt die **Verjährung** (§ 558 BGB; vgl. „Verjährung") zu laufen, sobald der Vermieterwechsel rechtswirksam erfolgt ist und der Mieter hiervon Kenntnis erlangt hat. Dies gilt auch für die Bereicherungshaftung des Vermieters (§§ 547 Abs. 2, 684, 812 BGB; Sternel, Mietrecht, 3. Aufl., II 607; AG Potsdam, WM 1994, 667).

Ein Übergang auf den neuen Eigentümer findet auch nicht statt, soweit es sich um **höchstpersönliche** Rechte und Pflichten handelt, die nach dem Rechtsübergang auf der Vermieterseite ihren Inhalt und Sinn verlieren.

Haben der ehemalige Eigentümer und der Mieter eine **Beschränkung** der Kündigungsmöglichkeit des Vermieters (z. B. Ausschluß oder Erschwerung der Kündigung wegen Eigenbedarfs) vereinbart, handelt es sich **nicht** um eine höchstpersönliche, sondern um eine allgemeine Abrede, die nicht an die Person des Vermieters gebunden ist, so daß diese Beschränkung auch zu Lasten des Käufers wirkt (§ 571 BGB; OLG Karlsruhe, RE v. 21. 1. 1985, ZMR 1985, 122; Weber/Marx, V/S. 59 = Sammelband Nr. 122). Etwas anderes gilt nur dann, wenn aus der Vereinbarung der generelle Wille der Vertragschließenden zu entnehmen ist, daß sie die Kündigungsbeschränkung zeitlich bis zur Veräußerung der Wohnung begrenzen und damit den Übergang der vereinbarten Mieter-Schutzrechte zu Lasten eines Wohnungskäufers ausschließen wollten (OLG Karlsruhe, a.a.O.).

Der Käufer einer Wohnung tritt auch dann **vollständig** in einen von beiden Eheleuten unterzeichneten Mietvertrag ein, wenn Eigentümer nur ein Ehepartner war und der andere den Vertrag nur mitunterzeichnet hatte (§ 571 BGB analog; vgl. LG Waldshut-Tiengen, WM 1993, 56). Dieser kann und muß daher eine Kündigung des Käufers nicht mitunterzeichnen.

Der Eintritt des Käufers in ein bestehendes Mietverhältnis (§ 571 BGB) erfolgt auch, wenn die Hausverwaltung den Mietvertrag zwar in eigenem Namen, jedoch mit Zustimmung des ehemaligen Eigentümers geschlossen hatte (LG Berlin, WM 1994, 79).

Einen Anspruch auf Zahlung des **Mietzinses** hat der Käufer gegenüber dem Mieter nur für Mieten, die nach dem Erwerb (Eintragung im Grundbuch) fällig geworden sind; jedoch unabhängig davon, ob die erst nach Veräußerung fällig werdende Miete zum Teil auf die Zeit vor der Veräußerung entfällt. Auch sonstige Rückstände aus der Zeit des Vorbesitzers kann der Käufer nur verlangen, wenn sie ihm abgetreten sind (vgl. Palandt, Anm. 4 a zu § 571 BGB).

Gleiches gilt auch für **Schadenersatzansprüche** gegen den nach Beendigung des Mietverhältnisses ausgezogenen Mieter wegen unterbliebener Endrenovierung und Wiederherstellung des früheren Zustands der Mieträume. Diese stehen dem Vermieter (= Verkäufer) und nicht nach § 571 BGB dem Käufer zu, wenn sie bereits vor dem Eigentumswechsel entstanden und fällig geworden sind (BGH, WM 1989, 141). Jedoch kann der auf Zahlung des Geldbetrages zur Wiederherstellung der beschädigten Mietwohnung gerichtete Schadenersatzanspruch vom Vermieter klageweise nicht mehr geltend gemacht werden, wenn im Zeitpunkt der letzten mündlichen Verhandlung ein Dritter bereits Grundstückseigentümer ist. Der ehemalige Eigentümer und Vermieter kann in diesem Fall nur Geldersatz nach § 251 BGB verlangen, muß aber darlegen und beweisen, daß er wegen der Beschädigungen einen Mindererlös erlitten hat (LG Kiel, WM 1994, 275; BGH, NJW 1993, 1793). Er kann seinen Schadenersatzanspruch aber gegen den Kautionsrückzahlungsanspruch des Mieters aufrechnen, wenn er im Zeitpunkt der Aufrechnungslage und Aufrechnungserklärung noch Eigentümer der Wohnung war (LG Kiel, a.a.O.).

Von den Ansprüchen des Käufers gegen den **Mieter** zu unterscheiden sind die Ansprüche des Käufers gegen den **Verkäufer** (z. B. auf Erstattung der vom Mieter gezahlten Mieten). Diese bestimmen sich nicht zwingend nach dem Zeitpunkt des Eigentumsübergangs, sondern vorrangig nach den Vereinbarungen im Kaufvertrag, z. B. über den Übergang von Besitz, Nutzen (= Mieten) und Lasten. Diese Vereinbarung wirkt nur zwischen Verkäufer und Käufer und bedeutet grundsätzlich keine Abtretung der Mietzinsansprüche (vgl. OLG Düsseldorf, DWW 1993, 175 sowie Urt. v. 16. 6. 1994, MDR 1994, 1009), so daß der Mieter bis zur Umschreibung an den Verkäufer zahlen kann und der Käufer lediglich einen Anspruch gegen den Verkäufer auf Erstattung hat (vgl. auch OLG Düsseldorf, DWW 1993, 76 zur Abtretung von Pachtzinsansprüchen).

Der Eintritt des Erwerbers in den Mietvertrag nach § 571 BGB erfolgt jedoch nur dann, wenn die Überlassung an den Mieter **vor** Eigentumsübergang erfolgt ist. Der Tatbestand der Überlassung ist gegeben, wenn die Sache durch Verschaffung des unmittelbaren Besitzes an den Mieter übergeben ist, nach allgemeiner Meinung aber auch dann, wenn dem Mieter der Zugang zur vermieteten Sache in der Weise ermöglicht wird, daß er von ihr Gebrauch machen kann.

Erfolgte die Überlassung an den Mieter **nach** Veräußerung, gilt § 578 BGB.

> Danach tritt der Erwerber mit allen Rechten und Pflichten nach § 571 BGB nur dann in den Mietvertrag ein, wenn er dem Vermieter gegenüber die Erfüllung der sich aus dem Mietverhältnis ergebenden Verpflichtungen übernommen hat (z. B. um den Vermieter vor Schadenersatzansprüchen des Mieters zu schützen).

Hat der Erwerber die Erfüllung der vertraglichen Pflichten nicht übernommen, ist er nicht verpflichtet, dem Mieter den Gebrauch der Mietsache zu überlassen. Zwischen Erwerber und Mieter kommen dann keine Rechtsbeziehungen zustande. Das Mietverhältnis bleibt bestehen, kann vom Vermieter aber nicht erfüllt werden, so daß dem Mieter dann Schadenersatzansprüche (§§ 325 Abs. 1 bzw. 538 Abs. 1 BGB) zustehen.

Entsprechendes gilt bei **weiterer Veräußerung** des Grundstückes (§ 579 BGB).

5.1 Kaution

Hat der Mieter dem Vermieter für den Mietzins oder für die Erfüllung seiner sonstigen Verpflichtungen (z. B. Ausführung der Schönheitsreparaturen) **Sicherheit** geleistet, tritt der Erwerber in die dadurch begründeten Rechte ein (§ 572 Satz 1 BGB).

Zur Rückgewähr ist der **Erwerber** nur verpflichtet, wenn die Sicherheit ihm ausgehändigt wird oder wenn er dem Vermieter gegenüber die Verpflichtung zur Rückgewähr übernimmt. Dagegen soll der **Veräußerer** gegenüber dem Mieter nach überwiegender Meinung auch dann noch auf Rückzahlung der Kaution haften, wenn er sie dem Erwerber ausgehändigt hat (vgl. LG Köln, WM 1989, 290; LG Frankfurt, WM 1990, 427; LG München I, WM 1992, 617). Eine Verpflichtung des Veräußerers zur Rückzahlung besteht jedoch nicht mehr, wenn der Erwerber bereits über die Kaution abgerechnet hat (LG Düsseldorf, DWW 1989, 393).

Hat der Mieter eine **Barkaution** geleistet, umfaßt die Verpflichtung zur Rückgewähr auch die angefallenen Zinsen. Der Erwerber kann vom Veräußerer die Aushändigung der Sicherheit verlangen (vgl. OLG Düsseldorf, MDR 1983, 405). Wurde bei einem Mietverhältnis über Wohnraum die Kaution vom Vermieter pflichtgemäß auf einem **Sonderkonto** angelegt (siehe „Kaution“, Abschnitt 4), tritt beim Verkauf der Wohnung ein gesetzlicher Kontoinhaberwechsel ein, so daß ein Anspruch auf Übergabe der Kaution durch Übergabe des für das Kautionssonderkonto existierenden Sparbuchs erfüllt werden kann (OLG Düsseldorf, DWW 1997, 150). Der Verkäufer kann die Kaution zurückhalten, soweit er Ansprüche gegen den Mieter hat, für welche die Sicherheit haftet.

> **Beispiel:**
> Eigentumsübergang tritt am 15. 9. eines Jahres ein. Mieter schuldet noch die Miete für August des gleichen Jahres. Veräußerer kann sich daher aus einer an ihn vom Mieter geleisteten Sicherheit befriedigen.

Die Veräußerung des Grundstücks und der damit verbundene Wechsel in der Vermieterstellung gibt dem Mieter kein Recht, die Sicherheit zurückzufordern. Jedoch kann ein Mieter von Wohnraum verlangen, daß der Vermieter eine Barkaution einschließlich der Kautionszinsen dem Erwerber auszahlt, wenn im Mietvertrag nicht etwas anderes ausdrücklich vereinbart ist (OLG Karlsruhe, RE v. 30. 11. 1988, WM 1989, 63; Weber/Marx, VIII/ S. 53 = Sammelband Nr. 123; LG Hamburg, WM 1996, 765).

Dies gilt nicht, sofern und soweit dem Vermieter gegen den Mieter noch Ansprüche zustehen, die durch die Kaution gesichert werden.

Ein Anspruch des Mieters gegenüber dem Vermieter auf Auszahlung der Kaution an den Erwerber entfällt aber auch dann, wenn der Vermieter die Kaution dem Erwerber auf andere Weise aushändigt oder wenn der Erwerber gegenüber dem Vermieter die Verpflichtung zur Rückgewährung der Kaution übernommen hat. Dann nämlich hat der Mieter gegenüber dem Erwerber einen unmittelbaren Anspruch auf Rückgewähr der Kaution (§ 572 Satz 2 BGB), und es besteht für ihn kein berücksichtigungsfähiges Interesse auf Auszahlung der Kaution durch den Vermieter an den Erwerber (OLG Karlsruhe, a.a.O.). Ob und inwieweit für neue Kautionsvereinbarungen, die unter die Vorschrift des § 550 b Abs. 2 BGB und damit unter das Gebot einer konkurssicheren Anlage der Kaution fallen, die beiden letztgenannten Ausnahmen (Aushändigung, Übernahme der Verpflichtung) zutreffen, hat das OLG Karlsruhe ausdrücklich offengelassen.

5.2 Betriebskosten

Zur Abrechnung über die noch an den früheren Eigentümer geleisteten **Vorauszahlungen** auf die Betriebskosten ist der Erwerber nicht verpflichtet, weil der Rechtsgrund für die Erstattung nicht verbrauchter Vorauszahlungen schon vor Eigentumsübergang (aufschiebend bedingt) entstanden ist (LG Osnabrück, WM 1990, 357; LG Lüneburg, WM 1992, 380). Dementsprechend geht eine Rückzahlungsverpflichtung des Vermieters (Verkäufer) wegen überzahlter Betriebskosten dann nicht auf den Erwerber über, wenn die Verpflichtung **vor** dem Eigentumswechsel entstanden ist. § 572 BGB ist auf Guthaben des Mieters aus überzahlten Betriebskosten nicht entsprechend anwendbar (OLG Düsseldorf, Urt. v. 14. 4. 1994, DWW 1995, 83).

5.3 Vorausverfügungen

Vorausverfügungen über den Mietzins durch den Vermieter spielen im Zusammenhang mit Grundstücksveräußerungen eine bedeutsame Rolle. Ohne Sondervorschriften wären sie dem Erwerber gegenüber voll wirksam. Jedoch gibt es **Ausnahmen**:

> Hat der Vermieter vor dem Übergang des Eigentums über den Mietzins, der auf die Zeit der Berechtigung des Erwerbers entfällt, verfügt, ist die Verfügung insoweit wirksam, als sie sich auf den Mietzins für den zur Zeit des Übergangs laufenden Monat bezieht; geht das Eigentum nach dem 15. des Monats über, ist die Verfügung auch insoweit wirksam, als sie sich auf den Mietzins für den folgenden Monat bezieht.

Eine Verfügung über den Mietzins für eine spätere Zeit muß der Erwerber gegen sich gelten lassen, wenn er sie zur Zeit des Übergangs des Eigentumes kennt (§ 573 BGB). In Betracht kommen in diesem Zusammenhang vor allem die **Abtretung** oder die **Verpfändung** von Mietzinsansprüchen.

Ein Rechtsgeschäft, das zwischen dem Mieter und dem Vermieter in Ansehung der Mietzinsforderung vorgenommen wird, das insbesondere die Entrichtung des Mietzinses betrifft, ist dem Erwerber gegenüber wirksam, soweit es sich nicht auf den Mietzins für eine spätere Zeit als den Kalendermonat bezieht, in welchem der Mieter von dem Übergang des Eigentums Kenntnis erlangt; bei Kenntniserlangung nach dem 15. eines Monats ist das Rechtsgeschäft auch insoweit wirksam, als es sich auf den Mietzins für den folgenden Monat bezieht.

Ein Rechtsgeschäft, das nach dem Übergang des Eigentums vorgenommen wird, ist unwirksam, wenn der Mieter bei der Vornahme des Rechtsgeschäftes von dem Übergang des Eigentums Kenntnis hat (§ 574 BGB).

Die §§ 573, 574 BGB haben in der Vergangenheit im Zuge des Wiederaufbaues kriegszerstörter Häuser und der Mitfinanzierung durch den Mieter eine bedeutsame Rolle gespielt, mit der Folge, daß sich zur Behandlung von Mieterleistungen zum Wiederaufbau bei Grundstücksveräußerungen eine umfangreiche Rechtsprechung entwickelt hat. Danach erstrecken sich die §§ 573, 574 BGB **nicht** auf solche Vorausverfügungen und -leistungen, die in Übereinstimmung mit dem Mietvertrag stehen **(Mietvorauszahlungen).**

Dies gilt auch für Mietvorauszahlungen, die zum Aufbau des vermieteten Gebäudes oder zur Herstellung der Mieträume verwendet werden (**Baukostenzuschüsse;** BGHZ 6, 202; 15, 296; 16, 31; insbes. 37, 346). Hat der Mieter mit dem Vermieter jedoch vereinbart, daß ein geleisteter Baukostenzuschuß mit dem Mietzins verrechnet wird, ist der Käufer nach Veräußerung des Grundstücks, unabhängig von der Regelung der §§ 573, 574 BGB, an diese Vereinbarung gebunden (OLG Düsseldorf, WM 1995, 486).

Mit der fortschreitenden Normalisierung des Grundstücks- und Wohnungswesens verliert die Rechtsprechung zu Mieterdarlehen, Mietvorauszahlungen und Baukostenzuschüssen zunehmend an Bedeutung.

Soweit die Entrichtung des Mietzinses an den Vermieter nach § 574 BGB dem Erwerber gegenüber wirksam ist, kann der Mieter gegen die Mietzinsforderung des Erwerbers eine ihm gegen den Vermieter zustehende Forderung **aufrechnen.**

> Das gilt nicht, wenn der Mieter die Gegenforderung erworben hat, nachdem er vom Übergang des Eigentumes Kenntnis erlangt hat oder wenn die Gegenforderung erst nach Kenntniserlangung und später als der Mietzins fällig geworden ist.

Zeigt der Vermieter dem Mieter an, daß er das Eigentum an dem vermieteten Grundstück auf einen Dritten übertragen habe, so muß er in Ansehung der Mietzinsforderung die angezeigte Übertragung dem Mieter gegenüber gegen sich gelten lassen, auch wenn die Eigentumsübertragung aus irgendwelchen Gründen in Wirklichkeit nicht eingetreten ist. Die Anzeige kann nur mit Zustimmung desjenigen zurückgenommen werden, der als der neue Eigentümer bezeichnet worden ist (§ 575 BGB). Diese Bestimmung bezieht sich nur auf die Anzeige des Eigentumsüberganges durch den bisherigen Vermieter, nicht etwa auf die Mitteilung des Erwerbers. Dessen Anzeige hat somit nicht zur Folge, daß der Mieter mit befreiender Wirkung an ihn zahlen kann.

Bei Grundstücks**belastungen** nach Überlassung an den Mieter gelten die Regelungen zur Grundstücks**veräußerung entsprechend,** wenn durch die Ausübung des Rechtes dem Mieter der vertragliche Gebrauch entzogen wird. Hat die Ausübung des Rechtes nur eine Beschränkung vertragsgemäßen Gebrauchs zur Folge, ist der an der Belastung Berechtigte dem Mieter gegenüber verpflichtet, die Ausübung des Rechtes zu unterlassen, soweit sie den vertragsgemäßen Gebrauch beeinträchtigen würde (§ 575 BGB).

Neben dem hierdurch dem Mieter unmittelbar gegen den Dritten gewährten Schutz kann der Mieter vom Vermieter Beseitigung der Störung verlangen.

> Als Rechte (§ 577 BGB) kommen vor allem in Betracht: das Erbbaurecht, der Nießbrauch oder das dingliche Wohnungsrecht. So tritt z. B. der Erbbauberechtigte in die Rechte und Pflichten des Vermieters ein (Gebrauchsgewährungspflicht, Anspruch auf den Mietzins).

5.4 Nießbrauch

Hauptanwendungsfall (§ 577 BGB) ist die **Bestellung** eines Nießbrauchs durch den Eigentümer und Vermieter nach Überlassung des Mietgegenstandes an den Mieter. Hier tritt im Augenblick der Nießbrauchsbestellung (bei Grundstücken durch Einigung und Eintragung im Grundbuch) der Nießbraucher anstelle des Eigentümers in den Mietvertrag ein. Von diesem Zeitpunkt an hat der Nießbraucher kraft Gesetzes Anspruch auf den Mietzins. Veräußert der Eigentümer und Vermieter das Grundstück und behält sich den Nießbrauch vor (z. B. der Eigentümer des vermieteten Grundstückes überträgt das Eigentum auf seine Tochter, behält sich aber den Nießbrauch auf Lebenszeit vor), greifen die §§ 571 ff. BGB überhaupt nicht ein; denn an der Identität des Vermieters ändert sich nichts; bisher war er als Eigentümer Vermieter, nun ist er das als Nießbraucher (LG Baden-Baden, WM 1993, 357).

5.5 Zwangsversteigerung

Außer beim Tod des Vermieters und der rechtsgeschäftlichen Veräußerung des Grundstückes tritt ein Vermieterwechsel bei der Zwangsversteigerung des Grundstückes ein. Der Ersteher wird im Zeitpunkt des Zuschlages im Zwangsversteigerungsverfahren Eigentümer des Grundstückes (§ 90 Abs. 1 ZVG) und tritt mit allen Rechten und Pflichten in das bestehende Mietverhältnis ein (§ 57 ZVG). Ab dem Zeitpunkt der Zustellung des Beschlusses an den Mieter, durch den die Zwangsversteigerung angeordnet wird, kann dieser nicht mehr mit befreiender Wirkung an den Vermieter leisten (§ 57 b ZVG).

Siehe auch „Vorkaufsrecht“.

Einbauten →„Einrichtungen“

Einbruch →„Instandhaltung und Instandsetzung“

Einliegerwohnung →„Kündigungsschutz“, Abschnitte 2.6 u. 2.7, „Mieterhöhung“

Einrichtungen

Einrichtungen sind bewegliche Sachen, die der Mieter mit der Mietsache körperlich verbunden hat, die aber trotz ihrer Verbindung nach der Verkehrsauffassung als zusätzliche Einrichtungen gewertet werden (Pergande, § 547 BGB Anm. 2). Sie müssen dem wirtschaftlichen Zweck der Mietsache zu dienen bestimmt sein (BGH, WPM 1969, 1114), z. B. um diese besser und bequemer nutzen zu können.

Als **Beispiele** seien genannt: Waschbecken, Badewannen, Badeeinrichtungen, Boiler, Wandschränke, Beleuchtungseinrichtungen, vom Mieter verlegter Teppichboden (AG Karlsruhe, NJW 1978, 2602), Rolläden, vom Mieter eingepflanzte Sträucher im Garten.

Dagegen nicht das **Heizöl** im Tank

eines Einfamilienhauses (LG Mannheim, ZMR 1975, 304).

Im Gegensatz zu baulichen Änderungen (vgl. „Bauliche Veränderungen durch den Mieter") überschreitet der Mieter mit dem Anbringen einer Einrichtung grundsätzlich nicht den vertragsgemäßen Gebrauch der Mietsache, so daß eine vorherige Zustimmung des Vermieters nicht erforderlich ist. Dies gilt auch für die Erneuerung von Einrichtungen durch den Mieter (z. B. Wasserhahn, Waschbecken). Der Mieter ist daher erst bei Beendigung des Mietverhältnisses zur Herstellung des ursprünglichen Zustandes verpflichtet und muß während der Dauer des Mietverhältnisses die ausgebaute, dem Vermieter gehörende Einrichtung auch nicht an diesen herausgeben (LG Lüneburg, WM 1995, 701).

Das Anbringen der Einrichtung geschieht bei einem Mietverhältnis in der Regel nur zu einem **vorübergehenden Zweck** (OLG Frankfurt, Urt. v. 6. 5. 1986, Az. 8 164/85), so daß die Einrichtungen, unabhängig davon, ob eine feste Verbindung mit dem Gebäude besteht, **nicht** zu den wesentlichen **Bestandteilen** eines Gebäudes (vgl. §§ 93 bis 95 BGB) gehören und daher Eigentum des Mieters bleiben. Gleiches gilt für eine aus serienmäßig hergestellten Einzelteilen zusammengesetzte **Einbauküche**. Diese kann grundsätzlich auch nicht als „Zubehör" (vgl. §§ 97, 1120 BGB) angesehen werden (OLG Düsseldorf, WM 1995, 146; BGH, NJW-RR 1990, 586).

Die Frage nach den Eigentumsverhältnissen an der Einrichtung kann bezüglich des **Wegnahmerechtes** des Mieters (§ 547 a BGB) regelmäßig dahingestellt bleiben, da sich das Wegnahmerecht des Mieters auch auf wesentliche Bestandteile erstreckt und ohne Rücksicht darauf besteht, ob die Sache in seinem Eigentum, im Eigentum des Vermieters oder eines Dritten steht.

Weiterhin besteht das Wegnahmerecht unabhängig davon, ob mit der Entfernung eine Beschädigung der Einrichtung oder der Mietsache zwangsläufig verbunden ist. Einen Schaden an der Mietsache hat der Mieter im Rahmen seiner Verpflichtung zur Herstellung des ursprünglichen Zustandes zu ersetzen. Wurde die Einrichtung wesentlicher Bestandteil, umfaßt das Wegnahmerecht auch ein Aneignungsrecht des Mieters (Emmerich-Sonnenschein, Mietrecht, § 547 a BGB, Rz. 14).

Das Wegnahmerecht **verjährt** in 6 Monaten (§ 558 BGB). Nach Eintritt der Verjährung kann der Vermieter das Recht zum Besitz als dauernde Einrede geltend machen und schuldet dem Mieter keine Nutzungsentschädigung (BGH, ZMR 1981, 367; ZMR 1987, 371).

Der Vermieter kann das Wegnahmerecht des Mieters durch Zahlung einer angemessenen Entschädigung abwenden, es sei denn, daß der Mieter ein berechtigtes Interesse an der Wegnahme hat (§ 547 a Abs. 2 BGB; z. B. wenn die Einrichtung nicht mehr im Handel erhältlich ist).

Im Falle der Veräußerung des Grundstückes steht die Abwendungsbefugnis auch dem Erwerber zu. Sie erlischt mit der Abtrennung der Einrichtung. Mit der Erklärung, die Abwendungsbefugnis ausüben zu wollen, muß der Vermieter gleichzeitig die angemessene Entschädigung anbieten. Sie bemißt sich nach dem Zeitwert (Anschaffungs- und Einrichtungskosten abzüglich Abschreibung), vermindert um den Wertverlust für den Ausbau und um die Aufwendungen für die Herstellung des ursprünglichen Zustandes. Häufig scheitert eine Einigung an überhöhten Wertvorstellungen des Mieters.

> Nachdem nicht nur ein Wegnahme**recht** (§ 547 a BGB), sondern auch eine Wegnahme**pflicht** des Mieters besteht (§ 556 BGB), kann der Vermieter darauf bestehen, daß der Mieter seiner Verpflichtung zur Wegnahme nachkommt und den ursprünglichen Zustand wiederherstellt (§ 258 BGB), falls keine Einigung über eine Ablösesumme zustande kommt.

Der Anspruch des Vermieters auf Herstellung des ursprünglichen Zustandes (z. B. Entfernung von Bodenbelägen) kann jedoch entfallen, wenn der Vermieter die Wohnung vorbehaltlos zurücknimmt und die Kaution auszahlt (LG Mosbach, WM 1996, 618).

Eine Ausnahme von dem Grundsatz, daß der Mieter mangels einer ausdrücklichen Vereinbarung keine Ablöseansprüche gegen den Vermieter hat, wurde von der Rechtsprechung lediglich für das vom Mieter beschaffte **Heizöl** gemacht. Danach ist der Vermieter nach dem Auszug des Mieters grundsätzlich gehalten, die verbliebene Restölmenge zu übernehmen und die Anschaffungskosten nach dem Tagespreis zu vergüten (vgl. LG Mannheim, ZMR 75, 304; LG Freiburg, WM 82, 206).

Die Vergütungspflicht besteht jedoch nicht, wenn der Vermieter für das Restöl keine Verwendung mehr hat, z. B. wegen der vorgesehenen Umstellung auf Gasheizung (LG Stuttgart, Urt. v. 30. 10. 1990, WM 1991, 27). **Andererseits** kann der Vermieter hier grundsätzlich auch nicht verlangen, daß der Mieter das Restöl abpumpen läßt (LG Stuttgart, a.a.O.).

Der Vermieter kann die Wegnahme solange untersagen, bis ihm für einen damit verbundenen Schaden ausreichend Sicherheit geleistet ist (§ 258 Satz 2 BGB).

Eine vertragliche Vereinbarung, durch die das Wegnahmerecht des Mieters entschädigungslos ausgeschlossen wird, ist nur wirksam, wenn es sich nicht um **Wohn**raum handelt (z. B. bei Geschäftsräumen).

Bei Vermietung von Wohnraum ist der **Ausschluß** des Wegnahmerechtes nur wirksam, wenn ein **angemessener Ausgleich** vorgesehen ist (§ 547 a Abs. 3 BGB). Dieser kann, muß jedoch nicht unbedingt, in Geld bestehen. Denkbar sind auch andere Ausgleichsleistungen, z. B. eine langfristige Vertragsdauer oder eine Ermäßigung des

Mietzinses; allerdings muß sich aus der zugrundeliegenden Vereinbarung ergeben, daß damit die Gegenleistung für den Ausschluß des Wegnahmerechtes erbracht ist (siehe auch „Verwendungen").

Einstellplätze → „Garage"
Einzugsermächtigung → „Mietzins"
Energieeinsparung → „Modernisierung"
Erbengemeinschaft → „Personenmehrheit", „Rechtsnachfolge"
Erhaltungsmaßnahmen → „Instandhaltung und Instandsetzung der Mieträume"
Erhöhungsklauseln → „Wertsicherungsklauseln", „Leistungsvorbehalt"
Ersatz von Verwendungen → „Einrichtungen"

Ersatzmieter

1 Mietvertrag mit Nachmieterklausel

Ein Ersatzmieter, auch **Nachmieter** genannt, ist ein Mieter, der in ein bestehendes Mietverhältnis als Ersatz für einen ausscheidenden Mieter eintritt. Eine **gesetzliche** Definition dieses Begriffes existiert **nicht**. Ebensowenig gibt es, entgegen einer häufig zu hörenden Meinung, ein Recht des Mieters auf vorzeitige Entlassung aus dem Mietvertrag, wenn er dem Vermieter zumutbare Ersatzmieter anbietet. Ein entsprechendes Recht des Mieters besteht nur dann, wenn der Mietvertrag dies ausdrücklich vorsieht, z. B. durch eine **Nachmieterklausel**. Dabei ist zwischen einer echten und einer unechten Nachmieterklausel zu unterscheiden (OLG Frankfurt, Urt. v. 24. 6. 1991, WM 1991, 475).

> Eine **unechte** Nachmieterklausel ermöglicht es dem Mieter nur, bei Stellung von geeigneten Ersatzmietern vorzeitig aus dem Mietverhältnis auszuscheiden, gibt ihm jedoch **keinen Anspruch**, daß der Vermieter einen dieser Ersatzmieter in den Mietvertrag für die restliche Mietdauer eintreten läßt. Dieser Anspruch besteht nur bei Vereinbarung einer **echten** Nachmieterklausel.

Welche Klausel vereinbart ist, ist im konkreten Einzelfall anhand objektiv erkennbarer Umstände durch Auslegung des Vertrages zu bestimmen. Für eine **echte** Nachmieterklausel spricht z B., wenn

- dem Mieter erlaubt wird, **erhebliche Investitionen** zu machen oder

- derartige Investitionen nach dem Vertrag vorausgesetzt sind oder
- der Mieter berechtigt sein soll, den nicht abgewohnten Teil eines Finanzierungsbeitrages sich vom Nachfolger erstatten zu lassen,

da der Mieter in einem derartigen Fall nicht nur ein wirtschaftliches, sondern auch ein rechtliches Interesse daran hat, daß das Mietverhältnis mit einem von ihm vorgeschlagenen Nachfolger fortgesetzt wird (OLG Frankfurt, a.a.O.).

2 Mietvertrag ohne Nachmieterklausel

Enthält der Mietvertrag dagegen keine entsprechende Regelung zugunsten des Mieters, besteht für den Vermieter grundsätzlich keine Verpflichtung, den Mieter vorzeitig aus dem Mietverhältnis zu entlassen. Die Stellung von zumutbaren Ersatzmietern durch den Mieter ändert daran nichts. Selbst die vom Vermieter geäußerte Bereitschaft, vorgeschlagene Mietinteressenten als Mietnachfolger in Betracht zu ziehen, hat i.d.R. nicht die Bindungswirkung einer vertraglichen Nachmieterklausel (OLG Hamburg, WM 1997, 214).

Im Zivilrecht gilt der allgemeine **Grundsatz**, daß Verträge zu halten sind („pacta sunt servanda"). Dem trägt für das Mietrecht § 552 Satz 1 BGB Rechnung. Danach wird der Mieter von der Entrichtung des Mietzinses nicht dadurch befreit, daß er durch einen in seiner Person liegenden Grund an der Ausübung seines Gebrauchsrechtes verhindert wird.

Eine **Ausnahme** von diesem Grundsatz statuiert § 570 BGB, der Militärpersonen, Beamten, Geistlichen und Lehrern an öffentlichen Unterrichtsanstalten im Falle der Versetzung an einen anderen Ort ein außerordentliches Kündigungsrecht bezüglich ihrer Wohnung einräumt.

Dagegen kann ein Arbeitnehmer, der **nicht** in einem öffentlich-rechtlichen Dienstverhältnis steht, ein auf bestimmte Zeit abgeschlossenes Mietverhältnis über Wohnraum nicht mit der Begründung vorzeitig kündigen, er müsse an einen anderen Wohnort ziehen, um das Arbeitsverhältnis bei seinem bisherigen Arbeitgeber an einem anderen Dienstort fortzusetzen, nachdem am früheren Dienstort sein Arbeitsplatz weggefallen ist und ein gleichwertiges Arbeitsverhältnis in der Nähe der gemieteten Wohnung nicht zu finden ist (BayObLG, RE v. 12. 3. 1985, ZMR 1985, 199, Weber/Marx V/S. 53 = Sammelband Nr. 118, siehe im einzelnen „Kündigung", Abschnitt 2.2.2.3).

Bei Fehlen einer Mietnachfolgeklausel ist der Vermieter nur **ausnahmsweise** nach den von der Rechtsprechung zum Grundsatz von Treu und Glauben entwickelten Grundsätzen verpflichtet, an der vorzeitigen Aufhebung des Mietverhältnisses durch Abschluß eines **Aufhebungsvertrages** mitzuwirken. Danach braucht der Vermieter die vom Mieter gestellten Ersatzmieter, auch wenn diese geeignet und zumutbar sind, nur dann zu akzeptieren, wenn der Mieter für die vorzeitige Vertragsaufhebung derart erhebliche Gründe hat, daß ihm die ordnungsgemäße Beendigung des Mietverhältnisses nicht zugemutet werden kann.

2.1 Interessenabwägung

Nach dem Rechtsentscheid des OLG Karlsruhe vom 25. 3. 1981 (NJW 1981, 1741; Weber/Marx, I/S. 37 = Sammelband Nr. 30) ist der Vermieter nur dann verpflichtet, den Mieter, der ihm einen geeigneten Nachmieter stellt, vorzeitig aus dem auf bestimmte Zeit abgeschlossenen Wohnungsmiet vertrag zu entlassen, wenn das berechtigte Interesse des Mieters an der Aufhebung dasjenige des Vermieters am Bestand des Vertrages ganz **erheblich überragt**.

Diese Voraussetzungen sind in der Regel nicht gegeben, wenn der Mieter aufgrund einer, auf die Veränderung seiner Wohnungssituation abzielenden freien Entscheidung das Interesse an der bisherigen Wohnung verloren hat.

> Ausdrücklich genannt werden in diesem Rechtsentscheid folgende **Gründe:** schwere Krankheit des Mieters, beruflich bedingter Ortswechsel, Aufnahme in ein Altersheim, wesentliche Vergrößerung oder Verkleinerung der Familie.

Eine wesentliche Vergrößerung der Familie im Sinne dieses Rechtsentscheids kann nach einem Urteil des LG Berlin (WM 1992, 472) bei einer alleinstehenden Mieterin einer Einzimmerwohnung bereits durch die Geburt eines Kindes eintreten. Zur vorzeitigen Beendigung eines Zeitmietvertrages bei Familiennachwuchs vgl. auch LG Landshut, WM 1996, 542; LG Oldenburg, 1995, 394; LG Bonn, WM 1992, 16).

Dagegen reicht nach dieser Rechtsprechung allein der Wunsch des Mieters nach Bezug einer besseren, billigeren oder verkehrsgünstigeren Wohnung nicht aus, da der Mieter in diesem Fall das Interesse an der Wohnung aufgrund seiner freien Entscheidung und nicht aufgrund von nicht zu vertretenden Umständen verloren hat. So wurde vom OLG Hamburg (DWW 1987, 71) entschieden, daß ein erhebliches, rechtlich beachtenswertes Interesse des Mieters an einer vorzeitigen Auflösung des noch längere Zeit laufenden Mietvertrages nicht durch Umstände aus dem Verantwortungsbereich des Mieters hergeleitet werden kann, da er allein das Risiko trägt, die Mieträume wirtschaftlich sinnvoll nutzen zu können. Es muß sich daher immer um Gründe handeln, die außerhalb des Einflußbereiches des Mieters liegen.

Diese Rechtsprechung wurde vom OLG Hamm erneut bestätigt (Beschl. v. 22. 8. 1995, Az. 30 RE-Miet 1/95, WM 1995, 577). Danach kann der Mieter einen Anspruch auf vorzeitige Entlassung aus dem Mietvertrag weder auf eine starke Wohnungsnachfrage noch auf die „Grundsätze des sozialen Mietrechts" stützen, da letzteres den Mieter nur gegen Kündigungen und Mieterhöhungen schützt, nicht jedoch die vorzeitige Lösung vom Mietvertrag erleichtern will.

Nur wenn der Mieter einen geeigneten Nachmieter stellt **und** sein Interesse an der Vertragsauflösung dasjenige des Vermieters am Bestand des Vertrages erheblich überragt, muß ihn der Vermieter vorzeitig aus dem Vertrag entlassen (OLG Hamm, a.a.O.).

Strittig ist, ob diese Grundsätze, die für Wohnraummietverhältnisse entwickelt wurden, auch für Mietverhältnisse über **Geschäftsräume** gelten, u. U. unter noch strengeren Voraussetzungen (vgl. dazu Heile in Bub / Treier, Kap. II, Rdn. 820 ff.; OLG Düsseldorf, WM 1994, 469). Jedenfalls fällt bei Geschäftsräumen die Rentabilität eines in den gemieteten Räumen betriebenen Unternehmens grundsätzlich in die wirtschaftliche Risikosphäre des Mieters (BGH, Urt. v. 29. 4. 1992, DWW 1993, 69). Der Mieter trägt das sog. „Verwendungsrisiko" (§ 552 BGB), so daß enttäuschte Umsatzerwartungen grundsätzlich kein berechtigtes Interesse an der Vertragsaufhebung darstellen (vgl. OLG München, ZMR 1995, 156). Ein solches kann nur im Ausnahmefall gegeben sein, wenn z. B. durch nachträgliche staatliche Maßnahmen (z. B. U-Bahn-Bau) ein derartiger Umsatzrückgang eintritt, daß das Geschäft nicht mehr lebensfähig ist (Emmerich-Sonnenschein, Rdn. 34 a; Schmidt-Futterer/ Blank B, 107). Zur Wirksamkeit von Formularklauseln über die Betriebspflicht des Mieters sowie über den Ausschluß von Nachmietern vgl. „Allgemeine Geschäftsbedingungen".

In die Interessenabwägung zwischen den Interessen des Mieters an der Aufhebung des Mietvertrages und den Interessen des Vermieters am Bestand des Mietverhältnisses ist auch die **Restlaufzeit** des Mietvertrages mit einzubeziehen. Sofern die restliche Mietzeit nur noch verhältnismäßig kurz ist (z. B. 3 Monate), braucht der Vermieter in der Regel einen Ersatzmieter nicht zu akzeptieren (OLG Oldenburg, ZMR 1982, 285; Weber/ Marx, I/S. 39 = Sammelband Nr. 31). Gleiches kann auch bei einer längeren Restlaufzeit (hier: 7 Monate) gelten, wenn anzunehmen ist, daß dem Nachmieter im Räumungsverfahren erhebliche Räumungsfristen gewährt werden (LG Gießen, WM 1997, 327).

Ferner muß ein Nachmieter nicht akzeptiert werden, wenn es sich bei einem unbefristeten Mietverhältnis lediglich um die Einhaltung der kurzen gesetzlichen Kündigungsfrist von 3 Monaten handelt. Hier ist dem Mieter zumutbar, den ordentlichen Weg der Beendigung des Mietverhältnisses durch Kündigung seinerseits zu beschreiten, so daß er gegen den Vermieter keinen Anspruch auf Vertragsaufhebung zu einem früheren Zeitpunkt hat.

Dagegen kann der Mieter bei einer einjährigen Kündigungsfrist einen Anspruch auf vorzeitige Entlassung aus dem Mietvertrag haben, wenn die Wohnung aufgrund erheblicher familiärer Veränderungen nicht mehr geeignet ist und der Mieter einen geeigneten Nachmieter stellt (LG Arnsberg, DWW 1991, 285 für den Fall, daß die Wohnung wegen einer Kindesgeburt und gleichzeitiger Aufnahme des kranken Vaters zu klein geworden ist).

Hat der Mieter hiernach **erhebliche** Gründe **außerhalb** seines Einflußbereiches dargelegt, besteht ein Anspruch auf vorzeitige Entlassung aus dem Mietvertrag, wenn einer der vorgeschlagenen Nachmieter für den Vermieter **zumutbar und geeignet** ist.

2.2 Zumutbarkeit des Nachmieters

> Der Nachmieter muß nach seinen persönlichen und wirtschaftlichen Verhältnissen Gewähr dafür bieten, daß der Vermieter nicht schlechter gestellt wird als es bei ordnungsgemäßer Vertragserfüllung durch den bisherigen Mieter der Fall wäre.

Ferner muß der Ersatzmieter bereit sein, die bestehenden Vertragsbedingungen **unverändert** zu akzeptieren; andernfalls liegt es im Belieben des Vermieters, den Ersatzmieter abzulehnen oder eigene Interessen in die Vertragsverhandlungen einzubringen, wobei dadurch eintretende Verzögerungen des Mieterwechsels zu Lasten des ausscheidenden Mieters gehen (OLG Düsseldorf, Urt. v. 16. 1. 1996, NJWE 1996, 176).

Der Vermieter ist grundsätzlich auch berechtigt, mit dem Ersatzmieter **neue Vertragsbedingungen** auszuhandeln. Es stellt daher keinen Verstoß gegen Treu und Glauben (§ 242 BGB) dar, wenn der Vermieter vom Ersatzmieter einen höheren Mietzins verlangt (LG Saarbrücken, Urt. v. 17. 2. 1995, WM 1995, 313). Der Vermieter kann somit die vorzeitige Aufhebung des Mietverhältnisses und den Abschluß eines neuen Mietvertrages mit dem Ersatzmieter nicht nur dann von der Vereinbarung neuer Vertragsbedingungen und eines höheren Mietzinses abhängig machen, wenn die bisherigen Bedingungen veraltet und für den Vermieter nicht mehr zumutbar sind (so aber Sternel, Mietrecht, 3. Aufl., IV 351), sondern auch dann, wenn der bisherige Mietzins unterhalb der ortsüblichen Vergleichsmiete liegt (OLG Hamburg, NJW-RR 1987, 657; WM 1987, 145). Dementsprechend ist der Vermieter selbst dann nicht gehindert, vom Ersatzmieter einen höheren Mietzins zu fordern, wenn mit dem ausscheidenden Mieter eine Staffelmiete vereinbart war (LG Saarbrücken, a.a.O.).

Der Vermieter darf jedoch nicht die Aufnahme von Vertragsgesprächen mit dem Ersatzmieter durch unzumutbare Hindernisse erschweren (LG Bielefeld, Urt. v. 13. 1. 1993, WM 1993, 118).

Entsprechendes gilt, wenn sich der Vermieter vorbehaltlos zu einer vorzeitigen Vertragsaufhebung bereit erklärt hat. Dem Vermieter ist es zwar auch dann nicht verwehrt, marktgerechte Bedingungen mit dem künftigen Mieter auszuhandeln, jedoch mussen sich diese im Vergleich zum Ausgangsmietvertrag in **angemessenem** Rahmen halten. Der Vermieter (bzw. seine Hausverwaltung, § 278 BGB) darf den Vertragsabschluß mit einem potentiellen Nachmieter nicht durch unangemessene Bedingungen vereiteln. Andernfalls muß sich der Vermieter so behandeln lassen, als wäre das Mietverhältnis einvernehmlich zum Zeitpunkt der möglichen Anmietung durch den Nachmieter beendet worden (§ 162 BGB; OLG München, Urt. v. 18. 11. 1994 – ZMR 1995, 156; OLG Düsseldorf, DWW 1992, 242, NJW-RR 1992, 657).

Für die Ablehnung eines vorgeschlagenen Ersatzmieters muß der Vermieter grundsätzlich **objektive Gründe** vortragen können. Allein der Umstand, daß es sich bei dem Ersatzmieter um einen **Ausländer** handelt, reicht nicht aus (BGH, MDR 1970, 320; LG Saarbrücken, WM 1995, 313). Dagegen kann ein wichtiger Grund vorliegen, wenn es sich bei dem Ersatzmieter um einen Freund des Vermieters handelt (KG 1992, 8). Ferner ist ein Ablehnungsgrund gegeben, wenn der Ersatzmieter keine vergleichbare **wirtschaftliche Sicherheit** wie der bisherige Mieter bietet. Dies ist z. B. der Fall, wenn anstelle von zwei gesamtschuldnerisch haftenden Mietern ein Ersatzmieter alleine eintreten soll und einer der ausscheidenden Mieter nicht bereit ist, für die gesamte restliche Vertragslaufzeit eine Bürgschaft zu stellen (OLG Düsseldorf, Urt. v. 5. 1. 1995, WM 1995, 391). Der Vermieter muß auch keinen Mietinteressenten akzeptieren, der die Wohnung zu wesentlichen Teilen gewerblich nutzen will. Auf die bau- und nachbarrechtliche Zulässigkeit der **gewerblichen Nutzung** kommt es dabei nicht an (LG Gießen, WM 1996, 23). Gleiches gilt, wenn der Interessent die teilgewerblich vermietete Wohnung zu reinen Wohnzwecken nutzen will (LG Berlin, WM 1996, 145). Ist bei einem gewerblichen Mietverhältnis die Bonität des Ersatzmieters zweifelhaft, kann der Vermieter diesen nicht generell ablehnen oder von vornherein einen Geldbetrag zur Risikoabgeltung fordern; vielmehr müssen die Parteien verschiedene Möglichkeiten zur Absicherung des Mietausfallrisikos in Erwägung ziehen, z. B. Mithaftung des ausscheidenden Mieters, Beibringung einer selbstschuldnerischen Bankbürgschaft oder Hinterlegung einer Kaution in Höhe einer oder mehrerer Jahresmieten (BGH, Urt. v. 12. 7. 1995, NJW 1995, 3052).

Der Vermieter kann einen vorgeschlagenen Ersatzmieter auch ablehnen, wenn sich der Mieter mit der Zahlung des Mietzinses in **Verzug** befindet. Auf die Mietkaution muß sich der Vermieter nicht verweisen lassen (Einrede des nicht erfüllten Vertrages, § 320 Abs. 1 BGB; vgl. KG Berlin, WM 1992, 8).

> Ob der Vermieter ein vorgeschlagenes nicht verheiratetes Paar als Nachfolger akzeptieren muß, ist im Einzelfall nach den vorliegenden Umständen zu entscheiden (OLG Hamm, RE v. 6. 4. 1983, DWW 1983, 148; Weber/Marx, III/S. 49 = Sammelband Nr. 32).

Jedoch ist es dem Vermieter, auch wenn er nicht in demselben Haus und nicht einmal in demselben Ort wohnt, nicht von vornherein verwehrt, nur aus Gründen seiner religiösen Überzeugung ein vorgeschlagenes unverheiratetes Paar zum Nachteil des Mieters als Ersatzmieter abzulehnen. Die genannten und etwaige sonstige Ablehnungsgründe des Vermieters sind vielmehr gegen die Belange des Mieters nach den Gesichtspunkten von Treu und Glauben **abzuwägen** (OLG Hamm, a.a.O.). Die Moralvorstellungen des Vermieters werden danach wohl um so stärker zu berücksichtigen sein, je enger die persönliche Beziehung des Vermieters zu dem Mietverhältnis ist. So ist z. B. bei Vermietung einer Einliegerwohnung oder einer Wohnung in einem vom Vermieter selbst bewohnten Zweifamilienhaus den Vorstellungen des Vermieters erheblich größeres Gewicht beizumessen als bei Vermietung einer Wohnung in einer größeren Wohnanlage. Zumutbar ist ein Ersatzmieter für den Vermieter weiterhin nur dann, wenn ihm dieser auf Verlangen seine Solvenz nachgewiesen hat.

2.3 Benennung des Nachmieters

Ein Ersatzmieter, der die genannten Voraussetzungen erfüllt, muß dem Vermieter konkret **benannt und angeboten** werden. Dies gilt selbst dann, wenn der Vermieter von vornherein Verhandlungen über einen Nachmieter abgelehnt oder von unzumutbaren Bedingungen abhängig gemacht hat. Andernfalls fehlt es an einem wörtlichen Angebot des Mieters (§ 295 BGB) mit der Folge, daß kein Annahmeverzug des Vermieters vorliegt und der Mieter die Fortzahlung des Mietzinses nicht unter Hinweis auf die ablehnende Haltung des Vermieters verweigern kann (LG Köln, WM 1995, 105; a. A.: LG Landshut, WM 1996, 542).

Unabhängig davon ist der Vermieter in keinem Fall verpflichtet, sich selbst um eine Weitervermietung zu bemühen, wenn der Mieter das Mietverhältnis vorzeitig beenden will (BGH, Urt. v. 24. 9. 1980, WM 1981, 57). Das Verwendungsrisiko der Mietsache trägt allein der Mieter, so daß es ausschließlich ihm obliegt, sich zu bemühen, dem Vermieter einen Nachfolgemieter zu vermitteln.

Der Mieter kann daher nicht die Weiterzahlung des Mietzinses unter Hinweis auf die unterlassenen Bemühungen des Vermieters um eine Weitervermietung verweigern. Auch § 254 BGB (Mitverschulden des Vermieters) ist insofern nicht anwendbar. Etwas anderes kann ausnahmsweise nur dann gelten, wenn der Vermieter die Weitervermietung arglistig unterlassen hat (BGH, a.a.O.). Dies kann der Fall sein, wenn es sich um nachgefragten Wohnraum handelt, für den der Vermieter zudem Wartelisten führt und potentielle Nachmieter daher bereits „Schlange stehen“ (LG Berlin, WM 1995, 106).

2.4 Auswahl des Nachmieters

Der Vermieter hat unter mehreren Bewerbern die freie Auswahl.

> Der Mieter kann nicht verlangen, daß der Vermieter eine bestimmte Person als Nachfolger annimmt, z. B. weil ihm diese die höchste Ablösesumme für von ihm zurückgelassene Ein- oder Umbauten bezahlt (BGH, NJW 1963, 1299). Dementsprechend ist der Vermieter mangels einer konkreten vertraglichen Vereinbarung (z. B. durch eine echte Nachmieterklausel) auch nicht verpflichtet, einen vom gewerbli-

chen Mieter vorgeschlagenen Betriebsnachfolger als Nachmieter zu akzeptieren (OLG München, Urt. v. 8. 9. 1995, ZMR 1995, 580).

Dem Vermieter steht – auch ohne ausdrückliche Erklärung – eine angemessene **Nachforschungs- und Überlegungsfrist** zu, innerhalb der er durch Einziehung von Erkundigungen prüfen kann, ob der vorgeschlagene Ersatzmieter akzeptabel ist oder ob er die Mieträume anderweitig vermieten will. Die Länge dieser Frist bestimmt sich nach den Umständen des Einzelfalles und kann bis zu 3 Monate betragen. Vor Ablauf dieser Frist ist eine vorzeitige Beendigung des Mietverhältnisses ausgeschlossen und der Mieter in jedem Fall zur Fortzahlung des Mietzinses verpflichtet (LG Saarbrücken, WM 1995, 313; LG Gießen, WM 1997, 264).

Ist der Vermieter an der Stellung von Ersatzmietern durch den Mieter nicht interessiert und beabsichtigt er, selbst einen neuen Mieter zu suchen, kann er von seinem Mieter zumindest die Einhaltung der gesetzlichen Kündigungsfrist (vgl. „Kündigungsfristen") verlangen, da der Mieter diese Frist auch bei Kündigung eines unbefristeten Vertrages einhalten müßte und bei vorzeitigem Ausscheiden aus einem befristeten Mietverhältnis nicht verlangen kann, besser gestellt zu werden.

2.5 Verpflichtung zur Annahme des Nachmieters

Diese Ausführungen zur Verpflichtung des Vermieters, einen zumutbaren und geeigneten Ersatzmieter zu akzeptieren, gelten nur dann, wenn der Mietvertrag eine entsprechende Klausel enthält oder der Mieter aus Gründen, die er nicht zu vertreten hat und die außerhalb seines Einflußbereiches liegen, aus dem Vertrag ausscheiden muß.

Will der Mieter aus anderen Gründen vorzeitig aus dem Mietverhältnis entlassen werden, besteht darauf selbst dann kein Anspruch, wenn die vorgeschlagenen Ersatzmieter für den Vermieter zumutbar und geeignet wären (OLG Düsseldorf, Urt. v. 14. 7. 1994, MDR 1994, 1008).

3 Vorzeitiger Auszug des Mieters

Zieht der Mieter ohne Rücksicht auf den weiterbestehenden Mietvertrag endgültig aus und zahlt keine Miete mehr und vermietet der Vermieter daraufhin das Mietobjekt zu einem niedrigeren – jedoch dem erzielbaren Marktpreis entsprechenden – Mietzins weiter, ist der Mieter zur Zahlung der **Mietdifferenz** verpflichtet.

Wegen der groben Vertragsverletzung, die in dem eigenmächtigen Auszug zu sehen ist, handelt der Mieter grundsätzlich rechtsmißbräuchlich, wenn er die Zahlung mit der Begründung verweigern wollte, der Vermieter sei wegen der Weitervermietung zur Gebrauchsüberlassung an ihn nicht mehr in der Lage gewesen. Auf § 552 Satz 3 BGB, wonach der Mietzinsanspruch des Vermieters aus diesem Grunde entfallen könnte, kann sich der Mieter nicht berufen (BGH, Urt. v. 31. 3. 1993, DWW 1993, 168). Voraussetzung ist jedoch, daß das Verhalten des Vermieters – die Weitervermietung – redlich war. Das ist z. B. nicht der Fall, wenn der Vermieter im Vertrauen darauf, daß der Mieter die Mietdifferenz zahlen müsse, die Mietsache ohne hinreichenden Grund unter dem erzielbaren Marktpreis weitervermietet hat oder aus ihm zurechenbaren Gründen überhaupt keine Miete mehr erhalten hat, z. B. weil er die Räume einem Dritten überlassen, infolge Uneinigkeit über die Höhe der Nutzungsentschädigung aber die Entgegennahme von Zahlungen zurückgewiesen hat und der Dritte nunmehr die Zahlung verweigert (vgl. OLG Frankfurt/Main, WM 1995, 483).

Der Auszug des Mieters kann auch nicht als grobe Vertragsverletzung gewertet werden, wenn der Mieter aus nachvollziehbaren Gründen davon ausgegangen ist, das Mietverhältnis sei beendet; so z. B., wenn das Mietverhältnis gekündigt wurde (vgl. KG Berlin, Beschl. v. 16. 9. 1996 – Az. 8 RE-Miet 2891/96; WM 1996, 696) oder die Parteien Verhandlungen über eine einvernehmliche Beendigung des Mietverhältnisses geführt haben. Dies gilt auch dann, wenn sich später in einem Prozeß herausstellen sollte, daß der Mieter irrtümlich von einer Beendigung des Mietverhältnisses ausgegangen war. Liegt danach keine grobe Vertragsverletzung durch den Mieter vor, ist der Mieter nicht zur Zahlung der Mietdifferenz verpflichtet (KG Berlin, a.a.O.).

Je weniger der Mieter jedoch Anlaß zu der Annahme hatte, das Mietverhältnis sei beendet, um so eher handelt er rechtsmißbräuchlich, wenn er sich wegen der Weitervermietung auf mangelnde Erfüllungsbereitschaft des Vermieters beruft (BGH, a.a.O.).

Obwohl der Vermieter grundsätzlich nicht verpflichtet ist, dem Mieter seine Absicht der Weitervermietung vorher mitzuteilen (a.A.: OLG Hamm, RE v. 13. 3. 1986, DWW 1986, 206, Weber/Marx VI/S. 25 = Sammelband Nr. 33), kann eine solche Mitteilung entscheidende Bedeutung gewinnen, wenn aus Sicht des Vermieters nicht eindeutig feststeht, ob der Mieter endgültig ausgezogen ist oder ob der Mieter mit nachvollziehbaren Gründen annehmen konnte, das Mietverhältnis sei beendet. Reagiert der Mieter nämlich auf eine solche Mitteilung nicht, wird es ihm regelmäßig verwehrt sein, sich z. B. nachträglich darauf zu berufen, er habe die Mietsache nicht endgültig aufgeben wollen, sondern nur vorübergehend nicht genutzt (BGH, a.a.O.).

Der Mieter kann auch nicht einwenden, infolge der Neuvermietung der Wohnung durch den Vermieter sei ein Mietaufhebungsvertrag zustande gekommen. Vielmehr stellt die Neuvermietung nach einer unwirksamen Kündigung (z. B. weil das Mietverhältnis befristet war) und Auszug des Mieters eine Maßnahme zur **Schadensminde-**

rung und damit ein Handeln im Interesse des Mieters dar, so daß der Vermieter einen Anspruch auf Bezahlung einer eventuellen Mietdifferenz hat (§ 677 BGB analog; LG München I, Urt. v. 6. 11. 1996, WM 1996, 766; a. A.: Sternel III 100).

Da es sich bei diesem Anspruch auf Bezahlung der Mietzinsdifferenz um einen Erfüllungsanspruch handelt, ist auch die Anwendung des § 254 BGB ausgeschlossen (vgl. Palandt / Heinrichs, 51. Auflage, Rdn. 8 zu § 254). Dies bedeutet, daß der Mieter auch nicht einwenden kann, der Vermieter hätte bei ihm zumutbaren Anstrengungen die Mieträume bereits zu einem früheren Zeitpunkt und zu einem höheren Mietzins weitervermieten können (OLG Düsseldorf, Urt. v. 26. 11. 1992, DWW 1993, 18). Nimmt der Vermieter jedoch die Räume nach vorzeitigem freiwilligen Auszug des Mieters vorbehaltlos in Besitz und führt darin Umbau- oder Modernisierungsarbeiten aus, entfällt der Mietzinsanspruch (LG Köln, WM 1987, 84). Eine andere Beurteilung ist möglich, wenn die Räume vom Vermieter nur vorübergehend in Besitz genommen wurden und dem Mieter jederzeit zurückgegeben werden können, wenn dieser den Besitz wieder ausüben will. In diesem Fall entfällt der Anspruch des Vermieters auf Fortzahlung des Mietzinses nicht (OLG Düsseldorf, Urt. v. 14. 7. 1994, MDR 1994, 1008).

Dies gilt auch, wenn nach den Umständen des Einzelfalles die Verweigerung der Zahlung der Miete durch den Mieter treuwidrig wäre. Kommt z. B. der Vermieter dem Ersuchen des Mieters um vorzeitige Entlassung aus dem Mietvertrag nach und sucht einen neuen Mieter, der dann zwei Monate vor dem Mietneubeginn bereits mit Renovierungs- und Umbauarbeiten beginnt, kann der Vermieter vom bisherigen Mieter noch den Mietzins für diese beiden Monate verlangen, auch wenn er dem Mieter den Gebrauch der Mietsache in diesen beiden Monaten wegen Überlassung an den neuen Mieter nicht gewähren konnte (OLG Koblenz, Urt. v. 20. 1. 1994, DWW 1995, 81; siehe auch „Nutzungsentschädigung").

Besteht das Mietverhältnis mangels Abschluß eines Aufhebungsvertrages unverändert fort, hat der Mieter auch dann die Obliegenheit, alles zu tun, um **Beschädigungen des Mietobjektes** zu vermeiden, wenn er den Gebrauch der Mietsache bereits seit längerem aufgegeben hat (OLG Düsseldorf, Urt. v. 9. 5. 1994, WM 1994, 461).

4 Vereinbarung über den Eintritt des Nachmieters

Will der Vermieter dem Mieter entgegenkommen und ihn trotz Fehlen eines entsprechenden Rechtsanspruchs vorzeitig aus dem Mietverhältnis entlassen, kann dies entweder durch eine **Eintrittsvereinbarung** zwischen allen Beteiligten (Vermieter, alter Mieter, neuer Mieter) oder durch Abschluß eines **Mietaufhebungsvertrages** (siehe „Mietaufhebungsvertrag") zwischen dem Vermieter und alten Mieter erfolgen.

Jedoch kommt beim Auszug des Mieters vor Beendigung des Mietverhältnisses weder durch die Zusendung der Wohnungsschlüssel noch infolge deren Annahme durch den Vermieter ein Mietaufhebungsvertrag oder eine vorzeitige Entlassung des Mieters aus dem Mietverhältnis zustande (LG Düsseldorf, Urt. v. 28. 3. 1995, 16. 5. 1995; DWW 1996, 279, 281). Vielmehr setzt ein Mietaufhebungsvertrag voraus, daß sich die Parteien über den genauen Zeitpunkt der Beendigung des Mietverhältnisses geeinigt haben (LG Gießen, WM 1997, 370).

Im Sinne der Rechtsklarheit (z. B. bezüglich der Fristen für die Kündigung und Durchführung von Schönheitsreparaturen) ist der Abschluß eines schriftlichen Mietaufhebungsvertrages mit dem alten Mieter und der Abschluß eines neuen Mietvertrages mit dem Nachfolger einer Eintrittsvereinbarung vorzuziehen. Will der Vermieter nicht das Risiko eines Leerstehens der Räume und des Mietausfalles tragen, ist zu empfehlen, einen Aufhebungsvertrag unter der aufschiebenden Bedingung zu schließen, daß ein neuer Mieter die Räume anmietet. Das Risiko eines erfolgreichen Verlaufes des Folgemietvertrages verbleibt jedoch beim Vermieter (LG Saarbrücken, WM 1997, 37).

Durch eine Eintrittsvereinbarung, wonach der neue Mieter „mit allen Rechten und Pflichten" in den Vertrag eintritt, übernimmt dieser nicht ohne weiteres Mietschulden des alten Mieters, sofern dies nicht ausdrücklich vereinbart ist (OLG Frankfurt/M., WM 1988, 12).

Soweit der Mieter keinen Anspruch auf vorzeitige Entlassung aus dem Mietverhältnis hat, sollte sich der Vermieter auch die freie Auswahl der Nachfolger ausdrücklich vorbehalten.

Wirksam ist eine Formularklausel in einem auf Wunsch des Mieters abgeschlossenen Mietaufhebungsvertrag, die den Mieter verpflichtet, für den erhöhten Verwaltungs- und Vermietungsaufwand infolge der vorzeitigen Vertragsauflösung eine **Pauschalabgeltung** in Höhe von einer Monatsmiete (netto/kalt) ohne besonderen Nachweis des Vermieters zu zahlen (OLG Hamburg, RE v. 17. 4. 1990, DWW 1990, 174; Weber/Marx, X/S. 89 = Sammelband Nr. 244).

Fälligkeit des Mietzinses

Nach der **gesetzlichen** Regelung des § 551 BGB ist ein monatlich zu entrichtender Mietzins nach dem Ablaufe der einzelnen Monate zu bezahlen (z. B. ist der Mietzins für den Monat August am 1. September zur Zahlung fällig; fällt dieser Tag auf einen Sonn- oder Feiertag oder Sonnabend, wird der Mietzins am folgenden Werktag fällig; § 193 BGB). Nach der gesetzlichen Regelung ist somit der Vermieter vorleistungspflichtig.

Die Bedeutung dieser Vorschrift ist jedoch gering, da es allgemein üblich ist, den Mieter durch **vertragliche** Regelung zur Vorleistung, d. h. zur Vorauszahlung des Mietzinses, zu verpflichten (z. B. durch vertragliche Vereinbarung, daß der Mietzins spätestens am 3. Werktag eines jeden Monats im voraus zu zahlen ist).

> Mit Beschluß vom 26. 10. 1994 (Az. VIII ARZ 3/94, NJW 1995, 254) hat der Bundesgerichtshof nunmehr in letzter Instanz entschieden, daß eine solche vertragliche Verpflichtung zur Vorauszahlung des Mietzinses (**Mietvorauszahlungsklausel**) keinen rechtlichen Bedenken begegnet und auch in einem Formularmietvertrag **wirksam** vereinbart werden kann. Dies gilt sowohl für Wohnraum- als auch für Geschäftsraummietverträge.

Allerdings enthält dieser Beschluß für **Wohnraum**mietverträge eine **wesentliche** Einschränkung, wenn dem Mieter durch eine weitere Klausel die Aufrechnung mit eventuellen Gegenforderungen untersagt ist (**Aufrechnungsverbot**). Entgegen der bisherigen Rechtsprechung (BayObLG, RE v. 6. 5. 1993, WM 1993, 335; OLG Hamm, RE v. 15. 3. 1993, DWW 1993, 97) führt nach Auffassung des BGH die Kombination beider Klauseln zu einer im **Wohnraum**mietrecht unzulässigen Beschränkung des Minderungsrechts (§ 537 Abs. 3 BGB) und damit zu einer unangemessenen Benachteiligung des Mieters. Dies hat zur Folge, daß in **Wohnraum**mietverträgen das Aufrechnungs**verbot** zur Unwirksamkeit der – für sich allein wirksamen – Vorauszahlungsklausel führen kann und der Mieter den Mietzins erst nach Ablauf des jeweiligen Monats zahlen muß.

Gleiches gilt nach Auffassung des LG München I auch für eine Aufrechnungs**beschränkung** z. B. durch die Klausel (des Mustermietvertrages des Bundesjustizministeriums): „Der Mieter kann gegenüber Mietforderungen mit Gegenforderungen nur aufrechnen oder ein Zurückbehaltungsrecht ausüben, wenn er seine Absicht dem Vermieter mindestens einen Monat vor Fälligkeit der Miete schriftlich angezeigt hat.“ Eine solche Aufrechnungsbeschränkung führt zu einer Verzögerung der Aufrechnung um mehr als einen Monat und damit zu einer unangemessenen Benachteiligung des Mieters (LG München I, Urt. v. 27. 3. 1996,

WM 1996, 329; LG Oldenburg NJWE 1996,31; a. A.: LG Berlin WM 1996, 541).

> Ein vertragliches Aufrechnungsverbot bzw. eine Aufrechnungsbeschränkung sollte daher keine Gegenforderungen des Mieters auf (teilweise) Rückzahlung des Mietzinses (z. B. wegen einer Mietminderung) erfassen.

Mit solchen Gegenforderungen muß der Mieter uneingeschränkt aufrechnen dürfen, da andernfalls ein unzulässiges Zusammenwirken von Vorauszahlungsklausel und Aufrechnungsverbot vorliegt mit der Folge, daß die Vorauszahlungsklausel in diesem Fall unwirksam ist.

Dagegen ist eine Beschränkung der Aufrechnungsbefugnis des Mieters mit Gegenforderungen aus § 538 BGB (Schadenersatzforderungen) unschädlich für die Vorauszahlungsklausel, da der BGH in den Gründen dieses Beschlusses ausdrücklich darauf hingewiesen hat, daß es sich bei dem Rückforderungsanspruch des Mieters wegen überzahlter Miete um eine Forderung nach § 812 BGB und **nicht** um eine solche nach **§ 538 BGB** handelt; die Vorauszahlungsklausel aber nur bei Beschränkung der Aufrechnungsbefugnis mit Gegenforderungen aus §§ 812 ff. BGB berührt wird (so auch AG München, Urt. v. 9. 5. 1995, Az. 412 C 1347/95).

Bei Formularmietverträgen, die ein Aufrechnungsverbot beinhalten, das auch Gegenforderungen des Mieters aus §§ 812 ff. BGB auf (teilweise) Rückzahlung des Mietzinses erfaßt, wird von einer Unwirksamkeit der Vorauszahlungsklausel auszugehen sein mit der Folge, daß der Mieter berechtigt ist, den Mietzins erst nach Ablauf des jeweiligen Monats zu bezahlen (vgl. LG Krefeld, WM 1995, 313). Insofern kann der Vermieter zur Erhaltung der Wirksamkeit der Vorauszahlungsklausel auch nicht mit einer eventuellen Unwirksamkeit des Aufrechnungsverbotes selbst argumentieren, da er sich nach den Gründen des BGH-Beschlusses wegen der „Transparenz vorformulierter Vertragsbedingungen" nicht auf die Unwirksamkeit einer anderen Klausel berufen darf.

Eine entsprechende Änderung des Mietvertrags kann grundsätzlich nur **einvernehmlich** durchgeführt werden. In den problematischen Fällen ist daher zu empfehlen, dem Mieter in Form eines schriftlichen Nachtrags zum Mietvertrag ein Angebot auf Vertragsänderung zu unterbreiten, das z. B. folgenden Inhalt haben kann: „Die Parteien sind sich darüber einig, daß der Mieter ab Unterzeichnung und Eingang dieses Nachtrags beim Vermieter berechtigt ist, nach Maßgabe der gesetzlichen Vorschriften mit sämtlichen Forderungen aus dem Mietverhältnis gegen den Mietzins aufzurechnen". Verweigert der Mieter sein Einverständnis mit einer solchen Vertragsänderung, verbleibt nur die Möglichkeit, gegenüber dem Mieter **einseitig** einen Verzicht auf das vertragliche Aufrechnungsverbot zu erklären. Die Wirksamkeit eines solchen einseitigen Verzichts wird in der Literatur zwar anerkannt (vgl. Münchner Kommentar, § 397 Rdnrn. 1, 13), jedoch liegen entsprechende Gerichtsentscheidungen derzeit noch nicht vor. Daher sollte zur Erhaltung der Vorauszahlungsklausel vorrangig die einvernehmliche Änderung des Mietvertrages angestrebt werden.

Bei Mietverträgen über **Geschäftsraum** stellt sich die geschilderte Problematik nicht, da das Verbot der Beschränkung des Minderungsrechts nach § 537 Abs. 3 BGB nur für Wohnraum gilt und die Argumentation des BGH daher auf Geschäftsraummietverträge nicht übertragbar ist. Bei Mietverhältnissen über Geschäftsraum wird daher ein Aufrechnungsverbot in der Regel nicht die Unwirksamkeit der Vorauszahlungsklausel herbeiführen können.

Ist die Wirksamkeit einer Kündigung (z. B. wegen Zahlungsverzuges oder ständig unpünktlicher Zahlung) von der Wirksamkeit der Vorauszahlungsklausel abhängig und ist diese Frage somit für das Räumungsverfahren von zentraler Bedeutung, muß das Mietgericht bei einem entsprechenden Parteivortrag dazu in den Entscheidungsgründen Stellung nehmen; andernfalls liegt eine Verletzung des rechtlichen Gehörs i. S. v. Art. 103 Abs. 1 GG vor (BVerfG, Beschl. v. 16. 6. 1995, Az. 2 BvR 382/95, WM 1995, 474).

Eine Formularklausel, wonach der Mietzins „spätestens am 3. Werktag jeden Monats **im voraus** zu entrichten“ ist, besagt nicht, daß der Mietzins erst am 3. Werktag des Mietmonats fällig wird. Nach einer solchen Regelung ist der Mietzins vielmehr am ersten Werktag des Mietmonats fällig. Mit Ablauf des dritten Werktages gerät der Mieter bei Nichtzahlung automatisch, d. h. ohne Mahnung in Verzug (LG München I, Urt. v. 30. 11. 1994, WM 1995, 103).

Fällt der dritte Werktag auf einen Samstag, Sonn- oder Feiertag, läuft die Karenzzeit erst am folgenden Werktag ab (§ 193 BGB; LG Kiel, WM 1994, 543). Fällt dagegen der erste oder zweite Tag auf einen Samstag, wird dieser als Werktag mitgezählt, weil er dann nicht „der letzte Tag der Frist“ i. S. v. § 193 BGB ist (LG München I, a.a.O.; LG Wuppertal, WM 1993, 450; a. A.: Sternel, Mietrecht, 3. A., IV 51, III 113; LG Hamburg, WM 1981, 181).

Im Zusammenhang mit dem Problem der Fälligkeit des Mietzinses stellt sich auch die Frage, ob der Mietzins im gesetzlichen bzw. vertraglich vereinbarten Fälligkeitszeitpunkt bereits beim Vermieter eingegangen sein muß oder ob es genügt, daß der Mieter bis zu diesem Zeitpunkt die ihm obliegende Leistungshandlung, z. B. die Überweisung bei der Bank oder Post, vorgenommen bzw. veranlaßt hat.

Besteht diesbezüglich keine vertragliche Regelung, genügt es, daß der Mieter im Zeitpunkt der Fälligkeit das seinerseits für die Übermittlung Erforderliche getan hat, da

> es sich bei der Mietschuld um eine **Schickschuld** handelt, bei der der Mieter zwar die **Transport**gefahr (z. B. Gefahr des Verlustes auf dem Transport) sowie die **Kosten** der Übermittlung trägt (§ 270 Abs. 1 BGB); die **Zeit**gefahr (Gefahr der Verzögerung des Geldeinganges) jedoch beim Vermieter verbleibt.

Abweichend von dieser **gesetzlichen** Regelung kann **vertraglich** vereinbart werden, daß es für die Rechtzeitigkeit der Leistung nicht auf deren Vornahme, sondern auf den Eintritt des Erfüllungserfolges ankommt (z. B. durch die Klausel, daß es für die Rechtzeitigkeit der Zahlung nicht auf die Absendung, sondern auf den Eingang des Geldes ankommt).

Diese Regelung ist auch **formularmäßig** zulässig und verstößt nach herrschender Meinung in Rechtsprechung und Literatur nicht gegen das Gesetz zur Regelung des Rechtes der Allgemeinen Geschäftsbedingungen (LG Heilbronn, WM 1992, 10; LG Berlin, WM 1992, 606; LG Essen, DWW 1990, 24; Wolf-Horn-Lindacher, AGBG, § 9 Randnr. M 53).

Der gegenteiligen Ansicht kann nicht gefolgt werden. Danach sei die Klausel wegen der weitreichenden Folgen, die sie im Bereich des Verzuges und der Kündigungsbefugnis des Vermieters nach § 554 BGB entfalten kann, dann als überraschend im Sinne von § 3 AGB-Gesetz und somit als unwirksam anzusehen, wenn sie im Formulartext nicht besonders hervorgehoben wird. Diese Argumentation ist unzutreffend, da diese vertragliche Regelung aufgrund ihrer weiten Verbreitung in nahezu allen Formularverträ-

(Anschluß Seite F 3)

gen und ihrer jahrzehntelangen Anwendung sowohl bei Vermietern als auch bei Mietern in einem Maße bekannt ist, daß von einem „Überraschungseffekt", auf den § 3 AGBG abstellt, nicht gesprochen werden kann.

Bestimmt der Mietvertrag, daß es für die Rechtzeitigkeit der Zahlung auf den Eingang des Geldes ankommt, hat der Mieter die Einzahlung so rechtzeitig vorzunehmen, daß bei normalem Geschäftsgang der Betrag spätestens am Fälligkeitstag auf dem Konto des Vermieters gutgeschrieben werden kann. Verzögerungen gehen dagegen nicht zu Lasten des Mieters, wenn sie außerhalb des normalen Geschäftsablaufes liegen.

Leistet der Mieter nicht rechtzeitig, kommt er gemäß § 284 Abs. 2 BGB in **Verzug,** ohne daß es einer Mahnung durch den Vermieter bedarf.

Der Vermieter kann Verzugszinsen sowie Schadenersatz fordern und bei erheblichen Mietrückständen das Mietverhältnis fristlos kündigen (§ 554 BGB; siehe „Kündigung" Abschnitt 3.2.1.2).

Fahrräder

Fahrräder darf der Mieter nur in die Wohnung mitnehmen, wenn ein zumutbarer und geeigneter Abstellplatz fehlt. Der Vermieter kann dem Mieter einen entspr. Abstellplatz für das Fahrrad zuweisen und sodann die Mitnahme in die Mietwohnung untersagen.

Dies erscheint schon deswegen sachgerecht, weil mit dem Transport des Fahrrades in und aus der Wohnung eine nicht unerhebliche Gefahr der Verschmutzung oder Beschädigung des Treppenhauses oder der Eingangstüren verbunden ist.

Im Hausflur, auf Zugängen, im Hof und auf anderen, nicht zur alleinigen Benutzung vermieteten Flächen dürfen Fahrräder nur mit Zustimmung des Vermieters abgestellt werden.

Soweit das Abstellen von Fahrrädern in der **Hausordnung** geregelt ist, gehen deren Bestimmungen den geschilderten **allgemeinen** Regelungen vor (siehe „Hausordnung").

Fahrstuhl → „Aufzug"
Fehlbelegung → „Sozialwohnung"
Fehler der Mietsache → „Mängel der Mietsache"

Ferienwohnung

Bei Anmietung einer Ferienwohnung von einem Ferienwohnungsvermittler bzw. einem Reiseveranstalter finden nicht die mietrechtlichen, sondern ausschließlich die Vorschriften des Reiserechts (§ 651 a ff. BGB) Anwendung.

Dagegen wird bei Anmietung der Ferienwohnung **vom Eigentümer** regelmäßig ein Mietverhältnis über Wohnraum i. S. d. mietrechtlichen Vorschriften begründet, unabhängig davon, ob die Anmietung nur für einen Urlaub oder längerfristig erfolgt (vgl. LG Düsseldorf, Urt. v. 20. 10. 1989, Az.: 22 S 228/89).

Jedoch liegt bei Anmietung lediglich für einen Urlaub eine Vermietung zu nur **vorübergehendem** Gebrauch vor, so daß weder die Kündigungsschutzvorschriften noch die Vorschriften des Miethöhegesetzes zur Begrenzung der Miethöhe Anwendung finden (§ 564 b Abs. 7 Nr. 1 BGB; § 10 Abs. 3 Nr. 2 MHG; vgl. auch „Kündigungsschutz" Abschnitt 2.7.1).

Dagegen finden bei einer **längerfristigen** Vermietung, z. B. als Zweitwohnung, grundsätzlich sämtliche Schutzvorschriften zugunsten des Mieters Anwendung (OLG Hamburg, Urt. v. 30. 9. 1992, WM 1992, 634). Eine nur gelegentliche oder jahreszeitlich begrenzte Nutzung durch den Mieter ist darauf ohne Einfluß.

Eine Vermietung zu nur **vorübergehendem** Gebrauch liegt nur dann vor, wenn der Zeitraum der Nutzung nicht nur relativ kurz, sondern auch zeitlich vorab bestimmbar ist (z. B. für die Zeit einer Messe oder der Ausführung eines bestimmten Auftrages). Dagegen handelt es sich bei der Anmietung z. B. für die Dauer eines Studiums oder für die Zeit, bis das eigene Haus bezugsfertig ist, um keine Anmietung zu nur vorübergehendem Gebrauch.

Durch das Gesetz zur Erleichterung des Wohnungsbaues im Planungs- und Baurecht sowie zur Änderung mietrechtlicher Vorschriften (**Wohnungsbau-Erleichterungsgesetz** – WoBauErlG,BGBl I S. 926) wurde mit Wirkung zum 1. 6. 1990 § 564 b Abs. 7 Nr. 4 BGB aufgenommen.

Nach dieser Neuregelung entfallen die Kündigungsschutzvorschriften des § 564 b BGB nicht nur bei Vermietung zum vorübergehenden Gebrauch, sondern gelten ganz allgemein nicht für Mietverhältnisse über Wohnraum in Ferienhäusern und Ferienwohnungen in Ferienhausgebieten. Voraussetzung ist, daß der Wohnraum **vor dem 1. 6. 1995** überlassen worden ist und der Vermieter den Mieter bei Vertragsschluß auf die Zweckbestimmung des Wohnraumes und die Ausnahme von den Absätzen 1 bis 6 des § 564 b BGB hingewiesen hat.

Erforderlich ist weiter, daß sich das Ferienhaus oder die Ferienwohnung in einem **„Ferienhausgebiet"** befindet. Diese Festlegung kann sich aus einem Bebauungsplan ergeben oder – wenn ein Bebauungsplan fehlt – daraus, daß die Wohnung in einem im Zusammenhang bebauten Ortsteil liegt, dessen Eigenart einem Ferienhausgebiet entspricht (vgl. § 34 Abs. 2 BauGB).

Um eine **Ferienwohnung** handelt es sich dann, wenn die Wohnung aufgrund ihrer Lage, Größe, Ausstattung, Erschließung und Versorgung für den Erholungsaufenthalt geeignet und dazu bestimmt ist, überwiegend und auf Dauer einem wechselnden Personenkreis zur Erholung zu dienen (vgl. § 10 Abs. 4 Baunutzungsverordnung).

Der Ausschluß der Kündigungsschutzvorschriften für diese Art von Wohnraum bewirkt, daß bei einem **unbefristeten** Mietverhältnis eine Kündigung ohne Vorliegen eines berechtigten Interesses des Vermieters erfolgen kann (siehe auch „Kündigungsschutz", Abschnitt 2.7.4). Bei einem **befristeten** Mietverhältnis ist die ordentliche Kündigung während der Laufzeit des Vertrages ausgeschlossen. Jedoch kann der Mieter keine Fortsetzung des Mietverhältnisses (§ 564 c BGB) verlangen (siehe auch „Zeitmietvertrag").

Weiterhin kann der Mieter der Kündigung nicht widersprechen und vom Vermieter auch dann keine Fortsetzung des Mietverhältnisses verlangen, wenn die vertragsgemäße Beendigung des Mietverhältnisses für ihn oder seine Familie eine Härte darstellt (§ 556 a Abs. 8 BGB). Zu beachten ist, daß eine Anwendung der Kündigungsschutzvorschriften nur dann nicht erfolgt, wenn der Vermieter den Mieter bei Vertragsschluß auf die Zweckbestimmung des Wohnraumes und die Ausnahme von den Kündigungsschutzvorschriften hingewiesen hat. Die Geltungsdauer dieser Bestimmung war bis 1. 6. 1995 befristet. Eine Verlängerung ist bisher nicht erfolgt.

Bei Vermietung einer Ferienwohnung **im Ausland** ist zu beachten, daß das EG-Gerichtsstands- und Vollstreckungsübereinkommen vom 27. 9. 1968 (BGBl. II 1972 S. 774) sowohl für die Wohn- als auch für die Geschäftsraummiete unabhängig von der Dauer des Vertrages und damit auch bei Vermietung einer Ferienwohnung gilt (vgl. EuGH, NJW 1985, 905; OLG Frankfurt, NJW 1984, 2045; a. A.: Rauscher, NJW 1985, 892; LG Aachen, NJW 1984, 1308).

Dies hat zur Folge, daß ein aus der Vermietung einer Ferienwohnung im Ausland resultierender Rechtsstreit selbst dann am Ort der Wohnung geführt werden muß, wenn beide Parteien Deutsche sind. Eine Prorogation (d. h. anderslautende Vereinbarung zwischen den Parteien) ist nicht möglich. Hat dagegen ein Reiseunternehmen die Wohnung als Vermittler gemietet, gelten im Rechtsstreit mit dem Kunden die allgemeinen Zuständigkeitsvorschriften, weil zwischen diesen Parteien kein Mietvertrag besteht (LG Hamburg, NJW-RR 1987, 370; Bub-Treier, VIII, Rdn. 22).

Zur Kündigung von **Erholungs- und Freizeitgrundstücken** auf dem Gebiet der **ehemaligen DDR** vgl. die Ausführungen bei „Kündigungsschutz", Abschnitt 2.8.; zur Erhöhung des **Nutzungsentgelts** siehe die Verordnung über eine angemessene Gestaltung von Nutzungsentgelten (Nutzungsentgeltverordnung) v. 22. 7. 1993 (BGBl. I S. 1339).

Fernsprechanschluß

Die Installierung eines Fernsprechanschlusses fällt unter den vertragsgemäßen Gebrauch der Mietwohnung, so daß der Mieter auch ohne Einwilligung des Vermieters einen Fernsprechanschluß einrichten und unterhalten darf (LG Hannover, DWW 84, 170).

Der Vermieter ist verpflichtet, die nach der Fernmeldeordnung der Bundespost notwendige Einwilligungserklärung abzugeben (LG Hamburg, MDR 1963, 929).

Ein mietvertraglicher Ausschluß dieses Rechtes wäre sowohl einzelvertraglich als auch formularmäßig unwirksam, da er sittenwidrig und schikanös ist (LG Hannover, a.a.O.).

Wenn der Mieter zur Untervermietung berechtigt ist, kann er auch fordern, daß der Vermieter der Bundespost gegenüber eine entsprechende Erklärung für einen Telefonanschluß des Untermieters abgibt (LG Hannover, a.a.O.).

Fernwärme

Eine Lieferung von Fernwärme liegt vor, wenn der Lieferant durch eine von ihm betriebene Heizzentrale Gebäude oder ganze Stadtteile über ein eigenes Versorgungsnetz mit Wärme versorgt. Dagegen kann von Fernwärme nicht gesprochen werden, wenn die Wärme in einer Heizungsanlage erzeugt wird, die integrierter Bestandteil des Gebäudes ist, zu dessen ausschließlicher Wärmeversorgung sie errichtet und nach wie vor bestimmt ist (BGH, WM 86, 214).

Seit der Neufassung der Heizkosten-Verordnung zum 1. 3. 1989 gilt die HeizkostenV auch für die Verteilung der Kosten der eigenständig gewerblichen Lieferung von Wärme und Warmwasser (§ 1 Abs. 1 Nr. 2 HeizkostenV). Daher sind auch Fernwärmelieferungen direkt an den Mieter nicht mehr nach der AVB-Fernwärmeverordnung, sondern nach der HeizkostenV abzurechnen, wenn der Abrechnungszeitraum nach dem 30. 9. 1989 beginnt (§ 12 Abs. 4 HeizkostenV). Dies hat zur Folge, daß die Abrechnung nicht ausschließlich nach dem Verbrauch erfolgen darf, sondern ein bestimmter verbrauchsunabhängiger Kostenanteil (z. B. nach qm) zwischen 30 % und 50 % anzusetzen ist.

Bei Störungen in der Energieversorgung hat sich der Mieter hier grundsätzlich an seinen Vertragspartner, den Energielieferanten, zu halten.

Besteht der Wärmelieferungsvertrag zw. dem Lieferanten und dem Vermieter, kann der Vermieter die Kosten der Wärmelieferung des Fernheizwerkes (Grund-, Arbeits- und Verrechnungspreis) zuzügl. der Kosten der Hausanlage in der Heizkostenabrechnung ansetzen, die nach den Bestimmungen der HeizkostenV zu erstellen ist (vgl. „Betriebskosten" Abschn. 2.4.3).

Feuchtigkeit in der Wohnung

Feuchtigkeit in der Wohnung schlägt sich in der Regel an den Wänden, insbesondere in Ecken und hinter Möbelstücken nieder und führt zu **Schimmelbildung** sowie im weiteren Verlauf zu Schäden an Putz und Mauerwerk. Nach dem Rechtsentscheid des Oberlandesgerichtes Celle vom 19. 7. 1984 (ZMR 85, 10; Weber/Marx, IV/S. 32) begründet das Vorhandensein von **Spakflekken** (Stockflecken-Pilzbefall durch Luftfeuchtigkeit) einen **Mangel** der Mietsache im Sinne von § 537 BGB mit der Folge, daß der Mieter zur **Minderung** des Mietzinses berechtigt ist. Der Umfang des Minderungsrechtes hängt von den konkreten Umständen des Einzelfalles ab (siehe „Minderung des Mietzinses", „Mängel").

> Ein Mietminderungsrecht kommt jedoch nicht in Betracht, wenn entweder die Tauglichkeit der Wohnung **nur unerheblich** gemindert ist oder wenn die Bildung von Spakflecken auf einem **vertragswidrigen Verhalten** beruht und durch ein Heizen und Lüften vermieden werden kann, das der Art und Intensität der Nutzung der Wohnung entspricht (OLG Celle a.a.O.).

Dann hat der Mieter auch sämtliche, durch das vertragswidrige Verhalten entstandene Schäden auf seine Kosten zu beseitigen (OLG Celle a. a. O.).

Besteht zwischen den Parteien Uneinigkeit über die Schadensursache, muß diese durch einen Sachverständigen festgestellt werden (z. B. im Rahmen eines selbständigen Beweisverfahrens, vgl. „Beweissicherung" oder im Rahmen der Zahlungsklage des Vermieters bei einer Mietminderung). Die Kosten des Sachverständigengutachtens hat die unterliegende Partei zu tragen. Stellt der Sachverständige fest, daß die Ursache im Verantwortungsbereich des Vermieters liegt, z. B. bei Vorliegen von Baumängeln, trägt dieser die Kosten des Sachverständigen. Dagegen fallen diese Kosten dem Mieter zur Last, wenn das Gutachten ergibt, daß die Feuchtigkeit ledigl. die Folge eines unzureichenden Heizungs- u. Lüftungsverhaltens war (LG Aachen, Urt. v. 13. 1. 1989, Az.: 5 S 338/88).

3 Fallgruppen sind von Bedeutung:

- Der Vermieter verlangt vom Mieter Zahlung des aufgrund einer Mietminderung entstandenen Mietrückstandes;
- der Mieter verlangt vom Vermieter Beseitigung d. Feuchtigkeitsschäden;
- der Vermieter verlangt vom Mieter Schadenersatz, z. B. Beseitigung der Feuchtigkeitsschäden bzw. Ersatz der notwendigen Kosten.

Für die **Beweislastverteilung** gelten die Grundsätze des Rechtsentscheids des OLG Karlsruhe vom 9. 8. 1984 (ZMR 1984, 417; Weber/ Marx IV/S. 51) sowie das BGH-Urteil v. 18. 5. 1994 (DWW 1994, 250; vgl. auch BGH, Urt. v. 27. 4. 1994, Az.: XII ZR 16/93). Danach muß zunächst der Vermieter beweisen, daß die Schadensursache in dem der unmittelbaren Einflußnahme, Herrschaft und Obhut des Mieters unterliegenden Bereich gesetzt worden ist. Dazu muß er die Möglichkeit einer aus seinem Verantwortungs- und Pflichtenkreis oder demjenigen eines anderen Mieters desselben Hauses herrührende Schadensursache ausräumen. Dies bedeutet, daß dem Vermieter insbesondere die Beweislast dafür obliegt, daß die Bausubstanz keine Ursachen für den Eintritt von Feuchtigkeit setzt. Dabei kann der Sachverständige statt (zeitraubender und kostenintensiver) Messungen über mehrere Monate auch anhand von Vergleichen mit nach Lage und Aufteilung vergleichbaren Wohnungen Feststellungen über die Ursache von Feuchtigkeitsschäden treffen. Soweit der Mieter diese Feststellungen angreifen will, hat er hierzu konkrete andere Vergleichswohnungen zu benennen.

Hat der Vermieter diesen Beweis geführt, obliegt es dem Mieter, sich hinsichtlich Verursachung und Verschulden zu entlasten. Dabei muß er beweisen, daß sein Wohnverhalten und das der weiteren Benutzer dem allgemein zumutbaren Normverhalten entsprach und noch entspricht (LG Bochum, Urteil vom 26. 9. 1990, DWW 1991, 189; Sternel, Mietrecht, 3. Aufl. Randnr. IV 615 b; vgl. auch LG Hamburg, WM 1988, 353; LG Kassel, WM 1988, 355; LG Braunschweig, WM 1988, 356; LG Augsburg, WM 1985, 25; LG Mannheim, ZMR 1989, 424; LG Freiburg, WM 1989, 559).

Davon abweichend stellt das LG München (WM 1988, 352) fest, daß das Auftreten von Schimmel die typ. Folge von Kondenswasserbildung ist und daher aufgr. bauphysikalischer Gesetze der erste Anschein dafür spricht, daß ein fehlerhaftes Heizungs- u. Lüftungsverhalten ursächl. ist. Daher muß der Mieter andere Gründe als ursächl. für die Schimmelbildung beweisen (so auch LG Konstanz, WM 1988, 353).

Ein erster Anschein für die Verantwortlichkeit des Mieters ist ebenfalls gegeben, wenn in einer vormals mangelfreien Wohnung Feuchtigkeitsschäden erstmals auftreten, nachdem der betreffende Mieter die Wohnung bezogen hat (LG Lüneburg, ZMR 1985, 127). Weiterhin spricht für eine Verursachung durch den Mieter, wenn der Heizenergieverbrauch der Wohnung deutlich unter dem Niveau vergleichbarer Wohnungen liegt (AG München, Urt. vom 20. 10. 1989; 211 C 3954/89). Dies kann anhand der Ableseprotokolle der Heizkostenverteiler festgestellt werden.

Zur Frage der vertragsgemäßen Beheizung und Belüftung der Mietwohnung wurde vom LG München I im Urteil vom 20. 5. 1987 (ZMR 1987, 468) ausgeführt, inwieweit der Mieter verpflichtet ist, sein Heizungs- und Lüftungsverhalten den baulichen Gegebenheiten anzupassen und damit

Schäden, insbesondere Schimmelbildung, zu vermeiden. Dieser Entscheidung lag der häufige Sachverhalt des **Austausches alter Fenster** mit einfacher Verglasung durch besonders dichtschließende Fenster mit **Isolierverglasung** zugrunde. Der Einbau solcher Fenster in bestehende Gebäude hat nicht nur die unstreitigen Vorzüge einer verbesserten Wärme- und Geräuschisolierung zur Folge, sondern auch den Wegfall des Luftaustausches – durch die geringfügige Undichtigkeit der alten Fenster, so daß die im Raum entstehende Feuchtigkeit ohne aktives Tun des Bewohners – durch entsprechendes Heizen und Lüften – nicht abgeführt werden kann.

Feuchtigkeit in den Räumen entsteht nicht nur in Form von Wasserdampf beim Waschen, Baden oder Duschen, sondern auch durch Pflanzen in der Wohnung sowie durch die Bewohner selbst. Untersuchungen haben ergeben, daß jede Person pro Monat ca. 50 Liter Feuchtigkeit in die Raumluft abgibt. Diese Feuchtigkeit schlägt sich nach bauphysikalischen Erkenntnissen über die Bildung von Tauwasserpunkten immer an der kältesten Stelle des Raumes nieder. Nach Einbau von isolierverglasten Fenstern ist diese kälteste Stelle nicht mehr das Fenster, sondern eine Mauer, in der Regel eine Außenmauer, mit der Folge, daß sich die im Raum entstehende Feuchtigkeit an dieser Mauer niederschlägt und bei unzureichendem Heizen oder Lüften zu Schimmelbildung führt.

Die Frage nach der Pflicht des Mieters im Anschluß an vom Vermieter durchgeführte Maßnahmen (z. B. nach Einbau von dichtschließenden Fenstern), sein Heizungs- und Lüftungsverhalten zu **ändern** und den jetzt fehlenden natürlichen Luftaustausch durch verstärktes Heizen und Lüften auszugleichen, wird unterschiedlich beantwortet:

Ein Teil der Rechtsprechung (z. B. LG Nürnberg-Fürth, WM 1985, 21; LG Itzehoe, WM 1982, 187) und der Literatur (z. B. Sternel, Mietrecht, 3. Aufl. 1988, III 279) verneint dies mit dem Argument, daß es grundsätzlich Sache des Vermieters sei, dafür Sorge zu tragen, Folgeerscheinungen von Maßnahmen, die von ihm selbst durchgeführt wurden, notfalls durch weitere Maßnahmen (z. B. Wärmedämmung der Außenmauer) zu verhindern.

Dies erscheint unrichtig und wird von der w. h. M. auch abgelehnt (vgl. LG Lüneburg, WM 1987, 214; LG Münster, WM 1987, 271; LG Berlin, ZMR 1987, 378; LG München I, ZMR 1987, 468; LG Lübeck, WM 1990, 202; LG Hamburg, WM 1990, 290).

> Nachdem das Entstehen von Schwitzwasser mit der Folge der Schimmelbildung nach dem Einbau dichtschließender Fenster bauseits in der Regel nur durch Anbringung eines mit hohen Kosten verbundenen Vollwärmeschutzes zu unterbinden ist, der Mieter diese unerwünschte Folge aber bereits durch entsprechendes Heizen und Lüften und somit mit geringem Aufwand verhindern kann, ist ihm dies nach dem Einbau von neuen Fenstern durchaus zuzumuten.

Der nachträgliche Einbau von Isolierglasfenstern kann daher selbst dann nicht für Feuchtigkeitsschäden verantwortlich gemacht werden, wenn die Wärmedämmung des Anwesens nicht den geltenden Anforderungen der Wärmeschutzverordnung entspricht (LG Düsseldorf, Urt. v. 12. 5. 1992, DWW 1992, 368). Dementsprechend hat bereits das LG München I (a.a.O.) ausgeführt, daß der Mieter keinen Anspruch gegen den Vermieter auf Durchführung umfangreicher Wärmedämmaßnahmen hat, wenn die Möglichkeit besteht, Schwitzwasserbildung durch verstärktes Heizen und Lüften zu verhindern (so auch das LG München I im Beschluß vom 16. 3. 1988, WM 1988, 352). Nach Ansicht des LG Lübeck (Urt. v. 9. 1. 1990, WM 1990, 202) muß der Vermieter den Mieter jedoch auf die Notwendigkeit entsprechender Maßnahmen hinweisen. Sind Feuchtigkeitsschäden in den Mieträumen aufgetreten, muß der Mieter einer Verschlechterung des Zustandes ggf. durch Ummöblierung entgegenwirken (LG Stade, WM 1985, 23).

Diesen Urteilen kann entnommen werden, daß der Mieter selbst dann verpflichtet ist, die Entstehung von Feuchtigkeitsschäden durch Heizen und Lüften zu verhindern, wenn das Gebäude bauartbedingt zur Entstehung von Schimmelbildung neigt.

Dies gilt selbstverständlich nur für die vom Mieter selbst produzierte Feuchtigkeit, nicht jedoch für Feuchtigkeit, die von außen, z. B. durch schadhaftes Mauerwerk oder das Dach, in die Mieträume eindringt. In diesem Fall ist der Mieter bei erheblicher Beeinträchtigung des Wohnwertes zur Minderung der Miete berechtigt und kann vom Vermieter die Beseitigung der Mängel und Schäden verlangen. Bei Verzug des Vermieters mit der Mängelbeseitigung kann der Mieter vom Vermieter einen Vorschuß in Höhe der voraussichtlich zur Mängelbeseitigung erforderlichen Kosten verlangen (KG Berlin, RE vom 29. 2. 1988, WM 1988, 142; Weber/Marx, VIII/S. 35).

Ein miet**vertraglicher** Ausschluß des **Minderungs**rechtes des Mieters ist bei Wohnraum nicht nur formularmäßig, sond. auch einzelvertragl. unzulässig (§ 537 Abs. 3 BGB). Ein Ausschluß von **Schadenersatz**ansprüchen des Mieters ist jedoch auch formularmäßig durch folg. Klausel möglich: „Der Vermieter haftet nicht für Schäden, die dem Mieter an den ihm gehörenden Einrichtungsgegenständen durch Feuchtigkeitseinwirkungen entstehen, gleichgültig welcher Art, Herkunft, Dauer und Umfanges die Feuchtigkeitseinwirkung ist, es sei denn, daß der Vermieter den Schaden vorsätzl. oder grob fahrlässig herbeigeführt hat" (OLG Stuttgart, RE v. 11. 4. 84, ZMR 1984, 309; Weber/Marx, IV/S. 89).

Formularverträge → „Allgemeine Geschäftsbedingungen (AGB)"
Fortsetzung des Mietverhältnisses → „Zeitmietvertrag"
Fragebogen → „Anfechtung des Mietvertrages"
Fristlose Kündigung → „Kündigung" Abschnitte 2.2.1 und 3.2.1

Garage

Bei der Vermietung einer Garage bzw. eines Stellplatzes finden die Schutzvorschriften für Wohnraum (z. B. bezüglich Kündigung, Mieterhöhung) keine Anwendung.

Wurden keine abweichenden Vereinbarungen getroffen, kann das Mietverhältnis, wenn der Mietzins nach Monaten oder längeren Zeitabschnitten bemessen ist, spätestens am 3. Werktag eines Kalendermonates für den Ablauf des übernächsten Monates **gekündigt** werden (vgl. „Kündigungsfristen"). Die verlängerte Kündigungsfrist (§ 565 Abs. 1a BGB) gilt nicht für Garagen, da es sich bei Garagen nicht um Geschäftsräume i. S. dieser Vorschrift handelt (AG Wuppertal, WM 1996, 548). Die Angabe eines Kündigungsgrundes ist nicht erforderlich.

Eine Mieterhöhung kann im Wege der **Änderungskündigung** durchgeführt werden. Dabei wird das Mietverhältnis fristgerecht gekündigt, verbunden mit dem Angebot auf Abschluß eines neuen Mietvertrages mit einem höheren Mietzins. Einer Begründung bedarf es nicht.

> Diese Ausführungen gelten uneingeschränkt jedoch nur dann, wenn mit der betreffenden Garage nicht auch Wohnraum vermietet ist.

- **Einheitliches Wohnraummietverhältnis**

Besteht auch ein Mietverhältnis über Wohnraum, gilt folgendes: Wurde die Garage **zusammen** mit dem **Wohnraum** vermietet, z. B. dadurch, daß sie im Wohnraummietvertrag unter den vermieteten Räumlichkeiten angeführt ist oder ohne Erwähnung im Mietvertrag überlassen wurde, liegt nach der Rechtsprechung ein **einheitliches** Mietverhältnis über Wohnraum und Garage vor, mit der Folge, daß eine Teilkündigung der Garage unzulässig ist und die Garage nur zusammen mit dem Wohnraum unter Einhaltung der Wohnraumkündigungsschutzvorschriften kündbar ist (vgl. z. B. LG Mannheim, WM 1980, 134 sowie LG Köln, WM 1992, 264), wonach Eigenbedarf allein für die Garage nicht geltend gemacht werden kann). Auch die gesonderte Ausweisung des Mietzinses für die Garage im Wohnraummietvertrag ändert nichts an der Einheitlichkeit des Mietverhältnisses (LG Baden-Baden, Urt. v. 5. 10. 1990, WM 1991, 34).

> In diesem Fall kann auch der Mietzins für die Garage nicht separat, sondern nur zusammen mit dem Wohnraummietverhältnis erhöht werden. Der Vermieter muß im Rahmen seines Zustimmungsverlangens nach § 2 MHG die Ortsüblichkeit für **beide** Entgeltanteile begründen (Sternel, Mietrecht III, Rdn. 605 c).

Ein **einheitliches** Mietverhältnis liegt grundsätzlich auch dann vor, wenn der Vermieter einer Wohnung seinem Mieter nach Jahren auch eine **auf dem Hausgrundstück** gelegene Garage vermietet und eine ausdrückliche Einbeziehung in den bisherigen Mietvertrag nicht erfolgt (OLG Karlsruhe, RE v. 30. 3. 1983, NJW 1983, 1499; Weber/Marx, III/S. 53).

- **Selbständiger Garagenmietvertrag**

Anders ist die Rechtslage zu beurteilen, wenn die **Garage** auf einem **anderen Grundstück** liegt. In diesem Fall ergibt sich bereits aus diesem Umstand, daß der Parteiwille auf den Abschluß eines selbständigen Mietvertrages über die hinzugemietete Garage gerichtet war. Liegt die Garage auf demselben Grundstück, handelt es sich aber trotzdem um ein selbständiges Mietverhältnis, wenn die Überlassung nicht der Erfüllung der öffentlichrechtlichen Verpflichtung zur Versorgung der Hausbewohner mit Stellplätzen dient, sondern diese vielmehr durch die vom Mieter bereits benutzten Plätze schon erfüllt worden ist. Die Anmietung eines weiteren zusätzlichen Stellplatzes bzw. einer Garage ist insoweit nicht mehr notwendig, um die Nutzung der Wohnung im regelmäßigen Umfang auch hinsichtlich der Unterbringung von Kraftfahrzeugen zu sichern und steht daher nur im **zufälligen Zusammenhang** mit der Tatsache, daß die Vertragspartei auch am Ort des Stellplatzes bzw. der Garage wohnt (LG Frankfurt a. M., Urt. v. 18. 9. 1990, WM 1991, 36).

Weiterhin kann eine selbständige Vereinbarung zustande kommen, sofern ein entsprechender **Parteiwille** hinreichend deutlich erkennbar wird (OLG Karlsruhe, a.a.O.), z. B. durch die ausdrückliche Vereinbarung, daß die Vermietung der Garage unabhängig von dem Bestand des Wohnraummietverhältnisses erfolgt. Bei gleichzeitiger Überlassung von Wohnraum und Garage handelt es sich selbst bei räumlichem oder funktionellem Zusammenhang von Wohnraum und Garage um rechtlich selbständige Verträge, wenn die Parteien getrennte Vertragsformulare mit jeweilig ausgewiesenem Mietzins, unterschiedlichen Laufzeiten und Kündigungsregelungen verwenden (LG München I, Urt. v. 17. 7. 1991, WM 1992, 15; LG Berlin, MDR 1987, 142). Eine **Formularklausel,** wonach der Garagenmietvertrag rechtlich und wirtschaftlich selbständig und unabhängig von dem Abschluß eines anderen Mietvertrages, z. B. über eine Wohnung, sein soll, verstößt weder gegen § 3 AGBG – „überraschende Klausel“ – noch gegen § 9 AGBG – „unangemessene Benachteiligung“ – (AG Frankfurt, WM 1986, 254).

Ein erkennbarer, auf den Abschluß eines eigenständigen Garagenmietvertrages gerichteter Parteiwille liegt auch vor, wenn die Vertragsparteien des Wohnungs- und des Garagenmietvertrages nicht identisch sind (z. B. Wohnungsmietvertrag mit Herrn und Frau X, Garagenmietvertrag nur mit Herrn X als Mieter). Die Annahme eines einheitlichen Vertragsverhältnisses würde einen (unzulässigen) Vertrag zu Lasten Dritter (hier: Frau X) darstellen (LG Hamburg, Urt. v. 5. 4. 1991, WM 1991, 672; vgl. auch Palandt-Heinrichs,

BGB, 50. Aufl., Einf. vor § 328 Rdn. 10 m.w.N.; LG Hamburg, WM 1986, 338). Auch eine gemeinsame Betriebskostenabrechnung für Wohnung und Garage ändert hier nichts an der Eigenständigkeit des Garagenmietvertrages.

Die Eigenständigkeit des Garagenmietvertrages hat zur Folge, daß eine **separate Kündigung** der Garage, wie bei Geschäftsraum, ohne Angabe von Gründen möglich ist. Nur im Ausnahmefall bei Vorliegen ganz besonderer Umstände kann die Kündigung des Vermieters wegen Rechtsmißbräuchlichkeit unwirksam sein, z. B. wenn sie nur erfolgt, weil der Mieter die Beseitigung unstreitig vorhandener Mängel gefordert hat (LG Hamburg, Urt. v. 3. 6. 1985, Az. 16 S 217/84) oder der Mieter einer Mieterhöhung für die gemietete Wohnung nicht in vollem Umfange zugestimmt hat (LG Hamburg, Urt. v. 30. 3. 1982, Az. 16 S 4/82).

Bei Vorliegen rechtlich **selbständiger** Verträge unterliegt die **Mieterhöhung** nicht den Vorschriften des § 2 MHG und kann im Wege der Änderungskündigung durchgesetzt werden. Entsprechend den Ausführungen zur Kündigung schränkt ein Teil der Rechtsprechung (LG Hamburg, Urt. v. 8. 9. 1981, Az. 16 S 95/81; LG Hamburg, Urt. v. 30. 3. 1982, Az. 16 S 4/82) auch das Recht zur Änderungskündigung für den Fall einer rechtsmißbräuchlichen Ausübung ein, die aber jedenfalls dann nicht vorliegen kann, wenn mit der Änderungskündigung lediglich eine Anhebung der Garagenmiete auf das ortsübliche Niveau erreicht werden soll.

- **Getrennte Veräußerung der Garage**

Liegt ein einheitliches Mietverhältnis vor, wird dieses auch dann nicht in mehrere Mietverhältnisse aufgespalten, wenn der vermietende Eigentümer die Garage **veräußert**; vielmehr tritt der Erwerber als Mitvermieter in den einheitlichen Mietvertrag ein (§ 571 BGB; BayObLG, Beschl. v. 12. 12. 1990, WM 1991, 78).

Eine nachträgliche Aufspaltung des ursprünglich einheitlichen Mietverhaltnisses in zwei getrennte Mietverträge kann jedoch dadurch eintreten, daß der Mieter mit dem Erwerber der Garage ohne Beteiligung des ehemaligen Eigentümers gesonderte Vereinbarungen zur Miethöhe trifft (LG Baden-Baden, Urt. v. 9. 2. 1990, WM 1991, 35). Entsprechendes kann auch gelten, wenn der Mieter die Garagenmiete unabhängig von der Wohnungsmiete an den Erwerber zahlt.

- **Sonderregelungen in den neuen Bundesländern**

In den **neuen Bundesländern** gilt für **Nutzungs**verträge über Garagengrundstücke der besondere Kündigungsschutz (§ 23 SchuldRAnpG; vgl. „Kündigungsschutz“, Abschnitt 2.8) nur **bis 31. 12. 2002.**

§ 23 Abs. 5 SchuldRAnpG ist nicht anzuwenden, d. h. der besondere Kündigungsschutz endet insofern generell am 31. 12. 2002, auch wenn der Nutzer am 3. 10. 1990 bereits das 60. Lebensjahr vollendet hatte. Danach gelten für unbebaute und mit Garagen bebaute Grundstücke nur noch die allgemeinen

Kündigungsschutzvorschriften des BGB. Diese Verträge kann der Grundstückseigentümer auch dann kündigen, wenn er das Grundstück einem besonderen Investitionszweck (Schaffung und Erhaltung von Arbeitsplätzen und Wohnraum) zuführen will (§ 23 Abs. 6 SchuldRAnpG).

Handelt es sich um ein **Grundstück** oder den Teil eines Grundstücks, das aufgrund eines Vertrages zur Errichtung von Garagen **überlassen** wurde, kann der Grundstückseigentümer bereits **ab 1. 1. 1995** kündigen, wenn er als **Wohnungsunternehmen** auf dem Grundstück gelegene Wohnungen durch Privatisierungsmaßnahmen an deren Mieter veräußern will und der Nutzer der Garage nicht Mieter einer auf dem Grundstück gelegenen Wohnung ist. Insofern ist der Nutzer jedoch berechtigt, der Kündigung zu widersprechen und die Fortsetzuung des Vertrages zu verlangen, wenn dessen Beendigung für ihn eine Härte bedeuten würde, die auch unter Würdigung der berechtigten Interessen des Grundstückseigentümers nicht zu rechtfertigen ist (§ 23 Abs. 7).

Zur Erhöhung des Nutzungsentgeltes für Garagen siehe die **NutzungsentgeltVO** v. 22. 7. 1993 (BGBl. I S. 1339) sowie die VO zur Änderung der NutzungsentgeltVO v. 24. 7. 1997 (BGBl. I S. 1920).

Infolge der Neufassung des § 4 Nr. 12 Satz 2 **UStG** durch das Steueränderungsgesetz 1992 (BGBl. I S. 297) ist die Vermietung von Garagen und Stellplätzen nicht mehr von der Umsatzsteuer befreit. Dies bedeutet, daß **Umsatzsteuerfreiheit** nur noch dann gegeben ist, wenn ein **einheitliches** Mietverhältnis über Wohnung und Garage abgeschlossen wird. Liegt dagegen ein **separates** Vertragsverhältnis über die Garage bzw. den Stellplatz vor, ist diese Vermietung grundsätzlich umsatzsteuerpflichtig. Die Umsatzsteuer wird jedoch nicht erhoben, wenn die Voraussetzungen des § 19 UStG vorliegen, d. h. der Umsatz zuzüglich der darauf entfallenden Steuer im vorangegangenen Kalenderjahr DM 25 000 nicht überstiegen hat und im laufenden Kalenderjahr DM 100 000 voraussichtlich nicht übersteigen wird.

Gartenbenutzung

Ohne **ausdrückliche** vertragliche Regelung gilt der Garten nur bei einem Einfamilienhaus als mitvermietet (vgl. OLG Köln, DWW 1994, 50). Bei Mehrfamilienhäusern haben die Mieter ein Recht zur Gartenbenutzung nur, soweit der Mietvertrag dies ausdrücklich bestimmt. Mitvermietet ist der Garten daher nur bei Vorliegen einer ausdrücklichen Vertragsvereinbarung.

Erlaubt der Vermieter die Gartenbenutzung aus Gefälligkeit, ohne daß hinreichende Anhaltspunkte für eine entsprechende Ergänzung des Mietvertrages vorliegen, kann er die Erlaubnis frei widerrufen. Eine Grenze besteht nur im Schikane- und Willkürverbot, §§ 226, 242 BGB (LG Aachen, DWW 1991, 22). Als Indiz für das Vorliegen einer reinen Gefälligkeit ohne den Willen, sich rechtlich zu binden, kann es gewertet werden, wenn die Gestattung ohne Verhandlungen über eine Änderung des Mietzinses erfolgt ist oder der Vermieter deutlich zu erkennen gegeben hat, daß er weiterhin Einfluß auf den Zustand des Gartens nehmen will (vgl. LG Aachen, a.a.O.).

Dagegen kann ein langjähriges vorbehaltloses und widerspruchsloses Dulden der Gartenbenutzung durch den Mieter durchaus zu einer stillschweigenden Vertragsergänzung führen (vgl. LG Hamburg, WM 1988, 67 für über 20jährige widerspruchslose Nutzung).

Das Recht zur Gartenbenutzung kann dann weder durch Kündigung des Gartens beendet werden (unzulässige Teilkündigung), noch kann für die Benutzung eine zusätzliche Vergütung verlangt werden.

Letztlich entscheidend für die Beurteilung sind immer die konkreten Umstände des Einzelfalles.

Eine **Teilkündigung** des Gartens ist nur ausnahmsweise zulässig, wenn der Vermieter neuen Wohnraum zum Zwecke der Vermietung schaffen oder den neu zu schaffenden und den vorhandenen Wohnraum mit einem Garten ausstatten will und die Kündigung auf den Garten beschränkt (§ 564 b Abs. 2 Nr. 4 BGB).

Die **Pflege** des Gartens ist grundsätzlich Sache des Vermieters. Die entstehenden Kosten können als Betriebskosten auf die Mieter durch **vertragliche** Vereinbarung umgelegt werden (vgl. „Betriebskosten", Abschnitt 2.10). Steht jedoch einem Mieter das Recht auf ausschließliche Benutzung zu, kann sich aus den Umständen ergeben, daß er damit auch zur Pflege des Gartens verpflichtet ist.

Zur Klarstellung sind unbedingt ausdrückliche Regelungen im Mietvertrag über Art und Umfang der Benutzung sowie detaillierte Vereinbarungen über die Pflege des Gartens zu empfehlen.

Die vertragliche Vereinbarung: „Garten und Wiese zu pflegen" umfaßt nach Ansicht der Rechtsprechung nur einfache Pflegetätigkeiten wie das Rasenmähen und Umgraben von Beetflächen, nicht aber z. B. das Reinigen der Terrassenplatten (vgl. z. B. LG Siegen, Urt. v. 13. 9. 1990, WM 1991, 85). Daher sollte neben der Art und Weise der Gartenpflege auch der Umfang der Arbeiten möglichst genau vertraglich festgelegt werden.

Ist die Gartenpflege ohne nähere Bestimmung auf den Mieter übertragen, läßt die Rechtsprechung dem Mieter für die Gartengestaltung einen großzügigen Spielraum. So darf der Mieter den Garten zwar nicht verwildern und verkommen, aber wild wachsen lassen (LG Köln, NJWE 1996, 243), einen Naturgarten anlegen und die Pflanzen im wesentlichen frei wachsen lassen (LG Darmstadt, WM 1983, 151), je nach Größe des Gartens u. U. auch ein kleines Gartenhaus errichten (LG Hamburg, Urt. v. 21. 2. 1984, Az. 16 S 201/83), einen Teich anlegen (LG

Hamburg, Urt. v. 29. 9. 1987, Az. 16 S 148/86; LG Lübeck, WM 1993, 669: auch im Garten eines Reihenhauses, wenn folgenlose Beseitigung bei Vertragsende möglich ist), einen Holzstoß lagern (AG Nürnberg, WM 1984, 109), einen Komposthaufen anlegen (LG Regensburg, WM 1985, 242), den Garten geringfügig verändern, z. B. Verlegen von 10 qm Betonplatten auf einem 1 100 qm großen Grundstück (AG Dortmund, Urt. v. 11. 5. 1989, DWW 1991, 219), sofern der Baumbestand nicht beeinträchtigt wird.

Dagegen ist für das Anpflanzen sowie für die Beseitigung von Bäumen und Sträuchern die Zustimmung des Vermieters erforderlich.

Bei Beendigung des Mietverhältnisses ist der Mieter auf Verlangen des Vermieters entsprechend den Grundsätzen bei baulichen Veränderungen durch den Mieter (vgl. „Bauliche Veränderungen durch den Mieter", „Einrichtungen") **zur Herstellung des ursprünglichen Zustandes verpflichtet**. Andererseits ist der Mieter auch **berechtigt**, Pflanzen **wegzunehmen**, die er während der Mietzeit gesetzt hat (§ 547 a BGB). Für Bäume und Büsche gilt dieses Wegnahmerecht nur, solange diese noch umsetzbar sind (OLG Köln, Urt. v. 8. 7. 1994, ZMR 1994, 509). Der Vermieter kann die Ausübung des Wegnahmerechts nicht durch Zahlung einer Entschädigung abwenden, weil dieses Recht (§ 547 a Abs. 2 BGB) nur für solche Einrichtungen gilt, die sich innerhalb der Mieträume befinden (OLG Köln, a.a.O.).

> Sind derart umfassende Gestaltungsbefugnisse durch den Mieter nicht im Sinne des Vermieters bzw. hat der Vermieter konkrete Vorstellungen über die Art und den Umfang der Nutzung sowie der Pflege des Gartens, empfiehlt es sich, die Modalitäten im Mietvertrag im einzelnen **verbindlich** festzulegen.

Enthält der Mietvertrag keine festen Termine für die Durchführung der Gartenarbeiten, ist die Verpflichtung des Mieters zur Vornahme einzelner Gartenpflegearbeiten jeweils dann **fällig**, wenn bei weiterem Zuwarten mit der Vornahme dieser Arbeiten entweder die bisherige Gartengestaltung gefährdet wird (weil z. B. Büsche und Bäume zu verwildern oder Termine zum fachgerechten Schnitt von Bäumen und Büschen abzulaufen drohen) oder aus einem Zierrasen eine Wiese wird oder der Garten sonst vom Standpunkt eines neutralen Beobachters unter Berücksichtigung seines Typs (Ziergarten, Nutzgarten etc.) ungepflegt auszusehen beginnt (AG Köln, Urt. v. 18. 2. 1994, ZMR 1994, XIII).

Erfüllt der Mieter die Pflicht zur Gartenpflege nicht oder nicht ordnungsgemäß, kann der Vermieter wegen Verletzung des Mietvertrages als Schadenersatz die Kosten eines beauftragten Gärtners verlangen, wenn er den Mieter erfolglos unter Fristsetzung und Benennung der durchzuführenden Arbeiten zur Vertragserfüllung aufgefordert hat.

Der Mieter eines Einfamilienhauses, dem das Recht zur Gartennutzung zusteht und die Pflicht zur Gartenpflege obliegt, ist mangels abweichender Vereinbarung berechtigt, das im Garten wachsende **Obst** zu ernten (AG Leverkusen, WM 1994, 199).

Gebrauchsgewährung

Die Gewährung des vertragsgemäßen Gebrauches ist Hauptpflicht des Vermieters, § 536 BGB. Zunächst hat der Vermieter dem Mieter den Gebrauch der Mietsache zu verschaffen (BGH, MDR 1976, 218). Dies geschieht regelmäßig durch Einräumung der tatsächlichen Gewalt über die Sache (§ 854 BGB), z. B. durch Übergabe der Schlüssel. Ab Besitzübergabe treten grundsätzlich die Gewährleistungsregelungen des Mietrechtes anstelle der allgemeinen Vorschriften über Leistungsstörungen. Die Gebrauchsgewährung erstreckt sich auf alle wesentlichen Bestandteile des Mietobjektes.

Gewähren des Gebrauches bedeutet weiter, die Mietsache in einem zum vertragsgemäßen Gebrauch geeigneten Zustand zu überlassen, sie während der Mietzeit in diesem Zustand zu erhalten (vgl. „Instandhaltung und Instandsetzung der Mieträume", „Schönheitsreparaturen", „Kleinreparaturen") und Störungen des vertragsgemäßen Gebrauches zu unterlassen. Dabei hat der Vermieter den Mieter aber auch gegen Störungen im vertragsgemäßen Gebrauch zu schützen, die von einem **Dritten,** z. B. einem anderen Mieter, ausgehen.

Zwar hat ein durch Störungen beeinträchtigter Mieter ein selbständiges Recht, gegen den Störer aufgrund seiner Besitzschutzansprüche vorzugehen – nach § 862 BGB kann er Beseitigung verlangen und auf Unterlassung klagen, wenn weitere Störungen zu besorgen sind – jedoch kann der Mieter auch vom Vermieter Abwendung der Störung verlangen.

Der Vermieter kann den Mieter nicht auf dessen Ansprüche gegen den Störer verweisen, sondern muß selbst tätig werden, um seiner Pflicht zur Gewährung eines vertragsgemäßen Gebrauches zu genügen. Wird durch eine Störung – unabhängig davon, ob sie vom Vermieter oder einem Dritten verursacht wurde – der vertragsgemäße Gebrauch **erheblich** beeinträchtigt, ist der Mieter zur Minderung des Mietzinses berechtigt.

Bei Störungen, die von einem Dritten ausgehen, trifft den Vermieter zwar in der Regel kein Verschulden, jedoch besteht das Minderungsrecht des Mieters nach § 537 Abs. 1 BGB unabhängig von einem Verschulden des Vermieters, so daß die **erhebliche** Beeinträchtigung des Wohnwertes alleinige Voraussetzung für die Berechtigung des Mieters zur Mietzinsminderung ist (näheres siehe „Mietzinsminderung").

Der Schaden, der dem Vermieter durch Abzüge seines Mieters entsteht, kann der Vermieter grundsätzlich von dem störenden Dritten ersetzt verlangen (vgl. auch „Lärm“).

Gegensprechanlage → „Modernisierung“

Gerichtliches Verfahren in Mietsachen

Das gerichtliche Verfahren in Mietstreitigkeiten ist für Wohnraum- und Geschäftsraummiete unterschiedlich geregelt. Für Streitigkeiten über Ansprüche aus einem Mietverhältnis über **Wohnraum** oder über dessen Bestand (z. B. für Räumungsklagen) ist das **Amts**gericht, in dessen Bezirk sich die Räume befinden, sowohl sachlich, d. h. auch bei Streitwerten über DM 10 000,– (vgl. § 23 Nr. 2 a GVG n. F.), als auch örtlich (§ 29 a Abs. 1 ZPO) ausschließlich zuständig. Eine abweichende Gerichtsstandsvereinbarung ist daher unzulässig (§ 40 Abs. 2 S. 1 ZPO).

Bei Mietverhältnissen über **Geschäftsräume** sind nach der zum 1. 3. 1993 in Kraft getretenen Neufassung des § 23 Nr. 1 GVG durch das Gesetz zur Entlastung der Rechtspflege vom 11. 1. 1993 (BGBl I, 50) für Streitigkeiten zwischen den Mietparteien, insbesondere auch über Räumung, Überlassung und Benutzung der Mieträume, die Amtsgerichte sachlich nur noch dann zuständig, wenn der Streitwert DM 10 000,– nicht übersteigt; andernfalls sind die Landgerichte zuständig. Örtlich – und zwar ausschließlich – zuständig ist nunmehr auch bei Mietverhältnissen über Geschäftsräume das Gericht, in dessen Bezirk sich die Räume befinden (§ 29 a Abs. 1 ZPO n. F.).

Diese Sondervorschrift über den ausschließlichen Gerichtsstand ist gemäß § 29 a Abs. 2 ZPO i. V. m. § 556 a Abs. 8 und § 564 Abs. 7 Nr. 1, 2, 4 und 5 BGB bei den nachfolgend aufgezählten Mietverhältnissen **nicht anzuwenden** mit der Folge, daß sich der Gerichtsstand insofern nach den allgemeinen Vorschriften bestimmt:

- bei Wohnraum zum vorübergehenden Gebrauch;
- bei Wohnraum, der Teil der vom Vermieter selbst bewohnten Wohnung ist und den der Vermieter ganz oder überwiegend mit Einrichtungsgegenständen auszustatten hat, sofern der Wohnraum nicht zum dauernden Gebrauch für eine Familie überlassen ist;
- bei Wohnraum in Ferienhäusern und Ferienwohnungen in Feriengebieten, der vor dem 1. 6. 1995 dem Mieter überlassen worden ist, wenn der Vermieter den Mieter bei Vertragsschluß auf die Zweckbestimmung des Wohnraumes und die Ausnahme von § 564 b Absätze 1–6 BGB hingewiesen hat;
- bei Wohnraum, den eine juristische Person des öffentlichen Rechtes im Rahmen der ihr zugewiesenen Aufgaben angemietet hat, um ihn Perso-

nen mit dringendem Wohnbedarf oder in Ausbildung befindlichen Personen zu überlassen und sie den Mieter auf die Zweckbestimmung des Wohnraumes und die Ausnahme von § 564 b Absätze 1 bis 6 BGB hingewiesen hat.

Unter die ausschließliche Zuständigkeit des Amtsgerichtes fallen bei **Wohn**raummietverhältnissen insbesondere folgende Verfahren:

Räumungsklagen, Klagen auf Fortsetzung des Mietverhältnisses, auf Erfüllung des Mietvertrages, auf Zustimmung zur Erhöhung des Mietzinses, auf Zahlung von Mietzinsrückständen und auf Schadenersatz ohne Rücksicht auf die Höhe der Forderung, auf Feststellung des Bestehens oder Nichtbestehens eines Mietverhältnisses oder Untermietverhältnisses, auf Rückzahlung mietpreisrechtlich nicht geschuldeter Leistungen (BGH, RE v. 11. 1. 1984, WM 1984, 119; Weber/Marx, IV/S. 111).

Mit Änderung der Zivilprozeßordnung (ZPO) durch das Gesetz zur Entlastung der Rechtspflege v. 11. 1. 1993 (BGBl. I 50) wurde mit Wirkung ab 1. 3. 1993 die Berufungssumme des § 511 a ZPO auf DM 1 500,– angehoben. Unabhängig davon ist in Streitigkeiten über Ansprüche aus einem Mietverhältnis über Wohnraum oder über den Bestand eines solchen Mietverhältnisses die Berufung immer statthaft, wenn das Amtsgericht in einer Rechtsfrage von einer Entscheidung eines Oberlandesgerichts oder des Bundesgerichtshofes abgewichen ist und die Entscheidung auf der Abweichung beruht (§ 511 a Abs. 2 ZPO n. F., vgl. auch „Rechtsentscheid").

Für das gerichtliche Verfahren in Mietsachen ist noch die Frage von Bedeutung, ob im Falle einer Kündigung des Mietverhältnisses schon vor Ablauf der Kündigungsfrist Räumungsklage erhoben werden kann. Grundsätzlich kann der Vermieter vor Ablauf der Kündigungsfrist auf Räumung klagen, wenn die Geltendmachung des Räumungsanspruches an den Eintritt eines Kalendertages geknüpft ist (§ 257 ZPO). Bei Klage auf Räumung von **Wohn**raum ist jedoch die Klageerhebung vor Ablauf der Kündigungsfrist oder Mietzeit nur zulässig, wenn den Umständen nach die Besorgnis gerechtfertigt ist, daß der Schuldner sich der rechtzeitigen Leistung entziehen, d. h. der Mieter nicht rechtzeitig räumen werde (§ 259 ZPO).

Die Besorgnis ist gerechtfertigt, wenn der Mieter unmißverständlich zum Ausdruck gebracht hat, daß er die Wohnung nicht räumen kann oder will, z. B. durch Erhebung des Kündigungswiderspruches, weil er noch keine Ersatzwohnung gefunden hat oder weil er die Kündigung für unwirksam hält (OLG Karlsruhe, RE v. 10. 6. 1983; DWW 1983, 173; Weber/Marx, III/S. 59).

Vor Ablauf der Widerspruchsfrist (vgl. „Kündigungsschutz", Abschn. 3) kann der Vermieter vom Mieter keine Stellungnahme zu der ausgesprochenen Kündigung und keine Erklärung darüber verlangen, ob der Mieter ausziehen werde oder nicht. Eine trotzdem erhobene Räumungsklage wäre kostenpflichtig abzuweisen. Dagegen berechtigt ein Schweigen bzw. eine unzureichende Antwort des Mieters auf eine entsprechende Anfrage des Vermieters **nach** Ablauf der Widerspruchsfrist zur Erhebung der Klage.

> Im Falle der fristlosen Kündigung durch den Vermieter sollte dem Mieter eine **angemessene Frist** zur Räumung der Wohnung gesetzt werden, da sich der Mieter erst nach Ablauf dieser Frist in Verzug befindet und damit Anlaß zur Erhebung der Räumungsklage gibt (vgl. LG Baden-Baden, WM 1996, 473: 1 bis 2 Wochen ab Zugang des Kündigungsschreibens). Die sofortige Erhebung der Räumungsklage, welche die fristlose Kündigung enthält, kann nach dieser Rechtsprechung zu Kostennachteilen für den Vermieter führen (vgl. LG Bremen, WM 1989, 430).

Auch wenn der Mieter durch sein Verhalten Anlaß für eine Klageerhebung gegeben hat, kann das Gericht dem Vermieter die Kosten des Räumungsrechtsstreites ganz oder teilweise auferlegen (§ 93 b Abs. 3 ZPO), wenn der Mieter den Anspruch auf Räumung zwar sofort anerkennt, er aber bereits vor Erhebung der Klage beim Vermieter unter Angabe von Gründen die Fortsetzung des Mietverhältnisses oder eine **angemessene** Räumungsfrist vergeblich begehrt hat und das Gericht eine Räumungsfrist bewilligt.

Dies gilt auch, wenn der Mieter zwar eine unangemessen lange Räumungsfrist begehrt, der Vermieter jedoch unter Ablehnung jeglicher Räumungsfrist und, ohne das Gespräch mit dem Mieter gesucht zu haben, sogleich die Räumungsklage erhebt (LG Wuppertal, WM 1993, 548).

Das Begehren des Mieters um Einräumung einer angemessenen Räumungsfrist ist auch keine Verletzung des Mietvertrages, die eine anwaltliche Räumungsaufforderung vor Fälligkeit der Räumungsverpflichtung veranlaßt und den Mieter zur Tragung der Anwaltskosten verpflichtet (LG Aachen, WM 1993, 451).

Ist das sofortige **Anerkenntnis** jedoch nicht mit der Angabe eines bestimmten Räumungstermins verbunden, hat der Mieter Anlaß zur Räumungsklage gegeben (LG Frankenthal, WM 90, 527).

> Tritt der Mieter vor Beendigung des Mietverhältnisses mit einem entsprechenden Gesuch an den Vermieter heran und sind die vorgetragenen Gründe für seine Räumungsschwierigkeiten stichhaltig und nachvollziehbar, ist zur Vermeidung von Kostennachteilen die Gewährung einer den Umständen nach angemessenen Räumungsfrist zu empfehlen.

Ein vorprozessuales Verlangen des Mieters, das Mietverhältnis aus Gründen der **Sozialklausel** fortzusetzen (§ 556 a BGB; vgl. „Sozialklausel“), stellt jedoch kein solches Begehren um eine angemessene Räumungsfrist (§ 93 b ZPO) dar (LG Stuttgart, WM 1993, 550).

Eine rechtskräftige Verpflichtung des Mieters zur Räumung kann nur durch **Zwangsvollstreckung** (vgl. „Zwangsvollstreckung") mit Hilfe des Gerichtsvollziehers oder des zuständigen Amtsgerichtes als Vollstreckungsgericht durchgesetzt werden. Die eigenmächtige Durchsetzung des Räumungsanspruches, z. B. durch Entfernen der Möbel des Mieters oder Auswechseln des Schlosses, ist unzulässig, so daß selbst dann ein Anspruch des Mieters auf Wiedereinräumung des Mietbesitzes wegen **verbotener Eigenmacht** des Vermieters bestehen kann, wenn der Vermieter gegen den Mieter bereits ein Urteil auf Räumung und Herausgabe erwirkt hat (OLG Celle, Beschl. v. 10. 11. 1993, DWW 1994, 117).

Sofern der Räumungsschuldner nach der Beauftragung des Gerichtsvollziehers durch den Räumungsgläubiger eine Ersatzwohnung findet und dies dem Gerichtsvollzieher mitteilt, hat er dennoch die durch die Tätigkeit des Gerichtsvollziehers entstehenden Kosten und etwaige Bereitstellungskosten des Spediteurs zu tragen, es sei denn, der Schuldner hätte vor der Beauftragung des Gerichtsvollziehers eine Ersatzwohnung angemietet und dies dem Gläubiger mitgeteilt (LG Mannheim, DWW 1994, 85).

Der **Streitwert** für die Berechnung der Gerichts- und Anwaltskosten bei einer Räumungsklage bemißt sich nach dem Mietzins für ein Jahr (§ 16 GKG). Strittig ist, ob dabei auch Betriebskostenvorauszahlungen zu berücksichtigen sind. Nach der noch aus dem Jahre 1955 stammenden Rechtsprechung des BGH (BGHZ 18, 168) dürfen nur die verbrauchs**un**abhängigen Betriebskosten (Grundsteuer, Versicherungen etc.), nicht aber die verbrauchsabhängigen Betriebskosten (Heizung, Wasser etc.) mit einberechnet werden. Dagegen sind nach der neueren Rechtsprechung **sämtliche** Betriebskostenvorauszahlungen streitwerterhöhend zu berücksichtigen (OLG Hamm, Beschl. v. 28. 4. 1995, ZMR 1995, 359; LG Düsseldorf, Beschl. v. 15. 3. 1996, WM 1996, 351; a. A.: OLG Köln, WM 1996, 288).

Vgl. auch „Räumungsklage", „Prozeßkosten", „Mieterhöhung", Abschnitt 2.6.

Geschäftsräume

Inhaltsübersicht Seite

Seite G 12

1 Begriff

Der Begriff „Geschäftsraum" ist bisher weder im Gesetz noch durch die Rechtsprechung eindeutig definiert worden. Nach der Kommentierung von Staudinger-Sonnenschein (§ 565, Rdn. 28) sind darunter alle Räume zu verstehen, die nicht Wohnräume sind (vgl. auch Bub/Treier, Rdn. IV 50).
Dagegen vertritt Palandt/Putzo (54. Auflage, § 565, Rdn. 15 sowie vor § 535, Rdn. 69) die Auffassung, daß als Geschäftsräume nur solche Räume anzusehen sind, die zu geschäftlichen, insbesondere gewerblichen oder freiberuflichen Zwecken angemietet werden (so auch Mü-Ko/Voelskow, § 565, Rdn. 9 und wohl auch BGHZ 94, 11, 15, wonach die Geschäftsraummiete nur eine von mehreren Nutzungsarten ist, wenn ein Wohnraummietverhältnis nicht vorliegt). Danach würden z. B. Garagen oder separat angemietete Keller- oder Lagerräume, die weder zu Wohn- noch zu gewerblichen Zwecken angemietet werden, keine „Geschäftsräume" darstellen. Praktische Bedeutung erlangt die Unterscheidung für die Bestimmung der Kündigungsfristen (vgl. „Kündigungsfristen").

2 Zweckbestimmung

Die Zweckbestimmung als Geschäftsraum ergibt sich häufig bereits aus der baulichen Anlage und deren Ausstattung. Können die Räume danach sowohl zu Wohnzwecken als auch zu beruflichen oder gewerblichen Zwecken genutzt werden, trifft der Vermieter die Zweckbestimmung. Zu beachten sind in diesem Zusammenhang insbesondere bestehende Verordnungen über die **Zweckentfremdung von Wohnraum**, wonach Wohnraum nur mit Genehmigung der Behörde anderen als Wohnzwecken zugeführt werden darf (vgl. „Zweckentfremdung").

> Zu empfehlen ist eine eindeutige Bestimmung des Vertragszweckes im Mietvertrag.

Eine entgegen dem vereinbarten Vertragszweck ausgeübte Nutzung durch den Mieter ändert hieran nichts, es sei denn, der Vermieter kennt und duldet diese über einen längeren Zeitraum, so daß eine stillschweigende Vertragsänderung zustandegekommen ist (vgl. „Änderung des Mietvertrages").

3 Nutzungsänderung

Die Änderung des Betriebes bzw. der Branche durch den Mieter ist vertragswidrig, wenn der Vermieter ein erhebliches Interesse an der Beibehaltung des Mietzweckes hat und dem Vermieter eine Änderung unter Berücksichtigung aller Umstände des Einzelfalles nach Treu und Glauben nicht zumutbar ist, z. B. bei Ladenflächen in einem Einkaufszentrum.

Eine Geschäfts**erweiterung** (z. B. durch Verkauf von branchenfremden Artikeln) oder Produktionsumstellung (z. B. auf industrielle Fertigung) ist nur dann vertragswidrig, wenn dies dem Vertragszweck widerspricht (BGH, NJW 1975, 1833; OLG Karlsruhe, ZMR 1987, 419). Die schutzwürdigen Belange des Vermieters sind im Einzelfall gegen die Belange des Mieters, die sich z. B. aus einer Umstrukturierung der Branche oder des Gebietes ergeben können, abzuwägen. Insofern ist zugunsten des Vermieters eine verstärkte Abnutzung der Räume, eine Beeinträchtigung der Mitmieter, Konkurrenzschutzansprüche anderer Mieter, Auswirkungen auf den Wert der Immobilie und verminderte Chancen bei der Neuvermietung zu berücksichtigen. Zugunsten des Mieters sind dessen wirtschaftliche Interessen an der Erweiterung zu berücksichtigen, insbesondere dann, wenn diese existenznotwendig ist (OLG Düsseldorf, Urt. v. 29. 6. 1995, MDR 1996, 467).

Dagegen stellt die **Umwidmung** des Vertragszweckes, z. B. Umnutzung eines Stalles zu gewerblichen Zwecken, regelmäßig einen vertragswidrigen Gebrauch dar (OLG Karlsruhe, ZMR 1987, 419). Weiterhin ist der Gebrauch regelmäßig dann vertragswidrig, wenn sich das neue oder erweiterte Geschäft grundlegend von dem bei Vertragsschluß bestehenden unterscheidet oder Störungen z. B. der Mitmieter oder Nachbarschaft eintreten.

Strittig ist, ob der Mieter zur Nutzung der Geschäftsräume verpflichtet ist oder ob er diese vorübergehend oder auf Dauer schließen darf. Insofern kommt es entscheidend auf den Inhalt des Mietvertrags an, wobei auch die formularmäßige Vereinbarung einer **Betriebspflicht** zulässig ist (BGH, Urt. v. 29. 4. 1992, DWW 1993, 69). Fehlt es an einer entsprechenden Regelung, stellt nach Auffassung des LG Hannover (Urt. v. 9. 10. 1992, Az. 8 S 146/92) jedenfalls die Schließung der Geschäftsräume auf Dauer eine Vertragsverletzung dar, die den Vermieter zur fristlosen Kündigung berechtigt. Dies gilt erst recht, wenn der Mieter in der Nachbarschaft ein neues Geschäft eröffnet, da sich die Kunden dann dem neuen Geschäft zuwenden und sich gänzlich von den Angeboten der Mitmieter entfernen werden (LG Hannover, a. a. O.).

4 Wohnungen als Geschäftsräume

Trotz Nutzung zu Wohnzwecken durch den Endmieter werden Mietverhältnisse als Geschäftsraummietverhältnisse qualifiziert und unterliegen somit **nicht** den Wohnraumschutzvorschriften, wenn der Vertragszweck nicht im Wohnen durch den Mieter selbst, sondern **in der Weitervermietung** – sei es auch zu Wohnzwecken – liegt (vgl. z. B. OLG Düsseldorf, WM 1995, 434). Dies ist der Fall,

- wenn ein **Unternehmen** eine Wohnung vom Eigentümer anmietet, um sie bestimmungsgemäß an betriebsangehörige Personen weiterzuvermieten (BayObLG, RE v. 30. 8. 1995, Az. RE-Miet 6/94 WM 1995, 645; OLG Karlsruhe, RE v. 4. 7. 1983, DWW 1983, 200; Weber/Marx, Sammelband Nr. 82; BGH, NJW 1981, 1377; BGH, WM 1985, 288);
- wenn ein karitativ tätiger gemeinnütziger **Verein** eine Wohnung zur Unterbringung von Personen anmietet, die vom Verein betreut und unterstützt werden (BayObLG, RE v. 28. 7. 1995, RE-Miet 4/94 WM 1995, 638) oder der Verein die Wohnung an

einen seiner Mitarbeiter vermietet (BayObLG, RE v. 30. 8. 1995, RE-Miet 5/94 WM 1995, 642);

- wenn ein gemeinnütziger **Verein** ein Haus zur Förderung der Rehabilitation psychisch Kranker anmietet und einzelne Zimmer zur Verfolgung eines sozialen satzungsgemäßen Zweckes an die Kranken weitervermietet werden sollen (OLG Karlsruhe, RE v. 24. 10. 1983, NJW 1984, 373; Weber/Marx, III/S. 101; OLG Braunschweig, RE v. 27. 6. 1984, WM 1984, 237; OLG Stuttgart, RE v. 25. 10. 1984, WM 1985, 80; vgl. auch BVerfG, WM 1985, 335 sowie BayObLG, Beschl. v. 10. 12. 1984, WM 1985, 51);
- wenn ein **Verein** ein Wohnhaus mietet, das von den Mitgliedern – dem ausschließlichen Vereinszweck entsprechend – zu Wohnzwecken benutzt wird (OLG Frankfurt, RE v. 14. 7. 1986, DWW 1986, 241; Weber/Marx, VI/S. 30);
- wenn ein **Studentenwerk** Wohnungen zum Betrieb eines Studentenwohnheimes anmietet (BGH, WM 1982, 57);
- wenn eine Eigentumswohnung von einem Vermietungsunternehmen zum Zwecke der Untervermietung zu Wohnzwecken angemietet wurde (**„Bauherrenmodell“**). Siehe im einzelnen „Herausgabeanspruch gegen Dritte“;
- wenn eine Eigentümergemeinschaft eine Eigentumswohnung anmietet, um den **Hausmeister** unterzubringen (BayObLG, WM 1985, 51).

Zur Abgrenzung Wohnraum- / Geschäftsraummietverhältnis vgl. auch die BGH-Entscheidungen v. 15. 11. 1978 (WM 1979, 148), 21. 4. 1982 (WM 1982, 178) und 20. 10. 1982 (WM 1982, 57).

Zur Frage, ob und in welchen Fällen sich der Endmieter nach Kündigung eines solchen, nicht unter Kündigungsschutz stehenden Geschäftsraummietverhältnisses (Hauptmietverhältnis) gegenüber dem Herausgabeverlangen des Eigentümers auf Kündigungsschutzvorschriften (§§ 564 b, 556 a BGB) berufen kann vgl. „Herausgabeanspruch gegen Dritte“.

Wird bei Anmietung eines Gebäudes, das aus mehreren Wohnungen besteht, eine Wohnung vom Mieter selbst bewohnt und werden die übrigen mit Genehmigung des Vermieters untervermietet, hängt die Bestimmung, ob ein Mietverhältnis über Wohnraum oder Geschäftsraum vorliegt, davon ab, ob nach dem übereinstimmenden Vertragswillen der Parteien der **vorherrschende Vertragszweck** im eigenen Wohnen des Mieters oder im Weitervermieten liegt (OLG Stuttgart, RE v. 7. 11. 1985, NJW 1986, 322; Weber/Marx, Sammelband Nr. 271). Dabei ist weder das Verhältnis bewohnter oder weitervermieteter Flächen noch deren Mietwert ausschlaggebend; das kann nur ein Indiz sein.

Auch die Bezeichnung des Vertrages als Wohnraum- oder Geschäftsraum-Mietvertrag ist grundsätzlich nicht entscheidend. Dominierend ist

> allein der mit Abschluß des Vertrages von den Parteien verfolgte Zweck (OLG Stuttgart, a.a.O.).

Jedoch kann sich aus der von den Parteien gewählten Vertragsgestaltung (Verwendung eines Vertragsformulars über „Wohnraum“, dessen Klauseln sich ausschließlich am Wohnraummietrecht orientieren) sowie aus dem späteren Verhalten bei Mieterhöhungen (Durchführung nach den Bestimmungen des Wohnraummietrechts) ergeben, daß ein Mietverhältnis über Wohnraum vereinbart war (OLG Naumburg, Beschl. v. 22. 7. 1993, Az. 2 RE-Miet 1/92).

Vgl. auch „Herausgabeanspruch gegen Dritte“.

Zur Abgrenzung, ob Wohn- oder Geschäftsraum vorliegt, vgl. die Ausführungen zu „Mischräume“.

Zum Verbot der Zweckentfremdung von Wohnraum siehe „Zweckentfremdung“.

5 Rechtliche Behandlung von Geschäftsräumen

Die Unterscheidung, ob Wohnraum oder Geschäftsraum vorliegt, ist für die rechtliche Behandlung von wesentlicher Bedeutung. Hervorzuheben ist insbesondere folgendes:

5.1 Kündigung von Geschäftsräumen

Die **Kündigung** eines Geschäftsraummietverhältnisses bedarf nicht der Schriftform, kann also auch mündlich ausgesprochen werden, wenn nicht ausdrücklich Schriftform vereinbart wurde. Trotzdem sollte aus Beweisgründen eine Kündigung immer schriftlich und mit Zustellungsnachweis erfolgen.

> Geschäftsraummietverhältnisse unterliegen nicht dem Kündigungsschutz, so daß die ordentliche Kündigung eines **unbefristeten** Geschäftsraummietverhältnisses grundsätzlich auch ohne Vorliegen eines berechtigten Interesses und ohne Angabe von Kündigungsgründen möglich ist.

Bei **befristeten** Geschäftsraummietverhältnissen ist die ordentliche Kündigung während der Laufzeit des Vertrages nach allgemeinen Regeln ausgeschlossen.

Der Mieter kann auch bei Vorliegen besonderer **Härtegründe** weder die befristete noch die unbefristete Fortsetzung des Mietverhältnisses verlangen.

Zu den Sonderregelungen auf dem Gebiet der ehemaligen DDR vgl. die Ausführungen am Ende des Stichworts.

> Eine Gewährung von **Räumungsfristen** durch das Gericht ist nicht möglich. Vollstreckungsschutz kann nur nach § 765 a ZPO gewährt werden.

Bei Geschäftsraummietverhältnissen sind vom Gesetz abweichende Vereinbarungen über die Zulässigkeit einer fristlosen Kündigung möglich, da das Verbot des § 554 b BGB nicht gilt (z. B. Erleichterung der fristlosen Kündigungsmöglichkeit des Vermieters durch Vereinbarung, daß der Vermieter bereits bei Verzug mit **einer** Monatsmiete zur fristlosen Kündigung berechtigt sein soll).

Die gesetzliche Kündigungsfrist für eine ordentliche Kündigung von Geschäftsraummietverhältnissen wurde mit Wirkung ab 1. 1. 1994 von bisher 3 Monate auf 6 Monate verlängert (Gesetz v. 29. 10. 1993, BGBl. I S. 1838). Gemäß dem neuen § 565 Abs. 1 a BGB ist die Kündigung spätestens am 3. Werktag eines Kalendervierteljahres für den Ablauf des nächsten Kalendervierteljahres zulässig (z. B. spätestens am 3. Werktag im Juli zum 31. 12.).

Eine Verlängerung der Kündigungsfrist mit zunehmender Mietdauer ist bei Geschäftsraummietverhältnissen gesetzlich nicht vorgesehen. Weiterhin sind im Gegensatz zu den Vorschriften über die Wohnraumkündigung die für Geschäftsraummietverhältnisse geltenden gesetzlichen Kündigungsfristen in vollem Umfang abdingbar (d. h. es kann vertraglich davon abgewichen werden). Es können somit insbesondere bei Bemessung des Mietzinses nach Monaten oder längeren Zeitabständen sowohl kürzere als auch längere Kündigungsfristen oder Kündigungsmöglichkeiten nicht nur zum Ende eines Kalendervierteljahres vereinbart werden.

Strittig ist, ob bei abweichend vereinbarten Kündigungsfristen (§ 565 Abs. 1 BGB) die **Nachfrist** von 3 Tagen als stillschweigend vereinbart gilt, ob also, wenn beispielsweise eine 3-monatige Kündigungsfrist vereinbart ist, die Kündigung noch am 3. Werktag der Vierteljahresfrist erklärt werden kann (wobei es auf den Zeitpunkt des Zugangs ankommt). In der älteren Rechtsprechung und Literatur wird dies mehrheitlich verneint. Nach der neueren Literatur (Palandt-Putzo Anm. 1 f. zu § 565 BGB; Staudinger-Kiefersauer, BGB, 11. A., § 565 BGB, Rdn. 17) soll die Nachfrist (Kündigung spätestens am 3. Werktag eines Monats) bei vereinbarter längerer Kündigungsfrist entsprechend anzuwenden sein.

> Jedenfalls empfiehlt es sich, bei Abweichung von den gesetzlichen Kündigungsfristen im Mietvertrag genaue Bestimmungen darüber zu treffen, wann eine Kündigung zugegangen sein muß, um auf einen bestimmten Zeitpunkt zu wirken.

5.2 Mietzins bei Geschäftsräumen

> Der Mietzins kann bis zur Grenze der **Wuchermiete** (vgl. „Wuchermiete“) frei vereinbart werden. Eine Mietzinserhöhung unterliegt nicht den Bestimmungen des Miethöhegesetzes. Das Verbot der **Änderungskündigung** gilt nicht.

Ein **unbefristetes** Mietverhältnis kann unter Einhaltung der vorbezeichneten Kündigungsfristen ohne Vorliegen eines berechtigten Interesses gekündigt werden, so daß es in diesem Fall unproblematisch ist, eine Mietzinserhöhung durch Änderungskündigung durchzusetzen (Kündigung verbunden mit dem Angebot auf Abschluß eines neuen Vertrages mit höherem Zins).

Unbefristete Geschäftsraummietverhältnisse bedürfen daher grundsätzlich keiner Wertsicherungsvereinbarung („Wertsicherungsklausel“, „Leistungsvorbehalt“).

Anders verhält es sich bei Abschluß eines **befristeten** Mietvertrages. Nach dem Grundsatz „pacta sunt servanda“ („Verträge müssen eingehalten werden“) gilt der vereinbarte Mietzins für die gesamte Dauer des Mietverhältnisses. Eine Mieterhöhung ist nur möglich, wenn und soweit der Mietvertrag dies ausdrücklich bestimmt, z. B. durch eine Wertsicherungsvereinbarung oder einer Staffelmiete (siehe „Staffelmiete“).

Soll der Mietzins nicht für die gesamte Vertragslaufzeit konstant bleiben, muß bei **befristeten** Mietverhältnissen unbedingt eine entsprechende Vereinbarung getroffen werden, da nach herrschender Meinung auch das Sinken der Kaufkraft des Geldes keinen Wegfall der Geschäftsgrundlage bewirkt, dem Vermieter also nicht das Recht gibt, eine Mieterhöhung zu fordern (Palandt-Heinrichs, BGB, Anm. 6 C a, aa zu § 242 BGB; BGH, NJW 1976, 142). Entsprechendes gilt für Betriebskostenerhöhungen, die nur dann an den Mieter weitergegeben werden können, wenn der Mietvertrag dies ausdrücklich bestimmt.

6 Geschäftsräume auf dem Gebiet der ehemaligen DDR

Auf dem Gebiet der ehemaligen DDR werden **Überlassungs**verträge, d. h. Verträge, durch die dem Nutzer vor dem 3. 10. 1990 ein bisher staatlich verwaltetes Grundstück durch den staatlichen Verwalter gegen Leistung eines Geldbetrages und Übernahme der öffentlichen Lasten überlassen wurde (§ 1 a EGBGB), als unbefristete Miet- oder Pachtverträge fortgesetzt (§ 42 Abs. 1 SchuldRAnpG).

Eine **Kündigung** des Vertrages durch den Grundstückseigentümer ist bis zum Ablauf des 31. 12. 1995 ausgeschlossen (§ 42 Abs. 2 SchuldRAnpG).

Der Grundstückseigentümer kann die Zahlung eines ortsüblichen Entgelts verlangen. Der Anspruch entsteht mit Beginn des dritten auf den Zugang des Zahlungsverlangens folgenden Monats (§ 42 Abs. 3 SchuldRAnpG).

Nach dem Beschluß des BVerfG vom 30. 5. 1995 (1 BvR 1899/94, ZMR 1995, 396) ist es von Verfassungs wegen nicht zu beanstanden, daß dem Eigentümer eines Grundstücks, das Gegenstand eines Überlassungsvertrages ist, für die Zeit zwischen dem 3. 10. 1990 und dem Inkrafttreten des Schuldrechtsanpassungsgesetzes am 1. 1. 1995 keine Ansprüche auf Nutzungsentgelt gewährt werden.

Gesundheitsgefährdende Räume

Ist eine Wohnung oder ein anderer zum Aufenthalt von Menschen bestimmter Raum so beschaffen, daß die Benutzung mit einer erheblichen Gefährdung der Gesundheit verbunden ist, kann der Mieter das Mietverhältnis ohne Einhaltung einer Frist kündigen, auch wenn er die gefahrbringende Beschaffenheit bei dem Abschluß des Vertrages gekannt oder auf die Geltendmachung der ihm wegen dieser Beschaffenheit zustehenden Rechte verzichtet hat (§ 544 BGB).

Ob die Benutzung mit einer erheblichen Gefährdung der Gesundheit verbunden sein kann, ist nach **objektiven Maßstäben** zu beurteilen, nicht nach den subjektiven Einschätzungen oder der besonderen Empfindlichkeit bzw. des Gesundheitszustandes des Einzelnen (Palandt, Anm. 3 zu § 544 BGB; LG Saarbrücken, WM 1982, 187; AG München, WM 1986, 247).

In Frage kommen z. B. erhebliche Feuchtigkeitseinwirkungen, unzureichende Beheizung, andauernde üble Gerüche, Rauchgase aus einem Schornstein, andauernder starker Lärm, gefährliche Beschaffenheit von Fußböden, Treppen, Geländer, bauseits bedingte, erhöhte Formaldehydkonzentration der Raumluft, bauseits bedingter Schimmelpilzbefall der Wohnung (LG München I, Urt. v. 26. 9. 1990, WM 1991, 584). Die gesundheitsgefährdende Eigenschaft der Räume muß **dauernd** sein. Nicht genügend für eine fristlose Kündigung nach § 544 BGB sind vorübergehende behebbare Mängel, insbesondere dann nicht, wenn der Vermieter zur Abhilfe bereit ist (LG Saarbrücken, Urt. v. 12. 6. 1989, WM 1991, 91). Ein Befall von Ungeziefer in einem Vorratslager, das nur vorübergehend von Menschen aufgesucht wird, berechtigt nicht zur Kündigung (OLG Düsseldorf, ZMR 1987, 263). Ebenso nicht die Gefährdung des Personals durch Übergriffe von Personen aus der Nachbarschaft (OLG Koblenz, NJW-RR 1989, 1247).

Ist nur die Benutzung eines **Teils** der vermieteten Räume mit Gesundheitsgefahren verbunden, hängt die Frage, ob dies eine fristlose Kündigung ohne Fristsetzung rechtfertigt, von der Beeinträchtigung der Benutzbarkeit des gesamten Mietgegenstandes zu dem im Vertrag vorgesehenen Zweck ab. So kommt es z. B. auch darauf an, ob die betroffenen Räume ständig bewohnt werden und ob Ausweichmöglichkeiten bestehen.

Für die **Kündigungsbefugnis** des Mieters nach § 544 BGB ist unerheblich, ob den Vermieter an dem Zustand ein **Verschulden** trifft. Auf ein Verschulden des Vermieters kommt es nur bezüglich **Schadenersatzansprüchen** des Mieters nach § 538 BGB an, wenn der Mangel erst nach Vertragsschluß entstanden ist (vgl. „Schadenersatzpflicht“).

Sind die Voraussetzungen für eine fristlose Kündigung gegeben, kann der Mieter diese selbst dann aussprechen, wenn er die gefahrbringende Beschaffenheit bei Abschluß des Vertrages **gekannt** oder auf die Geltendmachung der ihm wegen dieser Beschaffenheit zustehenden Rechte verzichtet hat, da § 544 BGB der Volksgesundheit dient und daher von dieser Vorschrift nicht abgewichen werden kann (Palandt Anm. 1 zu § 544 BGB). Das **Kündigungsrecht** ist jedoch **ausgeschlossen**, wenn der Mieter die gefahrbringende Beschaffenheit selbst verschuldet hat, z. B. die Schimmelschäden durch unzureichendes Heizen und Lüften entstanden sind (vgl. „Feuchtigkeitsschäden"; LG Mannheim, DWW 1978, 72). Das gleiche gilt, wenn der Mieter die Abhilfe schuldhaft vereitelt hat (vgl. Emmerich-Sonnenschein, BGB, § 544 Randnr. 22). Weiterhin kann die Verletzung der Anzeigepflicht (vgl. „Anzeigepflicht") das Kündigungsrecht ausschließen.

Kündigt der Mieter das Mietverhältnis wegen gesundheitsgefährdender Beschaffenheit der Wohnung fristlos, nachdem der Vermieter pflichtwidrig vertragsgemäße Maßnahmen nicht in Angriff genommen hat, so ist der Vermieter für den aus der Vertragsverletzung erwachsenden Schaden ersatzpflichtig (LG Saarbrücken, Urt. v. 12. 6. 1989, WM 1991, 91).

Gewerbliche Nutzung von Wohnräumen

Wohnräume dürfen vom Mieter nur zu Wohnzwecken genutzt werden. Die gewerbliche Nutzung bedarf der **Erlaubnis** des Vermieters.

Eine erlaubnispflichtige gewerbliche Nutzung liegt insbesondere vor, wenn die Wohnung oder ein Teil davon, z. B. ein Zimmer, **ausschließlich** zu anderen als Wohnzwecken genutzt wird, die Tätigkeit zu einer erhöhten Abnutzung oder einer erhöhten Gefahr der Beschädigung der Räume oder der Zugänge führt, eine Störung der übrigen Hausbewohner zu befürchten ist oder die Wohnung dadurch ihren Charakter als Wohnung verliert.

Dagegen liegt keine erlaubnispflichtige gewerbliche Nutzung vor, wenn der Mieter lediglich einen **untergeordneten Teil** der Wohnung zu Buchhaltungs- und Bürotätigkeiten per Computer nutzt (LG Frankfurt/M., WM 1996, 532), sich künstlerisch, schriftstellerisch oder in Heimarbeit betätigt (LG Berlin, WM 1974, 258), ohne einen bestimmten Teil der Wohnung ausschließlich zu diesen Zwecken zu benutzen, d. h. sämtliche Räume weiterhin **auch** zu Wohnzwecken nutzt (LG Stuttgart, WM 1992, 250; LG Hamburg, WM 1992, 241). Ein vertragswidriger Gebrauch der Wohnung ist jedoch gegeben, wenn der Mieter in einem Zimmer der Wohnung ein **Schreibbüro** betreibt (LG Lüneburg, WM 1995, 706) oder ein Zimmer hauptberuflich als Ingenieurbüro nutzt und durch ein Schild darauf hinweist (LG Schwerin, WM 1996, 214).

Wenn die Tätigkeit mit Parteiverkehr verbunden ist (z. B. **Nachhilfeunterricht** durch einen Lehrer in der Wohnung, Aufnahme von Kindern durch eine sog. **Tagesmutter**), ist es von den konkreten Umständen des Einzelfalles abhängig, ob diese Tätigkeit noch unter den vertragsgemäßen Wohngebrauch fällt oder ob eine erlaubnispflichtige gewerbliche Nutzung vorliegt. Ein wichtiges Abgrenzungskriterium ist insofern die **Außenwirkung der Tätigkeit**, insbesondere der Umfang des Lieferanten- und Publikumverkehrs. Dabei kann bei einer Besucherzahl von max. 2 Personen täglich grundsätzlich weder eine Außenwirkung noch eine erhöhte Abnutzung des Mietobjektes angenommen werden (so das LG Hamburg, WM 1993, 188). Entscheidungserheblich kann auch die Höhe des mit der Tätigkeit erzielten Gewinns sein (LG Berlin, Urt. v. 6. 7. 1992, WM 1993, 40).

So hat z. B. das LG Hamburg (NJW 1982, 2387) entschieden, daß die Aufnahme von drei weiteren Kindern durch eine Mutter mit einem vierjährigen Kind („Tagesmutter“) noch vertragsgemäß sein kann. Dagegen hat das LG Berlin (a.a.O.) einen vertragswidrigen Gebrauch der Mietsache angenommen, wenn im Rahmen einer sog. Großpflegestelle werktäglich fünf Kinder gegen Entgelt betreut werden. In diesem Fall konnte die Mieterin dem Anspruch des Vermieters auf Unterlassung (§ 550 BGB) auch nicht mit Erfolg entgegenhalten, der Betrieb der Großpflegestelle liege im öffentlichen Interesse und Mitmieter fühlten sich durch diesen Betrieb nicht beeinträchtigt (zu diesem Problem vgl. auch AG Hamburg, WM 1989, 625 und AG Stuttgart, WM 1988, 52).

Das Betreiben einer bewegungstherapeutischen Praxis in der Mietwohnung stellt auch dann eine teilgewerbliche Nutzung dar, wenn Patienten nur in geringem Umfang behandelt werden (LG Stuttgart, WM 1997, 215).

Soweit sich die Tätigkeit des Mieters im Rahmen des vertragsgemäßen Gebrauches hält, kann der Vermieter keinen Zuschlag zur Miete fordern. Ist aufgrund der Tätigkeit jedoch die Erlaubnis des Vermieters erforderlich, kann der Vermieter die Erteilung der Erlaubnis von der Zahlung eines sog. **Gewerbezuschlages** abhängig machen, dessen Höhe er nach billigem Ermessen (§§ 315, 316 BGB) bestimmen kann.

In Gebieten, in denen eine Zweckentfremdungs-Verordnung besteht (vgl. „Zweckentfremdung“), kann und darf der Vermieter eine solche Erlaubnis jedoch nur erteilen, wenn die beabsichtigte Tätigkeit des Mieters keinen Verstoß gegen diese Verordnung darstellt. Dies ist anhand der konkreten Umstände des Einzelfalles zu prüfen, insbesondere der konkreten Verordnung sowie deren Ausführungsbestimmungen und Richtlinien.

Nutzt der Mieter die Wohnräume ohne Erlaubnis des Vermieters zu gewerblichen Zwecken, stellt dies einen vertragswidrigen Gebrauch i. S. d. §§ 550, 553 BGB dar, der den Vermieter zur Erhebung einer Unterlassungsklage bzw. fristlosen Kündigung berechtigt, wenn der Mieter diesen nach Abmahnung durch den Vermieter fortsetzt.

Gewerblicher Zwischenmieter → „Geschäftsräume", „Herausgabeanspruch gegen Dritte"
Gleitklauseln → „Wertsicherungsklauseln"

Grundbuch

Die Grundbücher werden von den Amtsgerichten geführt (Grundbuchämter; § 1 Abs. 1 der Grundbuchordnung vom 24. 3. 1897 i. d. F. v. 5. 8. 1935 – GBO –), heute meist in Form eines computerbearbeiteten Loseblattsystems, in das alle Beurkundungen aufgenommen werden, die Rechtsverhältnisse an Grundstücken betreffen.

Jedes Grundstück erhält im Grundbuch eine besondere Stelle (**Grundbuchblatt**). Das Grundbuchblatt ist für das Grundstück als das Grundbuch i. S. d. Bürgerlichen Gesetzbuches anzusehen (§ 3 Abs. 1 GBO).

Über mehrere Grundstücke desselben Eigentümers, deren Grundbücher von demselben Grundbuchamt geführt werden, kann ein gemeinschaftliches Grundbuchblatt geführt werden.

Jedes Grundbuchblatt besteht aus einem **Bestandsverzeichnis**, das Angaben über das Grundstück enthält und aus **drei Abteilungen**:

Für Angaben über die Eigentumsverhältnisse, über andere dingliche Belastungen und über Grundpfandrechte.

Die **Einsicht** in das Grundbuch ist jedem gestattet, der ein berechtigtes Interesse darlegt (§ 12 Abs. 1 GBO); z. B. die Ermittlung des Eigentümers, um gegen diesen Schadenersatzansprüche geltend machen zu können.

Ein **berechtigtes Interesse** kann auch der Kauf- oder Mietinteressent haben, z. B. um zu prüfen, ob eine Wohnung noch mit öffentlichen Mitteln gefördert wird, ob die Zwangsversteigerung angeordnet ist oder ob die Wohnung in einem Sanierungsgebiet liegt.

Weiterhin kann auch der Mieter ein berechtigtes Interesse an der Grundbucheinsicht zur Überprüfung einer Mieterhöhungserklärung haben (OLG Hamm, WM 1986, 348; AG München, WM 1982, 218).

Das Einsichtsrecht erstreckt sich jedoch grundsätzlich **nicht** auf die Eintragungen in **Abt. III** (Grundpfandrechte), es sei denn, der Mieter kann besondere Umstände darlegen, die auch insoweit ein Einsichtsrecht begründen können, z. B. die Absicht von größeren Schönheitsreparaturen oder Verbesserungen der Mieträume durch den Mieter. Ebenso erstreckt sich das Einsichtsrecht nicht auf weitere Grundstücke, die nur aus Vereinfachungsgründen auf demselben Grundbuchblatt gebucht sind (BayObLG, Beschl. v. 9. 12. 1992, WM 1993, 135). Der Eigentümer hat keinen Anspruch auf Unterrichtung und **kein Beschwerderecht** gegen die Grundbucheinsicht (BGHZ 80, 126). Jedoch ist es nicht zu beanstanden und sogar sinnvoll, wenn das Grundbuchamt den Eigentümer von dem Einsichtsersuchen unterrichtet (BayObLG, a.a.O.).

Wird dem Mieter einer Wohnung wegen Eigenbedarfs gekündigt, hat er ein berechtigtes Interesse i. S. v. § 12 GBO an der **Grundbucheinsicht**, wenn er prüfen will, ob der Vermieter noch anderen Grundbesitz hat, in dem sich möglicherweise freistehende oder freiwerdende Wohnungen befinden. Das berechtigte Interesse bezieht sich in diesem Fall jedoch nur auf die Einsicht in die **erste Abteilung** des Grundbuchs und das dort in Bezug genommene Bestandsverzeichnis. Eines rechtlichen Gehörs des eingetragenen Grundstückseigentümers bedarf es insofern nicht (LG Mannheim, Beschluß v. 22. 1. 1992, WM 1992, 130 mit Verweis auf BGHZ 80, 126).

Zur Übertragung des Eigentumes an einem Grundstück, zur Belastung eines Grundstückes mit einem beschränkten dinglichen Recht sowie zur Übertragung und Belastung eines solchen Rechtes ist neben der Einigung der Parteien über den Eintritt der Rechtsänderung die **Eintragung** in das Grundbuch erforderlich, soweit nicht das Gesetz ein anderes vorschreibt (§ 873 Abs. 1 BGB). Das Eigentum an einem Grundstück geht daher auf den Käufer weder mit Abschluß des notariellen Kaufvertrages, noch im Zeitpunkt des vertraglich vereinbarten Überganges von Besitz, Nutzen und Lasten, sondern erst im Zeitpunkt der Grundbucheintragung über. Erst ab diesem Zeitpunkt hat der Käufer den Status als Eigentümer und Vermieter.

Zur Frage, ob der Käufer nach Abschluß des notariellen Kaufvertrages, aber vor Eintragung in das Grundbuch, das Mietverhältnis kündigen oder die Zustimmung zur Erhöhung des Mietzinses verlangen kann, vgl. **„Eigentümerwechsel“**.

Grundsteuer → „Betriebskosten“ Abschnitt 2.1.

Härteklausel → „Kündigungsschutz“ Abschnitt 3

Haftung des Vermieters → „Schadenersatzpflicht“, „Instandhaltung und Instandsetzung der Mieträume“

Hausbesitzerverein

Die örtlichen Haus- und Grundbesitzer- bzw. Grundeigentümervereine bezwecken unter Ausschluß von Erwerbsinteressen die gemeinschaftliche Wahrung der örtlichen Belange des Haus- und Grundbesitzes. Sie dienen der Aufgabe, ihre Mitglieder zu belehren, zu beraten und in jeder möglichen Weise zu unterstützen. Zur Erfüllung dieses Zweckes können sie entsprechende Einrichtungen unterhalten, z. B. Rechtsabteilungen, durch die die Mitglieder in allen, den privaten Haus- und Grundbesitz betreffenden Rechtsfragen beraten und außergerichtlich vertreten werden (vgl. § 7 Rechtsberatungsgesetz).

Die örtlichen Vereine sind Mitglied in den jeweiligen Landesverbänden, die im Zentralverband der Deutschen Haus-, Wohnungs- und Grundeigentümer e. V., Cäcilienallee 45, 40597 Düsseldorf, zusammengeschlossen sind (Tel. 02 11 / 4 78 17-0).

Hausmeister

Der Hausmeister, auch **Hauswart** genannt, ist als Arbeitnehmer des Verfügungsberechtigten – i. d. R. des Eigentümers – diesem für die Einhaltung der Hausordnung durch die Mieter verantwortlich, hat für Ordnung, Sauberkeit und Ruhe zu sorgen und dem Verfügungsberechtigten Verstöße gegen die Hausordnung, Störungen und Mängel des Anwesens unverzüglich mitzuteilen. Weiterhin obliegen dem Hausmeister üblicherweise körperliche Arbeiten in und am Haus, z. B. die Hausreinigung, das Reinigen, Räumen und Streuen der Gehwege vor und auf dem Grundstück sowie der Zugänge und Zufahrten, die Bedienung der Zentralheizung und die Erledigung kleinerer Reparaturen. Zur Vermeidung von Unklarheiten ist empfehlenswert, den Umfang der Arbeiten im möglichst schriftlich abzuschließenden Hausmeistervertrag zu bestimmen. Dieser Dienstvertrag legt auch die dem Hausmeister zustehende Vergütung fest.

Wird diese durch Überlassung bzw. durch verbilligte Überlassung einer Wohnung abgegolten, sollte der Vertrag aus Gründen der Klarheit auch den Mietwert der Wohnung und die Höhe der Vergütung und nicht nur den sich durch Verrechnung ergebenden, vom Hausmeister noch zu entrichtenden Betrag ausweisen.

Die mit Rücksicht auf das bestehende Dienstverhältnis überlassene Wohnung ist als Werkdienstwohnung zu behandeln (vgl. „Werkwohnung"). Das **Dienst**verhältnis kann, wenn nichts anderes vereinbart ist, zum Ende eines jeden Monats gekündigt werden. Die Kündigung muß spätestens am 15. des Monats zugegangen sein (§ 621 Nr. 3 BGB). Zur Kündigung des **Miet**verhältnisses vgl. „Werkwohnung".

Wie jeder andere Arbeitnehmer hat auch der Hausmeister Anspruch auf bezahlten Erholungsurlaub. Er beträgt, wenn nicht ein längerer Urlaub vereinbart ist, 24 Werktage. Als Werktage gelten alle Kalendertage, die nicht Sonn- oder gesetzliche Feiertage sind. Der volle Urlaubsanspruch wird erstmals nach sechsmonatigem Bestehen des Arbeitsverhältnisses erworben. Arbeitet der Hausmeister in einem Kalenderjahr weniger als 6 Monate, so hat er Anspruch auf 1/12 des Jahresurlaubes für jeden vollen Monat des Arbeitsverhältnisses. Im Krankheitsfall kann der Hausmeister Lohnfortzahlung gemäß den Bestimmungen des Lohnfortzahlungs-Gesetzes in der Regel für die Dauer von 6 Wochen beanspruchen. Der Hausmeister ist grundsätzlich sozialversicherungspflichtig und bei der Verwaltungsberufsgenossenschaft zur gesetzlichen Unfallversicherung anzumelden.

Die Kosten für den Hausmeister können durch **vertragliche** Vereinbarung als Betriebskosten auf den Mieter umgelegt werden (vgl. „Betriebskosten" Abschnitt 2.14).

Der Hausmeister ist vom **Hausverwalter** zu unterscheiden. Während dieser die zur Bewirtschaftung des Anwesens notwendigen Verwaltungsleistungen ausführt (z. B. Einziehung des Mietzinses, Abrechnung der Betriebskosten, Geschäftsverkehr mit Mietern und Behörden), beschränkt sich die Tätigkeit des Hauswartes auf die dargestellten Tätigkeiten von praktisch technischer Art.

Der Hausmeister ist insbesondere nicht Bevollmächtigter des Vermieters und daher ohne ausdrückliche Regelung nicht befugt, rechtsgeschäftliche Erklärungen für den Vermieter abzugeben oder entgegenzunehmen. Das gilt vor allem für Kündigungen, aber auch für die Entgegennahme von Zahlungen oder für Zahlungsvereinbarungen.

Hausordnung

Eine Hausordnung konkretisiert die allgemeine Obhutspflicht der Mieter über die Mietsache.

Um zusätzliche Pflichten zu begründen, muß die Hausordnung von den Parteien **zum Bestandteil** des Mietvertrages erklärt worden sein und es sich lediglich um **Neben**pflichten (z. B. Treppenreinigung) handeln. Andere vertragliche Pflichten (z. B. Durchführung von Schönheitsreparaturen) oder erhebliche Beschränkungen im Gebrauch können nicht aufgenommen werden, da der Mieter an dieser Stelle damit nicht zu rechnen braucht. Solche Bestimmungen werden als „überraschende Klausel" im Sinne von § 3 AGB-Gesetz nicht Vertragsbestandteil (vgl. „Allgemeine Geschäftsbedingungen").

Strittig ist, ob die Übertragung der Räum-, Streu- und Reinigungspflicht auf den Mieter durch **formularmäßige Regelung in der Hausordnung** erfolgen kann (bejahend: OLG Frankfurt, NJW-RR 1989, 41; ablehnend: Sternel, Mietrecht aktuell, Randnr. 167 mit Hinweis auf den sog. „Überraschungseffekt" im Sinne von § 3 AGBG; vgl. auch OLG Dresden, WM 1996, 553). Jedenfalls wird der Mieter von einer entsprechenden Verpflichtung wegen Alters oder Gebrechlichkeit auch dann nicht befreit, wenn diese formularvertraglich übernommen wurde, da es sich nicht um eine höchstpersönliche Verpflichtung handelt (LG Kassel, WM 1991, 580). Bei Verhinderung hat der Mieter anderweitig für die Ausführung zu sorgen (vgl. LG Flensburg, LG Wuppertal, WM 1987, 52, 381; LG Düsseldorf, WM 1988, 400; a. A. Sternel, Mietrecht, 3. Aufl., II 97).

Für die **deliktische** Verantwortlichkeit des Vermieters kommt es **nicht** darauf an, ob der Winterdienst wirksam durch Hausordnung auf die Mieter übertragen wurde. Entscheidend ist, ob die Mieter den Winterdienst tatsächlich übernommen haben (BGH, WM 1989, 394). Auch für ein Verschulden des Mieters haftet der Vermieter **nicht** aus Deliktsrecht (§§ 823 ff. BGB), so daß dem geschädigten Mieter gegen den Vermieter kein Anspruch auf Schmerzensgeld zusteht (OLG Dresden, a.a.O.).

> Eine Hausordnung wird erst durch Vereinbarung der Parteien, nicht durch ihr bloßes Vorhandensein oder ihren Aushang (z. B. im Treppenhaus) Vertragsbestandteil.

Wurde eine Hausordnung **nicht Vertragsbestandteil** oder ist eine Hausordnung **nicht vorhanden,** ist der Vermieter nach h. M. berechtigt, eine solche einseitig zu erlassen. Der Inhalt ist auf Anordnungen beschränkt, die für die Erhaltung der Ordnung im Hause erforderlich sind oder die ordnungsgemäße Handhabung der Mietsache beschreiben. Dagegen ist die Auferlegung von Beschränkungen (z. B. des Musizierens) sowie die Begründung von Pflichten (z. B. Treppenreinigung) **einseitig nicht** möglich.

> Zur einseitigen Abänderung einer bestehenden Hausordnung ist der Vermieter nur dann berechtigt, wenn dies zur ordnungsgemäßen Verwaltung und Bewirtschaftung notwendig ist und nicht willkürlich geschieht. Einer Zustimmung der Mehrheit d. Mieter bedarf es nicht (AG Hamburg, WM 1981, 183).

Die Hausordnung ist auch bei der Bestimmung dessen, was ortsüblich ist (z. B. bezüglich des Musizierens) von Bedeutung. Dementsprechend können auch Mieter von ihren Mitmietern die Einhaltung der Hausordnung verlangen (§§ 328, 862, 906 BGB; OLG München, DWW 1992, 339).

In eine Hausordnung, die **zum Vertragsbestandteil** erklärt werden soll, erscheint die Aufnahme folgender Regelungen als sinnvoll und zulässig:

- Regelungen über die Reinigung der Treppen und Zugänge zu den Wohnungen, wobei eine in der Hausordnung bestimmte Zeitspanne für die regelmäßige Reinigung für den Mieter ohne Rücksicht auf sein subjektives Sauberkeitsempfinden verbindlich ist (AG Münster, WM 1994, 428);
- Regelungen über die Erhaltung der Ordnung im Hause, z. B. über die Benutzungsmodalitäten und -zeiten der gemeinschaftlichen Räume (z. B. Wasch- und Trockenräume), über das Abstellen von Gegenständen, Krafträdern, Kinderwägen auf dem Hof, den Zugängen und Zufahrten, im Speicher, Keller; über die Mitnahme dieser Gegenstände in die Mietwohnung; über die Beseitigung von Abfällen und das Teppichklopfen. Eine Bestimmung, wonach das Abstellen von Kinderwägen im Treppenhausflur unzulässig oder nur vorübergehend zulässig ist, gilt jedoch nur dann, wenn für den Mieter eine zumutbare anderweitige Abstellmöglichkeit besteht oder der Vermieter oder andere Hausbewohner erheblich beeinträchtigt werden. Das nach Ansicht des Vermieters beeinträchtigte Erscheinungsbild des Hausflurs reicht dazu nicht aus (LG Bielefeld, Urt. v. 16. 9. 1992, Az.: 2 S 274/92).
- Regelungen zur Vermeidung von Ruhestörungen (z. B. durch Festlegung von Ruhezeiten, der Höchstdauer der Musikausübung, der Pflicht zur Einhaltung von Zimmerlautstärke bei Betrieb von Radio etc.); Hinweis auf gemeindliche Lärmschutzverordnungen (vgl. auch „Lärm“);
- Regelungen zur pfleglichen Behandlung der Mietsache, z. B. Beschränkung des Betriebs von Wasch- und Trockengeräten in der Mietwohnung auf funktionssichere, fach- und standortgerecht angeschlossene Geräte, Beschränkung des Waschens und Trocknens in der Wohnung auf Kleinwäsche, wenn das Anwesen über entsprechende Gemeinschaftsräume verfügt, besondere Hinweise zur Vermeidung von Rohrverstopfungen; die Verpflichtung, Abflüsse bis zum Fall-

rohr durchgängig zu halten; zur sachgemäßen Pflege von Fußbodenbelägen; zu Maßnahmen bei Frost, Regen, Unwetter (z. B. Schließen von Fenstern, Rolläden);

- Regelungen über die Anbringung von Namensschildern, Markisen und anderen Gegenständen außerhalb der Mieträume;
- Regelungen im Interesse der öffentlichen und häuslichen Sicherheit und Ordnung, z. B. über die Lagerung von Brennstoffen, Verpflichtung über das Schließen bzw. Absperren bestimmter Türen und Fenster (z. B. von Keller, Speicher, Waschraum, Garten, Vorgarten); Anzeigepflicht bei Verlust von Schlüsseln; Lagerung von Gegenständen in den Speicherräumen; Einhaltung von Schrittgeschwindigkeit beim Ein- und Ausfahren in die bzw. aus den Garagen und Abstellplätzen; Benutzung der Aufzugsanlage.

Sind in einem Mehrparteienhaus mit den einzelnen Mietern jeweils Hausordnungen unterschiedlichen Inhalts vereinbart (z. B. unterschiedliche Zeiten für das Musizieren), kann der Mieter einer Kündigung, die auf einen Verstoß gegen die Hausordnung gestützt wird, den Einwand widersprüchlichen Verhaltens entgegensetzen, wenn sich sein beanstandetes Verhalten noch im Rahmen der mit anderen Mietern vereinbarten Hausordnung gehalten hat (LG Freiburg, WM 1993, 120).

Hausrecht

Das Hausrecht des Eigentümers ergibt sich aus § 903 BGB, wonach der Eigentümer einer Sache, z. B. eines Hauses, andere von jeder Einwirkung ausschließen kann, soweit nicht das Gesetz oder Rechte Dritter entgegenstehen. Der Eigentümer kann daher grundsätzlich jedem, der weder im Hause wohnt oder Besucher eines Bewohners ist, das Betreten des Anwesens auch ohne Angabe von Gründen verbieten und zum Verlassen des Hauses auffordern. Dem Mieter gegenüber, der aufgrund des Mietvertrages ein Recht zum Besitz an der Wohnung hat, steht dem Eigentümer dieses Recht nicht zu. Vielmehr hat der Mieter das Hausrecht an den gemieteten Räumlichkeiten und kann ein Betreten durch den Vermieter auf dessen Besichtigungsrecht beschränken (siehe „Betreten und Besichtigen der Mieträume“). Auch gegenüber Besuchern des Mieters steht dem Vermieter die Ausübung des Hausrechtes nur in engen Grenzen zu (siehe „Besuchsempfang“).

Wer in die Wohnung, in die Geschäftsräume oder in das befriedete Besitztum eines anderen widerrechtlich eindringt oder wer, wenn er ohne Befugnis darin verweilt, auf Aufforderung des Berechtigten sich nicht entfernt, kann auf Antrag strafrechtlich wegen Hausfriedensbruchs nach § 123 StGB verfolgt werden. Die Tat kann daher auch vom Vermieter zum Nachteil eines Mieters begangen werden, wenn er sich z. B. gegen den Willen des Mieters eigenmächtig Zutritt zu der vermieteten Wohnung verschafft.

Sogenannte „Hausbesetzungen“ leerstehender oder abbruchreifer Häuser erfüllen grundsätzlich den Tatbestand des § 123 StGB, da es nicht darauf ankommt, ob das Anwesen noch zum Wohnen bestimmt ist und das Merkmal der Widerrechtlichkeit auch bei einem Leerstand gegeben ist.

Haustiere → „Tierhaltung“

Hausverwalter

Zu unterscheiden ist zwischen dem Verwalter, der im Auftrag eines Eigentümers **dessen** Anwesen (z. B. ein Mietshaus) oder **dessen** Eigentumswohnung verwaltet (Verwalter des **Sondereigentums) und dem Verwalter, der von den Eigentümern einer Eigentumswohnanlage zur Verwaltung des gemeinschaftlichen** Eigentums bestellt wird (§ 26 Wohnungseigentumsgesetz – WEG; vgl. dazu ausführlich Gruppe 13, S. 301 ff.).

Während es dem Alleineigentümer eines Anwesens freisteht, ob und in welchem Umfang er eine Hausverwaltung mit der Verwaltung seines Anwesens beauftragt, ist bei einer Wohnungseigentumsanlage die Bestellung eines Verwalters zur Verwaltung des **gemeinschaftlichen** Eigentums zwingend vorgeschrieben (§ 20 Abs. 2 WEG).

Weiterhin bestehen für die Aufgaben und Befugnisse des Verwalters des **gemeinschaftlichen** Eigentums gesetzliche Vorschriften (vgl. § 27 WEG), während sich die Rechte und Pflichten des Verwalters des **Sonder**eigentums (z. B. eines Mietshauses, einer Eigentumswohnung) ausschließlich nach dem Inhalt des mit dem Eigentümer abgeschlossenen Hausverwaltervertrages bestimmt, der rechtlich als Dienstvertrag zu qualifizieren ist. In jedem Fall ist aber zu empfehlen, Inhalt und Umfang der Tätigkeit möglichst genau schriftlich festzulegen.

Soweit abweichende vertragliche Regelungen nicht bestehen, ist der Verwalter des **Sonder**eigentums **bevollmächtigt**, für und gegen den Eigentümer mit verbindlicher Wirkung Rechtsgeschäfte abzuschließen, die im Rahmen des üblichen Geschäftsablaufes liegen (z. B. Vermietung der Wohnung, Einzug des Mietzinses, Abrechnung der Betriebskosten, Ausspruch von Kündigungen, Briefverkehr mit Mietern und Behörden, Veranlassung, Durchführung und Überwachung der Instandhaltung; Prüfung und Durchsetzung von Mieterhöhungsverlangen).

Dabei liegt kein Verstoß gegen das Rechtsberatungsgesetz i.V.m. § 1 des Gesetzes gegen den unlauteren Wettbewerb vor, wenn der Hausverwalter den Vermieter im Rahmen der übertragenen Hausverwaltung, insbesondere auch bei dem Verlangen auf Mieterhöhung, rechtlich berät und vertritt. Solche Tätigkeiten gehören zum anerkannten, herkömmlichen Berufsbild des Hausverwalters und sind erforderlich, um die Hausverwaltertätigkeit sachgemäß auszuüben (OLG Frankfurt/M., Beschluß v. 29. 9. 1992, WM 1992, 700).

Der Hausverwalter ist auch zur Kündigung des Mietvertrags **im Namen des Vermieters** berechtigt und aufgrund einer erteilten Hausverwaltervollmacht aus gewillkürter Prozeßstandschaft prozeßführungsbefugt (LG Bremen, WM 1993, 605). Dagegen kann der Hausverwalter Ansprüche des Vermieters im **eigenen** Namen auch dann **nicht** durchsetzen, wenn er hierzu ausdrücklich ermächtigt ist, da er kein eigenes schutzwürdiges rechtliches Interesse hat.

> Ein einseitiges Rechtsgeschäft (z. B. eine Kündigung) oder eine rechtsgeschäftsähnliche Handlung (z. B. Mahnung, Abmahnung, Fristsetzung, Zustimmungsverlangen zur Mieterhöhung), die der Hausverwalter z. B. dem Mieter gegenüber vornimmt, ist grundsätzlich unwirksam, wenn der Hausverwalter eine Vollmachtsurkunde nicht vorlegt und der Mieter das Rechtsgeschäft aus diesem Grunde unverzüglich zurückweist (§ 174 Satz 1 BGB).

Die Vollmacht muß **im Original** vorgelegt werden, die Vorlage einer beglaubigten Abschrift oder einer Fotokopie genügt nicht. Nicht ausreichend ist auch das Angebot, die Urkunde bei dem Bevollmächtigten einzusehen. Eine Zurückweisung durch den Mieter ist nicht möglich, wenn der Vermieter den Mieter von der erteilten Bevollmächtigung in Kenntnis gesetzt hat (§ 174 Satz 2 BGB; LG Mannheim, WM 1974, 149) oder sich die Bevollmächtigung aus den Umständen ergibt (§ 164 Abs. 1 S. 2 BGB), z. B. aus früherem Verhalten oder der erkennbaren Interessenlage (LG Bremen, a. a. O., BGHZ 62, 220).

Über die Bestellung und Abberufung des Verwalters des **gemeinschaftlichen** Eigentums (z. B. einer Wohnanlage) beschließen die Wohnungseigentümer mit Stimmenmehrheit. Die Bestellung darf auf höchstens 5 Jahre vorgenommen werden. Die wiederholte Bestellung ist zulässig, sie bedarf eines erneuten Beschlusses der Wohnungseigentümer, der frühestens ein Jahr vor dem Ablauf der Bestellungszeit gefaßt werden kann (§ 26 Absätze 1 und 2 WEG).

Seite H 6b

Der Verwalter ist **berechtigt und verpflichtet**, Beschlüsse der Wohnungseigentümer durchzuführen und für die Durchführung der Hausordnung zu sorgen; die für die ordnungsgemäße Instandhaltung und Instandsetzung des gemeinschaftlichen Eigentums erforderlichen Maßnahmen zu treffen; in dringenden Fällen sonstige zur Erhaltung des gemeinschaftlichen Eigentumes erforderlichen Maßnahmen zu treffen; gemeinschaftliche Gelder zu verwalten.

Der Verwalter ist **berechtigt**, im Namen aller Wohnungseigentümer und mit Wirkung für und gegen sie Lasten und Kosten, Beiträge, Tilgungsbeträge und Hypothekenzinsen anzufordern, in Empfang zu nehmen und abzuführen, soweit es sich um gemeinschaftliche Angelegenheiten der Wohnungseigentümer handelt;

alle Zahlungen und Leistungen zu bewirken und entgegenzunehmen, die mit der laufenden Verwaltung des gemeinschaftlichen Eigentums zusammenhängen;

Willenserklärungen und Zustellungen entgegenzunehmen, soweit sie an alle Wohnungseigentümer in dieser Eigenschaft gerichtet sind;

Maßnahmen zu treffen, die zur Wahrung einer Frist oder zur Abwendung eines sonstigen Rechtsnachteiles erforderlich sind;

Ansprüche gerichtlich und außergerichtlich geltend zu machen, sofern er hierzu durch Beschluß der Wohnungseigentümer ermächtigt ist;

Erklärungen abzugeben, die zur Vornahme der in § 21 Abs. 5 Nr. 6 WEG bezeichneten Maßnahmen (z. B. Telefon- und Energieversorgungsanschluß) erforderlich sind (§ 27 Absätze 1 und 2 WEG).

> Die dem Verwalter nach § 27 Absätze 1 und 2 WEG zustehenden Aufgaben und Befugnisse können durch Vereinbarung der Wohnungseigentümer nicht eingeschränkt werden (§ 27 Abs. 3 WEG).

Der Verwalter ist **verpflichtet**, Gelder der Wohnungseigentümer von seinem Vermögen gesondert zu halten. Die Verfügung über solche Gelder kann von der Zustimmung eines Wohnungseigentümers oder eines Dritten abhängig gemacht werden (§ 27 Abs. 4 WEG).

Der Verwalter kann von den Wohnungseigentümern die Ausstellung einer Vollmachtsurkunde verlangen, aus der der Umfang seiner Vertretungsmacht ersichtlich ist (§ 27 Abs. 5 WEG). Der Verwalter hat jeweils für ein Kalenderjahr einen Wirtschaftsplan und nach Ablauf des Kalenderjahres eine Abrech-

(Anschluß Seite H 7)

nung aufzustellen (§ 28 Absätze 1 und 3 WEG). Die Wohnungseigentümer können durch Mehrheitsbeschluß jederzeit von dem Verwalter Rechnungslegung verlangen (§ 28 Abs. 4 WEG). Weiterhin hat der Verwalter die Versammlung der Wohnungseigentümer mindestens einmal im Jahr einzuberufen (§ 24 Abs. 1 WEG).

Zur Frage, ob der Verwalter einer Wohnungseigentumsanlage, der kraft rechtsgeschäftlicher Vollmacht die Wohnungseigentümer bei Abschluß der Mietverträge mit Dritten wirksam vertreten hat, zur späteren Vertragsänderung befugt ist, vgl. OLG Düsseldorf, WM 1995, 390.

Für die **Vergütung** des Verwalters gibt es weder eine Gebührenordnung noch sonstige gesetzliche Vorschriften.

> Sie unterliegt der **freien Vereinbarung** und beträgt derzeit (1997) üblicherweise bei Verwaltung des **gemeinschaftlichen** Eigentums ca. DM 30,– bis DM 40,– pro Wohneinheit und Monat, ca. DM 5,– bis DM 10,– pro Garage/Stellplatz und Monat; bei Verwaltung des **Sonder**eigentums ca. 5 % des Mietzinses.

Die Kosten der Verwaltung gehören nicht zu den Betriebskosten im Sinne von § 27 der II. Berechnungsverordnung und können daher nicht auf den Mieter umgelegt werden.

Kommt infolge der Vermittlung oder infolge des Nachweises durch den Verwalter ein Mietvertrag zustande, hat der Verwalter des **Sondereigentums** keinen Anspruch gegen den Mieter auf Zahlung einer **Maklerprovision** (§ 2 Abs. 2 Nr. 2 des Wohnungsvermittlungsgesetzes vom 4. 11. 1971). Einem entsprechenden Anspruch des **WEG-**Verwalters, der ausschließlich das **gemeinschaftliche** Eigentum verwaltet, steht diese Vorschrift nicht entgegen (LG Köln, WM 1997, 183; LG Stade, WM 1997, 53; LG Hamburg, ZMR 1995, 89). Eine gegenteilige Auffassung, wonach dem WEG-Verwalter generell kein Provisionsanspruch gegen den Mieter zustehen soll, vertreten das LG Lüneburg (WM 1997, 182) sowie das LG Bonn (WM 1996, 148). Vgl. dazu auch LG München I (WM 1996, 548), wonach der Makler jedenfalls dann keinen Provisionsanspruch hat, wenn er zwar nicht selbst Verwalter, aber mit dem (WEG-)Verwalter wirtschaftlich eng verflochten ist, z. B. als Mehrheitsgesellschafter der Verwaltungs-GmbH sowie AG Siegburg (WM 1996, 149), das einen Provisionsanspruch des Hausmeisters verneint, sofern dieser Verwaltungsaufgaben wahrnimmt.

Hauswart → „Hausmeister"

Heimverträge

Der Abschluß von Verträgen mit Heimträgern (z. B. eines Alters-, Pflege-, Studenten- oder Jugendwohnheimes) wirft die Frage auf, ob damit Wohnraummietverhältnisse im Sinne der gesetzlichen Vorschriften begründet werden und die entsprechenden Schutzvorschriften für Wohnraum anwendbar sind.

Bei **Alters- und Pflegeheimen** ist zu unterscheiden, ob das **Schwergewicht** des Vertrages in der Wohnungsüberlassung oder im dienstvertraglichen Bereich der Pflege und Betreuung liegt.

> Bei Verträgen über Altenwohnungen (z. B. in einem Wohnheim, Stift), die regelmäßig nur Serviceleistungen (Reinigung, Verpflegung), jedoch keine umfassende Fürsorge und Pflege beinhalten, liegen grundsätzlich Mietverhältnisse über Wohnraum vor (BGH, NJW 1979, 1288), so daß grundsätzlich die Wohnraumkündigungsschutzvorschriften und das Gesetz zur Regelung der Miethöhe (MHG) Anwendung finden.

Zur Frage, ob Altenheimverträge den Vorschriften des MHG unterstehen, vgl. auch BGH, Urt. v. 29. 10. 1980, WM 1981, 42.

Ein berechtigtes Interesse an der Beendigung des Mietverhältnisses i. S. v. § 564 b Abs. 1 BGB durch den Heimträger kann vorliegen, wenn die Unterbringungsvoraussetzungen nicht mehr vorliegen (z. B. die nach Satzung festgelegte Höchstdauer überschritten ist) und die Räume für einen anderen Berechtigten benötigt werden.

Ist das Verhältnis von Wohnungsüberlassung und Betreuung **gleich**wertig, sind ebenfalls die Vorschriften über den Bestandsschutz anzuwenden.

> Bei Pflegeheimen mit überwiegender Pflege, Fürsorge und Betreuung sind weder die Kündigungsschutzvorschriften für Wohnraum noch das MHG anwendbar. Die Rechte und Pflichten der Vertragsparteien richten sich insofern nach den Bestimmungen des Heimgesetzes (HeimG) v. 23. 4. 1990 (BGBl I S. 763, ber. S. 1069) sowie nach dem Inhalt der vertraglichen Vereinbarungen und der Heimsatzung.

Das Heimgesetz gilt für Altenheime, Altenwohnheime und gleichartige Einrichtungen, die alte Menschen sowie pflegebedürftige oder behinderte Volljährige nicht nur vorübergehend aufnehmen und betreuen, soweit es sich nicht um Krankenhäuser, Tageseinrichtungen oder Einrichtungen der beruflichen Rehabilitation handelt (§ 1 Abs. 1 Satz 1 Heimgesetz). Das Heimgesetz regelt u. a., welche Voraussetzungen insbesondere räumlicher und personeller Art ein Heim zu erfüllen hat und welchen Kontrollen es unterliegt. Ferner enthält das HeimG Bestimmungen über die Kündigung des Heimvertrages (§ 4 b) sowie über die Voraussetzungen einer Entgelterhöhung (§ 4 c). Die Erhöhung des Entgeltes selbstzahlender Bewohner eines Altenheimes ist in ähnlicher Weise zu begründen wie Mieterhöhungen nach dem Miethöhegesetz. Zu den Mindestanforderungen an die Begründung der Erhöhungserklärung vgl. OLG München, Urt. v. 25. 5. 1994, NJW 1995, 465.

Zur Frage, ob der Heimträger gegenüber den Bewohnern zur Auskunft und Rechenschaft über die Personal- und Sachkosten des Heimplatzes verpflichtet ist, vgl. BGH, Urt. v. 19. 1. 1995, NJW 1995, 1222 (vgl. auch LG Hamburg, NJW 1995, 468).

Darf der Heimträger nach dem Inhalt des Heimvertrages das Entgelt von Selbstzahlern entsprechend den mit dem Sozialhilfeträger vereinbarten Kosten erhöhen (§ 4 c Abs. 3 Satz 2), so wird die Angemessenheit einer solchen Erhöhung fingiert und bedarf keiner weiteren Begründung (OLG Karlsruhe, Urt. v. 18. 3. 1994, NJW 1995, 464).

Die Heimmindestbauverordnung in der Fassung vom 3. 5. 1983 (BGBl I S. 550) bestimmt die baulichen Mindestanforderungen an Heime. Die Heimsicherungsverordnung vom 24. 4. 1978 (BGBl I S. 553) bestimmt die Pflichten des Heimträgers bzgl. der Verwendung der von den Bewohnern erbrachten geldwerten Leistungen.

Verträge über die Aufnahme in **Wohnheime** begründen grundsätzlich Wohnraummietverhältnisse, es sei denn, die Überlassung dient nicht vorrangig dem Zwecke des Wohnens, sondern erfolgt überwiegend aus anderen Gründen, z. B. der Krankenpflege, Rehabilitation, Fürsorge, Betreuung (Schmidt-Futterer / Blank, B IV a).

> Umfaßt der Vertragszweck sowohl mietrechtliche als auch dienstvertragsrechtliche Elemente, ist entscheidend, in welchem Bereich der Schwerpunkt des Vertrages liegt (BGH, NJW 1982, 221).

Vor Inkrafttreten des 2. Wohnraumkündigungsschutzgesetzes fiel die Vermietung von möblierten Zimmern in Wohnheimen schon wegen der Möblierung nicht unter die mietrechtlichen Schutzvorschriften. Dagegen ist bei Erlaß des 2. Wohnraumkündigungsschutzgesetzes davon ausgegangen worden, daß Heimverträge grds. in den Schutzbereich dieses Gesetzes einbezogen werden sollten; der Empfehlung, Wohnheime vom gesetzlichen Schutzbereich auszuschließen, wurde nicht gefolgt (BT-Drucks. 7/2638 S. 3 Nr. 2, S. 5 Nr. 4). Vergeblich hatte der Bundesrat auch deshalb den Vermittlungsausschuß angerufen, weil die Heimträger durch die gesetzliche Mietpreisregelung unzumutbar belastet würden.

Mietverhältnisse in einem Wohnheim sind daher gemäß den §§ 564 b Abs. 7 Nr. 1, 3 BGB; 10 Abs. 3 Nr. 2, 4 MHG nur noch dann vom Kündigungsschutz und vom Anwendungsbereich der mietzinsbegrenzenden Vorschriften **ausgenommen** – nicht aber von der Sozialklausel in §§ 556 a und b BGB –, wenn die Überlassung entweder nur **vorübergehend** erfolgt oder es sich begrifflich um ein **Jugend- oder Studentenwohnheim** handelt.

Ein **„vorübergehender Gebrauch“** i. S. d. ges. Vorschriften liegt nicht schon bei einer vertragl. Befristung der Gebrauchsüberlassung vor. Vielmehr muß nach dem Gebrauchszweck das Ende des Mietverhältnisses entweder zeitlich genau fixierbar oder von einer Bedingung abhängig sein, deren Eintritt in naher Zukunft gewiß ist.

> Typische Fälle vorübergehender Vermietung sind somit die Vermietung von Hotelzimmern, Ferienwohnungen, Unterkünfte für die Dauer einer Messe, Unterbringung eines auswärtigen Monteurs u. a. (Schmidt-Futterer / Blank, C 542).

Dagegen stellt bereits die Anmietung für die Dauer der Ausbildung schon keine vorübergehende Vermietung mehr dar, so daß dieser Tatbestand auch bei einer satzungsgemäßen Beschränkung der Überlassung auf in Ausbildung stehenden Personen nicht zu erfüllen wäre (OLG Bremen, RE vom 7. 11. 1980, ZMR 1982, 239; Weber/Marx I/S. 108; OLG Hamm, RE vom 31. 10. 1980, MDR 1981, 232).

Ein **„Studenten**wohnheim“ liegt nur vor, wenn das Gebäude vom Eigentümer dem studentischen Wohnen gewidmet und nach baulicher Anlage und Ausstattung auch geeignet ist, Studenten mit preisgünstigem Wohnraum zu versorgen. Der Mietpreis muß – im Vergleich zur ortsüblichen Miete – günstig und die Vergabepraxis darauf ausgerichtet sein, eine Vielzahl von Studenten mit Wohnraum zu versorgen. Nicht erforderlich ist es, daß das Gebäude mit Gemeinschaftseinrichtungen ausgestattet ist, eine Heimverfassung und eine Heimleitung vorhanden sind und es ausschl. von Studenten genutzt wird, sofern die widmungsgemäße Nutzung durch Studenten klar überwiegt (LG Konstanz, WM 1995, 539; vgl. auch AG München, WM 1992, 133).

Die Qualifizierung als **„Jugendwohnheim“** setzt voraus, daß es sich bei den Bewohnern um Jugendliche handelt, also um Personen zwischen dem 14. und 18. Lebensjahr (§ 1 Abs. 2 Jugendgerichtsgesetz – JGG). In Anbetracht des Ausnahmecharakters dieser Regelungen über Studenten- und Jugendwohnheime werden diese Begriffe von der Rechtsprechung sehr eng ausgelegt und auf alle anderen Arten von Wohnheimen (z. B. Männerwohnheimen) die allgemeinen mietrechtlichen Vorschriften angewendet.

Liegen die Voraussetzungen für ein Entfallen des Kündigungsschutzes vor, kann sich der Mieter trotzdem auf die Härteklausel des § 556 a BGB berufen (vgl. „Kündigungsschutz“, Abschn. 3). § 556 a Abs. 8 BGB nimmt Studenten und Jugendwohnheime ausdrückl. nicht vom Härteschutz aus und die Vermietung stellt auch keine Vermietung zu „vorübergehendem Gebrauch“ dar (vgl. OLG Hamm, Beschl. vom 27. 3. 1986, NJW-RR 1986, 110 und 4. 4. 1986, MDR 1986, 676). Nach dem OLG Hamm liegen keine Anhaltspunkte dafür vor, daß der Gesetzgeber bei der Neufassung des Mietrechts durch das Gesetz zur Erhöhung des Angebots an Mietwohnungen vom 30. 12. 1982 (BGBl I, 1912) lediglich vergessen habe, die Vorschrift des § 556 a Abs. 8 BGB zu ändern. Es sei daher kein Widerspruch, wenn Studentenwohnheimplätze aus dem Kündigungsschutz des § 564 b BGB ausgenommen würden (vgl. Abschnitt 2.7.3), die Härteklausel des § 556 a BGB aber bestehen bleibt, da die Vorschriften auch in anderen Punkten nicht deckungsgleich sind.

Heizungsanlagen-Verordnung

Am 1. 6. 1994 ist die Neufassung der Heizungsanlagen-Verordnung in Kraft getreten (Verordnung über energiesparende Anforderungen an heizungstechnischen Anlagen und Brauchwasseranlagen – HeizAnlV vom 22. 3. 1994, BGBl I, S. 613 ff.).

Die Verordnung gilt für heizungstechnische sowie der Versorgung mit Brauchwasser dienende Anlagen und Einrichtungen mit einer Nennwärmeleistung von 4 kW oder mehr, wenn sie in Gebäuden zum dauernden Verbleib eingebaut oder aufgestellt werden. Weiterhin unter den in § 1 Abs. 1 bestimmten Voraussetzungen auch für **bestehende** Anlagen und Einrichtungen u. a. dann, wenn diese ersetzt, erweitert oder umgerüstet werden oder mit Einrichtungen zur Steuerung und Regelung (§ 7 Abs. 3, § 8 Abs. 6) nachzurüsten sind (§ 1 Abs. 1).

Ausgenommen sind Anlagen und Einrichtungen in Heizkraftwerken einschließlich Spitzenheizwerken sowie in Müllheizwerken sowie Anlagen in Gebäuden mit einem Jahres-Heizwärmebedarf von weniger als 22 kWh je m+ beheizbarer Gebäudenutzfläche oder 7 kWh je m= beheizbarem Gebäudevolumen (§ 1 Abs. 2).

Heizungstechnische Anlagen im Sinne dieser Verordnung sind mit Wasser als Wärmeträger betriebene Zentralheizanlagen (Zentralheizungen) oder Einzelheizgeräte, soweit sie zur Dekkung des Wärmebedarfs von Räumen oder Gebäuden dienen. Zu den heizungstechnischen Anlagen und Einrichtungen gehören neben den Wärmeerzeugern auch Maschinen, Apparate, Wärmeverteilungsnetze, Rohrleitungszubehör, Abgas-, Wärmeverbrauchs-, Regelungs- und Meßeinrichtungen sowie andere in funktionalem Zusammenhang stehende Bauteile.

Der Versorgung mit Brauchwasser dienende Anlagen (**Brauchwasseranlagen**) im Sinne dieser Verordnung sind Einzelgeräte oder Zentralsysteme. Zu den Brauchwasseranlagen und -einrichtungen gehören neben den Wärmeerzeugern auch Maschinen, Apparate, Verteilungsnetze, Rohrleitungszubehör, Abgas-, Entnahme-, Regelungs- und Meßeinrichtungen sowie andere in funktionalem Zusammenhang stehende Bauteile.

Im Gegensatz zur Heizkosten-Verordnung, die u. a. die Pflicht und die technische Ausstattung zur Verbrauchs**erfassung** regelt (z. B. Ablesegeräte, vgl. § 5 Heizkostenverordnung), bestimmt die Heizungsanlagen-Verordnung insbesondere die Anforderungen an Heiz- und Brauchwasseranlagen zur Verbrauchs**reduzierung bzw. -optimierung** (z. B. Thermostat-Ventile, Außenfühler – vgl. § 7 HeizAnlV).

Die Neufassung der Heizungsanlagen-Verordnung enthält unter Berücksichtigung der EG-Bestimmungen u. a. geänderte bzw. neu eingeführte Definitionen der Begriffe „Standard-Heizkessel", „Niedertemperatur-Heizkessel (NT-Kessel)" und „Brennwertkessel" (§ 2).

§ 3 bestimmt u. a., daß in Serie hergestellte Wärmeerzeuger für Zentralheizungen, die ausschließlich für den Betrieb mit flüssigen oder gasförmigen Brennstoffen vorgesehen sind, ab dem 1. Januar 1998 nur dann zum dauernden Verbleib eingebaut oder aufgestellt werden dürfen, wenn sie mit dem **CE-Zeichen** nach Anhang I Nr. 1 der Richtlinie 92/42/EWG des Rates vom 21. Mai 1992 über die Wirkungsgrade von mit flüssigen oder gasförmigen Brennstoffen beschickten neuen Warmwasser-Heizkesseln und der **EG-Konformitätserklärung** versehen und in dieser als Niedertemperatur-Heizkessel oder Brennwertkessel ausgewiesen sind oder die Voraussetzungen als Niedertemperatur-Heizkessel nach § 2 Abs. 6 S. 1 2. Alternative erfüllen. Insofern können jedoch die nach Landesrecht zuständigen Stellen auf Antrag eine Befreiung erteilen, als in Gebäuden, die vor Inkrafttreten dieser Verordnung errichtet worden sind, auch Standard-Heizkessel eingebaut oder aufgestellt werden dürfen, wenn ihre Nennwärmeleistung 30 kW nicht übersteigt, die bestehende Abgas-Anlage oder der bestehende Schornstein für den Betrieb dieser Kessel geeignet ist und die Eignung der bestehenden Abgas-Anlage oder des bestehenden Schornsteins für den Betrieb von Niedertemperatur-Heizkessel und Brennwertkesseln nur mit unverhältnismäßig hohen Kosten herzustellen wäre.

§ 4 regelt den Einbau und die Aufstellung von Wärmeerzeugern. Wärmeerzeuger für Zentralheizungen dürfen nur dann zum dauernden Verbleib eingebaut oder aufgestellt werden, wenn die Nennwärmeleistung nicht größer ist als der nach den anerkannten Regeln der Technik für die Berechnung des Wärmebedarfs von Gebäuden zu ermittelnde Wärmebedarf, einschließlich angemessener Zuschläge für raumlufttechnische Anlagen sowie sonstiger Zuschläge (§ 4 Abs. 1). Für Wohngebäude kann auf die Berechnung des Wärmebedarfs verzichtet werden, wenn Wärmeerzeuger von

Zentralheizungen ersetzt werden und ihre Nennwärmeleistung 0,07 kW je m+ Gebäudenutzfläche nicht überschreitet. Für freistehende Gebäude mit nicht mehr als 2 Wohnungen gilt der Wert 0,10 kW je m+ (§ 4 Abs. 2).

§ 5 schreibt Einrichtungen zur Begrenzung von Betriebsbereitschaftsverlusten vor.

§ 6 bestimmt, wie Rohrleitungen und Armaturen in Zentralheizungen gegen Wärmeverlust zu dämmen sind.

Gemäß § 7 Abs. 1 sind Zentralheizungen mit zentralen, selbsttätig wirkenden Einrichtungen zur Verringerung und Abschaltung der Wärmezufuhr sowie zur Ein- und Ausschaltung der elektrischen Antriebe in Abhängigkeit von der Außentemperatur (z. B. durch Außenfühler) oder einer anderen geeigneten Führungsgröße und der Zeit (Nachtabsenkung) **auszustatten.** Gemäß § 7 Abs. 2 sind heizungstechnische Anlagen mit selbsttätig wirkenden Einrichtungen zur raumweisen Temperaturregelung (z. B. Thermostat-Ventile) **auszustatten.** Dies gilt nicht für Einzelheizgeräte, die zum Betrieb mit festen oder flüssigen Brennstoffen eingerichtet sind. Für Raumgruppen gleicher Art und Nutzung in Nichtwohnbauten ist Gruppenregelung zulässig. Die **Absätze 1 und 2** von § 7 bestimmen die Anforderungen an **neu einzubauende** Anlagen, während § 7 **Abs. 3** die **Nachrüstpflicht** für bestehende Anlagen regelt. Diese Nachrüstpflicht wurde im Rahmen der Neufassung der Verordnung wesentlich erweitert, wobei nunmehr auch differenziert wird zwischen Anlagen, die auf dem Gebiet der **ehemaligen DDR vor dem 1. 1. 1991** eingebaut oder aufgestellt wurden und Anlagen, die im **übrigen Bundesgebiet vor dem 1. 10. 1978** eingebaut oder aufgestellt wurden. Weiter ist für den Zeitpunkt der Nachrüstpflicht entscheidend, ob ein **NT-Kessel** eingebaut ist. Bei Ausstattung mit einem NT-Kessel besteht für **sämtliche** beheizte Gebäude, d. h. auch für Ein- und Zweifamilienhäuser und Nichtwohngebäude, im **gesamten Bundesgebiet eine Nachrüstpflicht** bis spätestens 31. 12. 1997. Ist ein NT-Kessel **nicht** vorhanden, muß die Nachrüstung bereits zu einem früheren Zeitpunkt erfolgt sein: Anlagen auf dem Gebiet der **ehemaligen DDR** sind insofern bis spätestens **31. 12. 1995** nachzurüsten. Dieser Termin gilt im **übrigen Bundesgebiet** insbesondere auch für die Nachrüstung in Ein- und Zweifamilienhäusern (ohne NT-Kessel). Die Nachrüstpflicht in Gebäuden (ohne NT-Kessel) mit mehr als 2 Wohnungen und in Nichtwohngebäuden hatte dagegen bereits nach der Heizanlagen-Verordnung a. F. bestanden und war bis 30. 9. 1987 bzw. 31. 12. 1992 zu erfüllen.

Die Erfüllung der Nachrüstpflicht kann nach der Neufassung durch die zuständige Behörde auch **überwacht** und ein Verstoß mit Bußgeld **geahndet** werden, da § 12 a. F. (Verzicht auf Überwachung) ersatzlos weggefallen ist und ein Verstoß in die Bußgeldvorschrift des § 13 n. F. aufgenommen wurde.

§ 8 bestimmt die Anforderungen an Brauchwasseranlagen und schreibt u. a. vor, daß diese mit selbsttätig wirkenden Einrichtungen zur Abschaltung der Zirkulationspumpen **auszustatten** und unter den Voraussetzungen des § 8 Abs. 6 **nachzurüsten** sind.

§ 9 regelt die Pflichten des Betreibers von Zentralheizungen oder Brauchwasseranlagen hinsichtlich **Bedienung, Wartung und Instandhaltung.**

§ 11 bestimmt, daß von den Anforderungen dieser Verordnung auf Antrag Ausnahmen zugelassen werden können, soweit Energieverluste durch andere technische Maßnahmen im gleichen Umfang begrenzt werden.

Gemäß **§ 12** kann von den Anforderungen der Verordnung auf Antrag befreit werden, soweit sie wegen besonderer Umstände durch einen unangemessenen Aufwand oder in sonstiger Weise zu einer unbilligen Härte führen.

§ 13 beinhaltet **Bußgeldvorschriften** bei Verstößen gegen die Anforderungen der Verordnung.

Heizkosten → „Betriebskosten“ Abschnitt 2.4
Heizkostenabrechnung → Gruppe 11

(Anschluß Seite H 14a)

Heizkosten-Verordnung*

Die Verordnung über die verbrauchsabhängige Abrechnung der Heizungs- und Warmwasserkosten (HeizkostenV) vom 20. 1. 1989 (BGBl I S. 116) **gilt** für die Verteilung der Kosten des Betriebes zentraler Heizungs- und Warmwasserversorgungsanlagen sowie der eigenständig gewerblichen Lieferung von Wärme und Warmwasser auch aus zentralen Heizungs- und zentralen Warmwasserversorgungsanlagen durch den Gebäudeeigentümer auf die Nutzer der mit Wärme oder Warmwasser versorgten Räume (§ 1 Abs. 1 HeizkostenV).

Die Verordnung gilt also grundsätzlich überall dort, wo bei der Wärme- und Warmwasserversorgung ein echter Verteilvorgang stattfindet.

Sie ist daher **unanwendbar** bei Versorgung mit Einzelöfen, Etagenheizungen oder sonstigen dezentralen Heizungen sowie wenn die Anlage nur eine Wohneinheit versorgt (z. B. Zentralheizung eines Einfamilienhauses).

> Ist die Verordnung anwendbar, gehen ihre Bestimmungen grundsätzlich **rechtsgeschäftlichen** Vereinbarungen (z. B. im Mietvertrag oder der Teilungserklärung bei Wohnungseigentum) vor.

Daher sind die Heizkosten auch dann allein nach der HeizkostenV zu verteilen, wenn die Mietvertragsparteien eine Nebenkostenpauschale vor oder nach Inkrafttreten der Verordnung vereinbart haben (OLG Hamm, RE vom 2. 7. 1986, DWW 1987, 69).

Nur in den nachfolgend bezeichneten Ausnahmefällen – aus Gründen der Wirtschaftlichkeit und Praktikabilität – können die Beteiligten wirksame abweichende Vereinbarungen treffen:

a) Bei Gebäuden mit nicht mehr als zwei Wohnungen, wobei eine der Vermieter selbst bewohnt (§ 2).
b) Bei Gemeinschaftsräumen, die einer Verbrauchserfassungspflicht unterliegen (§ 4 Abs. 3 Satz 2, z. B. Schwimmbad, Sauna) richtet sich die Verteilung der Kostenanteile nach den Parteivereinbarungen (§ 6 Abs. 3 S. 2).
c) Bei der Kostenaufteilung gemäß § 9 b Absätze 1–3 auf Vor- und Nachmieter bei Nutzerwechsel.
d) Bei Vereinbarungen über einen höheren verbrauchsabhängigen Kostenanteil als 70 % (§§ 7 Abs. 1, 8 Abs. 1).

Seit der Novelle 1989 stellt die Heizkosten-Verordnung nunmehr – anstelle bisher auf „Lieferung von Fernwärme und Fernwarmwasser" – umfassend auf die „eigenständig gewerbliche Lieferung von Wärme und Warmwasser" ab. Damit ist jede Art der eigenständig gewerblichen Wärme- und Warmwasserlieferung einbezogen, ohne Rücksicht darauf, ob sie in Lieferverträgen als Direkt-, Nah- oder Fernwärmelieferung bezeichnet wurde.

* Spezieller Literatur-Hinweis: Freywald, Heizkosten-Abrechnung leicht gemacht, Haufe Verlag, Bestell-Nr. 62.04, DM 34,80.

Seite H 14b

Durch den eingefügten neuen Absatz 3 in § 1 HeizkostenV sind Fälle, bei denen der Lieferer die Kosten der Lieferung **unmittelbar** auf die einzelnen Nutzer verteilt, erstmals der Verordnung unterworfen. Diese Neuregelung gilt jedoch nur dann, wenn der

(Anschluß Seite H 15)

Abrechnung die Anteile der Nutzer am Gesamtverbrauch zugrundegelegt werden. Dies ist dann der Fall, wenn die gelieferten Mengen am Hausanschluß oder an einer verbrauchsnah gelegenen Stelle für das Gebäude bzw. für die Abrechnungseinheit gemessen und die Verbrauchsanteile der Nutzer am Gesamtverbrauch, z. B. mit Heizkostenverteilern, erfaßt werden. Ausgenommen bleiben damit auch künftig diejenigen Fälle, in denen die Direktabrechnung nach dem für den einzelnen Nutzer **„gemessenen** Verbrauch" (also ausschließl. die Verbrauchsmessung beim einzelnen Nutzer mit eichpfl. Erfassungsgeräten) erfolgt.

Aus dem einschränkenden „Soweit"-Halbsatz in § 1 Abs. 3 HeizkostenV ergibt sich insbesondere, daß die Vorschrift nur auf diejenigen Kosten anzuwenden ist, die tatsächlich aufgrund des Liefervertrages mit den Nutzern abgerechnet werden. Der Lieferer ist also beispielsweise nicht gezwungen, Kosten der zugehörigen Hausanlagen, die bisher nicht im Entgelt der Lieferung enthalten waren, künftig in seine Abrechnung mit einzubeziehen. Soweit derartige Kosten vom Gebäudeeigentümer verteilt werden, kann es auch künftig dabei verbleiben.

Nach § 4 der Heizkosten-Verordnung hat der Gebäudeeigentümer den anteiligen Verbrauch der Nutzer an Wärme und Warmwasser zu **erfassen** und die Räume mit **Ausstattungen** zur Verbrauchserfassung zu versehen.

Bei Anmietung oder Leasen der Geräte durch den Vermieter darf dieser die Kosten auf die Miete nur dann umlegen, wenn er den Mietern die dadurch entstehenden Kosten mitgeteilt und die Mehrheit der Mieter innerhalb eines Monats nach Zugang der Mitteilung nicht widersprochen hat (§ 4 Abs. 2 HeizkostenV). Für eine solche Mitteilung reicht es jedoch nicht aus, daß lediglich ein entsprechendes Schreiben im Briefkastenbereich des Hauses ausgehängt wird (AG Neuss, DWW 1994, 318). Die Mitteilung muß vielmehr jedem einzelnen Mieter zugehen. Widerspricht die Mehrheit der Mieter der Anmietung, kann der Vermieter seine Aufwendungen nur umlegen, indem er die Geräte kauft und den Kaufpreis nach § 3 MHG auf die Miete umlegt (vgl. „Modernisierung").

Ausgenommen von der Verbrauchserfassungspflicht sind gemeinschaftl. genutzte Räume (z. B. Treppenhäuser, Flure, Abstellräume), soweit sie nicht einen nutzungsbedingt hohen Wärme- oder Warmwasserverbrauch haben (wie z. B. Schwimmbad, Sauna).

> Die Verbräuche von Gemeinschaftsräumen mit „nutzungsbedingt hohem Wärme- oder Warmwasserverbrauch wie Schwimmbäder oder Saunen" sind zu erfassen, d. h. mit Ausstattungen zur Verbrauchserfassung zu versehen und die Verbrauchsanzeigen abzulesen.

Soweit der Verbrauch der Gemeinschaftsräume nicht erfaßt wird, sind die insgesamt zu verteilenden Kosten im Verhältnis des erfaßten Verbrauches dieser Räume zum erfaßten Gesamtverbrauch (des Gebäudes/der Abrechnungseinheit) aufzuteilen. Der so ermittelte Kostenanteil der Gemeinschaftsräume wird sodann auf die einzelnen Nutzer nach „rechtsgeschäftlichen Bestimmungen“ verteilt (z. B. Mietvertrag, Vereinbarungen der Wohnungseigentümer, BenutzungsO).

Zur Erfassung des anteiligen Wärmeverbrauches sind Wärmezähler oder Heizkostenverteiler, zur Erfassung des anteiligen Warmwasserverbrauchs, Wärmezähler oder andere geeignete Ausstattungen zu verwenden. Soweit nicht eichrechtliche Bestimmungen zur Anwendung kommen, dürfen nur solche Ausstattungen zur Verbrauchserfassung verwendet werden, hinsichtlich derer sachverständige Stellen bestätigt haben, daß sie den anerkannten Regeln der Technik entsprechen oder daß ihre Eignung auf andere Weise nachgewiesen wurde. Als sachverständige Stellen gelten nur solche Stellen, deren Eignung die nach Landesrecht zuständige Behörde im Benehmen mit der Physikalisch-Technischen Bundesanstalt bestätigt hat. Die Ausstattungen müssen für das jeweilige Heizsystem geeignet sein und so angebracht werden, daß ihre technisch einwandfreie Funktion gewährleistet ist (§ 5 Abs. 1 HeizkostenV).

Der Vermieter ist nicht verpflichtet, die technisch optimale Lösung zu wählen und statt Verdunsterröhrchen elektrische Heizkostenverteiler einzubauen. Bei Heizkostenverteilern nach dem Verdunstungsprinzip kann davon ausgegangen werden, daß sie den anerkannten Regeln der Technik entsprechen (LG Hamburg, WM 92, 245).

Der Gebäudeeigentümer hat die Kosten der Versorgung mit Wärme und Warmwasser auf der Grundlage der Verbrauchserfassung nach Maßgabe der §§ 7 bis 9 auf die einzelnen Nutzer zu **verteilen** (§ 6 Abs. 1 HeizkostenV).

Nach § 7 HeizkostenV sind von den Kosten des Betriebes der zentralen **Heizungs**anlage mindestens 50 %, höchstens 70 %, nach dem **erfaßten** Wärmeverbrauch der Nutzer zu verteilen. Die **übrigen** Kosten sind nach der Wohn- oder Nutzfläche oder nach dem umbauten Raum zu verteilen; es kann auch die Wohn- oder Nutzfläche oder der umbaute Raum der beheizten Räume zugrundegelegt werden.

Nach § 8 HeizkostenV sind von den Kosten des Betriebs der zentralen **Warmwasser**versorgungsanlage mindestens 50 %, höchstens 70 %, nach dem **erfaßten** Warmwasserverbrauch, die **übrigen** Kosten nach der Wohn- oder Nutzfläche zu verteilen.

Wirksam sind nach § 10 HeizkostenV rechtsgeschäftliche Vereinbarungen, die einen **höheren** verbrauchsabhängigen Kostenanteil als 70 % vorsehen.

Zum Umfang der Kosten des Betriebs der zentralen **Heizungs**anlage vgl. „Betriebskosten“, Abschnitt 2.4.

Zum Umfang der Kosten des Betriebs der zentralen **Warmwasser**versorgungsanlage vgl. „Betriebskosten“, Abschnitt 2.5.

Die Verteilung der Kosten der Versorgung mit Wärme und Warmwasser bei **verbundenen** Anlagen regelt § 9 HeizkostenV (vgl. „Betriebskosten"). Näheres zur Erfassung, Verteilung und Abrechnung der Heiz- und Warmwasserkosten siehe in HuG, Gruppe 11.

Kann der anteilige Verbrauch von Nutzern für einen Abrechnungszeitraum wegen Geräteausfalls oder aus anderen zwingenden Gründen (z. B. Unzugänglichkeit der Wohnung nach wiederholtem Ableseversuch) nicht ordnungsgemäß erfaßt werden, ist er vom Gebäudeeigentümer auf der Grundlage des Verbrauches der betroffenen Räume in vergleichbaren früheren Abrechnungszeiträumen oder des Verbrauchs vergleichbarer anderer Räume im jeweiligen Abrechnungszeitraum zu ermitteln.

Im Einzelfall ist abzuwägen, nach welchen der beiden Kriterien der Verbrauch am zutreffendsten zu ermitteln ist. So sollte auf den früheren Verbrauch der Räume zurückgegriffen werden, wenn sich weder bei den Nutzern, noch bei der Heizung Änderungen gegenüber früheren Zeiträumen ergeben haben. Dieser anteilige Verbrauch ist bei der Kostenverteilung anstelle des erfaßten Verbrauches zugrundezulegen (§ 9 a Abs. 1 HeizkostenV).

Überschreitet die von der Verbrauchsermittlung nach Absatz 1 betroffene Wohn- oder Nutzfläche oder der umbaute Raum 25 % der für die Kostenverteilung maßgeblichen gesamten Wohn- oder Nutzfläche oder des maßgeblichen gesamten umbauten Raumes, sind die Kosten ausschließlich nach festen Maßstäben (Fläche- oder Raumvolumen) zu verteilen.

Bei einem **Mieterwechsel** innerhalb eines Abrechnungszeitraumes regelt § 9 b die Verteilung der Kosten auf den Vor- und Nachmieter. Danach bleiben **rechtsgeschäftliche** Bestimmungen unberührt, so daß für die Kostenverteilung in erster Linie diese Vereinbarungen (z. B. im Mietvertrag) gelten und die Regelungen des § 9 b Absätze 1–3 HeizkostenV nur eingreifen, soweit solche nicht bestehen.

Nach § 9 b Abs. 1 HeizkostenV hat bei einem Nutzerwechsel innerhalb eines Abrechnungszeitraumes der **Gebäudeeigentümer** eine Ablesung der Ausstattung zur Verbrauchserfassung der vom Wechsel betroffenen Räume **(Zwischenablesung)** vorzunehmen. Bezüglich des verbrauchs**abhängigen** Anteiles erfolgt die Verteilung sowohl bei den Heiz- als auch den Warmwasserkosten auf der Grundlage der Zwischenablesung. Bezüglich des verbrauchsunabhängigen Anteiles („übrige Kosten") erfolgt die Verteilung bei den Heizkosten entweder nach Gradtagszahlen oder zeitanteilig und bei den Warmwasserkosten ausschließlich zeitanteilig (§ 9 b Abs. 2 HeizkostenV), da der Warmwasserverbrauch nicht von der Jahreszeit abhängig ist.

Die Zwischenablesung ist zwar vom **Gebäudeeigentümer** vorzunehmen; dieser kann die ihm entstehenden Kosten jedoch als „Kosten der Verwendung einer Ausstattung zur Verbrauchserfassung" i. S. v. § 7 Abs. 2 HeizkostenV auf den Mieter umlegen (vgl. Sternel, Mietrecht, 3. Aufl., III

416; AG Oberhausen, DWW 1994, 24; a. A. : Bub / Treier, III A 93, wonach es auf die Verursachung dieser Kosten ankommt, so daß bei einer berechtigten, außerordentlichen Kündigung der andere Vertragsteil die Kosten zu übernehmen hat, während diese bei einer ordentlichen Kündigung den Kündigenden treffen (vgl. auch Harsch, WM 1991, 521). In Anbetracht der nicht eindeutigen Rechtslage ist zu empfehlen, eine ausdrückliche vertragliche Regelung insbesondere über die **Kostentragung** zu treffen. Weiter kann die Verpflichtung zur Vornahme der Zwischenablesung abweichend von § 9 b Abs. 1 HeizkostenV vereinbart werden (§ 9 b Abs. 4).

Ist eine Zwischenablesung nicht möglich oder läßt sie wegen des Zeitpunktes des Nutzerwechsels aus technischen Gründen keine hinreichend genaue Ermittlung der Verbrauchsanteile zu, sind die **gesamten** Kosten nach den für die übrigen Kosten geltenden Maßstäben (nach Gradtagszahlen oder zeitanteilig) aufzuteilen. Eine „hinreichend genaue Ermittlung" durch die Zwischenablesung ist oft bei Verwendung von Verdunsterröhrchen nicht möglich, wenn die Ablesung unmittelbar vor oder nach deren Auswechseln erfolgen soll.

§ 11 HeizkostenV sieht **Ausnahmen und Befreiungsmöglichkeiten** vor, wenn die Anwendung der Verordnung aus technischen, wirtschaftlichen oder Praktikabilitätsgründen nicht vertretbar oder problematisch wäre:

1. **Für Räume,** bei denen das Anbringen der Ausstattung zur Verbrauchserfassung, die Erfassung des Wärmeverbrauches oder die Verteilung der Kosten des Wärmeverbrauches nicht oder nur mit unverhältnismäßig hohen Kosten möglich ist (z. B. bei Warmluftheizungen). Die Unverhältnismäßigkeit des Kostenaufwandes ist dabei aufgrund eines Vergleiches der Kosten für die Installierung der Meßgeräte zuzüglich des Meß- und Abrechnungsaufwandes mit der möglichen Einsparung von Energiekosten festzustellen (BGH, ZMR 1991, 170). Sind die zu erwartenden Einsparungen beim Warmwasserverbrauch (vgl. LG Hamburg, WM 1992, 490: ca. 10 %) geringer als der Aufwand für Anbringung und laufenden Unterhalt der Zähler, liegt eine Unverhältnismäßigkeit vor (BayObLG, WM 1989, 451).

   Heizkörperverkleidungen stellen keinen techn. Hinderungsgrund dar, der einer Montage von Erfassungsgeräten entgegenstehen würde (LG Hamburg, WM 1992, 259).

2. **Für Räume,** die vor dem 1. 7. 1981 bezugsfertig geworden sind und in denen der Nutzer den Wärmeverbrauch nicht beeinflussen kann, z. B. bei bestimmten Einrohrsystemen und ausschließlich zentral gesteuerten Fußbodenheizungen.

3. **Für Alters-, Pflege-, Studenten- und Lehrlingswohnheime** sowie vergleichbare Gebäude, bei denen wegen der besonderen Nutzung regelmäßig keine üblichen Mietverträge abgeschlossen werden.

4. **Für die Kosten des Betriebes der zugehörigen Hausanlagen,** soweit

sie im Falle der Lieferer-Nutzer-Direktabrechnung (§ 1 Abs. 3 HeizkostenV) vom Gebäudeeigentümer gesondert abgerechnet werden.

5. **Für Räume** in Gebäuden, die überwiegend versorgt werden mit Wärme aus Anlagen zur Rückgewinnung von Wärme oder aus Wärmepumpen- oder Solaranlagen oder mit Wärme aus Anlagen der Kraft-Wärme-Kopplung oder aus Anlagen zur Verwertung von Abwärme, sofern der Wärmeverbrauch des Gebäudes nicht erfaßt wird, wenn die nach Landesrecht zuständige Stelle im Interesse der Energieeinsparung und der Nutzer eine Ausnahme zugelassen hat.
6. **In sonstigen Fällen,** in denen die nach Landesrecht zuständige Stelle wegen besonderer Umstände von den Anforderungen dieser Verordnung befreit hat, um einen unangemessenen Aufwand oder sonstige unbillige Härten zu vermeiden.

In den Fällen 1–4 kann der Gebäudeeigentümer selbst feststellen, ob die Voraussetzungen einer Ausnahme vorliegen und dies seinem Mieter mitteilen, wobei im Streitfalle eine gerichtliche Überprüfung stattfinden kann. In den Fällen 5 und 6 ist die Entscheidung der nach Landesrecht zuständigen Stelle und damit ein Antrag des Betroffenen erforderlich.

> Die vorgenannten Ausnahmemöglichkeiten für die Versorgung mit **Wärme** gelten grundsätzlich auch für die Versorgung mit **Warmwasser** (§ 11 Abs. 2 HeizkostenV).

Soweit die Kosten der Versorgung mit Wärme und Warmwasser entgegen den Vorschriften dieser Verordnung nicht verbrauchsabhängig abgerechnet werden, erlaubt die Verordnung zwar keine staatlichen Zwangs- und Überwachungsmaßnahmen, gibt jedoch den einzelnen Nutzern eigenständige **zivilrechtliche** Durchsetzungsansprüche:

Gemäß § 4 Abs. 4 HeizkostenV ist der Nutzer berechtigt, vom Gebäudeeigentümer die Erfüllung der Verpflichtung zur Ausstattung und Erfassung zu **verlangen.**

> Bei nicht verbrauchsabhängiger Abrechnung entgegen den Vorschriften der Verordnung hat der Nutzer das Recht, den auf ihn entfallenden Anteil um 15 % zu **kürzen.** Dies gilt jedoch nicht bei Wohnungseigentum im Verhältnis des einzelnen Wohnungseigentümers zur Eigentümergemeinschaft (§ 12 Abs. 1).

Auf dem Gebiet der **ehemaligen DDR** ist die Heizkosten-Verordnung am **1. 1. 1991** in Kraft getreten.

Räume, die vor dem 1. Januar bezugsfertig geworden sind und in denen die nach der Verordnung erforderliche Ausstattung zur Verbrauchserfassung noch nicht vorhanden ist, waren bis spätestens zum **31. 12. 1995** nachzurüsten. Der Gebäudeeigentümer war aber berechtigt, die Ausstattung bereits vor dem 31. 12. 1995 anzubringen.

Soweit und solange die nach Landesrecht zuständigen Behörden noch nicht die Eignung gemäß § 5 Abs. 1 Satz 2 und 3 der Verordnung bestätigt haben, können Ausstattungen zur Verbrauchserfassung verwendet werden, für die eine sachverständige Stelle aus dem Gebiet, in dem die Verordnung schon vor dem Beitritt gegolten hat, die Bestätigung im Sinne von § 5 Abs. 1 Satz 2 HeizkostenV erteilt hat.

Als Heizwerte der verbrauchten Brennstoffe nach § 9 Abs. 2 Ziff. 3 HeizkV können auch verwendet werden:

Braunkohlenbrikett	5,5 kWh/kg
Braunkohlenhochtemperaturkoks	8,0 kWh/kg

Die Vorschriften dieser Verordnung über die Kosten**verteilung** gelten erstmalig für den Abrechnungszeitraum, der nach Ausstattung beginnt.

Soweit sich die §§ 3–7 auf die Versorgung mit Wärme beziehen, sind sie nicht anzuwenden auf Räume, die vor dem 1. 1. 1991 bezugsfertig geworden sind und in denen der Nutzer den Wärmeverbrauch nicht beeinflussen kann, z. B. bei bestimmten Einrohrsystemen und ausschließlich zentral gesteuerten Fußbodenheizungen (§ 11 Abs. 1 Nr. 1 b HeizkostenV). Gemäß § 12 Abs. 2 HeizkostenV gelten die Anforderungen des § 5 Abs. 1 Satz 2 HeizkostenV als erfüllt für die am 1. 1. 1991 zur Erfassung des anteiligen Warmwasserverbrauchs vorhandenen Warmwasserkostenverteiler sowie für die bereits vorhandenen sonstigen Ausstattungen zur Verbrauchserfassung.

Heizkostenverteiler und Wärmezähler → HuG, „Gruppe 11“
Heizperiode → „Zentralheizung“
Heizung → „Zentralheizung“
Heizungsumstellung → „Modernisierung“

Herausgabeanspruch gegen Dritte

Hat der Mieter den Gebrauch der Mietsache einem Dritten (z. B. einem Untermieter) überlassen, kann der Vermieter die Sache nach Beendigung des Mietverhältnisses unmittelbar von dem Dritten zurückfordern (§ 556 Abs. 3 BGB). Es handelt sich insoweit um ein gesetzliches Schuldverhältnis.

Der Untermieter (Endmieter) kann von seinem Vermieter (Zwischenmieter = Hauptmieter), der wegen des Kündigungsschutzes den Wohnungsmietvertrag nicht kündigen könnte, **Schadensersatz** wegen Nichterfüllung verlangen, wenn das Hauptmietverhältnis vor dem Untermietverhältnis endet und der Eigentümer von ihm

Räumung und Herausgabe der Wohnung verlangt (LG Hamburg, WM 1995, 160). Dem Untermieter (Endmieter) wird dadurch der vertragsgemäße Gebrauch entzogen, so daß Ansprüche aus § 541 BGB entstehen. Dies ist auch der Fall, wenn der Untermieter nach Beendigung des Hauptmietverhältnisses, aber vor Beendigung des Untermietverhältnisses, vom Hauptvermieter (Eigentümer) zur Mietzahlung an sich selber aufgefordert wird verbunden mit der Drohung, er werde andernfalls Räumung und Herausgabe der Wohnung verlangen (OLG Hamm, RE v. 26. 8. 1987, WM 1987, 346; Weber/Marx, VII/S. 36).

Der zu ersetzende **Schaden** umfaßt die Miete für die noch vor Räumung anzumietende Ersatzwohnung, die Kosten des (nicht aussichtslosen) Räumungsrechtsstreits mit dem Eigentümer einschließlich der Kosten eines Räumungsvergleichs, u. U. die Kosten der Beseitigung von Veränderungen/Verschlechterungen der zu räumende Mietsache, die Kosten des Rechtsstreits um die Höhe einer zu leistenden Nutzungsentschädigung wegen verspäteter Rückgabe der Mietsache an den Eigentümer sowie die vergleichsweise vereinbarte Abfindung eines weitergehenden Verspätungsschadens, die Umzugskosten einschließlich der Kosten der Montage zwischen Einrichtungsgegenständen in der Ersatzwohnung und die Mietdifferenz zwischen Ersatzwohnung und herauszugebender Wohnung.

Ein Mitverschulden des Endmieters an der Entstehung des Schadens besteht nicht darin, daß er sich auf ein Mietverhältnis als Endmieter des Zwischenmieters eingelassen hat (LG Hamburg, a.a.O.).

Hauptmieter (Zwischenmieter) und Untermieter (Endmieter) sind bezüglich der Rückgabepflicht Gesamtschuldner. Für diesen Anspruch gilt § 428 BGB, so daß der Dritte (Endmieter) durch die Leistung an einen von beiden befreit wird.

Weder der Hauptmieter, noch der Dritte haben ein **Zurückbehaltungsrecht** an der Mietsache (§ 556 Abs. 2 BGB, z. B. wegen Verwendungen). Der Vermieter kann den Herausgabeanspruch gegen den Dritten klageweise geltend machen. Der Titel gegen den Hauptmieter wirkt jedoch nicht gegen den Dritten (Ausnahme: § 325 ZPO). Daher ist die Klage gegen beide zu richten.

Gibt der Hauptmieter die gemietete Sache nach Beendigung des Mietverhältnisses nicht zurück, hat der Vermieter für die Dauer der Vorenthaltung einen Anspruch auf Nutzungsentschädigung gem. § 557 BGB in Höhe der ortsüblichen Miete. Darüber hinaus hat der Vermieter keinen Anspruch auf die durch den Untermieter weitergezahlten Mieten, da der Hauptmieter nicht verpflichtet ist, den durch die Untervermietung gezogenen Gewinn herauszugeben, sofern der Vermieter wegen der Gebrauchsüberlassung an den Untermieter keinen Schaden erlitten hat (OLG Düsseldorf, DWW 1994, 150; BGH, NJW 1964, 1853).

Räumt der Untermieter nach Beendigung des Hauptmietverhältnisses nicht fristgerecht, kann der Vermieter von ihm eine Nutzungsentschädigung i. H. des Mietausfalls nicht nur anteilig für die von ihm tatsächlich genutzten Räume, sondern für die **gesamte** Wohnung verlangen, da es dem Vermieter nicht zumutbar ist, die Wohnung entgegen § 266 BGB in Teilen zurückzunehmen (LG Kiel, WM 1995, 540; vgl. auch LG Kempten, WM 1996, 34; LG Köln, WM 1997, 46).

Dem Hauptmieter steht nach Beendigung des Untermietverhältnisses kein Anspruch auf Nutzungsentschädigung gegen den Untermieter zu, wenn auch das Hauptmietverhältnis bereits beendet ist (BGH, Urt. v. 4. 10. 1995, ZMR 1996, 15).

Dem Räumungsanspruch kann der **Einwand des Rechtsmißbrauches** nach § 242 BGB entgegengehalten werden, wenn der Hauptmietvertrag einvernehmlich aufgehoben wird, um den Kündigungsschutz des Untermieters zu umgehen. Ebenso dann, wenn der Eigentümer die Wohnung einem gewerblichen Zwischenmieter zum Zwecke der Weitervermietung überlassen hat, diesem dann kündigt und vom Endmieter (Wohnungsnutzer) die Herausgabe der Wohnung nach § 556 Abs. 3 BGB verlangt. Die frühere Rechtsprechung des BGH ließ den Einwand des Rechtsmißbrauchs nur dann zu, wenn der Endmieter nicht gewußt hat, daß sein Vermieter – der gewerbliche Zwischenmieter – nicht Eigentümer der Wohnung ist (BGH, RE vom 21. 4. 1982, DWW 1982, 211; Weber / Marx, II/S. 35).

Dagegen stellt der BGH in einem neueren Beschluß nicht auf die Kenntnis der Eigentümerstellung, sondern auf die Kenntnis des fehlenden Mieterschutzes ab und läßt den Einwand des Rechtsmißbrauchs auch dann zu, wenn der Endmieter (Wohnungsnutzer) zwar gewußt hat, daß sein Vermieter – der **gewerbliche Zwischenmieter** – nicht Eigentümer ist, ihm jedoch unbekannt war, daß dies zu einem Wegfall des Kündigungsschutzes führt (BGH, Beschl. vom 20. 3. 1991, DWW 1991, 211).

Noch weiter geht das Bundesverfassungsgericht im Beschluß vom 11. 6. 1991 (DWW 1991, 279) und gesteht dem Mieter, der von einem gewerbl. Zwischenmieter anmietet, den selben Kündigungsschutz zu wie demjenigen, der direkt v. Eigentümer mietet.

Zur Begründung führt das Bundesverfassungsgericht aus, daß der Gesetzgeber bei Schaffung der Kündigungsschutzvorschriften und der Sozialklausel die Fälle der gewerblichen Zwischenvermietung nicht vorausgesehen und sich dadurch eine Lücke im Mieterschutz ergeben hat. Dies hat zur Folge, daß der Schutz des Endmieters bei einer gewerblichen Zwischenvermietung sogar hinter dem Schutz zurückbleibt, den der typische Untermieter genießt, der einen Teil der vom Hauptmieter genutzten Wohnung angemietet hat. Während der Untermieter in diesen Fallen mittelbar dadurch geschützt ist, daß der Eigentümer das Vertragsverhältnis zum Hauptmieter nur unter Einhaltung der Kündigungsvorschriften beenden und der Hauptmieter sich gegebenenfalls auf die Sozialklausel berufen kann, unterliegt das Vertragsverhältnis zwischen dem Eigentümer u. dem gewerbl. Zwischenmieter nicht den Kündigungsschutzvorschriften für Wohnraum.

> Anders als bei diesem typischen Untermietverhältnis, bei dem die Untervermietung in der Regel im Interesse des Hauptmieters liegt, ist die gewerbliche Zwischenvermietung eine Vertragsgestaltung, die vom Eigentümer meist **im eigenen** Interesse gewählt wird.

Dieser hat in der Regel die Wohnung errichtet oder erworben, um sie auf dem Wohnungsmarkt zu nutzen. Er weiß, daß der Zwischenvermieter sie an einen Mieter zur Nutzung als Wohnung vermieten soll und diesem gegenüber an die gesetzlichen Vorschriften über den Mieterschutz gebunden ist. Diese Nutzung entspricht seinem Willen und regelmäßig auch seinem Interesse. Aus der Aufgabe des Gesetzgebers, im Mietrecht die schutzwürdigen Interessen aller Beteiligten in einen gerechten Ausgleich und ein ausgewogenes Verhältnis zu bringen, kann daher ein sachlicher Grund für eine Besserstellung des Eigentümers, der die Wohnung einem gewerblichen Zwischenmieter vermietet hat, nicht hergeleitet werden (Bundesverfassungsgericht a.a.O.). Die Kenntnis des Mieters über den fehlenden Kündigungsschutz läßt das Bundesverfassungsgericht für ein Entfallen desselben nicht ausreichen mit dem Argument, daß der Gesetzgeber den Kündigungsschutz für Wohnraum nicht davon abhängig gemacht hat, ob der Mieter eine Beendigungsmöglichkeit absehen konnte oder nicht; vielmehr hat er sogar die einverständliche Abbedingung des Mieterschutzes ausgeschlossen.

In den wenigen Fällen, in denen das Gesetz auf die Kenntnis des Mieters abstellt (vgl. § 564 b Abs. 7 Nr. 4 und 5 BGB), liegen **besondere sachliche Gründe** für eine Einschränkung des Mieterschutzes vor. Daher verstößt es gegen Art. 3 Abs. 1 Grundgesetz (Gleichheitsgrundsatz), einem Mieter, der – in Kenntnis der Eigentumsverhältnisse – Wohnraum von einem gewerblichen Zwischenmieter und nicht unmittelbar vom Eigentümer gemietet hat, den Kündigungsschutz des sozialen Mietrechts zu versagen (Bundesverfassungsgericht a.a.O.).

Diese Grundsätze gelten auch dann, wenn die Wohnung dem Endmieter vom Zwischenmieter zu einem geringeren als dem ortsüblichen Mietzins überlassen worden war (BVerfG, Beschl. v. 21. 4. 1992, Az.: 1 BvR 541/92, WM 1994, 125).

Hat der Zwischenmieter die Räume jedoch vertragswidrig als Wohnung anstatt zur gewerblichen Nutzung weitervermietet, genießt der Endmieter keinen Kündigungsschutz; es sei denn, die Räume unterliegen einem Zweckentfremdungsverbot (vgl. Stichwort „Zweckentfremdung") und hätten als gewerbliche Räume gar nicht vermietet werden dürfen (BVerfG, Beschl. v. 6. 8. 1993, Az.: 1 BvR 596/93; WM 1994, 123).

Nach **Beendigung des gewerblichen Zwischenmietvertrages** tritt der Vermieter in die Rechte und Pflichten aus dem Mietverhältnis zwischen dem gewerblichen Zwischenmieter und dem Endmieter ein (§ 549 a Abs. 1 S. 1 BGB, der mit Wirkung zum 1. 9. 1993 durch das 4. Mietrechtsänderungsgesetz in das BGB eingefügt wurde). Dies bedeutet, daß der Vermieter sowohl an die Vorschriften des Miethöhegesetzes als auch an die Kündigungsschutzvorschriften gebunden ist. Die Kündigung des Mietverhältnisses erfordert daher das Vorliegen eines berechtigten Interesses (Kündigungsgrund); ebenso die Kündigung durch den Zwischenmieter, wobei allein die Beendigung des Hauptmietvertrages kein berechtigtes Interesse des Zwischenmieters darstellt (OLG Stuttgart, Beschl. v. 7. 5. 1993, Az.: 8 REMiet 2/93, WM 1993, 386). Macht jedoch der Eigentümer (= Hauptvermieter) berechtigten Eigenbedarf gegenüber dem Zwischenmieter geltend und wurde dies dem Endmieter in der Kündigungserklärung des Zwischenmieters ordnungsgemäß dargelegt, so kann sich der Endmieter dem Zwischenmieter gegenüber nicht auf den ihm formal zustehenden sozialen Mieterschutz berufen (OLG Stuttgart, a.a.O.). Begründet wird diese Auffassung damit, daß sich der Endmieter gegenüber dem Eigentümer wegen dessen Eigenbedarfs auch nicht auf den Kündigungsschutz berufen könnte und durch die Aufspaltung des Rechtsverhältnisses in Haupt- und Untermietverhältnis zwar keine Schlechterstellung, aber auch keine Besserstellung des Endmieters eintreten soll.

Bei Vorliegen eines berechtigten Interesses (z. B. Eigenbedarf) kann der Eigentümer gegenüber dem Endmieter das Räumungs- und Herausgabeverlangen für einen späteren Termin bereits vor der Beendigung des Hauptmietvertrages mit dem gewerblichen Zwischenmieter geltend machen und braucht nicht das Ende des Zwischenmietvertrages abzuwarten (LG Hamburg, WM 1993, 44).

Schließt der Vermieter nach Beendigung des gewerblichen Zwischenmietverhältnisses erneut einen Mietvertrag zum Zwecke der gewerblichen Weitervermietung ab, so tritt der neue gewerbliche Zwischenmieter anstelle des ausgeschiedenen in die Rechte und Pflichten aus dem Mietverhältnis mit dem Endmieter ein (§ 549 a Abs. 1 S. 2 BGB).

Die Entscheidung des BVerfG vom 11. 6. 1991 gilt jedoch nur für den typischen Fall der **gewerblichen** Zwischenmiete, bei der der Zwischenmieter auch tatsächlich gewerblich, d. h. mit Gewinnerzielungsabsicht tätig wird, die Untervermietung auch alleiniger Zweck des Hauptmietverhältnisses zwischen Eigentümer und Zwischenmieter ist (wie z. B. beim Bauherrenmodell) und diese ausschließlich im **Interesse des Eigentümers** erfolgt (z. B. wegen Steuerersparnis, Entlastung von Verwaltungsaufgaben).

Anders ist die Rechtslage daher, wenn die Untervermietung nicht nur dem Interesse des Eigentümers, sondern auch oder sogar vorrangig dem **Interesse des Zwischenmieters** oder der in der Wohnung unterzubringenden Person dient. Dies ist z. B. der Fall, wenn der Eigentümer eine Wohnung an einen karitativ tätigen gemeinnützigen Verein zur Unterbringung von Personen vermietet, deren Auswahl dem Verein obliegt und der Verein die Wohnung dementsprechend untervermietet. In diesem Fall kann sich der Untermieter bei Kündigung des Hauptmietverhältnisses **nicht** auf den für Wohnraum geltenden Kündigungsschutz (§§ 564 b, 556 a BGB) berufen und muß die Mietsache ungeachtet eigener Vertragstreue an den Eigentümer herausgeben (BGH, Urt. v. 3. 7. 1996, WM 1996, 537; vgl. auch BGH, Urt. v. 13. 12. 1995, WM 1996, 216; BayObLG, Rechtsentscheid vom 28. 7. 1995, Az.: Re-Miet 4/94, WM 1995, 638; vgl. auch OLG Hamburg, RE vom 16. 4. 1993, WM 1993, 249 sowie BVerfG, Beschluß vom 3. 2. 1994, WM 1994, 182; NJW 1994, 848; NJW 1993, 2601). Die Entscheidung des BVerfG vom 11. 6. 1991 steht nicht entgegen, da sich diese Entscheidung nur auf den Fall der **gewerblichen** Zwischenvermietung bezieht und die grundsätzliche Anwendbarkeit des § 556 Abs. 3 BGB (Herausgabeanspruch des Eigentümers gegen den Endmieter) auf gestufte Wohnraummietverhältnisse vom BVerfG nicht in Frage gestellt wurde (OLG Hamburg, a.a.O., BayObLG, a.a.O.).

Dagegen unterscheidet sich ein Zwischenmietverhältnis der vorgenannten Art wesentlich von den Fällen der gewerblichen Zwischenmiete und ist vielmehr einem Untermietverhältnis klassischer Art gleichzustellen, in dem der Untermieter ebenfalls keinen Kündigungsschutz genießt (vgl. BVerfG, Beschluß vom 3. 2. 1994, a.a.O.).

Bei solchen Zwischenmietverhältnissen tritt der Eigentümer nach Kündigung des Zwischenmietvertrages auch **nicht** in das Mietverhältnis mit dem Endmieter ein, da **§ 549 a** Abs. 1 Satz 1 BGB in diesen Fällen **weder unmittelbar noch entsprechend** anwendbar ist (BGH a.a.O.; BayObLG, RE vom 28. 7. 1995, Re-Miet 4/94, a.a.O.; a. A.: AG Frankfurt, WM 1994, 276; Blank, WM 1993, 573).

Eine unmittelbare Anwendung des § 549 a BGB scheidet aus, da diese Vorschrift verlangt, daß der Zwischenmieter bei Abschluß des Endmietvertrages **gewerblich**, d. h. mit Gewinnerzielungsabsicht handelt. Diese Voraussetzung ist bei den vorgenannten Zwischenmietverhältnissen regelmäßig nicht erfüllt. Auch eine entsprechende (analoge) Anwendung des § 549 a BGB kommt nicht in Betracht, da es insofern an der für eine analoge Anwendung erforderlichen Rechtsähnlichkeit der zu regelnden Tatbestände fehlt. Bei der gewerblichen Zwischenvermietung handelt der Zwischenmieter regelmäßig mit Gewinnerzielungsabsicht und wird daher den Mietvertrag mit dem Endmieter zu Konditionen abschließen, die für ihn meist günstiger, jedenfalls aber nicht schlechter sind als die mit dem Eigentümer im Hauptmietvertrag vereinbarten Konditionen. Dagegen wird der **nicht gewerblich** tätige

Zwischenmieter, der mit der Zwischenvermietung besondere, über die bloße Vermietung hinausgehende Interessen verfolgt, mit dem Endmieter häufig andere Konditionen vereinbaren als sie auf dem freien Wohnungsmarkt üblich sind, z. B. weil der Endmieter eine marktgerechte Miete aus seinem Einkommen oder Vermögen nicht zahlen kann und ihm der Verein daher, gestützt auf Spendenaufkommen oder öffentliche Zuschüsse, nur eine niedrigere Miete berechnet.

Ein vergleichbarer Sachverhalt kann bei der Anmietung von Wohnungen durch Arbeitgeber vorliegen, die oftmals nur dann Arbeitnehmer finden, wenn sie diesen eine Wohnung zu besonders günstigen Konditionen anbieten können. Bei Vermietung einer Wohnung an einen **Arbeitgeber**, der diese bestimmungsgemäß an **betriebsangehörige** Personen weitervermietet, handelt es sich **nicht** um ein Mietverhältnis über **Wohn**raum i. S. der Kündigungsschutzvorschriften, da der Zweck, den der Mieter mit der Anmietung verfolgt, nicht im Bewohnen durch den Mieter, sondern in der Weitervermietung der Wohnung liegt. Ein Mietverhältnis über Wohnraum liegt selbst dann nicht vor, wenn sich der Eigentümer ein Mitspracherecht bei der Auswahl des Endmieters vorbehalten hat und der Arbeitgeber bei der Weitervermietung keinen Gewinn erzielen will (BayObLG, RE vom 30. 8. 1995, RE-Miet 6/94, WM 1995, 645). Das Mietverhältnis zwischen Eigentümer und Arbeitgeber (Zwischenmieter) kann daher vom Eigentümer ohne Einhaltung der Kündigungsschutzvorschriften beendet werden. Auch der Arbeitnehmer (Endmieter) kann sich gegenüber dem Herausgabeverlangen des Eigentümers grundsätzlich **nicht** auf den für Wohnraum geltenden **Kündigungsschutz** berufen (BayObLG, RE vom 30. 8. 1995, RE-Miet 5/94, WM 1995, 642; vgl. auch OLG Karlsruhe, RE vom 4. 7. 1983, DWW 1983, 200; BGH, NJW 1981, 1377). Gleiches gilt bei Anmietung durch eine juristische Person, z. B. eine GmbH. Dabei ist es auch unerheblich, wenn in der Vergangenheit Mieterhöhungsverlangen nach den Vorschriften für Wohnraum (§ 2 MHG) gestellt wurden (LG Hamburg, WM 1992, 479). Anders ist die Rechtslage jedoch, wenn der Eigentümer nach den Vertragsbedingungen erheblichen Einfluß auf die Ausgestaltung des Mietverhältnisses sowie auf die Auswahl des Endmieters nehmen und der Arbeitgeber somit bei der Weitervermietung keine in wesentlichen Punkten von den Interessen seines Vermieters abweichenden Interessen verfolgen kann. Dieser Sonderfall ist mit der gewerblichen Zwischenvermietung vergleichbar mit der Folge, daß sich der Mieter gegenüber dem Herausgabeverlangen des Eigentümers auf die Kündigungsschutzvorschriften (§§ 556 a, 564 b BGB) berufen kann (BayObLG, RE vom 30. 8. 1995, RE-Miet 6/94, a.a.O.).

Grundsätzlich ist jedoch eine Zwischenvermietung an einen Verein oder einen Arbeitgeber, die vorrangig im **Interesse des Zwischenmieters** bzw. der unterzubringenden Person erfolgt,

nicht mit der gewerblichen, im Interesse des Eigentümers liegenden, Zwischenvermietung **vergleichbar**. Eine entsprechende Anwendung des § 549 a BGB auf solche Zwischenmietverhältnisse ist somit nicht zulässig. Eine analoge Anwendung des § 549 a BGB auf solche nicht gewerbliche Zwischenmietverhältnisse würde ferner dazu führen, daß auch in anderen Fällen der Beendigung des Hauptmietverhältnisses, etwa weil der Verein als Zwischenmieter kündigt, die bestehenden zu besonderen Konditionen abgeschlossenen Endmietverträge auf den Hauptvermieter (Eigentümer) übergeleitet würden. Es dürften sich dann kaum mehr Vermieter finden, die bereit wären, Mietverträge mit karitativ tätigen Vereinigungen zur Weitervermietung an betreuungsbedürftige Personen abzuschließen. Eine analoge Anwendung des § 549 a BGB würde daher letztlich auch den Interessen der Personen nicht entsprechen, denen der Verein durch Anmietung und Überlassung von Wohnraum Hilfe gewährt (BayObLG, RE v. 28. 7. 1995, a.a.O.).

Index → „Wertsicherungsklauseln", „Leistungsvorbehalt"

Instandhaltung und Instandsetzung der Mieträume

Nach der gesetzlichen Regelung des § 536 BGB hat der Vermieter die vermietete Sache dem Mieter in einem zum vertragsgemäßen Gebrauch geeigneten Zustand zu überlassen und sie während der Mietzeit in diesem Zustand zu erhalten. Der Vermieter muß dem Mieter daher die Mietsache nicht nur in einem vertragsgemäßen Zustand übergeben, sondern weiterhin auch dafür Sorge tragen, daß dieser Zustand während der Mietzeit erhalten bleibt. Dies gilt für den Vermieter einer Eigentumswohnung selbst dann, wenn die zur Mängelbeseitigung erforderlichen Maßnahmen Eingriffe in das gemeinschaftliche Eigentum der Wohnungseigentümergemeinschaft notwendig machen und – soweit erforderlich – ein zustimmender Beschluß der Wohnungseigentümerversammlung noch nicht vorliegt (KG Berlin, RE vom 25. 6. 1990, ZMR 1990, 336; Weber / Marx X/S. 58). Dementsprechend kann sich auch der **gewerbliche Zwischenmieter** einer Eigentumswohnung nicht darauf berufen, die Mängelbeseitigung mache Eingriffe in das Gemeinschaftseigentum notwendig und sei ihm daher unmöglich. Da der gewerbliche Zwischenmieter seinerseits einen Anspruch auf Mängelbeseitigung gegen seinen Vermieter, den Eigentümer der Wohnung hat, besteht kein dauerndes Unvermögen, sondern lediglich ein vorübergehendes Leistungshindernis. Der Zwischenmieter wird daher nicht von seiner Verpflichtung zur Instandsetzung frei, sondern muß nach Auftreten des Mangels unverzüglich alles ihm Zumutbare tun, um seinen Vermieter zur Beseitigung zu veranlassen (OLG Zweibrükken, RE v. 14. 12. 1994, WM 1995, 144, Az.: 3 W-RE-195/94 = Weber/ Marx, Rechtsentscheidsammlung, Seite XIV/51).

Diese **Instandhaltungspflicht** erstreckt sich nicht nur auf die Mieträume unmittelbar, sie umfaßt auch den Zugang zu den Mieträumen und das Zubehör. So hat der Vermieter z. B. für die gefahrlose Benutzbarkeit des Treppenhauses sowie für die ausreichende Beleuchtung und Instandhaltung der Stufen und Geländer zu sorgen, wie auch die vom Mieter benutzten Hausteile (z. B. Lift, Waschküche, Speicher, Hofraum) in ordnungsgemäßem und betriebssicherem Zustand zu erhalten. Rein optische Mängel z. B. durch schadhaften Putz oder verschmutzte Anstriche können jedoch nur dann zu einer Renovierungspflicht des Vermieters führen, wenn diese so erheblich sind, daß es dem Mieter nicht mehr zumutbar ist, die Wohnung durch solche Zugänge zu betreten (LG München I, WM 1993, 736).

Die **Instandhaltungspflicht** des Vermieters ist grundsätzlich unabhängig von der **Höhe** der notwendigen Aufwendungen. Eine Berufung des Vermieters auf die sog. **„Opfergrenze“** ist nur in Ausnahmefällen möglich, z. B. bei katastrophenbedingten Schäden; nicht jedenfalls, wenn die Aufwendungen auch der Substanz- und Werterhaltung des Gebäudes dienen (LG Osnabrück, WM 1992, 119).

Der Vermieter muß die Mietsache jedoch lediglich in einem **vertragsgemäßen** Zustand erhalten, der vom Zustand bei Beginn des Mietverhältnisses abhängt und dadurch festgeschrieben wird. Dementsprechend können die Parteien auch einen vorliegenden, schlechten Bauzustand des Anwesens als vertragsgemäß vereinbaren (LG Düsseldorf, DWW 1991, 284; LG Mannheim, ZMR 1990, 220; vgl. auch LG Berlin, ZMR 1989, 259). Ferner kann der Vermieter seiner Instandsetzungsverpflichtung auch durch Ersatz von Teilen der Mietsache genügen. Sind z. B. nach einem vom Mieter nicht zu vertretenden Wasserrohrbruch im Bad einzelne Fliesen zu ersetzen, die farblich identisch nicht mehr erhältlich sind, kann sich der Vermieter darauf beschränken, nur die betroffene Wand neu zu verfließen (AG Köln, WM 1997, 41).

Den Vermieter trifft grundsätzlich keine Nachrüstpflicht, um ein Anwesen mit veralteter Ausstattung dem gegenwärtigen Stand der Technik anzupassen. Daher besteht z. B. keine Verpflichtung des Vermieters zur Nachisolierung (LG München I, ZMR 1987, 468), zum Einbau anderer Fenster (LG Köln, WM 1990, 424), zur Verstärkung der elektrischen Leitungen (AG Osnabrück, ZMR 1989, 339), zum Ersatz eines funktionsfähigen, jedoch überalterten Heizkessels (LG Darmstadt, NJW-RR 1987, 787; LG Hannover, WM 1991, 540). Etwas anderes gilt nur für Maßnahmen, deren Vornahme gesetzlich vorgeschrieben ist (z. B. Nachrüstpflicht für Thermostatventile, vgl. „Heizanlagenverordnung“). Darüber hinaus kann eine Nachrüstpflicht bestehen, wenn nachgewiesen wird, daß die Beschaffenheit der Wohnung zu Gesundheitsschäden führt, z. B. durch überhöhte Formaldehyd-, Asbest- oder Bleibelastung (vgl. LG Frankfurt, ZMR 1990, 17; LG Berlin, DWW 1987, 130). Jedoch muß der Mieter beweisen, daß die für die Wohnung verwendeten Baumaterialien (z. B. Holzschutzmittel) eine **konkrete** Gesundheitsgefährdung bewirken. Allein das Überschreiten von Umweltschutznormen bzw. einschlägiger Richtwerte ist für einen Beseitigungs- und Instandsetzungsanspruch des Mieters nicht ausreichend (LG Tübingen, WM 1997, 41). Ferner muß die Instandsetzung für den Vermieter zumutbar sein, d. h. es darf kein krasses Mißverhältnis zwischen dem erforderlichen Aufwand und dem Wert des Mietobjektes sowie den daraus zu ziehenden Einnahmen entstehen (LG Tübingen, a.a.O.).

Zur Nachbesserungspflicht des Vermieters bei unzureichender Trittschalldämmung vgl. LG Berlin, NJWE 1996, 197.

Im Gebiet der ehemaligen DDR muß der Mieter Mängel aufgrund der dürftigen, aber zur Zeit der Herstellung des Gebäudes in der ehemaligen DDR üblichen Bauqualität als vertragsgemäß hinnehmen und kann daraus keine Rechte gegen den Vermieter herleiten. Insbesondere kann der Mieter an die Instandhaltungspflicht des Vermieters nicht die Anforderungen stellen, die nach westlicher Verkehrsanschauung an die Qualität des Bauwerks und einzelner Bauteile (z. B. der Fenster und der Isolierung gegen Feuchtigkeit) gestellt werden können (KrsG Erfurt, Urt. v. 5. 1. 1993, WM 1993, 112).

Zur Pflicht des Vermieters zur Überwachung und Überprüfung der Mietsache vgl. „Verkehrssicherungspflicht“ sowie OLG Saarbrücken (NJW 1993, 3077) zur Überprüfungspflicht von elektrischen Anlagen. Zur Verpflichtung des Vermieters, eine vermietete Souterrainwohnung durch geeignete Schutzvorrichtungen gegen Schäden infolge Hochwassers zu schützen, siehe LG Köln, WM 1996, 334. Die Überprüfungspflichten des Vermieters hinsichtlich des Zustandes von mitvermieteten technischen Einrichtungen dürfen jedoch nicht überspannt werden (BGH, VersR 1966, 81). Daher ist der Vermieter grundsätzlich nicht verpflichtet, die sich in den Mieträumen befindlichen Geräte laufenden Kontrollen zu unterziehen, wenn sich an ihnen keine Unregelmäßigkeiten zeigen (BGH, a.a.O.; BGH, WPM 1969, 1011; LG Hamburg, DWW 1992, 83 zur Überprüfung eines Gasherdes). Zur Pflicht des Mieters zur Mängelanzeige vgl. „Anzeigepflicht“.

Kommt der Vermieter mit der Behebung eines Mangels, zu dessen Beseitigung er verpflichtet ist, **in Verzug**, z. B. weil er den angezeigten Mangel trotz entsprechender Mahnung des Mieters nicht behoben hat, darf der Mieter die notwendigen Maßnahmen selbst ausführen bzw. ausführen lassen und kann vom Vermieter Ersatz der aufgewendeten Kosten für eine fachgerechte Instandsetzung verlangen (§ 538 Abs. 2 BGB; LG Köln, WM 1994, 73).

Der Streitwert einer Klage des Mieters auf Instandsetzung bzw. Mängelbeseitigung bemißt sich nach dem 3½fachen Jahresbetrag einer Mietminderung, die wegen des zu behebenden Mangels möglich wäre (OLG Hamburg, WM 1995, 595; a. A.: LG Kiel, WM 1995, 320: Streitwert richtet sich nach den Mängelbeseitigungskosten; LG Detmold, WM 1996, 50: nach den Mängelbeseitigungskosten, jedoch begrenzt durch den dreifachen Jahresbetrag einer Mietminderung).

Bei einer Personenmehrheit auf der Mieterseite (z. B. bei Ehegatten) kann jeder Mitmieter im eigenen Namen vom Vermieter die Instandsetzung der Mietwohnung verlangen und den Anspruch auch klageweise geltend machen, jedoch nur mit dem Antrag auf Leistung an alle (§ 432 Abs. 1 BGB; LG Kassel, WM 1994, 534).

Die Instandsetzungsverpflichtung des Vermieters stellt nach ü. w. M. in der Rechtsprechung eine vertretbare Handlung i. S. d. § 887 ZPO dar, so daß das zuständige Gericht auf Antrag den Mieter zur Instandsetzung auf Kosten des Vermieters ermächtigen und den Vermieter zur Vorauszahlung der voraussichtlich entstehenden Kosten verurteilen kann (LG Berlin, WM 1994, 552; a. A.: OLG Düsseldorf, NJW-RR 1988, 63 ff.). Jedoch führen unterlassene Instandsetzungen durch den Vermieter nicht zu einem Bereicherungsanspruch des Mieters im Hinblick auf den geleisteten Mietzins oder auf mögliche Ersparnisse des Vermieters (LG Köln, NJWE 1997, 26).

Das Recht des Mieters, vom Vermieter die Herstellung eines vertragsgemäßen Zustandes zu verlangen, entfällt, wenn der Mangel vom Mieter oder von Personen, für die der Mieter haftet, herbeigeführt wurde.

> Zu diesen Personen gehören grundsätzlich Haushaltsangehörige, Untermieter und Besucher sowie die vom Mieter beauftragten Lieferanten und Handwerker.

Tritt in der Mietwohnung ein Schaden (z. B. durch Brand) auf und ist der Schadenshergang ungeklärt, trägt der Mieter die Beweislast dafür, daß er den Schaden weder verursacht noch verschuldet hat (LG Mannheim, DWW 1995, 286). Zur Haftung des Vermieters für einen Wohnungsbrand, wenn die Ursache aus dem Gefahrenbereich des Vermieters stammt (vgl. OLG Celle, NJW-RR 1996, 521). Zur Beweislastverteilung siehe auch „Verschlechterung der Mietsache“ und „Feuchtigkeitsschäden“.

Der Mieter hat jedoch eingetretene Mängel der gemieteten Sache nicht zu vertreten, wenn diese lediglich auf normalem Verschleiß bzw. Alterung beruhen (§ 548 BGB). Liegt ein Verschulden des Mieters in diesem Sinne nicht vor, ist es für die Instandhaltungsverpflichtung des Vermieters ohne Bedeutung, welche Ursache der Mangel hat. So entfällt die Instandhaltungs- bzw. Instandsetzungsverpflichtung des Vermieters auch dann nicht, wenn der Mangel oder der Schaden an der Mietsache durch **höhere Gewalt** (z. B. durch Hochwasser) verursacht wurde. Gleiches gilt, wenn ein vom Mieter nicht verschuldeter technischer Defekt (z. B. die Implosion seines Fernsehgeräts) zu dem Schaden geführt hat (LG Stendal, WM 1993, 597). Hier wäre der Mieter zur Beseitigung der Schäden an den Mieträumen nur dann verpflichtet, wenn sein Fernsehgerät durch unsachgemäße Bedienung defekt geworden ist, wobei dem Benutzer eines Fernsehgeräts jedoch nicht zugemutet werden kann, das Gerät, unabhängig davon, ob es eingeschaltet ist oder nicht, ständig zu beobachten (OLG Köln, WM 1988, 278).

Die Beseitigung von Schäden trifft den Vermieter auch dann, wenn diese durch Personen verursacht werden, für die der Mieter nicht haftet.

> Wurde z. B. bei einem **Einbruch** die Wohnungseingangstüre beschädigt, hat der Vermieter lediglich gegen den – oftmals unbekannten – Täter einen Anspruch auf Schadenersatz, während er dem Mieter ge-

genüber verschuldensunabhängig zur Wiederherstellung eines vertragsgemäßen Zustandes verpflichtet ist.

Umgekehrt kann der Mieter vom Vermieter in diesen Fällen jedoch keinen **Schadenersatz** für seine abhandengekommenen oder beschädigten Gegenstände verlangen, da es hierfür regelmäßig an dem insoweit notwendigen **Verschulden** des Vermieters fehlt. Jede Partei muß somit den ihr entstandenen Schaden selbst tragen, wenn nicht eine Versicherung, z. B. eine Gebäudeversicherung für den Vermieter oder eine Hausratversicherung für den Mieter, den Schaden abdeckt.

Die Instandhaltungspflicht ist grds. unabhängig vom Ausmaß des Schadens. Bei **teilweiser** Zerstörung des Gebäudes entfällt die Instandhaltungspflicht nur dann, wenn der zerstörte Teil des Gebäudes den noch verbliebenen wirtschaftlich überwiegt und die Wiederherstellung nicht zumutbar ist (Überschreiten der Opfergrenze; BGH, NJW 1959, 2300). Eine Wiederaufbaupflicht des Verpächters entfällt aber dann, wenn der Pächter die Zerstörung eines Pachtgebäudes zu vertreten hat (BGH, WM 1992, 133).

Die **vollständige** Zerstörung des Gebäudes führt grundsätzlich zum Erlöschen des Mietverhältnisses, so daß der Vermieter von seiner Gebrauchsgewähr- und Instandhaltungspflicht frei wird, wenn er den Untergang nicht zu vertreten hat (§§ 323, 324, 275 BGB). In diesem Fall ist der Vermieter auch nicht zur Wiederherstellung der Mietsache verpflichtet (BGH, NJW 1976, 1506).

Gleiches gilt, wenn der Vermieter ein durch Brand nur teilweise zerstörtes Gebäude gänzlich abgerissen hat (OLG Karlsruhe, WM 1995, 307).

Maßnahmen zur Erhaltung der Mietsache hat der Mieter zu dulden (§ 541 a BGB). Die Duldungspflicht des Mieters ist hinsichtlich der notwendigen Maßnahmen uneingeschränkt (anders bei Modernisierungsarbeiten nach § 541 b BGB; vgl. „Modernisierung"), da auch der Vermieter zur Erhaltung der Mietsache uneingeschränkt verpflichtet ist. Der Mieter hat dem Vermieter zur Planung und Ausführung der Arbeiten Zugang zu den Mieträumen zu gewähren, wenn der Vermieter dies angemessene Zeit vorher angekündigt hat. Die Einhaltung der 2-Monats-Frist des § 541 b BGB für Maßnahmen der Modernisierung ist für die Durchführung von reinen Erhaltungsmaßnahmen nicht erforderlich. Die Duldungspflicht des Mieters umfaßt das Unterlassen jeder Behinderung. Die Mitwirkungspflicht des Mieters beschränkt sich darauf, daß er innerhalb der Mieträume durch Wegräumen oder Entfernen seiner Sachen den notwendigen Platz schafft und die Mieträume insoweit freimacht (Palandt, Anm. 2 b zu § 541 a BGB).

Nach Beendigung der Arbeiten ist der Vermieter verpflichtet, den vertragsgemäßen Zustand wieder herzustellen (z. B. Beseitigung von Verschmutzungen und von Schäden an Tapeten, Anstrichen etc.). Bei **erheblicher** Beeinträchtigung der Mietsache durch die Erhaltungsmaßnahmen kann der Mieter für die Dauer der Beeinträchtigung den Mietzins mindern (vgl. „Mietzinsminderung"). Dagegen hat der Mieter geringfügige Störungen (z. B. Geräusche von geringer Intensität und Dauer) und unerhebliche Beeinträchtigungen des Mietgebrauchs entschädigungslos hinzunehmen.

Die Pflicht des Vermieters zur Instandhaltung und Instandsetzung der Mietsache ist häufig durch vertragliche Vereinbarungen abbedungen, insbesondere hinsichtlich der sogenannten „Schönheitsreparaturen" und „Kleinreparaturen". Jedoch sind solche von der gesetzlichen Vorschrift des § 536 BGB abweichenden Vereinbarungen nach den von der Rechtsprechung aufgestellten Kriterien nur in beschränktem Umfang möglich (vgl. „Allgemeine Geschäftsbedingungen", „Kleinreparaturen", „Schönheitsreparaturen").

Im Bereich der **Gewerberaummiete** läßt die Rechtsprechung grundsätzlich eine weitergehende Abwälzung von Reparaturen auf den Mieter zu als bei der Wohnraummiete. So ist etwa die Klausel, nach der „die laufende Instandhaltung und Instandsetzung im Inneren der Räume" dem Mieter auferlegt worden ist, bei Gewerberäumen für zulässig angesehen worden unter der Prämisse, daß die Klausel nur durch den Mietgebrauch veranlaßte Instandsetzungen betrifft (BGH, ZMR 1987, 257). Der Mieter / Pächter darf daher nicht mit Schäden und Abnutzungen belastet werden, die schon bei Vertragsschluß vorhanden waren. Dementsprechend ist auch die Klausel „Die Instandhaltung und Instandsetzung des gesamten Pachtobjektes obliegt dem Pächter" einschränkend dahin auszulegen, daß der Pächter nur die durch den Gebrauch verursachten Abnutzungen nach Bedarf und Erforderlichkeit beheben muß (vgl. OLG Köln, DWW 1994, 119). Beinhaltet eine Klausel nur den Begriff der „Instandhaltung" und nicht auch die „Instandsetzung", werden nur vorbeugende Maßnahmen erfaßt, nicht aber die Behebung von Schäden an der Mietsache (OLG Köln, a.a.O.). Unwirksam ist auch im Bereich der **Gewerberaummiete** eine Formularklausel, wonach der Mieter ohne sachliche oder kostenmäßige Begrenzung die gesamte Instandhaltungs- und Instandsetzungspflicht unabhängig davon übernimmt, ob die Verschlechterung durch den Mietgebrauch, Verschleiß, höhere Gewalt oder rechtswidriges Eingreifen Dritter entstanden ist (OLG Dresden, GE 1996, 1237).

Instandhaltungskostenpauschale

Bei Berechnung der Kostenmiete kann in der Wirtschaftlichkeitsberechnung eine Pauschale für die Instandhaltung des Anwesens ohne Berücksichtigung der tatsächlichen Aufwendungen angesetzt werden.

Nach § 28 Abs. 1 II. Berechnungsverordnung sind Instandhaltungskosten Kosten, die während der Nutzungsdauer zur Erhaltung des bestimmungsgemäßen Gebrauches aufgewendet werden müssen, um die durch Abnutzung, Alterung und Witterungseinwirkung entstehenden baulichen oder sonstigen Mängel ordnungsgemäß zu beseitigen. Der Ansatz der Instandhaltungskosten dient auch zur Deckung der Kosten von Instandsetzungen, nicht jedoch der Kosten von Baumaßnahmen, soweit durch sie eine Modernisierung vorgenommen wird oder Wohnraum oder anderer auf die Dauer benutzbarer Raum neu geschaffen wird. Der Ansatz dient nicht zur Deckung der Kosten einer Erneuerung von Anlagen und Einrichtungen, für die eine besondere Abschreibung nach § 25 Abs. 3 II. BV zulassig ist. Seit 1. 8. 1996 dürfen gem. § 28 Abs. 2 II. BV als Instandhaltungskosten je qm Wohnfläche im Jahr angesetzt werden:

1. Für Wohnungen, die bis zum 31. 12. 1969 bezugsfertig geworden sind, höchstens DM 21,–.
2. Für Wohnungen, die in der Zeit vom 1. 1. 1970 bis zum 31. 12. 1979 bezugsfertig geworden sind, höchstens DM 16,50.
3. Für Wohnungen, die nach dem 31. 12. 1979 bezugsfertig geworden sind oder bezugsfertig werden, höchstens DM 13,–.

Diese Sätze **verringern** sich, wenn in der Wohnung weder ein eingerichtetes Bad, noch eine eingerichtete Dusche vorhanden ist, um DM 1,30 und bei eigenständig gewerblicher Lieferung von Wärme i.S.d. § 1 Abs. 1 Nr. 2 HeizkostenVO (siehe das Stichwort „Heizkosten-Verordnung") um DM 0,35.

Diese Sätze **erhöhen** sich für Wohnungen, für die ein maschinell betriebener Aufzug vorhanden ist, um DM 1,85.

Trägt der **Mieter** die Kosten für kleine Instandhaltungen in der Wohnung, so **verringern** sich die Sätze nach Absatz 2 um DM 1,90. Die kleinen Instandhaltungen umfassen nur das Beheben kleiner Schäden an den Installationsgegenständen für Elektrizität, Wasser und Gas, den Heiz- und Kocheinrichtungen, den Fenster- und Türverschlüssen sowie den Verschlußvorrichtungen von Fensterläden (§ 28 Abs. 3 II. BV). Dieser Abzugsbetrag von DM 1,90 entfällt jedoch häufig trotz einer entsprechenden Klausel im Mietvertrag, da aufgrund der neuesten Rechtsprechung des BGH solche Klauseln in den meisten alten Vordrucken unwirksam sind und der Mieter daher weder zur Durchführung von Kleinreparaturen noch zur Tragung der Kosten verpflichtet ist (Urteile v. 7. 6. 1989, NJW 1989, 2247 und 6. 5. 1992, DWW 1992, 207; vgl. „Kleinreparaturen“). Der Abzugsbetrag ist somit nur in den Fällen anzusetzen, in denen der Mietvertrag eine Klausel enthält, die den Anforderungen der Rechtsprechung genügt und den Mieter in wirksamer Weise zur Tragung der Kosten verpflichtet (vgl. LG Hamburg, WM 1992, 593; LG Freiburg, WM 1992, 594). Nicht nachvollziehbar ist insofern die Entscheidung des LG Braunschweig (WM 1992, 593), wonach in einem Mietvertrag über eine **preisgebundene** Neubauwohnung eine Kleinreparaturklausel entgegen der BGH-Rechtsprechung auch dann wirksam sein soll, wenn sie keine betragsmäßigen Obergrenzen enthält.

Die Kosten der Schönheitsreparaturen in Wohnungen sind in den Sätzen nach § 28 Abs. 2 II. BV nicht enthalten. Trägt der **Vermieter** die Kosten der Schönheitsreparaturen, dürfen max. mit DM 15,50 je qm Wohnfläche im Jahr angesetzt werden. Dieser Satz **verringert** sich für Wohnungen, die überwiegend nicht tapeziert sind, um DM 1,35; für Wohnungen ohne Heizkörper um DM 1,05 und für Wohnungen, die überwiegend nicht mit Doppel- oder Verbundfenstern ausgestattet sind, um DM 1,10.

Schönheitsreparaturen umfassen nur das Tapezieren, Anstreichen oder Kalken der Wände und Decken, das Streichen der Fußböden, Heizkörper einschließlich Heizrohre, der Innentüren sowie der Fenster und Außentüren von innen (§ 28 Abs. 4 II. BV).

Für Garagen oder ähnliche Einstellplätze dürfen als Instandhaltungskosten einschließlich Kosten für Schönheitsreparaturen höchstens DM 125,– jährlich je Garagen- oder Einstellplatz angesetzt werden (§ 28 Abs. 5 II. BV).

(Hinweis: Die 5. Verordnung zur Änderung wohnungsrechtlicher Vorschriften vom 23. 7. 1996 ist veröffentlicht im BGBl I S. 1167 und ab 1. 8. 1996 in Kraft).

Hat der Vermieter die vom Mieter mit der Kostenmiete gezahlte Instandhaltungskostenpauschale während der Mietdauer nicht für Instandhaltungsmaßnahmen verwendet, hat der Mieter trotzdem keinen Rückzahlungsanspruch (LG Regensburg, WM 1997, 115).

Kabelfernsehen

Der Anschluß an das Breitbandkabel der Deutschen Bundespost ermöglicht dem Nutzer den Fernseh- und Rundfunkempfang der von der Post in die örtlichen Netze eingespeisten Programme. Die Bezeichnung als „Kabelfernsehen" ist insoweit mißverständlich, da das Breitbandkabel auch den Empfang von UKW-Rundfunksendern ermöglicht.

Im allgemeinen können die über eine normale TV/UKW-Dachantenne erreichbaren Sender sowie zusätzlich eine Vielzahl von Programmen gesehen und gehört werden, die nicht im Empfangsbereich der herkömmlichen Antennen ausgestrahlt werden. Daneben sind Störungen (z. B. durch Witterungseinflüsse, Abschattung, Hochspannungsanlagen) praktisch ausgeschlossen und ein Stereo-Empfang auch von weit entfernten Radiostationen möglich.

Das Medium „Kabelfernsehen" hat in den letzten Jahren zunehmend an Bedeutung gewonnen. In weitem Umfang hat die Deutsche Bundespost durch Kabelverlegung bis zu einem Übergabepunkt auf dem einzelnen Grundstück die Voraussetzung für einen Anschluß an das Breitbandkabelnetz geschaffen. Von dem Übergabepunkt aus, der meist an der Innenseite der Kelleraußenwand des Gebäudes installiert wird, kann der Anschluß zu den Wohnungen des Hauses hergestellt werden.

Während der Übergabepunkt von der Post grundsätzlich kostenlos erstellt wird, fallen für den Anschluß der Wohnung sowohl **Anschlußgebühren** an die Post als auch **Handwerkerkosten** für die Kabelverlegung im Anwesen an.

Im Zusammenhang mit dem Anschluß des Anwesens an das Breitbandkabel sind insbesondere folgende Fragen von praktischer Bedeutung:

1. Ist der Mieter verpflichtet, den Anschluß seiner Wohnung an das Breitbandkabelnetz zu **dulden** bzw. kann der Vermieter den Anschluß der Wohnung gegen den Willen des Mieters durchführen ?
2. Hat der Mieter die **einmaligen** Kosten (Verkabelung innerhalb des Anwesens, einmalige Anschlußgebühren an die Post) sowie die **laufenden** monatlichen Gebühren zu zahlen ?
3. Besteht ein Rechtsanspruch **des Mieters** auf Anschluß der Wohnung durch den Vermieter ?
4. Muß der Vermieter einem Anschluß der Wohnung durch den Mieter **zustimmen ?**

Zu 1. Duldungspflicht des Mieters ?

Die Frage der Duldungspflicht ist nach § 541 b BGB zu beurteilen. Danach hat der Mieter den Anschluß zu dulden, wenn er zu einer **Verbesserung** der gemieteten Räume führt, für den Mieter **keine Härte** darstellt (z. B. wegen der vorzunehmenden Arbeiten oder der zu erwartenden Erhöhung des Mietzinses bzw. der erhöhten monatlichen Betriebskosten) und der Vermieter die Maßnahme sowie die Mieterhöhung form- und fristgerecht **angekündigt** hat.

Die Frage, ob der Anschluß an das Breitbandkabelnetz eine **Verbesserung** der gemieteten Räume darstellt, war in der Vergangenheit umstritten, wird jedoch inzwischen von der obergerichtlichen Rechtsprechung sowie der überwiegenden Literatur bejaht.

Nach dem Rechtsentscheid des KG Berlin vom 27. 6. 1985 (DWW 1985, 204, Weber/Marx, V/S. 38) stellt der Anschluß bei dem derzeitigen Stand der Informations- und Kommunikationstechnik auch dann eine Verbesserung der gemieteten Räume dar, wenn in der Mietwohnung bereits durch den Anschluß an die vertraglich zur Verfügung gestellte Gemeinschaftsantenne 5 Fernsehprogramme und sämtliche am Ort empfangbaren UKW-Hörfunkprogramme empfangen werden können. Im Anschluß an diesen Rechtsentscheid wurde vom LG Karlsruhe mit Urteil vom 9. 7. 1987 (DWW 88, 380) festgestellt, daß der Anschluß einer Mietwohnung nicht nur im Lande Berlin, sondern auch **im übrigen Bundesgebiet** eine Modernisierung im Sinne von § 541 b BGB darstellt.

Eine Wohnwertverbesserung wurde weiterhin bejaht vom LG Oldenburg (DWW 1985, 233) und vom Landgericht München I (DWW 1987, 163), das weiterhin herausstellt, daß die Frage, ob eine Maßnahme zur Verbesserung der gemieteten Räume vorliegt, nach **objektiven Gesichtspunkten** zu bestimmen ist. Das bedeutet, daß es nicht auf die Wertung des jeweiligen Mieters, sondern allein auf die Verkehrsanschauung ankommt. Entscheidend sei, so führt das Landgericht weiter aus, ob allgemein in dem für das Mietobjekt in Betracht kommenden Mieterkreis der Maßnahme eine Wohnwertverbesserung zugemessen wird, so daß der Vermieter damit rechnen kann, daß die Wohnung nach Durchführung der Maßnahme von künftigen Mietinteressenten bei im übrigen gleichen Konditionen eher angemietet würde als eine vergleichbare Wohnung, bei der diese Maßnahme nicht durchgeführt worden ist (so auch schon LG Berlin, DWW 1983, 251). Für preisgebundene Mietwohnungen hat der BayVGH (DWW 1992, 119) ausdrücklich bestätigt, daß der Anschluß an das Breitbandkabelnetz eine gebrauchswerterhöhende Modernisierungsmaßnahme (§ 11 Abs. 6 II. BV) darstellt.

Die Kabelverlegung innerhalb der Wohnung erfolgt regelmäßig ohne größere Beeinträchtigung des Mieters, so daß ein **Härteeinwand** wegen der vorzunehmenden Maßnahmen nicht in Frage steht.

Die **Erhöhung der Miete** infolge des Anschlusses der Mietwohnung (vgl. unten zu 2.) bewegt sich erfahrungsgemäß meist im Rahmen der Bagatellklausel des § 541 b Abs. 2 Satz 4 BGB (ca. 5 %) und kann daher einen Härteeinwand nicht begründen (vgl. LG Oldenburg, DWW 1985, 233).

Ebenso stellt eine **Erhöhung der Betriebskosten** von DM 4,– (ehemalige

Antennengebühr) auf DM 12,60 (monatliche Kabelgebühr) für den Mieter keine Härte dar (LG München I, Urt. v. 10. 4. 1987, DWW 1987, 163).

An die Frage, ob der Mieter den Anschluß der Wohnung an das Breitbandkabel dulden muß, schließt sich die Frage an, ob der Mieter auch die Beseitigung der bisherigen Gemeinschaftsantenne zu dulden hat. Dies kann nur in Frage stehen, soweit dem Mieter durch den Abbau der Gemeinschaftsantenne Nachteile im Empfang entstehen. Bezüglich des Fernsehempfanges stellt sich dieses Problem meist nicht, da regelmäßig alle über die Antenne empfangbaren Programme auch im Kabel eingespeist sind. Bei Hörfunkempfang ist jedoch nur der UKW-, nicht jedoch der LMK-Bereich über das Kabel zu empfangen, so daß gegen die Beseitigung der Antenne des öfteren vorgetragen wird, dies würde den Empfang in diesen Bereichen beeinträchtigen.

Dementsprechend hat auch das KG Berlin (a.a.O.) entschieden, daß der Mieter eine „Umrüstung" auf den Rundfunkempfang durch das Breitbandkabel der deutschen Bundespost, d. h. die gleichzeitige Beseitigung des Anschlusses der Mietwohnung an die vertraglich zur Verfügung gestellte Gemeinschaftsantenne, nicht dulden muß, wenn und solange die Gemeinschaftsantenne ihm den Empfang von Rundfunkprogrammen ermöglicht, deren inhaltlich unveränderte, vollständige und zeitgleiche Einspeisung in das Breitbandkabelnetz nicht gesetzlich gewährleistet ist.

Jedoch kann der Mieter ohne substantiierte Darlegungen nicht damit gehört werden, ihm werde durch den Kabelanschluß der Hörfunkempfang auf den Lang-, Mittel- und Kurzwellen abgeschnitten, da Radiogeräte für die Lang- und Mittelwellen ohnehin über eingebaute Ferrit-Antennen verfügen und die herkömmlichen Gemeinschaftsantennen wegen der zu hohen Eingangsspannungen für normale Radiogeräte mit Kurzwellenteil keine Empfangsverbesserung bringen (vgl. auch AG Karlsruhe-Durlach, Urt. v. 19. 2. 1987, DWW 1987, 165).

Zutreffend hat daher auch das AG Gelsenkirchen mit Urteil vom 29. 4. 1987 (DWW 1987, 262) entschieden, daß die Hörfunkantenne für den durchschnittlichen Mieter nur untergeordnete Bedeutung hat und der Vermieter daher nicht verpflichtet ist, die bisherige Gemeinschaftsantenne bestehen zu lassen. Ebenso hat das LG Oldenburg (DWW 1985, 233) festgestellt, daß der Mieter kein schutzwertes Interesse am Weiterbetrieb der Gemeinschaftsantenne hat. Nach dem Urteil des LG Karlsruhe (DWW 1988, 380) schließt der Umstand, daß infolge des Kabelanschlusses einzelne vom Mieter bevorzugte Rundfunkstationen nicht mehr empfangbar sind, das Vorliegen einer „Modernisierung" im Sinne von § 541 b BGB nicht aus.

Nach § 541 b Abs. 2 BGB hat der Vermieter dem Mieter 2 Monate vor Beginn der Maßnahme deren Art und Umfang, Beginn und voraussichtliche Dauer sowie die zu erwartende Erhöhung des Mietzinses (gemäß § 3 MHG) schriftlich mitzuteilen. Diese Ankündigungspflicht entfällt nur, wenn die Maßnahme mit keiner oder nur mit einer unerheblichen Einwirkung auf die vermieteten Räume verbunden ist und zu keiner oder zu einer unerheblichen Erhöhung der Miete (bis ca. 5 %) führt (§ 541 b Abs. 2 Satz 4 BGB).

Zwar liegen diese Voraussetzungen bei einem Anschluß der Wohnung an das Breitbandkabel grundsätzlich vor, jedoch ist dem Vermieter trotzdem zu empfehlen, die Ankündigung form- und fristgerecht durchzuführen, um im Streitfall nicht von einer nachträglichen Bewertung durch das Gericht abhängig zu sein, ob die Einwirkung auf die Räume bzw. die Mieterhöhung nun „unerheblich“ war oder nicht.

Zu 2. Kostentragungspflicht des Mieters ?

Wie unter zu 1. ausgeführt, stellt der Anschluß der Wohnung an das Breitbandkabelnetz eine Maßnahme zur Verbesserung der gemieteten Räume dar. Diese Verbesserung der Räume führt regelmäßig zu einer **Erhöhung** des Gebrauchswertes der Mietsache, der in Anbetracht, insbesondere der Programmvielfalt und der Empfangsqualität auch **„nachhaltig“** im Sinne von § 3 MHG ist.

Daher ist der Vermieter nach § 3 MHG berechtigt, den jährlichen Mietzins (nicht die Betriebskosten !) um 11 % der für die Wohnung aufgewendeten **einmaligen** Kosten (Installierungskosten innerhalb des Anwesens, einmalige Anschlußgebühren an die Post) zu erhöhen (vgl. AG Münster v. 7. 2. 1989, WM 1989, 190; AG Karlsruhe-Durlach v. 19. 2. 1987, DWW 1987, 165; LG Berlin v. 19. 9. 1983, DWW 1983, 251; LG Oldenburg v. 12. 2. 1985, DWW 1985, 233).

Die gegenteilige Auffassung (vgl. z. B. Schmidt-Futterer/Blank, Wohnraumschutzgesetze, 6. Auflage, 1988 Randnr. C 182), die eine Erhöhung des Gebrauchswertes der Wohnung im Sinne von § 3 MHG und damit die Zulässigkeit einer Mieterhöhung verneint, ist in Anbetracht der geschilderten Vorteile des Kabelfernsehens nicht mehr haltbar. Weiterhin wird eine Erhöhung des Gebrauchswertes einer Wohnung durch eine bestimmte Maßnahme – hier: Kabelanschluß – nicht dadurch ausgeschlossen, daß in ferner Zukunft vielleicht weitere Verbesserungen (z. B. durch Glasfasertechnik) oder andere Empfangsmöglichkeiten (z. B. durch Parabolantennen) folgen werden, wobei die vielzitierte Glasfasertechnik noch immer im Entwicklungsstadium steckt und ein umfassender Einsatz nicht absehbar ist.

Abzulehnen ist auch die Meinung, für die Mieterhöhung nach § 3 MHG seien nur die Handwerkerkosten für die Herstellung des hausinternen Verteilungsnetzes, nicht aber die einmalige Anschlußgebühr an die Post anzusetzen, da es sich insoweit um eine amtliche Gebühr handle.

Nach dem Sinn und Zweck des § 3 MHG, den Vermieter im Hinblick auf die zu erwartenden Kosten nicht von einer Verbesserung der Mieträume abzuhalten, fehlt für eine unterschiedliche Behandlung der beiden Kostenpositionen jeglicher sachliche Unterscheidungsgrund. Zutreffend ist daher die überwiegende Meinung, daß bei der Mieterhöhung nach § 3 MHG alle dem Vermieter im Zusammenhang mit der Verkabelung entstehenden Kosten (mit Ausnahme eventueller Finanzierungskosten) anzusetzen sind (vgl. Fischer-Dieskau/Pergande/Schwender, Wohnungsbaurecht, 80. Ersatzlieferung, Anmerkung 5 zu § 541 b BGB; Bub/Treier, Handbuch der Geschäfts- und Wohnraummiete, 1989, Anmerkung III, Randnr. 568, 578, 1092). Für preisgebundene Wohnungen hat der BayVGH (DWW 1992, 119) diese Auffassung bereits ausdrücklich bestätigt und weiter ausgeführt, daß sich auch solche Mieter an allen einmaligen Kosten zu beteiligen haben, die von dem Kabelanschluß keinen Gebrauch machen wollen.

Beim Anschluß **mehrerer** Wohnungen sind die Gesamtkosten angemessen zu **verteilen**, z. B. ist der Mehraufwand für zusätzliche Steckdosen nur der jeweiligen Wohnung zuzurechnen.

> Die **laufenden** monatlichen Gebühren hat der Mieter als **Betriebskosten** (vgl. „Betriebskosten“, Abschnitt 2.15.2) auch dann zu bezahlen, wenn er von dem Kabelanschluß keinen Gebrauch machen will (AG Karlsruhe-Durlach, a.a.O.; AG Münster, a.a.O.).

Ist im Mietvertrag die **Kostenumlage** für die **Gemeinschaftsantenne** vereinbart, treten an deren Stelle die laufenden Gebühren des Kabelanschlusses. Eine Steigerung auf die nunmehr zu entrichtende monatliche Kabelgebühr stellte eine **Betriebskostenerhöhung** im Sinne von § 4 Abs. 2 MHG dar (AG Münster, a.a.O.), wobei eine Erhöhung von DM 4,– auf DM 12,60 pro Monat eine Härte nicht begründen kann (LG München I, a.a.O.).

Umlagefähig sind jedoch nur die tatsächlich gezahlten Gebühren, so daß Rabatte an Mieter weiterzugeben sind.

Das KG Berlin erhob mit RE vom 1. 9. 1988 (WM 1988, 389; Weber/Marx, VIII/S. 65) die form- und fristgerechte **Ankündigung** nach § 541 b BGB zur Voraussetzung einer Mieterhöhung nach § 3 MHG, so daß nicht nur die Duldungspflicht des Mieters, sondern **auch** seine Verpflichtung zur Zahlung einer entsprechenden **Mieterhöhung** von der form- und fristgerechten Ankündigung abhängig ist.

Wie bereits oben ausgeführt, handelt es sich bei dem Anschluß der Wohnung an das Breitbandkabel zwar grundsätzlich um eine „Bagatellmaßnahme“ im

Sinne von § 541 b Abs. 2 Satz 4 BGB, jedoch ist aus den genannten Gründen trotzdem eine form- und fristgerechte Ankündigung unbedingt zu empfehlen.

Zu 3. Rechtsanspruch des Mieters auf Anschluß ?

§ 541 b BGB berechtigt lediglich den Vermieter unter gewissen Voraussetzungen und in einem bestimmten Umfang, den Vertragsgegenstand einseitig zu ändern. Dagegen gibt es keine entsprechende gesetzliche Vorschrift, die dem Mieter einen Rechtsanspruch auf Änderung des Mietvertrages gibt, so daß der Vermieter zwar berechtigt, jedoch nicht verpflichtet ist, den Vertragsgegenstand zu ändern bzw. zu erweitern und die Mietwohnung an das Breitbandkabel anzuschließen (vgl. auch „Änderung des Mietvertrages“).

Hat der Vermieter daher selbst kein Interesse, das Anwesen an das Breitbandkabel anzuschließen (z. B. weil die Antenne erst mit großem Kostenaufwand überholt wurde oder absehbar ist, daß bei mehreren Mietern die Duldung gerichtlich erzwungen werden müßte), besteht für den Vermieter keine Veranlassung, dem Verlangen der anschlußwilligen Mieter nachzukommen.

Hier schließt sich die Frage an, ob der Mieter dann in eigener Regie und auf eigene Kosten seine Mietwohnung an das Kabel anschließen darf bzw. ob der Vermieter die Herstellung eines Anschlusses durch den Mieter dulden und dem Mieter die erforderliche Erlaubnis erteilen muß.

Zu 4. Zustimmungspflicht des Vermieters ?

Soweit nicht ausdrückliche vertragliche Vereinbarungen bestehen, kann der Mieter ein entsprechendes Verlangen nur auf dem Grundsatz von Treu und Glauben (§ 242 BGB) stützen. § 242 BGB gebietet es dem Vermieter, dem Mieter nicht ohne triftigen Grund Einrichtungen zu versagen, die diesem das Leben in der Mietwohnung angenehmer gestalten können und durch die er als Vermieter nur unerheblich beeinträchtigt und die Mietsache nicht verschlechtert wird (LG Kassel, Urt. v. 29. 9. 1989, WM 1989, 557).

Eine **erhebliche Beeinträchtigung der Rechte des Vermieters** mit der Folge, daß dieser seine Zustimmung verweigern darf, ist z. B. gegeben, wenn bei einem Einfamilienhaus für den Kabelanschluß ein Graben von der Grundstücksgrenze bis zum Haus erforderlich wäre (LG Kassel, a.a.O.). Gleiches gilt, wenn Eingriffe in die bauliche Substanz erforderlich sind, die das Mietobjekt in nur schwer behebbarer Weise verändern (AG Berlin-Schöneberg, Urt. v. 22. 3. 1988, WM 1988, 251).

> Sind keine oder nur unerheblich Eingriffe in das Mietobjekt erforderlich (z.B. weil die Kabel durch Kabelschächte eingezogen werden können), kann eine erheblich Beeinträchtigung der Rechte des Vermieters in der langen Laufzeit der Verträge mit der Kabelgesellschaft liegen.

Im **Ergebnis** kann unter Berücksichtigung der – sehr uneinheitlichen –

Rechtsprechung zu dieser Problematik festgehalten werden, daß ein **Anspruch des Mieters auf Zustimmung** des Vermieters zu einem Kabelanschluß nur dann besteht, wenn

a) Eingriffe in die bauliche Substanz des Mietobjektes nicht oder nur in unerheblichem Umfang erforderlich sind (LG Kassel, a.a.O.; LG Berlin, DWW 1990, 206);
b) der Mieter alle **Kosten** übernimmt und den Vermieter von allen finanziellen Risiken **freistellt** (LG Siegen, Urt. v. 9. 2. 1989, NJW RR 1989, 251; LG Heidelberg, Urt. v. 3. 10. 1986, WM 1987, 17; AG Göttingen, Urt. v. 17. 5. 1989, DWW 1989, 231) und
c) der Mieter sich zudem verpflichtet, bei Beendigung des Mietverhältnisses die Anlage auf Verlangen des Vermieters zu beseitigen und den ursprünglichen Zustand wiederherzustellen (LG Siegen, a.a.O.; AG Hamburg, Urt. v. 18. 12. 1984, DWW 1985, 131; AG Wuppertal, Urt. v. 15. 11. 1985, MDR 1986, 412).

Der Mieter hat die Erfüllung dieser Verpflichtungen durch entsprechende vertragliche Vereinbarungen mit dem Anschlußgeber (z. B. durch Vereinbarung eines außerordentlichen Kündigungsrechts bei Auszug) sicherzustellen, wobei sich auch der Vermieter eine Kündigungsmöglichkeit seines Vertrages mit dem Anschlußgeber (bezüglich der Duldung) vorbehalten sollte.

Probleme beim Anschluß des Mieters können sich weiterhin dadurch ergeben, daß pro Anwesen grundsätzlich **nur ein Übergabepunkt** (Durchschaltepunkt) vorhanden ist, der im Verantwortungsbereich des Hauseigentümers bzw. der Wohnungseigentümergemeinschaft oder auch der einzelnen Mieter bzw. sonstigen Nutzer liegt. Daher müssen sich ab dem Übergabepunkt alle Anschlußnehmer einigen, wie die Verteilung der Kabelsignale technisch und kostenmäßig gesichert wird. Hauseigentümer bzw. Mieter müssen sich untereinander über die Installierung der Verstärker, Verteilereinrichtungen und insbesondere auch der Kosten für diese Ausrüstungen einigen.

Das **gebührenrechtliche** Problem, das früher darin bestanden hatte, daß sich sämtliche nachfolgenden Anschlußnehmer bei dem Ersteilnehmer anschließen mußten und dieser gegenüber der Post als Gebührenschuldner für sämtliche Teilnehmer gehaftet hat, ist durch die Umstellung der entsprechenden Regelungen der Telekommunikationsordnung auf AGB ab 1. 7. 1991 beseitigt. Jeder Kunde hat nunmehr die Möglichkeit, gebührenrechtlich einen **Einzelnutzervertrag** mit der Bundespost-Telekom zu schließen. Diese Neuregelung entspricht weitgehend den Forderungen des VG Neustadt, das mit Urteil vom 22. 2. 1988 (DWW 1988, 259) entschieden hatte, daß es gegen § 14 Postverwaltungsgesetz und gegen Art. 5 Grundgesetz (Informationsfreiheit) verstößt, wenn der erste Teilnehmer zum einen verpflichtet wird, entweder nachfolgenden Teilnehmern im selben Haus die entgeltliche Nutzung dieses Anschlusses einzuräumen oder mit diesen eine Teilnehmergemeinschaft zu bilden und wenn er zum anderen dementsprechend gegenüber der Bundespost für die gesamten Gebühren der hinzugekommenen Wohnungsinhaber haftet. Dies ist nach der **Neuregelung** nicht mehr der Fall.

> Der Einzelanschlußnehmer haftet nicht mehr für mögliche Gebührenausfälle anderer Nutzer im Hause.

Der Hauseigentümer kann somit beispielsweise für die Nutzung in seiner eigenen Wohnung im Hause den Kabelanschluß beantragen; er braucht aber für die Mieter im Hause nicht mehr das Gebühreninkasso der Post gegenüber durchzuführen. Er ist zwar nach wie vor verpflichtet, andere Anschlußnehmer im Hause an der Nutzung des Übergabepunktes teilnehmen zu lassen, ist jedoch **von jeder Haftung** für zahlungsunfähige bzw. zahlungsunwillige Dritte **befreit**. Diese Regelung (Einzelnutzerverhältnis) kann auf Antrag auch hinsichtlich bereits bestehender Teilnehmerverhältnisse eingeführt werden.

Zu beachten ist aber, daß sich diese Neuregelung nur auf das Gebührenschuldverhältnis, nicht jedoch auf die technische Handhabung bezieht, so daß diese Probleme nach wie vor bestehen bleiben.

Unbeschadet dieser Neuregelung besteht weiterhin die Möglichkeit des **Einzelanschlusses durch eine Kabelservicegesellschaft**. Dabei erhält diese Gesellschaft in der Regel bedingungsgemäß das Monopol für alle weiteren Anschlüsse im Anwesen, so daß der Anschluß anderer Wohnungen durch die Post nicht mehr möglich ist. Weiterhin sehen die Vertragsbedingungen der Gesellschaften meist eine **Laufzeit von 10 bis 15 Jahren** vor, wodurch der Vermieter für lange Zeit an eine Gesellschaft gebunden ist und deren Anlage in seinem Anwesen dulden muß.

Während der Laufzeit des Vertrages darf der Hauseigentümer keinem anderen Unternehmen die Errichtung anderer zentraler Empfangsanlagen (z. B. einer Gemeinschaftsparabolantenne) gestatten, da der **Konkurrenzschutz** auch ohne ausdrückliche Vereinbarung immanenter Bestandteil des Vertrages über den Breitbandkabelanschluß ist (OLG Köln, Urt. v. 26. 2. 1996, WM 1996, 465). Enthält der Vertrag keine oder eine (wegen Verstoßes gegen § 9 AGBG) unwirksame Regelung über die Laufzeit, gilt die übliche Vertragsdauer von 12 Jahren (OLG Köln, a.a.O.).

Die in den allgemeinen Geschäftsbedingungen eines Betreibers von Breitbandkabel-Verteileranlagen enthaltene Klausel, die Kabelanschlußkunden müßten für den Einzug des monatlichen Nutzungsentgelts eine **Einzugsermächtigung** erteilen, ist wirksam, da sie den Kunden nicht unangemessen benachteiligt (i.S.v. § 9 AGBG; BGH, Urt. v. 10. 1. 1996, WM 1996, 205).

Kabelgebühren → *„Betriebskosten", Abschnitt 2.15.2, „Kabelfernsehen"*

Kaltmiete → *„Mietzins"*

Kapitalkostenerhöhung → *„Mieterhöhung"*

Kapitalkostenermäßigung → *„Mieterhöhung"*

Kappungsgrenze → *„Mieterhöhung"*

Kaution

Inhaltsübersicht Seite

Die Leistung einer **Barkaution** durch Bereitstellung einer bestimmten Geldsumme ist die praktisch häufigste Form der Sicherheitsleistung des Mieters an den Vermieter (vgl. § 232 BGB). Im frei finanzierten Wohnungsbau dient die Kaution der Sicherung aller künftigen Ansprüche des Vermieters aus dem Mietverhältnis (OLG Celle, Urt. v. 14. 12. 1984, NJW 1985, 1715). Dagegen ist die Vereinbarung einer Sicherheitsleistung des Mieters bei **preisgebundenem** Wohnraum nur zulässig, soweit sie dazu bestimmt ist, Ansprüche des Vermieters aus Schäden oder unterlassenen Schönheitsreparaturen zu sichern (§ 9 Abs. 5 WoBindG). Zur Abdeckung von Mietrückständen darf die Kaution bei preisgebundenem Wohnraum nicht verwendet werden, da der Vermieter hier bei Ermittlung der Kostenmiete ein Nutzungsausfallwagnis in der Berechnung ansetzen kann (vgl. „Kostenmiete").

1 Erforderlichkeit einer Vereinbarung

Eine Kaution kann vom Mieter nur aufgrund einer **vertraglichen Vereinbarung** verlangt werden, da gesetzliche Vorschriften über eine Verpflichtung des Mieters zur Leistung einer Kaution nicht existieren. Die Bestimmungen über die Kaution, z. B. § 550 b BGB, setzen das Bestehen einer entsprechenden Vereinbarung voraus und stellen lediglich Beschränkungen der Vertragsfreiheit zum Schutz des Mieters dar.

> Wurden keine vertraglichen Vereinbarungen über die Leistung einer Sicherheit durch den Mieter getroffen (z. B. im Mietvertrag), besteht daher kein Rechtsanspruch des Vermieters auf Abschluß einer ergänzenden Vereinbarung über die Zahlung einer Kaution durch den Mieter. Entsprechend besteht auch kein Rechtsanspruch auf Erhöhung einer vom Mieter vertragsgemäß geleisteten Kaution.

Wurde jedoch die Zahlung einer Kaution vereinbart, kann der Vermieter diese so lange verlangen, wie ihm noch Ansprüche aus dem Mietverhältnis zustehen. Daher kann er die Kaution auch noch nach Beendigung des Mietverhältnisses durch Zwangsvollstreckung beitreiben (BGH, NJW 1981, 976; OLG Düsseldorf, ZMR 1996, 493; a. A.: LG Nürnberg-Fürth, WM 1994, 708). Der Vermieter hat somit nach Beendigung des Mietverhältnisses grundsätzlich die Wahl, ob er die Kaution **oder** die Zahlungsansprüche einklagt; jedoch ist es ihm verwehrt, beide Forderungen geltend zu machen (LG Saarbrücken, WM 1996, 616).

2 Inhalt der Kautionsvereinbarung

Bei Mietverhältnissen über **Wohnraum** regelt der durch Art. 1 Nr. 3 des Gesetzes zur Erhöhung des Angebots an Mietwohnungen – EAMWoG (BGBl. I 1982 S. 1912) mit Wirkung zum 1. 1. 1983 in das Bürgerliche Gesetzbuch eingefügte § 550 b zwingend bestimmte Einzelheiten:

Danach darf die Sicherheitsleistung des Mieters das Dreifache des auf einen Monat entfallenden Mietzinses nicht übersteigen. Nebenkosten, über die gesondert abzurechnen ist, bleiben unberücksichtigt. Die Höhe der Kaution ist damit auf das **Dreifache der Grundmiete** zuzüglich der fixen Nebenkosten (z. B. der nicht abzurechnenden Pauschalen) beschränkt. Darüber hinausgehende Beträge kann der Mieter trotz Bestehens einer entsprechenden Vereinbarung zurückfordern, da er sie „rechtsgrundlos“ im Sinne der §§ 812 ff. BGB geleistet hat.

> Der Mieter ist berechtigt, die Geldsumme in drei gleichen monatlichen **Teilleistungen** zu erbringen, wobei die 1. Teilleistung zu Beginn des Mietverhaltnisses fällig ist (§ 550 b Abs. 1 Satz 3 BGB).

Unwirksam ist daher eine mietvertragliche Klausel, deren Inhalt geeignet ist, den Mieter über seine Berechtigung zur Erbringung von Teilleistungen zu täuschen, **z. B. „Der Mieter leistet bei Abschluß des Mietvertrages eine Mietsicherheit in Höhe von DM …, höchstens jedoch in Höhe der dreifachen Monatsmiete“** (LG Hamburg, WM 1990, 416). Nach Ansicht des LG Hamburg könnte der Mieter die Klausel dahin verstehen, daß er zur Zahlung der vollen Kaution bei Abschluß des Mietvertrages verpflichtet ist.

Wirksam ist dagegen eine entsprechende Klausel ohne die Worte „bei Abschluß des Mietvertrages“, z. B. **„Der Mieter zahlt an den Vermieter eine Kaution gemäß § 550 b BGB in Höhe von DM … zur Sicherung aller Ansprüche des Vermieters aus dem Mietverhältnis“**, da durch eine solche Formulierung die gesetzliche Ratenzahlungsmöglichkeit des Mieters nicht ausgeschlossen wird (LG Gießen, WM 1996, 144).

Um sicherzustellen, daß zumindest die 1. Kautionsrate termingemäß gezahlt wird, kann der Vermieter die Überlassung der Wohnung bei Beginn des Mietverhältnisses davon abhängig machen, daß die 1. Kautionsrate Zug um Zug gegen Überlassung (z. B. Aushändigung der Schlüssel) gezahlt wird. Die Auswirkungen dieses Rechts des Mieters auf Ratenzahlung der Kaution sind in der Praxis jedoch gering, da es dem Vermieter weiterhin unbenommen bleibt, den Abschluß des Mietvertrages von dem Nachweis der vollständigen Zahlung abhängig zu machen.

3 Folge der Nichtzahlung

Erfüllt der Mieter die Leistung der Sicherheit nicht, kann der Vermieter auf Erfüllung klagen bzw. den Anspruch durch gerichtlichen Mahnbescheid geltend machen. Zur **fristlosen Kündigung** ist der Vermieter grundsätzlich nicht berechtigt, da allein die Nichtzahlung der Kaution für den Vermieter nicht zu einer Unzumutbarkeit der Fortsetzung des Mietverhältnisses führt (i. S. v. § 554 a BGB; LG Köln, WM 1993, 605; LG Bielefeld, WM 1992, 124). Anders ist es jedoch zu beurteilen, wenn dadurch das Sicherungsbedürfnis des Vermieters erheblich tangiert wird, z. B. bei Zahlungsunfähigkeit des Mieters oder wenn der Mieter auch sonst fällige Zahlungen nicht pünktlich leistet (OLG Düsseldorf, Urt. v. 12. 1. 1995, WM 1995, 438; vgl. auch Sternel, III 234, IV 514). Wegen Mängel der Mietsache steht dem Mieter kein **Zurückbehaltungsrecht** zu, da er durch die §§ 537, 538 BGB ausreichend geschützt ist (LG Nürnberg-Fürth, NJW-RR 1992, 335; LG Köln, WM 1993, 605); auch die **Aufrechnung** mit Schadenersatzansprüchen ist ausgeschlossen (LG Hamburg, WM 1991, 586).

4 Anlage der Kaution

Die Geldsumme ist vom Vermieter **getrennt** von seinem Vermögen bei einem Kreditinstitut zu dem für Spareinlagen mit dreimonatiger Kündigungsfrist üblichen Zinssatz anzulegen (§ 550 b Abs. 2 Satz 1 BGB in der seit 1. 9. 1993 gültigen Fassung).

Für Mietverhältnisse, die **vor** dem Inkrafttreten des § 550 b BGB (1. 1. 1983) vereinbart wurden, gilt die Anlagepflicht nicht. Hier ist der Vermieter nicht verpflichtet, die geleistete Kaution nachträglich getrennt von seinem Vermögen anzulegen (LG Hamburg, WM 1987, 316).

Die Anlage auf einem Sonderkonto bewirkt, daß dem Mieter im Konkurs des Vermieters ein **Aussonderungsrecht** zusteht (§ 43 KO) und er im Falle der Zwangsvollstreckung gegen den Vermieter die **Drittwiderspruchsklage** erheben kann (§ 771 ZPO; vgl. BayObLG, RE v. 8. 4. 1988, NJW-RR 1988, 906, Weber/Marx XIII/S. 38).

Hat der Vermieter eine solche Vermögenstrennung unterlassen, bildet der Rückzahlungsanspruch des Mieters nach Konkurseröffnung über das Vermögen des Vermieters keine Massenschuld (§ 59 Abs. 1 Nr. 2 KO). Er stellt eine einfache Konkursforderung (§ 3 KO) dar, da dieser Anspruch zur Zeit der Konkurseröffnung bereits begründet war und es unerheblich ist, daß der Anspruch zu diesem Zeitpunkt noch nicht fällig, sondern bis zur Beendigung des Mietvertrages aufschiebend bedingt war (OLG Hamburg, RE v. 29. 11. 1989, DWW 1990, 20; Weber/Marx IX/S. 29). Damit erfolgt keine Vorwegbefriedigung des Mieters aus der Konkursmasse (§ 57 KO).

Der Vermieter braucht nicht für jeden Mieter ein separates Kautionskonto zu führen. Die Anlage auf ein als Sonderkonto bezeichnetes Konto zusammen mit Kautionen aus anderen Mietverhältnissen genügt.

Der Vermieter muß dem Mieter auf dessen Verlangen über die Anlage der Kaution sowie über die Höhe der tatsächlich gezogenen Zinsen Rechnung legen (LG Düsseldorf, WM 1993, 400).

Abweichende Vereinbarungen über die Anlagepflicht sind nur insoweit wirksam, als sie eine für den Mieter günstigere Regelung darstellen (z. B. die Vereinbarung eines höheren Zinssatzes). Zulässig ist statt dessen eine Vereinbarung, wonach die Rückzahlung des Kautionsbetrages zuzüglich Zinsen durch eine Bankbürgschaft abgesichert wird (so Bundestags-Drucksache 9/2079, 14).

Ein Verstoß gegen die Anlagepflicht kann nicht nur zivilrechtliche Ansprüche des Mieters begründen, sondern auch den Straftatbestand der **Untreue** (§ 266 StGB) erfüllen, da der Vermieter bezüglich der vom Mieter geleisteten Kaution eine Vermögensbetreuungspflicht hat und dem Mieter ein Vermögensnachteil (i.S.d. § 266 StGB) entsteht, wenn durch Unterlassen der getrennten Anlage sein Rückzahlungsanspruch bei Zahlungsunfähigkeit des Vermieters nicht gesichert ist (BGH, Beschl. v. 23. 8. 1995, NJW 1996, 65; a. A.: OLG Düsseldorf, DWW 1993, 333).

5 Verzinsung der Kaution

5.1 Zinsabschlagsteuer

Unabhängig davon, wer Inhaber des Sparkontos ist, stehen die gesamten **Zinsen** dem Mieter zu. Dies gilt auch, wenn höhere als die üblichen Zinsen (§ 550 b Abs. 2 Satz 1 BGB) erwirtschaftet werden (AG Duisburg, WM 1996, 763). Dagegen muß der Vermieter **Provisionen** oder sonstige Vorteile, die er vom Kreditinstitut für die Anlage der Kaution erhält, nicht dem Mieter gutbringen (Sternel, III 244).

> Die gesamten Zinsen sind vom Mieter als Einkünfte aus Kapitalvermögen zu **versteuern**.

Ist der **Mieter** Kontoinhaber (Sparbuch auf den Namen des Mieters mit Verpfändungserklärung), kann er durch Erteilung eines Freistellungsauftrages verhindern, daß von den anfallenden Zinsen die Zinsabschlagsteuer abgezogen wird.

Ist der **Vermieter** Kontoinhaber, kann weder der Vermieter noch der Mieter einen solchen Freistellungsauftrag erteilen. Hier gilt nach dem Erlaß des Bundesfinanzministers vom 26. 10. 1992 (IV B 4–S 2000 – 252/92; BStBl 1992 I S. 693) sowie dem Schreiben vom 9. 5. 1994 (IV B 4 – S 2252 – 276/94; BStBl 1994 I S. 312) folgendes:

- Hat der Vermieter ein für das Kreditinstitut als **Treuhandkonto** erkennbares Sparkonto eröffnet und weiß das Kreditinstitut, wer der Treugeber (= Mieter) ist, hat es die Steuerbescheinigung auf den Namen des Mieters auszustellen. Der Vermieter hat dem Mieter die Steuerbescheinigung zur Verfügung zu stellen (§ 34 Abs. 1 und 3 AO), damit er die Zinsen versteuern und den einbehaltenen Zinsabschlag auf seine Einkommensteuer anrechnen lassen kann.
- Hat das Kreditinstitut von dem Treuhandverhältnis Kenntnis, ohne zu wissen, ob der Kontoinhaber Anspruch auf die Zinsen hat, ist die Steuerbescheinigung auf den Namen des Kontoinhabers (= Vermieter) auszustellen und mit dem Vermerk „Treuhandkonto“ zu versehen. Auch hier hat der Vermieter dem Mieter die Steuerbescheinigung zur Verfügung zu stellen.
- Werden die Mietkautionen mehrerer Mieter auf demselben Konto angelegt, ist der Vermieter als Vermögensverwalter (i.S.d. § 34 AO) verpflichtet, gegenüber dem für ihn zuständigen Finanzamt eine Erklärung zur einheitlichen und gesonderten Feststellung der Einkünfte aus Kapitalvermögen der Mieter (§ 180 AO) abzugeben. Sieht das Finanzamt von einer einheitlichen und gesonderten Feststellung der Einkünfte ab (§ 180 Abs. 3 Satz 1 Nr. 2 AO), kann es dies gegenüber dem Vermieter durch negativen Feststellungsbescheid feststellen. In diesem Fall hat der Vermieter dem Mieter eine Ablichtung des Bescheids und der Steuerbescheinigung des Kreditinstituts zur Verfügung zu stellen sowie den anteiligen Kapitalertrag und den anteiligen Zinsabschlag

mitzuteilen. Diese Unterlagen hat der Mieter seiner Einkommensteuererklärung beizufügen.

Die Kautionszinsen dienen der Erhöhung der Sicherheit (§ 550b Abs. 2 Satz 3 BGB), so daß der Mieter **keinen Anspruch auf Auszahlung** dieser Zinsen hat. Dies gilt auch für die über den mietvertraglich vereinbarten Zinsfuß hinaus gezogenen Zinsen (LG Düsseldorf, WM 1993, 400).

5.2 Ausnahmen von der Verzinsungspflicht

Bei Wohnraum, der Teil eines **Studenten- oder Jugendwohnheimes** ist, besteht für den Vermieter keine Verpflichtung, die Sicherheitsleistung zu verzinsen (§ 550 b Abs. 4 BGB; vgl. auch „Heimverträge"). Alle anderen Vorschriften über die Kaution gelten aber auch für diese Art von Wohnraum. Für Mietverhältnisse, die **nach** dem 1. 1. 1983 vereinbart wurden, ist die Verzinsungspflicht **unabdingbar,** d. h. ein vereinbarter Verzinsungsausschluß wäre wegen Verstoßes gegen § 550 b Abs. 2 BGB unwirksam.

Für Mietverhältnisse, die **vor** dem 1. 1. 1983 vereinbart wurden, besteht eine Verzinsungspflicht nur, wenn dies entweder ausdrücklich vereinbart oder eine Regelung über die Verzinsung nicht getroffen wurde (BayObLG, RE v. 9. 2. 1981, BayObLGZ 81, 15; Weber/Marx, I/S. 78; BGH, RE v. 8. 7. 1982, DWW 1982, 270).

Wurde die Verzinsungspflicht dagegen **ausdrücklich ausgeschlossen**, besteht keine solche – auch nicht für die Zeit nach dem 1. 1. 1983 –, da Art. 4 Nr. 2 des Gesetzes zur Erhöhung des Angebotes an Mietwohnungen (EAMWoG), § 550 b BGB insoweit für unanwendbar erklärt.

Strittig ist, ob der Verzinsungsausschluß wegen Verstoßes gegen das Gesetz zur Regelung des Rechts der Allgemeinen Geschäftsbedingungen unwirksam ist, wenn er **formular**mäßig (z. B. in vorgedruckter Form) erfolgte.

Während das LG Frankfurt (Urt. v. 22. 12. 1987, WM 1988, 307) sowie das AG Ludwigshafen (Urt. v. 8. 6. 1983, WM 1986, 335) keinen Verstoß gegen das AGB-Gesetz sehen, vertrat eine andere Kammer des LG Frankfurt (Urt. v. 20. 8. 1986, WM 1986, 336) die Meinung, daß der formularmäßige Verzinsungsausschluß unwirksam sei. In gleicher Weise wurde auch vom LG Nürnberg-Fürth (Urt. v. 14. 2. 1986, WM 1988, 158) und vom LG München I (Urt. v. 21. 2. 1989, WM 1989, 236 und 27. 11. 1991, WM 1992, 617) entschieden, wobei das LG München den Verstoß gegen das AGB-Gesetz im erstgenannten Urteil damit begründete, daß der formularmäßige Verzinsungsausschluß dem Wesen und Leitbild der Kaution widerspricht, da er zu einer dem Wesen der Kaution nicht entsprechenden Bereicherung des Vermieters führt.

Eine Unwirksamkeit des Verzinsungsausschlusses wirkt nach Ansicht des Gerichts (WM 1992, 617) auf den Zeitpunkt des Vertragsschlusses zurück mit der Folge, daß die Kaution grundsätzlich ab dem Zeitpunkt der Leistung zu verzinsen ist (§ 9 i.V.m. § 28 Abs. 2 AGBG). Dabei ist aber zu beachten, daß der Mieter für den Fall, daß die Vereinbarung im Mietvertrag ausdrücklich – jedoch in unwirksamer Weise – ausgeschlossen wurde, nicht besser gestellt werden darf als ein Mieter, dessen Mietvertrag keine Regelung über die Verzinsung beinhaltet. Daher muß eine Verzinsung nicht für einen zurückliegenden Zeitraum erfolgen, in welchem der Mieter nicht mit einer Verzinsung rechnen durfte. Zumindest ab dem Jahre 1970 ist nach Ansicht des Gerichts eine solche Erwartung jedoch berechtigt.

> In Anbetracht dieser widersprüchlichen Rechtsprechung zur Wirksamkeit eines **formular**mäßigen Verzinsungsausschlusses bleibt festzustellen, daß ein Anspruch des Mieters auf Zahlung von Zinsen der von ihm geleisteten Kaution jedenfalls dann nicht besteht, wenn der Verzinsungsausschluß bei **vor** dem 1. 1. 1983 vereinbarten Mietverhältnissen in **einzelvertraglicher** Form (z. B. als hand- oder maschinenschriftlicher Zusatz) erfolgte.

Zur Unterscheidung zwischen einzelvertraglicher und formularmäßiger Vereinbarung vgl. „Allgemeine Geschäftsbedingungen“.

6 Abrechnung der Kaution

Während eines noch laufenden Mietverhältnisses darf der Vermieter die Kaution nur **aufbrauchen**, wenn und soweit seine Forderung rechtskräftig festgestellt, unstreitig oder so offensichtlich begründet ist, daß ein Bestreiten mutwillig erscheint, da der Mieter sein Aussonderungsrecht (§ 43 KO) verliert, soweit die Kaution in das Vermögen des Vermieters übergeht (LG Mannheim, WM 1996, 269). In diesem Fall kann der Vermieter zwar Auffüllung der Kaution verlangen (BGH, WPM 1972, 335), jedoch ist dem Vermieter grundsätzlich nicht zu empfehlen, die Kaution während eines noch laufenden Mietverhältnisses aufzubrauchen. Vielmehr sollte der Vermieter seine Forderungen sofort und ggfs. gerichtlich geltend machen, damit der Kautionsbetrag erhalten bleibt und bei Beendigung des Mietverhältnisses zur Abdeckung von Ansprüchen, z. B. wegen Schäden oder unterlassener Schönheitsreparaturen, verwendet werden kann.

Der Vermieter ist auch nicht verpflichtet, sich aus der Kaution zu befriedigen.

> Der Mieter ist daher nicht berechtigt, die Bezahlung des Mietzinses zu verweigern und den Vermieter auf eine Befriedigung aus der Kaution zu verweisen (LG München I, WM 1996, 541). Der Vermieter kann trotz bestehender Kaution den vollständigen Mietzins durch Klage bzw. Mahnbescheid geltend machen und unter gewissen Voraussetzungen das Mietverhältnis kündigen (siehe „Kündigung“, Abschnitt 3.2.1.2).

Zur **Abrechnung** der Kaution und Auszahlung des verbleibenden Teiles ist der Vermieter erst nach Beendigung des Mietverhältnisses und Rückgabe der Mietsache verpflichtet. Neben sonstigen Gegenforderungen (z. B. Schadenersatzansprüche wegen Schäden an der Mietsache oder unterlassener Schönheitsreparaturen – vgl. „Schönheitsreparaturen") kann der Vermieter gegen den Kautionsrückzahlungsanspruch des Mieters auch mit Kosten aufrechnen, die ihm von der Bank für die Auflösung des Mietkautionskontos in Rechnung gestellt werden, da es sich insofern um Kosten handelt, die durch die Verwaltung des Treuhandvermögens verursacht werden und daher zu dessen Lasten gehen (§ 1210 Abs. 3 BGB entsprechend; AG Büdingen, WM 1995, 483).

7 Fälligkeit des Kautionsrückzahlungsanspruches

Fällig ist der Anspruch des Mieters auf Rückzahlung erst angemessene Zeit nach der Räumung, wenn für den Vermieter das Vorliegen und der Umfang seiner Gegenforderungen überschaubar ist.

> Wieviel Zeit dem Vermieter zuzubilligen ist, hängt von den Umständen des Einzelfalles ab. Üblicherweise ist eine Überlegungs- und Prüfungsfrist von **drei Monaten** nach Beendigung des Mietverhältnisses anzusetzen (LG Berlin, Urt. v. 21. 6. 1994, ZMR 1994, XIV). Im Einzelfall kann jedoch auch eine Frist von sechs Monaten noch angemessen sein (OLG Celle, Urt. v. 14. 12. 1984, NJW 1985, 1715).

Vor Ablauf dieser Frist ist der Rückzahlungsanspruch des Mieters grundsätzlich nicht fällig. Der Mieter ist somit nicht berechtigt, die Rückgabe der Schlüssel von der sofortigen Auszahlung der Kaution abhängig zu machen.

> Nach dem Urteil des OLG Hamburg vom 6. 1. 1988 (DWW 1988, 41) ist der Kautionsrückzahlungsanspruch jedenfalls solange nicht fällig, wie die Nebenkostenabrechnung ohne Verschulden des Vermieters nicht erstellt werden kann.

Insofern hat der Vermieter wegen einer kalkulierbaren Betriebskostennachforderung ein Zurückbehaltungsrecht an einem Teilbetrag der Kaution (AG Langen, WM 1996, 31) und kann dementsprechend auch berechtigt sein, die Kaution länger als 6 Monate zurückzubehalten. In diesem Sinne hat sich auch der BGH im Beschluß vom 1. 7. 1987 (NJW 1987, 2372) geäußert. Danach erfordert es der Zweck der Kautionsgewährung nicht, die Versäumung der Abrechnungsfrist mit der Versagung weiterer Zurückhaltung der Kaution und der Annahme der Verwirkung der Aufrechnungsbefugnis mit Vermieteransprüchen zu sanktionieren. Für den Mieter sei es nicht unzumutbar, daß dem Vermieter die Möglichkeit zur Befriedigung seiner Ansprüche aus der Kaution nicht schon deswegen abgeschnitten werde, weil er die Aufrechnung der Kaution unangemessen lange hinausgezögert hatte. Bloße Säumnis mit rechtzeitiger Abrechnung reiche nicht aus und zwar auch dann nicht, wenn eine Abrechnung innerhalb von 6 Monaten zu erwarten gewesen wäre und der Vermieter gleichwohl noch nicht abgerechnet habe. Der Vermieter von Wohnraum ist daher nicht schon deshalb gehindert, mit verjährten Schadenersatzforderungen wegen Veränderung oder Verschlechterung der vermieteten Sache (§ 558 BGB) gegen den Anspruch auf Rückzahlung der Kaution aufzurechnen, weil er die vom Mieter gestellte Kaution nicht innerhalb von 6 Monaten seit Beendigung des Mietverhältnisses abgerechnet hat (BGH, a.a.O.). Die Aufrechnungsbefugnis des Vermieters erlischt nicht schon deshalb, weil seine Ansprüche zur Zeit der Aufrechnungserklärung verjährt waren (§ 390 Satz 2 BGB; BGH, a.a.O.; vgl. auch BVerfG, Beschl. v. 12. 12. 1994, Az. 1 BvR 1287/94, NJW 1995, 581). Entsprechendes gilt für das Zurückbehaltungsrecht (BGHZ 48, 116).

8 Folgen der Kautionsrückzahlung

Hat der Vermieter das Mietobjekt besichtigt, vorbehaltlos abgenommen und die Auszahlung der Kaution zugesagt, kann er nach Ansicht des LG Mannheim (WM 1975, 118) die Zusage nicht deshalb widerrufen, weil er sich über die Ordnungsmäßigkeit der Räume geirrt hat. Weiterhin kann nach Ansicht des LG Stuttgart (WM 1977, 29) in der vorbehaltlosen Rückzahlung der Kaution die schlüssige Erklärung zu sehen sein, daß keine weiteren Forderungen aus dem Mietverhältnis bestehen.

Ein gerichtlicher **Vergleich**, der eine Ausgleichsklausel hinsichtlich **aller** Ansprüche aus dem Mietverhältnis enthält, erfaßt grundsätzlich auch den Anspruch des Mieters auf Rückzahlung der von ihm geleisteten Kaution. Geht der Mieter unzutreffend davon aus, sein Kautionsrückzahlungsanspruch würde trotzdem fortbestehen, handelt es sich um einen unbeachtlichen Motivirrtum, der den Mieter nicht zur Anfechtung des Vergleichs wegen Irrtums berechtigt (OLG Düsseldorf, DWW 1997, 25; vgl. auch BGH, NJW 1995, 2637).

Zur **Verjährung** des Kautionsrückzahlungsanspruches vgl. „Verjährung".

Zum Kautionsrückzahlungsanspruch des Mieters beim **Wechsel** des Vermieters vgl. „Eigentümerwechsel".

Ist streitig, ob der Mieter die im Mietvertrag vereinbarte Kaution überhaupt an den Vermieter gezahlt hatte, trifft die **Beweislast** für die Zahlung den Mieter. Hat der Mieter dem Vermieter gegen Quittung einen Scheck über den Kautionsbetrag ausgehändigt, muß er (z. B. anhand von Bankbelegen) die Einlösung des Schecks nachweisen (LG Hamburg, WM 1996, 766). Gelingt dem Mieter dieser Nachweis nicht, wird er einen Rückzahlungsanspruch nicht mit Aussicht auf Erfolg geltend machen können.

9 Kautionen bei Geschäftsräumen

Bei Mietverhältnissen über Geschäftsräume ist die Schutzvorschrift § 550 b BGB nicht anwendbar, so daß die Parteien insbesondere die Höhe der Kaution **frei** vereinbaren können. Mangels

anderweitiger Vereinbarungen hat der Mieter **kein** Recht auf **Ratenzahlung** der Kaution. Der Vermieter ist nicht verpflichtet, die Kaution getrennt von seinem Vermögen anzulegen und kann weiterhin auch die Pflicht zur Verzinsung vertraglich ausschließen. Fehlt jedoch ein ausdrücklicher Verzinsungsausschluß, muß der Vermieter die Kaution vom Empfang an zu dem für Spareinlagen mit dreimonatiger Kündigungsfrist üblichen Zinssatz verzinsen. Der Vermieter ist aber nicht verpflichtet, die Kaution so anzulegen, daß ein möglichst hoher Zinsertrag erwirtschaftet wird (BGH, Urt. v. 21. 9. 1994, Az. XII ZR 77/93, NJW 1994, 3287).
Im übrigen gelten die für Wohnraum dargelegten Grundsätze entsprechend.

Kenntnis von Mängeln

Mängel der Mietsache können den Mieter zur Minderung des Mietzinses berechtigen (§ 537 BGB; vgl. auch „Minderung des Mietzinses") und den Vermieter zur Zahlung von Schadenersatz verpflichten (§ 538 BGB; vgl. auch „Schadenersatz").
Kennt der Mieter jedoch **bei Abschluß des Vertrages** den Mangel der gemieteten Sache, stehen ihm die in den §§ 537, 538 BGB bestimmten Rechte auf Mietminderung bzw. Schadenersatz nicht zu (§ 539 Satz 1 BGB). Kenntnis bedeutet in diesem Fall positive Kenntnis, nicht nur fahrlässige Unkenntnis. **Positive Kenntnis** des Mieters bei Vertragsschluß von dem Mangel schließt seine Ansprüche aus den §§ 537, 538 BGB auch dann aus, wenn der Vermieter den Mangel arglistig verschwiegen hat (BGH, NJW 1972, 249). Kenntnis des Mieters schadet aber dann nicht, wenn der Vermieter zugesagt hat, den Mangel zu beheben (BGH, WM 1973, 20).

> Jedoch kann auch hier eine **Verwirkung** der vorbezeichneten Ansprüche des Mieters eintreten, wenn er sich über eine längere Zeit nicht auf sie beruft und der Vermieter davon ausgehen konnte, der Mieter habe sich mit der Gebrauchsbeeinträchtigung abgefunden (LG Lübeck, WM 1979, 189).

Die positive Kenntnis muß sich auf einen **konkreten** Mangel beziehen, nicht nur auf allgemeine Umstände, die eine Beeinträchtigung verursachen können. Nicht ausreichend ist daher die bloße Kenntnis davon, daß sich im Haus ein Gewerbebetrieb befindet, die Wohnung in einem hochwassergefährdeten Gebiet liegt (LG Köln, WM 1996, 334) oder in den Räumen früher Tätigkeiten durchgeführt wurden, die zu einer Schadstoffrestbelastung führen können (LG Mannheim, WM 1996, 338). Mußte der Mieter jedoch aufgrund von Umständen, die bereits bei Vertragsschluß vorgelegen haben, mit dem Eintritt einer konkreten Störung rechnen, kann er daraus keine Rechte herleiten. So kann z. B. ein Mieter, der Räume neben einem völlig verwahrlosten Anwesen anmietet, keine Mietminderung geltend machen, wenn im Laufe der Mietzeit Störungen durch den Abriß und den Neubau des Nachbargebäudes auftreten, da diese Störungen für den Mieter bereits bei Vertragsschluß vorhersehbar waren (OLG München, Urt. v. 26. 3. 1993, WM 1993, 607).

Der Mieter kann gegen den Ausschluß seiner Ansprüche auch nicht einwenden, er habe die Tragweite und den Grund des konkreten Mangels nicht richtig eingeschätzt bzw. die Möglichkeiten einer Abhilfe überschätzt (LG Düsseldorf, Urt. v. 16. 7. 1991, WM 1992, 368; OLG Nürnberg, ZMR 1960, 300).

Bei Vermietung von Räumen in einem in der Fertigstellung befindlichen Neubau, der noch offensichtliche tatsächliche oder rechtliche Unfertigkeiten aufweist, besteht jedoch mangels einer besonderen Vereinbarung eine stillschweigende Übereinstimmung, daß die Unfertigkeiten alsbald beseitigt werden. Ist daher bei Abschluß eines Mietvertrages ein Genehmigungsverfahren noch anhängig und wird später die behordliche Nutzungsgenehmigung versagt, sind Ansprüche des Mieters nicht schon dann ausgeschlossen, wenn er die fehlende Genehmigung gekannt hat oder hätte kennen müssen, sondern erst dann, wenn dies auch bezüglich der Genehmigungs**fähigkeit** der Fall war (OLG Hamburg, Urt. v. 26. 4. 1995, ZMR 1995, 533; WM 1995, 653).

Ist dem Mieter der Mangel infolge **grober Fahrlässigkeit** unbekannt geblieben, kann er Rechte aus den §§ 537, 538 BGB nur geltend machen, wenn der Vermieter die Abwesenheit des Fehlers ausdrücklich zugesichert oder den Fehler arglistig verschwiegen hat (§§ 539 Satz 2, 460 BGB).

> Grundsätzlich besteht für den Mieter jedoch nur bei Vorliegen eines besonderen Anlasses, z. B. bei einem sehr alten Anwesen (BGH, ZMR 1962, 82), eine Nachforschungs- und Prüfungspflicht bezüglich der Mietsache.

Grobe Fahrlässigkeit ist daher erst gegeben, wenn der Mieter dasjenige unbeachtet läßt, was im gegebenen Fall „jedem hätte einleuchten müssen" (BGH, NJW 1980, 777). Der Mieter eines Grundstückes handelt grob fahrlässig, wenn er infolge Unkenntnis der gesetzlichen Vorschriften übersieht, daß das Grundstück nur bedingt für den beabsichtigten Gewerbebetrieb geeignet ist (BGH, WPM 1982, 335).

Außer in den Fällen der positiven Kenntnis und der grob fahrlässigen Unkenntnis verliert der Mieter seine Rechte aus den §§ 537, 538 BGB, wenn er die mangelhafte Mietsache **vorbehaltlos annimmt,** obwohl er den Mangel **kennt** (§§ 539 Satz 2, 464 BGB). Dies gilt selbst dann, wenn der

Vermieter den Fehler arglistig verschwiegen hat (BGH, WPM 1972, 136). Mit der vorbehaltlosen Annahme gibt der Mieter zu erkennen, daß der durch den Mangel beeinträchtigte Gebrauch der vertragsgemäße ist. Für den Verlust der Rechte des Mieters ist hier jedoch wiederum positive Kenntnis notwendig; grob fahrlässige Unkenntnis genügt in diesem Falle nicht.

> Der Mieter kann seine Rechte wahren, wenn er die mangelhafte Mietsache nur unter Vorbehalt annimmt. Der **Vorbehalt** muß den Mangel jedoch so eindeutig bezeichnen, daß der Vermieter aufgrund des Vorbehaltes in die Lage versetzt wird, Abhilfe zu schaffen (Emmerich-Sonnenschein, § 539 BGB, Rdn. 21).

Daher reichen formelhafte Wendungen ohne Bezugnahme auf einen konkreten Mangel, z. B. „unter Vorbehalt der Gewährleistungsansprüche“, nicht aus. Dies gilt erst recht, wenn der Mieter den Mietzins vorbehaltlos bezahlt (BGH, ZMR 1961, 359; WPM 1967, 850). Ein Vorbehalt ist nur in Höhe der zu erwartenden Gegenforderung des Mieters zulässig. Bei einem unberechtigten Vorbehalt kann der Vermieter auf Wegfall des Vorbehaltes klagen (LG Hannover, MDR 1966, 511).

Kenntnis des Mieters vom Mangel der Mietsache führt nur dann zum Ausschluß seiner Rechte, wenn er den Mangel **beim Abschluß des Mietvertrages** kennt (§ 539 BGB).

> Nach herrschender Meinung ist § 539 BGB jedoch auch für die nachträgliche Kenntnis des Mieters von einem Mangel **entsprechend** anwendbar, so daß der Mieter seine Rechte auch dann verliert, wenn er das Mietverhältnis rügelos fortsetzt und insbesondere den Mietzins weiterhin vorbehaltlos bezahlt, obwohl er im Laufe des Mietverhältnisses Kenntnis von einem Mangel erlangt hat (siehe auch „Anzeigepflicht“; BGH, ZMR 1968, 255; WPM 1967, 515, 850).

Ein Zeitraum von 6 Monaten reicht in der Regel aus, um Gewährleistungsrechte des Mieters auch für die Zukunft auszuschließen, während ein Zeitraum von 3 Monaten noch im Rahmen der dem Mieter zuzubilligenden angemessenen Überlegungsfrist liegt und nicht zum Verlust von Rechten führt (BGH, Urt. v. 18. 6. 1997, NJW 1997, 2674; vgl. auch LG Paderborn, MDR 1989, 455; OLG Düsseldorf, NJW-RR 1987, 911). Das Rügerecht des Mieters lebt erst bei einem Mieterhöhungsverlangen wieder auf (OLG Düsseldorf, Urt. v. 7. 10. 1993, WM 1994, 324). Für die Annahme eines Vorbehalts reichen allein wiederholt vorgetragene Beanstandungen grundsätzlich nicht aus (OLG Düsseldorf, ZMR 1987, 329).

Etwas anderes kann jedoch gelten, wenn der Mieter aufgrund von Verhandlungen mit dem Vermieter sowie dessen Erklärungen mit einer baldigen Beseitigung des Mangels rechnen durfte und die Zahlungen in dieser dem Vermieter bekannten Erwartung leistete (OLG Düsseldorf, Urt. v. 6. 4. 1995, WM 1995, 435; vgl. auch BGH, WPM 1973, 146). Jedoch kann auch im Falle der Reparaturzusage durch den Vermieter die vorbehaltlose Weiterzahlung dann als Verzicht des Mieters gewertet werden, wenn er über einen Zeitraum von 3 Monaten die Nichtbehebung der Mängel nicht beanstandet (BGH, Urt. v. 18. 6. 1997, NJW 1997, 2674; vgl. auch BGH, MDR 1976, 571). Grundsätzlich kommt es jedoch immer auf die Umstände des Einzelfalles an, ob der Mieter infolge der rügelosen Fortzahlung des Mietzinses auf seine Gewährleistungsansprüche ganz oder teilweise verzichtet hat (BGH, MDR 1975, 134).

Zahlt der Mieter „unter Vorbehalt" bzw. leistet der Mieter wegen Mängel der Wohnung nur einem geminderten Mietzins, kann ein Gericht im Streitfalle jedoch auch eine höhere Minderungsquote zusprechen (LG Hannover, WM 1994, 463).

Die Gründe des § 539 BGB beziehen sich auch auf das Recht des Mieters, **Aufwendungsersatz** zu verlangen (§ 538 Abs. 2 BGB; BGH, MDR 1976, 571), nicht aber auf gesetzliche Ansprüche aus unerlaubter Handlung und auf etwaige Ansprüche des Mieters auf Ersatz seiner Aufwendungen für die Mietsache (BGH, ZMR 1976, 136).

Kleinreparaturen

1 Die gesetzliche Regelung

Der Begriff der Kleinreparaturen, auch Bagatellreparaturen genannt, ist im Gesetz allgemein verbindlich nicht definiert. Es gibt **keine gesetzliche** Bestimmung, die den Mieter zur Ausführung von Reparaturen bis zu einem bestimmten Umfang verpflichtet.

Vielmehr hat der Mieter nach den Vorschriften des Bürgerlichen Gesetzbuches Reparaturen an der Mietsache unabhängig von Art und Umfang nur dann im Wege des Schadenersatzes auf seine Kosten vorzunehmen, wenn der Defekt auf einem ihm zurechenbaren **Verschulden** beruht, er die Mietsache z. B. durch Gewalteinwirkung oder unsachgemäße Handhabung beschädigt hat. Wird eine Reparatur dagegen infolge altersgemäßen Verschleißes notwendig, trifft die Pflicht zur Instandsetzung und zur Tragung der entsprechenden Kosten nach § 536 BGB in vollem Umfang den Vermieter.

2 Vertragliche Regelungen

2.1 Formularmäßige Vereinbarungen

Die in den meisten Formularmietverträgen enthaltenen „Kleinreparaturklauseln" verpflichten den Mieter – **abweichend** von dieser gesetzlichen Regelung – zur Durchführung von kleineren Verschleißreparaturen. Sinn und Zweck einer solchen Regelung ist vorwiegend, den Mieter zu einem sorgsamen und damit auch verschleißmindernden Umgang mit der Mietsache anzuhalten und weiterhin Streitigkeiten der Parteien darüber zu vermeiden, ob der eingetretene Defekt auf außergewöhnlichem, vom Mieter verschuldeten Verschleiß oder auf normaler Abnutzung beruht. Umstritten war in der Rechtsprechung bisher, wie weit eine solche Klausel von der gesetzlichen Regelung des § 536 BGB zu Lasten des Mieters abweichen darf. Mit Urteil vom 7. 6. 1989 (NJW, 1989, 2247) hat der BGH im Rahmen der Überprüfung einer solchen Klausel ausführlich dazu Stellung genommen, in welchem Umfang dem Mieter durch **Formular**vertrag Reparaturkosten aufgebürdet werden dürfen bzw. welche Voraussetzungen an die Wirksamkeit einer sog. Kleinreparaturklausel zu stellen sind. Ausgangspunkt der Betrachtungen des Bundesgerichtshofes war der § 9 AGB-Gesetz, wonach jede formularvertragliche Vereinbarung dann unwirksam ist, wenn sie zu weit zu Lasten des Klauselgegners – hier des Mieters – von der gesetzlichen Regelung – hier des § 536 BGB – abweicht (vgl. auch „Allgemeine Geschäftsbedingungen").

> Eine nach dem AGB-Gesetz noch zulässige Abweichung liegt nach Auffassung des BGH nur dann vor, wenn die Klausel sowohl eine **gegenständliche** als auch eine **betragsmäßige** Begrenzung enthält.

Gegenständliche Begrenzung bedeutet, daß die Verpflichtung des Mieters zur Zahlung von Reparaturkosten auf Teile der Mietsache beschränkt ist, die seinem häufigen und unmittelbaren Zugriff unterliegen, da der Mieter nur bezüglich dieser Gegenstände die Möglichkeit hat, Verschleiß- und Alterungserscheinungen durch schonenden Umgang mit der Mietsache herabzusetzen. Die Klausel darf sich daher z. B. auf Installationsgegenstände (Wasserhähne, Steckdosen, Lichtschalter etc.) beziehen, nicht aber auf die Installationen selbst, also nicht z. B. auf die im Mauerwerk verlegten Leitungen. Ebenso nicht auf die **Verglasung.** Die entsprechende Formularklausel, wonach der Mieter „zerbrochene Innen- und Außenscheiben in den Mieträumen zu erneuern hat", ist unwirksam (LG Hamburg, Urt. v. 15. 2. 1991, WM 1991, 681). Für ausdrücklich zulässig hat der BGH die Aufnahme der in § 28 II. BV aufgezählten Gegenstände erklärt, worunter die Installationsgegenstände für Elektrizität, Wasser und Gas, Heiz- und Kocheinrichtungen, Fenster- und Türverschlüsse sowie Verschlußvorrichtungen von Fensterläden fallen.

Zu den **Installationsgegenständen für Elektrizität** gehören die Steckdosen, Schalter, Klingeln und Raumstrahler; zu den Installationsgegenständen **für Gas** die Gasabsperrhähne; zu den Installationsgegenständen **für Wasser** die Wasserhähne, Ventile, Mischbatterien, Brausen, Badeöfen und andere Warmwasserbereiter, die Druckspüler, Spülkästen und Spülrohre, soweit sie offen verlegt sind, die Wasch-, Spül- und Toilettenbecken, die Brausetassen und Badewannen. Dagegen sind die Strom-, Gas-, Heizungs- und Wasserleitungen sowie die den Verbrauch zählenden Uhren selbst keine Installationsgegenstände.

Zu den **Heiz- und Kocheinrichtungen** können gehören: Öfen, auch Kachelöfen, oder Heizkessel in der Wohnung für Kohle, Heizöl, Gas oder Elektrizität; Heizkörper für Warmwasser, Dampf oder Elektrizität; Kochplatten, Kochherde für Kohle, Gas oder Elektrizität, elektrische Grillgeräte.

Nicht dazu gehören: Dunstabzugshauben und Abzugsventilatoren.

Zu den **Fenster- und Türverschlüssen** können gehören: Fensterverschlußgriffe und -riegel, auch an Schiebe- und Schwingflügelfenstern, Umstellvorrichtungen zum Kippen oder Öffnen (Dreh-Kippbeschläge); Türgriffe und Türschlösser an Türen jeder Art, auch Sicherheitsschlösser an Außentüren, Hebetürvorrichtungen und -schlösser, Oberlichtverschlüsse und -öffner, elektrische Türöffner, hydraulische Türschließer.

Nicht dazu gehören: Fenster und Türangeln und Befestigungsbänder, Zugabdichtungen, das Ersetzen zerbrochener Fenster- oder Türscheiben.

Zu den **Verschlußvorrichtungen** für Fensterläden können gehören: Riegel und Sicherungsstangen für Klappläden, Rolladengurte und Gurtwickler, Rolladensicherungen gegen Einbruch, elektrische Rolladenöffner und -schließer. Reparaturen an Klapp- oder Rolläden sowie an Rollädenkästen gehören nicht dazu (Fischer-Dieskau-Pergande, Wohnungsbaurecht, § 28 II. BV, Anm. 6).

Neben dieser gegenständlichen Begrenzung auf bestimmte Teile der Mietsache fordert der BGH eine **betragsmäßige** Begrenzung, d. h. die Festsetzung einer Höchstgrenze sowohl für die **einzelne** Reparatur als auch für die **Gesamtbelastung** des Mieters durch Kleinreparaturen in einem bestimmten Zeitraum. Die Begrenzung der einzelnen Reparatur auf einen bestimmten Höchstbetrag, der nach dieser Entscheidung bis zu DM 150,– betragen darf, läßt der BGH jedoch nicht genügen mit dem Argument, daß gerade auf den Mieter einer älteren Wohnung zahlreiche Reparaturen in relativ kurzen Zeitabständen zukommen können.

> Vielmehr muß für den Mieter bereits bei Vertragsschluß ersichtlich sein, bis zu welcher maximalen Summe er in einem bestimmten Zeitraum, z. B. einem Jahr, mit Kosten für Kleinreparaturen belastet werden kann.

Ausdrücklich offengelassen wurde, in welcher Form eine Kleinreparaturklausel die Begrenzung des Gesamtaufwandes festlegen muß. Der BGH verweist insoweit auf die im Schrifttum genannten Beträge, die sich – jeweils für den Zeitraum eines Jahres – im Rahmen eines Festbetrages von DM 300,– bis zu 8 % der Jahresmiete bewegen, und betont dabei, daß durch die Verwendung eines bestimmten Prozentsatzes der Jahresmiete dem Schutzbedürfnis einkommensschwächerer Mieter besser Rechnung getragen wird, da diese in der Regel auch eine geringere Miete bezahlen.

Ausdrücklich **abgelehnt** wurde vom BGH in dem vorliegenden Urteil die Möglichkeit, den Mieter mit einem bestimmten Betrag an anfallenden Reparaturen oder Neuanschaffungen zu **beteiligen,** mit der Folge, daß eine Kleinreparaturklausel dem Mieter zwar unter den genannten Voraussetzungen die Übernahme von Kosten solcher Reparaturen aufbürden kann, jedoch Reparaturen, die den festgesetzten Betrag übersteigen, in **vollem** Umfang vom Vermieter zu tragen sind.

Trotz einer gegenständlichen sowie einer betragsmäßigen Begrenzung ist eine formularmäßige Kleinreparaturklausel nach einem neuen Urteil des BGH vom 6. 5. 1992 (DWW 1992, 207) auch dann unwirksam, wenn sie den Mieter zur **Vornahme** von Reparaturen und nicht nur zur Tragung der Kosten verpflichtet. Der Mieter könne – so der BGH – keine Minderung wegen eines Mangels mehr geltend machen, wenn er selbst vertraglich zu dessen Behebung verpflichtet ist. Dies führe zu einem – nach § 537 Abs. 3 BGB unzulässigen – Ausschluß des Minderungsrechtes des Mieters. Darüber hinaus stelle eine solche Vornahmeverpflichtung eine unangemessene Benachteiligung des Mieters i.S.v. § 9 ABG-Gesetz dar, weil der Mieter dann Auftraggeber des Handwerkers ist und bei nicht ordnungsgemäß ausgeführter Reparatur Gewährleistungsansprüche gegenüber dem Handwerker selbst geltend machen müßte und auch für Schäden zu haften hätte, die der Handwerker an den Sachen des Vermieters oder eines Dritten anrichtet. Letztlich sei es dem Mieter nicht zumutbar, seinen Erstattungsanspruch gegenüber dem Vermieter durchzusetzen, wenn sich herausstellt, daß die Reparatur außerhalb des Bereiches der gegenständlichen oder betragsmäßigen Begrenzung gelegen hat.

Formularvertraglich **zulässig** ist daher lediglich eine Kleinreparaturklausel, die den Mieter zur Tragung der **Kosten** in einem sowohl **gegenständlichen** als auch **betragsmäßig** klar abgegrenzten Rahmen verpflichtet.

In dem Urteil vom 7. 6. 1989 weist der BGH ausdrücklich darauf hin, daß eine fehlende Höchstgrenze nicht durch entsprechende Auslegung der Klausel ermittelt werden kann. Dies hat zur Folge, daß Kleinreparaturklauseln, welche die gestellten Anforderungen nicht erfüllen, unwirksam sind und gemäß § 6 Abs. 2 AGB-Gesetz durch die gesetzliche Regelung ersetzt werden (vgl. auch „Allgemeine Geschäftsbedingungen").

Nach dieser Regelung des § 536 BGB hat der Vermieter die Mietsache auf seine Kosten, unabhängig von der Art und dem Umfang der Reparaturen instandzuhalten und instandzusetzen (vgl. auch „Instandhaltung und Instandsetzung der Mieträume"), so daß der Mieter im Falle der Unwirksamkeit der Klausel zur Durchführung von Reparaturen nur verpflichtet ist, wenn der Defekt auf einem ihm zurechenbaren **Verschulden** beruht.

2.2 Individuelle Vereinbarungen

Unberührt von dieser Rechtsprechung bleiben **individuelle**, d. h. zwischen den Parteien ausgehandelte Vereinbarungen.

Diese unterliegen nicht der Kontrolle durch das Gesetz zur Regelung des Rechtes der Allgemeinen Geschäftsbedingungen und können grundsätzlich frei ausgehandelt werden, soweit sie nicht einen Verstoß gegen zwingende, d. h. vertraglich nicht abänderbare Vorschriften enthalten, wie z. B. den Ausschluß des Minderungsrechtes des Mieters von Wohnraum (§ 537 Abs. 3 BGB). In Anbetracht der Begründung des BGH-Urteils vom 6. 5. 1992 (a.a.O.), wonach eine **Vornahme**klausel gegen diese zwingende Rechtsvorschrift verstößt, wird man bei Mietverhältnissen über **Wohn**raum eine Verpflichtung des Mieters zur Vornahme von Reparaturen auch individuell **nicht** vereinbaren können.

Dagegen kann durch eine **Individual**vereinbarung die Verpflichtung des Mieters zur Tragung der **Kosten** bis zur Grenze der Sittenwidrigkeit (§ 138 BGB) bzw. des Verstoßes gegen Treu und Glauben (§ 242 BGB) frei ausgehandelt werden, ohne daß die Parteien an die vorbezeichneten gegenständlichen oder betragsmäßigen Beschränkungen gebunden sind.

> Zu beachten ist jedoch, daß die Rechtsprechung an das Vorliegen einer Individualvereinbarung hohe Anforderungen stellt (vgl. dazu im einzelnen „Allgemeine Geschäftsbedingungen").

In Mietverträgen über **preisgebundenen** Altbauwohnraum auf dem Gebiet der ehemaligen DDR sind Kleinreparaturklauseln wegen Verstoßes gegen die gesetzlich vorgeschriebene Preisbindung unwirksam (vgl. AG Görlitz, WM 1996, 405).

Konkurrenzschutz →„Wettbewerbsschutz"

Konkurs des Vermieters – Konkurs des Mieters

Beim Konkurs des **Vermieters** bleibt der Mietvertrag weiter bestehen, wenn das Mietobjekt dem Mieter bereits vor Konkurseröffnung **überlassen** war (§ 21 Abs. 1 Konkursordnung – KO). Ein Sonderkündigungsrecht steht keinem Vertragsteil zu. Sowohl der Konkursverwalter als gesetzlicher Vertreter des Vermieters als auch der Mieter sind zur Erfüllung des Mietvertrages verpflichtet. Der vom Mieter weiterhin zu entrichtende Mietzins einschließlich der Betriebskosten gehört zur Konkursmasse.

Vorausverfügungen über den Mietzins sind der Konkursmasse gegenüber nur insoweit wirksam, als sie sich auf den Monat zur Zeit der Konkurseröffnung beziehen. Wird der Konkurs nach dem 15. eines Monats eröffnet, sind Vorausverfügungen auch noch für den folgenden Monat wirksam. Eine Mietvorauszahlung zum Hausbau oder ein abwohnbarer Baukostenzuschuß ist dem Konkursverwalter gegenüber wirksam.

War im Zeitpunkt der Konkurseröffnung die Mietsache **noch nicht** an den Mieter übergeben, hat der Konkursverwalter ein Wahlrecht, ob er den Vertrag erfüllen will oder nicht (§ 17 KO). Will er erfüllen, muß er aus der Masse erfüllen (§ 59 Abs. 1 Ziff. 2 KO). Lehnt er die Erfüllung ab, hat der Mieter nur Anspruch auf Schadenersatz als einfache Konkursforderung (§ 26 Satz 1 KO).

Zu der Frage, unter welchen Voraussetzungen das Guthaben auf dem von einem Grundstücksverwalter geführten Sonderkonto im Konkurs des **Verwalters** ausgesondert werden kann (vgl. BGH, Urt. v. 19. 11. 1992, DWW 1994, 76).

Beim **Konkurs des Mieters** hat der Vermieter weiterhin Anspruch auf Zahlung des vollen Mietzinses, da dieser zu den Masseschulden zählt, die vorzugsweise zu befriedigen sind (§§ 57, 59 Abs. 1 Satz 2 KO). Sowohl der Vermieter als auch der Konkursverwalter ist zur **außerordentlichen Kündigung** berechtigt, wenn dem Mieter das Mietobjekt vor Konkurseröffnung **überlassen** war (§ 19 Satz 1 KO). Für die Ausübung dieses Sonderkündigungsrechtes bestehen keine gesetzlichen Fristen. Insofern kommt grundsätzlich auch keine Verwirkung in Betracht (OLG Hamm, Urt. v. 2. 2. 1994, ZMR 1994, 225). Bei der Kündigung ist die gesetzliche Frist einzuhalten, sofern nicht eine kürzere Frist wirksam vereinbart war (z. B. bei Geschäftsraum; § 19 Satz 2 KO). § 554 b BGB gilt nur für Wohnraum-Mietverhältnisse, so daß die Parteien eines **Geschäftsraum**mietverhältnisses vereinbaren können, daß die Eröffnung des Konkursverfahrens über das Vermögen des Mieters einen Grund zur fristlosen Kündigung darstellt.

> Der Konkursverwalter – nicht aber der Vermieter – ist auch dann zur Kündigung mit Wirkung gegenüber den anderen Mietern berechtigt, wenn mehrere Mieter gemeinschaftlich gemietet haben und nur einer von ihnen in Konkurs fällt (OLG Düsseldorf, DWW 1987, 293).

Hat der Konkursverwalter von seinem Sonderkündigungsrecht (§ 19 KO) Gebrauch gemacht, kann der Vermieter Schadenersatz wegen Nichterfüllung als Konkursforderung (§ 26 KO) geltend machen. Diese Schadenersatzforderung steht dem Vermieter grundsätzlich jedoch nur gegen den Gemeinschuldner, nicht aber gegenüber den Mitmietern zu, die nicht in Konkurs gefallen sind (OLG Düsseldorf, a.a.O.).

Aufgrund des gesetzlichen Pfandrechtes hat der Vermieter ein Absonderungsrecht für Forderungen gegen den Mieter, soweit sie frühestens ein Jahr vor Konkurseröffnung entstanden sind (§§ 48, 49 Abs. 1, Nr. 2 KO).

Im Falle der Ausübung des Sonderkündigungsrechtes durch den Vermieter ist dieser zur Rückerstattung des vorausbezahlten Mietzinses verpflichtet, soweit er noch bereichert ist.

Gibt der Konkursverwalter die Mietsache nach Beendigung des Mietverhältnisses nicht zurück, hat der Vermieter Anspruch auf Zahlung einer **Nutzungsentschädigung** (§ 557 Abs. 1 BGB), der ebenfalls zu den Masseschulden gehört und vorzugsweise zu befriedigen ist. War das Mietverhältnis jedoch bereits **vor** Konkurseröffnung **beendet**, gilt die Nutzungsentschädigung nur dann als bevorzugte Masseschuld, wenn der Konkursverwalter die Mietsache für die Masse nutzt (§ 59 Abs. 1 Nr. 4 KO). Ist dies nicht der Fall, kann der Vermieter nur anteilige Befriedigung aus der Masse entsprechend der Konkursquote verlangen (BGH, Az. VIII ZR 240/92).

Der Inhalt eines vor Eröffnung des Konkurses über das Vermögen des Mieters entstandenen, aber noch nicht erfüllten Rückgabeanspruchs auf Räumung und Besitzverschaffung ändert sich nicht, wenn er als Aussonderungsanspruch geltend gemacht wird (im Anschluß an BGHZ 86, 204, 211). Soweit er die Entfernung zurückgelassener Sachen umfaßt, ist er vom Konkursverwalter zu Lasten der Masse zu erfüllen (BGH, Az. XII ZR 53/93 in Fortführung von BGHZ 104, 304).

Stellt das Gericht eine in Unkenntnis der Konkurseröffnung gegen den Gemeinschuldner gerichtete Klage dem Konkursverwalter zu, so wird zunächst weder der eine noch der andere zur beklagten Partei. Der Konkursverwalter erlangt die Parteistellung nicht vor der Erklärung, daß sich die Klage gegen ihn richtet (BGH, Urt. v. 5. 10. 1994, Az. XII ZR 53/93).

Zur Frage, unter welchen Voraussetzungen der Vermieter als Massegläubiger gegen die Konkursmasse aufrechnen kann, wenn der Konkursverwalter die Masseunzulänglichkeit (§ 60 KO) rechtswirksam angezeigt hat, vgl. BGH, Urt. v. 18. 5. 1995, Az. IX ZR 189/94. Diese Entscheidung enthält auch grundsätzliche Ausführungen des BGH zur Rechtslage bei Anordnung einer **Sequestration** durch das Konkursgericht, da der Sequester im Gegensatz zum Konkursverwalter lediglich Sicherungs- und Erhaltungsmaßnahmen durchführen darf, jedoch nicht zu einer Verwaltung der Konkursmasse und zu Maßnahmen zur endgültigen Verteilung des Schuldnervermögens berechtigt ist und daher keine Masseschulden begründen kann.

War das Mietobjekt zur Zeit der Konkurs-Eröffnung über das Vermögen des Mieters diesem **noch nicht** überlassen, kann der Vermieter vom Mietvertrag zurücktreten (§ 20 KO).

Kosten des Mietprozesses → „Prozeßkosten“

Kostenmiete

Inhaltsübersicht

1 Begriff – Rechtsgrundlagen

Bei **Sozialwohnungen** darf nur der Mietzins verlangt werden, der zur Dekung der **laufenden Aufwendungen** erforderlich ist (Kostenmiete).

Die Erträge aus dem Anwesen dürfen also die laufenden Aufwendungen nicht übersteigen.

Die Kostenmiete ist aufgrund einer Wirtschaftlichkeitsberechnung zu ermitteln. Zu beachten sind insbesondere die Vorschriften des Gesetzes zur Sicherung der Zweckbestimmung von Sozialwohnungen (Wohnungsbindungsgesetz – WoBindG) in der Fassung der Bekanntmachung vom 22. 6. 1982 (BGBl. I S. 972), die Verordnung über die Ermittlung der zulässigen Miete für preisgebundene Wohnungen (Neubaumietenverordnung 1970 – NMV 1970) in der seit 29. 8. 1990 geltenden Fassung (BGBl. I S. 2203) und die Verordnung über wohnungswirtschaftliche Berechnungen (Zweite Berechnungsverordnung – II. BV) in der seit 29. 8. 1990 geltenden Fassung (BGBl. I S. 2178).

Die laufenden Aufwendungen setzen sich zusammen aus den **Kapitalkosten** (§§ 19 bis 23 a II. BV) und den **Bewirtschaftungskosten** (§§ 24 bis 30 II. BV).

1.1 Kapitalkosten

Kapitalkosten sind die Kosten, die sich aus der Inanspruchnahme von Finanzierungsmitteln ergeben, namentlich die Zinsen, nicht aber die Tilgungsleistungen. Diese dürfen nur unter den Voraussetzungen des § 22 II. BV als Zinsersatz angesetzt werden, wenn für ein Darlehen besondere Belastungen durch hohe Tilgungen zu tragen, aber nur geringe Zinsen zu zahlen sind. Im öffentlich geförderten sozialen Wohnungsbau sind Ansätze für Zinsersatz nur insoweit zulässig, als die Bewilligungsstelle zustimmt, wobei auf Mietvorauszahlungen und Mieterdarlehen die Vorschriften über den Zinsersatz nicht anzuwenden sind (§ 22 Abs. 3 und 4 II. BV).

Zu den Kapitalkosten gehören die **Eigenkapital**kosten und die **Fremdkapital**kosten (§ 19 Abs. 1 II. BV).

Für verlorene Baukostenzuschüsse (vgl. „Baukostenzuschuß") ist der Ansatz von Kapitalkosten unzulässig (§ 19 Abs. 3 II. BV), da diese nach § 14 II. BV u. U. zu einer Ersparnis von Kapitalkosten eingesetzt werden und eine Rückerstattung nicht erfolgt.

Eigenkapitalkosten sind die Zinsen für Eigenleistungen (§ 20 Abs. 1 II. BV).

Für Eigenleistungen des Bauherrn bis 15 % der Gesamtkosten darf nur eine Verzinsung von 4 % angesetzt werden; für den darüber hinausgehenden Teil ist zu unterscheiden, wann die öffentlichen Mittel bewilligt worden sind: Sofern die öffentlichen Mittel vor dem 1. 1. 1974 bewilligt worden sind, darf eine Verzinsung in Höhe des marktüblichen Zinssatzes für 1. Hypotheken, in den übrigen Fällen eine Verzinsung in Höhe von 6,5 % angesetzt werden (§ 20 II. BV).

Fremdkapitalkosten sind die Kapitalkosten, die sich aus der Inanspruchnahme der Fremdmittel ergeben, namentlich Zinsen für Fremdmittel, laufende Kosten, die aus Bürgschaften für Fremdmittel entstehen und sonstige wiederkehrende Leistungen aus Fremdmitteln, namentlich aus Rentenschulden. Als Fremdkapitalkosten gelten auch die Erbbauzinsen. Laufende Nebenleistungen, namentlich Verwaltungskostenbeiträge, sind wie Zinsen zu behandeln (§ 21 Abs. 1 II. BV).

Sind Finanzierungsmittel durch andere Mittel **ersetzt** worden, sind die neuen Mittel anstelle der bisherigen Finanzierungsmittel auszuweisen. Sind die Kapitalkosten der neuen Mittel zusammen mit den Kapitalkosten der Mittel, die der Deckung der einmaligen Kosten der Ersetzung dienen, höher als die Kapitalkosten der bisherigen Finanzierungsmittel, sind die neuen Mittel nur auszuweisen, wenn die Ersetzung auf Umständen beruht, die der Bauherr nicht zu vertreten hat (§ 12 Abs. 4 Sätze 1 und 2 II. BV).

Entsprechendes gilt, wenn zwar die Fremdmittel gleichgeblieben sind, die Kapitalkosten sich aber aufgrund von Umständen erhöht haben, die der Vermieter nicht zu vertreten hat (§ 23 Abs. 1 und 2 II. BV; OLG Hamburg, MDR 1975, 493).

Erhöht der Darlehensgeber den für ein Tilgungsdarlehen vereinbarten Zinssatz in der Weise, daß ohne Rücksicht auf teilweise Tilgung für den höheren Zins der ursprüngliche Betrag des Darlehens maßgebend ist, darf der Vermieter diese Annuitätserhöhung zum Nachteil des Mieters voll in die veränderte Wirtschaftlichkeitsberechnung nach der II. BV einsetzen (OLG Frankfurt, RE v. 28. 12. 1982, DWW 1983, 48, Weber/Marx, II/S. 105). Bei Senkung des Zinssatzes dürfen nur die gesunkenen Kapitalkosten ausgewiesen werden (§ 23 Abs. 1 II. BV).

1.2 Bewirtschaftungskosten

Bewirtschaftungskosten sind die Kosten, die zur Bewirtschaftung des Gebäudes oder der Wirtschaftseinheit laufend erforderlich sind. Bewirtschaftungskosten sind die **Abschreibung**, die **Verwaltungskosten**, die **Betriebskosten**, die **Instandhaltungskosten** sowie das **Mietausfallwagnis**.

1.2.1 Abschreibung (§ 25 II. BV)

Abschreibung ist der auf jedes Jahr der Nutzung fallende Anteil der verbrauchsbedingten Wertminderung der Gebäude, Anlagen und Einrichtungen. Die Abschreibung ist nach der mutmaßlichen Nutzungsdauer zu errechnen. Sie beträgt bei Gebäuden und Erbbaurechten 1 % der Baukosten bzw. der Gesamtkosten. Ein höherer Ansatz ist nur ausnahmsweise gerechtfertigt, wenn besondere Umstände dies begründen können, z. B. die Lebensdauer kürzer anzusetzen ist.

Bei Anlagen und Einrichtungen kann entsprechend der mutmaßlichen Lebensdauer zusätzlich eine **besondere** Abschreibung angesetzt werden. Sie beträgt gemäß § 25 Abs. 3 II. BV für Öfen, Herde, Einbaumöbel und für die Sammelheizung einschließlich einer damit verbundenen Anlage zur Versorgung mit Warmwasser 3 %; für Anlagen und Geräte zur Versorgung mit Warmwasser, sofern sie nicht mit einer Sammelheizung verbunden sind, 4 %; für die Hausanlage bei eigenständig gewerblicher Lieferung von Wärme 0,5 % und einer damit verbundenen Anlage zur Versorgung mit Warmwasser 4 %; für Aufzug 2 % und für die Gemeinschaftsantenne sowie maschinelle Wascheinrichtung 9 %.

1.2.2 Verwaltungskosten (§ 26 II. BV)

Verwaltungskosten sind die Kosten der zur Verwaltung des Gebäudes oder der Wirtschaftseinheit erforderlichen Arbeitskräfte und Einrichtungen, die Kosten der Aufsicht sowie der Wert der vom Vermieter persönlich geleisteten Verwaltungsarbeit. Zu den Verwaltungskosten gehören auch die Kosten für die gesetzlichen oder freiwilligen Prüfungen des Jahresabschlusses und der Geschäftsführung. Die Verwaltungskosten dürfen seit 1. 8. 1992 mit höchstens DM 420,– jährlich je Wohnung, bei Eigenheimen, Kaufeigenheimen und Kleinsiedlungen je Wohngebäude angesetzt werden. Für Garagen- oder ähnliche Einstellplätze dürfen Verwaltungskosten höchstens mit DM 55,– jährlich je Garagen- oder Einstellplatz angesetzt werden.

1.2.3 Betriebskosten (§ 27 II. BV)

Betriebskosten sind die Kosten, die dem Eigentümer (Erbbauberechtigten) durch das Eigentum am Grundstück (Erbbaurecht) oder durch den bestimmungsmäßigen Gebrauch des Gebäudes oder der Wirtschaftseinheit, der Nebengebäude, Anlagen, Einrichtungen und des Grundstücks **laufend** entstehen. Bei Ermittlung der Betriebskosten ist die der II. Berechnungsverordnung beigefügten Anlage 3 zugrunde zu legen (vgl. „Betriebskosten“).

Sach- und Arbeitsleistungen des Eigentümers (Erbbauberechtigten), durch die Betriebskosten erspart werden, dürfen mit dem Betrag angesetzt werden, der für eine gleichwertige Leistung eines Dritten insbesondere eines Unternehmers angesetzt werden könnte.

Die **Umsatzsteuer** des Dritten darf nicht angesetzt werden (§ 27 Abs. 2 II. BV). Im öffentlich geförderten sozialen Wohnungsbau und im steuerbegünstigten oder frei finanzierten Wohnungsbau, der mit Wohnungsfürsorgemitteln gefördert worden ist, dürfen die Betriebskosten nicht in der Wirtschaftlichkeitsberechnung angesetzt werden (§ 27 Abs. 3 II. BV). Danach sind die Betriebskosten zwar weiterhin als laufende Aufwendungen zu berücksichtigen, aber nicht mehr als Bestandteil der Miete, sondern müssen außerhalb der Miete angesetzt werden. Nach der Übergangsregelung des § 25 b NMV mußte spätestens für Abrechnungszeiträume, die 1986 endeten, die Umstellung der Kostenmiete auf eine gesonderte Ausweisung erfolgen. Der Gesetzgeber wollte dadurch jedoch nicht dem Vermieter das Recht nehmen, im Fall des Versäumens der ges. Übergangsfrist auch später noch die Abrechnung nach den neuen Vorschriften umstellen zu können. Es ist daher nicht zu beanstanden, wenn der Vermieter die nach § 25 b NMV vorzunehmende Umstellung der Kostenmiete auf eine gesonderte Ausweisung der Betriebskosten nach diesem Zeitpunkt vornimmt (LG Dortmund, Urt. v. 13. 3. 1991, DWW 1991, 242). Zusätzlich ansatzfähig ist nach Maßgabe des § 25 a Neubaumieten-Verordnung ein sog. „Umlageausfallwagnis“ in Höhe von max. 2 % zur Abdeckung des Risikos uneinbringlicher Rückstände von Betriebskosten oder nicht umlegbarer Betriebskosten infolge Leerstandes von Raum, der zur Vermietung bestimmt ist einschließlich der Uneinbringlichkeit der Kosten einer Rechtsverfolgung.

1.2.4 Instandhaltungskosten (§ 28 II. BV)

Instandhaltungskosten sind die Kosten, die während der Nutzungsdauer zur Erhaltung des bestimmungsmäßigen Gebrauchs aufgewendet werden müssen, um die durch Abnutzung, Alterung und Witterungseinwirkung entstehenden baulichen oder sonstigen Mängel ordnungsgemäß zu beseitigen. Der Ansatz der Instandhaltungskosten dient auch zur Deckung der Kosten von Instandsetzungen, nicht jedoch Kosten von Baumaßnahmen, soweit durch sie eine Modernisierung vorgenommen wird oder Wohnraum oder anderer auf die Dauer benutzbarer Raum neu geschaffen wird. Der Ansatz dient nicht zur Deckung der Kosten einer Erneuerung von Anlagen und Einrichtungen, für die eine **besondere** Abschreibung nach § 25 Abs. 3 II. BV (siehe Abschnitt 1.2.1) zulässig ist.

Zur Höhe der Pauschalen vgl. „Instandhaltungskostenpauschale“.

1.2.5 Mietausfallwagnis (§ 29 II. BV)

Mietausfallwagnis ist das Wagnis einer Ertragsminderung, die durch uneinbringliche Rückstände von Mieten, Pachten, Vergütungen und Zuschlägen oder durch Leerstehen von Raum der zur Vermietung bestimmt ist, entsteht. Es umfaßt auch die uneinbringlichen Kosten einer Rechtsverfolgung auf Zahlung oder Räumung.

> Das **Mietausfallwagnis** darf höchstens mit 2 % der Erträge angesetzt werden (§ 31 Abs. 1 Satz 1 II. BV).

Nachdem sich diese Erträge gemäß dem Wesen der Kostenmiete mit den laufenden Aufwendungen decken müssen, betragen die laufenden Aufwendungen ohne das Mietausfallwagnis 98 % des Gesamtaufwandes, der den Erträgen gegenüberzustellen ist. Rechnerisch ist daher zu den laufenden Aufwendungen ein Mietausfallwagnis von 2,04 % zu addieren.

Der Gesamtbetrag der laufenden Aufwendungen geteilt durch die Wohnfläche des Hauses ergibt die sog. **Durchschnittsmiete**. Daraus hat der Vermieter durch Zu- bzw. Abschläge die Einzelmiete für die konkrete Wohnung zu ermitteln (§ 8 a Abs. 1, 2, 5 WoBindG). Abschläge sind z. B. möglich für Erdgeschoß- oder Dachgeschoßwohnungen (Zuschläge für gleichwertig ausgestattete Kleinwohnungen wegen des erhöhten Bauaufwandes). Die Summe der Einzelmieten darf aber wiederum keinen höheren Betrag als die laufenden Aufwendungen ergeben.

Neben der Einzelmiete sind folgende **Zuschläge** zulässig (§ 26 NMV):

- Zuschlag für die Benutzung von Wohnraum zu anderen als Wohnzwecken, z. B. zu gewerblichen oder beruflichen Zwecken (vgl. im einzelnen § 26 Abs. 2 NMV)
- Zuschlag für die Untervermietung von Wohnraum in Höhe von DM 5,– monatlich, wenn der untervermietete Wohnungsteil von einer Person benutzt wird; in Höhe von DM 10,– monatlich, wenn der untervermietete Wohnungsteil von zwei und mehr Personen benutzt wird (§ 26 Abs. 3 NMV)
- Zuschlag wegen Ausgleichszahlungen nach § 7 WoBindG (§ 26 Abs. 4 NMV)
- Zuschlag zur Deckung erhöhter laufender Aufwendungen, die nur für einen Teil der Wohnungen des Gebäudes oder der Wirtschaftseinheit entstehen (§ 26 Abs. 5 NMV)
- Zuschlag für Nebenleistungen des Vermieters, die nicht allgemein üblich sind und nur einzelnen Mietern zugute kommen (§ 26 Abs. 6 NMV)
- Zuschlag für Wohnungen, die durch Ausbau von Zubehörräumen neu geschaffen wurden (§ 26 Abs. 7 NMV).

Der Vermieter kann neben der Einzelmiete für die Überlassung einer **Garage,** eines Stellplatzes oder eines Hausgartens eine angemessene Vergütung verlangen (§ 27 NMV). Das gleiche gilt für die Mitvermietung von Einrichtungs- und Ausstattungsgegenständen und für laufende Leistungen zur persönlichen Betreuung und Versorgung, wenn die zuständige Stelle dies genehmigt hat.

Die Erhebung eines **Möblierungszuschlags** zur Kostenmiete setzt jedoch eine gesonderte mietvertragliche Vereinbarung **und** die öffentlich-rechtliche Genehmigung voraus (LG Hamburg, WM 1992, 591). Der Erstattungsanspruch bei preisrechtswidrig gezahltem Möblierungszuschlag **verjährt** 4 Jahre nach der jeweiligen Leistung (LG Hamburg, a.a.O.).

2 Mieterhöhung

Im Gegensatz zum Mieterhöhungsverfahren bei nicht preisgebundenem Wohnraum ist die vom Vermieter abzugebende schriftliche Erklärung nicht auf Zustimmung des Mieters zur angestrebten Mietzinserhöhung gerichtet; vielmehr hat der Vermieter bei preisgebundenem Wohnraum ein Gestaltungsrecht dahin, daß seine Erklärung unmittelbar eine Vertragsänderung bewirkt.

Erhöht sich nach der erstmaligen Ermittlung der Kostenmiete der Gesamtbetrag der laufenden Aufwendungen aufgrund von Umständen, die der Vermieter nicht zu vertreten hat, oder wird durch Gesetz oder Rechtsverordnung ein höherer Ansatz für laufende Aufwendungen in der Wirtschaftlichkeitsberechnung zugelassen (z. B. durch Erhöhung der Verwaltungskosten- oder Instandhaltungskostenpauschalen), kann der Vermieter eine neue Wirtschaftlichkeitsberechnung aufstellen (§ 4 Abs. 1 NMV).

Dic Durchführung einer zulässigen Mieterhöhung gegenüber dem Mieter sowie der Zeitpunkt, von dem an sie wirksam wird, bestimmt sich nach § 10 des Wohnungsbindungsgesetzes. Danach kann der Vermieter dem Mieter gegenüber schriftlich erklären, daß das Entgelt um einen bestimmten Betrag, bei Umlagen um einen bestimmbaren Betrag, bis zur Höhe des zulässigen Entgeltes erhöht werden soll. Die Erklärung ist nur wirksam, wenn in ihr die Erhöhung berechnet und erläutert ist. Der **Berechnung** der Kostenmiete ist eine Wirtschaftlichkeitsberechnung oder ein Auszug daraus, der die Höhe der laufenden Aufwendungen erkennen läßt, beizufügen. Die Beifügung von Unterlagen ersetzt jedoch nicht die vorgeschriebene Berechnung und Erläuterung. Diese ist nur dann ausreichend, wenn ein durchschnittlicher Mieter in der Lage ist, den Erhöhungsbetrag rechnerisch und gedanklich nachzuvollziehen (AG Winsen/Luhe, WM 1994, 434).

Bei der **Erläuterung** der Mieterhöhung sind die Gründe anzugeben, aus denen sich die einzelnen laufenden Aufwendungen erhöht haben und die auf die einzelnen laufenden Aufwendungen fallenden Beträge (§ 4 Abs. 7 Satz 2 NMV; LG Köln, WM 1992, 254). Die Mieterhöhungserklärung ist jedoch nicht deswegen unwirksam, weil sie sehr umfangreich ist und auch schwierige Berechnungen zum Gegenstand hat, da der Mieter vertiefende Informationen mit seinem Auskunftsrecht erlangen kann (§ 8 Abs. 4 WoBindG; LG Dortmund, WM 1994, 81). Auch Berechnungsfehler, die sich richtigstellen lassen, führen nicht zur Unwirksamkeit der Erklärung; anders aber bei nicht hinreichend klaren Erläuterungen und Berechnungen der Mietveränderung (LG Dortmund, a. a. O.). Die dem Schreiben der Mieterhöhungserklärung als Anlage beigefügte Berechnung der Mieterhöhung bedarf keiner weiteren Unterschrift des Vermieters (LG Essen, WM 1992, 592).

> Anstelle einer Wirtschaftlichkeitsberechnung kann auch eine **Zusatzberechnung** zu der letzten Wirtschaftlichkeitsberechnung oder, wenn das zulässige Entgelt von der Bewilligungsstelle aufgrund einer Wirtschaftlichkeitsberechnung genehmigt worden ist, eine **Abschrift** der Genehmigung beigefügt werden.

Es ist nicht erforderlich, einer Mieterhöhungserklärung (§ 10 Abs. 1 Satz 1 WoBindG) **Unterlagen** in einem Umfang beizufügen, die dem Mieter – auch wenn es sich um einen Zweit- oder Folgemieter handelt – die Möglichkeit verschafft, die Entwicklung der Kostenmiete bis auf die von der Bewilligungsstelle genehmigte Durchschnittsmiete zurückzuverfolgen. Zur Wirksamkeit einer solchen Mieterhöhung genügt neben der Berechnung und Erläuterung derselben vielmehr die Beifügung einer Wirtschaftlichkeitsberechnung, eines Auszugs daraus oder – falls der Mieter bereits im Besitz der letzten Wirtschaftlichkeitsberechnung oder eines Auszuges daraus ist – eine Zusatzberechnung zu diesen oder, wenn das zulässige Entgelt von der Bewilligungsstelle aufgrund einer Wirtschaftlichkeitsberechnung genehmigt ist, eine Abschrift dieser Genehmigung (BGH, RE v. 11. 1. 1984, DWW 1984, 98; Weber/Marx, IV/S. 100).

Die gegenteilige Auffassung des KG Berlin (RE v. 3. 3. 1982, NJW 1982, 1468; Weber/Marx II/S. 116) ist damit überholt.

Der der Mieterhöhungserklärung beizufügende oder in diese aufzunehmende Auszug aus der Wirtschaftlichkeitsberechnung kann so beschaffen sein, daß darin die einzelnen nach den §§ 39, 18, 24 der II. BV zu berücksichtigenden Positionen lediglich mit ihrem Endbetrag ausgewiesen und die Kosten aufgeschlüsselt sind, die sich erhöht haben (OLG Hamm, RE v. 4. 4. 1984, WM 1984, 148; Weber/Marx, IV/S. 103).

Eine Mieterhöhung wegen Durchführung von **Modernisierungsmaßnahmen** setzt voraus, daß der Mieter den Maßnahmen **zugestimmt** hat, zu ihrer **Duldung verpflichtet** war oder sie **tatsächlich geduldet** hat. Soweit es für die Mieterhöhung auf die Duldungspflicht des Mieters ankommt, setzt auch die Erhöhung der Kostenmiete die Einhaltung der Vorschrift des § 541b Abs. 2 BGB (Verpflichtung des Vermieters zur ordnungsgemäßen Ankündigung der Modernisierungsmaßnahmen) voraus (BayObLG, RE v. 24. 10. 1996, RE-Miet 3/95, WM 1996, 749). Darauf kommt es jedoch nicht an, wenn der Mieter die Modernisierungsmaßnahmen tatsächlich geduldet hat, d. h. sich in Kenntnis der Maßnahmen passiv verhalten hat (vgl. KG Berlin, RE v. 16. 7. 1992, WM 1992, 514 sowie „Modernisierung“). In diesem Fall ist die Mieterhöhung auch dann zulässig, wenn die Vorschrift des § 541 b Abs. 2 BGB nicht eingehalten worden ist.

Wird vom Eigentümer und Vermieter an den durch Aufwendungszuschüsse oder Aufwendungsdarlehen geförderten Wohnungen (§ 88 II. WoBauG) seines im steuerbegünstigten Wohnungsbau errichteten Mietwohnhauses **durch Teilung** Wohnungseigentum begründet, bleibt für die vermieteten Eigentumswohnungen die im Zeitpunkt der Anlegung der Wohnungsgrundbücher vom Vermieter in preisrechtlich zulässiger Weise jeweils geforderte Kostenmiete (bisherige Kostenmiete) bis zur Genehmigung der neuen Kostenmiete weiterhin verbindlich.

Eine **vor** der Anlegung der Wohnungsgrundbücher eintretende Erhöhung der laufenden Aufwendungen führt zu einer Erhöhung der bisherigen Kostenmiete (entspr. § 4 NMV), die vom Hauseigentümer und Vermieter aufgrund einer **einheitlichen** (für das Gebäude oder die Wirtschaftseinheit aufzustellenden) Wirtschaftlichkeitsberechnung zu ermitteln ist.

Hingegen berechtigt eine Erhöhung der laufenden Aufwendungen, die **nach** Anlegung der Wohnungsgrundbücher eingetreten ist, nicht mehr zu einer Erhöhung der bisherigen Kostenmiete aufgrund einer einheitlichen Wirtschaftlichkeitsberechnung. Sie kann vielmehr nur zu einer Erhöhung der neuen Kostenmiete führen, und zwar regelmäßig erst, nachdem diese vom Wohnungseigentümer und Vermieter durch eine für jede einzelne Eigentumswohnung **gesondert** aufzustellende Wirtschaftlichkeitsberechnung ermittelt und von der Bewilligungsstelle genehmigt worden ist (§ 17 Abs. 5 i.V.m. § 5a Abs. 1 Satz 2 NMV; KG Berlin, RE v. 20. 9. 1984, DWW 1985, 26; Weber/Marx, IV/ S. 109).

Die Ansätze der **nach Umwandlung** öffentlich geförderten Wohnraums in Wohnungseigentum aufgestellten Wirtschaftlichkeitsberechnung (§ 5 a Abs. 1 Satz 2 NMV) darf das Zivilgericht bei einem Streit über die Höhe der Kostenmiete unabhängig von den Bewertungen der Bewilligungsstelle im Genehmigungsbescheid oder in früheren Genehmigungen auf ihre materielle Berechtigung überprüfen (§ 8a Abs. 3 WoBindG; OLG Hamburg, RE v. 18. 1. 1991, DWW 1991, 47).

Hat eine Umwandlung in Wohnungseigentum **nicht** stattgefunden, ist das Zivilgericht grundsätzlich **nicht** befugt, die von der Bewilligungsstelle im Rahmen der **Bewilligung** der öffentlichen Mittel (§ 72 Abs. 2 II. WoBauG) behördlich für das Bauvorhaben genehmigte Durchschnittsmiete, auf deren Grundlage die verschiedenen Einzelmieten nach Maßgabe der §§ 8 a, 8 b WoBindG errechnet und vereinbart worden sind, auf die Richtigkeit ihrer Ermittlung nachzuprüfen.

> Das gilt auch dann, wenn der behördliche Mietgenehmigungsbescheid von anderen als den am Zivilprozeß beteiligten Mietern noch angefochten werden kann oder wenn er zwar bereits angefochten ist, die Anfechtung aber noch nicht zu einer rechtskräftigen Aufhebung oder Abänderung des Bescheides geführt hat (OLG Hamm, RE v. 10. 9. 1984, DWW 1984, 287; Weber/Marx, IV/S. 99).

Anders als bei dieser (erstmaligen) **Bewilligungs**genehmigung (§ 72 II. WoBauG) kann das ordentliche Gericht jedoch im Rechtsstreit über die Höhe der Kostenmiete von einer **Erhöhungs**genehmigung (§ 8 a Abs. 4 WoBindG) zugunsten des Mieters abweichen, da diese keine Bindungswirkung entfaltet (OLG Hamm, RE v. 20. 8. 1993, WM 1993, 591, Weber/Marx, XIII/S. 141).

Der Bewilligungsbescheid (§ 72 Abs. 1 II. WoBauG) kann auch für ein wesentlich geändertes Förderungsobjekt Gültigkeit behalten und Grundlage für spätere Erhöhungen der Kostenmiete sein, die auf einer der geänderten Herstellung des Förderobjekts entsprechenden Wirtschaftlichkeitsberechnung aufbaut (LG Dortmund, WM 1994, 81).

Die Erklärung des Vermieters hat die **Wirkung**, daß von dem 1. des auf die Erklärung folgenden Monats an das erhöhte Entgelt an die Stelle des bisher zu entrichtenden Entgelts tritt; wird die Erklärung erst nach dem 15. eines Monats abgegeben, tritt diese Wirkung von dem 1. des übernächsten Monats an ein. Geht z. B. die Erklärung am 10. 2. dem Mieter zu, erhöht sich die Miete ab 1. 3., bei Zugang am 18. 2. erhöht sich die Miete erst ab 1. 4.

Wird die Erklärung bereits vor dem Zeitpunkt abgegeben, von dem an das erhöhte Entgelt nach den dafür maßgeblichen Vorschriften zulässig ist, wird sie frühestens von diesem Zeitpunkt an wirksam. Soweit die Erklärung darauf beruht, daß sich die Betriebskosten **rückwirkend** erhöht haben, wirkt sie ab dem Zeitpunkt der Erhöhung der Betriebskosten, höchstens jedoch auf den Beginn des der Erklärung vorangehenden Kalenderjahres zurück, sofern der Vermieter die Erklärung innerhalb von 3 Monaten nach Kenntnis von der Erhöhung abgibt.

> Ist der Erklärung ein Auszug aus der Wirtschaftlichkeitsberechnung oder die Genehmigung der Bewilligungsstelle beigefügt, hat der Vermieter dem Mieter auf Verlangen **Einsicht** in die Wirtschaftlichkeitsberechnung zu gewähren (§ 10 Abs. 3 WoBindG).

Dem Vermieter steht das Recht zur einseitigen Mieterhöhung **nicht** zu, so weit und so lange eine Mieterhöhung durch ausdrückliche Vereinbarung mit dem Mieter oder einem Dritten ausgeschlossen ist oder der Ausschluß sich aus den Umständen ergibt (§ 10 Abs. 4 WoBindG). Wann sich der Ausschluß einer Mieterhöhung aus den Umständen ergibt, kann nur im Einzelfall beurteilt werden. Die Gewährung eines Mieterdarlehens oder einer Mietvorauszahlung ist für sich allein kein die Mieterhöhung ausschließender Umstand (BGH, NJW 1958, 586).

Es kommt vielmehr auf die Würdigung des gesamten Sachverhaltes an, namentlich auf die Höhe der Mieterleistung, die Dauer der Tilgungszeit und die wirtschaftlichen Gesichtspunkte (BGH, MDR 1960, 45).

Vermietet der Vermieter die Wohnung bewußt unterhalb der zulässigen Kostenmiete (z. B. um die Vermietbarkeit zu erreichen), kann darin ein teilweiser **Mieterhöhungsausschluß** gesehen werden, so daß dem Mieter der Mietvorteil mangels abweichender Vereinbarungen auf Dauer erhalten bleibt (LG Hannover, WM 1996, 556). Spätere Mieterhöhungen sind dann nur in dem Umfang des Erhöhungsbetrages der Kostenmiete einseitig durchsetzbar (AG Hannover, WM 1994, 434).

Die Mieterhöhung kann auch durch Vereinbarung mit einem Dritten ausgeschlossen werden, z. B. mit dem Arbeitgeber des Mieters, der dem Vermieter ein Baudarlehen gewährt (BGH, ZMR 1964, 28).

Eine Mieterhöhungserklärung in der vorgeschriebenen Form ist auch dann erforderlich, wenn im Mietvertrag eine Gleitklausel vereinbart ist, wonach der Vermieter den jeweils preisrechtlich zulässigen Mietzins beanspruchen kann (§ 4 Abs. 8 NMV; Fischer-Dieskau / Pergande / Schwender, § 10 Wohnungsbindungsgesetz, Anm. 1; LG Münster, WM 1988, 214). Eine solche Gleitklausel kann auch **formularvertraglich** wirksam vereinbart werden (LG Köln, WM 1992, 254). Eine darauf gestützte **rückwirkende** Mieterhöhung kann auch der Grundstückserwerber für den vor dem Eigentumserwerb liegenden Zeitraum geltend machen (LG Hamburg, WM 1992, 593).

Auch eine **Staffelmietvereinbarung** steht jedenfalls dann in keinerlei Widerspruch zu den Vorschriften des Wohnungsbindungsgesetzes, wenn die höchste Staffel die bei Vertragsschluß maßgebliche Kostenmiete nicht übersteigt (OLG Hamm, Beschl. v. 29. 1. 1993, DWW 1993, 78, Weber/Marx, XIII/S. 11).

Der Mieter ist, falls ihm eine Mieterhöhungserklärung des Vermieters zugeht, berechtigt, das Mietverhältnis spätestens am 3. Werktag des Kalendermonats, von dem an der Mietzins erhöht werden soll, für den Ablauf des nächsten Kalendermonats zu **kündigen** (§ 11 WoBindG).

Das **Sonderkündigungsrecht** des Mieters besteht ohne Rücksicht darauf, ob der Mietvertrag auf bestimmte oder unbestimmte Zeit geschlossen ist. Kündigt der Mieter, tritt die Mieterhöhung nicht ein.

Soweit das vereinbarte Entgelt die Kostenmiete übersteigt, ist die Vereinbarung unwirksam (§ 8 Abs. 2 Satz 1 Wo-

BindG). Soweit die Vereinbarung unwirksam ist, ist die Leistung **zurückzuerstatten** und vom Empfang an zu verzinsen (§ 8 Abs. 2 Satz 2 WoBindG). Dieser Rückzahlungsanspruch steht auch dem nicht nach den §§ 4, 5 WoBindG wohnberechtigten Mieter einer mit öffentlichen Mitteln geförderten Wohnung zu, da die Geltendmachung nicht generell, sondern nur bei **Hinzutreten** besonderer Umstände (z. B. Erschleichen der Wohnung durch den Mieter) gegen den Grundsatz von Treu und Glauben (§ 242 BGB) verstößt (OLG Hamm, RE v. 4. 5. 1988, NJW-RR 1988, 1037; Weber/Marx VIII/S. 81). Nicht ausreichend für ein Entfallen des Rückforderungsanspruchs ist jedenfalls der Umstand, daß Mieter und Vermieter die Nichtberechtigung des Mieters bei Abschluß des Mietvertrages kannten, da § 817 Satz 2 BGB wegen der Sonderregelung des § 8 Abs. 2 Satz 2 WoBindG keine Anwendung finden kann (OLG Hamm, a.a.O.). Der Anspruch auf Rückerstattung **verjährt** nach Ablauf von 4 Jahren nach der jeweiligen Leistung, jedoch spätestens nach Ablauf eines Jahres von der Beendigung des Mietverhältnisses an (§ 8 Abs. 2 Satz 3 WoBindG).

Diese **Verjährungsfrist** gilt nicht für einen Anspruch auf Rückerstattung bezahlter Miete, die aufgrund einer einseitigen Mieterhöhung verlangt wurde (§ 10 WoBindG; BayObLG, RE v. 23. 5. 1985, MDR 1985, 767; Weber/Marx, V/S. 85).

Läuft die Preisbindung ab (z. B. zum 31. 12. 1996), kann der Vermieter schon vor Ablauf vom Mieter verlangen, daß er einer Mieterhöhung zustimmt, die unmittelbar nach dem Ablauf der Bindung (z. B. zum 1. 1. 1997) wirksam wird (OLG Hamm, RE v. 9. 10. 1980, DWW 1980, 247; Weber/Marx, I/S. 107; LG Berlin, WM 1996, 417, wonach dies auch nach Einführung des neuen § 2 Abs. 1a MHG gilt). Zu beachten ist aber, daß auch in diesem Fall grundsätzlich die sog. **„Kappungsgrenze“** (§ 2 Abs. 1 Satz 1 Nr. 3 MHG) gilt (BayObLG, RE v. 23. 1. 1984, DWW 1984, 47; Weber/Marx, IV/S. 68; BVerfG, Beschl. v. 4. 12. 1985, DWW 1986, 93). Zur Berechnung der Kappungsgrenze ist von dem vor Wegfall der Preisbindung geschuldeten Mietzins auszugehen (OLG Stuttgart, Beschl. v. 7. 9. 1989, WM 1989, 552; Weber/Marx, IX/S. 25; a. A.: LG Hamburg, WM 1996, 277, wonach auf den 3 Jahre vor dem Erhöhungsverlangen geschuldeten Mietzins abzustellen ist). Mietzinserhöhungen wegen Kapitalkostensteigerungen müssen nicht abgezogen werden (OLG Hamm, RE v. 27. 6. 1990, DWW 1990, 233; Weber/Marx, X/S. 75).

Keine Kappungsgrenze gilt gemäß dem am 1. 9. 1993 in Kraft getretenen § 2 Abs. 1a MHG, wenn und soweit der Mieter bis zum Wegfall der Preisbindung zur Zahlung einer Fehlbelegungsabgabe verpflichtet war. Der Vermieter ist dann berechtigt, die Miete nach dem Wegfall der Preisbindung ohne Berücksichtigung einer Kappungsgrenze bis zu der Höhe anzuheben, die der Mieter bisher einschließlich der Fehlbelegungsabgabe gezahlt hat. Der Mieter hat dem Vermieter auf dessen Verlangen, das frühestens 4 Monate vor dem Wegfall der öffentlichen Bindung gestellt werden kann, innerhalb eines Monats darüber Auskunft zu erteilen, ob und in welcher Höhe eine Fehlbelegungsabgabe gezahlt werden muß.

Die Zustimmung zur Mieterhöhung kann jedoch grundsätzlich erst dann verlangt werden, wenn die letzte Erhöhung der Kostenmiete mindestens ein Jahr zurückliegt, da die **einjährige Wartefrist** des § 2 Abs. 1 Satz 1 Nr. 1 MHG auch beim Übergang von der Kostenmiete zur Vergleichsmiete gilt (OLG Hamm, RE v. 15. 3. 1995, Az. 30 RE-Miet 3/94, WM 1995, 263; vgl. auch OLG Hamm, Beschl. v. 10. 8. 1994, Az. 30 RE-Miet 1/94, WM 1994, 455; a. A.: LG München I, WM 1989, 634). Außer Betracht bleiben aber vorangegangene Kostenmieterhöhungen, die auf den gleichen Gründen beruhen wie Mieterhöhungen (§§ 3 bis 5 MHG bzw. §§ 4, 6 NMV). Die einjährige Wartefrist gilt daher **nicht**, wenn die vorangegangene Kostenmieterhöhung wegen baulichen Änderungen (entspr. § 3 MHG), gestiegenen Betriebskosten (entspr. § 4 MHG) oder gestiegenen Kapitalkosten (entspr. § 5 MHG) erfolgt ist. Dagegen ist nach einer vorangegangenen Erhöhung, die andere als die in den §§ 3 bis 5 MHG beschriebenen Gründe hatte, z. B. Erhöhung der Verwaltungs- und Instandhaltungskostensätze, die einjährige Wartefrist einzuhalten (OLG Hamm, a.a.O.).

Kündigung

Inhaltsübersicht Seite

Allgemeine Hinweise

Die Kündigung ist der häufigste Umstand, der zur Beendigung eines Mietverhältnisses führt (vgl. auch „Beendigung des Mietverhältnisses").

Grundsätzlich zu unterscheiden ist zwischen der **ordentlichen** (siehe Abschnitte 2.1, 3.1) und der **außerordentlichen** Kündigung (siehe Abschnitte 2.2, 3.2).

Bei der **ordentlichen** Kündigung sind die jeweiligen gesetzlichen Fristen einzuhalten, soweit nicht vertraglich andere Fristen **wirksam** vereinbart wurden (siehe „Kündigungsfristen").

Dagegen kann die **außerordentliche Kündigung fristlos** oder unter Einhaltung der kurzen gesetzlichen **Mindestfrist** von 3 Monaten (§ 565 Abs. 5 BGB) erfolgen. Durch außerordentliche Kündigung kann auch ein Mietverhältnis auf bestimmte Zeit (z. B. Mietvertrag auf Dauer von 3 Jahren; vgl. „Zeitmietvertrag") vorzeitig beendigt werden, während die ordentliche Kündigung in diesem Falle ausgeschlossen ist.

1 Form und Inhalt der Kündigung

1.1 Schriftform der Kündigung

Bei einem Mietverhältnis über Wohnraum bedarf sowohl die ordentliche als auch die außerordentliche Kündigung grundsätzlich der schriftlichen Form (§ 564 a Abs. 1 BGB), unabhängig davon, ob sie durch den Mieter oder den Vermieter erfolgt. Das Schriftformerfordernis entfällt nach § 564 a Abs. 3 BGB nur ausnahmsweise in den Fällen, in denen der Wohnraum zu nur vorübergehendem Gebrauch vermietet ist oder der Wohnraum Teil der vom Vermieter selbst bewohnten Wohnung ist, vom Vermieter möbliert und nicht zum dauernden Gebrauch für eine Familie überlassen ist (§ 564 a Abs. 3 Satz 1 in Verbindung mit § 564 b Abs. 7 Nr. 1, 2 BGB). Zur Definition der Begriffe vgl. „Kündigungsschutz", Abschnitt 2.7. Abweichende vertragliche Vereinbarungen über die gesetzliche Schriftform sind unwirksam (Palandt, Anm. 1 c zu § 564 a BGB).

Formularmäßig ist auch die Vereinbarung einer strengeren Form oder von besonderen Zugangserfordernissen (§ 11 Nr. 16 AGBG) unwirksam, z. B. „Die Kündigung durch den Mieter bedarf der Zustellung durch Einschreiben mit Rückschein an den Vermieter" (OLG Celle, WM 1990, 103). Auch eine individuelle Vereinbarung einer bestimmten Übermittlungsform (z. B. Einschreiben mit Rückschein) dient nach st. Rspr. nur Beweiszwecken, so daß allein die Nichteinhaltung der Form nicht zur Unwirksamkeit der Kündigung führen kann (OLG Hamm, ZMR 1995, 248).

Die Kündigung eines Mietverhältnisses über Räume, die **nicht** zu Wohnzwecken (z. B. Geschäftsräume) vermietet wurden, ist grds. **formlos**, z. B. auch mündlich, möglich, wenn nicht vertraglich eine andere Form, z. B. Schriftform, vereinbart wurde.

Wird die Kündigung eines Wohnraummietvertrages im Laufe eines zwischen Vermieter und Mieter anhängigen Rechtsstreites durch einen **prozessua-**

len Schriftsatz erklärt, ist der Schriftform (§ 564 a Abs. 1 Satz 1 BGB) Genüge getan, wenn dem Mieter eine vom Prozeßbevollmächtigten des Vermieters selbst beglaubigte Abschrift des die Kündigung aussprechenden Schriftsatzes zugeht. Eine Unterschrift des Prozeßbevollmächtigten unter der Abschrift ist neben oder statt der Unterschrift unter dem Beglaubigungsvermerk nicht erforderlich (OLG Hamm, RE v. 23. 11. 1981, DWW 1982, 23; vgl. auch OLG Zweibrücken, RE v. 17. 2. 1981, ZMR 1982, 112; BayObLG, RE v. 14. 7. 1981, DWW 1981, 235).

1.2 Kündigung durch einen Bevollmächtigten

Bei der Kündigung durch einen Bevollmächtigten (z. B. Hausverwalter, Rechtsanwalt, Haus- und Grundbesitzerverein) muß das Kündigungsschreiben einen klaren Hinweis auf das Vertretungsverhältnis enthalten, z. B. durch die Formulierung: „Namens und in Vollmacht des Vermieters Herrn X kündige ich das Mietverhältnis über die Räume …“. Der bloße Gebrauch des Plurals „wir“ genügt nicht (LG Düsseldorf, DWW 1993, 20). Da die Kündigung eine einseitige empfangsbedürftige Willenserklärung darstellt, ist insbesondere auch **§ 174 BGB** zu beachten, der wie folgt lautet:

Ein einseitiges Rechtsgeschäft, das ein Bevollmächtigter einem anderen gegenüber vornimmt, ist unwirksam, wenn der Bevollmächtigte eine Vollmachtsurkunde nicht vorlegt und der andere das Rechtsgeschäft aus diesem Grunde unverzüglich zurückweist. Die Zurückweisung ist ausgeschlossen, wenn der Vollmachtgeber den anderen von der Bevollmächtigung in Kenntnis gesetzt hatte.

> Danach ist die Kündigung unwirksam, wenn der Bevollmächtigte eine Vollmachtsurkunde nicht vorgelegt hat und der andere die Kündigung **aus diesem Grund** unverzüglich zurückweist.

Strittig ist, ob eine **Prozeß**vollmacht auch zur Kündigung bevollmächtigt, so daß zu empfehlen ist, bei einer Kündigung im Prozeß auch eine Vollmacht zur Kündigung vorzulegen.

Die Vollmacht muß von der Partei selbst (nicht z. B. vom Verwalter) erteilt sein und **im Original** vorgelegt werden. Die Vorlage einer beglaubigten Abschrift genügt nicht (BGH, NJW 1981, 1210), ebensowenig die Vorlage einer Fotokopie (vgl. z. B. LG München II, WM 1995, 478), das Übermitteln der Vollmacht durch Telefax (LG Berlin, NJWE 1996, 220) oder das Angebot, die Vollmachtsurkunde beim Bevollmächtigten einzusehen. Jedoch kann die Kündigung eines Hausverwalters, der den von ihm namens des Vermieters abgeschlossenen Mietvertrag kündigt, nicht wegen fehlenden Vollmachtsnachweises zurückgewiesen werden, wenn dem Kündigungsschreiben eine Kopie der Hausverwaltervollmacht beigefügt ist, aus der sich die Bevollmächtigung zur Kündigung ergibt (OLG Frankfurt/M., NJW-RR 1996, 10).

Strittig ist, ob es ausreicht, daß die Vollmachtsurkunde dem Dritten **einmal** vorgelegt wurde und sie daher nicht bei jedem Vertretergeschäft erneut vorgelegt werden muß, sofern sie auch die weiteren Geschäfte (z. B. den Ausspruch weiterer Kündigungen) abdeckt (bejahend: LG Freiburg, WM 1991, 689; Soergel-Leptien, § 172 RN 4; Müko-Thiele, § 172 Rdn. 8; a. A.: Sternel, Mietrecht, 3. Aufl., Rdn. IV 15).

Die Zurückweisung durch den Kündigungsempfänger muß **unverzüglich**, d. h. ohne schuldhaftes Zögern (§ 121 BGB), erfolgen, wobei eine angemessene Frist zur Einholung rechtlicher Beratung zugestanden werden muß (LG München II, WM 1995, 478).

Bei der Beurteilung der Frage, was noch als unverzüglich anzusehen ist, ist auf den Einzelfall abzustellen. Dabei fällt ein Zeitraum von 2 Wochen bereits in einen kritischen Bereich, in dem es besonders eingehender Prüfung bedarf, ob der Widersprechende seine Erklärung gegenüber dem Vertragspartner ohne schuldhaftes Zögern abgegeben hat. Der Hinweis auf die Notwendigkeit einer Terminabsprache mit dem eigenen Rechtsanwalt schließt eine Verspätung nicht aus (LG Hagen, Beschl. v. 7. 9. 1990, WM 1991, 79). Die Zurückweisung ist nicht unverzüglich, wenn sie über die Geschäftsstelle des Gerichts geleitet wird und deshalb dem anderen erst nach Ablauf eines Monats zugeht (LG Hagen, WM 1991, 79).

Das Zurückweisungsrecht besteht auch dann, wenn die Kündigung durch Vermittlung des Gerichtsvollziehers zugestellt wird (BGH, a.a.O.).

Dagegen ist die Kündigung ohne Vollmachtsvorlage auch dann wirksam, wenn die Zurückweisung nicht, nicht unverzüglich oder nicht ausdrücklich wegen fehlender Vollmacht erfolgt.

Die Zurückweisung wegen Fehlens einer beizufügenden Vollmachtsurkunde kann auch nach Treu und Glauben ausgeschlossen sein, wenn der Mieter den Anwalt des Vermieters während des Mietverhältnisses bereits als Vertreter des Vermieters anerkannt hatte, z. B. durch Führung von Korrespondenz (vgl. LG Düsseldorf, WM 1991, 588) oder der RA den Kündigenden in mehreren Mietstreitigkeiten vertritt (OLG München, NJWE 1996, 226).

Die Zurückweisung ist auch ausgeschlossen, wenn der Vollmachtgeber den Kündigungsempfänger von der Bevollmächtigung in Kenntnis gesetzt hatte (§ 174 Satz 2 BGB). Dies setzt eine entsprechende Mitteilung durch den Vollmachtgeber voraus; nicht ausreichend ist, daß der Empfänger von der Bevollmächtigung in anderer Weise Kenntnis erlangt hat.

1.3 Eindeutigkeit der Erklärung

Aus der Kündigungserklärung muß sich eindeutig und unzweifelhaft der Wille erkennen lassen, das Mietverhältnis beenden zu wollen. Das Wort „Kündigung“ muß zwar nicht verwendet werden, ist zum Ausschluß von Zweifeln jedoch unbedingt zu empfehlen.

> Die Kündigung kann nicht unter einer **Bedingung** erklärt werden (z. B. für den Fall, daß die Schönheitsreparaturen nicht durchgeführt werden), da dies dem Bestimmtheitsgrundsatz widerspricht.

Die Kündigung kann auch in einem **Schriftsatz**, z. B. in der Klageschrift, erklärt werden, jedoch muß darin eindeutig zum Ausdruck kommen, daß neben der Klageschrift (Prozeßhandlung) eine materiell-rechtliche Willenserklärung abgegeben wird (BayObLG, a.a.O.).

Grundsätzlich muß dem Kündigungsempfänger ein eigenhändig unterschriebenes Doppel des Schriftsatzes zugestellt werden, wobei jedoch eine selbstbeglaubigte Abschrift ausreichend ist (Rechtsentscheide des BayObLG, OLG Hamm, OLG Zweibrücken, a.a.O.).

Die **Umdeutung** einer unwirksamen fristlosen Kündigung in eine ordentliche Kündigung ist zwar grundsätzlich zulässig, wenn für den Empfänger zweifelsfrei erkennbar ist, daß der Kündigende das Mietverhältnis auf jeden Fall beenden will (vgl. OLG Düsseldorf, DWW 1990, 304), jedoch wird eine Umdeutung der Kündigung des Vermieters bei Wohnraummietverhältnissen in der Regel daran scheitern, daß bei der ordentlichen Kündigung die Kündigungsgründe nicht nur vorhanden, sondern im Kündigungsschreiben auch ausreichend und nachvollziehbar dargestellt werden müssen und die Erklärung der fristlosen Kündigung diesen Anforderungen meist nicht genügen wird.

Strittig ist, ob eine unwirksame fristlose Kündigung des Vermieters in ein Angebot zum Abschluß eines Mietaufhebungsvertrages umgedeutet werden kann, das der Mieter durch Auszug schlüssig annimmt (vgl. LG Freiburg, WM 1989, 7; BGH, ZMR 1984, 163; siehe auch „Mietaufhebungsvertrag").

1.4 Kündigung bei Personenmehrheit

Soweit die Vertragspartner aus Personenmehrheiten bestehen (z. B. Erbengemeinschaft auf der Vermieterseite, Ehegatten auf der Mieterseite), ist die Kündigung grundsätzlich **von allen an alle** zu richten, d. h. die Kündigungserklärung hat sowohl als Adressat als auch als Absender sämtliche Vertragspartner zu enthalten und ist von allen Absendern zu unterzeichnen (vgl. LG Mannheim, DWW 1995, 317, wonach bei einer Erbengemeinschaft die Kündigung eines Geschäftsraummieters zum Zwecke der Erzielung einer ortsüblichen Miete eine Maßnahme der ordnungsgemäßen Verwaltung ist und daher mit Stimmenmehrheit nach § 2038 Abs. 2 i.V.m. § 745 Abs. 1 BGB beschlossen und ausgesprochen werden kann).

Fraglich kann im Einzelfall, insbesondere bei unklarer Vertragsgestaltung, sein, wer überhaupt Vertragspartner geworden ist, z. B. wenn im Mietvertrag zwei Personen als Mieter angeführt sind, jedoch nur einer unterzeichnet hat, oder umgekehrt, wenn einer angeführt ist, aber zwei Personen unterzeichnet haben. Zu dieser Problematik vgl. Ausführungen bei „Personenmehrheit", „Ehegatten als Mieter" und „Eheähnliche Gemeinschaft".

Das Erfordernis, die Kündigung von allen an alle zu richten, gilt auch dann, wenn der Mietvertrag nur mündlich geschlossen wurde (LG Düsseldorf, Urt. v. 15. 3. 1990, DWW 1991, 24).

Eine Kündigung, die nur gegenüber einem von zwei Mietern erfolgt, kann nur **ausnahmsweise** nach Treu und Glauben wegen Vorliegens ganz besonderer Umstände wirksam sein, z. B. wenn der Aufenthalt des anderen bereits vor mehreren Jahren ausgezogenen Mitmieters unbekannt geblieben ist (LG Stuttgart, WM 1996, 94; vgl. auch OLG Frankfurt/M., WM 1991, 76).

> Kündigt ein Berechtigter zugleich **im Namen** der anderen, muß dies unter Angabe des Vertretungsverhältnisses und Vorlage einer Originalvollmacht erfolgen (vgl. Abschnitt 1.2).

Kündigt dagegen z. B. nur ein Mitglied der Erbengemeinschaft oder nur einer der beiden Ehegatten und wurden die anderen nicht ordnungsgemäß vertreten, ist die Kündigung unwirksam und entfaltet keine Rechtswirkungen. Umgekehrt ist eine Kündigung aber nicht schon deshalb unwirksam, weil sie auch namens einer weiteren Person, die nicht Vertragspartner ist (z. B. des Ehegatten) ausgesprochen wurde. Dies nimmt der Kündigungserklärung des Vertragspartners, auf die es allein ankommt, nicht die Wirkung (LG Düsseldorf, DWW 1993, 103).

Wird durch **Umwandlung** eines Mietwohnhauses in eine Wohnungseigentumsanlage Sondereigentum an einem Nebenraum (z. B. am Speicherabteil) begründet und dieser an einen anderen als den Eigentümer der vermieteten Wohnung verkauft, kann die Teilkündigung des Nebenraumes nur **gemeinschaftlich** durch dessen (neuen) Eigentümer und dem (neuen) Eigentümer der Wohnung erfolgen, da eine **Mehrheit von Vermietern** entsteht, wenn Teile der Mietsache, die ursprünglich Gegenstand eines einheitlichen Mietvertrages (z. B. über Wohnung und Speicherabteil) waren, an verschiedene Erwerber veräußert werden (OLG Celle, Urt. v. 11. 10. 1995, WM 1996, 222; vgl. auch BayObLG, WM 1991, 78). Dementsprechend muß die Wohnungseigentümergemeinschaft bei der Kündigung einer Wohnung mitwirken, wenn der an den Mieter (zusammen mit der Wohnung) vermietete Nebenraum nunmehr gemeinschaftliches Eigentum ist. Insofern hat der kündigungswillige Sondereigentümer gegenüber den anderen Wohnungseigentümern einen Anspruch auf Erteilung von Vollmachten, um die Kündigung durchsetzen zu können; allerdings nur unter der Voraussetzung, daß er die übrigen Wohnungseigentümer von einem eventuellen Kostenrisiko freistellt (OLG Hamburg, ZMR 1996, 614). Eine Mitwirkung der anderen Wohnungseigentümer ist nur ausnahmsweise nicht erforderlich, wenn der Nebenraum dem Mieter nicht zur **alleinigen** Nutzung überlassen war (LG Hamburg, WM 1997, 176).

Formularvertragliche Klauseln über eine gegenseitige Bevollmächtigung können die Wirksamkeit einer Kündigung nicht herbeiführen, da eine formularvertragliche Klausel, wonach sich die Mieter gegenseitig zur **Abgabe** von Kündigungserklärungen bevollmächtigen, wegen Verstoßes gegen § 9 AGB-Gesetz (vgl. auch „Allgemeine Geschäftsbedingungen“) unwirksam ist.

Nach Auffassung der obergerichtlichen Rechtsprechung (vgl. z. B. OLG Celle v. 29. 12. 1989, WM 1990, 113) ermöglicht eine derart weitgehende Vollmacht einem Mitmieter, das Mietverhältnis ohne Wissen und Wollen des anderen zu beenden und eröffnet damit Mißbrauchsmöglichkeiten, die den Belangen des Mieters widersprechen und diesen daher unangemessen benachteiligen im Sinne von § 9 AGB-Gesetz.

Weiterhin sind auch sog. **Erklärungsfiktionen**, wonach z. B. die nur an einen Mieter gerichtete Kündigung auch dem anderen gegenüber als erklärt gelten soll, unwirksam. Gleiches gilt für sog. **Zugangsfiktionen**, die bestimmen, daß Erklärungen des Vermieters als zugegangen gelten (§ 10 Nr. 6 AGBG).

Wirksam dagegen sind sog. **„Empfangsvollmachten“**. Damit bevollmächtigten sich die Mieter zur Entgegennahme von Kündigungen. Diese Klausel erspart dem Vermieter zwar die Zustellung der Kündigung an jeden einzelnen Mieter, nicht jedoch, diese an alle Mieter zu adressieren.

Die **formular**mäßige Wirksamkeit einer solchen Regelung setzt jedoch den ausdrücklichen Hinweis auf die Möglichkeit des Widerrufes der Vollmacht (§ 168 BGB) voraus, da andernfalls bei einem rechtsunkundigen Mieter der unzutreffende Eindruck entstehen könnte, er sei an die Vollmachterteilung unwiderruflich gebunden (OLG Celle, a.a.O.).

Nachdem eine an alle Mieter gerichtete Kündigungserklärung bereits dann als zugegangen gilt, wenn sie in den Empfangsbereich der Mieter gelangt ist, ohne daß es auf die tatsächliche Kenntnisnahme ankommt (vgl. Abschnitt 1.8), entfaltet eine Klausel über die Empfangsvollmacht ihre praktische Bedeutung erst dann, wenn einer der Mieter ausgezogen ist, wobei es dem Mieter jedoch freisteht, von dem ihm nicht zu versagenden Recht des Widerrufes Gebrauch zu machen.

1.5 Angabe des Beendigungstermines

Die unrichtige oder fehlende Angabe des Beendigungstermines stellt zwar für sich keinen Unwirksamkeitsgrund dar, jedoch sollte aus Gründen der Klarheit in jedem Fall der Beendigungstermin unter Einhaltung der jeweiligen Kündigungsfristen (siehe „Kündigungsfrist“) im Kündigungsschreiben genannt sein. Verzögert sich

z. B. der Zugang der Kündigung unvorhergesehen über den 3. Werktag eines Monats hinaus, berührt dies die Wirksamkeit der Kündigung nicht; vielmehr wirkt diese dann zum nächst zulässigen Termin.

Unzutreffend und in Widerspruch zur herrschenden Meinung steht das LG Göttingen (Urt. v. 23. 1. 1991, WM 1991, 266), wonach eine Kündigung unwirksam sein soll, wenn der Beendigungstermin fehlerhaft angegeben wurde. Vielmehr ist eine solche Kündigung in eine Kündigung zum nächst zulässigen Beendigungstermin umzudeuten, wenn keine Gründe dagegen sprechen, daß der Kündigende den Vertrag jedenfalls zu diesem Zeitpunkt beenden wollte (OLG Hamm, Urt. v. 28. 9. 1993, MDR 1994, 56; Emmerich / Sonnenschein, Miete, 5. A., § 564 Rdn. 12; Schmidt-Futterer/Blank, Wohnraumschutzgesetze, 6. A., B 32; Köhler, Wohnraummiete, 3. A., § 94 Rdn. 8 a; LG Mannheim, NJW 1970, 328). Die Auffassung des LG Göttingen würde in der Praxis wohl dazu führen, daß der kündigende Vermieter keinen Beendigungstermin mehr benennen wird, um nicht Gefahr zu laufen, den Termin unrichtig anzugeben. Dies wäre sogar nach Auffassung des Landgerichts Göttingen zulässig, würde jedoch sicherlich nicht der Rechtssicherheit und Rechtsklarheit dienlich sein. Ein Mieter, der unter Berufung auf diese – falsche – Mindermeinung die Räumung verweigert, gibt dem Vermieter Anlaß zur Räumungsklage und ist zur Tragung der anfallenden Kosten verpflichtet (LG Köln, WM 1993, 541).

1.6 Angabe der Kündigungsgründe

Nach § 564 a Abs. 1 Satz 2 BGB **sollen** in dem Kündigungsschreiben die Kündigungsgründe genannt werden. § 564 a Abs. 1 Satz 2 BGB ist lediglich eine Sollvorschrift, so daß eine nicht mit Gründen versehene Kündigungserklärung zwar nicht nach § 126 BGB oder § 134 BGB nichtig ist, jedoch werden bei der ordentlichen Kündigung von Wohnraum des Vermieters nur solche Gründe berücksichtigt, die in dem Kündigungsschreiben angegeben sind, soweit sie nicht nachträglich entstanden sind (§ 564 b Abs. 3 BGB). Sind daher im Kündigungsschreiben keine Gründe angegeben und sind solche auch nicht nachträglich entstanden, stehen für die Prüfung der berechtigten Interessen des Vermieters an der Beendigung des Mietverhältnisses auch keine Gründe zur Verfügung, die das Gericht berücksichtigen kann, so daß die Kündigung nicht die Beendigung des Mietverhältnisses bewirken kann und daher im Ergebnis unwirksam ist (BayObLG, RE v. 14. 7. 1981, DWW 1981, 234; Weber/Marx, I/S. 55); RE v. 17. 12. 1984, WM 1985, 50, Weber/Marx IV/S. 55.

Eine Kündigung, die wegen unzureichender Begründung **unwirksam** ist, kann nicht durch Nachschieben von Gründen geheilt werden, sondern muß – unter erneuter Einhaltung der Kündigungsfrist – nochmals durchgeführt werden (ständige Rechtsprechung, vgl.

z. B. LG Düsseldorf, WM 1990, 505; LG Köln, WM 1990, 155). Dagegen ist ein Nachschieben von Gründen für „nachträglich entstandene Gründe“ möglich (§ 564 b Abs. 3 BGB), so daß eine ausreichend begründete und damit **wirksame** Kündigung auch dann wirksam bleibt, wenn die angegebenen Gründe zwar nach Ausspruch der Kündigung entfallen sind, jedoch neue Gründe die Kündigung stützen können.

> In dem Kündigungsschreiben sind **sämtliche Gründe**, die als berechtigtes Interesse des Vermieters für die ausgesprochene Kündigung von Wohnraum berücksichtigt werden sollen, grundsätzlich auch dann nochmal anzugeben, wenn sie dem Mieter bereits zuvor mündlich oder schriftlich mitgeteilt oder in einem Vorprozeß geltend gemacht worden waren (BayObLG, a.a.O.).

Ein nach § 564 b Abs. 3 BGB zu berücksichtigender Kündigungsgrund braucht nach den Ausführungen dieses Rechtsentscheides im Kündigungsschreiben zwar nur so ausführlich bezeichnet zu sein, daß er identifiziert und von anderen Gründen (Sachverhalte, Lebensvorgänge) unterschieden werden kann, jedoch ist zur Darlegung und Erläuterung des berechtigten Interesses an der Beendigung des Mietverhältnisses dringend zu empfehlen, sämtliche für eine Beendigung des Mietverhältnisses sprechenden Umstände möglichst ausführlich, verständlich und substantiiert bereits im Kündigungsschreiben darzustellen.

Wiederholt jedoch der Vermieter lediglich eine bereits ausgesprochene Kündigung, z. B. weil er sich nicht sicher ist, ob diese wirksam war, genügt die eindeutige Bezugnahme auf den im vorangegangenen Schreiben – ausreichend – dargelegten Kündigungsgrund. Strengere Anforderungen an den Begründungszwang, die aber zu keiner weiteren bedeutsamen Information des Mieters führen würden, sondern eine bloße Erschwernis der Kündigung durch Formerfordernisse bewirken, würden auf eine „leere Förmelei“ hinauslaufen und sind mit dem Eigentumsgrundrecht nicht zu vereinbaren (BVerfG, Beschl. v. 31. 3. 1992, WM 1993, 233 und 10. 7. 1992, WM 1993, 234).

Die vorstehenden Ausführungen gelten auch für die **außerordentliche, befristete** Kündigung von Wohnraum durch den Vermieter, da auch für diese Art der Kündigung nach der herrschenden Rechtsprechung § 564 b BGB und damit auch dessen Absatz 3 anwendbar ist, mit der Folge, daß Kündigungsgründe wie bei der ordentlichen Kündigung bereits im Kündigungsschreiben anzuführen sind.

Dagegen findet § 564 b Abs. 3 BGB **keine** entsprechende Anwendung auf die **fristlose** Kündigung, so daß für die fristlose Kündigung zwar Kündigungsgründe vorliegen, diese jedoch im Kündigungsschreiben nicht angeführt werden müssen und die fristlose Kündigung im Prozeß auch auf Gründe gestützt werden kann, die in der schriftlichen Kündigung nicht geltend gemacht wurden (OLG Karlsruhe, RE

v. 8. 6. 1982, DWW 1982, 272; Weber/ Marx, II/S. 47).

Die Vorschriften des § 564 a Abs. 1 Satz 2 und des § 564 b Abs. 3 BGB gelten auch **nicht** für Mietverhältnisse über **Geschäfts**räume. Im Kündigungsschreiben brauchen daher Gründe selbst dann nicht genannt zu werden, wenn solche tatsächlich vorliegen müssen (z. B. bei der außerordentlichen Kündigung).

1.7 Hinweis des Mieters auf die Möglichkeit des Widerspruches

Ebenfalls eine Sollvorschrift stellt die Bestimmung des § 564 a Abs. 2 BGB dar, wonach der Vermieter von **Wohn**raum den Mieter auf die Möglichkeit des Widerspruchs nach § 556 a BGB sowie auf die Form und die Frist des Widerspruchs rechtzeitig hinweisen soll.

Der Hinweis ist formfrei und kann bereits im Kündigungsschreiben erteilt werden. Rechtzeitig erteilt ist der Hinweis, wenn er noch vor Ablauf der 2-Monats-Frist des § 556 a Abs. 6 Satz 1 BGB und solange vorher erteilt wird, daß der Mieter noch angemessene Zeit überlegen, einen Widerspruch abfassen und fristgerecht zuleiten kann (§ 130 Abs. 1 BGB; Palandt Anm. 5 d zu § 556 a BGB).

> Wird nicht, falsch oder verspätet hingewiesen, berührt dies zwar nicht die Wirksamkeit der Kündigung, jedoch kann der Widerspruch bis zum Schluß des ersten Termins (§ 220 ZPO) im Räumungsrechtsstreit erklärt werden (§ 556 a Abs. 6 Satz 2 BGB).

Diese Vorschrift gilt nur für Mietverhältnisse über **Wohn**raum (§ 556a Abs. 8 BGB), **nicht** aber für Mietverhältnisse

- über Wohnraum, der nur zu vorübergehendem Gebrauch vermietet ist;
- über Wohnraum, der Teil der vom Vermieter selbst bewohnten Wohnung ist und den der Vermieter ganz oder überwiegend mit Einrichtungsgegenständen auszustatten hat, sofern der Wohnraum nicht zum dauernden Gebrauch für eine Familie überlassen ist;
- über Wohnraum in Ferienhäusern und Ferienwohnungen in Feriengebieten, der vor dem 1. 6. 1995 dem Mieter überlassen worden ist, wenn der Vermieter den Mieter bei Vertragsschluß auf die Zweckbestimmung des Wohnraumes und die Ausnahme von den Absätzen 1 bis 6 des § 564 b BGB hingewiesen hat;
- über Wohnraum, den eine juristische Person des öffentlichen Rechts im Rahmen der ihr durch Gesetz zugewiesenen Aufgaben angemietet hat, um ihn Personen mit dringendem Wohnungsbedarf oder in Ausbildung befindlichen Personen zu überlassen, wenn sie den Wohnraum dem Mieter vor dem 1. 6. 1995 überlassen und ihn bei Vertragsschluß auf die Zweckbestimmung des Wohnraumes und die Ausnahme von den Absätzen 1 bis 6 des § 564 b BGB hingewiesen hat.

1.8 Zugang der Kündigung

Die Kündigung stellt eine einseitige, empfangsbedürftige Willenserklärung dar und wird daher erst in dem Zeitpunkt wirksam, in welchem sie dem Kündigungsempfänger zugeht (§ 130 Abs. 1 BGB).

Einer Annahme der Kündigung durch den Kündigungsempfänger bedarf es nicht. Daher ist auch ein Schweigen auf eine Kündigung bedeutungslos und bewirkt insbesondere kein Einverständnis des Empfängers mit der Kündigung. Durch Erhebung des schriftlichen Kündigungswiderspruches, spätestens 2 Monate vor Beendigung des Mietverhältnisses, kann der Mieter vom Vermieter die Fortsetzung des **wirksam** gekündigten Mietverhältnisses verlangen, während eine unwirksame Kündigung das Mietverhältnis nicht beendet, unabhängig davon, ob Widerspruch erhoben wurde oder nicht (vgl. „Kündigungsschutz").

Zugegangen ist die Kündigung, wenn sie so in den Bereich des Empfängers gelangt ist, daß dieser unter **normalen** Verhältnissen die **Möglichkeit** hat, vom Inhalt der Erklärung Kenntnis zu nehmen (BGH, NJW 1980, 990; 1983, 930).

> Zum Bereich des Empfängers gehören auch die von ihm zur Entgegennahme von Erklärungen bereitgehaltenen Einrichtungen, z. B. der Briefkasten.

Ist ein Briefkasten nicht vorhanden, kann die Zustellung auch durch Anheften des Schreibens an die Eingangstüre oder mittels Durchschieben unter der Türe bewerkstelligt werden. Insofern kann der Zugangsbeweis sogar mit der Zeugenaussage eines 7jährigen Kindes erbracht werden (AG Bergisch-Gladbach, WM 1994, 193; vgl. auch AG Friedberg, WM 1992, 596).

Die **Kenntnisnahme muß möglich** und nach der Verkehrsanschauung **zu erwarten** sein. Daher geht z. B. die nachts – wenn auch noch vor 24 Uhr – in den Briefkasten geworfene Kündigung erst am nächsten Morgen zu, da erst in diesem Zeitpunkt mit einer Leerung des Briefkastens durch den Empfänger zu rechnen ist (BAG, NJW 1984, 1651). Etwas anderes kann nur ausnahmsweise gelten, wenn der Empfänger aufgrund einer besonderen Situation auch noch am Abend mit dem Zugang einer rechtsgeschäftlichen Erklärung rechnen muß (vgl. LG München II, BayVerfGH, WM 1993, 331 für den Einwurf in den Briefkasten um 18.05 Uhr).

> **Unerheblich** ist, ob und wann der Empfänger **tatsächlich** Kenntnis genommen hat, da es ausschließlich auf die Möglichkeit der Kenntnisnahme ankommt.

Grundsätzlich steht einem Zugang der Erklärung nicht entgegen, daß der Empfänger wegen Urlaub, Krankheit oder sonstiger Ortsabwesenheit nicht in der Lage ist, vom Inhalt der Erklärung Kenntnis zu nehmen, da er Zugangshindernissen aus seinem Bereich durch geeignete Vorkehrungen begegnen muß, z. B. bei längerer Abwesenheit einen Bevollmächtigten bestellen oder die Nachsendung der Post veranlassen muß; vgl. auch BGHZ 67, 278; LG Göttingen, WM 1989, 183, wonach ein Großvermieter geeignete Empfangsvorkehrungen zu treffen hat; andernfalls gilt die Erklärung als rechtzeitig zugegangen.

Als zugegangen gilt die Erklärung auch, wenn der Empfänger die Annahme **unberechtigt** verweigert (BGH, NJW 1983, 930; OLG Düsseldorf, WM 1995, 585). Berechtigt wäre die Annahmeverweigerung z. B. bei unzureichender oder fehlender Frankierung oder Adressierung.

Kann ein **Einschreibebrief** wegen Abwesenheit des Empfängers nicht zugestellt werden, ist er auch dann nicht zugegangen, wenn der Postbote einen Benachrichtigungszettel hinterläßt (BGH, VersR 1971, 262).

Wenn der Empfänger die abholbereite Einschreibesendung jedoch nicht abholen will oder kann (z. B. weil er in Urlaub ist), geht dies zu seinen Lasten, falls er mit dem Eingang rechtsgeschäftlicher Erklärungen seines Vertragspartners rechnen mußte. Zwar bedingt das Vorliegen eines Mietverhältnisses allein noch nicht, daß mit rechtsgeschäftlichen Erklärungen zu rechnen ist, jedoch kann sich aus einer bestimmten Sachlage, z. B. einer vorangegangenen Kündigung oder Mieterhöhung ergeben, daß eine Reaktion bzw. eine rechtsgeschäftliche Erklärung des Vertragspartners, z. B. Zustimmung, Ablehnung, Widerspruch o. ä. zu erwarten ist (vgl. LG Saarbrükken, WM 1993, 339). In diesem Fall obliegt es dem Empfänger, durch geeignete Vorkehrungen sicherzustellen, daß die zu erwartenden Erklärungen ihn auch erreichen. Dabei muß er bei vorübergehender Abwesenheit für eine Zugangsmöglichkeit an seinem gewöhnlichen Wohn- und Geschäftssitz sorgen; auf die durch Nachsendung verursachte Zugangsverspätung kann er sich nicht berufen (vgl. Münchener Kommentar – Förschler, BGB, 2. A., § 130 Rdn. 13).

Scheitert der Zugang bzw. der rechtzeitige Zugang an einer Obliegenheitsverletzung des Empfängers, muß er sich nach Treu und Glauben (§ 242 BGB) so behandeln lassen, als sei die Erklärung rechtzeitig zugegangen (BGH, VersR 1971, 263; Palandt-Heinrichs, BGB, 50. A., § 130 Rdn. 18; BGHZ 67, 277; MDR 1977, 388; LG Aachen, WM 1989, 250).

Der Empfänger muß das Zugehen aber nur dann als rechtzeitig gegen sich gelten lassen, wenn der Erklärende alles für einen rechtzeitigen Zugang Erforderliche getan hat. Wird für ihn erkennbar, daß die Erklärung den Empfänger nicht erreicht hat, z. B. weil er wußte, daß sich der Empfänger in Urlaub befand, muß er die Erklärung unverzüglich wiederholen; andernfalls treten die Rechtsfolgen der Erklärung nicht ein.

Wird der Zugang oder der Zeitpunkt des Zuganges **bestritten**, trifft die Beweislast für den Zugang bzw. den rechtzeitigen Zugang den Erklärenden, wobei weder für normale Postsendungen noch für Einschreiben ein Beweis des ersten Anscheins besteht, daß eine zur Post gegebene Sendung den Empfänger auch erreicht hat.

Nachgewiesen werden kann der Zugang durch Sendung per **Einschreiben mit Rückschein**, da auf dem Rückschein, den der Absender wieder erhält, das Datum des Zugangs und die Unterschrift des Empfängers (Empfangsbestätigung) vermerkt sind.

Jedoch kann diese Form der Zustellung zu erheblichen Zeitverzögerungen bei der Zustellung führen (z. B. bei Abwesenheit des Empfängers), so daß insbesondere dann eine Zustellung durch Boten (siehe „Bote“) oder Gerichtsvollzieher (§ 132 Abs. 1 BGB; vgl. dazu BGH, MDR 1977, 388; WM 1987, 209) ratsam ist, wenn sich die Wirksamkeit der Kündigung bei einem verzögerten Zugang wesentlich, z. B. nicht nur um einen Monat, sondern infolge einer Verlängerungsklausel um einen größeren Zeitraum, verschieben würde (z. B. durch die Klausel „Das Mietverhältnis verlängert sich jeweils um ein Jahr, wenn es nicht fristgerecht gekündigt wird“).

Im Falle der **Geschäftsunfähigkeit** des Kündigungsgegners muß die Kündigung gegenüber dem gesetzlichen Vertreter erklärt werden (§ 131 BGB). Insofern kann der Vermieter die Bestellung eines Betreuers anregen und ist gegen die ablehnende Entscheidung des Vormundschaftsgerichts beschwerdeberechtigt (BayObLG, Beschl. v. 27. 2. 1996, WM 1996, 275). Ist für den Mieter ein **Betreuer** (§ 1896 BGB) bestellt, muß die Kündigung an den Betreuer gerichtet werden; dessen bloße Kenntnisnahme vom Inhalt eines Kündigungsschreibens reicht für eine wirksame Kündigung nicht aus (LG Dresden, WM 1994, 377). Ausreichend ist aber die Erklärung gegenüber einem bestellten Prozeßpfleger (§ 57 ZPO; LG Hamburg, WM 1996, 271).

1.9 Widerruf und Rücknahme der Kündigung

Die Kündigung als einseitige, empfangsbedürftige Willenserklärung wird im Zeitpunkt des Zugangs wirksam (§ 130 Abs. 1 Satz 1 BGB), es sei denn, dem Empfänger geht vorher oder gleichzeitig ein Widerruf zu (§ 130 Abs. 1 Satz 2 BGB).

Ein Widerruf oder eine Rücknahme **nach Zugang** ist nicht möglich. Eine solche Erklärung kann daher unter Berücksichtigung aller Umstände des Einzelfalles lediglich als Angebot zur Fortsetzung des Mietvertrages oder zur Neubegründung eines Mietverhältnisses zu den ursprünglichen Bedingungen gewertet werden, das jedoch einer zumindest schlüssigen Annahme durch den anderen bedarf.

1.10 Unzulässigkeit von Teilkündigungen

Die Kündigung sowohl durch den Vermieter als auch durch den Mieter muß sich immer auf das **gesamte** Mietverhältnis erstrecken. Grundsätzlich unzulässig ist die Teilkündigung eines einheitlichen Mietverhältnisses.

> **Beispiele:**
> Die Kündigung von 2 Zimmern einer 4-Zimmer-Wohnung; die Kündigung einer **Garage**, wenn ein einheitliches Mietverhältnis über Wohnraum und Garage vorliegt (siehe „Garage"); die Kündigung des **Gartens** bei einem Einfamilienhaus (siehe „Garten"); die Kündigung von Neben- oder Zubehörräumen (Speicher-, Kellerabteil, Waschküche u. ä.).

Unzulässig ist unter bestimmten Voraussetzungen auch die Kündigung des gesamten Mietverhältnisses, wenn nur ein Teil der Wohnung z. B. für die Eigennutzung benötigt wird (BVerfG, Beschl. v. 19. 10. 1993, NJW 1994, 308; vgl. „Eigenbedarf").

Eine teilweise Beendigung des Mietverhältnisses kann nur einvernehmlich durch Abschluß eines **Mietaufhebungsvertrages** (siehe „Mietaufhebungsvertrag") erfolgen.

Eine **Ausnahme** von dem Grundsatz der Unzulässigkeit der Teilkündigung beinhaltet das Wohnungsbauerleichterungsgesetz vom 17. 5. 1990 (BGBl. I S. 926), durch das u. a. § 564 b Abs. 2 Nr. 4 in das Bürgerliche Gesetzbuch eingefügt wurde.

> Danach ist eine **Teilkündigung zulässig**, wenn der Vermieter nicht zum Wohnen bestimmte Nebenräume (z. B. Speicher-, Kellerräume) oder Teile eines Grundstücks (z. B. den Garten) dazu verwenden will, Wohnraum zum Zwecke der Vermietung zu schaffen oder den neu zu schaffenden und den vorhandenen Wohnraum mit Nebenräumen und Grundstücksteilen auszustatten und die Kündigung auf diese Räume oder Grundstücksteile beschränkt (siehe auch „Kündigungsschutz", Abschnitt 2.4).

Einer Kündigung bedarf es jedoch nicht, wenn der Nebenraum (z. B. Kellerraum) dem Mieter mangels Erwähnung im schriftlichen Mietvertrag nicht mitvermietet, sondern dessen **Nutzung** dem Mieter lediglich **gestattet** wurde. Eine solche Gestattung ist grundsätzlich widerruflich, so daß der Vermieter die Herausgabe solcher nicht vermieteter Räume verlangen kann; es sei denn, das Herausgabeverlangen würde aufgrund besonderer Umstände gegen Treu und Glauben verstoßen. Gleiches gilt für den Fall einer leihweisen Überlassung der Räume (LG Saarbrücken, WM 1996, 468; vgl. auch Sternel, I 213, II 180).

2 Kündigung durch den Mieter

Der Vermieter von Wohnraum bedarf zur ordentlichen Kündigung eines berechtigten Interesses an der Beendigung des Mietverhältnisses im Sinne von § 564 b Abs. 1 BGB (siehe „Kündigungsschutz", Abschnitt 2), während der Mieter für die ordentliche Kündigung keinen Grund zu haben braucht.

Die Zulässigkeit dieser unterschiedlichen Behandlung von Mieter und Vermieter hat das Bundesverfassungsgericht mit Beschluß vom 8. 1. 1985 (DWW 1985, 97; Weber/Marx; VIII/ S. 87) bestätigt und entschieden, daß es mit der Eigentumsgarantie des Art. 14 Abs. 1 Satz 1 GG vereinbar ist, wenn der Gesetzgeber das Kündigungsrecht des Vermieters von Wohnraum von einem berechtigten Interesse an der Beendigung des Mietverhältnisses abhängig gemacht hat. Neben der eingangs erwähnten grundsätzlichen Unterscheidung zwischen der ordentlichen und der außerordentlichen Kündigung werden in Anbetracht der unterschiedlichen Rechtslage die Kündigungsmöglichkeiten von Mieter und Vermieter getrennt dargestellt.

2.1 Ordentliche Kündigung durch den Mieter

Die ordentliche Kündigung durch den Mieter kann unter Einhaltung der Formalien (siehe Abschnitt 1) und der Kündigungsfristen (siehe „Kündigungsfrist") erfolgen, ohne daß ein Grund für die Kündigung vorliegen oder angegeben werden muß.

Dieses Kündigungsrecht besteht jedoch **nicht**, wenn der Mietvertrag auf **bestimmte** Zeit abgeschlossen ist (§ 564 Abs. 1 BGB; vgl. „Zeitmietvertrag"; vgl. auch „Ersatzmieter") oder wenn bei einem Mietvertrag für längere Zeit als ein Jahr das Schriftformerfordernis des § 566 BGB nicht beachtet wurde und der Mietvertrag daher nach § 566 Satz 2 BGB zwar für unbestimmte Zeit geschlossen gilt, jedoch nicht früher als für den Schluß des 1. Jahres gekündigt werden kann.

Das 1. Jahr, für dessen Schluß die Kündigung nach § 566 BGB frühestens zulässig ist, rechnet jedenfalls bei einem noch nicht vollzogenen Mietvertrag vom Abschluß des Vertrages und nicht von der Übergabe der Mietsache an (BGH, Urt. v. 29. 10. 1986, DWW 1987, 15).

2.2 Außerordentliche Kündigung durch den Mieter

Zu unterscheiden ist zwischen der außerordentlichen **fristlosen** Kündigung, die ohne Einhaltung einer Kündigungsfrist erfolgen kann und mit Zugang beim Vermieter wirksam wird, und der außerordentlichen **befristeten** Kündigung unter Einhaltung der gesetzlichen Kündigungsfrist (3 Monate zum Ende eines Kalendermonats, § 565 Abs. 5 BGB), wobei außerordentlich bedeutet, daß durch die Kündigung auch ein Mietverhältnis von bestimmter Dauer vorzeitig beendet werden kann.

2.2.1 Außerordentliche fristlose Kündigung durch den Mieter

2.2.1.1 Fristlose Kündigung wegen Nichtgewährung des Gebrauchs (§ 542 BGB)

Der Mieter kann ohne Einhaltung einer Kündigungsfrist kündigen, wenn ihm der vertragsgemäße Gebrauch der vermieteten Sache ganz oder zum Teil nicht rechtzeitig gewährt oder wieder entzogen wird. Die Kündigung ist erst zulässig, wenn der Vermieter innerhalb einer ihm vom Mieter bestimmten angemessenen Frist keine Abhilfe geschaffen hat.

Einer Fristbestimmung bedarf es nicht, wenn die Erfüllung des Vertrages infolge des die Kündigung rechtfertigenden Umstandes für den Mieter kein Interesse hat (§ 542 Abs. 1 Satz 3 BGB).

Das Kündigungsrecht steht dem Mieter unabhängig von dem Zeitpunkt der Überlassung ab dem vertragsgemäßen Beginn des Mietverhältnisses zu. In dem Zeitraum vom Vertragsschluß (in der Regel Unterzeichnung des Mietvertrages) bis zum Beginn des Mietverhältnisses besteht dieses Kündigungsrecht nur ausnahmsweise, wenn bereits feststeht, daß der Kündigungsgrund bei Beginn des Mietverhältnisses gegeben sein wird (LG Freiburg, WM 1986, 246). Dagegen reicht eine bloße Befürchtung des Mieters, der Vermieter könne den vertragsgemäßen Gebrauch bei Beginn des Mietverhältnisses nicht gewähren, nicht aus (LG Hamburg, MDR 1974, 583).

Das Nichtgewahren oder das Entziehen des vertragsgemäßen Gebrauches kann sich u. a. ergeben aus dem Vorliegen eines erheblichen Sach- oder Rechtsmangels, der Erfüllungsverweigerung durch den Vermieter (z. B. auch unberechtigte Verweigerung der Erlaubnis zur vertraglich gestatteten Untervermietung; vgl. OLG Düsseldorf, WM 1995, 585), einer behördlichen Anordnung (z. B. baurechtlich unzulässige Benutzung der Mietsache; LG Frankfurt, NJW 1977, 1885); fehlende Genehmigung zur Zweckentfremdung (vgl. „Zweckentfremdung"); dauernde Behinderung der Ein- und Ausfahrt bei einem Kfz-Einstellplatz (LG Köln, BL GBW 76, 238); unangenehme Gerüche; Fluglärm bei Ferienwohnung; Aufnahme von Prostituierten. Auch ein behördliches Verbot, das den Mieter an der Ausübung seiner vertraglichen Rechte hindert (z. B. Betreiben einer Gaststätte), stellt einen Mangel dar und berechtigt den Mieter zur fristlosen Kündigung (OLG Düsseldorf, DWW 1993, 99; NJW-RR 1988, 1424). Hat sich der Mieter jedoch vertraglich zur Beibringung der Genehmigung verpflichtet, kann er sich nicht auf eine Mangelhaftigkeit der Mietsache wegen fehlender Erlaubnis berufen, wenn er nicht einmal den Versuch unternommen hat, diese zu erlangen (OLG Düsseldorf, DWW 1993, 99). Ferner kann sich der Mieter nicht auf eine Nichtgewährung oder Entziehung des vertragsgemäßen Gebrauchs berufen, solange die zuständige Behörde eine unzulässige Nutzung der Mietsache duldet (OLG München, Urt. v. 28. 6. 1996, ZMR 1996, 496).

Eine Kündigung des Mieters wegen nicht rechtzeitiger Gewährung des Mietgebrauchs ist auch ausgeschlossen, wenn der Mieter durch sein Verhalten maßgeblich die Fertigstellung des Mietobjekts verzögert hat (OLG Düsseldorf, Urt. v. 8. 7. 1993, WM 1993, 667).

Auf ein **Verschulden** des Vermieters kommt es nicht an (BGH, NJW 1974, 2233).

> Wegen einer **unerheblichen** Behinderung oder Vorenthaltung des Gebrauches ist die Kündigung nur zulässig, wenn sie durch ein besonderes Interesse des Mieters gerechtfertigt ist (§ 542 Abs. 2 BGB).

Durch diese Einschränkung soll einem Mißbrauch des Kündigungsrechtes entgegengetreten werden, z. B. wenn der Mieter Gründe nur vorträgt, weil er eine preisgünstigere Wohnung in Aussicht hat und daher aus dem langfristigen Mietverhältnis vorzeitig ausscheiden will. Ein besonderes Interesse des Mieters kann insbesondere bei Fehlen einer zugesicherten Eigenschaft (z. B. völlige Ruhe) vorliegen.

Ausgeschlossen ist das Kündigungsrecht auch bei Kenntnis oder grob fahrlässiger Unkenntnis der konkreten Umstände durch den Mieter (§ 543 i.V.m. § 539 BGB; vgl. „Kenntnis von Mängeln"). Dementsprechend kann der Mieter sein Kündigungsrecht auch **verwirken**, wenn im Laufe der Mietzeit ein Mangel auftritt, der Mieter das Mietverhältnis aber trotzdem in Kenntnis des Mangels längere Zeit rügelos fortsetzt (OLG Düsseldorf, Urt. v. 28. 7. 1994, ZMR 1994, 559; BGH WPM 1967, 515). Weiterhin ist das Kündigungsrecht ausgeschlossen, wenn der Mieter zur Duldung von Maßnahmen verpflichtet ist (§§ 541 a, b BGB); die Gebrauchsunmöglichkeit auf Verschulden des Mieters beruht; dieser Abhilfemaßnahmen vereitelt oder eine ihm zumutbare Mitwirkung versagt hat.

Eine Kündigung wegen Nichtgewähren oder Entziehen des vertragsgemäßen Gebrauches (§ 542 BGB) ist erst zulässig, wenn der Vermieter eine ihm von dem Mieter bestimmte **angemessene Frist** hat verstreichen lassen, ohne Abhilfe zu schaffen (§ 542 Abs. 1 Satz 2 BGB). In dem Abhilfeverlangen müssen die einzelnen Mängel **konkret** bezeichnet sein, so daß der Vermieter erkennen kann, welche Arbeiten er ausführen muß. Allein die Mängelanzeige (§ 545 BGB) stellt kein Abhilfeverlangen dar.

Die Länge der Frist bestimmt sich nach den Umständen des Einzelfalles, wobei dem Vermieter ausreichend Zeit zur Prüfung der Mängel sowie zur Behebung im üblichen Zeitraum zustehen muß. Eine zu kurze Frist bewirkt nicht die Unwirksamkeit des Abhilfeverlangens, sondern wandelt sich automatisch in eine angemessene Frist um (LG Frankfurt, WM 1987, 55).

Der Bestimmung einer Frist bedarf es nicht, wenn die Erfüllung des Vertrages infolge des die Kündigung rechtfertigenden Umstandes für den Mieter kein Interesse hat (§ 542 Abs. 1 Satz 3 BGB), z. B. mehrfache, fehlgeschlagene Reparaturversuche an der Heizung während der kalten Jahreszeit oder mehrfacher Heizungsausfall in der Wohnungseigentumsanlage aufgrund einer Stromabschaltung durch das Elektrizitätswerk nach offenen Rechnungen, wenn Wiederholungen zu befürchten sind (LG Saarbrücken, WM 1995, 159).

Weiterhin dann, wenn der Vermieter die Abhilfe ernsthaft und endgültig verweigert (BGH, NJW 1976, 796), wobei an diesen Umstand strenge Anforderungen zu stellen sind. Allein das Bestreiten der Mängel durch den Vermieter reicht dafür keinesfalls aus, da nicht auszuschließen ist, daß sich der Vermieter von dem Vorliegen der Mängel noch überzeugen läßt und ein bloßes Bestreiten daher regelmäßig keine endgültige Verweigerung darstellt.

Eine Fristsetzung ist auch entbehrlich, wenn die Abhilfe (z. B. die Herstellung des vertragsgemäßen Zustandes durch Aufhebung eines behördlichen Verbots) nicht oder nicht in angemessener Frist möglich (vgl. OLG Düsseldorf, DWW 1993, 99; BGH, WPM 1967, 516) oder mit unzumutbaren Belastungen für den Mieter verbunden ist.

Der Mieter ist zur Kündigung auch dann berechtigt, wenn der Vermieter nach Ablauf der angemessenen Frist, aber noch vor Ausspruch der Kündigung Abhilfe geschaffen hat (OLG Düsseldorf, MDR 1988, 866; vgl. auch LG Saarbrücken, WM 1995, 159). Gleiches gilt, wenn der Vermieter die vom Mieter gesetzten Fristen wiederholt ungenutzt verstreichen läßt und erst am Tag des Ablaufes einer ihm neuerlich gesetzten Frist mit den Instandsetzungsarbeiten beginnt (OLG Düsseldorf, WM 1995, 393).

Ebenso berührt eine Abhilfe des Vermieters **nach** Ablauf der Frist und **nach** Kündigung durch den Mieter die Wirksamkeit der Kündigung nicht mehr, jedoch kann im Einzelfall ein Rechtsmißbrauch vorliegen, wenn der Mieter die Fortsetzung des Mietverhältnisses ablehnt, obwohl z. B. die Frist nur geringfügig überschritten war und die Beanstandungen vollständig behoben wurden (vgl. Erman-Schopp, BGB, § 542 Rdn. 8).

Bestreitet der Vermieter die Zulässigkeit der erfolgten Kündigung, weil er den Gebrauch der Sache rechtzeitig gewährt oder vor dem Ablauf der Frist die Abhilfe bewirkt habe, trifft ihn die Beweislast (§ 542 Abs. 3 BGB).

Weiter muß der Vermieter im Falle des Abs. 2 die Unerheblichkeit der Gebrauchsbehinderung oder Vorenthaltung des Gebrauches und die Kenntnis bzw. grob fahrlässige Unkenntnis des Mieters, z. B. vom Mangel, beweisen.

Dagegen hat der Mieter das Vorliegen der Mängel und im Falle des Abs. 2 das besondere Interesse, das Setzen einer angemessenen Abhilfefrist sowie im Falle der Kündigung ohne Fristsetzung die entsprechenden Voraussetzungen zu beweisen.

Bei Vorliegen der Voraussetzungen des § 542 BGB ist der Mieter jedoch nicht zur Kündigung verpflichtet, da das Recht zur fristlosen Kündigung und der Schadenersatzanspruch wegen Nichterfüllung (§ 538 Abs. 1 BGB) nicht alternativ, sondern nebeneinander bestehen. Daher kann der Mieter statt der fristlosen Kündigung auch Schadenersatz grundsätzlich für die gesamte fest vereinbarte Mietdauer, ggfs. bis zu dem Zeitpunkt verlangen, zu dem der Vermieter den Mietvertrag kündigen kann (BGH, Urt. v. 18. 1. 1995, DWW 1995, 279).

> Bei **Wohn**raum-Miete ist eine Vereinbarung, durch die das Kündigungsrecht ausgeschlossen oder eingeschränkt wird, unwirksam (§ 543 Satz 2 BGB).

2.2.1.2 Gesundheitsgefährdung

Ist eine Wohnung oder ein anderer zum Aufenthalte von Menschen bestimmter Raum so beschaffen, daß die Benutzung mit einer erheblichen Gesundheitsgefährdung verbunden ist, kann der Mieter das Mietverhältnis ohne Einhaltung einer Kündigungsfrist kündigen, auch wenn er die gefahrbringende Beschaffenheit beim Abschluß des Vertrages gekannt oder auf die Geltendmachung der ihm deswegen zustehenden Rechte verzichtet hat (§ 544 BGB; siehe „Gesundheitsgefährdende Räume“).

2.2.1.3 Vertragsverletzungen durch den Vermieter

Der Mieter kann das Mietverhältnis ohne Einhaltung einer Frist und ohne vorherige Abmahnung kündigen, wenn der Vermieter seine vertraglichen Verpflichtungen **schuldhaft** in solchem Maße verletzt, daß dem Mieter die Fortsetzung des Mietverhältnisses nicht zugemutet werden kann (§ 554 a BGB; z. B. standhafte Weigerung des Vermieters, gegen in erheblichem Maße störende Mitbewohner vorzugehen, vgl. LG Frankfurt, ZMR 1970, 201; beharrliche Weigerung, Mängel zu beseitigen, LG Heidelberg, WM 1977, 200; unerlaubtes Eindringen des Vermieters in die Mieträume, AG Heidelberg, WM 1978, 69; nicht: berechtigte Abmahnungen durch den Vermieter, LG Darmstadt, WM 1993, 610; Unredlichkeiten des Vermieters bei der Abrechnung von Nebenkosten, z. B. durch den Versuch, nicht entstandene Kosten abzurechnen, LG Gießen, WM 1996, 767).

2.2.1.4 Wichtiger Grund

Neben der Kündigung nach § 554 a BGB besteht auch für den Mieter das Kündigungsrecht aus wichtigem Grund nach den allgemeinen Grundsätzen (entspr. §§ 242, 626, 723 BGB) insbesondere dann, wenn das für die Kündigung nach § 554 a BGB notwendige **Verschulden** des Vermieters nicht vorliegt, das Vertrauensverhältnis jedoch so nachhaltig zerrüttet ist, daß ein gedeihliches Zusammenwirken der Vertragsparteien nicht mehr zu erwarten ist (BGH, ZMR 1978, 207).

Als Ausgleich dafür, daß bei der Kündigung aus wichtigem Grund im Gegensatz zur Kündigung wegen unzumutbaren Mietverhältnisses ein **Verschulden** des Gekündigten **nicht** vorliegen muß (vgl. LG Berlin, WM 1986, 251), setzt diese Kündigung ein noch größeres Maß an Unzumutbarkeit voraus. Ein solches kann gegeben sein, wenn der Vermieter jahrelang seiner Verpflichtung zur Abrechnung der Nebenkosten und trotz einer entsprechenden Verurteilung nicht nachkommt (OLG Düsseldorf, Urt. v. 20. 12. 1990, DWW 1991, 78). Dagegen können allein 12 Gerichtsverfahren, die zwischen den Parteien eines gewerblichen

Mietverhältnisses innerhalb von 4 Jahren geführt wurden, eine Unzumutbarkeit noch nicht begründen (OLG Hamm, NJW-RR 1993, 16). Diese Wertung wird man jedoch nicht auf Wohnraummietverhältnisse übertragen können, insbesondere dann nicht, wenn Mieter und Vermieter im selben Anwesen wohnen.

> Gründe aus der **Sphäre des Mieters,** z. B. weil die Wohnung zu klein oder zu teuer geworden ist, sowie Umstände, die der Mieter selbst herbeigeführt hat, stellen grds. keinen wichtigen Grund zur außerordentlichen Kündigung dar.

Etwas anderes kann nur in besonders gelagerten **Ausnahmefällen** gelten, z. B. wenn die Wohnung aufgrund der Geburt von mehreren Kindern erheblich zu klein geworden ist und für mehrere Kinder zusammen nur ein kleines Zimmer zur Verfügung steht (vgl. LG Osnabrück, WM 1995, 394, wonach der Mieter hier die vorzeitige Beendigung des noch länger dauernden Mietverhältnisses verlangen kann, wenn er dem Vermieter einen zumutbaren und geeigneten Nachmieter anbietet).

Der Mieter eines **Geschäftslokals** ist zur außerordentlichen Kündigung nicht berechtigt, wenn sich die Ertragslage verschlechtert hat (OLG Düsseldorf, Urt. v. 13. 12. 1990, DWW 1991, 50).

Dagegen kann der Mieter von Geschäftsräumen zur außerordentlichen Kündigung aus wichtigem Grund berechtigt sein, wenn das Vertrauensverhältnis der Vertragsparteien durch ungerechtfertigte und kategorisch verlangte Mietzinserhöhungen so belastet ist, daß dem Mieter eine Fortsetzung des Mietvertrages unzumutbar ist (OLG Düsseldorf, DWW 1969, 205).

An der Unzumutbarkeit fehlt es grundsätzlich, wenn die Möglichkeit der Beendigung des Vertrages durch ordentliche Kündigung besteht oder bei einem befristeten Mietvertrag das Abwarten dessen Beendigung zumutbar erscheint.

2.2.2 Außerordentliche befristete Kündigung durch den Mieter

2.2.2.1 Vorzeitige Kündigung wegen Verweigerung der Untervermieterlaubnis (§ 549 BGB)

Der Mieter kann das Mietverhältnis unter Einhaltung der gesetzlichen Frist kündigen, wenn der Vermieter die Erlaubnis zur Untervermietung oder zur sonstigen Gebrauchsüberlassung, z. B. zur Weitervermietung an einen Dritten, verweigert, sofern nicht in der Person des Untermieters oder des Dritten ein wichtiger Grund vorliegt (§ 549 Abs. 1 Satz 2 BGB). Dies gilt sowohl für Wohnraum- als auch für Geschäftsraummietverhältnisse.

Unabhängig davon kann der Mieter von **Wohn**raum einen Rechtsanspruch auf Erteilung der Erlaubnis haben (siehe „Untermiete").

Einer Verweigerung der Erlaubnis steht die Erteilung unter Bedingungen, Auflagen oder sonstigen Einschränkungen gleich, soweit der Vermieter hierzu nicht berechtigt ist. Auch das Unterlassen einer Antwort auf die vom Mieter unter Fristsetzung erbetene Erlaubnis zur Untervermietung kann eine Verweigerung der Erlaubnis darstellen (LG Nürnberg-Fürth, WM 1995, 587).

Um dem Vermieter die Prüfung zu ermöglichen, ob in der Person des Dritten ein wichtiger Grund für die Verweigerung der Erlaubnis vorliegt, hat der Mieter den Dritten **namentlich** zu benennen und die für eventuell erforderliche Nachforschungen notwendigen Angaben zu machen (vgl. z. B. LG Berlin, WM 1996, 763, WM 1991, 483). Unterläßt der Mieter die Benennung eines konkreten Untermieters, kann er aus der Weigerung des Vermieters kein Kündigungsrecht ableiten; es sei denn, der Vermieter verweigert generell und von vornherein die Erlaubnis zur Untervermietung. In diesem Fall besteht ausnahmsweise ein Recht des Mieters zur außerordentlichen Kündigung ohne Benennung eines konkreten Untermieters (LG Köln, WM 1994, 468; vgl. auch KG Berlin, Beschl. v. 16. 9. 1996, 8 RE-Miet 2891/96).

Diese Entscheidung, ob ein wichtiger Grund vorliegt, bemißt sich nach **objektiven** Kriterien. Er liegt z. B. vor, wenn die Räume einer Mehrzahl von Untermietern überlassen werden sollen (Erman-Schopp, BGB, § 549 Rdn. 15), eine übermäßige Abnutzung der Räume oder eine erhebliche Schmälerung vorhandener Sicherheiten aus dem Vermieterpfandrecht zu erwarten ist (BGH, Urt. v. 24. 5. 1995, NJW 1995, 2034) oder Störungen des Hausfriedens konkret zu besorgen sind, weil es sich bei dem Dritten um einen Alkoholiker oder einschlägigen Straftäter handelt.

Dagegen ist die bloße Ausländereigenschaft oder die Tatsache, daß eine uneheliche Lebensgemeinschaft gebildet werden soll, grundsätzlich kein wichtiger Grund.

Die mangelnde Solvenz des Dritten kann nur ausnahmsweise (z. B. bei Geschäftsräumen) einen wichtigen Grund darstellen, da der Mieter als Vertragspartner in vollem Umfange für alle Verpflichtungen aus dem Mietverhältnis weiter haftet und ein Verschulden des Dritten vertreten muß (§ 549 Abs. 3 BGB).

Der Mieter kann das Sonderkündigungsrecht (§ 549 Abs. 1 Satz 2 BGB) **verwirken**, wenn er es nicht nach angemessener Überlegungsfrist nach Verweigerung der Erlaubnis durch den Vermieter ausübt (vgl. BGH, MDR 1972, 862).

Zur Frage, ob das Sonderkündigungsrecht im Falle der Verweigerung der Untervermieterlaubnis **vertraglich ausgeschlossen** werden kann, vgl. „Untermiete“ und „Allgemeine Geschäftsbedingungen“.

2.2.2.2 Vorzeitige Kündigung beim Tod des Mieters (§§ 569 b, 569 a Abs. 6 Satz 2, 569 BGB)

Beim Tod des Mieters wird ein Mietverhältnis über Wohnraum mit dem überlebenden Ehegatten fortgesetzt, unabhängig davon, ob dieser Erbe ist, wenn die Eheleute die Räume **gemeinschaftlich** gemietet haben, also **beide** Vertragspartner sind (vgl. „Ehegatten als Mieter“) und darin einen gemeinsamen Hausstand geführt haben. Der überlebende Ehegatte kann das Mietverhältnis unter Einhaltung der gesetzlichen Frist kündigen; die Kündigung kann nur für den ersten Termin erfolgen, für den sie zulässig ist (§ 569 b BGB). Dabei ist dem überlebenden Ehegatten nur eine kurze Überlegungsfrist zuzubilligen (vgl. LG Berlin, ZMR 1986, 55). Die Kündigung bewirkt die Auflösung des Mietverhältnisses auch für den Erben.

War **nur der verstorbene** Mieter Vertragspartner, tritt mit dessen Tod sein Ehegatte in das Mietverhältnis ein, wenn er nicht binnen eines Monats, nachdem er vom Tode des Mieters Kenntnis erlangt hat, dem Vermieter gegenüber erklärt, daß er das Mietverhältnis nicht fortsetzen will (§ 569 a Abs. 1 Satz 2 BGB).

Ist dies der Fall oder ist ein Ehegatte nicht vorhanden, treten die haushaltszugehörigen Familienangehörigen, unabhängig davon, ob sie Erben sind, in den Mietvertrag ein, wenn sie nicht innerhalb eines Monats nach Kenntnis vom Tode des Mieters dem Vermieter erklären, das Mietverhältnis nicht fortsetzen zu wollen (§ 569 a Abs. 2 Satz 3 i.V.m. Abs. 1 Satz 2 BGB).

Auch beim Tode nur eines von mehreren Mietern treten dessen Familienangehörige unter den Voraussetzungen des § 569 a Abs. 2 Satz 1 BGB in den Wohnraummietvertrag ein (OLG Karlsruhe, RE v. 18. 10. 1989, WM 1989, 610; Weber/Marx, IX/S. 44).

Treten die Familienangehörigen nicht ein oder sind solche nicht vorhanden, wird das Mietverhältnis mit dem Erben fortgesetzt (§ 569 a Abs. 6 Satz 1 BGB). Der Erbe ist berechtigt, das Mietverhältnis unter Einhaltung der gesetzlichen Frist zu kündigen; die Kündigung kann jedoch nur für den ersten Termin erfolgen, für den sie zulässig ist (§§ 569 a Abs. 6 Satz 2, 569 Abs. 1 BGB).

Bei einer Erbengemeinschaft müssen alle Miterben kündigen.

Der erstmögliche Termin, zu dem gekündigt werden kann, ist die einzige außerordentliche Kündigungsmöglichkeit. Die Kündigung muß somit erfolgen, sobald die Erben vom Tod des Mieters, vom Bestehen eines Mietvertrages und der Rechtsnachfolge Kenntnis erlangt haben.

2.2.2.3 Vorzeitige Kündigung bei Versetzung des Mieters im öffentlichen Dienst

Militärpersonen, Beamte, Geistliche und Lehrer an öffentlichen Unterrichtsanstalten können im Falle der **Versetzung** nach einem anderen Ort das Mietverhältnis in Ansehung der Räume, welche sie für sich oder ihre Familie an dem bisherigen Garnisons- oder Wohnort gemietet haben, unter Einhaltung der gesetzlichen Frist kündigen (§ 570 Satz 1 BGB).

Seite K 62

Eine „Versetzung" im Sinne von § 570 BGB, d. h. eine Anordnung der Änderung des Dienstortes durch den Dienstherren, liegt nicht vor, wenn es der freien Entscheidung des Mieters unterliegt, einen neuen Arbeitsvertrag an einem anderen Ort abzuschließen (vgl. LG Kiel, WM 1993, 357 für den Fall des befristet angestellten Lehrers).

Dem hauptberuflichen **Notar** steht dieses außerordentliche Kündigungsrecht nicht zu, da er nicht zu dem genannten Personenkreis gehört (BGH, Urt. v. 27. 11. 1991, WM 1992, 73).

Diese Bestimmung gilt auch für Geschäftsräume, nicht aber für die Pacht (§ 596 Abs. 3 BGB).

Militärpersonen sind alle Soldaten im Sinne der Soldatengesetze, **Beamte** alle Beamte im Sinne der Beamtengesetze sowie Richter und Angehörige des Bundesgrenzschutzes.

Strittig ist, ob das Sonderkündigungsrecht auch **öffentlichen Angestellten** und Arbeitern zusteht (so z. B. Palandt, Anm. 2 zu § 570 BGB, Emmerich-Sonnenschein, BGB, Rdn. VII b; a. A.: Münchner Kommentar, Rdn. VI).

Dagegen kann ein Arbeitnehmer, der **nicht** in einem öffentlich-rechtlichen Dienstverhältnis steht, ein auf **bestimmte** Zeit abgeschlossenes Mietverhältnis über Wohnraum nicht deshalb vorzeitig kündigen, weil er an einen anderen Wohnort zieht, um das Arbeitsverhältnis bei seinem bisherigen Arbeitgeber an einem anderen Dienstort fortzusetzen, nachdem am früheren Dienstort sein Arbeitsplatz weggefallen ist und er ein gleichwertiges Arbeitsverhältnis in der Nähe der gemieteten Wohnung nicht finden kann (BayObLG, RE v. 12. 3. 1985, WM 1985, 140; Weber/Marx, V/S. 53).

Ebenfalls ausgeschlossen ist eine vorzeitige Kündigung nach § 570 BGB, wenn der Mieter in ein **erstmalig** zu begründendes Beamtenverhältnis außerhalb seines Wohnortes berufen wird. § 570 BGB findet auf den Fall, daß der längerfristig gebundene Mieter **erstmalig** in ein Beamtenverhältnis berufen wird und wegen eines dadurch angezeigten Wohnsitzwechsels eine vorzeitige Entlassung aus dem Mietvertrag durch Kündigung anstrebt, keine Anwendung (OLG Hamm, RE v. 22. 4. 1985, WM 1985, 213; Weber/Marx; V/S. 56).

Geistliche sind Personen, die hauptberuflich in den Diensten einer Religionsgemeinschaft stehen. Unter **Lehrer** an öffentlichen Schulen sind auch Hochschullehrer und Privatdozenten zu verstehen, nicht jedoch Lehrer an Privatschulen.

Versetzung bedeutet Änderung des Dienstortes, nicht jedoch Übertritt in den Ruhestand, vorübergehende Abordnung oder Übertritt in den Dienst eines ausländischen Staates (Palandt Anm. 3 zu § 570 BGB). Die Versetzung muß im Zeitpunkt der Kündigung bereits angeordnet und dem Mieter mitgeteilt sein.

Die Kündigung kann nur für den ersten Termin erfolgen, für den sie zulässig ist (§ 570 Satz 2 BGB), und muß daher zum erstmöglichen Termin nach Eröffnung des Versetzungsbeschlusses ausgeübt werden.

2.2.2.4 Vorzeitige Kündigung bei Mieterhöhungen (§ 9 Abs. 1 MHG)

Verlangt der Vermieter eine Mieterhöhung **nach § 2 MHG** (bis zur ortsüblichen Vergleichsmiete; vgl. „Mieterhöhung"), ist der Mieter berechtigt, bis zum Ablauf des 2. Monats, der auf den Zugang des Erhöhungsverlangens folgt, für den Ablauf des übernächsten Monats zu kündigen (§ 9 Abs. 1 Satz 1 MHG).

Unerheblich ist, ob das Erhöhungsverlangen rechtswirksam war (LG Braunschweig, WM 1986, 323). Der Vermieter kann sich daher nicht auf die Unwirksamkeit seiner Mieterhöhung berufen, wenn der Mieter im Vertrauen auf dessen Wirksamkeit das Sonderkündigungsrecht ausgeübt hat (AG Andernach, WM 1994, 547).

> **Beispiel:**
> Bei Zugang des Mieterhöhungsverlangens am 17. 3. kann der Mieter bis 30. 5. zum 31. 7. kündigen.

Verlangt der Vermieter eine Mieterhöhung **nach den §§ 3, 5 MHG** (wegen Modernisierung, gestiegener Kapitalkosten; vgl. „Mieterhöhung"), ist der Mieter berechtigt, das Mietverhältnis spätestens am 3. Werktag des Kalendermonats, von dem an der Mietzins erhöht werden soll, für den Ablauf des übernächsten Monats zu kündigen (§ 9 Abs. 1 Satz 2 MHG).

> **Beispiel:**
> Wenn die Erhöhung ab 1. 5. wirken sollte, kann der Mieter spätestens am 3. Werktag des Mai zum 31. 7. kündigen.

Erfolgt die Mieterhöhung wegen gestiegener Betriebskosten **nach § 4 MHG,** besteht **kein** Recht des Mieters zur außerordentlichen Kündigung.

Die Kündigung des Mieters bewirkt, daß die Mieterhöhung nicht eintritt (§ 9 Abs. 1 Satz 3 MHG). Bei Mietverhältnissen über **preisgebundenen** Wohnraum besteht ein außerordentliches Kündigungsrecht (§ 11 WoBindG). Danach kann der Mieter das Mietverhältnis spätestens am 3. Werktag des Kalendermonats, von dem an die Miete erhöht werden soll, für den Ablauf des nächsten Kalendermonats kündigen.

> **Beispiel:**
> Wenn sich die Kostenmiete ab 1. 10. erhöhen würde, kann der Mieter spätestens am 3. Werktag des Oktober zum 30. 11. kündigen.

Kündigt der Mieter, tritt die Mieterhöhung nicht ein (§ 11 Abs. 2 WoBindG).

Das Sonderkündigungsrecht (§ 11 WoBindG) gilt auch für **steuerbegünstigten** und **freifinanzierten** Wohnraum, der mit Wohnungsfürsorgemitteln (§ 87 a Abs. 1 II. WoBauG) und für steuerbegünstigten Wohnraum, der mit Aufwendungszuschüssen oder Aufwendungsdarlehen gefördert worden ist (§§ 88, 88 b Abs. 3 II. WoBauG; vgl. im einzelnen „Kostenmiete“, Abschnitt 2).

Anders als § 9 MHG schließt § 11 WoBindG das Kündigungsrecht nicht aus, wenn die Mieterhöhung infolge gestiegener Betriebskosten erfolgt ist. Das außerordentliche Kündigungsrecht besteht auch dann, wenn bei **Vorauszahlungen** des Mieters auf die Betriebskosten die Vorauszahlungsbeträge erhöht werden (LG Bonn, WM 1981, 282).

2.2.2.5 Vorzeitige Kündigung bei Staffelmiete (§ 10 Abs. 2 Satz 5 MHG)

Bei Vorliegen einer Staffelmietvereinbarung kann der Mieter auch ein auf bestimmte Zeit abgeschlossenes Mietverhältnis vorzeitig kündigen, frühestens jedoch **zum** Ablauf von **4 Jahren** seit Abschluß der Staffelmietvereinbarung (OLG Hamm, RE v. 11. 8. 1989, WM 1989, 485; Weber/Marx, IX/S. 55). Das Kündigungsrecht des Mieters ist jedoch nicht auf diesen Zeitpunkt beschränkt. Der Mieter kann auch nach Ablauf der 4-Jahres-Frist selbst dann noch kündigen, wenn er weitere Mieterhöhungen aufgrund der Staffelmietvereinbarung akzeptiert hat. Da es sich insofern zwar um ein vorzeitiges, nicht aber um ein außerordentliches Kündigungsrecht des Mieters handelt, muß der Mieter aber die nach der Dauer des Mietverhältnisses gestaffelten Kündigungsfristen (§ 565 Abs. 2 BGB; siehe „Kündigungsfristen“) einhalten (Sternel, III 437).

2.2.2.6 Vorzeitige Kündigung bei baulichen Maßnahmen des Vermieters (§ 541 b BGB)

Hat der Vermieter den Mieter zur Duldung von Modernisierungsmaßnahmen (siehe „Modernisierung“) aufgefordert, ist der Mieter berechtigt, bis zum Ablauf des Monats, der auf den Zugang der Mitteilung folgt, für den Ablauf des nächsten Monats zu kündigen (§ 541 b Abs. 2 Satz 2 BGB). Geht die Mitteilung z. B. am 13. 5. dem Mieter zu, kann er bis spät. 30. 6. zum 31. 7. kündigen.

Das Kündigungsrecht besteht **nicht** bei sog. Bagatellmaßnahmen, die mit keiner oder nur mit einer unerheblichen Einwirkung auf die vermieteten Räume verbunden sind und zu keiner oder nur zu einer unerheblichen Erhöhung des Mietzinses führen.

> Hat der Mieter gekündigt, ist die Maßnahme bis zum Ablauf der Mietzeit zu unterlassen (§ 541 b Abs. 2 Satz 3 BGB).

2.2.2.7 Vorzeitige Kündigung bei Eröffnung des Vergleichsverfahrens über das Vermögen des Mieters

Der Mieter kann das Mietverhältnis mit Ermächtigung des Vergleichsgerichtes binnen zwei Wochen nach Zustellung des Ermächtigungsbeschlusses unter Einhaltung der gesetzlichen Frist des § 565 Abs. 5 BGB kündigen (§§ 50, 51 Vergleichsordnung). Die Kündigung muß dem Vermieter innerhalb der 2-Wochen-Frist zugegangen sein und zum Ausdruck bringen, daß der Mieter von seinem Sonderkündigungsrecht als Vergleichsschuldner Gebrauch gemacht hat.

2.2.2.8 Vorzeitige Kündigung eines Vertrages über mehr als 30 Jahre (§ 567 BGB)

Wird ein Mietvertrag für eine längere Zeit als 30 Jahre geschlossen, kann nach 30 Jahren jeder Teil das Mietverhältnis unter Einhaltung der gesetzlichen Frist kündigen.

Das Kündigungsrecht kann erst nach Ablauf von 30 Jahren ausgeübt werden und gilt nur bei Verträgen von **bestimmter** Dauer über 30 Jahre, nicht aber für Mietverhältnisse von unbestimmter Dauer, die bereits über 30 Jahre laufen.

Von § 567 BGB kann vertraglich nicht abgewichen werden, weil Erbmiete und Erbpacht ausgeschlossen werden sollen (Palandt Anm. 1 b zu § 567 BGB).

Die Kündigung ist unzulässig, wenn der Vertrag für die Lebenszeit des Vermieters oder des Mieters geschlossen ist (§ 567 Satz 2 BGB). Dies gilt nur für natürliche, nicht für juristische Personen (Palandt Rdn. 3 zu § 567 BGB) und bedarf der Schriftform (§ 566 BGB). Die Bestimmung im Testament des Vermieters, dem Mieter solle das Wohnrecht bis zum Lebensende erhalten bleiben, genügt nicht der erforderlichen Schriftform und schließt damit auch nicht das Kündigungsrecht auf Dauer aus (LG Berlin, Urt. v. 8. 3. 1991, WM 1991, 498).

3 Kündigung durch den Vermieter

3.1 Ordentliche Kündigung durch den Vermieter

Die ordentliche Kündigung von Wohnraum durch den Vermieter setzt – abgesehen von wenigen Ausnahmen – ein **berechtigtes Interesse** des Vermieters an der Beendigung des Mietverhältnisses voraus (§ 564 b Abs. 1 BGB, vgl. im einzelnen „Kündigungsschutz", Abschnitt 2). Abweichende vertragliche Vereinbarungen zum Nachteil des Mieters sind unwirksam (§ 564 b Abs. 6 BGB).

Das freie Kündigungsrecht des Vermieters, wie es z. B. bei Geschäftsräumen besteht, ist damit bei Mietverhältnissen über **Wohn**raum weitgehend ausgeschlossen und gilt nur noch in folgenden Fällen (vgl. auch „Kündigungsschutz", Abschnitte 2.6, 2.7):

- Bei einem Mietverhältnis über eine Wohnung in einem vom Vermieter selbst bewohnten Zweifamilienhaus und unter bestimmten Voraussetzungen auch bei einem vom Vermieter selbst bewohnten Wohngebäude mit drei Wohnungen (§ 564 b Abs. 4 BGB).
- Bei Mietverhältnissen über Wohnraum, der nur zum vorübergehenden Gebrauch vermietet ist (§ 564 b Abs. 7 Nr. 1 BGB).

- Bei Mietverhältnissen über Wohnraum, der Teil der vom Vermieter selbst bewohnten Wohnung ist und den dieser ganz oder überwiegend mit Einrichtungsgegenständen auszustatten hat, sofern der Wohnraum nicht zum dauernden Gebrauch für eine Familie überlassen ist (§ 564 b Abs. 7 Nr. 2 BGB).
- Bei Mietverhältnissen über Wohnraum, der Teil eines Studenten- oder Jugendwohnheimes ist (§ 564 b Abs. 7 Nr. 3 BGB).
- Bei Mietverhältnissen über Wohnraum in Ferienhäusern und Ferienwohnungen in Ferienhausgebieten, der vor dem 1. 6. 1995 dem Mieter überlassen worden ist, wenn der Vermieter den Mieter bei Vertragsschluß auf die Zweckbestimmung des Wohnraumes und die Ausnahme von den Absätzen 1 bis 6 des § 564 b BGB hingewiesen hat (§ 564 b Abs. 7 Nr. 4 BGB).
- Bei Mietverhältnissen über Wohnraum, den eine juristische Person des öffentlichen Rechts im Rahmen der ihr durch Gesetz zugewiesenen Aufgaben angemietet hat, um ihn Personen mit dringendem Wohnungsbedarf oder in Ausbildung befindlichen Personen zu überlassen, wenn sie den Mieter bei Vertragsschluß auf die Zweckbestimmung des Wohnraumes und die Ausnahme von den Absätzen 1 bis 6 des § 564 b BGB hingewiesen hat (§ 564 b Abs. 7 Nr. 5 BGB).

Zur Kündigung eines Mietverhältnisses über Wohnraum, das nicht unter eine dieser Ausnahmevorschriften fällt, ist ein berechtigtes Interesse des Vermieters an der Beendigung des Mietverhältnisses erforderlich. § 564 b Abs. 2 BGB beinhaltet eine beispielhafte und nicht abschließende Aufzählung (vgl. „Kündigungsschutz“, Abschnitt 2.5) von Umständen, die als berechtigtes Interesse anzusehen sind.

Danach liegt ein **berechtigtes Interesse** des Vermieters insbesondere vor, wenn

- der Mieter seine vertraglichen Verpflichtungen schuldhaft nicht unerheblich verletzt hat (Einzelheiten siehe „Kündigungsschutz“, Abschnitt 2.1);
- der Vermieter die Räume als Wohnung für sich, die zu seinem Hausstand gehörenden Personen oder seine Familienangehörigen benötigt (Einzelheiten siehe „Eigenbedarf“);
- der Vermieter durch die Fortsetzung des Mietverhältnisses an einer angemessenen wirtschaftlichen Verwertung des Grundstückes gehindert ist und dadurch erhebliche Nachteile erleiden würde (Einzelheiten siehe „Kündigungsschutz“, Abschnitt 2.3);
- der Vermieter nicht zum Wohnen bestimmte Nebenräume eines Gebäudes in zulässiger Weise zu Wohnraum zum Zwecke der Vermietung ausbauen will und die Kündigung auf diese Räume beschränkt (Einzelheiten siehe „Kündigungsschutz“, Abschnitt 2.4).

Die Kündigungsschutzvorschrift des § 564 b BGB gilt **nicht** für Mietverhältnisse über Räume, die zu **anderen** als Wohnzwecken vermietet sind. Diese können ohne Vorliegen eines berechtigten Interesses gekündigt werden.

Gleiches gilt, wenn durch **einheitlichen** Vertrag sowohl Wohnraum als auch gewerblich genutzte Räume vermietet sind **(Mischmietverhältnis)** und die gewerbliche Nutzungsart überwiegt (OLG Schleswig, RE v. 8. 6. 1982, DWW 1982, 302; Weber/Marx, II/S. 48).

Der gewerbliche Teil in einem Mischmietverhältnis überwiegt jedenfalls dann, wenn die Fläche der vermieteten Gewerberäume und der auf sie entfallende Mietzins ein Vielfaches der entsprechenden Größen der Wohnräume darstellen und sich eine hiervon abweichende rechtliche Einordnung des Vertrages aus vertraglichen Erklärungen der Parteien nicht ergibt. Der Umstand allein, daß die Wohnung den Lebensmittelpunkt des Mieters bildet, führt nicht dazu, daß auf den Wohnraumteil die Bestimmung des § 564 b Abs. 1 BGB anzuwenden ist. Die nur wirtschaftliche Teilbarkeit des Mietobjektes in Gewerberäume und Wohnräume erlaubt es jedenfalls dann nicht, auf den Wohnraumteil die Bestimmung des § 564 b Abs. 1 BGB anzuwenden, wenn aufgrund des Parteiwillens von einer rechtlichen Einheit des Mietverhältnisses auszugehen ist (OLG Schleswig, a.a.O.).

Einzelheiten siehe unter „Mischräume".

3.2 Die außerordentliche Kündigung durch den Vermieter

Durch außerordentliche Kündigung kann auch ein Mietverhältnis von bestimmter Dauer (vgl. „Zeitmietvertrag") **vorzeitig** beendet werden.

Die außerordentliche Kündigung ist nur bei Vorliegen der im Gesetz genannten Voraussetzungen zulässig.

Daneben ist bei der außerordentlichen **befristeten** Kündigung durch den Vermieter regelmäßig ein **berechtigtes Interesse** in Sinne von § 564 b Abs. 1 BGB – wie auch bei der ordentlichen Kündigung – notwendig (OLG Hamburg, RE v. 21. 9. 1983, DWW 1983, 307; Weber/Marx, III/S. 68; BayObLG, RE v. 4. 12. 1984, DWW 1985, 28; siehe „Kündigungsschutz", Abschnitt 2).

Bei der außerordentlichen **fristlosen** Kündigung ist ein berechtigtes Interesse dagegen **nicht** erforderlich (OLG Celle, Beschl. v. 4. 2. 1985, DWW 1985, 231). Insofern genügt die Erfüllung der gesetzlich normierten Tatbestandsvoraussetzungen durch den Mieter. Dementsprechend ist bei der fristlosen Kündigung auch die detaillierte Angabe des Kündigungsgrundes im Kündigungsschreiben nicht erforderlich. § 564 b Abs. 3 BGB, wonach nur Gründe berücksichtigt werden, die im Kündigungsschreiben angegeben wurden, ist auf die fristlose Kündigung weder unmittelbar noch entsprechend anwendbar (LG Dresden, WM 1995, 484). Zur Vermeidung von Mißverständnissen sollten die Kündigungsgründe jedoch trotzdem im Kündigungsschreiben dargelegt werden.

> Eine Vereinbarung, nach welcher der Vermieter von **Wohnraum** zur Kündigung ohne Einhaltung einer Kündigungsfrist aus anderen als den im Gesetz genannten Gründen berechtigt sein soll, ist unwirksam (§ 554 b BGB).

Dagegen können bei einem Mietverhältnis über **andere** Räume weitere Kündigungsgründe vereinbart werden. Kündigungsgründe in einem **Formular**mietvertrag stellen jedoch nur dann keine unangemessene Benachteiligung des Mieters im Sinne von § 9 AGB-Gesetz dar, wenn sie sich in ihrem Gewicht an den gesetzlichen Kündigungsgründen orientieren (Emmerich-Sonnenschein, BGB, § 564 RN 34; Wolf-Horn-Lindacher, AGBG, § 9 M 47).

Der Vermieter kann gleichzeitig mit der fristlosen Kündigung eines Wohnraummietverhältnisses durch eine zusätzliche Willenskundgebung seinen der Fortsetzung des Gebrauchs der Mietsache entgegenstehenden Willen nach § 568 BGB erklären. Gewährt der Vermieter gleichzeitig mit der fristlosen Kündigung eine Räumungsfrist, bringt er damit objektiv einen der Fortsetzung des Gebrauchs der Mietsache entgegenstehenden Willen nach § 568 BGB zum Ausdruck (OLG Schleswig, RE v. 23. 11. 1981, NJW 1982, 449; Weber/Marx, I/S. 74 im Anschluß an OLG Hamburg, RE v. 27. 7. 1981, NJW 1981, 2258).

In Anbetracht der unterschiedlichen Voraussetzungen und Rechtswirkungen wird nachfolgend unterschieden zwischen der außerordentlichen **fristlosen** Kündigung, die ohne Einhaltung einer Kündigungsfrist erfolgen kann und mit Zugang beim Mieter wirksam wird, und der außerordentlichen **befristeten** Kündigung unter Einhaltung der gesetzlichen Frist (3 Monate zum Ende eines Kalendermonats, § 565 Abs. 5 BGB).

3.2.1 Außerordentliche fristlose Kündigung durch den Vermieter

3.2.1.1 Fristlose Kündigung wegen vertragswidrigen Gebrauches (§ 553 BGB)

Der Vermieter kann ohne Einhaltung einer Kündigungsfrist kündigen, wenn der Mieter oder derjenige, welchem der Mieter den Gebrauch der gemieteten Sache überlassen hat, ungeachtet einer Abmahnung des Vermieters, einen vertragswidrigen Gebrauch der Sache fortsetzt, der die Rechte des Vermieters in erheblichem Maße verletzt, insbesondere einem Dritten den ihm unbefugt überlassenen Gebrauch beläßt oder die Sache durch Vernachlässigung der Sorgfaltspflicht erheblich gefährdet.

§ 553 BGB benennt ausdrücklich **zwei Sonderfälle** des vertragswidrigen Gebrauchs, nämlich die unbefugte Gebrauchsüberlassung und die erhebliche Gefährdung der Mietsache durch Vernachlässigung. Bei Vorliegen einer dieser beiden Sonderfälle bedarf es keiner Feststellung einer erheblichen Beeinträchtigung der Vermieterrechte (BGH, NJW 1985, 2527; OLG Hamburg, RE v. 17. 12. 1981, WM 1982, 41; OLG Frankfurt, RE v. 10. 10. 1988, NJW-RR 1989, 10; Weber/Marx, VIII/ S. 42), während beim allgemeinen Tatbestand des § 553 BGB in jedem Einzelfall zu prüfen ist, ob durch den vertragswidrigen Gebrauch die Rechte des Vermieters in erheblichem Maße verletzt sind.

> Ein **vertragswidriger Gebrauch** liegt vor, wenn die Räume entgegen den vertraglichen Vereinbarungen genutzt werden.

Nutzt der Mieter die ausschließlich zu Wohnzwecken angemieteten Räume ohne Zustimmung des Vermieters zu anderen Zwecken, stellt dies zwar einen vertragswidrigen Gebrauch der Mietsache dar. Zur fristlosen Kündigung nach Abmahnung (§ 553 BGB) ist der Vermieter aber nur berechtigt, wenn seine Rechte dadurch in **erheblichem** Maße verletzt werden, z. B. bei stärkerer Abnutzung der Räume, erheblichem Parteiverkehr infolge der vertragswidrigen Nutzung (Pergande, BGB, § 553 Anm. III; vgl. auch LG Mannheim, WM 1978, 91), Rufschädigung durch Ausübung der Prostitution (vgl. „Gewerbliche Nutzung von Wohnräumen"). Andernfalls ist der Vermieter auf eine Unterlassungsklage beschränkt (§ 550 BGB).

Umgekehrt kann auch die Benutzung von **gewerblichen Räumen** zum ständigen Wohnen einen fristlosen Kündigungsgrund darstellen (OLG Düsseldorf, ZMR 1987, 423). Insofern bedarf es jedoch eingehender Darlegungen durch den Vermieter, weshalb seine Interessen dadurch verletzt werden, daß die Räume (auch) zu Wohnzwecken genutzt werden (OLG Köln, WM 1996, 270; z. B. weil sich die Nutzung zu Wohnzwecken bei einem reinen Bürogebäude nicht in den Charakter des Hauses einfügt). Werden Räume in einem Mehrfamilienhaus als Büro an eine GmbH vermietet, ist eine erhebliche Verletzung der Interessen des Vermieters regelmäßig nicht anzunehmen, wenn die Räume von dem Geschäftsführer (auch) zu Wohnzwecken genutzt werden (OLG Köln, a.a.O.).

Durch die Änderung der Branche kann eine Verletzung der Rechte des Vermieters eintreten, wenn der Vermieter ein erhebliches Interesse an der vertraglich vereinbarten Nutzung hat.

Ein vertragswidriger Gebrauch kann auch in der **Überbelegung** der Wohnung liegen, was selbst dann gilt, wenn die Überbelegung durch die Geburt von Kindern oder die Aufnahme von Familienangehörigen oder des Ehegatten eingetreten ist (BGH, Beschl. v. 14. 7. 1993, Az. VIII ARZ 1/93, NJW 1993, 2529, Weber/Marx, XIII/S. 61; BayObLG, RE v. 14. 9. 83, WM 83, 309; Weber/Marx, III/S. 57).

Wann eine Überbelegung der Wohnung vorliegt, richtet sich nach den jeweiligen Umständen des Einzelfalles (vgl. OLG Hamm, RE v. 6. 10. 1982, DWW 1982, 335). Verbindliche Vorschriften zur Bestimmung der Überbelegung (z. B. ab wieviel Personen eine 60 qm große Wohnung überbelegt ist) gibt es nicht. Dementsprechend uneinheitlich ist auch die Rechtsprechung. So hat z. B. das LG Oldenburg (Urt. v. 2. 7. 1993, Az. 13 S 285/93) eine Überbelegung angenommen, wenn eine 70 qm große 4-Zimmer-Wohnung während des Nachmittags und abends von 4 Erwachsenen und 3 Kindern genutzt wird (bestätigt vom BVerfG, Beschl. v. 18. 10. 1993, WM 1994, 119). Überbelegung auch bei fünfköpfiger Familie in einer 23 qm Wohnung (LG Düsseldorf, WM 1983, 141). Dagegen keine Überbelegung, wenn eine 20 qm Wohnung von einem Ehepaar mit einem Kind bewohnt wird (LG Köln, WM 1983, 237).

Einen Anhaltspunkt zur Feststellung der Überbelegung im Einzelfall können die **Landesgesetze** zur Beseitigung von Wohnungsmißständen geben (vgl. z. B. Bayerisches Wohnungsaufsichtsgesetz vom 24. 7. 1974, wonach Wohnungen nur überlassen und benutzt werden dürfen, wenn für jede mind. 6 Jahre alte Person eine Wohnfläche von mind. 10 qm und für jede noch nicht 6 Jahre alte Person mind. 6 qm vorhanden ist). Dementsprechend soll keine Überbelegung gegeben sein, wenn eine 78 qm große Wohnung von 7 Personen bewohnt wird (LG Kempten, WM 1997, 371). Nach dem LG München I (WM 1983, 22) bedingt jedoch selbst eine Überbelegung nach dem Wohnungsaufsichtsgesetz nicht automatisch ein Kündigungsinteresse. Dieser Ansicht kann nicht gefolgt werden. Eine Überbelegung, die nach dem Gesetz als Wohnungsmißstand anzusehen ist (vgl. Art. 1 Bay. Wohnungsaufsichtsgesetz) und die Gemeinde zum Einschreiten (vgl. Art. 6 Abs. 3) und zur Verhängung von Geldbußen bis zu DM 50 000 berechtigt (vgl. Art. 13), muß zwangsläufig auch vertragswidrig i. S. d. § 553 BGB sein, da mangels gegenteiliger Anhaltspunkte nicht unterstellt werden kann, daß die Parteien einen Verstoß gegen öffentliche Vorschriften als vertragsgemäßen Gebrauch angesehen haben.

Eine fristlose Kündigung nach § 553 BGB wegen **Überbelegung** der Wohnung setzt neben der Abmahnung eine **erhebliche**, durch die Überbelegung verursachte **Verletzung der Vermieterrechte** voraus.

Diese ergibt sich entgegen der Auffassung des OLG Karlsruhe (RE v. 16. 3. 1987, DWW 1987, 192; Weber/Marx VII/S. 39) jedoch **nicht** zwingend allein aus der Überbelegung (BGH, Beschl. v. 14. 7. 1993, Az. VIII ARZ 1/93, a.a.O.). Obwohl die Gefahr einer übermäßigen Abnutzung oder Beschädigung der Wohnung mit dem Ausmaß der Überbelegung zunehmen wird, ist es nach Auffassung des Bundesgerichtshofs nicht möglich, einen bestimmten Grad der Überbelegung zu definieren, von dem ab die Annahme zwingend ist, die Abnutzung führe ohne weiteres zu einer erheblichen Beeinträchtigung der Vermieterinteressen und erfordere die sofortige Auflösung des Mietverhältnisses. Insoweit können Ausstattung und Zuschnitt der Räume, vertragliche Regelungen über die Durchführung von Schönheitsreparaturen, Alter und Lebensgewohnheiten der Bewohner ebenso von Bedeutung sein wie die Zusammensetzung der übrigen Hausbewohnerschaft. Daher ist grundsätzlich anhand der konkreten Umstände des Einzelfalles durch eine **Interessenabwägung** zu prüfen, ob die Rechte des Vermieters durch die Überbelegung erheblich verletzt sind (BGH, a.a.O.). Insofern ist aber auch zu berücksichtigen, ob anderen Hausbewohnern infolge der Überbelegung Nachteile entstehen, z. B. in Form von Lärmbelästigungen oder Störungen des Hausfriedens (BVerfG, Beschl. v. 18. 10. 1993, a.a.O.).

In einer Kündigung wegen Überbelegung nach § 553 BGB sollten daher nicht nur die Umstände vorgetragen werden, aus denen sich die Überbelegung ergibt, sondern auch die Auswirkungen der Überbelegung auf die Vermieterrechte.

Störungen des Hausfriedens können ebenfalls einen die Kündigung rechtfertigenden vertragswidrigen Gebrauch darstellen, da die vertragsgemäße Ausübung des Mietgebrauchs die Rücksichtnahme auf die übrigen Mitbewohner und die Einhaltung der Ordnung im Hause voraussetzt. Häufiger ruhestörender Lärm zur Nachtzeit kann einen Kündigungsgrund darstellen (LG Gießen, WM 1981, 232; LG Koln, ZMR 1977, 332).

Auch bei **unerlaubten baulichen Veränderungen** durch den Mieter kann ein vertragswidriger Gebrauch vorliegen, wobei eine erhebliche Verletzung der Vermieterrechte insbesondere dann gegeben ist, wenn der Mieter einer entsprechenden Abmahnung nicht nachkommt und der Vermieter nunmehr von dritter Seite, z. B. von einer Behörde, auf Beseitigung in Anspruch genommen wird (LG Gießen, WM 1994, 681).

Eine **unbefugte Gebrauchsüberlassung** (§ 553 BGB) liegt vor, wenn der Mieter die Sachherrschaft über die Räume aufgibt und nicht mehr in der Lage ist, unmittelbar die **Obhut** über die Wohnung auszuüben, z. B. wenn der Mieter unter Mitnahme seines Hausrats in eine andere Wohnung zieht und die angemietete Wohnung einer dritten Person überläßt, sich auf Dauer ins Ausland begibt (LG Frankfurt, WM 1989, 237) oder seinen Lebensmittelpunkt in eine andere Wohnung verlegt (LG Hannover, Urt. v. 29. 4. 1993 – Az. 16 S 270/92).

Gleiches gilt, wenn der Mieter Angehörige, z. B. seinen Sohn und dessen Familie in die Wohnung aufnimmt, selbst aber auszieht und nur noch ein Arbeitszimmer in der Wohnung behält (LG Cottbus, ZMR 1995, 30; WM 1995, 38). Eine unerlaubte Gebrauchsüberlassung liegt auch vor, wenn der Mieter die Wohnung dem nichtehelichen Lebenspartner, der nicht Mietvertragspartner ist, nach Beendigung der Lebensgemeinschaft überläßt. Insofern hebt bereits ein überwiegend auswärtiger Aufenthalt des Mieters die Lebensgemeinschaft auf, unabhängig davon, ob der Mieter noch eigene Möbel in der Wohnung hat (LG Berlin, WM 1995, 38). Anders ist die Rechtslage bei Überlassung an den Ehegatten. Da **Ehegatten** aufgrund ihrer Verpflichtung zur ehelichen Lebensgemeinschaft (§ 1353 Abs. 1 BGB) zur Gebrauchsüberlassung der Wohnung nicht nur berechtigt, sondern sogar verpflichtet sind, kommt auch bei überwiegender Abwesenheit des Mieters ein vertragswidriger Gebrauch nicht in Betracht (LG Berlin, a.a.O.).

Nicht ausreichend ist, wenn der Mieter einer dritten Person lediglich den **Mitbesitz** an der Wohnung einräumt, diese z. B. in die Wohnung aufnimmt, ohne selbst die Wohnung zu verlassen. Ebenso, wenn der Mieter zwar eine andere Wohnung anmietet und die Mietwohnung seinen volljährigen Kindern überläßt, jedoch einen gemeinsamen Haushalt in der Mietwohnung aufrechterhält (AG Köln, MDR 1973, 764; vgl. auch LG Berlin, HmbGE 1990, 99) oder nur vorübergehend ins Altersheim geht (LG Kiel, WM 1988, 125).

Dagegen liegt bei Aufgabe des gemeinsamen Haushaltes ein vertragswidriger Gebrauch vor, da der Mieter die Sachherrschaft und die unmittelbare Obhut über die Wohnung aufgegeben hat. Ebenso, wenn die Mieter ihren volljährigen Kindern ein **selbständiges** Gebrauchsrecht an der Wohnung einräumen, so daß diese die Wohnung frei von Weisungen nutzen und die Eltern vom Gebrauch ausschließen könnten (LG Lüneburg, WM 1995, 704).

Der Mieter ist ohne Erlaubnis des Vermieters in der Regel auch nicht berechtigt, seinen Bruder **auf Dauer** aufzunehmen (BayObLG, RE v. 29. 11. 1983, WM 1984, 13).

Zu beachten ist aber, daß der Mieter unter bestimmten Voraussetzungen einen Anspruch auf Erteilung der Erlaubnis haben kann (siehe „Untermiete“).

Hat der Mieter von Wohnraum vor der Gebrauchsüberlassung an einen Dritten die Erlaubnis des Vermieters nicht eingeholt, kann die vom Vermieter wegen der unerlaubten Gebrauchsüberlassung erklärte Kündigung unwirksam sein (§ 553 BGB), wenn der Mieter im Zeitpunkt der Kündigung einen Anspruch auf Erteilung der Erlaubnis des Vermieters hatte (§ 549 Abs. 2 BGB; BayObLG, RE v. 26. 10. 1990, WM 1991, 18 im Anschluß an OLG Hamburg, WM 1982, 41).

Zwar ersetzt der Anspruch auf Erteilung der Erlaubnis nicht die Erlaubnis selbst, so daß trotzdem eine unbefugte Gebrauchsüberlassung i. S. d. § 553 BGB vorliegt, jedoch kann der Mieter bei Bestehen eines solchen Anspruchs gegen die Wirksamkeit der **fristlosen** Kündigung das sich aus Treu und Glauben ergebende Verbot der unzulässigen Rechtsausübung einwenden (BayObLG, a.a.O.). Dagegen schließt der Anspruch auf Erteilung der Erlaubnis eine **ordentliche** Kündigung nach § 564 b Abs. 1, Abs. 2 Nr. 1 BGB wegen unerlaubter Gebrauchsüberlassung **nicht** aus (BayObLG, Beschl. v. 26. 4. 1995, RE-Miet 3/94, BayObLGZ 1995 Nr. 30, WM 1995, 378; siehe im einzelnen unter „Kündigungsschutz“, Abschn. 2.1, „Untermiete“).

Hat der Vermieter die Erlaubnis zur Gebrauchsüberlassung berechtigterweise nur **befristet** erteilt (z. B. weil sich der Mieter 6 Monate im Ausland aufhielt), wird die Gebrauchsüberlassung nach Fristablauf nicht automatisch unbefugt und somit vertragswidrig i. S. d. § 553 BGB; jedoch kann die Fortdauer der Gebrauchsüberlassung eine schuldhafte Vertragsverletzung darstellen und zur Kündigung nach § 564 b Abs. 2 Nr. 1 BGB (vgl. „Kündigungsschutz", A. 2.1) berechtigen (LG Stuttgart, WM 1992, 122).

Bei **gewerblichen** Räumen stellt es eine unzulässige Gebrauchsüberlassung dar, wenn der Mieter einen Geschäftspartner in den Betrieb aufnimmt und mit ihm eine Gesellschaft gründet, der die Räume überlassen werden, oder er den Dritten in das von ihm betriebene Unternehmen aufnimmt und ihm den Mietgebrauch überläßt (BGH, ZMR 1959, 8). **Ausnahmsweise** soll keine vertragswidrige Gebrauchsüberlassung vorliegen, wenn die an eine BGB-Gesellschaft oder eine OHG vermieteten Räume von der Gesellschaft an eine ausschließlich von den Gesellschaftern gegründete und unter ihrer alleinigen Geschäftsführung stehende GmbH überlassen werden. Dann kann der Vermieter auf die gleiche Vermögensmasse zurückgreifen. Sein wirtschaftliches Interesse wird daher nicht beeinträchtigt (BGH, NJW 55, 1066).

Anders ist die Rechtslage jedoch zu beurteilen, wenn die Räume an eine juristische Person, z. B. GmbH, überlassen werden, deren Inhaber oder Geschäftsführer als ges. Vertreter nicht mit dem Mieter identisch ist. Hier ist die Ausnahme der wirtschaftlichen Identität nicht mehr gegeben, so daß eine unzulässige Gebrauchsüberlassung i. S. d. § 553 BGB vorliegt (RGRK – Gelhar, BGB, § 549 Rdn. 3).

Im Mietvertrag mit einer OHG oder KG stellt eine Änderung des Gesellschafterbestandes keine unzulässige Gebrauchsüberlassung dar, da dies die Identität der Mietpartei nicht berührt.

Ein Kündigungsgrund nach § 553 BGB liegt erst vor, wenn dem Dritten der unbefugt überlassene Gebrauch **belassen** wird, d. h. der Mieter trotz Abmahnung (siehe „Abmahnung") und Setzung einer angemessenen Frist zur Beseitigung des vertragswidrigen Zustandes nicht den vertragsgemäßen Zustand wiederherstellt. Die Länge dieser Frist bestimmt sich nach den Umständen des Einzelfalles. Jedenfalls muß dem Mieter ausreichend Zeit bleiben, der Abmahnung Rechnung zu tragen. Daher kann es bei der unbefugten Gebrauchsüberlassung an einen Dritten erforderlich sein, die Abmahnfrist so zu bemessen, daß auch der Mieter die gesetzlich vorgeschriebenen Kündigungsfristen gegenüber seinem Untermieter einhalten kann (LG Mannheim, WM 1985, 262; LG Hamburg, WM 1994, 536).

> Der gesonderten Feststellung einer erheblichen Beeinträchtigung der Rechte des Vermieters bedarf es nicht (BGH, Urt. v. 28. 11. 1984, NJW 1985, 2527).

Auf die Abmahnung kann nur in Ausnahmefällen verzichtet werden (LG München I, ZMR 1985, 384).

Die **Vernachlässigung** der dem Mieter obliegenden Sorgfalt berechtigt zur fristlosen Kündigung, wenn die Mietsache dadurch erheblich gefährdet wird. Eine erhebliche Verletzung der Rechte des Vermieters muß auch in diesem Fall des vertragswidrigen Gebrauches nicht gesetzlich festgestellt werden, da diese bei erheblicher Gefährdung der Mietsache zwingend vorliegt.

Die Mietsache kann erheblich gefährdet werden, z. B. durch Verletzung der Anzeigepflicht (vgl. „Anzeigepflicht"), durch wiederholte Wasserschäden größeren Umfangs (vgl. AG Aachen, DWW 1974, 237), durch unzureichende Vorbeugemaßnahmen gegen Schädigungen durch Frost oder Schimmel (vgl. „Feuchtigkeit ...").

Voraussetzung einer fristlosen Kündigung nach § 553 BGB ist in allen Fällen des vertragswidrigen Gebrauches eine **Abmahnung**, durch die der Mieter aufgefordert wird, das vertragswidrige Verhalten in Zukunft zu unterlassen bzw. den vertragswidrigen Zustand zu beseitigen (siehe „Abmahnung"). Sowohl die Abmahnung als auch die fristlose Kündigung ist möglichst umgehend auszusprechen, nachdem der Vermieter von der Vertragsverletzung bzw. der Nichtabhilfe nach Abmahnung Kenntnis erlangt hat (vgl. BGH, NJW 1985, 1894 ff.; NJW 1982, 2432 ff.; OLG Düsseldorf, DWW 1991, 78). Anhaltspunkt für die Rechtzeitigkeit der fristlosen Kündigung soll nach Ansicht des OLG Frankfurt (Urt. v. 24. 6. 1991, WM 1991, 475) die analog anzuwendende (arbeitsrechtliche) Frist des § 626 Abs. 2 BGB bieten, so daß die fristlose Kündigung wegen vertragswidrigen Gebrauchs binnen 14 Tagen nach Kenntniserlangung des Vermieters von der Vertragsverletzung bzw. der Nichtabhilfe nach Abmahnung auszusprechen ist.

3.2.1.2 Fristlose Kündigung wegen Zahlungsverzuges (§ 554 BGB)

Der Vermieter kann das Mietverhältnis ohne Einhaltung einer Kündigungsfrist kündigen, wenn der Mieter für **zwei aufeinander folgende Termine** mit der Entrichtung des Mietzinses oder eines nicht unerheblichen Teiles in Verzug ist (§ 554 Abs. 1 Satz 1 Nr. 1 BGB) oder in einem Zeitraum, der sich **über mehr als zwei Termine** erstreckt, mit der Entrichtung des Mietzinses in Höhe eines Betrages in Verzug gekommen ist, der den Mietzins für zwei Monate erreicht (§ 554 Abs. 1 Satz 1 Nr. 2 BGB).

Grundsätzlich zu unterscheiden ist (§ 554 Abs. 1 Satz 1 BGB), ob sich der Verzug auf zwei aufeinander folgende Termine (Nr. 1) oder auf einen Zeitraum von mehr als zwei Terminen (Nr. 2) bezieht. Im Falle der Nr. 1 ist die Kündigung zulässig, wenn sich der Mieter mit der Entrichtung des gesamten Mietzinses für die beiden Termine oder eines nicht unerheblichen Teiles in Verzug befindet. Die Beurteilung, ob der Mieter mit einem nicht unerheblichen Teil des Mietzinses in Verzug ist (§ 554 Abs. 1 Satz 1 Nr. 1 BGB), richtet sich nicht nach dem für den einzelnen Termin rückständigen Mietzins, sondern nach dem **gesamten** Mietzinsrückstand.

> Dieser ist jedenfalls nicht unerheblich, wenn er den Mietzins für einen Monat übersteigt (BGH, Urt. v. 15. 4. 1987, DWW 1987, 216).

Der BGH begründet dies damit, daß die Erheblichkeitsgrenze (§ 554 **Abs. 2** Satz 1 Nr. 1 BGB) für die **Wohn**raummiete definiert ist und daher wegen der geringeren Schutzbedürftigkeit des **gewerblichen** Mieters bei einem Rückstand von mehr als einer Monatsmiete die Erheblichkeitsgrenze auf jeden Fall überschritten sei.

Bei Wohnraummietverhältnissen, ausgenommen wenn dieser nur zu vorübergehendem Gebrauch vermietet ist, ist der rückständige Teil des Mietzinses nur dann nicht als unerheblich anzusehen, wenn er den Mietzins für einen Monat übersteigt (§ 554 Abs. 2 Satz 1 Nr. 1 BGB).

> Maßgebend ist auch hier immer der **Gesamt**rückstand, nicht der Rückstand für den einzelnen Termin (BGH, a.a.O.; Palandt Anm. 2 a, aa zu § 554 a BGB).

Im Falle der Nr. 2 besteht das Recht zur fristlosen Kündigung, wenn der Mietzinsrückstand eine Höhe von zwei Monatsmieten erreicht hat, was z. B. eintreten kann, wenn der Mieter die Miete eine längere Zeit um kleinere Beträge kürzt.

> In jedem Fall sollte aus dem Kündigungsschreiben eindeutig hervorgehen, mit welchen Rückständen für welche Monate der Mieter in Verzug ist (LG Hamburg, ZMR 1996, 327).

Unter Mietzins sind die **periodisch wiederkehrenden** Zahlungen des Mieters und somit auch die monatlichen Betriebskostenpauschalen und -vorauszahlungen zu verstehen; **nicht** jedoch Nachforderungen aus der Betriebskostenabrechnung (OLG Koblenz, RE v. 26. 7. 1984, WM 1984, 269; Weber/Marx, IV/S. 58).

Ein Verzug mit der Begleichung einer Betriebskostennachforderung kann daher unabhängig von der Höhe der Forderung eine Kündigung (§ 554 BGB) nicht begründen. Ebenso nicht ein Verzug mit anderen **einmaligen** Leistungen des Mieters, z. B. Schadenersatz oder Kaution, deren Rückstand nach Auffassung des LG Bielefeld (WM 1992, 124) selbst dann nicht zur fristlosen Kündigung berechtigen soll, wenn der Anspruch des Vermieters bereits tituliert ist (vgl. „Kaution“).

Der Eintritt des Verzuges bestimmt sich nach § 284 BGB. Für die Zahlungspflicht des Mieters ist in der Regel ein fester Termin bestimmt, so daß der Mieter **ohne Mahnung** in Verzug kommt (§ 284 Abs. 2 BGB). Mangels abweichender Vereinbarungen tritt der Verzug ein, wenn die Leistungs**handlung** nicht rechtzeitig vorgenommen wurde. Jedoch kann auch vereinbart werden, daß es für die Rechtzeitigkeit der Zahlung nicht auf die Leistungshandlung, sondern auf den Zeitpunkt des Eingangs des Geldes beim Vermieter ankommt (vgl. „Fälligkeit des Mietzinses“).

Bestimmt der Mietvertrag, daß der Mietzins spätestens am 3. Werktag eines Kalendermonats beim Vermieter eingegangen sein muß, ist ein Mieter, der z. B. die September-Miete nicht bezahlt hat, bereits mit Ablauf des 3. Werktages im Oktober mit der Mietzahlung für zwei aufeinander folgende Termine in Verzug gekommen, ohne daß es einer Mahnung bedurfte (§ 554 Abs. 1 Satz 1 Nr. 1 BGB).

Eine **vorherige Mahnung** kann ausnahmsweise erforderlich sein, wenn der Vermieter über einen längeren Zeitraum unpünktliche Mietzahlungen des Mieters rügelos hingenommen hat (LG Hamburg, ZMR 1996, 327).

Für die Wirksamkeit einer auf Zahlungsverzug gestützten fristlosen Kündigung ist maßgeblich, ob im Zeitpunkt des **Zugangs** der Kündigung diese Voraussetzungen (noch) vorgelegen haben (LG Lüneburg, WM 1995, 705). Auf einen Verzug bei der Abfassung oder Absendung des Kündigungsschreibens kommt es nicht an. Daher ist es auch unschädlich, wenn das Kündigungsschreiben bereits vor Eintritt des Verzuges (z. B. am 2. Werktag im Oktober) abgefaßt und abgesandt wurde, der Verzug mit zwei Monatsmieten jedoch erst im Zeitpunkt des Zugangs (z. B. am 4. Werktag im Oktober) vorgelegen hat (LG Köln, 1. Zivilkammer, Urt. v. 18. 10. 1990, WM 1991, 263; vgl. auch Emmerich-Sonnenschein, § 564 a, Rdn. 9; a. A.: Sternel, Mietrecht, 3. A., IV 23; LG Köln, 10. Zivilkammer, Urt. v. 16. 10. 1991, WM 1992, 123). Hat dagegen der Verzug zwar bei Absendung des Kündigungsschreibens, aber infolge zwischenzeitlicher Zahlung nicht mehr bei Zugang der Kündigung bestanden, ist die Kündigung unbegründet (LG Lüneburg, a.a.O.).

Macht der Vermieter von einer ihm eingeräumten **Einzugsermächtigung** keinen Gebrauch, ist ein Zahlungsverzug des Mieters nicht gegeben (AG Bonn, WM 1995, 484).

Das für den Eintritt des Verzuges notwendige **Verschulden** wird vermutet (§ 285 BGB).

Die **Beweislast** für das Nichtvertretenmüssen trifft damit den Mieter.

Der Schuldner ist für die Verzögerung auch dann verantwortlich, wenn sie in mangelnder Leistungsfähigkeit oder in Fehlern bei den geschäftlichen Dispositionen ihren Grund hat (§ 279 BGB). Ebenso ist dem Mieter das Verschulden eines Dritten, der die Zahlungspflicht übernommen hat (z. B. des Sozialamtes), über § 278 BGB zuzurechnen (vgl. LG Köln, WM 1991, 485; a.A.: Sternel, IV 511). Gleiches gilt für Verzögerungen infolge fehlerhafter Bearbeitung von Überweisungsaufträgen durch die Bank (LG Düsseldorf, Urt. v. 26. 2. 1991, WM 1992, 369). Eine andere Beurteilung ist ausnahmsweise dann veranlaßt, wenn der Mieter beweisen kann, daß die Nichtbezahlung der Mieten ausschließlich auf einem Versehen und damit auf dem alleinigen Verschulden der Bank beruht, die der Mieter durch Dauerauftrag mit der Überweisung beauftragt hat und der Mieter dieses Versehen auch nicht erkennen konnte, z. B. weil die Miete von seinem Konto zwar abgebucht, aber auf ein falsches Konto überwiesen wurde (LG München I, Urt. v. 21. 9. 1994, WM 1994, 608).

Zur Problematik, wenn die Bank des Mieters die Überweisung der Miete nach Gutschrift auf dem Konto des Vermieters mangels Deckung des Mieterkontos widerruft (vgl. LG Köln, Urt. v. 9. 12. 1993, WM 1994, 606).

Aus dem Mietvertrag ergibt sich auch keine vertragliche Nebenpflicht des Vermieters, die finanzielle Leistungsfähigkeit des Mieters zu unterstützen. Der Mieter kann daher nicht einwenden, ein Verzugsverschulden sei ausgeschlossen, weil der Vermieter seine Mitwirkung bei der Gewährung von Sozialhilfeleistungen an den Mieter (z. B. durch Ausfüllen einer sog. „Mietübernahmeerklärung“) unterlassen hat (LG Köln, WM 1995, 104).

An einem Verschulden kann es fehlen, wenn sich der Mieter in einem **entschuldbaren Irrtum** über seine Berechtigung zur (teilweisen) Zahlungsverweigerung befunden, z. B. sich **entschuldbar** über die richtige Bemessung der Minderungsquote geirrt hat (vgl. LG Mannheim, WM 1987, 317; LG Hannover, WM 1994, 463).

Der Mieter ist jedoch nicht grundsätzlich entschuldigt, wenn er die **Auskunft eines Rechtsanwalts** eingeholt hat und von diesem unzutreffend beraten wurde (OLG München, Urt. v. 15. 3. 1996, ZMR 1996, 371; a.A.: LG Wiesbaden, WM 1989, 512). Vielmehr muß sich der Mieter das Verschulden seines Rechtsberaters zurechnen lassen (LG München I, Urt. v. 10. 7. 1996, 14 S 2176/96) und befindet sich daher in verschuldetem Zahlungsverzug. Das Verschulden des Mieters kann erst recht nicht entfallen, wenn er den Anwalt unzutreffend über den Sachverhalt informiert hat (vgl. LG Aachen, WM 1989, 371).

Auseinandersetzungen über die Berechtigung des Mieters zur Mietzinsminderung muß der Vermieter nicht in einem dem Räumungsprozeß vorgehenden Forderungsprozeß austragen. § 554 BGB knüpft die außerordentliche Kündigungsbefugnis des Vermieters allein daran, daß der Mieter mit der Zahlung des Mietzinses **in Verzug** geraten ist. Des weiteren hängt die Wirksamkeit der Kündigung davon ab, ob der Zahlungsverzug bis zu bestimmten Zeitpunkten (§ 554 Abs. 1 Satz 2, Abs. 2 Nr. 2 Satz 1 BGB) noch andauert. Daß darüber hinaus ein rechtskräftiger **Titel** über den rückständigen Zins vorliegen muß, wird nirgends angeordnet. Es verstößt daher gegen das verfassungsrechtliche Willkürverbot, dem kündigenden Vermieter (§ 554 BGB) den Räumungsanspruch mit der Begründung zu versagen, er müsse den rückständigen Mietzins zuvor in einem gesonderten gerichtlichen Verfahren gegen den Mieter geltend machen (BVerfG, Urt. v. 15. 3. 1989, WM 1989, 278; Weber/Marx, IX/S. 86).

Soweit tatsächlich eine Berechtigung zur **Mietzinsminderung** oder ein Zurückbehaltungsrecht bestand, liegt ein Verzug bereits tatbestandlich nicht vor. Ein Verzug besteht ebenfalls nicht, wenn der Mieter zur Wahrung seiner Ansprüche wegen Mängel der Mietsache die Zahlung nur unter **Vorbehalt** leistet (LG Hannover, MDR 1966, 511). Die Zahlung unter Vorbehalt schließt nur die Wirkung des § 814 BGB aus (LG München I, WM 1987, 223).

Ist der Mieter rechtskräftig zur Zahlung eines **erhöhten** Mietzinses (§§ 2 bis 7 MHG) verurteilt worden, kann der Vermieter das Mietverhältnis wegen Zahlungsverzuges des Mieters nicht vor Ablauf von zwei Monaten nach rechtskräftiger Verurteilung kündigen, wenn nicht die Voraussetzungen des § 554 BGB schon wegen des bisher geschuldeten Mietzinses erfüllt sind (§ 9 Abs. 2 MHG). Der Mieter soll damit ausreichend Zeit haben, die aufgelaufenen Erhöhungsbeträge zu zahlen, um eine außerordentliche Kündigung vermeiden zu können (Palandt, Anm. 2 a zu § 9 MHG).

§ 9 Abs. 2 MHG ist **nicht** entsprechend anwendbar, wenn sich der Mieter durch Prozeß**vergleich** zur Zahlung verpflichtet hat (OLG Hamm, RE v. 27. 12. 1991, DWW 1992, 51). Diese Bestimmung soll aber nach Auffassung des LG Köln (WM 1995, 593) auf **Sozial**wohnungen entsprechend anwendbar sein, so daß das Recht zur Kündigung wegen Zahlungsverzuges nach einer Mieterhöhungserklärung bis zur rechtskräftigen Entscheidung über die Berechtigung der Mieterhöhung ausgeschlossen ist.

In den **neuen Bundesländern** findet § 9 Abs. 2 MHG zum Schutz der Mieter entsprechende Anwendung, wenn der Mieter wegen Zweifeln an der Wirksamkeit der Mieterhöhung die Erhöhungsbeträge nicht bezahlt. Dies bedeutet, daß der entsprechende Zahlungsverzug die fristlose Kündigung erst nach rechtskräftiger Verurteilung zur Zahlung rechtfertigt (BezG Chemnitz, Urt. v. 23. 11. 1992, WM 1993, 34).

Die Kündigung ist ausgeschlossen, wenn der Vermieter **vor Zugang** der Kündigung (§ 130 BGB) **vollständig** befriedigt wird (§ 554 Abs. 1 Satz 2 BGB). Insofern soll es nach Auffassung des LG Oldenburg (WM 1996, 471) grundsätzlich auf den Zeitpunkt der Erfüllungshandlung (z. B. Erteilung des Überweisungsauftrages) und nicht auf den Zeitpunkt des Eingangs der Zahlung auf dem Konto des Vermieters ankommen; es sei denn, der Mietvertrag enthält eine Klausel, wonach für die Rechtzeitigkeit nicht die Zahlung, sondern der Eingang des Geldes maßgeblich ist (vgl. „Fälligkeit des Mietzinses"). Eine Teilleistung hindert das Wirksamwerden der Kündigung nicht (BGH, WPM 1970, 1141; LG Berlin, WM 1992, 607; LG Bonn, WM 1992, 607). Ein zu vernachlässigender offenbleibender Restbetrag ist nicht mehr gegeben, wenn dieser Betrag ca. 5 % der Monatsnettomiete entspricht (LG Bonn, a.a.O.). Nicht erforderlich ist daher, daß bei Ausspruch der Kündigung der Verzug noch in vollem Umfange vorgelegen hat (BGH BB 1987, 2123). Dem Mieter obliegt im Streitfalle die Beweislast dafür, daß er vollständig bezahlt hat (vgl. BGH, MDR 1960, 1006). Die Befriedigung des Vermieters kann auch durch Aufrechnung erfolgen, soweit dies nicht vertraglich wirksam ausgeschlossen wurde (vgl. „Aufrechnung“).

Nach Zugang der Kündigung wird diese unwirksam, wenn sich der Mieter von seiner Schuld durch **Aufrechnung** befreien konnte und unverzüglich, d. h. ohne schuldhaftes Zögern (§ 121 BGB), nach der Kündigung die Aufrechnung erklärt (§ 554 Abs. 1 Satz 3 BGB). Dies gilt nur dann, wenn die Aufrechnung vertraglich zulässig war (vgl. „Aufrechnung“) und den **gesamten** Rückstand abdeckt (LG Frankfurt, WM 1974, 28).

Darüber hinaus hat der Mieter von **Wohn**raum noch eine weitere Möglichkeit, die mit ihrem Zugang bereits wirksam gewordene Kündigung **nachträglich** unwirksam zu machen: Die Kündigung wird auch dann unwirksam, wenn bis zum Ablauf eines Monats nach Eintritt der Rechtshängigkeit des Räumungsanspruches hinsichtlich des fälligen Mietzinses und der fälligen Entschädigung (§ 557 Abs. 1 Satz 1 BGB) der Vermieter befriedigt wird oder eine öffentliche Stelle sich zur Befriedigung verpflichtet (§ 554 Abs. 2 Nr. 2 Satz 1 BGB). Danach muß die Befriedigung des Vermieters spätestens bis zum Ablauf eines Monats nach Zustellung der Räumungsklage (§ 261 ZPO) **vollständig** erfolgt sein, d. h. der Mieter muß bis zu diesem Zeitpunkt (Ablauf der **„Schonfrist“**) nicht nur sämtliche Mietrückstände gezahlt haben – unabhängig davon, ob sie im Kündigungsschreiben erwähnt wurden (LG München I, WM 1987, 153; Scholz, WM 1987, 135) – sondern auch die laufende Nutzungsentschädigung, die ab dem Zugang der Kündigung anstelle des Mietzinses zu entrichten ist (vgl. „Nutzungsentschädigung“).

Strittig ist, ob diese Heilungswirkung bereits mit Vornahme der Leistungshandlung (z. B. Überweisung des rückständigen Mietzinses) oder erst mit Erfüllungseintritt (z. B. Gutschrift auf dem Konto des Vermieters) eintritt. Nach dem Wortlaut des § 554 Abs. 2 Nr. 2 BGB, wonach die Kündigung nur dann unwirksam wird, wenn der Vermieter hinsichtlich des fälligen Mietzinses innerhalb der Monatsfrist nach Rechtshängigkeit „befriedigt“ wird, erschiene es naheliegend, auf den Zeitpunkt der Erfüllungswirkung abzustellen (siehe auch Münchner Kommentar/Voelskow, 2. A., 1988, § 554 BGB, Rdn. 16 ff.). Unter Verweisung auf die allgemeinen Grundsätze über die Heilung von Verzugsfolgen stellt jedoch die wohl überwiegende Meinung auf den **Zeitpunkt der Leistungshandlung** ab (Palandt-Putzo, Rdn. 9 zu § 554 BGB; Sternel, Mietrecht, 3. A., IV 419; Erman-Schopp, 8. A. § 554 BGB Rdn. 1; LG Arnsberg, DWW 1991, 113; LG Heidelberg, WM 1995, 485). Bei einer Zahlung durch Überweisung soll deshalb nicht der Zeitpunkt der Gutschrift auf dem Konto des Vermieters, sondern der Zeitpunkt der Erteilung des Überweisungsauftrages entscheidend sein. Eine anderslautende Formularklausel, wonach es für die Rechtzeitigkeit der

Leistung auf den Eingang der Zahlung ankommt, bezieht sich nach Auffassung des LG Hamburg (WM 1992, 124) lediglich auf die laufenden Mietzinszahlungen, nicht aber auf die Möglichkeit der Nachzahlung.

Der Befriedigung des Vermieters steht gleich, wenn sich eine öffentliche Stelle, z. B. Wohnungsamt, Sozialamt, durch verbindliche Erklärung zur Befriedigung des Vermieters verpflichtet. Die **Verpflichtungserklärung** muß jedoch bis zum Ablauf eines Monats nach Eintritt der Rechtshängigkeit (Zustellung der Räumungsklage) dem Vermieter oder dessen Prozeßvertreter (LG Hamburg, ZMR 1996, 331) **zugegangen** sein. Es genügt nicht, daß die Erklärung innerhalb der Frist abgegeben wird oder daß sie dem Mieter oder dem mit dem Räumungsrechtsstreit befaßten Gericht zugeht (BayObLG, RE v. 7. 9. 1994, ZMR 1994, 557). Dem Vermieter muß dadurch ein eigener, von keiner Bedingung abhängiger Anspruch auf vollständige Tilgung des Rückstandes an Mietzins und Nutzungsentschädigung erwachsen. Die Erklärung führt daher nicht zur Unwirksamkeit der fristlosen Kündigung, wenn die Befriedigung des Vermieters von **Bedingungen** abhängig ist und eine Zahlung auf das unmittelbare Zahlungsverlangen des Vermieters nicht erfolgen soll (LG Bielefeld, WM 1994, 208). Die Formulierung „unter der Voraussetzung, daß der Mieter in der Wohnung verbleiben kann", stellt jedoch keine solche Bedingung dar (AG Hamburg, WM 1994, 206). Die Veranlassung der zuständigen Behörde zur Abgabe der Verpflichtungserklärung ist ausschließlich Obliegenheit des Mieters. Zur zivilrechtlichen Natur der Verpflichtungserklärung eines Sozialhilfeträgers vgl. Bundesverwaltungsgericht, NJW 1994, 1169.

Da es sich bei der Schonfrist des § 554 Abs. 2 Nr. 2 Satz 1 BGB um eine materiell-rechtliche Frist handelt, ist gegen ihre Versäumung eine **Wiedereinsetzung** unstatthaft (d. h. sie kann nicht rückwirkend verlängert werden) (LG München I, WM 1983, 141).

Vor Ablauf der Schonfrist darf ein Versäumnisurteil auf Räumung nicht ergehen (OLG Hamburg, ZMR 1988, 225).

Eine fristlose Kündigung des Vermieters wegen Zahlungsverzuges kann **nicht mehr unwirksam gemacht** werden, wenn der Kündigung vor nicht länger als zwei Jahren bereits eine Kündigung vorausgegangen war, die der Mieter durch **vollständige Nachzahlung** des Mietzinses unwirksam gemacht hat (§ 554 Abs. 2 Nr. 2 Satz 2 BGB). Dabei ist auf den Zeitpunkt des Zugangs der früheren Kündigung zurückzurechnen. Dies bedeutet, daß der Mieter nur alle 2 Jahre einmal diese Heilungsmöglichkeit hat.

War oder wurde die frühere Kündigung jedoch nicht infolge Nachzahlung des Mietzinses, sondern aus **anderen** Gründen unwirksam, z. B. wegen Aufrechnung durch den Mieter (§ 554 Abs. 1 Satz 3 BGB) oder infolge freiwilligen Verzichtes des Vermieters auf die Erhebung einer Räumungsklage (z. B. weil mit dem Mieter die ratenweise Tilgung der Rückstände vereinbart wurde), kann der Mieter eine erneute Kündigung auch innerhalb der 2-Jahres-Frist durch Nachzahlung unwirksam machen (LG Bremen, WM 1997, 265). Gleiches gilt, wenn nach der ersten fristlosen Kündigung das Mietverhältnis einvernehmlich fortgesetzt bzw. neu begründet wurde, wobei dies auch durch schlüssiges Verhalten erfolgt sein kann (LG Berlin, WM 1992, 607; LG Frankfurt, WM 1991, 34).

Eine wegen Zahlungsverzuges ausgesprochene Kündigung von **Wohn**raum wird auch dann unwirksam (§ 554 Abs. 2 Nr. 2 Satz 1 BGB), wenn die nachträgliche Befriedigung des Vermieters (oder die Verpflichtung einer öffentlichen Stelle zur Befriedigung) hinsichtlich des fälligen Mietzinses und der Nutzungsentschädigung zu einem Zeitpunkt erfolgt, in dem der **Räumungsanspruch (noch) nicht rechtshängig** gemacht worden ist. Eine derart unwirksam gewordene Kündigung muß sich der Mieter auch im Rahmen der Ausnahmeregelung (§ 554 Abs. 2 Nr. 2 Satz 2 BGB) entgegenhalten lassen, so daß eine auf **erneuten** Zahlungsverzug des Mieters gestützte Kündigung, die während zwei Jahren nach der früheren unwirksam gewordenen Kündigung ausgesprochen wird, nicht wieder unter den Voraussetzungen des § 554 Abs. 2 Nr. 2 Satz 1 BGB unwirksam werden kann (KG Berlin, RE v. 5. 3. 1984, DWW 1984, 91; Weber/Marx, IV/S. 57).

Bei Mietverhältnissen über **Wohnraum** sind **alle zum Nachteil des Mieters** abweichenden Vereinbarungen unwirksam (§ 554 Abs. 2 Nr. 3 BGB). Dagegen können bei allen **anderen** Mietverhältnissen, z. B. über Geschäftsraum, abweichende Vereinbarungen getroffen werden, z. B. daß der Vermieter bereits bei Zahlungsverzug mit **einer** Monatsmiete zur fristlosen Kündigung berechtigt sein soll. Eine entsprechende **formularmäßige** Bestimmung soll jedoch wegen Verstoßes gegen § 9 AGB-Gesetz unwirksam sein (BGH, ZMR 1987, 292).

Die **Kosten** des Verfahrens trägt grundsätzlich der Mieter, wenn die ursprünglich aufgrund der wirksamen Kündigung begründete Räumungsklage durch nachträgliche Zahlung bzw. Schuldübernahme unbegründet wird (LG Kassel, NJW RR 1987, 788).

Ferner hat der Mieter dem Vermieter aus dem Gesichtspunkt der positiven Vertragsverletzung grundsätzlich alle Nachteile zu ersetzen, die dem Vermieter aufgrund der vom Mieter veranlaßten fristlosen Kündigung entstehen. Dieser Schadenersatzanspruch umfaßt insbesondere den **Mietausfall**, d. h. den Mietzins bis zur Weitervermietung bzw. bis zum Ablauf der vereinbarten Vertragszeit (bei einem befristeten Mietverhältnis, vgl. LG Berlin, Urt. v. 17. 10. 1995 – 64 S 463/94) einschließlich der Betriebskostenvorauszahlungen nicht nur auf die verbrauchsunabhängigen, sondern auch auf die verbrauchsabhängigen Kosten (AG Braunschweig, DWW 1996, 373). Aufgrund seiner Verpflichtung zur Schadensminderung (§ 254 Abs. 2 BGB) muß sich der Vermieter jedoch in zumutbarer Weise um die anderweitige Vermietung des Mietobjektes bemühen (vgl. Wolf-Eckert, 6. A., Rdn. 319) und im Streifalle konkret vortragen, welche Schritte er zur Gewinnung eines Mietinteressenten unternommen hat. Die pauschale Behauptung, er habe sich um eine Vermietung bemüht, genügt nicht (OLG Düsseldorf, MDR 1996, 1006).

Bei fristloser Kündigung eines mehrjährigen Mietvertrages muß der Vermieter auch einen neuen Mieter akzeptieren, der zwar einen Mietvertrag zu den Bedingungen des Vormietvertrages, jedoch nicht über dessen restliche Laufzeit, sondern zunächst nur für eine kürzere Zeit mit in Aussicht gestellter Verlängerung abschließen will; andernfalls läuft der Vermieter Gefahr, für diesen Zeitraum seinen Schadenersatzanspruch zu verlieren (OLG Düsseldorf, WM 1995, 585).

3.2.1.3 Fristlose Kündigung wegen Vertragsverletzungen (§ 554 a BGB)

Der Vermieter kann das Mietverhältnis ohne Einhaltung einer Kündigungsfrist kündigen, wenn der Mieter seine Verpflichtungen **schuldhaft** in solchem Maße verletzt, insbesondere den Hausfrieden so nachhaltig stört, daß dem Vermieter die Fortsetzung des Mietverhältnisses nicht zugemutet werden kann (§ 554 a BGB). Diese Kündigungsmöglichkeit besteht grundsätzlich auch schon **vor** Überlassung der Mietsache an den Mieter, wenn dem Vermieter die Überlassung nicht zugemutet werden kann (z. B. bei Zahlungsunfähigkeit des gewerblichen Mieters; vgl. OLG Düsseldorf, Urt. v. 12. 1. 1995, WM 1995, 438).

Unter § 554 a BGB fallen nur solche Vertragsverletzungen, die keinen vertragswidrigen Gebrauch der Mietsache darstellen und nicht unter § 554 BGB fallen (vgl. Palandt, Rdn. 3 zu § 554 a BGB).

> Das Kündigungsrecht aus § 554 a BGB setzt weder Abmahnung noch Fristsetzung zur Abhilfe voraus.

Die Vertragsverletzung durch den Mieter muß jedoch so gravierend sein, daß dem Vermieter die Fortsetzung des Mietverhältnisses **nicht mehr zugemutet** werden kann. Diese Beurteilung ist nach objektiven Kriterien anhand der konkreten Umstände des Einzelfalles zu treffen und unterliegt im Prozeß der tatrichterlichen Würdigung, so daß eine pauschale Aussage darüber, wann eine Unzumutbarkeit vorliegt, nicht erfolgen kann. Dementsprechend wurde auch vom BayObLG mit Beschluß vom 25. 2. 1983 (WM 1983, 129; Weber/Marx, III/S. 15) der Erlaß eines Rechtsentscheides über die Frage, ob das Anbringen eines Transparentes mit gesellschaftspolitischer Aufschrift durch den Mieter eine Kündigung durch den Vermieter rechtfertigt, abgelehnt (vgl. auch BayObLG, RE v. 4. 11. 1983, WM 1984, 12; Weber/Marx, III/S. 32).

Unbeschadet des Umstandes, daß es wohl kaum identische Sachverhalte gibt, ist im Streitfalle immer damit zu rechnen, daß von den Instanzgerichten auch vergleichbare Sachverhalte infolge des sehr „flexiblen" Begriffes der Unzumutbarkeit in § 554 a BGB durchaus unterschiedlich bewertet werden. Im folgenden können daher nur bestimmte Fallgruppen anhand einzelner Beispielsfälle dargestellt werden, wobei aber die Würdigung der konkreten Umstände des Einzelfalles das entscheidende Kriterium sowohl für die Bewertung der Erheblichkeit der Vertragsverletzung als auch für die Unzumutbarkeit ist und bleibt (vgl. auch LG Mannheim, WM 1981, 17).

Hauptanwendungsfall des § 554 a BGB ist die **laufende unpünktliche Mietzahlung** durch den Mieter.

> Obwohl § 554 a BGB keine **Abmahnung** voraussetzt (vgl. OLG Oldenburg, NJW-RR 1992, 79), muß der Vermieter den Mieter vor Ausspruch der Kündigung eindeutig darauf hinweisen, daß er verspätete Zahlungen in Zukunft nicht mehr dulden wird (vgl. LG Berlin, MDR 1985, 586; LG Hamburg, ZMR 1985, 385), da sich die **Erheblichkeit** der Vertragsverletzung erst aus dem Umstand ergibt, daß trotz dieses Hinweises wieder verspätet gezahlt wird. Die bloße **Anmahnung** der Rückstände ist nicht ausreichend.

Die **Unzumutbarkeit der Fortsetzung** des Mietverhältnisses für den Vermieter ergibt sich aus der Unzuverlässigkeit des Mieters und insbesondere aus der Verletzung des schutzwürdigen Dispositionsinteresses des Vermieters (vgl. BGH, ZMR 1988, 16; LG Duisburg, ZMR 1988, 99; LG Stuttgart, WM 1988, 18).

Jedoch gibt es keine verbindliche Regelung darüber, wie oft der Mieter zur Erfüllung des Tatbestandes des § 554 a BGB unpünktlich gezahlt haben muß. Im konkreten Fall wurde vom BGH eine Berechtigung zur fristlosen Kündigung bei siebenmaliger Verspätung anerkannt (BGH, ZMR 1988, 16), während das OLG Hamm (Urt. v. 3. 12. 1991 – Az. 7 U 145/91) die Kündigung bereits bei viermaliger unpünktlicher Zahlung als zulässig angesehen und darauf hingewiesen hat, daß der Vermieter in diesem Fall die Räumung auch dann verlangen kann, wenn der Mieter im Räumungszeitpunkt mit seinen Zahlungen auf dem laufenden war. Nach der Rechtsprechung des LG München I (z. B. WM 1990, 550; 1991, 346) sind für eine fristlose Kündigung grundsätzlich 6 Fälle erheblich (d. h. mehr als 1 Woche) verspäteter Mietzinszahlungen erforderlich, wobei aber auch bereits 5 Fälle ausreichend sein können, wenn die Miete auch für die anderen Monate unpünktlich gezahlt worden ist (LG München I, Urt. v. 29. 11. 1995 – 14 S 9158/95).

> Das Kriterium der „Unzumutbarkeit" des § 554 a BGB ergibt sich nach dieser Rechtsprechung daher nicht allein aus einer bestimmten Anzahl von Verspätungen; vielmehr sind die gesamten Umstände des konkreten Mietverhältnisses zu

> würdigen, so daß es u. a. auch darauf ankommen kann, ob und wie lange das Mietverhältnis schon störungsfrei besteht.

Weiterhin setzt die Kündigung nach § 554 a BGB – in Gegensatz zu § 554 BGB – ein **Verschulden** des Mieters voraus; dies gilt jedoch nicht für seine finanzielle Leistungsfähigkeit, für die der Mieter nach § 279 BGB stets einzustehen hat, so daß ein Verschulden grundsätzlich trotz Krankheit oder Arbeitslosigkeit vorliegen kann (vgl. LG Köln, WM 1991, 485). Jedoch kann es an einer Unzumutbarkeit für den Vermieter fehlen, wenn ein Mietverhältnis über lange Zeit störungsfrei bestanden hat und die Zahlungsschwierigkeiten wegen Krankheit oder Arbeitslosigkeit **nur vorübergehend** sind (vgl. LG Braunschweig, WM 1987, 201). Strittig ist, ob sich der Mieter eine verspätete Zahlung durch das Sozialamt, das die Mietzahlungen übernommen hat, zurechnen lassen muß (so z. B. LG Stuttgart, WM 1988, 18; LG Karlsruhe, ZMR 1989, 421, weil das Sozialamt Erfüllungsgehilfe des Mieters ist; a. A.: LG Braunschweig, WM 1987, 201, LG Köln, WM 1990, 549). Ein nachträgliches vertragsgemäßes Verhalten des Mieters, z. B. pünktliche Zahlung nach Ausspruch der Kündigung, kann an der Gestaltungswirkung der Kündigung (Beendigung des Mietverhältnisses mit Zugang) nichts mehr ändern, so daß der Vermieter auf Räumung bestehen kann (vgl. BGH, ZMR 88, 16).

Der Vermieter kann von seinem Kündigungsrecht wegen laufender unpünktlicher Zahlung auch dann noch Gebrauch machen, wenn er über längere Zeit unpünktliche Zahlungen seines Mieters stillschweigend hingenommen hat. Jedoch muß er den Mieter vorher im Wege einer Abmahnung deutlich darauf hinweisen, daß er in Zukunft pünktliche Zahlungen erwarte (OLG Hamm, Urt. v. 9. 9. 1994, ZMR 1994, 560).

Weiterhin kann ein Kündigungsgrund nach § 554 a BGB in folgenden Fällen gegeben sein:

Bei nachhaltigen **Störungen des Hausfriedens**, z. B. durch laufende Verletzung der Hausordnung (vgl. „Hausordnung") oder erhebliche Ruhestörungen (vgl. „Lärm"); bei Straftaten (schwere Beleidigung des Vermieters oder des Hausverwalters, vgl. LG Köln, Urt. v. 21. 1. 1993 – Az. 1 S 365/92: „Götz-Zitat" zweimal hintereinander; LG Berlin, WM 1987, 56; LG Hamburg, HmbGE 1982, 383; 1990, 305; LG Köln, DWW 1988, 325; LG Köln, WM 1993, 349); tätlichen Angriffen auf den Vermieter oder die Mitbewohner; Verleumdung; übler Nachrede zum Nachteil des Vermieters; unsachliche Äußerungen über den Zustand der Wohnung gegenüber Kaufinteressenten (LG Hannover, WM 1995, 538; siehe auch „Betreten und Besichtigen der Mieträume"); Brandstiftung (vgl. DWW 1976, 33); vorsätzlicher Sachbeschädigung durch Eintreten der Wohnungstüre des Mitmieters (LG Berlin GE 1984, 83); Diebstahl, auch sog. Stromdiebstahl,

d. h. Entnahme von Strom aus der Leitung eines Mietshauses für die eigene Wohnung rechtfertigt die fristlose Kündigung des Mietverhältnisses nach § 554 a BGB (LG Köln, Urt. v. 17. 3. 1994, NJW-RR 1994, 909; AG Potsdam, WM 1995, 40); auch bei Handlungen unterhalb der Strafbarkeitsschwelle, z. B. „Anprangern" des Vermieters durch Aushängen eines Transparentes (vgl. LG München I, WM 1983, 263; LG Mannheim, WM 1985, 264); Veranlassung von mehreren Polizeieinsätzen innerhalb kurzer Zeit durch den Mieter oder durch eine in die Wohnung aufgenommene Person (vgl. LG Mannheim, DWW 1994, 50: 2 Einsätze in 2 Monaten); massiven Vorwürfen eines Mieters gegenüber anderen Hausbewohnern, wenn diese objektiv falsch und einen vorsätzlichen rechtswidrigen Angriff gegen die Ehre der Mitbewohner darstellen (LG Kaiserslautern, WM 1983, 263); unzumutbaren Beeinträchtigungen der Mitbewohner durch üble Gerüche aus der Wohnung, auch wenn dies eine Folge des Alters und der krankheitsbedingten Hilfsbedürftigkeit des Mieters ist (LG Hamburg, WM 1988, 18; AG Münster WM 1988, 19; vgl. auch AG Hamburg, WM 1988, 20); wiederholte Verursachung einer Brandgefahr, z. B. durch Anbrennenlassen von Essen (LG Duisburg, Urt. v. 18. 6. 1991, DWW 1991, 342; wiederholte Verursachung erheblicher Wasserschäden (AG Görlitz, WM 1994, 668); **eigenmächtiger Ausbau** eines Dachbodens zu Wohnzwecken durch den Mieter (nach Abmahnung) unabhängig davon, ob der Ausbau baugenehmigungsfähig ist (LG Hamburg, Urt. v. 26. 4. 1991, WM 1992, 190); unerlaubte bauliche Veränderungen durch den Mieter, wenn der Vermieter deshalb von dritter Seite, z. B. einer Behörde auf Beseitigung in Anspruch genommen wird (LG Gießen, WM 1994, 681: Kündigungsgrund nach § 553 BGB nach Abmahnung); unrichtiger Selbstauskunft (vgl. AG München, WM 1986, 245; vgl. „Anfechtung des Mietvertrages"); bei Geschäftsraum der nachhaltige Verstoß gegen die Betriebspflicht, z. B. durch erhebliche Reduzierung der vertraglich vereinbarten **Öffnungszeiten** (OLG Düsseldorf, WM 1997, 266) oder durch Ausverkauf und Einstellung des Geschäftsbetriebes (LG Hamburg vom 31. 1. 1983, Az. 16 T 3/83). Eine fristlose Kündigung des Mietverhältnisses ohne vorherige Abmahnung wegen grober Verletzung der Vertragspflichten ist auch begründet, wenn der Mieter den Vermieter ohne sachlichen Grund einer Straftat oder einer Ordnungswidrigkeit, z. B. der Zweckentfremdung von Wohnraum beschuldigt, um ein amtliches Verfahren gegen den Vermieter zu veranlassen (LG Frankfurt/M., WM 1994, 15; BVerfG, Beschl. v. 20. 10. 1993 – 1 BvR 1671/93, WM 1994, 16; vgl. auch AG Friedberg, WM 1986, 338; AG Sinzing, DWW 1990, 120). Gleiches gilt für vorsätzliche oder leichtfertige inhaltlich unrichtige Strafanzeigen gegen den Vermieter (LG Wiesbaden, WM 1995, 707). Zur fristlosen Kündigung berechtigt auch das Nichtbefolgen eines rechtskräftigen Urteils durch den

Mieter, z. B. zur Unterlassung oder Beseitigung (vgl. BVerfG, Beschl. v. 18. 1. 1996, WM 1996, 263).

Unbegründet wurde die Kündigung angesehen, z. B. bei einmaliger Beleidigung des Vermieters (LG Köln, WM 1977, 56; LG Offenburg, WM 1986, 250; LG Münster, WM 1991, 688 bei vorangegangenem Wortwechsel); Beleidigung von anderen Hausbewohnern, die sich auch unkorrekt verhalten haben (LG Mannheim, WM 1981, 17); Beschimpfungen eines Bewohners des Nachbarhauses (LG Lüneburg, WM 1995, 706); Aushängen von Plakaten zur politischen Meinungsäußerung (LG Darmstadt, ZMR 1983, 13); Information der Öffentlichkeit über ein unlauteres Verhalten des Vermieters unter Angabe des Namens (OLG Frankfurt, WM 1983, 84); unerlaubte Hundehaltung durch den Mieter (LG Gießen, ZMR 1976, 147); Weigerung des Mieters, die zum Verkauf stehende Wohnung besichtigen zu lassen (AG Erkelenz, WM 1986, 251; vgl. auch „Betreten und Besichtigen der Mieträume“); Hinweis durch den Mieter an den potentiellen Käufer, er werde nicht freiwillig räumen (AG Gummersbach, WM 1982, 209); Anpflanzen geringer Mengen Cannabis im Garten und anschließender Konsum in der Wohnung (LG Lüneburg, WM 1995, 708: Kündigung setzt vorherige erfolglose Abmahnung voraus).

Bei erheblichen Streitigkeiten unter den Mietern kann der Vermieter demjenigen Mieter kündigen, nach dessen Auszug er sich am ehesten wieder Ruhe im Hause versprechen kann (LG Duisburg, WM 1975, 209).

Bei Kündigung nach § 554 a BGB muß die Vertragsverletzung **schuldhaft** begangen worden sein. Daran kann es fehlen, wenn der Vermieter den Mieter zu der Vertragsverletzung provoziert hat (vgl. BGH, WM 1986, 60).

> Bei **Personenmehrheiten** auf der Mieterseite ist die schuldhafte Vertragsverletzung durch einen Mieter für die Kündigung des Mietverhältnisses ausreichend (OLG Düsseldorf, ZMR 1987, 423). Die Kündigung nur des störenden Mieters ist nicht möglich. Dem Vermieter steht es frei, mit den vertragstreuen Mietern einen neuen Mietvertrag abzuschließen; ein Rechtsanspruch der Mieter besteht jedoch nicht.

Weiterhin müssen sich die Mieter auch ein Verschulden ihrer Erfüllungsgehilfen, z. B. der Haushaltsangehörigen, wie eigenes Verschulden zurechnen lassen (vgl. z. B. LG Köln, ZMR 1977, 332; LG Berlin, WM 1987, 56; LG Mannheim, MDR 1976, 757).

Die Kündigung nach § 554 a BGB setzt weiter voraus, daß die schuldhafte erhebliche Vertragsverletzung zu einer **Unzumutbarkeit** der Fortsetzung des Mietverhältnisses geführt hat.

Diese liegt bei der laufenden unpünktlichen Zahlung in der Verletzung des schutzwürdigen Dispositionsinteresses des Vermieters und kann sich bei Störungen des Hausfriedens auch aus besonderer Rücksichtslosigkeit und Gleichgültigkeit gegenüber den Belangen der Mitbewohner, aus der Beharrlichkeit des vertragswidrigen Verhaltens sowie aus einer Wiederholungsgefahr ergeben.

Gegen die Unzumutbarkeit der Fortsetzung des Mietverhältnisses spricht, wenn die Kündigung erst längere Zeit nach der Vertragsverletzung ausgesprochen wird, da dies als Indiz dafür gewertet werden kann, daß das Verhalten nicht als besonders schwerwiegend empfunden wurde und die Fortsetzung des Mietverhältnisses daher nicht unzumutbar ist (vgl. BGH, NJW 1985, 1894 ff.; 1982, 2432 ff.; OLG Düsseldorf, DWW 1991, 78). Nach Ansicht des OLG Frankfurt (Urt. v. 24. 6. 1991, WM 1991, 475) soll die analog anzuwendende (arbeitsrechtliche) Frist des § 626 Abs. 2 BGB Anhaltspunkte für die Rechtzeitigkeit der fristlosen Kündigung bieten, so daß diese binnen 14 Tagen nach Kenntniserlangung des Vermieters von der Vertragsverletzung auszusprechen ist.

3.2.1.4 Fristlose Kündigung aus wichtigem Grund

§ 554 a BGB ersetzt den allgemeinen Grundsatz, daß ein Dauerschuldverhältnis entsprechend § 626 BGB und aufgrund des § 242 BGB fristlos gekündigt werden kann, nicht völlig, da sich § 554 a BGB nur auf **schuldhafte** Vertragsverletzungen bezieht. Zwar werden in der Regel Gründe nur als wichtig anzusehen sein, wenn sie verschuldet sind, jedoch können auch unverschuldete Umstände so bedeutsam sein, daß dem anderen Teil nicht zuzumuten ist, am Vertrag festzuhalten (Palandt Anm. 3 a zu § 554 a BGB). Daher kann nach § 242 BGB i. V. mit dem in § 626 Abs. 1 BGB enthaltenen Rechtsgedanken eine fristlose Kündigung aus wichtigem Grund – selbst bei fehlendem Verschulden des anderen Teils – erfolgen, wenn einem Vertragsteil unter Berücksichtigung aller Umstände nach Treu und Glauben nicht zugemutet werden kann, das Schuldverhältnis fortzusetzen (vgl. OLG Hamburg, Urt. v. 4. 11. 1991, WM 1991, 683; „Hafenstraße-Urteil").

Strittig ist, ob das Kündigungsrecht aus wichtigem Grund auch dem Vermieter von **Wohn**raum zusteht. Dies wird z. B. vom Münchner Kommentar/Voelskow (§ 554 a BGB, Rdn. 19) und Soergel-Kummer (BGB, § 554 a Rdn. 8) bejaht, dagegen von Schmidt-Futterer/Blank (B 68), vom LG Mannheim (WM 1969, 57) und LG Landau (ZMR 1986, 363) verneint.

Richtig dürfte sein, das Kündigungsrecht auch für den Vermieter von Wohnraum grundsätzlich zu bejahen, es jedoch auf Fälle zu beschränken, in denen kein spezielles Kündigungsrecht (z. B. nach §§ 564 b Abs. 1, 554 a BGB) zur Verfügung steht und weiterhin die strengen Anforderungen an dieses Kündigungsrecht erfüllt sind:

Das Vorliegen eines **wichtigen Grundes** muß unter strengen Maßstäben geprüft werden. Dies kann der Fall sein, wenn das gegenseitige Vertrauensverhältnis so **nachhaltig zerrüttet** ist, daß ein gedeihliches Zusammenwirken der Vertragspartner nicht mehr zu erwarten ist (BGH, ZMR 1978, 207; OLG Düsseldorf, ZMR 1990, 57). Umstände, die in der Risikosphäre des Vermieters liegen, stellen dabei keinen wichtigen Grund dar, z. B. wenn dem Vermieter von der Behörde aufgetragen wurde, das Gebäude abzureißen (LG München, DWW 1977, 73).

> Weiterhin kann der Vermieter keinen Kündigungsgrund aus einem Umstand herleiten, den er selbst verursacht hat (BGH, Urt. v. 4. 12. 1985, WM 1986, 60).

Daher ist der Vermieter auch nicht zur Kündigung aus wichtigem Grund berechtigt, wenn er in einer Wohnungseigentumsanlage Räume zu Zwecken (z. B. zum Betrieb eines Cafés) vermietet, die nach der Gemeinschaftsordnung bzw. Teilungserklärung nicht erlaubt sind und er daraufhin von einem anderen Eigentümer auf Unterlassung in Anspruch genommen wird (BGH, Urt. v. 29. 11. 1995, NJW 1996, 714).

Als Ausgleich dafür, daß bei der Kündigung aus wichtigem Grund im Gegensatz zu der Kündigung nach § 554 a BGB ein Verschulden des Gekündigten nicht vorliegen muß (vgl. LG Berlin, WM 1986, 251), setzt diese Kündigung ein noch **größeres** Maß an Unzumutbarkeit voraus. Dabei können jedoch auch erhebliche und unzumutbare Belästigungen durch **schuldunfähige Personen** die Kündigung begründen (LG Kaiserslautern, WM 1983, 263; vgl. auch AG Köln, WM 1991, 549, wonach ein psychisch kranker, schuldunfähiger Mieter ohne Abmahnung fristlos analog § 553 BGB gekündigt werden kann, wenn die Prognose zukünftigen Verhaltens nicht erwarten läßt, daß die bisherigen Vertragsverstöße vereinzelt bleiben werden). Dementsprechend kann auch ein geschäftsunfähiger Mieter wegen Nichtzahlung des Mietzinses gekündigt werden, obwohl wegen seiner Geschäftsunfähigkeit kein Verschulden und damit kein Verzug vorliegt (LG Hamburg, WM 1996, 271).

> Besteht die Möglichkeit der Lösung des Vertrages durch ordentliche Kündigung oder ist bei einem befristeten Mietvertrag zumutbar, dessen Beendigung abzuwarten, fehlt es an der Unzumutbarkeit.

Eine Kündigung aus wichtigem Grund kommt nach der Rechtsprechung des BGH jedoch nicht nur in Betracht, wenn der Kündigungsgrund in der Sphäre des Mieters liegt, sondern auch dann, wenn sich der Kündigungsgrund aus der **Interessenssphäre des Vermieters** ergibt. Insofern ist eine Kündigung aber nur im Ausnahmefall möglich und setzt voraus, daß die strengen Anforderungen erfüllt sind, welche die Rechtsprechung an den Wegfall der Geschäftsgrundlage stellt. Dies kann der Fall sein, wenn eine Entwicklung eintritt, die von beiden Seiten nicht vorhergesehen worden ist und das Festhalten des Mieters am Mietvertrag einen Verstoß gegen Treu und

Glauben darstellen würde. Dem Mieter steht in diesem Fall eine angemessene Ausgleichs- bzw. Abfindungszahlung zu (vgl. BGH, Urt. v. 13. 12. 1995, ZMR 1996, 309 für den Fall, daß auf einer langfristig vermieteten Parkfläche mit Baracke ein für die Region bedeutsames Kraftwerk errichtet werden soll).

3.2.2 Außerordentliche befristete Kündigung durch den Vermieter

3.2.2.1 Vorzeitige Kündigung beim Tod des Mieters

Beim Tod des Mieters wird ein Mietverhältnis über Wohnraum mit dem überlebenden Ehegatten fortgesetzt, unabhängig davon ob dieser Erbe ist, wenn die Eheleute die Räume **gemeinschaftlich gemietet haben, also beide** Vertragspartner sind (vgl. „Ehegatten als Mieter“) und darin einen gemeinsamen Hausstand geführt haben (§ 569 b BGB).

Eine außerordentliche Kündigung des Vermieters ist für diesen Fall **nicht** vorgesehen (vgl. § 569 b BGB).

War dagegen **nur der verstorbene Mieter Vertragspartner**, tritt mit dessen Tod der Ehegatte in den Mietvertrag ein, wenn er nicht binnen eines Monats, nachdem er vom Tode des Mieters Kenntnis erlangt hat, dem Vermieter gegenüber erklärt, daß er das Mietverhältnis nicht fortsetzen will (§ 569 a Abs. 1 Satz 2 BGB). Der Vermieter kann das Mietverhältnis unter Einhaltung der gesetzlichen Frist kündigen, wenn in der Person des in das Mietverhältnis eingetretenen Ehegatten ein **wichtiger** Grund liegt (§ 569 a Abs. 5 BGB).

Der wichtige Grund ist nicht gleichzusetzen mit dem, was zur außerordentlichen fristlosen Kündigung gegenüber dem Mieter berechtigen würde (§§ 553, 554 a BGB), sondern orientiert sich nach § 549 Abs. 2 Satz 1 BGB (vgl. „Untermiete“; Palandt Anm. 5 zu § 569 a BGB). Danach muß der wichtige Grund in den persönlichen Verhältnissen des Ehegatten begründet sein und eine Fortsetzung des Mietverhältnisses für den Vermieter unzumutbar machen. Die Zahlungsunfähigkeit ist zumindest dann nicht ausreichend, wenn eine öffentliche Stelle, z. B. das Wohnungs- oder Sozialamt, die Zahlung des Mietzinses garantiert.

Neben dem Vorliegen eines wichtigen Grundes in der Person des Ehegatten bedarf es zur Kündigung zugleich des Vorliegens eines **berechtigten Interesses** des Vermieters (§ 564 b Abs. 1 BGB; OLG Karlsruhe, RE v. 23. 12. 1983, WM 1984, 43; Weber/Marx, III/ S. 69; siehe „Kündigungsschutz“, Abschnitt 2). Liegt ein wichtiger Grund sowie ein berechtigtes Interesse an der Beendigung des Mietverhältnisses vor, kann die **außerordentliche** Kündigung nur für den ersten Termin erfolgen, für den sie zulässig ist. Dem Vermieter muß jedoch zugestanden werden, den Ablauf der Erklärungsfrist von einem Monat abzuwarten, um

Kenntnis von dem Adressaten der Kündigung zu erlangen, sowie darüber hinaus ein weiterer angemessener Zeitraum, um Erkundigungen über die Person des Eintretenden und rechtlichen Rat einzuholen.

Erklärt der **Ehegatte**, daß er das Mietverhältnis nicht fortsetzen will oder ist ein Ehegatte nicht vorhanden, treten die haushaltszugehörigen Familienangehörigen, unabhängig davon ob sie Erben sind, in das Mietverhältnis ein, wenn sie nicht innerhalb eines Monats, nachdem sie vom Tode des Mieters Kenntnis erlangt haben, dem Vermieter erklären, das Mietverhältnis nicht fortsetzen zu wollen (§ 569 a Abs. 2 Satz 3 i. V. m. Abs. 1 Satz 2 BGB).

> Auch beim **Tode** nur eines von mehreren Mietern treten dessen Familienangehörige unter den Voraussetzungen des § 569 a Abs. 2 BGB in das Wohnraummietverhältnis ein (OLG Karlsruhe, RE v. 18. 10. 1989, WM 1989, 610; Weber/Marx, IX/S. 44).

Der Vermieter kann das Mietverhältnis unter Einhaltung der gesetzlichen Frist kündigen, wenn in der Person des Angehörigen, der in das Mietverhältnis eingetreten ist, ein **wichtiger Grund** vorliegt (§ 569 a Abs. 5 BGB).

Bei Eintritt mehrerer Mieter genügt es, wenn der wichtige Grund in der Person eines Mieters vorliegt (Palandt, Anm. 5 a zu § 569 a BGB). Eine **nichteheliche Lebensgemeinschaft** stellt für sich allein keinen wichtigen Grund dar und begründet eine Unzumutbarkeit nur bei Vorliegen besonderer Umstände (Scholz, NJW 1982, 1070).

Im übrigen gelten für die Kündigung der Familienangehörigen durch den Vermieter die Ausführungen zur Kündigung des Ehegatten entsprechend. Insbesondere muß neben dem wichtigen Grund ein **berechtigtes Interesse** (i. S. v. § 564 b Abs. 1 BGB) vorliegen.

Erklären die Familienangehörigen, daß sie das Mietverhältnis nicht fortsetzen wollen oder sind solche nicht vorhanden, wird das Mietverhältnis mit den **Erben** fortgesetzt (§ 569 a Abs. 6 Satz 1 BGB). Sowohl der Erbe (vgl. Abschn. 2.2.2.2) als auch der Vermieter sind berechtigt, das Mietverhältnis unter Einhaltung der gesetzlichen Frist zu kündigen (§§ 569 a Abs. 6 Satz 2, 569 Abs. 1 BGB).

Zwar muß in diesem Fall für die außerordentliche Kündigung ein wichtiger Grund in der Person des Erben **nicht** vorliegen, jedoch bedarf es für die Kündigung des Erben durch den Vermieter eines **berechtigten Interesses** an der Beendigung des Mietverhältnisses (i. S. v. § 564 b Abs. 1 BGB; siehe „Kündigungsschutz", Abschnitt 2; OLG Hamburg, DWW 1983, 307; Weber/Marx, III/S. 68; BayObLG, DWW 1985, 28; Weber/Marx, IV/S. 66).

Dies gilt nach einem neueren Rechtsentscheid des BGH (RE v. 12. 3. 1997 – VIII ARZ 3/96, WM 1997, 321) sogar dann, wenn der Erbe mit dem verstorbenen Mieter **keinen gemeinsamen Hausstand** geführt hat und nicht nach § 569 a BGB in das Mietverhältnis eingetreten ist (vgl. dazu auch „Tod des Mieters“; OLG Karlsruhe, WM 1990, 61; Weber/Marx, IX/S. 41 und die abweichende Auffassung des OLG Hamm, WM 1996, 752). Der BGH begründet diesen Kündigungsschutz des Erben mit dem formalen Argument, daß die derzeitige Fassung des § 564 b BGB insofern keine Ausnahme vorsieht (wie z. B. die §§ 569 a, 569 b BGB, wonach nur der in der Wohnung lebende Erbe begünstigt ist). Der Kündigungsschutz des § 564 b BGB gelte daher auch für die außerordentliche vorzeitige Kündigung nach § 569 BGB gegenüber dem Erben.

> Einem minderen oder sogar fehlenden Schutzbedürfnis des Erben, dem der Vermieter nach § 569 BGB gekündigt hat, kann daher nach der gegenwärtigen Rechtslage nur dadurch Rechnung getragen werden, daß an das berechtigte Interesse des Vermieters keine zu hohen Anforderungen gestellt und die beiderseitigen Interessen bei der Abwägung im Rahmen der Härteklausel berücksichtigt werden (BGH, a.a.O.; BayObLG, a.a.O.; BVerfG, Beschl. v. 10. 10. 1990 – 1 BvR 660/90, WM 1997, 320).

Anders ist die Rechtslage, wenn der Mietvertrag auf die Lebenszeit des Mieters abgeschlossen war. Dann liegt nach dem Rechtsentscheid des BayObLG vom 2. 7. 1993 (WM 1993, 523; Weber/Marx, XIII/S. 68) ein befristetes, auf bestimmte Zeit eingegangenes Mietverhältnis vor, mit der Folge, daß dieses mit dem Tod des Mieters endet und der Erbe daher keinen Fortsetzungsanspruch erheben kann. Ein solcher besteht nur für Personen, die dem Hausstand des verstorbenen Mieters angehört haben (BayObLG, a. a. O.).

> Die außerordentliche Kündigung nach § 569 BGB kann auch bei Vorliegen eines berechtigten Interesses **nur für den ersten Termin** erfolgen, für den sie zulässig ist (§ 569 Abs. 1 Satz 2 BGB).

Insofern kommt es darauf an, wann der Vermieter bei durchschnittlicher Geschäftskenntnis und Gewandtheit von seinem Kündigungsrecht Gebrauch machen konnte. Dies ist frühestens der Fall, wenn er von dem Tod des Mieters sowie von der Person des Erben Kenntnis erlangt hat, wobei ihn jedoch im Rahmen des Zumutbaren eine Ermittlungspflicht trifft, um sich Kenntnis über die Person des Erben zu verschaffen (OLG Hamm, WM 1981, 263). Weiter ist dem Vermieter eine angemessene Frist zur Einholung von rechtlichem Rat zuzubilligen.

§ 569 BGB stellt keine zwingende Vorschrift dar und ist daher **abdingbar**. Dies bewirkt jedoch nur den **Ausschluß des vorzeitigen Kündigungsrechtes,** hindert jedoch nicht den stattfindenden Eintritt des Erben in das Mietverhältnis (§ 1922 BGB).

Dagegen stellt der **formular**mäßige Ausschluß des Kündigungsrechtes der Erben des Mieters (vgl. Abschnitt 2.2.2.2) einen Verstoß gegen das AGB-

Gesetz dar (Wolf-Horn-Lindacher, § 9 M 44; LG Frankfurt, WM 1990, 82).

3.2.2.2 Vorzeitige Kündigung durch den Ersteher bei der Zwangsversteigerung

Der Ersteher des Grundstückes tritt in das bestehende Mietverhältnis ein (§ 57 ZVG) und ist berechtigt, dieses unter Einhaltung der gesetzlichen Frist zu kündigen (§ 57 a ZVG). Diese Möglichkeit der vorzeitigen Beendigung besteht **nicht**,

- wenn die Zwangsversteigerung zwecks der **Aufhebung einer Gemeinschaft**, z. B. einer Erbengemeinschaft, erfolgt ist (§§ 180, 183 ZVG);
- wenn und solange die Miete zur Schaffung oder **Instandsetzung des Mietraumes** ganz oder teilweise vorausentrichtet oder mit einem Finanzierungsbeitrag zu verrechnen ist, den der Mieter zur Schaffung und Instandsetzung geleistet hat (§ 57 c Abs. 1 Nr. 1 ZVG);
- wenn der Mieter einen **verlorenen Baukostenzuschuß** (siehe „Baukostenzuschuß") zur Schaffung oder Instandsetzung des Raumes geleistet hat, der höher als eine Jahresmiete war und nach § 57 c ZVG durch die Dauer des Vertrages nicht als getilgt anzusehen ist (siehe auch § 57 c Abs. 1 Nr. 2, Abs. 2 ZVG); jedoch muß bei Vorausentrichtung des Geldbetrages auf die künftig fällige Miete feststehen, daß die Leistung der Schaffung oder Instandsetzung des Wohnraumes dient und in der Eigenschaft als künftiger Mieter erbracht wird. Eine spätere Vereinbarung zwischen Vermieter und Mieter, daß der früher geleistete Betrag mietfrei abgewohnt werden darf, reicht nicht (vgl. LG Gießen, DWW 1991, 53);
- wenn das Kündigungsrecht durch die allgemeinen **Versteigerungsbedingungen** ausgeschlossen ist (vgl. OLG Düsseldorf, WM 1995, 492).

Zu beachten ist, daß zur Kündigung eines Mietverhältnisses über **Wohnraum auch in diesem Falle ein berechtigtes Interesse** an der Beendigung des Mietverhältnisses (§ 564 b Abs. 1 BGB) vorliegen muß, z. B. Eigenbedarf des Ersteigerers oder Hinderung einer angemessenen wirtschaftlichen Verwertung (i.S.v. § 564 b Abs. 2 Nr. 3 BGB), wobei gerade dieser Kündigungsgrund speziell bei Kreditinstituten, die als Grundpfandrechtsgläubiger Grundstücke ersteigern, in Frage kommen dürfte (vgl. OLG Hamm, WM 1994, 520 m.w.N.; siehe auch „Kündigungsschutz", Abschnitt 2). Beruft sich daher der Nutzer der ersteigerten Wohnung auf ein Mietrecht, ist die Vollstreckungsklausel für den Zuschlagsbeschluß zu versagen, da die Klärung der Frage, ob ein Mietverhältnis besteht, dem Erkenntnisverfahren vorbehalten bleibt (OLG Hamburg, WM 1996, 41).

Darüber hinaus kann sich der Mieter auf die Sozialklausel des § 556 a BGB (siehe „Kündigungsschutz", Abschnitt

3) berufen (LG Nürnberg, WM 1973, 212; LG Hamburg, NJW 1975, 1873; BVerfG, ZMR 1989, 410).

Hat ein Wohnungseigentümer seine Eigentumswohnung an ein Vermietungsunternehmen zur Untervermietung zu Wohnzwecken vermietet (**„Bauherrenmodell“**), kann dem Ersteher des Wohnungseigentumes, der den Vertrag mit der Vermietungsgesellschaft kündigt (§ 57 a ZVG) und vom Endmieter (Wohnungsnutzer) die Räumung verlangt, vom Endmieter der Einwand des Rechtsmißbrauchs entgegengesetzt werden, soweit diesem Schutzrechte aus den §§ 556 a, 564 b BGB zustehen (vgl. „Herausgabeanspruch gegen Dritte“).

Die außerordentliche Kündigung (§ 57 a Abs. 1 ZVG) kann nur für den ersten Termin erfolgen, für den sie zulässig ist (§ 57 a Abs. 1 Satz 2 ZVG). Wird der Zuschlag z. B. am 20. 7. erteilt, ist der erste Termin, für den die Kündigung zulässig ist, bei Wohnraum der 31. 10., bei Geschäftsraum der 31. 12. (§ 565 Abs. 2 Satz 1, Abs. 1 Nr. 3, Abs. 5 BGB; siehe auch „Kündigungsfristen“).

Dem Ersteher ist eine angemessene Zeit zur Prüfung der Sach- und Rechtslage einzuräumen, wobei ihn jedoch eine Erkundigungspflicht, u. U. schon vor der Versteigerung, trifft (Zeller-Stöber, ZVG, § 57 a Rdn. 5). Später ist die Kündigung nur ausnahmsweise rechtzeitig, wenn der Ersteher darlegen und beweisen kann, daß sie trotz Beobachtung der erforderlichen Sorgfalt nicht früher erfolgen konnte (vgl. OLG Düsseldorf, DWW 1987, 330).

Zur Frage, wann ein Mieter Beteiligter des Zwangsversteigerungsverfahrens ist sowie zur Anwendbarkeit des § 57 d Abs. 3 ZVG siehe OLG Düsseldorf, WM 1995, 492.

3.2.2.3 Veräußerung durch den Konkursverwalter

Eine von dem Konkursverwalter vorgenommene freiwillige Veräußerung des von dem Gemeinschuldner vermieteten Grundstückes wirkt auf das Mietverhältnis wie eine Zwangsversteigerung, wenn das Grundstück dem Mieter **vor** der Eröffnung des Verfahrens bereits **überlassen** war (§ 21 Abs. 4 KO). Das Mietverhältnis geht nach den §§ 57 ZVG, 571 BGB auf den Erwerber über. Dieser ist berechtigt, das Mietverhältnis nach den Bestimmungen der §§ 57 a, c ZVG mit gesetzlicher Frist zu kündigen. Vgl. „Konkurs“.

3.2.2.4 Konkurs des Mieters

Sowohl der Vermieter als auch der Konkursverwalter können das Mietverhältnis unter Einhaltung der gesetzlichen Frist – falls nicht eine kürzere vereinbart war – kündigen, wenn die Mietsache vor Eröffnung des Verfahrens **überlassen** wurde (§ 19 KO).

Die Kündigung eines Mietverhältnisses über **Wohn**raum ist nur wirksam, wenn ein berechtigtes Interesse an der Beendigung des Mietverhältnisses vorliegt (siehe „Kündigungsschutz“, Abschnitt 2). Vgl. „Konkurs“.

3.2.2.5 Ersteher eines Dauerwohnrechtes in der Zwangsversteigerung

Wird das Dauerwohnrecht **im Wege der Zwangsvollstreckung** veräußert, so steht dem Erwerber ein Kündigungsrecht in entsprechender Anwendung des § 57 a ZVG zu (§ 37 Abs. 3 Satz 2 WEG; vgl. Abschnitt 3.2.2.2).

Hat der Dauerwohnberechtigte die dem Dauerwohnrecht unterliegenden Gebäude- oder Grundstücksteile vermietet oder verpachtet, erlischt das Mietverhältnis, wenn das Dauerwohnrecht erlischt (§ 37 Abs. 1 WEG).

Macht der Eigentümer von seinem Heimfallanspruch (§ 36 WEG) Gebrauch, tritt er oder derjenige, auf den das Dauerwohnrecht zu übertragen ist, in das Miet- oder Pachtverhältnis ein; die Vorschriften der §§ 571 bis 576 BGB gelten entsprechend (§ 37 Abs. 2 WEG).

Das gleiche gilt für die Veräußerung des Dauerwohnrechtes (§ 37 Abs. 3 Satz 1 WEG).

3.2.2.6 Vorzeitige Kündigung des Eigentümers bei Erlöschen des Nießbrauchs

Nach dem Grundsatz, daß schuldrechtliche Verpflichtungen nur zwischen den Vertragsparteien wirken, würde der vom Nießbraucher mit dem Mieter geschlossene Mietvertrag nach Beendigung des Nießbrauchs nicht gegenüber dem Eigentümer wirken und den Mieter nicht mehr zum Besitz berechtigen.

§ 1056 Abs. 1 BGB bestimmt daher, daß das Mietverhältnis nach Beendigung des Nießbrauchs nach Maßgabe des § 571 BGB auf den Eigentümer übergeht. Der Eigentümer ist jedoch berechtigt, das Mietverhältnis unter Einhaltung der gesetzlichen Frist vorzeitig zu kündigen (§ 1056 Abs. 2 Satz 1 BGB). Verzichtet der Nießbraucher auf den Nießbrauch, ist die Kündigung erst von der Zeit an zulässig, zu welcher der Nießbrauch ohne den Verzicht erlöschen würde (§ 1056 Abs. 2 Satz 2 BGB).

Die Kündigung muß nicht zum erstzulässigen Termin erfolgen (wie z. B. bei § 569 BGB, § 57 a ZVG).

> Der Mieter ist berechtigt, den Eigentümer unter Bestimmung einer angemessenen Frist zur Erklärung darüber aufzufordern, ob er von dem Kündigungsrecht Gebrauch macht.

Die Kündigung kann dann nur bis zum Ablauf der Frist erfolgen (§ 1056 Abs. 3 BGB). § 1056 BGB wird **entsprechend** angewendet, wenn der Nießbrauch in der Zwangsversteigerung erlischt und der Ersteher kündigen will.

Wie in allen anderen Fällen des außerordentlichen befristeten Kündigungsrechtes des Vermieters sind auch bei der Kündigung nach § 1056 Abs. 2 BGB die Wohnraumkündigungsschutzgesetze anwendbar (LG Münster, WM 1996, 37; vgl. auch Sternel, Mietrecht, IV 437, 438 m.w.N.), so daß bei Mietverhältnissen über Wohnraum grundsätzlich ein berechtigtes Interesse des Vermieters an der Beendigung des Mietverhältnisses im Sinne von § 564 b Abs. 1 BGB vorliegen muß (vgl. „Kündigungsschutz", Abschnitt 2). Wurde der Mietvertrag noch vor Bestellung des Nießbrauchs vom Vermieter selbst abgeschlossen, ist der Nießbraucher in diesen Mietvertrag eingetreten (§ 577 BGB), so daß der Vermieter bei Erlöschen des Nießbrauches nur das frühere Mietverhältnis fortsetzt und ihm daher das Sonderkündigungsrecht des § 1056 Abs. 2 BGB nicht zusteht.

3.2.2.7 Vorzeitige Kündigung durch den Nacherben (§ 2135 BGB)

§ 1056 BGB findet entsprechende Anwendung, wenn der Vorerbe ein zur Erbschaft gehörendes Grundstück vermietet hat und das Mietverhältnis bei Eintritt der Nacherbfolge noch besteht (§ 2135 BGB; siehe Abschnitt 3.2.2.6).

3.2.2.8 Vorzeitige Kündigung durch den Eigentümer bei Erlöschen des Erbbaurechtes

Beim Erlöschen des Erbbaurechtes geht das Mietverhältnis entsprechend § 571 BGB auf den Eigentümer über (§ 30 Abs. 1 Erbbaurechtsverordnung). Erlischt das Erbbaurecht durch Zeitablauf (§§ 27 bis 29 Erbbaurechtsverordnung), ist der Grundstückseigentümer berechtigt, das Mietverhältnis unter Einhaltung der gesetzlichen Frist zu kündigen (§ 30 Abs. 2 Satz 1 Erbbaurechtsverordnung). Die Kündigung kann nur für einen der beiden ersten Termine erfolgen, für den sie zulässig ist (§ 30 Abs. 2 Satz 2 Erbbaurechtsverordnung). Der erste Termin richtet sich nach dem Erlöschen des Erbbaurechtes. Erlischt dieses z. B. zum 31. 1. ist bei Geschäftsraum der erstzulässige Termin der 30. 6. und der zweite zulässige Termin der 30. 9.; bei Wohnraum der 30. 4. bzw. 31. 5.

Unabhängig davon kann der Mieter den Grundstückseigentümer unter Bestimmung einer angemessenen Frist zur Erklärung darüber auffordern, ob er von dem Kündigungsrecht Gebrauch mache. Die Kündigung kann dann nur bis zum Ablauf der angemessenen Frist erfolgen (§ 30 Abs. 3 Erbbaurechtsverordnung). Erlischt das Erbbaurecht vorzeitig, kann der Grundstückseigentümer das Kündigungsrecht erst ausüben, wenn das Erbbaurecht auch durch Zeitablauf erlöschen würde (§ 30 Abs. 2 Satz 3 Erbbaurechtsverordnung).

Die Kündigung eines Mietverhältnisses über **Wohn**raum ist nur wirksam, wenn ein berechtigtes Interesse an der Beendigung des Mietverhältnisses vorliegt (siehe „Kündigungsschutz", Abschnitt 2).

3.2.2.9 Vorzeitige Kündigung durch den Vermieter bei Mietverhältnissen über mehr als 30 Jahre

Wird ein Mietvertrag für längere Zeit als 30 Jahre geschlossen, kann nach 30 Jahren sowohl der Mieter (vgl. Abschnitt 2.2.2.8) als auch der Vermieter das Mietverhältnis unter Einhaltung der gesetzlichen Frist kündigen. Die Kündigung ist unzulässig, wenn der Vertrag für die Lebenszeit des Vermieters oder des Mieters geschlossen ist (§ 567 BGB).

Zu beachten ist, daß auch bei der Kündigung nach § 567 BGB, wie in allen Fällen der außerordentlichen befristeten Kündigung durch den Vermieter, ein **berechtigtes Interesse** des Vermieters an der Beendigung des Mietverhältnisses im Sinne von § 564 b Abs. 1 BGB vorliegen muß (siehe „Kündigungsschutz", Abschnitt 2).

Im übrigen gelten die Ausführungen in Abschnitt 2.2.2.8 entsprechend.

Kündigungsfristen

1 Kündigungsfrist ist die Frist zwischen dem Zugang der Kündigung und dem Ende des Mietverhältnisses. **Kündigungstermin ist** der Tag, an dem das Mietverhältnis enden soll. Die Kündigungsfrist bezweckt, dem Mieter einen bestimmten Zeitraum für die Suche nach Ersatzwohnraum und dem Vermieter für die Neuvermietung zu gewährleisten. Die Kündigungsfrist beginnt mit dem **Zugang** der Kündigung zu laufen (§§ 130 bis 132 BGB; vgl. „Kündigung", Abschnitt 1.8).

Die Kündigungsfrist kann (bei zeitlichem Auseinanderfallen von Vertragsabschluß und Mietbeginn) schon vor Mietbeginn durch Kündigung in Gang gesetzt werden, wenn sich durch Vertragsauslegung nichts anderes ergibt (BGH, NJW 1979, 1288).

Die **Berechnung** der Fristen richtet sich nach den §§ 186 bis 193 BGB.

Ist an einem bestimmten Tag oder innerhalb einer Frist eine Willenserklärung (z. B. Kündigung) abzugeben oder eine Leistung zu bewirken (z. B. Räumung) und fällt der bestimmte Tag oder der letzte Tag der Frist auf einen Sonntag, einen am Erklärungs- oder Leistungsorte staatlich anerkannten allgemeinen Feiertag oder einen Samstag, so tritt an die Stelle eines solchen Tages der nächste Werktag (§ 193 BGB).

Nach herrschender Meinung gilt § 193 BGB **nicht** für **gesetzliche Kündigungsfristen**, da für sie kein bestimmter Tag vorgesehen ist und sie dem Gekündigten zu seinem Schutz unverkürzt zur Verfügung stehen müssen (vgl. Palandt Anm. 2 b zu § 193 BGB). Soll z. B. mit einer Frist von 6 Monaten zum 30. 9. gekündigt werden, muß die Kündigung dem Empfänger spätestens am 31. 3. zugehen, auch wenn dieser Tag ein Samstag, Sonn- oder Feiertag ist. Eine **Verlängerung** über den 31. 3. hinaus bis zum nächsten Werktag findet entgegen § 193 BGB nicht statt. Entsprechendes gilt, wenn das **Ende** des Mietverhältnisses auf einen Sonn- oder Feiertag fällt. Das Mietverhältnis verlängert sich in diesem Fall nicht bis zum nächsten Werktag; jedoch wird die Räumungsverpflichtung erst am nächsten Werktag fällig, mit der Folge, daß der Mieter für diese Zeit keine Nutzungsentschädigung zu zahlen hat (vgl. „Nutzungsentschädigung“).

Dagegen ist § 193 BGB anwendbar, wenn sich ein Vertrag verlängern soll, falls die Verlängerung nicht bis zu einem bestimmten Zeitpunkt abgelehnt wird, da die „Kündigung“ in diesem Fall keine wirkliche Kündigung, sondern eine Willenserklärung ist, durch die das Angebot zur Vertragsverlängerung abgelehnt wird (BGH, NJW 1975, 40).

Ebenfalls anwendbar ist § 193 BGB, wenn eine Karenzzeit kraft Gesetz (§ 565 Abs. 1 Nr. 3 und Abs. 2 Satz 1 – „spätestens am 3. Werktag eines Kalendermonats“) oder Vereinbarung gilt und der 3. Tag auf einen Samstag, Sonn- oder Feiertag fällt. Nach § 193 BGB läuft die Karenzzeit dann erst am folgenden Werktag ab (LG Kiel, WM 1994, 543). Dagegen ist § 193 BGB nicht anwendbar, wenn der 1. oder 2. Werktag auf einen Samstag fällt, weil der Samstag dann nicht „der letzte Tag der Frist“ i. S. d. Bestimmung ist. Dies bedeutet, daß hier auch der Samstag als Werktag mitgezählt wird (LG München I, WM 1995, 103; LG Wuppertal, WM 1993, 450; a. A.: Sternel, Mietrecht, 3. A., IV 51, III 113; LG Hamburg, WM 1981, 181).

1.1 Bei einem Mietverhältnis über **Grundstücke und Räume** ist die Kündigung zulässig,

- wenn der Mietzins nach **Tagen** bemessen ist, an jedem Tag für den Ablauf des folgenden Tages;
- wenn der Mietzins nach **Wochen** bemessen ist, spätestens am 1. Werktag einer Woche für den Ablauf des folgenden Sonnabends;
- wenn der Mietzins nach **Monaten** oder längeren Zeitabschnitten bemessen ist, spätestens am 3. Werktag eines Kalendermonats für den Ablauf des übernächsten Monats (z.B. spätestens am 3. Werktag im Februar zum 30. April), bei einem Mietverhältnis über gewerblich genutzte unbebaute Grundstücke jedoch nur für den Ablauf eines Kalendervierteljahres, d. h. nur für den Ablauf des 31. 3., 30. 6., 30. 9. oder 31. 12. jeweils durch Kündigungszugang spätestens am 3. Werktag des Januar zum 31. 3.; des April zum 30. 6., des Juli zum 30. 9.; des Oktober zum 31. 12.

1.2 Bei einem Mietverhältnis über **Geschäftsräume** (vgl. „Geschäftsräume“) wurde die dreimonatige Kündigungsfrist ab 1. 1. 1994 auf 6 Monate verlängert (BGBl. 1993 I S. 1838). Nach dem neuen § 565 Abs. 1 a BGB ist die Kündigung spätestens am 3. Werktag eines Kalendervierteljahres für den Ablauf des nächsten Kalendervierteljahres zulässig (z. B. spätestens am 3. Werktag im Juli zum 31. 12.).

Die Kündigungsfristen des § 565 Abs. 1 BGB sind in vollem Umfange **abdingbar,** d. h. es können kürzere, längere oder auch für die Parteien unterschiedliche Fristen vereinbart werden. Die Karenzzeit des § 565 Abs. 1 Nr. 3 BGB („spätestens am 3. Werktag eines Kalendermonats“) ist für eine vereinbarte längere Frist entsprechend anwendbar (Palandt, RN 6 zu § 565 BGB).

1.3 Bei einem Mietverhältnis über Wohnraum ist die Kündigung spätestens am 3. Werktag eines Kalendermonats für den Ablauf des übernächsten zulässig, z. B. spätestens am 3. Werktag im Februar zum 30. April.

> Nach 5, 8 und 10 Jahren seit der Überlassung des Wohnraumes **verlängert** sich die Kündigungsfrist um jeweils 3 Monate, so daß die Kündigungsfrist nach 5 Jahren 6 Monate, nach 8 Jahren 9 Monate und nach 10 Jahren 12 Monate beträgt.

Diese Fristen verlängern sich für den Vermieter um weitere 3 Monate, wenn er von seinem Sonderkündigungsrecht nach § 564 b Abs. 4 BGB Gebrauch macht (vgl. § 564 b Abs. 4 Satz 2 BGB; „Kündigungsschutz“, Abschnitt 2.6).

Die **Verlängerung** der Kündigungsfristen **gilt nicht,** wenn das Mietverhältnis unter Einhaltung der gesetzlichen Frist vorzeitig (außerordentlich) gekündigt werden kann (§ 565 Abs. 5 BGB; Abschnitte 2.2.2 und 3.2.2).

> Die Kündigungsfristen sind für beide Parteien **gleich**, so daß sie auch bei der Kündigung durch den Mieter gelten.

Die vereinzelt vertretene Auffassung, wonach der Mieter einen Anspruch auf Verkürzung einer langen Frist (z. B. von 12 Monaten) hat, wenn der Vermieter kein besonderes Interesse an der langen Frist (z. B. wegen unproblematischer Neuvermietung) und der Mieter wichtige Gründe für eine Abkürzung der Frist hat (z. B. um eine doppelte Mietzahlung zu vermeiden; vgl. LG Mannheim, WM 1987, 395), ist abzulehnen, da diese Auffassung dem Sinn und Zweck der Kündigungsfristen widerspricht und weiterhin auch **im Gesetz keine Stütze findet** (vgl. LG Wuppertal, DWW 1988, 84). Der Vorwurf des Rechtsmißbrauchs kann gegenüber dem Vermieter, der auf Einhaltung der Kündigungsfrist besteht, jedenfalls dann nicht erhoben werden, wenn der Mieter die Wohnung in nicht vertragsgemäßem Zustand zurückläßt, z. B. seine Schönheitsreparaturen nicht ausgeführt hat (LG Hannover, WM 1994, 424).

Eine vorzeitige Beendigung des Mietverhältnisses kann grundsätzlich nur im Einvernehmen der Parteien erfolgen. Dies gilt insbesondere dann, wenn der Mieter lediglich eine kurze Kündigungsfrist (z. B. 3 Monate) einzuhalten hat.

Weiterhin ist der Vermieter nicht verpflichtet, mit einem vom Mieter angebotenen Nachmieter den Eintritt in das Mietverhältnis zu vereinbaren bzw. mit diesem einen neuen Mietvertrag abzuschließen, wenn es sich nicht um die vorzeitige Beendigung eines langfristigen Mietverhältnisses, sondern lediglich um die Verkürzung der Kündigungsfrist handelt (vgl. im einzelnen „Ersatzmieter“).

Bei Mietverhältnissen über **Wohnraum** ist eine **Vereinbarung**, nach welcher der Vermieter zur Kündigung unter Einhaltung einer kürzeren Frist berechtigt sein soll, grundsätzlich unwirksam. Eine Ausnahme gilt nur für Mietverhältnisse über Wohnraum, der nur zu vorübergehendem Gebrauch vermietet ist (§ 565 Abs. 2 Satz 3 BGB; vgl. „Kündigungsschutz“, Abschnitt 2.7.1).

> Eine Sonderregelung gilt für Wohnraum, den der Vermieter ganz oder überwiegend mit Einrichtungsgegenständen auszustatten hat und der Teil der vom Vermieter selbst bewohnten Wohnung und nicht zum dauernden Gebrauch für eine Familie überlassen ist (§ 565 Abs. 3 BGB; vgl. „Kündigungsschutz“, Abschnitt 2.7.2).

Dann ist die Kündigung zulässig,
- wenn der Mietzins nach Tagen bemessen ist, an jedem Tag für den Ablauf des folgenden Tages;
- wenn der Mietzins nach Wochen bemessen ist, spätestens am 1. Werktag einer Woche für den Ablauf des folgenden Sonnabends;
- wenn der Mietzins nach Monaten oder längeren Zeitabschnitten bemessen ist, spätestens am 15. eines Monats für den Ablauf dieses Monats.

Das Verbot der **Verkürzung der Kündigungsfrist** für den Vermieter hat zur Folge, daß eine Vereinbarung, nach welcher **beide** Parteien zur Kündigung in einer verkürzten Frist berechtigt sind (z. B. durch die Klausel „Die Kündigungsfrist beträgt 3 Monate“), nur zugunsten des Mieters wirkt; der Mieter somit unabhängig von der Mietdauer lediglich die vertraglich vereinbarte Frist einzuhalten braucht, während der Vermieter trotz der Vereinbarung an die gesetzliche – längere – Frist gebunden bleibt. Dies gilt in den neuen Bundesländern auch dann, wenn die verkürzte Kündigungsfrist (z. B. auf 2 Wochen) in einem vor dem 3. 10. 1990 abgeschlossenen Mietvertrag enthalten ist unabhängig davon, ob mit ihr die gesetzliche Regelung des § 120 Abs. 2 ZGB wiederholt wurde (LG Mühlhausen, WM 1994, 146; BezG Cottbus, WM 1994, 146; LG Potsdam, WM 1995, 268; LG Zwickau, WM 1996, 40; LG Berlin, NJWE 1997, 3).

Unzulässig ist auch eine Vereinbarung, nach der die Kündigung nur für den Schluß bestimmter Kalendermonate zulässig sein soll (§ 565 Abs. 2 Satz 4 BGB).

Die Vereinbarung von **längeren** Fristen ist zulässig. Auch **formular**mäßig stellt jedenfalls die Verlängerung der Kündigungsfrist auf 6 Monate keinen Verstoß gegen das AGB-Gesetz dar (OLG Zweibrücken, RE v. 23. 11. 1989, WM 1990, 8; Weber/Marx, IX/ S. 38).

Für die Berechnung der Dauer des Mietverhältnisses ist der Zeitpunkt des Zugangs der Kündigung und nicht der Kündigungstermin entscheidend. Dabei ist auch diejenige Zeit, in der der jetzige Mieter aufgrund eines Mietvertrages seines früheren Ehegatten die Wohnung berechtigt bewohnt hat, mit zu berücksichtigen (OLG Stuttgart, RE v. 30. 12. 1983, DWW 1984, 106).

Ein Vermieterwechsel läßt wegen § 571 BGB, wonach der neue Vermieter mit allen Rechten und Pflichten in das bestehende Mietverhältnis eintritt, die Überlassungsdauer unberührt; ebenso der Abschluß eines oder mehrerer neuer Mietverträge im Laufe des Mietverhältnisses, da es auf den Zeitpunkt der Überlassung des Wohnraums und nicht auf den Zeitpunkt des Abschlusses des Mietvertrages ankommt (§ 565 Abs. 2 BGB). Bei einem Wohnungswechsel des Mieters innerhalb des Anwesens wird regelmäßig ein neues Mietverhältnis über ein neues Mietobjekt begründet, so daß die Berücksichtigung der bisherigen Mietzeit bei der Berechnung der Kündigungsfrist nur ausnahmsweise berechtigt erscheint, wenn der Wechsel einvernehmlich und auf Wunsch des Vermieters erfolgt ist (vgl. AG Offenbach, WM 1987, 322) oder vom Vermieter zumindest mitveranlaßt wurde (AG Kerpen, WM 1994, 77; Sternel, Mietrecht, 3. A., IV 55). Davon abweichend wird auch die Meinung vertreten, daß die bisherige Mietzeit unabhängig davon zu berücksichtigen ist, auf wessen Wunsch der Wechsel erfolgt ist (AG Bochum, WM 1987, 56).

Ein dem Hauptmietverhältnis vorausgegangenes Untermietverhältnis wird nicht berücksichtigt (vgl. LG Düsseldorf, MDR 1969, 763).

> Wird die Kündigungsfrist nicht eingehalten, ist die Kündigung zu diesem Termin zwar unwirksam, kann jedoch in eine Kündigung zum nächsten zulässigen Termin umgedeutet werden (§ 140 BGB; vgl. Palandt Anm. 1 e zu § 565 BGB).

Kündigungsschutz

Inhaltsübersicht

1 Allgemeines

Mietverträge können grundsätzlich von jeder Vertragspartei unter Einhaltung bestimmter Fristen frei gekündigt werden. Eine bedeutsame Ausnahme von diesem allgemeinen Grundsatz besteht für die Kündigungsbefugnis des Vermieters von **Wohn**raum:

Der Vermieter von Wohnraum kann – von wenigen Ausnahmen abgesehen – das Mietverhältnis gemäß dem durch das 2. Wohnraumkündigungsschutzgesetz ab 1. 1. 1975 als Dauerrecht in das BGB eingefügten § 564 b BGB nur noch dann kündigen, wenn er ein **berechtigtes Interesse** an der Beendigung des Mietverhältnisses hat. Zur Verhinderung einer Umgehung dieses Bestandsschutzes durch Abschluß von zeitlich begrenzten Mietverträgen gewährt § 564 c Abs. 1 BGB dem Mieter in diesem Falle einen Fortsetzungsanspruch, wenn nicht der Vermieter ein berechtigtes Interesse an der Beendigung des Mietverhältnisses (i.S.v. § 564 b BGB) hat.

Eine Ausnahme läßt § 564 c Abs. 2 BGB für Fälle fehlender Schutzbedürftigkeit des Mieters und aus wohnungsbaupolitischen Gründen zur Vermeidung von Leerständen unter engen Voraussetzungen zu (vgl. dazu im einzelnen „Zeitmietvertrag“).

Die Bestimmungen des § 564 b BGB und § 564 c BGB sind vertraglich nicht abänderbar (§ 564 b Abs. 6 BGB) und gelten daher selbst dann, wenn der Mietvertrag ausdrücklich erleichterte Kündigungsvoraussetzungen für den Vermieter vorsieht.

> Die Klausel: „Das Mietverhältnis kann unter Einhaltung einer Frist von ... Monaten gekündigt werden“ bestimmt lediglich die einzuhaltende Frist und kann keine Befreiung vom Kündigungsschutz darstellen, so daß das Mietverhältnis – soweit die Vereinbarung der Frist überhaupt wirksam war (siehe „Kündigungsfristen“) – mit dieser Frist nur bei Vorliegen eines berechtigten Interesses gekündigt werden kann.

Zur Verhinderung der Umgehung der Kündigungsschutzvorschriften gelten diese für ein vereinbartes Rücktrittsrecht entsprechend, wenn der Wohnraum an den Mieter überlassen ist (§ 570 a BGB).

Trotz Vorliegens eines berechtigten Interesses und einer darauf gestützten wirksamen Kündigung kann der Vermieter nicht sichergehen, daß ihm die Räume nach Ablauf der Kündigungsfrist auch zur Verfügung stehen, da der Mieter berechtigt ist, der Kündigung zu widersprechen und die Fortsetzung des Mietverhältnisses zu verlangen, wenn die vertragsgemäße Beendigung des Mietverhältnisses für ihn oder seine Familie eine **Härte** bedeuten würde, die auch unter Würdigung der berechtigten Interessen des Vermieters nicht zu rechtfertigen ist (§ 556 a Abs. 1 BGB; siehe Abschnitt 3).

> Entsprechendes gilt bei befristeten Mietverhältnissen (§ 556 b BGB), wenn der Vermieter die Fortsetzung

wegen Vorliegens eines berechtigten Interesses abgelehnt hat.

Der Umstand, daß die Beendigung eines Mietverhältnisses über Wohnraum zum einen ein berechtigtes Interesse des Vermieters voraussetzt und zum anderen der Mieter aber trotzdem bei Vorliegen einer Härte widersprechen und die Fortsetzung verlangen kann, wird zutreffend als „doppelter Kündigungsschutz“ bezeichnet.

Die Schutzvorschriften zugunsten des Mieters gelten **nicht** bei Vermietung von **anderen** Räumen (z. B. **Geschäftsräumen**). Insoweit verbleibt es bei dem allgemeinen Grundsatz der freien Kündbarkeit (siehe „Geschäftsräume“).

2 Kündigungsgründe (§ 564 b BGB)

Nach § 564 b Abs. 1 BGB kann der Vermieter von **Wohn**raum ein Mietverhältnis nur kündigen, wenn er ein **berechtigtes Interesse** an der Beendigung des Mietverhältnisses hat. Eine Ausnahme besteht nach den Absätzen 4 und 7 für bestimmte Arten von Mietverhältnissen (siehe Abschnitte 2.6 und 2.7). Die Formulierung „insbesondere“ in Absatz 2 bedeutet, daß die in den Nrn. 1 bis 4 genannten Gründe (siehe Abschnitte 2.1, 2.2, 2.3, 2.4) nicht abschließend sind und auch andere – gleichwertige – Gründe ein berechtigtes Interesse darstellen können (siehe Abschnitt 2.5).

2.1 Schuldhafte Vertragsverletzungen durch den Mieter (§ 564 b Abs. 2 Nr. 1 BGB)

Als berechtigtes Interesse des Vermieters ist es anzusehen, wenn der Mieter seine vertraglichen Verpflichtungen **schuldhaft** nicht unerheblich verletzt hat. Eine Verletzung von vertraglichen Verpflichtungen kann insbesondere erfolgen durch Zahlungsrückstände bzw. -verzögerungen, Belästigungen und Störungen des Hausfriedens, vertragswidrigen Gebrauch der Mietsache, z. B. durch Vernachlässigung oder unbefugte Gebrauchsüberlassung; insofern kann auch die Fortdauer der Gebrauchsüberlassung nach Ablauf der vom Vermieter eingeräumten Überlassungsdauer eine schuldhafte Vertragsverletzung darstellen (LG Stuttgart, WM 1992, 122). Soweit durch den Zahlungsrückstand die Voraussetzungen des § 554 BGB erfüllt sind (vgl. „Kündigung“, Abschnitt 3.2.1.2), kann der Vermieter unstreitig statt fristlos auch ordentlich nach § 564 b Abs. 1 BGB kündigen. Gleiches gilt, wenn durch laufende unpünktliche Zahlung der Tatbestand des § 554 a BGB gegeben ist (vgl. Abschnitt 3.2.1.3), wobei an das Erheblichkeitskriterium des § 564 b Abs. 2 Nr. 1 BGB geringere Anforderungen zu stellen sind als an die Unzumutbarkeitsvoraussetzungen in § 554 a BGB.

Strittig ist, ob eine ordentliche Kündigung nach § 564 b Abs. 1 BGB möglich ist, wenn die Voraussetzungen des § 554 BGB noch nicht erfüllt sind, weil der Zahlungsrückstand dieses Ausmaß noch nicht erreicht hat.

Bejaht wird dies z. B. von Palandt (Anm. 6 b aa zu § 564 b) mit der Maßgabe, daß der Rückstand jedoch nicht geringer als 1/2 Monatsmiete und nicht kürzer als 1/2 Monat sein darf; Soergel-Kummer (§ 564 b BGB, Rdn. 29), wonach ein Rückstand von einer Monatsmiete ausreicht; Barthelmess (§ 564 b BGB, Rdn. 61), der auf die Umstände des Einzelfalles abstellt. Dagegen stellen z. B. Emmerich-Sonnenschein (§ 564 b BGB, Rdn. 22) an die Kündigung nach § 564 b wegen Zahlungsverzuges die gleichen Anforderungen wie an die Kündigung nach § 554 BGB.

Unbeschadet dieser unterschiedlichen Auffassungen über die Voraussetzungen der Kündigung sind bei Berechnung der Zahlungsrückstände auch z. B. **Nachforderungen** aus Betriebskostenabrechnungen mit einzubeziehen, da § 564 b BGB im Gegensatz zu § 554 BGB keine Beschränkung auf periodisch wiederkehrende Leistungen enthält (vgl. „Kündigung", Abschnitt 3.2.1.2).

Die ordentliche Kündigung wegen Zahlungsverzugs nach § 564 b Abs. 2 Nr. 1 BGB kann nicht durch nachträgliche Zahlung unwirksam gemacht werden, da die für die fristlose Kündigung geltende Vorschrift des § 554 Abs. 2 Nr. 2 BGB („Schonfrist", vgl. „Kündigung", Abschnitt 3.2.1.2) nicht analog auf die ordentliche Kündigung anwendbar ist (OLG Stuttgart, RE v. 28. 8. 1991, WM 1991, 526; OLG Karlsruhe, RE v. 19. 8. 1992, WM 1992, 517). Die fristlose Kündigung wegen Zahlungsverzuges nach § 554 BGB kann auch ohne Verschulden des Mieters erfolgen. Der allgemeine Interessenausgleich zwischen Vermieter und Mieter erfordert daher die Einräumung einer Schonfrist. Nachdem aber die ordentliche Kündigung nach § 564 b Abs. 2 Nr. 1 BGB bereits eine schuldhafte Vertragsverletzung des Mieters von erheblichem Gewicht voraussetzt, besteht hier kein Bedürfnis, dem Mieter auch noch eine Schonfrist einzuräumen. Insofern verbleibt es bei dem allgemeinen Grundsatz, daß ein nachträgliches Wohlverhalten des Mieters (hier: Zahlung des rückständigen Mietzinses) nichts mehr an der Gestaltungswirkung der Kündigung (Beendigung des Mietverhältnisses) ändern kann (OLG Stuttgart, a.a.O.; vgl. auch BGH, ZMR 1988, 16).

Die Kündigung nach § 564 b Abs. 2 Nr. 1 BGB wegen laufender, unpünktlicher Mietzahlungen setzt **nicht zwingend** eine vorherige, erfolglose **Abmahnung** dieser Zahlungsweise mit Hinweis auf die bevorstehende Kündigung voraus (OLG Oldenburg, RE v. 18. 7. 1991 WM 1991, 467). Vielmehr ist es eine Frage der Einzelfallbeurteilung und damit der richterlichen Überzeugungsbildung, ob das Zahlungsverhalten des Mieters schuldhaft das Mietverhältnis so erheblich stört, daß eine ordentliche Kündigung gerechtfertigt erscheint. Belegen die Gesamtumstände des Einzelfalles eine schwere schuldhafte Pflichtverletzung – wie etwa in Fällen der bewußt unpünktlichen Mietzahlungen bei einem festgelegten Zahlungstermin in einem für den Vermieter besonders ungünstigen

Zeitpunkt –, muß diese zur ordentlichen Kündigung berechtigen, auch wenn eine Abmahnung vorher nicht erfolgt ist oder auch gar nicht erfolgen konnte (OLG Oldenburg, a.a.O.). Dagegen wird bei leichteren Verstößen (geringe Verspätung, geringer Rückstand) eine Erheblichkeit erst nach Fortsetzung des vertragswidrigen Verhaltens nach Abmahnung angenommen werden können.

Der Zahlungsrückstand mit **kleineren** – für sich betrachtet nicht erheblichen – Beträgen kann daher gleichfalls eine erhebliche Vertragsverletzung darstellen, wenn er **wiederholt** vorliegt und der Mieter trotz einer entsprechenden Abmahnung (siehe „Abmahnung“) weiterhin ständig unpünktlich zahlt (vgl. BGH, ZMR 1988, 16; LG Berlin, MDR 1985, 586; LG Stuttgart, WM 1988, 18).

Da es keine verbindliche Regelung darüber gibt, wie lange bzw. wie oft der Mieter zur Erfüllung des Tatbestandes des § 564 b BGB unpünktlich vor und nach der Abmahnung gezahlt haben muß, kommt es in erster Linie auf die konkreten **Umstände des Einzelfalles** an, u. a. auch darauf, ob und wie lange das Mietverhältnis schon störungsfrei besteht, wie hoch die jeweiligen Rückstände sind und waren und ob Entschuldigungsgründe für die verspätete Zahlung vorliegen (vgl. z. B. LG Braunschweig, WM 1987, 201). An einem Verschulden kann es fehlen, wenn sich der Mieter in einem **entschuldbaren Irrtum** über seine Berechtigung zur (teilweisen) Zahlungsverweigerung befunden hat (vgl. z. B. LG Mannheim, WM 1987, 317; LG Osnabrück, WM 1986, 93). Soweit tatsächlich eine Berechtigung zur Minderung oder ein Zurückbehaltungsrecht bestand, liegt schon eine Vertragsverletzung nicht vor.

Ein vertragswidriger Gebrauch, z. B. durch unbefugte Gebrauchsüberlassung oder Vernachlässigung der Mietsache, stellt unstreitig einen Kündigungsgrund nach § 564 b BGB dar, wenn die Voraussetzungen des § 553 BGB für eine fristlose Kündigung erfüllt sind (vgl. „Kündigung“, Abschnitt 3.2.1.1).

Jedoch können auch Vertragsverletzungen geringeren Ausmaßes – sofern sie nicht unerheblich sind – einen Kündigungsgrund nach § 564 b BGB darstellen; selbst dann, wenn eine Beeinträchtigung der Rechte des Vermieters (z. B. Beschädigung der Mietsache) nicht eingetreten ist, da § 564 b BGB im Gegensatz zu § 553 BGB nicht auf die Auswirkungen der Vertragsverletzung (erhebliche Verletzung der Rechte des Vermieters), sondern lediglich auf die Vertragswidrigkeit der Handlung bzw. Unterlassung selbst (nicht unerhebliche Pflichtverletzung) abstellt.

Dagegen kann gegen **unerhebliche** Vertragsverletzungen nur mit der Unterlassungsklage (vgl. „Unterlassungsklage“) vorgegangen werden.

Bei der **unlerlaubten Gebrauchsüberlassung** der Wohnung bzw. eines Teiles an einen Dritten schließt ein bestehender Rechtsanspruch des Mieters auf Erteilung der Erlaubnis (vgl. „Untermiete") zwar die fristlose Kündigung nach § 553 BGB (vgl. „Kündigung", Abschnitt 3.2.1.1), nicht aber die ordentliche Kündigung nach § 564 b Abs. 2 Nr. 1 BGB aus (BayObLG, Beschl. v. 26. 4. 1995, RE-Miet 3/94, BayObLGZ 1995 Nr. 30, WM 1995, 378). Diese ist begründet, wenn die unerlaubte Gebrauchsüberlassung eine **schuldhafte** und **nicht unerhebliche** Pflichtverletzung darstellt. Ein Mieter, der es unterläßt, vor der Überlassung der Mietsache an einen Dritten die Erlaubnis des Vermieters einzuholen, nimmt dem Vermieter die Möglichkeit, seine eigenen Belange in dem von § 549 Abs. 2 Satz 1 Halbsatz 2 BGB gesteckten Rahmen zur Geltung zu bringen und seine Rechte zu wahren (vgl. BGHZ 92, 213, 220; LG München I, ZMR 1988, 266). Dadurch verstößt der Mieter gegen seine vertraglichen Pflichten. Ob es sich dabei um eine schuldhafte und nicht unerhebliche Pflichtverletzung gehandelt hat, ist anhand der konkreten Umstände des Einzelfalles zu entscheiden. Jedenfalls reicht allein der Anspruch auf Erteilung der Erlaubnis nicht aus, um die Pflichtverletzung als unerheblich zu bewerten und ein Verschulden des Mieters zu verneinen.

Eine erhebliche Pflichtverletzung wird gegeben sein, wenn sich der Mieter bewußt über die Verfahrensregelungen des § 549 Abs. 2 BGB hinwegsetzt, die der Gesetzgeber für den Ausgleich der widerstreitenden Interessen der Vertragsparteien getroffen hat (BayObLG, a.a.O.).

Eine Kündigung wegen unerlaubter Gebrauchsüberlassung ist auch begründet, wenn der Mieter die Wohnung zwar nur für einen begrenzten, jedoch die normale Besuchsdauer überschreitenden Zeitraum Dritten überläßt. Insofern überschreitet jedenfalls ein Zeitraum von drei Monaten bereits die normale Besuchsdauer, wobei es unerheblich ist, ob die Wohnung an Verwandte oder Fremde überlassen wurde (AG Frankfurt/M., Urt. v. 12. 1. 1995, WM 1995, 396). Ferner kommt es auch nicht darauf an, ob eine Untervermietung oder nur eine Gebrauchsüberlassung vorliegt, da der Vermieter ein berechtigtes Interesse daran hat, daß die Wohnung nicht von ihm unbekannten Personen benutzt wird (AG Frankfurt/M., a.a.O.).

Belästigungen des Vermieters und Störungen des Hausfriedens, z. B. laufende Ruhestörungen durch Lärm (vgl. „Lärm"), Gerüche, Verletzungen der Hausordnung (vgl. „Hausordnung"), stellen ebenfalls Vertragsverletzungen im Sinne des § 564 b Abs. 1 Nr. 1 BGB dar. Insoweit kann auf die Ausführungen in Abschnitt 3.2.1.3 (fristlose Kündigung des Vermieters nach § 554 a BGB) verwiesen werden.

Im Gegensatz zur Kündigung nach § 554 a BGB ist für eine Kündigung nach § 564 b Abs. 1 BGB jedoch nicht erforderlich, daß das Ausmaß der Vertragsverletzung eine Unzumutbarkeit der Fortsetzung des Mietverhältnisses für den Vermieter zur Folge hat. Andererseits ist die Kündigung nach § 564 b Abs. 1 BGB nur begründet, wenn die Vertragsverletzung mehr als unerheblich war. Eine **erhebliche** Vertragsverletzung liegt jedenfalls dann vor, wenn der Mieter die ihm bezüglich der Wohnung obliegenden Obhutspflichten in grob fahrlässiger Weise verletzt hat, z. B. die Mieträume bei längerer Abwesenheit nicht gegen vorhersehbare Schäden (z. B. Frostschäden) ausreichend gesichert hat (vgl. LG Görlitz, WM 1994, 669). Dagegen kann eine Erheblichkeit grundsätzlich nicht angenommen werden, wenn es sich um eine einmalige, lediglich auf leichter Fahrlässigkeit beruhende Pflichtverletzung ohne Wiederholungsgefahr handelt und weiter auch nicht vorgetragen und bewiesen werden kann, daß der Mieter im allgemeinen recht sorglos und nachlässig mit der Mietsache umgeht (vgl. LG Aachen, Urt. v. 1. 3. 1991, DWW 1991, 116 sowie LG Wuppertal, Urt. v. 29. 10. 1991, WM 1992, 370 zur Verursachung eines Wohnungsbrandes durch den Mieter). Eine Wiederholungsgefahr ist regelmäßig nicht gegeben, wenn es sich um einen einzelnen „Ausrutscher“ eines ansonsten vertragstreuen Mieters handelt; insbesondere dann nicht, wenn der Vorfall aufgrund besonderer Umstände, z. B. einer Provokation, eingetreten ist (vgl. LG Münster, Urt. v. 2. 5. 1991, WM 1991, 688: kein Kündigungsgrund bei einmaliger Beleidigung des Vermieters nach einem vorangegangenen Wortwechsel).

Die Bewertung der Erheblichkeit hat nach objektiven Kriterien unter Würdigung des **gesamten** Vertragsverhältnisses zu erfolgen, so daß auch **laufende kleinere** Vertragsverletzungen, von denen jede für sich betrachtet unerheblich ist, in ihrer Gesamtheit eine erhebliche Vertragsverletzung darstellen können (vgl. LG Mannheim, WM 1987, 320).

Die Erheblichkeit ergibt sich bei **geringfügigen** Verstößen jedoch regelmäßig erst aus der Fortsetzung des vertragswidrigen Verhaltens nach einer entsprechenden **Abmahnung** (siehe „Abmahnung“), so daß in diesem Falle eine Abmahnung erforderlich ist, obwohl sie von § 564 b BGB tatbestandlich nicht vorausgesetzt wird.

Eine erhebliche Vertragsverletzung kann jedoch bereits dann vorliegen, wenn der Mieter **Schäden** in einem Umfang verursacht (z. B. durch Haustiere oder infolge unterlassener Pflege der Mietsache), zu deren Behebung die Kaution nicht ausreichen wird (LG Oldenburg, NJWE 1996, 31). Eine erhebliche Vertragsverletzung liegt ebenfalls vor, wenn der Mieter trotz Verurteilung (z. B. zur Unterlassung bestimmter Handlungen, Einhaltungen der Hausordnung) dem Urteilsspruch nicht nachkommt.

Die Unerheblichkeit einer Vertragsverletzung wird von den Instanzgerichten häufig angenommen, wenn die Kündigung erst längere Zeit danach erfolgt, wobei jedoch dann bei einem erneuten Vertragsverstoß auch weiter zurückliegende Vorgänge in die Gesamtbewertung mit einbezogen werden können.

Die nicht unerhebliche Verletzung der vertraglichen Pflichten durch den Mieter muß **schuldhaft**, d. h. vorsätzlich oder fahrlässig (§ 276 Abs. 1 Satz 1 BGB), erfolgt sein.

Ein Verschulden seiner **Erfüllungsgehilfen**, insbesondere seiner Familienangehörigen und Hausangestellten, ist dem Mieter wie eigenes Verschulden zuzurechnen.

Das Verschulden eines Dritten, dem der Mieter den Gebrauch der Mietsache überlassen hat, z. B. des Untermieters, hat der Mieter selbst dann zu vertreten, wenn der Vermieter die Erlaubnis zur Überlassung erteilt hat (§ 549 Abs. 3 BGB).

Der Auszug des störenden Mieters bzw. Familienangehörigen nach Ausspruch der Kündigung kann nichts mehr an der Gestaltungswirkung der Kündigung (Beendigung des Mietverhältnisses) ändern (vgl. BGH, ZMR 1988, 16). Das Aufrechterhalten des Räumungsverlangens ist in diesem Fall grundsätzlich auch nicht rechtsmißbräuchlich (LG Düsseldorf, DWW 1989, 393; a. A.: LG Frankfurt, WM 1987, 21).

Bei einer Kündigung wegen Vertragsverletzungen (§ 564 b Abs. 2 Nr. 1 BGB) muß bereits **im Kündigungsschreiben** das beanstandete Verhalten des Mieters zeitlich, örtlich und sachlich konkret angegeben werden. Ist der Kündigung eine Abmahnung (siehe „Abmahnung“) vorausgegangen, muß sich aus dem Kündigungsschreiben ergeben, welche Vertragsverletzungen der Mieter nach dem Zugang der Abmahnung begangen hat.

Eine Kündigung, die lediglich auf das Abmahnschreiben Bezug nimmt, ist unwirksam, weil Kündigungsgrund eben die erst **nach** der Abmahnung liegende Vertragsverletzung ist (LG Bonn, WM 1992, 18).

Nachdem Räumungsklagen, die auf eine Kündigung wegen laufender Vertragsverletzungen gestützt werden, häufig wegen eines unsubstantiierten Vorbringens des Vermieters abgewiesen werden, ist zu empfehlen, bei Vertragsverletzungen des Mieters Ort, Datum, Uhrzeit, Art und Umfang der Vertragsverletzung sowie die Beweismittel (z. B. Zeugen) schriftlich zu fixieren und im Kündigungsschreiben vollständig anzuführen.

2.2 Eigenbedarf (§ 564 b Abs. 2 Nr. 2 BGB)

Als **berechtigtes Interesse** des Vermieters an der Beendigung des Mietverhältnisses ist es anzusehen, wenn der Vermieter die Räume als Wohnung für sich, die zu seinem Hausstand gehörenden Personen oder seine Familienangehörigen benötigt. Vgl. im einzelnen Ausführungen zu „Eigenbedarf“.

2.3 Hinderung der wirtschaftlichen Verwertung (§ 564 b Abs. 2 Nr. 3 BGB)

Als **berechtigtes Interesse** des Vermieters an der Beendigung des Mietverhältnisses ist es anzusehen, wenn der Vermieter durch die Fortsetzung des Mietverhältnisses an einer angemessenen wirtschaftlichen Verwertung des Grundstücks gehindert **und** dadurch erhebliche Nachteile erleiden würde.

Die Möglichkeit, im Falle einer anderweitigen Vermietung als Wohnraum eine **höhere Miete** zu erzielen, wird vom Gesetz (§ 564 b Abs. 2 Nr. 3 Satz 2 BGB) ausdrücklich nicht als angemessene wirtschaftliche Verwertung angesehen.

Ebenso **nicht** die **Veräußerung** im Zusammenhang mit einer bereits erfolgten oder beabsichtigten Begründung von Wohnungseigentum (§ 564 b Abs. 2 Nr. 3 Satz 3 BGB). Als **wirtschaftliche** Verwertung ist die **Änderung der Nutzung** des Wohnraumes (z. B. als Geschäftsraum) anzusehen, sofern diese Änderung zulässig ist (vgl. „Zweckentfremdung"); weiterhin die umfassende und grundlegende **Renovierung**, um eine bessere Vermietung sicherzustellen; ebenso der **Abbruch und Wiederaufbau** des Gebäudes und insbesondere der **Verkauf** (BVerfG, Urt. v. 14. 2. 1989, WM 1989, 118; Weber / Marx, VIII/S. 101).

Die wirtschaftliche Verwertung kann eine Kündigung jedoch nur rechtfertigen, wenn sie **„angemessen"** ist.

> Eine Angemessenheit ist jedenfalls dann zu bejahen, wenn die Verwertung nach wirtschaftlichen Gesichtspunkten **vernünftig und sinnvoll** und nicht lediglich spekulativ ist, z. B. die Geldmittel aus dem Verkauf für die Unterhaltung, Altersversorgung, Herstellung von neuem Wohnraum oder Investitionen verwendet oder das Grundstück nach Beseitigung abbruchreifer Gebäude neu bebaut werden soll (Palandt, Anm. 8 a zu § 564 b).

Ebenso, wenn die umfassende **Sanierung** eines Altbaus beabsichtigt ist und das Mietverhältnis nicht mehr weiterbestehen kann, weil die betreffende Wohnung durch den **Umbau** (z. B. Einbau eines Bades) wegfällt (BayObLG, RE v. 17. 11. 1983, NJW 1984, 372; Weber / Marx, III/S. 66) oder eine Großwohnung in Kleinwohnungen umgebaut werden soll (LG Hamburg, WM 1989, 393).

Jedoch stellt allein die **Modernisierung** oder Sanierung grundsätzlich keinen Kündigungsgrund dar (§ 564 b Abs. 2 Nr. 3 BGB; LG Frankfurt/M., WM 1995, 441; LG Frankenthal, WM 1991, 171; LG Köln, WM 1989, 255); vielmehr hat der Mieter entsprechende Maßnahmen unter den Voraussetzungen der §§ 541 a, b BGB lediglich zu dulden (vgl. „Modernisierung").

Eine Kündigung wurde von der Rechtsprechung nur unter **strengen Voraussetzungen** zugelassen. Ein solcher kann z. B. vorliegen, wenn die Sanierung zur Erhaltung oder Wiederherstellung der Gebäudesubstanz unumgänglich ist und eine längere Räumung durch die Mieter erfordert, wobei das AG München (WM 1986, 334) einen Zeitraum von 4 Wochen noch nicht als ausreichend erachtet hat. Machen umfangreiche Baumaßnahmen im Haus jedoch ein Weiterwohnen für Monate unmöglich und ist auch eine mehrmonatige Hotelunterbringung der Mieter nicht wirtschaftlich, kann ein berechtigtes Interesse des Vermieters an der Beendigung des Mietverhältnisses gegeben sein (LG Stuttgart, Beschl. v. 28. 9. 1989, WM 1991, 178).

Ein Kündigungsgrund kann auch gegeben sein, wenn die für die wünschenswerte Erhaltung eines heruntergekommenen Altbaus erforderliche Sanierung Investitionen in einer Höhe erfordert, deren Umlegung im Rahmen der bestehenden Mietverhältnisse dem Vermieter nicht zugemutet werden kann, z. B. weil die Umlage im Hinblick auf die wirtschaftliche Belastung des Vermieters unzureichend oder die bestehende Mieterschicht weder willens noch in der Lage ist, Zuschläge in der sich ergebenden Höhe zu bezahlen (vgl. LG Freiburg, Urt. v. 21. 12. 1978, WM 1979, 148). Bei Kündigung wegen einer geplanten Sanierung werden von der Rechtsprechung grundsätzlich strenge Anforderungen an das Vorliegen von „erheblichen Nachteilen“ des Vermieters gestellt. Dabei ist ein solcher erheblicher Nachteil jedoch nicht erst dann zu bejahen, wenn keine rentierliche Bewirtschaftung der Wohnung erzielt werden kann, da es infolge des erheblichen Kostenaufwandes bei einer Altbausanierung regelmäßig gar nicht möglich ist, durch Mieteinnahmen kurzfristig zu einer angemessenen Verzinsung des eingesetzten Eigenkapitals (i. S. d. Vorschriften der 2. Berechnungsverordnung) zu gelangen. Vielmehr muß dem Vermieter grundsätzlich die Möglichkeit gegeben werden, Altbauten so zu sanieren, daß ihm – auch ohne sofortige Erzielung einer Rendite – sein Eigentum auch in Zukunft erhalten bleibt, da andernfalls die Gefahr einer mittelfristigen Unbewohnbarkeit und damit Unvermietbarkeit der Räume besteht (LG Düsseldorf, Urt. v. 30. 4. 1991, DWW 1991, 338).

> Im Kündigungsschreiben sind Art und Umfang der beabsichtigten Umbaumaßnahme sowie die Gründe anzugeben, warum nach Ansicht des Vermieters nur durch den Umbau eine angemessene wirtschaftliche Verwertung zu erreichen ist (LG Düsseldorf, a.a.O.).

Einer näheren Beschreibung des Gebäudezustandes bedarf es dann, wenn dieser dem Mieter nicht bekannt ist, denn der muß anhand der Angaben im Kündigungsschreiben seine Rechtsposition überschlägig beurteilen können. Daher ist es überspannt, wenn man vom Vermieter bereits im Kündigungsschreiben eine detaillierte Kalkulation hinsichtlich der Ertragslage vor und nach der Sanierung verlangt (LG Düsseldorf, a.a.O.; so aber das LG Karlsruhe, WM 1991, 168).

> Weiter ist darzulegen, daß die Räumung des gesamten Anwesens erforderlich ist. Dies gilt auch, wenn eine Auflage zur Sanierung baupolizeilich erlassen worden ist (LG Freiburg, Urt. v. 16. 11. 1989, WM 1991, 175).

Kann die Unrentabilität auf andere Weise als durch Kündigung, Sanierung und Neuvermietung, z. B. durch Modernisierung während der laufenden Mietverhältnisse und Umlage der Kosten (siehe „Modernisierung“) beseitigt werden, besteht kein Kündigungsgrund nach § 564 b Abs. 2 Nr. 3 BGB (vgl. LG Freiburg, a.a.O.; AG Aachen, WM 1986, 335). Daher begründet allein die Verzögerung und Verteuerung von privaten Sanierungsmaßnahmen im Wohnhaus bei fortbestehendem Mietverhältnis kein berechtigtes Interesse des Vermieters an der Beendigung des Mietverhältnisses (LG Nürnberg-Fürth, Urt. v. 28. 9. 1990, WM 1991, 176).

Bei Prüfung der **Angemessenheit** muß dem Eigentümer im Hinblick auf die Eigentumsgarantie des Art. 14 GG ein weiter Entscheidungsspielraum zugestanden werden, insbesondere dann, wenn die Verwertung in Form des **Verkaufs** erfolgen soll, da die Ausübung der Verfügungsbefugnis durch Verkauf als Kern des Eigentumsrechtes auch von den Gerichten zu beachten ist und deshalb eine Auslegung der Kündigungsvorschrift, welche dieses elementare Recht des Eigentümers ausschließt, verfassungswidrig ist (BVerfG, Urt. v. 14. 2. 1989, a.a.O.). Weiterhin dürfen die Fachgerichte bei ihrer Handhabung die Eigentumsbeschränkungen nicht in einer Weise verstärken, die auch dem Gesetzgeber bei der inhaltlichen Ausgestaltung des Eigentums im Rahmen von Art. 14 Abs. 1 Satz 2 GG („Inhalt und Schranken werden durch die Gesetze bestimmt“) untersagt wäre (BVerfG, a.a.O.). Der Verkauf eines Grundstükes bzw. einer Wohnung stellt daher nur dann keine angemessene wirtschaftliche Verwertung mehr dar, wenn er aus rein **spekulativen** Gründen erfolgt (LG Karlsruhe, Urt. v. 9. 7. 1987, ZMR 1987, 469). Dies kann jedoch nicht allein daraus gefolgert werden, daß die Wohnung im vermieteten Zustand erworben wurde. Bei der Auslegung und Anwendung des § 564 b Abs. 2 Nr. 3 Satz 1 BGB macht es von Verfassungs wegen keinen Unterschied, ob der Eigentümer das zu veräußernde Grundstück – wie in dem der Entscheidung des Bundesverfassungsgerichts zugrundeliegenden Ausgangsverfahrens des LG München II, Az. 2 S 484/87 – zuvor selbst bebaut und dann vermietet oder es erst später in bereits vermietetem Zustand erworben hatte. Es wäre ein unverhältnismäßiger Eingriff in die Eigentumsgarantie, wenn das Kündigungsrecht des Eigentümers – unabhängig von drohenden erheblichen Nachteilen im Falle des Verkaufs – allein davon abhinge, ob das Grundstück bei dem früheren Eigentumserwerb vermietet oder unvermietet war. Ebenso ist für die aus Art. 14 Abs. 1 Satz 1 GG folgende Gewährleistung ohne Belang, ob der Eigentümer das schon vorher vermietete Grundstück entgeltlich oder unentgeltlich (z. B. Erbfolge, Vermächtnis, Schenkung) erlangt hat.

Eine Auslegung, die ein Kündigungsrecht des Eigentümers nach § 564 b Abs. 2 Nr. 3 Satz 1 BGB allein schon deshalb ausschließen wollte, weil er das Mietobjekt zu einem früheren Zeitpunkt in vermietetem Zustand erworben hat, wäre daher mit Art. 14 Abs. 1 Satz 1 GG nicht vereinbar (OLG Koblenz, RE v. 1. 3. 1989, WM 1989, 164; Weber/Marx, IX/S. 33). Andererseits kann jedoch ein **reiner Spekulationszweck** und damit keine „angemessene" Verwertung mehr vorliegen, wenn ein Objekt in vermietetem Zustand (entsprechend preiswerter) allein deshalb gekauft wird, um es später in unvermietetem Zustand (entsprechend teurer) zu verkaufen (vgl. LG Hamburg, Urt. v. 8. 2. 1990, WM 1991, 185). Soll ein in vermietetem Zustand erworbenes Objekt wegen eines bevorstehenden Verkaufes gekündigt werden, bedarf es daher einer besonders ausführlichen Darlegung der Verkaufsgründe im Kündigungsschreiben, um dem Vorwurf der Spekulationsabsicht vorzubeugen.

Das bestehende Mietverhältnis **hindert die wirtschaftliche Verwertung,** wenn diese wegen des Mietverhältnisses nicht erfolgen, z. B. die Wohnung bzw. das Grundstück in vermietetem Zustand nicht oder nur zu einem erheblich geringeren Kaufpreis verkauft werden kann.

Die Beweislast für die **Ursächlichkeit** der Fortsetzung des Mietverhältnisses für eine Hinderung der angestrebten Verwertung, die unabdingbare Voraussetzung für die Annahme eines „berechtigten Interesses" (i.S.v. § 564 b Abs. 2 BGB) ist, trägt der kündigende Vermieter (LG Darmstadt, Urt. v. 23. 5. 1986, WM 1987, 320; LG München II, ZMR 1987, 309).

Dieser Beweis kann allein durch die Behauptung, die Wohnung wäre wegen des Mietverhältnisses unverkäuflich, nicht geführt werden, da auch andere Gründe dafür verantwortlich sein könnten, daß die Wohnung zu dem angebotenen Preis nicht verkauft wurde.

> Zum **Beweis der Ursächlichkeit** ist daher grundsätzlich notwendig, daß der Vermieter namentlich bestimmte Kaufinteressenten benennt, die als Zeugen im Streitfalle bestätigen können, daß sie vom Kauf der Wohnung lediglich deshalb Abstand genommen haben, weil diese vermietet war.

Im Hinblick auf § 564 b Abs. 3 BGB, wonach grundsätzlich nur solche Gründe berücksichtigt werden, die in dem Kündigungsschreiben angegeben sind, ist dieser Vortrag bereits im Kündigungsschreiben (siehe „Kündigung", Abschnitt 1.6) auszuführen, so daß eine Kündigung grundsätzlich erst erfolgen kann, nachdem Verkaufsversuche gescheitert sind. Ein einmaliger Mißerfolg der Verkaufsbemühungen in Form eines Zeitungsinserates läßt jedenfalls nicht den Schluß auf eine Unverkäuflichkeit des vermieteten Anwesens zu (LG Frankfurt, Urt. v. 27. 2. 1990, WM 1991, 182).

Entsprechendes gilt für die Behauptung, das Grundstück könne nur zu einem erheblich geringeren Preis verkauft werden. Insoweit ist im Kündigungsschreiben anhand konkreter Zahlen anzuführen und im Streitfalle darzulegen und zu beweisen, welche Kaufpreiseinbuße infolge der Vermietung eintreten würde. Erforderlich sind daher Angaben über die Höhe des erzielbaren Kaufpreises für das Objekt im vermieteten und im nicht vermieteten Zustand (LG Stuttgart, DWW 1995, 143). Ferner muß der Vermieter ernsthafte Verkaufsbemühungen in vermietetem Zustand (vgl. LG München I, WM 1992, 374) und insbesondere Kaufangebote von Interessenten nachweisen, die über das Grundstück in weiterhin vermietetem und unvermietetem Zustand abgegeben worden sind (LG Hannover, WM 1991, 189), so daß der Mindererlös infolge der Vermietung deutlich wird (LG Bielefeld, WM 1997, 267). Weiterhin ist zu beweisen (z. B. durch die beauftragten Makler oder Kaufinteressenten als Zeugen), daß der behauptete Mindererlös ausschließlich auf den vermieteten Zustand zurückzuführen ist. Dies gilt auch dann, wenn sich bei einer durch Ehescheidung des Vermieters notwendig gewordenen Veräußerung bereits ein Käufer gefunden hat, der auf Übergabe des Hauses in geräumtem Zustand besteht (LG Kiel, WM 1991, 190).

Abweichend davon hat das LG Karlsruhe (Urt. v. 9. 7. 1987, ZMR 1987, 469) entschieden, daß ein Kündigungsgrund auch dann vorliegt, wenn das Grundstück bereits verkauft ist, sich aus dem Kaufvertrag aber ergibt, daß der Kaufpreis erst mit Auszug der Mieter zur Zahlung fällig wird. Der Umstand, daß der Vermieter diese Nachteile aufgrund der Vertragsgestaltung mit dem Käufer selbst herbeigeführt hat, führt nicht dazu, daß der Kündigungsgrund in Wegfall kommt (LG Karlsruhe, a.a.O.).

Nachdem die Kündigung wegen Hinderung der wirtschaftlichen Verwertung nur dann begründet ist, wenn die dem Vermieter daraus entstehenden Nachteile, z. B. infolge des Mindererlöses, **erheblich** sind, stellt sich regelmäßig die Frage, wann der Nachteil als erheblich zu qualifizieren ist.

Den zitierten Entscheidungen des Bundesverfassungsgerichts und des OLG Koblenz lagen insoweit gravierende Differenzen zugrunde (DM 500 000/DM 250 000 bzw. DM 325 000/DM 140 000), so daß diesen Entscheidungen für die Frage der Erheblichkeit des Nachteils eine verbindliche Aussage nicht entnommen werden kann. Vielmehr hat das Bundesverfassungsgericht diese Frage ausdrücklich offengelassen und in den Gründen ausgeführt, daß „der vorliegende Fall nicht dazu nötigt, im Vorgriff auf die ausstehende fachgerichtliche Klärung abstrakt die Grenze zu bestimmen, bis zu welcher der Eigentümer dabei wirtschaftliche Nachteile zu tragen hat“.

Jedoch wurde ausdrücklich betont, daß ein erheblicher Nachteil nicht erst dann vorliegt, wenn der Eigentümer in Existenznot gerät. Der Anwendungsbereich der Vorschrift des § 564 b Abs. 2 Nr. 3 BGB darf nicht auf Fälle drohenden Existenzverlustes beschränkt werden. Da private, insbesondere unternehmerische Investition stets die Gefahr in sich birgt, daß sie sich als unrentabel erweist, muß dem Eigentümer der Zugriff auf sein gesamtes Vermögen auch zu dem Zwecke garantiert sein, derartige Verluste durch Rückgriff auf andere Vermögensteile ausgleichen zu können. Dem Eigentümer kann nicht angesonnen werden, das Mietverhältnis bis an die Grenze des wirtschaftlichen Zusammenbruchs fortzusetzen. Auch Vermögenseinbußen, welche die wirtschaftliche Existenz des Eigentümers noch nicht ernsthaft in Frage stellen, sind bei der Anwendung des Kündigungstatbestandes von Verfassungs wegen zu beachten (BVerfG, a.a.O.). Eine angemessene wirtschaftliche Verwertung des Objektes durch Verkauf kann daher auch schon dann gegeben sein, wenn der Verkauf noch nicht „zwingend erforderlich" ist (LG Stuttgart, DWW 1995, 143).

Das Instanzgericht darf daher für die Annahme von erheblichen Nachteilen **nicht** den Vortrag von Umständen fordern, die den Verkauf als zwingend erscheinen lassen (BVerfG, Beschl. v. 20. 9. 1991, Az. 1 BvR 539/91; WM 1992, 46). Das Gericht ist verpflichtet, sich mit einem substantiierten Vortrag des Eigentümers über den konkreten Mindererlös auseinanderzusetzen und muß prüfen, ob der Verkauf unter diesen Umständen für den Eigentümer möglicherweise wirtschaftlich sinnlos ist (z. B. weil der in vermietetem Zustand erzielbare Erlös wesentlich unter den vom Vermieter für die Wohnung erbrachten Aufwendungen liegt) und sich der Kündigungsschutz damit als faktisches Verkaufshindernis darstellt. Andernfalls verkennt das Gericht Bedeutung und Tragweite der Eigentumsgarantie des Art. 14 Grundgesetz (BVerfG v. 20. 9. 1991, a.a.O.; v. 14. 2. 1989, a.a.O.).

In Anbetracht der sehr **uneinheitlichen Rechtsprechung** können für die Frage der Erheblichkeit des Nachteils bestimmte Beträge bzw. **Prozentsätze lediglich beispielhaft** genannt werden:

So hat das LG Mainz (ZMR 1986, 14) bereits eine Minderung des Kaufpreises von knapp **6 %** – die allerdings einem Betrag von DM 50 000 entsprochen hatte – als ausreichend erachtet (vgl. auch LG Traunstein, WM 1989, 421, für einen Mindererlös in Höhe von DM 50 000). Das LG Hamburg hat dagegen entschieden, daß eine Erheblichkeit allenfalls erst ab einer Einbuße von ca. **15 bis 20 %** in Betracht kommt (Urt. v. 8. 2. 1990, WM 1991, 185). Ein Mindererlös von **20 %** muß nach einem Urteil des LG Stuttgart vom Vermieter insbesondere dann nicht hingenommen werden, wenn der Verkaufserlös der Abdeckung von Verbindlichkeiten dient, die der Vermieter nach Berufsaufgabe aus Krankheitsgründen durch Erwerbstätigkeit nicht mehr abdecken kann (Urt. v. 21. 2. 1990, WM 1991, 201) oder der Vermieter den Erlös zur Finanzierung eines Hausbaus verwenden will (LG

Düsseldorf, Urt. v. 20. 11. 1990, WM 1991, 593).

Jedoch kann im Einzelfall trotz einer hohen Kaufpreiseinbuße infolge der Vermietung das Vorliegen eines „erheblichen Nachteils“ verneint werden, wenn bei Verkauf in vermietetem Zustand immer noch ein höherer Preis erzielbar ist als beim Erwerb der Wohnung bezahlt wurde bzw. die Wohnung im Zeitpunkt des Erwerbs wert war (bei Schenkung; BVerfG, Beschl. v. 9. 10. 1991, WM 1991, 663). Wurde die Wohnung in vermietetem Zustand erworben, ist bei Bestimmung des „Nachteils“ (i. S. v. § 564 b Abs. 2 Nr. 3 BGB) auf die Differenz zwischen Einkaufspreis und demjenigen Preis abzustellen, der beim Verkauf in vermietetem Zustand zu erzielen ist, wobei aber auch der Kaufkraftverlust des Geldes sowie eine übliche Rendite zu berücksichtigen sind (vgl. LG Mannheim, ZMR 1994, 568; LG Gießen, WM 1994, 688; vgl. auch LG Berlin WM 1995, 111).

Im Falle des Erwerbs durch Erbfall sind zur Bestimmung des wirtschaftlichen Nachteils auch Kosten von Investitionen in die Wohnung (LG Köln, WM 1996, 39) sowie etwaige Aufwendungen für die Auszahlung von Miterben oder Ablösung von Wohnrechten zu berücksichtigen (LG Kiel, WM 1994, 283) und somit dem Wert der Wohnung im Zeitpunkt des Erbfalles hinzuzurechnen.

Bei Ermittlung des erheblichen Nachteils muß das Gericht jedoch auch den Vortrag des Vermieters über **weitere** finanzielle Nachteile (z. B. höhere Zinszahlungen) berücksichtigen, die ihm entstehen, wenn er den Mehrerlös, den er im Falle des Verkaufs der Wohnung ohne Bestehen des Mietverhältnisses erzielen könnte, nicht erhalte (BVerfG, Beschl. v. 15. 4. 1992, Az. 1 BvR 1549/91, NJW 1992, 2752).

Nachdem somit für die Bestimmung der Erheblichkeit des Nachteils nicht auf einen starren Prozentsatz abgestellt werden kann, sondern die Erheblichkeit vielmehr von den konkreten Umständen des Einzelfalls abhängt, müssen bereits im Kündigungsschreiben ausführlichst und detailliert sämtliche Umstände vorgetragen werden, die eine Erheblichkeit des entstehenden Nachteils begründen können. Die Nachteile müssen so dargelegt werden, daß der Mieter diese gegenüber seinem Interesse am Fortbestand des Mietverhältnisses abwägen kann (LG Braunschweig, Urt. v. 1. 3. 1991, WM 1991, 694). Neben der Darlegung eines bestimmten bezifferten Mindererlöses im konkreten Fall ist daher im Kündigungsschreiben weiter auszuführen, wie und in welcher Weise sich dieser Mindererlös nachteilig für den Vermieter auswirkt, so daß insoweit auch die persönlichen wirtschaftlichen Verhältnisse des Vermieters darzustellen sind (vgl. LG München I, Urt. v. 24. 1. 1990, WM 1991, 193; LG Moosbach, Urt. v. 30. 10. 1990, WM 1991, 191).

Dies kann z. B. durch den Vortrag geschehen, daß die laufenden Belastungen durch die Wohnung die laufenden Einnahmen deutlich überschreiten und durch den Verkauf wegfallen würden (vgl. LG Freiburg, Urt. v. 17. 5. 1990, WM 1991, 183), der Erlös aus dem Verkauf zur Finanzierung einer anderen Wohnung erforderlich ist (vgl. LG München I, a.a.O.; LG Frankfurt, DWW 1988, 324) oder zur Abdeckung von Verbindlichkeiten dient, die der Vermieter mit seinem Einkommen (z. B. Berufsaufgabe wegen Krankheit) nicht mehr tilgen kann (LG Stuttgart, a.a.O.). In jedem Fall sollte der Vermieter im Kündigungsschreiben auch stichhaltig darlegen, wie er den Mehrerlös bei Verkauf in unvermietetem Zustand zur Vermeidung erheblicher Nachteile verwenden will (LG Kiel, WM 1993, 52).

Erfahrungsgemäß wird die weit überwiegende Zahl der Räumungsklagen aufgrund Kündigung wegen Hinderung der wirtschaftlichen Verwertbarkeit nicht wegen Fehlens der tatsächlichen Voraussetzungen, sondern ausschließlich wegen Nichterfüllung der von der Rechtsprechung aufgestellten formalen Anforderungen an eine wirksame Kündigung bzw. an einen substantiierten Prozeßvortrag abgewiesen.

Zusammenfassend kann zur Verdeutlichung dieser extrem hohen Anforderungen ein neueres Urteil des LG Hamburg vom 22. 2. 1991 (DWW 1991, 241) angeführt werden. Danach bedarf es für die in jedem Einzelfall zu ermittelnde Grenze, bis zu welcher der Eigentümer wirtschaftliche Nachteile zu tragen hat, **u. a. folgender Darlegungen:**

Darlegung der Erlöse bei Verkauf im vermieteten bzw. unvermieteten Zustand; Berechnung der bei bestehendem Mietverhältnis erwirtschafteten Rendite; der Darlegung, ob eine ungünstige Rendite durch niedrige Mieteinnahmen bedingt ist und ob der Mietzins gegebenenfalls nach Mängelbeseitigung angehoben werden kann; der Würdigung, inwieweit der Kaufpreis für das Gebäude vollständig fremdfinanziert wurde und inwieweit der (mögliche) Verkaufserlös zur Tilgung verwendet werden muß; der Einbeziehung der Frage, ob das Mietobjekt seinerzeit vermietet erworben wurde und ob sich dies seinerzeit als Vorteil bezüglich des Kaufpreises niedergeschlagen hat; der Angabe von Hinweisen auf die Verkaufsbemühungen des Vermieters einschließlich der Kaufinteressenten und der Kaufpreisvorstellungen (bei vermietetem und auch unvermietetem Zustand); Angabe der Gründe für das Scheitern des Verkaufs, wobei diese bei Prüfung der Begründetheit nur berücksichtigt werden, wenn das Scheitern **ausschließlich** auf die Vermietung und nicht auch auf andere Gründe (z. B. hoher Kaufpreis) zurückzuführen ist (vgl. auch LG Darmstadt, WM 1987, 320).

Der Formulierung, daß es „u. a." der vorgenannten Darlegungen bedarf, ist zu entnehmen, daß im Einzelfall durchaus **weitere Darlegungen** und Ausführungen für die Wirksamkeit der Kündigung erforderlich sein können.

Jedoch erscheint es in Anbetracht der neueren Rechtsprechung des Bundesverfassungsgerichts (Beschl. v. 8. 10. 1991, DWW 1991, 363; NJW 1992, 105; vgl. auch Beschl. v. 20. 9. 1991, NJW, 1991, 3270) äußerst fraglich, ob es noch mit der Verfassung, insbesondere mit den Grundrechten des Art. 2 Abs. 1 Grundgesetz und Art. 14 Grundgesetz (Eigentumsgarantie) vereinbar ist, derart hohe formale Anforderungen an die Wirksamkeit einer Kündigung zu stellen.

Zwar ist es nach der Rechtsprechung des Bundesverfassungsgerichts nicht zu beanstanden, die Durchsetzbarkeit des materiellen Anspruchs von formellen Voraussetzungen abhängig zu machen, damit dem Mieter zum frühestmöglichen Zeitpunkt Klarheit über seine Rechtsposition verschafft wird. Jedoch ist es dem Richter verwehrt, durch übermäßig strenge Handhabung verfahrensrechtlicher Schranken den Anspruch auf gerichtliche Durchsetzung des materiellen Rechts unzumutbar zu verkürzen (BVerfG v. 8. 10. 1991, a.a.O.). Dies ist auch der Fall, wenn das Gericht inhaltsgleiche Angaben über die Einschätzung des wirtschaftlichen Nachteils, der dem Vermieter durch die Fortsetzung des Mietverhältnisses entstehen soll, in den Gründen des Kündigungsschreibens und der Begründung des Räumungsanspruchs verlangt (BVerfG, Beschl. v. 15. 6. 1992 – 1 BvR 1725/91 –, WM 1992, 417). In der entschiedenen Sache hatte das Landgericht den Vortrag des Vermieters über die Kaufpreisminderung wegen der Vermietung unberücksichtigt gelassen und die Kündigung aus formellen Gründen für unwirksam erklärt, weil die Kaufpreisminderung im Kündigungsschreiben mit 40 % und in der Begründung der Räumungsklage nur noch mit 30 % beziffert war.

Dieser Rechtsauffassung wurde vom Bundesverfassungsgericht mit der Begründung widersprochen, daß es sich hierbei nicht um ein anderes Vorbringen des Vermieters im Sinne eines aliuds, sondern lediglich um ein teilweises Abrücken von seinem ursprünglichen Vortrag in der Kündigung handelt. Aufgrund der Angaben im Kündigungsschreiben konnte sich der Mieter Klarheit über seine Rechtsposition verschaffen. Er konnte erkennen, daß die Kündigung mit einer wesentlichen Einbuße beim erzielbaren Kaufpreis begründet wird. Daran hat sich auch durch das Vorbringen in der Räumungsklage nichts geändert. Eine andere Beurteilung durch das Instanzgericht überspitzt die Anforderungen an den Inhalt des Kündigungsschreibens in verfassungswidriger Weise und verletzt den Vermieter in seinem Eigentumsgrundrecht.

Weiterhin dürfen sich nach dieser Rechtsprechung die Gerichte nicht darauf beschränken, das Vorbringen des Eigentümers nur unter dem Gesichtspunkt der Hinderung einer angemessenen wirtschaftlichen Verwertbarkeit zu prüfen; vielmehr ist dieses Vorbringen unter **jedem** einschlägigen rechtlichen Aspekt zu würdigen. Kann das Vorbringen z. B. die Kündigung wegen Hinderung einer angemessenen wirtschaftlichen Verwertbarkeit (§ 564 b Abs. 2 Nr. 3 BGB) nicht stützen, darf das Gericht nicht allein deshalb die Klage abweisen, sondern muß weiter prüfen, ob das Vorbringen ein **allgemeines** berechtigtes Interesse an der Beendigung des Mietverhältnisses im Sinne der Generalklausel des § 564 b **Abs. 1** BGB darstellt. Gleiches gilt, wenn die Kündigung sowohl unter dem Gesichtspunkt des Eigenbedarfs als auch der angemessenen wirtschaftlichen Verwertbarkeit zu sehen ist. Auch in diesem Fall hat sich die Subsumtion nicht lediglich auf § 564 b Abs. 2 Nr. 2 und 3 BGB zu beschränken, sondern muß sich auch auf den Kündigungstatbestand des § 564 b Abs. 1 BGB erstrecken (BVerfG v. 8. 10. 1991, a.a.O.).

Das Landgericht München II (Urt. v. 12. 5. 1987, DWW 1988, 45) hat bereits entschieden, daß die Anforderungen an die prozessuale Darlegungspflicht insbesondere dann nicht überspannt werden dürfen, wenn mit dem Verkauf der Wohnung ein vom Gesetz ausdrücklich gebilligter Zweck (z. B. Eigenbedarf) verfolgt wird. Wäre eine Kündigung wegen Eigenbedarfs begründet, will der Vermieter aber eine größere Wohnung zum Zwecke des Selbstbezugs anschaffen und die kleinere vermietete Wohnung zur Finanzierung der größeren verkaufen („indirekter Eigenbedarf"), stellt dies in gleicher Weise ein berechtigtes Interesse an der Beendigung des Mietverhältnisses dar wie wenn der Vermieter die kleinere Wohnung selbst beziehen würde (LG München II, a.a.O.). Zu beachten ist jedoch, daß es sich in diesem Fall um eine Wohnung der gehobenen Klasse gehandelt hat, die sich als Altersruhesitz oder Zweitwohnung anbietet und über den Vortrag, daß der Verkauf im geräumten Zustand zu einem höheren Kaufpreis führt, kein Beweis erhoben werden mußte, da dies nach den Gründen dieses Urteils gerichtsbekannt war.

Geringere Anforderungen an den Inhalt der Kündigung stellen auch das LG Karlsruhe (ZMR 1987, 469), LG Berlin (MDR 1990, 1121), LG Köln (WM 1989, 255) sowie das LG Osnabrück (WM 1994, 214), wonach die Darstellung der maßgeblichen Tatsachen im Überblick ausreichend ist und das Kündigungsschreiben nicht die Darstellung eines betriebswirtschaftlichen und steuerrechtlichen Anforderungen genügenden Vermögensstatus des Vermieters enthalten muß.

> Nachdem jedoch die Beurteilung, ob der Inhalt der Kündigung bzw. des Prozeßvortrages ausreichend ist, allein bei dem zur Entscheidung zuständigen Gericht liegt, sollten die Ausführungen zu sämtlichen Tatbestandsmerkmalen des § 564 b Abs. 2 Nr. 3 BGB **so ausführlich und detailliert wie möglich** sein. Weiterhin sollte in Anbetracht der hohen formalen Anforderungen an eine Kündigung wegen Hinderung der wirtschaftlichen Verwertbarkeit diese grundsätzlich erst nach eingehender juristischer Beratung erfolgen.

Nicht nur bei der Verwertung des Grundstückes durch Verkauf, sondern auch bei jeder **anderen Art der Verwertung,** z. B. durch Abbruch des Gebäudes und anschließenden Wiederaufbau, sind dem Mieter bereits **im Kündigungsschreiben** in substantiierter und nachvollziehbarer Art und Weise sowohl die Art der Verwertung als auch die Nachteile darzulegen, welche aufgrund der Fortsetzung des Mietverhältnisses entstehen, z. B. in Form einer vergleichenden Wirtschaftlichkeitsberechnung, aus der sich die unterschiedliche Rendite und damit der Nachteil konkret ergibt (vgl. LG München I, WM 1981, 234). Dabei sind auch die im Falle des Fortbestandes des gekündigten Mietverhältnisses erzielbaren Mieten einschließlich etwaiger Mieterhöhungen nach § 3 MHG (wegen Modernisierungsmaßnahmen) den bei Vermietung des Neubaus erzielbaren Mieten gegenüberzustellen (LG Berlin, WM 1996, 770; vgl. auch LG Göttingen, WM 1984, 133; a. A.: LG Kempten, WM 1994, 687, das unter Änderung der bisherigen Rechtsprechung nicht mehr verlangt, daß der erhebliche Nachteil durch eine vergleichende Berechnung oder eine Kalkulation im Kündigungsschreiben nachgewiesen werden muß: Der erhebliche Nachteil muß lediglich derart benannt sein, daß eine Unterscheidung von anderen Nachteilen möglich und ein Auswechseln eines dahingehenden Sachverhalts ausgeschlossen ist). Nicht ausreichend ist z. B. allein die Mitteilung, daß das Gebäude abgerissen werden soll, weil das Grundstück für betriebliche Zwecke benötigt wird (LG Mannheim, Urt. v. 4. 9. 1991, WM 1991, 695; a. A.: LG Osnabrück [WM 1994, 214], wonach die Mitteilung im Kündigungsschreiben ausreichend ist, daß das Wohnhaus abgerissen und an gleicher Stelle ein Neubau für gewerbliche Zwecke errichtet werden soll, da der Mieter bereits dadurch abschätzen kann, ob die Errichtung des Neubaus für den Vermieter erhebliche Vorteile bietet).

§ 564 b BGB stellt allein auf das berechtigte Interesse des Vermieters an der Beendigung des Mietverhältnisses ab. Daher dürfen die Interessen des Mieters an dem Fortbestand des Mietverhältnisses bei Überprüfung der Wirksamkeit der Kündigung nicht herangezogen werden. Die besonderen **Belange des Mieters** sind **nur** auf dessen **Widerspruch** nach § 556 a BGB zu beachten; erst dann hat eine umfassende Abwägung der im Einzelfall gegebenen beiderseitigen Interessen stattzufinden, da andernfalls der Vermieter zur Wirksamkeit seiner Kündigungserklärung Umstände aus der Sphäre des Mieters berücksichtigen müßte, die ihm oftmals gar nicht bekannt sind (OLG Koblenz, a.a.O.)

Die Kündigung wegen Hinderung der wirtschaftlichen Verwertbarkeit wirkt grundsätzlich nicht über den Zeitpunkt der Grundbuchumschreibung auf einen **Erwerber** fort (LG Münster, Urt. v. 20. 2. 1991, WM 1991, 194). Nach Eigentumsübergang an den Grundstückserwerber ist die Kündigung des früheren Vermieters unwirksam. Der neue Eigentümer kann sich nur auf die in seiner Person bestehenden Erlangungsinteressen berufen (LG Siegen, Beschl. v. 30. 4. 1990, WM 1991, 197; vgl. auch LG Duisburg, Beschl. v. 11. 6. 1991, WM 1991, 497).

> Liegt die Wohnung im Gebiet einer Gemeinde, in der die **Zweckentfremdung** von Wohnraum (z. B. durch Abbruch oder Umnutzung in Geschäftsraum) der behördlichen Genehmigung bedarf (siehe „Zwekentfremdung"), setzt die Wirksamkeit der Kündigung nach § 564 b Abs. 2 Nr. 3 BGB voraus, daß die Genehmigung zur Zweckentfremdung im Zeitpunkt der Kündigung **bereits vorliegt** und das Vorliegen der Genehmigung im Kündigungsschreiben **erwähnt** wird, wenn die vom Vermieter angestrebte, zur Grundlage der Kündigungserklärung gemachte Verwertung des Mietobjektes genehmigungspflichtig ist (OLG Hamburg, RE v. 25. 3. 1981, NJW 1981, 2308; Weber/Marx, I/S. 64; LG München II, WM 1997, 115).

Dagegen setzt die Wirksamkeit der Kündigung grundsätzlich **nicht** voraus, daß im Zeitpunkt des Zugangs der Kündigung die baurechtliche **Abbruch**genehmigung bereits vorliegt. Deshalb kann eine Kündigung auch nicht unwirksam sein, weil im Kündigungsschreiben eine bereits vorliegende Abbruchgenehmigung nicht erwähnt wurde (BayObLG, RE v. 31. 8. 1993, Az. RE-Miet 2/93, WM 1993, 660).

Weiter ist zur Kündigung **nicht** erforderlich, daß die baurechtliche Genehmigung zur **Errichtung** des Neubaus vorliegt. Vielmehr genügt es, wenn im Zeitpunkt des Zugangs der Kündigung mit einiger Sicherheit festgestellt werden kann, daß die für die Durchführung des Vorhabens erforderlichen baurechtlichen Genehmigungen zu dem Zeitpunkt vorliegen werden, zu dem sie bei planmäßiger Durchführung benötigt werden und der Vermieter die beabsichtigte Verwertung im Zeitpunkt der Beendigung des Mietverhältnisses alsbald verwirklichen kann und auch verwirklichen will. Ob eine solche Erwartung gerechtfertigt ist, ist Tatfrage und kann nur anhand der konkreten Umstände des Einzelfalles entschieden werden (BayObLG, a.a.O.).

Ist für den Abbruch eine **Zweckentfremdungsgenehmigung** erforderlich, reicht eine Abbruchgenehmigung nicht aus (vgl. LG Itzehohe, WM 1983, 145, AG Regensburg, WM 1991, 177).

Eine Zweckentfremdung von Wohnraum liegt jedoch nicht vor, wenn innerhalb eines Hauses lediglich zwei Wohnungen zusammengelegt werden (BVerfG v. 7. 4. 92, WM 92, 416).

Zur Kündigung nach § 564 b Abs. 2 Nr. 3 BGB vgl. auch LG Darmstadt, WM 1986, 339; LG München I, WM 1984, 247; AG Münster, WM 1982, 27; AG Düren, WM 1982, 279; LG Berlin, WM 1981, 105 u. a.

Ist an den vermieteten Wohnräumen nach Überlassung an den Mieter **Wohnungseigentum begründet** und das

Wohnungseigentum veräußert worden, ist das Bestehen einer Kündigungs**sperrfrist** (3, 5 oder 10 Jahre) zu prüfen. Insofern gelten die einschlägigen Ausführungen unter „Eigenbedarf“ entsprechend.

Eine Kündigung wegen Hinderung der wirtschaftlichen Verwertung des Grundstücks nach § 564 b Abs. 2 Nr. 3 BGB ist **nicht** zulässig bei Mietverhältnissen über Wohnraum auf dem Gebiet der **ehemaligen DDR,** die **vor** dem 3. 10. 1990 abgeschlossen wurden (Art. 232 § 2 Abs. 2 des Einigungsvertrages – BGBl. 1990 S. 943).

Dieser Ausschluß des Kündigungsrechtes ist weder befristet noch ist eine Ausnahme für den Fall einer unzumutbaren Härte bzw. einer Existenzbedrohung des Vermieters vorgesehen. In Anbetracht des Urteils des Bundesverfassungsgerichtes vom 14. 2. 1989 (a.a.O.) ist daher zweifelhaft, ob dieser Kündigungsausschluß mit der Eigentumsgarantie des Art. 14 GG vereinbar ist. Insoweit bleibt eine verfassungsgerichtliche Klärung abzuwarten.

Dieser zeitlich unbefristete und ausnahmslos geltende Ausschluß erscheint weiterhin auch aus wirtschaftlichen Gründen nicht sinnvoll, da der schlechte bauliche Zustand der Gebäude umfassende Renovierungsmaßnahmen erfordert, deren Durchführung oftmals eine nicht nur vorübergehende Räumung der Wohnung bzw. des Gebäudes und eine Beendigung der jeweiligen Mietverhältnisse voraussetzt. Nachdem dies aufgrund des umfassenden Kündigungsausschlusses nicht möglich ist, ist zu erwarten, daß dringend notwendige Sanierungsmaßnahmen unterbleiben werden.

Jedoch umfaßt dieser Kündigungsausschluß nach einem Urteil des BezG Cottbus vom 2. 4. 1992 (WM 1992, 301, 427) nicht den Fall, daß der Vermieter die Wohnung beansprucht, um dort eine berufliche Existenz aufzubauen und Arbeitsplätze einzurichten. Eine erforderliche Zweckentfremdungsgenehmigung braucht im Beitrittsgebiet in diesem Fall nicht im Kündigungsschreiben bezeichnet zu werden; ausreichend ist deren Erteilung vor Schluß der mündlichen Verhandlung (BezG Cottbus, a.a.O.).

2.4 Ausbau von Nebenräumen (§ 564 b Abs. 2 Nr. 4 BGB)

Als berechtigtes Interesse des Vermieters an der Beendigung des Mietverhältnisses ist es nach dieser Bestimmung auch anzusehen, wenn der Vermieter nicht zum Wohnen bestimmte **Neben**räume oder Teile eines Grundstücks dazu verwenden will, Wohnraum zum Zwecke der Vermietung zu schaffen oder den neu zu schaffenden und den vorhandenen Wohnraum mit Nebenräumen und Grundstücksteilen auszustatten und die Kündigung auf diese Räume oder Grundstücksteile beschränkt. Durch das **Wohnungsbau-Erleichterungsgesetz** vom 17. 5. 1990 (BGBl. I S. 926) wurde diese Vorschrift mit Wirkung zum 1. 6. 1990 in das Bürgerliche Gesetzbuch eingefügt und durch das **4. Mietrechts-**

änderungsgesetz (BGBl. 1993 I S. 1257 ff.) in die vorliegende Fassung gebracht. Damit soll insbesondere der nachträgliche Ausbau von Souterrain- und Dachgeschoßräumen zu Wohnräumen gefördert werden. Infolge des grundsätzlichen Verbots einer **Teilkündigung** (vgl. „Kündigung“, Abschnitt 1.10) war es dem Vermieter bisher verwehrt, über diese **Neben**räume (z. B. Keller-, Speicherabteile, Waschküche, Trockenraum) wieder zu verfügen, wenn sie zum Bestandteil des Mietverhältnisses geworden waren.

> Nach dem Wortlaut des Gesetzes besteht das berechtigte Interesse jedoch nur dann, wenn die Nebenräume zum Zwecke des **Wohnens und** der **Vermietung** ausgebaut werden sollen. Daher verbleibt es grundsätzlich bei dem Verbot der Teilkündigung, wenn der Ausbau zu anderen als Wohnzwecken (z. B. gewerblichen, beruflichen Zweken) oder zur Selbstnutzung erfolgen soll.

Will der Vermieter die Wohnung zwar nicht zum Zwecke der Vermietung, sondern zur **Selbstnutzung** ausbauen, führt er aber seine derzeit bewohnte Wohnung dem Wohnungsmarkt zur Vermietung zu, kann ein berechtigtes Interesse an der Kündigung von Nebenräumen auf eine **analoge** Anwendung des § 564 b Abs. 2 Nr. 4 BGB gestützt werden, die im Hinblick auf das wohnungspolitische Anliegen des Gesetzgebers, weiteren Wohnraum zu schaffen, zulässig ist (BVerfG, Beschl. v. 11. 3. 1992, Az. 1 BvR 303/92; WM 1992, 228).

Die Teilkündigung eines Nebenraumes ist nicht zulässig, wenn er nicht zu neuem Wohnraum ausgebaut werden soll, sondern seine Fläche ohne zwingenden Grund (z. B. durch behördliche Auflage) einem Aufzugsschacht weichen soll, der mit dem Ausbau einer Dachwohnung errichtet werden könnte (AG München, WM 1995, 112).

Die Kündigung nach § 564 b Abs. 2 Nr. 4 BGB ist unabhängig von der Dauer des Mietverhältnisses, spätestens am 3. Werktag eines Kalendermonats für den Ablauf des übernächsten Monats zulässig (§ 564 b Abs. 2 Nr. 4 Satz 2 BGB in neuer Fassung).

Das Kündigungsschreiben muß eine ausreichende **Begründung** enthalten, z. B. durch die Mitteilung der konkreten Ausbaupläne und der Zulässigkeit der geplanten Maßnahme. Die schlichte Wiedergabe des Gesetzeswortlautes genügt nicht (AG Hamburg, WM 1994, 433).

Der Mieter kann als Ausgleich eine angemessene **Herabsetzung des Mietzinses** verlangen (§ 564 b Abs. 2 Nr. 4 Satz 3 BGB). Dieser Formulierung ist zu entnehmen, daß die Kündigungserklärung ein entsprechendes Angebot nicht zu enthalten braucht und sich der Mietzins auch nicht automatisch reduziert, sondern erst nachdem der Mieter ein entsprechendes Verlangen gestellt hat (vgl. dazu Johann, NJW 1991, 1100).

Die Herabsetzung des Mietzinses ist im Einzelfall entsprechend den für die

Mietminderung geltenden Grundsätzen, insbesondere der §§ 472, 473 BGB, nach dem Nutzungswertanteil der gekündigten Flächen zu bestimmen. Der Wert eines Abstellraumes im Speicher kann dabei mit ca. einem Drittel des Mietwertes der Wohnräume angesetzt werden (AG Hamburg, WM 1993, 616). Eine Herabsetzung kann in entsprechender Anwendung des § 537 Abs. 1 Satz 2 BGB ausgeschlossen sein, wenn sich der Wegfall der Flächen auf das Mietverhältnis nicht oder nur unerheblich auswirkt, z. B. weil eine Nutzung auch bisher wegen der Größe, des Zuschnitts oder der Zugangsmöglichkeiten kaum möglich war.

Verzögert sich der Beginn der Ausbauarbeiten, kann der Mieter eine Verlängerung des Mietverhältnisses um einen entsprechenden Zeitraum verlangen (§ 564 b Abs. 2 Nr. 4 Satz 4 BGB).

Wird durch **Umwandlung** eines Mietwohnhauses in eine Wohnungseigentumsanlage Sondereigentum an einem Nebenraum (z. B. am Speicherabteil) begründet und dieser an einen anderen als den Eigentümer der vermieteten Wohnung verkauft, kann die Teilkündigung des Nebenraumes nur **gemeinschaftlich** durch dessen (neuen) Eigentümer und den (neuen) Eigentümer der Wohnung erfolgen, da eine **Mehrheit von Vermietern** entsteht, wenn Teile der Mietsache, die ursprünglich Gegenstand eines einheitlichen Mietvertrages (z. B. über Wohnung und Speicherabteil) waren, an verschiedene Erwerber veräußert werden (OLG Celle, Urt. v. 11. 10. 1995, WM 1996, 222; vgl. auch BayObLG, WM 1991, 78).

Die **Beschwer** bei der Teilkündigung eines Nebenraumes richtet sich nach dem 36 fachen des monatlichen Nutzungswertes des herausverlangten Nebenraumes (§§ 511 a, 3, 8 ZPO) und nicht nach dem wirtschaftlichen Interesse an der Erlangung des Raumes. Die Gebührenprivilegierung des § 16 GKG kommt nicht zur Anwendung, da es um die Bemessung des Rechtsmittelstreitwertes geht und § 16 GKG den Gebührenstreitwert regelt (LG Hamburg, WM 1992, 145). Dagegen bemißt sich der **Streitwert** der Klage auf Räumung eines Nebenraumes am anteiligen Jahresbruttomietzins (AG Hamburg, WM 1994, 433).

2.5 Sonstige berechtigte Interessen

Der Formulierung „insbesondere" in § 564 b Abs. 2 BGB ist zu entnehmen, daß der Katalog der Nummern 1 bis 4 des § 564 b Abs. 2 keine abschließende, sondern **nur eine beispielhafte** Aufzählung von berechtigten Interessen des Vermieters darstellt und auch andere Lebenssachverhalte ein berechtigtes Interesse begründen können. Die aufgezählten Gründe bilden jedoch den Maßstab dafür, welches Gewicht andere Gründe haben müssen, um als berechtigte Interessen anerkannt zu werden.

Von praktischer Bedeutung sind insbesondere folgende Fallgruppen:

2.5.1 Betriebsbedarf

Betriebsbedarf liegt insbesondere vor bei Verwendung als **Werkmiet- oder Werkdienstwohnung** für einen anderen Arbeitnehmer anstelle eines anderen, dessen Arbeitsverhältnis beendet ist (vgl. Palandt, Anm. 5 e bb zu § 564 b BGB sowie „Werkwohnung").

Ein Betriebsbedarf kann auch dann vorliegen, wenn eine an einen Betriebs**fremden** vermietete Wohnung erst durch Kündigung in eine Werkswohnung **umgewidmet** werden soll. Jedoch ist insoweit allein der konkrete Wohnbedarf eines bestimmten Arbeitnehmers für die Kündigung nicht ausreichend. Hinzukommen müssen noch weitere Gründe, die gerade den Bezug dieser speziellen Wohnung durch den Arbeitnehmer für die Führung des Betriebes des Vermieters als notwendig erscheinen lassen (OLG Stuttgart, RE v. 24. 4. 1991, WM 1991, 330). Dies kann der Fall sein, wenn es sich bei dem neuen Mitarbeiter um eine sog. „Schlüsselkraft" (z. B. Direktor eines Instituts) handelt (vgl. LG Berlin, WM 1996, 145). Dieser qualifizierte Betriebsbedarf muß im Kündigungsschreiben substantiiert dargelegt werden (LG Hamburg, WM 1994, 208). Dies gilt unabhängig davon, ob der Mieter bei Vertragsabschluß darauf hingewiesen wurde, daß die Wohnung zu einem späteren Zeitpunkt u. U. wieder als Werkwohnung genutzt werden soll (OLG Stuttgart, Beschl. v. 21. 4. 1993, WM 1993, 338).

Ein Kündigungsgrund liegt nicht vor, wenn der Vermieter die Wohnung neu anzuwerbenden Fachkräften zur Verfügung stellen und damit seine Chancen auf dem Arbeitsmarkt verbessern will, da das allgemeine Interesse des Mieters an der Beibehaltung der Wohnung dem Wunsch des Vermieters vorgeht, mit der Zurverfügungstellung einer Wohnung schneller oder leichter einen für seinen Betrieb benötigten Arbeitnehmer zu finden (OLG Stuttgart, a.a.O.). Ebenso kann eine Kündigung nicht auf Betriebsbedarf gestützt werden, wenn der Bezug der Wohnung durch den Arbeitnehmer lediglich den Betriebsablauf erleichtert, für die ordnungsgemäße Führung des Betriebs jedoch nicht erforderlich ist (LG Stuttgart, WM 1994, 470).

Entsprechendes gilt, wenn eine Wohnung wegen der Einstellung eines **Hausmeisters** gekündigt werden soll. Erforderlich ist daher, daß die Einstellung eines Hausmeisters nach objektiven Maßstäben vernünftig und zur ordnungsgemäßen Pflege und Erhaltung des Anwesens notwendig ist, z. B. wegen des Umfanges der auszuführenden Arbeiten, oder weil der Vermieter infolge seines Alters das Anwesen nicht mehr instandhalten kann (AG Osnabrück, WM 1975, 55) und der Arbeitsbereich die ständige Anwesenheit des Hausmeisters im Anwesen erfordert (LG Freiburg, WM 1992, 437; LG Heidelberg, WM 1993, 678) oder der Vermieter beabsichtigt, die bisher von einem Drittunternehmen durchgeführte Betreuung des Anwesens zukünftig einem im Hause wohnenden Hauswart zu übertragen (LG Berlin, NJWE 1996, 53). Liegen diese Voraussetzungen vor, ist der Vermieter bei der Auswahl des Hausmeisters berechtigt, sich ausschließlich von betrieblichen Gesichtspunkten leiten zu lassen. Er ist keineswegs verpflichtet, sich im Hinblick auf eine andere, kleinere Wohnung im Hause für eine Einzelperson statt eines Hausmeisterehepaares zu entscheiden (LG Aachen, DWW 1990, 305).

Nach den Grundsätzen des Rechtsentscheids des OLG Stuttgart vom 23. 11. 1985 (WM 1986, 132), wonach der bloße Hinweis im Kündigungsschreiben, daß die Wohnung dringend für die Unterbringung eines aktiven Bediensteten benötigt wird, nicht genügt, muß der Betriebsbedarf für eine **bestimmte** identifizierbare Person vorhanden sein und im Kündigungsschreiben in nachvollziehbarer Weise dargelegt werden.

2.5.2 Öffentlicher Bedarf

Ist eine **Sozialwohnung** an einen Nichtberechtigten im Sinne des Wohnungsbindungsgesetzes vermietet worden, ohne daß ein konkreter Anhalt für die Annahme besteht, der Vermieter habe bei Vertragsschluß die fehlende Berechtigung des Mieters gekannt, besteht ein berechtigtes Interesse des Vermieters an der Kündigung dieses Mietverhältnisses, wenn später die zuständige Behörde die Kündigung verlangt und dem Vermieter andernfalls erhebliche (wirtschaftliche) Nachteile wegen Verstoßes gegen das Wohnungsbindungsgesetz androht, z. B. Widerruf der Mittel, besondere Geldleistungen nach § 25 Wohnungsbindungsgesetz (OLG Hamm, RE v. 14. 7. 1982, DWW 1982, 243; LG Köln, WM 1992, 487).

Dieses Kündigungsrecht steht dem Vermieter nach dem neueren Rechtsentscheid des BayObLG vom 23. 7. 1985 (WM 1985, 283; Weber/Marx, V/S. 16) auch dann zu, wenn die Behörde die Kündigung wegen Bedarfs der Wohnung verlangt, **ohne** hierbei dem Vermieter anzudrohen, ihm wirtschaftliche Nachteile zuzufügen, falls er die Kündigung unterläßt.

Dagegen besteht **kein** berechtigtes Interesse des Vermieters, wenn die Voraussetzungen für die Nutzung der Sozialwohnung **nachträglich** wegfallen, z. B. durch Überschreiten der Einkommensgrenze (vgl. auch „Sozialwohnung“).

Für eine **gemeinnützige Baugenossenschaft** stellt es kein berechtigtes Interesse an der Beendigung des Mietverhältnisses gegenüber einem nach dem Tod des Mieters in das Mietverhältnis nach § 569 a Abs. 2 BGB eingetretenen Familienangehörigen dar, wenn sie das Haus zur Vermietung an wohnungssuchende kinderreiche Familien benötigt (OLG Karlsruhe, RE v. 23. 12. 1983, NJW 1984, 2584; Weber/Marx, III/S. 69).

Ein berechtigtes Interesse im Sinne von § 564 b Abs. 1 BGB an der Beendigung des Mietverhältnisses kann eine **gemeinnützige Wohnungsbaugenossenschaft** jedoch haben, wenn sie eine **erheblich unterbelegte** Genossenschaftswohnung in der Absicht kündigt, sie an eine größere Familie mit entsprechendem Wohnbedarf zu vermieten (OLG Stuttgart, RE v. 11. 6. 1991, WM 1991, 379).

Das OLG Stuttgart sah sich an den Rechtsentscheid des OLG Karlsruhe nicht gebunden, da sich dieser auf die Rechtslage bei einem nach § 569 a BGB einrückenden Mieter beschränkt. Auch der Rechtsentscheid des OLG Frankfurt vom 6. 3. 1981 (MDR 1981, 673, Weber/Marx I/S. 63) steht nicht entgegen, da die Baugenossenschaft mit der Kündigung nicht nur ein Drittinteresse oder ein allgemeines öffentliches Interesse der Bevölkerung, sondern ein Eigeninteresse in Erfüllung ihrer satzungsgemäßen Aufgabe verfolgt (OLG Stuttgart, a.a.O.).

Der Rechtsentscheid des OLG Stuttgart ist jedoch auf den Fall beschränkt, daß Vermieter eine gemeinnützige Wohnungsbaugenossenschaft ist. Er hat daher keine allgemeine Gültigkeit für andere Mietverhältnisse. Insofern verbleibt es bei der bisherigen Rechtslage, wonach zwar die **Überbelegung** einer Wohnung einen Kündigungsgrund darstellen kann (vgl. Abschnitte 2.5.3 und 3.2.1.1), nicht aber deren **Unterbelegung**.

Entsprechendes gilt, wenn der Mieter einer gemeinnützigen Wohnungsbaugesellschaft die Wohnung nur als Zweitwohnung (Stadtwohnung) nutzt (LG München I, Urt. v. 3. 7. 1991, WM 1992, 16). Da eine gemeinnützige Wohnungsbaugesellschaft, die im Eigentum der öffentlichen Hand steht, verpflichtet ist, möglichst viel preiswerten, familiengerechten Wohnraum dem Wohnungsmarkt zur Linderung der Wohnungsnot und zur Preisdämmung des Mietniveaus zur Verfügung zu stellen, hat sie ein berechtigtes Interesse an der Beendigung des Mietverhältnisses nach § 564 b Abs. 1 BGB, wenn der Mieter diese Wohnung nur als Zweitwohnung nutzt (LG München I, a.a.O.).

Eine **Gemeinde,** die ein Mietverhältnis über Wohnraum kündigt, kann sich zur Begründung ihres berechtigten Interesses im Sinne von § 564 b Abs. 1 und 2 BGB darauf berufen, daß sie den Wohnraum zur **Erfüllung öffentlich-rechtlicher Aufgaben** benötigt. Zu den öffentlich-rechtlichen Aufgaben, die ein berechtigtes Interesse an der Beendigung eines Mietverhältnisses begründen können, zählt in Bayern auch die Bereitstellung von Räumen für den theoretischen Unterricht der Feuerwehr sowie für kulturelle oder soziale Zwecke, z. B. Turnraum, Versammlungs- und Übungsraum für einen örtlichen Gesangsverein und Raum für eine Webeschule (BayObLG, Beschl. v. 21. 11. 1980, NJW 1981, 580; Weber/Marx, I/S. 59).

Dagegen begründet das **allgemeine** öffentliche Interesse an der Durchführung eines Bauvorhabens, das die Errichtung eines Mehrzweckgebäudes mit Parkplätzen, Geschäftsräumen und Wohnungen zum Gegenstand hat, kein berechtigtes Interesse des Vermieters an der Beendigung des Mietverhältnisses (OLG Frankfurt, RE v. 6. 3. 1981, MDR 1981, 673; Weber/Marx, I/S. 63).

Anders kann dies zu beurteilen sein, wenn für die Errichtung ein **dringendes öffentliches** Bedürfnis besteht (vgl. auch LG Köln, WM 1976, 163).

2.5.3 Überbelegung

Der Vermieter kann nach § 564 b Abs. 1 BGB berechtigt sein, das Mietverhältnis über eine 56,94 qm große Wohnung zu kündigen, wenn die Familie der Mieter bei Beginn des Mietverhältnisses aus 2 Erwachsenen und 3 Kindern bestand und die Mieter inzwischen 3 weitere Kinder bekommen haben. Im einzelnen richtet sich das Recht des Vermieters zur Kündigung jedoch nach den jeweils umfassend zu würdigenden Umständen des Einzelfalles (OLG Hamm, RE v. 6. 10. 1982, DWW 1982, 335; Weber/Marx, II/S. 51).

Das **Verschulden** des Mieters liegt dabei in dem Umstand, daß er nicht rechtzeitig auf eine größere Wohnung ausgewichen ist.

Zur Überbelegung vgl. im einzelnen „Kündigung", Abschnitt 3.2.1.1.

2.5.4 Unzumutbarkeit

Vertragsverstöße des Mieters können eine Kündigung nach § 554 a BGB (vgl. „Kündigung", Abschnitt 3.2.1.3) sowie nach § 564 b Abs. 2 Nr. 1 BGB (vgl. Abschnitt 2.1) nur begründen, wenn diese **schuldhaft** erfolgt sind. Liegt ein Verschulden nicht vor, z. B. bei Handlungen durch schuldunfähige Personen, kann eine Kündigung nur nach § 564 b Abs. 1 BGB erfolgen, da diese Vorschrift ein Verschulden im Gegensatz zu den §§ 554 a, 564 b Abs. 2 Nr. 1 BGB nicht voraussetzt. Zum Ausgleich ist jedoch für die Kündigung ein **verstärktes** Maß an Unzumutbarkeit notwendig, so daß die Kündigung nur erfolgen kann, wenn z. B. das Vertragsverhältnis oder die Hausgemeinschaft infolge der Vertragsverstöße ganz erheblich beeinträchtigt wird. Störungen des Hausfriedens durch den schuldunfähigen Mieter, die eine außerordentliche Kündigung des Dauerschuldverhältnisses zulassen (§§ 242, 626 BGB), begründen jedoch stets die ordentliche Kündigung nach § 564 b Abs. 1 BGB (LG Dresden, WM 1994, 377).

Kann bei massiven Streitigkeiten der Mieter untereinander mit der Folge erheblicher Störungen des Hausfriedens der Verursacher nicht ermittelt werden, hat das LG Duisburg (WM 1975, 209) in diesem Fall die Kündigung desjenigen Mieters als berechtigt angesehen, nach dessen Auszug am ehesten die Wiederherstellung des Hausfriedens zu erwarten ist.

2.5.5 Wirtschaftliche Interessen

Wirtschaftliche Interessen des Vermieters können eine Kündigung grundsätzlich nur im Rahmen des § 564 b Abs. 2 Nr. 3 BGB (siehe Abschnitt 2.3) begründen. Nach dem RE des BayObLG vom 17. 10. 1983 (DWW

1984, 22) stellt der drohende nachträgliche **Wegfall einer Grunderwerbsteuerbefreiung** durch eine unterlassene Eigennutzung einer vom Vermieter erworbenen Eigentumswohnung ein die ordentliche Kündigung nach § 564 b Abs. 1 BGB rechtfertigendes berechtigtes Interesse an der Beendigung des Mietverhältnisses dar, sofern die dem Vermieter dadurch erwachsenden wirtschaftlichen Nachteile unter Würdigung aller Umstände des Einzelfalles erheblich sind.

2.5.6 Zweckbindung

Bei sog. „Heimverträgen" (vgl. „Heimverträge") kann ein berechtigtes Interesse des Heimträgers an der Beendigung des Mietverhältnisses vorliegen, wenn die Voraussetzungen der Unterbringung nicht mehr gegeben sind (z. B. die nach der Satzung festgelegte Höchstdauer überschritten ist) oder der Zweck der Aufnahme erreicht ist bzw. nicht mehr erreicht werden kann und der Wohnraum für andere Berechtigte benötigt wird.

2.5.7 Modernisierung

Die beabsichtigte Modernisierung bzw. Sanierung (vgl. „Modernisierung") stellt grundsätzlich keinen Kündigungsgrund dar; selbst dann nicht, wenn die Wohnung kurzfristig unbewohnbar wird (AG München, WM 1986, 334). Ein Kündigungsgrund kann sich insofern nur bei Vorliegen der Voraussetzungen des § 564 b Abs. 2 Nr. 3 BGB (siehe Abschnitt 2.3) ergeben.

2.5.8 Fehlende Nutzungsgenehmigung

Überläßt der Vermieter dem Mieter baurechtlich nicht für Wohnzwecke genehmigte Räume, kann er ein berechtigtes Interesse an der Beendigung des Mietverhältnisses nach § 564 b Abs. 1 BGB grundsätzlich nicht auf die fehlende Genehmigung stützen (LG Stuttgart, WM 1992, 487). Eine Kündigung kann in diesem Fall nach § 564 b Abs. 2 Nr. 3 BGB (vgl. Abschnitt 2.3) begründet sein, wenn die zur Erreichung der Genehmigungsfähigkeit erforderlichen Maßnahmen das Maß des Zumutbaren überschreiten.

2.6 Sonderregelung für das sog. „2- bzw. 3-Familienhaus"

Bei einem Mietverhältnis über eine Wohnung in einem vom Vermieter selbst bewohnten Wohngebäude mit nicht mehr als zwei Wohnungen kann der Vermieter ausnahmsweise auch ohne Vorliegen eines berechtigten Interesses kündigen (§ 564 b Abs. 4 Satz 1 Nr. 1 BGB). Gegen diese erleichterte Kündigungsmöglichkeit bestehen keine verfassungsrechtlichen Bedenken, da sich aus der Verfassung keine generelle Verpflichtung des Gesetzgebers entnehmen läßt, die ordentliche Kündigung einer Wohnung nur bei Vorliegen eines berechtigten Interesses zuzulassen (BVerfG, Beschl. v. 13. 1. 1994, WM 1994, 520).

Sinn und Zweck dieser Sonderregelung ist es, im Hinblick auf das enge Zusammenwohnen und das zwangsläufig häufige Zusammentreffen der Parteien eine Lösung des Vertragsverhältnisses auch ohne Vorliegen der strengen Voraussetzungen des § 564 b BGB zu ermöglichen, insbesonders weil in diesem Fall auch persönliche Spannungen zwischen den Parteien, die kein berechtigtes Interesse an der Beendigung des Mietverhältnisses begründen, zu einer Unzumutbarkeit der Fortsetzung des Mietverhältnisses führen können.

> Voraussetzung ist, daß der Vermieter **selbst** im Anwesen wohnt. Besteht die Vermieterseite aus einer Personenmehrheit (z. B. einer Erbengemeinschaft), ist ausreichend, daß eine Person darin wohnt.

§ 564 b Abs. 4 BGB stellt ausschließlich auf den **Vermieter** ab, so daß Vermieter und Eigentümer nicht identisch sein müssen. Hat z. B. der Nießbraucher als Vermieter den Mietvertrag abgeschlossen, ist es unerheblich, ob auch der Eigentümer in dem Anwesen wohnt.

Ein **„Bewohnen“** im Sinne des § 564 b Abs. 4 BGB setzt zwar nicht voraus, daß sich der Vermieter überwiegend in dem Anwesen aufhält (vgl. LG Hamburg, WM 1983, 23), jedoch muß er dort das Zentrum seiner privaten Lebensführung haben (LG Wuppertal, WM 1990, 156). Ein nur gelegentliches Benutzen der Wohnung oder eine Nutzung als „Möbellager“ reicht mit Rücksicht auf den vorerwähnten Sinn und Zweck der Regelung nicht aus (vgl. LG Berlin, WM 1980, 134 sowie OLG Hamburg WM 1992, 634 zur Definition des „Lebensmittelpunktes“).

> Der Vermieter muß nicht bereits bei Abschluß des Mietvertrages in dem Anwesen gewohnt haben; ausreichend ist, wenn dies im Zeitpunkt des **Zugangs der Kündigung** der Fall ist (OLG Koblenz, RE v. 25. 5. 1981, ZMR 1981, 371; BayObLG, Beschl. v. 31. 1. 1991, WM 1991, 249).

Allerdings muß der Vermieter nach Auffassung des OLG Karlsruhe (Urt. v. 22. 4. 1993, WM 1993, 405) auch noch bis zum Abschluß eines eventuellen Räumungsrechtsstreits im Anwesen wohnen. Dies bedeutet, daß beim Wegfall dieser die Kündigung stützenden Voraussetzung, z. B. beim Tod des im Anwesen wohnenden Vermieters zwischen Zugang der Kündigung und Abschluß des Rechtsstreits, die Erben als Rechtsnachfolger des Vermieters verpflichtet sind, den Mieter auf die Veränderung der Sachlage hinzuweisen und ihm eine Fortsetzung des Mietverhältnisses anzubieten.

Die Voraussetzungen des § 564 b Abs. 4 Satz 1 Nr. 1 BGB sind nur erfüllt, wenn das Gebäude **nicht mehr als zwei** Wohnungen hat. Existieren neben den zwei Wohnungen zusätzliche Räume, ist entscheidend, ob darin die zur Führung eines selbständigen Haushaltes erforderlichen Versorgungseinrichtungen wie Wasser- und Energieanschluß sowie ein Abfluß (vgl. LG Lübeck, WM 1992, 616) vorhanden sind. Daneben ist zur Qualifizierung als „Wohnung“ erforderlich, daß ein Herd als Kochgelegenheit und eine Spüle vorhanden sind (LG Kempten, WM 1994, 254). Allein die Möglichkeit, eine Kochplatte anzuschließen, ist nicht ausreichend; ebenso nicht die Verwendung eines anderen Ausgusses zur Küchenarbeit (LG Hamburg, WM 1994, 215). Vgl. dazu auch LG Bonn (WM 1992, 24) sowie LG Lübeck (WM 1992, 616). Besteht lediglich eine Mitbenutzungsmöglichkeit in einer anderen Wohnung, ist der Begriff „Wohnung" nicht erfüllt.

Einzelne Wohnräume (z. B. im Dach- oder Kellergeschoß) außerhalb der zwei getrennten Wohnungen stehen dem Sonderkündigungsrecht nicht entgegen (Palandt, Anm. 3 a zu § 564 b BGB). Siehe auch § 75 Abs. 6 Satz 2 i. V. m. Abs. 5 Satz 1 BewG und KG Berlin vom 12. 11. 1984 (ZMR 1986, 162), wonach bei der Qualifikation als „2-Familien-Haus" Wohnungen des **Hauspersonals** (Pförtner, Heizer, Gärtner, Wächter usw.) **nicht** mitzurechnen sind.

Das Sonderkündigungsrecht wird auch nicht dadurch ausgeschlossen, daß der Mieter in einem Haus mit drei Wohnungen im Laufe des Mietverhältnisses die dritte Wohnung zum Zwecke der einheitlichen Nutzung mit der zunächst angemieteten Wohnung hinzugemietet und die beiden Wohnungen nach außen miteinander verbunden hat, auch wenn diese Umbauarbeiten mit vertretbarem Aufwand jederzeit wieder rückgängig gemacht werden können (OLG Karlsruhe, RE v. 10. 6. 1983, DWW 1983, 173).

Die Anwendung von § 564 b Abs. 4 BGB erfordert auch **nicht**, daß der Vermieter und der Mieter im Zusammenhang mit der Benutzung ihrer Wohnungen in dem Wohngebäude eine **Gelegenheit zum Zusammentreffen** haben; insbesondere ist nicht erforderlich, daß ein gemeinsames Treppenhaus, ein gemeinsamer Hauseingang oder sonstige gemeinschaftlich zu nutzende Räume oder Flächen vorhanden sind (OLG Saarbrücken, RE v. 2. 7. 1992, DWW 1992, 310).

Fraglich kann im Einzelfall aufgrund der baulichen Gegebenheiten jedoch sein, ob überhaupt lediglich **ein** Wohngebäude (i. S. d. § 564 b Abs. 4 BGB) vorliegt oder ob es sich um **zwei** Wohngebäude handelt mit der Folge, daß eine Anwendung dieser Vorschrift ausscheidet. Dabei ist als ein Wohngebäude auch ein Haus anzusehen, dessen Wohnungen getrennte Eingänge haben (vgl. LG München II, JURIS DOKNR. 447952, wonach es sich auch bei einem Doppelhaus mit getrennten Eingängen um ein Wohngebäude handelt). Eine andere Bewertung würde eine weitergehende bauliche – wenn auch äußerlich nicht erkennbare – Trennung voraussetzen und somit eine bauliche Situation, wie sie bei zwei voneinander getrennten Wohngebäuden vorliegt. Dies kann der Fall sein, bei je einer Wohnung in einer Reihenhaushälfte, bei Wohnungen in nebeneinander liegenden, aber miteinander verbundenen Bungalows und bei völlig voneinander getrennten Terrassenwohnungen (OLG Saarbrücken, a.a.O.).

Das Sonderkündigungsrecht besteht auch dann, wenn sich in einem Wohngebäude außer der zwei Wohnungen, die vom Mieter und Vermieter bewohnt werden, **Gewerberäume** befinden und diese **vom Vermieter** für eigene betriebliche Belange selbst genutzt werden (OLG Karlsruhe, RE v. 25. 11. 1991, DWW 1992, 49) oder leerstehen (LG Stuttgart, WM 1993, 404).

Dagegen entfällt das Sonderkündigungsrecht, wenn die Gewerberäume an einen Dritten vermietet sind (OLG Frankfurt, RE v. 2. 11. 1981, DWW 1981, 322; Weber/Marx, I/S. 70).

Kein Sonderkündigungsrecht besteht, wenn eine von drei **Wohnungen** eines Wohngebäudes **leersteht** (LG Köln, WM 1985, 63) oder **entgegen den baurechtlichen Vorschriften** errichtet wurde, da es insofern nur auf die Möglichkeit der tatsächlichen Nutzung zur selbständigen Haushaltsführung und nicht auf die Verbotsnormen des öffentlichen Rechts ankommt (LG Aachen, WM 1993, 616; LG Bochum, WM 1984, 133).

Entscheidender **Zeitpunkt** für das Vorliegen der Voraussetzung, daß sich in dem Gebäude nicht mehr als zwei Wohnungen befinden, ist nach dem RE des OLG Hamburg vom 7. 4. 1982 (NJW 1983, 182) i.d.R. derjenige der **Begründung des Mietverhältnisses** und nicht der des Ausspruchs der Kündigung, da andernfalls der Bestandsschutz durch nachträgliche Umbauten ausgehöhlt werden könnte (Schmid in DWW 1984, 203).

Diese Auffassung widerspricht dem Grundsatz, daß es für die Wirksamkeit einer Kündigung auf die Verhältnisse im Zeitpunkt ihres Zugangs ankommt und weiterhin auch den Rechtsentscheiden des OLG Koblenz und des BayObLG, wonach es bei dem weiteren Tatbestandsmerkmal des § 564 b Abs. 4 BGB (Bewohnen durch den Vermieter) gerade nicht auf den Zeitpunkt des Vertragsschlusses ankommt.

Will der Vermieter eine dritte Wohnung im Haus der selbstgenutzten Wohnung zurechnen, so daß der Charakter des Zweifamilienhauses und damit das Sonderkündigungsrecht auf Dauer besteht, muß er den Mieter bei Anmietung davon in Kenntnis setzen (LG Aachen, a. a. O.; LG Memmingen, NJW-RR 1992, 523).

Das Sonderkündigungsrecht nach § 564 b Abs. 4 BGB gilt nach dem Wohnungsbau - Erleichterungsgesetz vom 17. 5. 1990 (WoBauErlG, BGBl. I S. 926) auch für Mietverhältnisse in einem vom Vermieter selbst bewohnten Wohngebäude mit drei Wohnungen, wenn mindestens eine der Wohnungen durch Ausbau oder Erweiterung nach dem 31. 5. 1990 und **vor dem 1. 6. 1999** fertiggestellt worden ist und der Vermieter den Mieter bei Vertragsabschluß auf diese Kündigungsmöglichkeit hingewiesen hat (§ 564 b Abs. 4 Satz 1 Nr. 2 BGB).

Diese Ausweitung soll verhindern, daß der Vermieter bei Schaffung einer dritten Wohnung sein Sonderkündigungsrecht einbüßt und damit von der **Errichtung von zusätzlichem Wohnraum** abgehalten wird.

Ein Sonderkündigungsrecht besteht auch für Mietverhältnisse über Wohnraum **innerhalb** der vom Vermieter selbst bewohnten Wohnung (§ 564 b Abs. 4 Satz 3 BGB).

Nachdem Mietverhältnisse über Wohnraum innerhalb der **vom Vermieter selbst bewohnten Wohnung** vom Kündigungsschutz bereits nach § 564 b Abs. 7 BGB (siehe Abschnitt 2.7) ausgenommen sind, wenn der Wohnraum überwiegend möbliert und auch nicht zum dauernden Gebrauch an eine Familie überlassen ist, beschränkt sich der Regelungsbereich des § 564 b Abs. 4 Satz 3 BGB auf Wohnraum innerhalb der Wohnung des Vermieters, der leer oder nicht überwiegend mit einer vom Vermieter zu stellenden Einrichtung oder zum dauernden Gebrauch an eine Familie überlassen ist.

> Es kommt nicht darauf an, wie viele Wohnungen das Wohngebäude hat, so daß das Sonderkündigungsrecht auch in einem Mehrfamilienhaus gilt (KG Berlin, RE v. 21. 4. 1981, NJW 1981, 2470; Weber / Marx, I/S. 65).

Getrennt zugängliche Räume im selben Haus, insbesondere Dachgeschoß- und Kellerzimmer, sog. Hobbyräume, liegen **nicht innerhalb** der Wohnung, wenn es sich um ein **Mehr**familienhaus handelt, bei dem mehrere Wohnungen abgeschlossen und getrennt sind, insbesondere keine Mitbenutzung von Anlagen wie Küche, Bad, Toilette erfolgt.

> Dagegen liegen im **Ein**familienhaus auch getrennt zugängliche Räume innerhalb der Wohnung des Vermieters, da der Mieter regelmäßig in den Lebensbereich des Vermieters einbezogen ist (vgl. AG Hamburg, WM 1996, 547; Palandt RN 16 zu § 564 b BGB).

Im übrigen gelten die Ausführungen zu § 564 b Abs. 4 Satz 1 BGB entsprechend.

Strittig ist, ob für die formelle Wirksamkeit einer Kündigung nach § 564 b Abs. 4 BGB die bloße Angabe dieser Vorschrift und die Benennung der verlängerten Kündigungsfrist im Kündigungsschreiben genügt (vgl. Nachweise bei LG Osnabrück, WM 1990, 307).

> Bei einer Kündigung nach § 564 b Abs. 4 BGB sollte daher in jedem Fall zusätzlich angegeben werden, daß die Kündigung nicht auf ein berechtigtes Interesse gestützt wird (§ 564 b Abs. 4 Satz 4 BGB).

Liegen die Voraussetzungen des § 564 b Abs. 4 BGB und **zusätzlich** ein **berechtigtes Interesse** (i.S.v. § 564 b Abs. 1 und 2 BGB) vor, hat der Vermieter ein **Wahlrecht,** ob er unter Berufung auf berechtigte Interessen kündigt oder von seinem Sonderkündigungsrecht Gebrauch macht. Im letzteren Falle verlängert sich die jeweils geltende Kündigungsfrist (vgl. „Kündigungsfristen") um 3 Monate (§ 564 b Abs. 4 Satz 2 BGB).

> Die Kündigung kann in erster Linie auf § 564 b Abs. 4 BGB und **hilfs-**

weise auf berechtigte Interessen nach § 564 b Abs. 1 und 2 BGB, z. B. Eigenbedarf, gestützt werden (OLG Hamburg, RE v. 7. 4. 1982, NJW 1983, 182; Weber / Marx, II/ S. 46).

Nicht zulässig ist es dagegen, die Kündigungsgründe nebeneinander so geltend zu machen, daß nicht erkennbar wird, ob und wie der Vermieter sein Wahlrecht ausgeübt hat (LG Köln, WM, 1997, 221). Eine zusätzlich auf berechtigte Interessen (z. B. Eigenbedarf) gestützte Kündigung muß daher ausdrücklich **hilfsweise** erklärt werden.

Der Vermieter darf auch noch innerhalb der laufenden Kündigungsfrist von seinem Sonderkündigungsrecht Gebrauch machen, nachdem der Mieter einer auf berechtigte Interessen gestützten Kündigung widersprochen hat. Voraussetzung ist jedoch, daß in dem Kündigungsschreiben zweifelsfrei zum Ausdruck gebracht wird, daß die Kündigung nicht mehr auf berechtigte Interessen nach § 564 b Abs. 1 BGB gestützt wird (OLG Karlsruhe, RE v. 27. 10. 1981, DWW 1982, 54; Weber / Marx, I/S. 69).

Auch bei einer Kündigung nach § 564 b Abs. 4 BGB verbleibt es bei der **Obliegenheit des Vermieters**, den Mieter auf die Möglichkeit des **Widerspruchs** nach § 556 a BGB sowie auf die Form und die Frist des Widerspruchs hinzuweisen (§ 564 a Abs. 2 BGB) und bei dem **Recht des Mieters**, der Kündigung nach § 556 a BGB zu widersprechen, wenn die vertragsgemäße Beendigung des Mietverhältnisses für den Mieter oder seine Familie eine Härte bedeuten würde (siehe Abschnitt 3).

Dementsprechend findet nach dem Rechtsentscheid des OLG Hamm vom 16. 3. 1992 (30 RE-Miet 6/91; DWW 1992, 208) die Vorschrift des § 556 a Abs. 1 Satz 3 BGB auf die Kündigung des Vermieters nach § 564 b Abs. 4 Satz 1 Nr. 1 BGB Anwendung. Dies bedeutet, daß im Rahmen der Interessenabwägung, die nach dem Widerspruch des Mieters zu erfolgen hat, nur die Interessen des Vermieters Berücksichtigung finden, die im Kündigungsschreiben benannt wurden.

Als Folge des bereits angesprochenen „doppelten Kündigungsschutzes" muß der Vermieter daher selbst bei der erleichterten Kündigungsmöglichkeit im Zweifamilienhaus ein Interesse an der Beendigung des Mietverhältnisses vorbringen, obwohl dies für die Kündigung selbst nicht erforderlich ist. Nach Meinung des OLG Hamm ist dies dem Vermieter zumutbar, da dem Mieter durch diese Angaben des Vermieters „alsbald Gewißheit über die Erfolgsaussichten seines Widerspruchs verschafft werden muß".

Eine Erleichterung der Kündigungsmöglichkeit im Zweifamilienhaus besteht jedoch weiterhin aufgrund der Tatsache, daß nicht nur berechtigte Interessen (i.S.d. § 564 b Abs. 2 BGB), sondern auch sonstige Interessen des Vermieters gegenüber dem Härteeinwand des Mieters zu berücksichtigen sind, d. h. bei der Interessenabwägung auch schon solche Gründe von ausschlaggebender Bedeutung sein können, die nicht das Gewicht der in § 564 b Abs. 2 BGB angeführten Interessen haben (OLG Hamm, a.a.O.). Dementsprechend sind die Anforderungen an die Darlegung der berechtigten Interessen des Vermieters geringer als die Darlegungslast bei den berechtigten Interessen i. S. v. § 564 b Abs. 2 BGB (LG Kempten, WM 1994, 254).

> Neben dem Hinweis, daß die Kündigung nicht auf berechtigte Interessen gestützt wird, sollten im Kündigungsschreiben daher die vorliegenden berechtigten Interessen unter Bezugnahme auf die Vorschrift des § 556 a BGB für den Fall des Widerspruchs des Mieters vorgetragen werden.

Für Mietverhältnisse über Wohnraum auf dem Gebiet der **ehemaligen DDR**, die **vor** dem Wirksamwerden des Beitritts am 3. 10. 1990 abgeschlossen wurden, war das Kündigungsrecht des Vermieters nach § 564 b Abs. 4 BGB stark eingeschränkt:

Nach dem Einigungsvertrag (BGBl. 1990 S. 943), geändert durch das Gesetz zur Verlängerung der Wartefristen in dem in Art. 3 des Einigungsvertrages genannten Gebiet v. 21. 12. 1992 (BGBl. I S. 2117) konnte der Vermieter vor dem 1. 1. 1996 ein Mietverhältnis nach § 564 b Abs. 4 BGB nur kündigen, wenn ihm die Räume durch nicht zu rechtfertigende Zwangsmaßnahmen oder durch Machtmißbrauch, Korruption, Nötigung oder Täuschung seitens staatlicher Stellen oder Dritter entzogen worden sind; wenn der Mieter bei Abschluß des Vertrages nicht redlich gewesen ist oder wenn dem Vermieter die Fortsetzung des Mietverhältnisses wegen seines Wohn- oder Instandsetzungsbedarfes oder sonstiger Interessen **nicht zugemutet** werden konnte.

Nach den Erläuterungen zum Einigungsvertrag (Bundesrats-Drucksache 605/90 S. 39, linke Spalte, 5. Absatz) reichen dafür „Willkür oder geringfügige subjektive Wünsche oder Mißhelligkeiten" nicht aus. Jedoch genügt ein vernünftiger Wohn- oder Instandsetzungsbedarf, ohne daß eine Abwägung mit den Mieterinteressen stattfindet.

Unter einer Instandsetzung im Sinne dieser Vorschrift dürfte auch eine modernisierende Instandsetzung, also auch eine Maßnahme, die sowohl der Instandsetzung als auch der Modernisierung dient, zu verstehen sein.

Dagegen konnte eine **reine** Modernisierungsmaßnahme (z. B. Verbesserung voll funktionsfähiger Teile) eine Kündigung nach dieser Vorschrift **nicht** begründen.

Soweit diese für die Kündigung notwendigen Unzumutbarkeitsgründe nicht erst nach der Kündigung entstanden sind, mußten sie unbedingt bereits **im Kündigungsschreiben** angegeben worden sein.

2.7 Ausnahmen vom Kündigungsschutz (§ 564 b Abs. 7 BGB)

Die Kündigungsschutz-Vorschriften des § 564 b gelten nicht für folgende Mietverhältnisse:

2.7.1 Wohnraum, der nur zu vorübergehendem Gebrauch vermietet ist

Ein „vorübergehender Gebrauch" im Sinne dieser Vorschrift liegt jedoch nicht schon bei einer vertraglichen Befristung der Gebrauchsüberlassung vor. Vielmehr muß nach dem Gebrauchszweck das Ende des Mietverhältnisses entweder zeitlich genau fixierbar oder von einer Bedingung abhängig sein, deren Eintritt in naher Zukunft gewiß ist.

> Typische Fälle von vorübergehender Vermietung sind somit die Vermietung von Hotelzimmern, Ferienwohnungen, Unterkünfte für die Dauer einer Messe, Unterbringung eines auswärtigen Monteurs oder eines ausländischen Wissenschaftlers bis zur Erledigung des Arbeitszieles u. ä. (Schmidt-Futterer/Blank, Rdn. C 542).

Dagegen stellt bereits die Anmietung für die Dauer der Ausbildung schon keine vorübergehende Vermietung mehr dar, so daß dieser Tatbestand auch bei einer satzungsgemäßen Beschränkung der Überlassung auf in Ausbildung stehende Personen nicht zu erfüllen wäre (OLG Bremen, RE v. 7. 11. 1980, ZMR 1982, 239; Weber/Marx, I/S. 108; OLG Hamm, RE v. 31. 10. 1980, MDR 1981, 232; Weber/Marx, I/S. 58).

2.7.2 Die Kündigungsschutz-Vorschrift des § 564 b gilt ebenfalls nicht für Wohnraum, der **Teil der vom Vermieter selbst bewohnten Wohnung** ist und den der Vermieter ganz oder überwiegend mit Einrichtungsgegenständen auszustatten hat, sofern der Wohnraum nicht zum dauernden Gebrauch für eine Familie überlassen ist. Die Wohnung ist **Teil** der vom Vermieter selbst bewohnten Wohnung, wenn ein **räumlicher oder funktionaler Zusammenhang** besteht, z. B. durch einen gemeinsamen Eingang oder die Mitbenutzung von gemeinsamen Anlagen wie Küche, Bad oder Toilette.

> Getrennt zugängliche Räume im selben Haus, insbesondere Dachgeschoß- und Kellerzimmer, sog. Hobbyräume, liegen **nicht innerhalb** der Wohnung, wenn es sich um ein **Mehr**familienhaus handelt, bei dem mehrere Wohnungen abgeschlossen und getrennt sind, insbesondere keine Mitbenutzung von gemeinsamen Anlagen erfolgt.

Dagegen liegen im **Ein**familienhaus auch getrennt zugängliche Räume innerhalb der Wohnung des Vermieters (Palandt Anm. 3 b zu § 564 b BGB), da der Mieter hier regelmäßig in den Lebensbereich des Vermieters einbezogen ist.

Das Entfallen des Kündigungsschutzes setzt weiter voraus, daß der Vermieter vertraglich verpflichtet ist, den Wohnraum ganz oder überwiegend mit **Einrichtungsgegenständen** auszustatten. Insofern kommt es nicht auf das wertmäßige, sondern auf das funktionelle Übergewicht der zur Verfügung gestellten Einrichtungsgegenstände an.

Entscheidend ist weiterhin, in welchem Umfang der Vermieter zur Stellung von Einrichtungsgegenständen verpflichtet war. Eine nachträgliche Beseitigung der Einrichtungsgegenstände des Vermieters durch den Mieter bzw. der Ersatz durch eigene Möbelstücke ändert nichts an der Rechtsnatur des Mietverhältnisses, es sei denn, die Parteien wollten einvernehmlich das Vertragsverhältnis ändern.

Neben dem Umstand, daß sich die zumindest überwiegend möblierten Räume innerhalb der Wohnung des Vermieters befinden, setzt ein Entfallen des Kündigungsschutzes nach Absatz 7 weiter voraus, daß die Räume nicht an eine **Familie** zum dauernden Gebrauch überlassen sind, z. B. lediglich an eine Einzelperson vermietet wurden. Eine Familie liegt vor bei Personen, die durch Ehe oder Verwandtschaft (z. B. Einzelperson mit Kind) miteinander verbunden sind. Entscheidend sind auch hier die Umstände, die von den Parteien zum Inhalt des Vertrages gemacht wurden. Daher kann die **einseitige** Änderung der Verhältnisse durch eine Partei, z. B. Aufnahme des Ehegatten durch den Mieter, keine Änderung der Rechtsnatur des Mietverhältnisses herbeiführen. Der Mieter ist zwar grundsätzlich berechtigt, seinen Ehegatten in die Wohnung aufzunehmen, jedoch hat der Vermieter keinen Anspruch gegen den Ehegatten, einen Mietvertrag mit ihm abzuschließen (LG Aachen, NJW-RR 1987, 1373), so daß auch der Mieter dem Vermieter keine Änderung der Rechtsqualität des Mietverhältnisses aufzwingen kann. Vielmehr ist zu einer Änderung des Rechtsverhältnisses das Einverständnis des Vermieters erforderlich (Barthelmess, § 564 b, Rdn. 45).

2.7.3 Wohnraum, der Teil eines Studenten- oder Jugendwohnheimes ist

Ein „**Studenten**wohnheim" liegt nur vor, wenn das Gebäude vom Eigentümer dem studentischen Wohnen gewidmet und nach baulicher Anlage und Ausstattung auch geeignet ist, Studenten mit preisgünstigem Wohnraum zu versorgen. Ferner muß der Mietpreis – im Vergleich zur ortsüblichen Miete – günstig und die Vergabepraxis darauf ausgerichtet sein, eine Vielzahl von Studenten mit Wohnraum zu versorgen. Dagegen ist es nicht erforderlich, daß das Gebäude mit Gemeinschaftseinrichtungen ausgestattet ist, daß eine Heimverfassung und eine Heimleitung vorhanden sind und daß das Gebäude ausschließlich von Studenten genutzt wird, sofern die widmungsgemäße Nutzung durch Studenten klar überwiegt (LG Konstanz, WM 1995, 539; vgl. auch AG München, WM 1992, 133).

Die Qualifizierung als **Jugend**wohnheim setzt voraus, daß es sich bei den Bewohnern um Jugendliche im Sinne der gesetzlichen Bestimmungen handelt, also um Personen zwischen dem 14. und 18. Lebensjahr (§ 1 Abs. 2 JGG).

Nachdem ein berechtigtes Interesse zwar nicht Wirksamkeitsvoraussetzung der Kündigung, die Sozialklausel des § 556 a BGB (vgl. Abschnitt 3) aber gleichwohl anwendbar ist, ist in Anbetracht der Vorschrift des § 556 a Abs. 1 Satz 3 BGB, wonach bei der Würdigung der berechtigten Interessen des Vermieters grundsätzlich nur die in dem Kündigungsschreiben angegebenen Gründe berücksichtigt werden, zu empfehlen, vorliegende berechtigte Interessen unter Bezugnahme auf die Vorschrift des § 556 a BGB im Kündigungsschreiben vorzutragen.

2.7.4 Wohnraum in **Ferienhäusern und Ferienwohnungen** in Ferienhausgebieten, der **vor dem 1. 6. 1995** dem Mieter überlassen worden ist, wenn der Vermieter den Mieter bei Vertragsschluß auf die Zweckbestimmung des Wohnraums und die Ausnahme von den Kündigungsschutzbestimmungen hingewiesen hat.

§ 564 b Abs. 7 Nr. 4 BGB wurde durch das Gesetz zur Erleichterung des Wohnungsbaues im Planungs- und Baurecht sowie zur Änderung mietrechtlicher Vorschriften (Wohnungsbau-Erleichterungsgesetz – WoBauErlG – vom 17. 5. 1990) mit Wirkung zum 1. 6. 1990 in das Bürgerliche Gesetzbuch eingefügt. Im einzelnen vgl. dazu „Ferienwohnung“.

2.7.5 Wohnraum, den eine **juristische Person des öffentlichen Rechts** im Rahmen der ihr durch Gesetz zugewiesenen Aufgaben angemietet hat, um ihn Personen mit dringendem Wohnungsbedarf oder in Ausbildung befindlichen Personen zu überlassen, wenn sie den Mieter bei Vertragsschluß auf die Zweckbestimmung des Wohnraums und die Ausnahme von den Kündigungsschutzvorschriften hingewiesen hat.

Auch § 564 b Abs. 7 Nr. 5 BGB wurde durch das Wohnungsbau-Erleichterungsgesetz mit Wirkung zum 1. 6. 1990 in das Bürgerliche Gesetzbuch eingefügt.

Die Vorschrift ist insbesondere von Bedeutung, wenn Gemeinden Wohnungen anmieten, um sie z. B. an Aus- oder Übersiedler weiter zu vermieten.

> Die Anmietung von Wohnraum durch die Gemeinde zum Zwecke der Weitervermietung ist als **gewerbliches Mietverhältnis** zu qualifizieren, das dem Kündigungsschutz nicht unterliegt, so daß ohne eine solche Bestimmung zwar der Vermieter den Mietvertrag mit der Gemeinde kündigen kann, diese jedoch infolge des Kündigungsschutzes das Mietverhältnis mit dem Endmieter nicht lösen, andererseits aber wegen des Herausgabeanspruchs des Vermieters den Mietvertrag auch nicht mehr erfüllen kann.

Diese Bestimmung soll es den Gemeinden ermöglichen, mit den Mietern zeitlich begrenzte Mietverträge abzuschließen, ohne daß der Mieter vor Beendigung des Mietverhältnisses eine Fortsetzung des Mietverhältnisses verlangen kann (§ 564 c Abs. 1 Satz 2 i.V.m. § 564 b Abs. 7 Nr. 5 BGB; vgl. auch „Zeitmietvertrag“).

2.8 Sonderregelungen auf dem Gebiet der ehemaligen DDR

Für **Nutzungs**verträge über Grundstücke, die zum Zwecke der **kleingärtnerischen Nutzung, Erholung oder Freizeitgestaltung** (sog. „Datschen“) oder zur Errichtung von **Garagen** oder anderen persönlichen, jedoch nicht Wohnzwecken dienenden Bauwerken überlassen worden sind, gelten die **Kündigungsschutzfristen** des § 23 des Schuldrechtsanpassungsgesetzes vom 21. 9. 1994 (SchuldRAnpG, BGBl. I S. 2538). Danach ist die ordentliche Kündigung durch den Grundstückseigentümer **bis 31. 12. 1999 ausgeschlossen** (§ 23 Abs. 1 SchuldRAnpG).

Vom 1. 1. 2000 an kann der Grundstückseigentümer den Vertrag nur kündigen, wenn er das Grundstück

- zur Errichtung eines Ein- oder Zweifamilienhauses als Wohnung für sich, die zu seinem Hausstand gehörenden Personen oder seine Familienangehörigen benötigt und der Ausschluß des Kündigungsrechts dem Eigentümer angesichts seines Wohnbedarfs und seiner sonstigen berechtigten Interessen auch unter Würdigung der Interessen des Nutzers nicht zugemutet werden kann oder
- alsbald der im Bebauungsplan festgesetzten anderen Nutzung zuführen oder alsbald für diese Nutzung vorbereiten will (§ 23 Abs. 2 SchuldRAnpG).

Vom 1. 1. 2005 an kann der Grundstückseigentümer den Vertrag auch dann kündigen, wenn er das Grundstück

- zur Errichtung eines Ein- oder Zweifamilienhauses als Wohnung für sich, die zu seinem Hausstand gehörenden Personen oder seine Familienangehörigen benötigt oder
- selbst zu kleingärtnerischen Zwecken, zur Erholung oder Freizeitgestaltung benötigt und der Ausschluß des Kündigungsrechts dem Grundstückseigentümer angesichts seines Erholungsbedarfs und seiner sonstigen berechtigten Interessen auch unter Berücksichtigung der Interessen des Nutzers nicht zugemutet werden kann (§ 23 Abs. 3 SchuldRAnpG).

Vom 4. 10. 2015 an kann der Grundstückseigentümer den Vertrag nach Maßgabe der allgemeinen Bestimmungen kündigen (§ 23 Abs. 4 SchuldRAnpG).

Hatte der Nutzer am 3. 10. 1990 das 60. Lebensjahr vollendet, ist eine Kündigung durch den Grundstückseigentümer zu Lebzeiten dieses Nutzers nicht zulässig (§ 23 Abs. 5 SchuldRAnpG).

Für Verträge über Grundstücke, die der Nutzer nicht bis zum Ablauf des 16. 6. 1994 bebaut hat und für Nutzungsverträge über **Garagen**grundstücke gilt der besondere Kündigungsschutz nach § 23 Abs. 1 u. 2 SchuldRAnpG **nur bis zum 31. 12. 2002.** § 23 Abs. 5 Schuld-

RAnpG ist nicht anzuwenden, d. h. der besondere Kündigungsschutz endet insofern generell am 31. 12. 2002, auch wenn der Nutzer am 3. 10. 1990 bereits das 60. Lebensjahr vollendet hatte.

Danach gelten für unbebaute und mit Garagen bebaute Grundstücke nur noch die allgemeinen Kündigungsvorschriften des Bürgerlichen Gesetzbuches. Diese Verträge kann der Grundstückseigentümer auch dann kündigen, wenn er das Grundstück einem besonderen Investitionszweck (Schaffung und Erhaltung von Arbeitsplätzen und Wohnraum) zuführen will (§ 23 Abs. 6 SchuldRAnpG).

Handelt es sich um ein Grundstück oder den Teil eines Grundstücks, das aufgrund eines Vertrages zur Errichtung von **Garagen** überlassen wurde, kann der Grundstückseigentümer bereits ab 1. 1. 1995 kündigen, wenn er als Wohnungsunternehmen auf dem Grundstück gelegene Wohnungen durch Privatisierungsmaßnahmen an deren Mieter veräußern will und der Nutzer der Garage nicht Mieter einer auf dem Grundstück gelegenen Wohnung ist. Insofern ist der Nutzer jedoch berechtigt, der Kündigung zu widersprechen und die Fortsetzung des Vertragsverhältnisses zu verlangen, wenn dessen Beendigung für ihn eine Härte bedeuten würde, die auch unter Würdigung der berechtigten Interessen des Grundstückseigentümers nicht zu rechtfertigen ist (§ 23 Abs. 7 SchuldRAnpG).

§ 24 SchuldRAnpG enthält Sonderregelungen für den Fall, daß der Nutzer ein zum dauernden Wohnen geeignetes Wochenendhaus zu Wohnzwecken benutzt.

§ 25 SchuldRAnpG enthält ein **besonderes Kündigungsrecht** des Grundstückseigentümers für den Fall, daß der Nutzungsvertrag im Zusammenhang mit der Bestellung eines dinglichen Nutzungsrechts zur Errichtung eines Eigenheims abgeschlossen wurde und die genutzten Flächen eine räumliche Einheit bilden, die die für den Eigenheimbau vorgesehene Regelgröße von **500 qm übersteigt**. In diesem Fall kann der Grundstückseigentümer bereits ab 1. 1. 1995 den Vertrag ganz oder hinsichtlich einer Teilfläche kündigen, soweit die betroffene Fläche abtrennbar und selbständig **baulich** nutzbar ist und dem Nutzer mindestens eine Gesamtfläche von 500 qm verbleibt. Die Kündigung ist ferner zulässig, soweit die betroffene Fläche abtrennbar und angemessen **wirtschaftlich** nutzbar ist und dem Nutzer mindestens eine Gesamtfläche von **1 000 qm** verbleibt.

Wird der Vertrag hinsichtlich einer Teilfläche gekündigt, so wird er über die Restfläche fortgesetzt, wobei der Nutzer eine Anpassung des Nutzungsentgeltes verlangen kann. Das angepaßte Entgelt wird vom Beginn des Kalendermonats an geschuldet, in dem die Kündigung wirksam wird. Die Kündigung ist spätestens am 3. Werktag eines Kalendermonats für den Ablauf des auf die Kündigung folgenden 5. Monats zulässig, wenn sich nicht aus § 584 Abs. 1 BGB eine längere Frist ergibt. Der Nutzer kann der Kündigung widersprechen, wenn die Beendigung des Vertrages für ihn zu einer unzumutbaren Härte im Sinne des § 26 Abs. 3 des Sachenrechtsbereinigungsgesetzes führen würde. Der Grundstückseigentümer kann in diesem Fall vom Nutzer den Ankauf des Grundstücks zum ungeteilten Bodenwert nach Maßgabe der Bestimmungen des Sachenrechtsbereinigungsgesetzes verlangen.

Zu den Sonderregelungen auf dem Gebiet der ehemaligen DDR vergleiche auch die Ausführungen unter den Abschnitten 2.3 und 2.6 sowie bei „Eigenbedarf“, „Garage“, „Geschäftsräume“.

3 Die Sozialklausel (§ 556 a BGB)

Der Mieter von **Wohn**raum ist bei einer Kündigung durch den Vermieter – abgesehen von wenigen Ausnahmefällen – in **doppelter** Hinsicht geschützt. Zum einen dadurch, daß der Vermieter grundsätzlich nur bei Vorliegen eines berechtigten Interesses an der Beendigung des Mietverhältnisses kündigen kann (§ 564 b BGB; vgl. Abschnitt 2) und zum anderen durch die Sozialklausel des § 556 a BGB, wonach der Mieter selbst dann, wenn der Vermieter ein berechtigtes Interesse an der Beendigung des Mietverhältnisses dargelegt und bewiesen hat, unter bestimmten Voraussetzungen die Fortsetzung des Mietverhältnisses verlangen kann.

Nach § 556 a Abs. 1 BGB kann der Mieter der Kündigung eines Mietverhältnisses über Wohnraum widersprechen und vom Vermieter die Fortsetzung des Mietverhältnisses verlangen, wenn die vertragsmäßige Beendigung des Mietverhältnisses für den Mieter oder seine Familie eine **Härte** bedeuten würde, die auch unter Würdigung der berechtigten Interessen des Vermieters nicht zu rechtfertigen ist. Eine Härte liegt auch vor, wenn angemessener Ersatzwohnraum zu zumutbaren Bedingungen nicht beschafft werden kann.

> Eine Abwägung der beiderseitigen Interessen hat gemäß dieser Regelung erst nach dem Widerspruch des Mieters stattzufinden und nicht bereits bei der Prüfung des berechtigten Interesses des Vermieters an der Beendigung des Mietverhältnisses, da § 564 b BGB ausdrücklich auf die Interessen allein des Vermieters abstellt.

Wären die im Einzelfall vorliegenden besonderen Belange des Mieters bereits bei der Prüfung zu beachten, ob ein berechtigtes Interesse des Vermieters an der Kündigung anzunehmen ist, liefe dies darauf hinaus, daß der Vermieter zur Schlüssigkeit einer Räumungsklage die besondere Interessenslage des Mieters schildern muß, die ihm nicht bekannt ist (BGH, RE v. 20. 1. 1988, DWW 1988, 78; Weber/Marx, VIII/S. 45).

Diese doppelte Absicherung des Wohnraummieters führt in der Praxis erfahrungsgemäß dazu, daß die Instanzgerichte bestrebt sind, durch verstärkte Anwendung der Sozialklausel einen Ausgleich zu schaffen, wenn die

Obergerichte die Anforderungen an das Vorliegen eines berechtigten Interesses des Vermieters reduzieren (vgl. dazu auch Henschel, NJW 1989, 937). Entgegen dem Wortlaut des § 556 a BGB, wonach die Sozialklausel nur bei **vertragsmäßiger** Beendigung des Mietverhältnisses gilt, wendet die Rechtsprechung (vgl. BGH, NJW 1982, 1696) die Sozialklausel auch auf **außerordentliche befristete** Kündigungen durch den Vermieter (vgl. „Kündigung", Abschnitt 3.2.2) an, obwohl es sich insoweit gerade um keine „vertragsmäßige" Beendigung des Mietverhältnisses handelt.

> Dagegen ist die Sozialklausel unstreitig nicht anwendbar, wenn ein Grund vorliegt, der den Vermieter zur außerordentlichen **fristlosen** Kündigung (vgl. „Kündigung", Abschnitt 3.2.1) berechtigt (§ 556 a Abs. 4 Nr. 2 BGB).

Ebenso dann nicht, wenn die Kündigung des Mietverhältnisses durch den **Mieter** erfolgt ist (§ 556 a Abs. 4 Nr. 1 BGB).

Ausgenommen vom Anwendungsbereich der Sozialklausel sind gemäß § 556 a Abs. 8 BGB auch folgende Mietverhältnisse:

– Wohnraum, der nur zu **vorübergehendem Gebrauch** vermietet ist. Die Vermietung eines Zimmers oder Appartements in einem Studentenwohnheim für länger als ein Semester stellt keine Vermietung zu „vorübergehendem Gebrauch" dar, unabhängig davon, ob das Zimmer bzw. Appartement möbliert ist (vgl. OLG Hamm, Beschl. v. 27. 3. 1986, NJW-RR 1986, 110 und 4. 4. 1986, MDR, 1986, 676). Danach liegen keine Anhaltspunkte dafür vor, daß der Gesetzgeber bei der Neufassung des Mietrechts durch das Gesetz zur Erhöhung des Angebots an Mietwohnungen vom 30. 12. 1982 (BGBl. I S. 1912) lediglich die Änderung des § 556 a Abs. 8 BGB vergessen habe. Es sei kein Widerspruch, wenn Studentenwohnheimplätze aus dem Kündigungsschutz des § 564 b BGB ausgenommen würden (vgl. Abschnitt 2.7.3), die Härteklausel des § 556 a BGB aber bestehen bleibt, da die Vorschriften auch in anderen Punkten nicht deckungsgleich sind (zum Begriff des „vorübergehenden Gebrauchs" vgl. Abschnitt 2.7.1);

– Wohnraum, der Teil der **vom Vermieter selbst bewohnten Wohnung** ist und den der Vermieter ganz oder überwiegend mit Einrichtungsgegenständen auszustatten hat, sofern der Wohnraum nicht zum dauernden Gebrauch für eine Familie überlassen ist (vgl. Abschnitt 2.7.2);

– Wohnraum in **Ferienhäusern und Ferienwohnungen** in Ferienhausgebieten, der vor dem 1. Juni 1995 dem Mieter überlassen worden ist, wenn der Vermieter den Mieter bei Vertragsschluß auf die Zweckbestimmung des Wohnraums und die Ausnahme von den Kündigungsschutzvorschriften hingewiesen hat (vgl. Abschnitt 2.7.4);

- Wohnraum, den eine **juristische Person des öffentlichen Rechts** (Kirche, Gemeinde etc.) im Rahmen der ihr durch Gesetz zugewiesenen Aufgaben angemietet hat, um ihn Personen mit dringendem Wohnungsbedarf oder in Ausbildung befindlichen Personen zu überlassen, wenn sie den Mieter bei Vertragsschluß auf die Zweckbestimmung des Wohnraums und die Ausnahme von den Kündigungsschutzvorschriften hingewiesen hat (vgl. Abschnitt 2.7.5).

Voraussetzung für den Widerspruch des Mieters ist, daß die Beendigung des Mietverhältnisses für ihn oder seine Familie eine **Härte** bedeuten würde.

> Bei einer **Personenmehrheit** auf der Mieterseite ist ausreichend, daß der Härtegrund bei **einer** Person vorliegt.

Zur Familie des Mieters gehören der Ehegatte sowie haushaltszugehörige Verwandte und Verschwägerte; nicht jedoch nach überwiegender Meinung der Lebensgefährte, wobei aber nach der neueren Entscheidung des Bundesverfassungsgerichts (Beschl. v. 3. 4. 1990, DWW 1990, 199; vgl. „Eheähnliche Gemeinschaft") damit zu rechnen ist, daß auch der Lebensgefährte von den Instanzgerichten in den Schutzbereich des § 556 a BGB mit einbezogen wird.

Im Gesetz ist nur ein Härtegrund ausdrücklich genannt. Danach liegt eine Härte vor, wenn **angemessener Ersatzwohnraum** zu zumutbaren Bedingungen nicht beschafft werden kann. Ist dagegen dieser, wenn auch unter schwierigen Bedingungen, zu erlangen, ist das Mietverhältnis nicht aus Härtegründen fortzusetzen, sondern vom Gericht lediglich eine angemessene Räumungsfrist (§ 721 ZPO) zu gewähren (LG Hamburg, Urt. v. 25. 10. 1990, WM 1991, 38). Der Ersatzwohnraum ist auch dann angemessen, wenn er mit dem Gekündigten nicht gleichwertig ist; jedoch muß der Mieter keine wesentliche Verschlechterung akzeptieren, wenn dadurch sein sozialer Status betroffen wird (LG Hamburg, WM 1990, 118). Die Beurteilung hängt im wesentlichen von den konkreten Umständen des Einzelfalles ab. So kann der Mieter zwar nicht grundsätzlich verlangen, daß die Ersatzwohnung in dem bisherigen Wohngebiet liegt (vgl. LG München I, WM 1989, 296), jedoch kann eine solche Anforderung im Einzelfall trotzdem gestellt werden, wenn dies z. B. zur Pflege von alten oder kranken Menschen durch Personen in der Nachbarschaft erforderlich ist. Sie hat in bezug auf Lage, Größe und Ausstattung bestimmten Anforderungen zu genügen, wobei auch den bisherigen Lebensgewohnheiten des Mieters (wie Trennung von Schlaf- und Wohnraum) und ggf. dem Bedürfnis zur Aufnahme einer Pflegeperson Rechnung zu tragen ist.

> Der Mieter ist grds. nicht verpflichtet, sich auf die Unterbringung in einem Alters- oder Pflegeheim verweisen zu lassen (OLG Karlsruhe, RE v. 3. 7. 1970, DWW 1970, 307; Weber/Marx, I/S. 47).

Eine **Ausnahme** kann bestehen, wenn der Wille des Mieters, in der Wohnung zu verbleiben, unrealistisch ist, z. B. wegen einer fortgeschrittenen Gebrechlichkeit und Pflegebedürftigkeit (BVerfG, Beschl. v. 27. 1. 1994, WM 1994, 255).

Die Beurteilung, welche Bedingungen dem Mieter zumutbar sind, hängt insbesondere von der **wirtschaftlichen Leistungsfähigkeit des Mieters** im Einzelfall ab, wobei die Möglichkeit des Bezugs von Wohngeld oder Sozialhilfe durch den Mieter zu berücksichtigen ist.

> Der Mieter muß im Streitfalle darlegen und beweisen, daß er alle zumutbaren Schritte zur Erlangung einer Ersatzwohnung unternommen hat (LG Bonn, WM 1992, 16).

Diese Verpflichtung hat der Mieter z. B. nicht erfüllt, wenn er innerhalb eines Zeitraumes von 6 Monaten nur auf 3 Chiffre-Anzeigen in der Tageszeitung schriftlich geantwortet hat (LG Mannheim, DWW 1992, 87). Keinesfalls ausreichend ist es, wenn sich der Mieter nur auf die angespannte Situation auf dem Wohnungsmarkt beruft (LG Mannheim, DWW 1993, 140). Zur Erlangung einer Ersatzwohnung ist dem Mieter auch der Einsatz von Geldmitteln in einem bei der Suche nach einer Wohnung üblichen Umfang zumutbar, z. B. für Inserate oder Makler.

Der Mieter verletzt seine Ersatzraumbeschaffungspflicht, wenn er eine ihm vom Vermieter angebotene Ersatzwohnung lediglich deshalb ablehnt, weil zwischen den Parteien Spannungen bestehen und er deshalb mit dem Vermieter kein neues Mietverhältnis eingehen will. Bietet der Vermieter dem Mieter geeigneten Ersatzwohnraum an, kann der Mieter gegenüber dem Eigenbedarf des Vermieters den Härtegrund fehlenden Ersatzwohnraumes nicht geltend machen (LG Waldshut-Tiengen, WM 1993, 349). Etwas anderes kann gelten, wenn der Mieter die Ersatzwohnung ablehnt, weil diese nicht den vom ihm berechtigterweise gestellten Anforderungen genügt (OLG Karlsruhe, a.a.O.).

Neben dem vom Gesetz genannten Härtegrund kann eine **Härte auch aus persönlichen, wirtschaftlichen oder sozialen Gründen** vorliegen. Dabei reichen allein die Unannehmlichkeiten und Aufwendungen, die jeder **Umzug** mit sich bringt, grundsätzlich nicht aus. Eine andere Beurteilung kann sich ergeben, wenn es sich lediglich um einen **Zwischenumzug** handelt. Dessen Zumutbarkeit hängt davon ab, ob dem Mieter Ersatzwohnraum zu einem bestimmten Termin in einem überschaubaren Zeitraum (z. B. beim beabsichtigten Neubau eines Eigenheimes) zur Verfügung steht (LG Wiesbaden, WM 1988, 269).

> Zumutbar wird ein Zwischenumzug jedenfalls dann sein, wenn der Ersatzwohnraum erst später als ein bis zwei Jahre nach Beendigung des Mietverhältnisses bezogen werden kann (vgl. AG Tübingen, ZMR 1986, 60).

Eine andere Beurteilung kann sich ergeben, wenn der Mieter wegen seines hohen Alters (hier: 88 Jahre) beabsichtigt, in ein Seniorenwohnheim umzuziehen, ein gewünschtes Appartement aber trotz eines bereits abgeschlossenen Anwartschaftsvertrages in absehbarer Zeit nicht zur Verfügung gestellt werden kann (LG Köln, WM 1997, 46). Jedenfalls kann ein Zwischenumzug für einen Zeitraum von nur einem Dreivierteljahr bis zur Fertigstellung der eigenen Wohnung eine nicht zu rechtfertigende Härte (i. S. v. § 556 a Abs. 1 BGB) bedeuten (LG Stuttgart, WM 1991, 589).

Eine Härte kann nicht allein auf Schwierigkeiten bei der Ersatzwohnraumbeschaffung infolge der allgemein angespannten Wohnungslage gestützt werden (LG Karlsruhe, DWW 1992, 22). Insofern müssen zusätzliche Erschwernisse vorliegen, z. B. eine besondere berufliche oder familiäre Situation.

> Eine Härte kann sich insbesondere auch aus einem **hohen Alter** oder einer **langen Mietdauer** ergeben, wobei einer dieser Gründe allein noch keinen Härtegrund darstellt (OLG Karlsruhe, a.a.O.; LG Oldenburg, DWW 1991, 240); u. U. aber das kumulative Vorliegen dieser Gründe (LG Köln, WM 1992, 247) oder das Hinzutreten weiterer Gründe, z. B. Gebrechlichkeit, Krankheit oder die besondere Verwurzelung des alten Menschen mit seiner Umgebung, die einen Umzug als unzumutbar erscheinen lassen.

Behauptet der Mieter, daß mit dem Umzug erhebliche gesundheitliche Risiken verbunden sind, muß er diese substantiiert vortragen und im Bestreitensfalle auch beweisen. Dabei kann von einem Mieter, der sein Krankheitsrisiko als Härte geltend macht, verlangt werden, daß er sich in zumutbarer Weise um die Verringerung seines Krankheitsrisikos bemüht (BVerfG, Beschl. v. 12. 2. 1993, WM 1993, 172). Besonders gelagerte berufliche Verhältnisse (z. B. Prüfungsvorbereitungen) oder Ausbildungserschwernisse für die Kinder (z. B. umzugsbedingter Schulwechsel oder Erschwerungen beim Schulbesuch) können im Einzelfall ebenso einen Härtegrund darstellen wie auch eine Schwangerschaft (LG Dortmund, WM 1966, 40) oder besonderer Kinderreichtum in bezug auf die Schwierigkeiten bei der Ersatzwohnraumbeschaffung (LG Wuppertal, WM 1968, 109).

Hat der Mieter mit dem ausdrücklichen oder stillschweigenden Einverständnis des Vermieters **wirtschaftliche Aufwendungen** für die Erhaltung und Verbesserung der Mietsache gemacht, zu denen er vertraglich nicht verpflichtet war, kann die vertragsmäßige Beendigung des Mietverhältnisses eine Härte bedeuten, wenn der Mieter besonderer Umstände wegen mit einer frühen Kündigung des Mietverhältnisses nicht zu rechnen hatte, die Aufwendungen erheblich sind, für einen erheblichen Teil davon beim Auszug kein Ersatz verlangt werden kann und die Aufwendungen durch die Mietzeit auch noch nicht abgewohnt sind, so daß es im Ergebnis zu einem wesentlichen Verlust des Mieters kommen würde (OLG Karlsruhe, RE v. 31. 3. 1971, DWW 1971, 264, Weber/Marx, I/S. 49).

Dabei kommt es grundsätzlich nicht darauf an, ob die Verwendungen notwendig, nützlich oder überflüssig waren. Entscheidend ist der Vertrauenstatbestand, den der Vermieter durch sein Verhalten für den Mieter geschaffen hat (OLG Frankfurt, RE v. 23. 6. 1971, WM 1971, 168; Weber/Marx, I/S. 50; vgl. dazu auch LG Kiel, Beschl. v. 18. 10. 1990, WM 1992, 690).

Dagegen kann der Verlust besonderer Vorteile, die der Mieter aus der Nutzung der Wohnung gezogen hatte (z. B. Einkünfte aus Untervermietung), eine Härte grundsätzlich nicht begründen (BayObLG, RE v. 21. 7. 1970, DWW 1970, 309; Weber/Marx, I/S. 48). Ebenso nicht der Umstand, daß der Mieter mit Einverständnis des Vermieters ein Hobby in der Wohnung ungestört ausüben konnte, das er in den meisten anderen Wohnungen nicht betreiben kann (OLG Karlsruhe, RE v. 31. 3. 1971, a.a.O.).

Nicht als Härte wurde es angesehen, wenn der **Mietvertrag auf unbestimmte Zeit** geschlossen wurde, der Vermieter jedoch eine lange Mietzeit in Aussicht gestellt, dann aber seine Absicht, ohne daß der Mieter Anlaß gegeben hätte, geändert und das Mietverhältnis gekündigt hat (OLG Karlsruhe, a.a.O.).

Die Möglichkeit, eine Räumungsfrist zu beanspruchen (§ 721 ZPO) bleibt bei der Frage, ob die Beendigung des Mietverhältnisses eine Härte bedeutet, unberücksichtigt (OLG Stuttgart, NJW 1969, 240; OLG Oldenburg, WM 1970, 182).

Liegen Härtegründe vor, findet eine Abwägung der Interessen des Mieters am Bestand des Mietverhältnisses mit den Interessen des Vermieters an der Beendigung des Mietverhältnisses statt. Dabei ist es z. B. nicht zu beanstanden, wenn den existentiellen Belangen der vierköpfigen Familie des Vermieters mit zwei kleinen Kindern Vorrang vor den Interessen auch eines erheblich erkrankten Mieters eingeräumt wird (BVerfG, Beschl. v. 12. 2. 1993, WM 1993, 172).

Jedoch werden bei Würdigung der berechtigten Interessen des Vermieters nur die **im Kündigungsschreiben** angegebenen Gründe berücksichtigt, soweit nicht die Gründe nachträglich entstanden sind (§ 556 a Abs. 1 Satz 3

BGB). Nachträglich entstanden sind nur solche Gründe, die vor Abgabe der Kündigung nicht vorgetragen werden konnten, weil sie erst danach entstanden sind. Die Gewichtung der Gründe hängt ausschließlich von den konkreten Umständen des Einzelfalles ab. Bei **Gleichwertigkeit** der Interessen muß die Abwägung zugunsten des Eigentümers ausfallen, da der verfassungsgemäß garantierte Schutz des Eigentums ausgehöhlt werden würde, wollte man der Sozialpflichtigkeit eine größere Bedeutung als dem Eigentumsrecht einräumen (LG Hannover, WM 1992, 609). Einer Abwägung bedarf es nicht, wenn zugleich ein Grund vorliegt, der den Vermieter zur außerordentlichen fristlosen Kündigung berechtigt (§ 556 a Abs. 4 Nr. 2 BGB).

Erfordert die Kündigung eines Mietverhältnisses über Wohnraum ausnahmsweise kein berechtigtes Interesse des Vermieters, ist aber trotzdem die Sozialklausel des § 556 a BGB anwendbar (§ 564 b Abs. 4 und Abs. 7 Nr. 3; vgl. § 556 a Abs. 8 BGB), müssen die berechtigten Interessen des Vermieters im Sinne von § 556 a BGB nicht das Gewicht der Kündigungsgründe im Sinne des § 564 b Abs. 1 und 2 haben (Schmidt-Futterer/Blank, Rdn. B 328).

Die Erklärung des Mieters, mit der er der Kündigung **widerspricht** und die Fortsetzung des Mietverhältnisses verlangt, bedarf der **schriftlichen** Form. Die Erklärung muß von dem oder den Mietern oder einem bevollmächtigten Vertreter unterzeichnet sein. Eine telegrafischer Widerspruch ist unwirksam (OLG Karlsruhe, DWW 1973, 278).

Die Worte „Widerspruch“ und „Fortsetzung“ braucht die Erklärung nicht zu enthalten, jedoch muß der auf Fortsetzung des Mietverhältnisses gerichtete Wille des Mieters aus seiner Erklärung erkennbar hervorgehen.

Eine Begründung des Widerspruchs ist nicht zwingend vorgeschrieben, jedoch soll der Mieter auf Verlangen des Vermieters über die Gründe des Widerspruchs unverzüglich Auskunft erteilen.

> Unterläßt dies der Mieter, können ihm im Räumungsprozeß, falls die Klage des Vermieters wegen des Widerspruchs abgewiesen oder der Vermieter zur Fortsetzung des Mietverhältnisses verurteilt wird, die Prozeßkosten ganz oder teilweise auferlegt werden (§ 93 b ZPO).

Der Vermieter kann die Fortsetzung des Mietverhältnisses ohne Rücksicht auf die sachliche Begründetheit des Widerspruchs ablehnen, wenn der Mieter den Widerspruch nicht spätestens zwei Monate vor der Beendigung des Mietverhältnisses dem Vermieter gegenüber erklärt hat (§ 556 a Abs. 6 BGB). Dies gilt jedoch nur, wenn der Vermieter in seinem Kündigungsschreiben den Mieter auf die Form und Frist des Widerspruchs rechtzeitig hingewiesen hat. Der Hinweis des Vermieters ist rechtzeitig erteilt, wenn er dem Mieter zu einem Zeitpunkt zugeht, der ihn in die Lage versetzt, nach einer angemessenen Überlegungszeit den Widerspruch rechtzeitig abzufassen und dem Vermieter zuzuleiten (Palandt-Putzo Anm. 5 g bb zu § 556 a BGB).

Bei nicht rechtzeitigem Hinweis des Vermieters kann der Mieter den Widerspruch noch im ersten Termin des Räumungsrechtsstreites erklären.

Mit dem Widerspruch will der Mieter die **Fortsetzung** des Mietverhältnisses erreichen. Kommt hierüber eine Einigung mit dem Vermieter nicht zustande, muß das Gericht durch Urteil darüber entscheiden, ob das Mietverhältnis fortgesetzt wird. Wird auf Fortsetzung des Mietverhältnisses erkannt, trifft das Gericht sowohl über die Dauer der Fortsetzung des Mietverhältnisses, als auch über die Bedingungen, nach denen es fortgesetzt wird, eine Entscheidung.

Das Gericht hat dabei den voraussichtlichen Zeitraum, in dem ein Härtegrund bestehen wird, abzuschätzen und seiner Entscheidung zugrundezulegen (OLG Stuttgart, NJW 1969, 1078). Schwierigkeiten bei der Schätzung können eine Fortsetzung auf unbestimmte Zeit nicht begründen. Nur wenn ungewiß ist, wann voraussichtlich die Umstände wegfallen, aufgrund derer die Beendigung des Mietverhältnisses für den Mieter oder seine Familie eine Härte bedeutet, kann bestimmt werden, daß das Mietverhältnis auf unbestimmte Zeit fortgesetzt wird (§ 556 a Abs. 3 BGB). Mit Recht steht die herrschende Meinung auf dem Standpunkt, daß die Fortsetzung des Mietverhältnisses auf **bestimmte** Zeit – sofern die Voraussetzungen überhaupt vorliegen – die **Regel**, die Fortsetzung auf **unbestimmte** Zeit die **Ausnahme** bildet (Palandt, RN 20 zu § 556 a BGB; Schmidt-Futterer/Blank, Rdn. 223).

Auf unbestimmte Zeit darf das Mietverhältnis nur verlängert werden, wenn sich aus der Art des Härtegrundes ergibt, daß er nicht nur vorübergehend ist, z. B. Gebrechlichkeit, schwere Erkrankung (LG Hamburg, WM 1989, 238) und ein Umzug in absehbarer Zeit ausgeschlossen ist oder nicht festgestellt werden kann, ob und wann die maßgeblichen Härtegründe wegfallen werden (LG Freiburg, WM 1992, 436).

Der Schutz des Mieters darf nicht enteignenden Charakter zu Lasten des Vermieters annehmen. Eine Verlängerung des Mietverhältnisses auf Lebenszeit des Mieters ist unzulässig (OLG Stuttgart, ZMR 1969, 242). Während der befristeten Dauer der Fortsetzung des Mietverhältnisses ist die Kündigung des Vermieters ausgeschlossen. Die außerordentliche Kündigung ist indessen immer möglich (a. A.: Schmidt-Futterer/Blank, Rdn. B 227, wonach nur die fristlose Kündigung während der Fortsetzungsdauer zulässig sein soll).

Ist dem Vermieter nicht zuzumuten, das Mietverhältnis nach den bisher geltenden **Vertragsbedingungen** fortzusetzen, kann Fortsetzung nur unter einer **angemessenen Änderung** der Vertragsbedingungen verlangt werden

(§ 556 a Abs. 2 Satz 2 BGB). Einigen sich die Parteien nicht, ist auch hierüber durch Urteil zu entscheiden.

Eine Anpassung ist angebracht, wenn eine umfassende Abwägung der Parteiinteressen ergibt, daß die tatsächlichen und rechtlichen Nachteile einer Fortsetzung des Vertrages zu unveränderten Bedingungen den Vermieter unzumutbar belasten würden. Häufig wird sich der Vermieter darauf berufen, daß der bisherige Mietzins nicht mehr angemessen sei. Trifft das zu, kann das Gericht einen anderen Mietzins festsetzen, ohne daß es der Formalien nach § 2 des Miethöheregelungsgesetzes (vgl. „Mieterhöhung") bedarf. Insoweit geht § 556 a Abs. 2 BGB als Spezialvorschrift dem Miethöheregelungsgesetz vor (LG Mannheim, WM 1975, 213; Palandt-Putzo Anm. 6 c zu § 556 a BGB), so daß auch die sog. Kappungsgrenze nicht eingreift (Emmerich-Sonnenschein, § 556 a BGB, Rdn. 53). Eine Anhebung ist nur bis zur Höhe der ortsüblichen Miete möglich, kann vom Gericht jedoch rückwirkend auf den Zeitpunkt der Kündigung ausgesprochen werden (LG Heidelberg, WM 1994, 682).

Strittig ist, ob im Zuge der Änderung der Vertragsbedingungen auch eine Änderung des Mietgegenstandes durch Gerichtsentscheid zulässig ist (z. B. Herausgabe bestimmter Räume). Überwiegend wird dies bejaht (vgl. LG Hamburg, WM 1987, 233; Pergande, Wohnraum-Mietrecht § 556 a BGB, Anm. 126; Palandt-Putzo, RN 21 zu § 556 a BGB; Schmidt-Futterer/Blank, Rdn. B 230). Zulässig sind jedenfalls Änderungen, die den Kern des Mietverhältnisses nicht berühren, z. B. Übernahme von Nebenpflichten, geringfügige Beschränkungen des Gebrauchs zur Vermeidung weiterer Spannungen; Duldung von Modernisierungsarbeiten durch den Mieter (vgl. LG Hamburg, a.a.O.). Im Einzelfall kann es daher bei Erhebung einer Räumungsklage empfehlenswert sein, für den Fall der Fortsetzung des Mietverhältnisses hilfsweise die Änderung der Vertragsbedingungen (Mietzins, Mietgegenstand) zu beantragen.

> Bei Fortsetzung des Mietverhältnisses auf **bestimmte** Zeit kann der Mieter eine **weitere** Fortsetzung aufgrund der Härteklausel nur verlangen, wenn dies durch eine wesentliche Änderung der Umstände gerechtfertigt ist oder wenn Umstände nicht eingetreten sind, deren vorgesehener Eintritt für die Zeitdauer der Fortsetzung bestimmt war (§ 556 c Abs. 1 BGB).

Bei der ersten Alternative müssen neue, nicht vorhergesehene Tatsachen vorliegen, wenn sie zu einer neuerlichen Abwägung der beiderseitigen Interessen führen sollen. Hierbei muß es sich um eine wesentliche Veränderung der Umstände handeln. Die zweite Alternative ist gegeben, wenn der Härtetatbestand entgegen den Erwartungen über den Verlängerungszeitraum hinaus fortbesteht (z. B. Ersatzwohnung ist ohne Verschulden des Mieters nicht termingerecht bezugsfertig geworden).

Eine weitere Verlängerung des Mietverhältnisses kommt nicht in Betracht, wenn der Mieter den Fortbestand der Härtegründe selbst zu vertreten hat (so z.B. wenn er sich nicht ernsthaft um Ersatzwohnraum bemüht hat; vgl. Schmidt-Futterer/Blank, Rdn. B 246).

Für **Form und Frist** des erneuten **Fortsetzungsverlangens** gelten ebenfalls die Regelungen über den Widerspruch (§ 556 a BGB).

> Der Mieter muß somit seinen Anspruch auf erneute Fortsetzung des Mietverhältnisses (§ 556 c Abs. 1 BGB) spätestens 2 Monate vor der Beendigung des fortgesetzten Mietverhältnisses schriftlich gegenüber dem Vermieter geltend machen.

Eine weitere Fortsetzung des Mietverhältnisses durch ein Fortsetzungsverlangen (§ 564 c Abs. 1 BGB), das keiner Begründung bedarf (vgl. „Zeitmietvertrag"), kann der Mieter nicht verlangen (LG Lübeck, WM 1996, 705; LG München I, WM 1996, 94).

Durch die **unbefristete** Verlängerung eines Mietverhältnisses aufgrund des Widerspruchs bzw. des Fortsetzungsverlangens des Mieters ist das Recht des Vermieters zur ordentlichen Kündigung nicht schlechthin ausgeschlossen. Sie führt jedoch nur zum Ziele, wenn sich die Umstände, die für die Fortsetzung durch Gerichtsurteil bestimmend gewesen waren, verändert haben, wobei unerhebliche Veränderungen außer Betracht bleiben. Widerspricht der Mieter der Kündigung, was formlos ohne Einhaltung einer Frist und ohne Begründung zulässig ist, muß der Vermieter beweisen, daß sich die auf der Mieterseite liegenden Umstände, die zur Verlängerung des Mietverhältnisses auf unbestimmte Zeit geführt haben, verändert haben. Kann dieser Beweis geführt werden, findet eine erneute Interessenabwägung statt (vgl. § 556 c Abs. 2 BGB).

Die Sozialklausel des § 556 a BGB ist grundsätzlich auch auf **befristete** Mietverträge (Zeitmietverträge) anzuwenden, nicht jedoch auf qualifizierte Zeitmietverträge nach § 564 c Abs. 2 BGB (vgl. „Zeitmietvertrag")

Nach § 556 b Abs. 1 BGB kann der Mieter auch bei **befristeten** Mietverhältnissen die Fortsetzung des Mietverhältnisses verlangen, wenn die vertragsmäßige Beendigung des Mietverhältnisses für ihn oder seine Familie eine **Härte** bedeuten würde, die auch unter Würdigung der berechtigten Interessen des Vermieters nicht zu rechtfertigen ist. Hat der Mieter jedoch die Umstände, welche das Interesse des Vermieters an der fristgemäßen Rückgabe des Wohnraumes begründen, bei Abschluß des Mietvertrages gekannt, sind zugunsten des Mieters nur Umstände zu berücksichtigen, die **nachträglich** eingetreten sind (§ 556 b Abs. 2 BGB).

Strittig war, ob der Mieter auch bei einem **befristeten** Mietverhältnis – wie im Falle der Kündigung eines unbefristeten Mietverhältnisses durch den Vermieter – noch bis zum Schluß des ersten Termins des Räumungsrechtsstreits seinen Widerspruch gegen die Beendigung des Mietverhältnisses erklären kann, wenn er vom Vermieter nicht form- und fristgerecht auf die Möglichkeit sowie auf die Form und Frist des Widerspruchs hingewiesen wurde.

> Diese Streitfrage ist nunmehr vom OLG Hamm durch Rechtsentscheid vom 26. 7. 1991 (WM 1991, 423) zugunsten des Mieters wie folgt entschieden: Der Mieter eines befristeten Wohnungsmietverhältnisses (Zeitmietvertrag mit Bestandsschutz) kann die Fortsetzung des durch Zeitablauf beendeten Mietverhältnisses noch im ersten Termin des Räumungsrechtsstreits verlangen, wenn der Vermieter dem Mieter nicht vor Ablauf der 2-Monats-Frist den gesetzlich vorgeschriebenen Hinweis auf die Möglichkeit, die Form und die Frist des Widerspruchs bzw. des Fortsetzungsverlangens nach der Sozialklausel erteilt hat.

Nach Ansicht des OLG Hamm wollte der Gesetzgeber eine grundsätzliche Gleichbehandlung von unbefristeten und befristeten Wohnungsmietverträgen erreichen und damit die Regelung des § 556 a Abs. 6 Satz 2 BGB auch auf Zeitmietverträge angewandt wissen. Danach kann der Mieter bei unterbliebener Belehrung durch den Vermieter zwar eine Fortsetzung des Mietverhältnisses noch im ersten Termin des Räumungsrechtsstreits verlangen, jedoch nur dann, wenn er Härtegründe im Sinne des § 556 a BGB vortragen kann. Weiterhin kann eine Fortsetzung grundsätzlich nur auf bestimmte Zeit (nach **§ 556 a Abs. 2 und 3 BGB**) verlangt werden. Ein Verlangen auf Fortsetzung des Mietverhältnisses auf unbestimmte Zeit ohne Angabe von Gründen nach **§ 564 c Abs. 1 BGB** (siehe „Zeitmietvertrag") kann der Mieter dagegen auch bei unterbliebener Belehrung durch den Vermieter im ersten Termin des Räumungsrechtsstreits **nicht** mehr stellen.

Eine der Regelung des Widerspruchsrechts des Mieters entgegenstehende Vereinbarung ist unwirksam (§ 556 a Abs. 7 BGB). Vereinbarungen, die sich **zugunsten** des Mieters auswirken, sollen nach allgemeiner Meinung zulässig sein. Die Unabdingbarkeit (Unabänderbarkeit) erfaßt auch die Vorschrift über die wiederholte Anwendung der Sozialklausel (§ 556 c BGB). Die Nichtigkeit einer Vereinbarung über die Ausübung des Widerspruchsrechtes des Mieters berührt nicht die Gültigkeit des Mietvertrages mit seinem sonstigen Inhalt.

Kündigungssperrfrist → „Eigenbedarf", „Kündigungsschutz", Abschnitt 2.3

Lärm

Belästigungen durch Lärm führen häufig zu Auseinandersetzungen zwischen den Vertragsparteien oder einem Dritten, z. B. dem Betreiber einer Gaststätte, aber auch zwischen den Mietern selbst.

Grundsätzlich zählt es zum vertragsgemäßen Gebrauch der Wohnung durch den Mieter, Geräte, wie z. B. Fernseher, Radio, Kassettenrekorder oder Staubsauger, elektrische Küchengeräte u. ä., zu betreiben, auch wenn damit eine Geräuschentwicklung verbunden ist. Ebenso ist der Mieter ohne weiteres berechtigt, Besuch zu empfangen und in der Wohnung zu feiern.

Diese Rechte finden jedoch ihre Grenze in dem Recht der anderen Hausbewohner auf ungestörten Gebrauch ihrer Wohnung.

Bei der Frage, wann eine **unzumutbare** Belästigung anderer und damit ein vertragswidriges Verhalten des Lärmerzeugers vorliegt, ist vorab zu prüfen, ob die Erzeugung des Lärms aus objektiver Sicht **vermeidbar** ist, wobei dies weitgehend von der Regulierbarkeit des erzeugten Lärms abhängt.

Gerade die Möglichkeit der **Regulierbarkeit** bildet den wesentlichen Unterschied zwischen der Lärmerzeugung durch Geräte mit Elektro- bzw. Verbrennungsmotor, wie z. B. Staubsauger, Bohrmaschinen, Rasenmäher, Haushaltsgeräte, und der Lärmerzeugung durch Tonwiedergabegeräte, wie z. B. Fernseher, Radio, Kassettenrekorder.

Während der Betreiber erstgenannter Geräte in der Regel keine oder nur eine geringe Möglichkeit hat, die Lärmerzeugung dieser Geräte zu drosseln, kann die Lautstärke jedes Tonwiedergabegerätes reguliert werden (siehe hierzu auch das Stichwort „Musikausübung“).

Unabhängig vom Bestehen bestimmter Ruhezeiten ist es dem Betreiber von Tonwiedergabegeräten daher zuzumuten, diese stets – auch außerhalb der Ruhezeiten – in **Zimmerlautstärke** zu betreiben (LG Berlin, DWW 1988, 83; LG Kleve, DWW 1992, 26).

Dies gilt um so mehr, als bei der überwiegenden Zahl der handelsüblichen Geräte ein Betrieb über Kopfhörer und Abschalten der Lautsprecher möglich ist. Der Begriff der „Zimmerlautstärke“ ist zwar entgegen seinem Wortlaut nicht so eng zu verstehen, daß das Geräusch, z. B. die Musik, nur in der Wohnung des Verursachers wahrzunehmen sein darf, jedoch dürfen Geräusche in den angrenzenden Wohnungen nicht mehr als nur noch geringfügig zu hören sein (LG Kleve, DWW 1992, 26; LG Berlin, DWW 1988, 83). Geringfügigkeit liegt dann vor, wenn es sich um Geräusche handelt, die der Durchschnittsmensch kaum noch empfindet (BGH, Urt. vom 30. 10. 1981, NJW 1982, 441).

Lautstärken, die einen Wert von 40 db tags bzw. 30 db nachts überschreiten, stellen grundsätzlich eine Überschreitung der Zimmerlautstärke dar. Dies kann jedoch auch für Geräusche unterhalb dieses Pegels gelten, wenn sie nach dem Empfinden eines Durchschnittsmenschen wegen ihrer physiologischen oder psychologischen Wirkung als störend empfunden werden (LG Kleve, a.a.O.).

Ein Überschreiten der Zimmerlautstärke kann nur in Ausnahmefällen als zulässig angesehen werden, z. B. bei Feiern anläßlich traditioneller Anlässe, wie Silvester, Hochzeit oder Geburtstag (weitergehend LG Frankfurt, WM 1989, 575, wonach es den Nachbarn zumutbar sein soll, Haus- und Gartenfeste im üblichen Umfang – etwa 4 mal im Sommer – bis 22.00 Uhr hinzunehmen).

Jedoch ist im Einzelfall auch dann dem Ruhebedürfnis bestimmter Mitbewohner, z. B. von alten oder kranken Menschen, durch Einhaltung bestimmter Zeiten Rechnung zu tragen und die Geräuschentwicklung auf ein Maß zu beschränken, das zwangsläufig mit dem Aufenthalt mehrerer Menschen in einer Wohnung verbunden ist. Entgegen einer oft zu vernehmenden Meinung gibt es keinen Rechtsanspruch des Mieters, turnusmäßig (z. B. einmal im Monat) Feste zu feiern und einen über die Zimmerlautstärke hinausgehenden Lärm zu erzeugen.

In einem vom Oberlandesgericht Düsseldorf entschiedenen Fall (Beschluß vom 15. 1. 1990, DWW 1990 S. 118) ging es um den Betrieb eines Kassettenrekorders bei geöffneter Balkontür und das Singen und Tanzen von 16 Gästen. Die Nachbarn konnten trotz geschlossener Fenster nicht einschlafen und wurden aus dem Schlaf geweckt. Der Verantwortliche konnte nicht mit Erfolg die Auffassung vertreten, er dürfe einmal im Monat auch nach 22.00 Uhr lautstark feiern und damit die Nachtruhe stören. Zwar garantiert das Grundgesetz die allgemeine Handlungsfreiheit, jedoch steht diese allgemeine Persönlichkeitsentfaltung unter dem Vorbehalt der verfassungsmäßigen Ordnung. Dies bedeutet, daß jeder sein Verhalten an den bestehenden Gesetzen auszurichten und auch Vorschriften des Landesimmissionsschutzgesetzes zu beachten hat. Der Verantwortliche war daher gehalten, wegen der vorrangigen schutzwürdigen Belange seiner Nachbarn den von den feiernden Gästen und von dem von ihm selbst abgespielten Kassettenrekorder ausgehenden Lärm durch geeignete Maßnahmen zu verhindern (OLG Düsseldorf, a.a.O.).

Entsprechendes gilt auch für Geräusche durch Herumtrampeln der Bewohner. Der Mieter muß sein Wohnverhalten der Hellhörigkeit des Gebäudes jedenfalls dann anpassen und kann keine Verbesserung der akustischen Verhältnisse verlangen, wenn das Gebäude dem Standard seiner Baualtersklasse entspricht (vgl. auch „Instandhaltung und Instandsetzung der Mieträume"). In einem hellhörigen Altbau ist es den Mietern und ihren Besuchern zumutbar, zur Reduzierung des Trittschalls in der Wohnung Hausschuhe zu tragen; die bloße Aufforderung an die Gäste, sich ruhig zu verhalten, reicht nicht aus (LG München I, Urt. v. 8. 11. 1990, DWW 1991, 111).

Eine Störung der „Nachtruhe" i. S. d. jeweiligen Immissionsschutzvorschriften (i. d. R. ab 22 Uhr) ist auch nicht ausnahmsweise zu gelegentlichen persönlichen, beruflichen oder familiären **Feiern** zulässig (OLG Düsseldorf, Beschl. v. 26. 5. 1995, DWW 1995, 255). Der Veranstalter einer solchen Feier ist für die Störung der Nachtruhe verantwortlich, auch wenn der Lärm nicht von ihm persönlich, sondern von seinen Gästen verursacht wird. Die Lärmbelästigung kann mit jedem zulässigen Beweismittel, insbesondere auch durch Vernehmung der betroffenen Anwohner bewiesen werden; eine Bezifferung der Intensität des Lärms (z. B. durch Angabe der dB) ist nicht erforderlich (OLG Düsseldorf, a.a.O.).

Im Gegensatz zu Tonwiedergabegeräten kann bei **Musikinstrumenten** die Lautstärke nur beschränkt reguliert werden. Vielmehr verhindert meist die erhebliche Resonanz des Klangkörpers das Einhalten von Zimmerlautstärke. Ein generelles Verbot der Überschreitung der Zimmerlautstärke käme daher insoweit einem Verbot der Musikausübung gleich und ist unzulässig (LG Wiesbaden, ZMR 1957, 53).

- **Ruhezeiten**

> Die überwiegende Rechtsprechung beschränkt daher lediglich die Ausübung des Musizierens auf bestimmte Zeiten (z. B. nur außerhalb der Ruhezeiten) und auf eine bestimmte Dauer.

Nach einem Beschluß des OLG Hamm vom 7. 11. 1985 (MDR 1986, 501) ist eine vertragliche Regelung, die das Musizieren auf 1 bis 2 Stunden in der Zeit von 8 bis 12 Uhr und 15 bis 19 Uhr, sonntags von 8 bis 12 Uhr beschränkt, rechtlich noch hinzunehmen.

Weiterhin kann der Mieter zur Durchführung von zumutbaren Maßnahmen zur Verminderung der Geräuschimmissionen verpflichtet werden, z. B. zum Anbringen eines schalldämpfenden Filzbelages (LG Berlin, WM 1963, 153).

Nach dem Urteil des OLG Frankfurt vom 16. 6. 1987 (Az. 20 W 23/87) ist **Klavierspielen** auch nach dem Einbau schalldämmender Maßnahmen nur 1 1/2 Stunden täglich zulässig (so auch AG Frankfurt/M., WM 1997, 430). Zum Klavierspielen vgl. auch LG Duisburg, Urt. v. 11. 9. 1987 – 4 S 79/87; AG Siegburg, DWW 1990, 180 sowie LG Düsseldorf, DWW 1990, 87, wonach Klavierspielen nur bis 20 Uhr zulässig ist.

Auch bei ruhestörenden **Haus- und Gartenarbeiten** kann der anfallende Lärm, z. B. durch Klopfen von Teppichen, Staubsaugen, Hämmern, Sägen, Bohren, den Betrieb von Bohrmaschinen, Rasenmähern oder Heckenscheren, meist nicht reguliert werden. Diese Arbeiten dürfen daher einerseits zu bestimmten Zeiten („Ruhezeiten") überhaupt nicht, aber andererseits in den erlaubten Zeiträumen selbst dann ausgeführt werden, wenn dadurch die Zimmerlautstärke überschritten bzw. andere unvermeidbar gestört werden.

Die Festlegung der **Ruhezeiten** erfolgt häufig durch **gemeindliche Verordnungen**, die aufgrund von Ermächtigungsnormen in den Landesimmissionsschutzgesetzen erlassen werden können (z. B. „Haus- und Musiklärm-Verordnung der Landeshauptstadt München", erlassen aufgrund des Art. 14 des Bayerischen Immissionsschutzgesetzes).

Soweit für das Gebiet einer Gemeinde keine entsprechende Verordnung besteht, bestimmen sich die Ruhezeiten nach den Vorschriften des **Immissionsschutzgesetzes des jeweiligen Landes** (z. B. für Bayern Art. 11 Bayerisches Immissionsschutzgesetz: Nachtruhe von 22 bis 7 Uhr) sowie dem **Bundesimmissionsschutzgesetz**.

Außerdem gibt es für bestimmte Bereiche spezielle Vorschriften, z. B. wird der Betrieb von **Rasenmähern** durch die Rasenmäherlärm-Verordnung (8. Bundesimmissionsschutzverordnung) vom 23. 7. 1987 (BGBl. I S. 1687) geregelt. Danach dürfen Rasenmäher außer solchen im land- und forstwirtschaftlichen Einsatz an Werktagen in der Zeit von 19 bis 7 Uhr sowie an Sonn- und Feiertagen nicht betrieben werden. Abweichend davon dürfen Rasenmäher an Werktagen in der Zeit zwischen 19 und 22 Uhr betrieben werden, wenn sie einen Schalleistungspegel von weniger als 88 db (A), bezogen auf ein Pikowatt, aufweisen und vor dem 1. 8. 1987 erstmals in den Verkehr gebracht wurden und mit einem Immissionswert von weniger als 60 db (A) gekennzeichnet sind (§ 6 Abs. 1 und 2 Rasenmäherlärm-Verordnung). Darüber hinaus werden dort Höchstwerte für die zulässigen Schalleistungspegel (§ 3) festgelegt und eine Kennzeichnungspflicht u. a. für den vom Hersteller gewährleisteten höchsten Schallpegel bestimmt (§ 5).

• Ortsüblichkeit von Lärm

Bei Prüfung der Zumutbarkeit von Lärmimmissionen sind neben der Frage der **Vermeidbarkeit** auch die **örtlichen Verhältnisse** zu berücksichtigen, da ortsübliche Beeinträchtigungen hingenommen werden müssen und keinen Grund zur Beanstandung darstellen.

> Die **Ortsüblichkeit** ist insbesondere nach der Lage (reines Wohngebiet, allgemeines Wohngebiet, Mischgebiet etc.) und der Größe des Anwesens (Einfamilienhaus, Mehrparteienhaus, größere Wohnanlage) zu beurteilen.

Bei einem Mehrparteienhaus wird daher **Kindergeschrei** im üblichen Umfang als ortsüblich anzusehen sein; auch dann, wenn der Lärm von einem Spielplatz ausgeht (LG München I, WM 1987, 121; zu „Bolzplatz" vgl. OVG Münster, WM 1987, 269); zum Lärm durch spielende Kinder in einer sog. Spielstraße vgl. OLG Düsseldorf, Urt. v. 11. 10. 1995, DWW 1996, 20). Mangels entgegenstehender konkreter Regelungen (z. B. in der Hausordnung) dürfen Kinder der Hausbewohner zusammen mit ihren Freunden auch auf gemeinschaftlichen Grundstücksflächen (z. B. Grünfläche, Garagenbereich) spielen, so daß dadurch entstehender Lärm im ortsüblichen Umfang nicht unterbunden werden kann (LG Heidelberg, WM 1997, 38).

Entsprechendes gilt grundsätzlich auch für das **Duschen und Baden nach 22 Uhr**. In Anbetracht der veränderten Lebens- und Arbeitsbedingungen handelt es sich hierbei nach neuerer Auffassung in Rechtsprechung und Literatur um normale Wohngeräusche, die aus einer lediglich zweckentsprechenden Nutzung des Badezimmers resultieren. Der Mieter darf das Bad daher grundsätzlich zu jeder Tages- und Nachtzeit benutzen. Entgegenstehende Klauseln in Mietverträgen oder Hausordnungen sind unwirksam (LG Köln, WM 1997, 323; vgl. auch Sternel, II 108, 151). Dies gilt selbst dann, wenn andere Hausbewohner dadurch in ihrer Nachtruhe gestört werden; allerdings darf das nächtliche Baden bzw. Duschen einschließlich Ein- und Auslaufen des Wassers nicht länger als 30 Minuten dauern (OLG Düsseldorf, WM 1991, 288).

Bei **normalen Wohngeräuschen** hat der Mieter gegen einen anderen im Hause wohnenden Mieter auch keinen Anspruch auf lärmdämmende Maßnahmen (z. B. Verlegung von Teppichböden), wenn er sich wegen der Hellhörigkeit des Hauses durch dessen – normale – Wohngeräusche gestört fühlt (OLG Düsseldorf, WM 1997, 221).

Als nicht ortsüblich wurde das von einem künstlich angelegten Teich ausgehende **Froschgequake** in einem Wohngebiet angesehen, welches auch nachts einen Schallpegel von 64 db (gegenüber einem Richtwert von 35 db) erzeugt (BGH, Urt. v. 20. 11. 1992, DWW 1993, 70). Auch solche Geräusche dürfen über eine Lärmpegelmessung nach den Richtwerten der VDI-Richtlinie 2058 Bl. 1 (o. ä. Richtlinien wie TA Lärm, LAE-Hinweise) beurteilt werden.

- **Antrag auf Ausnahmegenehmigung**

Berücksichtigt der Tatrichter sowohl den Richtliniencharakter als auch die Besonderheiten des zu beurteilenden Lärms, ist nicht zu beanstanden, daß er bei deutlicher Überschreitung der Richtlinienwerte eine wesentliche Lärmbeeinträchtigung annimmt. Auch wenn alle erfolgversprechenden Maßnahmen zur Lärmverminderung durch quakende Frösche grundsätzlich nach dem Naturschutzrecht verboten sind, müssen die Zivilgerichte prüfen, ob eine **Ausnahmegenehmigung** (§ 31 Abs. 1 Nr. 1 a Bundesnaturschutzgesetz) in Betracht kommt. Kann sie erteilt werden, ist eine Verurteilung des Nachbarn zur Lärmabwehr unter dem Vorbehalt einer behördlichen Ausnahmegenehmigung möglich. Daneben kommt eine Verurteilung des Nachbarn zur Stellung eines Befreiungsantrages in Betracht.

Ist eine Ausnahmegenehmigung dagegen nicht möglich, hat der Abwehranspruch keinen Erfolg. Der Nachbar hat dann wegen des Froschlärms auch keinen nachbarrechtlichen Ausgleichsanspruch (§ 906 Abs. 2 Satz 2 BGB analog). Ähnlich wie die nachbarrechtlichen Sondervorschriften grenzen die naturschutzrechtlichen Bestimmungen den rechtmäßigen vom rechtswidrigen Gebrauch eines Grundstücks ab. Solange erfolgversprechende Maßnahmen zur Verhinderung von Einwirkungen naturschutzrechtlich verboten sind, ist die Einwirkung auch nicht rechtswidrig (BGH, a.a.O.).

Die Zumutbarkeitsgrenze kann auch durch übermäßiges **Hundegebell** überschritten werden (VG Stade, Urt. v. 3. 8. 1989, DWW 1990, 249).

Soweit ein Hund oft und ohne erkennbaren Anlaß bellt (hier: bis zu 60 mal am Tag), kann dem Hundehalter aufgegeben werden, den Hund von 19 Uhr bis 8 Uhr morgens und zwischen 12 und 15 Uhr nicht im Garten herumlaufen zu lassen. Unerheblich ist, ob der durch Hundegebell belästigte Nachbar sein Haus erst später als der Hundehalter bezogen hat, weil niemand bei Einzug in ein Wohnhaus mit übermäßigem, nach der vorhandenen Rechtsordnung nicht zulässigem Lärm rechnen oder diesen gar dulden muß. Die Wesentlichkeit einer Lärmstörung durch Hundegebell entfällt nicht deshalb, weil sich nur ein Nachbar bei der Behörde über die Lärmstörungen beklagt und der Tierhalter eine Unterschriftenliste weiterer Anlieger vorlegt, die sich nicht belästigt fühlen. Zum Beweis der Lärmstörungen durch Hundegebell sind Aufzeichnungen des belästigten Nachbarn ein zulässiges Beweismittel (VG Stade, Urt. v. 3. 8. 1989, DWW 1990, 249).

Auch ein Hund, der zur Bewachung von Gebäuden eingesetzt ist, muß so gehalten werden, daß durch sein Bellen die Anwohner nicht mehr als geringfügig gestört werden (OLG Düsseldorf, Beschl. v. 6. 6. 1990, DWW 1990, 270). Eine mehr als geringfügige Störung der Anwohner eines Wohngebiets liegt jedenfalls dann vor, wenn der Hund an verschiedenen Tagen mehrere Stunden ununterbrochen bzw. in 10- bis 15minütigen Abständen mehrere Minuten bellt (OLG Düsseldorf, a.a.O.).

Bei der Abwägung der gegenläufigen Nachbarinteressen ist dem Recht auf Haustierhaltung der Anspruch auf Ruhe in den Abend- und Morgenstunden sowie der üblichen Mittagszeit gegenüberzustellen.

Daher muß ein Hundehalter auch in ländlicher Gegend sicherstellen, daß vor 7 Uhr, zwischen 13 und 15 Uhr und nach 22 Uhr keine Geräuschimmissionen durch **Hunde**gebell auf das Nachbargrundstück dringen (LG Mainz, DWW 1996, 50). Entsprechendes gilt auch für Geräusche, die von einem Rosenköpfchen-**Papagei** verursacht werden (vgl. LG Nürnberg-Fürth, DWW 1996, 50: Geräusche sind vom Nachbarn lediglich in der Zeit von 9 bis 12 und von 13 bis 16 Uhr zu dulden).

● Lärm-Richtwerte

Einen groben Anhaltspunkt für das Maß des zulässigen ortsüblichen Lärms können die Richtwerte der technischen Anleitung zum Schutz gegen Lärm **(TA-Lärm)** bieten. Diese betragen für

Industriegebiete	70 dB (A)
Gewerbegebiete	65 dB (A), nachts 50 dB (A)
Mischgebiete, Kerngebiete und Dorfgebiete	60 dB (A), nachts 45 dB (A)
Allgemeine Wohngebiete	55 dB (A), nachts 40 dB (A)
Reine Wohngebiete	50 dB (A), nachts 35 dB (A)
Kurgebiete, Krankenhäuser und Pflegegebiete	45 dB (A), nachts 35 dB (A)

Diese Werte sind jedoch auf die von einem Werksgelände ausgehenden **Gewerbelärm** abgestimmt und können daher **nicht** auf alle Arten von Lärm **generell** angewandt werden.

Entsprechendes gilt für die **VDI-Richtlinie 2058** (vgl. auch LG Aachen, DWW 1987, 162), zu der das BayObLG im Beschluß vom 2. 5. 1985 (WM 1985, 234) ausführt, daß sie keineswegs starr und ohne Beachtung der Einzelfallbesonderheiten analog herangezogen werden kann. Eine technische Norm kann auch nicht als antizipiertes Sachverständigengutachten verwertet werden, wenn sie Anlaß zu Zweifeln gibt, substantiierte Einwendungen vorgetragen werden oder die Norm durch neuere gesicherte Erkenntnisse überholt ist (OVG Koblenz v. 14. 10. 1986, NVwZ 1987, 149).

Entsprechend stellt das OLG Hamburg (DWW 1988, 19) fest, daß die von der TA-Lärm und der VDI-Richtlinie 2058 genannten Richtwerte **nicht schematisch** herangezogen werden dürfen, sondern nur einen ersten Anhalt bieten. Weiter wird in dieser Entscheidung ausgeführt, daß **Sportanlagen** aus keinem Rechtsgrund Vorrang vor dem Ruhebedürfnis der Anlieger haben, wobei der Abwehranspruch auch schon dann besteht, wenn der Sportlärm noch nicht den Grad einer schweren unerträglichen Störung erreicht hat; eine beträchtliche Lästigkeit für den Durchschnittsmenschen reicht aus. Die Störwirkung informations- und impulshaltiger Geräusche kann nicht durch rechnerischen Vergleich mit dem sogenannten Beurteilungspegel erfaßt werden.

Auch in dieser Entscheidung kommt zutreffend zum Ausdruck, daß bei Geräuschen mit **hohem Informationsgehalt** eine erhebliche Störung auch dann vorliegen kann, wenn die technischen Pegelwerte noch nicht überschritten sind, da solche Geräusche laufend die Aufmerksamkeit des Hörers auf sich ziehen und dadurch um so störender wirken. Andererseits werden informations**lose** Geräusche (z. B. Prasseln des Regens, Meeresrauschen) regelmäßig erst bei Überschreiten erheblich höherer Pegelwerte als störend empfunden.

Bei der Beurteilung von Lärmimmissionen kommt es nicht nur auf das meßbare Ausmaß des Lärms, sondern auch auf dessen Art und die Umstände des Einzelfalles an. Dementsprechend wurde vom OVG Koblenz (Urt. v. 12. 6. 1992, DWW 1992, 314) entschieden, daß bei Ermittlung der Störwirkung eines **Tennisgeräusches** neben den physikalisch bezifferten Meßwerten auch der persönliche Eindruck des Gerichts maßgeblich ist. Daher kann die Sportanlagen-Lärmschutzverordnung (18. BImSchV, BGBl. 1991, 1588), die bestimmte Grenzwerte festlegt, keinesfalls zu einer Verkürzung zivilrechtlicher Abwehransprüche führen. Diese Verordnung entfaltet keine zivilrechtlichen Wirkungen, sondern legt lediglich fest, was Anlagenbetreiber ihren Nachbarn zumuten dürfen (OVG Koblenz, a.a.O.; a. A.: OLG Zweibrücken, DWW 1993, 173, wonach bei der Beurteilung von den Richtwerten der Verordnung auszugehen ist). Eine Störung im Sinne von § 906 BGB, die der Nachbar nicht dulden muß, liegt in einem allgemeinen Wohngebiet jedenfalls dann vor, wenn ein Wert von 55 dB (A) überschritten wird (OVG Koblenz, a.a.O.).

Zum Schutz der Anlieger vor **Verkehrslärm** kann die zuständige Straßenverkehrsbehörde die Benutzung bestimmter Straßen einschränken (vgl. § 45 Abs. 1 Satz 2 Nr. 3 StVO), wobei dem Ruhebedürfnis der Anwohner bei der Entscheidung ausreichend Rechnung zu tragen ist (OVG Münster, NJW 1981, 701).

Der Eigentümer eines Wohnhauses an einer **Fernstraße** hat Anspruch auf Errichtung und Unterhaltung von Schutzanlagen (z. B. Schutzzäune, Lärmschutzwände), wenn nicht vorhersehbare Wirkungen des Vorhabens oder der dem festgestellten Plan entsprechende Anlagen auf die benachbarten Grundstücke erst nach Unanfechtbarkeit des Plans auftreten (§ 17 Abs. 6 Satz 2 Bundesfernstraßen-Gesetz). Sind solche Anlagen mit dem Vorhaben unvereinbar oder stehen ihre Kosten außer Verhältnis zu dem angestrebten Schutzzweck, gewährt § 17 Abs. 4 eine Entschädigung in Geld, z. B. für Schallschutzfenster, bzw. den Minderwert des Grundstückes, wenn Schutzeinrichtungen keine wirksame Hilfe versprechen oder unverhältnismäßige Aufwendungen erfordern und das Grundstück schwer und unerträglich betroffen ist.

Zum Schutze der Nachbarn von **Gaststätten können** dem Inhaber einer Gastwirtschaft nach Erteilung der Erlaubnis Auflagen gemacht werden (§ 5 Abs. 1 Nr. 3 Gaststätten-Gesetz). Bei Vorliegen eines öffentlichen Bedürfnisses oder besonderer örtlicher Verhältnisse **kann** für einzelne Betriebe der Beginn der Sperrstunde bis 19 Uhr vorverlegt werden (§ 21 Gaststätten-Verordnung in Verbindung mit § 18 Gaststätten-Gesetz). Das Ruhebedürfnis der Nachbarn hat dabei Vorrang vor den wirtschaftlichen Interessen des Gastwirtes (VGH Baden-Württemberg, DWW 1986, 297), so daß der Betreiber einer lärmverursachenden Gaststätte auch erhebliche Verluste (hier: in einem Monat DM 45 000 Einbuße) hinnehmen muß, da das Betreiben einer Gaststätte in seinen Risikobereich fällt (OVG Münster, Beschl. v. 25. 1. 1994, DWW 1994, 158). Auch insofern läßt sich die Belastung durch Lärm nur unvollkommen in einem Meßwert erfassen. Dies gilt namentlich für Geräusche, welche Gaststättenbesucher beim Verlassen des Lokals verursachen (Parkplatzsuche, An- und Abfahren, Rangieren, Türenschlagen, Unterhaltungen der Besucher). Da solcher Gaststättenlärm kurzfristig und unerwartet auftritt, ist – wenn überhaupt Meßwerte berücksichtigt werden – wesentlich auf den **Spitzenlärmpegel** abzustellen. Dem allgemeinen Geräuschpegel kommt daher weniger Bedeutung zu. Einer Gaststätte ist solcher Lärm auch zuzurechnen, wenn er auf öffentlichen Flächen im Zusammenhang mit dem Gaststättenbetrieb entsteht. In einem Gebiet, wo dem Wohnen besonderer Vorrang eingeräumt wird, dürfen lärmverursachende Anlagen (hier: Gaststätten) an den Grenzen ihres Grundstücks maximal einen äquivalenten Dauerschallpegel von 40 dB (A) erzeugen. Wird dieser Wert trotz Verteilens von Handzetteln und an die Gäste gerichteter Durchsagen mit der Bitte um ruhiges Verhalten ständig überschritten, so muß die Gaststätte um 21.30 Uhr geschlossen werden, da nur so der Schutz der Nachtruhe ab 22 Uhr gewährleistet ist (OVG Münster, a.a.O.).

Der Anwohner eines sog. Kommunikationszentrums braucht keine über 22 Uhr hinausgehenden Lärmstörungen hinzunehmen, die durch Diskothekenveranstaltungen und Rockkonzerte verursacht werden (OVG Münster, Beschl. v. 18. 12. 1990, DWW 1991, 118).

Nach einem Beschluß des OLG Düsseldorf vom 6. 5. 1991 (WM 1991, 438) darf der Besitzer einer Garage diese zur Nachtzeit von 22 bis 6 Uhr nicht benutzen, wenn das **Garagentor** nur unter Verursachung von erheblichen, die Nachtruhe störenden Geräuschen zu schließen ist. Die Ursache für die Geräuschentwicklung ist unerheblich; insbesondere stellt ein etwaiger Defekt des Tores keinen Rechtfertigungs- oder Entschuldigungsgrund dar.

• Bestimmung und Beweis der Lärmstörung

Unabhängig von der Art der Lärmstörung erfordert ein erfolgreiches Vorgehen gegen die Störung insbesondere einen **substantiierten** Vortrag sowie dessen Beweisbarkeit. Soll z. B. gegen einen Mieter wegen laufender Lärmstörungen vorgegangen werden, ist weder für eine Abmahnung (siehe „Abmahnung") noch für eine Kündigung (siehe „Kündigung") oder eine Unterlassungsklage (siehe „Unterlassungsklage") ausreichend, wenn lediglich von „laufenden Ruhestörungen" gesprochen wird.

> Daher ist zu empfehlen, zumindest Ort, Datum und Uhrzeit sowie die Art der Störung schriftlich zu fixieren und dafür Beweise zu sammeln (z. B. durch sofortige schriftliche Bestätigung der Hausbewohner; vgl. auch LG Berlin, DWW 1988, 83).

Werden die Störungen nicht vom Mieter selbst verursacht, muß ferner bewiesen werden, daß die Störungen dem Mieter zuzurechnen sind. So kann dem Betreiber einer **Gaststätte oder Diskothek** zwar auch dann gekündigt werden, wenn nicht er (z. B. durch die Musikanlage), sondern seine Gäste übermäßigen Lärm verursachen, jedoch ist der Vermieter beweispflichtig dafür, daß es sich bei den Lärmverursachern um Gäste des Mieters und nicht um andere Personen handelt (OLG München, Urt. v. 9. 2. 1996, ZMR 1996, 487).

Praktische Schwierigkeiten bereitet häufig auch die Substantiierung des Vortrages über die **Intensität** des Lärms. Auch insoweit ist z. B. eine pauschale Behauptung, es wäre „sehr laut" gewesen, regelmäßig nicht ausreichend (vgl. BayVGH v. 16. 7. 1985, DWW 1986, 22).

Zur Bestimmung der Lautstärke ohne aufwendige Sachverständigen-Gutachten empfiehlt Pfeifer in ZV-Materialien Nr. 3 d des Zentralverbandes der Deutschen Haus-, Wohnungs- und Grundeigentümer Ziffer 19 c einen Vergleich mit anderen in ihrer Lautstärke bestimmbaren Geräuschen:

„Man kann z. B. sagen, der Partylärm aus dem Nachbargarten sei so laut gewesen, daß er beispielsweise das Geräusch in der eigenen Küche einlaufenden Wassers übertönt habe. Da man dieses Geräusch rekonstruieren kann, ergeben sich somit Anhalte, wie laut es war. Oder: Um abzugrenzen, wie laut die Musik aus der links neben dem Schlafzimmer gelegenen Nachbarwohnung herüberkommt, stellt man – falls die Baulichkeiten danach sind – in seinem rechts neben dem Schlafzimmer gelegenen Wohnzimmer sein eigenes Radio so laut, daß im mittleren Zimmer – dem Schlafzimmer – eigene und nachbarliche Musik **gleich laut** zu hören sind. Auch hier hat man einen Anhalt. Man kann nämlich sagen, daß die Lautstärke des eigenen Radios, ablesbar am Einstellknopf für die Lautstärke, der Lautstärke in der Nachbarwohnung vergleichbar war. Solche Vergleiche sind natürlich nur ein Behelf, stellen aber gleichwohl einen objektivierbaren Ansatz dar."

- **Abmahnung und Unterlassungsklage**

Können die Lärmstörungen hinreichend substantiiert vorgetragen und bewiesen werden, ist der störende Mieter im Wege der Abmahnung (vgl. „Abmahnung") zur Unterlassung weiterer Störungen aufzufordern, wobei dem Mieter Lärmstörungen durch seine Erfüllungsgehilfen (z. B. Haushaltsangehörige, Untermieter, Besucher, Lieferanten, Handwerker) zuzurechnen sind (vgl. z. B. OLG München, DWW 1986, 118).

Bei weiteren Störungen nach Abmahnung ist der Vermieter zur Erhebung der Unterlassungsklage (§ 550 BGB; „Unterlassungsklage") und im Falle einer erheblichen Verletzung der Rechte des Vermieters zur Kündigung berechtigt (§ 553 BGB, „Kündigung").

Der Streitwert der Unterlassungsklage bei Störung des Wohnbesitzes richtet sich nach dem wirtschaftlichen Interesse des Klägers an der Beseitigung der Störung. Dieses Interesse bewertet sich nach der Höhe des Jahresbetrages einer berechtigten Mietminderung (OLG Frankfurt, Beschl. v. 26. 9. 1985, WM 1986, 19).

Gegen Störungen durch **Dritte** (z. B. durch eine Gaststätte; vgl. OLG Frankfurt, DWW 1985, 208) kann der Vermieter nach den §§ 903, 862, 869 BGB vorgehen. Die erforderlichen Maßnahmen zur Beseitigung der Störung hat der Dritte auf seine Kosten zu veranlassen. Von dem Beschwerdeführer können grundsätzlich keine Maßnahmen zur Beseitigung der Beeinträchtigung verlangt werden, z. B. laufend die Fenster und Türen geschlossen zu halten oder das Schlafzimmer in einen anderen Raum der Wohnung zu verlegen. In diesem Sinne wurde auch vom BGH (Urt. v. 30. 1. 1986, Az. III ZR 34/85) entschieden, daß für Flugzeuglärm die Meßwerte bei offenen und nicht bei geschlossenen Fenstern maßgeblich sind. Dies hat auch für alle anderen Arten von Lärm zu gelten.

Unabhängig davon, ob eine Lärmstörung von einem Hausbewohner oder einem Dritten verursacht wird, kann der Mieter zwar aus eigenem Recht (§§ 858 ff. BGB) gegen den Störer vorgehen und daneben auch die zuständige Verwaltungsbehörde durch Anzeige zu einem Einschreiten veranlassen; der Mieter kann jedoch auch vom Vermieter verlangen, daß dieser seiner Verpflichtung zur Gewährung eines vertragsgemäßen Gebrauchs der Wohnung nachkommt und für die Beseitigung der Lärmstörung sorgt.

Dieses Recht des Mieters besteht unabhängig von einem Verschulden des Vermieters an der Störung. Wird der Mieter aus dem Nebenhaus durch Klavierspiel gestört, kann den Vermieter die Pflicht treffen, hiergegen einzuschreiten (LG Offenburg, Beschl. v. 5. 3. 1990, DWW 1990, 273; vgl. auch LG Köln, WM 1990, 385; LG Hamburg, WM 1987, 218).

Der Klageantrag, mit dem der Mieter ein solches Tätigwerden des Vermieters erstrebt, muß die beanstandeten Immissionen genau bezeichnen sowie genau angeben, was vom Vermieter verlangt wird. Die Formulierung „... Lärm insoweit zu unterlassen bzw. zu unterbinden ...“ reicht nicht aus (LG Offenburg, a.a.O.).

Daneben kann der Mieter – ebenfalls unabhängig von einem Verschulden des Vermieters – den Mietzins mindern, wenn die Lärmstörung zu einer erheblichen Beeinträchtigung des Wohnwertes führt.

Grundsätzlich kann der Vermieter den Schaden, der ihm durch die Minderung des Mietzinses entsteht, vom Störer ersetzt verlangen (z. B. vom störenden Mieter aus positiver Vertragsverletzung).

Der Anspruch des Vermieters gegen den Störer ist jedoch nicht Voraussetzung des Minderungsrechtes des Mieters. Nach dem Rechtsentscheid des BayObLG vom 4. 2. 1987 (ZMR 1987, 174; Weber/Marx, VII/S. 33) wird der Anspruch des Mieters von Wohnraum, wegen eines vom Nachbargrundstück ausgehenden **Bau**lärms den Mietzins zu mindern, nicht dadurch ausgeschlossen, daß der Vermieter als Eigentümer die Lärmbeeinträchtigung ohne Anspruch auf Ausgleichszahlung dulden muß. Jedoch besteht ein Minderungsrecht des Mieters nur bei **erheblichen** Beeinträchtigungen des Wohnwertes. So hat z. B. das AG Augsburg (ZMR 1988, 341) ein Minderungsrecht bei einem 18 m von der Wohnung entfernten Bauplatz zur Errichtung von 12 Reihenhäusern verneint (vgl. LG Göttingen, WM 1986, 114; LG Bonn, WM 1986, 115).

Eine umfangreiche **Abhandlung zu Lärmstörungen** sowie eine Übersicht über die einschlägige Rechtsprechung findet sich in den ZV-Materialien Nr. 3 „Lärmstörungen" des Zentralverbandes der Deutschen Haus-, Wohnungs- und Grundeigentümer, Cecilienallee 45, 40474 Düsseldorf.

Lasten des Grundstückes

Der Vermieter hat die auf der vermieteten Sache ruhenden öffentlichen und privaten Lasten zu tragen.

Öffentliche Lasten sind Leistungen, die kraft öffentlichen Rechtes auf dem Grundstück ruhen oder aus dem Grundstück zu entrichten sind. Unerheblich ist, ob sie im Grundbuch eingetragen sind oder nicht, z. B. Grundsteuer, Gebäudesteuer, kommunale Abgaben, Erschließungskosten (BGH, NJW 1982, 1278), Straßenanliegerbeiträge und -baukosten, Kirchen- und Schulbaulast.

Nicht unter den Begriff der öffentlichen Lasten fallen z. B. die Grunderwerbsteuer, Müllabfuhrgebühren, Räum- und Streupflicht und Baubeschränkungen.

Der Verkäufer eines Grundstückes haftet nicht für die Freiheit des Grundstückes von öffentlichen Abgaben und von anderen öffentlichen Lasten, die zur Eintragung in das Grundbuch nicht geeignet sind (§ 436 BGB), soweit nichts anderes vereinbart ist.

Zu den **privaten** Lasten eines Grundstückes gehören insbesondere die Zinsen aus Grundpfandrechten.

Die Umlage von Lasten auf den Mieter kann nur erfolgen, soweit sie auch unter den Begriff der Betriebskosten im Sinne der Anlage 3 zu § 27 II. Berechnungsverordnung fallen, z. B. Grundsteuer, Kehrgebühren (vgl. „Betriebskosten").

Leistungsvorbehalt

Wie schon der Name „Leistungsvorbehalt“ sagt, handelt es sich um einen Vorbehalt, der sich allerdings, was aus der Wortfassung nicht hervorgeht, auf **künftige** Leistung bezieht. Das wesentliche Kriterium des Leistungsvorbehaltes besteht im Unterschied zur Wertsicherungsklausel darin, daß die künftige Leistung sich nicht automatisch an einer Bezugsgröße orientiert, also nicht entsprechend dem Preis eines anderen Wirtschaftsgutes oder einer Indexzahl gleitet, vielmehr die Änderung der Bezugs- oder Vergleichsgröße, etwa die Veränderung des Lebenshaltungsindexes, lediglich Voraussetzung für die Änderung der Leistung, hier des Mietzinses, ist, der dann aber nach einem anderen Maßstab zu bestimmen ist.

Geht man von der Wertsicherungsklausel, bezogen auf den Lebenshaltungskostenindex, aus, so wird der Unterschied zum Leistungsvorbehalt folgendermaßen deutlich:

Auch beim Leistungsvorbehalt kann festgelegt werden, daß sich der Mietzins ändert, sobald sich der Lebenshaltungskostenindex um eine bestimmte Punktezahl verändert hat. Die Indexänderung ist Voraussetzung für die Mietzinsänderung. Der dann zu zahlende Mietzins darf sich jedoch nicht in gleicher Weise wie der genannte Index ändern, sondern muß auf **andere** Weise gefunden werden.

Für Leistungsvorbehalte in Mietverträgen bieten sich dazu zwei Wege an:

> Die neue Mietzins-Bestimmung erfolgt durch einen **Dritten** als Schiedsgutachter, durch einen öffentlich bestellten und vereidigten Sachverständigen für Grundstücks- und Mietwerte oder nach **billigem Ermessen**.

Bei dieser Alternative hat die Bestimmung des neuen Mietzinses, wenn nichts anderes vereinbart ist, der Vermieter zu treffen, weil er die Gegenleistung für die Überlassung des Mietgegenstandes zu fordern hat (§ 315 BGB).

> Ist darüber, wie der künftige Mietzins zu bemessen ist, nichts vereinbart, muß er billigem Ermessen entsprechen (§ 315 Abs. 1 BGB).

Dieses Ermessen ist im Hinblick auf die Entwicklung der ortsüblichen Mietpreise zu konkretisieren, so daß die Mietanpassung der Höhe nach durch die Veränderung der ortsüblichen Miete beschränkt ist. Dies bedeutet, daß eine Mieterhöhung trotz einer Erhöhung des Indexes ausgeschlossen ist, wenn die **ortsübliche Miete** gleichgeblieben oder sogar gesunken ist (OLG Hamm, Urt. v. 17. 4. 1996, NJWE 1996, 226).

Die vom Vermieter getroffene Bestimmung des neuen Mietzinses ist für den Mieter nur verbindlich, wenn sie der **Billigkeit** entspricht (§ 315 Abs. 3 Satz 1 BGB). Entspricht sie nicht der

Billigkeit, wird die Bestimmung durch Urteil getroffen (§ 315 Abs. 3 Satz 2 BGB). Dem Vermieter ist es in diesem Falle grundsätzlich verwehrt, seine Bestimmung zu widerrufen und das Bestimmungsrecht ein zweites Mal auszuüben. Etwas anderes würde nur dann gelten, wenn sich im Wege der Vertragsauslegung (§§ 133, 157 BGB) ein anderer Wille der Parteien ermitteln ließe (OLG Düsseldorf, Urt. v. 2. 12. 1993, DWW 1994, 150).

Klage auf Bestimmung der Leistung kann sowohl der Vermieter als auch der Mieter erheben. Auch kann der Vermieter auf Zahlung des von ihm bestimmten Mietzinses klagen.

Bei Bestimmung der Leistung durch einen **Dritten** kann im Vertrag festgehalten werden, nach welchen Gesichtspunkten die Bestimmung zu treffen ist. Ist dies nicht geschehen, hat die Bestimmung durch den Dritten (Schiedsgutachter) gleichfalls **billigem Ermessen** zu entsprechen (§ 317 Abs. 1 BGB). Ist vereinbart, daß mehrere Dritte (z. B. ein vom Vermieter und ein vom Mieter benannter Gutachter) die künftige Leistung zu bestimmen haben, ist bei verschiedenen Ergebnissen der Durchschnittsbetrag maßgebend, sofern nichts anderes vereinbart ist (§ 317 Abs. 2 BGB).

Die durch den Dritten getroffene Bestimmung ist für die Vertragspartner nur dann nicht verbindlich, wenn sie offenbar unbillig ist (§ 319 Abs. 1 BGB). Darin liegt ein wesentlicher Unterschied zu dem Fall der Bestimmung der Mieterleistung durch den Vermieter. Die **Unbilligkeit** bei der Leistungsbestimmung durch einen Dritten muß nämlich **„offenbar"** sein. Das ist der Fall, wenn sich die Unbilligkeit jedem oder doch jedenfalls dem sachkundigen und unbefangenen Beobachter sofort aufdrängt (BGH, DB 1970, 827). Es genügt nicht, daß die getroffene Bestimmung nicht mehr im Rahmen des billigen Ermessens liegt, vielmehr müssen Treu und Glauben in grober Weise verletzt sein. Der Dritte (Gutachter) muß fachwidrig und offenbar gegen das Interesse eines Vertragspartners verstoßen oder auf offenbar ungenügender Grundlage vorgegangen sein. Dabei ist ein verbindliches Schiedsgutachten zur Miethöhe noch nicht deswegen offenbar unrichtig, weil das Gutachten den Zustand der Mietsache ohne Berücksichtigung werterhöhender Einrichtungen des Mieters zugrunde legt, wenn dem Sachverständigen die Zuordnung der Einrichtungen zum Mieter nicht mitgeteilt wurde (OLG Frankfurt/M., Urt. v. 10. 6. 1992, WM 1992, 429; Palandt-Heinrichs, BGB, 51. A., § 319 Rdn. 5). Ebenso ist ein Schiedsgutachten über die Höhe der Vergleichsmiete nicht deswegen offenbar unrichtig, weil es neben den individuellen Beschaffenheitsmerkmalen und Mietpreisen nur die Straßennamen, nicht aber die genaue Anschrift der Vergleichsobjekte enthält. Durch Mitteilung der **Straßennamen** wird jedenfalls die Lage der Vergleichsobjekte hinreichend gekennzeichnet, so daß eine weitergehende Bezeichnung der einzelnen Objekte nicht erforderlich ist (OLG Hamburg, WM 1995, 650; BGH, Beschl. v. 21. 6. 1995, WM 1995, 650; vgl. dazu auch BVerfG, NJW 1995, 40; NJW 1997, 311; NJW 1997, 1909).

Bei offenbarer Unbilligkeit kann die Leistung durch **Urteil** bestimmt werden. Das gilt, wenn der Dritte die Bestimmung nicht treffen kann oder will oder wenn er sie verzögert (§ 319 Abs. 1 BGB). Weil nur schwerwiegende Fehler bei der Leistungsbestimmung durch den Dritten einen Grund zur Beanstandung bieten, wird, wenn die Bestimmung getroffen ist, noch dazu durch einen Sachverständigen, eine Klage auf Bestimmung durch Urteil nur selten Erfolg haben.

Der Leistungsvorbehalt hat gegenüber der **Wertsicherungsklausel** (vgl. „Wertsicherungsklausel") den Vorteil, daß er **keiner** Genehmigung bedarf, also mit Abschluß wirksam ist. Der Nachteil gegenüber der Wertsicherungsklausel liegt darin, daß bei der letzteren nur die amtliche Statistik herangezogen zu werden braucht und daraus der neue Mietzins ohne weiteres und leicht erfaßbar errechnet werden kann.

Wie die Praxis zeigt, führt der Leistungsvorbehalt immer wieder zu Unstimmigkeiten zwischen den Vertragsparteien. Trifft der Vermieter die Bestimmung, begegnet sie beim Mieter oftmals Zweifeln. Trifft die Bestimmung ein Dritter, ist meist ein Vertragsteil mit dem Ergebnis nicht zufrieden, kann jedoch trotzdem nur ausnahmsweise mit der Aussicht auf Erfolg dagegen vorgehen.

Lift → „Aufzug"

> Die Vereinbarung eines Leistungsvorbehalts kann deshalb nur bei Verträgen von weniger als 10jähriger Dauer empfohlen werden. Ab 10jähriger Vertragsdauer ist der Wertsicherungsklausel der Vorzug zu geben.

Als **Beispiel** für einen Leistungsvorbehalt sei angeführt:

> „Sollte sich der vom statistischen Bundesamt für das gesamte Bundesgebiet amtlich festgestellte Index für die Lebenshaltungskosten aller privaten Haushalte (Basis 1991 = 100) im Verhältnis zum Zeitpunkt des Vertragsschlusses um mehr als 5 Punkte verändern, tritt eine Änderung des Mietzinses ein. Dieser ist alsdann nach billigem Ermessen (durch einen von der zuständigen Industrie- und Handelskammer zu benennenden Schiedsgutachter) zu bestimmen und ab Beginn des auf die Überschreitung der 5-Punkte-Grenze folgenden Kalendermonats an zu bezahlen. Sofern aufgrund des vorstehenden Leistungsvorbehalts eine Änderung des Mietzinses eingetreten ist, wird die Klausel gemäß den Bestimmungen des vorangehenden Satzes erneut anwendbar, sobald sich der für die Neufestsetzung laut Satz 1 maßgebliche Lebenshaltungskostenindex gegenüber seinem Stand im Zeitpunkt der vorangegangenen Anpassung erneut um mehr als 5 Punkte verändert hat".

Mängel

Inhaltsübersicht Seite

Der Vermieter ist verpflichtet, die Mieträume in einem zum vertragsgemäßen Gebrauch geeigneten Zustand zu überlassen und sie während der Mietzeit darin zu erhalten. Sind die Räume mit Mängeln behaftet, kann der Mieter mindern, ggf. Schadenersatz beanspruchen und Verwendungsersatz bei Selbsthilfe verlangen.

1 Fehlerbegriff

Mängelhaftung des Vermieters tritt ein, wenn die vermietete Sache zur Zeit der Überlassung an den Mieter mit einem **Fehler** behaftet ist, der ihre **Tauglichkeit zu dem vertragsmäßigen Gebrauch** aufhebt oder mindert oder wenn im Laufe der Mietzeit ein solcher Fehler entsteht. Abgestellt wird somit auf die Tauglichkeit zum vertraglich vereinbarten Mietgebrauch. Maßstab ist der Zustand der Sache, der erforderlich ist, um dem Mieter uneingeschränkt den ihm zustehenden vertragsgemäßen Gebrauch zu ermöglichen (OLG Celle, RE v. 19. 7. 984, WM 1985, 9 = Weber/Marx, IV/S. 32). Danach bildet jede negative Abweichung des tatsächlichen Zustandes der Sache von der durch die Erfordernisse des vertragsgemäßen Gebrauches definierten Sollbeschaffenheit, also jede Untauglichkeit der Sache zum Vertragszweck, bereits einen Fehler. Es spielt keine Rolle, ob der Tauglichkeitsmangel auf den Zustand der Sache oder auf andere Umstände tatsächlicher oder rechtlicher Art zurückzuführen ist. So werden auch in gewissem Umfang Immissionen von außen oder Gefahrenquellen in der Umgebung, die den Mieter im vertragsmäßigen Gebrauch beeinträchtigen, als Mangel angesehen, sog. **Umweltfehler**, z. B. Drogenberatungsstelle im Nachbarhaus (OLG Hamm, NJW-E MietR 1996, 80). Das Gericht hat auf Grund der Begleiterscheinungen der Drogenszene eine Minderung von 50 % angenommen.

Das OLG Hamm hat in einer Entscheidung, in der der Erlaß eines Rechtsentscheides abgelehnt wurde (WM 1987, 248), ausgeführt, daß dieser **weite Fehlerbegriff** die Gefahr der Ausuferung birgt. Allerdings ist nach Ansicht des Gerichts eine Mietsache mit Beziehung zu einer Gefahrenquelle nicht erst dann mangelhaft, wenn der Mieter wirklich Schaden erleidet, sondern schon dann und deshalb, wenn und weil er sie nur in der Befürchtung der Gefahrenverwirklichung benutzen kann. Es muß sich um eine begründete Gefahr-Besorgnis handeln. Eine Rolle kann z. B. die Dauer der Mietzeit spielen, ebenso können die Möglichkeit von Gegenmaßnahmen und ihre Dauer von Bedeutung sein sowie die Personen des Mieters und seiner Familie (z. B. kleine Kinder). Auch **Umweltgifte** können einen Mangel darstellen, z. B. Überschreitung des Grenzwertes für Formaldehyd-Konzentrationen in der Raumluft (AG Bad Säckingen, WM 1996, 140) oder die Gefahr der Freisetzung von Asbestfasern (LG Dortmund, WM 1996, 141), ohne daß der Mieter bereits gesundheitliche Schäden erleidet (OLG Hamm, a.a.O.). Dies darf aber nicht soweit führen, daß das allgemeine Lebensrisiko vom Mieter auf den Vermieter abgewälzt wird. Der Mieter kann daher nur dann die Entfernung des **Nachtstromspeicherofens** wegen der Asbestgefahr verlangen, wenn eine konkrete Gefahrenlage besteht. Insoweit muß der Mieter darlegen, daß die Asbestbelastung durch die Nachtstromspeicheröfen über der sonstigen Hintergrundbelastung mit Asbest liegt (zu Recht LG Berlin, Urt. v. 19. 7. 1996, WM 1996, 761). Dies gilt auch für den Fall, daß in der Wohnung baulich verarbeitete Materialien **Holzschutzmittel** enthalten. Hier muß der Mieter ebenso eine konkrete Gesundheitsgefährdung nachweisen (LG Tübingen, WM 1996, 41). Die Überschreitung von Umweltschutznormen oder Richtwerten, die vor Gesundheitsgefahren schützen sollen, ist allein nicht ausreichend.

Es stellt keinen Fehler dar, wenn sich bei einer Innenstadtwohnung das Wohnumfeld ändert, z. B. bei zunehmender Belästigung durch die Drogen- und Prostitutionsszene (AG Schöneberg, NJW-MietR 1997, 75).

Auch **Baulärm von einem Nachbargrundstück** kann zur Minderung führen. Das BayObLG hat in einem Rechtsentscheid entschieden, daß der Anspruch des Mieters von Wohnraum, wegen eines vom Nachbargrundstück ausgehenden Baulärms den Mietzins zu mindern, nicht dadurch ausgeschlossen wird, daß der Vermieter als Eigentümer die Lärmbeeinträchtigung ohne Anspruch auf Ausgleichszahlung dulden muß (WM 1987, 112; Weber/

Marx, VII/S. 33). Das Gericht hat selbst die Gefahr gesehen, daß der Vermieter ebenso in dem Minderungsprozeß gegen den Mieter unterliegen kann wie in dem Verfahren gegen den Lärmverursacher. Dem kann der Vermieter dadurch begegnen, daß er im Verfahren gegen den Mieter durch **Streitverkündung** gegen den Störer (hier: den Nachbarn, § 72 ZPO) die Nebeninterventionswirkung (§§ 68, 74 Abs. 1 ZPO) herbeiführt. Die Nebenintervention bewirkt, daß Feststellungen in diesem Urteil für den Fall der Rechtskraft dann auch gegen den Störer wirken.

Zu den **Fehlern** im Sinne des Gesetzes gehören nicht nur bauliche Mängel aller Art, sondern auch öffentlich-rechtliche Benutzungsbeschränkungen (z. B. Versagung der Zweckentfremdungsgenehmigung bei gewerblicher Vermietung eines Wohnraumes) oder Hindernisse, wenn sie auf der konkreten Beschaffenheit, dem Zustand oder der Lage der Mietsache beruhen (BGH, WM 1992, 313, 314). Der Vermieter ist auch grundsätzlich verpflichtet, fehlende **behördliche Genehmigungen** beizubringen, die zur Aufnahme eines vertraglich vorgesehenen Gewerbebetriebes erforderlich sind (OLG Hamm, ZMR 1982, 207).

Allerdings darf der Fehlerbegriff nicht so weit ausgeweitet werden, daß dem Mieter das gesamte Verwendungsrisiko abgenommen wird. Ein Mangel kann daher nur angenommen werden, wenn die öffentlich-rechtliche Beschränkung ihre Ursache gerade in der Beschaffenheit der konkreten, vermieteten Sache und nicht in sonstigen, allgemein vorliegenden Umständen hat (so zu Recht Emmerich / Sonnenschein, Miete, § 537 Rdn. 9). Auftretende **öffentlich-rechtliche Beschränkungen** sind daher nicht sämtlich als Mängel (§ 537 BGB) anzusehen, etwa wenn sich die Versagung einer Genehmigung eher als betriebsbezogene – und nicht objektbezogene – Gebrauchs- oder Nutzungsbeschränkung ausgewirkt hat (BGH, WM 1992, 313, 315). Im allgemeinen ist nur ein rechtswirksames behördliches Verbot – z. B. ein als Baugrundstück vermietetes Grundstück zu bebauen – als Fehler anzusehen, sofern die behördliche Gebrauchsbeschränkung auf der Lage oder Beschaffenheit des Grundstückes beruht. Allerdings kann in einer auf Jahre hin zu erwartenden Ungewißheit über die vertragsgemäße Nutzbarkeit der Mietsache im Einzelfall ein Sachmangel gesehen werden (BGH, WPM 1971, 531 f.). Ein Rückgriff auf die Grundsätze über den Wegfall der Geschäftsgrundlage nach Treu und Glauben (§ 242 BGB) kommt daneben grundsätzlich nicht in Betracht (BGH, WM 1992, 313).

Auch **Störungen durch andere Mieter**, die über das zumutbare Maß hinausgehen (nächtliche Ruhestörungen etc.), können Mängel sein (LG Göttingen, NJW 1954, 1205; LG Köln, ZMR 1971, 241).

Ist die **Mietsache** vollständig **zerstört**, führt dies zwar nicht ohne weiteres zur Beendigung des Vertrages. Hat dies jedoch der Vermieter nicht zu vertreten, wird er von der Pflicht der Gebrauchsüberlassung frei (§ 275 BGB). Damit entfällt auch seine Verpflichtung zum

Wiederaufbau (BGH, NJW 1976, 1506). Ein Fehler liegt hier nicht vor, da der Vermieter zur Schadensbeseitigung nicht mehr verpflichtet ist (BGH, WM 1990, 546). Dies gilt auch bei einer teilweisen Zerstörung des Mietobjektes, wenn der Herstellungsaufwand die Opfergrenze übersteigt (BGH, a.a.O.). Dies ist der Fall, wenn die Reparaturkosten den Zeitwert des Mietobjektes erheblich übersteigen (OLG Karlsruhe, WM 1995, 307).

Die Regeln der Unmöglichkeit finden jedoch keine Anwendung, wenn der Vermieter wegen eines **Rechtsmangels** (§ 541 BGB) nicht in der Lage ist, dem Mieter den Gebrauch zu gewähren (BGH, ZMR 1991, 418).

Hier haftet der Vermieter wie bei einem Sachmangel. In dem vom BGH entschiedenen Fall wurde eine landwirtschaftliche Fläche doppelt verpachtet. Anders liegt der Fall, wenn das Mietverhältnis beendet ist und der bisherige Mieter sich zu Unrecht weigert, die Mietsache herauszugeben. In diesem Fall ist der Vermieter nur aus tatsächlichen Gründen an der Gebrauchsüberlassung gehindert, die Leistung ist ihm subjektiv unmöglich. Hier liegt **kein** Rechtsmangel (§ 541 BGB) vor (OLG München, ZMR 1996, 605). Dieses Unvermögen des Vermieters, dem Nachfolgemieter nach Abschluß des Mietvertrages den unangefochtenen Besitz des Mietobjekts zu verschaffen, ist einem erst nach Vertragsschluß entstandenen Rechtsmangel gleichzusetzen, für den der Vermieter nur bei Verschulden einzustehen hat (OLG München, a.a.O.). Ein zur Minderung berechtigender Rechtsmangel liegt nicht schon dann vor, wenn nur ein Recht eines Dritten auf die vermietete Sache besteht, das zu einer Beeinträchtigung des vertragsgemäßen Gebrauchs führen könnte. Ein Rechtsmangel entsteht vielmehr erst dann, wenn der Dritte sein Recht in einer Weise geltend macht, die zu einer Beeinträchtigung des Gebrauchs durch den Mieter führt. Eine Beeinträchtigung der Gebrauchsgewährung setzt nicht voraus, daß der Mieter den Besitz oder die Nutzung der Sache deswegen bereits aufgegeben hat. Eine zu einem Rechtsmangel führende Beeinträchtigung der Gebrauchsgewährung ist bei der Vermietung von Räumen schon dann gegeben, wenn der Dritte gegen den Mieter einen ihm zustehenden Herausgabeanspruch geltend macht und Räumung verlangt (BGH, WM 1975, 204 und BGH, WM 1996, 32).

Auch bei einer Vermietung unter Verstoß gegen das **Zweckentfremdungsverbot** kommt es darauf an, inwieweit die konkrete Nutzung der Räumlichkeiten beeinträchtigt ist. Ist die Gefahr, daß für die Zukunft aufgrund des Einschreitens der zuständigen Behörde mit Beeinträchtigungen in Form einer Nutzungsuntersagung zu rechnen ist, bereits konkret, liegt ein Mangel vor (OLG Hamburg, NJW-RR 1996, 1356; siehe auch „Zweckentfremdung“, Abschnitt 6).

2 Fehlen einer zugesicherten Eigenschaft

Der Mieter kann auch mindern, wenn eine **zugesicherte Eigenschaft** fehlt oder später wegfällt (§ 537 Abs. 2 BGB). Zusicherung ist mehr als die Beschreibung des normalen Zustandes einer Wohnung (vgl. „Wohnfläche"). Sie muß in vertragsgemäß bindender Weise (siehe „Schriftform") abgegeben worden sein. Ihr Inhalt muß hinreichend genau bezeichnet sein.

> **Beispiel:** Die Zusicherung, daß eine Gaststätte nicht Bier einer bestimmten Brauerei abnehmen muß, sondern frei ist (RGZ 95, 175).

3 Berechtigung zur Minderung

Liegt ein Mangel vor (oder fehlt eine zugesicherte Eigenschaft), ist der Mieter zur **Minderung der Miete** berechtigt (siehe „Minderung"). Der Mangel muß **erheblich** sein. Eine unerhebliche Minderung der Tauglichkeit bleibt jedoch außer Betracht (§ 537 Abs. 1 BGB). Dies ist der Fall, wenn die Benutzung der Wohnung selbst nur unerheblich beeinträchtigt ist oder ein Mangel ohne Aufwand schnell beseitigt werden kann (defekte Glühbirne im Hausgang, AG Pinneberg, WM 1980, 63). Die Beweislast dafür, daß nur eine unerhebliche Beeinträchtigung vorliegt, hat der Vermieter.

Das LG Hamburg (WM 1991, 161) hat hierzu entschieden, daß eine gesundheitsgefährdende **Bleikonzentration im Trinkwasser** aufgrund der Wasserleitung einen Mangel darstellen kann. Liegt der Mangel in einem Gefährdungstatbestand, kann die Beeinträchtigung des Mietgebrauchs nur in denjenigen Umständen gesehen werden, die sich daraus ergeben, daß sich der Mieter einschränken oder gewisse Vorsorgemaßnahmen treffen muß, damit sich die befürchtete Gefahr nicht aktualisiert oder er sich ihr entzieht. Soweit derartige Maßnahmen zumutbar sind (hier Laufenlassen des Wassers 1 bis 2 Sekunden vor Gebrauch), wird nach Auffassung des Gerichts die Erheblichkeitsschwelle (§ 537 Abs. 1 Satz 2 BGB) nicht überschritten.

Befreiung vom Mietzins oder Minderung desselben tritt **ohne Rücksicht auf Verschulden** des Vermieters ein.

> **Beispiel:** Ausfall der Zentralheizung wegen eines vom Vermieter nicht verschuldeten technischen Defektes.

Das Recht auf Mietzinsminderung ist kein „Anspruch", sondern eine kraft Gesetzes eintretende Änderung der Vertragspflicht. Sie besteht für die Dauer des Mangels. Die Minderung tritt also automatisch kraft Gesetzes ein. Trotzdem muß der Mieter den Mangel **anzeigen** (siehe „Anzeigepflicht"). Bei rügeloser Zahlung des Mietzinses trotz Kenntnis eines Mangels verliert der Mieter sein Minderungsrecht (siehe Abschnitt 6).

Schwierigkeiten ergeben sich stets, wenn es darum geht, ob ein Mangel so erheblich ist, daß er zur Mietzinsminderung berechtigt und **wie hoch** diese ggf. sein darf. Allgemein gültige Regeln lassen sich nicht aufstellen. Das gerechtfertigte Ausmaß der Mietzinsminderung kann nur von Fall zu Fall beurteilt werden. Jedenfalls darf die Mietzinsminderung nicht größer sein als es dem Grad der Einschränkung der Nutzung des Mietobjektes entspricht. Wie schwierig es ist, das Ausmaß der Gebrauchsminderung etwa in einem Hundertsatz des Mietzinses zu beziffern, veranschaulicht das Beispiel des Ausfalles der Zentralheizung. In den Übergangsmonaten mag die Tauglichkeit des Mietobjektes zum vertragsmäßigen Gebrauch lediglich begrenzt, ja vielleicht sogar nur unerheblich gemindert sein. Bei strengem Frost verschiebt sich das Bild. Die Tauglichkeit kann sich von Tag zu Tag vermindern. Auch der Verwendungszweck der Mieträume kann in diesem Zusammenhang eine Rolle spielen.

Der Versuch, Tauglichkeitsmängel kasuistisch (fallweise) in quotenmäßig ausgerichteten **Minderungstabellen** zu erfassen, hilft wenig, weil die Einzelfälle so unterschiedlich sind, daß eine Bezugnahme auf Tabellen der jeweiligen konkreten Sachlage nicht gerecht würde. Um wenigstens eine Grobeinschätzung zu ermöglichen, wurden unter dem Stichwort „Minderung“ einige häufige Fälle alphabetisch aufgeführt.

Für die Frage, ob die Mieträume mangelhaft sind, ist die Höhe der Miete grundsätzlich nicht beachtlich (LG Essen, WM 1983, 139). So beinhaltet auch der Einzug in ein älteres Haus mit geringer Miete keinen Verzicht des Mieters auf Mängelbeseitigung (LG Nürnberg-Fürth, WM 1985, 20). Ausgehend vom subjektiven Fehlerbegriff spielt es aber durchaus eine Rolle, ob das Mietobjekt eine Altbauwohnung ist oder eine Neubauwohnung. Der vertragsgemäße Gebrauch einer Altbauwohnung beinhaltet, daß z. B. bezüglich nicht ganz dicht schließender Fenster, knarrender Dielen und nicht neuzeitlicher Wärmeisolierung kein Mangel vorliegt, solange der bei Altbauten übliche Standard nicht unterschritten wird (so zu Recht Kraemer in Bub / Treier III, Rdn. 1338).

Dies ist auch bezüglich des Bauzustandes in den **neuen Bundesländern** zu beachten. Nach einem Urteil des KrsG Döbeln vom 21. 8. 1992 (WM 1992, 535) schließt zwar die allgemein dürftige **Bauqualität** der in der DDR errichteten Wohngebäude das erstmalige Geltendmachen eines Wohnungsmangels nach Erhöhung der Grundmiete nicht aus. Auf die Höhe der Mietminderung ist eine verhältnismäßig geringe Grundmiete jedoch nicht ohne Einfluß, der Instandhaltungsanspruch richtet sich nicht nach westlichen Verkehrsanschauungen an die Bauqualität. Nach Treu und Glauben (§ 242 BGB) ist nämlich der Vermieter zur Gewährleistung des vertragsmäßigen Gebrauchs nur in dem Umfang verpflichtet, wie Treu und Glauben mit Rücksicht auf die Verkehrssitte dies erfordern, und nur in diesem Umfang können die Mieter die Instandhaltung der Mietsache fordern. Dieser Rechtsauffassung folgt auch das KrsG Erfurt (Urt. v. 5. 1. 1993, WM 1993, 112), wonach der Mieter aufgrund Mietvertrags von 1984 in einem Gebäude dürftiger Bauqualität, die allgemein der Herstellung in der ehemaligen DDR entspricht, an die Instandhaltungspflicht des Vermieters nicht die Anforderungen stellen kann, die nach westlichen Verkehrsanschauungen an die Qualität eines Bauwerks und einzelner Bauelemente gestellt werden können. Vielmehr ist die Höhe einer nach Mieterhöhung vom Oktober 1991 erstmaligen Mietminderung danach zu bemessen, daß die Systemschäden des Bauwerks als vertragsgemäß vom Mieter hinzunehmen sind. Diesem Rechtsgedanken folgt auch das OLG Naumburg in den Gründen eines negativen Rechtsentscheids vom 28. 7. 1993 (RE-Miet 1/93), der allerdings keine Bindungswirkung hat.

Grundsätzlich ist daher davon auszugehen, daß ein Mangel nicht vorliegt, wenn die öffentlich-rechtlichen Bestimmungen hinsichtlich der Schall- und Wärmeisolierung zum **Zeitpunkt der Errichtung** des Gebäudes eingehalten sind (so Kraemer, a. a. O.). Diese Rechtsansicht ist jedoch durchaus strittig. Das OLG Celle hat mit RE vom 19. 7. 1984 (WM 1985, 9 = Weber /Marx, IV/S. 32) darauf abgestellt, daß die Tauglichkeit zum vertragsgemäßen Gebrauch von der Einhaltung der anerkannten Regeln der Technik zur Bauzeit unabhängig ist. Danach soll nur der **bei Mietbeginn** vorhandene Zustand maßgeblich für die Beurteilung sein, ob ein Fehler vorliegt.

4 Schadenersatz

Neben dem Recht auf Mietzinsminderung kann der Mieter unter gewissen Voraussetzungen Schadenersatz geltend machen (§ 538 Abs. 1 BGB). Das ist der Fall,

- wenn ein zur Minderung berechtigender Mangel schon **beim Vertragsschluß** vorhanden war,
- wenn er später infolge eines Umstandes entsteht, den der **Vermieter zu vertreten** hat (z. B. Vermieter läßt undichtes Dach trotz Kenntnis des Zustandes nicht reparieren; dadurch entstehen Schäden an den dem Mieter gehörenden Gegenständen),
- wenn der Vermieter mit der Beseitigung eines Mangels in **Verzug** gerät. Verzug setzt eine auf Mängelbeseitigung gerichtete Mahnung sowie Verschulden des Vermieters voraus. Verzug liegt z. B. nicht vor, wenn die Mängelbeseitigung zwar angemahnt ist, die Handwerker aber den Vermieter trotz Bemühen im Stich lassen.

Die Haftung des Vermieters für Mängel der Mietsache, die schon bei Vertragsschluß vorhanden sind, ist unabhängig vom Verschulden des Vermieters. Es handelt sich insoweit um eine **Garantiehaftung**, die auch dann eingreift, wenn die Auswirkungen des Mangels erst später eintreten. Wird ein Mietvertrag über eine erst herzustellende Sache (z. B. Mietvertrag über eine erst herzustellende Eigentumswohnung) abgeschlossen, bezieht sich die Garantie in analoger Anwendung des § 538 BGB auf den Zeitpunkt der Fertigstellung und der Übergabe.

Der Schadenersatzanspruch des Mieters (Nichterfüllungsschaden) umfaßt **Körper-** und **Sachschäden** wie z. B. entgangener Gewinn, aber nur für die Zeit, in der der Vermieter zur Leistung verpflichtet ist und am Vertrag auch gegen seinen Willen festgehalten werden kann (Palandt, § 538 Rdn. 14). Auch **Folgeschäden** sind zu ersetzen. Dies gilt ebenso für Schäden von Personen, die in den Schutzbereich des Mietvertrages mit einbezogen sind (z. B. Familienangehörige, Haushaltshilfen). Darüber hinaus sind, wenn die Voraussetzungen des § 538 BGB vorliegen, bei Unbenutzbarkeit der Räume die Kosten von Ersatzwohnraum vom Vermieter zu übernehmen.

Ein **mitwirkendes Verschulden** des Mieters wirkt sich schadensmindernd aus (§ 254 BGB).

5 Selbstbeseitigungsrecht des Mieters und Aufwendungsersatz

Im Falle des **Verzugs des Vermieters** kann der Mieter den Mangel selbst beseitigen und Ersatz der erforderlichen Aufwendungen verlangen (§ 538 Abs. 2 BGB). Der Mieter hat hier ein **Wahlrecht** zwischen Schadenersatz und Aufwendungsersatz. Verzug setzt eine auf Mängelbeseitigung gerichtete **Mahnung** voraus, Anzeige allein genügt nicht (§ 284 BGB). Mahnung ist die Aufforderung, die geschuldete Leistung zu erbringen. Sie muß bestimmt und eindeutig sein; eine **Fristsetzung** ist grundsätzlich nicht nötig (Palandt, § 284 Anm. 3 a), empfiehlt sich aber zur Klarstellung. Vor Durchführung der Arbeiten kann der Mieter vom Vermieter einen angemessenen **Vorschuß** in Höhe der Beseitigungskosten verlangen (BGH, NJW 1971, 1450 sowie KG Berlin, RE v. 29. 2. 1988, Weber/Marx, VIII/S. 35).

Sind die Voraussetzungen (§ 538 Abs. 2 BGB) nicht erfüllt, ist streitig, ob der Mieter Ersatz für Eigenaufwendungen (§ 547 Abs. 1 BGB) verlangen kann. Um das Selbstbeseitigungsrecht des Mieters nicht zu sehr auszuweiten, wird dies nur der Fall sein, wenn für die Mietsache **Gefahr in Verzug** bestand und der Vermieter nicht oder nicht rechtzeitig erreichbar war (so Kraemer in Bub / Treier, III Rdn. 1395 mit weiteren Nachweisen). Dies soll auch für den Fall einer unaufschiebbaren Notmaßnahme (Heizungsausfall) gelten (LG Heidelberg, WM 1997, 99).

Die überwiegende Ansicht geht dahin, daß Maßnahmen des Mieters, die der Beseitigung von Mängeln dienen, **keine notwendigen Verwendungen** (§ 547 Abs. 1 BGB) sind, wenn keine Gefahr in Verzug für die Mietsache bestand (BGH, NJW 1974, 743). Wenn der Mieter ohne Mahnung selbst tätig wird, kann er sich also zur Begründung seines Anspruches nicht auf § 538 oder § 547 Abs. 1 BGB stützen. Einige Gerichte vertreten jedoch in diesem Fall die Ansicht, daß der Mieter einen Anspruch auf Wertersatz (§§ 547 Abs. 2, 684, 812 BGB) insoweit hat, als der Vermieter bereichert ist (so z. B. LG Berlin, WM 1989, 15). Dies ist abzulehnen, da hierdurch die gesetzliche Bestimmung des § 538 Abs. 2 BGB, dem Vermieter Gelegenheit zur Mängelbeseitigung zu geben, völlig unterlaufen wird (so LG Hamburg, ZMR 1988, 87). Auch ist § 538 Abs. 2 BGB die speziellere Norm, die hier eine Anwendung von § 547 BGB ausschließt (so OLG Hamm, WM 1984, 239).

6 Ausnahmen

Die **Rechte des Mieters** (§§ 537, 538 BGB) können durch Gesetz oder Vertrag ausgeschlossen sein.

6.1 Kenntnis des Mieters

Kennt der Mieter beim Abschluß des Vertrages den Mangel, stehen ihm die in den §§ 537, 538 BGB bestimmten Rechte nicht zu (§ 539 Satz 1 BGB). Diese Kenntnis muß sich auf einen bestimmten Mangel und dessen Art, Umfang und Auswirkungen beziehen und nicht nur auf allgemeine Umstände, die eine Beeinträchtigung verursachen können. **Nicht** ausreichend ist daher die bloße Kenntnis davon, daß sich im Haus ein Gewerbebetrieb befindet, die Wohnung in einem hochwassergefährdeten Gebiet liegt (LG Köln, WM 1996, 334) oder in den Räumen frühere Tätigkeiten durchgeführt wurden, die zu einer Schadstoffbelastung führen können (LG Mannheim, WM 1996, 338).

Einem Vertragsabschluß gleichgestellt werden die Vereinbarungen einer Vertragsverlängerung und die Ausübung einer Option.

6.2 Unkenntnis des Mieters

Ist dem Mieter ein Mangel bei Beginn des Mietverhältnisses **infolge grober Fahrlässigkeit** unbekannt geblieben (außer bei Zusicherung oder Arglist des Vermieters) oder nimmt er die Mieträume vorbehaltlos an, obwohl er den Mangel kennt, kann er sich ebenfalls nicht auf die §§ 537, 538 BGB berufen (§ 539 Satz 2 BGB). Im **Vorbehalt** müssen die Mängel genau bezeichnet werden. Bei einer Zusage des Vermieters, die Mängel zu beseitigen, liegt jedoch keine vorbehaltlose Annahme vor.

Die Rechte des Mieters können wieder aufleben, wenn durch eine Mieterhöhung das bisherige Leistungsgleichgewicht verändert wird (BGH, MDR 1965, 654).

6.3 Nachträgliche Kenntnis

Den in § 539 BGB geregelten Sachverhalten ist gemeinsam, daß der **Wegfall der Gewährleistungsrechte** und **-ansprüche** Kenntnis des Mieters vom Mangel der Mietsache bei Vertragsabschluß oder bei Annahme der Sache zur Voraussetzung hat. Nicht unter § 539 BGB fällt die nachträgliche Kenntnis des Mieters. Zahlt er jedoch trotz nachträglicher Kenntnis eines Fehlers den Mietzins vorbehaltlos weiter, verliert er in entsprechender Anwendung des § 539 BGB das Recht auf Mietzinsminderung (BGH, ZMR 1968, 255). Dies gilt dann nicht, d. h. § 539 BGB findet keine Anwendung, wenn dem Vermieter der Mangel bekannt ist. Hier kann er sich nicht auf die unterlassene Anzeige berufen (OLG Saarbrücken, WM 1989, 133). Dies gilt auch, wenn der Mieter die Miete in der Erwartung der Beseitigung von dem Vermieter bekannten Mängeln zahlt. Eine vorbehaltlose Zahlung liegt dann ebenfalls nicht vor (OLG Düsseldorf, WM 1995, 435). Der Mieter kann somit **nicht**, von den dargelegten Ausnahmen abgesehen, wenn sich ein Mangel der Mietsache zeigt, den Mietzins eine Zeitlang weiterzahlen, um eines Tages, wenn er sich aus irgendeinem Grund über den Vermieter ärgert, rückwirkend Mietabzüge vorzunehmen. So führt die vorbehaltlose Zahlung über einen Zeitraum von sechs Monaten zum Verlust des Minderungsrechtes (AG Frankfurt a. M., WM 1992, 242). Das LG Aachen (WM 1992, 243) hat entschieden, daß die vorbehaltlose Zahlung der trotz behaupteter Mängel der Mietsache nicht geminderten Miete über einen Zeitraum von sieben Monaten die Mietminderung ausschließt. Wenn der Mieter trotzdem mindert, kann der Vermieter auch noch nach 17 Monaten den geminderten Betrag einklagen. Verwirkung steht dem nicht entgegen, da der Vermieter die Minderung nicht längere Zeit widerspruchslos hingenommen hat. Dies ist nach Nachsicht des LG Aachen (a. a. O.) erst ab ca. zwei Jahren anzunehmen. Hingegen hat das LG Hamburg (WM 1990, 203) Verwirkung 1 1/2 Jahre nach Mietende angenommen.

> Da die Rechtsprechung höchst uneinheitlich ist, empfiehlt es sich für den Vermieter, der Minderung unverzüglich schriftlich zu widersprechen und den Mieter zur Zahlung des vollen Mietzinses aufzufordern.

Gibt allerdings das Gesetz dem Vermieter das Recht, den Mietzins einseitig zu erhöhen, und wird dadurch das Äquivalent für die Vermieterleistung wesentlich verändert, kann der Mieter vom Zeitpunkt des Inkrafttretens der Mieterhöhung an den Mietzins auch dann mindern, wenn er ihn vorher trotz Kenntnis des Mangels in voller Höhe bezahlt hat (BGH, ZMR 1961, 257). Dies gilt auch bei einer Mieterhöhung nach § 2 MHG oder nach der I. oder II. Grundmietenverordnung in den neuen Bundesländern (KrsG Döbeln, WM 1992, 535), ferner bei einer Mieterhöhung bei Geschäftsräumen aufgrund einer Index-Klausel (OLG Düsseldorf, WM 1994, 324). Der Mieter muß sein Recht zur Minderung unverzüglich ausüben, da die Minderung ansonsten ausgeschlossen ist (§ 539 BGB).

In jedem Fall behält der Mieter den Mängelbeseitigungsanspruch, der sich aus § 536 BGB ergibt (Erfüllungsanspruch des Mieters). Ausgeschlossen sind Ansprüche des Mieters (§§ 537, 538 BGB) auch dann, wenn der Mieter den Mangel selbst verschuldet hat.

Die **Beweislast** für das Vorliegen eines Mangels trägt der Mieter. Zu Fragen der Beweislast vergleiche im übrigen „Verschlechterung der Mietsache“; „Kenntnis von Mängeln“.

6.4 Haftungsausschluß des Vermieters

Der vertragliche Ausschluß der Haftung ist nur eingeschränkt möglich (siehe „Allgemeine Geschäftsbedingungen“). Nichtig ist ein Haftungsausschluß, wenn der Vermieter einen Mangel arglistig verschweigt (§ 540 BGB).

Die in **Formular-Mietverträgen** gelegentlich anzutreffende Klausel, wonach die Geltendmachung von Schadenersatzansprüchen durch den Mieter wegen Mängeln der Mietsache oder wegen Verzugs des Vermieters mit der Beseitigung eines Mangels ausgeschlossen ist, verstößt gegen § 11 Nr. 7 AGB-Gesetz und ist unwirksam, sofern der Ausschluß grobe Fahrlässigkeit des Vermieters oder Vorsatz des Vermieters und seiner Erfüllungsgehilfen umfaßt (BayObLG, RE v. 17. 12. 1984, WM 1985, 49; Weber / Marx VII /S. 169).

Zulässig ist es hingegen, in einem Formular-Mietvertrag die verschuldensunabhängige Haftung für schon bei Vertragsabschluß vorhandene Mängel (Garantiehaftung) auszuschließen (BGH, NJW-RR 1991, 74). Ob die Haftung für einfache Fahrlässigkeit formularmäßig ausgeschlossen werden kann, erscheint aufgrund von § 9 AGB-Gesetz zweifelhaft. Wenn jedoch der Vermieter einen Mangel arglistig verschweigt, ist ein Haftungsausschluß nichtig (§ 140 BGB).

7 Erfüllungsanspruch

Unabhängig von den Minderungsansprüchen und von deren Ausschluß nicht betroffen hat der Mieter einen Erfüllungsanspruch (§ 536 BGB). Der Mieter kann verlangen, daß der Vermieter die Mieträume in vertragsgemäßem Zustand hält, also auch Mängel beseitigt. Dies gilt ebenso für den Mieter einer Eigentumswohnung, der die Beseitigung von Mängeln am Gemeinschaftseigentum, soweit die Mietwohnung davon betroffen ist, vom Vermieter auch verlangen kann, wenn ein zustimmender Beschluß der Wohnungseigentümerversammlung noch nicht vorliegt (KG, RE v. 25. 6. 1990, ZMR 1990, 336), oder wenn der Vermieter seinerseits gewerblicher Zwischenmieter ist (OLG Zweibrücken, RE v. 14. 12. 1994, WM 1995, 144). Zur Durchsetzung dieses Anspruches kann er ein **Zurückbehaltungsrecht** (§ 320 BGB) an künftigen Mietzinszahlungen geltend machen (vgl. BGH, NJW 1982, 2242). Die Höhe ist auf das 3- bis 5fache der Kosten der Beseitigung beschränkt (Palandt, § 320 Anm. 2 e). Der zurückbehaltene Betrag ist – im Gegensatz zur Minderung – nach Mängelbeseitigung nachzuzahlen. Nach Mängelbeseitigung kommt der Mieter erst nach einer Mahnung des Vermieters in Verzug (LG Berlin, GE 1995, 821). Der Ausschluß der Gewährleistungsrechte (§ 539 BGB) findet auf den Erfüllungsanspruch des Mieters keine Anwendung (LG Hamburg, WM 1991, 161 (163) sowie OLG Köln, WM 1995, 35 m.w.N.). Wenn die Vertragsparteien jedoch in Kenntnis eines Mangels einen Mietvertrag abschließen, kann dies je nach den näheren Umständen so ausgelegt werden, daß der Mieter diesen Zustand der Mieträume als vertragsgemäßen angenommen hat, so daß ihm die Rechte aus den §§ 536, 320 BGB (Erfüllung oder Zurückbehaltung) nicht zustehen (so Kraemer in Bub / Treier, III Rdn. 1283, 1401). A. A.: OLG Köln (a.a.O.), das dem Mieter auch bei einer Vertragsklausel, wonach die Räume in einem zu dem vertragsgemäßen Gebrauch geeigneten Zustand sind, einen auf Mängelbeseitigung gerichteten Erfüllungsanspruch (§ 536 BGB) zuspricht. Der Erfüllungsanspruch des Mieters besteht unabhängig davon, ob der Mangel erheblich oder unerheblich ist. Er darf allerdings nicht wider Treu und Glauben oder schikanös (§ 226 BGB) ausgeübt werden (Kraemer in Bub/ Treier, III Rdn. 1352). Das Zurückbehaltungsrecht des Mieters an der Miete wird auch nicht dadurch ausgeschlossen, daß der Mieter den Mangel nicht angezeigt hat, so daß das Bestehen dieser Einrede den Verzug mit der Mietzahlung ausschließt (LG Bremen, WM 1993, 605). Die Berufung auf das Einrederecht aus § 320 BGB setzt eigene Vertragstreue des Einredenden voraus. Daran fehlt es z. B., wenn der Mieter zwar Mängel meldet, aber eine Besichtigung nicht gestattet (LG Bremen, a.a.O.) Mängel der Wohnung berechtigen den Mieter aber nicht zur Zurückbehaltung der **Mietkaution** (LG Köln, WM 1993, 605). Bei vollständiger Zerstörung der Mietsache hat der Mieter allerdings keinen Erfüllungsanspruch mehr (vgl. „Instandhaltung und Instandsetzung der Mieträume“).

8 Außerordentliche Kündigung

Neben den Rechten aus den §§ 537, 538 BGB hat der Mieter in zwei Fällen ein außerordentliches Kündigungsrecht ohne Einhaltung einer Frist, nämlich bei **Nichtgewährung des Gebrauchs** (§ 542 BGB) und bei **Gesundheitsgefährdung** (siehe „Kündigung“).

Mehrheit → „Personenmehrheit“
Mehrwertsteuer → „Mietzins“, Abschnitt 4

Mietaufhebungsvertrag

Mietverträge können nicht nur einseitig durch Kündigung, sondern auch **einvernehmlich** durch einen Vertrag beendet werden. Dies geschieht durch einen sog. Aufhebungsvertrag. Der Vertrag bedarf nicht der schriftlichen Form (h. M.). Allerdings hat das Amtsgericht Köln (WM 1993, 119) die Rechtsansicht geäußert, daß für einen mündlich geschlossenen Mietaufhebungsvertrag über Wohnräume Nichtigkeit wegen Formmangel (§ 125 BGB) anzunehmen ist, da auch die Kündigung (§ 564 a BGB) der schriftlichen Form bedarf. Sieht allerdings der Mietvertrag die Schriftform zu seiner Änderung vor, bedarf auch der Mietaufhebungsvertrag der **Schriftform**, wenn die Parteien nicht – stillschweigend oder ausdrücklich – zum Ausdruck gebracht haben, daß sie sich über die Änderung der Schriftformklausel einig sind (LG Düsseldorf, WM 1993, 341; a. A.: LG Aachen, WM 1993, 734 – Schriftform grundsätzlich nicht erforderlich).

> Aus Beweisgründen sollte die Schriftform aber eingehalten werden.

Vertragsinhalt ist, daß die Parteien zu einem bestimmten Zeitpunkt das Mietverhältnis beenden wollen. Es empfehlen sich eindeutige Formulierungen, wie z. B.:

> „Die Parteien sind sich darüber einig, daß das Mietverhältnis über ... zum ... endet. Der Mieter verpflichtet sich zur Räumung und Herausgabe der Wohnung / Geschäftsräume zu diesem Zeitpunkt. Eine – auch stillschweigende – Verlängerung darüber hinaus ist ausgeschlossen."

Ein Aufhebungsvertrag kann stillschweigend (auch durch schlüssiges Verhalten) abgeschlossen werden. Hier sind aber hohe Anforderungen zu stellen (vgl. LG Freiburg, WM 1989, 7). Nicht in jedem Verhalten der Parteien sind übereinstimmende Willenserklärungen auf Vertragsbeendigung zu sehen. Insbesondere eine unwirksame Kündigung kann in der Regel nicht in das Angebot zum Abschluß eines Aufhebungsvertrages umgedeutet werden (BGH, WM 1981, 57), selbst wenn der Mieter daraufhin auszieht. Auch auf Mietaufhebungsverträge kann das Haustürwiderrufsgesetz angewendet werden (LG Heidelberg, WM 1993, 397). Zu diesem Gesetz siehe ausführlich „Mietvertrag". Nach Ansicht des LG Heidelberg (a.a.O.) handelt ein Vermieter dann geschäftsmäßig mit der Folge, daß das HaustürWG anwendbar ist, wenn er gleichartige Mietaufhebungsverträge über Wohnungen in einem Mehrparteienhaus vereinbart, um eine Gesamtsanierung des Anwesens vorzubereiten.

Weiter ist das LG Heidelberg (a.a.O.) der Auffassung, daß ein Mietaufhebungsvertrag dann sittenwidrig ist, wenn die – nur – im Interesse des Vermieters getroffene Vereinbarung ein Berufen des Mieters auf **Räumungs- und Vollstreckungsschutz** ausschließt. Dies dürfte überzogen sein. Ein Verzicht des Mieters auf Vollstreckungsschutz (§ 765 a ZPO) ist von vornherein unwirksam, ein Verzicht auf Räumungsschutz (§§ 721, 794 a ZPO) nach allgemeiner Ansicht zulässig (Bub / Treier, a.a.O., VII A, Rdn. 31).

Einigen sich die Parteien nur auf den Zeitpunkt der Kündigung des Mietverhältnisses, verbleibt es im übrigen (Schönheitsreparaturen, Einbauten, Kaution etc.) bei den Bestimmungen des Mietvertrages bzw. der gesetzlichen Regelung. Auch Schadenersatzansprüche des Mieters sind nicht ausgeschlossen, wenn ein Aufhebungsvertrag nach Ausspruch einer unwirksamen Kündigung des Vermieters geschlossen wurde und der Mieter den Aufhebungsvertrag aufgrund unzutreffender Angaben des Vermieters über die Kündigungsgründe abschließt (OLG Karlsruhe, RE v. 7. 10. 1981, WM 1982, 11; Weber /Marx, VII / S. 95).

Kein Mietaufhebungsvertrag liegt vor, wenn der Vermieter nach einer unwirksamen Kündigung durch den Mieter die Wohnung neu vermietet (LG München I, NJWE-MietR 1997, 25).

Setzt der Mieter nach dem vereinbarten Endtermin den Gebrauch der Mieträume fort, ist strittig, ob es aufgrund von § 568 BGB zu einer Fortsetzung des Mietverhältnisses auf unbestimmte Zeit kommt.

> Zur Vermeidung von Problemen empfiehlt sich daher im Vertrag ein ausdrücklicher Ausschluß von § 568 BGB.

Mieterdarlehen

Darunter ist ein Darlehen zu verstehen, das dem Vermieter vom Mieter gewährt wird und das der Vermieter durch Verrechnung mit der Miete tilgt. Hier liegt auch der Unterschied zur Mietvorauszahlung (siehe „Mietvorauszahlung“): Bei dieser wird der Mietzins auf einmal für die Zukunft durch Zahlung des Vorauszahlungsbetrages getilgt, beim Mieterdarlehen erst bei Fälligkeit durch die Verrechnung mit der Darlehensschuld.

Bei Beendigung des Mietvertrages vor Tilgung des Darlehens gelten die Vorschriften über die Mietvorauszahlung. Danach ist der noch nicht getilgte Betrag auf einmal zu bezahlen (siehe „Mietvorauszahlung“). Eine hiervon abweichende Vereinbarung ist bei Wohnraum unwirksam (§ 557 a Abs. 2 BGB analog).

Wird für die Rückzahlung des Mieterdarlehens eine schriftliche Verrechnungsabrede getroffen, nimmt die Rechtsprechung (LG Hannover, MDR 1969, 845), wenn andere Abreden im Vertrag fehlen, ein befristetes Mietverhältnis an, so daß bis zum Fristablauf weder vom Vermieter noch vom Mieter ordentlich gekündigt werden kann.

Bei **öffentlich geförderten** Wohnungen ist die Vereinbarung eines Mieterdarlehens nur dann zulässig, wenn die Annahme durch die Bewilligungsstelle ausdrücklich zugelassen ist. Wird das Mieterdarlehen zur Deckung der Kosten für eine Wertverbesserung gewährt, ist sie zulässig, wenn die Bewilligungsstelle der Wertverbesserung zugestimmt hat und die Mieterleistung das 4fache des Jahresmietzinses nicht übersteigt.

Mieterhöhung bei Geschäftsräumen

Der Mietzins für Geschäftsräume (gleiches gilt für gewerblich genutzte unbebaute Grundstücke) kann frei vereinbart werden. An den vereinbarten Mietzins sind beide Vertragsteile für die Vertragsdauer gebunden, sofern sie sich nicht über eine Änderung des Mietzinses einigen. Insbesondere hat der Vermieter nicht die Möglichkeit, den Mietzins während der Vertragsdauer einseitig zu erhöhen, sei es durch Zustimmungsverlangen, sei es durch rechtsgestaltende Erklärung.

Das gilt auch für **Betriebskostenerhöhungen**, die nur dann überwälzt werden können, wenn eine entsprechende Klausel im Mietvertrag es vorsieht. Der Weg zu einer Änderung des Mietzinses führt bei Geschäftsräumen somit mangels besonderer Mietzinsvereinbarungen nur über die vertragsgemäße Kündigung des Mietverhältnisses.

Nun werden Mietverträge über Geschäftsräume häufig für längere Zeit abgeschlossen. Hier werden dann i. d. R. Klauseln vereinbart, die eine Mietzinsänderung innerhalb der Vertragszeit ermöglichen (siehe „Leistungsvorbehalt", „Wertsicherungsklausel"). Fehlt eine entsprechende Klausel, kann eine Änderung des Mietzinses während der Laufzeit des Vertrages gegen den Willen des Vertragspartners nicht erreicht werden. Insbesondere bewirkt das Sinken der Kaufkraft des Geldes keinen Wegfall der Geschäftsgrundlage, gibt also dem Vermieter nicht das Recht, eine Mieterhöhung zu fordern.

In den **neuen Bundesländern** gilt folgendes:

Mietverträge, die vor dem 3. 10. 1990 abgeschlossen wurden, unterliegen einem eingeschränkten Kündigungsschutz (vgl. „Geschäftsräume"). Eine Änderungskündigung zur Durchsetzung einer Mieterhöhung ist daher nicht oder nur eingeschränkt möglich. Mietverträge, die nach dem 1. 1. 1991 abgeschlossen wurden, unterliegen nicht der Mietpreisbindung. Hier sind die Parteien in der Gestaltung des Mietzinses frei. Eine Grenze ergibt sich – wie im übrigen Bundesgebiet – nur aus § 138 Abs. 2 BGB (Mietwucher, d. h. auffälliges Mißverhältnis zwischen Leistung und Gegenleistung).

Eine Mietzinsvereinbarung über Geschäftsräume im Beitrittsgebiet, die vor dem 1. 1. 1991 unter Verstoß gegen die bis zum 31. 12. 1990 geltenden Mietpreisvorschriften getroffen wurde und insoweit nichtig war, erlangt mit Beendigung der Preisbindung nicht au tomatisch Wirksamkeit (so LG Hamburg, WM 1992, 532).

Wie eine Mieterhöhung, insbesondere bei Vereinbarung entsprechender Klauseln, abzufassen ist, ist unter „Mieterhöhung bei Geschäftsräumen" in HuG, Gruppe 9 ausführlich dargelegt.

Mieterhöhung bei Wohnraum

Inhaltsübersicht Seite

1 Allgemeines

Die Möglichkeiten einer Mieterhöhung bei Wohnraum sind im Miethöheregelungsgesetz (MHG) geregelt. **Ausgenommen** vom sachlichen Geltungsbereich dieses Gesetzes sind preisgebundener Wohnraum (siehe „Kostenmiete"), Wohnraum, der zu nur vorübergehendem Gebrauch überlassen ist, Wohnraum, der Teil der vom Vermieter selbst bewohnten Wohnung ist und den der Vermieter ganz oder überwiegend mit Einrichtungsgegenständen auszustatten hat, sofern der Wohnraum nicht zum dauernden Gebrauch für eine Familie überlassen ist, sowie Wohnraum, der Teil eines Studenten- oder Jugendwohnheims ist (§ 10 Abs. 3 MHG). Was unter diese Ausnahmen fällt, ist unter „Kündigungsschutz", Abschnitte 2.7.1 bis 2.7.3 erläutert. **Preisgebundener** Wohnraum unterliegt den Vorschriften des Wohnungsbindungsgesetzes. Die anderen, vom Geltungsbereich des MHG ausgenommenen Wohnraumgruppen sind frei kündbar, so daß der Vermieter einer Regelung der Mietzinshöhe nicht bedarf. Das Gesetz über den Widerruf von Haustürgeschäften und ähnlichen Geschäften (HaustürWG) ist auch bei Mieterhöhungen grundsätzlich anwendbar. Weitere Ausführungen hierzu finden sich unter „Mietvertrag".

2 Mieterhöhung (§ 2 MHG)

Das Gesetz sieht nicht etwa automatische Mieterhöhungen vor. Auch eine Kündigung zum Zwecke der Mieterhöhung ist ausgeschlossen. Der Anspruch des Vermieters geht vielmehr dahin, daß der Mieter die **Zustimmung** zu einer Mieterhöhung erteilt.

Der Anspruch ist somit auf Abgabe einer Willenserklärung gerichtet. Die Klage auf Zustimmung ist eine Leistungsklage. Unter **drei Voraussetzungen** kann der Vermieter vom Mieter die Zustimmung zu einer Mieterhöhung verlangen.

2.1 Jahresfrist

Der bisherige Mietzins muß seit einem Jahr unverändert sein. Ausgenommen, also nicht bei der Bemessung der Jahresfrist zu berücksichtigen, sind Mieterhöhungen wegen baulicher Änderung, wegen Erhöhung der Betriebskosten und wegen Erhöhung der Kapitalkosten. Hat der Vermieter den Mietzins wegen einer der drei vorgenannten Kostenfaktoren innerhalb des letzten Jahres (rechtsgestaltend) erhöht, hindert ihn das nicht, das Zustimmungsverlangen zu stellen. Dies gilt nur für rechtswirksame Erhöhungen gemäß diesen Bestimmungen. Haben die Parteien z. B. anläßlich einer Modernisierung eine einvernehmliche Mieterhöhung vereinbart, ist die Wartefrist zu beachten (Sternel III, Rdn. 610, str.). Mit RE vom 15. 3. 1995 hat das OLG Hamm entschieden (WM 1995, 263), daß der Vermieter von Wohnraum, der mit öffentlichen Mitteln gefördert war, für die Zeit nach dem Auslaufen der Preisbindung die Jahresfrist (§ 2 Abs. 1 Nr. 1 MHG) beachten muß, und zwar bezogen auf die letzte Erhöhung der Kostenmiete. Außer Betracht bleiben dabei Kostenmieterhöhungen, die auf den gleichen Gründen beruhen wie Mieterhöhungen nach §§ 3 bis 5 MHG.

Zu trennen hiervon ist die Frage, ob der Vermieter bei auslaufender Mietpreisbindung das Mieterhöhungsverlangen noch während der Preisbindung so frühzeitig stellen darf, daß die erhöhte Miete zum Ablauf der Preisbindung gilt oder ob der Vermieter das Erhöhungsverlangen erst nach Ablauf der Preisbindung stellen darf, auch wenn innerhalb der Jahresfrist keine Erhöhungen der Kostenmiete analog § 2 MHG erfolgt sind. Zu folgen ist der ersten Ansicht (vgl. RE des OLG Hamm v. 9. 10. 1980, WM 1980, 262 und des KG v. 29. 1. 1982, WM 1982, 102). Dies gilt auch nach Einführung des neuen § 2 Abs. 1 a MHG (LG Berlin, WM 1996, 417).

Die Jahresfrist **beginnt** mit dem Vertragsbeginn oder mit der letzten wirksamen Erhöhung des Mietzinses. Das ist der Zeitpunkt, ab welchem der Mieter den erhöhten Mietzins geschuldet hat. Zu beachten ist, daß der Vermieter erst **nach Ablauf** der Jahresfrist eine Mieterhöhung **verlangen** kann.

> Hierzu ein **Beispiel**: Mieterhöhung (§ 2 MHG) zum 1. 6. eines Jahres. Ein neues Mieterhöhungsverlangen kann der Vermieter erst nach Ablauf eines Jahres stellen, also im Juni mit Wirkung zum 1. 9.

Ein vor Ablauf der Jahresfrist dem Mieter zugegangenes Erhöhungsverlangen des Vermieters ist unwirksam. Entgegen der früheren Rechtsprechung (OLG Oldenburg, RE v. 4. 12. 1981, ZMR 1983, 242; OLG Hamm, RE v. 30. 12. 1986, WM 1987, 114) hat der

BGH (Beschl. v. 16. 6. 1993, Az. VIII ARZ 2/93, WM 1993, 388) entschieden, daß die **Nichteinhaltung der Sperrfrist** die Unwirksamkeit des Erhöhungsverlangens zur Folge hat. Begründet wird dies mit der Schutzfunktion der Jahresfrist. Dies gilt auch für den Fall, daß ein vor Ablauf der Jahresfrist zugegangenes Erhöhungsverlangen sich auf einen Zeitpunkt nach Ablauf der Sperrfrist bezieht. Ein erneutes Erhöhungsverlangen kann daher frühestens im Monat nach der Sperrfrist den Mietern zugestellt werden.

> Ein unwirksames Erhöhungsverlangen setzt die Jahresfrist grundsätzlich nicht in Lauf. Der Vermieter kann also jederzeit ein neues, wirksames Erhöhungsverlangen stellen.

Auch ist der Vermieter berechtigt, bis zu einer (Teil-) Zustimmung des Mieters sein Erhöhungsverlangen jederzeit zurückzunehmen (LG Braunschweig, WM 1981, 163, umstritten) mit der Folge, daß dann die Jahresfrist ebenfalls nicht zu laufen beginnt. Etwas anderes gilt, wenn der Mieter einem wirksamen Mieterhöhungsverlangen **teilweise zustimmt**. Hier muß der Vermieter innerhalb der Frist klagen, wenn er sein Verlangen voll durchsetzen will (vgl. Abschnitt 2.6). Ist sich der Vermieter nicht sicher, ob ein Erhöhungsverlangen wirksam ist, kann er also jederzeit ein neues Verlangen nachschieben. An das erste Verlangen ist er gebunden, entweder sofern es wirksam war, bis die Klagefrist ungenutzt abgelaufen ist oder, bis das Gericht rechtskräftig die Unwirksamkeit feststellt.

Umstritten ist, ob im Falle der **Teilzustimmung** des Mieters zu einem unwirksamen Mieterhöhungsverlangen des Vermieters der Vermieter an dieses Verlangen gebunden ist mit der Folge, daß er erst nach Ablauf der Jahresfrist ein neues Erhöhungsverlangen stellen kann oder nicht. Dies kann erhebliche wirtschaftliche Auswirkungen haben, wie an einem **Beispiel** erläutert werden soll:

> Der Vermieter stellt ein unwirksames Mieterhöhungsverlangen von DM 1 500 auf DM 1 800, wobei die Ortsüblichkeit des neu verlangten Mietzinses unterstellt wird. Der Mieter stimmt teilweise auf DM 1 510 zu.

Nach richtiger Ansicht (LG Frankfurt, WM 1990, 224, LG Mannheim, ZMR 1994, 516 und LG Berlin, WM 1997, 51) gelten in diesem Fall die allgemeinen Bestimmungen des BGB, und zwar auch § 150 Abs. 2 BGB. Das unwirksame Erhöhungsverlangen ist rechtlich ein Antrag auf Abschluß eines Änderungsvertrages, die Teilzustimmung des Mieters eine Ablehnung, verbunden mit einem neuen Antrag, den der Vermieter seinerseits ablehnen kann mit der Folge, daß die Jahresfrist nicht zu laufen beginnt und der Weg zu einem neuen Mieterhöhungsverlangen frei ist. Ist zweifelhaft, ob das erste Erhöhungsverlangen formell wirksam ist, kann der Vermieter eine weitere Erhöhungserklärung abgeben und die Klage hilfsweise hierauf stützen (LG Mannheim, a.a.O.).

Anderer Ansicht ist allerdings das Landgericht Mainz (WM 1992, 136). Danach soll § 150 Abs. 2 BGB insoweit nicht gelten. Die teilweise, außergerichtliche Zustimmung zu einem unwirksamen Mieterhöhungsverlangen löst daher die Jahressperrfrist für ein weiteres selbständiges Zustimmungsverlangen zur Mieterhöhung aus, auch wenn der Vermieter mit dem zweiten Mieterhöhungsverlangen die Rücknahme des ersten Erhöhungsverlangens erklärt. Ein Rechtsentscheid zu dieser Frage ist bisher noch nicht ergangen. Eine nähere Begründung erfolgt nicht. Zu folgen ist daher der Rechtsansicht des LG Frankfurt (so auch Sternel, Mietrecht aktuell, 2. A., Rdn. 282).

2.2 Ortsübliche Vergleichsmiete

Der verlangte Mietzins darf die üblichen Entgelte, die in der Gemeinde oder in vergleichbaren Gemeinden für nicht preisgebundenen Wohnraum vergleichbarer Art, Größe, Ausstattung, Beschaffenheit und Lage in den letzten **4** Jahren (geändert auf Grund des Vierten Mietrechtsänderungsgesetzes) vereinbart oder, von Betriebskostenerhöhungen abgesehen, geändert worden sind, nicht übersteigen.

Maßgeblicher Zeitpunkt für die Feststellung der ortsüblichen Vergleichsmiete ist nicht der des zeitlichen Wirksamwerdens der Erhöhung, sondern der des **Zugangs** des Erhöhungsverlangens beim Mieter (so BayObLG, RE v. 27. 10. 1992, WM 1992, 677). Seit der Einführung der Vergleichsmietenregelung hat der Mietzinsbegriff, d. h. das, was unter **„Mietzins“** im Sinne vom § 2 MHG zu verstehen ist, Schwierigkeiten bereitet.

Vier Möglichkeiten kommen in Betracht:

Der Mietzins

- umfaßt sämtliche Betriebskosten, entweder mit oder ohne Heizungs- und Warmwasserkosten;
- umfaßt einen (oft bloß herausgegriffenen) Teil der Betriebskosten;
- schließt die Betriebskosten überhaupt nicht ein, vielmehr sind Mietzins und Betriebskosten getrennt voneinander ausgewiesen.

In mehreren Rechtsentscheiden (z. B. OLG Hamm v. 4. 4. 1984, WM 1984 S. 121; Weber / Marx, VII / S. 143) wurde entschieden, daß als Wohnraum-Mietzins, der (nur) unter den Voraussetzungen des § 2 MHG erhöht werden kann, **nicht** lediglich ein Mietzins zu verstehen ist, der als **Grund- oder Nettomiete** unter Ausklammerung aller, getrennt ausgewiesener Nebenkosten, insbesondere der in § 4 MHG behandelten Betriebskosten, errechnet ist.

Ebenso fällt darunter ein Mietzins, der als sog. **Inclusiv-, Pauschal- oder Gesamtmiete** unter Einschluß aller denkbaren – folgerichtig nicht gesondert ausgewiesenen – Neben- / Betriebskosten vereinbart ist oder der nur einen Teil solcher Nebenkosten ausgeklammert läßt (Teilpauschalmiete).

Dies hat auch das OLG Hamm mit Rechtsentscheid vom 3. 12. 1992 (DWW 1993, 39) bestätigt. Danach ist

(Anschluß Seite M 19)

für eine Mietzinserhöhung nach § 2 MHG an die vertraglich vereinbarte Miete, auch wenn es eine Teilinklusivmiete ist, anzuknüpfen.

Die Wirksamkeit eines Erhöhungsverlangen hängt deshalb **nicht** davon ab, daß im Falle einer Inclusiv-, Pauschal- oder Gesamtmiete oder einer Teilpauschalmiete der Vermieter den aus Grund- oder Nettomiete von allen Nebenkosten bereinigten Mietanteil rechnerisch ermittelt und sein auf § 2 MHG gerichtetes Erhöhungsverlangen auf den so errechneten Netto-Mietanteil ausrichtet und begrenzt. Der Vermieter muß sich wegen des rechnerisch auszuklammernden, auf Neben- / Betriebskosten entfallenden Anteils der vereinbarten Pauschal- oder Teilpauschalmiete demgemäß nicht auf das Erhöhungsverlangen des § 4 MHG (Betriebskostenerhöhung) verweisen lassen. Will der Vermieter den Mietzins für eine bestimmte Wohnung erhöhen, so ist die ortsübliche Vergleichsmiete also nach den gleichen Kriterien zu bestimmen, wie die ursprünglich vereinbarte Miete (**Ausgangsmiete**).

Unzulässig mit der Folge der Unwirksamkeit des Mieterhöhungsverlangens insgesamt ist es dagegen, wenn der Vermieter im Mieterhöhungsverlangen die **Zusammensetzung des vereinbarten Mietzinses** ändern will, also z. B. von einer Brutto-Kaltmiete incl. Betriebskosten auf eine Netto-Miete zuzüglich Betriebskosten-Vorauszahlung übergehen will (OLG Hamburg, RE vom 20. 12. 1982, WM 1983, 49; Weber / Marx, VII / S. 135). Ein die Zustimmung des Mieters ersetzendes Urteil würde dann nämlich einen ändernden Eingriff in die Struktur des Mietvertragsverhältnisses bedeuten, LG München I, WM 1995, 113.

Unter **ortsüblicher Vergleichsmiete** versteht man allgemein den für vergleichbare Wohnungen am Markt tatsächlich durchschnittlich gezahlten Mietzins.

> Der Durchschnitt darf jedoch nur aus Mietentgelten, die in den letzten 4 Jahren vor dem Erhöhungsverlangen vereinbart worden sind, ermittelt werden.

Es kann sich hierbei, wie sich aus dem Gesetzeswortlaut ergibt, sowohl um Neuabschlüsse als auch um während des Bestehens eines Mietverhältnisses vereinbarte Entgelte handeln. Auch ein aufgrund eines Gerichtsurteils zu zahlender Mietzins kann Berücksichtigung finden. Nicht zu berücksichtigen sind Betriebkostenerhöhungen, wohl aber Erhöhungen wegen baulicher Änderungen oder Kapitalkostenerhöhungen.

Bei der Ermittlung der ortsüblichen Vergleichsmiete dürfen **preisgebundene Wohnungen nicht** berücksichtigt werden. Da die Wohnungen **gemeinnütziger Wohnungsunternehmen** nicht preisgebunden sind, sollen sie berücksichtigt werden können, obwohl deren Miete in der Regel erheblich unter der Marktmiete liegt (streitig).

Sonder- oder Teilmärkte zur Ermittlung der ortsüblichen Vergleichsmiete (z. B. für Wohngemeinschaften, Studenten, Stationierungskräfte) lehnt die Rechtsprechung ab (OLG Hamm, RE vom 28. 12. 1982, WM 1983, 78; Weber / Marx, VII / S. 136).

Die ortsübliche Vergleichsmiete bildet sich aus **vergleichbarem Wohnraum**. Das erste Vergleichskriterium des Gesetzes ist die **Wohnraumart.** Hier kann unterschieden werden nach Bauweise und Wohnungsstruktur (1-Fam.-Haus, Mehr-Fam.-Haus) sowie Altbau oder Neubau. Allerdings können Neubauwohnungen und umfassend modernisierte Altbauwohnungen miteinander verglichen werden, so LG Bochum, WM 1982, 18.

Die **Wohnungsgröße** spielt insofern eine Rolle, als bei Wohnungen mit großer Grundfläche der auf den qm bezogene Mietpreis im allgemeinen niedriger liegt als bei kleineren Wohnungen. **Appartements** z. B. weisen in der Regel die höchsten qm-Preise auf. Soweit es auf die Wohnungsgröße ankommt, spielt die Berechnung der Wohnungsfläche eine Rolle (siehe „Wohnfläche"). Nach Meinung des BayObLG (RE vom 20. 7. 1983, WM 1983, 254; Weber / Marx, VII / S. 139) soll die **Wohnfläche**, insbesondere was die Anrechenbarkeit von Balkon und Terrassen betrifft, jeweils nach den besonderen Umstände des Einzelfalls ermittelt werden, ein Ergebnis, das zu großer Rechtsunsicherheit führt. Die Gerichte handhaben dies teilweise so, daß normale Balkone und Terrassen überhaupt nicht zur Wohnfläche gerechnet werden, größere **Balkone** und Terrassen, insbesondere mit Südlage, zu 1/4 angerechnet werden und nur in ganz besonderen Ausnahmefällen die Balkone und Terrassen **zur Hälfte** angerechnet werden.

Das Landgericht Düsseldorf hat entschieden (WM 1992, 695), daß ein im Kellergeschoß eines vermieteten Einfamilienhauses gelegener **Hobbyraum**, der Aufenthaltsraum im Sinne der Bauordnung ist, u. U. mit der vollen Fläche berücksichtigt werden kann.

Bei der Mieterhöhung darf nicht die im Mietvertrag vereinbarte Wohnfläche zugrunde gelegt werden, es ist von der tatsächlichen Wohnungsgröße auszugehen (so LG Köln, WM 1986, 121). Dies gilt entgegen der Ansicht des LG Aachen (WM 1991, 501) auch dann, wenn die tatsächliche Wohnfläche größer ist als die im Mietvertrag vereinbarte, da es auf die tatsächlichen Gegebenheiten der Wohnung ankommt (str., a. A. Sternel III, Randnr. 586, der wegen der im Mietvertrag nicht berücksichtigten Wohnfläche einen Ausschluß nach § 1 Satz 3 MHG annimmt).

In diesem Zusammenhang ist darauf hinzuweisen, daß der Mieter einen Ersatzanspruch aus Verschulden bei Vertragsschluß hat, wenn der Vermieter im Mieterhöhungsschreiben schuldhaft eine falsche Wohnfläche angibt und die Parteien sich auf dieser Grundlage über eine erhöhte Miete verständigen (so LG Hamburg, WM 1987, 354).

Die **Ausstattungsmerkmale** einer Wohnung spielen eine entscheidende Rolle. Bad, Zentralheizung, Lift und etwaige andere mietwertbildende Faktoren müssen im wesentlichen übereinstimmen. Hierbei sind nur die vom Vermieter zur Verfügung gestellten Wohnungseinrichtungen zu berücksichtigen, nicht etwa jene, mit denen der Mieter die Mietsache versehen hat, es sei denn, der Vermieter hat die vom Mieter verauslagten Kosten erstattet (BayObLG, RE v. 24. 6. 1981, WM 1981, 208; Weber / Marx, VII / S. 124). Die **Beschaffenheit** betrifft vor allem Zahl und Zuschnitt der Räume und das Verhältnis der Fläche der Haupträume zu den Nebenräumen. Nicht hierher gehört die Frage, ob die Wohnung Mängel aufweist, die zur Mietzinsminderung berechtigen (so OLG Stuttgart, RE v. 7. 7. 1981, NJW 1981, 225). Etwas anderes gilt für unbehebbare Mängel, die den Mietwert ständig beeinflussen; sie sind durch Abschläge zu berücksichtigen.

Die **Lage** schließlich bezieht sich auf die Wohngegend.

Die Vergleichsobjekte müssen in der **Gemeinde** oder in vergleichbaren Gemeinden liegen. Nach einhelliger Auffassung sind zur Ermittlung der ortsüblichen Miete Wohnungen in der gleichen Gemeinde heranzuziehen. Nur dann kann auf vergleichbare Wohnungen in Nachbargemeinden abgestellt werden, wenn in derselben Gemeinde keine vergleichbaren Wohnungen zu finden sind und wenn die Wohnungsmärkte der beiden Gemeinden im wesentlichen dieselben Merkmale aufweisen (OLG Stuttgart, RE v. 2. 2. 1982, WM 1983, 108; Weber / Marx, VII / S. 127).

Behebbare **Mängel** der Wohnung bleiben bei der Ermittlung der ortsüblichen Vergleichsmiete außer Betracht. Der Mieter ist hier durch die Geltendmachung der Gewährleistungsansprüche (siehe „Mängel“, „Minderung“) ausreichend geschützt. Zu beachten ist, daß bisher ausgeschlossene Minderungsansprüche des Mieters (§ 539 BGB) für den Fall der Mieterhöhung wieder aufleben, wenn der Mieter nunmehr erklärt, diese Mängel nicht mehr hinnehmen zu wollen, da durch das Erhöhungsverlangen des Vermieters das bisherige Leistungsgleichgewicht geändert wird. Der Mieter kann allerdings nicht seine Zustimmung zur Mieterhöhung von der Beseitigung von Mängeln abhängig machen. Ein diesbezügliches Zurückbehaltungsrecht besteht nicht (LG Hamburg, WM 1991, 593). Nach erteilter Zustimmung kann der Mieter, soweit die Voraussetzungen dafür gegeben sind, am erhöhten Mietzins neben der Minderung gegebenenfalls auch ein Zurückbehaltungsrecht geltend machen (so LG Hamburg, a.a.O.).

2.3 Kappungsgrenze

Der Mietzins darf sich innerhalb eines Zeitraumes von **3 Jahren**, von Erhöhungen wegen baulicher Änderung, Betriebkostenerhöhung oder Kapitalkostenerhöhung abgesehen, nicht um mehr als **dreißig vom Hundert** erhöhen (§ 2 Abs. 1 Satz 1 Nr. 3 MHG).

Diese Obergrenze gilt auch, wenn die Miete länger als drei Jahre nicht erhöht wurde. Daneben gilt die Beschränkung des § 2 Abs. 1 Nr. 2 MHG, so daß eine Mieterhöhung immer nur bis zur Höhe der ortsüblichen Miete erfolgen kann.

Durch das Vierte Mietrechtsänderungsgesetz (BGBl. 1993 I S. 1257 ff.) ist die **Kappungsgrenze** unter folgenden Voraussetzungen auf **20 %** gesenkt worden: Der betroffene Wohnraum ist vor dem 1. 1. 1981 hergestellt worden und der Mietzins, dessen Erhöhung verlangt wird, beträgt ohne Betriebskostenanteil monatlich mehr als DM 8 pro qm Wohnfläche. Ist der Mietzins geringer als DM 8 pro qm, verbleibt es bei der Kappungsgrenze von 30 %; jedoch darf in diesem Fall der verlangte Mietzins ohne Betriebskostenanteil monatlich DM 9,60 pro qm Wohnfläche nicht übersteigen. Unter „Mietzins, dessen Erhöhung verlangt wird" (§ 2 Abs. 1 Satz 1 Nr. 3 lit. b MHG), ist der Mietzins zu verstehen, der drei Jahre vor dem Wirksamwerden des Mieterhöhungsverlangens zu zahlen war (OLG Hamburg, RE v. 19. 3. 1996, WM 1996, 322). Die Ausgangsmiete ist also mit der Miete zur Berechnung der Kappungsgrenze identisch. Zur Ermittlung dieser Nettokaltmiete sind aus einer (Teil-)Bruttomiete die Betriebskosten, ermittelt nach dem letzten Abrechnungszeitraum, herauszurechnen. Dies dient jedoch nur der Ermittlung, ob die Kappungsgrenze 20 oder 30 % beträgt. Im Erhöhungsverlangen ist weiterhin von der bisherigen Mietstruktur auszugehen.

Aufgrund der **Übergangsregelung** (Art. 6 Abs. 1 Viertes Mietrechtsänderungsgesetz) ist die auf 20 % ermäßigte Kappungsgrenze auf Erhöhungsverlangen, die dem Mieter vor dem Inkrafttreten dieses Gesetzes, also dem 1. 9. 1993, zugestellt worden sind, nicht anzuwenden. Darüber hinaus ist die Senkung der Kappungsgrenze zeitlich auf 5 Jahre beschränkt, also nur einschlägig bei Mieterhöhungsverlangen, die dem Mieter vor dem 1. 9. 1998 zugehen.

Darüber hinaus wurde eine **Ausnahme** von der Anwendung der Kappungsgrenze (und zwar sowohl von der 30 %igen als auch der 20 %igen) getroffen (§ 2 Abs. 1 a MHG): Eine Begrenzung tritt nicht ein, soweit die Miete nach dem Wegfall der öffentlichen Bindung erhöht werden soll und der Mieter bis zum Wegfall der Preisbindung zur Zahlung einer Fehlbelegungsabgabe verpflichtet war. In diesem Fall kann der Vermieter die Miete nach dem Wegfall der Bindung ohne Kappungsgrenze bis zur Höhe der bisher vom Mieter bezahlten Fehlbelegungsabgabe anheben, höchstens aber bis zur ortsüblichen Vergleichsmiete. Darüber hinaus hat der Mieter dem Vermieter auf dessen Verlangen, das frühestens 4 Monate vor dem Wegfall der öffentlichen Bindung gestellt werden kann, innerhalb eines Monats über die Verpflichtung zur Ausgleichszahlung und über deren Höhe Auskunft zu erteilen.

Wurden innerhalb des für die Kappungsgrenze maßgeblichen Zeitraums von 3 Jahren Mieterhöhungen wegen baulicher Verbesserungen, gestiegener Betriebs- oder Kapitalkosten vorgenommen, bleiben sie außer Betracht. Dies gilt auch dann, wenn diese Erhöhung nicht formell richtig gemäß den entsprechenden Vorschriften durchgeführt wurde (strittig, so wie hier Emmerich/Sonnenschein, Miete, § 2 MHG, Rdn. 19 c). Die Kappungsgrenze ist nach dem vertraglich vereinbarten Mietzins zu berechnen. Ist eine Brutto- oder Inklusivmiete vereinbart, ist dies die Ausgangsmiete. Neben der Miete getrennt gezahlte Betriebskosten bleiben unberücksichtigt (LG München I, WM 1985, 330 und LG Hamburg, WM 1991, 593).

Hierzu ein **Beispiel**, das entsprechend für die Berechnung der Kappungsgrenze von 20 % gilt:

Beispiel: Der Vermieter verlangt die Zustimmung zur Mieterhöhung ab 1. 2. 1991. Der Mietzins am 1. 2. 1988 betrug DM 600. Er wurde ab 1. 7. 1989 wegen Einbau eines gefliesten Bades auf Kosten des Vermieters und gestiegener Betriebskosten durch einseitige Erklärung des Vermieters auf DM 680 erhöht. Die ortsübliche Vergleichsmiete für die Wohnung in ihrem jetzigen Zustand beträgt DM 900.

Berechnung des am 1. 2. 1991 zu zahlenden Mietzinses unter Berücksichtigung der Kappungsgrenze:

1. Schritt:
Ermittlung des Ausgangsmietzinses. Maßgeblicher Zeitpunkt, von dem ab zurückzurechnen ist, ist der Fälligkeitszeitpunkt des neu verlangten Mietzinses, nicht etwa das Datum des Erhöhungsverlangens, oder der Zeitpunkt der Zustellung (OLG Celle, RE v. 31. 10. 1995, WM 1996, 86; Weber/Marx XV/S. 88), hier also der 1. 2. 1991. 3 Jahre zurück ergibt den 1. 2. 1988. Zu diesem Zeitpunkt betrug der Mietzins DM 600.

2. Schritt:
Berechnung der Kappungsgrenze: 30 % von DM 600 = DM 780.

3. Schritt:
Modernisierungsumlage und Betriebskostenerhöhung sind als durchlaufende Posten zu behandeln, die bei der Ermittlung der Kappungsgrenze nicht berücksichtigt werden. Der Betrag von DM 80 wird zu der errechneten Kappungsgrenze von DM 780 hinzugezahlt. Die Obergrenze für ein Mieterhöhungsverlangen zum 1. 2. 1991 liegt daher bei DM 860.

Etwas anderes würde gelten, wenn eine Modernisierungsumlage nicht im 3-Jahres-Zeitraum, sondern schon vorher erfolgt wäre, in dem Beispiel also zum 1. 7. 1985. Hier würde dann der Ausgangsmietzins zum 1. 2. 1987 DM 680 betragen, da frühere Erhöhungen in voller Höhe in die Grundmiete ein gehen (§§ 3 bis 5 MHG).

Wichtig: Im Erhöhungsverlangen selbst darf der Modernisierungszuschlag nicht getrennt in Ansatz gebracht werden, z. B. neuer Mietzins ab 1. 2. 1991 DM 780 zzgl. DM 80 Modernisierungszuschlag wie bisher. Nur zur Bestimmung der Kappungsgrenze (siehe Beispiel) wird der Modernisierungszuschlag getrennt als durchlaufender Posten behandelt. Er wird nämlich ab Fälligkeit Teil der Miete (§ 3 MHG) und ist deshalb bei späteren Mieterhöhungen nicht mehr getrennt von der Miete in Ansatz zu bringen (§ 2 MHG). Andernfalls ist das Erhöhungsverlangen unwirksam (LG München I, WM 1996, 43, a. A.: LG Wiesbaden, WM 1996, 419 – es handelt sich nur um einen materiellen Begründungsmangel, der nicht zur formellen Unwirksamkeit führt). Im Beispielsfall muß es also richtig heißen: Neuer Mietzins ab 1. 12. 1991 DM 860.

Eine andere Fallkonstellation hatte das OLG Hamm mit Rechtsentscheid vom 30. 12. 1992 (WM 1993, 106) zu entscheiden: Der Vermieter hatte eine Modernisierungsmaßnahme (Einbau einer Gas-Etagenheizung) durchgeführt und dann eine Mieterhöhung auf die ortsübliche Vergleichsmiete nach dem verbesserten Standard für Wohnungen mit Sammelheizung verlangt. Ein Verfahren nach § 3 MHG (Modernisierungsumlage) hatte er nicht durchgeführt, sondern den errechneten Modernisierungszuschlag der Erhöhung hinzugerechnet. Dies ist nach Ansicht des Gerichts zulässig. Der Vermieter kann nämlich nach Durchführung von Modernisierungsmaßnahmen nebeneinander Mietzinsanhebungen sowohl im Verfahren nach § 2 MHG als auch im Verfahren nach § 3 MHG verlangen, wobei für die Mietzinsanhebung nach § 2 MHG auf die ortsübliche Vergleichsmiete für vergleichbaren, nicht modernisierten Wohnraum die Kappungsgrenze gilt, während diese Begrenzung der Mietzinsanhebung im Verfahren nach § 3 MHG nicht eingreift (vgl. Abschnitt 3.6).

Nach Abschluß beider nebeneinander betriebenen Erhöhungsverfahren darf damit der insgesamt erhöhte Mietzins die Summe aus Mietzins vor der Anhebung plus 30 % bzw. 20 % plus Modernisierungszuschlag (§ 3 MHG) nicht überschreiten. Dies gilt nach Ansicht des Gerichts aber auch dann, wenn der Vermieter nach Modernisierung nur ein einheitliches Erhöhungsverfahren nach § 2 MHG durchführt. Nicht zulässig ist jedoch die Berechnung der Kappungsgrenze aus der um die Modernisierungskosten erhöhten Miete. Vielmehr darf der insgesamt erhöhte Mietzins die Summe aus Mietzins vor der Anhebung plus 30 % bzw. 20 % plus Modernisierungszuschlag nicht überschreiten. Hierfür genügt es, wenn die materiell-rechtlichen Umlagevoraussetzungen des § 3 MHG vorliegen.

Ein **Verstoß gegen die Kappungsgrenze** hat nicht die Unwirksamkeit des Mieterhöhungsverlangens zur Folge, vielmehr reduziert sich das angestrebte Entgelt auf das zulässige Maß. Der Vermieter ist berechtigt, ein Erhöhungsverlangen vor Ablauf der Drei-

Jahres-Frist mit Wirkung zum Fristablauf zu stellen (BayObLG, RE v. 10. 3. 1988, WM 1988, 117). Die Kappungsgrenze greift, da der Gesetzestext Ausnahmen nicht vorsieht, auch dann ein, wenn bei einer mit öffentlichen Mitteln geförderten Wohnung die Preisbindung (wegen Tilgung des Darlehens) endigt, von der dargestellten Ausnahme (Erhöhung bis zur Höhe der bisherigen Fehlbelegungsabgabe) abgesehen. Nach einem Rechtsentscheid des OLG Hamm vom 27. 6. 1990 (Weber/ Marx, X/S. 75; WM 1990, 333) sind bei der Berechnung der Ausgangsmiete für ein Mieterhöhungsverlangen nach § 2 MHG und die dort vorgesehene Kappungsgrenze die während der Preisbindung wegen Kapitalkostensteigerung vorgenommenen Mietzinserhöhungen nicht abzuziehen; § 5 Abs. 3 Satz 2 MHG ist insoweit nicht entsprechend anwendbar. War die Wohnung innerhalb der Drei-Jahres-Frist noch preisgebunden, ist die Kappungsgrenze auf Grund der zuletzt bezahlten Kostenmiete zu ermitteln (LG München I, WM 1989, 634).

> Die Kappungsgrenze dient dem Schutz des Mieters vor zu großen Sprüngen in der Mietentwicklung. Sie ist daher **nicht anwendbar** bei freiwilligen Mieterhöhungsvereinbarungen, bei Staffelmietverträgen und im Falle einer Neuvermietung.

Im Erhöhungsverlangen muß der Vermieter die Voraussetzungen der Kappungsgrenze **nicht nachweisen**. In § 2 MHG wird dies nicht verlangt. Es handelt sich um konkrete Tatsachen, die dem Mieter in der Regel bekannt sind. Daher muß auch im Erhöhungsverlangen nicht das Datum der Bezugsfertigkeit angegeben werden, um dem Mieter die Möglichkeit der Nachprüfung zu geben, welche der beiden Kappungsgrenzen im konkreten Fall eingreift (zu Recht Barthelmess, 5. A., § 2 MHG, Rdn. 56 d; a. A.: LG Berlin, WM 1996, 151). Das Gericht meint, daß dann, wenn der Vermieter mit einem Erhöhungsverlangen die Kappungsgrenze von 20 % überschreiten will, er bereits im Erhöhungsverlangen die Gründe hierfür darlegen muß. Ein ohne Beachtung dieser Darlegung gestelltes Erhöhungsverlangen sei jedoch bis zur Kappungsgrenze von 20 % wirksam. Das Gericht fordert hier mehr, als das Gesetz verlangt. In einer Klage auf Zustimmung zur Mieterhöhung hat der Vermieter jedoch die Einhaltung der Kappungsgrenze als Zulässigkeitsvoraussetzung des Mieterhöhungsverlangens darzulegen.

2.4 Ausschluß der Mieterhöhung

Dem Vermieter steht das Recht, die Zustimmung zu einer Erhöhung des Mietzinses zu verlangen, nicht zu, soweit und solange eine Erhöhung durch Vereinbarung ausgeschlossen ist oder der Ausschluß sich aus den Umständen, insbesondere der Vereinbarung eines Mietverhältnisses auf bestimmte Zeit mit festem Mietzins ergibt (§ 1 Satz 3 MHG).

Bisher ist die Rechtsprechung davon ausgegangen, daß eine Mieterhöhung somit nicht möglich war, wenn im Mietvertrag Mietzeit und Mietzins ohne einen sog. Erhöhungsvorbehalt vereinbart wurden. Dem ist das OLG Stuttgart mit Rechtsentscheid vom 31. 5. 1994 (WM 1994, 420) entgegengetreten. Nach Ansicht des Gerichts ist bei Vereinbarung eines Wohnraummietverhältnisses auf bestimmte Zeit der Mietvertrag mangels eines entsprechenden entgegenstehenden Hinweises nicht so auszulegen, daß sich bereits aus der festen Laufzeit des Mietverhältnisses sogleich ergibt, daß der vereinbarte Mietzins fest vereinbart wurde. Die Nennung eines bestimmten Mietzinses gehört nämlich zu den wesentlichen Vertragsbestandteilen eines Mietvertrages und stellt nicht automatisch zugleich eine Vereinbarung eines festen, für die gesamte Mietdauer nicht änderbaren Mietzinses dar. Dies ergibt sich bereits aus der Formulierung des § 1 Satz 3 MHG, da ansonsten die dort vorgenommene Erwähnung des zweiten Tatbestandsmerkmales (Mietverhältnis mit festem Mietzins) überflüssig wäre.

Wollen die Vertragsparteien eine Erhöhung des Mietzinses während der festen Mietzeit ausschließen, bedarf dies vielmehr einer ausdrücklichen Vereinbarung. Fehlt eine solche Vereinbarung, wird hierdurch das Mietzinserhöhungsverlangen des Vermieters nicht ausgeschlossen (§ 2 MHG).

Die Landgerichte sind an diesen Rechtsentscheid gebunden (siehe „Rechtsentscheid“), solange er nicht vom BGH aufgehoben wird. Auf Grund der früheren Rechtsprechung der Instanzgerichte enthalten viele Mietverträge einen Mieterhöhungsvorbehalt.

> Solche Erhöhungsklauseln können auch **formularmäßig** vereinbart werden. Zulässig sind bei Wohnraum aber nur Klauseln, die klarstellen, daß auch bei einem Mietvertrag auf feste Zeit eine Mieterhöhung (§§ 2 bis 5 MHG) **zulässig ist**.

A. A. ist das Landgericht Köln (WM 1991, 353). Danach steht eine solche Formularklausel im Widerspruch zu der Individualabrede hinsichtlich der Festschreibung der Vertragsdauer und damit des Mietzinses und hat demzufolge hinter diese zurückzutreten. Dies ist unrichtig, da es sich in § 1 Satz 3 MHG um eine bloße Ausschlußvermutung handelt, die durch die Mietzinsanpassungsklausel widerlegt wird (so Schultz in Bub/Treier III, Rdn. 307, LG Kiel, WM 1993, 623). Die Individualvereinbarung bezieht sich zudem nur auf die Mietdauer, während die Vermutung des § 1 Satz 3 MHG eine feste Mietzeit **und** einen festen Mietzins voraussetzt (so LG Kiel, a. a. O.). Verlängert sich der Mietvertrag nach Ablauf der Mietzeit auf unbestimmte Zeit, ist vom Ende der festen Mietzeit ab eine Erhöhung des Mietzinses zulässig. Dies gilt auch, wenn sich der Mietvertrag nach Ablauf der festen Zeit um eine bestimmte Zeit verlängert (OLG Zweibrücken, RE v. 17. 8. 1981, WM 1981, 273; Weber/Marx, VII/

S. 120), oder wenn der Verlängerungszeitraum im Mietvertrag auf eine Zeit von mehr als einem Jahr festgesetzt ist (OLG Karlsruhe, RE v. 27. 11. 1995, WM 1996, 18; Weber/Marx, XV/S. 80). Der Vermieter kann in diesem Fall das Erhöhungsverlangen bereits **während** der festen Laufzeit mit Wirkung zu deren Beendigung stellen.

Ist in einem Mietvertrag auf bestimmte Zeit eine **Gleitklausel** oder ein **Leistungsvorbehalt** enthalten, hat das, unabhängig von der Klausel, die Bedeutung, daß die Vertragsparteien eine Mieterhöhung nicht ausschließen wollen. In diesem Zusammenhang ist ein RE des OLG Koblenz von Bedeutung (RE v. 5. 6. 1981, WM 1981, 207; Weber / Marx, VII / S. 160): Das Gericht hat entschieden, daß eine vor dem 1. 1. 1975 wirksam vereinbarte Wertsicherungsklausel auch insoweit unwirksam geworden ist (§ 10 Abs. 1 MHG), als sie den Mieter bei konkreter Betrachtungsweise hinsichtlich der verlangten Mieterhöhung günstiger stellt als bei einem auf § 2 Abs. 1 MHG gestützten Erhöhungsverlangen. Etwas anderes gilt allerdings, wenn der Vereinbarung eindeutig entnommen werden kann, daß sie den Mieter begünstigen soll. Hier ist eine Mieterhöhung (§ 2 MHG) nur bis zur vertraglich vereinbarten Grenze möglich.

Eine solche **Obergrenze** zugunsten des Mieters hat das Landgericht Berlin (WM 1992, 198) in folgender Vereinbarung gesehen: „Nach Ablauf des ersten Jahres werden 5 % und nach Ablauf des zweiten Jahres 10 % Mieterhöhung vereinbart" und das LG Bonn (WM 1992, 199) in folgender Regelung: „Der Mietzins erhöht sich hiermit vereinbart mit Beginn des fünften Mietjahres um DM 28, mit Beginn des siebten Mietjahres um DM 19." Die Staffelmietvereinbarung ist zwar im vorliegenden Fall unwirksam, da der erhöhte Mietzins betragsmäßig ausgewiesen sein muß, trotzdem kann der Vermieter eine Erhöhung über die in der unwirksamen Staffel vereinbarten Beträge nach § 2 MHG nicht durchsetzen. Die Obergrenze bilden hier die vereinbarten Staffelmietbeträge.

Umstritten ist, ob bei Gewährung eines **Baukostenzuschusses** während des Anrechnungszeitraumes eine Mieterhöhung zulässig ist oder nicht. Falls während dieser Zeit die ordentliche Kündigung des Vermieters ausgeschlossen ist, neigt die Mehrheit der Rechtsprechung dazu, auch einen Ausschluß der Mieterhöhung (§ 1 Satz 3 MHG) anzunehmen (siehe auch „Mietvorauszahlung").

Während des Zeitraums eines **gestaffelten** Mietzinses ist eine Mieterhöhung (§§ 2, 3 und 5 MHG) ausgeschlossen (§ 10 Abs. 2 Satz 3 MHG).

2.5 Durchführung der Mieterhöhung (§ 2 Abs. 2 MHG)

Der Anspruch des Vermieters, gerichtet auf die Zustimmung zu einer Mieterhöhung, ist allen Mietern (zu Vollmachtsklauseln siehe „Vollmacht") gegenüber **schriftlich** geltend zu machen und zu **begründen**. Daher ist die eigenhändige Unterschrift erforderlich (§ 126 BGB); eine Ausnahme gilt für den Sonderfall des § 8 MHG (siehe Abschnitt 6). Die Mieterhöhung muß ferner als Urkunde eine Einheit bilden und von der Unterschrift des Vermieters gedeckt sein. Dies gilt aber nur für das eigentliche Erhöhungsverlangen, nicht für die beigefügte Begründung, z. B. eine Vergleichsmietenliste (KG, RE v. 22. 2. 1984, WM 1984, 101). Eine einheitliche Urkunde setzt eine feste Verbindung der Seiten z. B. durch Heftung mit Klammern voraus. Eine Ausnahme läßt das LG München I (WM 1994, 335) zu, wenn der Zusammenhang der einzelnen Teile durch inhaltliche Bezugnahme im Text und gemeinsame Versendung in einem Briefumschlag hergestellt ist.

Zur Begründung kann insbesondere Bezug genommen werden auf eine Übersicht (Mietspiegel) über die üblichen Entgelte in der Gemeinde oder in einer vergleichbaren Gemeinde, soweit die Übersicht von der Gemeinde oder von Interessenvertretern der Vermieter und der Mieter gemeinsam erstellt oder anerkannt worden ist, ferner auf ein mit Gründen versehenes **Gutachten** eines öffentlich bestellten oder vereidigten Sachverständigen.

Schließlich kann der Vermieter sein Erhöhungsverlangen durch Benennung von **3 Vergleichswohnungen** begründen. Bei mehreren Mietern muß das Erhöhungsverlangen an alle gerichtet sein, es sei denn, der eine Mieter hat den anderen zur Entgegennahme rechtswirksamer Erklärungen bevollmächtigt.

Der Vermieter muß sein Erhöhungsverlangen, soll es wirksam sein, **schriftlich begründen**. Dadurch soll dem Mieter die Möglichkeit geschaffen werden, sich darüber schlüssig zu werden, dem Verlangen des Vermieters zuzustimmen oder es abzulehnen. Folgende Begründungsmittel sind vom Gesetz zugelassen:

2.5.1 Mietspiegel

Der Vermieter kann in seinem Erhöhungsverlangen auf eine Übersicht über die üblichen Entgelte für vergleichbare Wohnungen Bezug nehmen, die von der Gemeinde oder von Interessenvertretern der Vermieter und Mieter erstellt werden (Mietspiegel). Erstellt die **Gemeinde** den Mietspiegel, ist sie nicht auf eine Billigung durch die Interessenvertreter der Vermieter oder Mieter angewiesen. Sie kann die Verbände einschalten, muß es aber nicht. Mietspiegel, die von den genannten **Verbänden** aufgestellt werden, müssen gemeinsam erarbeitet sein.

Mit RE vom 11. 10. 1990 (WM 1990, 538) hat das OLG Hamm entschieden, daß ein Vermieter ein Mieterhöhungsverlangen durch Bezugnahme auf einen von Interessenvertretern der Vermieter und Mieter gemeinsam erstellten Mietspiegel begründen kann, selbst wenn der mitgliederstärkste Interessenvertreter der Mieter diesem Mietspiegel nicht zugestimmt hat. Mindestens muß der von einer Seite aufgestellte Mietspiegel von der anderen Seite als richtig anerkannt sein, um als

Begründungsmittel dienen zu können. Die Gemeinden sollen, soweit hierfür ein Bedürfnis besteht, und dies mit einem für sie vertretbarem Aufwand möglich ist, Mietspiegel erstellen. Der Mietspiegel einer anderen Gemeinde ist nur **vergleichbar**, wenn in den wesentlichen Faktoren Übereinstimmung besteht (LG München II, WM 1986, 259). Großzügiger ist das OLG Stuttgart: Danach kann ein Mieterhöhungsverlangen auf den Mietspiegel einer Nachbargemeinde gestützt werden, wenn die Behauptung, dies sei eine vergleichbare Gemeinde, nicht offensichtlich unbegründet ist (RE v. 2. 2. 1982, WM 1982, 108; Weber / Marx / VII / S. 127).

Dieser Rechtsansicht folgt auch das Landgericht Mönchengladbach (WM 1993, 197): Danach reicht zur Wirksamkeit des Zustimmungsverlangens zur Mieterhöhung unter Bezugnahme auf den Mietspiegel einer vergleichbaren Gemeinde die Behauptung des Vermieters aus, die Gemeinden seien vergleichbar. Ob diese Behauptung tatsächlich zutrifft, ist nicht eine Frage der Zulässigkeit, sondern der Begründetheit des Mieterhöhungsverlangens.

Der Mietspiegel soll ein **Abbild** der **tatsächlich** gezahlten Miete ergeben. Er erfordert zeitnahe Erhebungen. Zu berücksichtigen sind nur solche Mietentgelte, die sich frei auf dem Markt bilden konnten und in den letzten 4 Jahren vereinbart worden sind. Entgelte, die aufgrund gesetzlicher Bestimmungen an Höchstbeträge gebunden sind (z. B. Sozialmieten) bleiben außer Betracht. Die Erhebungen bezüglich der Mietentgelte müssen so umfassend sein, daß sie einen repräsentativen Querschnitt ermöglichen. Nach dem Gesetz sollen die Mietspiegel im Abstand von 2 Jahren der Marktentwicklung angepaßt werden. Ferner sollen die Mietspiegel und ihre Änderungen **öffentlich bekannt gemacht** werden.

Liegt im Zeitpunkt des Erhöhungsverlangens kein Mietspiegel, der den vorstehenden Kriterien entspricht, vor, führt die Verwendung anderer Mietspiegel, insbesondere auch die Verwendung veralteter Mietspiegel, nicht zur Unwirksamkeit des Mieterhöhungsverlangens (§ 2 Abs. 6 MHG). Bisher wurden zur Ermittlung der ortsüblichen Vergleichsmiete und zur Erstellung von Mietspiegeln die Mieten der letzten drei Jahre herangezogen. Aufgrund des Vierten Mietrechtsänderungsgesetzes (BGBl. 1993 I S. 1257 ff.) sind nunmehr die Mieten der letzten **vier Jahre** zu berücksichtigen. Mietspiegel, die noch auf der früheren gesetzlichen Regelung beruhen, sind damit veraltet. Ein darauf gestütztes Erhöhungsverlangen ist jedoch nicht unwirksam.

Ein pauschaler Zuschlag auf alte oder veraltete Mietspiegel durch den Vermieter in seinem Erhöhungsverlangen ist allerdings unzulässig (OLG Stuttgart, RE v. 2. 2. 1981, WM 1982, 108; Weber / Marx, VII / S. 127).

Ein **Zuschlag** ist aber dann gerechtfertigt, wenn die Mieten des Mietspiegels Verträge betreffen, nach denen der Mieter zur Durchführung der Schönheitsreparaturen verpflichtet ist, während im Vertrag, der dem Mieterhöhungsverlangen zugrunde liegt, der Vermieter diese Verpflichtung hat (OLG Koblenz, RE v. 8. 11. 1984, WM 1985, 15; Weber/Marx, VII/S. 145).

Gleiches gilt, wenn im Mietspiegel Netto-Mieten ausgewiesen sind, aber eine Erhöhung der Brutto-Miete mit dem Mietspiegel begründet werden soll. Dieser Zuschlag muß vom Vermieter nachvollziehbar begründet werden (OLG Stuttgart, RE v. 13. 7. 1983, WM 1983, 285).

Begründet der Vermieter sein Erhöhungsverlangen mit Hilfe des Mietspiegels, muß er diesen seinem diesbezüglichen Schreiben **nicht beifügen,** weil er in aller Regel allgemein zugänglich ist (h. M., vgl. Barthelmess, 5. A., § 2 MHG, Rdn. 90 m. w. N.; a. A. teilweise die Amtsgerichte, z. B. AG Nürnberg, WM 1996, 95). Wo dies ausnahmsweise nicht der Fall ist, muß der Mietspiegel beigefügt werden. Immer aber muß der Vermieter angeben, unter welche Rubrik des Mietspiegels er die Wohnung des Mieters einreiht (z. B. Baualter, Größe, Ausstattung, Wohnlage). Nach dem Sinn und Zweck von § 2 Abs. 2 MHG soll dem Mieter die Möglichkeit der Information und der Nachprüfung gegeben werden, damit er sich anhand der ihm mitgeteilten Daten schlüssig werden kann, ob er zustimmen will oder nicht. Demgemäß muß der Vermieter bei einer Bezugnahme auf einen Mietspiegel dem Mieter die Bezugspunkte für die Einstufung im Mietspiegel nennen, die der Mieter braucht, um die Berechnung nachvollziehen zu können. Es reicht aus, daß im Erhöhungsverlangen die Koordinaten angegeben werden, aus denen sich das einschlägige **Rasterfeld** des Mietspiegels ermitteln läßt; das Mietspiegelfeld selbst muß nicht ausdrücklich gekennzeichnet werden (LG Nürnberg-Fürth, NJW-MietR 1997, 27).

Es ist nicht erforderlich, daß der Vermieter seine Berechnung nach dem Mietspiegel im Detail vorlegt (so zurecht LG München I, WM 1993, 67). Auch führen rechnerische Fehler bei der Berechnung der Vergleichsmiete nach dem Mietspiegel, die nicht ohne weiteres aus dem Erhöhungsverlangen selbst ersichtlich sind, grundsätzlich nicht zu einer Unwirksamkeit des Erhöhungsverlangens (LG München I, a. a. O.).

> Da die Anforderungen der Gerichte jedoch unterschiedlich sind, empfehlen sich möglichst genaue Angaben (vgl. LG Nürnberg, WM 1988, 279).

Falls im Mietspiegel **Preisspannen** angegeben sind, kann der Vermieter ohne weitere Begründung bis zum Höchstwert gehen (OLG Hamburg, RE v. 12. 11. 1982, WM 1983, 11; Weber/Marx, VII/S. 135).

Im Prozeß hat der Mietspiegel die Funktion eines Parteivortrags, keine Beweisfunktion. Nach den Regeln der freien Beweiswürdigung (§ 287 ZPO) kann der Mietspiegel freilich an Bedeutung gewinnen. Der Mietspiegel kann also zwei Funktionen haben, die voneinander zu trennen sind: Einmal als Begründungsmittel für ein Erhöhungsverlangen des Vermieters (§ 2 Abs. 2 MHG), zum anderen als Hilfsmittel des Gerichts im Verfahren auf Zustimmung zur Mieterhöhung zur Feststellung der ortsüblichen Vergleichsmiete (vgl. hierzu ausführlich Abschnitt 2.6).

> Die Übersichten, in welchen Gemeinden Mietspiegel aufgestellt wurden, sind bei den örtlichen Gemeindeverwaltungen, beim Spitzenverband der privaten Wohnungswirtschaft (= Zentralverband der deutschen Haus-, Wohnungs- und Grundeigentümer e. V., Cecilienallee 45, 40474 Düsseldorf) sowie bei der Verlagsgesellschaft des Deutschen Mieterbundes (Spichernstr. 61, 50672 Köln) erhältlich.

2.5.2 Sachverständigengutachten

Will der Vermieter sein Erhöhungsverlangen auf ein Sachverständigengutachten stützen, muß er mit der Erstellung einen öffentlich bestellten oder vereidigten Sachverständigen beauftragen. Das Mieterhöhungsverlangen kann aber auch wirksam auf das Gutachten eines Sachverständigen gestützt werden, welcher dem Vermieter durch die zuständige Handelskammer benannt worden ist, ohne von ihr öffentlich bestellt und/ oder vereidigt zu sein (OLG Hamburg, RE v. 30. 12. 1984, WM 1984, 45; Weber /Marx VII /S. 141).

Der Sachverständige muß nicht speziell für die Mietzinsbewertung bestellt sein, jedoch muß sein Tätigkeitsbereich diese umfassen. Das Gutachten eines Sachverständigen für Grundstücks- und Gebäudebewertung erfüllt diese Voraussetzungen (so BGH, RE v. 21. 4. 1982, NJW 1982, 1701; Weber / Marx, VII / S. 131), nicht das eines solchen für das Bauhandwerk (OLG Oldenburg, RE v. 22. 12. 1980, WM 1981, 55; Weber / Marx, VII /S. 120). Das Sachverständigengutachten, auf das zur Begründung eines Mieterhöhungsverlangens

(Anschluß Seite M 31)

verwiesen wird, muß **nicht** von einem Sachverständigen erstellt sein, der von derjenigen IHK öffentlich bestellt oder vereidigt ist, in deren Bezirk die Wohnung liegt, für die die Miete erhöht werden soll (BayObLG, RE vom 23. 7. 1987, WM 1987, 312; Weber / Marx, VII / S. 50).

Das Gutachten ist zu begründen. Es muß erkennen lassen, worauf das gewonnene Ergebnis beruht. Die Anforderungen an ein Sachverständigengutachten zur Begründung einer Mieterhöhung dürfen jedoch nicht überspannt werden. § 2 Abs. 2 MHG verlangt **nur Hinweise, nicht** aber den **Nachweis** der Richtigkeit der Angaben im Mieterhöhungsverlangen. Dies ist Sache der Begründetheit einer Klage auf Zustimmung zur Mieterhöhung.

Es reicht daher, wenn der Sachverständige in einer für den Mieter verständlichen und nachvollziehbaren Weise dargetan hat, warum die neu verlangte Miete ortsüblich ist. Ausreichend ist, wenn das Gutachten eine Aussage über die tatsächliche ortsübliche Vergleichsmiete getroffen hat und die zu beurteilende Wohnung in das örtliche Mietpreisgefüge eingeordnet wird (so BVerfG, Urt. vom 14. 5. 1986, WM 1986, 237; Weber/Marx, VIII/S. 113). Grundsätzlich empfiehlt es sich, daß der Sachverständige in seinem Gutachten von dem Mietbegriff ausgeht (z. B. Nettomiete, Teilinklusivmiete), der vorliegend gegeben ist, vgl. OLG Hamm, RE vom 3. 12. 1992 (WM 1993, 29). Bei einer Wohnanlage mit unterschiedlichen Mietstrukturen soll es jedoch zulässig sein, daß der Sachverständige seine Gutachten auf Grundlage von Netto-Kaltmieten aufbaut und der Vermieter für den konkreten Einzelfall die jeweiligen Betriebskostenanteile berechnet und dies gegenüber dem Mieter darlegt (Sternel III, Randnr. 675). Nach bisheriger Ansicht ist der Gutachter auch nicht gehalten, seine Darlegungen durch Benennung konkreter Vergleichsobjekte zu untermauern (OLG Karlsruhe, RE vom 20. 7. 1982, WM 1982, 269; Weber / Marx, VII /S. 132). Dies wird sich nach zwei Entscheidungen des BGH und des BVerfG nicht mehr halten lassen, vgl. unter Abschnitt 2.7. Hat die in Betracht kommende Gemeinde einen Mietspiegel aufgestellt, muß der Sachverständige eine Abweichung davon nicht begründen (strittig, a. A. LG Wiesbaden, WM 1992, 286). Bei einer Begründung durch Vergleichsmieten ist eine Auseinandersetzung mit einem Mietspiegel auch nicht erforderlich (so zu Recht Schultz in Bub / Treier, III Randnr. 430). Eine Besichtigung der zu begutachtenden Wohnung ist jedenfalls dann entbehrlich, wenn die Beurteilung des Sachverständigen auf der Besichtigung einer genügenden Anzahl anderer gleichartiger Wohnungen innerhalb derselben Wohnanlage beruht, OLG Oldenburg, RE vom 2. 1. 1981, WM 1981, 150; OLG Celle, RE vom 27. 4. 1982, WM 1982, 180. Das Gutachten muß der schriftlichen Mitteilung, die das Erhöhungsverlangen enthält, beigefügt werden, und zwar in vollem Wortlaut (OLG Braunschweig,

RE vom 19. 4. 1982, WM 1982, 272). Es genügt nicht, wenn der Vermieter den Mieter darauf verweist, das Gutachten bei ihm einzusehen. Der Mieter hat die Besichtigung der Wohnung durch den Sachverständigen zwecks Erstellung eines Gutachtens zu dulden. Hierbei sind auf die berechtigten Belange des Mieters Rücksicht zu nehmen. Bei schuldhafter Verweigerung der Besichtigung macht sich der Mieter gegenüber dem Vermieter u. U. schadensersatzpflichtig, wenn dem Vermieter bei einem berechtigten Erhöhungsverlangen ein Mietausfall wegen der verspäteten Geltendmachung entsteht (Sternel III, Randnr. 674).

Im Prozeß hat das Sachverständigengutachten lediglich die Bedeutung eines Parteigutachtens. Es ist Begründungsmittel, nicht Beweismittel. Die Prozeßlage ist keine andere, als wenn der Vermieter sein Erhöhungsverlangen auf einen Mietspiegel stützt.

Die Kosten des vorprozessualen Sachverständigengutachtens treffen den Vermieter. Dieser wird bei der Wahl eines Sachverständigengutachtens als Begründungsmittel für sein Erhöhungsverlangen deshalb zweckmäßigerweise die zu erwartenden Mehreinnahmen an Miete in Beziehung setzen zu den Gutachterkosten. Freilich hat der Vermieter dann keine andere Wahl, wenn weder ein Mietspiegel vorhanden ist, noch Vergleichsobjekte zu beschaffen sind.

2.5.3 Vergleichbare Wohnungen

Begründet der Vermieter seinen Anspruch durch Benennung von Vergleichsobjekten, so sind drei anzuführen. Die Vergleichsobjekte können anderen Vermietern oder dem Vermieter selbst gehören.

> Der Vermieter darf alle drei zu benennenden Vergleichswohnungen oder einen Teil davon seinem eigenen Wohnungsbestand entnehmen. Die Vergleichsobjekte können auch aus einem Haus (BVerfG, Beschl. v. 12. 5. 1993, WM 1994, 139) und auch aus demselben Haus stammen, in dem der Mieter selbst wohnt.

Für das vorprozessuale Erhöhungsverlangen ist der Zeitpunkt des Zustandekommens der Mietzinsvereinbarung der Vergleichswohnungen **ohne** Bedeutung, die Vergleichsmieten müssen also nicht innerhalb der letzten vier Jahre zustandegekommen oder abgeändert sein, so zu Recht Barthelmess, WKSchG, 5. Aufl., § 2 MHG, Rn. 111. Der Mietzins der Vergleichswohnungen muß aber mindestens so hoch sein, wie der neu verlangte Mietzins. Andernfalls ist das Mieterhöhungsverlangen nur teilweise wirksam, und zwar bis zur Höhe der dritthöchsten Vergleichsmiete (OLG Karlsruhe, RE vom 15. 12. 1983, WM 1984, 21; Weber / Marx, VII / S. 141).

Beispiel:

> Mieterhöhungsverlangen auf DM 12,– / m², begründet mit drei Vergleichswohnungen in Höhe von DM 14,– / m², DM 12,50 / m² und DM 11,– / m². Das Erhöhungsverlangen ist also nur bis zu einer Miete von DM 11,– / m² wirksam, nicht bis zum rechnerischen Durchschnitt der drei Vergleichswohnungen.

Die Vergleichsobjekte müssen so bezeichnet sein, daß sie der Mieter auffinden kann. Das ist möglich, wenn Straße, Hausnummer, Stockwerk und, sofern sich in einem Stockwerk mehrere Wohnungen befinden, die Lage innerhalb des Stockwerkes (rechts, links) angegeben sind. Die Angabe des Namens des Vermieters oder Mieters ist nicht erforderlich (BGH, RE vom 20. 9. 1982, WM 1982, 324; Weber / Marx, VII / S. 133), aber zur eindeutigen Identifizierung der Wohnung manchmal durchaus sinnvoll. Nach dem Rechtsentscheid des BayObLG vom 1. 4. 1982 (WM 1982, 154) ist die Angabe der Größe der Vergleichswohnung in einem Erhöhungsverlangen nach § 2 Abs. 2 Sätze 1, 3 MHG nur dann wesentliche Voraussetzung für die Zulässigkeit der Mieterhöhungsklage nach § 2 Abs. 3 Satz 1 MHG, wenn sich allein aus der Größenangabe in Verbindung mit dem Gesamtmietpreis der Quadratmeterpreis für die vom Vermieter bezeichneten Vergleichswohnungen errechnen läßt; Flächenabweichungen der Vergleichswohnungen mit der Wohnung des Mieters nach oben oder unten beeinträchtigen die verfahrensrechtliche Wirksamkeit der Mieterhöhungserklärung nicht (bestätigt vom OLG Schleswig, RE vom 3. 10. 1986, WM 1987, 140). Dies soll nicht gelten bei Flächenabweichungen von mehr als 50 %, weil dies i. d. R. mit einer Änderung des Wohnungstyps verbunden ist, Barthelmess, WKSchG, 5. Aufl., § 2 MHG, Rn. 112. Abweichungen können sich bei 1-Zimmer-Wohnungen (Appartement-Zuschlag) ergeben. Sie weisen nämlich in der Regel einen höheren qm-Preis auf als Mehrzimmerwohnungen, so daß beide Wohnungstypen im allgemeinen nicht vergleichbar sind. Es empfiehlt sich daher, die Zimmerzahl der Vergleichswohnungen anzugeben. Entgegen dem Wortlaut von § 2 Abs. 1 Satz 1 Nr. 2 und Abs. 2 Satz 4 MHG läßt die Rechtsprechung die Begründung eines Mieterhöhungsverlangens mit Wohnungen aus einer anderen, vergleichbaren Gemeinde nicht oder nur dann zu, wenn in der Gemeinde, in welcher die vermietete Wohnung liegt, keine Vergleichswohnungen vorhanden sind, LG München II, WM 1982, 131. Falls trotz Bemühungen Vergleichsmieten aus derselben Gemeinde nicht zur Verfügung stehen, obwohl es dort solche in genügender Anzahl gibt, wird zur Ermittlung der ortsüblichen Vergleichsmiete auf ein Sachverständigengutachten verwiesen (so z. B. LG München II, Urt. v. 21. 1. 1993, Az.: 8 S 5849/92). Die dagegen eingelegte Verfassungsbeschwerde war erfolglos (BVerfG, Beschl. v. 14. 12. 1993, WM 1994, 136). Zwar kann es nach Ansicht des BVerfG Bedenken begegnen, wenn die Rechtsprechung so zu verstehen wäre, daß der Vermieter ein Sachverständigengutachten vorlegen müßte, auch wenn er erfolglos alle ihm zumutbaren Anstrengungen unternommen hätte, Vergleichswohnungen in derselben Gemeinde zu ermitteln. Damit können die formellen Anforderungen an ein Mieterhöhungsverlangen überspannt werden. Ein gewisser Aufwand an Zeit und Mühe kann allerdings vom Vermieter bei der Ermittlung der Vergleichsmieten verlangt werden. Wann die Zumutbarkeitsschwelle überschritten wird, ist Frage des Einzelfalles.

Die Benennung von **drei Vergleichswohnungen** dient nur der Zulässigkeit des Erhöhungsverlangens. Bei der Benennung von Vergleichswohnungen im Rahmen einer Mieterhöhung dürften daher keine überhöhten Anforderungen an die Begründungspflicht des Vermieters gestellt werden (BVerfG, Urteil vom 14. 7. 1981, WM 1982, 146; Weber / Marx, VIII / S. 106). So hält es das Bundesverfassungsgericht in seinem Beschluß vom 8. 11. 1988 (WM 1989, 62) für ausreichend, daß der Mieter Informationen über Namen des Wohnungsinhabers, Adresse, Geschoß und Quadratmeterpreis erhält. In der Mitteilung dieser Daten liegt zugleich die stillschweigende Erklärung des Vermieters, daß er die benannten Wohnungen hinsichtlich sämtlicher vom Gesetz aufgeführter Merkmale (Art, Größe, Ausstattung, Beschaffenheit und Lage) für vergleichbar hält.

Etwas anderes gilt jedoch dann, wenn die fragliche Wohnung eine so ins Auge fallende Besonderheit aufweist, daß der Mieter an der Vergleichbarkeit der benannten Wohnungen füglich zweifeln und schriftlichen Aufschluß über das Vorhandensein dieses ganz speziellen wertbestimmenden Faktors erwarten kann, der über die Angabe von Lage und Quadratmeterpreis hinausgeht. (Im vorliegenden Fall wurde die Wohnung über einen einzigen Außenwandgasofen beheizt). Dementsprechende inhaltliche Anforderungen an die Erhöhungserklärung sind nach Ansicht des Gerichts nicht unverhältnismäßig und verstoßen nicht gegen das Gebot zur grundrechtskonformen Auslegung und Anwendung des § 2 Abs. 2 MHG.

Nach wie vor stellen die Instanzgerichte jedoch teilweise höhere Anforderungen. Es sollte daher darauf geachtet werden, daß die wesentlichen Ausstattungsmerkmale der Vergleichswohnungen mit der Bezugswohnung übereinstimmen (vgl. Sternel III, Randnr. 686). Im allgemeinen unterscheidet man zwischen Einfachwohnungen (ohne Bad und Zentralheizung), mittleren Wohnungen (i. d. R. mit Bad aber ohne Zentralheizung) und Komfortwohnungen (mit Bad und Zentralheizung, evtl. Lift). Bezugswohnung und Vergleichswohnungen sollten auch aus derselben Baualtersklasse stammen, wobei ein Unterschied von circa 10 Jahren unschädlich ist (LG

Düsseldorf DWW 1992, 284). Wenn der Ausstattungs- und Modernisierungszustand in etwa gleich ist, wird man aber auch bei verschiedenen Baualtersklassen noch von Vergleichbarkeit ausgehen können. Bestreitet der Mieter im Prozeß die Vergleichbarkeit, wird teilweise gefordert, daß hierüber Beweis erhoben werden muß, bevor über die materielle Berechtigung der Mieterhöhung entschieden werden kann (so Sternel III, Rdn. 696). Dem kann nicht zugestimmt werden. Nach Ansicht des BayObLG ist im Regelfall kein Beweis zu erheben (WM 1983, 53). Etwas anderes kann sich nur ergeben, wenn vom Mieter das Vorhandensein der Wohnung überhaupt oder das Vorhandensein von Merkmalen bestritten wird, bei deren Wegfall eine Vergleichbarkeit zweifelsfrei nicht mehr gegeben ist (so Fischer in Bub/ Treier VIII, Rdn. 58). Es kommt auch nicht darauf an, ob die „Vergleichsmieter" die Besichtigung ihrer Wohnung gestatten oder Auskünfte erteilen (OLG Schleswig, RE v. 31. 10. 1983, WM 1984, 23; Weber/Marx, VII/S. 140). Ausreichend ist auch, wenn dem Mieterhöhungsverlangen eine nicht unterschriebene Liste von Vergleichswohnungen beiliegt (KG Berlin, RE v. 22. 2. 1984, WM 1984, 101; Weber/ Marx, VII/S. 142).

Die Benennung von Vergleichswohnungen ist nicht auf eine bestimmte Höchstzahl beschränkt. Ein Erhöhungsverlangen ist also auch dann nicht unwirksam, wenn der Vermieter dem Mieter eines mittels elektronischer Datenverarbeitung angefertigte Aufstellung von 80 Vergleichswohnungen übermittelt (BayObLG, RE v. 25. 9. 1991, WM 1992, 52).

Der Vermieter kann zur Begründung Vergleichswohnungen heranziehen, deren Mietzinsstruktur von der zu erhöhenden Wohnung abweicht (BVerfG, Beschl. v. 8. 9. 1993, WM 1994, 137, 138). Allerdings hat er durch einfache Rechenoperationen die Vergleichbarkeit herzustellen: Bei der Begründung eines Mieterhöhungsverlangens für eine Brutto-Kaltmiete (incl. Betriebskosten) mit Netto-Mieten hat der Vermieter zu den Netto-Mieten die tatsächlich anfallenden Betriebskosten hinzuzurechnen (LG Karlsruhe, WM 1985, 328) oder einfacher, den Betriebskostenanteil aus der bisherigen Miete herauszurechnen (so Sternel III, Rdn. 641).

Im **umgekehrten Fall** (Erhöhung einer Netto-Miete unter Hinweis auf Vergleichswohnungen mit Brutto-Miete) sind entweder bei den Mieten der Vergleichswohnungen die Betriebskosten abzuziehen oder bei der Miete der zu erhöhenden Wohnung die dort anfallenden Betriebskosten hinzuzählen, damit Vergleichbarkeit hergestellt ist. Großzügiger ist das BVerfG (a.a.O.): Danach genügt die Angabe von Adresse, Geschoß, Stockwerkslage und Quadratmeterpreis. Die rechnerische Ermittlung einer geforderten Nettomiete ist nicht notwendig, solange dem Mieter mit den erhaltenen Angaben eine eigene Nachprüfung des Erhöhungsverlangens möglich ist. Wenn das Gericht diese Angaben nicht für ausreichend hält, muß es dem Vermieter Gelegenheit zur Ergänzung seines Sachvortrages geben.

Eine Änderung der vertraglich vereinbarten **Mietzinsstruktur** im Erhöhungsverlangen darf der Vermieter nicht vornehmen; dies würde das Verlangen unwirksam machen.

2.6 Zustimmung und Klage

Dem Mieter ist eine **Überlegungsfrist** eingeräumt, innerhalb derer er sich darüber schlüssig werden kann, ob er dem Erhöhungsverlangen zustimmt. Sie beginnt mit dem Zugang des Erhöhungsverlangens und endet mit dem Ablauf des 2. Kalendermonats, der auf den Zugang folgt (§ 2 Abs. 3 Satz 1 MHG).

> **Beispiel:** Zugang 5. 1. → Überlegungsfrist bis 31. 3.

Diese Überlegungsfrist ist ebenso wie die daran anschließende Klagefrist einer Verlängerung durch Parteidisposition nicht zugänglich (LG München I, WM 1994, 383).

Im vorliegenden Fall bat der Vermieter den Mieter mit Schreiben vom 16. 2. um Zustimmung zur Mieterhöhung ab 1. 6. und erhob, als die Zustimmung ausblieb, am 22. 7. Klage. Da jedoch hier die Überlegungsfrist des Mieters am 30. 4. und die Klagefrist am 30. 6. endete, war die Klagefrist nicht gewahrt. Etwas anderes ergibt sich auch nicht daraus, daß dem Mieter im Erhöhungsverlangen eine längere als die gesetzliche Überlegungsfrist eingeräumt wurde. Hierdurch verlängert sich die Klagefrist nicht.

Die Zustimmung des Mieters zur Mieterhöhung ist eine einseitige empfangsbedürftige Willenserklärung, die an **keine Form** gebunden ist. Grundsätzlich ist die Zustimmung bei einer vertraglich vereinbarten Schriftformklausel schriftlich abzugeben. Die Parteien können sich aber über das Formerfordernis hinwegsetzen (vgl. „Schriftform“, „Allgemeine Geschäftsbedingungen“). Die Schriftform aufgrund des § 566 BGB ist bei Zustimmung zu einer nicht unwesentlichen Mieterhöhung (über 5 %) bei Mietverträgen für längere Zeit als 1 Jahr einzuhalten.

Bereits in der einmaligen Zahlung des Mieters kann je nach den begleitenden Umständen die Annahme des Angebots des Vermieters, eine Erhöhungsvereinbarung abzuschließen, gesehen werden, wenn ein entsprechender rechtsgeschäftlicher Wille auf beiden Seiten festzustellen ist. Dabei ist darauf abzustellen, wie der Empfänger einer solchen Zahlung dies bei objektiver Betrachtungsweise auffassen konnte und durfte. So hat das Landgericht Kiel die durch die Änderung des Dauerauftrages und Zahlung der erhöhten Miete erkennbare Verhaltensänderung des Mieters als formlose Zustimmung angesehen (WM 1993, 198). Zu den Fragen, die sich hierbei ergeben können, vgl. Abschnitt 2.7. **Keine** Zustimmung liegt vor, wenn der Vermieter aufgrund einer zur bisherigen Miethöhe erteilten Abbuchungsermächtigung den erhöhten Mietzins monatelang einzieht, aber keine Zustimmungsklage erhebt (LG München I, WM 1996, 44).

Verweigert der Mieter die Zustimmung oder gibt er keine Erklärung ab, was als Ablehnung zu werten ist, kann der Vermieter innerhalb zweier weiterer Monate ab dem Ende der Überlegungsfrist Klage auf Zustimmung erheben.

> Im **Beispiel:** Ablauf der Klagefrist 31. 5.

Die Klagefrist wird durch rechtzeitige Einreichung der Klage bei Gericht gewahrt, wenn sie bald danach zugestellt wird (§§ 270 Abs. 3, 495 ZPO). Eine vor Ablauf der Überlegungsfrist des Mieters, im Beispiel vor dem 31. 3., erhobene Klage ist unzulässig. Eine **Ausnahme** besteht, wenn der Mieter die Zustimmung endgültig und bestimmt abgelehnt hat. Im übrigen wird die verfrüht erhobene Klage zulässig, wenn die Überlegungsfrist des Mieters bis zur Zeit des letzten Verhandlungstermins abgelaufen war (KG Berlin, RE v. 12. 1. 1981, WM 1981, 54; Weber/ Marx, VII/S. 122).

Erteilt der Mieter nachträglich seine Zustimmung, was möglich ist, hat aber der Vermieter bereits Klage erhoben, treffen bei Erfüllung der Prozeßvoraussetzungen die Kosten den Mieter. Umstritten ist dies allerdings, wenn das erledigende Ereignis, also die Zustimmung des Mieters, zwischen Einreichung und Zustellung der Klage erfolgt. Das sicherste für den Vermieter ist in diesem Fall, die Klage zurückzunehmen und die entstandenen Kosten in einem eigenen Verfahren einzuklagen. (Sehr umstritten, vgl. Zöller, ZPO, § 91 a Rdn. 40.)

Der Mieter kann auch **teilweise**, d. h. bis zu einem Betrag, der unter dem vom Vermieter verlangten liegt, zustimmen. In diesem Fall hat der Vermieter die Wahl, sich damit zufrieden zu geben oder auf Zustimmung zu einer Erhöhung des Mietzinses auf den vollen Betrag zu klagen. Die teilweise Zustimmung hat dann allenfalls Bedeutung für den Streitwert des Prozesses.

Eine Zustimmung unter **Bedingungen** oder **Vorbehalt** ist als neues Angebot des Mieters anzusehen, auf das der Vermieter nicht eingehen muß. Der Vermieter muß hier, wenn er damit nicht einverstanden ist, innerhalb der Frist klagen.

Dagegen kann der Mieter auch einem unwirksamen Mieterhöhungsverlangen ganz oder teilweise zustimmen. Die Teilzustimmung ist rechtlich als Angebot auf Zustimmung zur Vertragsänderung zu werten (LG Berlin, WM 1997, 51). Nimmt der Vermieter an, läuft die Jahresfrist (vgl. Abschnitt 2.1).

Bei mehreren Mietern müssen alle zustimmen; die Wirksamkeit von Formularklauseln, wonach ein Mieter mit Wirkung für alle Mieter zustimmen kann, ist umstritten.

> Auch eine Klage ist – trotz Bevollmächtigungsklausel – gegen **alle** Mieter zu richten (KG Berlin, RE v. 5. 12. 1985, WM 1986, 106; Weber/Marx, VII/S. 1045).

Wird die Zustimmungsklage nicht fristgemäß erhoben, gilt das Erhöhungsverlangen als nicht gestellt. Ein neues Erhöhungsverlangen kann jedoch jederzeit gestellt werden. Bei Teilzustimmung ist die Jahresfrist zu beachten (vgl. Abschnitt 2.1).

Ist Klage erhoben worden, jedoch kein wirksames oder nur ein teilwirksames (vgl. BayObLG, RE v. 30. 6. 1989, WM 1989, 484; Weber / Marx, IX /S. 48) Erhöhungsverlangen vorausgegangen, kann der Vermieter das Erhöhungsverlangen im Rechtsstreit nachholen (§ 2 Abs. 3 Satz 2 MHG). Die überwiegende Meinung versteht unter „nachholen" kein Nachbessern einzelner Formmängel, z. B. Angabe einer weiteren Vergleichsmiete, wenn die 3. Vergleichsmiete nicht zu berücksichtigen war, sondern eine Neuvornahme des Mieterhöhungsverlangens insgesamt (vgl. Emmerich /Sonnenschein, Miete § 2 MHG Rdn. 49 b). Die **nachträgliche Heilung** eines unwirksamen Erhöhungsverlangens ist nämlich unzulässig (LG München I, WM 1994, 337). Es genügt also nicht, wenn einzelne Wohnungen nicht vergleichbar waren, weitere Vergleichsmieten nachzuschieben. Zulässig ist lediglich die spätere Ergänzung bzw. Berichtigung eines wirksamen Erhöhungsverlangens, z. B. bezüglich der Angaben zum Rasterfeld eines Mietspiegels oder der Wohnflächenberechnung (vgl. hierzu BVerfG, WM 1974, 169).

Ein **Nachholen** ist auch in einem prozessualen Schriftsatz, z. B. einer Klagebegründung, möglich, wenn darin eindeutig zum Ausdruck gebracht wird, daß auch eine materiell-rechtliche Erklärung abgegeben wird. Bei Vertretung (z. B. durch Rechtsanwälte) ist dem Schriftsatz eine Vollmacht beizufügen; eine beglaubigte Abschrift ist nur ausreichend, wenn sie vom Prozeßbevollmächtigten des Vermieters stammt, ansonsten ist die eigenhändige Unterschrift erforderlich. Dieses Nachschieben von Gründen setzt erneut die zweimonatige Überlegungsfrist in Lauf. Erteilt der Mieter daraufhin seine Zustimmung oder erkennt er den Klageanspruch sofort an, können die Kosten des Rechtsstreits dem Vermieter auferlegt werden.

2.7 Gerichtliches Verfahren

Der Richter hat den klagenden Vermieter auf etwaige Bedenken gegen die Wirksamkeit des Erhöhungsverlangens aufmerksam zu machen (§ 139 ZPO). Stellt der Kläger ein neues, formell wirksames Erhöhungsverlangen, erhebt sich die Frage, ob der Richter den Rechtsstreit zu vertagen hat, bis die zweimonatige Überlegungsfrist abgelaufen ist oder ob er sofort entscheiden kann, d. h. die Klage abweisen muß, weil sie wegen noch nicht abgelaufener Überlegungsfrist nach wirksamem Erhöhungsverlangen unzulässig ist. Rechtlich ist ein solches zweites Erhöhungsverlangen als **Klageänderung** zu behandeln. Sie ist, wie das LG München I (WM 1994, 337) unter Hinweis auf den RE des BayObLG vom 30. 6. 1989 (WM 1989, 484) entschieden hat, sachdienlich und daher im Verfahren zu berücksichtigen. Aus

Gründen der Prozeßökonomie sollte das Gericht daher in diesen Fällen vertagen oder den Termin verlegen, bis die Überlegungsfrist des Mieters abgelaufen ist. Dies ergibt sich insbesondere aus der Absicht des Gesetzgebers, bei einem vorausgegangenen unwirksamen Erhöhungsverlangen ein neues, wirksames Erhöhungsverlangen im Rechtsstreit zuzulassen, um einen weiteren Rechtsstreit in der gleichen Sache zu vermeiden (mit Recht Barthelmess WKSchG, 5. A., § 2 MHG, Rdn. 168). Die bisherige Rechtsprechung neigt jedoch dazu, aus Gründen der Verfahrensbeschleunigung nicht zu vertagen. In diesem Fall erreicht der Kläger jedoch ohne weiteres durch Berufungseinlegung (Frist für die Berufungseinlegung ein Monat ab Zustellung des erstinstanzlichen Urteils, Frist für Berufungsbegründung ein weiterer Monat), daß die mündliche Verhandlung vor dem Berufungsgericht erst nach Ablauf der Überlegungsfrist stattfindet, so daß ein Vermieter, der sein zunächst unwirksames Erhöhungsverlangen im Prozeß nachholt, nicht genötigt ist, zwei Prozesse zu führen.

Beruft sich der Mieter im Hinblick auf das nachgeschobene Mieterhöhungsverlangen nicht lediglich darauf, daß hierfür die Überlegungsfrist noch nicht abgelaufen ist, sondern lehnt er auch dieses Erhöhungsverlangen endgültig und bestimmt ab, kann das Gericht die Klage nicht mehr als unzulässig abweisen. Das Kammergericht (RE v. 12. 1. 1981, WM 1981, 54) hat entschieden, daß die Klage nicht deswegen unzulässig ist, weil die Überlegungsfrist im Zeitpunkt der Klageerhebung noch nicht abgelaufen war. Dieser Rechtsauffassung folgt das OLG Celle (RE v. 23. 10. 1995, WM 1996, 20), wo in den Gründen ausgeführt wird, daß dies gleichermaßen auf die endgültige Zurückweisung für ein erst im Laufe des Rechtsstreits erhobenes Mieterhöhungsverlangen während der laufenden Überlegungsfrist gelten dürfte.

Umstritten war bisher, welchen Zeitpunkt das Gericht bei der Feststellung der ortsüblichen Vergleichsmiete zugrunde zu legen hatte. Das BayObLG (RE v. 27. 10. 1992, WM 1992, 677) hat entschieden, daß maßgeblicher Zeitpunkt für die Feststellung der ortsüblichen Vergleichsmiete nicht der des zeitlichen Wirksamwerdens der Erhöhung ist, sondern der Zugang des Erhöhungsverlangens beim Mieter.

Bestreitet der Mieter die Übereinstimmung des Begehrens des Vermieters mit der ortsüblichen Vergleichsmiete, hat der Vermieter für seine Behauptung Beweis anzutreten. Ihm stehen dafür die in der Zivilprozeßordnung aufgezählten Beweismittel zur Verfügung, wobei im allgemeinen ein Mietspiegel oder ein Sachverständigengutachten in Betracht kommt. Erhebt das Gericht Beweis durch Einholen eines **Sachverständigengutachtens**, mußte der Sachverständige bisher unter Hinweis auf seine Verschwiegenheitspflicht **keine konkreten Vergleichsmieten** benennen. Das OLG Karlsruhe (RE v. 20. 7. 1982, WM 1982, 269) hat es für ausreichend gehalten, wenn im Sachverständigengutachten keine Vergleichsobjekte angegeben sind, sondern lediglich ausgeführt wird, dem Sachverständigen seien aufgrund seiner beruflichen Tätigkeit vergleichbare Wohnungen in ausreichender Zahl aus dem maßgeblichen örtlichen Bereich bekannt.

Diese Rechtsmeinung wird sich nach zwei Entscheidungen des BGH und des Bundesverfassungsgerichts nicht mehr halten lassen. Mit Urteil vom 15. 4. 1994 (NJW 1994, 2899) hat der Bundesgerichtshof entschieden, daß das Gericht einem Sachverständigengutachten nicht folgen darf, das im Rahmen der Ertragswertmethode zur Verkehrswertschätzung von Grundstücken auf Vergleichsmieten (Rohertrag) abstellt, ohne die Vergleichsobjekte und Vergleichspreise zu nennen, weil sich der Gutachter insoweit für schweigepflichtig hält. Dies ist nach Ansicht des Gerichts unerheblich, da es für die Parteien des Rechtsstreits, insbesondere für die Partei, die das Gutachten benachteiligt, unumgänglich ist, daß sie die **tatsächlichen Grundlagen** kennen, an die das Gutachten anknüpft, weil sonst eine sachgerechte Stellungnahme nicht möglich ist. Insoweit hat der Anspruch der Verfahrensbeteiligten auf rechtliches Gehör Vorrang vor dem Interesse Dritter auf Geheimhaltung der sie betreffenden Daten.

Mit Beschluß vom 11. 10. 1994 (Az. 1 BvR 1398/93, WM 1994, 661) hat das Bundesverfassungsgericht entschieden, daß es gegen Art. 2 Abs. 1 GG i. V. m. dem Rechtsstaatsprinzip verstoßen kann, wenn ein Gutachten über die ortsübliche Vergleichsmiete zur Grundlage eines Urteils gemacht wird, obwohl weder das Gericht noch die Prozeßparteien die Möglichkeit hatten, die vom Sachverständigen zugrunde gelegten Befundtatsachen zu überprüfen. Das Gericht führt hierzu aus, daß den Parteien des Rechtsstreits die Möglichkeit gegeben werden muß, an dieser Prüfung mitzuwirken und daß ihnen dazu die konkreten **Befundtatsachen**, die das Gericht durch Übernahme des Sachverständigengutachtens verwerten will, **zugänglich sein müssen**. Eine dem Rechtsstaatsprinzip genügende Urteilsgrundlage fehlt jedoch, wenn der Richter einem Sachverständigengutachten, dessen Befundtatsachen bestritten sind, ohne nähere Prüfung dieser Tatsachen folgt und sich ohne weiteres darauf verläßt, daß die vom Sachverständigen zugrunde gelegten und nicht im einzelnen konkretisierten tatsächlichen Feststellungen richtig sind. Deshalb kann – nicht muß – die Kenntnis der einzelnen tatsächlichen Umstände, die der Sachverständige selbst erhoben und seinem Gutachten zugrunde gelegt hat, unentbehrlich sein. In einem solchen Fall ist die Offenlegung dieser Tatsachen aus rechtsstaatlichen Gründen regelmäßig geboten. Ist der Sachverständige dazu nicht bereit, darf sein Gutachten nicht verwertet werden.

Allerdings läßt sich **nicht generell** entscheiden, ob und inwieweit das Gericht und die Verfahrensbeteiligten die Kenntnis von Tatsachen, die ein Sachverständiger seinem Gutachten zugrunde gelegt hat, für ihre kritische

Würdigung des Gutachtens tatsächlich benötigen. Die Frage muß vom Gericht unter Berücksichtigung der Umstände des Einzelfalles entschieden werden. Anhaltspunkte hierfür sind, ob der Sachverständige das Gutachten auf einzelnen konkreten Befundtatsachen aufbaut oder auf statistisch erfaßtem oder allgemein zugänglichem Tatsachenmaterial bzw. aus seinem Erfahrungswissen als Sachverständiger. Auf eine **Offenlegung von Mietpreis und Adressen** der Vergleichswohnungen oder sonstigen Angaben über deren Beschaffenheit kann danach in aller Regel nicht verzichtet werden, soweit deren Kenntnis für eine Überprüfung des Gutachtens praktisch unentbehrlich ist. Soweit eine – vollständige – Offenlegung von Tatsachen aus anerkennenswerten Gründen unterbleibt und auf eine Verwertung des Gutachtens aus überwiegenden Interessen der beweispflichtigen Partei dennoch nicht verzichtet werden kann, muß das Gericht versuchen, sich – etwa durch **Befragung** des Sachverständigen – Gewißheit zu verschaffen, in welcher Weise dieser seine Daten erhoben hat. Dies mag nach Ansicht des Gerichts im einzelnen Fall für die richterliche Überzeugungsbildung ausreichen.

Die Sachverständigen werden unter Hinweis auf ihre **Verschwiegenheitspflicht** in der Regel nicht bereit sein, ihre Daten offenzulegen. Die Gerichte werden daher in jedem Einzelfall zu prüfen haben, ob solche Gutachten noch ausreichend sind. So kann z. B. die Offenlegung der Vergleichsmieten in anonymisierter Form erfolgen, um eine Nachprüfung zu ermöglichen. Nachdem die Entscheidungen, die eine vollständige Offenlegung der Befundtatsachen, die eine Identifizierung der Vergleichsobjekte ermöglicht, insbesondere von Sachverständigen unter Hinweis auf den Datenschutz kritisiert wurden, ist der BGH (Beschl. v. 21. 6. 1995, WM 1995, 651) hiervon wieder abgerückt. Die Vergleichsobjekte sind dann hinreichend genau angegeben, wenn sie nach Anschrift (jeweilige Straßenbezeichnung), individuellen Beschaffenheitsmerkmalen und Mietpreisen ohne weitergehende Individualisierung offengelegt sind. So läßt das LG München I (WM 1996, 280) für die Verwertbarkeit eines im Mieterhöhungsprozeß eingeholten Beweisgutachtens für die Vergleichsobjekte die Angabe des Stadtteils und der weiteren Ortsangabe „Nähe . . .straße“ genügen. Auch das Bundesverfassungsgericht (Beschl. v. 16. 10. 1996) hat entschieden, daß seinem Beschluß vom 11. 10. 1994 (a.a.O.) nicht zu entnehmen ist, daß der Sachverständige stets die Vergleichswohnungen offenlegen muß, damit sein Gutachten verwertbar ist (WM 1996, 749).

Zu beachten ist, daß das Gericht die oft erheblichen weiteren Kosten, die dadurch entstehen, der Partei auferlegen kann, die eine erfolglose Überprüfung beantragt hat (§ 96 ZPO).

Die Rechtsprechung ist überwiegend der Ansicht, daß sich das Gericht über die Beweisangebote des Vermieters hinwegsetzen und seine Entscheidung nur auf einen Mietspiegel stützen kann, auch wenn der Vermieter Beweis für die Ortsüblichkeit des verlangten Mietzinses durch Sachverständigengutachten anbietet.

Begründet wird dies mit dem aufgrund größeren Datenmaterials höheren Erkenntniswert des Mietspiegels (LG Köln, WM 1982, 77, LG Bonn, WM 1944, 692). Das Gericht soll in diesem Fall auch nicht an ein Beweisangebot des Vermieters durch Einholung eines Sachverständigengutachtens gebunden sein (LG Hamburg, WM 1978, 134). Das Bundesverfassungsgericht (Beschl. v. 20. 3. 1991, WM 1991, 523) hat entschieden, daß der Standpunkt des LG, der Berliner Mietspiegel für Altbauwohnungen von 1987 habe ausreichende Beweiskraft für die ortsübliche Ver-

(Anschluß Seite M 35)

gleichsmiete, so daß die Einholung eines Sachverständigengutachtens nicht erforderlich sei, eine Verletzung der verfassungsrechtlichen Eigentumsgarantien nicht erkennnen läßt. Auch die unterlassene Einholung des beantragten Sachverständigengutachtens stellt keine Verletzung des Anspruchs auf rechtliches Gehör dar, da dieses Verfahrensgrundrecht keinen Schutz davor bietet, daß Beweismittel aus Gründen des formellen oder materiellen Rechts unberücksichtigt bleiben. Das Bundesverfassungsgericht hat in diesem Nichtannahmebeschluß jedoch nur über die verfassungsrechtliche Problematik entschieden.

In einer weiteren Entscheidung hat sich das Bundesverfassungsgericht mit der Verwendung von Mietspiegeln zur Ermittlung der ortsüblichen Miete beschäftigt. Das Gericht führt aus, daß es dem Willen des Gesetzgebers entspricht, wenn die herrschende Rechtspraxis die Ortsüblichkeit des geforderten Mietzinses nach Möglichkeit unter Verwendung ordnungsgemäß aufgestellter Mietspiegel ermittelt. Das Eigentumsrecht des Vermieters wird hierdurch nicht verletzt. Zwar sind Mietspiegel nicht in der ZPO als Beweismittel vorgesehen. Die Verwendung von Mietspiegeln im gerichtlichen Erkenntnisverfahren liegt jedoch nach Ansicht des BVerfG auch im Interesse des Vermieters. Sie garantieren eine rasche Entscheidung und erleichtern dem Vermieter zugleich in ganz erheblichem Maße die ihm obliegende prozessuale Darlegungslast. Der Vorzug besteht vor allem darin, daß ordnungsgemäß aufgestellte Mietspiegel i. d. R. auf einer erheblich breiteren Tatsachenbasis beruhen, als sie ein gerichtlich bestellter Sachverständiger mit einem Kosten- und Zeitaufwand ermitteln könnte, der zum Streitwert des gerichtlichen Verfahrens in einem angemessenen Verhältnis stünde. Eine Verletzung des Eigentumsrechts des Vermieters bei Verwendung ordnungsgemäß aufgestellter Mietspiegel liegt daher nicht vor.

Etwas anderes ergibt sich auch nicht daraus, daß Mietspiegel zu einem ganz bestimmten Datum aufgestellt werden, welches nicht mit dem Zeitpunkt der Fälligkeit der geforderten Mieterhöhung übereinstimmt. Nachdem die Mietspiegel lediglich alle zwei Jahre der Marktentwicklung angepaßt werden sollen, kann dies dazu führen, daß die Ortsüblichkeit des geforderten Mietzinses vom Gericht mit Hilfe eines veralteten Mietspiegels nachgeprüft wird. Nach Ansicht des BVerfG soll jedoch deshalb nicht die Verwendung des Mietspiegels unterbleiben, denn darin liege keine unverhältnismäßige Verkürzung des Anspruchs, für die Wohnung eine marktorientierte Miete zu erlangen. Die Möglichkeit, ohne jede Verzögerung sofort und in voller Höhe die Marktmiete zu erhalten, ist durch Art. 14 Abs. 1 Satz 1 GG nicht garantiert. Der Vermieter hat danach keinen Anspruch darauf, die Mieten zu verlangen, die der Markt hergibt, eine gewisse Bremswirkung durch Mietspiegel sei vom Gesetzgeber durchaus gewollt. Der Vermieter hat daher auch keinen Anspruch darauf, daß ein später, d. h. nach Wirksamkeit des Erhöhungsverlangens erstellter Mietspiegel, auch wenn er zeitnäher zum Erhöhungsverlangen liegt, zurückgerechnet wird (BVerfG, Beschluß vom 3. 4. 1990, Az.: 1 BvR 268/90, 1 BvR 269/90, 1 BvR 270/90; WM 1992, 48).

Das Kammergericht Berlin hat in seinem Beschluß vom 6. 6. 1991 (WM 1991, 425) den Erlaß eines Rechtsentscheides abgelehnt, als folgende Frage vorgelegt wurde: Kann der Berliner Mietspiegel für Altbauwohnungen auch zur Beurteilung der Begründetheit einer Klage auf Zustimmung zur Mieterhöhung herangezogen werden?

Das Gericht führt hierzu aus, daß ein Mietspiegel eine andere Funktion als die eines formellen Begründungsmittels für ein Mieterhöhungsverlangen des Vermieters nach dem Gesetz nicht hat. Die Vorlagefrage betrifft die richterliche Überzeugungsbildung und kann daher nicht Gegenstand eines Rechtsentscheides sein. Der Mietspiegel ist nach Ansicht des KG kein Beweismittel im Sinne der Zivilprozeßordnung. Das KG weist weiter darauf hin, daß das Gesetz keine Vermutung im Sinne von § 292 ZPO aufstellt, insbesondere auch nicht in § 2 MHG, daß ein Mietspiegel die ortsübliche Vergleichsmiete im Sinne von § 2 Abs. 1 Satz 1 Nr. 2 MHG tatsächlich wiedergibt. Das KG führt aus, daß es allein Sache des Tatrichters ist, ob und in welcher Weise er das allgemeinkundige, im Mietspiegel enthaltene Zahlenmaterial bei seiner Überzeugungsbildung im Rahmen der ihm durch § 2 Abs. 1 MHG aufgegebenen vergleichenden Bewertung als Hilfsmittel mit heranzieht. Das KG weist darauf hin, daß es ein Teil der Tatsachenfeststellung ist, ob ein Mietspiegel etwa hinsichtlich der Datengewinnung und -verarbeitung, der Wahl der Spannbreiten, der Gewichtung des Baualters als wohnwertbestimmendes Merkmal der Beschaffenheit u. ä. richtig erstellt ist und deshalb jeweils die Preisspanne aufweist, innerhalb derer sich die ortsüblichen Vergleichsmieten für eine Wohnungskategorie bewegen.

Bei Mietspiegeln, die nicht gemeinsam von den Verbänden der Vermieter und Mieter erstellt wurden, sondern ohne deren Mitwirkung allein durch die Gemeinde, ist also besonders darauf zu achten, daß das Zustandekommen, insbesondere bezüglich der Datenermittlung, den Anforderungen entspricht und die tatsächliche Miete wiedergibt. Will sich der Vermieter in einem gerichtlichen Verfahren gegen die Anwendung des Mietspiegels durch das Gericht zur Wehr setzen, muß durch Tatsachen belegt werden, daß die Datenermittlung etc. in unzutreffender Weise erfolgt ist oder die Wohnung besondere wertbildende Eigenschaften besitzt, denen der Mietspiegel nicht Rechnung trägt (so Fischer in Bub/Treier VIII, Randnr. 85).

Höchst umstritten ist, ob ein nach der sog. Regressionsmethode erstellter Mietspiegel hinreichende statistische Aussagekraft besitzt (bejahend LG Frankfurt/Main, WM 1992, 694; verneinend Voelskow in WM 1993, 21;

vgl. hierzu auch LG München I, WM 1993, 451).

Eine obergerichtliche Entscheidung steht noch aus.

Ebenfalls höchst umstritten ist, ob das Gericht bei der Anwendung eines Mietspiegels zur Bestimmung der ortsübli chen Vergleichsmiete einen sog. **Alterungszuschlag** vornehmen kann (bejahend LG München I, WM 1992, 25; verneinend LG Hamburg, WM 1982, 146; LG Frankfurt/Main, WM 1992, 629 sowie LG Köln, WM 1995, 114, das sogar einen vom Sachverständigen auf Grund statistischer Erhebungen auf Landesebene ermittelten Zuschlag auf den Mietspiegel nicht berücksichtigt hat). Dieser Streit ist nunmehr zugunsten der Vermieter durch einen Rechtsentscheid des OLG Stuttgart entschieden worden. Danach kann das Gericht in einem Mieterhöhungsrechtsstreit wegen der Steigerung der ortsüblichen Vergleichsmiete, die in der Zeit zwischen der Datenerhebung zum Mietspiegel und dem Zugang des Mieterhöhungsverlangens eingetreten ist, einen Zuschlag zu dem für die Wohnung zutreffenden Mietspiegelwert machen. Dabei kann es sich aber nicht um einen pauschalen Zuschlag handeln, z. B. im Wege der Schätzung aufgrund eines allgemeinen Preisindexes für die Lebenshaltungskosten oder eines undifferenzierten Wohnungsmietenindexes. Vielmehr ist die Steigerung der ortsüblichen Vergleichsmiete zu ermitteln, die bei vergleichbaren Wohnungen in der Gemeinde eingetreten ist. Hierzu kann sich das Gericht eines Sachverständigengutachtens und/oder der Mieten einer genügenden Zahl von Vergleichswohnungen bedienen (RE v. 15. 12. 1993; DWW 1994, 47; WM 1994, 58; bestätigt vom OLG Hamm mit RE v. 30. 8. 1996, WM 1996, 610 auch für den Fall, wenn das Mieterhöhungsverlangen auf den Mietspiegel gestützt worden ist). Aus dem Wort „kann" liest das LG Hamburg (WM 1996, 45) heraus, daß das Gericht nicht dazu verpflichtet ist, einen gesonderten Zeitzuschlag auszuweisen. Vielmehr stellt der RE des OLG Stuttgart nur eine Ermächtigung im Rahmen des § 286 ZPO im Sinne eines Dürfens dar, jedoch keine weitergehende Bindung des Gerichts. Nach Ansicht des LG Hamburg kommt ein Zeitzuschlag erst dann in Betracht, wenn der Mietspiegel ein oder zwei Jahre alt ist, zurückgerechnet vom Zeitpunkt des Erhöhungsverlangens.

2.8 Wirkung der Zustimmung

Ist die Zustimmung erteilt, sei es durch (freiwillige) Erklärung des Mieters, sei es durch rechtskräftige Verurteilung zur Zustimmung (nach § 894 ZPO gilt in diesem Fall die Zustimmungserklärung als abgegeben), schuldet der Mieter den erhöhten Mietzins vom Beginn des 3. Kalendermonats ab, der auf den Zugang des Erhöhungsverlangens folgt.

Beispiel:
Zustimmungsverlangen ging am 5. 1. zu, erhöhter Mietzins ist ab 1. 4. geschuldet. Beim Zugang am 5. 1. ist somit auseinanderzuhalten: Überlegungsfrist des Mieters bis 31. 3., Klagefrist vom 1. 4. bis 31. 5., Zahlungsfrist bei Verurteilung ab 1. 4.

Gibt der Mieter keine ausdrückliche Erklärung ab, zahlt er aber den geforderten Mietzins ab dem 3. Monat nach Zugang des Erhöhungsverlangens, ist umstritten, ob darin die stillschweigende Zustimmung gesehen werden kann (dafür LG Braunschweig, WM 1986, 142; dagegen AG Dortmund, WM 1985, 29). Der Vermieter steht vor einem Dilemma: entweder läßt er die Klagefrist verstreichen oder er klagt mit der Gefahr, daß ihm mangels Rechtsschutzbedürfnisses die Kosten auferlegt werden.

> Es empfiehlt sich daher, den Mieter unter Fristsetzung aufzufordern, mitzuteilen, ob aufgrund der Zahlung des erhöhten Mietzinses dem Mieterhöhungsverlangen zugestimmt wird. Nach fruchtlosem Fristablauf sollte geklagt werden.

3 Modernisierungsumlage (§ 3 MHG)

Hat der Vermieter bauliche Änderungen durchgeführt, die den Gebrauchswert der Mietsache nachhaltig erhöhen oder die allgemeinen Wohnverhältnisse auf Dauer verbessern oder nachhaltige Einsparungen von Heizenergie oder Wasser bewirken, oder hat er bauliche Änderungen aufgrund von Umständen, die er nicht zu vertreten hat, durchgeführt, kann er eine Erhöhung des Mietzinses verlangen.

Im Gegensatz zu einer Mieterhöhung nach § 2 MHG ist eine Zustimmung des Mieters nicht erforderlich. Wenn die Erklärung des Vermieters den gesetzlichen Voraussetzungen entspricht, hat sie unmittelbare vertragsändernde Wirkung. Der Vermieter muß hier im Streitfall also nicht wie bei § 2 MHG auf Abgabe einer Willenserklärung klagen, sondern direkt auf Leistung (Zahlung des nicht bezahlten Erhöhungsbetrages).

3.1 Voraussetzung der Erhöhung

Der Vermieter muß bauliche Maßnahmen in der Wohnung des Mieters oder in dem vom Mieter bewohnten Anwesen durchgeführt haben. Diese **Maßnahmen** berechtigen zur Erhöhung:

3.1.1 Solche, die den **Gebrauchswert** der Mietsache nachhaltig erhöhen (z. B. Einbau eines Bades, einer Zentralheizung, eines neuen Balkones, so LG München, WM 1989, 27). Grundsätzlich fällt hierunter auch der Einbau von Isolierglasfenstern statt Einfachverglasung (OLG Celle, RE v. 16. 3. 1981, WM 1981, 151; Weber / Marx, VII /S. 148). Wenn allerdings der Mieter aufgrund der isolierverglasten Fenster soviel lüften muß, daß es zu keiner Energieeinsparung kommt, soll keine Modernisierung vorliegen (so AG Hamburg, WM 1986, 245).

3.1.2 Solche, die die allgemeinen **Wohnverhältnisse** auf Dauer verbessern (z. B. Einbau eines Liftes, einer Gegensprechanlage, eines elektrischen Türöffners). Vgl. auch „Kabelfernsehen“.

3.1.3 Solche baulichen Änderungen, die der **Vermieter** aufgrund von Umständen durchführt, die er **nicht zu vertreten** hat, die er also von sich aus gar nicht durchführen wollte, jedoch durchführen mußte. Hierunter fallen Maßnahmen aufgrund **gesetzlicher Gebote** oder **behördlicher Anordnungen,** wobei letztere freilich gesetzmäßig sein müssen. Dazu gehören beispielsweise der Anschluß an die gemeindliche Entwässerungseinrichtung oder Sicherungseinrichtung für

(Anschluß Seite M 39)

einen Öltank. Auch die Umstellung von Stadtgas auf Erdgas ist eine nicht zu vertretende bauliche Änderung. Eine solche braucht, um das Recht des Vermieters zu einer Erhöhung des Mietzinses auszulösen, nicht den Gebrauchswert der Mietsache zu erhöhen oder die allgemeinen Wohnverhältnisse auf die Dauer zu verbessern. Die bauliche Änderung, der sich der Vermieter nicht entziehen kann, ist somit unabhängig von der Wohnwertverbesserung. Nicht um vom Vermieter durchgeführte, nicht zu vertretende bauliche Änderungen handelt es sich, wenn er als Grundstückseigentümer nach Abschluß des Mietvertrages aufgrund öffentlich-rechtlicher Vorschriften zur Entrichtung von Beiträgen zum gemeindl. Erschließungsaufwand herangezogen wird (OLG Hamm, RE vom 30. 5. 1983, WM 1983, 287; Weber/Marx VII/S. 151).

3.1.4 Solche, durch die eine nachhaltige **Einsparung von Heizenergie** bewirkt worden ist. Eine gesetzliche Definition findet sich im inzwischen aufgehobenen § 4 Abs. 3 Modernisierungs- und Energieeinsparungsgesetz:

Hierunter fallen insbesondere Maßnahmen zur wesentlichen Verbesserung der Wärmedämmung von Fenstern, Außentüren, Außenwänden, Dächern, Kellerdecken und obersten Geschoßdecken, zur wesentlichen Verminderung des Energieverlustes und des Energieverbrauches der zentralen Heizungs- und Warmwasseranlagen, die Änderung von Zentralheizungs- und Warmwasseranlagen innerhalb des Gebäudes für den Anschluß an die Fernwärmeversorgung, die überwiegend aus Anlagen der Kraft-Wärme-Koppelung zur Verbrennung von Müll oder zur Verwertung von Abwärme gespeist wird, die Rückgewinnung von Wärme, die Nutzung von Energie durch Wärmepumpen- und Solaranlagen. Allerdings muß auch hier aus Mietersicht das Gebot der Wirtschaftlichkeit berücksichtigt und das Verhältnis zwischen einzusparenden Heizkosten und Mietzinserhöhungen geprüft werden. Die Zumutbarkeitsgrenze für den Mieter ist nach dem OLG Karlsruhe (RE vom 20. 9. 1984, WM 1985, 17; Weber/Marx, VII/S. 152) überschritten, wenn die Energieeinsparung 35 % ausmacht, die Mieterhöhung aber mehr als 200 % des eingesparten Betrages ergibt.

Wenn also der monatliche Erhöhungsbetrag mehr als doppelt so hoch liegt, als die monatliche Energieeinsparung, sollen nach Ansicht des Landgerichts Hamburg (ZMR 1991, 302) die Kosten oberhalb dieser Grenze gekappt werden. Daß bei einem Verstoß gegen die Wirtschaftlichkeit eine Modernisierung nicht oder nur bis zu einer bestimmten Grenze umgelegt werden kann, findet im Gesetzeswortlaut keine Stütze. Entscheidend ist der auch im öffentlichen Interesse liegende Aspekt der Einsparung von Heizenergie. Ob die Maßnahme für den einzelnen Mieter rentabel ist oder nicht, kann hier nicht entscheidend sein. Auch das Landgericht Freiburg hat freilich (WM 1985, 340) eine die Heizkosteneinsparung um das Doppelte übersteigende Mieterhöhung als gerade noch akzeptabel angesehen.

3.2 Ausmaß der Mieterhöhung

Die Mieterhöhung beträgt für das Jahr **11 %** der für die Wohnung aufgewendeten Kosten.

> **Beispiel:** Bisheriger Mietzins jährlich DM 4 800 oder monatlich DM 400; Aufgewendete Modernisierungskosten DM 6 000. Erhöhung des monatlichen Mietzinses somit 11 % von DM 6 000 geteilt durch 12 = DM 55,00; neuer monatlicher Mietzins DM 455.

Unter „Jährlicher Miete" in § 3 MHG ist die bei Beendigung der Modernisierung geltende, auf das Jahr umgelegte Miete gemeint, vgl. Palandt § 3 MHG Anm. 3 b.

Nicht zu den Baukosten gehören die Finanzierungskosten des Vermieters (OLG Hamburg, RE vom 14. 5. 1981, WM 1981, 152; Weber / Marx, VII / S. 149).

Sind die baulichen Änderungen für **mehrere Wohnungen** durchgeführt worden (z. B. Einbau einer Zentralheizung), so sind die dafür aufgewendeten Kosten vom Vermieter angemessen auf die einzelnen Wohnungen aufzuteilen. Nach den Grundsätzen der §§ 315, 316 BGB hat die **Aufteilung billigem Ermessen** zu entsprechen. Unter der Voraussetzung, daß die bauliche Änderung allen Mietern in gleicher Weise zugute kommt (z. B. Einbau einer Zentralheizung), wird die Verteilung nach den qm-Wohnflächen am ehesten der Billigkeit entsprechen. Ist der Nutzen für einzelne Bewohner des Hauses unterschiedlich (z. B. Lifteinbau), kann ein anderer Aufteilungsschlüssel geboten sein (z. B. Gewichtung nach Stockwerklage).

Werden die Kosten für die baulichen Änderungen ganz oder teilweise durch zinsverbilligte oder zinslose Darlehen aus öffentlichen Haushalten gedeckt, so vermindert sich der Erhöhungsbetrag um den Jahresbetrag der Zinsermäßigung, der sich für den Ursprungsbetrag des Darlehens aus dem Unterschied im Zinssatz gegenüber dem marktüblichen Zinssatz für erststellige Hypotheken zum Zeitpunkt der Beendigung der Maßnahme ergibt.

> **Beispiel:** Modernisierung von 4 gleich großen Wohnungen: Kosten DM 24 000; zinsverbilligtes Darlehen DM 12 000 zu einem Zinsfuß von 4 %; Jahreszins somit DM 480; marktüblicher Zinssatz 7 % entspricht einem Jahreszinsbetrag von DM 840; Zinsersparnis somit DM 360; 11 % aus DM 24 000 = DM 2 640; hiervon ist die Ersparnis abzuziehen mit DM 360, so daß DM 2 280 verbleiben als jährliche Mieterhöhungen für die 4 Wohnungen. Erhöhungsbetrag je Wohnung somit jährlich DM 570 oder monatlich DM 47,50 statt DM 55,00.

Werden Zuschüsse oder Darlehensdeckung von laufenden Aufwendungen (Zinsen) gewährt, so verringert sich der Erhöhungsbetrag um den Jahresbetrag des Zuschusses oder des Darlehens. Ein Mieterdarlehen, eine Mietvorauszahlung oder eine von einem Dritten für den Mieter erbrachte Leistung für bauliche Änderungen steht einem Darlehen aus öffentl. Haushalten gleich. Kann nicht festgestellt werden, in welcher Höhe Zuschüsse oder Darlehen für einzelne Wohnungen gewährt worden sind, sind sie nach dem **Verhältnis** der für die **einzelnen Wohnungen** aufgewendeten Kosten aufzuteilen. Kosten, die der Mieter selbst für die Modernisierung seiner Wohnung aufgebracht oder die ein Dritter für ihn übernommen hat, sind nicht umlagefähig.

> Die Mieterhöhung um 11 % der aufgewendeten Kosten für bauliche Änderungen ist auch dann zulässig, wenn der dadurch sich ergebende Mietzins höher liegt als die ortsübliche Vergleichsmiete. Eine Kappungsgrenze besteht nicht.

Mieterhöhungen nach § 3 MHG sind aber nur in dem durch § 5 WirtschaftsstrafG gezogenen Rahmen zulässig (vgl. „Mietpreisüberhöhung"; OLG Karlsruhe, RE v. 19. 8. 83, WM 83, 314; Weber / Marx, VII / S. 151).

3.3 Duldung des Mieters

Die Mietzinserhöhung hängt nicht davon ab, ob der Mieter der baulichen Änderung zugestimmt hat, OLG Hamburg, RE vom 22. 4. 1981, WM 1981, 127; Weber/Marx VII, S. 148. Soweit Arbeiten in seiner Wohnung durchzuführen sind, bedarf es freilich seiner Duldung. Ob der Mieter hierzu verpflichtet ist, richtet sich nach den §§ 541 a und b BGB (vgl. „Modernisierung"). Ist der Mieter mit den Modernisierungsmaßnahmen nicht einverstanden, hat ihn der Vermieter auf Duldung zu verklagen.

Die Ankündigung der Modernisierung gemäß § 541 b Abs. 2 BGB ist jedoch nicht Voraussetzung für eine Mieterhöhung gemäß § 3 MHG, wie früher teilweise in der Rechtsprechung angenommen wurde (KG Berlin, RE vom 1. 9. 1988, WM 1988, 389). Dies ergibt sich aus § 3 Abs. 4 Satz 2 MHG, der durch das 4. Mietrechtsänderungsgesetz (BGBl 1993 I S. 1257 ff.) geändert wurde. Danach verlängert sich nämlich die Frist, ab der der erhöhte Mietzins zu zahlen ist, um 6 Monate, wenn der Vermieter die zu erwartende Erhöhung des Mietzinses nicht nach § 541 b Abs. 2 Satz 1 BGB mitgeteilt hat oder wenn die tatsächliche Erhöhung gegenüber dieser Mitteilung um mehr als 10 % nach oben abweicht. Hieraus folgt, daß die Ankündigungspflicht des Vermieters keine Voraussetzung für den Anspruch auf Mieterhöhung nach § 3 MHG ist, sondern daß bei Verletzung dieser Pflicht die Erhöhung nur später wirksam wird. Klargestellt ist also damit, daß die Ankündigung gemäß § 541 b Abs. 2 Satz 1 BGB weder Anspruchs- noch Fälligkeitsvoraussetzung einer Erhöhung gemäß § 3 MHG ist.

Nach wie vor geht jedoch die herrschende Meinung davon aus, daß das Bestehen einer Duldungspflicht gemäß § 541 b Abs. 1 und 2 BGB Voraussetzung für eine Mieterhöhung nach § 3 MHG ist (vgl. Barthelmess WKSchG, 5. Auflage, § 3 Rn. 4). Daraus soll sich ergeben, daß auch eine formell richtige Vorankündigung gemäß § 541 b Abs. 2 BGB zu den Voraussetzungen der Mieterhöhungen gehört, da erst diese ordnungsgemäße Mitteilung den Duldungsanspruch auslösen soll. Dem kann aus den oben dargelegten Gründen nicht gefolgt werden. Zudem würde sich dadurch die Absicht des Gesetzgebers, Modernisierungen zu erleichtern, in ihr Gegenteil umkehren. Aufgrund der hohen formellen Anforderungen der Rechtsprechung an eine solche Modernisierungsankündigung wäre ein solcher Anspruch nur schwer durchzusetzen. Um diesen Schwierigkeiten aus dem Weg zu gehen, ist dem Vermieter folgende Vorgehensweise zu empfehlen: Zuerst soll er versuchen, die schriftliche Zustimmng bzw. Duldung der Baumaßnahmen durch die Mieter zu erreichen. Hierin ist allerdings noch kein Einverständnis des Mieters mit der Mieterhöhung zu sehen. Hat der Mieter der Baumaßnahme zugestimmt oder diese geduldet, so kann er sich nachträglich bei der Mieterhöhung nicht darauf berufen, er sei hierzu aus formellen Gründen nicht verpflichtet gewesen, so daß er zur Zahlung einer Mieterhöhung nicht verpflichtet sei, da sich der Mieter hier zu seinem eigenen Verhalten in Widerspruch setzt.

Auch in der Gestattung der Durchführung der Modernisierungsmaßnahmen in der Wohnung des Mieters ist eine Duldung zu sehen. In diesem Fall kann sich der Mieter gemäß Treu und Glauben nicht auf das Fehlen der Ankündigung gem. § 541 b Abs. 2 BGB berufen, OLG Stuttgart, RE vom 26. 4. 1991, WM 1991, 332 sowie OLG Frankfurt, RE vom 5. 9. 1991, WM 1991, 527. Gestattet der Mieter den Zutritt nicht, so ist der Vermieter gezwungen, eine Duldung gem. § 541 b BGB unter Einhaltung aller formellen Bestimmungen gerichtlich durchzusetzen. Bei einer Modernisierung in der Wohnung des Mieters ist die Rechtslage daher derzeit relativ einfach: Entweder der Mieter läßt die Handwerker rein = Duldung oder er verweigert den Zutritt, dann Modernisierungsankündigung.

Problematischer ist die Rechtslage für den Fall der Außenmodernisierung. Auch hierzu liegt eine obergerichtliche Entscheidung vor:

Das Kammergericht Berlin hat sich mit Beschluß vom 16. 7. 1992 (WM 1992, 514) mit dem Problem befaßt, ob ein Vermieter berechtigt ist, vom Mieter eine Mieterhöhung nach § 3 Abs. 1 MHG zu verlangen, ohne dem Mieter vorher die Modernisierungsmaßnahme in einer den Anforderungen des § 541 b Abs. 2 Satz 1 BGB entsprechenden Art und Weise angekündigt zu haben, wenn der Mieter die Durchführung der Maßnahme, und zwar hier außerhalb der Mieträume, bewußt geduldet hat.

Das Kammergericht hat den Erlaß eines Rechtsentscheids abgelehnt, da nach seiner Ansicht die Rechtsfrage im Verfahren nicht entscheidungserheblich war. Im vorliegenden Fall wurde ein Lift eingebaut, den der Mieter benutzt hat. Nach den Grundsätzen der ungerechtfertigten Bereicherung hat der Vermieter deshalb einen Bereicherungsanspruch in Höhe des üblichen Entgeltes.

Ungeklärt ist daher immer noch die Rechtsfrage, ob die Duldung einer Außenmodernisierung durch den Mieter zu einer Mieterhöhung gemäß § 3 MHG berechtigt, wenn die Mitteilung nach § 541 b Abs. 2 BGB unterblieben oder unrichtig ist. Immerhin führt das Gericht aus, daß die Duldung nicht notwendigerweise immer in einer Mitwirkungshandlung des Mieters bestehen muß, sondern daß es ausreicht, wenn sich der Mieter in Kenntnis der Absicht des Vermieters passiv verhält. Eine Duldung ist daher auch noch möglich, wenn der Mieter erst nach Beginn der Maßnahme vom Vorhaben des Vermieters unterrichtet wird.

Es liegt also beim Mieter, bei Kenntnis einer Außenmodernisierung sein Nichteinverständnis zu erklären, z. B. im Antrag auf eine einstweilige Verfügung. Ansonsten ist von seiner Duldung auszugehen. Offen und ungeklärt sind daher nur noch die Fälle, in denen der Vermieter Maßnahmen außerhalb der Mieträume ohne Wissen und Kenntnis des Mieters durchgeführt hat. Es empfiehlt sich also nach wie vor, auch aufgrund der neuen Rechtslage, dem Mieter die Modernisierung gemäß § 541 b Abs. 2 Satz 1 BGB anzukündigen.

3.4 Instandsetzung

Nicht den baulichen Änderungen zuzurechnen sind Instandsetzungen. Für sie kann **kein Mietzuschlag** gefordert werden, weil hier nicht der Gebrauchswert der Wohnung erhöht, sondern der bestimmungsmäßige Gebrauch wieder hergestellt und damit einer gesetzlichen Pflicht genügt wird, § 536 BGB. Zur oft schwierigen Abgrenzung vgl. „Modernisierung". Dies gilt auch für Erneuerungen, soweit damit keine Modernisierung verbunden ist.

Häufig werden im Zuge der Modernisierung auch Instandsetzungen vorgenommen. In diesem Falle sind die Kosten aufzuspalten in umlagefähige und nicht umlagefähige Kosten.

Waren zum Zeitpunkt der Modernisierung Instandsetzungen fällig, sind die Kosten, die hierdurch dem Vermieter erwachsen wären, von den Modernisierungskosten abzuziehen. Hingegen dürfen nicht vorab fiktive Kosten abgezogen werden, die der Vermieter ohne die Modernisierung in Zukunft für Instandsetzung oder Instandhaltung voraussichtlich hätte aufwenden müssen (OLG Celle, RE vom 16. 3. 1981, WM 1981, 151; Weber / Marx, VII / S. 148). In ihrer praktischen Auswirkung kann diese Rechtsprechung dazu führen, daß ein Vermieter veraltete, aber als solche taugliche Ausstattungen durch moderne ersetzt, bevor sich irgendein Mangel zeigt, um damit dem Abzug der Kosten für eine spätere, etwa erforderliche Instandsetzung zu entgehen. Dies ist nicht gerade eine ökonomische Folge der obergerichtlichen Spruchpraxis.

Werden als Folge der Modernisierungsmaßnahmen Reparaturen erforderlich, so sind deren Kosten dem Modernisierungsaufwand zuzurechnen. So gehören z. B. die Kosten für das Zumauern im Zuge einer Zentralheizungs-Installation aufgestemmten Mauerwerkes ebenso zu den Modernisierungsaufwendungen wie die sich anschließenden Kosten für den erforderlichen Neuanstrich.

3.5 Geltendmachung der Mieterhöhung

Die Mieterhöhung muß durch schriftliche Erklärung gegenüber dem Mieter geltend gemacht werden. Sie ist erst nach Abschluß der Arbeiten zulässig. Dann sollte aber mit der Abgabe der Erklärung nicht allzu lange gewartet werden, da dann der Anspruch verwirkt sein kann, vgl. AG Hamburg WM 1985, 366: ein Jahr nach Beendigung der Arbeiten, sowie LG Hamburg WM 1989, 308: Nach 4 Jahren ist der Anspruch verwirkt. Sie ist nur wirksam, wenn in ihr die Erhöhung aufgrund der entstandenen Kosten berechnet und erläutert wird. Die Anforderungen der Gerichte an die Darlegungspflicht des Vermieters sind hier sehr hoch. Begründet wird dies damit, daß die Erläuterung die Wirksamkeitsvoraussetzung für das Erhöhungsverlangen ist. Dies soll es dem Mieter ermöglichen, nachzuvollziehen, wofür und in welchem Umfang er die Mieterhöhung zahlen soll (so LG Kassel, WM 1992, 444).

Es ist daher nicht ausreichend, die einzelnen Maßnahmen mit den dazugehörigen Beträgen aus den Handwerkerrechnungen zu übernehmen. Vielmehr muß aus der Kostenaufstellung für jede Maßnahme getrennt folgendes hervorgehen: Der Gesamtaufwand, die jeweiligen Einzelposten und die darauf entfallenden Beträge, der auf die Wohnung entfallende Teilbetrag und der Verteilungsschlüssel. Es ist daher nicht ausreichend, lediglich die einzelnen Handwerkerrechnungen mitzuteilen. Auch die Trennung zwischen Instandhaltungs- und Modernisierungsmaßnahmen ist im einzelnen durchzuführen, pauschale Abzüge sind unzulässig. Die einzelnen Positionen sind zu erläutern. Die Wohnwertverbesserungen sind darzulegen. Auch ist anzugeben, worin die Modernisierung besteht. So muß z. B. bei Wärmedämm-Maßnahmen die dadurch ereichte Energieeinsparung konkret dargelegt werden. Schließlich hat der Mieter auch ein Einsichtsrecht in die Belege (so Emmerich/Sonnenschein, Miete § 3 MHG Randnr. 26).

> Die richtig abgegebene Erklärung hat die Wirkung, daß von dem 1. des auf die Erklärung folgenden übernächsten Monates an der erhöhte Mietzins an die Stelle des bisher zu entrichteten Mietzinses tritt.

Die Bestimmung in § 3 Abs. 2 MHG, wonach der Vermieter den Mieter vor Durchführung der Maßnahmen auf die voraussichtliche Höhe der entstehenden Kosten und die sich daraus ergebende Mieterhöhung hinweisen soll, wurde durch das 4. Mietrechtsänderungsgesetz (BGBl 1993 I S. 1257 ff.) aufgehoben. Statt dessen ist in § 3 Abs. 4 Satz 2 MHG bestimmt, daß sich die Frist, ab der der erhöhte Mietzins zu zahlen ist, um 6 Monate verlängert, wenn der Vermieter dem Mieter die zu erwartende Höhe des Mietzinses nicht nach § 541 b Abs. 2 Satz 1 BGB mitgeteilt hat oder wenn die tatsächliche Mieterhöhung gegenüber dieser Mitteilung um mehr als 10 % nach oben abweicht.

Durch diese Gesetzesänderung hat sich also zum einen die Frist, ab der der erhöhte Mietzins zu zahlen ist, um einen Monat verlängert, zum anderen haben sich die Anforderungen an das Ankündigungsschreiben erhöht, bei dessen Nichtbeachtung eine weitere Verzögerung um 6 Monate eintritt. Gemäß § 541 b Abs. 2 BGB hat nämlich der Vermieter dem Mieter 2 Monate vor Beginn der Maßnahme deren Art, Umfang, Beginn und voraussichtliche Dauer sowie die zu erwartende Erhöhung des Mietzinses schriftlich mitzuteilen. Nähere Ausführungen hierzu finden sich unter dem Stichwort „Modernisierung". Wie unter Abschnitt 3.3 bereits dargelegt, bedeutet aber ein Unterlassen dieser Erklärung nicht, daß der Vermieter keine Mieterhöhung mehr geltend machen kann, sondern nur, daß sich die Frist verschiebt.

3.6 Geltendmachung der Vergleichsmiete

Der Vermieter kann statt des Mieterhöhungsverfahrens nach § 3 MHG, also statt der Ausweisung der Modernisierungskosten und Berechnung des Erhöhungsbetrags, auch den Weg über die Zustimmung zu einer Erhöhung des Mietzinses auf dem Betrag der ortsüblichen Vergleichsmiete wählen. Sinnvoll ist das freilich nur, wenn letztere höher liegt als der aufgrund der Modernisierungskosten errechnete erhöhte Mietzins. Nicht zulässig ist es, nach Durchführung baulicher Änderungen erst auf die ortsübliche Vergleichsmiete für die modernisierte Wohnung zu gehen und anschließend die Mieterhöhung mit 11 % der aufgewendeten Baukosten durchzuführen. Dies folgt daraus, daß die Erhöhung um 11 % dieser Kosten nach § 3 MHG dem Mietzins, der vor Durchführung der Maßnahmen galt, zuzuschlagen ist. Hingegen kann der Vermieter den vereinbarten Mietzins der nicht modernisierten Wohnung, falls er unter der ortsüblichen Vergleichsmiete liegt, über das Zustimmungsverlangen gem. § 2 MHG auf die Vergleichsmiete der nicht modernisierten Wohnung anheben und anschließend den Mietzins um den Modernisierungszuschlag nach § 3 MHG erhöhen (OLG Hamm, RE vom 30. 10. 1982, WM 1983, 17; Weber / Marx, VII / S. 150).

Der Vermieter kann aber auch den Kostenaufwand für die Modernisierung einer preisfreien Mietwohnung dergestalt in ein Mieterhöhungsverfahren nach § 2 MHG einbeziehen, daß er die Anhebung der Miete auf die Vergleichsmiete nach dem Standard der durch die Modernisierung verbesserten Wohnung verlangt (so OLG Hamm, RE vom 30. 12. 1992, WM 1993, 106). Wie zu verfahren ist, ist im Abschnitt 2.3 erläutert.

(Anschluß Seite M 45)

4 Betriebskostenerhöhung, § 4 MHG

4.1 Begriff

Betriebskosten sind die Kosten, die dem Eigentümer oder dem Erbbauberechtigten durch das Eigentum bzw. durch das Erbbaurecht oder durch bestimmungsmäßigen Gebrauch des Gebäudes oder der Wirtschaftseinheit, der Nebengebäude, Anlagen, Einrichtungen des Grundstückes laufend entstehen, § 27 Abs. 1 der II. Berechnungsverordnung (II. BV). Die Betriebskosten sind in Anlage 3 zu § 27 der II. BV aufgezählt. Eine ausführliche Darstellung findet sich unter dem Stichwort „Betriebskosten". Andere Kosten, z. B. Verwaltungskosten, dürfen nicht auf den Mieter nach § 4 Abs. 2 MHG umgelegt werden, auch wenn sie sich erhöhen (OLG Koblenz, RE vom 7. 1. 1986, WM 1986, 50; Weber / Marx, VII / S. 155).

4.2 Voraussetzungen, Ausschluß

Soweit die Betriebskosten im Mietzins enthalten sind, kann durch Erhöhung derselben eine Mehrbelastung des Vermieters eintreten. Entgegen einer teilweise vertretenen Meinung darf der Vermieter den Erhöhungsbetrag auf die Mieter umlegen, auch wenn der Mietvertrag darüber nichts aussagt. § 4 Abs. 2 MHG, der die Umlage erhöhter Betriebskosten vorsieht, greift gerade dann ein, wenn es an einer Vereinbarung über die Umlegung von Betriebskosten fehlt. Andernfalls wäre § 4 Abs. 2 MHG überflüssig. So ist jedenfalls die überwiegende Ansicht in der Literatur, vgl. Schultz in Bub / Treier III Randnr. 318 mit weiteren Nachweisen.

Anderer Ansicht ist allerdings das OLG Zweibrücken: Wenn im Mietvertrag als Mietzins vorbehaltslos ein Brutto-Betrag vereinbart ist, durch den die nicht bezifferten Nebenkosten pauschal mit abgegolten sein sollen, so soll nach Ansicht dieses Gerichts hierin im Zweifel eine Vereinbarung zu sehen sein, durch die das Recht des Vermieters, wegen gestiegener Nebenkosten eine Mietzinserhöhung nach § 4 MHG vorzunehmen, ausgeschlossen ist (RE vom 21. 4. 1981, WM 1981, 153; Weber / Marx, VII / S. 153). Dem hat sich das OLG Karlsruhe (RE vom 22. 4. 1993, WM 1993, 257) angeschlossen. Zur Vermeidung von Rechtsnachteilen empfiehlt sich daher die Aufnahme eines entsprechenden Erhöhungsvorbehaltes im Mietvertrag, z. B.

„Der Vermieter ist berechtigt, Erhöhungen der Betriebskosten gemäß Anlage 3 zu § 27 Abs. 1 der II. Berechnungsverordnung in ihrer jeweils geltenden Fassung anteilig auf den Mieter umzulegen, sofern Abschlagszahlungen auf die Betriebskostenarten ganz oder teilweise nicht vereinbart sind (Bruttokalt- bzw. Teilbruttokaltmiete)." Unwirksam sind hingegen Formularklauseln, die die Umlage von Mehrbelastungen oder neu eingeführten Betriebskosten rückwirkend ab dem Zeitpunkt der Entstehung der Kosten zulassen, da hierin ein Verstoß gegen den in § 4 Abs. 2 MHG bestimmten Zeitpunkt zu sehen ist (so OLG Celle, WM 1990, 103, 108).

Voraussetzung ist ferner, daß sich die Gesamtbelastung des Vermieters erhöht. In die Erklärung des Vermieters (siehe Abschnitt 4.4) sind daher sämtliche Betriebskostenarten aufzunehmen, die sich nach oben oder unten verändert haben. Erst wenn die Saldierung eine Mehrbelastung ergibt, kann eine Betriebskostenumlage erfolgen.

Umgelegt werden kann nur der Unterschiedsbetrag der mit dem bisherigen Mietzins abgegoltenen Betriebskosten und der inzwischen eingetretenen Kostenerhöhung. Auszugehen ist also vom Stand der Betriebskosten bei Beginn des Mietverhältnisses, wenn bisher keine Mieterhöhung, auch nach § 2 MHG durchgeführt wurde, bzw. dem Stand der Betriebskosten seit der letzten Mieterhöhung, da durch die im Laufe des Mietverhältnisses durchgeführten Erhöhungen auch die Steigerungen der Betriebskosten ausgeglichen wurden (vgl. Sternel III, Randnr. 814).

Zu beachten ist ferner, daß bei einem Zeitmietvertrag ohne Vorbehalt Erhöhungen nach § 4 MHG ausgeschlossen sind, vgl. Abschnitte 2.4 und 5.1.

Hat der Vermieter im Mietvertrag für die Betriebskosten eine Pauschale, d. h. einen festen Betrag ohne Abrechnung ohne weitere Zusatzabreden vereinbart, ist die überwiegende Meinung der Ansicht, daß der Vermieter in diesem Fall zu einer Erhöhung der Betriebskosten gem. § 4 Abs. 2 MHG nicht berechtigt ist.

4.3 Umlegungsmaßstab

Den Umlegungsmaßstab bestimmt der Vermieter nach billigem Ermessen. Ein einmal gewählter Umlegungsmaßstab kann nicht willkürlich geändert werden. Verteilung der Mehrbelastung nach dem Verhältnis der Wohnflächen wird im allgemeinen nicht zu beanstanden sein, zumal ein einheitlicher Umlegungsmaßstab für sämtliche Betriebskosten bzw. Betriebskostenerhöhungen angebracht erscheint.

4.4 Form und Inhalt der Anforderung

Erforderlich ist eine **schriftliche Erklärung** des Vermieters. Eine Zustimmung des Mieters ist wie auch bei § 3 MHG nicht erforderlich. Die Erklärung des Vermieters ist nur wirksam, wenn in ihr der Grund für die Umlage bezeichnet und erläutert wird, sowie der Verteilerschlüssel und die Art der Berechnung mitgeteilt wird sowie auch der Betrag, um den sich die Miete erhöht. Zur Bezeichnung genügt z. B. die Angabe „Grundsteuererhöhung“ sowie das Verlangen eines bestimmbaren, nachprüfbar auf den einzelnen Mieter entfallenden Geldbetrages mit Angabe des Verteilungsschlüssels. Hierbei sollen die bisherigen und die neu anfallenden Betriebskosten gegenübergestellt werden, da für den Mieter der Differenzbetrag nachprüfbar und berechenbar sein muß (LG Berlin, MDR 1981, 849).

Als Erläuterung genügt der Hinweis auf das Datum des Bescheides oder der Rechnung unter Bezeichnung der Behörde oder der Stelle, aufgrund derer eine Betriebskostenerhöhung eintritt. Auf Verlangen ist dem Mieter Einsicht in die Belege zu gewähren. Bei mehreren Mietern ist die schriftliche Erklärung an **alle** zu richten, sofern nicht Bevollmächtigung eines Mieters zur Empfangnahme von Willenserklärungen des Vermieters gegeben ist.

4.5 Zahlungspflicht des Mieters

Der Mieter schuldet den auf ihn entfallenden Teil der Umlage vom 1. des auf die Erklärung folgenden Monates oder, wenn die Erklärung erst nach dem 15. e. M. abgegeben worden ist, vom 1. des übernächsten Monates an. Entscheidend ist der Zugang der Erklärung beim Mieter.

Häufig erhält der Vermieter von einer Betriebskostenerhöhung oder von ihrem Ausmaß erst Kenntnis, nachdem die Erhöhung schon eingetreten ist. Für diesen Fall läßt das Gesetz eine rückwirkende Umlegung zu. Macht der Vermieter von seinem Umlagerecht Gebrauch, so kann er den anteiligen Mehrbetrag ab dem Zeitpunkt des Eintritts der Betriebskostenerhöhung, höchstens aber ab dem Beginn des der Erklärung vorausgehenden Kalenderjahres fordern. Voraussetzung ist, daß der Vermieter die Erklärung innerhalb von 3 Monaten nach Kenntnis von der Erhöhung abgibt.

> Beispiel: Gemeinde erhöht Grundsteuer ab 1. 1. 1990; Grundsteuerbescheid für 1990 geht dem Vermieter am 20. 2. 1991 zu; bis spätestens 20. 5. 1991 kann der Vermieter den Erhöhungsbetrag bis zum 1. 1. 1990 zurück umlegen.

Eine Rückforderung für einen weiter zurückliegenden Zeitraum kann der Vermieter nicht geltend machen. Ob in solchen Fällen z. B. bei Grundsteuernachzahlungen aufgrund geänderter Meßbeträge ein Erlaß gem. § 227 AO in Frage kommt, ist umstritten, aber wohl zu verneinen.

Ermäßigen sich die Betriebskosten, so ist der Mietzins vom Zeitpunkt der Ermäßigung ab entsprechend herabzusetzen. Hierbei ist entscheidend, ob sich die Betriebskosten insgesamt ermäßigt haben. Hat z. B. die Gemeinde den Grundsteuerhebesatz gesenkt, so daß eine Ermäßigung der Grundsteuer eintritt, sind aber gleichzeitig Hausmeisterkosten erhöht worden, so kommt eine Herabsetzung der Betriebskostenumlagen nur dann in Betracht, wenn die Erhöhung der Hausmeisterkosten geringer ist als die Senkung der Grundsteuer. Gegebenenfalls ist die Ermäßigung dem Mieter unverzüglich mitzuteilen.

4.6 Verhältnis zu § 2 MHG

Der Vermieter hat grundsätzlich die Wahl, ob er bei einer Brutto-Kaltmiete incl. Betriebskosten eine Mieterhöhung gem. § 2 MHG oder eine

Betriebskostenerhöhung gem. § 4 Abs. 2 MHG durchführt, soweit die sonstigen Voraussetzungen gegeben sind. Hat er allerdings eine Mieterhöhung gem. § 2 MHG durchgeführt, sind in der neuen ortsüblichen Vergleichsmiete die Betriebskosten incl. inzwischen eingetretener Erhöhungen enthalten. Eine Mieterhöhung nach § 4 Abs. 2 MHG ist also erst dann wieder möglich, wenn seit der Mieterhöhung nach § 2 MHG weitere Betriebskostenerhöhungen eingetreten sind.

5 Kapitalkostenerhöhung, § 5 MHG

5.1 Begriff

Der Vermieter ist berechtigt, Erhöhungen von Kapitalkosten, die infolge einer Erhöhung des Zinssatzes aus einem dinglich gesicherten Darlehen fällig werden, unter den nachstehenden Voraussetzungen durch schriftliche Erklärung anteilig auf den Mieter umzulegen. Bei Mietverhältnissen, die vor dem 1. 1. 1973 begründet worden sind, ist die Umlegung zulässig, wenn sich der Zinssatz gegenüber dem am 1. 1. 1973 maßgebenden Zinssatz erhöht hat. Bei Mietverhältnissen, die nach dem 31. 12. 1972 begründet worden sind, ist die Umlegung zulässig, wenn sich der Zinssatz gegenüber dem Zinssatz bei Vertragsschluß erhöht hat. Das Darlehen muß also zeitlich vor dem Abschluß des Mietvertrages liegen. Für den Fall eines Eigentümerwechsels während der Mietzeit, z. B. durch Verkauf, siehe Abschnitt 5.5.

Die Kapitalkostenerhöhung kann gemäß § 1 Satz 3 MHG ausgeschlossen sein. Es empfiehlt sich an hervorgehobener Stelle im Mietvertrag eine Vereinbarung wie z. B.: „Die gesetzlichen Rechte des Vermieters, nämlich Verlangen der Zustimmung zu einer Mieterhöhung, Erhöhung des Mietzinses wegen baulicher Änderungen, wegen Erhöhung der Betriebskosten oder der Kapitalkosten, bleiben auch dann bestehen, wenn der Mietvertrag auf bestimmte Zeit abgeschlossen ist.“ Siehe im übrigen hierzu ausführlich Abschnitt 2.4.

5.2 Voraussetzungen

5.2.1 Nur eine auf **Zinserhöhung** beruhende Kapitalkostenerhöhung ist umlegbar. Nicht zu den Zinsen gehören Bürgschaftsprovisionen, Verzugszinsen, einmalige Zahlungen wie Kreditgebühren. Ausnahmsweise kann ein Disagio anteilig auf den Mieter umgelegt werden, wenn anläßlich einer Zinssatzänderung statt eines variablen ein fester Zinssatz in Verbindung mit dem Disagio vereinbart wird (OLG Stuttgart, RE vom 26. 5. 1984, WM 1984, 191; Weber / Marx, VII /S. 158). Hierzu wird das Disagio auf die gesamte Laufzeit des Darlehens verteilt und der vereinbarte Zinssatz fiktiv entsprechend erhöht (so Schultz in Bub/ Treier III, Randnr. 624). Das Landgericht Köln hat in diesem Zusammenhang entschieden (WM 1992, 454), daß bei der Kapitalkostenerhöhung ein in der Ausgangsfinanzierung enthaltenes Disagio zulasten des Vermieters den Zinsen hinzuzurechnen ist. Dies wurde durch das BVerfG (WM 1995, 96) bestätigt: In Fällen, in denen das Disagio nur noch Rechenfaktor für die Zinsbemessung während des Zinsfestschreibungszeitraums ist und als laufzeitabhängiger Ausgleich für einen niedrigeren Nominalzins anzusehen ist, ist es rechtlich wie Zins zu bewerten. Erhöhte Kapitalkosten sind daher nur nach der Veränderung des effektiven Zinssatzes für das dinglich gesicherte Darlehen zu berechnen.

Dagegen kann der Vermieter nach Ansicht des OLG Karlsruhe (RE vom 23. 12. 1981, WM 1982, 68; Weber/Marx, VII/S. 156) solche Kapitalmehrkosten, die durch den Wegfall einer vertraglichen **Zinsverbilligung** entstehen, welche schon bei Abschluß des Darlehensvertrages nach Zeit und Umfang fest vereinbart worden war, nicht nach § 5 Abs. 1 MHG auf den Mieter umlegen; eine Mieterhöhung darf deshalb nur unter den Voraussetzungen des § 2 MHG erfolgen.

> Betroffen sind also nicht alle Fälle von Darlehen mit variablem Zinssatz, sondern nur solche, in denen die Zinserhöhung bereits bei Abschluß des Darlehensvertrages fest vereinbart worden war.

Die Tatsache, daß der Vermieter einen Darlehensvertrag in einer Niedrigzinsphase auf nur 5 Jahre abgeschlossen hat und deshalb nach Ablauf dieser Zeit eine **Neufinanzierung zu deutlich höherem Zinssatz** notwendig ist, ist für sich allein kein von ihm zu vertretender Umstand im Sinne des § 5 Abs. 1 Nr. 2 MHG. Die Mieterhöhung beruht daher in diesem Fall nicht auf Umständen, die der Vermieter zu vertreten hat (so OLG Karlsruhe, Rechtsentscheid vom 26. 5. 1994, DWW 1994, 283).

5.2.2 Es muß sich um Zinsen für ein **dinglich gesichertes Darlehen** handeln, das zur Finanzierung des Neubaues, des Wiederaufbaues, der Wiederherstellung, des Ausbaues, der Erweiterung oder des Erwerbs des Gebäudes oder des Wohnraumes oder von baulichen Maßnahmen, die zu einer Erhöhung des Mietzinses berechtigen, dienen. Erhöhte Kapitalkosten eines durch ein Grundpfandrecht gesicherten Darlehens können, wie das BayObLG mit Beschluß vom 8. 10. 1992 (WM 1992, 584) entschieden hat, nicht nach § 5 MHG umgelegt werden, soweit sie auf einen Darlehensteil entfallen, der den Nennwert des Grundpfandrechts übersteigt. Kapitalkostenerhöhungen können auch dann umgelegt werden, wenn die Darlehen auf anderen Grundstücken des Vermieters als dem Mietgrundstück abgesichert sind (OLG Hamm, RE vom 30. 4. 1993, WM 1993, 338).

5.2.3 Die Kapitalkosten müssen sich **insgesamt erhöht** haben. Dies ist nicht der Fall, wenn es aufgrund der Tilgungsleistungen nicht zu einer Erhöhung der Gesamtkapitalkosten kommt, d. h. Tilgungsleistungen sind zu berücksichtigen, OLG Hamburg, RE vom 10. 5. 1984, NJW 1984,

2895. Dies gilt nach Ansicht des LG Stuttgart (DWW 1991, 371) nicht bei sog. Annuitätsdarlehen. Bei diesem, auch als Tilgungshypothek bezeichneten Darlehenstyp bleibt der jährliche Betrag, der für Zins und Tilgung zu zahlen ist, während der gesamten Laufzeit des Darlehens gleich. Der Anteil, der auf die Tilgung des Darlehens entfällt, wird von Jahr zu Jahr größer, der Anteil, der auf die Zinsen entfällt, entsprechend niedriger. Dem Wortlaut von § 5 MHG entsprechend müßte eine Trennung in Zins- und Tilgungsleistungen erfolgen, was erhebliche praktische Probleme aufwirft. Aus diesem Grund läßt das LG Stuttgart (a.a.O.) es zu, daß eine Trennung von Zins und Tilgung nicht vorgenommen werden muß, mit der Folge, daß der volle aufgewandte Jahresbetrag der Mieterhöhung unterliegt (so auch Barthelmess, WKSchG, 5. Auflage, § 5 MHG, Rn. 17 m.w.N.). Gegenüberzustellen sind die Zinsbeträge zum 1. 1. 1973 bzw. zur Zeit des Vertragsabschlusses mit den Beträgen zur Zeit der Abgabe der Erklärung sowie die jeweiligen Zinssätze, und die jeweilige Höhe der dinglich gesicherten Darlehen. Hierbei muß der Vermieter nach Ansicht des LG Bonn (WM 1995, 116) die gesamte Finanzierung des Objektes darlegen; dies soll auch gelten, wenn weitere Darlehen nicht oder nicht auf dem betroffenen Objekt dinglich abgesichert sind. Dies führt zu einem erheblichen Mehraufwand des Vermieters, der nur verlangt werden kann, wenn Kapitalkostenermäßigungen bei anderen Darlehen zu einer Reduzierung des Erhöhungsbetrages führen, so zu Recht Schultz in Bub/Treier III Rand-Nr. 600 a.

5.2.4 Die Erhöhung darf **nicht** auf Umständen beruhen, die der Vermieter zu **vertreten** hat (z. B. vermeidbare Umfinanzierung).

5.3 Inhalt der Erklärung

An den Inhalt der Erklärung werden von der Rechtsprechung hohe Anforderungen gestellt (vgl. LG Bonn, a.a.O.). Die Erklärung bedarf der Schriftform, vgl. hier unter Abschnitt 6. Gemäß § 5 Abs. 2 und § 4 Abs. 2 Satz 2 MHG ist die Erklärung nur wirksam, wenn in ihr der Grund für die Umlage bezeichnet und erläutert wird. Folgende Angaben sind erforderlich: Genaue Angabe des oder der Darlehen, deren Zinssatz sich geändert hat; Angabe des Zinssatzes vor und nach dem Eintritt der Mehrbelastung; Angaben über den Zweck des oder der Darlehen; Angaben des Erhöhungsbetrages und Erläuterung, worauf die Zinserhöhung beruht. Angabe des Umlegungsmaßstabes bei mehreren Mietern (Verhältnis der Wohnflächen, siehe Abschnitt 4.4) sowie des Betrages, der auf den einzelnen Mieter entfällt; Angabe der jährlichen Gesamtkapitalkosten zum früheren und jetzigen Zeitpunkt mit jeweiligem Darlehensstand, wobei die Tilgungen zu berücksichtigen sind, siehe oben, wobei auch der Stand der anderen nicht von der Erhöhung betroffenen Darlehen kurz darzulegen ist (vgl. LG Bonn, a.a.O.); der Zeitpunkt, ab wann zu zahlen ist. Der Mieter schuldet die Erhöhung ab dem 1. des Folgemonates bzw., wenn die Erklärung des Vermieters nach dem 15. eines Monates zugegangen ist, ab dem 1. des übernächsten Monates. Eine Zustimmung des Mieters ist nicht erforderlich. Die Erhöhung darf die ortsübliche Vergleichsmiete um mehr als 20 % überschreiten, § 5 Wirtschaftsstrafgesetz (WiStG) ist nicht anwendbar (OLG Hamm, RE vom 23. 11. 1982, WM 1983, 18; Weber / Marx, VII / S. 158). Die Möglichkeit der Mieterhöhung nach § 5 MHG findet jedoch dort ihre Grenzen, wie das OLG Karlsruhe mit RE vom 26. 5. 1994, DWW 1994, 283, entschieden hat, wo gegen § 302 a Abs. 1 Nr. 1 StGB verstoßen wird. Auch wenn also ein Mietentgelt, das die ortsübliche Miete um mehr als 50 % überschreitet, noch vom Kostendeckungsprinzip des § 5 MHG gedeckt sein sollte, kann es vom Vermieter nicht gefordert werden. Gemäß § 138 Abs. 2 BGB liegt insoweit Nichtigkeit vor.

5.4 Zinsermäßigung, Ausschluß

Ermäßigt sich der Zinssatz bei einer Erhöhung des Mietzinses wegen gestiegener Kapitalkosten, so ist der Mietzins vom Zeitpunkt der Ermäßigung ab entsprechend, höchstens aber um die vorgenommene Steigerung, herabzusetzen. Eine Ermäßigung kommt somit nur in Betracht, wenn der Vermieter zuvor den Mietzins wegen gestiegener Kapitalkosten erhöht hat. Mietzinserhöhungen aus anderen Gründen, etwa wegen erhöhter Betriebskosten, bleiben außer Betracht. Die Herabsetzung ist dem Mieter unverzüglich mitzuteilen.

Das Erhöhungsrecht des Vermieters wegen gestiegener Kapitalkosten ist ausgeschlossen, wenn er die Höhe der dinglich gesicherten Darlehen, für die sich der Zinssatz erhöhen kann, auf eine Anfrage des Mieters nicht offengelegt hat. Der Mieter kann diese Anfrage jederzeit formlos an den Vermieter richten. Er kann sie während der Mietzeit in angemessenen Abständen wiederholen. Ob der Mieter die Anfrage auch vor oder beim Abschluß des Mietvertrages stellen darf, ist umstritten, aber wohl zu bejahen. Die Offenlegung bezieht sich auf die Darlehenshöhe, soweit ein variabler Zinssatz in Betracht kommt, nicht auf die Höhe des Zinssatzes oder den Namen des Gläubigers. Der Vermieter ist nicht gezwungen, dem Mieter Einsicht in die Unterlagen zu gestatten. Der Mieter hat aber aufgrund eines Erhöhungsverlangens des Vermieters gemäß § 5 MHG ein berechtigtes Interesse auf Grundbucheinsicht (AG München, WM 1982, 218).

5.5 Begrenzung bei Eigentumswechsel

Geht das Eigentum an dem vermieteten Wohnraum vom Vermieter auf einen Dritten über und tritt dieser anstelle des Vermieters in das Mietverhältnis ein, so darf der Mieter durch die Ausübung des Rechts des neuen Eigentümers, Kapitalkostenerhöhungen zu überwälzen, nicht höher belastet werden, als dies ohne Eigentumsübergang möglich gewesen wäre. Das bedeutet: Hätte der bisherige Eigentümer infolge einer Erhöhung der Zinsen für das zur Bebauung oder zum Erwerb aufgenommene Fremdkapital die Kapitalkosten umlegen dürfen, ist dies im gleichen Maße dem Erwerber gestattet.

> Hat der Erwerber indessen höhere Zinsleistung aufzubringen, als dies beim Voreigentümer der Fall gewesen wäre, bildet das Maß dessen, was der Voreigentümer hätte umlegen dürfen, die Obergrenze für den Erwerber.

6 Ausnahmen von der Schriftform, § 8 MHG

Erklärungen betreffend die Zustimmung zu einer Mieterhöhung oder Mieterhöhungen wegen baulicher Änderungen, Betriebskostenerhöhungen oder Kapitalkostenerhöhungen bedürfen grundsätzlich der Schriftform, wozu die eigenhändige Unterschrift des Vermieters gehört. Hiervon gilt eine Ausnahme, wenn diese Erklärungen mit Hilfe automatischer Einrichtungen gefertigt werden. In diesem Fall bedarf es nicht der eigenhändigen Unterschrift.

Unter automatischer Einrichtung sind alle Verfahren zu verstehen, durch die ein Schriftstück mittels einer selbstätigen Vorrichtung zum Zwecke der Arbeitserleichterung im Büro vervielfältigt werden kann (Emmerich / Sonnenschein, Miete, § 8 MHG Randnr. 2). Vordrucke, die handschriftlich oder mit einer Schreibmaschine ergänzt werden müssen, fallen nicht darunter; hier ist eine eigenhändige Unterschrift erforderlich. Das OLG Schleswig (RE vom 13. 8. 1983, WM 1983, 338; Weber / Marx, VII / S. 189) ist der Ansicht, daß eine Vervielfältigungsmaschine (Kopierer) keine Einrichtung im Sinne von § 8 MHG ist. Diese Ansicht wird im Schrifttum zwar abgelehnt, ist aber zu beachten. Ein mittels EDV gefertigtes Mieterhöhungsschreiben ist ohne eigenhändige Unterschrift wirksam, wenn es durch Briefkopf und Grußformel die handelnde Person erkennen läßt (LG München I, WM 1994, 335).

7 Auswirkungen auf das Kündigungsrecht, § 9 MHG

7.1 Sonderkündigungsrecht des Mieters, § 9 Abs. 1 MHG

Verlangt der Vermieter die Zustimmung zu einer Mieterhöhung auf den Betrag der ortsüblichen Vergleichsmiete, so ist der Mieter berechtigt, bis zum Ablauf des 2. Monats, der auf den Zugang des Erhöhungsverlangens folgt, für den Ablauf des übernächsten Monates zu kündigen.

> **Beispiel:**
>
> Zustimmungsverlangen geht dem Mieter am 20. 2. zu. Kündigungsmöglichkeit für den Mieter bis 30. 4. Kündigt der Mieter, endigt das Mietverhältnis mit dem Ablauf des 30. 6.

Für das Kündigungsrecht genügt es, daß dem Mieter ein schriftliches Erhöhungsverlangen zugeht. Ob es formell wirksam oder materiell gerechtfertigt ist, spielt keine Rolle. Hat der Mieter die Zustimmung zur Mieterhöhung erteilt, ist die Ausübung des Sonderkündigungsrechtes nicht mehr möglich. Erteilt der Mieter nur teilweise seine Zustimmung und hält der Vermieter sein darüber hinausgehendes Erhöhungsverlangen aufrecht, so steht dem Mieter das Sonderkündigungsrecht zu. Weiter hat der Mieter ein Sonderkündigungsrecht, wenn der Vermieter den Mietzins wegen baulicher Änderungen oder wegen gestiegener Kapitalkosten erhöht. Das Sonderkündigungsrecht kann in diesen Fällen ausgeübt werden spätestens am 3. Werktag des Kalendermonates, von dem an der Mietzins erhöht werden soll. Die Kündigung ist zulässig zum Ablauf des übernächsten Monates.

Beispiel:

Zugang der Mieterhöhungserklärung des Vermieters am 20. 2.; Kündigungsmöglichkeit bis zum 4. 4., falls die ersten 3 Tage des Monates Werktage sind, sonst entsprechende Verschiebung; Ende des Mietverhältnisses mit dem Ablauf des 31. 5.

Macht der Mieter von seinem Sonderkündigungsrecht Gebrauch, so tritt die Mieterhöhung nicht ein. Es kann somit bei Kündigung durch den Mieter weder die ortsübliche Vergleichsmiete, noch die wegen baulicher Änderungen erhöhte Miete, noch die wegen gestiegener Kapitalkosten erhöhte Miete verlangt werden. Kein Sonderkündigungsrecht ist dem Mieter gegeben, wenn der Vermieter die Betriebskostenumlage anfordert.

7.2 Schonfrist bei Zahlungsverzug, § 9 Abs. 2 MHG

Ist der Mieter rechtskräftig verurteilt worden, einer Mieterhöhung zuzustimmen oder ist er zur Zahlung einer erhöhten Miete wegen baulicher Änderungen, Betriebskostenerhöhungen, Kapitalkostenerhöhungen, rechtskräftig verurteilt worden, so kann der Vermieter das Mietverhältnis wegen des Zahlungsverzuges des Mieters nicht vor Ablauf von 2 Monaten nach der rechtskräftigen Verurteilung kündigen, wenn nicht das Recht zur fristlosen Kündigung schon wegen des bisher geschuldeten Mietzinses gegeben ist. § 9 Abs. 2 MHG gilt daher bei vereinbarten Mieterhöhungen nicht, wie das OLG Hamm entschieden hat: Die Regelung des § 9 Abs. 2 MHG, wonach, trotz der erfüllten Voraussetzungen für eine fristlose Kündigung wegen angelaufener Mieterhöhungsrückstände aus der Zeit vor Rechtskraft des Urteils, eine Kündigung nicht vor Ablauf von zwei Monaten nach rechtskräftiger Verurteilung möglich ist, stellt eine Ausnahmeregelung zum Schutze des Mieters dar. Diese Ausnahmeregelung gilt nicht, d. h. § 9 Abs. 2 MHG ist nicht entsprechend anwendbar, wenn Mieter und Vermieter sich in einem Prozeßvergleich auf einen höheren Mietzins geeinigt haben (so OLG Hamm, RE vom 27. 12. 1991, WM 1992, 54). Das Gericht begründet dies damit, daß der Mieter den Prozeßvergleich freiwillig abschließt. Ferner hat der Mieter auch in diesem Fall den Schutz des § 554 Abs. 2 Ziffer 2 Satz 1 BGB, wonach eine fristlose Kündigung wegen Zahlungsverzuges bis zum Ablauf eines Monats nach Eintritt der Rechtshängigkeit des Räumungsanspruches durch nachgeholte Zahlung des Mieters unwirksam wird.

Die Möglichkeit, eine nach Ablauf der Frist des § 9 Abs. 2 MHG ausgesprochene fristlose Kündigung des Vermieters innerhalb der weiteren Frist des § 554 Abs. 2 Nr. 2 BGB unwirksam machen zu können, bleibt dem Mieter erhalten (so Palandt, § 9 MHG, Anm. 2 c).

§ 9 Abs. 2 MHG findet bei Mieterhöhungs- oder Betriebskostenumlagenerklärungen in den neuen Bundesländern analog Anwendung (so BezG Chemnitz, WM 1993, 34).

8 Abweichende Vereinbarungen, § 10 MHG

8.1 Unabdingbarkeit, § 10 Abs. 1 MHG

> Die Bestimmungen des MHG können zum Nachteil des Mieters nicht wirksam geändert werden.

Dies gilt auch dann, wenn z. B. eine gem. § 10 Abs. 1 MHG unwirksame Wertsicherungsklausel den Mieter im konkreten Einzelfall günstiger stellen würde als ein Mieterhöhungsverlangen nach § 2 MHG (OLG Koblenz, RE vom 5. 6. 1981, WM 1981, 207; Weber/Marx, VII/S. 160). Entscheidend ist nach Ansicht des Gerichtes eine verallgemeinernde Betrachtungsweise. Wenn die Parteien aber von vorn herein eine Klausel vereinbaren, die den Mieter günstiger stellen soll, z. B., daß die Miete nur bis zu einem bestimmten Prozentsatz an die ortsübliche Vergleichsmiete angepaßt werden darf, ist eine solche Klausel wirksam. Zum Vorteil des Mieters können abweichende Vereinbarungen getroffen werden. So können z. B. auch Mieterhöhungen wegen Erhöhung der Kapitalkosten ausgeschlossen werden. Die Unwirksamkeit von für den Mieter nachteiligen Vereinbarungen betrifft sowohl den materiellen Gehalt des MHG, als auch die Verfahrensvorschriften. So kann auch nicht wirksam vereinbart werden, daß der Vermieter sein Verlangen auf Zustimmung zu einer Mieterhöhung des Mietzinses bis zur ortsüblichen Vergleichsmiete nicht zu begründen braucht. Verstößt eine Vereinbarung gegen § 10 Abs. 1 MHG, ist sie nichtig. Die Nichtigkeit einer Mietanpassungsklausel erfaßt diese insgesamt. Der Rest des Vertrages bleibt indessen wirksam, § 139 BGB.

8.2 Zustimmung zu einem bestimmten Betrag, § 10 Abs. 1 MHG

Wirksam ist eine Vereinbarung, wenn der Mieter während des Bestehens des Mietverhältnisses einer Mieterhöhung um einen bestimmten Betrag zugestimmt hat. In diesem Fall braucht der Vermieter die formellen und materiellen Voraussetzungen einer Mieterhöhung nicht einzuhalten; § 5 WiStG (Mietpreisüberhöhung) und § 302 a StGB (Mietwucher) gelten hier aber auch.

> Die Zustimmung ist außer im Falle des § 566 BGB (Mietvertrag über längere Zeit als 1 Jahr) **formfrei**; aus Beweisgründen wird aber dringend zur Schriftform geraten. Die Beweislast hat nämlich der Vermieter.

Auch eine **Teilzustimmung** des Mieters ist möglich mit der Folge, daß ein weiteres Erhöhungsverlangen erst nach Ablauf eines Jahres gestellt werden kann.

8.3 Staffelmieten (§ 10 Abs. 2 MHG)

Das bisherige Verbot, von den Regeln des MHG abzuweichen, ist seit dem 1. 1. 1983 durch die Zulassung von Staffelmieten durchbrochen. Danach kann der Mietzins für bestimmte Zeiträume in unterschiedlicher Höhe schriftlich vereinbart werden. Die Vereinbarung eines gestaffelten Mietzinses darf nur einen Zeitraum bis zu **10 Jahren** umfassen. Während dieser Zeit ist eine Erhöhung des Mietzinses über das Zustimmungsverfahren auf die ortsübliche Vergleichsmiete, wegen baulicher Änderungen und wegen erhöhter Kapitalkosten ausgeschlossen.

Der Mietzins muß jeweils mindestens 1 Jahr unverändert bleiben und **betragsmäßig ausgewiesen** sein. Nach Ansicht des OLG Braunschweig ist der Mietzins nicht betragsmäßig ausgewiesen, wenn nur der monatliche Anfangszins und die (jährlichen) Erhöhungsbeträge angegeben sind (RE v. 29. 1985, WM 1985, 213; Weber/ Marx, VII / S. 161). Auch die Angabe von Prozentsätzen reicht nicht aus. Anzugeben ist also immer der jeweils geschuldete Mietzins. Aufgrund des Vierten Mietrechtsänderungsgesetzes wurde § 10 Abs. 2 Satz 4 MHG durch folgende Sätze ersetzt:

„Der Mietzins muß jeweils mindestens 1 Jahr unverändert bleiben. Der jeweilige Mietzins ***oder*** *die jeweilige Erhöhung muß betragsmäßig ausgewiesen sein."*

> Gemeint ist wohl der **monatliche Erhöhungsbetrag**, so daß es sich zur Vermeidung von Mißverständnissen und Auslegungsschwierigkeiten nach wie vor empfiehlt, wie bisher den Mietzins auszuweisen.

Die Zulässigkeit von Staffelmieten umfaßt sämtliche Mietverhältnisse über **nicht preisgebundenen Wohnraum**, gleichgültig, wann sie begründet worden sind und wann der Wohnraum errichtet worden ist. Zur Wirksamkeit der Staffelmiete ist eine Vereinbarung der Vertragsparteien erforderlich. Sie kann nicht von einem Teil einseitig erzwungen werden. Es besteht daher kein Anspruch des Vermieters auf Abschluß einer neuen Staffelmietvereinbarung bei Auslaufen der Staffelmietvereinbarung. Eine Mieterhöhung kann nur über § 2 MHG erfolgen (LG München I, WM 1996, 557).

Die Vereinbarung der Staffelmiete wird in erster Linie, aber nicht notwendigerweise bei Mietverhältnissen, die auf eine bestimmte Dauer mit oder ohne Verlängerungsklausel geschlossen werden, in Betracht kommen.

Eine Beschränkung des Kündigungsrechts des Mieters ist jedoch unwirksam, soweit sie sich auf einen Zeitraum von mehr als 4 Jahren seit Abschluß der Staffelmietvereinbarung erstreckt.

Dies bedeutet, daß der Mieter bereits zum Ablauf der **4-Jahres-Frist** ordentlich kündigen kann und nicht erst 4 Jahre warten muß, bis er eine Kündigung aussprechen kann (OLG Hamm, RE v. 11. 8. 1989, WM 1989, 485; Weber /Marx, IX / S. 55).

Die Höhe des gestaffelten Mietzinses findet ihre Begrenzung in Vorschriften des WiStG und über den Mietwucher. Andere Vereinbarungen über eine Änderung des Mietzinses bleiben, wie bisher, unwirksam. So sind unwirksam **Währungsklauseln** aller Art, **Leistungsvorbehalte** oder **Spannungsklauseln**, auch wenn sie zu einer Zeit vereinbart wurden, in der sie noch wirksam abgeschlossen werden konnten.

Die unwirksame, weil nicht den Formvorschriften entsprechende Vereinbarung einer Staffelmiete wird auch durch Zahlung der vereinbarten Staffel nicht wirksam (so LG Braunschweig, WM 1990, 159). Vielmehr kann der Mieter in diesem Fall sogar Rückforderungsansprüche nach Bereicherungsrecht (§ 812 BGB) haben (LG Düsseldorf, DWW 1990, 308). Zwar kann der Vermieter in diesem Fall dann wenigstens eine Erhöhung nach § 2 MHG auf die ortsübliche Vergleichsmiete durchführen. Nach oben ist eine solche Erhöhung dann aber durch die unwirksame Staffel zugunsten des Mieters beschränkt (LG Berlin, WM 1992, 198 und LG Bonn, WM 1992, 199).

Bei preisgebundenem Wohnraum ist die Vereinbarung einer Staffelmiete nach Ansicht des OLG Hamm (RE v. 29. 1. 1993, WM 1993, 108) jedenfalls dann unbedenklich, wenn die höchste Staffel die bei Vertragsschluß maßgebliche Kostenmiete nicht übersteigt. Nicht entschieden hat das Gericht die Fallkonstellation, wonach die Staffelmietvereinbarung zum Zeitpunkt der Beendigung der Preisbindung mit einem Betrag über der Kostenmiete, und zwar in der Höhe der ortsüblichen Vergleichsmiete vereinbart wird. Der Rechtsentscheid des OLG Hamm (a. a. O.) läßt Staffelmietvereinbarungen bei preisgebundenem Wohnraum grundsätzlich zu. Über diese Rechtsfrage ist jedoch noch nicht entschieden, so daß hier über die Wirksamkeit einer solchen Vereinbarung Rechtsunsicherheit herrscht.

9 Mieterhöhung in den neuen Bundesländern

9.1 Rechtsgrundlage

Aufgrund des Gesetzes zur Überleitung preisgebundenen Wohnraums im Beitrittsgebiet in das allgemeine Miethöherecht (Mietenüberleitungsgesetz vom 6. 6. 1995, BGBl. 1995 I S. 748 ff.) wurden die §§ 11 ff. des MHG neu gefaßt. Das Mietenüberleitungsgesetz ist am 11. 6. 1995 in Kraft getreten. An diesem Tag sind außer Kraft getreten: die Erste Grundmietenverordnung vom 17. 6. 1991, die Zweite Grundmietenverordnung vom 27. 7. 1992 und die Betriebskostenumlageverordnung vom 17. 6. 1991. Da die Grundmietenverordnungen teilweise auch für das Mietenüberleitungsgesetz noch von Bedeutung sind, werden sie insoweit nachfolgend kommentiert.

9.2 Erste Grundmietenverordnung

Hier ist als Grundlage späterer Erhöhungen nur noch § 1 von Interesse:

§ 1 Höchstzulässiger Mietzins

Der höchstzulässige Mietzins, der sich in dem in Artikel 3 des Einigungsvertrages genannten Gebiet für Wohnraum am 2. 10. 1990 aus Rechtsvorschriften ergab, wird zum 1. 10. 1991 um ***eine*** *Deutsche Mark je Quadratmeter Wohnfläche monatlich erhöht. Bei Wohnungen, die am 2. 10. 1990 mit Bad oder Zentralheizung ausgestattet waren, sowie bei Wohnungen in Gemeinden mit mehr als 100 000 Einwohnern* ***erhöht*** *sich der Betrag um jeweils 0,15 DM. Der Betrag* ***verringert*** *sich jeweils um 0,15 DM bei Wohnungen mit Außen-WC sowie bei Wohnungen, die nicht in sich abgeschlossen sind.*

9.3 Zweite Grundmietenverordnung

Am 28. 7. 1992 ist die Zweite Verordnung über die Grundmiete in den neuen Bundesländern in Kraft getreten. Hiernach gilt folgendes:

9.3.1 Allgemeine Mieterhöhung

Der bisher höchstzulässige Mietzins wird zum 1. 1. 1993 um 1,20 DM je qm Wohnfläche monatlich erhöht (§ 1 Abs. 1 der VO).

Bei Wohnungen, die am 2. 10. 1990 nicht mit einem Bad ausgestattet waren, verringert sich der Betrag nach Abs. 1 um 0,30 DM. Er verringert sich um weitere 0,15 DM bei Wohnungen, die am 2. 10. 1990 nicht mit einem Innen-WC ausgestattet waren.

Bei Wohnraum in Einfamilienhäusern in Gemeinden, die am 5. 8. 1992 mehr als 20 000 Einwohner zählten, erhöht sich der Betrag nach Abs. 1 um 0,30 DM, in Gemeinden, deren Einwohnerzahl erst später 20 000 übersteigt, von diesem Zeitpunkt an.

9.3.2 Mieterhöhung nach der Beschaffenheit

Hier hat der Verordnungsgeber eine Bestimmung erlassen, die noch zu viel Streit führen wird und nicht sehr praktikabel ist. Der nach § 1 höchstzulässige Mietzins erhöht sich monatlich ab 1. 1. 1993 um weitere 0,90 DM, wenn keine Schäden nach Abs. 2 vorhanden sind (§ 2 Abs. 1 Nr. 1 der VO); und ab 1. 1. 1994 um weitere 0,60 DM, wenn keine Schäden nach Abs. 3 vorhanden sind (§ 2 Abs. 1 Nr. 2 der VO).

In § 2 Abs. 2 und Abs. 3 der VO ist bestimmt, daß sich diese weitere Erhöhung (§ 2 Abs. 1 der VO) bei Vorliegen der Merkmale um jeweils 0,30 DM **verringert**: Der Erhöhungsbetrag nach Abs. 1 Nr. 1 verringert sich nach Abs. 2 um jeweils 0,30 DM für Wohnraum in einem Gebäude, dessen

1. Dach,
2. Fenster oder
3. Außenwände

erhebliche Schäden aufweisen. Der Erhöhungsbetrag nach Abs. 1 Nr. 2 verringert sich nach Abs. 3 um jeweils 0,30 DM für Wohnraum in einem Gebäude, dessen

1. Hausflure oder Treppenräume oder
2. Elektro-, Gas- oder Wasser- und Sanitärinstallationen

erhebliche Schäden aufweisen. Fraglich ist, was **erhebliche Schäden** sind. In der Begründung der Verordnung ist hierzu folgendes ausgeführt:

„Als erheblich dürften beispielsweise Schäden am Dach anzusehen sein, wenn nicht nur vereinzelt Ziegel oder Dachhaut abgelöst sind und dadurch kein ausreichender Nässeschutz besteht oder die Dachkonstruktion, Dachrinnen und Regenfallrohre überwiegend schadhaft sind.

Die Außenwände des Gebäudes sind dann erheblich beschädigt, wenn relativ breite Risse und umfangreiche Putzabplatzungen vorhanden oder Fugen undicht sind, dies namentlich dann, wenn damit Durchfeuchtungen und Isolierschäden einhergehen." Dies liegt vor, wenn ca. 20 % der Gesamtfläche betroffen sind; auf die Außenwände der einzelnen Wohnungen kommt es nicht an (AG Berlin-Mitte, GE 1995, 1047).

„Erhebliche Schäden an Fenstern sind, abgesehen von Glasbruchschäden, insbesondere Schäden durch Korrosion und Verrottung bei Rahmen und Rahmenteilen sowie schadhafte Eindichtungen." Notwendig ist, daß mindestens 2/3 aller Fenster diese Schäden aufweisen (AG Berlin-Mitte, a.a.O.).

„Schäden an Hausfluren oder Treppenräumen sind grundsätzlich dann erheblich, wenn die Sicherheit der Hausbewohner oder -besucher beeinträchtigt ist (z. B. mangelnde Trittsicherheit, Geländerschäden), darüber hinaus aber auch dann, wenn Putzrisse, Abplatzungen, Schäden im Eingangsbereich, Durchfeuchtungen und unterlassene Schönheitsreparaturen einen insgesamt vernachlässigten und ungepflegten Eindruck dieser Gemeinschaftseinrichtungen hinterlassen." Der Kellerbereich bleibt hiervon außer Betracht (AG Berlin-Mitte, GE 1994, 1319). Auf nur optische Beeinträchtigungen kommt es nicht an (str., so wie hier AG Potsdam, WM 1995, 545).

„Schäden an der Hausinstallation dürften schließlich dann erheblich sein, wenn elektrische Betriebsmittel und insbesondere das Leitungsnetz insgesamt nicht mehr funktionssicher sind, wenn die Wasser- und Sanitärinstallationen umfangreiche Korrosions- und Inkrustationsschäden aufweisen, oder wenn Absperrvorrichtungen funktionsuntüchtig sind.

Es ist Aufgabe des Vermieters, sich zur Begründung seiner Mieterhöhungsforderung insoweit auf die Fehlerfreiheit des Gebäudes zu berufen. In einem eventuellen Streitverfahren trägt er – anders als bei der Geltendmachung von Minderungsansprüchen des Mieters – die Darlegungs- und Beweislast. Dies erscheint auch deshalb gerechtfertigt, weil der Vermieter bei den besonderen Verhältnissen im Wohnungsbestand im Beitrittsgebiet das Vorliegen von Gebäudeschäden durch mangelnde Instandhaltung fachlich eher beurteilen kann als der Mieter.

Mieterhöhungen nach § 2 müssen für den Mieter verständlich und nachprüfbar sein. In der Mieterhöhungserklärung wird deshalb darzulegen sein, auf welchen Kriterien nach Abs. 2 u. 3 Abschläge vom Erhöhungsbetrag beruhen.

Durch die Regelung des § 2 ist das Recht des Mieters auf Minderung (§ 537 BGB) nicht ausgeschlossen. Namentlich bei Wohnungen, die normale Wohnansprüche deutlich unterschreiten (z. B. Wohnungen der sog. Bauzustandsstufe IV der ehemaligen DDR), dürfte auch eine Verringerung der nach § 1 höchstzulässigen Grundmiete in Betracht kommen."

Wenn ein Schaden im Sinne der Abs. 2 und 3 nachträglich beseitigt worden ist, kann der Vermieter den entsprechenden Betrag zum ersten des auf die Erklärung folgenden übernächsten Monats, frühestens jedoch zu dem nach Abs. 1 maßgeblichen Zeitpunkt (1. 1. 1993 bzw. 1. 1. 1994) geltend machen (§ 2 Abs. 4 der VO).

9.3.3 Freiwillige Mieterhöhung nach Instandsetzung

In bestehenden Mietverhältnissen kann bis zum 1. 1. 1996 schriftlich vereinbart werden, daß nach einer vom Vermieter nach dem 2. 10. 1990 begonnenen erheblichen Instandsetzungsmaßnahme der nach den §§ 1 und 2 der VO höchstzulässige Mietzins sich um einen bestimmten Betrag erhöht (§ 3 der VO). Die sich daraus ergebende Erhöhung der jährlichen Miete darf **5,5 vom Hundert** der auf die Wohnungen entfallenden Kosten der Instandsetzungsmaßnahmen nicht übersteigen (§ 3 Abs. 1 Satz 2 der VO). § 3 Abs. 1 Satz 2 bis 7 MHG ist entsprechend anzuwenden (§ 3 Abs. 1 Satz 3 der VO). Hierin ist bestimmt, daß bauliche Änderungen, die für mehrere Wohnungen durchgeführt worden sind, angemessen auf die einzelnen Wohnungen aufzuteilen sind, und daß zinsverbilligte oder zinslose Darlehen aus öffentlichen Haushalten den Erhöhungsbetrag entsprechend vermindern (vgl. Abschnitt 3.2).

Die Willenserklärung des Mieters wird erst wirksam, wenn dem Vermieter nicht innerhalb eines Monats ein schriftlicher **Widerruf** zugegangen ist.

Nach § 3 Abs. 2 der VO gilt: Wird nach dem 31. 12. 1992 ein Mietvertrag über die Überlassung von Wohnraum neu abgeschlossen, kann wegen erheblicher Instandsetzungsmaßnahmen nach Abs. 1 Satz 1 ein erhöhter Mietzins schriftlich vereinbart werden. Abs. 1 Satz 2 und 3 finden Anwendung.

Mieterhöhungen nach Abs. 1 und 2 dürfen jede für sich und insgesamt **1/3** des nach den §§ 1 und 2 höchstzulässigen Mietzinses ohne Erhöhungen für Modernisierung nicht übersteigen (§ 3 Abs. 3 der VO).

9.4 Anwendungsbereich des MHG in den neuen Bundesländern

Im § 11 MHG ist nunmehr geregelt, für welche Art von Wohnraum die §§ 1 bis 10 a MHG ohne Einschränkung gelten. Dies ist der Fall bei Wohnraum, der nicht mit Mitteln aus öffentlichen Haushalten gefördert wurde und seit dem 3. 10. 1990 in neu errichteten Gebäuden fertiggestellt wurde oder aus Räumen wiederhergestellt wurde, die auf Dauer zu Wohnzwecken nicht mehr benutzbar waren, oder aus Räumen geschaffen wurde, die nach ihrer baulichen Anlage und Ausstattung anderen als Wohnzwecken dienten. Eine Wohnung ist dann zu Wohnzwecken benutzbar, wenn sie den Mindestanforderungen an erträgliche Wohnverhältnisse entspricht (LG Zwickau, WM 1995, 543). Ohne Einschränkungen gilt das MHG auch für Wohnraum, dessen Einrichtung mit Mitteln nach § 88 d des II. WoBauG gefördert wurde. Auf alle anderen Wohnungen, insbesondere die vor dem 3. 10. 1990 errichteten Wohnungen, ist das MHG nur mit den Einschränkungen der §§ 12 ff. MHG anzuwenden. Das Übergangsrecht in den neuen §§ 12 bis 17 MHG ist zeitlich bis zum **31. 12. 1997** befristet.

9.5 Die Mieterhöhung nach §§ 2, 12 MHG

9.5.1 Bestandteile des Gebäudes

Eine Mieterhöhung ist nur möglich für Wohnungen in Gebäuden, die einen hinreichend befriedigenden Bauzustand aufweisen. Die gesetzliche Regelung in § 12 Abs. 1 MHG lehnt sich an die Beschaffenheitsmerkmale nach der Zweiten Grundmietenverordnung an. Eine Mieterhöhung ist danach nur möglich, wenn an den Gebäuden mind. 3 der 5 folgenden Bestandteile keine erheblichen Schäden aufweisen:

1. Dach,
2. Fenster,
3. Außenwände,
4. Hausflure oder Treppenräume oder
5. Elektro-, Gas- oder Wasser- und Sanitärinstallationen.

Zum Merkmal „erhebliche Schäden“ siehe Abschnitt 9.3.2. Die Mieterhöhung ist somit unwirksam, wenn das Haus an mehr als zwei Bestandteilen **erhebliche** Schäden aufweist. Entscheidend ist der Zeitpunkt des Zugangs des Mieterhöhungsverlangens. Die Beweislast trägt der Vermieter (LG Berlin, GE 1995, 59).

9.5.2 Miethöhe

Grundsätzlich kann eine Mieterhöhung, Zu- und Abschläge bleiben hier vorerst unberücksichtigt, um **15 %** verlangt werden. Dieser **Erhöhungssatz** ermäßigt sich um 5 % bei Wohnraum, der nicht mit einer Zentralheizung und einem Bad ausgestattet ist. Aus der Begründung des Gesetzes ergibt sich, daß ein Abschlag von 5 % gemacht werden muß, wenn schon eines der Merkmale fehlt. Im Bad muß eine Badewanne oder eine Dusche sowie warmes Wasser vorhanden sein. Eine Zentralheizung ist mit einer Sammelheizung gleichzusetzen. Hierunter fällt also auch eine Etagenheizung. Umstritten ist, ob sämtliche Räume der Wohnung mit einem Wärmekörper ausgestattet sein müssen oder ob es ausreicht, wenn lediglich die Wohn- und Schlafräume beheizt werden, nicht aber Küche, Bad, Flur und Abstellräume. Zumindest das Bad muß beheizbar sein (AG Schwedt/ Oder, WM 1996, 776). Hierfür reicht aber auch ein Elektrostrahler im Bad, der im Bedarfsfall zu beheizen ist (AG Hohenschönhausen, WM 1996, 776).

Die Formulierung des Gesetzes ließ allerdings auch die Auslegung zu, daß ein Abschlag von 5 % nur dann in Betracht kommt, wenn beide Merkmale fehlen. Durch das Gesetz zur Änderung des Gesetzes zur Regelung der Miethöhe vom 15. 12. 1995 (BGBl. I S. 1722) ist diese Unsicherheit im Sinne der ersten Alternative beseitigt worden.

Nach dem neuen Absatz 1 a kann der Mieter, der einem nicht ermäßigten Mieterhöhungsverlangen zugestimmt hat oder zur Zustimmung verurteilt worden ist, obwohl die Zentralheizung oder das Bad fehlte, die Zustimmung um 5 % **bis 31. 3. 1996** beim Vermieter schriftlich **widerrufen**. Insoweit ist der Vermieter zur Rückzahlung verpflichtet.

Nach § 2 Abs. 1 Satz 1 Nr. 1 MHG kann der Vermieter eine Mieterhöhung nur verlangen, wenn die Miete 1 Jahr unverändert geblieben ist. Diese Bestimmung ist jedoch auf eine Reduzierung der Miete nach § 12 Abs. 1 a MHG nicht anzuwenden, daß heißt, deshalb läuft keine Jahressperrfrist.

Folgende **Zuschläge** sind möglich:

1. 5 %, allerdings erst zum 1. 1. 1997 und nur für Wohnraum, der in einer Gemeinde mit mindestens 20 000 Einwohnern oder in einer Gemeinde liegt, die an eine Gemeinde mit mindestens 100 000 Einwohnern angrenzt (§ 12 Abs. 2 MHG). Zu beachten ist, daß in diesem Fall der Vermieter zwei rechtlich selbständige und formell wirksame Mieterhöhungserklärungen abgeben muß.
2. Ein Zuschlag von 5 % – ohne Wartefrist – ist möglich bei Wohnraum in einem Einfamilienhaus, und Wohnraum, der im komplexen Wohnungsbau geplant war und der nach dem 30. 6. 1990 fertiggestellt worden ist, sofern seine Ausstattung über den im komplexen Wohnungsbau üblichen Standard erheblich hinausgeht. Auch mit dieser Bestimmung werden die Gerichte viel Arbeit bekommen. Gemeint sind sog. **„Wendewohnungen“**, die eine erheblich bessere Ausstattung haben als die Wohnungen in den sog. Plattenbauten. Man wird hierfür nicht verlangen können, daß der Standard schon den Wohnungen in den alten Bundesländern entspricht. Vielmehr sind diese Wendewohnungen am Oststandard zu messen, wobei zu prüfen ist, ob der Standard erheblich besser ist. Auch hier liegt die Darlegungs- und Beweislast beim Vermieter.

9.5.3 Ausgangsmiete

In § 12 Abs. 1 MHG ist geregelt, von welchem Ausgangsmietzins die

15 %ige Erhöhung zu berechnen ist. Danach ist von dem am 11. 6. 1995 geschuldeten Mietzins auszugehen, wobei Erhöhungen nach Modernisierungs- oder Instandsetzungsvereinbarung nicht mitgerechnet werden.

> **Beispiel:**
> Der Mietzins beträgt monatlich 400,00 DM zzgl. 100,00 DM Vorauszahlung auf die Betriebskosten. In dem Mietzins von 400,00 DM sind 100,00 DM Modernisierungsumlage enthalten. Die Mieterhöhung errechnet sich daher aus der Grundmiete von 400,00 DM minus 100,00 DM = 300,00 DM × 15 % = 45,00 DM. Der neue Mietzins beträgt somit 345,00 DM zzgl. 100,00 DM Modernisierungsumlage zzgl. 100,00 DM Betriebskostenvorauszahlung.

Zu beachten ist, daß auch die Zu- und Abschläge von 5 % sich aus dieser Grundmiete berechnen. **Mietminderungen** bleiben bei der Berechnung des Ausgangsmietzinses unberücksichtigt (AG Leipzig, WM 1996, 346 und AG Schwerin, WM 1996, 280).

9.5.4 Jahresfrist

Die Bestimmung des § 2 Abs. 1 Satz 1 Nr. 1 MHG, wonach der Mietzins vor einer erneuten Mieterhöhung ein Jahr gleich geblieben sein muß, gilt auch für eine Mieterhöhung nach § 12 MHG, allerdings mit folgender Einschränkung: Mieterhöhungen nach der Ersten und nach den §§ 1, 2 und 4 der Zweiten Grundmietenverordnung bleiben bei der Berechnung der Jahresfrist außer Betracht (§ 12 Abs. 4 MHG). Dies bedeutet, daß eine Mieterhöhung nach § 12 MHG auch dann möglich ist, wenn 1994 oder im ersten Halbjahr 1995 eine Erhöhung nach der Grundmietenverordnung erfolgt ist. Ansonsten gilt jedoch die **Jahresfrist**. Neu begründete Mietverhältnisse müssen mindestens ein Jahr bestehen. Auch bei einer freiwillig durchgeführten Mieterhöhung ist die Jahresfrist zu beachten (vgl. hierzu Abschnitt 2.1).

9.5.5 Kappungsgrenze

Die Kappungsgrenzen von 20 bzw. 30 % (§ 2 Abs. 1 Satz 1 Nr. 3 MHG) gelten auch hier. In der Praxis werden sie allerdings keine große Rolle spielen. Die **Basismiete**, aufgrund derer die Kappungsgrenze berechnet wird, ergibt sich aus dem Mietzins vor drei Jahren, zurückgerechnet ab Wirksamwerden des Erhöhungsverlangens, zzgl. der Mieterhöhung nach der Ersten und nach den §§ 1, 2 und 4 der Zweiten Grundmietenverordnung (§ 12 Abs. 4 MHG).

> **Beispiel:**
> Baujahr vor dem 31. 12. 1980, Nettomiete unter 8,00 DM pro qm. Mietzins vor 3 Jahren 200,00 DM, Mieterhöhungen nach den Grundmietenverordnungen 100,00 DM, Kappungsgrenze somit 300 × 30 % = 330,00 DM, also über der maximal zulässigen Mieterhöhung von 20 %.

Zu beachten ist, daß Mieterhöhungen in den letzten drei Jahren aufgrund von Modernisierungen oder freiwilligen Instandsetzungsvereinbarungen nicht zur

Berechnung der Basismiete herangezogen werden, sondern nur als durchlaufender Posten wieder hinzuaddiert werden (vgl. Abschnitt 2.3).

9.5.6 Ortsübliche Miete

Im Verfahren nach § 2 MHG bildet die ortsübliche Vergleichsmiete neben der Kappungsgrenze die Obergrenze einer zulässigen Mieterhöhung. In den neuen Bundesländern wird sich eine ortsübliche Vergleichsmiete erst langsam herausbilden. Der Mieter kann die Zustimmung zu dem Erhöhungsverlangen verweigern, wenn der verlangte Mietzins die üblichen Entgelte übersteigt, die in der Gemeinde oder in vergleichbaren Gemeinden für Wohnraum vergleichbarer Art, Größe, Ausstattung, Beschaffenheit und Lage seit dem 11. 6. 1995 vereinbart werden (§ 12 Abs. 5 MHG). Anders als im Verfahren nach § 2 MHG liegt hier die **Beweislast** für die Höhe der ortsüblichen Vergleichsmiete beim Mieter. Ergibt sich eine unter dem vom Vermieter verlangten Mietzins liegenden Miete, ist der Vermieter jedoch nicht zur Durchführung eines neuen Mieterhöhungsverlangens gezwungen; vielmehr schuldet der Mieter die **Teilzustimmung** bis zur Erhöhung auf den ortsüblichen Mietzins.

9.5.7 Form der Mieterhöhung

Der Anspruch ist dem Mieter gegenüber schriftlich geltend zu machen und zu erläutern (§ 12 Abs. 6 MHG). Zur Schriftform siehe Abschnitt 6. **Erläutern** bedeutet, daß dem Mieter die Erhöhungsvoraussetzungen so dargelegt werden, daß er das Mieterhöhungsverlangen rechnerisch und gedanklich nachvollziehen kann. Der Vermieter wird daher die drei Gebäudebestandteile ohne erhebliche Schäden bezeichnen müssen (so auch LG Berlin, WM 1996, 775). Ferner ist die Ausgangsmiete ohne Modernisierungs- und Instandsetzungszuschläge anzugeben, ebenso die Voraussetzung für die 5 %igen Zu- bzw. Abschläge (vgl. AG Löbau, WM 1996, 151 und WM 1996, 281). Die Einhaltung der Kappungsgrenze braucht nicht vorgerechnet zu werden. Dies ist erst in einer Klage auf Zustimmung zur Mieterhöhung erforderlich. Die Erläuterungspflicht gilt auch bei Mieterhöhungen für **„Wendewohnungen“** (§ 12 Abs. 3 Nr. 2 MHG). Es müssen also konkrete Tatsachen vorgetragen werden, aus denen sich ergibt, daß die Ausstattung erheblich über dem üblichen Standard liegt.

9.5.8 Überlegungsfrist, Zustimmung und Klageverfahren

Nähere Ausführungen unter Abschnitt 2.6 und 2.7. Besonderheiten ergeben sich bei der **Zustimmungserklärung**. Die zweimalige Entrichtung eines erhöhten Mietzinses oder die zweimalige Duldung des Einzuges des Mietzinses im Lastschriftverfahren in dieser Höhe gilt als Zustimmung (§ 12 Abs. 6 Nr. 2 MHG). Der Mieter muß allerdings zuvor in einem Mieterhöhungsverlangen zur Zustimmung aufgefordert worden sein. Ferner muß der Mieter von dem Zahlungseinzug Kenntnis erlangt haben. In der Duldung des Einzugs liegt dann keine Zustimmung, wenn der Mieter zuvor erklärt hat, daß er die

Mieterhöhung ablehnt. In einem solchen Fall ist der Einzug vertragswidrig.

Grundsätzlich schuldet der Mieter die erhöhte Miete von dem Beginn des dritten Kalendermonats an, der auf den Zugang des Erhöhungsverlangens folgt (§ 2 Abs. 4 MHG). Eine **Ausnahme** gilt, wenn das Mieterhöhungsverlangen vor dem 1. 7. 1995 zugegangen ist (§ 12 Abs. 6 Nr. 3 MHG). In diesem Fall wird der erhöhte Mietzins ab dem 1. 8. 1995 geschuldet.

Nach Ablauf der Erhöhungsmöglichkeiten (§ 12 Abs. 1 MHG) zum 30. 12. 1997 müssen Mieterhöhungen nach § 2 MHG auch in den **neuen Bundesländern** begründet werden. Für Mietspiegel, die dort nicht über den 30. 6. 1999 hinaus gelten, können auch Wohnungen als Grundlage genommen werden, die nach § 12 Abs. 1 bis 4 MHG erhöht wurden (§ 12 Abs. 7 MHG).

9.6 Modernisierungsumlage

Grundsätzlich gilt auch in den **neuen Bundesländern** § 3 MHG (siehe Abschnitt 3). In § 13 MHG ist allerdings für Mieterhöhungen, die bis zum 31. 12. 1997 erklärt werden, eine **Kappungsgrenze** von 3,00 DM je qm Wohnfläche eingeführt worden. Möglich ist jedoch eine Vereinbarung mit dem Mieter über eine höhere Umlage nach Durchführung der Modernisierung.

> Aus Gründen der Beweiserleichterung wird für eine solche Vereinbarung Schriftform empfohlen, obwohl sie vom Gesetz nicht verlangt wird.

§ 13 Abs. 2 MHG enthält drei **Ausnahmen**, bei denen die Kappungsgrenze nicht gilt:

1. wenn der Vermieter bauliche Änderungen aufgrund von Umständen durchgeführt hat, die er nicht zu vertreten hat, z. B. aufgrund gesetzlicher **Gebote** oder **behördlicher Anordnungen** wie der Einbau von Erfassungsgeräten nach der Heizkostenverordnung;
2. wenn mit der baulichen Maßnahme vor dem 1. 7. 1995 begonnen worden ist (**Vertrauensschutz**) oder
3. wenn die bauliche Änderung mit Mitteln der einkommensorientierten Förderung (i. S. v. § 88 e II. WoBauG) gefördert wurde.

Mieterhöhungen nach § 3 MHG bis zum 31. 12. 1997 dürfen insgesamt 3,00 pro qm nicht übersteigen. Die Obergrenze kann also nicht dadurch umgangen werden, daß getrennte Erhöhungserklärungen gestellt werden. Diese werden addiert. Zulässig dürfte es aber sein, voneinander **getrennte Modernisierungsmaßnahmen** teils vor, teils nach dem 31. 12. 1997 durchzuführen, z. B. bis zum 31. 12. 1997 statt einer Kohleheizung eine Zentralheizung einzubauen (Höchstbetrag 3,00 DM pro qm), 1998 dann das Bad zu modernisieren. Die allgemeinen Voraussetzungen des § 3 MHG müssen immer gegeben sein.

9.7 Betriebskostenumlage

Insbesondere bei Altverträgen wurde häufig eine Inklusiv- oder Bruttomiete vereinbart. Die **Heizkosten** sind – egal ob alte oder neue Bundesländer –

grundsätzlich nach Verbrauch abzurechnen (siehe „Heizkosten-Verordnung"). Sind die **übrigen** Betriebskosten (§ 27 II. BV) im Mietzins enthalten, bedarf es einer Vertragsänderung, wenn der Vermieter diese Betriebskosten aus dem Mietzins herausrechnen und abrechnen will. Die Mieter werden meistens nicht damit einverstanden sein. In den **neuen Bundesländern** sind die Vermieter besser gestellt: Betriebskosten dürfen bei Mietverhältnissen aufgrund von Verträgen, die vor dem 11. 6. 1995 abgeschlossen worden sind, auch nach diesem Zeitpunkt bis zum 31. 12. 1997 durch schriftliche Erklärung auf die Mieter umgelegt und hierfür Vorauszahlungen in angemessener Höhe verlangt werden (§ 14 MHG). Sind bis zu diesem Zeitpunkt Betriebskosten umgelegt oder angemessene Vorauszahlungen verlangt worden, gilt dies als vertraglich vereinbart. Dem Vermieter bleibt damit in den neuen Bundesländern bis zum 31. 12. 1997 die von der außer Kraft getretenen Betriebskostenumlage-Verordnung geschaffene Möglichkeit erhalten, Betriebskosten einseitig auf den Mieter umzulegen und die entsprechenden Vorauszahlungen zu verlangen. Allerdings darf sich für den Mieter hieraus keine Mieterhöhung ergeben.

Beispiel:
Miete ohne Heizung und Warmwasser, inkl. der übrigen Betriebskosten 500,00 DM monatlich, Wohnungsgröße 100 qm, Betriebskosten 2,00 DM pro qm. Der Vermieter kann nunmehr nicht eine Miete von 500,00 DM zzgl. 200,00 DM Vorauszahlung auf die Betriebskosten verlangen. Vielmehr muß die Miete entsprechend gekürzt werden, also Grundmiete 300,00 DM, Betriebs-

(Anschluß Seite M 65)

kostenvorauszahlung 200,00 DM. Aufgrund der immer weiter steigenden Betriebskosten sollten die Vermieter von dieser Möglichkeit unbedingt Gebrauch machen. Eine Fristenregelung fehlt in § 14 MHG. Hier wird die Regelung in der Betriebskostenumlage-Verordnung, § 11 Abs. 5 MHG alte Fassung, anzuwenden sein, so daß die Erklärung zur Umlage erst zum 1. des auf die Erklärung folgenden Monats wirksam wird. Da der jährliche Abrechnungszeitraum sich mit dem Wirksamwerden der Umlageerklärung in der Regel nicht decken wird, bestimmt § 14 Abs. 2 MHG, daß Betriebskosten, die auf Zeiträume vor den 11. 6. 1995 entfallen, nach den bisherigen Vorschriften abzurechnen sind. Später angefallene Betriebskosten aus einem Abrechnungszeitraum, der vor dem 11. 6. 1995 begonnen hat, können nach den bisherigen Vorschriften abgerechnet werden. Durch die Aufhebung der Betriebskostenumlage-Verordnung entfällt die Kappung der umlagefähigen Heizkosten gem. § 4 Abs. 3 dieser Verordnung. Aufgrund der Übergangsvorschrift in § 14 Abs. 2 MHG bedeutet dies, daß die Kosten der Heizung und Warmwasserversorgung für den Zeitraum bis zum Inkrafttreten des Gesetzes nur bis zu der in § 4 Abs. 3 der Betriebskostenumlage-Verordnung bestimmten Höhe auf die Mieter umgelegt werden dürfen. § 14 Abs. 2 Satz 2 gibt dem Vermieter die Möglichkeit, auch Betriebskosten für den Abrechnungszeitraum nach Inkrafttreten des Gesetzes nach den bisherigen Vorschriften umzulegen und abzurechnen, um einen einheitlichen Abrechnungsschlüssel innerhalb eines Abrechnungszeitraumes zu erhalten.

9.8 Erhöhung von Kapitalkosten

Gemäß § 15 MHG ist auf die Erhöhung der Kapitalkosten für Altverbindlichkeiten im Sinne des § 3 des Altschuldenhilfegesetzes § 5 MHG nicht anzuwenden. Dies bedeutet, daß die Zinsbelastung durch Altschulden, die der Vermieter zu tragen hat, nicht zu den umlagefähigen Kapitalkosten gehört.

9.9 Mieterhöhung nach der Beschaffenheit

Durch § 16 MHG erhält der Vermieter die Möglichkeit, eine Mieterhöhung nach der Beschaffenheit, die gem. § 2 der II. Grundmietenverordnung möglich war, bis zum 31. 12. 1997 nachzuholen, wenn er sie bisher nicht durchgeführt hatte. Danach kann der Vermieter eine Erhöhung des Mietzinses um 0,30 DM je qm Wohnfläche monatlich für jeden Bestandteil im Sinne des § 12 Abs. 1 MHG zum 1. des auf die Erklärung folgenden übernächsten Monats verlangen, wenn an dem Bestandteil erhebliche Schäden nicht vorhanden sind. Gem. § 12 Abs. 1 handelt es sich um folgende Bestandteile: Dach, Fenster, Außenwände, Hausflure oder Treppenräume und Elektro-, Gas- oder Wasser- und Sanitärinstallationen. Die Erhöhung hat schriftlich zu erfolgen, für sie gilt weder eine Sperrfrist noch eine Kappungsgrenze. Führt der Vermieter eine Erhöhung gem. § 16 MHG und anschließend eine nach

§§ 2, 12 MHG durch, ist für diese zweite Erhöhung jedoch die Jahressperrfrist zu beachten.

Im Gegensatz zu einer Mieterhöhung gem. §§ 2, 12 MHG ist eine Zustimmung des Mieters bei einer Erhöhung gem. § 16 MHG nicht erforderlich. Der Mieter schuldet also die Zahlung des erhöhten Betrages für jeden Bestandteil, wenn er nicht erhebliche Schäden aufweist. Die Beweislast liegt beim Vermieter. Zahlt der Mieter nicht, kann der Vermieter auf Zahlung klagen, nicht auf Zustimmung. Im übrigen kann auf die Ausführungen zur II. Grundmietenverordnung unter Abschnitt 9.3.2 verwiesen werden.

§ 16 Abs. 2 MHG bestimmt, daß vor dem 11. 6. 1995 getroffene Vereinbarungen über Mieterhöhungen nach Instandsetzung im Sinne des § 3 der II. Grundmietenverordnung wirksam bleiben. Diese Vereinbarungen sind unter Abschnitt 9.3.3 dargestellt.

9.10 Mietzinsvereinbarungen

In den neuen Bundesländern galt bisher die Preisbindung, Vereinbarungen mit den Mietern waren nicht möglich. Gem. § 17 MHG sind nunmehr auch Vereinbarungen, die zum Nachteil des Mieters von den gesetzlichen Vorschriften abweichen, wirksam, wenn der Mieter während des Bestehens des Mietverhältnisses einer Mieterhöhung um einen bestimmten Betrag zugestimmt hat. Diese Vorschrift greift z. B. ein, wenn der Mieter einer Mieterhöhung wegen Modernisierung zugestimmt hat, die über dem Kappungsbetrag von 3,00 DM pro qm Wohnfläche monatlich gem. § 13 MHG liegt. Vereinbarungen, die bereits bei Vertragsabschluß von den Mieterhöhungsvorschriften des MHG abweichen, sind somit in jedem Fall unwirksam.

9.11 Höchstzulässige Miete

Art. 2 des Mietenüberleitungsgesetzes enthält das Gesetz über die Angemessenheit von Entgelten beim Übergang in das Vergleichsmietensystem. In § 1 dieses Gesetzes wird die Regelung des § 5 WiStG erweitert. § 5 WiStG bestimmt, daß ein Vermieter dann ordnungswidrig handelt, wenn er unangemessen hohe Entgelte fordert oder annimmt. Unangemessen hoch sind solche Entgelte, die infolge der Ausnutzung eines geringen Angebotes die ortsübliche Miete um mehr als 20 % übersteigen. Zur Deckung nachgewiesener laufender Aufwendungen darf die ortsübliche Miete bis zu 50 % überschritten werden, näheres siehe „Mietpreisüberhöhung“. Gemäß § 1 Nr. 1 dieses Gesetzes sind nicht unangemessen hoch im Sinne des § 5 WiStG Entgelte für Wohnraum im Sinne des § 11 Abs. 2 MHG, die bis zum 31. 12. 1997 nach § 3 oder § 13 MHG geändert oder nach § 13 i. V. m. § 17 MHG vereinbart oder, § 1 Nr. 2, bei der Wiedervermietung in einer der Nr. 1 entsprechenden Höhe vereinbart worden sind. Die Vorschrift bezieht sich also auf eine Modernisierungsumlage oder eine Vereinbarung nach einer Modernisierung. Solche Mietpreise verstoßen nicht gegen § 5 WiStG, auch nicht bei Neuvermietung. Dies gilt auch bei Neuvermietung nach dem 31. 12. 1997.

Nach wie vor besteht bei Neuvermietung kein freier Mietmarkt in den **neuen Bundesländern**. Vielmehr gilt eine Kappungsgrenze bei Wiedervermietung (§ 2 des Gesetzes über die Angemessenheit von Entgelten beim Übergang in das Vergleichsmietensystem). Danach darf beim Abschluß eines Mietvertrages über Wohnraum (i. S. d. § 11 Abs. 2 MHG) der Mietzins den nach den §§ 3, 12, 13, 16 oder 17 MHG zulässigen Mietzins bis zum 30. 7. 1997 nicht um mehr als 15 % übersteigen. Zur **Grundmiete** für die Berechnung der Kappungsgrenze gehören hier also, anders als bei § 12 MHG, auch Mieterhöhungen nach Modernisierung bzw. Instandsetzung.

Beispiel:
Grundmiete 300,00 DM, Modernisierungsumlage 200,00 DM, Kappungsgrenze somit 500,00 DM × 15 % = 575,00 DM.

Die Vereinbarung eines darüber hinausgehenden Mietzinses ist unwirksam (§ 134 BGB). Der Mieter kann einen die Obergrenze überschreitenden Betrag zurückfordern. Er wird, obwohl dies im Gesetz nicht geregelt ist, einen entsprechenden **Auskunftsanspruch** über die Berechnung des Mietzinses haben.

10 Indexmiete

Durch das Vierte Mietrechtsänderungsgesetz (BGBl. 1993 I S. 1257 ff.) sind auch bei Wohnraum Vereinbarungen von Wertsicherungsklauseln zulässig (§ 10 a MHG). Hiermit wird nunmehr erstmals seit Geltung des MHG eine Koppelung von Mietzins und Lebenshaltungskosten zugelassen. Voraussetzung ist, daß es sich um eine **Wertsicherungsklausel** (siehe „Wertsicherungsklausel“) handelt, die genehmigungsbedürftig und auch genehmigungsfähig ist. Welche Voraussetzungen solche Klauseln erfüllen müssen, ist in den Mitteilungen der Deutschen Bundesbank Nr. 1015/78 v. 9. 7. 1978 (Bundesanzeiger Nr. 109 v. 15. 6. 1978 = NJW 1978, 2381) zusammengestellt. Die **Genehmigung** (§ 3 Währungsgesetz) wird nur erteilt, wenn der Mietvertrag vom Vermieter nicht vor Ablauf von 10 Jahren ordentlich gekündigt werden kann und wenn als Bezugsgröße der Lebenshaltungsindex vereinbart ist. Zuständig für die Genehmigung sind die einzelnen Landeszentralbanken.

Während der Geltungsdauer einer Mietanpassungsvereinbarung muß der Mietzins, von Erhöhungen nach §§ 3 und 4 MHG abgesehen, jeweils mindestens ein Jahr unverändert bleiben. Eine Erhöhung des Mietzinses nach § 3 MHG (Modernisierungsumlage) kann nur verlangt werden, soweit der Vermieter bauliche Änderungen aufgrund von Umständen durchgeführt hat, die er nicht zu vertreten hat. Eine Erhöhung des Mietzinses nach den §§ 2 (ortsübliche Vergleichsmiete) und 5 (Kapitalkostenerhöhung) MHG ist ausgeschlossen. Betriebskostenerhöhungen nach § 4 MHG können durchgeführt werden, wenn die Voraussetzungen dafür gegeben sind.

Die Mieterhöhung muß durch schriftliche Erklärung geltend gemacht werden, die auch die Änderung der nach der Mietanpassungsvereinbarung maßgebenden Preise nennt.

> Der Vermieter muß in seinem Erhöhungsverlangen die Indexänderung darstellen, also den bisherigen und den neuen Indexstand sowie die Änderung in Punkten und die daraus errechnete Änderung in Prozenten darlegen.

Die **Berechnung** erfolgt nach dem **Schema**: Neuer Indexstand minus alter Indexstand geteilt durch alten Indexstand × 100 = Prozent. Der geänderte Mietzins ist von Beginn des auf die Erklärung folgenden übernächsten Monats an zu zahlen. Die Indexstände können bei den jeweiligen Statistischen Landesämtern erfragt werden sowie beim Statistischen Bundesamt in Wiesbaden unter Telefon 06 11 / 7 51.

Mietpreisbindung → „Kostenmiete", „Sozialer Wohnungsbau"

Mietpreisüberhöhung

Die Mietpreisüberhöhung (§ 5 WiStG) unterfällt dem Recht der Ordnungswidrigkeit. Danach handelt ordnungswidrig, wer vorsätzlich oder leichtfertig für die Vermietung von Räumen zum Wohnen oder damit verbundene Nebenleistungen unangemessen hohe Entgelte fordert, sich versprechen läßt oder annimmt. Abzustellen ist darauf, ob die Räume zu Wohnzwecken überlassen werden; auf die bauordnungsrechtliche Zulässigkeit der Nutzung kommt es nicht an (z. B. Keller- oder Hobbyräume). Eine Vermietung zu **Wohnzwecken** liegt daher nicht vor, wenn ein Hauseigentümer mit einem gewerblichen Zwischenvermieter einen Mietvertrag über Räume abschließt, die dieser vereinbarungsgemäß an Endmieter zu Wohnzwecken weitervermietet. Das Merkmal „Vermietung von Räumen zum Wohnen" ist nicht erfüllt, da Vertragszweck die Weitervermietung an einen Dritten, den Endmieter ist (OLG Celle, WM 1996, 562; a. A.: OLG Frankfurt, NJW 1993, 673).

1 Tätigwerden des Vermieters

Allein schon das Fordern eines unangemessen hohen Entgeltes erfüllt, wenn die sonstigen Voraussetzungen vorliegen, den Tatbestand des § 5 WiStG. Dafür reicht das ernstgemeinte Verlangen aus, ein bestimmtes oder bestimmbares Entgelt erzielen zu wollen.

Ein **Fordern** kann somit u. U. auch in einem Zeitungsinserat oder in einem Maklerangebot erblickt werden. Gleiches gilt für das an den Mieter gerichtete Verlangen des Vermieters auf Zustimmung zu einer höheren Miete (freilich immer unter der Prämisse, daß die sonstigen Voraussetzungen, die das ordnungswidrige Handeln kennzeichnen, erfüllt sind) oder bei einer einvernehmlichen Einigung auf eine neue Miete (§ 10 MHG; so LG Hamburg, ZMR 1980, 86). Darunter kann auch eine Mieterhöhung nach einer Modernisierung nach § 3 MHG fallen (OLG Karlsruhe, RE v. 19. 8. 1983, WM 1983, 314; Weber / Marx, VII / S. 151). Nicht unter § 5 WiStG fällt nach Ansicht des OLG Hamm hingegen eine Mieterhöhung aufgrund gestiegener Kapitalkosten nach § 5 MHG (RE v. 23. 11. 1982, WM 1983, 18; Weber / Marx, VII / S. 158).

Ein bestimmtes Mietentgelt ist versprochen mit dem Abschluß des Mietvertrages, wobei es auf die zivilrechtliche Wirksamkeit des **Versprechens** nicht ankommt. Die Annahme eines überhöhten Entgeltes ist deshalb im Gesetz als Tatbestandsmerkmal aufgeführt, weil auch ohne Anforderung durch den Vermieter und ohne vertragliche Grundlage ein Entgelt entgegengenommen werden kann.

2 Unangemessen hohes Entgelt

Unangemessen hoch sind Entgelte, die infolge der Ausnutzung eines geringen Angebotes an vergleichbaren Räumen die ortsübliche Vergleichsmiete (Begriff wie in § 2 Abs. 1 Nr. 2 MHG, vgl. „Mieterhöhung bei Wohnraum“, Abschnitt 2.2) um **mehr als 20 %** übersteigen (sog. Wesentlichkeitsgrenze). Zur Ermittlung der ortsüblichen Vergleichsmiete siehe Abschnitt 8.

Durch das Vierte Mietrechtsänderungsgesetz (BGBl. 1993 I S. 1257 ff.) ist diese Grenze, die bereits von der Rechtsprechung (OLG Stuttgart, RE v. 7. 7. 1981, WM 1981, 225) auf 20 % festgesetzt war, auch im Gesetzeswortlaut so festgeschrieben worden (§ 5 Abs. 2 Satz 1 WiStG). Durch die Gesetzesänderung eingeschränkt wurde die Möglichkeit, sich bei Überschreiten der Wesentlichkeitsgrenze darauf zu berufen, daß hiermit nur die laufenden Aufwendungen gedeckt werden (siehe Abschnitt 4). Wird vom Mieter ein Verstoß gegen § 5 Abs. 1 WiStG für einen zurückliegenden Zeitraum geltend gemacht, sind bei der Mietpreisvereinbarung nachfolgende Änderungen der ortsüblichen Vergleichsmiete gegebenenfalls zu berücksichtigen (KG, RE v. 20. 4. 1995, WM 1995, 384; Weber / Marx, XV/S. 117).

3 Geringes Angebot

Mit der Hereinnahme des Begriffes „Geringes Angebot an vergleichbaren Räumen“ als Tatbestandsmerkmal wird auf die Lage auf dem Wohnungsmarkt abgestellt, nach dem Verhältnis von Angebot und Nachfrage. Hierbei sind die jeweiligen **örtlichen** Gegebenheiten zu beachten. Von einem geringen Angebot ist auszugehen, wenn das örtliche Wohnungsangebot die bestehende Nachfrage nicht wenigstens spürbar übersteigt (so Sternel III, Rdn. 59). In Großstädten kommt es auf die

Verhältnisse in den einzelnen Stadtteilen für bestimmte Mietergruppen an (LG Hamburg, WM 1989, 522). Indiz für ein geringes Angebot ist z. B. der Umfang der **Warteliste** beim Wohnungsamt für eine Sozialwohnung, Aufnahme in die Verordnung über die Gebiete mit gefährdeter Wohnversorgung oder Geltung der Zweckentfremdungsverordnung. Häufig wird von den Gerichten für bestimmte Teilmärkte ein geringes Angebot einfach unterstellt. Da sich der Wohnungsmarkt derzeit ändert, sollte dies jedoch ohne weitere Überprüfung nicht hingenommen werden.

Ein **geringes Angebot** an vergleichbarem Wohnraum, unter dessen Ausnutzung der Vermieter einer Wohnung ein unangemessen hohes Entgelt für die Vermietung gefordert und/oder genommen haben muß, liegt nicht nur dann vor, wenn generell, also für jedermann, ein Engpaß auf dem Wohnungsmarkt für solche Wohnungen besteht (OLG Hamm, WM 1995, 323). Vielmehr wird ein geringes Angebot auch schon dann bejaht, wenn für bestimmte, nach allgemeinen Merkmalen abgrenzbare Mietergruppen infolge mangelnder Vertragsbereitschaft der Vermieter in ihrer Gesamtheit der Marktzugang verengt ist.

Bei der Berechnung der angemessenen Vergleichsmiete (§ 5 Abs. 2 Satz 1 WiStG) ist nach Ansicht des Gerichts dann aber wieder auf den allgemeinen **Marktpreis**, wie er für jedermann gilt, abzustellen und nicht etwa auf von vornherein überhöhte Mieten aus dem ohnehin verknappten Wohnungsangebot für die genannten benachteiligten Mietergruppen. Insoweit, also in preismäßiger Beziehung, kann ein Teilmarkt für solche Mietergruppen mit erschwertem Marktzugang nicht anerkannt werden (RE v. 13. 3. 1986, WM 1986, 206; Weber/Marx, VII/S. 184). Darüber hinaus dürfen z. B. auch bei Ausländern oder Wohngemeinschaften **keine pauschalen Zuschläge** gemacht werden.

4 Laufende Aufwendungen des Vermieters

Ist die Wesentlichkeitsgrenze von 20 % überschritten, liegt eine Mietpreiserhöhung gleichwohl nicht vor, wenn die Entgelte zur Deckung der laufenden Aufwendungen des Vermieters erforderlich sind. Der Begriff der laufenden Aufwendungen ist in § 5 WiStG nicht bestimmt. Heranzuziehen sind daher die für den sozialen Wohnungsbau entwickelten Vorschriften der II. Berechnungsverordnung, insbesondere die §§ 18 bis 20 II. BV. Folgende Aufwendungen sind somit zu berücksichtigen:

- **Eigenkapitalkosten:** Diese sind nicht nach dem Verkehrswert des Grundstücks und Gebäudes zum Zeitpunkt des Abschlusses des Mietvertrages, sondern im Falle der Herstellung des Wohnraumes durch den Vermieter nach den Herstellungskosten und im Falle des entgeltlichen Erwerbs des Wohnraums durch den Vermieter nach den Erwerbskosten zu berechnen (BGH, RE v. 5. 4. 1995, WM 1995, 428). Diese Kosten sind anzusetzen in Höhe der marktüblichen Zinsen für erste Hypotheken (OLG Stuttgart, RE v. 30. 9. 1988, WM 1988, 395). Stichtag ist der Beginn des Mietverhältnisses (OLG Stuttgart, RE v. 8. 11. 1989, WM 1990, 11).

- **Fremdkapitalkosten:** Hierfür sind die tatsächlich zu zahlenden Zinsen, nicht aber die Tilgung anzusetzen.
- **Abschreibung:** 1 % der Baukosten.
- **Verwaltungs- und Instandhaltungskosten** sowie Mietausfallwagnis siehe „Kostenmiete", Abschnitte 1.2.2, 1.2.4, 1.2.5.

Beispiel:
Der Kaufpreis für eine 70 qm große Wohnung i. H. v. DM 400 000 wurde zur Hälfte aus Fremdmitteln und zur Hälfte aus Eigenmitteln bestritten. Bei Zugrundelegung eines Zinssatzes i. H. v. 9,75 % für die Fremdmittel errechnet sich eine Zinsbelastung von DM 23,21 pro qm pro Monat (9,75 % aus DM 200 000 geteilt durch 70 qm, geteilt durch 12 Monate). Daneben sind für das aufgewendete Eigenkapital i. H. v. ebenfalls DM 200 000 die fiktiven Eigenkapitalkosten mit dem Zinssatz für erste Hypotheken anzusetzen. Ausgehend von einem Zinssatz i. H. v. 9,25 % errechnen sich Eigenkapitalkosten i. H. v. DM 22,02 pro qm pro Monat (9,25 % aus DM 200 000 geteilt durch 70 qm, geteilt durch 12 Monate). Zusammen mit den Zinsen für die Fremdmittel errechnet sich für die laufenden Aufwendungen des Vermieters – ohne Ansatz der Bewirtschaftungskosten – bereits ein Betrag i. H. v. DM 45,23 pro qm und Monat. Der Vermieter kann sich jedoch nicht unbeschränkt auf die laufenden Aufwendungen berufen.

Durch das Vierte Mietrechtsänderungsgesetz (BGBl. 1993 I S. 1257 ff.) ergeben sich hier mit Wirkung ab 1. 9. 1993 Einschränkungen. Nach § 5 Abs. 2 Nr. 1 WiStG darf die vom Vermieter geforderte Miete nicht in einem auffälligen Mißverhältnis zur ortsüblichen Vergleichsmiete stehen. Von einem auffälligen Mißverhältnis ist auszugehen, wenn die Wuchergrenze erreicht ist, also 50 % über der ortsüblichen Vergleichsmiete (vgl. Sternel III, Rdn. 67 m. w. N.). Auf die Höhe der laufenden Aufwendungen kommt es in diesem Fall nicht mehr an.

Nach § 5 Abs. 2 Satz 2 Nr. 2 WiStG ist weitere Voraussetzung, daß die Räume nach dem 1. 1. 1991 fertiggestellt wurden oder bei Fertigstellung vor diesem Zeitpunkt das Entgelt für diese Räume vor dem 1. 9. 1993 über der Wesentlichkeitsgrenze von 20 % liegen durfte. Der Vermieter älterer Wohnungen, die bereits vor dem 1. 9. 1993 zu einem über der Wesentlichkeitsgrenze, aber unter der Wuchergrenze liegenden Mietpreis vermietet waren, kann sich also nach wie vor auf die höheren laufenden Aufwendungen berufen.

Hierzu folgende **Beispiele** (nach Schilling, Neues Mietrecht 1993):

Ausgegangen wird im folgenden von einer ortsüblichen Vergleichsmiete i. H. v. DM 10,00 pro qm, die Wesentlichkeitsgrenze von 20 % liegt somit bei DM 12,00 pro qm. Der Vermieter hat laufende Aufwendungen i. H. v. DM 15,00 pro qm nachgewiesen. Der Vermieter vermietet seit dem 1. 1. 1993 zu DM 15,00 pro qm an die gleiche Mietpartei. Dies kann er weiterhin tun, eine Mietpreisüberhöhung liegt nicht vor.

Fall 2: Der Vermieter hätte vor dem 1. 9. 1993 aufgrund der laufenden Aufwendungen DM 15,00 pro qm verlangen können, hat aber einen unter DM 12,00 pro qm liegenden Mietzins verlangt. Dieser Vermieter kann nunmehr bis zu DM 15,00 verlangen, ohne daß eine Mietpreisüberhöhung vorliegt, da nach § 5 Abs. 2 Satz 2 Nr. 2 b WiStG nicht nur das Entgelt in seiner bisherigen Höhe, sondern die Berechtigung des Vermieters Bestandsschutz hat, für bestimmte Räume einen über der 20 %-Grenze liegenden Mietzins vereinbaren zu dürfen.

Fall 3: Der Vermieter hat bis zum 1. 9. 1993 zur Deckung der laufenden Aufwendungen höchstens DM 12,00 pro qm nehmen dürfen. Wegen gestiegener Aufwendungen benötigt er dazu aber jetzt DM 15,00 pro qm. Hier hatte der Vermieter schon bisher nicht das Recht, aufgrund der laufenden Aufwendungen eine höhere Miete von mehr als 20 % über der ortsüblichen Vergleichsmiete (Wesentlichkeitsgrenze) zu verlangen. Dies ist der Sinn der gesetzlichen Neuregelung: Die Verteuerung des Altbauwohnungsbestandes über die 20 %-Grenze hinweg soll unterbunden werden.

Aber auch bei Altbauten ist die Kostenmiete zu ermitteln. Nach bisheriger Ansicht war für die Berechnung der fiktiven Eigenkapitalkosten der Verkehrswert der Wohnung bei Beginn des Mietverhältnisses, maßgebend. Dem ist der BGH mit dem RE v. 5. 4. 1995 (WM 1995, 428) entgegengetreten. Danach kommt es auch bei Altbauten auf die Herstellungskosten an, wenn der streitgegenständliche Wohnraum vom Vermieter hergestellt wurde, auch wenn dies mit Schwierigkeiten verbunden sein sollte. Nach Ansicht des Gerichts wird sich im übrigen eine Feststellung der Herstellungskosten bei Altbauten aus der Vorkriegszeit regelmäßig erübrigen, da davon ausgegangen werden kann, daß sich unter Heranziehung der für den öffentlich geförderten Wohnungsbau geltenden Bestimmungen laufende Aufwendungen ergeben, die erheblich unter der Vergleichsmiete liegen. In Zukunft wird sich der Vermieter also in diesen Fällen und in Fällen des kostenfreien Erwerbs (z. B. Erbschaft oder Schenkung) nicht mehr auf die laufenden Aufwendungen berufen können.

Das OLG Stuttgart hat mit Rechtsentscheid vom 18. 1. 1990 (WM 1990, 102) entschieden, daß die vom gewerblichen Zwischenmieter, von dem im vorliegenden Fall die Endmieter einen

Teil des Mietzinses wegen Überhöhung zurückforderten, dem Eigentümer geschuldeten Mieten laufende Aufwendungen des Vermieters im Sinne von § 5 Abs. 1 Satz 3 WiStG sind, aber nur bis zur Höhe der laufenden Aufwendungen des Eigentümers. Die Zwischenvermietung soll nämlich nicht zu einer höheren Mietverpflichtung des Endmieters führen als bei der Miete direkt vom Eigentümer.

Keine laufenden Aufwendungen sind die Mittel, die der Vermieter zur Deckung von Modernisierungskosten aufbringen muß, auch wenn diese Kosten nach § 3 MHG berücksichtigungsfähig wären. Modernisierungsaufwand des Vermieters berechtigt daher, wie das KG mit Beschluß vom 28. 10. 1991 (WM 1992, 140) entschieden hat, nicht zur Mieterhöhung oder zur Mietzinsvereinbarung, die die ortsübliche Vergleichsmiete wesentlich, d. h. um mehr als 20 % überschreitet.

Kapitalkostenerhöhungen nach § 5 MHG können auf den Mieter auch dann umgelegt werden, wenn die Erhöhung die ortsübliche Vergleichsmiete um mehr als 20 % überschreitet, solange die Miete lediglich die laufenden Aufwendungen des Vermieters deckt, insoweit ist § 5 WiStG nicht anwendbar (OLG Hamm, RE v. 23. 11. 1982, WM 1983, 18). Die ortsübliche Vergleichsmiete darf aber um nicht mehr als 50 % überschritten werden, auch wenn die laufenden Aufwendungen höher sind, da dann ein Verstoß gegen § 302 a Abs. 1 Nr. 1 StGB vorliegt (OLG Karlsruhe, RE v. 26. 5. 1994, DWW 1944, 283).

6 Verschulden des Vermieters

Eine Ordnungswidrigkeit liegt dann vor, wenn der Betroffene vorsätzlich oder leichtfertig gehandelt hat. **Vorsatz** ist anzunehmen, wenn dem Vermieter alle jene Merkmale bekannt sind, die den Begriff „Unangemessen hohes Entgelt“ ausmachen, **leichtfertig**, wenn er die ihm nach seinen persönlichen Kenntnissen und Fähigkeiten zuzumutende Sorgfalt bei der ihm obliegenden Feststellung des angemessenen Mietentgelts und des örtlichen Wohnungsangebotes gröblich verletzt. Die Gerichte gehen davon aus, daß der Vermieter die Pflicht hat, sich über die ortsübliche Miete zu erkundigen. Die Nachfrage bei ortsansässigen Nachbarn oder Maklern reicht hierfür nicht aus. Der Vermieter muß sich vielmehr bei einer **zuständigen Stelle** über die Angemessenheit der Miete informiert haben (OLG Frankfurt, WM 1996, 160).

Für den zivilrechtlichen Rückforderungsanspruch des Mieters (vgl. Abschnitt 9), kommt es auf das Verschulden des Vermieters nicht an; hierfür ist ausreichend, wenn der objektive Tatbestand der Mietpreisüberhöhung erfüllt ist.

7 Ahndung

Die Ordnungswidrigkeit kann mit **Geldbuße** bis zu DM 100 000 geahndet und dem Vermieter auferlegt werden, den Mehrerlös an das Land oder auf Antrag des Mieters an diesen abzuführen.

8 Verfahren

Die Verfolgung von Mietpreisüberhöhungen ist Sache der zuständigen Verwaltungsbehörde. Sie erläßt, wenn sie den Tatbestand als gegeben ansieht, einen **Bußgeldbescheid**, gegen den binnen einer Woche nach Zustellung schriftlich oder zur Niederschrift der Verwaltungsbehörde **Einspruch** eingelegt werden kann. Über den Einspruch entscheidet das Amtsgericht.

Im Bußgeldverfahren ist die ortsübliche Vergleichsmiete nicht allein anhand des Mietspiegels zu ermitteln. Dieser stellt nämlich nach Ansicht des KG (WM 1992, 140) keine allseits verbindlichen Miettabellen dar, aus dem im gerichtlichen Verfahren die jeweils ortsübliche Vergleichsmiete exakt errechnet werden könnte. Eine andere Funktion als die eines formellen Begründungsmittels (§ 2 Abs. 2 MHG) hat ein Mietspiegel nicht. Im Bußgeldverfahren ist es daher ausgeschlossen, die Vergleichsmiete allein anhand eines Mietspiegels zu ermitteln. Vielmehr muß die Vergleichsmiete unter Berücksichtigung aller Umstände des Einzelfalles festgestellt werden (so auch OLG Frankfurt/M., WM 1994, 436). Im Regelfall ist die Einholung eines **Sachverständigengutachtens** erforderlich. Anderer Ansicht ist das LG Berlin (Urt. v. 7. 12. 1995, WM 1996, 102), wonach die Berliner Mietspiegel 1992 und 1994 grundsätzlich dem prozessualen Sachverständigengutachten überlegene Erkenntnisquellen für die Ermittlung der ortsüblichen Vergleichsmiete nicht nur bei Klagen auf Zustimmung zur Mieterhöhung, sondern auch für Klagen auf Rückzahlung überhöhten Mietzinses wegen Mietpreisüberhöhung sind. Das LG Hanau geht noch weiter. Wenn die Kosten eines Gutachtens für die Feststellung einer behaupteten Mietpreisüberhöhung außer Verhältnis zum Streitgegenstand stehen, soll das Gericht selbst zur Schätzung des ortsüblichen Mietzinses (§ 287 Abs. 2 ZPO) berechtigt sein (NJWE-MietR 1997, 56). Zurückhaltender ist zu Recht eine andere Zivilkammer des LG Berlin (NJWE-MietR 1996, 98). Danach kann der Berliner Mietspiegel nicht zugrunde gelegt werden, da sein Grobraster den Anforderungen der Norm wegen eines Strafcharakters nicht gerecht wird, so daß ein Sachverständigengutachten einzuholen ist.

Dem Betroffenen und der Staatsanwaltschaft steht gegen dieses Urteil die **Rechtsbeschwerde** zu, wenn die Wertgrenzen (Buße von mehr als 200 DM, bei Freispruch vorher Bußgeld von mehr als 500 DM durch die Verwaltungsbehörde) überschritten sind. Sie muß binnen einer Woche nach Urteilsverkündung oder Urteilszustellung (nach schriftlichem Verfahren, das unter gewissen Voraussetzungen zulässig ist) schriftlich zu Protokoll beim Amtsgericht eingelegt werden. Über die Beschwerde entscheidet das OLG, in Bayern das BayObLG.

9 Zivilrechtliche Folgen

Soweit der vereinbarte Mietpreis die Wesentlichkeitsgrenze von 120 % der ortsüblichen Vergleichsmiete überschreitet, ist die Vereinbarung nichtig (§ 134 BGB). Die Nichtigkeit umfaßt jedoch nur die unzulässige Preisvereinbarung. Demnach hat der Mieter einen **Rückforderungsanspruch** in Höhe der geleisteten Überzahlungen. Die Streitfrage, bis zu welcher Grenze die Reduzierung des überhöhten Mietzinses vorzunehmen ist, wurde durch RE des BGH geklärt. Danach kann nur derjenige Teil des Mietzinses zurückgefordert werden, der die **Wesentlichkeitsgrenze** (ortsübliche Vergleichsmiete zuzüglich 20 %) übersteigt (WM 1984, 68; Weber/Marx, VII/S. 183). Veränderungen in der Höhe der ortsüblichen Vergleichsmiete sind dabei zu berücksichtigen (OLG Frankfurt, RE v. 4. 4. 1985, WM 1985, 139; Weber/Marx, VII/S. 184, bestätigt durch RE des KG v. 20. 4. 1995, WM 1995, 384). Die ortsübliche Vergleichsmiete ist daher **jährlich neu zu ermitteln** (OLG Hamm, RE v. 3. 3. 1983, WM 1983, 108). Steigt sie, verringert sich der Betrag, der die vereinbarte Miete um 20 % übersteigt (so auch OLG Frankfurt, a.a.O.; a. A.: LG Hamburg, WM 1997, 209: Keine jährliche Aktualisierung, wenn Mietspiegel in nicht zu langen Zeiträumen aktualisiert werden).

Die Rückforderungsansprüche **verjähren** in 4 Jahren (OLG Hamburg, RE v. 30. 1. 1989, WM 1989, 126).

Bei einer Überschreitung der ortsüblichen Vergleichsmiete um mehr als 50 % aufgrund laufender Aufwendungen des Vermieters (§ 5 Abs. 2 Satz 2 WiStG) bleibt die Mietzinsvereinbarung bis zu einer Höhe von 150 % der ortsüblichen Vergleichsmiete wirksam (OLG Hamburg, RE v. 5. 8. 1992, WM 1992, 527).

Mietprozeß → „Gerichtliches Verfahren in Mietsachen“
Mietrückstände → „Zahlungsverzug“, „Kündigung“
Mietspiegel → „Mieterhöhung“, Abschnitte 2.5.1 und 2.6

Mietvertrag

1 Er begründet das Rechtsverhältnis zwischen Vermieter und Mieter durch den **Vertrag**. Dadurch wird der Vermieter verpflichtet, dem Mieter den Gebrauch der Mietsache während der Mietzeit zu gewähren und der Mieter zur Zahlung des vereinbarten Mietzinses (§ 535 BGB). Der Mietvertrag ist also ein gegenseitiger Vertrag, der durch Angebot und Annahme zustande kommt.

1.1 Lediglich um eine Aufforderung zur Abgabe eines **Vertragsantrages** handelt es sich bei der Aufgabe von Zeitungsinseraten oder dem Versand von Exposés (Bub in Bub/Treier, II Rdn. 336). Die Übersendung eines unterzeichneten Mietvertrages ist dagegen ein verbindlicher Antrag (BGH, NJW 1962, 1388). War der Mietvertrag nicht unterzeichnet, kommt es auf die Begleitumstände an. War, wie i. d. R.,

(Anschluß Seite M 67)

Schriftform vereinbart, liegt kein verbindliches Angebot vor (Bub a. a. O. Randnr. 337).

1.2 Oft streiten die Parteien darüber, ob ein **Mietvertrag zustande gekommen** ist oder nicht, insbesondere, wenn der Mieter schon Aufwendungen auf die Mietsache gemacht hat (z. B. eine Einbauküche gekauft hat) oder der Vermieter andere Bewerber im Vertrauen auf die Zusage abgelehnt hat. Die Beweislast für das Zustandekommen eines Vertrages hat der, der sich darauf beruft.

1.3 Aber auch dann, wenn ein Vertrag nicht zustande gekommen ist, können **gegenseitige Ansprüche** entstanden sein. Im Gesetz findet sich hierzu keine Regelung, doch hat die Rechtsprechung den Begriff des Verschuldens bei Vertragsverhandlungen (in der Fachsprache: culpa in contrahendo, c. i. c.) entwickelt. Nehmen wir an, um das Beispiel von oben aufzugreifen, der Mieter hat sich im Vertrauen auf das Zustandekommen des Vertrages eine Einbauküche für DM 15 000 gekauft, der Vertrag kommt jedoch nicht zustande. Grundsätzlich ist jeder Vertragsteil berechtigt, ohne weitere Begründung jederzeit die Vertragsverhandlungen abzubrechen. Nur dann, wenn ein Teil bei seinem Vertragspartner durch sein Verhalten das berechtigte Vertrauen erweckt, daß es mit Sicherheit zum Vertragsschluß kommt, wird er ersatzpflichtig, wenn er ohne triftigen Grund den Vertragsabschluß vereitelt (Reinstorf in Bub/ Treier, II Randnr. 197).

> Der Schadenersatz umfaßt die Aufwendungen, die im Hinblick auf den nicht zustande gekommenen Mietvertrag gemacht wurden, nicht jedoch die weiteren Kosten nach Abbruch der Vertragsverhandlungen, z. B. für die Anmietung eines Ersatzobjektes (LG Mannheim, ZMR 1976, 243).

2. Ob ein Mietvertrag über Räume (der Mietvertrag über bewegliche Sachen soll außer Acht gelassen werden) oder ein ähnlicher Vertrag vorliegt, richtet sich nach der Vereinbarung der Parteien. Es kommt auf den Vertragszweck sowie darauf an, was die Parteien wirklich gewollt haben. Daran ändert auch eine falsche Vertragsbezeichnung nichts.

2.1 Untermiete liegt vor, wenn der Mieter den Gebrauch der gemieteten Sache ganz oder teilweise einem Dritten gegen Entgelt überläßt. Unentgeltliche Gebrauchsüberlassung ist nicht Untermiete, weil es an einem wesentlichen Kriterium des Mietbegriffes, nämlich an der Verpflichtung zur Zahlung eines Entgeltes für die Überlassung fehlt. Vermietet der Eigentümer einer Sache, z. B. einer Wohnung, diese ganz oder teilweise, so kann das nicht Untermiete sein, auch dann nicht, wenn der Eigentümer den Überlassungsvertrag als „Untermietvertrag" bezeichnet.

> Entscheidend ist der Inhalt des Vertrages, nicht seine Bezeichnung.

Der Untermietvertrag hat immer einen sog. Hauptmietvertrag zur Voraussetzung. Die Kette setzt sich zusammen aus Vermieter (i. d. R. der Eigentümer oder ein sonstiger dinglicher Berechtigter, z. B. der Nießbraucher), Hauptmieter (= Untervermieter) und Untermieter.

2.2 Der **Mietvorvertrag** ist ein formloser Vertrag, durch den sich die Vertragsparteien zum künftigen Abschluß eines Mietvertrages verpflichten. Darin, nämlich in der Verpflichtung zum Abschluß eines Hauptmietvertrages, liegt der Unterschied zu bloßen Vertragsverhandlungen. Ob nicht doch schon ein (Haupt-)Mietvertrag geschlossen wurde, ist manchmal schwer zu entscheiden. Entscheidend ist, daß die Parteien schon jetzt eine Rechtsverpflichtung zum Abschluß eines Hauptmietvertrages eingehen wollen, diesem Hauptmietvertrag aber noch rechtliche oder tatsächliche Hindernisse (z. B. Räumung durch den Vormieter) entgegenstehen, so BGH, ZMR 1957, 82. Näheres zum Mietvorvertrag siehe dort.

2.3 Das **Anmietrecht** besteht darin, daß der Verpflichtete dem Berechtigten die Sache zur Miete anbieten muß, bevor er sie an einen anderen vermietet, wobei die näheren Bestimmungen der Miete von den Beteiligten erst dann getroffen werden, wenn der Hauptmietvertrag geschlossen wird. Der Unterschied zwischen Mietvorvertrag und Anmietrecht läßt sich am besten an einem Beispiel verdeutlichen. V hat ein Ladenlokal an M vermietet. V verpflichtet sich gegenüber A, die Mietsache bei Beendigung des Mietverhältnisses mit M unter den jetzt schon in den Grundzügen festgelegten Bedingungen zu vermieten (Mietvorvertrag). V verpflichtet sich gegenüber A, die Mietsache bei Beendigung des Mietverhältnisses mit M zunächst unter noch nicht festgelegten Bedingungen dem A anzubieten (Anmietrecht).

2.4 Vormietrecht ist das analog dem Vorkaufsrecht ausgestaltete Recht eines Dritten, durch Abgabe einer entsprechenden Willenserklärung dem Verpflichteten gegenüber ein Mietverhältnis mit dem Inhalt zu begründen, wie es der Verpflichtete mit einem Dritten abgeschlossen hat (Reinstorf in Bub / Treier, II Randnr. 160). Der Vermieter ist frei in der Normierung der Bedingungen des Vertrages, er muß unverzüglich dem Vormietberechtigten Abschluß und Inhalt des Vertrages mitteilen. Der Vormietberechtigte kann an dem Inhalt des Mietvertrages nichts ändern, sondern nur erklären, daß er eintritt oder nicht eintritt. Näheres zum Vormietrecht siehe dort.

2.5 Optionsrecht, auch Verlängerungsrecht genannt, bedeutet, daß der Mieter bei Ablauf der vereinbarten Mietzeit durch einseitige Erklärung die Verlängerung der Mietzeit um einen weiteren bestimmten Zeitraum herbeiführen kann. Der bisherige Mietvertrag bleibt in vollem Umfang bestehen. Änderungen sind nur einvernehmlich oder dann möglich, wenn sie für die Ausübung der Option vereinbart waren. Näheres hierzu unter „Option“.

2.6 Vom **Pachtvertrag** unterscheidet sich der **Mietvertrag** einmal dadurch, daß nur Sachen vermietet werden können, während sich die Pacht auch auf Rechte beziehen kann. Vor allem aber ist der Verpächter verpflichtet, dem Pächter neben dem Gebrauch des verpachteten Gegenstandes auch den Genuß der Früchte, soweit sie nach den Regeln einer ordnungsgemäßen Wirtschaft als Ertrag anzusehen sind, zu gewähren. Die Grenze zwischen Miete und Pacht läßt sich nicht immer scharf ziehen.

> Werden Grundstücke oder Räume für einen gewerblichen oder für einen freiberuflichen Betrieb überlassen, so liegt nach der Rechtsprechung Pacht nur dann vor, wenn der Pachtgegenstand nicht nur baulich für den Betrieb geeignet, sondern auch so eingerichtet und ausgestattet ist, daß er alsbald für den Betrieb mit Gewinn benutzt werden kann.

So ist z. B. der Vertrag über die entgeltliche Überlassung einer eingerichteten Gaststätte mit Wohnung Pacht, während die Überlassung von Räumen zum Betrieb einer Anwaltskanzlei, aber auch die Überlassung eines Ladenlokals, das nicht schon für einen speziellen Geschäftszweig eingerichtet ist, Miete ist. Siehe hierzu im übrigen „Pachtvertrag“.

2.7 Leihe ist die unentgeltliche Überlassung einer Sache zum Gebrauch. Wird eine Wohnung unentgeltlich zur Verfügung gestellt, gelten die Vorschriften über die Miete nicht.

Die Vorschriften über die Leihe weichen in wesentlichen Punkten von denen über die Miete ab. So haftet der Verleiher wegen Mängel der verliehenen Sache nur, wenn er den Mangel arglistig verschwiegen hat. Die Kosten der Erhaltung der verliehenen Sache hat der Entleiher zu tragen, wobei er freilich Veränderungen oder Verschlechterungen der Sache, die durch den vertragsgemäßen Gebrauch herbeigeführt werden, nicht zu vertreten hat (§ 601 BGB). Überlassung der entliehenen Sache an einen Dritten ist ohne Erlaubnis des Verleihers schlechthin ausgeschlossen. Auch die Bestimmungen über die Beendigung des Leihverhältnisses, insbesondere, wenn der Verleiher sie wünscht, sind einfacher als bei der Miete (§ 605 BGB). Ist die Dauer der Leihe weder bestimmt noch dem Zweck zu entnehmen, kann der Verleiher die Sache jederzeit zurückfordern. Selbst bei vereinbarter Leihzeit hat der Verleiher ein Kündigungsrecht, wenn er infolge eines nicht vorgesehenen Umstandes der verliehenen Sache bedarf, wenn der Entleiher einen vertragswidrigen Gebrauch von der Sache macht, insbesondere unbefugt den Gebrauch einem Dritten überläßt und wenn der Entleiher stirbt. In diesem Fall kann sich somit der Erbe nicht auf die vereinbarte Leihzeit berufen.

Da **wesentliches Kriterium** der Leihe die Unentgeltlichkeit der Überlassung ist, hat die Vereinbarung eines Entgeltes selbst weit unter dem Marktpreis (Gefälligkeitsmiete) zur Folge, daß die Vorschriften über die Miete Anwendung finden (BGH, MDR 1970, 1004). Dies gilt z. B. auch dann, wenn der Mieter nur die Betriebs- oder nur die Heizkosten bezahlt. Entscheidend ist, ob darin eine Gegenleistung zur Raumüberlassung gesehen werden kann oder nicht. Diese Gegenleistung des Mieters muß nicht in periodisch wiederkehrenden Geldleistungen bestehen; Gegenleistung kann auch die Gebrauchsüberlassung eines Grundstückes sein, BGH, WM 1994, 460.

2.8 Der Mietvertrag gehört dem **Recht der Schuldverhältnisse** an. Dingliche Rechte, die zur Raumnutzung berechtigen, fallen daher nicht unter den Begriff „Miete". Das gilt insbesondere für das dingliche Wohnungsrecht nach § 1093 BGB, das als beschränkte persönliche Dienstbarkeit bestellt werden kann (vgl. „Dingliches Wohnungsrecht").

2.9 Beim **gemischten Vertrag** sind mehrere Vertragstypen in einem einheitlichen Vertragswerk miteinander verbunden, z. B. Beherbergungs- oder Altenheimvertrag. Für jede Leistung sind i. d. R. die für den entsprechenden Vertragstyp geltenden Vorschriften anzuwenden; soweit sie sich widersprechen, geht es nach dem rechtlichen oder wirtschaftlichen Schwerpunkt (BGH, NJW 1981, 341 f.).

2.10 Am 1. 5. 1986 ist das **Gesetz über den Widerruf von Haustürgeschäften und ähnlichen Geschäften** (Haustürwiderrufsgesetz, abgekürzt HausTWG) in Kraft getreten. Das Gesetz soll den Verbraucher vor der Gefahr schützen, in bestimmten dafür typischen Situationen bei der Anbahnung und dem Abschluß von Geschäften unter Beeinträchtigung seiner rechtsgeschäftlichen Entscheidungsfreiheit überrumpelt oder sonst auf unzulässige Weise zu unüberlegten Geschäftsabschlüssen gedrängt zu werden, BGH, NJW 1992, 1889 f. Die Meinungen, ob das Gesetz überhaupt auf Wohnraummietverträge anwendbar ist, sind geteilt (vgl. die Nachweise bei Sternel, Mietrecht aktuell, 2. Aufl., RdNr. 16). Nunmehr hat das OLG Koblenz entschieden, daß bei Bestehen eines Mietverhältnisses über Wohnraum ein Vertrag, der anläßlich eines Hausbesuches des Vermieters beim Mieter geschlossen wird und der die Vereinbarung einer Mieterhöhung und Staffelmietzahlung zum Gegenstand hat, in den sachlichen Anwendungsbereich des HausTWG fällt (OLG Koblenz, RE v. 9. 2. 1994; DWW 1994, 115).

Mit Beschluß vom 13. 3. 1993, DWW 1993, 196, hat sich das BayObLG mit dem persönlichen Anwendungsbereich des HausTWG beschäftigt. In § 6 HausTWG ist bestimmt, daß das Gesetz keine Anwendung findet, wenn die andere Vertragspartei, hier also der Vermieter, nicht geschäftsmäßig handelt. Das BayObLG hat entschieden, daß ein Hauseigentümer, der lediglich 2 Wohnungen längerfristig vermietet, beim Abschluß von Verträgen im Rahmen dieser Mietverhältnisse nicht geschäftsmäßig im Sinne des HausTWG handelt. Zur Begründung weist es darauf hin, daß in diesem Fall der Abschluß von Verträgen nur in größeren zeitlichen Abständen, keinesfalls aber regelmäßig, in Betracht kommt. Die auf Dauer angelegte Vermietung einzelner weniger Wohnungen im Rahmen der Vermögensverwaltung führt daher nicht zu einem geschäftsmäßigen Handeln im Sinne dieser Vorschrift. Wo nun die Grenze zum **geschäftsmäßigen Handeln** liegt, muß in jedem Einzelfall unter Berücksichtigung aller Umstände entschieden werden. Unproblematisch zu bejahen ist dies bei **Hausverwaltungen** und **Großvermietern.** Nicht beantwortet hat das BayObLG allerdings die Vorlagefrage des LG, ob die Vorschriften des HausTWG auf den Neuabschluß eines Mietvertrages über Wohnraum anwendbar sind, wenn der Neuabschluß wesentliche Änderungen im Verhältnis zum bereits bestehenden Mietvertrag enthält. Nach dem RE des OLG Koblenz dürfte die Frage allerdings zu bejahen sein. Dies gilt auch für Mietaufhebungsvereinbarungen, z. B. aus Anlaß einer Gebäudesanierung (LG Heidelberg, WM 1993, 397).

Ist nun das HausTWG sachlich und persönlich anwendbar, hat dies einschneidende Folgen: Begibt sich der Vermieter zu Vertragsverhandlungen in die Wohnung des Mieters und kommt dort eine Vereinbarung zustande, wird diese erst wirksam, wenn der Mieter sie nicht binnen einer **Frist** von **1 Woche** schriftlich widerruft (§ 1 Abs. 1 HausTWG). Voraussetzung hierfür ist die **Belehrung** des Mieters über sein Widerrufsrecht (§ 2 HausTWG). Danach muß dem Mieter eine drucktechnisch deutlich gestaltete schriftliche Belehrung über sein Recht zum Widerruf einschließlich Namen und Anschrift des Vermieters sowie des Hinweises auf die Wochenfrist ausgehändigt werden. Unterbleibt diese Belehrung, erlischt das Widerrufsrecht erst einen Monat nach beiderseits vollständiger Erbringung der Leistung (§ 2 Abs. 1 Satz 4 HausTWG), bei Mietverhältnissen als Dauerschuldverhältnissen also bis zu einem Monat nach Beendigung. Der Mieter kann z. B. im Falle einer Mieterhöhung noch nach 2 Jahren seine Zustimmung, falls er auf sein Widerrufsrecht nicht hingewiesen wurde, widerrufen mit der Rechtsfolge, daß der Erhöhungsbetrag zurückbezahlt werden muß (§ 3 HausTWG).

3 Ein **Mietvertrag kommt zustande**, wenn die Vertragspartner sich über alle wesentlichen Punkte **geeinigt** haben, nämlich über Mietgegenstand, -zeit und -preis sowie über die Gebrauchsüberlassung und über solche Nebenabreden, die nach ihrem Willen regelungsbedürftig sind (BGH, ZMR 1963, 83).

Zum Abschluß eines Mietvertrages gehört nicht unbedingt eine Einigung über einen Mietzins in bestimmter Höhe. Vielmehr genügt es, wenn die Parteien sich auf einen **bestimmbaren**

Mietzins einigen, wobei die Vereinbarung einer „angemessenen" oder „ortsüblichen" Miete als Einigung über eine bestimmbare Leistungspflicht des Mieters anzusehen ist. Selbst ohne jegliche Vereinbarung über den Mietzins kann ein Mietvertrag zustande kommen, sofern die Parteien sich bindend über eine entgeltliche Überlassung des Gebrauchs der Mietsache einigen. In diesem Fall gilt eine angemessene oder ortsübliche Miete als vereinbart, sei es im Wege ergänzender Vertragsauslegung, sei es entsprechend §§ 612 Abs. 2, 632 Abs. 2 BGB (so BGH, Urt. v. 2. 10. 1991, WM 1992, 312).

Ein Mietvertrag kann jederzeit **formfrei**, also auch mündlich geschlossen werden, wenn sich die Parteien über die aufgeführten Punkte geeinigt haben. Wird jedoch ein Mietvertrag über ein Grundstück (nach § 580 BGB ebenso über Räume) für längere Zeit als 1 Jahr geschlossen, bedarf er der Schriftform. Wird die Form nicht beachtet, gilt der Vertrag für unbestimmte Zeit geschlossen; die Kündigung ist jedoch nicht für eine frühere Zeit als für den Schluß des ersten Jahres zulässig (§ 566 BGB). Siehe auch „Allgemeine Geschäftsbedingungen", „Schriftform".

(Anschluß Seite M 71)

Auch bei Mietverträgen über Räume auf unbestimmte Zeit hat sich allgemein die Schriftform eingebürgert. Der schriftliche Mietvertrag über Räume wird allgemein bevorzugt, weil er, soweit nicht unabdingbare gesetzliche Regelungen entgegenstehen, die Rechte und Pflichten der Parteien regelt und Beweis für die einzelnen Regelungen durch Vorlage der Vertragsurkunde geführt werden kann. Wie ausgeführt ist jedoch auch ein mündlicher Mietvertrag wirksam. Für die Rechte und Pflichten der Parteien gelten dann die gesetzlichen Vorschriften.

Auch durch **konkludente (schlüssige) Handlungen** ist der Abschluß eines Mietvertrages denkbar. Dies ist z. B. der Fall, wenn der Mieter in die Räume einzieht, regelmäßig Miete bezahlt und der Vermieter die Miete vorbehaltslos entgegennimmt (OLG Düsseldorf, ZMR 1988, 54). Es liegt am Vermieter, hier durch entsprechende Willensäußerungen klare Verhältnisse zu schaffen. Ein in der Praxis immer wieder auftretender Fall sei als Beispiel genannt:

> Der Mieter vermietet mit Genehmigung des Vermieters unter, zieht aus, der Untermieter nutzt die gesamte Wohnung und zahlt den gesamten Mietzins direkt an den Vermieter, der diesen ohne weitere Äußerung mehrere Monate entgegennimmt.

Hier ist ein Mietvertrag zu den bisherigen Bedingungen zustande gekommen. Um dies zu vermeiden, hätte der Vermieter dem Untermieter bei Auszug des Mieters mitteilen müssen, daß er mit ihm kein Mietverhältnis begründen wolle und Zahlungen nur als Nutzungsentschädigung entgegennehme, ferner nach Ablauf einer Räumungsfrist auf Räumung klagen werde.

Schweigen auf das Angebot zum Abschluß eines Mietvertrages ist keine Annahme. Etwas anderes gilt nur im kaufmännischen Geschäftsverkehr bei Schweigen auf ein kaufmännisches Bestätigungsschreiben.

> Ein immer wieder vorkommender Fall sei noch kurz erläutert: Die **Übersendung** eines fertig ausgefüllten und **unterschriebenen Mietvertrages** durch den Vermieter ist ein verbindlicher Antrag auf Abschluß eines Mietvertrages (BGH, NJW 1962, 1388).

Ist nicht nur deklaratorische Schriftform vereinbart, genügt eine mündliche oder konkludente (durch Einzug und Mietzahlung) Annahme durch den Mieter nicht, der Vermieter kann auf Unterschrift und Rückleitung des Vertrages bestehen und andernfalls Räumungsklage erheben. Etwas anderes gilt, wenn der Vermieter längere Zeit ohne weitere Willensäußerung den Mietzins entgegengenommen hat. Dann ist durch stillschweigende Hinwegsetzung über das Schriftformerfordernis ein Mietvertrag zustande gekommen. Umstritten ist, ob in diesem Fall der Mietvertrag gemäß dem schriftlichen Angebot zustande gekommen ist (dafür Bub in Bub / Treier, II Randnr. 343) oder zu den gesetzlichen Bedingungen gem. den §§ 535 ff. BGB (so Sternel I Randnr. 214), in welchem Fall der Vermieter i. d. R. wesentlich schlechter gestellt ist. Da sich die Annahme nur auf das gemachte Angebot beziehen kann, ist der ersten Meinung zuzustimmen, außer wenn der Mieter die Vertragsunterzeichnung bei seinem als Annahme zu wertendem Verhalten ausdrücklich verweigert (LG Mannheim, WM 1969, 38). Zur Vermeidung dieser Probleme empfiehlt sich daher für den Vermieter, erst dann die Schlüssel zu übergeben, wenn der Mietvertrag von beiden Vertragsparteien unterzeichnet ist.

Mietvorauszahlung

Die Mietvorauszahlung ist eine Geldleistung des Mieters an den Vermieter, die auf die künftig fällig werdenden Mietzinsraten angerechnet wird, wobei der Verrechnungsmodus im einzelnen von den Vertragsparteien in freier Übereinkunft festgelegt werden kann. Der Mieter wird danach mit der Leistung der Mietvorauszahlung von der Zahlung des Mietzinses für eine bestimmte Zeit ganz oder teilweise befreit. Sie ist im Gegensatz zum Baukostenzuschuß (siehe dort) kein Finanzierungsbeitrag, sondern ein reines Überlassungsentgelt (so Palandt vor § 535 Anm. 11 b, cc). Zur Abgrenzung vom Mieterdarlehen siehe dort. Falls keine gegenteiligen vertraglichen Vereinbarungen getroffen wurden, liegt bis zum Ablauf der Tilgungszeit ein Mietvertrag auf bestimmte Zeit vor mit der Folge, daß während dieser Zeit die ordentliche Kündigung sowohl vom Vermieter als auch vom Mieter ausgeschlossen ist. Dies soll dann auch grundsätzlich für eine Mieterhöhung gelten (strittig). Ob allerdings ein solcher Ausschluß vom Parteiwillen mit umfaßt ist, erscheint zweifelhaft. Falls nicht konkrete Abreden im Mietvertrag entgegenstehen, ist vielmehr davon auszugehen, daß die Parteien einen so weitreichenden Ausschluß nicht mitregeln wollten (so Schultz in Bub / Treier, III Randnr. 309).

Ist der Mietzins für eine Zeit nach der Beendigung des Mietverhältnisses im voraus entrichtet, so hat der Vermieter den noch nicht abgewohnten Teil der Mietvorauszahlung zurückzuerstatten.

> Der Umfang der Rückzahlungspflicht hängt davon ab, ob die Beendigung des Mietverhältnisses auf einen vom Vermieter zu vertretenden Umstand zurückzuführen ist oder aber auf anderen Gründen (Verschulden des Mieters, gütliche Einigung) beruht.

Hat der Vermieter den zur Beendigung des Mietverhältnisses führenden Umstand zu vertreten (z. B. Kündigung durch den Mieter wegen Nichtgewährung des vertragsmäßigen Gebrauches), ist der zurückzuzahlende Betrag rückwirkend vom Zeitpunkt des Empfangs an mit **4 % zu verzinsen**. In allen anderen Fällen richtet sich der Umfang der Rückzahlungspflicht danach, inwieweit der Vermieter bei Beendigung des Mietverhältnisses noch bereichert ist. Hier ist der zurückzuzahlende Betrag nicht zu verzinsen, es sei denn, der Vermieter gerät mit der Rückzahlung in Verzug (dann 4 % Verzugszinsen). Abweichende Vereinbarungen zum Nachteil des Mieters sind bei Wohnraummietverhältnissen unwirksam (§ 557 a Abs. 2 BGB).

Bei **öffentlich geförderten** Wohnungen ist die Vereinbarung einer Mietvorauszahlung nur unter den gleichen Voraussetzungen zulässig wie das Mieterdarlehen (siehe „Mieterdarlehen").

Mietvorvertrag

1 Der Mietvorvertrag ist ein **formloser** Vertrag, durch den sich die Vertragsparteien zum künftigen Abschluß eines Mietvertrages verpflichten. Die Modalitäten des künftigen Mietvertrages müssen im Vorvertrag in den Grundzügen, aber noch nicht abschließend geregelt sein. Die endgültige Vertragsgestaltung ist dem Mietvertrag vorbehalten. Die Parteien müssen sich aber schon soweit geeinigt haben, daß Mietgegenstand, -höhe und -zeit wenigstens **bestimmbar** sind. Fehlen Abreden über Höhe und Zeit, soll der ortsübliche Mietzins und ein Mietvertrag auf unbestimmte Zeit vereinbart sein. Es genügt also, wenn der Vorvertrag ein solches Maß an Bestimmtheit oder Bestimmbarkeit und Vollständigkeit enthält, daß im Streitfall der Inhalt des Vertrages richterlich festgestellt werden kann, notfalls durch eine richterliche Vertragsergänzung (so BGH, Urt. v. 20. 9. 1989, NJW 1990, 1234).

Wichtig: Wenn die Vertragsparteien sich rechtlich binden wollen, ist im Zweifel anzunehmen, daß sie einen (Haupt-)Mietvertrag abschließen wollen. Ist ein solcher Vertrag mangels rechtlichen **Bindungswillen** nicht zustande gekommen, wird es auch in der Regel an der für den Vorvertrag erforderlichen Bindung fehlen. Es mussen daher besondere Gründe vorliegen, wenn die Parteien, ohne einen Hauptvertrag schließen zu wollen, sich bereits jetzt auf den Abschluß eines solchen Vertrages festlegen wollen. Dies ist z. B. der Fall, wenn im Augenblick dem Abschluß eines Hauptvertrages noch Gründe entgegenstehen, z. B. das Bauvorhaben noch nicht beendet oder ein Vormieter noch nicht ausgezogen ist. Zur Klarstellung sollten die Parteien im Vorvertrag hierauf Bezug nehmen.

Die **Kündigung** eines Vorvertrages ist zu dem Termin zulässig, zu dem der

Hauptvertrag kündbar gewesen wäre, sofern er anstelle des Vorvertrages abgeschlossen worden wäre (Sternel, Mietrecht, 3. A., I, Rdn. 224).

2 Nach herrschender Rechtsprechung unterliegt der Mietvorvertrag nicht dem für den Hauptvertrag gesetzlich vorgeschriebenen Formzwang. Das ist bedeutsam für Verträge von mehr als einjähriger Dauer, die nach § 566 BGB der Schriftform bedürfen. Daraus folgt: Ist in einem nur mündlich zustande gekommenen Mietvorvertrag der Abschluß eines Mietvertrages mit mehr als einjähriger Laufzeit vorgesehen, kann jeder Teil auf Abschluß eines schriftlichen Mietvertrages klagen (BGH, ZMR 1955, 292).

Die auf einen Vorvertrag gestützte **Klage** auf Abschluß eines Mietvertrages ist auf die Verurteilung zur Abgabe einer Willenserklärung gerichtet, wobei der Inhalt dieser Willenserklärung und damit der Inhalt des abzuschließenden Hauptvertrages im Klageantrag zu bezeichnen sind. Ergibt sich, daß der Beklagte nur zum Abschluß eines Hauptvertrages mit einem vom Klageantrag abweichenden Inhalt (z. B. kürzere Laufzeit des Vertrages) verpflichtet ist, kann das Gericht ihn wegen der Bindung an die Sachanträge der Parteien hierzu nur dann verurteilen, wenn der Kläger einen entsprechenden Hilfsantrag gestellt hat. Unterläßt er dies trotz Hinweises des Gerichts, muß die Klage abgewiesen werden (so OLG Köln, Urt. v. 3. 7. 1991, DWW 1992, 210).

3 Hauptpflicht der Parteien aus dem Vorvertrag ist der Abschluß eines entsprechenden Hauptmietvertrages. Offene Punkte haben die Parteien einvernehmlich zu regeln. Die Verpflichtung zum Abschluß eines Hauptvertrages kann gerichtlich im Wege einer Leistungsklage – Klage auf Annahme des im Antrag vollständig vorgetragenen Hauptvertrages – (so BGHZ 97, 147) durchgesetzt werden.

> Der Mietvorvertrag gibt dem Mietinteressenten nicht das Recht, die in Aussicht genommene Mietsache in Besitz zu nehmen.

Dem auf das Fehlen eines Mietvertrages gestützten Räumungsverlangen des Eigentümers der Mietsache steht der Einwand der unzulässigen Rechtsausübung entgegen, wenn der Eigentümer aufgrund eines mit dem Besitzer abgeschlossenen Vorvertrages zum Abschluß eines zum Besitz berechtigenden Hauptvertrages (Mietvertrages) verpflichtet ist. Auch in diesem Fall kann der Eigentümer die Räumung und Herausgabe verlangen, wenn der Besitzer einen Grund dafür gesetzt hat, daß ein bereits abgeschlossener Mietvertrag gekündigt werden könnte, z. B. Verzug mit der Nutzungsentschädigung für zwei Monate (so OLG Köln, Urt. v. 8. 4. 1992, WM 1992, 361).

Mietwucher

Der Mietwucher ist eine Straftat (§ 302 Abs. 1 StGB). Sie begeht, wer die Zwangslage, die Unerfahrenheit, den Mangel an Urteilsvermögen oder die erhebliche Willensschwäche eines anderen dadurch ausbeutet, daß er sich oder einem Dritten für die Vermietung von Räumen zum Wohnen oder damit verbundene Nebenleistungen einen Vermögensvorteil versprechen oder gewähren läßt, der in einem auffälligen Mißverhältnis zu seiner Leistung steht. Ob Wohnräume vorliegen, richtet sich nach der tatsächlichen Verwendung, nicht nach den objektiven Gegebenheiten.

Als **Täter** kommen in Betracht der Vermieter, aber auch der Vermittler oder der Verwalter, soweit diese über den Abschluß von Mietverträgen selbständige Entscheidungsbefugnis haben.

Als **Vermögensvorteil** kommen in Betracht in erster Linie der Mietzins, aber auch sonstige, im Zusammenhang mit der Vermietung stehende Leistungen (Baukostenzuschüsse, zinslose Darlehen, Sach- oder Dienstleistungen). Der Vermögensvorteil muß dem Vermieter versprochen oder gewährt werden. Das Fordern einer Leistung genügt nicht.

Das Mißverhältnis muß **auffällig** sein.

> Diese Voraussetzung wird i. d. R. erfüllt sein bei einem Überschreiten der ortsüblichen Vergleichsmiete um **mehr als 50 %**.

Der Täter kann sich nicht darauf berufen, daß die Miete nur in Höhe seiner eigenen laufenden Aufwendungen verlangt werde, er also gar keinen Gewinn mache (BGH, NJW 1982, 164). Eine **Ausnahme** davon besteht nach Ansicht des LG Köln (WM 1992, 445) dann, solange bei einer Kapitalkostenmieterhöhung nach § 5 MHG die Miete lediglich die laufenden Aufwendungen des Vermieters deckt. Hier fehlt es am subjektiven wucherischen Aspekt des § 302 a StGB.

Der Vermögensvorteil kann nur dann zu einer Bestrafung führen, wenn er unter Ausbeutung einer Zwangslage, der Unerfahrenheit oder dem Mangel an Urteilsvermögen oder der erheblichen Willensschwäche eines anderen erzielt wird.

Eine **Zwangslage** wird im allgemeinen schon dann angenommen, wenn jemand dringend eine Wohnung benötigt und aus persönlichen und wirtschaftlichen Gründen sowie aufgrund des örtlichen Mietmarktes keine andere Wohnung anmieten konnte. **Unerfahrenheit** kann sowohl allgemein ein Mangel an Lebenserfahrung sein oder sich speziell auf den Wohnungssektor beziehen. Ein Mangel des Urteilsvermögens liegt auch bei Unkenntnis der Verhältnisse des örtlichen Wohnungsmarktes vor. Der Vermieter muß die bedrängte Lage des Mieters oder seine Eigenschaften **bewußt** ausnützen. Es muß der Nachweis erbracht werden, daß der Vermieter nicht mehr die Vorteile einer bestehenden Wohnungsknappheit, sondern vor allem die speziellen Verhältnisse des Mieters ausnützen wollte. Vorsätzliches Handeln ist in jedem Fall erforderlich.

Der Täter kann mit Freiheitsstrafen bis zu 3 Jahren oder mit Geldstrafe, nicht jedoch mit beiden Strafen nebeneinander belegt werden. In besonders schweren Fällen ist eine Freiheitsstrafe bis zu 5 Jahren vorgesehen. Ein besonders schwerer Fall liegt i. d. R. vor, wenn der Täter entweder durch die Tat einen anderen in wirtschaftliche Not bringt oder die Tat gewerbsmäßig begeht.

Zivilrechtliche **Folge** ist nicht die Nichtigkeit des gesamten Mietvertrages, sondern nur die der Mietzinsvereinbarung, soweit sie unzulässig ist (§ 138 Abs. 2 BGB). Der Mietvertrag ist zum angemessenen Mietzins aufrechtzuerhalten (Palandt, § 138, Rdn. 76). Anders als bei der Mietpreisüberhöhung nach § 5 WiStG (siehe „Mietpreisüberhöhung", Abschnitte 4 und 9) hat der Mieter also einen Rückforderungsanspruch, der sich auf den gesamten, die ortsübliche Miete übersteigenden Betrag richtet (so Sternel III, Rdn. 53 f.).

Mietzins

1 Der Mietzins ist die Gegenleistung des Mieters für die Überlassung der Mietsache. Er umfaßt das gesamte Entgelt für die Leistung des Vermieters. Zum Mietzins gehören auch die **Betriebskosten** (siehe „Betriebskosten"), falls sie im Mietvertrag gesondert ausgewiesen sind. Andernfalls sind sie im vereinbarten Mietzins enthalten. Nachforderungen aus der jährlichen Nebenkostenabrechnung sind nicht Mietzins im Sinne des § 554 BGB. Kommt der Mieter mit der Begleichung dieser Forderung in Verzug, kann der Vermieter nicht fristlos kündigen (§ 554 BGB; OLG Koblenz, RE v. 26. 7. 1984, WM 1984, 269; Weber / Marx, VII / S. 80). Teil des Mietzinses sind dagegen **Mietvorauszahlungen** (siehe „Mietvorauszahlungen"), nicht aber Mieterdarlehen (siehe „Mieterdarlehen"). Auch **verlorene Baukostenzuschüsse** werden überwiegend als Mietzins angesehen. Umstritten ist hingegen die Rechtsnatur sog. Abstandszahlungen (siehe „Abstandszahlungen"), die dem Zwecke dienen, den Vermieter zum Abschluß des Mietvertrages geneigt zu machen, etwa um den Leistenden den Vorzug vor einem andern Mietinteressenten zu geben. Leistungen dieser Art sind nach überwiegender Meinung nicht dem Begriff „Mietzins" zuzuordnen.

2 Der Mietzins ist eine sog. **Schickschuld**. Der Mieter hat den Mietzins auf seine Gefahr und seine Kosten dem Vermieter an dessen Wohnsitz zu übermitteln (§ 270 BGB). Überwiegend wird im Mietvertrag festgelegt, auf welche Weise und wohin der Mietzins zu entrichten ist. Dies gilt auch für die Zahlungsweise.

Eine Einziehungs- oder Abbuchungsermächtigung muß der Mieter nur bei entsprechender vertraglicher Vereinbarung erteilen. Ein formularmäßig vereinbartes **Abbuchungsverfahren** ist unwirksam (LG Köln, WM 1990, 380). Beim Abbuchungsverfahren hat nämlich der Zahlungspflichtige seiner Bank im voraus einen Abbuchungsauftrag erteilt. Die Bank belastet dementsprechend das Konto, so daß die Kontobelastung nicht mehr rückgängig gemacht werden kann. Die Abbuchungsermächtigung muß daher zumindest eine Widerrufsmöglichkeit enthalten (vgl. LG Hamburg, WM 1990, 115, 116). Hingegen kann ein **Einzugsermächtigungsverfahren** auch formularmäßig vereinbart werden (BGH, WM 1996, 205). Hier ist der Zahlungspflichtige nämlich besser gestellt: Er erteilt nur dem Zahlungsempfänger (dem Vermieter) eine Einzugsermächtigung, während er gegenüber der Zahlstelle (seiner Bank) keine Erklärung über den Einzug der Forderung gegen ihn im Lastschriftverfahren abgibt. Der Zahlungspflichtige kann deshalb der Kontobelastung widersprechen und Wiedergutschrift des abgebuchten Betrages verlangen (BGH, a.a.O.). Dagegen kann der Vermieter auch ohne ausdrückliche Vereinbarung die Überweisung auf sein Konto verlangen. Die Überweisungskosten sind vom Mieter zu tragen.

3 Der Mietzins für ein **Grundstück** (und damit nach § 580 BGB für Räume) ist, sofern er nicht nach kürzeren **Zeitabschnitten** bemessen ist, nach dem Ablauf je eines Kalendervierteljahres zum 1. des folgenden Monates zu bezahlen (§ 551 Abs. 2 BGB). In der Praxis ist diese Vorschrift längst überholt. Durchwegs wird heute Vorauszahlung des Mietzinses, und zwar ausnahmslos in monatlichen Raten, vereinbart. Siehe hierzu im übrigen „Fälligkeit“.

4 Die **Höhe des Mietzinses** unterliegt grundsätzlich der freien Vereinbarung der Parteien (siehe aber „Kostenmiete“, „Mietpreisüberhöhung“, „Mietwucher“). Haben die Parteien den Mietzins nicht weiter festgelegt, ist die ortsübliche Vergleichsmiete zu zahlen.

Bei Geschäftsräumen ist die **Mehrwertsteuer** nur dann zzgl. zum Mietzins zu bezahlen, wenn dies ausdrücklich vereinbart war. Eine formularmäßige Klausel, wonach Mehrwertsteuer zu bezahlen ist, ist bei individueller Vereinbarung eines Mietzinses ohne Mehrwertsteuer unwirksam, da letzteres vorgeht (BGH, WPM 1973, 677) Eine formularmäßige Klausel, wonach der Vermieter die Mehrwertsteuer nachträglich verlangen kann, wenn er für die Umsatzsteuer optiert (§ 9 UStG), dürfte nur wirksam sein, wenn der Mieter zum Vorsteuerabzug berechtigt ist (Bub in Bub/Treier, II Rdn. 441). Hat der Vermieter vor Abschluß des Mietvertrages für die Mehrwertsteuer optiert und schuldet der **gewerbliche** Mieter vertraglich die auf den Mietzins entfallende Mehrwertsteuer, gilt dies im Wege ergänzender Vertragsauslegung auch für die Verpflichtung des Mieters zur Zahlung der abgerechneten Betriebskosten (OLG Düsseldorf, WM 1996, 211).

5 Wenn der Mieter mit mehreren Mietzinszahlungen in **Verzug** ist, und dann wieder leistet, kann er bestimmen, mit welcher der fälligen Mieten seine Zahlung verrechnet werden soll. Trifft er keine Bestimmung, ist die Zahlung auf die älteste Schuld anzurechnen (§ 366 Abs. 2 BGB). Eine Vereinbarung, wonach der Vermieter bestimmen kann, worauf Vorauszahlungen des Mieters anzurechnen sind (z. B. statt Miete Januar 1991 Heizkosten 1989/90), ist unwirksam (BGH, MDR 1985, 50).

6 Der Mieter wird von der Entrichtung des Mietzinses nicht dadurch **befreit**, daß er aus einem in seiner Person liegenden Grund an der Ausübung des ihm zustehenden Gebrauchsrechts verhindert wird (§ 553 Abs. 1 BGB). Der Vermieter muß sich jedoch den Wert der ersparten Aufwendungen sowie diejenigen Vorteile anrechnen lassen, welche er aus einer anderweitigen Verwertung erlangt. Solange der Vermieter infolge der Überlassung des Gebrauchs an einen Dritten außerstande ist, dem Mieter den Gebrauch zu gewähren, ist der Mieter zur Entrichtung des Mietzinses nicht verpflichtet.

Diese bedeutsame Bestimmung greift vor allem ein, wenn der Mieter während der Laufzeit des Mietvertrages oder vor Ablauf der gesetzlichen oder vereinbarten Kündigungsfrist auszieht. Er bleibt grundsätzlich zur Mietzinszahlung bis zum Ende der Mietzeit verpflichtet ohne Rücksicht darauf, ob er den Gebrauch ausüben kann oder nicht.

Nach § 242 BGB (Grundsatz von Treu und Glauben) kann der Mieter aber unter bestimmten Umständen einen Anspruch auf **Entlassung aus dem Mietvertrag** haben (vgl. „Ersatzmieter"). Dagegen ist der Mieter zur Zahlung des Mietzinses nicht mehr verpflichtet, wenn ihm der Gebrauch der Mietsache entzogen wird (§ 552 Satz 3 BGB). Wenn also der Mieter vorzeitig auszieht und der Vermieter daraufhin umfassende Umbaumaßnahmen in den Räumen vornimmt, so daß der Mieter die Räume gar nicht mehr nutzen könnte, wird der Mieter von der Pflicht zur Zahlung frei. Dies gilt auch, wenn der Vermieter selbst einzieht. Die **Beweislast** für den Einzug des Vermieters hat hier der vorzeitig ausziehende Mieter (OLG Oldenburg, RE v. 10. 11. 1980, WM 1981, 177; Weber / Marx, VII / S. 75).

Gleiches gilt grundsätzlich, wenn der Vermieter die Mieträume einem Dritten überläßt, auch hier wird der vorzeitig ausgezogene Mieter von seiner Mietzinszahlungsverpflichtung frei. Dies würde aber dazu führen, daß der Vermieter bei vorzeitigem Auszug des Mieters die Räume leerstehen lassen müßte, wenn er nur einen **Nachmieter** findet, der weniger zahlt, da der Vormieter bei Überlassung frei werden würde. Diesem Ergebnis ist das OLG Hamm in seinem RE v. 13. 3. 1986

(WM 1986, 201; Weber/Marx, VII/S. 78) entgegengetreten. Danach kann der Vermieter in diesem Fall die Mietdifferenz vom ausgezogenen Mieter verlangen, wenn er ihm mitteilt, daß er die Räume zu einem bestimmten Mietzins anderweitig vermieten will. Auch der Grundsatz der Schadensminderungspflicht spricht dafür, daß der Vermieter zur Weitervermietung auch zu einem geringeren Mietzins verpflichtet ist und nicht berechtigt ist, die Räume trotz eines Nachmieters leerstehen zu lassen.

Minderung des Mietzinses

1 Ist die vermietete Sache zur Zeit der Überlassung an den Mieter mit einem **Fehler** behaftet, der ihre Tauglichkeit zum vertragsmäßigen Gebrauch aufhebt oder mindert, oder entsteht im Laufe der Mietzeit ein solcher Fehler, ist der Mieter zur Mietzinsminderung berechtigt. Das gleiche gilt, wenn eine **zugesicherte Eigenschaft** fehlt oder wegfällt. Das Ausmaß der Minderung richtet sich nach dem Maß der Tauglichkeit der Mietsache zum **vertragsmäßigen Gebrauch**. Ist die Tauglichkeit gänzlich aufgehoben, entfällt die Pflicht zur Mietzinszahlung. Eine **unerhebliche** Minderung der Tauglichkeit bleibt jedoch außer Betracht. Die Mietzinsminderung tritt ohne Rücksicht auf Verschulden des Vermieters ein. So kann z. B. der Mieter den Mietzins kürzen, wenn wegen eines nicht vorhergesehenen technischen Defektes die Zentralheizung ausfällt.

Die Mietzinsminderung ist kein Anspruch, sondern eine kraft Gesetzes eintretende Änderung der Vertragspflicht. Sie besteht für die Dauer des Mangels. Zum Nachteil des Mieters abweichende Vereinbarungen sind bei Wohnraummietverhältnissen unwirksam. Der Mietzins ist, wenn ein erheblicher Mangel der Mietsache vorliegt, in dem Umfang geringer, um den der objektive Gebrauchswert der Miete gemindert ist.

2 Das Recht des Mieters zur Minderung ist in folgenden Fällen **ausgeschlossen**:

(Anschluß Seite M 79)

Wenn er die **Mängelanzeige** gemäß § 545 Abs. 1 BGB **unterläßt** und der Vermieter deshalb den Mangel nicht abstellen kann, § 545 Abs. 2 BGB; wenn er bei Vertragsabschluß den **Mangel kennt** oder infolge grober Fahrlässigkeit nicht kennt, § 539 BGB; wenn er, wenn der Mangel während der Laufzeit des Mietverhältnisses auftritt, trotz Kenntnis den Mietzins **vorbehaltlos weiterzahlt**, § 539 BGB analog; wenn er den Mangel **selbst schuldhaft verursacht** hat oder die Beseitigung des Mangels durch den Vermieter schuldhaft verzögert oder verhindert. Vertraglich kann die Minderung bei Wohnraum nicht ausgeschlossen oder eingeschränkt werden, § 537 Abs. 3 BGB. Unwirksam sind daher auch Klauseln, wonach die Minderung angezeigt oder von der Einhaltung von Fristen abhängig gemacht wird. Zur Einschränkung des Minderungsrechts bei Geschäftsräumen siehe das Stichwort „Allgemeine Geschäftsbedingungen".

Bei einer Mieterhöhung kann aber das gemäß § 539 BGB bisher ausgeschlossene Recht des Mieters zur Minderung wieder aufleben, vgl. „Mängel".

Dies gilt auch bei Mieterhöhungen aufgrund der I. oder II. Grundmietenverordnung im Gebiet der **neuen Bundesländer**. Auch die allgemein dürftige Bauqualität der in der ehemaligen DDR errichteten Wohngebäude schließt eine Minderung nach Erhöhung der Grundmiete nicht aus (so KrsG Döbeln, WM 1992, 535). Allerdings ist auf die Höhe der Minderung die verhältnismäßig geringe Grundmiete nicht ohne Einfluß. Der Instandhaltungsanspruch richtet sich auch nicht nach westlichen Verkehrsanschauungen an die Bauwerksqualität (so KrsG Döbeln, a. a. O.).

Im entschiedenen Fall hatten die Mieter eine Minderung von 55 % der Grundmiete vorgenommen, die sie wie folgt aufschlüsselten: feuchte Schlafzimmeraußenwand mit Schimmelbildung 25 %, blinde Doppelfenster 10 %, undichte Fenster 10 %, wilde Tauben im Dach der Wohnung 10 %.

Aus den oben angeführten Gründen ist das Gericht der Ansicht, daß aufgrund der dürftigen Bauqualität und der sehr geringen Grundmiete eine entsprechend höhere Toleranz in Ansehung der auftretenden Mängel geboten sei und hat die Minderung dann auf 5 % beschränkt.

Auch das KrsG Erfurt ist der Ansicht, daß der Mieter im Gebiet der ehemaligen DDR an die Instandhaltungspflicht des Vermieters nicht die Anforderungen stellen kann, die nach westlichen Verkehrsanschauungen an die Qualität eines Bauwerks und einzelner Bauelemente gestellt werden können. Die Höhe einer nach der Mieterhöhung erstmaligen Mietminderung ist danach zu bemessen, daß diese Systemschäden des Bauwerks als vertragsgemäß vom Mieter hinzunehmen sind (WM 1993, 112).

In diesem Fall wurde Mietminderung für undichte, verschmutzte Fenster von 10 % für Feuchtigkeitsschäden von 15 % und für die überdimensionierte Heizung von 10 % vom Mieter vorgenommen. Das Gericht hat die

Minderung im Wege der freien Schadensschätzung auf 10 % festgesetzt. Es bleibt zu hoffen, daß die Rechtsprechung weiterhin dieser Linie folgt.

Zur Berechnung der **Höhe** der Minderung sind **Bewertungsmuster** entwickelt worden, die jedoch für den Einzelfall nicht allzu praktikabel sind. So unterscheidet Sternel (II, Randnr. 547 ff.) nach dem Funktionswert, der eine Aussage über die Gebrauchs- und Betriebsfähigkeit trifft, und dem Geltungswert, der sich auf die subjektiven Merkmale wie räumlich-optischer Eindruck, Farbe etc. bezieht. Zudem werden die einzelnen Teile der Mieträume verschieden gewertet und zueinander in Beziehung gesetzt. So ist es einleuchtend, daß eine feuchte Wand in einem Kellerraum nicht zur selben Minderung berechtigt wie eine feuchte Wand im Wohnzimmer. Entscheidend ist aber auch hier die Bewertung des konkreten Einzelfalles. Die unter Nr. 3 aufgeführten Urteile sollen nur eine **Orientierungshilfe** bieten.

Umstritten ist, ob die Minderung von der **Brutto- oder der Nettomiete** berechnet wird. Das OLG Frankfurt geht von der Bruttowarmmiete einschließlich Heizkostenvorauszahlungen aus (WM 1986, 19), das LG Hamburg (WM 1990, 148; WM 1991, 90) von der Bruttokaltmiete einschließlich Betriebskosten bis auf die für Heizung und Warmwasser. Hiergegen bestehen Bedenken, da z. B. zwischen Betriebskosten für Müllabfuhr oder Grundsteuer und einer feuchten Wand im Wohnzimmer kein wie auch immer gearteter Zusammenhang besteht. Auch führt eine Minderung von Betriebskostenvorauszahlungen bei der anschließenden Abrechnung der Betriebskosten zu erheblichen Problemen. Richtiger und auch praktikabler ist es daher, bei der Berechnung der Minderung nur von der **Nettomiete** auszugehen und die Minderung auf Betriebskosten nur zu erstrecken, wenn diese vom Mangel betroffen sind, z. B. die Heizung nicht ordnungsgemäß arbeitet (so Palandt, § 537 Anm. 4 c; Kraemer in Bub/Treier, III, Randnr. 1365).

Mindert der Mieter über einen längeren Zeitraum, ohne daß der Vermieter etwas unternimmt, können die Ansprüche des Vermieters **verwirkt** sein wie in dem vom LG Hamburg (WM 1990, 203) entschiedenen Fall, als der Vermieter erst 1½ Jahre nach Mietende den Minderungsbetrag beanspruchte. Nach Ansicht des LG Hamburg gilt dies auch bei andauerndem Mietverhältnis, wenn sich der Vermieter über 2 Jahre (WM 1990, 498) oder fast 3 Jahre (WM 1991, 38) nicht gerührt hat. Zu prüfen ist hier allerdings immer, ob neben dem Zeitmoment auch das Umstandsmoment als Voraussetzung für die Verwirkung vorliegt, siehe „Verwirkung“.

Macht der Vermieter den Zahlungsanspruch gerichtlich geltend und beruft sich der Mieter auf einen Mangel der Mietsache und leitet hieraus eine Minderung des Mietzinses her, so hat der Mieter für das Vorliegen der Mängel die **Beweislast**. Nach Ansicht des BGH (WM 1991, 544) genügt es, wenn der

Mieter nur konkrete Sachmängel darlegt, die die Tauglichkeit der Mietsache zum vertragsgemäßen Gebrauch beeinträchtigen. Hingegen fällt das **Maß der Gebrauchsbeeinträchtigung** durch den Mangel nicht in die Darlegungslast des Mieters, da die Mietzinsminderung automatisch in dem Umfang eintritt, in dem die Gebrauchstauglichkeit herabgesetzt ist. Liegt der behauptete Mangel vor, hat das Gericht den Umfang der Gebrauchsbeeinträchtigung zu klären, woraus dann ohne weiteres das Maß der Mietzinsminderung folgt.

3 Obwohl die Einzelfälle so unterschiedlich sind (siehe auch „Mängel"), daß **Mietminderungstabellen** keine allzu große Aussagekraft haben, sollen **als erster Anhaltspunkt einige Entscheidungen** neuerer Zeit in alphabetischer Reihenfolge aufgeführt werden:

- Asylbewerber in der Nachbarschaft: Keine Minderung, wenn keine konkrete Störung vorliegt; ein baurechtlicher Milieuschutz besteht nicht (AG Gronau WM 1991, 161).
- Badewanne unbenutzbar:
  18 % (AG Goslar, WM 1974, 53).
- Baulärm siehe Lärm.
- Baumängel:
  Wenn die Normen, insbesondere die DIN-Normen, die zur Zeit der Erbauung des Hauses gegolten haben, nicht eingehalten sind, liegt ein Fehler vor (LG Berlin, WM 1980, 255). Nach anderer Ansicht soll es auf die Normen zum heutigen Zeitpunkt ankommen (OLG Celle, RE, WM 1985, 9; AG Hannover, WM 1982, 186).
- Blei-Trinkwasserleitungen:
  15 % bei Büro- und Lagerräumen (OLG Köln, NJW 1992, 51). Ein Mangel liegt allerdings nicht vor, wenn nicht festgestellt werden kann, daß der Bleigehalt im Trinkwasser den in der Trinkwasserverordnung festgelegten Grenzwert regelmäßig übersteigt. Eine gelegentliche Überschreitung ist ungefährlich und stellt keinen Mangel dar (so jedenfalls LG Frankfurt, ZMR 1990, 17).
- Briefkasten, fehlender:
  3 % (AG Hamburg, WM 1976, 53).
- Dach undicht mit Folge der Feuchtigkeit in der Wohnung:
  20 % (AG Hamburg, WM 1979, 103).
- Doppelfenster unklar und undicht:
  6 % (AG Köln, WM 1981, 283); 10 % (LG Darmstadt, WM 1985, 22).
- Dusche funktioniert nicht:
  17 % (AG Köln, WM 1987, 271).
- Fenster luftdurchlässig und schlecht zu schließen:
  5 % im Sommer; 10 % im Winter (AG Münster, WM 1982, 254).
- Fenster alle undicht, Küche durch Feuchtigkeit schwarz:
  20 % (LG Hannover, ZMR 1979, 47); 50 % (AG Leverkusen, WM 1991, 49).
- Fernsehempfang unzulänglich:
  10 % (AG Berlin-Schöneberg, GE 1988, 361).

- Feuchtigkeit:
  5 %, wenn der Kellerraum nach Regenfällen feucht ist (AG Düren, WM 1983, 30); 10 % wegen Feuchtigkeit im Keller (AG Bad Bramstedt, WM 1990, 71); 10 % wegen kleiner Feuchtigkeitsflecken und Risse in einer Neubauwohnung (LG Hamburg, WM 1976, 205); 20 %, wenn sie sich auf den Funktionswert aller Räume auswirken (LG Hamburg, WM 1988, 353); 50 % bei erheblicher Feuchtigkeit und Nässe, Tropfwasser an der Decke und Durchfeuchtung des Teppichbodens (AG Leverkusen, WM 1980, 163); 80 %, wenn der Aufenthalt in Küche, Wohn- und Schlafzimmer wegen ständiger Durchfeuchtung nahezu unmöglich ist (LG Berlin, GE 1991, 625). Zur Feuchtigkeit allgemein siehe „Feuchtigkeit in der Wohnung".

- Fliesen, andersfarbige im Bad:
  5 % (LG Kleve, WM 1991, 261).

- Formaldehyd in der Wohnung:
  56 % (AG Köln, WM 1987, 120). Siehe auch „Mängel", Abschnitt 1.

- Gegensprechanlage defekt:
  6 % (AG Aachen, WM 1989, 509).

- Hausmusik:
  Keine Minderung bei persönlicher Überempfindlichkeit (AG Münster WM 1991, 545).

- Heizung:
  30 % bei nur 15 °C in der ganzen Wohnung (LG Düsseldorf, WM 1973, 187); 30 % bei nur 15 bis 18 °C in der Wohnung (LG München, nicht veröffentlicht); 50 % mindestens bei Heizungsausfall in den Wintermonaten (LG Bonn, WM 1982, 170); 100 % bei Heizungsausfall von September bis Februar (LG Hamburg, WM 1976, 10).

- Küchenherd defekt:
  5 % (LG Berlin, GE 1981, 673).

- Lärm:
  Normale Lebensäußerungen von **Kindern** sind hinzunehmen und berechtigen nicht zur Mietzinsminderung. Dies gilt nicht bei übermäßigem Lärm (Getobe, Getrampel, insbesondere in den Ruhezeiten): hier 10 % Minderung (LG Köln, WM 1971, 96). Bei erheblichem nächtlichen Lärm durch Wohngemeinschaft im selben Haus: 50 % (AG Braunschweig, WM 1990, 147). Bei erheblichen Störungen durch Baulärm und Bauarbeiten im Haus: 22 % (LG Hannover, WM 1986, 311); 60 % bei besonders starkem Lärm durch Dachgeschoßausbau (AG Hamburg, WM 1987, 272). Bei sehr erheblichen Störungen durch **Baulärm** in der unmittelbaren Nachbarschaft: 20 % (LG Göttingen, WM 1986, 114). Bei sehr häufigen lautstarken **Feiern** an den Wochenenden, auch bis spät in die Nacht: 20 % (LG Dortmund, WM 1988, 348). Bei erheblichem Gaststättenlärm bis 1.00 Uhr nachts im selben Haus: 37 % (AG Rheine, WM 1985, 260). Bei Störungen der Nachtruhe durch **Klopfgeräusche** in der Zentralheizung: 17 % (LG Darmstadt, WM 1980, 52). Bei erheblichem **Fluglärm** und dem Fehlen von Isolierungen: 10 % (LG

Kiel, WM 1979, 128). Bei Lärmbelästigung in einer unter der Mietwohnung gelegenen **Kinderarztpraxis:** 10 % (AG Bad Schwartau, WM 1976, 259). Bei Lärm durch angrenzenden **Kindergarten:** 15 bis 20 % (AG Hamburg, WM 1975, 209). Lärm durch **Billard-Café** im Nachbarhaus: 20 % auch dann, wenn der Mieter dem Lärm ab 22.00 Uhr nur bei geöffnetem Fenster ausgesetzt ist (AG Köln, WM 1991, 545).

- Lift unbenutzbar:
  10 % (AG Berlin-Charlottenburg, GE 1990, 423).
- Mäuse und Kakerlaken in der Wohnung:
  10 % (AG Bonn, WM 1986, 113).
- Nitratgehalt des Trinkwassers, gesundheitsgefährdend und überhöht: 10 % (AG Osnabrück, WM 1989, 12).
- Perchloräthylen – 1 bis 2 mmg pro cbm Raumluft – aus einer chemischen Reinigung in der Wohnung: 50 % (LG Hannover, WM 1990, 337).
- Reinigung der Hausanlage mangelhaft, ungepflegter Zustand:
  5 % (AG Kiel, WM 1991, 343).
- Rost im Leitungswasser:
  10 % (AG Köln, WM 1982, 226).
- Schallisolierung mangelhaft:
  10 % (AG Lüdinghausen, WM 1980, 52). Bauliche Mindestanforderungen bei Schallschutz nicht erfüllt: 20 % (AG Gelsenkirchen, WM 1978, 66). Trittschall, der in der unteren Wohnung übermäßig stark zu hören ist: 10 bis 15 % (LG Karlsruhe, DWW 1981, 234).
- Wärmeisolierung, mangelhafte mit der Folge von extrem hohem Heiz-

(Anschluß Seite M 83)

ölverbrauch: Ein Mangel liegt auch dann vor, wenn die Bauausführung den Regeln der Technik entsprach, die Wärmedämmung mit wirtschaftlich vernünftigem Aufwand jedoch ohne Schwierigkeiten verbessert werden kann (LG Waldshut-Tiengen, WM 1991, 479).

- Warmwasserversorgung fehlt:
  10 % (LG Berlin, WM 1955, 134). Heutzutage würde sicher ein höherer Minderungsbetrag gesetzt werden. Ein Mangel liegt dagegen nicht vor, wenn das Wasser nicht mehr als 40 oder 43 °C warm wird (LG Hamburg, WM 1978, 242).
- Zugluft, starke:
  20 % (LG Kassel, WM 1988, 108).

Mischräume

1. Werden **Wohnräume und Geschäftsräume zugleich** vermietet, spricht man von Mischräumen bzw. von einem Mischmietverhältnis. Dabei bezieht sich das Wort **„zugleich“** nicht auf den Zeitpunkt des Mietvertragsabschlusses, sondern auf den Zustand der gleichzeitigen Vermietung. Ein Mischmietverhältnis kann in verschiedener Form gegeben sein, z. B. Vermietung eines Ladens mit dazugehöriger Wohnung, einer Gastwirtschaft mit anschließender Wirtswohnung, einer abgeschlossenen Wohnung, die sowohl dem Wohnen als auch der Berufsausübung dient. Ein Mischmietverhältnis liegt aber auch vor, wenn in einem einheitlichen Vertrag Wohn- und Geschäftsräume, die voneinander getrennt sind, sei es im gleichen Hause, sei es in verschiedenen Häusern, vermietet sind.

2. Da das Mischmietverhältnis weder gesetzlich definiert, noch besonderen gesetzlichen Regelungen unterworfen ist, muß es **entweder** als Wohnraum- **oder** als Geschäftsraummietverhältnis behandelt werden.

> Entscheidend ist grundsätzlich der **Parteiwille**, wie er regelmäßig im Mietvertrag zum Ausdruck kommt (BGH, ZMR 1986, 278).

Hierbei ist allerdings zu beachten, daß die im Mietvertrag zum Ausdruck kommende Erklärung der Mischräume als Geschäftsräume unwirksam sein kann, wenn dadurch zum Nachteil des Mieters die Anwendbarkeit der Schutzvorschriften ausgeschlossen werden soll. Entscheidend ist der wahre Vertragszweck. Schließen die Parteien zur Umgehung der Zweckentfremdungsbestimmungen oder der Wohnraumschutzgesetze einen gewerblichen Mietvertrag ab, obwohl Wohnräume vermietet werden, ist Wohnraummietrecht anzuwenden (AG und LG München, WM 1991, 20).

So hat auch das Landgericht Frankfurt/Main (WM 1992, 112) entschieden, daß dann, wenn der Vertrag nur zum Schein als Gewerberaummietvertrag abgeschlossen wird, Wohnraummietrecht als verdecktes Rechtsgeschäft gilt.

> Fehlt eine Vereinbarung, so kommt es darauf an, welches der **Hauptzweck des Vertrages** ist.

Liegt er im Wohngebrauch, unterliegt das Mischmietverhältnis einheitlich den Wohnraumvorschriften, liegt er im Geschäftsgebrauch, unterliegt es den Vorschriften über Geschäftsraummietverhältnisse.

> Entscheidend ist, welcher Zweck **überwiegt** (sog. Übergewichtstheorie) (BGH, ZMR 1986, 278).

So wird i. d. R. dann, wenn der Mieter aus der Nutzung der Räume seinen Lebensunterhalt erwirtschaftet, ein Geschäftsraummietverhältnis vorliegen (z. B. Gaststätte mit Wirtswohnung). In einem ähnlichen Fall (Einzelhandelsgeschäft zum Erwerb des Lebensunterhalts zusammen mit Wohnräumen) hat das Landgericht Hamburg (WM 1993, 36) entschieden, daß dann, wenn bei einem gemischt genutzten Mietobjekt die gewerbliche Nutzung zum Erwerb des Lebensunterhalts im Vordergrund steht, auch bei Überwiegen der zu Wohnzwecken genutzten Fläche ein einheitliches Geschäftsraummietverhältnis anzunehmen ist. Weitere Indizien sind die einzelnen Flächenanteile und der darauf entfallende Mietzins.

So hat das OLG Schleswig mit RE vom 18. 6. 1982 entschieden, daß der gewerbliche Teil in einem Mischraummietverhältnis jedenfalls dann überwiegt, wenn die Fläche der vermieteten Gewerberäume und der auf sie entfallende Mietzins ein Vielfaches der entsprechenden Größen der Wohnräume darstellen und sich eine hiervon abweichende rechtliche Einordnung des Vertrages aus vertraglichen Erklärungen der Partei nicht ergibt. Der Umstand allein, daß die Wohnung den Lebensmittelpunkt des Mieters bildet, führt nicht dazu, daß auf den Wohnraumteil die Bestimmung des § 564 b Abs. 1 BGB (Kündigung des Vermieters nur bei berechtigtem Interesse möglich) anzuwenden ist (WM 1982, 266; Weber / Marx, VII / S. 100). Das Problem der Gleichwertigkeit beider Anteile ist so zu lösen, daß entweder gemäß der Vereinbarung der Parteien, die auch hier möglich ist, Wohn- oder Geschäftsraummiete gilt, oder, wenn eine solche Vereinbarung nicht besteht, doch nach Übergewichtstheorie zu entscheiden ist. In solchen Fällen grundsätzlich Wohnraummietrecht ohne weitere Anhaltspunkte anwenden zu wollen, erscheint rechtlich bedenklich, so aber LG Frankfurt / Main (WM 1992, 112).

3. Die Anwendung von **Wohnraummietrecht** für die Wohnung, **Geschäftsraummietrecht** für den gewerblich genutzten Teil kommt nur in Frage, wenn die Parteien dies ausdrücklich vereinbart haben. Wenn aber, wie i. d. R., ein rechtlich einheitlicher

Mietvertrag vereinbart ist, erlaubt es die nur wirtschaftliche Teilbarkeit des Mietobjektes in Gewerberäume und Wohnräume nach Ansicht des OLG Schleswig (a. a. O.) nicht, auf den Wohnraumteil die Kündigungsschutzvorschriften anzuwenden.

4 Ob Wohnraum- **oder** Geschäftsraummietrecht anzuwenden ist, hat erhebliche Auswirkungen. Ist das Recht für Wohnraum anzuwenden, bedarf die ordentliche Kündigung der Darlegung eines berechtigten Interesses (siehe „Kündigungsschutz"). Bei Mieterhöhungen gilt das MHG. Abzustellen ist also auf die ortsübliche Vergleichsmiete für gemischt genutzte Mieträume. Ist für den Wohn- und Gewerberaumanteil eine **einheitliche Miete** vereinbart, kann zu Zwecken der Vergleichsmietenermittlung eine rechnerische Trennung vorgenommen werden. Die Anteile für Wohnung und Gewerbe müssen dann wieder addiert werden, so daß ein einheitliches Erhöhungsverlangen gestellt wird, da eine Änderung der Mietzinsstruktur nicht möglich ist.

Kann die anteilige Miete für den gewerblichen Teil nicht oder nur unter Schwierigkeiten ermittelt werden, ist ein werterhöhender **Zuschlag** zur Wohnungsmiete für den auf die gewerbliche Nutzung fallenden Teil möglich (so Sternel III, Rdn. 605 b). Die Obergrenze soll in Anlehnung an § 26 Abs. 2 NMV bei 50 % liegen (Sternel, a. a. O.).

Sind die **Mietanteile getrennt** ausgewiesen, ist die Ortsüblichkeit der neu verlangten Miete für beide Anteile zu begründen, wobei deren Wertverhältnis zueinander gewahrt werden muß (Sternel III, Rdn. 605 c).

Überwiegt der **Gewerbeanteil**, ergeben sich bei der Mieterhöhung (siehe „Mieterhöhung bei Geschäftsräumen") und Kündigung (siehe „Kündigung") keine Besonderheiten. Wird zusammen mit der Wohnung eine **Garage** vermietet, handelt es sich ebenfalls um ein Mischmietverhältnis, bei dem Wohnraum überwiegt (vgl. „Garage").

Auch bei der Bestimmung des **zuständigen Gerichts** kommt es darauf an, ob Wohn- oder Gewerberaummietrecht anzuwenden ist. Das LG Darmstadt (DWW 1993, 20) ist zwar der Ansicht, daß für Streitigkeiten aus Mischmietverträgen ausschließlich das AG zuständig ist. Es kommt nicht darauf an, ob der Wohnraum- oder Gewerberaumanteil überwiegt. Begründet wird dies damit, daß für die Anwendung verfahrensrechtlicher Vorschriften die Übergewichtstheorie unanwendbar sein soll. Die Anknüpfung an schwer bestimmbare Merkmale, wie „überwiegender Charakter" oder „Schwerpunkt" ist nämlich mit der klare Verhältnisse verlangenden Zuständigkeitsordnung unvereinbar.

Aufgrund des Gesetzes zur Entlastung der Rechtspflege vom 11. 1. 1993 (BGBl. I S. 50) wird sich diese Rechtsmeinung nicht mehr halten lassen. Bei Mietverträgen über Geschäftsräume ist nämlich das AG sachlich nur noch zuständig (§ 23 Nr. 1 GVG), wenn der Streitwert DM 10 000 nicht übersteigt (vgl. „Gerichtliches Verfahren in Mietsachen“).

Wenn Geschäftsraummietrecht anzuwenden ist, soll, wenn die Rückgabe teilbar ist, für den Wohnraumteil die Gewährung einer Räumungsfrist (§ 721 ZPO) in Frage kommen (strittig – so jedenfalls Thomas-Putzo, ZPO § 721 Anm. 1 a sowie LG Hamburg, WM 1993, 36).

Modernisierung

1 Häufig will der Vermieter während des Bestehens eines Mietverhältnisses **bauliche Änderungen** in den Mieträumen durchführen, insbesondere die Mieträume modernisieren. Nicht selten drohen die Absichten des Vermieters am Widerstand des Mieters zu scheitern. Hier ist der Vermieter darauf angewiesen, seine Absicht mit Hilfe des Gerichts durchzusetzen.

Der Mieter von Räumen hat Einwirkungen auf die Mietsache uneingeschränkt zu dulden, wenn sie zur Erhaltung der Mieträume oder des Gebäudes erforderlich sind (§ 541 a BGB; vgl. „Instandhaltung“).

Maßnahmen zur **Verbesserung** der gemieteten Räume oder sonstiger Teile des Gebäudes oder zur Einsparung von Heizungsenergie und – neu eingeführt durch das Vierte Mietrechtsänderungsgesetz – von Wasser oder zur Schaffung neuen Wohnraums hat der Mieter zu dulden, es sei denn, daß die Maßnahme, insbesondere unter Berücksichtigung der vorzunehmenden Arbeiten, der baulichen Folgen, vorausgegangener Verwendungen des Mieters oder der zu erwartenden Erhöhung des Mietzinses für den Mieter oder seine Familie eine Härte bedeuten würde, die auch unter Würdigung der berechtigten Interessen des Vermieters oder anderer Mieter in dem Gebäude nicht zu rechtfertigen ist (§ 541 b BGB).

Im **öffentlich geförderten sozialen** Wohnungsbau darf eine Modernisierung nur berücksichtigt werden, wenn die Bewilligungsstelle ihr zugestimmt hat (§ 11 Abs. 7 II. BV).

Im übrigen gilt auch im öffentlich geförderten Wohnungsbau für die Duldungspflicht des Mieters die Vorschrift des § 541 b Abs. 2 BGB (BayObLG, RE v. 24. 10. 1996, WM 1996, 749).

> **Erhaltungsmaßnahmen** hat der Mieter also stets zu dulden, Modernisierungsmaßnahmen nur unter den Voraussetzungen des § 541 b BGB.

Die Abgrenzung kann im Einzelfall schwierig sein. Im aufgehobenen § 3 Abs. 4 des Modernisierungs- und EnergieeinsparungsG findet sich eine Legaldefinition: Danach ist **Instandsetzung** die Behebung von baulichen Mängeln, insbesondere von Mängeln, die infolge Abnutzung, Alterung, Witterungseinflüssen oder Einwirkungen

Dritter entstanden sind, durch Maßnahmen, die in den Wohnungen den zum bestimmungsgemäßen Gebrauch geeigneten Zustand wieder herstellen. Manche Maßnahmen dienen sowohl der Erhaltung als auch der Verbesserung (Austausch alter Holzfenster mit morschem Rahmen gegen neue Fenster mit höherem Schallschutz und besserer Isolierung). Die Duldungspflicht des Mieters richtet sich hier allein nach § 541 b BGB.

2 Unter folgenden Voraussetzungen ist der Mieter zur **Duldung** einer Modernisierung verpflichtet: Die Maßnahmen müssen zu einer Verbesserung führen. Hierbei ist ein objektiver Maßstab anzulegen, auf die persönliche Meinung des Mieters kommt es nicht an. Im aufgehobenen § 4 Abs. 1 Modernisierungs- und EnergieeinsparungsG findet sich eine Aufzählung:

Danach sind **bauliche Maßnahmen**, die den Gebrauchswert der Wohnung erhöhen, insbesondere Maßnahmen zur Verbesserung

1. des Zuschnittes der Wohnung,
2. der Belichtung und Belüftung,
3. des Schallschutzes,
4. der Energieversorgung, der Wasserversorgung und der Entwässerung,
5. der sanitären Einrichtungen,
6. der Beheizung und der Kochmöglichkeiten,
7. der Funktionsabläufe in Wohnungen,
8. der Sicherheit vor Diebstahl und Gewalt.

Folgende **Beispiele** aus der Rechtsprechung seien aufgeführt:

Einbau eines elektrischen Türöffners (AG Schöneberg, NJW 1986, 2059; LG München I, WM 1989, 27), Badverfliesung (LG Hamburg, WM 1984, 217), Umstellung von Einzelöfen auf Zentralheizung (LG Hamburg, WM 1990, 18), Einbau eines Liftes (LG München I, WM 1989, 27), eines Balkones (LG München I, WM 1989, 27), Anschluß an das Breitbandkabelnetz (KG Berlin, RE v. 27. 6. 1985, WM 1985, 248; Weber/ Marx, VII/S. 71, vgl. hierzu „Kabelfernsehen"), das Anbringen einer Gemeinschaftsantenne (BGH, WM 1991, 381), die räumliche Trennung von Bad und WC (LG Berlin, GE 1992, 39), Austausch einer Wohnungseingangstür durch eine einbruchhemmende Wohnungseingangstür (LG Köln, WM 1983, 608). Der Austausch von Wasserleitungen aus Blei gegen Kupferleitungen ist nur dann eine Modernisierung, wenn er vorbeugend erfolgt, um einer potentiellen oder auch nur zukünftig mit zunehmendem Alter wahrscheinlich werdenden Belastung vorzubeugen (LG Berlin, ZMR 1992, 546). Der Einbau von **Isolierglasfenstern** stellt dagegen nicht immer eine Modernisierung dar. Nach Ansicht des LG Berlin (WM 1987, 384) braucht der Mieter von Wohnraum in seiner Wohnung den Austausch von Holzkastendoppelfenstern gegen isolierverglaste Kunststoffenster nicht zu dulden, da es sich hierbei nicht um eine Modernisierung, sondern um eine Veränderung handeln soll. In einer anderen Entscheidung

(LG Berlin, WM 1986, 245) ist das Gericht vorsichtiger. Ob der Einbau eines Isolierglasfensters zu einer Gebrauchswertverbesserung führt, soll im Einzelfall entschieden werden. Die verbesserte Isolierung kann nämlich durchaus von dem erhöhten Lüftungsbedarf wieder wettgemacht werden.

Keine Modernisierung stellen Maßnahmen dar, die zur Aufteilung des Gebäudes in Wohnungseigentum erforderlich sind (LG Stuttgart, WM 1992, 13). Dies gilt auch für die bloße Umstellung einer Etagenheizung auf eine Zentralheizung (AG Köln, WM 1987, 385) oder von Nachtspeicheröfen auf Fernwärme (AG Hamburg, WM 1993, 684) oder von Nachtstromöfen auf Gaszentralheizung (LG Hamburg, WM 1990, 18).

Bauliche Maßnahmen, die die allgemeinen Wohnverhältnisse verbessern, sind nach dem aufgehobenen § 4 Abs. 2 Modernisierungs- und EnergieeinsparungsG insbesondere die Anlage und der Ausbau von nicht öffentlichen **Gemeinschaftsanlagen**, wie Kinderspielplätze, Grünanlagen, Stellplätze und andere Verkehrsanlagen. Darunter fällt z. B. der Einbau eines Fahrradständers im Hof, die Anlage einer Hofbefestigung (LG Hildesheim, WM 1985, 340), die Installierung einer notwendigen neuen Müllbox (LG Hannover, WM 1982, 83).

Zu dulden sind nunmehr auch Maßnahmen, die zur Einsparung von **Wasser** führen. Hierunter fällt jede Maßnahme, die den Wasserverbrauch mindert, insbesondere der Einbau von Wasserzählern. Zu dulden sind ferner Maßnahmen zur **Schaffung neuen Wohnraums**, wozu der Mieter bisher nicht verpflichtet war. Die Rechtsprechung ist davon ausgegangen, daß erhebliche Umgestaltungen der Wohnung oder des Gebäudes in der Regel keine Verbesserung darstellen, da hierfür Voraussetzung ist, daß das Mietobjekt in seinem ursprünglichen Zuschnitt erhalten bleibt (LG Köln, WM 1993, 40). Nach dieser Entscheidung mußte der Mieter eine Vergrößerung der Wohnfläche um mehr als 10 % nicht dulden. Nach der Gesetzesänderung wird sich dieses Urteil nicht mehr halten lassen.

Eine Duldungspflicht kann sich in eng beschränkten Ausnahmefällen, wenn die Voraussetzungen des § 541 b BGB nicht vorliegen, höchstens aus Treu und Glauben (§ 242 BGB) ergeben, wenn der Verzicht auf den Umbau für den Vermieter unzumutbar wäre (z. B., wenn Modernisierungen in anderen Wohnungen nicht weitergeführt werden können) und der Mieter sich treuwidrig verhält (BGH, NJW 1972, 723).

Ferner besteht die Duldungspflicht bei **Maßnahmen zur Einsparung von Heizenergie**. Im Unterschied zu § 3 MHG muß es sich nicht um eine nachhaltige Einsparung handeln. Der Unterschied wird sich in der Praxis aber nicht allzu sehr auswirken. Es kann daher auf § 4 Abs. 3 des Modernisierungs- und EnergieeinsparungsG verwiesen werden, auch wenn diese Bestimmung aufgehoben wurde:

Hierunter fallen wesentliche Verbesserungen der Wärmedämmung von Fenstern, Außentüren, Außenwänden, Dächern, Kellerdecken und obersten Geschoßdecken, wesentliche Verminderung des Energieverlustes und des Energieverbrauches der zentralen Heizungs- und Warmwasseranlagen, Änderung von zentralen Heizungs- und Warmwasseranlagen innerhalb des Gebäudes für den Anschluß an die Fernwärmeversorgung, die überwiegend aus Anlagen der Kraft-Wärme-Kopplung zur Verbrennung von Müll oder zur Verwertung von Abwärme gespeist wird, Rückgewinnung von Wärme, Nutzung von Energiewärmepumpen- und Solaranlagen.

Aus der Rechtsprechung seien folgende **Beispiele** genannt: Gasetagenheizung statt Einzelöfen (LG Berlin, WM 1984, 219), Austausch alter Heizkörperventile gegen Thermostatventile (LG Berlin, ZMR 1986, 444), Anschluß an die Fernwärmeversorgung, Wärmeisolierung des Dachbodens (LG Berlin, ZMR 1986, 444), Anbringung von Wärmemeßzählern.

Maßnahmen zur Einsparung von Heizenergie müssen auch aus der Sicht des Mieters objektiv wirtschaftlich vertretbar sein (vgl. „Mieterhöhung bei Wohnraum“, Abschnitt 3.1.4). Wenn es sich bereits im Prozeß auf Duldung der Modernisierungsmaßnahme erweist, daß der Einbau von Schallschutz-/Isolierglasfenstern eine Mietsteigerung ergibt, welche nahezu 400 % höher ist als die damit verbundene Heizkostenersparnis, ist der Mieter zur Duldung dieser Modernisierungsmaßnahmen nicht verpflichtet (LG Berlin, WM 1996, 93).

3 Die **Duldungspflicht** ist aber **eingeschränkt**. Bei Vorliegen von Härtegründen hat eine **Zumutbarkeitsabwägung** stattzufinden. Dies bedeutet aber nicht, daß beim Vorliegen von Härtegründen eine Modernisierung bereits ausgeschlossen ist (vgl. LG Frankfurt, WM 1986, 312). Vielmehr ist beim Vorliegen von Härtegründen abzuwägen, ob die Durchführung der Maßnahme für den Mieter eine Härte bedeuten würde, die auch unter Würdigung der berechtigten Interessen des Vermieters und anderer Mieter im Gebäude nicht zu rechtfertigen ist. Das Gesetz nennt nicht abschließend folgende **Härtegründe:**

3.1 Die vorzunehmenden Arbeiten, also deren Umfang und Intensität unter Berücksichtigung von **Alter und Gesundheitszustand** des Mieters (z. B. Einbau neuer Fenster im Winter, AG Köln, WM 1975, 225).

(Anschluß Seite M 89)

3.2 Die **baulichen Folgen**, z. B. einschneidende Grundrißänderungen, wesentlicher Verlust an Licht und Sonne (AG Köln, WM 1979, 242).

3.3 Vorausgegangene Verwendungen des Mieters, z. B. Einbau einer Etagenheizung durch den Mieter, nunmehr Einbau einer Zentralheizung im gesamten Haus durch den Vermieter. Abzustellen ist darauf, ob der Vermieter dem Einbau zugestimmt hat und ob die Mieterinvestitionen abgewohnt sind, wobei das LG Hamburg (ZMR 1984, 60) als Richtlinie angibt, daß ein Investitionsbetrag in Höhe einer Jahresmiete in 4 Jahren abgewohnt ist.

3.4 Erhöhung des Mietzinses; diese ist nicht zu berücksichtigen, wenn die gemieteten oder sonstigen Teile des Gebäudes lediglich in einen Zustand gesetzt werden, wie er **allgemein üblich** ist. Die Mieterhöhung richtet sich bei Wohnraum nach § 3 MHG (siehe „Mieterhöhung" 3), bei Geschäftsraum nach den vertraglichen Vereinbarungen bzw. der Möglichkeit einer Änderungskündigung.

Der Bundesgerichtshof hat mit Beschluß vom 19. 2. 1992 (WM 1992, 181) entschieden, daß die gemieteten Räume in den allgemein üblichen Zustand dann versetzt werden, wenn dieser Zustand bei der überwiegenden Mehrzahl von Mieträumen – mindestens 2/3 – in Gebäuden gleichen Alters innerhalb der Region angetroffen wird. Der BGH stellt also auf den tatsächlichen Ist-Zustand von Mietwohnungen und -gebäuden in vergleichbarem Alter und innerhalb der gleichen Region ab. Als jeweils maßgebliche Region ist das Bundesland anzusehen, in dem sich die Mietwohnung befindet. Hierfür sind, jedenfalls in den alten Bundesländern, in der Regel ausreichende Statistiken über die Ausstattung der Wohnungen vorhanden. Ausdrücklich offen läßt der BGH, ob die in diesem Beschluß dargelegten Auslegungsgrundsätze auch dann gelten, wenn es um die Duldungspflicht von Mietern in den neuen Bundesländern geht. Nur bei Maßnahmen, die über diesen üblichen Zustand hinausgehen, ist also zu prüfen, ob die Mieterhöhung zu einer Härte führt.

Wo die Grenze liegt, ist eine Frage des Einzelfalles (LG Hamburg, WM 1986, 245: 45 % des Nettoeinkommens für die Miete sind zuviel). Teilweise wird die Grenze bei 30 % des Nettoeinkommens gesetzt, z. B. LG Berlin, WM 1990, 206. Der Vermieter hat aber die Möglichkeit, durch einen zumindest teilweisen Verzicht auf die volle Mieterhöhung diesen Härtegrund entfallen zu lassen, LG Köln, WM 1992, 431. Der Erlaß muß bereits im Ankündigungsschreiben enthalten sein. Der Mieter muß sich ihm zustehende Wohngeldansprüche anrechnen lassen (KG, RE vom 28. 5. 1982, WM 1982, 293; Weber/Marx, VII/S. 70).

Hierzu hat das Landgericht Köln (WM 1992, 431) entschieden, daß die Zumutbarkeit der Maßnahme wegen der zu erwartenden Erhöhung des Mietzinses nicht verneint werden kann, wenn nach der Modernisierung der Wohnung die zu erwartende Monatsmiete innerhalb des Bereichs vollständiger Förderungsfähigkeit im Sinne des Wohngeldgesetzes bleibt.

Das LG Berlin hat sich mit dem Rechtsentscheid des Bundesgerichtshofs vom 19. 2. 1992, s. o., in einem ausführlichen Urteil auseinandergesetzt (WM 1993, 186). Danach richtet sich der allgemein übliche Zustand einer in Westberlin gelegenen Wohnung nach den in Berlin (West) nach früherer Zuordnung befindlichen Wohnungen. Dort ist eine Ausstattung mit Bad allgemein üblich, nicht jedoch die Ausstattung mit Zentralheizung. Das Gericht setzt die Grenze der Belastbarkeit eines Mieters mit Miete und Nebenkosten relativ nieder an. Wenn die Modernisierung der Wohnung über den allgemein üblichen Zustand hinaus zu einer Mietbelastung von 25–30 % des Nettoeinkommens einschließlich des Wohngeldes führt, kann der Mieter eine der Duldungspflicht entgegenstehende Härte geltend machen. Nicht im Rahmen der Duldungspflicht zu prüfen ist nach Ansicht des Gerichts der Einwand des Mieters, die zu erwartende neue Miete stelle einen Verstoß gegen § 5 WiStG dar. Zwar unterliegen auch Modernisierungszuschläge den Beschränkungen der Bestimmungen über Mietpreisüberhöhungen, dies ist jedoch erst bei Überprüfung der Miethöhe nach § 3 MHG zu berücksichtigen.

4. Gemäß § 541 b Abs. 2 BGB hat der Vermieter dem Mieter **2 Monate vor** dem Beginn der Maßnahme deren Art, Umfang, Beginn und voraussichtliche Dauer und die zu erwartende Erhöhung des Mietzinses **schriftlich mitzuteilen**. Ein Verstoß gegen diese Vorschrift berechtigt den Mieter ohne die Prüfung der weiteren Voraussetzungen der Modernisierung zur Verweigerung seines Einverständnisses, da die Ankündigungspflicht Fälligkeitsvoraussetzung für das Entstehen der Duldungspflicht ist (nicht aber Tatbestandsvoraussetzung, Sternel, Mietrecht aktuell, 2. Aufl., Randnr. 133 f.). Die Mitteilung muß so konkret wie möglich sein, allgemeine Angaben reichen nicht aus.

Die Anforderungen der Gerichte sind sehr hoch. So verlangt das Landgericht Hamburg (WM 1992, 121), daß die beabsichtigte Modernisierungsmaßnahme im Ankündigungsschreiben ins einzelne beschrieben wird, um dem Mieter eine genaue Vorstellung von der Neugestaltung der Wohnung zu vermitteln. Vorliegend ging es um den Einbau einer Zentralheizung. Nach Ansicht des LG hätte das Ankündigungsschreiben des Vermieters die Anzahl, Bauart und den Ort der Aufstellung der Heizkörper bzw. den Verlauf der Rohrleitungen benennen müssen. Auch wird teilweise verlangt, daß der Vermieter die Kosten der Baumaßnahme angeben muß, sowie bei Baumaßnahmen in mehreren Wohnungen den Verteilerschlüssel, damit der Mieter den mitgeteilten Erhöhungsbetrag rechnerisch nachprüfen kann (LG Berlin, WM 1991, 164).

Nach Ansicht des LG Fulda (WM 1992, 243) würden damit die gesetzlichen Anforderungen überspannt.

Nach § 541 b Abs. 2 BGB ist der Vermieter lediglich verpflichtet, die zu erwartende Erhöhung des Mietzinses schriftlich mitzuteilen. Hierfür genügt ein bezifferter Betrag. Nähere Erläuterungen sind nicht erforderlich, sondern erst bei Geltendmachung der Mieterhöhung nach § 3 MHG zu machen.

Beginn und voraussichtliche Dauer sind möglichst konkret anzugeben (Kalenderwoche oder Datum).

Hat der Mieter allerdings die Durchführung einer Modernisierungsmaßnahme durch **Gestattung des Zutritts** zu den Mieträumen geduldet, so ist

(Anschluß Seite M 91)

eine Mieterhöhung nach § 3 MHG nicht davon abhängig, daß der Vermieter zuvor eine dem § 541 b Abs. 2 Satz 1 BGB genügende Anzeige gemacht hat (OLG Stuttgart, RE, WM 1991, 332). Der Fälligkeitszeitpunkt der Mieterhöhung verschiebt sich dann aber um 6 Monate; siehe hierzu „Mieterhöhung bei Wohnraum", Abschnitte 3.3 und 3.5.

Die **Mitteilungspflicht** besteht auch dann, wenn der Vermieter für den Fall der Duldung auf eine Mieterhöhung verzichtet. Auch wenn die Räume des Mieters von der Maßnahme nicht betroffen sind, besteht eine Mitteilungspflicht, wenn es zu einer nicht unerheblichen Mieterhöhung kommt (z. B. Fassadenisolierung, Isolierung des Dachbodens). Teilt der Mieter mit, daß er diese Maßnahmen nicht dulden werde oder beantragt er gar den Erlaß einer einstweiligen Verfügung, muß der Vermieter die Duldungspflicht des Mieters in einem entsprechenden gerichtlichen Verfahren klären lassen (LG Berlin, WM 1986, 138; siehe auch LG Berlin, WM 1996, 407: Danach ist der Vermieter bei einer Außenmodernisierung nicht grundsätzlich verpflichtet, die Duldungspflicht des Mieters nach § 541 b BGB vorab im ordentlichen Klageverfahren zu klären).

Wichtig in diesem Zusammenhang ist der Rechtsentscheid des Kammergerichts Berlins vom 16. 7. 1992 (WM 1992, 514). Dulden bedeutet nach Ansicht des KG im Rahmen des § 541 b BGB lediglich, daß der Mieter sich in Kenntnis der Modernisierungsabsicht des Vermieters passiv verhält. Eine **Duldung** ist auch noch möglich, wenn der Mieter erst nach Beginn der Maßnahme vom Vorhaben des Vermieters (Außenmodernisierung, hier Lifteinbau) unterrichtet wird. Die Duldung muß bei der Außenmodernisierung nicht in einer Mitwirkungshandlung des Mieters bestehen. Kenntnis vom Modernisierungsvorhaben hat der Mieter, wenn er über die Art und den Umfang wenigstens in groben Zügen unterrichtet worden ist. Passiv verhält er sich dann, wenn er weder dem Vermieter gegenüber der ihm bekannten Modernisierungsabsicht widerspricht, noch diesen an der Durchführung der Verbesserungsmaßnahme hindert (bei einer Außenmodernisierung durch gerichtliche Untersagungsverfügung).

Wenn der Mieter also gegen die Bauarbeiten nichts unternimmt und nach deren Abschluß den Lift auch noch benützt, ohne hierzu berechtigt zu sein, ist er auch in sonstiger Weise bereichert und insoweit zur Zahlung verpflichtet. Statt eines Erhöhungsanspruches nach § 3 MHG spricht das KG dem Vermieter hier also einen Bereicherungsanspruch nach § 812 BGB zu, und zwar in Höhe der Mieterhöhung nach § 3 MHG.

Nicht entschieden ist jetzt nur noch die Fallkonstellation, daß der Vermieter keine oder keine ausreichende Mitteilung nach § 541 b BGB macht und der Mieter von der Modernisierungsmaßnahme keine Kenntnis hat (z. B. wegen Urlaubs).

Eine Mitteilungspflicht des Vermieters besteht nicht bei Maßnahmen, die mit keiner oder nur mit unerheblicher Einwirkung auf die vermieteten Räume verbunden sind und zu keiner oder nur zu einer unerheblichen Erhöhung des Mietzinses führen. Nach Ansicht des Landgerichts Berlin (ZMR 1986, 444) ist eine Erhöhung bis zu 5 % noch unerheblich, nach Ansicht des Landgerichts Detmold (WM 1990, 121) eine solche von 7,5 % nicht mehr.

Der **Mieter** ist berechtigt, bis zum Ablauf des Monats, der auf den Zugang der Mitteilung folgt, für den Ablauf des nächsten Monats zu **kündigen**. Hat der Mieter gekündigt, ist die Maßnahme bis zum Ablauf der Mietzeit zu unterlassen.

5 Der Vermieter hat dem Mieter **Aufwendungen**, die dieser infolge der Maßnahme machen mußte, in einem den Umständen nach angemessenen Umfang zu ersetzen (§ 541 b Abs. 3 BGB); auf Verlangen hat der Vermieter **Vorschuß** zu leisten. Schönheitsreparaturen, die als Folge von Modernisierungsmaßnahmen notwendig werden, sind dem Modernisierungsaufwand zuzurechnen, in diesem Fall also vom Vermieter zu tragen. Zu den Aufwendungen können auch Kosten einer anderweitigen Unterkunft bei Unbenutzbarkeit der Räume zählen, ebenso Reinigungskosten.

6 Bei einem Mietverhältnis über Wohnraum ist eine zum **Nachteil** des Mieters abweichende **Vereinbarung unwirksam** (§ 541 b Abs. 4 BGB).

Möblierter Wohnraum

Für möblierten Wohnraum gelten eine Reihe von Vorschriften, die vom sonstigen Recht der Wohnraummiete abweichen. Von möbliertem Wohnraum spricht man, wenn der Vermieter den Mietraum ganz oder überwiegend mit Einrichtungsgegenständen auszustatten hat. Dabei ist entscheidend, ob der Vermieter nach dem Mietvertrag zur Möblierung verpflichtet ist. Auf die tatsächliche Möblierung kommt es nicht an. Wohnraum ist auch dann als „möblierter Wohnraum“ zu behandeln, wenn der Mieter ohne Kenntnis oder gar gegen den Willen des Vermieters von diesem vertragsgemäß zur Verfügung gestellte Einrichtungsgegenstände entfernt und durch eigene ersetzt. Bei der Frage der überwiegenden Ausstattung mit Einrichtungsgegenständen ist auf die Zahl und die Bedeutung der zu einer gewöhnlichen, nicht überfüllten Einrichtung gehörenden Gegenstände abzustellen.

> Vom allgemeinen Wohnraummietrecht abweichende Vorschriften gelten bei möbliertem Wohnraum nur, wenn er als **Teil** der vom Vermieter selbst bewohnten Wohnung vermietet und nicht zum dauernden Gebrauch durch eine Familie überlassen ist.

Der Begriff der **Familie** ist im Gesetz nicht definiert. Manche verstehen darunter die Gesamtheit der durch Ehe oder Verwandtschaft verbundenen Personen. Danach fällt unter den Begriff „Familie“ nicht nur das Ehepaar mit Kind, sondern auch das kinderlose Ehepaar, ferner eine alleinstehende Person mit Kind, auch wenn es nichtehelich ist, ferner Verschwägerte sowie Eltern und Geschwister des Mieters. Fraglich ist, ob das Zusammenleben in einem eheähnlichen Verhältnis oder in einer Wohngemeinschaft eine Familieneigenschaft begründet. Hier besteht in der Rechtsprechung und Literatur Uneinigkeit.

Der Regelfall ist die Vermietung möblierter Räume an Einzelpersonen. Handelt es sich um eine Vermietung in diesem Sinne, gelten folgende, vom allgemeinen Wohnraummietrecht abweichende Regelungen:

> Die Kündigungsfristen sind abgekürzt: Die Kündigung ist zulässig, wenn der Mietzins nach Tagen bemessen ist, an jedem Tag für den Ablauf des folgenden Tages, wenn der Mietzins nach Wochen bemessen ist, spätestens am 1. Werktag einer Woche für den Ablauf des folgenden Samstages, wenn der Mietzins nach Monaten oder längeren Zeitabschnitten bemessen ist, spätestens am 15. eines Monats für den Ablauf dieses Monats.

Das Mietverhältnis über möblierten Wohnraum unterliegt nicht dem Kündigungsschutz.

Das Widerspruchsrecht des Mieters gegen die Kündigung ist hier ausgeschlossen; das Gesetz zur Regelung der Miethöhe findet keine Anwendung. Der Vermieter kann somit nicht vom Mieter die Zustimmung zu einer Mieterhöhung verlangen, er muß vielmehr, will er eine Änderung des Mietzinses herbeiführen, mangels Zustimmung des Mieters das Mietverhältnis kündigen.

Räumungsfrist kann dem zur Räumung verurteilten Mieter eines nicht geschützten Mietverhaltnisses hingegen gewährt werden.

Musikausübung

Grundsätzlich darf der Mieter in seiner Mietwohnung musizieren. Einer besonderen Erlaubnis hierzu bedarf es nicht. Der Mieter hat jedoch auf die übrigen Hausbewohner Rücksicht zu nehmen. Während des Musizierens sind die Fenster geschlossen zu halten. Zur Zeit der üblichen Ruhestunden ist das Musizieren einzustellen. Das gilt in jedem Fall für die Zeit von 22.00 bis 8.00 Uhr und i. d. R. auch für die Zeit zwischen 13.00 bis 15.00 Uhr.

Die Musikausübung kann im Mietvertrag (Hausordnung) näher geregelt, ja sogar ganz ausgeschlossen werden. Im übrigen kommt es auch hier, wie so oft, auf den Einzelfall an. Entscheidend ist die Art des Instrumentes (keine Pauken und Trompeten), die Intensität der Ausübung und der vorhandene Schallschutz.

> Auch außerhalb der Ruhezeiten gilt der Grundsatz der gegenseitigen Rücksichtnahme.

So kann die stundenlange Wiederholung desselben Stückes durchaus eine Belästigung darstellen. Das OLG Frankfurt (WM 1984, 303) hat daher angenommen, daß sich die täglich zulässige Klavierspielzeit für einen Wohnungseigentümer dadurch reduzieren kann (hier auf 1 Stunde), daß mehrere Familienangehörige musizieren und die Hausordnung einen zeitlichen Rahmen von 2 Stunden festgelegt hat. Dieses im Bereich des WohnungseigentumsG gefällte Urteil kann durchaus auch zur mietrechtlichen Beurteilung von Musikausübung herangezogen werden. Auch die Entscheidung in einem Nachbarstreit zweier Doppelhauswohnungseigentümer über die Zulässigkeit von **Klavierspielen** kann analog herangezogen werden: Das BayObLG hat die zeitliche Begrenzung auf 3 Stunden täglich außerhalb der allgemeinen Ruhezeiten als einen vertretbaren Interessenausgleich gebilligt, nicht jedoch das vollständige Verbot des Klavierspielens an Sonn- und Feiertagen. Es sei auch nicht Voraussetzung für die Untersagung, daß das Klavierspielen in der Wohnung des gestörten Nachbarn deutlich zu hören sei. Es müsse aber doch einwandfrei wahrnehmbar sein, da ganz unerhebliche Beeinträchtigungen außer Betracht bleiben (BayObLG, Beschl. v. 12. 10 1995, Az. 2 Z BR 55/95).

Auf eine mietvertragliche Regelung besonders zu achten ist bei **Berufsmusikern**. Wer in Kenntnis des Berufes an einen solchen vermietet, kann das Üben nicht ausschließen. Andererseits können lang dauernde Gesangs- oder Instrumentalübungen von Berufsmusikern zu einer erheblichen Störung der übrigen Hausbewohner führen und deren vertragsmäßigen Gebrauch beeinträchtigen. Entsprechende Maßnahmen, wie Schalldämpfung, Zeiteinteilung, sind deshalb vorzusehen.

Im übrigen dürfen auch **Radiogeräte, Plattenspieler** etc. grundsätzlich nur in Zimmerlautstärke betrieben werden, wobei allerdings die Ruhezeiten nicht beachtet werden müssen. Siehe „Lärm“.

Nachmieter → „Ersatzmieter"

Nebenkosten → „Betriebskosten"

Nießbrauch → „Eigentümerwechsel"

Nutzungsentschädigung

Von Nutzungsentschädigung spricht man, wenn jemand ein Grundstück oder Räume nutzt, ohne Mieter oder Pächter zu sein, und für die Nutzung ein Entgelt zu leisten hat, sei es aufgrund eines dinglichen Titels (z. B. Nutzungsentschädigung für eine Dienstbarkeit), sei es aufgrund ungerechtfertigter Bereicherung.

Kommt der Mieter seiner Rückgabepflicht bei Beendigung des Mietverhältnisses nicht nach, nutzt er also den bisherigen Mietgegenstand ohne vertragliche Grundlage weiter, hat er für die Dauer der Vorenthaltung Nutzungsentschädigung zu leisten. Unterste Grenze derselben ist die Höhe des bisherigen Mietzinses.

Vorenthalten sind die Räume dann, wenn sie der Mieter nicht zurückgibt und das Unterlassen der Herausgabe dem Willen des Vermieters widerspricht. Der BGH hatte den Fall zu entscheiden, daß ein Zwischenmieter trotz beendeten **Zwischenmietverhältnisses** die Mieträume nicht zurückgeben konnte, da sich der Endmieter zu Recht auf den Kündigungsschutz berief. Der Vermieter nahm den Zwischenvermieter auf Zahlung der Nutzungsentschädigung erfolglos in Anspruch, da der BGH davon ausging, daß die Weitervermietung im Interesse und mit dem Willen des Eigentümers erfolgt sei und daher eine Vorenthaltung nicht gegeben sei (BGH, WM 1996, 413).

In letzter Zeit hatte sich die Rechtsprechung öfters mit dem Fall zu befassen, daß der Mieter vor Beendigung des Vertrages auszieht, der Vermieter zu einem geringeren Mietzins weitervermietete und den ursprünglichen Mieter auf die Differenz in Anspruch nahm. Hier hatte sich die Rechtsprechung mit dem Einwand des Mieters auseinanderzusetzen, daß ihm nunmehr die Nutzung der Mieträume aufgrund der Weitervermietung nicht mehr möglich sei (§ 552 Satz 3 BGB). Die Berufung hierauf ist jedoch in der Regel treuwidrig, vgl. hierzu ausführlich „Ersatzmieter".

Zu der Frage, inwieweit der Vermieter bei **vorzeitiger Beendigung** des Mietvertrages vom Mieter noch Nutzungsentschädigung in Höhe der bisherigen Miete verlangen kann, siehe „Rückgabe der Mietsache", Abschnitt 7.

Bei einem Mietverhältnis über Räume kann der bisherige Vermieter statt dessen Entschädigung in

Höhe der ortsüblichen Vergleichsmiete fordern.

Nähere Ausführungen hierzu unter „Rückgabe der Mietsache“.

Nutzungsverträge → „Kündigungsschutz“, Abschnitt 2.8

Obdachlosenunterbringung

Obdachlose können von der Behörde nicht gegen den Willen des Vermieters in leerstehende Wohnungen eingewiesen werden (Straßberger in Bub / Treier, II Rdn. 959 m.w.N.). Anders liegt der Fall, wenn der bisherige Mieter durch die Zwangsräumung obdachlos werden würde. Dann ist als letztes Mittel eine **Wohnungsbeschlagnahme** zur Beseitigung akuter Obdachlosigkeit solange zulässig, wie die Beschaffung eines Obdaches auf Kosten der Allgemeinheit objektiv unmöglich bleibt, wobei finanzielle Erwägungen unerheblich sind (Verwaltungsgericht [VG] Köln, DWW 1990, 90). Soweit keine behördlichen Obdachlosenunterkünfte zur Verfügung stehen, hat die Behörde vor einer Beschlagnahme entsprechende Räume in einem Hotel, in einer Pension oder auf dem freien Wohnungsmarkt anzumieten (VG Köln, a.a.O.).

Die Beschlagnahme und die Wiedereinweisung des bisherigen Mieters darf nur für eine **begrenzte** Zeit erfolgen (höchstens 6 Monate, so VG Köln, a. a. O.; VGH Baden-Württemberg, DWW 1990, 215).

Während der Einweisung hat der Eigentümer einen **Entschädigungsanspruch** gegen die Behörde (z. B. Mietausfall, Beseitigung von Schäden etc.).

Nach Ablauf der Beschlagnahmefrist ist die Behörde verpflichtet, die Wohnung an den Eigentümer herauszugeben. Diese Pflicht ist unabhängig davon, ob der Eigentümer über einen Räumungstitel verfügt (VGH Baden-Württemberg, DWW 1990, 122 sowie BGH WM 1995, 720 m.w.N.). Kommt die Einweisungsbehörde dieser Pflicht nicht nach und bewirkt der Eigentümer die Räumung mit Hilfe eines privatrechtlichen Titels, kann er **Schadenersatzansprüche** (§ 839 BGB, Art. 34 GG) gegen die Behörde geltend machen (BGH, a.a.O.).

Obhutspflicht des Mieters

Dem Mieter obliegt eine allgemeine Obhutspflicht. Er muß die Mietsache während der Mietzeit pfleglich behandeln und Schäden von ihr fernhalten, soweit es ihm möglich ist. Die Obhutspflicht beginnt mit der Überlassung. Bei **fortbestehendem** Mietverhältnis trifft den Mieter die Obhutspflicht auch dann, wenn er den Gebrauch der Mietsache bereits aufgegeben hat (OLG Düsseldorf, WM 1994, 461).

Sie umfaßt nicht nur die Mieträume, sondern alle Räume des Anwesens, die dem Mieter zugänglich sind. Ein wichtiger Fall der Obhutspflicht ist die **Anzeigepflicht** bei Schäden (siehe „Anzeigepflicht“).

Die **Obhutspflicht** hat der Mieter auch dann, wenn er die Räume längere Zeit nicht benutzt, z. B. verreist ist. Er hat dafür zu sorgen, daß auch in dieser Zeit die Wohnung beaufsichtigt wird. Eine **Gebrauchspflicht** des Mieters gibt es dagegen grundsätzlich nicht. Etwas anderes kann sich höchstens bei einer ausdrücklichen vertraglichen Vereinbarung, z. B. bei der Vermietung von Ladengeschäften in Einkaufszentren, ergeben.

Die Obhutspflicht umfaßt auch die Verpflichtung des Mieters, die Räume regelmäßig zu säubern und zu lüften sowie ausreichend zu beheizen sowie bei Regen die Fenster zu schließen. Eine Verpflichtung zur Überprüfung besteht allerdings nicht.

Zwar hat der Mieter Veränderungen und Verschlechterungen, die durch den vertragsmäßigen Gebrauch herbeigeführt werden, nicht zu vertreten, jedoch haftet er für Veränderungen oder Verschlechterungen, die auf sein oder seiner **Erfüllungsgehilfen** Verschulden zurückzuführen sind. Erfüllungsgehilfen des Mieters i. d. Sinne sind Familienangehörige und Gäste sowie Personen, die fortlaufend Dienst- oder Arbeitsleistungen in den Mieträumen erbringen (Sekretärin, Sprechstundenhilfe, Kindermädchen etc.).

Erhöhte Sorgfalts- und Überwachungspflichten gelten beim Betrieb von Spül- und Waschmaschinen in den Mieträumen. Insbesondere darf der Mieter beim Betrieb dieser Geräte die Räume nicht längere Zeit verlassen (OLG Hamm, WM 1985, 253). Dies ist allerdings nicht unumstritten. Teilweise nimmt die Rechtsprechung an, daß der Mieter **moderne Haushaltsgeräte** durchaus unbeaufsichtigt betreiben darf (AG Hadamar, NJW E-MietR 1997, 75), wonach der Mieter bei einer neu angeschafften Waschmaschine seine Verkehrssicherungspflicht nicht verletzt, wenn er bei Abwesenheit die Wasserzufuhr nicht abstellt, da bei dem heutigen Stand der Technik, so jedenfalls das Gericht, die Wahrscheinlichkeit eines Wasseraustritts als äußerst gering einzuschätzen sei. Hier kann man durchaus anderer Meinung sein (LG München I, ZMR 1994, 478), für den Fall einer gesteigerten Kontrollpflicht dann, wenn der Mieter eine Waschmaschine installiert hat, die keinen Bodenablauf für das Wasser hat. Jedenfalls bei der ersten Inbetriebnahme einer neuen Waschmaschine hat der Mieter den Waschvorgang ständig zu überwachen (LG Mannheim, ZMR 1991, 441). Auch dem Benutzer eines Fernsehgerätes kann nicht zugemutet werden, das Gerät unabhängig davon, ob es eingeschaltet ist oder nicht, ständig zu beobachten. Kommt es daher zu einer Implosion der Fernsehröhre, haftet der Mieter nur, wenn sein **Fernsehgerät** durch unsachgemäße Bedienung defekt geworden ist (LG Stendal, WM 1993, 597). Die Beweislast dafür hat der Vermieter. Anders ist jedoch von der Rechtsprechung der Fall beurteilt worden, wenn die Mieter ihr fünfjähriges Kind allein in der Wohnung lassen und es bei Fehlen sonstiger technischer

Defekte zu einem Brand kommt. Hier ist von einer Aufsichtspflichtverletzung der Mieter auszugehen und den Mietern obliegt es darzulegen, daß sie sich pflichtgemäß verhalten haben (AG Mannheim, DWW 1994, 253). Vor Antritt einer längeren Urlaubsreise hat sich der Mieter zu vergewissern, daß das Absperrventil der Kaltwasserleitung des **Geschirrspülers** verschlossen ist; andernfalls handelt er grob fahrlässig (OLG Düsseldorf, MDR 1989, 645).

Die Verteilung der **Beweislast** ist unter „Verschlechterung der Mietsache“, Abschnitt 2, behandelt.

Eine erhebliche Verletzung der Obhutspflicht, die zu einer Gefährdung der Mietsache führt, kann den Vermieter nach Abmahnung zur fristlosen Kündigung berechtigen (§ 553 BGB; siehe „Kündigung“, Abschnitt 3.2.1.1) oder zur ordentlichen Kündigung (§ 564 b Abs. 2 Nr. 1 BGB; siehe „Kündigungsschutz“, Abschnitt 2.1). So kann gekündigt werden, wenn der Mieter mehrmals Wasserschäden verursacht (AG Aachen, DWW 1974, 234).

Siehe hierzu auch „Feuchtigkeit in der Wohnung“, „Reinigungspflicht des Mieters“, „Verschlechterung der Mietsache“.

Optionsrecht

Optionsrecht, auch **Verlängerungsrecht** genannt, bedeutet, daß der Mieter bei Ablauf der Mietzeit durch einseitige Erklärung die Verlängerung der Mietzeit um einen weiteren bestimmten Zeitraum herbeiführen kann. Die Option muß vertraglich vereinbart werden; soll die **Optionszeit** mehr als ein Jahr betragen, ist die Schriftform (siehe „Schriftform“) erforderlich.

> Macht der Mieter von seinem Recht, das als Gestaltungsrecht anzusehen ist, Gebrauch, bleibt das bisherige Mietverhältnis in vollem Umfang bestehen, lediglich mit der Änderung, daß die Mietzeit nunmehr die durch die Option herbeigeführte Zeitdauer erreicht.

Bei der Verlängerung des Mietvertrages kann keine der beiden Vertragsparteien ohne Übereinkunft mit dem anderen Teil eine Änderung der Vertragsbedingungen, insbesondere hinsichtlich der Höhe des Mietzinses durchsetzen, es sei denn, daß eine Änderung für den Fall der Option ausdrücklich vorbehalten ist. In einem vom OLG Hamburg (NJW-RR 1997, 458) entschiedenen Fall hatten die Parteien im Mietvertrag vereinbart, daß der Mietzins nach Ablauf von 5 Jahren (bei Ausübung der Option) neu vereinbart werden soll.

Nach Ausübung der Option machte der Vermieter dem Mieter einen Vorschlag über eine neue Miete, die der Mieter nicht annahm. Im Falle einer nicht erreichten Einigung steht dem Vermieter sodann ein **Leistungsbestimmungsrecht** (§§ 315, 316 BGB) zu, ohne daß es einer Zustimmung des Mieters bedurfte. Der Vermieter war daher berechtigt, den Mietzins nach billigem Ermessen festzusetzen. Bei dieser Festsetzung ist die ortsübliche Vergleichsmiete zu beachten.

Die Option muß vom Mieter **ausdrücklich erklärt** werden und dem Vermieter vor Ablauf der Mietzeit zugehen. Verlängert sich das Mietverhältnis durch die Ausübung um mehr als ein Jahr, muß für die Option die Schriftform eingehalten werden. Die **Frist** für die Ausübung der Option ist regelmäßig im Mietvertrag festgelegt. Ist das nicht der Fall, muß dem sonstigen Vertragsinhalt die Erklärungsfrist durch Auslegung entnommen werden. Bei einem Mietvertrag auf feste Zeit ohne Kündigungsmöglichkeit für die Vertragsdauer kann bis zum Vertragsende optiert werden (OLG Düsseldorf, MDR 1981, 847). Diesen Grundsatz hat das OLG Düsseldorf mit seiner Entscheidung vom 11. 7. 1991 (DWW 1992, 79) eingeschränkt. Danach ist bei interessengerechter Auslegung einer mietvertraglichen Optionsregelung in der Regel eine Ausübungsfrist vereinbart, wenn die Parteien nicht ausdrücklich von der Vereinbarung einer solchen Frist abgesehen haben. Hat nur der Optionsberechtigte eine Kündigungsfrist, muß er die Option innerhalb dieser Frist ausüben (streitig, so wie hier Reinstorf in Bub / Treier, II Rdn. 216). Allgemein gilt, daß bei interessengerechter Vertragsauslegung diejenigen Frist- und Formerfordernisse, die die Parteien ansonsten für die Beendigung oder die Fortsetzung des Mietverhältnisses aufgestellt haben, auch für die Ausübung des vereinbarten Optionsrechtes gelten, wenn hierüber weder eine Frist noch eine Form vereinbart ist (so OLG Düsseldorf, DWW 1992, 80).

Eine weitere Fallgestaltung soll an einem **Beispiel** erläutert werden: Vertrag über Geschäftsräume auf 5 Jahre mit der Vereinbarung, daß er sich um jeweils 1 Jahr verlängert, wenn er nicht mit einer Frist von 6 Monaten gekündigt wird; zusätzlich hat der Mieter eine Option für weitere 5 Jahre, ohne daß zur Ausübung eine Frist vereinbart wurde. Hier muß der Optionsberechtigte, also der Mieter, spätestens 6 Monate vor Vertragsende optieren. Kündigt ihm der Vermieter jedoch zum letztmöglichen Termin, kann der Mieter, wenn er unverzüglich optiert, die 5jährige Verlängerung auch dann erreichen, wenn er die 6-Monats-Frist nicht mehr eingehalten hat (so Reinstorf, a. a. O.).

Ist die Mietzeit abgelaufen, ist die Ausübung des Optionsrechts nicht mehr möglich. Dies gilt auch dann, wenn im Mietvertrag eine Option „nach Ablauf des Vertrages" vereinbart wurde (BGH, NJW 1982, 2770).

Ein weiteres **Beispiel** zeigt: Der Mieter hat nach Ablauf der ersten fünf Jahre seine Option nicht ausgeübt, so daß sich das Mietverhältnis jeweils um ein Jahr verlängert hat. Nach drei Jahren kündigt der Vermieter. Kann der Mieter jetzt noch sein Optionsrecht um weitere fünf Jahre ausüben? Dazu hat der BGH entschieden (Urt. v. 14. 7. 1982, NJW 1982, 2770), daß durch Ausübung des Optionsrechts die von den Parteien vereinbarte Höchstdauer der vertraglichen Bindung nicht überschritten werden darf. Das Optionsrecht erlischt daher spätestens mit Ablauf der um die Optionszeit verlängerten ursprünglichen Vertragszeit. Es sind also von der Optionszeit von fünf Jahren die bereits verstrichenen drei Jahre abzuziehen. Der Mieter kann also noch eine Option für zwei Jahre ausüben, so daß die ursprüngliche Höchstdauer von 10 Jahren erreicht ist.

Dies gilt auch dann, wenn sich das ursprüngliche Mietverhältnis nicht aufgrund einer Verlängerungsklausel, sondern stillschweigend durch widerspruchslose Fortsetzung verlängert hat. A. A. ist das OLG Köln (ZMR 1996, 433). Danach lebt ein im Mietvertrag vereinbartes und nicht fristgerecht ausgeübtes Optionsrecht weder durch eine Verlängerungsvereinbarung nach Ende des Mietvertrages noch durch stillschweigende Verlängerung (§ 568 BGB) wieder auf.

Ortsübliche Vergleichsmiete

Die ortsübliche Vergleichsmiete spielt vor allem bei nicht preisgebundenem Wohnraum eine bedeutende Rolle, bildet sie doch Ausgangspunkt und Maß für eine vom Vermieter angestrebte Erhöhung des Mietzinses. Sie spielt ferner eine wesentliche Rolle bei der Beurteilung von Mietpreisüberschreitungen nach dem Wirtschaftsstrafrecht und beim Mietwucher nach dem Strafgesetz. Schließlich bildet die ortsübliche Vergleichsmiete die Grundlage für die Nutzungsentschädigung, wenn der Mieter die Mietsache nach Beendigung der Mietzeit nicht zurückgibt.

Ortsübliche Vergleichsmiete für Wohnraum ist derjenige Mietzins, der die üblichen Entgelte nicht übersteigt, die in der Gemeinde oder in vergleichbaren Gemeinden für nicht preisgebundenen Wohnraum vergleichbarer Art und Größe, Ausstattung und Lage in den letzten 4 Jahren vereinbart oder, von Betriebskostenerhöhungen abgesehen, geändert worden sind (§ 2 Abs. 1 Nr. 2 MHG).

Geänderte Altmieten und neu vereinbarte Mieten sind in etwa bei der Ermittlung der ortsüblichen Vergleichsmiete zu gleichen Teilen zu berücksichtigen, nicht nach der statistischen Häufigkeit, da dies sonst u. U. zu einem vom Gesetzgeber nicht vorgesehenen Mietstopp führen würde. Die ortsübliche Vergleichsmiete und die aktuell zu erzielende Marktmiete bei Neuvermietung sollten daher nicht mehr als 20 % auseinanderliegen (so zurecht Schultz in Bub / Treier, III Rdn. 489).

Bei der Wohnraumart spielt vor allem die **Wohnungsstruktur** eine Rolle (Ein-, Zwei- oder Mehr-Familien-Haus). Die **Wohnungsgröße** spielt insofern eine Rolle, als bei Wohnungen mit großer Grundfläche der auf den Quadratmeter bezogene Mietpreis im allgemeinen niedriger liegt als bei kleineren Wohnungen, die in den sonstigen Vergleichsmerkmalen übereinstimmen. Appartements weisen die relativ höchsten Quadratmeterpreise auf. Bei den Ausstattungsmerkmalen ist insbesondere auf das Vorhandensein oder Nichtvorhandensein von Bad oder Dusche, Zentralheizung oder Warmwasser, Lift und WC innerhalb der Wohnung abzustellen.

Einrichtungen des Mieters, die den Wohnwert der Mietsache erhöht haben, sind bei der Ermittlung der ortsüblichen Vergleichsmiete nicht zu berücksichtigen, es sei denn, daß
a) Mieter oder Vermieter etwas anderes vereinbart haben oder
b) der Vermieter die vom Mieter verauslagten Kosten erstattet hat (BayObLG, RE v. 24. 6. 1981, WM 1981, 208; Weber / Marx, VII / S. 124).

Behebbare **Mängel** der Wohnung im Sinne des § 537 BGB werden dagegen bei der Ermittlung der ortsüblichen Vergleichsmiete nicht berücksichtigt. Die Beschaffenheit betrifft vor allem Zahl und Zuschnitt der Räume und das Verhältnis der Fläche der Haupträume zu den Nebenräumen.

Die **Lage** bezieht sich auf die Wohngegend. Die ortsübliche Vergleichsmiete stellt somit auf den objektiven Nutzungswert ab. Subjektive Momente bleiben unberücksichtigt.

Entscheidend sind daher nicht statistische Durchschnittswerte, sondern die im Gesetz genannten Wohnwertmerkmale, aus denen sich die marktorientierte Vergleichsmiete bildet (strittig, so wie hier Schultz in Bub / Treier, III Rdn. 478).

Pachtvertrag

1 Allgemeines

Der Pachtvertrag ist im BGB in den §§ 581 ff. geregelt. Die Pacht unterscheidet sich von der Miete wie folgt: Vermietet werden können nur Sachen, verpachtet werden aber auch Rechte, z. B. die Jagdpacht.

> Der Mieter hat nur ein Recht zum Gebrauch der Mietsache, der Pächter hat das Recht, aus der Pachtsache einen **Ertrag** zu ziehen.

Werden Räume leer überlassen, liegt unabhängig von der Bezeichnung, die die Parteien gewählt haben, Miete vor, werden sie mit einer Einrichtung oder Ausstattung überlassen, die als unmittelbare Quelle für Erträge dient (BGH, NJW 1981, 825), handelt es sich um Pacht.

2 Voraussetzungen

Auf die Pacht finden, sofern sich aus den §§ 582 ff. BGB nichts anderes ergibt, die Vorschriften über Miete entsprechende Anwendung (§ 581 Abs. 2 BGB). Folgende Sonderregelungen sollen kurz erwähnt werden:

- Die Erhaltung des Inventars obliegt dem Pächter (§ 582 Abs. 1 BGB).
- Wenn die Pachtzeit im Vertrag nicht bestimmt ist, ist die Kündigung nur für den Schluß eines Pachtjahres zulässig; sie hat spätestens am 3. Werktag des halben Jahres zu erfolgen, mit dessen Ablauf die Pacht enden soll (§ 584 Abs. 1 BGB).
- Bei verspäteter Rückgabe der Pachtsache hat der Verpächter einen Anspruch auf Nutzungsvergütung (§ 584 b BGB).
- Für Ansprüche des Verpächters auf Herausgabe und Ersatz von fehlendem Inventar gilt die 6monatige Verjährung (§§ 581 Abs. 2, 558 BGB).

3 Sonderregelungen

Sonderregelungen gelten für die Verpachtung von land- und forstwirtschaftlichen Grundstücken (§§ 558 bis 597 BGB), für die Pacht von Kleingärten (BundeskleingartenG) und für Apothekenpacht (§§ 9, 26, 27 ApothekenG).

Personenmehrheit auf Mieterseite

Haben mehrere Personen gemeinschaftlich gemietet, können die Mieter untereinander eine Gemeinschaft (§ 741 BGB) oder eine Gesellschaft (§§ 705 ff. BGB) bilden. Bei der Wohnraummiete wird eine Gemeinschaft vorliegen. Bei Geschäftsraummiete und u. U. bei Wohngemeinschaften kann eine Gesellschaft vorliegen, wenn die Voraussetzung des § 705 BGB erfüllt wird (Zusammenhang zwischen Geschäftszweck und

Anmietung; so Palandt § 535 Anm. 1 BGB).

> Für ihre Verpflichtungen aus dem Mietvertrag, insbesondere für die Zahlung des Mietzinses, haften mehrere Mieter als **Gesamtschuldner**. Der Vermieter kann den vollen Mietzins von jedem der Mieter, aber nur einmal, verlangen.

Rechtswirksame Erklärungen (z. B. Kündigungen) müssen von sämtlichen Mietern abgegeben werden. Bei einer nichtehelichen Lebensgemeinschaft, die sich auflöst, kann daher der weichende Partner das Mietverhältnis nicht, auch nicht für sich alleine, kündigen, vielmehr bleibt er Mieter – allerdings kann er von dem in der Wohnung verbleibenden Partner die Zustimmung zur Kündigung des Mietvertrages verlangen (LG Hamburg, WM 1993, 343). Der Vermieter ist nicht verpflichtet, den ausgezogenen Mieter aus dem Mietverhältnis zu entlassen.

> Eine Vertragsänderung dahin, daß das Mietverhältnis nur noch mit dem in der Wohnung verbleibenden Mieter fortgesetzt wird, ist nur wirksam, wenn sie von **allen** Beteiligten getroffen wird. Aus Beweisgründen wird Schriftform empfohlen.

Auch vermieterseits sind solche Erklärungen an sämtliche Mieter zu richten. Dies führt in der Praxis immer wieder zu Schwierigkeiten, insbesondere bei Kündigungen und Mieterhöhungserklärungen. Häufig ist z. B. der Fall, daß ein Mieter schon vor Jahren ausgezogen ist. Hat er dies dem Vermieter unter Angabe seiner neuen Anschrift mitgeteilt, sind ihm alle rechtsgestaltenden Erklärungen des Vermieters zuzustellen, da sie sonst unwirksam sind (vgl. etwa LG Köln, WM 1996, 266: Verlassen Mitmieter die Wohnung, führt das ohne entsprechende Erklärung der Vertragsparteien auch dann nicht zur Beendigung des Mietverhältnisses mit diesen Mietern, wenn der Auszug endgültig ist. Im vorliegenden Fall war eine Klage auf Zustimmung zur Mieterhöhung abgewiesen worden, da das Erhöhungsverlangen den ausgezogenen Mietern nicht zugestellt wurde). Zu beachten ist auch, daß Kündigungserklärungen gegenüber mehreren Mietern, die verschiedene Adressen haben, in einem engen **zeitlichen Zusammenhang** ausgesprochen werden müssen (OLG Düsseldorf, NJW-RR 1987, 1369).

Etwas anderes gilt nur in eng begrenzten Ausnahmefällen. Das OLG Frankfurt (WM 1991, 67) hatte den Fall zu beurteilen, daß nur dem in der Wohnung verbliebenen Ehegatten gekündigt wurde. Nach Ansicht des OLG kann nur bei Vorliegen besonderer Umstände eine solche Kündigung wirksam sein. Der Umstand, daß ein Ehepartner die Wohnung seit Jahren endgültig verlassen und aufgegeben hat, ohne dem Vermieter dies anzuzeigen und seine neue Anschrift mitzuteilen, kann im Einzelfall einen solchen besonderen Umstand darstellen, da es überspitzt formalistisch erscheint, auch hier an dem Erfordernis der Erklärung und des Zugangs der Kündigung gegenüber beiden Eheleuten festzuhalten. Einige Instanzgerichte sind dieser praxisgerechten Rechtsprechung inzwischen gefolgt (so LG Frankfurt, WM 1992, 128; LG Limburg, WM 1993, 47; LG Berlin, ZMR 1993, Seite II Nr. 8). Sind allerdings zwischen der einen Vertragspartei und nach Auszug eines Partners auf der gegenüberstehenden Seite Vereinbarungen über das Mietverhältnis ausschließlich mit dem verbleibenden Partner getroffen worden, ergibt sich hieraus, daß zwar der ausgezogene Partner nicht aus dem Mietverhältnis ausgeschieden ist, die verbleibenden Parteien aber dennoch das Mietverhältnis auf eine selbständige, von der Mitwirkung des ausgezogenen Partners unabhängige Grundlage gestellt haben. Dies verleiht dem verbleibenden Partner eine vom ausgezogenen Partner unabhängige Rechtsposition, verwehrt es ihm aber auch andererseits, sich in späteren Rechtsstreitigkeiten darauf zu berufen, auch der ausgezogene Partner sei noch Partei des Mietverhältnisses, weswegen nur an den verbleibenden Partner gerichtete Willenserklärungen unwirksam seien (§ 242 BGB; so LG München I, Urt. v. 16. 9. 1992, Az. 14 S 7279/91).

> Grundsätzlich haben die Vertragsparteien die Pflicht, dafür zu sorgen, daß ihnen rechtsgeschäftliche Erklärungen zugestellt werden können.

Der ausziehende Mieter ist also verpflichtet, dem Vermieter seine neue Adresse mitzuteilen. Unterläßt er dies und kann ihm deswegen eine Erklärung nicht zugestellt werden, ist der Vermieter aufgrund seines Schadenersatzanspruches wegen der Obliegenheitsverletzung des Mieters so zu stellen, als wäre die Erklärung rechtzeitig zugegangen (Sternel IV, Rdn. 47).

Um diese Schwierigkeiten zu vermeiden, sind in Mietverträgen oft **Klauseln über den Empfang oder den Zugang von Willenserklärungen** enthalten. Diese Klauseln sind allerdings auf ihre Wirksamkeit anhand des AGB-Gesetzes zu überprüfen (vgl. „AGB"). Klauseln, nach denen sich mehrere Mieter gegenseitig zur Empfangnahme von Willenserklärungen des Vermieters bevollmächtigen, sind wirksam. Die Erklärung des Vermieters, die an alle Mieter gerichtet sein muß, wird hier auch dann wirksam, wenn sie nur einem Mieter zugegangen ist. Diese **Empfangsvollmacht gilt** auch für den Zugang einer Kündigung.

Unwirksam sind solche Klauseln allerdings, wenn in ihnen nicht enthalten ist, daß der Mieter die Möglichkeit hat, die erteilte Vollmacht zu **widerrufen** (OLG Celle, WM 1990, 103), also z. B.: „Die Mieter bevollmächtigen sich in stets widerruflicher Weise ...".

Klauseln, in denen sich mehrere Mieter gegenseitig zur Abgabe von Willenserklärungen ermächtigen, werden von der Rechtsprechung für unwirksam gehalten, soweit es den Bestand des Mietverhältnisses (Kündigung oder Aufhebungsvertrag) betrifft oder Auswirkungen auf die Leistungspflicht der Vertragsparteien vorliegen (Mieterhöhung). Der Umfang der Vollmacht muß also hinreichend konkret bestimmt sein.

Von diesen Klauseln zu unterscheiden sind solche Klauseln, wonach es für die Wirksamkeit oder den Zugang einer Erklärung des Vermieters genügen soll, wenn sie gegenüber einem der Mieter abgegeben wird oder einem der Mieter zugegangen ist (Erklärungsfiktion bzw. Zugangsfiktion). Hier soll z. B. eine Mieterhöhungserklärung des Vermieters gegenüber den Mietern A und B auch dann wirksam sein, wenn sie nur an den Mieter A gerichtet ist und nur diesem zugegangen ist. Diese Klauseln sind unwirksam (§ 10 Nr. 6 AGBG). Vgl. hierzu noch „Ehegatten als Mieter“, „Kündigung“, Abschnitt 1.4, sowie „Vollmacht“.

Zur Vermeidung erheblicher formeller Probleme sollte daher der Grundsatz beachtet werden: **Von allen an alle.**

Auch für die **Rückgabe** haften mehrere Mieter als Gesamtschuldner. Die Haftung besteht bei Auszug fort (vgl. „Rückgabe der Mietsache“, Abschnitt 4).

Personenmehrheit auf Vermieterseite

Auf der Vermieterseite treten Personenmehrheiten entweder als Bruchteilsgemeinschaften oder als Gesamthandsgemeinschaft auf.

Die **Bruchteilsgemeinschaft** ist eine Interessengemeinschaft ohne Zweckgemeinschaft. Das bedeutet: Die Interessen der Teilhaber laufen infolge der Mitberechtigung am selben Gegenstand bis zu einem bestimmten Grad gleich. Ihre Zwecke können verschieden sein. Häufigster Anwendungsfall ist das Miteigentum nach Bruchteilen an Grundstücken. Der Entstehungsgrund kann verschieden sein. Entscheidend ist die Tatsache vorhandener gemeinschaftlicher Rechtszuständigkeit.

Beispiel für das Zustandekommen einer Bruchteilsgemeinschaft: V verkauft je einen ideellen Hälfteanteil seines Hausgrundstückes an A und B. Diese sind Miteigentümer nach Bruchteilen. Sie bilden eine Gemeinschaft (§§ 741 ff. BGB).

Eine **Gesamthandsgemeinschaft** liegt vor, wenn das Vermögen der Gemeinschaft Sondervermögen ist, das der Gemeinschaft zur gesamten Hand zusteht. Gesamthandsgemeinschaften sind die Gesellschaften (Gesellschaft des Bürgerlichen Rechts wie auch Personalgesellschaften des Handelsrechts, die Offene Handelsgesellschaft und die Kommanditgesellschaft,

§§ 705 ff. BGB, §§ 105, 161 HGB), der nicht rechtsfähige Verein (§ 54 BGB), die eheliche und die fortgesetzte Gütergemeinschaft (§§ 411 ff. und 1485 ff. BGB) und die Erbengemeinschaft (§§ 2032 ff. BGB).

Für die Personalgesellschaft des Handelsrechts gelten hinsichtlich der Vertretung der Gesellschafter die Sonderregelungen des Handelsgesetzbuches.

Für die übrigen Gemeinschaften (Bruchteils- und Gesamthandsgemeinschaften) gilt:

Stehen die Vermieter in Bruchteils- oder Gesamthandsgemeinschaft, kann das Mietverhältnis nur gegenüber allen gekündigt werden. Ist ein Vertreter bestellt, kann diesem gegenüber die Kündigung erklärt werden. Für die Vermieterkündigung stellt sich die Frage, ob die mehreren Vermieter nur gemeinschaftlich kündigen können oder ob es genügt, wenn die Mehrheit kündigt. Mietvertragsabschluß und -kündigungen sind Verwaltungshandlungen, so daß hierüber durch Mehrheitsbeschluß zu entscheiden ist (§§ 745, 2038 BGB).

Nach der in Rechtsprechung und Literatur vorherrschenden Meinung hat der Mehrheitsbeschluß der Gemeinschafter auch Außenwirkung, d. h., die Mehrheit vertritt bei Verwaltungshandlungen (nicht Verfügungen) die Minderheit, so daß die Mehrheit bei Abschluß eines Mietvertrages oder bei Ausspruch einer Kündigung nicht zuvor gegen die Minderheit auf Mitwirkung bei diesen Rechtshandlungen klagen muß (BGHZ 1956, 47 ff.).

Die Gegenmeinung hält daran fest, daß bei einer Vermietergemeinschaft die Kündigung eines Mietvertrages nur von allen Gemeinschaften ausgesprochen werden kann. Das würde bedeuten, daß vorab die Mehrheit die Minderheit auf Zustimmung zur Kündigung zu verklagen hätte und die fehlende Willenserklärung der Minderheit durch Urteil ersetzt würde.

Für die Mietzinsforderung der Vermietergemeinschaft gilt: Weil die Mietzinsforderung als rechtlich unteilbare Leistung angesehen wird, kann jeder der Vermieter Zahlung des Mietzinses an alle Vermieter fordern. Der Mieter kann nur an alle gemeinschaftlich leisten (etwa auf das Hauskonto, § 432 BGB).

Soweit der Vermietergemeinschaft die Schuldnerrolle zufällt (z. B. hinsichtlich der Instandsetzungspflicht nach § 536 BGB), sind die einzelnen Teilhaber Gesamtschuldner nach §§ 420, 427 BGB.

> Hat ein Erblasser Testamentsvollstreckung angeordnet und gehört zum Nachlaß ein Mietgrundstück, so ist nicht der Erbe (auch nicht eine Mehrheit von Erben) Vermieter, sondern der Testamentsvollstrecker.

Alle das Mietverhältnis betreffenden Rechtshandlungen (z. B. Vertragsabschluß, Kündigung) sind von ihm vorzunehmen. Im Prozeß ist der Testamentsvollstrecker Partei kraft Amtes.

Personenwechsel auf Mieterseite

Ein Personenwechsel auf Mieterseite kann aufgrund eines gesetzlichen Tatbestandes eintreten oder auf rechtsgeschäftlicher Übereinkunft beruhen. Ersteres ist beim Tod des Mieters gegeben (siehe „Tod des Mieters"). Im Falle einer Ehescheidung (siehe „Ehescheidung") kann der Richter rechtsgestaltend eingreifen und bestimmen, daß der Mietvertrag von einem Ehegatten allein fortgesetzt wird oder, wenn nur ein Ehegatte gemietet hat, daß an dessen Stelle der andere Ehegatte in den Mietvertrag eintritt. Durch rechtsgeschäftliche Vereinbarung können die Mieterrechte unter bestimmten Voraussetzungen auf einen Dritten übertragen werden (siehe „Ersatzmieter").

Personenwechsel auf Vermieterseite

Auf Vermieterseite kommt ein Personenwechsel beim Tod des Vermieters oder bei der Veräußerung des Grundstückes (siehe „Tod des Vermieters", „Veräußerung des Mietgrundstückes") sowie in der Zwangsversteigerung (siehe „Zwangsversteigerung") in Betracht.

Beim Tod des Vermieters tritt an seine Stelle der Erbe (oder eine Mehrzahl von Erben) in das Mietverhältnis ein.

> Der Erbe als Gesamtrechtsnachfolger übernimmt alle Rechte des Erblassers aus dem Mietvertrag; er tritt in alle Pflichten ein, die der Mietvertrag dem Vermieter auferlegt.

Eine Umschreibung des Mietvertrages auf den Erben ist also nicht erforderlich; ein Rechtsanspruch hierauf oder auf den Abschluß eines neuen Mietvertrages besteht nicht.

Ist eine Erbengemeinschaft Vermieter geworden, müssen neue Mietverträge von allen Miterben gemeinsam abgeschlossen werden und sämtliche Willenserklärungen (z. B. Kündigungen, Mieterhöhungen) von allen Miterben gemeinsam abgegeben werden, soweit sie sich nicht gegenseitig bevollmächtigt haben. Vergleiche hierzu auch „Eigentümerwechsel".

Pfandrecht des Vermieters

1 Der Vermieter hat an den eingebrachten und pfändbaren Sachen des Mieters ein **gesetzliches Pfandrecht** für seine Forderungen aus dem Mietverhältnis (§ 559 BGB). Die praktische Bedeutung ist relativ gering.

Folgende Voraussetzungen müssen erfüllt sein:

Die Sachen müssen eingebracht sein, d. h. nicht nur vorübergehend in den Mieträumen abgestellt sein. Eingebracht ist auch ein Kfz, das in der vermieteten Garage abgestellt wird.

> Sie müssen im Eigentum des Mieters stehen. Dem Pfandrecht sind also Sachen der Ehefrau des Mieters nicht unterworfen, wenn diese den Mietvertrag nicht unterzeichnet hat. Dies gilt auch für Sachen des Untermieters (OLG Düsseldorf, DWW 1987, 330).

Ist der Mieter z. B. beim Kauf unter Eigentumsvorbehalt nicht Eigentümer, kann nur die Anwartschaft des Mieters gepfändet werden. Einer nach Einbringung der Sachen begründeten Sicherungsübereignung geht aber das Vermieterpfandrecht vor.

Dies gilt auch für den Fall, daß der Mieter während der Mietzeit durch einen Raumsicherungsübereignungsvertrag zugunsten eines Kreditgebers über gegenwärtiges und künftiges Eigentum an einer in einem bestimmten Mietraum eingebrachten Sachgesamtheit verfügt. Das Vermieterpfandrecht erstreckt sich auch auf solche Einzelteile des Warenlagers, die erst nach der Sicherungsübereignung dem Warenbestand zugeführt werden (so BGH, Urt. v. 12. 2. 1992, DWW 1992, 176).

Unpfändbare Sachen unterliegen dem Pfandrecht nicht (§ 559 Satz 3 BGB). Darunter fallen Sachen, die dem persönlichen Gebrauch oder dem Haushalt dienen, soweit sie zu einer bescheidenen Lebens- und Haushaltsführung nötig sind; darunter fallen heutzutage auch Kühlschrank, Waschmaschine und Fernsehgerät.

2 Das Pfandrecht sichert nur **Forderungen aus** dem **Mietvertrag**. Für künftige Entschädigungsforderungen und für den Mietzins für eine spätere Zeit als das laufende und folgende Mietjahr kann das Pfandrecht nicht geltend gemacht werden (§ 559 Abs. 2 BGB).

3 Nach § 560 BGB **erlischt** das Pfandrecht des Vermieters mit der Entfernung der Sachen von dem Grundstück, es sei denn, daß die Entfernung ohne Wissen oder unter Widerspruch des Vermieters erfolgt. Der Vermieter kann der Entfernung nicht widersprechen, wenn sie im regelmäßigen Betrieb oder Geschäft des Mieters oder den gewöhnlichen Lebensverhältnissen entsprechend erfolgt oder wenn die zurückbleibenden Sachen zur Sicherung des Vermieters offenbar ausreichen.

4 Der Vermieter hat ein Recht zur Verwertung der Sache und kann daher vom Mieter die Herausgabe zur Versteigerung verlangen (§§ 1257, 1228 Abs. 2 BGB), und zwar auch schon vor einem Auszug des Mieters (Palandt, § 559 BGB, Rdn. 19). Wenn der Mieter Gegenstände entfernt oder insgesamt auszieht, steht dem Vermieter ein **Selbsthilferecht** zu (§ 561 BGB). Er kann das Entfernen der Sachen verhindern und diese in Besitz nehmen. Vor dem Auszug des Mieters darf er jedoch das Selbsthilferecht nicht in Anspruch nehmen (OLG Düsseldorf, ZMR 1983, 376).

Das Pfandrecht des Vermieters steht daher allzuoft nur auf dem Papier. Beim Auszug des Mieters kann der Vermieter die Sachen in Besitz nehmen. Hierbei ist das schonendste Mittel zu wählen, die Anwendung von Gewalt kommt nur in begrenzten Ausnahmefällen in Frage.

> Es kann sich daher empfehlen, eine **einstweilige Verfügung beim AG** zu beantragen mit dem Inhalt, dem Mieter die Entfernung bestimmter Sachen zu untersagen, wenn der Mieter seinen Auszug angekündigt hat.

Sind die Sachen ohne Wissen oder unter Widerspruch des Vermieters entfernt worden, kann er die Herausgabe zum Zwecke der Zurückschaffung in das Grundstück und, wenn der Mieter ausgezogen ist, die Überlassung des Besitzes verlangen. Das Pfandrecht **erlischt** mit dem Ablauf eines Monats, nachdem der Vermieter von der Entfernung der Sache Kenntnis erlangt hat, wenn nicht der Vermieter diesen Anspruch vorher gerichtlich geltend gemacht hat (§ 561 Abs. 2 BGB).

Der Mieter kann die Geltendmachung des Pfandrechts des Vermieters durch **Sicherheitsleistung** abwenden; er kann jede einzelne Sache dadurch von dem Pfandrecht befreien, daß er in Höhe ihres Wertes Sicherheit leistet (§ 562 BGB).

Trifft mit dem Vermieterpfandrecht ein nachträglich begründetes Pfändungspfandrecht zusammen, hat der Vermieter auch hier das Recht **auf vorzugsweise Befriedigung** aus dem Erlös (§ 805 ZPO). Bei der Geltendmachung von Mietzinsrückständen ist dieses Recht jedoch zeitlich beschränkt (§ 563 BGB). Das Vermieterpfandrecht kann hier nur für das letzte Jahr vor der Pfändung geltend gemacht werden. Zeitlich noch früher liegende Mietzinsrückstände werden nicht erfaßt.

5 Das Vermieterpfandrecht gewinnt eventuell Bedeutung, wenn der Mieter unter Hinterlassung von **Mietrückständen** auszieht. Aus den Gegenständen, die der Vermieter zurückbehält, kann er sich im Wege des Pfandverkaufes befriedigen. Der **Pfandverkauf** ist dem Schuldner vorher anzudrohen.

Dabei ist der geschuldete Betrag zu bezeichnen. Der Verkauf darf nicht vor Ablauf eines Monats nach der Androhung durchgeführt werden. Der Verkauf des Pfandes ist in der Regel im Wege der öffentlichen Versteigerung durch den Gerichtsvollzieher zu bewirken. Die gesetzlichen Bestimmungen hierüber finden sich den §§ 1233 bis 1247 BGB.

Plakatieren → „Kündigung“ (vertragswidriger Gebrauch)
Preisgebundener Wohnraum → „Sozialwohnung“

Prozeßkosten

Die Kosten des Mietprozesses umfassen die Gerichtskosten und, soweit die Parteien durch Rechtsanwälte vertreten werden, deren Gebühren und Auslagen. Für die Höhe der Kosten ist maßgebend einmal der Streitwert, zum anderen der Umfang der Tätigkeit. Einzelheiten sind geregelt im Gerichtskostengesetz und in der Bundesrechtsanwaltsgebührenordnung.

1 Mit der Erhebung der Klage fällt die gerichtliche Prozeßgebühr an. Ihre Zahlung ist Voraussetzung dafür, daß das Verfahren in Gang kommt. Endet der Rechtsstreit durch Endurteil (also nicht durch Vergleich), fällt eine Gerichtsgebühr (Urteilsgebühr) an. Im Berufungsverfahren erhöht sich die Prozeßgebühr auf das 1 1/2-fache. Die Urteilsgebühr bleibt unverändert.

2 Anwaltskosten entstehen, wenn der Rechtsstreit beim LG oder einer noch höheren Instanz anhängig ist, da dort Anwaltszwang herrscht. Beim AG können sich die Parteien selbst vertreten oder durch einen Rechtsanwalt vertreten lassen.

3 Regelmäßig hat die unterliegende Partei die gesamten Kosten des Rechtsstreites zu tragen bzw. zu erstatten (§ 91 ZPO). Hat die Klage teilweise Erfolg, sind die Kosten entsprechend zu quoteln. Besonderheiten gelten beim Räumungsprozeß (siehe „Räumungsklage“).

4 Wird eine Partei durch einen Rechtsanwalt vertreten, fällt in jedem Fall die Prozeßgebühr an. Verhandelt der Rechtsanwalt zur Sache oder erläutert er die Sache im Termin, entsteht eine weitere Gebühr (Verhandlungsgebühr oder Erörterungsgebühr). Wird Beweiserhebung angeordnet, entsteht eine weitere volle Gebühr (Beweisgebühr). Endet der Rechtsstreit durch Vergleich, hat der Rechtsanwalt Anspruch auf eine Vergleichsgebühr.

Wird der Rechtsanwalt in derselben Angelegenheit für mehrere Auftraggeber tätig, erhöht sich die Prozeßgebühr für jeden weiteren Auftraggeber um 3/10 des jeweils für diesen maßgeblichen Gebührensatzes, höchstens jedoch um das Doppelte davon. Im Berufungsverfahren erhöhen sich die anwaltlichen Gebühren um je 3/10.

5 An zwei Beispielen sollen die **Kosten eines Mietprozesses** erläutert werden:

Beispiel a:

Klage des Vermieters V gegen den Mieter M auf **Zustimmung zu einer Mieterhöhung** von monatlich DM 50. Streitwert nach § 16 Abs. 5 GKG DM 600 (12 facher Unterschiedsbetrag zwischen der alten und der neuen Miete).

Gerichtskosten:

Prozeßgebühr	50,00 DM
Gebühr für Endurteil (mit Begründung)	100,00 DM
	150,00 DM

zzgl. Kosten eines Sachverständigen (ca. DM 2 000 bis 2 500), wenn er im Beweiserhebungsverfahren mit der Erstellung eines Gutachtens über die Höhe der ortsüblichen Vergleichsmiete beauftragt wurde, zzgl. gerichtlicher Schreibgebühren und Postgebühren.

Werden V und M durch einen Rechtsanwalt vertreten, so fallen auf jeder Seite folgende weitere Kosten an:

Prozeßgebühr	50,00 DM
Verhandlungsgebühr	50,00 DM
Beweisgebühr	50,00 DM
Postgebühren (zulässiger Pauschalansatz)	22,50 DM
	172,50 DM

zzgl. etwaiger Fotokopiekosten (je Seite DM 1,00) sowie 15 % MWSt

Teuer werden Mieterhöhungsverfahren also in der Regel durch Einschaltung von Sachverständigen.

Beispiel b:

Klage auf **Räumung** und Forderung des Vermieters V gegen die Mieterehegatten M1 und M2 wegen **rückständiger Mieten** in Höhe zweier Monatsmieten zu je DM 600.

Streitwert:

Räumung (Jahresmiete ohne Heiz- und Warmwasserkosten)	7 200,00 DM
Forderung	1 200,00 DM
	8 400,00 DM

Gerichtskosten:

Prozeßgebühr	220,00 DM
Urteilsgebühr (mit Begründung)	440,00 DM
	660,00 DM

zzgl. Schreibgebühren und Postgebühren

Anwaltskosten:

Kläger (V)	Prozeßgebühr	540,00 DM
	Verhandlungsgebühr	540,00 DM
	Postgebühr, pauschal	40,00 DM
		1 120,00 DM

zzgl. Fotokopiekosten und 15 % MWSt

Beklagte (M1 u. M2)	Prozeßgebühr (+ 3/10 für einen weiteren Auftraggeber)	702,00 DM
	Verhandlungsgebühr	540,00 DM
	Postgebühr, pauschal	40,00 DM
		1 282,00 DM

zzgl. Fotokopiekosten und 15 % MWSt

Gesamtkosten ca. 3 420,00 DM

Billig ist ein Räumungsprozeß für den, der ihn verliert, nicht. Bei Miethausbesitz ist daher durchaus der Abschluß einer Rechtschutzversicherung (s. dazu HuG, Gruppe 16) zu erwägen.

Räumungsfrist

1. Über die Sozialklausel der §§ 556 a bis 556 c BGB hinaus kann dem Wohnraummieter **zusätzlicher Schutz** durch Gewährung eines befristeten Räumungsaufschubes zuteil werden. Diese in §§ 721, 794 a ZPO geregelten Schutzmaßnahmen gelten auch für jene Mietverhältnisse, bei denen das Widerspruchsrecht gegen die Kündigung des Vermieters ausgeschlossen ist, nämlich bei nur zum vorübergehenden Gebrauch vermietetem Wohnraum oder bei Wohnraum, den der Vermieter ganz oder überwiegend mit Einrichtungsgegenständen auszustatten hat und der Teil der vom Vermieter selbst bewohnten Wohnung ist, ohne zum dauernden Gebrauch für eine Familie überlassen zu sein.

> Im Falle eines besonderen Zeitmietvertrages gem. § 564 c Abs. 2 BGB ist die Bewilligung einer gerichtlichen Räumungsfrist ausgeschlossen.

Die Räumungsfristschutzvorschriften sind auch anwendbar, wenn der Mieter gekündigt hat, oder auch, wenn das Räumungsurteil nicht auf mietrechtlichen, sondern auf anderen Bestimmungen beruht, so etwa auf dem Herausgabeanspruch des Eigentümers gegen den nicht berechtigten Besitzer nach § 985 BGB, weil beispielsweise kein gültiger Mietvertrag zustande gekommen ist. Schließlich kann Räumungsfrist eingeräumt oder Vollstreckungsschutz gewährt werden, wenn der Vermieter nach Beendigung des Hauptmietverhältnisses gegen den verbliebenen Untermieter Räumungsurteil nach § 556 Abs. 3 BGB erwirkt hat.

Auch bei einem Mischmietverhältnis kann eine Räumungsfrist für den Wohnteil gewährt werden, und zwar auch dann, wenn der gewerbliche Mietanteil überwiegt, sofern eine getrennte Herausgabe beider Teile möglich ist. Das ist dann der Fall, wenn der gewerblich genutzte und der zu Wohnzwecken genutzte Teil baulich und funktional selbständig sind (so LG Hamburg, WM 1993, 203).

2. In einem auf Räumung von Wohnraum lautenden Urteil kann vom Gericht **auf Antrag** oder von Amts wegen dem Räumungspflichtigen eine den Umständen nach angemessene **Räumungsfrist** gewährt werden. Der Antrag kann nur bis zum Schluß der mündlichen Verhandlung gestellt werden. Hat ihn das Gericht im Urteil übergangen, kann der Antragsteller Ergänzung des Urteils verlangen. Einstweilige Einstellung der Zwangsvollstreckung bis zur Entscheidung über die Gewährung einer Räumungsfrist ist möglich.

> Ist auf künftige Räumung erkannt und über eine Räumungsfrist noch nicht entschieden, kann dem Räu-

mungsschuldner Räumungsfrist gewährt werden, wenn er spätestens 2 Wochen vor dem Tage, an dem nach dem Urteil zu räumen ist, einen Antrag stellt.

Wurde ein **Räumungsvergleich** geschlossen, kann der Räumungspflichtige Antrag auf Bewilligung einer Räumungsfrist bis spätestens 2 Wochen vor dem Tag, an dem nach dem Vergleich zu räumen ist, stellen. Die Räumungsfrist kann auch auf Antrag verlängert oder verkürzt werden, wobei der Antrag spätestens 2 Wochen vor Ablauf der Räumungsfrist bei Gericht eingegangen sein muß. Ein Antrag auf Verkürzung einer zwischen den Parteien direkt im Räumungsvergleich vereinbarten Frist ist jedoch nicht zulässig (strittig).

Die Räumungsfrist darf insgesamt nicht mehr als **ein Jahr** betragen. Die Jahresfrist ist zu rechnen: Im Urteilsverfahren ab Rechtskraft des Urteils oder, wenn nach einem Urteil auf künftige Räumung an einem späteren Tag zu räumen ist, von diesem Tag an, bei Verfahrensbeendigung durch Vergleich ab dem Tage, an dem nach dem Vergleich zu räumen ist.

Ob eine Räumungsfrist gem. § 721 ZPO auch bei der Vollstreckung aus anderen Räumungstiteln (§ 117 KonkursO, § 93 ZwangsversteigerungsG) anzuwenden ist, ist strittig, aber wohl zu verneinen (vgl. Thomas-Putzo, § 721 ZPO, Anm. 1 b).

Ob eine Räumungsfrist bewilligt, verlängert oder verkürzt wird, liegt im Ermessen des Gerichts. Das gleiche gilt für das Ausmaß der Räumungsfrist. Es kommt immer auf die Lage des Einzelfalles an. Die beiderseitigen Interessen sind gegeneinander abzuwägen. Zugunsten des Räumungsgläubigers (Eigentümers / Vermieters) sind zu berücksichtigen sein Interesse am Freiwerden der Räume sowie das vertragsgemäße oder nicht vertragsgemäße Verhalten des Räumungsschuldners (Mieters). Zugunsten des Räumungspflichtigen (Mieters) sind die Umstände zu berücksichtigen, die auch geeignet sind, die Fortsetzung eines Mietverhältnisses mit Erfolg zu verlangen.

Bei Räumungs**vergleichen** sind die Voraussetzungen für die Bewilligung einer Räumungsfrist strenger zu beurteilen als bei der Verurteilung zur Räumung.

Nur neue wesentliche Ereignisse, die nach Vergleichsabschluß eingetreten sind, können die Gewährung einer Räumungsfrist nach § 794 a ZPO rechtfertigen. Dann kann allerdings das Gericht eine Räumungsfrist gewähren, deren Lauf nach Ablauf der im gerichtlichen Räumungsvergleich vereinbarten Frist mit der Höchstdauer eines Jahres beginnt, wenn neue Tatsachen nach Abschluß des Räumungsvergleichs den Schutz des Schuldners rechtfertigen (so LG Kiel, WM 1992, 492).

Auf die Räumungsfrist kann der Schuldner wirksam **verzichten**. Der Verzicht hindert ihre Gewährung.

3 Rechtlich handelt es sich bei der Gewährung einer Räumungsfrist um die Stundung der bestehenden Räumungsverpflichtung. Der Mieter kann daher die Mieträume vor Ablauf der Räumungsfrist zurückgeben mit der Folge, daß seine Zahlungspflicht bereits mit diesem Zeitpunkt und nicht erst mit dem späteren Ablauf der Räumungsfrist endet (§ 557 Abs. 1 BGB), da er die Nutzungsentschädigung nur für die Zeit der tatsächlichen Vorenthaltung des Besitzes schuldet (so LG Mönchengladbach, DWW 1992, 215). Allerdings hat der Mieter die nachvertragliche Pflicht, dem Vermieter unverzüglich und so rechtzeitig den vorzeitigen Auszug mitzuteilen, daß diesem eine Neuvermietung der Wohnung noch vor Ablauf der Räumungsfrist ab dem nächstmöglichen Zeitpunkt möglich ist. Verletzt der Mieter diese Pflicht, haftet er dem Vermieter aus dem Gesichtspunkt der positiven Forderungsverletzung auf Nutzungsentschädigung (so LG Mönchengladbach, a. a. O.).

Entscheidungen, welche die Gewährung, Versagung oder Bemessung einer Räumungsfrist betreffen, sind mit **sofortiger Beschwerde** anfechtbar. Die Frist beträgt 2 Wochen ab Zustellung. Eine weitere sofortige Beschwerde zum OLG ist nicht möglich (§ 567 Abs. 3 Satz 1 ZPO).

Räumungsklage

Grundsätzliches ist hierzu unter „Gerichtliches Verfahren in Mietsachen" ausgeführt. Folgende Besonderheiten sollen noch erwähnt werden: Eine Klage auf künftige Räumung ist zulässig, wenn den Umständen nach die Besorgnis gerechtfertigt ist, daß der Schuldner (= Mieter) sich der rechtzeitigen Leistung entziehen werde (§ 259 ZPO). Das ist z. B. der Fall, wenn der Mieter der Kündigung widersprochen hat mit der Begründung, der vom Vermieter angegebene Kündigungsgrund liege nicht vor (OLG Karlsruhe, RE v. 10. 6. 1983, WM 1983, 253; Weber/Marx, VII/S. 103). Gleiches gilt, wenn der Mieter die Kündigung für unwirksam hält und dies dem Vermieter mitteilt. Die **Kosten** werden auch bei einem Räumungsprozeß nach Obsiegen und Unterliegen verteilt. Eine Ausnahme hiervon findet sich in § 93 b Abs. 3 ZPO. Danach kann dann, wenn der Beklagte den Anspruch auf Räumung von Wohnraum sofort anerkennt, ihm jedoch eine Räumungsfrist bewilligt wird, das Gericht die Kosten ganz oder teilweise dem Kläger auferlegen, wenn der Beklagte bereits vor Erhebung der Klage unter Angabe von Gründen die Fortsetzung des Mietverhältnisses oder eine den Umständen nach angemessene Räumungsfrist vom Kläger vergeblich begehrt hatte.

Im **Klageantrag** ist der Mietgegenstand so genau zu bezeichnen, daß er vom Gerichtsvollzieher eindeutig festgestellt werden kann. Die Räumungsklage ist gegen alle Personen zu richten, die vollstreckungsrechtlichen Gewahrsam an den Mieträumen haben (vgl. Sternel VI, Rdn. 17 und 30). Mieter und Untermieter haften als Gesamtschuldner, können also gemeinsam auf Räumung verklagt werden. Aus einem Titel nur gegen den Mieter kann der Gerichtsvollzieher nicht gegen den Untermieter räumen.

Umstritten ist, ob aus einem Räumungstitel gegen den Mieter auch gegen dessen **Familienangehörige** vollstreckt werden kann. Sicherer ist es, die Klage gegen den Mieter und den Ehe- oder Lebenspartner zu erheben, der nicht Mieter ist. Einer solchen Räumungsklage gegen den nicht mietenden Ehegatten fehlt nicht das Rechtsschutzinteresse (so OLG Schleswig, RE v. 17. 11. 1992, WM 1992, 674). Dies gilt auch für den Lebenspartner des Mieters, der den Mietvertrag nicht unterschrieben hat. Die überwiegende Meinung geht inzwischen dahin, daß es **zwingend** eines Räumungstitels gegen den nichtmietenden Ehegatten bedarf (vgl. Sternel, Mietrecht aktuell, 3. Aufl., Rdn. 1430 m.w.N.).

Nach dem Rechtsentscheid des BGH vom 22. 11. 1995 (DWW 1996, 250) ist der vertragliche Herausgabe- und Räumungsanspruch (§ 556 Abs. 1 BGB) nach Beendigung des mit mehreren Mietern begründeten Wohnraummietverhältnisses auch gegen denjenigen von ihnen begründet, der im Gegensatz zu den anderen den Besitz an der Wohnung endgültig aufgegeben hat. Auch ausgezogene Mieter können daher neben den noch in der Wohnung befindlichen als Gesamtschuldner auf Räumung verklagt werden.

Räumungsschutz → „Vollstreckungsschutz“

Rechtsentscheid*

Rechtsentscheide in Wohnraummietsachen sind allgemein durch Gesetzesänderung vom 1. 7. 1980 eingeführt worden. Danach hat das LG als Berufungsgericht unter bestimmten Voraussetzungen eine Rechtsfrage vorab dem im Rechtszug übergeordneten OLG, in Bayern dem BayObLG, vor-

* Im Haufe Verlag erscheint jährlich eine von den Rechtsanwälten Weber und Marx herausgegebene **Rechtsentscheidsammlung zum Wohnraummietrecht**, die HuG-Abonnenten zum Vorzugspreis erwerben können.
Ferner wurde der Sammelband **„Rechtsentscheide zum Wohnraummietrecht“** herausgegeben, der die Jahre 1968 – 1991 umfaßt und unter **Bestell-Nr. 74.08** erhältlich ist.

zulegen. Diese Verpflichtung ist gegeben, wenn das LG bei der Entscheidung einer Rechtsfrage, die sich aus einem Mietverhältnis über Wohnraum ergibt oder den Bestand eines solchen Mietverhältnisses betrifft, von einer Entscheidung des BGH oder eines OLG abweichen will. Das gleiche gilt, wenn eine Rechtsfrage von grundsätzlicher Bedeutung bisher durch Rechtsentscheid noch nicht entschieden ist. Will das OLG von einer Entscheidung des BGH oder eines anderen OLG abweichen, hat es die Rechtsfrage dem BGH vorzulegen. Die Entscheidung ist für das LG bindend.

Ob eine noch nicht durch Rechtsentscheid beantwortete Rechtsfrage von grundsätzlicher Bedeutung ist, unterliegt allein der Beurteilung des damit befaßten LG. Die Prozeßparteien haben somit keine Möglichkeit, die Vorlage an das OLG zu erzwingen. Durch die unterbliebene Vorlage werden Wirksamkeit und Rechtskraft des landgerichtlichen Urteils nicht beeinflußt. Wenn aber ein LG oder OLG seine Vorlagepflicht willkürlich verletzt, kann Verfassungsbeschwerde eingelegt werden, wie das Bundesverfassungsgericht entschieden hat (WM 1987, 207).

Im Beschluß vom 3. 11. 1992 (DWW 1993, 38) hat sich das Bundesverfassungsgericht wiederum mit dieser Frage befaßt. Nach Ansicht des Gerichts reicht für die Annahme eines Verstoßes gegen Art. 101 Abs. 1 Satz 2 GG nicht jede irrtümliche Überschreitung der den Fachgerichten gezogenen Grenze aus. Ein Verstoß kann nur angenommen werden, wenn sich aus dem Urteil oder aus dem Verfahrensverlauf Anhaltspunkte dafür ergeben, daß sich dem Landgericht die Notwendigkeit einer Vorlage aufdrängen mußte. Dies wäre etwa dann der Fall, wenn eine der Parteien auf einen einschlägigen Rechtsentscheid hingewiesen hätte und sich das Gericht in seiner Entscheidung darüber hinweggesetzt hätte.

Zwar sind Amsgerichte an Rechtsentscheide nicht gebunden. Auf Grund des neu eingeführten § 511 a Abs. 2 ZPO kann jedoch gegen abweichende Urteile der Amtsgerichte in Streitigkeiten über Ansprüche aus einem Mietverhältnis über Wohnraum oder über den Bestand eines solchen Mietverhältnisses unabhängig von der Berufungssumme Berufung eingelegt werden.

> Voraussetzung ist, jedoch stets daß das Amtsgericht in einer Rechtsfrage von einer Entscheidung eines Oberlandesgerichts oder des Bundesgerichtshofes abgewichen ist und die Entscheidung auf der Abweichung beruht.

Rechtsnachfolger des Mieters → „Ersatzmieter“, „Personenwechsel auf Mieterseite“
Rechtsnachfolger des Vermieters → „Personenwechsel auf Vermieterseite“

Reinigungspflicht des Mieters

Ohne ausdrückliche vertragliche Vereinbarung im Mietvertrag oder in der Hausordnung ist der Mieter nicht verpflichtet, die gemeinschaftlich benutzten Teile des Hauses zu reinigen. Die Reinigungspflicht ist gleichmäßig unter den Mietern zu verteilen. Ausnahmen können sich jedoch z. B. bei besonders starker Nutzung der gemeinsam genutzten Teile des Hauses durch einen Geschäftsbetrieb oder eine Praxis oder sonstige starke Nutzung ergeben.

Teilweise wird die Ansicht vertreten, daß der **Erdgeschoßmieter** den Hauseingang zu reinigen sowie von Eis und Schnee freizuhalten hat, ferner noch die Kellertreppe zu reinigen hat und daß alle Mieter gemeinsam die Reinigung des gemeinschaftlich genutzten Dachbodens und Kellergangs sowie des Mülltonnenplatzes und des Hofes einschließlich der Zufahrten und Zugänge in angemessenem Wechsel untereinander vorzunehmen haben (so Schmidt-Futterer / Blank, Miete von A–Z, „Reinigungspflicht“ I 2). Wenn jedoch nur die Reinigungspflicht ohne weitere Zusätze auf die Mieter übertragen wird, bestehen Bedenken, ob diese Verpflichtung so weit geht. Insbesondere die Überbürdung der Pflichten auf den Erdgeschoßmieter dürfte sich ohne weitere Vereinbarungen nicht durchsetzen lassen.

> Wenn nichts anderes vereinbart ist, hat im übrigen jeder Mieter die Treppen zu reinigen, die vom darunterliegenden Stockwerk zu seiner Wohnung führen.

Darüber hinaus verbleibt auch im Falle der Überbürdung der Reinigungspflicht auf den Mieter beim Vermieter die **Aufsichtspflicht** (vgl. „Verkehrssicherungspflicht“).

> Ist der Mieter, sei es wegen Krankheit oder Urlaub, verhindert, seiner Reinigungspflicht nachzukommen, hat er einen Ersatz zu stellen.

Umstritten ist, ob dies auch dann gilt, wenn der Mieter, sei es aus Alters-, sei es aus Gesundheitsgründen, überhaupt nicht mehr in der Lage ist, seine Verpflichtungen zu erfüllen. Da der Mieter in der Lage ist, eine Ersatzperson zu beauftragen, wird man auch in diesen Fällen von einem Weiterbestehen der Verpflichtung ausgehen können (LG Düsseldorf, WM 1988, 400).

Wenn sich der Mieter entgegen seiner vertraglichen Verpflichtung weigert, seine Reinigungspflicht zu erfüllen, kann ihn der Vermieter darauf verklagen und aus dem Urteil bei weiterer Nichterfüllung vollstrecken (§ 887

ZPO). In dieser Vorschrift ist bestimmt, daß der Gläubiger, also der Vermieter, vom Gericht ermächtigt wird, die geschuldete Leistung auf Kosten des Schuldners (des Mieters) vornehmen zu lassen. Ferner kann der Gläubiger beantragen, den Schuldner zur Vorauszahlung der Kosten zu verurteilen, die dadurch entstehen. Ob einem beharrlich die Reinigungspflicht verweigernden Mieter nach Abmahnung fristlos oder ordentlich gekündigt werden kann, ist umstritten. Es wird, wie so oft, auf den Einzelfall ankommen (z. B. Weigerung trotz eines rechtskräftigen Endurteils).

Reklameschilder → „Außenwerbung“
Renovierung → „Schönheitsreparaturen“
Reparaturen → „Instandhaltung und Instandsetzung der Mieträume“, „Kleinreparaturen“

Rückgabe der Mietsache

Inhaltsübersicht Seite

1 Wann?

Nach **Beendigung des Mietverhältnisses** hat der Mieter die Mietsache zurückzugeben (§ 556 Abs. 1 BGB). Das Mietverhältnis muß also beendet sein (siehe „Beendigung des Mietverhältnisses“). Nach dem Wortlaut des Gesetzes hat der Mieter **nach** Beendigung zu räumen. Die Mieträume müssen also nicht am letzten Tag der Mietzeit zurückgegeben werden, sondern am nächstfolgenden Tag (§ 188 BGB). Fällt dieser Tag auf einen Samstag, Sonntag oder Feiertag, müssen die Räume erst am nächsten Werktag zurückgegeben werden (§ 193 BGB; OLG Hamm, WM 1981, 40). Bei nicht rechtzeitiger Rückgabe kommt der Mieter ohne Mahnung in Verzug (§ 284 Abs. 2 BGB).

Da der Mieter keine Gebrauchspflicht hat, kann er die Räume schon vor der Beendigung des Mietverhältnisses zurückgeben. Er ist allerdings bis zur Beendigung zur Zahlung des Mietzinses verpflichtet (§ 552 BGB). Hiervon gibt es **Ausnahmen**. So kann der Mieter berechtigt sein, einen Ersatzmieter (siehe „Ersatzmieter") zu stellen. Liegen die Voraussetzungen hierfür vor, wird der Mieter auch vor Beendigung des Mietverhältnisses zu dem Zeitpunkt von der Mietzinszahlungspflicht frei, zu dem der Vermieter zumutbarerweise zum Abschluß des Mietvertrages mit dem Ersatzmieter verpflichtet gewesen wäre.

Auch wenn der Vermieter vorzeitig weitervermietet oder Arbeiten in den Mieträumen vornimmt, so daß der Mieter sie gar nicht mehr nutzen könnte, entfällt die Mietzinszahlungspflicht (LG Saarbrücken, WM 1979, 140 und LG Köln, WM 1978, 84). Darauf kann sich der Mieter allerdings nicht berufen, d. h. er muß den Mietzins weiterzahlen, wenn er die Räume dem Nachmieter selbst zur Durchführung von Renovierungsarbeiten zur Verfügung stellt oder wenn der Vermieter dem Nachmieter die Räume hierzu auch im Interesse des Mieters unentgeltlich überläßt, wenn dadurch die Neuvermietung noch vor der vertragsgemäßen Beendigung des Mietverhältnisses möglich ist (so Sternel, Mietrecht aktuell, 2. A., Rdn. 238).

Nach Ansicht des Landgerichts Frankfurt/M. (WM 1989, 494) soll der Mietzinsanspruch ferner entfallen, wenn der Mieter vor Beendigung des Mietverhältnisses auszieht, weil der Vermieter, ohne gekündigt zu haben, dringlichen Eigenbedarf geltend macht. Zur Rückgabe vor Ablauf der Räumungsfrist siehe „Räumungsfrist", Abschnitt 3. Zur verspäteten Rückgabe siehe Abschnitt 6, zur vorzeitigen Rückgabe, Abschnitt 7.

2 Wie?

Bei Räumen wird die Räumungspflicht durch **Fortschaffen der eingebrachten Sachen** des Mieters und **Aushändigung der Schlüssel** (siehe „Schlüssel") erfüllt.

> Darunter fallen auch selbst angefertigte Schlüssel des Mieters, wenn der Vermieter dem Mieter diese Kosten ersetzt. Andernfalls muß der Mieter diese Schlüssel, tunlichst vor Zeugen, unbrauchbar machen.

Gibt der Mieter nicht alle Schlüssel zurück, enthält er dem Vermieter die Mieträume vor und gibt sie nicht vollständig zurück (OLG Düsseldorf, NJW-RR 1996, 209). Der Vermieter ist nicht verpflichtet, zur Entlastung des Mieters die Schlösser auszutauschen (OLG Düsseldorf, a.a.O.). Fraglich ist, ob sich dieses zu einem Geschäftsraummietverhältnis ergangene Urteil auch auf Wohnraummietverhältnisse anwenden läßt.

Ist ein **unbebautes** Grundstück vermietet, hat der Mieter etwaige darauf errichtete Bauwerke zu beseitigen (BGH, ZMR 1966, 238). Die **Räume** müssen ordnungsgemäß, d. h. **besenrein** zurückgegeben werden. Zu mehr als zur Beseitigung von grobem Schmutz und Umzugsresten ist der Mieter mangels anderer Vereinbarungen nicht verpflichtet.

> Der nicht vertragsgemäße, insbesondere auch verwahrloste oder

> schadhafte Zustand der Mieträume berechtigt den Vermieter nicht, die Rücknahme der Mietsache abzulehnen (BGHZ 104, 285, 289).

Er gerät vielmehr in Annahmeverzug. Der Mieter kann nach Androhung den Besitz aufgeben (§ 303 BGB). Nimmt der Vermieter die Räume in nicht vertragsgemäßem Zustand zurück, verliert er seine Ansprüche nicht; ein entsprechender Vorbehalt (z. B. im Übergabeprotokoll) empfiehlt sich aber, um die Beweislastumkehr (§ 363 BGB) zu vermeiden.

Ob der Mieter zu mehr, insbesondere zur Durchführung von **Schönheitsreparaturen** (siehe „Schönheitsreparaturen") verpflichtet ist, richtet sich danach, ob eine wirksame vertragliche Vereinbarung besteht.

Grundsätzlich hat der Mieter bauliche Änderungen und **Einrichtungen** ohne Rücksicht auf die Kosten zu beseitigen und den früheren Zustand wieder herzustellen. Dies gilt auch dann, wenn der Mieter Einrichtungen vom Vormieter übernommen hat (LG Berlin, MDR 1987, 234; OLG Hamburg, ZMR 1990, 341).

> Hat der Vermieter dem Mieter während der Mietzeit eine entsprechende Genehmigung erteilt, kann daraus nicht grundsätzlich gefolgert werden, daß der Mieter bei Beendigung des Mietverhältnisses zur Wiederherstellung des früheren Zustandes nicht verpflichtet ist.

Dies ergibt sich daraus, daß die Zustimmung des Vermieters nur während der Mietzeit gilt, um dem Mieter eine dessen Vorstellung entsprechende Nutzung zu ermöglichen (so Scheuer in Bub / Treier, V Rdn. 16). Da allerdings in der Rechtsprechung teilweise andere Ansichten vertreten werden, empfiehlt es sich für den Vermieter, mit der Zustimmung zu baulichen Änderungen zugleich auf die Beseitigungspflicht hinzuweisen bzw. eine entsprechende Zusatzvereinbarung zum Mietvertrag abzuschließen.

> Eine Beseitigungspflicht des Mieters entfällt allerdings dann, wenn er gegenüber dem Vermieter vertraglich zur Durchführung von baulichen Änderungen oder zum Einbau von Einrichtungen verpflichtet war.

Ebenso, wenn die Arbeiten erforderlich waren, um die Räume überhaupt vertragsgemäß nutzen zu können (LG Bochum, NJW 1967, 2015).

Bei der Pflicht des Mieters zur Beseitigung von Einrichtungen etc. handelt es sich um eine Nebenpflicht, bei deren Verletzung der Vermieter ohne weiteres einen Schadenersatzanspruch hat. Um eine Hauptleistungspflicht mit der Folge, daß der Vermieter dem Mieter nach § 326 BGB nach Beendigung des Mietverhältnisses eine Frist zur Beseitigung mit Ablehnungsandrohung (vgl. „Schönheitsreparaturen") setzen muß, handelt es sich, wenn die Wiederherstellung des früheren Zustandes einen erheblichen (mehr als der Mietzins für 4 Monate) Betrag erfordert

(BGH, NJW 1977, 36, und NJW 1988, 1778) oder in einer ausdrücklichen Vereinbarung geregelt ist (LG Berlin, MDR 1986, 589). Siehe hierzu auch „Bauliche Veränderungen durch den Mieter“ und „Einrichtungen“.

Seiner Rechtspflicht hat der Mieter nur dann genügt, wenn er vollständig räumt; Teilleistungen sind unzulässig und brauchen vom Vermieter nicht angenommen zu werden (§ 266 BGB).

So ist nicht vollständig geräumt, wenn der Mieter noch Möbel in den Räumen zurückläßt oder Keller oder Speicher nicht leer macht. Bei Zurücklassen von wenigem Gerümpel kann der Vermieter die Rücknahme aber nicht verweigern, da er sonst in Annahmeverzug gerät (BGHZ 104, 285, 289 – siehe auch „Verzug“). Dies gilt auch, wenn der Vermieter die Rücknahme wegen des schlechten Zustandes der Räume verweigert, da dies keine Vorenthaltung darstellt. Der Vermieter ist in diesem Fall auf seine sonstigen Ansprüche (Schadenersatz) angewiesen.

Erfüllt der Mieter seine Rückgabepflicht nicht, kann er auf Räumung und Herausgabe verklagt werden. Gewaltsame Besitzergreifung durch den Vermieter ist nicht zulässig.

3 Haben Mieter Zurückbehaltungsrechte?

Wegen etwaiger Ansprüche gegen den Vermieter steht dem Mieter ein **Zurückbehaltungsrecht** an den Mieträumen **nicht** zu (§ 556 Abs. 2 BGB), ausgenommen der Anspruch des Mieters beruht auf einer vorsätzlichen unerlaubten Handlung des Vermieters. Der Ausschluß des Zurückbehaltungsrechts bezieht sich auf den Rückgabeanspruch des Vermieters aus dem Mietvertrag. Die Regelung des § 556 Abs. 2 BGB gilt nicht, wenn der Herausgabeanspruch auf andere gesetzliche Tatbestände gestützt wird, etwa auf Eigentum. Ist z. B. ein Mietvertrag wegen Anfechtung nichtig, kann dem auf Eigentum gestützten Herausgabeanspruch ein Zurückbehaltungsrecht wegen Verwendungen des nicht berechtigten Besitzers auf die Sache entgegengesetzt werden.

4 Wer haftet wie?

Mehrere Mieter haften für die Rückgabe als **Gesamtschuldner**. Grundsätzlich kommt es also nicht darauf an, ob einer von mehreren Mietern ausgezogen ist oder nicht. Der BGH hat nämlich mit RE vom 22. 11. 1995 (WM 1996, 83; Weber/Marx, XV/S. 58) entschieden, daß der vertragliche Herausgabe- und Räumungsanspruch (§ 556 Abs. 1 BGB) nach Beendigung des mit mehreren Mietern begründeten Wohnraummietverhältnisses auch gegen denjenigen von ihnen begründet ist, der im Gegensatz zu den anderen Mietern den Besitz an der Wohnung endgültig aufgegeben hat.

Auch ein **Ehegatte**, der nicht Mieter geworden ist, kann bei Beendigung des Mietverhältnisses vom Vermieter auf Räumung in Anspruch genommen werden (OLG Schleswig, RE v. 17. 11. 1992, WM 1993, 674). Vgl. hierzu auch „Räumungsklage“.

5 Überlassung an Dritten

Hat der Mieter den Gebrauch der Mietsache einem **Dritten** (z. B. Untermieter) überlassen, kann der Vermieter die Sache unmittelbar von dem Dritten zurückfordern (§ 556 Abs. 3 BGB). Es handelt sich insoweit um ein gesetzliches Schuldverhältnis, um eine Art gesetzlicher Erweiterung des Vertragsanspruchs des Vermieters. Das Recht besteht neben dem Anspruch gegen den Mieter (Hauptmieter) auf Herausgabe. Nicht entscheidend ist, ob der Hauptmieter nach Beendigung des Mietverhältnisses ausgezogen ist. Es kommt vielmehr auf die rechtliche Beendigung des Mietverhältnisses (Hauptmietverhältnis) an. Sowenig wie der Mieter hat auch der Untermieter (oder der Dritte) ein Zurückbehaltungsrecht.

Der Anspruch des Vermieters setzt voraus, daß er den Dritten (Untermieter) vorher zur Räumung aufgefordert hat.

Hauptmieter und Dritter haften als Gesamtschuldner, können also gemeinsam auf Räumung verklagt werden (LG Hamburg, MDR 1958, 431). Der Dritte kann sich gegen den Vermieter nicht auf die Kündigungsschutzbestimmungen berufen. Etwas anderes gilt nur, wenn Vermieter und Mieter arglistig zu Lasten des Dritten zusammenwirken oder wenn der Dritte, hier also der Untermieter, bei Abschluß des Vertrages nicht wußte, daß sein Vermieter, der Hauptmieter, nicht Wohnungseigentümer war, vgl. hierzu „Herausgabeanspruch gegen Dritte“.

Dieser Schutz des Untermieters ist vom Bundesgerichtshof mit Beschluß vom 20. 3. 1991 (DWW 1991, 211) noch erweitert worden. Danach kann sich der auf Räumung in Anspruch genommene Untermieter auch dann auf den Einwand des Rechtsmißbrauchs berufen, wenn ihm zwar bei Abschluß des Untermietvertrages bekannt war, daß sein Vermieter nicht Eigentümer der Mietsache ist, er aber nicht wußte, daß er gegenüber dem Eigentümer keinen Wohnraumkündigungsschutz genießt.

Das Bundesverfassungsgericht hat die Rechte des Endmieters, der von einem gewerblichen Zwischenmieter gemietet hat, weiter gestärkt (Beschl. v. 11. 6. 1991, DWW 1991, 279). Hier hat der Mieter denselben Kündigungsschutz wie derjenige, der direkt vom Eigentümer mietet, vgl. hierzu „Herausgabeanspruch gegen Dritte“.

Umstritten ist, in welchen Fällen der Weitervermietung dem Endmieter ein Kündigungsschutz zustehen soll (vgl. Derleder, WM 1991, 641 ff.). Für den Fall des Vereins, der in Erfüllung seines Vereinszwecks Wohnraum anmietet, den er bestimmungsgemäß an Dritte zu Wohnzwecken weitervermietet, kann sich der Endmieter jedenfalls dann nicht auf den Kündigungsschutz des sozialen Mietrechts berufen, wenn der Hauptmietvertrag vom Vermieter aus wichtigem Grund fristlos gekündigt worden ist (so OLG Hamburg, RE v. 16. 4. 1993, WM 1993, 249). Das Gericht führt hierzu aus, daß vergleichbare Regelungssachverhalte, die das BVerfG veranlaßt habe, die Situation des Mieters eines im Interesse des Eigentümers eingeschalteten gewerblichen Zwischenvermieters mit der eines unmittelbar vom Eigentümer mietenden Mieters gleichzusetzen, im vom Gericht entschiedenen Fall nicht gegeben sind. Somit verbleibt es bei der Anwendbarkeit des § 556 Abs. 3 BGB. Entscheidend ist also, ob der Hauptmieter im Interesse des Vermieters tätig wird oder ob er mit der Untervermietung eigenen Interessen folgt (vgl. „Untermiete", Abschnitt 5).

6 Verspätete Rückgabe

Die verspätete Rückgabe der Mietsache hat weitreichende Folgen. Zum einen kann der Vermieter für die Dauer der Vorenthaltung eine Nutzungsentschädigung in Höhe des vereinbarten Mietzinses verlangen (§ 557 Abs. 1 BGB). Zwischen den Parteien muß also ein Mietverhältnis bestanden haben, das beendet ist. Eine **Vorenthaltung** liegt vor,

- wenn der Mieter die Räume nicht zurückgibt, obwohl er könnte, und dies dem Willen des Vermieters widerspricht, d. h., daß dieser auf der Rückgabe besteht (BGH, NJW 1984, 1527),
- wenn der Mieter die Räume nicht zurückgeben kann, weil er sie untervermietet hat, nicht aber bei gewerblicher Zwischenvermietung (BGH, WM 1996, 413, 415),
- wenn die Mietsache teilweise nicht zurückgegeben wird (BGH, NJW 1988, 2665),
- wenn die Räume ohne Schlüssel zurückgegeben werden (str., so LG Düsseldorf, WM 1992, 191; anders Sternel, Mietrecht aktuell, 2. A., Rdn. 595, der bei Zurücklassen von Einrichtungsgegenständen oder unterbliebener Rückgabe aller Schlüssel darauf abstellt, ob daraus noch ein Besitzwillen des Mieters indiziert werden kann).

Hingegen ist die Mietsache **nicht** vorenthalten, wenn sie in mangelhaftem Zustand zurückgegeben wird, etwa ohne pflichtgemäß ausgeführte Schönheitsreparaturen. Hier hat der Vermieter gesonderte Ansprüche.

Zum anderen kann der Vermieter bei einem Mietverhältnis über Räume statt dessen Entschädigung in Höhe der ortsüblichen Vergleichsmiete fordern. Diese kann durchaus über der bisher bezahlten Miete liegen. Der Vermieter kann also in diesem Fall mehr verlangen. Diese Geltendmachung einer höheren **Nutzungsentschädigung** erfolgt durch eine einseitige, empfangsbedürftige Willenserklärung und hat rechtsgestaltende Wirkung. Das Erhöhungsverlangen wirkt nur für die Zukunft, der Vermieter kann also nicht nachträglich eine erhöhte Nutzungsentschädigung verlangen (LG Berlin, WM 1993, 351). Der Vermieter muß es nicht begründen, auch nicht bei Wohnraum. Das Gesetz zur Regelung der Miethöhe ist hier nicht anwendbar (LG Stuttgart, ZMR 1987, 153). Falls der Mieter die erhöhte Nutzungsentschädigung nicht bezahlt und der Vermieter Klage auf Zahlung erhebt, ist er allerdings in einem Forderungsprozeß für die von ihm behauptete Ortsüblichkeit beweispflichtig.

Darüber hinaus kann der Vermieter einen weiteren Schaden geltend machen, wenn die Vorenthaltung **schuldhaft** ist. Fehlender Ersatzraum entschuldigt die verspätete Räumung nicht. Denkbar ist ein solcher Schaden z. B., wenn der Vermieter in der Lage wäre, zu einem höheren Mietzins zu vermieten, durch die Nichtfreimachung hieran jedoch gehindert ist. Der Schaden errechnet sich in diesem Fall aus der Differenz zwischen bisherigem Mietzins und jenem, der bei rechtzeitiger Räumung erzielt worden wäre.

Ist Wohnraum zurückzugeben, ist der Schadenersatzanspruch des Vermieters wegen Vorenthaltung wesentlich eingeschränkt. Er kann nur geltend gemacht werden, wenn die Rückgabe infolge von Umständen unterblieben ist, die der Mieter zu vertreten hat.

> **Unverschuldete** Vorenthaltung ist anzunehmen, wenn der Ersatzraumbeschaffung vorübergehende, übermäßige, nicht zumutbare Schwierigkeiten entgegenstehen. Der Mieter hat alles ihm Zumutbare zu unternehmen, um seine Rückgabepflicht erfüllen zu können.

Hat der Mieter einen Teil des Mietobjektes, sei es auch mit Erlaubnis des Vermieters, untervermietet, hat der Mieter sein Unvermögen zur Rückgabe, etwa weil der Untermieter nicht geräumt hat, zu vertreten. Die Unterlassung der Räumungsklage gegen den Untermieter nach Beendigung des Hauptmietverhältnisses durch den Vermieter kann freilich als mitwirkendes Verschulden gewertet werden. Nach Beendigung des **Untermietverhältnisses** steht dem Hauptmieter kein Anspruch auf Nutzungsentschädigung (§ 557 Abs. 1 BGB) gegen den Untermieter zu, wenn auch das Hauptmietverhältnis bereits beendet ist (BGH, WM 1996, 32).

Hat der Mieter die nicht rechtzeitige Rückgabe der Mietsache zu vertreten, ist dennoch der Schaden nur insoweit zu ersetzen, als den Umständen nach die Billigkeit eine Schadloshaltung erfordert (§ 557 Abs. 2 Satz 1 BGB), wobei wiederum alle Umstände des Einzelfalles zu berücksichtigen sind.

> Eine volle Schadloshaltung kommt jedenfalls dann in Betracht, wenn der Mieter mit von vorneherein auch ihm erkennbar aussichtslosen Argumenten sich gegen die Kündigung oder die Räumungsklage zur Wehr gesetzt oder eine Räumungsfrist beantragt hat oder wenn er aus Schikanegründen nicht zurückgibt.

Die **beschränkte** Schadenersatzpflicht entfällt zugunsten der vollen Schadloshaltung, wenn der Mieter seinerseits das Mietverhältnis gekündigt hat. Zum Ersatz eines über das Nutzungsentgelt hinausgehenden Schadens ist der Mieter für die Zeitdauer einer ihm gewährten Räumungsfrist nicht verpflichtet (§ 557 Abs. 3 BGB). Eine Vereinbarung zum Nachteil des Wohnraummieters ist unwirksam.

Ein in der Praxis gar nicht so seltener Fall soll zum Schluß noch behandelt werden. Was ist, wenn der Mieter die Räume nicht zum Ende des Monats, sondern **im Laufe des Monats** zurückgibt. So hat das LG Düsseldorf (WM 1992, 191) entschieden, daß eine Rückgabe erst am 3. eines Monats eine Vorenthaltung hinsichtlich des gesamten Monats darstellt, ohne daß es darauf ankommt, ab wann das Mietobjekt neu vermietet werden sollte. Die Nutzungsentschädigung ist daher für den vollen Monat zu zahlen.

Die Gegenmeinung wird von Sternel (Mietrecht aktuell, 2. A., Rdn. 600) vertreten. Danach schuldet der Mieter die Nutzungsentschädigung nur bis zum Zeitpunkt der Rückgabe. Falls der Vermieter aber schlüssig vortragen und beweisen kann, daß er deshalb erst zum nächsten Monatsersten neu vermieten konnte und deshalb einen Mietausfall hat, kann er einen Schadenersatzanspruch geltend machen.

7 Vorzeitige Rückgabe

In Zeiten des Überangebots an Wohnungen und gewerblichen Räumen wollen sich Mieter vorzeitig aus Verträgen lösen, um anderweitig billiger zu mieten. Hier stellt sich das Problem, ob und wie lange der Vermieter einen Anspruch auf Zahlung von Nutzungsentschädigung in Höhe der bisherigen Miete hat. Kündigt der Vermieter zu Recht fristlos, weil der ausgezogene Mieter den Mietzins für zwei Monate nicht bezahlt hat, kann der Vermieter den Mietausfall als Kündigungsfolgeschaden geltend machen. Der Schadenersatz kann bis zur Neuvermietung verlangt werden, sofern das Mietverhältnis nicht vorher durch Zeitablauf oder die Möglichkeit einer ordentlichen Kündigung hätte beendet werden können. Der Vermieter seinerseits ist verpflichtet, sich nachhaltig um eine alsbaldige anderweitige Vermietung zu bemühen. Andernfalls trifft ihn ein **Mitverschulden** (§ 254 Abs. 2 BGB; OLG Düsseldorf, ZMR 1996, 324).

Der Mieter hat allerdings die **Beweislast** dafür, daß der Vermieter entsprechende Bemühungen unterlassen hat. Kündigt der Vermieter nicht fristlos, kann er seinen Erfüllungsanspruch bis zum regulären Vertragsablauf (durch Zeitablauf oder die Möglichkeit einer ordentlichen Kündigung) geltend machen. Der Vermieter kann allerdings verpflichtet sein, einen Ersatzmieter (siehe „Ersatzmieter“) zu akzeptieren. Vermietet der Vermieter zu einem geringeren Mietzins weiter, hat der Mieter die Mietdifferenz zu zahlen, wenn sich der Vermieter redlich bemüht hat, durch die Weitervermietung aus der vom Mieter vertragswidrig geschaffenen Situation in beiderseitigem Interesse das beste zu machen (BGH, WM 1993, 346). Zu weiteren Einzelheiten siehe „Ersatzmieter“.

Rücktritt vom Mietvertrag

Von einem wirksam zustandegekommenen Mietvertrag kann ein Teil nur bis zur Überlassung der Mietsache und nur dann zurücktreten, wenn entweder der Rücktritt **vertraglich** vorbehalten ist oder ein gesetzlicher **Rücktrittsgrund** vorliegt (§§ 325, 327 BGB). Der letztere Fall ist z. B. gegeben, wenn der Vermieter dem Mieter den Gebrauch nicht rechtzeitig verschafft und eine ihm vom Mieter gesetzte Nachfrist mit Ablehnungsandrohung fruchtlos verstreichen läßt, siehe hierzu „Verzug", oder die Voraussetzung einer Anfechtung (siehe „Anfechtung") vorliegt.

Nach Überlassung der Mietsache kann das Mietverhältnis nur durch Kündigung beendet werden. Ein vereinbartes Rücktrittsrecht ist in ein Recht zur Ausübung der fristlosen Kündigung umzudeuten. Bei einem Mietverhältnis über Wohnraum gelten, wenn der Wohnraum dem Mieter überlassen ist, für ein vereinbartes Rücktrittsrecht die Vorschriften über die Wohnraumkündigung und ihre Folgen entsprechend (§ 570 a BGB).

Ruhestörung → „Störung des Hausfriedens"

Sammelheizung → „Zentralheizung“

Schadenersatz

Schadenersatzansprüche können sowohl dem Vermieter als auch dem Mieter zustehen. Schadenersatzansprüche **des Mieters** sehen die mietrechtlichen Vorschriften des BGB in § 538 vor (siehe „Mängel“). Ansprüche des Mieters können sich auch aus der Verletzung allgemeiner schuldrechtlicher Vorschriften ergeben, z. B. aus der Verletzung der Verkehrssicherungspflicht des Vermieters. Dies kann auch der Fall sein bei schuldhafter Verschlechterung der Mietsache oder Verletzung der Obhutspflicht (siehe „Verschlechterung der Mietsache“, „Obhutspflicht des Mieters“).

Schadenersatzansprüche können sich ferner aus einer unbegründeten Kündigung oder aus vorgetäuschtem Eigenbedarf ergeben (siehe „Eigenbedarf“).

Schadenersatzansprüche **des Vermieters** sind im mietrechtlichen Teil des BGB nicht ausdrücklich geregelt. Lediglich in § 557 BGB ist bei verspäteter Rückgabe die Geltendmachung eines weiteren Schadens nicht ausgeschlossen.

Folgende Hauptfälle sollen kurz aufgezählt werden:

- Schadenersatzansprüche wegen unterlassener **Schönheitsreparaturen** (siehe „Schönheitsreparaturen“).
- Schadenersatzansprüche wegen **Beschädigung** und Verschlechterung der Mietsache (siehe „Verschlechterung“).
- Schadenersatzansprüche wegen Verletzung der **Anzeigepflicht** des Mieters (siehe „Anzeigepflicht“).
- Schadenersatzansprüche bei falschem **Wohnverhalten** (siehe „Feuchtigkeit“, „Obhutspflicht“).
- Schadenersatzansprüche wegen unberechtigter **Untervermietung**: Der Mieter hat ein Verschulden des Untermieters beim Gebrauch der Mieträume zu vertreten; es kommt nicht darauf an, ob der Mieter selbst an einem durch den Untermieter verursachten Schaden schuld ist (§ 549 Abs. 3 BGB).
- Schadenersatzanspruch bei berechtigter **fristloser Kündigung** des Vermieters: Hier haftet der Mieter in erster Linie auf Ersatz des Mietausfalles (BGH, ZMR 1984, 345, 347). Von diesem Anspruch werden ersparte Aufwendungen sowie diejenigen Vorteile abgezogen, welche durch eine anderweitige Verwertung (Neuvermietung) erlangt werden (§ 552 Satz 2 BGB). Hier hat der Vermieter auch eine Schadensminderungspflicht.
- Entschädigungsanspruch wegen verspäteter **Rückgabe** des Mietobjektes (siehe „Rückgabe“).

Schadenersatzansprüche sowohl des Vermieters als auch des Mieters unterliegen der **Verjährung** (siehe „Verjährung"). Ansprüche können auch verwirkt werden (siehe **„Verwirkung"**).

Literaturhinweis zu den Schadenersatzansprüchen: Eine Übersicht über die Schadenersatzansprüche des Vermieters mit Rechtsprechungsnachweisen hat Gather in DWW 1990, 322 ff. gegeben.

Schimmel → Feuchtigkeit

Schlüssel

Zur ordnungsgemäßen Gebrauchsgewährung als Hauptpflicht des Vermieters gehört auch die Überlassung der Schlüssel für die Haus- und Wohnungstür, sonstige verschließbare Räume und die Nebenräume, z. B. Keller.

> Der Vermieter ist ohne Einverständnis des Mieters nicht berechtigt, einen **Zweitschlüssel** für die vermieteten Räume zurückzubehalten oder anzufertigen.

In der Regel werden für die Haus- und Wohnungstür mindestens zwei Schlüssel überlassen. Benötigt der Mieter, etwa wegen der Größe seiner Familie, zusätzliche Schlüssel, darf er sie auf seine Kosten anfertigen lassen. Bei der Räumung des Mietobjektes ist der Mieter verpflichtet, sämtliche Schlüssel zurückzugeben, auch etwaige zusätzlich angefertigte. Hierfür kann der Mieter allerdings Ersatz verlangen oder, falls der Vermieter hierfür nicht zahlen will, diese Schlüssel im Beisein des Vermieters oder eines Zeugen unbrauchbar machen. Fehlende Schlüssel hat der Mieter auf seine Kosten dem Vermieter zu ersetzen.

Zieht der Mieter aus, ohne die Schlüssel zurückzugeben, ist umstritten, ob der Vermieter ein neues Schloß einbauen lassen und die Kosten dafür und für die dazugehörigen Schlüssel vom Mieter ersetzt verlangen kann. Insbesondere bei einer **zentralen Schließanlage** kann dies sehr teuer kommen. Das LG Mannheim (WM 1977, 121) stellt darauf ab, ob eine mißbräuchliche Verwendung der verlorenen Schlüssel zu befürchten ist oder nicht. In dem vom Gericht entschiedenen Fall waren die Schlüssel bei einer Bootsfahrt in einen Fluß gefallen, so daß der Vermieter keinen Anspruch auf ein neues Schloß hatte. Das LG Göttingen (ZMR 1990, 145) führt hierzu aus, daß der Vermieter beim **Verlust** eines Schlüssels grundsätzlich die Kosten für den Einbau eines neuen Schlosses verlangen kann. Ergeben die Umstände des Einzelfalles, daß ein Mißbrauch ausgeschlossen ist oder nur als ganz entfernte, eher theoretische Möglichkeit in Betracht kommt, kann der Vermieter nur die Kosten für die Anfertigung eines **Ersatzschlüssels** fordern. Der Mieter hat bezüglich dieser Umstände die Darlegungs- und Beweislast. Hierfür soll genügen, wenn der Mieter erklärt, der Schlüssel sei von ihm nicht mit einem Hinweis auf die Wohnung oder den Wohnungsinhaber versehen und auch nicht in unmittelbarer Nähe der betreffenden Türe verlorengegangen. Strengere Anforderungen sind allerdings zu stellen, wenn der betreffende Schlüssel auch den Zutritt zu den Räumlichkeiten anderer Mieter ermöglicht, da dann auch deren Sicherheitsinteresse gewahrt werden muß.

Wenn hingegen der Mieter nachweislich Zweitschlüssel gefertigt hat und diese nicht zurückgibt, obwohl er sie noch hat, kann der Vermieter auf Kosten des Mieters ein neues Schloß einbauen. Siehe hierzu auch „Rückgabe der Mietsache“.

Schönheitsreparaturen

Inhaltsübersicht **Seite**

1 Allgemeines

Nach der Bestimmung des § 536 BGB ist der **Vermieter** verpflichtet, die Mietsache in einem zum vertragsgemäßen Gebrauch geeigneten Zustand zu erhalten (vgl. „Instandhaltung und Instandsetzung der Mieträume“). Abnutzungen, die lediglich durch den vertragsgemäßen Gebrauch der Mietsache eingetreten sind, hat der Mieter nicht zu vertreten (§ 548 BGB).

Von dieser **gesetzlichen** Regelung wird jedoch üblicherweise **vertraglich** abgewichen und der Mieter zur Durchführung von bestimmten Renovierungsmaßnahmen verpflichtet. Der Umfang sowie der Zeitpunkt der Fälligkeit dieser Verpflichtung (bei Einzug, während der Mietzeit, bei Auszug) bestimmen sich ausschließlich nach den vertraglichen Vereinbarungen, da entsprechende gesetzliche Vorschriften über eine Verpflichtung des **Mieters** nicht existieren. Auch eine Verkehrssitte, aus der sich die Verpflichtung des Mieters auch ohne Vereinbarung ergeben würde, wurde von der Rechtsprechung nicht anerkannt.

> In **einzelvertraglicher** Form durch individuelles Aushandeln (vgl. „AGB“) können die Parteien Vereinbarungen bis zur Grenze der Sittenwidrigkeit (§ 138 BGB) bzw. des Verstoßes gegen Treu und Glauben (§ 242 BGB) treffen.

Insoweit sind die Parteien daher grds. weder in der Vereinbarung des Umfanges der Arbeiten (z. B. auch Abschleifen und Versiegelung des Parkettfußbodens), noch des Turnusses (z. B. alle 2 Jahre), noch der Fälligkeit (z. B. bei Auszug) beschränkt.

Anders verhält es sich, wenn die Vereinbarung als **„Allgemeine Geschäftsbedingung“** im Sinne des AGB-Gesetzes zu qualifizieren ist (vgl. „Allgemeine Geschäftsbedingungen“). Dann tritt die Unwirksamkeit bereits dann ein, wenn die Regelung zu weit zu Lasten des Mieters von der gesetzlichen Regelung des § 536 BGB abweicht, z. B. den Umfang der Arbeiten zu weit faßt, den Renovierungsturnus zu kurz festlegt oder eine grundsätzliche Verpflichtung zur Renovierung bei Auszug bestimmt.

Zur Frage der Wirksamkeit von **formularmäßigen** Klauseln, die den Mieter zur Durchführung von bestimmten Renovierungsmaßnahmen verpflichten, hat sich eine umfangreiche Rechtsprechung entwickelt. Nachdem jedoch Gegenstand der Verfahren regelmäßig nur eine bestimmte vorformulierte Klausel war, deren Vereinbarkeit mit dem AGB-Gesetz geprüft wurde, gibt es keine allgemeinverbindliche Formulierung für eine entspr. Vereinbarung. Vielmehr ist anhand der Rechtsprechung **in jedem Einzelfall** die Vereinbarkeit der **konkreten** Klausel mit dem AGB-Gesetz zu prüfen.

Von den Instandhaltungsmaßnahmen können dem Mieter durch **Formularvertrag** alle Maßnahmen überbürdet werden, die unter den Begriff der **„Schönheitsreparaturen"** i.S.v. § 28 Abs. 4 Satz 5 der II. BV fallen (BGH, RE vom 1. 7. 1987, NJW 1987, 2575; Weber/Marx, VII/S. 53; BGH, RE vom 30. 10. 1984, DWW 1985, 50; Weber/Marx, IV/S. 47; OLG Karlsruhe, RE vom 1. 7. 1981, NJW 1981, 2823; Weber/Marx, I/S. 112; BGH, Urt. vom 30. 5. 1990, NJW 1990, 2376).

Zur Übertragung der Schönheitsreparaturen auf den Mieter ist in jedem Fall eine klare und eindeutige Vereinbarung erforderlich. Ausreichend ist aber bereits die vielfach verwendete Formulierung „Schönheitsreparaturen werden vom Mieter getragen", da sie eindeutig im Sinne einer Abwälzung der Renovierungspflicht auf dem Mieter zu verstehen ist (OLG Karlsruhe, RE vom 16. 4. 1992, WM 1992, 349).

Mit diesem verbindlichen Rechtsentscheid hat das OLG Karlsruhe ausdrücklich einer in Literatur (vgl. Sternel, Mietrecht, 3. Aufl., II 361, 380) und Rechtsprechung (vgl. LG Düsseldorf, WM 1986, 359) vertretenen Auffassung widersprochen, wonach diese Klausel eine bloße Freizeichnung des Vermieters von seiner Verpflichtung gemäß § 536 BGB beinhalte, den Mieter aber nicht zur Durchführung der Schönheitsreparaturen verpflichte.

Trotz dieser Rechtsprechung ist es empfehlenswert, eine entsprechende Vereinbarung möglichst detailliert abzufassen und insbes. auch Regelungen über den Umfang (siehe unten Abschnitt 2) und die Fälligkeit der Schönheitsreparaturen (siehe unten Abschnitt 3) sowie über eine Verpflichtung des Mieters zur Kostenbeteiligung (siehe unten Abschnitt 4) aufzunehmen.

2 Umfang der Schönheitsreparaturen

> Die „Schönheitsreparaturen" umfassen nach § 28 Abs. 4 Satz 5 II. BV das Tapezieren, Anstreichen oder Kalken der Wände und Decken, das Streichen der Fußböden, Heizkörper einschließlich Heizrohre, der Innentüren sowie der Fenster und Außentüren von innen.

Die Verpflichtung zum Tapezieren, Anstreichen oder Kalken der Wände und Decken bestimmt sich im Zweifel nach der **bestehenden** Ausführung der Wände und Decken, z. B. muß eine nur mit waschfester Farbe gestrichene Wand wieder mit einer solchen Farbe gestrichen, nicht aber tapeziert werden.

Schönheitsreparaturen sind in mittlerer Art und Güte (§ 243 BGB) auszuführen (BGH, RE v. 6. 7. 1988, NJW 1988, 2790; Weber/Marx VIII/S. 28).

Der Mieter kann daher zur **fachmännischen** Durchführung der Schönheitsreparaturen verpflichtet werden. Dies schließt jedoch eine Ausführung in Eigenarbeit durch den Mieter bzw. durch von ihm beauftragte Hilfskräfte nicht aus. Eine Vereinbarung, die eine Ausführung **durch Fachhandwerker** bestimmt und dem Mieter kostensparende – fachmännische – Eigenleistungen untersagt, stellt nach den Grundsätzen des vorbezeichneten Rechtsentscheids des BGH vom 6. 7. 1988 eine unangemessene Benachteiligung des Mieters dar und ist deshalb – zumindest formularvertraglich – **unwirksam** (OLG Stuttgart, RE v. 19. 8. 1993, Weber/Marx, XIII/S. 136 = DWW 1993, 328). Auch eine **individuelle** Vereinbarung kann in Einzelfällen nichtig sein (§ 138 Abs. 1 BGB), wenn sie die Ausführung der Schönheitsreparaturen auf Kosten des Mieters durch einen **bestimmten Fachbetrieb** vorschreibt; insbesondere dann, wenn dieser in besonderer Beziehung zum Vermieter steht (vgl. LG Koblenz, WM 1992, 431). Die Unwirksamkeit einer solchen Vereinbarung führt jedoch nicht zur Unwirksamkeit der gesamten Vertragsklausel, so daß der Mieter gleichwohl zur vertragsgemäßen Durchführung der Schönheitsreparaturen verpflichtet bleibt (OLG Stuttgart, a.a.O.).

- **Tapete, Wand- und Deckenanstrich**

Das Überstreichen einer Tapete ist nur bei einer Rauhfasertapete und nur dann ordnungsgemäß, solange diese noch keine Beschädigung (z. B. durch Ablösung) aufweist (LG Mannheim, ZMR 1977, 153). Der Mieter kann auch nicht einwenden, daß zur ordnungsgemäßen Vornahme der Schönheitsreparaturen das Entfernen von alten Tapeten und das Anbringen und Streichen von neuen Rauhfasertapeten erforderlich ist, da dies allein in seinem von ihm bei Vertragsschluß überschaubaren Risikobereich liegt (LG Mannheim, a.a.O.). Das Überstreichen von nicht dafür vorgesehenen Tapeten (z. B. bedruckten Tapeten) ist keine ordnungsgemäße Leistung (KG Berlin, GE 1981, 1065).

Bei **Wand- und Deckenanstrichen** erfordert die Ausführung in mittlerer Art und Güte zumindest die Verwendung einer wischfesten Farbe.

Fehlerhaft sind Schönheitsreparaturen, z. B. wenn Anstriche ungleichmäßig oder wolkig erscheinen, durch übermäßig stark aufgetragene Dispersionsfarbe die Struktur der Rauhfasertapete verschlämmt wird oder sich diese an mehreren Stellen von der Wand löst (LG Düsseldorf, DWW 1996, 280).

Die Verpflichtung zur Vornahme von Schönheitsreparaturen bezieht sich auch auf die **Türen von Wand- und Einbauschränken**, wenn diese die Funktion einer Wandverkleidung haben (LG Marburg, ZMR 1980, 180).

- **Fußboden, Parkett- und Teppichboden**

Das Streichen von Fußböden fällt in modernen Wohnungen kaum noch an. Strittig ist daher, ob darunter nunmehr das Abschleifen und Versiegeln des **Parkettbodens** bzw. das Reinigen oder Erneuern des **Teppichbodens** zu verstehen ist. Die überwiegende Meinung in Rechtsprechung und Literatur zählt sowohl das Abschleifen und Versiegeln des Parkettbodens als auch die Reinigung bzw. Erneuerung des Teppichbodens **nicht** zu den Schönheitsreparaturen (vgl. KG Berlin, a. a. O.; LG Lüneburg, WM 1976, 6; Münchener Kommentar/Voelskow, 1988, Rdn. 114 zu §§ 535, 536 BGB sowie LG Berlin, NJWE 1996, 266 zu Maßnahmen am Parkettboden; vgl. auch LG Köln, WM 1989, 70, 506; AG Braunschweig, WM 1986, 310 sowie LG Stuttgart, NJW-RR 1989, 1170 zur Reinigung von Teppichböden). Danach zählt die **Reinigung** von Teppichböden zwar nicht zu den Schönheitsreparaturen, jedoch hat das OLG Stuttgart im RE vom 19. 8. 1993 (a.a.O.) eine Formularklausel, die den Mieter nicht nur zur Übernahme von Schönheitsreparaturen, sondern daneben auch ausdrücklich zur Reinigung der Teppichböden bei Auszug verpflichtet, nicht beanstandet.

Auch die **Erneuerung** eines verschlissenen Teppichbodens zählt nicht zu den Schönheitsreparaturen (OLG Hamm, RE v. 22. 3. 1991, Weber/Marx, Sammelband, S. 493 = DWW 1991, 145). Zur Begründung führt das OLG Hamm u. a. aus, daß die Erneuerung eines verschlissenen Teppichbodens nicht dem Streichen anstrichfähiger Fußböden gleichzusetzen ist; vielmehr sei der Teppichboden wie auch das Parkett oder der PVC-Fußbodenbelag Teil des eigentlichen Fußbodens. Weiterhin handelt es sich bei der Erneuerung des Teppichbodens nicht um eine für Schönheitsreparaturen charakteristische malerische Ausgestaltung der Wohnräume.

Anders könnte die Rechtslage bei **gewerblichen** Mietverhältnissen zu beurteilen sein, da sich die Bindungswirkung des vorbezeichneten Rechtsentscheids nur auf Mietverhältnisse über **Wohn**räume bezieht und das OLG Düsseldorf für gewerbliche Mietverhältnisse entschieden hat, daß hier die Erneuerung des Teppichbodens zu den Schönheitsreparaturen zählt (OLG Düsseldorf, Urt. v. 9. 2. 1989, NJW-RR 1989, 663). Da es sich bei dieser Entscheidung jedoch um ein Urteil und nicht um einen für die Gerichte bindenden Rechtsentscheid (siehe „Rechtsentscheid“) handelt, können sich die Instanzgerichte auch bei gewerblichen Mietverhältnissen der Begründung des OLG Hamm anschließen und die Erneuerung des Teppichbodens von dem Begriff der Schönheitsreparaturen ausnehmen.

Unbeschadet dessen hat der Mieter **verschuldete Schäden** an den Fußbodenbelägen (z. B. Löcher, Schleifspuren von Möbeln im Parkett, Brandflekken im Teppichboden) im Wege des Schadenersatzes zu beseitigen bzw. Wertersatz zu leisten.

● **Fenster**

Bei den Fenstern zählt nur das Streichen der Innenseiten zu den Schönheitsreparaturen, so daß bei Doppelfenstern der innere Flügel von beiden Seiten und der äußere nur von innen gestrichen werden muß. Ebenso ist auch die **Wohnungseingangstüre** nur von innen zu streichen.

Bei **Naturholzfenstern** ist darunter auch das Lasieren mit Holzschutzfarbe zu verstehen, während Innentüren aus Naturholz meist mit Klarlack behandelt sind und keiner malermäßigen Behandlung bedürfen.

● **Kellerräume und Balkon**

Zur Durchführung von Schönheitsreparaturen in **Kellerräumen** ist der Mieter nur bei Bestehen einer eindeutigen Regelung verpflichtet (Sternel II 408; AG Langen, WM 1997, 40). Gleiches gilt für das Streichen des Balkons bzw. des **Balkongeländers** (Sternel, a.a.O.).

● **Gesetzliche Definition in § 28 Abs. 4 II. BV**

Bestimmt der Mietvertrag **ohne Benennung konkreter Maßnahmen** lediglich die Pflicht des Mieters zur Durchführung der „Schönheitsreparaturen“, ist der Umfang der Verpflichtung mittels analoger Anwendung des § 28 Abs. 4 Satz 5 II. BV zu ermitteln und erstreckt sich danach nur auf die in dieser Vorschrift genannten Maßnahmen (OLG Hamburg, DWW 1984, 167; BGH, Beschl. v. 30. 10. 1984, a. a. O.).

Bei **preisgebundenem** Wohnraum verstößt die Erweiterung des Umfangs der Schönheitsreparaturen über die Definition in § 28 Abs. 4 Satz 5 II. BV hinaus gegen § 8 Abs. 1 Wohnungsbindungsgesetz. Im **frei finanzierten** Wohnungsbau ist diese Vorschrift zwar nicht anwendbar, jedoch bestehen hier gegen eine **formularmäßige Erweiterung** Bedenken im Hinblick auf § 9 AGB-Gesetz. In den Gründen des RE vom 1. 7. 1987 (a. a. O.) hat der BGH ausgeführt, daß es keine unangemessene Benachteiligung darstellt (§ 9 AGBG), solange der Mieter mit Renovierungsmaßnahmen im „üblichen und angemessenen Umfang“ belastet wird, wobei der BGH ausdrücklich darauf hinweist, daß jedenfalls bei der **Wohnraum**miete die Vorschrift des § 28 Abs. 4 Satz 5 II. BV „gewisse Anhaltspunkte liefert“ und „es nicht ausgeschlossen ist, daß der Mieter durch ein Übermaß ihm auferlegter Renovierungspflichten unangemessen benachteiligt sein kann“. Eine Erstreckung der Schönheitsreparaturen auf bestimmte Einzelteile (z. B. Streichen der Fenster von außen) oder eine Anpassung an geänderte Verhältnisse (z. B. **Schamponieren von Teppichböden** statt Streichen von Fußböden) wird jedoch als zulässig angesehen (vgl. Sternel II 408).

Zu weitgehende und von der obergerichtlichen Rechtsprechung noch nicht abgesegnete Erweiterungen des Kataloges (§ 28 Abs. 4 Satz 5 II. BV) bergen aber die Gefahr der Unwirksamkeit der **gesamten** Klausel, da eine geltungserhaltende Reduktion auf einen zulässigen Inhalt von der Rechtsprechung bisher abgelehnt wird (vgl. „Allgemeine Geschäftsbedingungen“).

- **Vorarbeiten**

> Die Verpflichtung zur Durchführung von Schönheitsreparaturen erfaßt auch notwendige **Vorarbeiten,** insbesondere Schleif- und Spachtelarbeiten; so sind z. B. auch die üblichen, durch Alterung entstandenen Risse mit zu beseitigen (KG Berlin, Urt. v. 8. 1. 1981, a. a. O.).

Dagegen erstreckt sich die Verpflichtung nicht auf die Behebung sog. „Untergrundschäden“ an Holz, Putz oder Mauerwerk und somit nicht auf Maßnahmen, die über die gewöhnlichen Malerarbeiten hinausgehen (vgl. BGH v. 6. 7. 1988, a. a. O.; LG Berlin, WM 1987, 147), z. B. Ausbessern großflächiger Putzschäden oder Beseitigung größerer, unüblicher Risse im Mauerwerk.

- **Verschuldete Schäden**

Der Begriff der Schönheitsreparaturen ist weiter **einschränkend** nur auf solche Maßnahmen zu beziehen, die aufgrund **normaler** Abnutzung anfallen. Die Pflicht zur Durchführung laufender Schönheitsreparaturen bezieht sich daher grundsätzlich **nicht** auf Behebung von Dekorationsschäden aufgrund von **Dritteinwirkungen** (z. B. Wassereintritt durch Baumängel oder aus der Nachbarwohnung, Brandschäden, vgl. BGH, ZMR 1987, 257; bauliche Maßnahmen durch den Vermieter; OLG Nürnberg, WM 1993, 121).

Waren die Schönheitsreparaturen im Zeitpunkt der Dritteinwirkung jedoch bereits **fällig**, muß der Mieter die Dekorationsschäden im Zuge der ihm obliegenden Schönheitsreparaturen auf eigene Kosten beseitigen (LG Aachen, Urt. v. 16. 1. 1991, WM 1991, 341). Die Verpflichtung des Mieters, Schönheitsreparaturen durchzuführen, wird durch **Umbaumaßnahmen** des Vermieters nicht aufgehoben. Nachdem Schönheitsreparaturen nach der Rechtsprechung des BGH ein Teil der Mietzinspflicht sind, würde der Mieter insoweit einen ungerechtfertigten Vorteil erlangen, wenn er bei Umbaumaßnahmen von seiner Verpflichtung zur Durchführung fälliger Schönheitsreparaturen befreit würde (LG Aachen, a.a.O., BGH, WM 1985, 46; Palandt/Putzo Anm. 4 c aa) zu § 536 BGB).

Umgekehrt hat der Mieter **verschuldete** Schäden an der Mietsache (z. B. abgestoßene Ecken an Türen oder Türstöcken, beklebte Türblätter) auch dann zu beheben, wenn er vertraglich nicht zur Durchführung von Schönheitsreparaturen verpflichtet ist oder die Maßnahme nicht unter den Begriff der Schönheitsreparaturen fällt (z. B. Reinigung des Teppichbodens infolge übermäßiger Verschmutzung). Gleiches gilt für die Kosten der Erneuerung der **Verfliesung**, wenn der Mieter diese beschädigt, z. B. mit Farbe überstrichen hat und nicht nachweisen kann, daß die Farbe von den Fliesen hätte entfernt werden können. Insofern ist von den Kosten der Neuverfliesung jedoch ein Abzug „neu für alt" vorzunehmen (hier 50 % bei 30 Jahren alten Fliesen; vgl. LG Köln, WM 1997, 41).

3 Fälligkeit der Schönheitsreparaturen

Neben der Frage des Umfanges der auszuführenden Arbeiten richtet sich auch deren Fälligkeit ausschließlich nach den vertraglichen Vereinbarungen.

> Zu unterscheiden ist grundsätzlich zwischen der Verpflichtung zur **Anfangsrenovierung** bei Beginn des Mietverhältnisses, der Verpflichtung zur Durchführung von **laufenden Schönheitsreparaturen** während der Dauer des Mietverhältnisses und der Verpflichtung zur **Endrenovierung** bei Beendigung des Mietverhältnisses.

Enthält der Mietvertrag keine entsprechende Bestimmung über die Fälligkeit der Arbeiten, z. B. lediglich die Formulierung „Die Schönheitsreparaturen werden vom Mieter getragen", sind im Wege der ergänzenden Vertragsauslegung (§§ 133, 157 BGB) die Fristen des Mustermietvertrages des Bundesministeriums der Justiz maßgeblich (BGH, Beschl. v. 30. 10. 1984; OLG Karlsruhe, RE v. 16. 4. 1992, a. a. O.). Danach betragen die **Renovierungsfristen**

- für Küchen, Bäder und Duschräume 3 Jahre,
- für Wohn- und Schlafräume, Flure, Dielen und Toiletten 5 Jahre und
- für andere Nebenräume 7 Jahre.

Diese Klausel verpflichtet den Mieter jedoch nur zur Durchführung der **laufenden** Schönheitsreparaturen in den genannten Zeitabständen, nicht aber zu einer Anfangs- oder Endrenovierung.

Eine **End**renovierung schuldet der Mieter nur in dem Ausnahmefall, daß er sich während der Mietzeit an die Renovierungsfristen gemäß dem Fristenplan vertragswidrig nicht gehalten hat (BGH, RE v. 1. 7. 1987, a. a. O.) oder der Mietvertrag eine ausdrückliche Bestimmung über die Verpflichtung des Mieters zur Endrenovierung enthält. Jedoch sind entsprechende Vereinbarungen wegen Verstoßes gegen § 9 AGB-Gesetz **unwirksam**, wenn sie **formularmäßig** getroffen wurden (OLG Hamm, RE v. 27. 2. 1981, DWW 1981, 149, Weber/Marx I/S. 110; OLG Frankfurt, RE v. 22. 9. 1981, DWW 1981, 293; vgl. auch „Allgemeine Geschäftsbedingungen").

Gleiches gilt für eine Verpflichtung des Mieters zur **Anfangs**renovierung, z. B. durch die Klausel: „Die erstmaligen Renovierungsarbeiten sind innerhalb von 3 Monaten nach Vertragsbeginn durchzuführen" (OLG Hamburg, RE v. 13. 9. 1991, DWW 1991, 333). Diese Formularklausel benachteiligt den Mieter unangemessen, weil sie ihn entgegen den Grundsätzen der BGH-Rechtsprechung (RE v. 1. 7. 1987 und 6. 7. 1988, a.a.O.) mit Abnutzungen durch den Vormieter der Wohnung belastet (vgl. auch BGH, NJW 1993, 532).

> Daher kann bei Mietverhältnissen über **Wohn**raum eine generelle Verpflichtung zur **Anfangs- oder End**renovierung **nur einzelvertraglich** durch individuelles Aushandeln wirksam vereinbart werden (vgl. „Allgemeine Geschäftsbedingungen").

Bei **gewerblichen** Mietverhältnissen ist dagegen nach Auffassung des KG Berlin (Urt. v. 3. 7. 1995, GE 1995, 1011) auch eine Formularklausel nicht zu beanstanden, die den Mieter nicht nur zur Anfangsrenovierung, sondern auch zu laufenden Schönheitsreparaturen während der Mietzeit und zur Rückgabe der Mietsache in renoviertem Zustand verpflichtet (a. A.: LG Hamburg, WM 1994, 675).

Hat der Mieter aufgrund einer **un**wirksamen Klausel Schönheitsreparaturen durchführen lassen (z. B. Endrenovierung bei Auszug), kann er vom Vermieter die Erstattung des Wertes seiner Renovierungsleistung aus dem Rechtsgrund der **ungerechtfertigten Bereicherung** (§§ 812 ff. BGB) verlangen; es sei denn, dem Mieter war bekannt, daß die Klausel unwirksam und er nicht zur Renovierung verpflichtet ist (§ 814 BGB; AG Bergisch Gladbach, WM 1995, 479; vgl. auch AG/LG Stuttgart, WM 1986, 369).

Hat der Mieter vertraglich keine ausdrückliche Auszugsrenovierung, sondern lediglich die regelmäßige Vornahme der Schönheitsreparaturen übernommen und sich verpflichtet, bei Beendigung der Mietzeit die Räume in **bezugsgeeignetem** Zustand zu übergeben, bedeutet das zwar nicht, daß bei Auszug stets eine vollständige Renovierung zu erfolgen hat; ob und inwieweit die Räume aber einem Nachmieter bezugsfertig übergeben werden können, ist anhand der konkreten Umstände des Einzelfalles zu beurteilen. Die Verpflichtung zur Rückgabe in „bezugsgeeignetem" Zustand kann dabei **auch die Vornahme wesentlicher** Renovierungsarbeiten umfassen, wenn der Mieter z. B. im Übermaß Dübel angebracht hat (OLG Düsseldorf, WM 1994, 323; vgl. auch BGH, NJW 1971, 1839).

3.1 Fristenplan

> Die **laufenden** Schönheitsreparaturen können auf den Mieter **formularmäßig** nach Maßgabe eines Fristenplanes selbst dann abgewälzt werden, wenn die Wohnung bei Vertragsbeginn **nicht renoviert** oder sogar renovierungsbedürftig war (BGH, RE v. 1. 7. 87, a.a.O.).

Die Renovierungsfristen dürfen dabei jedoch erst mit dem Anfang des Mietverhältnisses zu laufen beginnen, so daß der Mieter nur die auf **seine** Mietzeit entfallenden Renovierungsleistungen zu erbringen hat und nicht mit Abnutzungen seines Vorgängers belastet wird. Unwirksam kann eine Klausel daher sein, wenn sie den Mieter nicht nur zu einer turnusmäßigen Renovierung, sondern auch zu einer **Anfangs**renovierung verpflichtet. Dies gilt selbst dann, wenn sich die Verpflichtung zur turnusmäßigen Renovierung aus einer – für sich allein wirksamen –

Formularklausel und die Verpflichtung zur Anfangsrenovierung aus einer – für sich allein ebenfalls wirksamen – **Individual**vereinbarung ergibt, weil der Mieter dann durch den Summierungseffekt beider Klauseln unangemessen benachteiligt wird (BGH, Beschl. v. 2. 12. 1992, NJW 1993, 532). Die zusätzliche Individualvereinbarung kann hier die Unwirksamkeit der Formularklausel bewirken. Anders wird die Rechtslage nur bei vor dem 1. 4. 1977 abgeschlossenen Verträgen beurteilt werden konnen, da § 9 AGB-Gesetz insofern nur eingeschränkt anwendbar ist und ein Summierungseffekt daher nicht zur Unwirksamkeit aller zusammentreffenden Klauseln, sondern nur dazu führt, daß sich der Verwender nicht auf alle Klauseln gleichzeitig berufen darf (OLG Hamburg, Beschl. v. 31. 8. 1995, NJWE 1996, 5).

Mangels gegenteiliger Anhaltspunkte knüpfen die in einer Formularklausel festgelegten Fristen jedoch an den Beginn des Mietverhältnisses an (§ 5 AGBG) und belasten den Mieter damit nicht mit Abnutzungen seines Vorgängers (BGH, RE v. 6. 7. 1988, a.a.O). Die Fristen mussen sich im üblichen und angemessenen Rahmen bewegen, so daß angesichts der meist unterschiedlichen Abnutzung der Räume auch unterschiedliche Mindestfristen festzulegen sind.

> Als üblich und angemessen kann dabei ein Zeitraum
>
> – von 3 Jahren für Küchen, Bäder und Duschräume,
> – von 5 Jahren für Wohn- und Schlafräume sowie für Flure, Dielen und Toiletten,
> – von 7 Jahren für die sonstigen Räume
>
> gelten.

Eine formularmäßige **Verlängerung der Fristen** erscheint unbedenklich, wogegen eine **Verkürzung** zur Unwirksamkeit der gesamten Klausel führen kann. Eine sog. „geltungserhaltende Reduktion“, d. h. Rückführung der Klausel auf einen zulässigen Inhalt durch Verlängerung von zu kurz bemessenen Fristen (siehe „Allgemeine Geschäftsbedingungen“) wird von der Rechtsprechung abgelehnt, so daß der Mieter bei Unwirksamkeit der Klausel zu keinerlei Schönheitsreparaturen verpflichtet ist (LG Berlin, WM 1996, 758).

> Eine **Klausel,** die den Mieter zur **Renovierung** nach Maßgabe eines angemessenen Fristenplanes verpflichtet, ist unabhängig von dem Zustand der Räume bei Vertragsbeginn wirksam.

Der Rechtsentscheid des OLG Stuttgart vom 6. 3. 1986 (DWW 1986, 96), wonach bei Vermietung einer nicht renovierten Wohnung die formularvertragliche Abwälzung laufender Schönheitsreparaturen auf den Mieter unwirksam ist, ist insoweit überholt.

Dies würde – so der BGH – zu dem unwirtschaftlichen Ergebnis führen, daß der Vermieter eine noch bewohnbare Wohnung bei jeder Neuvermietung renovieren lassen müßte, um den Mieter mit den später fälligen Schönheitsreparaturen belasten zu können. Weiterhin stellt die vom Mieter übernommene Renovierungsverpflichtung rechtlich und wirtschaftlich einen Teil des von ihm für die Gebrauchsüberlassung der Räume zu leistenden Entgelts dar, das der Vermieter andernfalls zwangsläufig über einen entsprechend höher kalkulierten Mietzins hereinholen müßte.

Daher stellt auch der im Einzelfall eintretende Umstand, daß sich die Wohnung bei turnusmäßiger Durchführung der Schönheitsreparaturen beim Auszug in einem besseren Zustand befindet als beim Einzug, keine unangemessene Benachteiligung des Mieters dar.

Weiterhin bedeutet die Pflicht des Mieters, eine **unrenoviert übernommene Wohnung** nach Maßgabe eines Fristenplanes zu renovieren, nicht, daß der Mieter die Wohnung **bei Beginn** des Mietverhältnisses renovieren müsse. Renoviert der Mieter gleichwohl bei Vertragsbeginn, erbringt er damit eine freiwillige Leistung, die er einer bei Vertragsende fälligen Renovierungsverpflichtung nicht entgegenhalten kann, wenn die im Fristenplan vorgesehenen Fristen seit den letzten Schönheitsreparaturen abgelaufen sind (BGH v. 1. 7. 1987, a. a. O.).

Vor Ablauf der entsprechenden Fristen schuldet der Mieter keine Renovierungsleistungen. Bei Beendigung des Mietverhältnisses vor Ablauf der Frist muß der Mieter daher weder die Arbeiten durchführen, noch sich an den Kosten beteiligen, sofern eine Kostenbeteiligung nicht ausdrücklich vereinbart wurde (vgl. Abschnitt 4).

3.2 Bedarfsregelung

Eine **formularmäßige** Klausel, die eine **Renovierungspflicht** des Mieters nicht bei Ablauf bestimmter Fristen, sondern **bei Bedarf** bestimmt, stellt ebenfalls keine unangemessene Benachteiligung des Mieters im Sinne von § 9 AGB-Gesetz dar; z. B. verstößt die Bestimmung, daß der Mieter „notwendig werdende Schönheitsreparaturen" durchzuführen hat, nicht gegen § 9 AGB-Gesetz (BayObLG, RE v. 12. 5. 1997, RE-Miet 1/96, WM 1997, 362; so bereits OLG München, DWW 1986, 16). Die Klausel ist dahin zu verstehen, daß der Mieter die Schönheitsreparaturen in den Zeitabständen vorzunehmen hat, innerhalb derer nach allgemeiner Erfahrung die vermieteten Räume durch vertragsmäßigen Gebrauch renovierungsbedürftig werden. Insoweit kann auf die Fristen des Mustermietvertrages 1976 des Bundesjustizministeriums zurückgegriffen werden (BayObLG, a.a.O.; siehe Abschnitt 3). Ferner besteht eine Vermutung für die **Notwendigkeit** der Schönheitsreparaturen, wenn die üblichen Fristen abgelaufen sind (LG Berlin, Urt. v. 28. 11. 1995 – 64 S 220/95).

Wirksam ist auch eine Formularklausel, wonach der Mieter Schönheitsreparaturen „je nach dem Grad der Abnutzung oder Beschädigung" durchzuführen hat (OLG Celle, Beschl. v. 30. 1. 1996, ZMR 1996, 260).

Eine Bedarfsregelung wäre nach dem Rechtsentscheid des OLG Stuttgart vom 17. 2. 1989 (WM 1989, 121) nur dann unwirksam, wenn sie den Mieter zur Durchführung einer Anfangsrenovierung verpflichten würde. Kann der Klausel eine solche Verpflichtung nicht entnommen werden, stellt die Bedarfsregelung keinen Verstoß gegen das AGB-Gesetz dar (vgl. OLG Hamm, Beschl. v. 4. 1. 1994, WM 1994, 188).

3.3 Zusammentreffen von Fristenplan und Bedarfsregelung

Während die **formularvertragliche** Abwälzung der Schönheitsreparaturen auf den Mieter sowohl nach Maßgabe eines Fristenplanes als auch im Wege einer Bedarfsregelung zulässig ist, kann eine **Kumulation** dieser beiden Möglichkeiten eine unangemessene Benachteiligung des Mieters darstellen (§ 9 AGBG).

Nach dem RE des OLG Stuttgart vom 17. 2. 1989 (DWW 1989, 80; Weber/ Marx, IX / S. 61) ist eine Bestimmung, die den Mieter zur Durchführung der Schönheitsreparaturen bei **Bedarf** verpflichtet, wobei ein Bedarf mindestens dann als gegeben fingiert wird, wenn die in einem Fristenplan festgelegten **Zeiträume** verstrichen sind, unwirksam, wenn die gemietete Wohnung bei Beginn des Mietverhältnisses nicht renoviert und der Vermieter dazu auch nicht verpflichtet war. Nach Auffassung des OLG Stuttgart stellt diese „verschärfte" Bedarfsregelung eine unangemessene Benachteiligung des Mieters dar, weil sie **nicht** dahin verstanden werden kann, daß eigentlich nur eine **ab Beginn laufende Fristenregelung** gewollt war. Jedoch stellt der BGH (Beschl. v. 11. 7. 1990, DWW 1990, 329) nach Vorlage durch das OLG Frankfurt (Beschl. v. 16. 2. 1990, DWW 1990, 116) fest, daß die Klausel jedenfalls dann dahingehend auszulegen ist, daß mit ihr eine erst **ab Mietbeginn laufende** Fristenregelung getroffen ist, wenn die Vertragsparteien sich beim Vertragsschluß darüber einig waren, daß eine Einzugsrenovierung im Ermessen des Mieters lag und dem Vermieter jedenfalls ein Anspruch auf Anfangsrenovierung unter Berücksichtigung eines vom Vormieter verursachten Renovierungsbedarfes im Sinne des RE des OLG Stuttgart vom 17. 2. 1989 nicht zustehen sollte.

Besteht daher die Möglichkeit einer solchen Auslegung der Klausel, ist diese nach den Grundsätzen des RE des BGH vom 6. 7. 1988 auch dann als wirksam anzusehen, wenn die Wohnung unrenoviert oder renovierungsbedürftig überlassen wurde. Gleiches gilt, wenn die Klausel in einem vor Inkrafttreten des AGB-Gesetzes (1. 4. 1977) abgeschlossenen Mietvertrag enthalten ist, da eine solche Klauselkombination nach dem damals geltenden Recht anders beurteilt worden ist als nach dem AGB-Gesetz (OLG Hamburg, Beschl. v. 31. 8. 1995, GE 1995, 1275).

4 Beteiligung des Mieters an den Kosten der Schönheitsreparaturen

Eine **Kostenbeteiligung** des Mieters kann auch formularmäßig **in Ergänzung** der Verpflichtung zur Durchführung der Schönheitsreparaturen bestimmt werden (BGH, RE v. 6. 7. 1988, a. a. O.). Sinn dieser Regelung ist es, dem Vermieter, der von dem ausziehenden Mieter mangels Fälligkeit der Schönheitsreparaturen nach dem Fristenplan keine Endrenovierung verlangen kann, wenigstens einen prozentualen Anteil an den Renovierungskosten für den Abnutzungszeitraum seit den letzten Schönheitsreparaturen während der Mietzeit bzw. dem Beginn des Mietverhältnisses zu sichern.

Eine solche Klausel trägt damit den Rechtsentscheiden des OLG Hamm vom 27. 2. 1981 (DWW 1981, 149, Weber / Marx, I / S. 110) und des OLG Frankfurt vom 22. 9. 1981 (DWW 1981, 293) Rechnung, wonach die **formularmäßige** Verpflichtung des Mieters, die Räume **bei Ende** des Mietverhältnisses frisch renoviert zurückzugeben, wegen Verstoßes gegen § 9 AGB-Gesetz unwirksam ist.

Der Mieter zahlt mit dem Ausgleichsbetrag bei Vertragsende letztlich nur das, was er bei Tragung der Schönheitsreparaturen durch den Vermieter für den gleichen Zeitraum über einen entsprechend höheren Mietzins hätte zahlen müssen (BGH v. 6. 7. 1988, a. a. O.).

Die für die Abgeltung maßgeblichen **Fristen und Prozentsätze** sind dabei am Verhältnis zu den üblichen Renovierungsfristen auszurichten, so daß sich der prozentuale Anteil an den Renovierungskosten nach dem Verhältnis des Zeitraumes seit Durchführung der letzten Schönheitsreparaturen während der Mietzeit zum vollen Renovierungsturnus bemessen kann.

Beispiele:
Liegen beim Bestehen einer entsprechenden Vereinbarung bei Beendigung des Mietverhältnisses die letzten Schönheitsreparaturen in den Wohn- oder Schlafräumen länger als 1 Jahr zurück, zahlt der Mieter 20 % der Renovierungskosten; liegen sie länger als 2 Jahre zurück 40 %, länger als 3 Jahre 60 %, länger als 4 Jahre 80 %. Liegen die Schönheitsreparaturen dagegen länger als 5 Jahre zurück, ist der Mieter bereits gemäß der Klausel über die Durchführung der laufenden Schönheitsreparaturen zur Durchführung verpflichtet (BGH v. 1. 7. 1987, a. a. O.).

Zur **Ermittlung der Renovierungskosten** ist die Bestimmung zulässig, daß dies aufgrund des Kostenvoranschlages eines vom Vermieter auszuwählenden Malerfachgeschäftes erfolgen soll. Der **Kostenvoranschlag** darf jedoch nicht ausdrücklich für verbindlich erklärt werden und kann daher nur als Berechnungsgrundlage dienen, deren Richtigkeit oder Angemessenheit der Mieter bestreiten kann. Weiterhin darf es dem Mieter nicht verwehrt sein, seiner anteiligen Zahlungsverpflichtung durch Ausführung der an sich noch nicht fälligen Schönheitsreparaturen in kostensparender **Eigenleistung** bis zu dem – regelmäßig einige Zeit vorher abzusehenden – Ende der Mietzeit zuvorzukommen.

> Eine ordnungsgemäße Erfüllung liegt aber nur dann vor, wenn die Schönheitsreparaturen fachgemäß und zumindest in mittlerer Art und Güte (§ 243 BGB; BGH v. 6. 7. 1988, a. a. O.) durchgeführt wurden. Die **unfachmännische** Renovierung der Wohnung durch den Mieter stellt eine positive Vertragsverletzung dar, die einen **Schadenersatzanspruch** des Vermieters in Höhe der Renovierungskosten begründet (LG Berlin, Urt. v. 24. 5. 1994, ZMR 1994, XIII; LG Hamburg, WM 1986, 311). Als Schadenersatz kann insofern auch der Mietausfall wegen der Zeit verlangt werden, in der die Wohnung nicht weitervermietet wurde (LG Berlin, a.a.O.; vgl. dazu auch BGH, NJW 1995, 252).

Die Wirksamkeit einer entsprechenden **formularmäßigen Abgeltungsklausel** hat das OLG Stuttgart bereits durch RE vom 10. 3. 1982 (NJW 1982, 1294; Weber/Marx, II/S. 96) bejaht. Der BGH hat dann mit RE vom 6. 7. 1988 entschieden, daß eine derartige Klausel auch bei Vermietung einer **unrenoviert** oder sogar **renovierungsbedürftig** überlassenen Wohnung wirksam ist; jedenfalls dann, wenn die für die Durchführung wie für die anteilige Abgeltung der Schönheitsreparaturen maßgeblichen Fristen nicht vor dem Anfang des Mietverhältnisses zu laufen beginnen.

> Renoviert der Mieter bei Vertragsbeginn die unrenoviert übernommene Wohnung, ohne daß er hierzu vertraglich ausdrücklich verpflichtet gewesen ist, erbringt er mit der Renovierung eine freiwillige Leistung, die er bei Vertragsende dem Vermieter nicht entgegenhalten kann (BGH, RE v. 1. 7. 1987, a.a.O.; LG Wiesbaden, WM 1996, 700).

Die festgelegten Fristen knüpfen mangels gegenteiliger Anhaltspunkte (§ 5 AGBG) an den Beginn des Mietverhältnisses an (BGH v. 6. 7. 1988, a.a.O.), so daß sich auch die **Abgeltungs**verpflichtung nicht auf einen über die Mietzeit hinausgehenden Zeitraum erstreckt und der Mieter daher auch dann nicht unangemessen benachteiligt wird, wenn die Wohnung bei Überlassung nicht renoviert war.

Die für die Berechnung der Kostenbeteiligung des Mieters maßgebenden Fristen müssen sich jedoch an den für die Schönheitsreparaturen üblichen Fristen orientieren (siehe Abschnitt 3). Zu **kurz** bemessene Fristen führen zur vollständigen Unwirksamkeit der Klausel und damit zum Entfallen einer Kostenbeteiligungspflicht des Mieters (LG Berlin, WM 1996, 758).

Die formularmäßige Abgeltungsklausel verpflichtet den Mieter auch dann zur Kostentragung, wenn der Vermieter die Wohnung nach Beendigung des Mietverhältnisses **umbauen** will (LG Düsseldorf, WM 1992, 431; vgl. Abschnitt 7).

5 Verzug des Mieters mit Schönheitsreparaturen während der Mietzeit

Kommt der Mieter während der Dauer des Mietverhältnisses seinen vertraglichen Verpflichtungen zur Durchführung der Schönheitsreparaturen nicht nach, wobei der Vermieter zur Feststellung des Zustandes der Räume das Recht zur Besichtigung in angemessenen Zeitabständen hat (siehe „Betreten und Besichtigen der Mieträume"), kann der Vermieter **Klage** auf Durchführung der Schönheitsreparaturen erheben.

> Der Vermieter ist bei **Verzug des Mieters** mit der Durchführung der Schönheitsreparaturen auch berechtigt, vom Mieter die Zahlung eines **Vorschusses** in Höhe der erforderlichen Renovierungskosten zu fordern, ohne zuvor ein Leistungsurteil erstreiten und damit die Voraussetzungen für eine Ersatzvornahme im Wege der Zwangsvollstreckung (§ 887 ZPO) schaffen zu müssen (BGH, Urt. v. 30. 5. 1990, NJW 1990, 2376).

Der Vermieter wird dadurch so gestellt, als sei eine **Ersatzvornahme** vertraglich vereinbart worden, aus der sich der Vorschußanspruch ergibt. Der Vorschußanspruch ist nach den Gründen dieses Urteils der Ausgleich dafür, daß trotz des Verzugs des Mieters mit den Schönheitsreparaturen bei einem fortbestehenden Mietverhältnis § 326 BGB nicht anwendbar ist, weil die Umwandlung des Erfüllungsanspruches in einen auf Geldzahlung gerichteten Schadenersatzanspruch, in dessen Verwendung der Vermieter frei wäre, nicht dem Sinn und Zweck der Abwälzung der Schönheitsreparaturen auf den Mieter gerecht werden würde, der bei einem **fortbestehenden** Mietverhältnis ausschließlich in der tatsächlichen Erbringung der geschuldeten Leistung liegt. Es entspricht daher der Billigkeit, dem Vermieter durch Gewährung eines Vorschußanspruchs die Ausführung der Schönheitsreparaturen, auf die der Anspruch in erster Linie gerichtet ist, zu erleichtern, wenn er schon auf das ihm eigentlich zustehende Recht, nach § 326 BGB vorzugehen, verzichten muß (BGH v. 30. 5. 1990, a. a. O.). Dagegen kann der Vermieter auch schon **vor** Beendigung des Mietverhältnisses nach § 326 BGB vorgehen, wenn der Mieter das Mietverhältnis gekündigt, die Wohnung daraufhin zurückgegeben hat und beide Parteien bereit waren, das Mietverhältnis schnellstmöglich abzuwickeln. In diesem Fall liegt die Durchführung der Schönheitsreparaturen zumindest auch im unmittelbaren Interesse des Vermieters, der die Wohnung bald weitervermieten möchte, so daß die Gewährung eines Schadenersatzbetrages, in dessen Verwendung der Vermieter frei ist, bei einem unstreitig endenden

Mietverhältnis keinen Bedenken begegnet (LG Berlin, Urt. v. 2. 11. 1995, WM 1996, 91).

Die **Unterlassung der Schönheitsreparaturen** kann nur ausnahmsweise einen **Kündigungsgrund** wegen schuldhafter Vertragsverletzung darstellen (§ 564 b Abs. 2 Nr. 1 BGB), wenn der Mieter sich beharrlich und unberechtigt weigert, die erforderlichen Schönheitsreparaturen auszuführen und die Kündigung mit der Folge der Räumung der Wohnung das allein angemessene Mittel ist, um das Interesse des Vermieters zu schützen (LG Hamburg, Urt. v. 2. 3. 1982, ZMR 1984, 90). Entsprechend den Grundsätzen von Treu und Glauben ist zu prüfen, ob dem Vermieter andere, weniger einschneidende Maßnahmen zugemutet werden können, um seine Belange zu wahren. Nach Ansicht des LG Münster (Urt. v. 30. 10. 1990, WM 1991, 33) rechtfertigt die in der Unterlassung fälliger Schönheitsreparaturen liegende Vertragsverletzung keine Kündigung des Mietverhältnisses, solange die Mietsache nicht gefährdet wird.

Ein Grund zur **fristlosen** Kündigung (§ 553 BGB) ist nur gegeben, wenn das Mietobjekt infolge der Vertragsverletzung des Mieters wesentlich gefährdet wird (LG Hamburg, a. a. O.).

6 Verzug des Mieters mit Schönheitsreparaturen bei Mietende

Unterläßt der Mieter die Durchführung von **fälligen** Schönheitsreparaturen bei Beendigung des Mietverhältnisses, kommt er zwar automatisch, d. h. ohne Mahnung durch den Vermieter, in Verzug (BGH, ZMR 1989, 57). Da es sich bei der Verpflichtung des Mieters zur Durchführung der Schönheitsreparaturen jedoch um eine Hauptpflicht handelt (BGH, NJW 1977, 36; WM 1996, 91), steht dem Vermieter ein Schadenersatzanspruch nur unter den Voraussetzungen des § 326 BGB zu.

> Der Schadenersatzanspruch (§ 326 BGB) setzt voraus, daß dem Mieter zur Durchführung der Schönheitsreparaturen eine angemessene **Frist** bestimmt wurde, verbunden mit der Erklärung, daß nach Fristablauf die Annahme seiner Leistung abgelehnt wird.

Zwar ist die Wiederholung des Gesetzeswortlauts (§ 326 BGB) nicht erforderlich, wegen der strengen Anforderungen der Rechtsprechung jedoch ratsam.

> Jedenfalls muß aus der **Erklärung** unzweifelhaft hervorgehen, daß der Vermieter nach Fristablauf die Erfüllung nicht mehr annehmen werde (BGH, NJW 1977, 36). Die Angabe des Rechtsbehelfes nach Fristablauf (Forderung von Schadenersatz wegen Nichterfüllung) ist nicht erforderlich, jedoch zur Verdeutlichung der Folgen durchaus zu empfehlen.

Nicht ausreichend ist die Aufforderung an den Mieter, er möge sich über seine Bereitschaft zur Renovierung erklären (OLG München, ZMR 1997, 178).

Entgegen der Rechtsprechung des BGH (vgl. BGH, NJW-RR 1988, 310), wonach für § 326 Abs. 1 BGB das Verlangen, die vertragliche Leistung binnen der bestimmten Frist zu bewirken, ausreichend und die genaue Bezeichnung der Mängel daher nicht erforderlich ist, wird von den Instanzgerichten häufig gefordert, die verlangten Arbeiten genau zu bezeichnen (LG Itzehoe, WM 1997, 175; LG Karlsruhe, WM 1991, 88 sowie LG Berlin, ZMR 1988, 177, wonach die bloße Aufforderung, die „notwendigen Schönheitsreparaturen durchzuführen", nicht ausreichend sein soll). Zur Vermeidung eines zusätzlichen Prozeßrisikos sollte die Erklärung daher zumindest enthalten, welche Arbeiten in welchen Räumen durchzuführen sind.

Angemessen ist die Frist, wenn die Durchführung der verlangten Arbeiten innerhalb dieses Zeitraums unter normalen Umständen möglich ist. Eine zu kurz bemessene Frist macht die Aufforderung grundsätzlich nicht unwirksam, sondern setzt eine angemessene Frist in Lauf.

Erfolgt die Fristsetzung durch einen Bevollmächtigten (Hausverwaltung, Rechtsanwalt, Haus- und Grundbesitzerverein), ist der Erklärung eine schriftliche **Vollmacht** im Original beizufügen. Weiterhin sollte die Zustellung aus Beweisgründen mit Zustellungsnachweis erfolgen (z. B. durch Einschreiben mit Rückschein; durch Boten; durch Gerichtsvollzieher).

Zwar ist die Vorschrift des § 326 BGB dispositiv, so daß das Erfordernis der Fristsetzung ausdrücklich oder konkludent abbedungen werden könnte, jedoch ist eine **formularmäßige Freistellung** des Vermieters von der Pflicht zur **Nachfristsetzung** wegen Verstoßes gegen § 11 Nr. 4 AGB-Gesetz (vgl. „Allgemeine Geschäftsbedingungen") und bei vor dem 1. 4. 1977 abgeschlossenen Verträgen nach § 9 AGB-Gesetz unwirksam (OLG Karlsruhe, NJW 1982, 2829).

Die **Fristsetzung mit Ablehnungsandrohung** ist nur dann entbehrlich, wenn der Mieter die Durchführung der Schönheitsreparaturen **ernsthaft und endgültig** verweigert hat (§ 326 Abs. 2 BGB).

Die obergerichtliche Rechtsprechung sieht dies bereits als gegeben, wenn der Vermieter vor Ende des Mietverhältnisses eine Renovierung verlangt und der **Mieter auszieht**, ohne die ihm obliegenden Schönheitsreparaturen durchzuführen und die Räume in reparaturbedürftigem Zustand zurückläßt (OLG München, Urt. v. 15. 9. 1995, ZMR 1995, 591; BGHZ 49, 56; NJW 1971, 1839; OLG München, DWW 1986, 16).

Dagegen stellen die Amts- und Landgerichte erfahrungsgemäß erheblich strengere Anforderungen an eine endgültige Erfüllungsverweigerung durch den Mieter und lassen hierfür meist nur entsprechende ausdrückliche und eindeutige Willensäußerungen durch den Mieter gelten (vgl. z. B. LG Wuppertal, WM 1996, 614, wonach grundsätzlich selbst dann keine endgültige Erfüllungsverweigerung angenommen werden kann, wenn der Mieter bei der

Wohnungsrückgabe die Unterzeichnung des Abnahmeprotokolls verweigert und eine Erklärung abgibt, welche Arbeiten er noch durchführen werde und welche nicht). Andererseits nimmt das LG Düsseldorf (NJWE 1996, 29) eine ernsthafte und endgültige Erfüllungsverweigerung bereits dann an, wenn der Mieter nach langjähriger Mietzeit (hier: 6 Jahre) auszieht und keine Schönheitsreparaturen vornimmt, obwohl die Mieträume dringend instandsetzungsbedürftig sind.

> Im Streitfalle obliegt der Beweis der ernsthaften und endgültigen Erfüllungsverweigerung dem Vermieter, so daß zu einem Absehen von den Formerfordernissen nur bei Vorliegen von eindeutigen schriftlichen Erklärungen des Mieters geraten werden kann und im Zweifel eine Nachfristsetzung mit Ablehnungsandrohung erfolgen sollte.

> Die **Höhe** des Schadenersatzanspruches ist in der Regel durch Erstellung eines Kostenvoranschlages durch ein Malerfachgeschäft zu ermitteln, wobei der besichtigende Fachmann im Streitfalle als Zeuge für den vorgefundenen Zustand benannt werden kann.

Die Kosten eines vom Vermieter mit der Besichtigung der Wohnung und der Feststellung der Notwendigkeit von Schönheitsreparaturen beauftragten **Privatgutachters** können jedenfalls insoweit vom Mieter verlangt werden, als sich die Schadenersatzansprüche des Vermieters als begründet erweisen (LG Berlin, Urt. v. 28. 11. 1995 – 64 S 220/95); es sei denn, die erforderlichen Feststellungen hätten auch von einem Laien getroffen werden können (vgl. OLG Hamburg, WM 1990, 75).

Ein Antrag auf **gerichtliche Beweissicherung** durch ein selbständiges Beweisverfahren bei dem zuständigen Amtsgericht (vgl. „Beweissicherung") ist sinnvoll, wenn eine Weitervermietung die sofortige Beseitigung der Mängel erfordert (vgl. zu den Kosten des Verfahrens auch LG Hannover, WM 1980, 221).

> In der Verwendung des Geldbetrages, den der Mieter im Wege des Schadenersatzes zu bezahlen hat, ist der Vermieter frei und muß ihn nicht zur Renovierung der Räume verwenden (OLG Köln, WM 1988, 108; BGH, NJW 1990, 2376).

Der Schadenersatzanspruch umfaßt neben dem reinen Reparaturaufwand auch die hierauf entfallende **Umsatzsteuer** (KG, GE 1995, 109).

Schadenersatzansprüche des Vermieters wegen Nichtausführung der Schönheitsreparaturen sind auch nicht ausgeschlossen, wenn ein Mieter von Wohnraum durch Formularmietvertrag Schönheitsreparaturen übernimmt und formularmäßig weiterhin bestimmt ist, daß der Vermieter für den Fall, daß der Mieter dieser Verpflichtung trotz schriftlicher Mahnung nicht nachkommt, die erforderlichen Nacharbeiten auf Kosten des Mieters vornehmen darf (OLG Hamm, RE v. 3. 2. 1983, DWW 1983, 147).

Weiterhin entfällt der Schadenersatzanspruch des Vermieters weder nach den Grundsätzen der Vorteilsausgleichung, noch unter dem Gesichtspunkt einer zwischen dem Vor- und Nachmieter bestehenden, eine Ausgleichspflicht nach sich ziehenden Gesamtschuldnerschaft, wenn der **Nachmieter** die vom Vormieter vertragswidrig unterlassenen Schönheitsreparaturen auf eigene Kosten durchführt (OLG Hamburg, DWW 1984, 167; BGH, NJW 1968, 491).

Der Mieter haftet auf Schadenersatz nicht nur bei unterlassenen, sondern auch bei nicht ordnungsgemäß ausgeführten Schönheitsreparaturen. Zwar kann der Mieter formularvertraglich nicht verpflichtet werden, die Arbeiten von einem Fachmann durchführen zu lassen (vgl. LG Köln, WM 1991, 87), jedoch müssen die Arbeiten **fachmännisch** und mindestens in mittlerer Art und Güte (§ 243 BGB; vgl. auch BGH vom 6. 7. 1988, a.a.O., LG Kassel, WM 1989, 135) ausgeführt werden.

Ist dies nicht der Fall, haftet der Mieter auf Schadenersatz wegen positiver Vertragsverletzung selbst dann, wenn er zur Durchführung der Schönheitsreparaturen gar nicht verpflichtet gewesen wäre (LG Düsseldorf, DWW 1996, 280; LG Hamburg, WM 1986, 311; LG Düsseldorf, DWW 1989, 392; Sternel, Mietrecht, 3. A., II 643).

Der Mieter kann sich auch nicht darauf berufen, daß der bearbeitete Untergrund schlecht war (LG Berlin, Urt. v. 28. 11. 1995 – 64 S 220/95).

Der Schadenersatzanspruch umfaßt neben den Renovierungskosten auch einen **Mietausfall**, der infolge einer verzögerten Weitervermietung entstanden ist. Zur Begründung des Anspruchs muß der Vermieter darlegen, daß ein bestimmter Mietinteressent zu bestimmten Vertragsbedingungen abschlußbereit war (OLG Hamburg, WM 1990, 77).

Nach dem Urteil des OLG Hamburg (a. a. O.) kann der Vermieter den gesamten Mietzins für den bereits begonnenen Folgemonat verlangen, wenn der Mieter die Mietsache erst am 11. Tage des Folgemonats zurückgibt. Jedoch gebietet die Schadenminderungspflicht des Vermieters, die Renovierung möglichst umgehend auszuführen (LG Frankfurt, WM 1977, 95; BGH, WM 1982, 297).

Eine Klage des Vermieters auf Schadenersatz wegen unterlassener Schönheitsreparaturen ist mangels Rechtsschutzbedürfnisses unzulässig, wenn bereits ein rechtskräftiges Urteil über die Verpflichtung des Mieters zur Durchführung der Schönheitsreparaturen vorliegt, aus dem der Vermieter die Vollstreckung gegen den Mieter betreiben kann (§ 887 ZPO; LG Bonn, WM 1992, 32).

Zum Schadenersatzanspruch des Vermieters wegen unterlassener Schönheitsreparaturen bei Vertragsende vgl. Gather in DWW 1996, 114.

7 Umbau der Mieträume nach Mietende

Werden die Mieträume nach Beendigung des Mietverhältnisses **umgebaut**, so daß vorgenommene Schönheitsreparaturen wieder zerstört werden müßten, entfällt zwar die Pflicht zur Durchführung von Schönheitsreparaturen, jedoch wird der Mieter nicht ersatzlos befreit. Eine ergänzende, dem typischen Willen und dem Interesse des Vertragspartners entsprechende Auslegung des Mietvertrages ergibt, daß der Vermieter anstelle des fälligen Erfüllungsanspruches eine **Geldzahlung** erhalten soll (OLG Oldenburg, WM 1992, 229; OLG Schleswig, DWW 1983, 124; BGH, RE v. 30. 10. 1984, a. a. O.). Dementsprechend kann auch die erfolgreiche Durchsetzung eines Schadenersatzanspruchs wegen unterlassener Schönheitsreparaturen gegen die Mieter nicht daran scheitern, daß die Mieträume nach ihrer Rückgabe vollständig umgebaut worden sind (OLG Düsseldorf, WM 1994, 323).

Sobald der Vermieter dem Mieter die **Absicht des Umbaus** der Räume mitgeteilt hat, ist der Mieter zur Durchführung der Schönheitsreparaturen nicht mehr berechtigt und kann den Anspruch des Vermieters auf Zahlung eines Ausgleichs in Geld nicht dadurch abwenden, daß er die Durchführung der Schönheitsreparaturen in den umgebauten Räumen anbietet.

Die **Höhe des Anspruchs** soll sich nach der Rechtsprechung danach bestimmen, ob der Mieter die Schönheitsreparaturen durch einen Fachhandwerker oder in Eigenleistung ausgeführt hätte. Bei Ausführung durch einen Fachhandwerker ist die Höhe dieser Kosten anzusetzen. Wendet der Mieter jedoch ein, er hätte die Arbeiten wesentlich kostengünstiger in **Eigenleistung** ausgeführt, muß er neben den Kosten des notwendigen Materials nur den Betrag entrichten, den er für seine bzw. die Arbeitsleistung von Bekannten oder Verwandten hätte aufwenden müssen. Das Gericht kann den Wert der Eigenleistung des Mieters durch Schätzung ermitteln (OLG Düsseldorf, ZMR 1988, 96).

Dies erscheint unrichtig, da die Höhe des Anspruchs somit weitgehend vom Sachvortrag des Mieters abhängt und der Mieter darüber hinaus ohne sachlichen Grund von dem Risiko entlastet wird, daß die in Eigenleistung durchgeführten Schönheitsreparaturen oftmals unsachgemäß ausfallen und entsprechende Schadenersatzansprüche des Vermieters auslösen.

Eine formularmäßige Abgeltungsklausel (vgl. Abschnitt 4) verpflichtet den Mieter auch im Falle des Umbaus zur Kostentragung entsprechend dem Inhalt der Klausel (LG Düsseldorf, WM 1992, 431).

Sofern von dem beabsichtigten Umbau nur **einzelne Räume** der Wohnung betroffen sind und die anderen Räume durch den Umbau auch nicht wesentlich verschmutzt werden, kann eine Abgeltung nur für die betroffenen Räume verlangt werden. Bezüglich der übrigen Räume bleibt eine vertragliche Verpflichtung des Mieters zur Durchführung der Schönheitsreparaturen unberührt (LG Hannover, WM 1994, 428).

8 Sonstiges

Ist der Mieter vertraglich nicht ausdrücklich zur Durchführung von „Schönheitsreparaturen", sondern z. B. zur „Renovierung" verpflichtet, kann der Umfang der durchzuführenden Arbeiten streitig sein, da es sich bei dem Begriff der Renovierung – im Gegensatz zum Begriff der Schönheitsreparaturen – nicht um einen gesetzlich definierten Begriff handelt. Nach einem Urteil des LG Nürnberg–Fürth vom 5. 3. 1992 (WM 1993, 121), bestätigt vom OLG Nürnberg (WM 1993, 121), umfaßt die Verpflichtung zur Renovierung auch die Durchführung von Malerarbeiten, da andernfalls lediglich von einem „gebrauchsfähigen" oder „ordentlichen" Zustand zu sprechen wäre.

Ein **Verzicht des Vermieters** auf bestehende Schadenersatzansprüche kann sich schlüssig ergeben, wenn er bei der Wohnungsübergabe erklärt, die Räume befinden sich in ordnungsgemäßem Zustand und die Schlüssel **vorbehaltlos** annimmt (vgl. auch LG Mannheim, WM 1975, 118).

Dagegen kann wohl allein in der Rückgabe der Kaution kein schlüssiger Verzicht gesehen werden, da von der Rückgabe der Sicherheit nicht auf einen Verzicht auf die gesicherte Forderung geschlossen werden kann (so aber LG Stuttgart, WM 1977, 29).

Abgesehen davon, daß bei bestehenden Ansprüchen des Vermieters kein Anlaß zur **Rückzahlung der Kaution** besteht (siehe „Kaution"), sollte jede Handlung, aus der ein Verzicht hergeleitet werden könnte (z. B. auch die Annahme der Schlüssel), nur unter dem ausdrücklichen Vorbehalt aller Ansprüche erfolgen.

Ebenso kann in dem vorbehaltlosen Abschluß eines **Mietaufhebungsvertrages**, in dem sich der Mieter als Gegenleistung für den Auszug zur Zahlung einer bestimmten Abstandssumme verpflichtet, eine abschließende Regelung der Ansprüche gesehen werden, mit der Folge, daß Ansprüche des Vermieters wegen unterlassener Schönheitsreparaturen ausgeschlossen sind (LG Stuttgart, WM 1995, 392; LG Nürnberg-Fürth, WM 1981, 159).

Den Parteien steht es frei, sich anläßlich der Wohnungsübergabe abweichend von den Bestimmungen des Mietvertrages über den **Umfang der Ansprüche** (z. B. Renovierung in einem bestimmten Umfang oder Zahlung eines bestimmten Betrages) zu einigen, wobei dies aus Beweisgründen unbedingt schriftlich erfolgen sollte.

Bei **preisgebundenem** Wohnraum ist jedoch die **preisrechtliche Grenze** des § 9 Abs. 1 Wohnungsbindungsgesetz zu beachten, so daß nur solche Vereinbarungen wirksam sind, die den Mieter nicht schlechter stellen als bei bloßer Übertragung der laufenden Schönheitsreparaturen und der Abwicklung dieser Verpflichtung nach dem Gesetz (BGH, NJW 1978, 1053).

Allein durch Unterzeichnung eines Übergabeprotokolles kommt eine entsprechende Vereinbarung nicht zustande, da das **Übergabeprotokoll** nur den Zustand der Räume dokumentiert, jedoch nichts über das Bestehen von Ansprüchen aussagt.

Die **Einigung der Parteien** stellt grundsätzlich ein deklaratorisches Schuldanerkenntnis dar, mit der Folge, daß die Parteien mit allen Ansprüchen ausgeschlossen sind, die sie bei Abschluß der Vereinbarung kannten oder mit denen sie rechnen konnten. Nach Ansicht des LG Mannheim (MDR 1970, 239) sind grundsätzlich alle Ansprüche aus später entdeckten Mängeln ausgeschlossen.

Ansprüche des Vermieters auf Durchführung von Schönheitsreparaturen sowie auf Schadenersatz wegen nicht durchgeführter Schönheitsreparaturen **verjähren** bereits nach 6 Monaten (§ 558 BGB). Zur Frage, wann die Verjährungsfrist zu laufen beginnt, siehe KG Berlin, RE v. 2. 12. 1996, WM 1997, 32 sowie „Verjährung".

Bei **Sozialwohnungen** können in der Wirtschaftlichkeitsberechnung die Kosten der Schönheitsreparaturen angesetzt werden, wenn sie – abweichend von der üblichen Vertragsgestaltung – der **Vermieter** trägt.

Sie dürfen höchstens mit DM 12,– je qm Wohnfläche im Jahr angesetzt werden (§ 28 Abs. 4 II. BV). Dieser Satz verringert sich für überwiegend nicht tapezierte Wohnungen um DM 1,20, der Satz erhöht sich für Wohnungen mit Heizkörpern um DM 0,95 und für überwiegend mit Doppelfenstern oder Verbundfenstern ausgestattete Wohnungen um DM 1,–.

(Anschluß Seite S 19)

Schriftform

1 Grundsatz

Der Mietvertrag bedarf **keiner besonderen Form**, er kann sogar durch konkludente Handlung zustande kommen, siehe „Mietvertrag", Abschnitt 3. Entscheidend dafür ist die Überlassung einer Sache und die Entgegennahme des Entgelts für die Überlassung, ferner eine Einigung über den Zeitpunkt des Beginns. Haben die Parteien selbst keine weitere Regelung getroffen, gelten im übrigen die gesetzlichen Vorschriften über das Mietrecht.

2 Schriftform – Erfordernis

Ein Mietvertrag über ein Grundstück oder Räume, der für längere Zeit als 1 Jahr geschlossen wird, bedarf der **schriftlichen Form** (§ 566 Satz 1 BGB).

Die Einhaltung der Formvorschrift ist zwingend und kann nicht von den Parteien ausgeschlossen werden. Die Frist wird vom Beginn des Mietverhältnisses ab gerechnet, nicht vom Zeitpunkt des Vertragsschlusses. Eine längere Zeit als 1 Jahr ist gegeben, wenn erst nach Ablauf eines Jahres gekündigt werden kann, oder wenn der Mieter durch eine einseitige Erklärung, z. B. Ausübung einer Option, das Mietverhältnis von sich aus über 1 Jahr hinaus verlängern kann. Der Schriftform bedarf auch ein Vertrag auf Lebenszeit des Mieters.

> Unter dem Begriff Mietvertrag im Sinne des § 566 BGB fallen auch Untermietverträge (BGH, WM 1982, 431). Sie bedürfen daher, falls sie auf längere Zeit als 1 Jahr abgeschlossen werden, ebenfalls der Schriftform.

Nicht der Schriftform bedarf nach ständiger Rechtsprechung schon des Reichsgerichts der Mietvorvertrag, auch wenn der eigentliche Mietvertrag auf längere Zeit als 1 Jahr abgeschlossen werden soll.

Oft übersehen wird, daß auch nachträgliche **Ergänzungen und Zusätze** dem Schriftformerfordernis unterliegen, wenn der Vertrag unter § 566 BGB fällt. Dies gilt insbesondere für Verlängerungsverträge, die eine längere Vertragszeit als 1 Jahr vorsehen (vgl. BGH, WM 1963, 172).

Die Anforderungen an die gesetzliche Schriftform sind in § 126 BGB geregelt. Bei einem Vertrag muß die **Unterzeichnung** der Parteien auf derselben Urkunde erfolgen. Werden über den Vertrag mehrere gleichlautende Urkunden aufgenommen, genügt es, wenn jede Partei die für die andere Partei bestimmte Urkunde unterzeichnet. Voraussetzung ist allerdings, daß die Ausfertigungen der Urkunden dem jeweils anderen Teil zugegangen sind. Ob ein Vertragspartner seinen Vertrag später verliert, spielt allerdings keine Rolle, der Vertrag ist trotzdem wirksam. An der eigenhändigen Unterschrift soll es bei Zugang einer der Schriftform unterliegenden Erklärung durch **Telefax** fehlen (OLG Celle, ZMR 1996, 26), so daß das Formerfordernis des § 566 BGB nicht eingehalten ist.

> Der Schriftform unterliegen sämtliche Vereinbarungen der Parteien, die nach den Vorstellungen der Vertragsschließenden zum Mietvertrag gehören sollen.

Dies hat erhebliche Auswirkungen, wenn sich eine Vertragspartei später auf ihr günstige mündliche Nebenabreden beruft. Allerdings ist die Rechtsprechung der Ansicht, daß selbständige Nebenabreden mündlich möglich sind, die nicht direkt zum Mietvertrag gehören (z. B. Mietvertrag über Geschäftsräume auf 10 Jahre, mündliche Nebenabrede über den Verkauf des Inventars). Da die **Unterzeichnung** auf derselben Urkunde erfolgen muß, ist eine Bezugnahme auf andere Schriftstücke grundsätzlich nicht zulässig. Dem Formerfordernis ist grundsätzlich nur Genüge getan, wenn die Anlagen beigefügt und mit dem Vertrag fest verbunden werden (Emmerich / Sonnenschein, Miete, § 566, Rdn. 5). Dies gilt auch für Zusätze und spätere Nebenabreden. Aus praktischen Gründen ist die Rechtsprechung hier aber großzügig.

> Der BGH hat mehrfach einen Nachtrag zum Mietvertrag, der nicht mit diesem fest zusammengeheftet war, für wirksam gehalten, der hinsichtlich der Mieträume und des Mietzinses durch klare und eindeutige Bezugnahme auf den Hauptmietvertrag erkennen ließ, daß es bei diesen Vereinbarungen bleiben soll.

Begründet wird dies damit, daß Sinn und Zweck des § 566 BGB, einen Grundstückserwerber über den Inhalt eines langfristig abgeschlossenen Mietvertrages zu informieren, weder eine formale nochmalige Beurkundung des eindeutig von der Vertragsveränderung nicht betroffenen Vertragsinhalts im Änderungsvertrag, noch zwingend eine feste körperliche Verbindung der mehreren Urkunden erfordert. Der Erwerber kann sich bereits anhand der vorhandenen Vertragsurkunden ein zuverlässiges und vollständiges Bild machen. Vielmehr reicht es für die gesetzliche Schriftform des gesamten Vertragswerks aus, wenn die Nachtragsurkunde auf den ursprünglichen Vertrag Bezug nimmt und zum Ausdruck bringt, es solle unter Einbeziehung des Nachtrags bei dem verbleiben, was früher bereits formgültig niedergelegt war, vorausgesetzt, daß die neue Urkunde ebenfalls von beiden Parteien unterzeichnet ist (so zusammenfassend BGH, Urt. v. 26. 2. 1992, WM 1992, 316 mit dem Nachweis der früheren Rechtsprechung).

Die Rechtsprechung des BGH bezieht sich auf die Fallkonstellation, daß zu einem dem Formerfordernis entsprechenden Vertrag Nachträge geschlossen wurden. Dies gilt aber auch für einen Mietvertrag und einen mit diesem nicht fest verbundenen Zusatzvertrag, wenn die zwei Urkunden wechselseitig eindeutig aufeinander bezogen sind (OLG Düsseldorf, Urt. v. 2. 9. 1989, MDR 1989, 641). Im Mietvertrag war bestimmt, daß er nur gültig in Verbindung mit der vorliegenden Ergänzung sei. In der Ergänzung wird jeweils gesondert ausdrücklich auf die Punkte des Mietvertrages angeschlossen. In einem aus sechs verschiedenen Urkunden bestehenden Mietvertrag ist nach Ansicht des Oberlandesgerichts Düsseldorf das Erfordernis der Einheitlichkeit der Urkunde zur Wahrung der gesetzlichen Schriftform nur erfüllt, wenn die Haupturkunde auf die ergänzenden Urkunden Bezug nimmt **und** die einzelnen Schriftstücke mit dem Willen der Parteien durch körperliche Verbindung zu einer einheitlichen Urkunde zusammengefaßt werden, wobei das Gericht die Zusammenfügung in einem Ordner genügen läßt (OLG Düsseldorf, WM 1994, 271).

Schließlich hat das LG Frankfurt / M. (DWW 1992, 84) zur Schriftformwahrung einer aus mehreren einzelnen Blättern bestehenden Mietvertragsurkunde festgestellt, daß die Zusammengehörigkeit durch körperliche Verbindung oder in sonst geeigneter Weise eindeutig erkennbar sein muß. Diese Einheitlichkeit des Vertrages kann durch Zusammenheften, Numerierung der Blätter oder den Sinnzusammenhang des fortlaufenden Urkundentextes hergestellt sein. Eine feste Verbindung durch Zusammenheften mit Faden oder Leim ist danach nicht erforderlich und würde den ungeschulten Rechtsverkehr überfordern.

So begrüßenswert grundsätzlich die Tendenz der Rechtsprechung ist, geschlossene Verträge zu erhalten, stellt sich doch die Frage, ob hier noch Sinn und Zweck des § 126 BGB eingehalten ist. Zu Recht weist Sternel (Mietrecht aktuell, 2. Auflage, Randnr. 20) auf die Gefahr der Manipulation hin.

3 Formverstoß

Wird die Schriftform nicht eingehalten, so ist der Vertrag nicht unwirksam, sondern gilt als **für unbestimmte Zeit geschlossen**; die Kündigung ist jedoch nicht für eine frühere Zeit als für den Schluß des ersten Jahres zulässig, § 566 Satz 2 BGB. Bei einem Wohnraummietvertrag kann der Vermieter allerdings nur unter der weiteren Voraussetzung des § 564 b BGB (berechtigtes Interesse) kündigen.

Auch hat der BGH bei reinen Ergänzungsverträgen, die den Inhalt des ursprünglichen Vertrages nicht ändern, die Folgen des Formverstoßes nicht auf den ursprünglichen – formgültigen – Vertrag ausgedehnt, sondern auf die jeweilige Ergänzung beschränkt (BGH, WM 1976, 26).

In besonderen Ausnahmefällen kann die Berufung auf die Formunwirksamkeit treuwidrig sein. Die Rechtsprechung nimmt dieses an, wenn die Unwirksamkeit des Vertrages zu einem schlechthin untragbaren Ergebnis führen würde, z. B. bei arglistiger Täuschung über das Formerfordernis von einer Vertragsseite. Treuwidrig ist die Berufung auf den Formmangel auch, wenn die Parteien die Einhaltung der Schriftform vereinbart haben, dies jedoch unterlassen haben. Hier hat jede Vertragspartei einen Anspruch auf Abschluß eines schriftlichen Vertrages, der auch gerichtlich geltend gemacht werden kann.

4 Vereinbarung der Schriftform

Die Parteien können auch unabhängig vom Geltungsbereich des § 566 BGB vereinbaren, daß für den Vertrag die **Schriftform gelten soll.** Diese Vereinbarung der Parteien braucht selbst nicht schriftlich zu erfolgen. Zweifelhaft ist, ob sie in einem vorgedruckten Formularvertrag getroffen werden kann. Gem. § 4 AGBG haben in diesem Fall anders lautende, auch mündliche Individualvereinbarungen zu jeder Zeit Vorrang. Soweit Schriftformklauseln beinhalten, daß Nebenabreden und Vertragsänderungen nur bei Einhaltung der schriftlichen Form wirksam sind, verstoßen sie gegen § 4 AGB-Gesetz und sind unwirksam (OLG München, WM 1989, 128).

Durch Auslegung im Einzelfall muß ermittelt werden, welche **Bedeutung die Vereinbarung der Schriftform** haben soll. Die Parteien können damit bezwecken, daß durch die schriftliche Niederlegung der Vertrag zu Beweiszwecken festgehalten wird (deklaratorische Schriftform). In diesem Fall wird bei Nichteinhaltung der Schriftform die Gültigkeit des Vertrages insgesamt nicht berührt, gem. § 566 Satz 2 BGB kommt ein Mietvertrag auf unbestimmte Zeit zustande.

> Anders liegt der Fall, wenn die Parteien vereinbaren, daß der Vertrag erst bei Einhaltung der Schriftform gültig wird (konstitutive Schriftform). Solange diese Form nicht eingehalten ist, ist kein Vertrag zustande gekommen.

Die Rechtsfolgen unterscheiden sich also beträchtlich. Während teilweise angenommen wird, bei Mietverträgen habe die Formvereinbarung grundsätzlich nur deklaratorische Bedeutung (so Emmerich / Sonnenschein, Miete § 566 Randnr. 13), ist die überwiegende Mehrheit anderer Ansicht. Hieraus folgt, daß in einem Fall der wirksamen Vereinbarung einer Schriftform die Partei, die sich darauf beruft, daß es sich lediglich um eine deklaratorische Vereinbarung handelt, dies auch beweisen muß (so Heile in Bub / Treier, II Randnr. 743 mit weiteren Nachweisen).

5 Nebenabreden

Oft ist in einem Formularvertrag vereinbart, daß keine mündlichen **Nebenabreden** bestehen oder daß Nebenabreden oder Zusätze schriftlich vereinbart werden müssen. Die Parteien können sich jedoch jederzeit hierüber hinwegsetzen, wenn sie übereinstimmend der Ansicht sind, daß die mündliche Vereinbarung gelten soll, so BGHZ 1986, 30, 35. Soweit diese Klauseln in einem Formular enthalten sind, sind sie unwirksam, vgl. oben Abschnitt 4 und „Allgemeine Geschäftsbedingungen".

6 Einseitige Erklärung

Auch außerhalb des Vertragsabschlusses kann die Schriftform erforderlich sein. Das Gesetz schreibt verschiedentlich für **einseitige Erklärungen**, teils rechtsgestaltender Art, Schriftform vor.

> So bedarf die Kündigung eines Mietverhältnisses über Wohnraum, und zwar sowohl die des Vermieters wie auch die des Mieters, der Schriftform (§ 564 a Abs. 1 BGB). Dabei macht es keinen Unterschied, ob es sich um eine ordentliche oder um eine außerordentliche Kündigung handelt. Die Nichtbeachtung der Form hat die Unwirksamkeit der Kündigung zur Folge.

Als weitere rechtsgestaltende Erklärungen, die zu ihrer Wirksamkeit der Schriftform bedürfen, sind zu nennen die Erhöhung des Mietzinses wegen baulicher Änderung (§ 3 MHG), die Umlegung von Betriebskostenerhöhungen (§ 4 MHG) und die Umlegung von Kapitalkostenerhöhungen (§ 5 MHG). Weiter ist Schriftform vorgeschrieben für den Widerspruch des Mieters gegen die Kündigung des Vermieters und für das Verlangen auf Fortsetzung des Mietverhältnisses. Schließlich ist das Verlangen des Vermieters auf Zustimmung zur Erhöhung des Mietzinses bis zum Betrag der ortsüblichen Vergleichsmiete dem Mieter gegenüber schriftlich geltend zu machen (§ 2 MHG).

Keiner Schriftform bedarf die Kündigung eines Mietverhältnisses über Wohnraum, der nur zu vorübergehendem Gebrauch vermietet ist und für Wohnraum, der Teil der vom Vermieter selbst bewohnten Wohnung ist und den der Vermieter ganz oder überwiegend mit Einrichtungsgegenständen auszustatten hat. Ist Wohnraum dieser Art jedoch zum dauernden Gebrauch für eine Familie überlassen, ist für die Kündigung wiederum die Schriftform vorgeschrieben.

Selbstauskunft des Mieters

Es gibt Vermieter, die sich von Mietinteressenten eine Selbstauskunft erteilen lassen, etwa durch Ausfüllung eines Fragebogens über die persönlichen und wirtschaftlichen Verhältnisse des Mieters. Vor allem Hausverwaltungen, die mit der Vermietung von Wohnungen beauftragt sind, wollen sich auf diese Weise gegenüber ihren Auftraggebern absichern.

Eine **Verpflichtung** zum Ausfüllen von Fragebögen **besteht nicht**. Auf der anderen Seite besteht aber auch keine Verpflichtung zur Vermietung. Deshalb werden abverlangte Selbstauskünfte meistens erteilt, jedoch nicht immer richtig und wahrheitsgemäß. Das führt zu der Frage, welche Folgen die unrichtige Beantwortung gestellter Fragen hat, ob etwa der Vermieter den Mietvertrag anfechten oder außerordentlich kündigen kann.

Eine einheitliche Antwort kann hierzu nicht gegeben werden; es kommt in aller Regel auf den Einzelfall an. Daß einem Einmietbetrüger fristlos gekündigt werden kann, ist kaum zweifelhaft. Gibt z. B. eine Dame ihr Geburtsdatum nicht richtig an, dürfte ihr das allerdings kaum zum Nachteil gereichen. Zulässig sind Fragen, die berechtigte, billigenswerte und schutzwürdige Interessen des Vermieters betreffen (so Schmidt-Futterer / Blank, Mietrecht von A–Z, Stichwort „Selbstauskunft“ in Anlehnung an die Rechtsprechung des Bundesarbeitsgerichts zu Einstellungsfragebögen der Arbeitgeber). Zulässig ist die Frage nach dem Arbeitgeber oder dem Einkommen (LG Köln, DWW 1984, 75) oder dem Familienstand (LG Landau, WM 1986, 133). Nicht jede falsche Auskunft berechtigt im übrigen zur Anfechtung bzw. zur fristlosen Kündigung des Vertrages.

Ein solches Recht wird nur bestehen, wenn sich durch die falsche Beantwortung der Frage wesentliche Auswirkungen für den Fortbestand des Mietverhältnisses ergeben. Hierbei zieht das Bundesverfassungsgericht die Grenzen zu Gunsten des Mieters recht weit: Im Beschluß vom 11. 6. 1991 (WM 1991, 463) führt es aus: Das Recht auf informationelle Selbstbestimmung entfaltet seinen Rechtsgehalt auch im Privatrecht. Offenbart der wegen Geistesschwäche Entmündigte dem Vermieter nicht seine Beschränkung in der Geschäftsfähigkeit, rechtfertigt allein dieses nicht die Kündigung des Mietvertrages durch den Vermieter. Das Landgericht Regensburg hatte den Mieter zur Räumung verurteilt, da der Vermieter ein schutzwürdiges Interesse an der Offenlegung der Entmündigung gehabt habe. Das Bundesverfassungsgericht ist dagegen der Meinung, daß bei der Abwägung der betroffenen Belange die des Mieters vorgehen. Die Offenbarung der Entmündigung berge nämlich die Gefahr der sozialen Abstempelung und mache es dem Mietinteressenten nahezu unmöglich, Wohnraum anzumieten.

Fraglich ist, ob der Mieter von sich aus verpflichtet ist, auf seine mangelnde Leistungsfähigkeit hinzuweisen. Das AG Hagen (WM 1984, 296) hat dies bejaht und dem Vermieter ein Anfechtungsrecht nach § 119 Abs. 2 BGB zugesprochen, dessen Mieter ihm bei Abschluß des Vertrages verschwiegen hatte, daß er bereits die eidesstattliche Versicherung abgegeben hat.

Entscheidend sind die Umstände des Einzelfalls. Kommt der Mieter seinen Verpflichtungen regelmäßig nach, besteht kein Grund zur Anfechtung (so Sternel I, Randnr. 261). Nicht verpflichtet ist der Mieter, über seine Aufenthaltsberechtigung in Deutschland unaufgefordert oder auf Nachfrage Auskunft zu geben (so AG Wiesbaden, WM 1992, 597). Auch Fragen nach dem früheren Mietverhältnis sollen nicht zulässig sein (LG Braunschweig, WM 1984, 297). Oft bringt aber gerade eine Rückfrage beim früheren Vermieter nähere Aufschlüsse, wenn der nicht gerade seinen Mieter „wegloben" will. Auch eine solche Rückfrage soll – aus Datenschutzgründen – nur zulässig sein, wenn der Mietbewerber ausdrücklich damit einverstanden ist (vgl. Weichert, WM 1993, 723 f.).

Auch soll der Mieter nach Ansicht des AG Hamburg nicht verpflichtet sein, gegen ihn anhängige staatsanwaltschaftliche Ermittlungsverfahren zu offenbaren oder dahinzielende Nachfragen des Vermieters wahrheitsgetreu zu beantworten (WM 1992, 598). Zwar ist die Zulässigkeit von Fragen nach dem persönlichen Status des Mieters zurückhaltend zu beurteilen. So sollen Fragen nach dem Beruf, Vorstrafen, Anlaß für die Beendigung des letzten Mietverhältnisses unzulässig sein (Sternel I, Randnr. 262). Im vorliegenden Fall hat der Vermieter aber vorgetragen, daß gegen den Mietinteressenten fünf Ermittlungsverfahren, davon zwei wegen Körperverletzung, eines wegen Hausfriedensbruch und eines wegen Bedrohung anhängig gewesen seien. Dies als richtig unterstellt, kann dem Urteil des Amtsgerichts Hamburg nicht gefolgt werden. Gerade bei der Art der Straftaten sind Auswirkungen auf den Fortbestand des Mietverhältnisses durchaus denkbar.

Wer sicher gehen will, sollte sich von den Mietinteressenten eine Selbstauskunft der „Schutzgemeinschaft für das Kreditwesen", SCHUFA, vorlegen lassen. Der Vermieter erhält von der SCHUFA selbst keine Auskunft, der Mieter kann aber über sich selbst jederzeit bei der regional zuständigen SCHUFA eine solche Auskunft einholen.

Siehe hierzu auch „Anfechtung".

Selbsthilferecht des Mieters

Als Selbsthilferecht bezeichnet man die Befugnis des Mieters, einen Mangel der Mietsache selbst zu beseitigen und Ersatz seiner Aufwendungen zu verlangen. Dieses Recht ist dem Mieter eingeräumt, wenn der Vermieter mit der Beseitigung eines Mangels in Verzug gerät, § 538 Abs. 2 BGB.

Der Mieter hat den Mangel zunächst anzuzeigen. Die Mängelanzeige ist noch keine Inverzugsetzung. Kommt der Vermieter nach Empfang der Mängelanzeige seiner Instandsetzungsverpflichtung nicht nach, kann der Mieter die Mängelbeseitigung unter Fristsetzung anmahnen. Nach fruchtlosem Ablauf der Frist ist das Selbstbeseitigungsrecht gegeben. Die Kosten, die hierbei entstehen, kann der Mieter vom Vermieter ersetzt verlangen oder gegen den Mietzins aufrechnen. Darüber hinaus hat der Mieter gegen den Vermieter einen Anspruch auf Zahlung eines Vorschusses in Höhe der voraussichtlich zur Mängelbeseitigung erforderlichen Kosten, wie das KG Berlin entschieden hat (RE vom 29. 2. 1988, Weber/ Marx, VIII / S. 35). Siehe hierzu auch „Mängel", Abschnitt 5.

Sozialklausel

Darunter versteht man das Recht des Wohnraummieters, der ordentlichen Kündigung des Vermieters zu widersprechen und die Fortsetzung des Mietverhältnisses zu verlangen, wenn die vertragsmäßige Beendigung des Mietverhältnisses über Wohnraum für den Mieter oder seine Familie eine Härte bedeuten würde, die auch unter Berücksichtigung der berechtigten Interessen des Vermieters nicht zu rechtfertigen ist.

1. Das Widerspruchsrecht entfällt bei Wohnungen, die nur zu **vorübergehendem Gebrauch** überlassen sind, bei vom Vermieter überwiegend möbliertem Wohnraum, der Teil der vom Vermieter selbst bewohnten Wohnung und nicht an eine Familie überlassen ist, sowie bei Kündigung des Mietverhältnisses durch den Mieter und bei fristloser Kündigung. Bei **Werkswohnungen** ist das Widerspruchsrecht des Mieters eingeschränkt.

2. Die Erklärung des Mieters, mit der er der Kündigung widerspricht und die Fortsetzung verlangt, bedarf der **Schriftform**. Eine Begründung ist nicht vorgeschrieben, auf Verlangen des Vermieters soll der Mieter jedoch über die Gründe des Widerspruchs unverzüglich Auskunft erteilen.

> Der Vermieter soll dem Mieter, wenn er den Mietvertrag kündigt, auf die Möglichkeit des Widerspruches sowie auf Form und Frist desselben hinweisen.

Ist das geschehen, so muß der Widerspruch spätestens 2 Monate vor Beendigung des Mietverhältnisses erklärt sein. Hat der Vermieter diese Belehrung unterlassen, kann der Mieter den Widerspruch noch im Räumungsprozeß, und zwar im ersten Termin des Rechtsstreits erheben. Siehe hierzu auch „Widerspruch gegen Kündigung".

3. Härtegründe kann es vielerlei geben. Das Gesetz nennt nur einen Fall. Danach liegt eine Härte vor, wenn angemessener Ersatzraum zu zumutbaren Bedingungen nicht beschafft werden kann. Im übrigen kommt es auf die jeweiligen Verhältnisse des Einzelfalles an. Die vom Mieter vorgebrachten Härtegründe sind gegenüber den vom Vermieter vorgebrachten Kündigungsgründen abzuwägen (siehe hierzu ausführlich „Kündigungsschutz", Abschnitt 3).

4. Wird in Anwendung der Sozialklausel im Prozeß vor **Gericht** auf

Fortsetzung des Mietverhältnisses erkannt, so entscheidet das Gericht sowohl über die Dauer der Fortsetzung als auch über die Bedingungen, nach denen es fortgesetzt wird. Ist der Wegfall der Härtegründe ungewiß, kann auch eine Fortsetzung des Mietverhältnisses auf unbestimmte Zeit in Frage kommen.

5. Ist ein Mietverhältnis über **Wohnraum auf bestimmte Zeit** eingegangen, so kann der Mieter auch hier spätestens 2 Monate vor Beendigung des Mietverhältnisses ein Fortsetzungsverlangen stellen. Weist der Vermieter den Mieter nicht vor Ablauf der 2-Monats-Frist auf die Möglichkeit, Form und Frist des Fortsetzungsverlangens hin, so kann der Mieter, wie das OLG Hamm (RE vom 26. 7. 1991, DWW 1991, 368) entschieden hat, noch im ersten Termin des Räumungsrechtsstreites die Fortsetzung des Mietverhältnisses verlangen. Hat jedoch der Mieter die Umstände, die das Interesse des Vermieters an der fristgemäßen Rückgabe des Wohnraums begründen, bei Abschluß des Mietvertrages gekannt, so sind zugunsten des Mieters nur die Umstände zu berücksichtigen, die nachträglich eingetreten sind, § 556 b Abs. 2 BGB. Im Falle eines besonderen Zeitmietvertrages, § 564 c Abs. 2 BGB, kann sich der Mieter aber nicht auf die Sozialklausel berufen.

6. Bei **Fortsetzung des Mietverhältnisses** auf bestimmte Zeit kann der Mieter eine weitere Fortsetzung aufgrund der Härteklausel nur verlangen, wenn dies durch eine wesentliche Änderung der Umstände gerechtfertigt ist oder Umstände nicht eingetreten sind, deren vorgesehener Eintritt für die Zeitdauer der Fortsetzung bestimmend war. Eine weitere Verlängerung kommt nicht in Betracht, wenn der Mieter den Fortbestand der Härtegründe selbst zu vertreten hat (§ 556 c BGB).

7. Bei **Verlängerung** des Mietverhältnisses **auf unbestimmte Zeit,** kann der Vermieter eine wirksame Kündigung nur dann aussprechen, wenn sich die Umstände, die für die Fortsetzung des Mietverhältnisses auf unbestimmte Zeit maßgebend waren, erheblich verändert haben.

8. Das Widerspruchsrecht des Mieters kann **nicht durch Vertrag eingeschränkt** oder ausgeschlossen werden. Vgl. „Kündigung, Kündigungsschutz".

Sozialwohnung

Öffentlich geförderte Wohnungen (Sozialwohnungen), die nach dem 20. 6. 1948 bezugsfertig geworden sind, unterliegen einer Belegungs- und Preisbindung. Öffentlich gefördert sind Wohnungen, deren Bau mit öffentlichen Mitteln finanziert ist. Diese können als Darlehen oder in Form von Zuschüssen, insbesondere von Zinszuschüssen und von laufenden befristeten Aufwendungszuschüssen gewährt worden sein. Die für öffentlich geförderte Wohnungen geltenden Besonderheiten sind u. a. im Wohnungsbindungsgesetz (WoBindG) geregelt.

1 Beginn und Ende der Eigenschaft „öffentlich gefördert“

Eine Wohnung, für die die öffentlichen Mittel vor der Bezugsfertigkeit bewilligt worden sind, gilt von dem Zeitpunkt an als öffentlich gefördert, an dem der Bewilligungsbescheid dem Bauherrn zugegangen ist. Sind die öffentlichen Mittel erstmalig nach der Bezugsfertigkeit der Wohnung bewilligt worden, gilt die Wohnung, wenn der Bauherr die Bewilligung der öffentlichen Mittel vor der Bezugsfertigkeit beantragt hat, von der Bezugsfertigkeit an als öffentlich gefördert, im übrigen vom Zugang des Bewilligungsbescheides an (§ 13 Abs. 1 WoBindG).

Bei Widerruf der Bewilligung gilt die Wohnung als von Anfang an nicht öffentlich gefördert. Beim Umbau von Zubehörräumen einer öffentlich geförderten Wohnung zu Wohnräumen oder Wohnungen gelten auch diese als öffentlich gefördert. Das gleiche gilt, wenn eine öffentlich geförderte Wohnung durch weitere Wohnungen vergrößert wird (§ 14 WoBindG).

(Anschluß Seite S 27)

Das Ende der Eigenschaft „öffentlich gefördert" tritt regelmäßig mit Ablauf des Kalenderjahres, in dem die öffentlichen Mittel nach Maßgabe der Tilgungsbedingungen vollständig zurückgezahlt werden, ein. Sind neben dem Darlehen Zuschüsse zur Deckung der laufenden Aufwendungen oder als Zinszuschüsse bewilligt worden, so gilt die Wohnung mindestens bis zum Ablauf des Kalenderjahres als öffentlich gefördert, in dem der Zeitraum endet, für den sich die laufenden Aufwendungen durch Gewährung der Zuschüsse vermindern. Bei Kündigung des Darlehens wegen Verstoßes des Darlehennehmers gegen die einschlägigen Bestimmungen gilt die Wohnung als öffentlich gefördert bis zum Ablauf des Kalenderjahres, in dem das Darlehen nach Maßgabe der Tilgungsbedingungen vollständig zurückgezahlt worden wäre, längstens jedoch bis zum Ablauf des zwölften Kalenderjahres nach dem Jahr der Rückzahlung (§ 15 Abs. 1 WoBindG).

Wurden öffentliche Mittel lediglich als Zuschüsse zur Deckung der laufenden Aufwendungen oder als Zinszuschüsse bewilligt, gilt die Wohnung als öffentlich gefördert bis zum Ablauf des dritten Kalenderjahres nach dem Ende des Förderungszeitraumes. Sind die öffentlichen Mittel für eine Wohnung lediglich als Zuschuß der für den Bau der Wohnung entstandenen Gesamtkosten bewilligt worden, so gilt die Wohnung als öffentlich gefördert bis zum Ablauf des zehnten Kalenderjahres nach der Bezugsfertigkeit. Regelmäßig werden öffentliche Mittel für mehrere Wohnungen eines Gebäudes bewilligt. Das Ende der Eigenschaft „öffentlich gefördert" tritt in diesem Fall erst ein, wenn das für sämtliche Wohnungen gewährte öffentliche Darlehen restlos zurückgezahlt ist oder wenn die Aufwendungs-oder Zinszuschüsse nicht mehr gezahlt werden.

2 Vorzeitige Rückzahlung

Bei vorzeitiger vollständiger Rückzahlung der öffentlichen Mittel endet die Eigenschaft „öffentlich gefördert" mit dem Ablauf des achten Kalenderjahres, in dem die öffentlichen Mittel zurückgezahlt worden sind, spätestens jedoch mit dem Ablauf der normalen Tilgungszeit, § 16 Abs. 1 WoBindG. Sind die öffentlichen Mittel erst nach dem Ablauf des 31. 12. 1989 vollständig abgelöst worden, endet die Eigenschaft „öffentlich gefördert" erst mit Ablauf des 10. Kalenderjahres nach dem Jahr der Rückzahlung. Eine Wohnung, für deren Bau ein Darlehen aus öffentlichen Mitteln von nicht mehr als DM 3 000 bewilligt worden ist, gilt als öffentlich gefördert bis zum Zeitpunkt der Rückzahlung. Ist eine Wohnung im Zeitpunkt der Rückzahlung nicht vermietet, so gilt sie ohne Rücksicht auf die Darlehenshöhe bis zu diesem Zeitpunkt als öffentlich gefördert, § 16 Abs. 3 Nr. 1 WoBindG a. F. Dies gilt nicht, wenn die Rückzahlung nach dem 31. 12. 1989 erfolgt ist. In diesem Fall verbleibt es bei der 10-Jahres-Frist.

Sind die für ein Eigenheim, eine Eigensiedlung oder eigengenutzte Eigentumswohnung als Darlehen bewilligten öffentlichen Mittel ohne rechtliche Verpflichtung vorzeitig zurückgezahlt oder abgelöst, so gilt die Wohnung bis zum Zeitpunkt der Rückzahlung oder Ablösung, bei Rückzahlung oder Ablösung vor dem 17. 6. 1985 längstens bis zum 16. 6. 1985 als öffentlich gefördert. Eine Eigentumswohnung, die durch Umwandlung einer öffentlich geförderten Mietwohnung entstanden ist, gilt als eigengenutzt, wenn sie vom Eigentümer oder seinen Angehörigen als Berechtigte im Sinne des WoBindG selbst genutzt wird. Beginnt die Eigennutzung nach Rückzahlung oder Ablösung des öffentlichen Darlehens, so gilt die Wohnung vom Beginn der Eigennutzung an nicht mehr als öffentl. gefördert (§ 16 Abs. 5 WoBindG).

> Bei fehlbelegten Wohnungen gilt folgendes: Eine Sozialwohnung ist fehlbelegt, wenn das Jahreseinkommen des Mieters und der zur Familie rechnenden Angehörigen (Gesamteinkommen) die in § 25 des II. WoBauG festgelegten Grenzen übersteigt.

Zahlt der Vermieter einer fehlbelegten Wohnung das öffentliche Darlehen vorzeitig zurück, hat er den Mieter unter dem Hinweis auf die Folgen aufzufordern, innerhalb von 4 Monaten der zuständigen Stelle seine Wohnberechtigung nachzuweisen. Wird der Nachweis fristgerecht gebracht, endet die Sozialbindung mit Beendigung des Mietverhältnisses, spätestens mit dem Ablauf der zehnjährigen Nachwirkungsfrist. Weist der Mieter trotz der Aufforderung des Vermieters die Fortdauer der Wohnungsberechtigung nicht fristgemäß nach, endet die Eigenschaft „öffentlich gefördert" mit dem von der zuständigen Stelle zu bestimmenden Zeitpunkt. Dieser ist nach Feststellung des Vorliegens der Voraussetzungen für das Ende des sechsten Monats zu treffen, in dem die Aufforderung dem Mieter zugegangen ist. Die Wohnberechtigung bleibt jedoch erhalten, wenn das Einkommen des Mieters und seiner Angehörigen die Einkommensgrenze des § 25 des II. WoBauG um nicht mehr als 25 % übersteigt. Auch hier gilt dies jedoch nur bei Rückzahlung vor dem 31. 12. 1989. Aufgrund des WoBindÄndG vom 17. 5. 1990 gilt bei Rückzahlung nach diesem Termin die 10-Jahres-Frist.

Die Landesregierungen sind ermächtigt, für Gebiete mit erhöhtem Wohnungsbedarf die oben erläuterten Aufforderungsregelungen bei vorzeitiger Zurückzahlung sowie Fehlbelegung auch bei Rückzahlung vor dem 31. 12. 1989 außer Kraft zu setzen, § 16 Abs. 4 WoBindG a. F. Betroffen hiervon sind Miet- und Genossenschaftswohnungen und solche Eigentumswohnungen, die durch Umwandlung öffentlich geförderter Mietwohnungen entstanden sind, es sei denn, daß sie von dem von der Umwandlung betroffenen Mieter selbst erworben worden sind. In diesen Gebieten verbleibt es grundsätzlich bei der achtjährigen Nachwirkungsfrist bezüglich der Preis- und Belegungsbindung. Folgende Länder haben entsprechende Verordnungen erlassen: Baden-Württemberg, Bayern, Bremen, Hessen sowie NRW.

3 Überlassung an Wohnberechtigte

Die Überlassung an Wohnberechtigte ist in § 4 WoBindG geregelt. Der Verfügungsberechtigte darf die Wohnung einem Wohnungssuchenden nur zum Gebrauch überlassen, wenn dieser ihm vor der Überlassung eine Wohnberechtigungsbescheinigung übergibt und wenn die in der Bescheinigung angegebene Wohnungsgröße nicht überschritten wird, § 4 Abs. 2 WoBindG. Die Wohnung, für die öffentliche Mittel erstmalig vor dem 1. 1. 1966 bewilligt worden sind, darf einem Wohnungssuchenden nur überlassen werden, wenn sich aus der Bescheinigung auch ergibt, daß er für die Wohnungen dieser Art bezugsberechtigt ist. Ist die Wohnung für Angehörige eines bestimmten Personenkreises vorbehalten worden, darf der Berechtigte sie auf Dauer des Vorbehalts nur an einen Wohnberechtigten überlassen, der diesem Personenkreis angehört, was sich aus der Bescheinigung ergeben muß, § 4 Abs. 3 WoBindG.

Die Wohnberechtigungsbescheinigung wird von der zuständigen Stelle erteilt. Sie ist zu erteilen, wenn die in § 25 des II. WoBauG bezogenen Einkommensgrenzen nicht überschritten sind. In der Bescheinigung ist die für den Wohnberechtigten angemessene Wohnungsgröße anzugeben.

> Innerhalb des berechtigten Personenkreises ist der Verfügungsberechtigte in der Mieterwahl grundsätzlich frei.

Ausnahmen ergeben sich aus einem Wohnungsbesetzungsrecht für eine Gemeinde oder für Angehörige des öffentlichen Dienstes (§ 4 Absätze 4 und 5 WoBindG). Eine Sonderregelung gilt für Gebiete mit erhöhtem Wohnbedarf. Hier kann durch Verordnung der Landesregierung bestimmt werden, daß die Wohnung nur einem von der zuständigen Stelle benannten Bewerber überlassen werden darf, § 5 a Abs. 1 WoBindG. Diese Stelle hat mindestens 3 Bewerber zu benennen. Wenn keiner der Benannten die Wohnung nimmt, ist die Überlassung an andere Wohnberechtigte zu genehmigen. Der Vermieter hat grundsätzlich einen von der zuständigen Stelle benannten Bewerber zu akzeptieren. Nur unter ganz engen Voraussetzungen kann er einen Bewerber ablehnen, nämlich dann, wenn konkrete Anhaltspunkte dafür bestehen, daß der Bewerber nicht mietfähig ist (BayVGH, Urteil vom 23. 9. 1987, DWW 1988, 55). Die **Mietfähigkeit** ist nicht gegeben, wenn der Bewerber zahlungsunfähig ist oder wenn Anhaltspunkte dafür bestehen, daß er seinen mietvertraglichen Verpflichtungen nicht nachkommt, z. B., wenn gegen ihn bereits vor nicht allzulanger Zeit ein Räumungsurteil wegen schwerer Störungen des Hausfriedens ergangen ist. Den Nachweis muß allerdings der Vermieter in jedem Einzelfall eines abgelehnten Bewerbers führen, was in der Praxis oft nicht möglich sein wird. Allerdings gilt auch im öffentlichen Recht der Grundsatz von Treu und Glauben. Mit diesem Grundsatz ist es nicht zu vereinbaren, wenn die zuständige Behörde einen Wohnungssuchenden benennt, der unzumutbar ist, weil er etwa nicht willens oder in der Lage ist, seine mietvertraglichen Pflichten zu erfüllen (BayVGH, a.a.O.).

Gem. § 4 Abs. 6 WoBindG hat der Vermieter nach Überlassung der Wohnung eine Mitteilungspflicht.

4 Die **Einhaltung der Bestimmungen** des WoBindG kann mit Strafzinsen, Darlehenskündigungen und Bußgeldern durchgesetzt werden.

5 Ohne Genehmigung der zuständigen Stelle darf der Vermieter eine Wohnung nicht **leerstehen** lassen, wenn eine Vermietung möglich wäre, § 6 Abs. 5 WoBindG. Vielmehr hat er sie auf Verlangen der zuständigen Stelle einem Wohnungssuchenden zum Gebrauch zu überlassen. Die zuständige Stelle kann diese notfalls durch Bußgelder etc. (siehe 4) durchsetzen. Dies gilt auch dann, wenn die Wohnungsbindung nur noch einen kurzen Zeitraum beträgt.

6 Auch zur **Eigennutzung** bedarf der Verfügungsberechtigte grundsätzlich der Genehmigung durch die zuständige Stelle, § 6 Abs. 1 WoBindG. Dies gilt nicht bei einem Eigenheim, einer Eigensiedlung oder einer eigengenutzten Eigentumswohnung. Die Selbstnutzung der zweiten Wohnung in einem Familienheim mit nur zwei Wohnungen richtet sich nach § 6 Abs. 3 WoBindG.

7 Die **Freistellung** von Belegungsbindungen richtet sich nach § 7 WoBindG. Grundsätzlich kann eine Wohnung nur freigestellt werden, wenn nach den wohnungswirtschaftlichen Verhältnissen ein öffentliches Interesse an der Belegungsbindung nicht mehr besteht. Nur dann kann eine Wohnung an nicht wohnberechtigte Personen überlassen werden. § 7 WoBindG ist durch das Gesetz zur Förderung des Wohnungsbaues vom 6. 6. 94 (BGBl 1994, Teil I, S. 1184 ff.) neu gefaßt und erweitert worden. Danach ist eine Freistellung auch möglich, soweit ein überwiegendes öffentliches Interesse oder ein überwiegendes berechtigtes Interesse des Verfügungsberechtigten oder eines Dritten an der Freistellung besteht, auch insoweit die Freistellung der Verhinderung oder Beseitigung einseitiger Strukturen in der Wohnungsbelegung dient oder Wohnungen mit Rücksicht auf das Bestehen von Dienstverhältnissen oder im Rahmen von genossenschaftlichen Mitgliedschaftsverhältnissen zum Gebrauch überlassen werden sollen oder der Verfügungsberechtigte der zuständigen Stelle das Besetzungsrecht für eine gleichwertige bezugsfertige oder freie Wohnung, die nicht dem WoBindG unterliegt und nicht nach dem II. WoBauG gefördert wurde, für die Dauer der Freistellung vertraglich einräumt und dieser nach den örtlichen wohnungswirtschaftlichen Verhältnissen kein überwiegendes öffentliches Interesse an den Bindungen entgegensteht. Die Freistellung kann bedingt, befristet und unter Auflagen, insbesondere auch verbunden mit der Verpflichtung zu Ausgleichszahlungen in angemessener Höhe, erteilt werden.

8 Die **Umwandlung von Mietwohnungen in Eigentumswohnungen** ist in den §§ 2 a und b des WoBindG geregelt. Wird eine öffentlich geförderte Mietwohnung in eine Eigentumswohnung umgewandelt, hat der Verfügungsberechtigte der zuständigen Stelle die Umwandlung unter Angabe des Namens des betroffenen Mieters unverzüglich mitzuteilen und eine Abschrift der auf die Begründung von Wohnungseigentum gerichteten Erklärung zu übersenden. Beabsichtigt der Verfügungsberechtigte, eine öffentlich geförderte Mietwohnung, die in eine Eigentumswohnung umgewandelt worden ist oder umgewandelt werden soll, zu veräußern, so hat er der zuständigen Stelle mindestens einen Monat vor Vertragsbeurkundung Namen und Anschrift des vorgesehenen Erwerbers mitzuteilen. Die zuständige Stelle ist ihrerseits gehalten, im Falle der Umwandlung den Mieter, bei Veräußerung den vorgesehenen Erwerber über die Rechtsfolgen zu belehren.

Die Kündigung eines Mietverhältnisses über eine Sozialwohnung, die nach Überlassung an den Mieter in eine Eigentumswohnung umgewandelt worden ist, wegen Eigenbedarfs des Erwerbers ist während der Dauer der Sozialbindung ausgeschlossen, § 6 Abs. 7 WoBindG.

Das bedeutet, daß der Erwerber bei vorzeitiger Rückzahlung des öffentlichen Baudarlehens grundsätzlich die achtjährige bzw. nunmehr zehnjährige Nachwirkungsfrist abwarten muß, bevor er kündigen kann. Wurde eine umgewandelte Wohnung mit nicht mehr als DM 3 000 gefördert, gilt für die Eigenbedarfskündigung nur die 3-Jahres-Frist des § 564 b Abs. 2 Nr. 2 Satz 2 BGB, da hier die Eigenschaft „öffentlich gefördert" zum Zeitpunkt der Rückzahlung endet (§ 16 Abs. 2 WoBindG).

Wird eine öffentlich geförderte Mietwohnung als Eigentumswohnung an einen Dritten verkauft, so steht dem von der Umwandlung betroffenen Mieter das Vorkaufsrecht zu, § 2 b Abs. 1 Satz 1 WoBindG. Es kann bis zum Ablauf von 6 Monaten seit der Mitteilung des Verfügungsberechtigten über den Inhalt des abgeschlossenen Kaufvertrages ausgeübt werden.

Das dem Mieter bei Umwandlung eingeräumte Vorkaufsrecht entsteht mit dem Abschluß eines Kaufvertrages zwischen dem verfügungsberechtigten Vermieter und einem Dritten über die Mietwohnung als durch Umwandlung entstandenes oder noch zu begründendes Wohnungseigentum, nicht jedoch beim Gesamtverkauf des Grundstücks, es sei denn, die vom vorkaufsberechtigten Mieter bewohnte Wohnung ist als Teilobjekt des Veräußerungsvertrages so hinreichend bestimmt, daß sie in Verbindung mit einem Miteigentumsanteil an dem Grundstück der rechtlich selbständige Gegenstand eines rechtsgültigen Kaufvertrages sein kann (BayObLG, RE vom 16. 4. 1992, WM 1992, 315).

9 Für die **Kündigung** von Mietverhältnissen über preisgebundenen Wohnraum gelten die allgemeinen Vorschriften über die Kündigung von Wohnraummietverhältnissen (siehe „Kündigung"). Kündigt der Vermieter wegen Eigenbedarf, muß er die entsprechende Wohnberechtigung für die Wohnung haben.

10 Der **Mietzins** für öffentlich geförderten Wohnraum ist bis ins kleinste reglementiert. Näheres findet sich unter dem Stichwort „Kostenmiete".

11 Fehlbelegungsabgabe

Überschreitet der Mieter einer Sozialwohnung während der Mietzeit mit seinem Einkommen die in § 25 des II. WoBauG gezogenen Grenzen, kann er aufgrund des Gesetzes zum Abbau der Fehlsubventionierung und der Mietverzerrung im Wohnungswesen, AFWoG, zu einer Ausgleichszahlung herangezogen werden. Voraussetzung hierfür ist, daß die Wohnung in einer Gemeinde liegt, die durch landesrechtliche Vorschriften als Gebiet bestimmt wird, in dem eine Ausgleichszahlung zu leisten ist und daß das Einkommen einen bestimmten Prozentsatz über der Einkommensgrenze liegt. Nach § 1 Abs. 1 Nr. 2 AFWoG muß eine Überschreitung der Einkommensgrenze von mehr als 20 % vorliegen. Die Ausgleichszahlungen betragen sodann gemäß § 1 Abs. 3 AFWoG monatlich pro qm Wohnfläche DM 0,50, wenn die Einkommensgrenze um mehr als 20 %, jedoch nicht mehr als 35 % überschritten wird, DM 1,25, wenn die Einkommensgrenze um mehr als 35 %, jedoch nicht mehr als 50 % überschritten wird, DM 2, wenn die Einkommensgrenze um mehr als 50 % überschritten wird. Die Bundesländer sind berechtigt, hierüber eigene gesetzliche Bestimmungen zu erlassen. In diesen Gesetzen sind sowohl die Prozentsätze der Einkommensüberschreitung als auch die Ausgleichszahlung anders geregelt.

Landesgesetze bestehen in **Baden-Württemberg** (Gesetz über den Abbau der Fehlsubventionierung im Wohnungswesen für Baden-Württemberg vom 23. 3. 1993, GBl 229), **Bayern** (Gesetz über den Abbau der Fehlsubventionierung im Wohnungswesen in Bayern vom 21. 11. 1985, BayGVBl 678 in der Neufassung vom 29. 12. 1991, BayGVBl 1992, 2, zuzüglich der Verordnung zur Durchführung dieses Gesetzes vom 29. 11. 1991, BayGVBl 398), **Berlin** (Gesetz über den Abbau der Fehlsubventionierung im Berliner Wohnungswesen vom 26. 3. 1992, GVBl S. 82), **Bremen** (Bremisches Gesetz über den Abbau der Fehlsubventionierung im Wohnungswesen vom 19. 11. 1985, BremGBl 211, geändert durch Gesetz vom 27. 10. 1992, BremGBl 623), **Hamburg** (Gesetz über den Abbau der Fehlsubventionierung im Wohnungswesen in Hamburg vom 15. 1. 1993, HamGVBl 1), **Hessen** (Hessisches Gesetz zum Abbau der Fehlsubventionierung im Wohnungswesen vom 25. 2. 1992, GVBl S. 87), **Niedersachsen** (Niedersächsisches Gesetz über den Abbau der Fehlsubventionierung im Wohnungswesen vom 2. 3. 1993, GVBl 59), **Nordrhein-Westfalen** (Gesetz über den Abbau der Fehlsubventionierung im Wohnungswesen für das Land Nordrhein-Westfalen vom 31. 10. 1989, GVBl NW 530, geändert durch Gesetz vom 14. 7. 1992, GVBl NW 315), **Rheinland-Pfalz** (Landesgesetz zur Ausführung des Gesetzes über den Abbau der Fehlsubventionierung im Wohnungswesen vom 7. 12. 1990, GVBl 325), **Schleswig-Holstein** (Schleswig-Holsteinisches Gesetz über den Abbau der Fehlsubventionierung im Wohnungswesen vom 19. 3. 1992, GVOBl 185).

Gemäß § 2 AFWoG ist eine Ausgleichszahlung nicht zu leisten,

- wenn es sich um eine Wohnung in einem Eigenheim, eine Wohnung in einer Eigensiedlung oder eine Eigentumswohnung handelt, die vom Eigentümer selbst genutzt wird;
- ein Wohnungsinhaber Wohngeld erhält;
- ein Wohnungsinhaber laufende Leistungen zum Lebensunterhalt nach dem Bundessozialhilfegesetz oder ergänzende Hilfe zum Lebensunterhalt nach § 27 a des Bundesversorgungsgesetzes oder Arbeitslosenhilfe nach § 134 des Arbeitsförderungsgesetzes erhält;
- ein Wohnungsinhaber die Wohnung erst 2 Jahre, und in Fällen, in denen er eine andere Sozialwohnung freigemacht hat, erst 3 Jahre nutzt oder wenn nach § 7 des Wohnungsbindungsgesetzes eine Freistellung ausgesprochen worden ist.

Die Leistungspflicht beginnt am ersten Tag des auf die Erteilung des Leistungsbescheides folgenden zweiten Kalendermonats, § 4 Abs. 2 AFWoG.

Auf Aufforderung der zuständigen Behörde sind Einkommensnachweise zu erbringen, andernfalls vermutet wird, daß die Einkommensgrenzen um über 50 % überschritten sind, § 5 AFWoG.

Abschließend werden noch die **Einkommensgrenzen** gemäß § 25 des II. WoBauG angegeben, damit eine erste Orientierung möglich ist: Ein-Personen-Haushalt DM 23 000,–; Zwei-Personen - Haushalt DM 33 400,– zuzüglich für jeden weiteren zur Familie rechnenden Angehörigen DM 8 000,–.

Bei jungen Ehepaaren im Sinne des § 26 Abs. 2 Satz 2 des II. WoBauG (beide Ehegatten unter 40 Jahren) erhöht sich die Einkommensgrenze bis zum Ablauf des 5. Kalenderjahres nach dem Jahr der Eheschließung um DM 8 400,–.

Für Schwerbehinderte sieht das Gesetz ebenfalls Zuschläge vor.

Eine ausführliche Information über die Fehlbelegungsabgabe erfolgt in HuG, Gruppe 17, S. 141 am Beispiel von Nordrhein-Westfalen.

Spannungsklauseln

Von einer Spannungsklausel spricht man, wenn eine Verbindlichkeit in Beziehung gesetzt wird zu dem Preis oder dem Wert von Gütern oder Leistungen, die mit der vom Gläubiger zu erbringenden Leistung gleichartig sind. Spannungsklauseln spielen vor allem eine Rolle bei Ruhegeldvereinbarungen u. ä. Ihre Bedeutung für Mietzinsvereinbarung ist gering. Zulässig sind sie nur bei Geschäftsraummietverhältnissen, nicht bei Wohnraummietverhältnissen, § 10 Abs. 1 MHG. Hier könnte von einer Spannungsklausel allenfalls gesprochen werden, wenn ein zwischen den Parteien vereinbarter Mietzins sich jeweils der vergleichbaren Miete für Objekte gleicher Art und Lage anpassen soll. Dabei darf jedoch nicht ein Index als Vergleichsgröße gewählt werden. Wer aber soll den vergleichbaren Mietzins für gleichartige und gleichwertige Objekte bestimmen? In aller Regel müßte dies ein Dritter (Gutachter) sein. Damit aber hätte man es mit einem Leistungsvorbehalt zu tun. Für die Praxis der Geschäftsraummiete kommen daher wohl nur echte und damit genehmigungspflichtige Wertsicherungsklauseln oder genehmigungsfreie Leistungsvorbehalte in Betracht (siehe jeweils dort).

Staffelmiete

Von Staffelmiete spricht man, wenn der Mietzins für bestimmte Zeiträume in unterschiedlicher Höhe vereinbart wird. Bei Geschäftsraummietverhältnissen sind die Parteien in ihrer Vereinbarung frei. Es kann sowohl die Steigerung um einen bestimmten Prozentsatz oder um einen bestimmten Betrag vereinbart werden. Der Mietzins ist zu dem vertraglich vereinbarten Termin ohne weitere Zahlungsaufforderung des Vermieters fällig.

> Bei Wohnraum gilt § 10 Abs. 2 MHG. Hiernach kann eine Staffelmiete höchstens für einen Zeitraum von 10 Jahren vereinbart werden. Die Vereinbarung bedarf zu ihrer Wirksamkeit der Schriftform.

Der Mietzins muß jeweils mindestens ein Jahr unverändert bleiben und betragsmäßig ausgewiesen sein. Es kann somit nicht etwa eine prozentuale Mieterhöhung oder eine Erhöhung nach anderen Kriterien (z. B. Angemessenheit) wirksam vereinbart werden. Ferner war bisher nicht ausreichend, wenn nur der monatliche Anfangsmietzins und die jährlichen Erhöhungsbeträge angegeben sind (OLG Braunschweig, RE vom 29. 3. 1985, WM 1985, 213; Weber/Marx, VII/ S. 161; ebenso OLG Karlsruhe, RE

v. 13. 11. 1989, WM 1990, 9; Weber/Marx, IX/S. 59).

Durch das Vierte Mietrechtsänderungsgesetz (BGBl. 1993 I S. 1257) wurde § 10 Abs. 2 Satz 4 durch folgende Sätze ersetzt: „Der Mietzins muß jeweils mindestens ein Jahr unverändert bleiben. Der jeweilige Mietzins oder die **jeweilige Erhöhung** muß betragsmäßig ausgewiesen sein.“ Nach wie vor wird aber empfohlen, zur Vermeidung von Auslegungsproblemen und Rechtsunsicherheiten klare Vereinbarungen zu treffen.

Während der Zeit, für die eine Staffelmiete vereinbart ist, kann nicht die Zustimmung zu einer Erhöhung des Mietzinses auf die ortsübliche Vergleichsmiete verlangt werden. Auch wegen baulicher Änderung oder wegen Erhöhung der Kapitalkosten ist eine Mieterhöhung ausgeschlossen. Lediglich erhöhte Betriebskosten darf der Vermieter umlegen, sofern die sonstigen Voraussetzungen hierfür vorliegen (siehe „Mieterhöhung bei Wohnraum“, Abschnitt 4). Die Zulässigkeit von Staffelmieten umfaßt sämtliche Mietverhältnisse über nicht preisgebundenen Wohnraum, gleichgültig, wann sie begründet worden sind und wann der Wohnraum errichtet worden ist. Immer aber bedarf die Staffelmiete einer Übereinkunft beider Vertragsteilnehmer. Sie kann nicht von einem Teil einseitig erzwungen werden.

> Ist die Staffelmiete bei einem Mietvertrag auf Zeit vereinbart, kann das Kündigungsrecht des Mieters höchstens für 4 Jahre seit Abschluß der Staffelmietvereinbarung ausgeschlossen werden.

Der Mieter soll die Möglichkeit haben, sich von einem längerfristigen Vertrag zu lösen, falls die vereinbarte Staffelmiete nicht mehr in Einklang zu bringen ist mit der allgemeinen wirtschaftlichen Entwicklung. Dabei ist nach einem RE des OLG Hamm vom 11. 8. 1989 (WM 1989, 485; Weber/Marx, IX/S. 55) die Kündigung unter Einhaltung der gesetzlichen Kündigungsfrist bereits zum Ablauf der 4-Jahres-Frist möglich.

Ihre Obergrenze findet die Staffelmiete in den Vorschriften des Wirtschaftsstrafgesetzes und über den Mietwucher.

Auch bei **preisgebundenem** Wohnraum ist die Vereinbarung einer Staffelmiete jedenfalls dann unbedenklich, wenn die höchste Staffel die bei Vertragsschluß maßgebliche Kostenmiete nicht übersteigt (so OLG Hamm, RE v. 29. 1. 1993, WM 1993, 108).

Aus der Vereinbarung einer Staffelmiete für einen bestimmten Zeitraum ergibt sich nicht, daß hierin auch ein schlüssig vereinbarter Kündigungsausschluß liegen soll. Dies folgt daraus, daß es sich bei der Staffelmiete um eine Vereinbarung über den Mietzins handelt, die von einer Vereinbarung über die Mietzeit zu unterscheiden ist. Dies hat der BGH mit Urteil vom 28. 1. 1976 (WM 1978, 82) für den Fall eines Geschäftsraummietverhältnisses entschieden, in dem die Parteien vereinbart hatten, daß der Mietzins drei Jahre verbindlich bleiben soll.

Vgl. hierzu auch „Mieterhöhung bei Wohnraum“, Abschnitt 8.3.

Stillschweigende Verlängerung des Mietverhältnisses

Wenn nach dem Ablauf der Mietzeit der Gebrauch der Mietsache von dem Mieter fortgesetzt wird, gilt das Mietverhältnis als auf unbestimmte Zeit verlängert, sofern nicht der Vermieter oder der Mieter seinen entgegenstehenden Willen binnen einer Frist von 2 Wochen dem anderen Teil gegenüber erklärt (§ 568 BGB). Die **Frist** beginnt für den Mieter mit der Fortsetzung des Gebrauchs, für den Vermieter mit dem Zeitpunkt, in welchem er von der Fortsetzung Kenntnis erlangt. Kraft gesetzlicher Fiktion kann also eine stillschweigende Verlängerung des Mietverhältnisses eintreten. § 568 BGB ist auch im Falle einer fristlosen Kündigung anwendbar.

Die Vorschrift hat in der Praxis erhebliche Auswirkungen. Das hat seine Ursache darin, daß der entgegenstehende Wille erklärt werden, dem anderen Teil also eine einseitige Willenserklärung des Vertragspartners zugehen muß und das innerhalb verhältnismäßig kurzer Frist.

Erklärung des entgegenstehenden Willens des Vermieters ist das auf Räumung gerichtete Verlangen des Vermieters.

Es kommt am deutlichsten in einer Räumungsklage zum Ausdruck, wobei allerdings in diesem Fall die Einreichung der Klage die Frist nicht wahrt. Erforderlich ist, daß die Klage innerhalb der 14tägigen Frist **zugestellt wird**. § 270 Abs. 3 ZPO, wonach die Frist bereits mit Einreichung der Klage unterbrochen ist, ist hier nicht anwendbar, wie das OLG Stuttgart in einem Rechtsentscheid vom 9. 3. 1987 (WM 1987, 114; Weber / Marx, VII / S. 114) entschieden hat.

Auch schon vor Beendigung des Mietverhältnisses kann eine der Vertragsparteien wirksam die Erklärung abgeben, daß sie einer Fortsetzung des Mietverhältnisses widerspricht. Insbesondere kann dies bereits in dem Schreiben erklärt werden, mit welchem die fristlose Kündigung ausgesprochen wird, wie das OLG Hamburg in einem Rechtsentscheid vom 27. 7. 1981 (WM 1981, 205; Weber /Marx, VII / S. 112) entschieden hat. Ob diese Erklärung allerdings bereits in einer ordentlichen Kündigung abgegeben werden kann, erscheint fraglich. Der zeitliche Abstand zur Beendigung des Mietverhältnisses ist hier größer. Das BayObLG hat hierzu entschieden, daß der Vermieter von Wohnraum grundsätzlich bereits vor dem Ende der Mietzeit – also auch vor Ablauf der Kündigungsfrist – seinen eindeutigen und endgültigen Willen, das Vertragsverhältnis in keinem Fall fortzusetzen, gegenüber dem Mieter zum Ausdruck bringen kann. In diesem Fall ist eine Wiederholung der Erklärung innerhalb der 2-WochenFrist des § 568 BGB, das Mietverhältnis nicht fortsetzen zu wollen, entbehrlich; es muß jedoch stets ein nicht nur loser zeitlicher Zusammenhang zwischen Widerspruchserklärung und Ende der Mietzeit (Ende der Kündigungsfrist) bestehen (BayObLG, RE v. 1. 9. 1981, WM 1981, 253; Weber/Marx, VII/S. 112 – s. aber etwas einschränkend auch OLG Hamburg, RE v. 27. 7. 1981, NJW 1981, 2258; WM 1981, 205).

Im übrigen ist die Rechtsprechung großzügig. Der Wortlaut des Gesetzes muß nicht verwandt werden. So ist das OLG Schleswig der Meinung, daß dann, wenn der Vermieter gleichzeitig mit der fristlosen Kündigung eine Räumungsfrist gewährt, er damit einen objektiv der Fortsetzung des Mietverhältnisses entgegenstehenden Willen zum Ausdruck bringt (RE v. 23. 11. 1981, WM 1982, 65; Weber/ Marx, VII/ S. 113). Gleiches soll gelten, wenn der Vermieter Zahlungen des Mieters ausdrücklich als Nutzungsentschädigung entgegennimmt. Auch in der Kündigung selbst kann u. U. schlussig ein Widerspruch enthalten sein (BGH, NJW-RR 1988, 76). Eine konkludente Widerspruchserklärung muß allerdings den Willen des Vermieters, die Fortsetzung des Vertrages abzulehnen, eindeutig ergeben. Ob das zuständige AG aber immer so wohlwollend ist, erscheint zweifelhaft. Es empfiehlt sich daher eine ausdrückliche schriftliche Äußerung. § 568 BGB ist abdingbar, d. h., seine Rechtsfolgen können durch Vertrag ausgeschlossen werden, und zwar auch durch **Formularvertrag**, wie das OLG Hamm in einem RE entschieden hat (RE v. 9. 12. 1982, WM 1983, 48; Weber/Marx, VII/S. 113). Allerdings wird diese Verlängerungsfiktion (§ 568 BGB) in einem Formular-Wohnungsmietvertrag durch folgende **Klausel** nicht wirksam abbedungen: „Wird nach Ablauf der Mietzeit der Gebrauch der Sache vom Mieter fortgesetzt, so findet § 568 BGB keine Anwendung." Hier fehlt es nämlich an einer wirksamen Einbeziehung (§ 2 Abs. 2 Nr. 2 AGBG), wie das OLG Schleswig mit RE v. 27. 3. 1995 (WM 1996, 85; Weber/Marx, VI/S. 76) entschieden hat. Begründet wird dies damit, daß die Klausel nur eine Verweisung auf eine nicht abgedruckte gesetzliche Bestimmung enthält, ohne den Text dieser gesetzlichen Bestimmung anzuführen. Die Klausel muß auch die gewollte Rechtsfolge, daß sich nämlich das Mietverhältnis abweichend von § 568 BGB nicht stillschweigend verlängert, mit aufnehmen.

Setzen die Parteien allerdings das Mietverhältnis trotzdem fort, kann sich der Vermieter nicht 1 1/2 Jahre später auf die Formularklausel berufen. In solchen Fällen ist davon auszugehen, daß die Parteien durch konkludentes Verhalten einen Mietvertrag mit dem

Inhalt des bisherigen Mietvertrages abgeschlossen haben (so AG Regensburg, WM 1990, 514).

Die Nichtbeachtung des § 568 BGB hat einschneidende **Folgen:** Das Mietverhältnis gilt als auf unbestimmte Zeit verlängert, gleichgültig, ob der Mietvertrag auf bestimmte oder unbestimmte Zeit geschlossen war. An den bisherigen mietvertraglichen Bedingungen ändert sich nichts mit der Maßgabe, daß das Mietverhältnis den gesetzlichen Kündigungsmöglichkeiten und -fristen unterliegt.

Störung des Hausfriedens

Ein Mietverhältnis über Räume kann fristlos gekündigt werden, wenn ein Vertragsteil schuldhaft in solchem Maße seine Verpflichtungen verletzt, insbesondere den Hausfrieden so nachhaltig stört, daß dem anderen Teil die Fortsetzung des Mietverhältnisses nicht zugemutet werden kann (§ 554 a BGB).

Ein Verstoß gegen mietvertragliche Verpflichtungen liegt zunächst vor bei **Belästigungen jeder Art**. Sie müssen freilich erheblich sein. Dazu sind zu rechnen Beleidigungen, Tätlichkeiten, falsche Anschuldigungen, fortgesetzte Streitsucht. Begeht ein Teil eine Straftat, so ist das an sich noch keine mietvertragliche Pflichtverletzung. Sie wird es aber, wenn sich die Straftat gegen Personen oder Eigentum des Vertragspartners richtet.

Die Störung des Hausfriedens hebt das Gesetz als besonderen Kündigungstatbestand hervor. Sie ist gegeben bei fortgesetztem Lärmen, aber u. U. auch bei vertragswidriger Nutzung des Mietobjektes. Für die Beurteilung der Vertragswidrigkeit liegt das Schwergewicht in Stärke und Dauer der Störung. Bagatellangelegenheiten rechtfertigen nicht die fristlose Kündigung.

Grundsätzlich muß der Störende schuldhaft gehandelt haben. Dabei hat jeder Vertragspartner für seine **Erfüllungsgehilfen** einzustehen. Erfüllungsgehilfen des Mieters in dessen Verhältnis zum Vermieter sind Familienangehörige und Gäste sowie Personen, die fortlaufend Dienste oder Arbeitsleistungen in den Mieträumen erbringen. Hierbei kann sich der Mieter nicht darauf berufen, daß er auf das Verhalten dieser Personen keinen Einfluß habe (so LG Köln, ZMR 1977, 332). Die Pflichtverletzung und Störung muß für den anderen Vertragsteil unzumutbar sein. Das ist in der Regel nicht der Fall, wenn der Kündigende durch sein eigenes Verhalten die Reaktion des anderen Teils veranlaßt hat.

Das Kündigungsrecht schlägt somit nicht durch, wenn das provozierende Verhalten eines Vertragsteils Ursache für das Verhalten des anderen ist.

In Ausnahmefällen hat die Rechtsprechung bei nicht verschuldetem Verhalten, das zu einer schweren Störung des Hausfriedens führt (z. B. Taten eines Geisteskranken), die fristlose Kündigung aus wichtigem Grund zugelassen (LG Mannheim, NJW 1976, 1407). Rechtsgrundlage hierfür ist entweder die entsprechende Anwendung des § 554 a BGB oder die Kündigung aus wichtigem Grund nach Treu und Glauben (§ 242 BGB), welche durch die §§ 554 a, 554 b BGB nicht verdrängt wird (so Grapentin in Bub / Treier, IV Rdn. 195, 197). Das außerordentliche Kündigungsrecht steht gleichermaßen sowohl dem Vermieter als auch dem Mieter zu.

Nach dem Wortlaut der Vorschrift ist eine Abmahnung nicht erforderlich. Massive und schwerwiegende Vertragsverletzungen, die über der Zumutbarkeitsgrenze liegen, berechtigen zur sofortigen Kündigung. Insbesondere bei Störungen des Hausfriedens durch Lärmen, Störungen der Nachtruhe etc., die sich über einen längeren Zeitraum hinziehen, wird sich jedoch eine solche Unzumutbarkeit erst ergeben, wenn der Gestörte den andern Vertragsteil zur Einstellung dieses Verhaltens auffordert und für den Fall der Nichteinhaltung die fristlose Kündigung androht (strittig, so wie hier Grapentin in Bub / Treier, IV Rdn. 190). Vgl. ferner „Kündigung“.

Straßenreinigung → „Verkehrssicherungspflicht“
Studentenwohnheim → „Heimverträge“, „Kündigungsschutz“, Abschnitt 2.7.3

Tagesmutter → „Gewerbliche Nutzung von Wohnräumen“
Tankreinigung → „Betriebskosten“, Abschnitt 2.4

Teilkündigung

1 Zulässigkeit

Eine Teilkündigung ist **grundsätzlich unzulässig**. Dies gilt auch dann, wenn Wohn- und Geschäftsräume oder eine Wohnung zusammen mit einer **Garage** vermietet werden. Nach der sehr weit gehenden Ansicht des OLG Karlsruhe gilt folgendes:

> „Vermietet der Vermieter einer Wohnung seinem Mieter später auch eine auf dem Hausgrundstück gelegene Garage, liegt darin selbst dann, wenn dies erst nach Jahren geschieht und eine ausdrückliche Einbeziehung in den bisherigen Mietvertrag nicht erfolgt, i. d. R. nur eine Ergänzung des bisherigen Vertrages. Eine selbständige Vereinbarung kommt nur zustande, sofern ein entsprechender Parteiwille hinreichend deutlich erkennbar geworden ist.“ (WM 1983, 166; Weber / Marx, VII /S. 69).

Nach Ansicht des AG Frankfurt a. M. (WM 1986, 254) verstößt eine Formularklausel in einem Garagenmietvertrag, wonach kein rechtlicher und wirtschaftlicher Zusammenhang mit einem auch abgeschlossenen Wohnraummietvertrag besteht, nicht gegen die §§ 3, 9 AGB-Gesetz. Ein Indiz für die rechtliche Selbständigkeit eines Garagenmietvertrages kann die Vereinbarung von Kündigungsfristen sein, die vom Hauptmietvertrag abweichen, ferner, wenn die Wohnung und die Garage auf verschiedenen Grundstücken liegen und seit Beginn des Wohnraummietverhältnisses längere Zeit verstrichen ist (BayObLG, RE, WM 1991, 78).

Siehe hierzu weiter „Garage“.

In einem Sonderfall hat das OLG Karlsruhe allerdings eine Teilkündigung zugelassen. Mit RE vom 3. 3. 1997 (WM 1997, 202) hat es entschieden, daß zwar dann, wenn der Vermieter von Wohnraum lediglich **Bedarf an einem Teil der Räume** hat, das Mietverhältnis nicht insgesamt wegen Eigenbedarf (§ 564 b Abs. 2 Nr. 2 BGB) gekündigt werden kann. Beeinträchtigt im Einzelfall die den Belangen des kündigenden Vermieters entsprechende Teilkündigung die Interessen des Mieters nicht oder jedenfalls nicht unzumutbar, ist eine Teilkündigung des Wohnraummietverhältnisses möglich (§ 564 b Abs. 1 BGB). Ein solcher Sachverhalt kann gegeben sein, wenn sich der Wohnraumbedarf des Mieters z. B. durch Auszug der Kinder deutlich eingeschränkt hat und der vom Vermieter beanspruchte Teil der überlassenen Mieträume so von dem, dem Mieter verbleibenden Teil abgetrennt ist oder abgetrennt werden kann, daß der Mieter dort ohne Einschränkungen weiterhin wohnen kann.

2 Voraussetzungen

Neuerdings sind Teilkündigungen unter folgenden Voraussetzungen möglich:

Als ein **berechtigtes Interesse** des Vermieters an der Beendigung des Mietverhältnisses ist es danach auch anzusehen, wenn der Vermieter nicht zum Wohnen bestimmte Nebenräume oder Teile eines Grundstückes dazu verwenden will,

a) Wohnraum zum Zwecke der Vermietung zu schaffen oder
b) den neu zu schaffenden und den vorhandenen Wohnraum mit Nebenräumen und Grundstücksteilen auszustatten,

ferner, wenn der Vermieter die Kündigung auf diese Räume oder Grundstücksteile beschränkt. Diese Möglichkeit der Teilkündigung war ursprünglich bis 1. 6. 1995 befristet. Durch das Gesetz zur Übernahme befristeter Kündigungsmöglichkeiten als Dauerrecht vom 21. 2. 1996 (BGBl. I S. 222) ist diese Befristung entfallen. Unabhängig von der Vertragsdauer ist die Kündigung spätestens am 3. Werktag eines Kalendermonates für den Ablauf des übernächsten Monats zulässig. Der Mieter kann eine angemessene Senkung des Mietzinses verlangen. Verzögert sich der Beginn der Bauarbeiten, kann der Mieter eine Verlängerung des Mietverhältnisses um einen entsprechenden Zeitraum verlangen.

Diese durch das **Wohnungsbau-Erleichterungsgesetz** vom 17. 5. 1990 in das BGB eingefügte und durch das Vierte Mietrechtsänderungsgesetz erweiterte Bestimmung (§ 564 b Abs. 2 Nr. 4 BGB) soll einen Anreiz geben, innerhalb des Gebäudebestandes zusätzlichen Wohnraum zu schaffen. Mit ihr ist erstmals eine Teilkündigung ausdrücklich zugelassen.

Beispiel hierfür ist die Kündigung eines zusammen mit einer Wohnung vermieteten Abstellraumes im Dach- oder Speichergeschoß.

Besonderes Augenmerk muß darauf gerichtet werden, daß **alle** Vermieter eine solche Teilkündigung aussprechen.

Hierzu ein **Beispiel:**
Ein Mieter mietet eine Wohnung mit Speicher. Nach Überlassung an den Mieter ist Wohnungseigentum begründet worden, die Wohnung wurde an Herrn A, der Speicher zum Zwecke des späteren Ausbaus an Herrn B verkauft. Eine nur von B ausgesprochene Teilkündigung des Speichers ist unwirksam, wie das OLG Celle (Urt. v. 11. 10. 1995, WM 1996, 222) entschieden hat.

Vielmehr ist der Erwerber des durch Umwandlung des Mietwohnhauses in eine Wohnungseigentumsanlage begründeten Sondereigentums am Dachgeschoß gegenüber denjenigen Mietern der Eigentumswohnungen, welchen ein mietvertragliches Nutzungsrecht am Dachboden zusteht, nur gemeinschaftlich mit den Eigentümern/Vermietern der jeweiligen Eigentumswohnung zur Teilkündigung (§ 564 b Abs. 2 Nr. 4 BGB) berechtigt.

Das Bundesverfassungsgericht hat mit Beschluß vom 11. 3. 1992 (WM 1992, 228) den Anwendungsbereich dieser Vorschrift erweitert: Auch wenn der Vermieter die Wohnung nicht zum Zweck der Vermietung, sondern zur Selbstnutzung ausbauen will, dafür aber die derzeit von ihm selbst bewohnte Wohnung dem Wohnungsmarkt zuführt, kann ein berechtigtes Interesse an der Kündigung von Nebenräumen auf eine entsprechende Anwendung des § 564 b Abs. 2 Nr. 4 BGB gestützt werden. Vgl. hierzu im übrigen „Kündigungsschutz“, Abschnitt 2.4.

Teppichboden

Wird eine Wohnung mit Teppichboden vermietet, hat der Vermieter auch insoweit eine Unterhaltspflicht. Ist der Teppichboden abgenutzt, muß der Vermieter ihn erneuern. Etwas anderes gilt, wenn der Teppichboden vom Mieter schuldhaft beschädigt wurde. Bei einem Schadenersatzanspruch des Vermieters in solchen Fällen kommt i. d. R. ein Abzug Neu für Alt in Betracht, der sich nach dem Alter des Teppichbodens und der durchschnittlichen Lebensdauer (je nach Qualität ca. 10 Jahre) berechnet. Der Mieter kann einen Teppichboden auch ohne Genehmigung verlegen, da es sich hierbei nicht um eine bauliche Änderung handelt. Allerdings muß er, wenn der Vermieter darauf besteht, den Teppichboden bei Beendigung des Mietverhältnisses entfernen und den früheren Zustand wieder herstellen. Hierzu gehört auch die Beseitigung von Schäden am Untergrund, die durch das Verkleben entstanden sind (LG Mannheim, WM 1976, 205). Dies gilt auch dann, wenn der Vermieter mit der Verlegung des Teppichbodens einverstanden war (umstritten).

> Zur Absicherung sollte der Vermieter daher im Mietvertrag oder in einer Zusatzvereinbarung den Mieter verpflichten, bei Beendigung des Mietverhältnisses auf eigene Kosten den früheren Zustand wieder herzustellen.

Aus der Übernahme der Schönheitsreparaturen folgt für den Mieter von Wohnraum keine Verpflichtung, auch den infolge **vertragsgemäßen Gebrauchs** verschlissenen Teppichboden zu erneuern (OLG Hamm, RE, DWW 1991, 145).

Eine **formularmäßige** Vereinbarung, wonach der Mieter bei Vertragsende den Teppichboden durch eine Fachfirma reinigen lassen muß, ist unwirksam (LG Stuttgart, NJW-RR 1989, 1170).

Ist in einem Geschäftsraummietvertrag vereinbart, daß der Mieter die Schönheitsreparaturen durchführt und bei Auszug den Zustand wie bei Einzug wiederherstellt, muß er einen bei Einzug neuen Teppichboden, der durch vertragsgemäße Abnutzung verschlissen ist, im Rahmen der Schönheitsreparaturen erneuern (OLG Düsseldorf, WM 1989, 508; a. A. unter Hinweis auf das OLG Hamm, a. a. O., OLG Stuttgart, NJW-RR 1995, 1101). Dies gilt allerdings nur, wenn der Vermieter den Teppichboden bezahlt hat. Einen von ihm selbst bezahlten Teppichboden muß der Mieter trotz Renovierungsklausel nicht erneuern (OLG Düsseldorf, NJW RR 1990, 1162).

Thermostatventile → „Modernisierung“, „Mieterhöhung“, „HeizanlagenVO“

Tierhaltung

Hier wird viel gestritten, und die Meinungen in Literatur und Rechtsprechung gehen weit auseinander. Folgende Fallgruppen sind zu unterscheiden:

Die Haltung von **Kleintieren** (Zierfischen, Wellensittichen etc.) kann dem Mieter nicht untersagt werden.

Bei der Haltung von **Haustieren** wie Hunden und Katzen ist wie folgt zu differenzieren:

1 Im Mietvertrag ist über Tierhaltung nichts vereinbart

Teilweise wird angenommen, daß die Haltung von Hunden und Katzen zum vertragsgemäßen Gebrauch der Mietsache gehört, solange es nicht zu Belästigungen für die übrigen Mieter kommt (so z. B. LG München, WM 1958, 5; LG Mannheim, MDR 1962, 89 und für einen kleinen Hund LG Düsseldorf, WM 1993, 604). Der Mieter braucht nach dieser Rechtsmeinung den Vermieter also nicht zu fragen. Die Gegenmeinung sieht in der nicht genehmigten Haltung eines Haustieres eine Beeinträchtigung des Eigentums des Vermieters, gegen die dieser sich durch das Verlangen auf Beseitigung und Unterlassung zur Wehr setzen kann (so Kraemer in Bub / Treier, III Rdn. 1038).

2 Im Mietvertrag ist zur Tierhaltung die Erlaubnis des Vermieters Voraussetzung

Hier geht der Streit darum, ob die Erteilung der Erlaubnis im freien Ermessen des Vermieters liegt oder nicht. Der ersteren Ansicht folgt das OLG Hamm in einem Rechtsentscheid vom 13. 1. 1981 (WM 1981, 53; Weber /Marx, VII / S. 67): „Ist in einem Mietvertrag über eine Wohnung in einem Mehrfamilienhaus vereinbart, daß eine Tierhaltung des Mieters der schriftlichen Zustimmung des Vermieters bedarf, und ergeben sich aus dem gesamten Verhalten der Parteien vor, bei und nach Vertragsschluß keine Anhaltspunkte für einen anderweitigen Vertragswillen, unterliegt die Entscheidung, ob der Vermieter die Zustimmung zur Haltung eines Hundes in der Mietwohnung erteilen oder versagen will, seinem Ermessen schlechthin. Der Vermieter eines Mehrfamilienhauses kann in einem solchen Fall die Entfernung eines ohne seine Zustimmung gehaltenen Hundes aus dem Mietobjekt verlangen, sofern diesem Begehren nicht der Einwand des Rechtsmißbrauchs entgegensteht."

Ein **Rechtsmißbrauch** liegt vor, wenn bei anderen Mietern nicht auf dem Verbot der Tierhaltung bestanden wird und dies auf eine bloße Animosität des Vermieters gegen den Tierhalter schließen läßt (vgl. LG Hamburg, MDR 1982, 146). Nach Ansicht des LG München I (Urt. v. 30. 6. 1992, Az. 32 S 6568/92 – nicht veröffentlicht) gehört auch die Haltung einer **Katze** nicht zum allgemeinen Wohngebrauch in Mietwohnungen in Mehrfamilienhäusern.

Die Gegenmeinung geht davon aus, daß der Mieter, da die Tierhaltung zum vertragsgemäßen Gebrauch der Mietsache gehört, grundsätzlich einen Anspruch auf Erteilung zur Erlaubnis hat. Der Vermieter muß für die Verweigerung stichhaltige Gründe haben (so z. B. Schmidt-Futterer / Blank, Mietrecht von A–Z „Tierhaltung" mit weiteren Nachweisen). Diese stichhaltigen Gründe hat der Vermieter nicht, wenn er bereits anderen Mietparteien die Haltung von Hunden oder Katzen gestattet hat.

Übereinstimmung besteht darin, daß der **Widerruf** einer einmal erteilten Erlaubnis nur aus wichtigem Grund erfolgen darf.

Ein **wichtiger Grund** liegt vor, wenn konkrete Belästigungen durch das Tier ausgehen, oder wenn wegen der besonderen Gefährlichkeit der Tierrasse Bedenken gegen eine Tierhaltung bestehen. Die Erlaubnis kann auch verweigert werden, wenn eine artgerechte Tierhaltung wegen der beengten Raumverhältnisse nicht möglich ist (AG Kassel, WM 1987, 144).

3 Im Mietvertrag ist Tierhaltung verboten

Das uneingeschränkte Verbot jeglicher Tierhaltung durch Formularvertrag ist unwirksam (§ 9 AGBG), da dies auch die Kleintierhaltung umfassen würde (BGH, Urt. v. 20. 1. 1993, DWW 1993, 74).

Nach Ansicht des Landgerichts Hamburg (WM 1993, 120) ist hingegen die Formularklausel: „Tiere dürfen nicht gehalten werden mit Ausnahme von Kleintieren, z. B. Zierfische, Wellensittich, Hamster." wirksam. Eine solche Klausel enthält nach Ansicht des Gerichts auch keinen Genehmigungsvorbehalt, welche dem Vermieter nur ein gebundenes Ermessen einräumt.

Eine **Individualvereinbarung**, die die Haltung von Hunden und Katzen ausschließt, ist dagegen wirksam (LG Lüneburg, WM 1995, 704).

Eine Zustimmung zur Tierhaltung trotz absoluten Tierhaltungsverbotes kann nur verlangt werden, wenn der Mieter auf das Tier **angewiesen** ist (z. B. Blindenhund), darüber hinaus zum Schutz des Mieters nur unter besonders engen Voraussetzungen (LG Lüneburg, a. a. O.). Weiter ist nach Ansicht des LG Hamburg (WM 1956, 532) das vertraglich festgelegte Verbot der Tierhaltung dann rechtsmißbräuchlich, wenn eine Rechtsgüterabwägung ergibt, daß das Interesse an der Aufrechterhaltung des Verbots deutlich hinter den davon betroffenen Interessen des Mieters zurückbleibt, was voraussetzt, daß der Mieter auf das Halten eines Tieres angewiesen ist. An einem Angewiesensein aus gesundheitlich-psychischen Gründen fehlt es jedoch dann, wenn das Halten eines Tieres nicht die einzige zumutbare Möglichkeit zur Überwindung einer depressiven Störung ist.

Unabhängig von der Vertragsgestaltung kann der Vermieter die Haltung eines **Kampfhundes** in der Mietwohnung eines Mehrparteienhauses untersagen, wenn der Halter (= Mieter) keine Eignung hat, den Hund seiner Rasse entsprechend zu führen. Der Mieter muß zu seiner Eignung Konkretes vortragen (LG Krefeld, WM 1996, 533). Strenger ist das LG München I (WM 1993, 699). Danach kann der Vermieter in einer Wohnanlage die Haltung von Kampfhunden in der Wohnung unabhängig von einer Eignung des Mieters untersagen.

Der Vermieter hat in diesem Fall bei Zuwiderhandlungen einen Anspruch auf Beseitigung und Unterlassung. Ob der formularmäßige Ausschluß der Haltung von Hunden und Katzen erlaubt ist, ist dagegen wieder umstritten. Das BVerfG sah in dieser Klausel keinen Verstoß gegen Art. 2 Abs. 1 Grundgesetz (WM 1981, 77).

Die Rechtslage ist also alles andere als klar. Bei den Amtsgerichten besteht eher eine Tendenz zur großzügigen Handhabung zugunsten des Mieters. Aufgrund des niedrigen Streitwertes sind die Verfahren oft nicht berufungsfähig (vgl. z. B. LG Hamburg, WM 1993, 469: Danach ist der Rechtsstreit um die Zulässigkeit der Tierhaltung (Katze in der Mietwohnung) grundsätzlich nicht berufungsfähig, da der Wert nach § 3 ZPO auf DM 1 000,– festgesetzt wurde; sowie LG Hamburg, WM 1993, 477 m.w.N.).

Empfohlen werden daher klare Individualvereinbarungen.

Der Unterlassungsanspruch des Vermieters (§ 550 BGB) unterliegt der **Verwirkung**. Ist dem Vermieter also mehrere Jahre bekannt, daß der Mieter ein Tier trotz einer entgegenstehenden – wirksamen – mietvertraglichen Vereinbarung hält, und unternimmt er dagegen nichts, kann er Unterlassung nicht mehr verlangen (vgl. AG Aachen, WM 1992, 601). Die Kenntnis des Hausmeisters oder eine über die Jahre gelegentliche beiläufige Notiznahme vom Tier durch den Prokuristen des Vermieters soll aber nicht ausreichen, um eine Gestattung der Tierhaltung oder einen Vertrauenstatbestand beim Mieter anzunehmen (AG Westerburg, WM 1992, 600). Wird die unberechtigte Tierhaltung vom Vermieter abgemahnt, muß er seinen Unterlassungsanspruch zur Vermeidung der Verwirkung alsbald durchsetzen (LG Düsseldorf, WM 1993, 604). Mit jedem Tag, so das Gericht, wird nämlich die Bindung des Mieters an das Tier enger und die Trennung schwerer.

Tod des Mieters

Stirbt der Mieter, tritt im Zuge der Gesamtrechtsnachfolge der Erbe in die sich aus dem Mietvertrag ergebenden Rechte und Pflichten ein.

> Sowohl der Erbe als auch der Vermieter sind berechtigt, das Mietverhältnis unter Einhaltung der gesetzlichen Kündigungsfrist zu kündigen (§ 569 Abs. 1 BGB). Die Kündigung ist jedoch nur zum ersten zulässigen Termin möglich.

Die Kündigung des Erben ist möglich, wenn er von seiner Erbeneigenschaft Kenntnis und die Erbschaft angenommen hat. Der Vermieter kann erst dann kündigen, wenn er nicht nur vom Tod des Mieters, sondern auch davon Kenntnis erlangt hat, wer Erbe des verstorbenen Mieters geworden ist. Erster Termin ist somit derjenige, zu dem die Kündigung vorgenommen werden kann, wenn der Kündigungsberechtigte bei der Beschaffung der notwendigen Kenntnisse die im Verkehr erforderliche Sorgfalt beobachtet, d. h. nicht schuldhaft unterläßt, sich diese Kenntnisse zu verschaffen. Hat der Mieter Testamentsvollstreckung angeordnet, so ist Kündigungsberechtigter und richtiger Kündigungsempfänger der Testamentsvollstrecker.

Für Wohnraummietverhältnisse gelten folgende Sondervorschriften:

1 Ehegatten als Mieter

Haben Ehegatten gemeinschaftlich Wohnraum gemietet und führen sie darin einen gemeinsamen Hausstand, so wird das Mietverhältnis beim Tode eines Ehegatten mit dem überlebenden Ehegatten fortgesetzt (§ 569 b BGB). Es handelt sich hier nicht um einen gesetzlichen Eintritt in ein bestehendes Mietverhältnis, weil ja beide Ehegatten Mieter geworden sind. Mit dem Tod eines der beiden bleibt der andere Alleinmieter. Auf die Erbfolge kommt es nicht an. Insbesondere wird ein Dritter, der Erbe oder Miterbe ist, nicht Mieter.

> Der überlebende Ehegatte kann das Mietverhältnis unter Einhaltung der gesetzlichen Frist von 3 Monaten kündigen, jedoch ist die Kündigung nur zum erstmöglichen Termin zulässig.

Schwieriger ist die Rechtslage bei getrennt lebenden oder geschiedenen

Ehegatten, wenn beide Mieter sind. Hier treten beim Tod eines in der Wohnung verbliebenen Ehegatten etwaige, bei seinem Tode haushaltszugehörige Familienangehörige an seine Stelle. Sie werden Mitmieter, zusammen mit dem ausgezogenen überlebenden Ehegatten. Ist der ausgezogene Ehegatte verstorben, kommt hinsichtlich seines Mietrechts eine Sonderrechtsnachfolge nicht mehr in Betracht, weil er nicht mehr einen Hausstand in der Wohnung führt. Sein Mietrecht ist demzufolge nach den allgemeinen erbrechtlichen Grundsätzen auf die Erben übergegangen.

> Kein Vertragsteil kann das Mietverhältnis außerordentlich kündigen. Die Vorschrift über den Weiterbestand des Mietverhältnisses mit dem überlebenden Ehegatten ist durch Individualvereinbarung abdingbar. So kann z. B. das außerordentliche Kündigungsrecht der überlebenden Ehegatten ausgeschlossen werden.

2 Tod des Alleinmieters

Führt der Mieter mit seinem Ehegatten, ohne daß letzterer Mieter ist, in dem Mietwohnraum den gemeinsamen Hausstand, tritt beim Tode des Mieters der Ehegatte in das Mietverhältnis ein. Erklärt der Ehegatte binnen eines Monats, nachdem er vom Tode des Mieters Kenntnis erlangt hat, dem Vermieter gegenüber, daß er das Mietverhältnis nicht fortsetzen will, gilt der Eintritt in das Mietverhältnis als nicht erfolgt (§ 569 a Abs. 1 BGB).

Wird in dem Wohnraum ein gemeinsamer Hausstand mit einem oder mehreren Familienangehörigen geführt, treten diese mit dem Tod des Mieters in das Mietverhältnis ein. Das gleiche gilt, wenn der Mieter einen gemeinsamen Hausstand mit seinem Ehegatten und einem oder mehreren Familienangehörigen geführt hat und der Ehegatte in das Mietverhältnis nicht eintritt.

> Hierzu ein **Beispiel:** Eine Wohnung wird bewohnt von einem Ehepaar mit zwei Kindern. Mieter ist der Ehemann allein. Dieser stirbt. Die überlebende Ehefrau erklärt, daß sie das Mietverhältnis nicht fortsetzen will. Mieter sind nunmehr die beiden Kinder, auch wenn sie noch minderjährig sind.

Ein gemeinsamer Hausstand setzt voraus, daß die Wohnung Mittelpunkt der gemeinsamen Lebensführung gewesen ist (so Heile in Bub / Treier, II Rdn. 850). Nach der Ansicht des LG Düsseldorf (WM 1987, 225) soll hierfür eine Dauer von 5 Monaten ausreichend sein. Dieser Zeitraum scheint doch recht kurz bemessen zu sein, wenn man an die großzügigen Fristen denkt, die die Rechtsprechung für die Beherbergung eines Besuchers einräumt.

Jeder Familienangehörige, bei mehreren jeder einzelne, kann binnen eines Monats nach Erlangung der Kenntnis vom Tod des Mieters erklären, daß er das Mietverhältnis nicht fortsetzen will (§ 569 b Abs. 2 BGB). Die Eintretenden haften neben dem Erben für die bis zum Tod des Mieters entstandenen Verbindlichkeiten als Gesamtschuldner. Im Verhältnis zu den Eintretenden, also im Innenverhältnis zwischen Erben und Angehörigen des Mieters haftet der Erbe allein. Hat der Mieter den Mietzins für einen nach seinem Tode liegenden Zeitraum im voraus entrichtet, sind die Eintretenden verpflichtet, dem Erben dasjenige herauszugeben, was sie infolge der Vorausentrichtung des Mietzinses erspart oder erlangt haben. Im übrigen haften die eintretenden Familienangehörigen dem Vermieter für die Verpflichtungen aus dem Mietvertrag als Gesamtschuldner. Sie können ihre Rechte aus dem Mietverhältnis auch nur gemeinsam ausüben.

Umstritten ist, **wie weit** der **Begriff** des **„Familienangehörigen“ zu fassen** ist. Eine Definition findet sich im Gesetz nicht. Entsprechend dem Sinn der Bestimmung wird der Begriff sehr weit definiert. Darunter fallen alle Verwandten und Verschwägerten, ohne daß es auf den Grad der Verwandtschaft oder Schwägerschaft ankommt (so Emmerich / Sonnenschein, Miete, § 569 a Anm. 13). Darunter fallen auch **Lebensgefährten** des verstorbenen Mieters. Das Bundesverfassungsgericht hat entschieden (DWW 1990, 199 ff.), daß diese Auslegung nicht gegen das Grundgesetz verstößt. Das OLG Saarbrücken (WM 1991, 251) hat entschieden, daß § 569 a Abs. 2 BGB, wonach Familienangehörige unter bestimmten Voraussetzungen mit dem Tode des Mieters in das Mietverhältnis eintreten, auf die Partnerin (den Partner) einer **nichtehelichen Lebensgemeinschaft** anwendbar ist, wenn die nichteheliche Lebensgemeinschaft mit dem verstorbenen Mieter auf Dauer angelegt und beide Teile unverheiratet waren. Das Gericht geht von einer entsprechenden Anwendung der Bestimmung des § 569 a Abs. 2 BGB aus und begründet dies damit, daß die Entwicklung der tatsächlichen und rechtlichen Verhältnisse zu einer ausdehnenden oder entsprechenden Anwendung des § 569 a Abs. 2 BGB auf die nichteheliche Lebensgemeinschaft führt. Merkmal für eine auf Dauer angelegte Lebensgemeinschaft kann nach Ansicht des Gerichts z. B. sein, daß diese bei dem Tode des Mieters schon längere Zeit bestanden hat oder daß auf lange Nutzungsdauer berechnete gemeinsame Investitionen in die Mietwohnung vorgenommen worden sind. Ferner werden zu einer auf Dauer angelegten Lebensgemeinschaft – abgesehen von einem gemeinsamen Hausstand – insbesondere auch eine auf unbestimmte Zeit angelegte eheähnliche Wirtschaftsgemeinschaft sowie die überwiegend gemeinsame Gestaltung des Privatlebens und insbesondere die solidarische Übernahme der mit dem gemeinsamen Leben verbundenen Kosten und Lasten durch beide Partner gehören.

Dieser Rechtsansicht hat sich der Bundesgerichtshof mit Beschluß vom 13. 1. 1993 (WM 1993, 254) angeschlossen. Nach Auffassung des BGH setzt eine eheähnliche Gemeinschaft eine Lebensgemeinschaft zwischen Mann und Frau voraus, die auf Dauer angelegt ist, daneben keine weitere Lebensgemeinschaft gleicher Art zuläßt und sich durch innere Bindungen auszeichnet, die ein gegenseitiges Einstehen der Partner füreinander begründen, also über die Beziehungen in einer reinen Haushalts- und Wirtschaftsgemeinschaft hinausgeht. **Gleichgeschlechtliche** und ihrer Art nach nur **vorübergehend** angelegte Partnerschaften scheiden damit von vornherein aus.

Denjenigen, der sich auf sein Eintrittsrecht beruft, trifft die Darlegungs- und Beweislast für dessen Voraussetzungen. Er muß daher die zur Feststellung einer eheähnlichen Gemeinschaft erforderlichen Informationen erteilen. Der Verzicht auf formale Abgrenzungskriterien wird trotzdem in der Praxis zu nicht unerheblichen Schwierigkeiten führen. So hat das LG Hannover (WM 1992, 692) entschieden, daß auch der nichteheliche gleichgeschlechtliche Lebenspartner des verstorbenen Mieters wie ein Familienangehöriger in den Mietvertrag eintritt.

Eine Besonderheit gilt bei **Sozialwohnungen**. Beim Tod des Mieters einer Sozialwohnung ist dessen Lebenspartner und Erbe, der die Wohnung mit dem Mieter in eheähnlicher Lebensgemeinschaft bewohnt hat, nicht berechtigt, die Wohnung ohne Übergabe einer Wohnberechtigungsbescheinigung weiter zu bewohnen, da er nicht zum Kreis der Familienangehörigen (§ 8 Abs. 2 II. WoBauG) gehört (VG Berlin, WM 1996, 22). Erfüllt der Lebenspartner die Voraussetzungen für die Erteilung nicht, hindert dieser Umstand allein noch nicht die Fortsetzung des Mietverhältnisses. Dieses ist zunächst wirksam, die zuständige Behörde kann jedoch eine Kündigung verlangen (§ 4 Abs. 8 WoBindG).

> Treten der Ehegatte oder andere Familienangehörige in das Mietverhältnis nicht ein, wird es mit dem **Erben** fortgesetzt. In diesem Fall gilt für beide Teile das allgemeine außerordentliche Kündigungsrecht beim Tod des Mieters zum erst zulässigen Termin.

Dieses **Sonderkündigungsrecht** des Vermieters gegenüber dem Erben (§§ 569 Abs. 2, 569 a Abs. 4 BGB) ist jedoch durch zwei RE stark eingeschränkt worden. Das OLG Hamburg (RE v. 21. 9. 1983, WM 1983, 310; Weber / Marx, VII /S. 114) hat ebenso wie das BayObLG (RE v. 14. 12. 1984, WM 1985, 52; Weber / Marx, VII / S. 114) entschieden, daß für die Kündigung des Vermieters (§ 569 BGB) ein berechtigtes Interesse des Vermieters an der Beendigung des Mietverhältnisses im Sinne des § 564 b BGB erforderlich ist. Recht verständlich sind diese Entscheidungen nicht: Durch die Kündigungsschutzvorschriften soll der vertragstreue Mieter geschützt werden. Hier ist die Rechtslage anders, da ein dem Vermieter bisher unbekannter Erbe in das Mietverhältnis eintritt. Ehegatten und Familienangehörige sind durch die §§ 569 a und b BGB ausreichend geschützt. Eine weitere Ausdehnung ist nicht erforderlich.

Dessen ungeachtet hat das OLG Karlsruhe mit Rechtsentscheid vom 29. 12. 1989 (WM 1990, 61) entschieden, daß für die Kündigung des Vermieters (§ 569 BGB) ein berechtigtes Interesse an der Beendigung des Mietverhältnisses im Sinne des § 564 b BGB auch dann erforderlich ist, wenn der Erbe zu Lebzeiten des Mieters nicht in der Wohnung gewohnt hat. Nach Ansicht des Gerichts vermag auch die Erwägung, der Erbe sei, auch wenn er zuvor nicht in der Wohnung des bisherigen Mieters gelebt hat, nicht schutzwürdig, auch für diese Fälle kein Absehen von der Notwendigkeit eines berechtigten Interesses auf der Seite des Vermieters zu rechtfertigen, da der Kündigungsschutz dem Mieter unabhängig von dessen persönlicher Situation gewährt wird. Diese Entscheidung wurde vom BGH (RE v. 12. 3. 1997, WM 1997, 321) mit dem Hinweis auf die eindeutige Entscheidung des Gesetzgebers bestätigt.

Ist der **Mietvertrag auf Lebenszeit** des Mieters abgeschlossen, wird gemäß RE des BayObLG vom 2. 7. 1993 (DWW 1993, 261) hierdurch ein befristetes, auf bestimmte Zeit eingegangenes Mietverhältnis begründet, welches mit dem Tod des Mieters endet. Der Erbe hat keinen Fortsetzungsanspruch, da auf ihn keine Rechtsstellung übergeht. Ehegatten und Familienangehörigen, die mit dem verstorbenen Mieter einen gemeinsamen Hausstand geführt haben, wird durch entsprechende Anwendung von § 564 c Abs. 1 BGB und §§ 569 a, 569 b BGB ein Fortsetzungsanspruch eingeräumt.

Die Vorschriften über den Eintritt in das Mietverhältnis und über das außerordentliche Kündigungsrecht des Vermieters aus wichtigem Grund sind **unabdingbar** (d. h. von ihnen kann nicht abgewichen werden). Weder zum Vorteil, noch zum Nachteil einer der Vertragsparteien kann etwas anderes wirksam vereinbart werden. Siehe hierzu auch „Kündigung“, Abschnitte 3.2.2.1 und 2.2.2.2.

Ein heute nicht seltener **Fall** soll abschließend noch besprochen werden: Der alleinstehende Mieter stirbt, ohne daß Erben bekannt sind oder die Erben schlagen die Erbschaft aus. Wie kann der Vermieter hier seine vertraglichen Ansprüche, z. B. auf die Durchführung von Schönheitsreparaturen, durchsetzen und das Mietverhältnis beenden?

Die einzige – legale – Möglichkeit besteht darin, beim zuständigen Nachlaßgericht die **Anordnung einer Nachlaßpflegschaft** zu beantragen. Ein Nachlaßpfleger wird vom Gericht (Amtsgericht, in dessen Bezirk der verstorbene Mieter seinen Wohnsitz hatte) eingesetzt werden, wenn der Erbe unbekannt ist und ein Bedürfnis der Fürsorge für den Nachlaß besteht. Gemäß § 1961 BGB kann der Vermieter die Bestellung eines Nachlaßpflegers verlangen, wenn er gerichtliche Ansprüche gegen den Nachlaß geltend machen will, z. B. auf Zahlung der Miete. Ist der Nachlaßpfleger bestellt, kann der Vermieter ihm gegenüber kündigen oder einvernehmlich die Beendigung des Mietverhältnisses herbeiführen oder die Ansprüche auf Durchführung von Schönheitsreparaturen geltend machen.

Tod des Vermieters

Stirbt der Vermieter, wird das Mietverhältnis mit den Erben fortgesetzt. Der oder die Erben als Gesamtrechtsnachfolger übernehmen alle Rechte des Erblassers aus dem Mietvertrag; sie treten in alle Pflichten ein, die der Mietvertrag dem Vermieter auferlegt. Ein Rechtsanspruch auf den Abschluß eines neuen Mietvertrages besteht daher nicht. Siehe auch „Eigentümerwechsel".

Trittschall → „Instandhaltung und Instandsetzung der Mieträume"

Umlage von Betriebskosten → „Betriebskosten"

Überbelegung

Eine Wohnung ist überbelegt, wenn die Zahl der Bewohner deutlich über den durch den Vertragszweck und die Größe bestimmten Rahmen der vertragsgerechten Nutzung hinausgeht, so Grapentin in Bub / Treier, IV Randnr. 219. Anhaltspunkte finden sich hierzu in den gesetzlichen Bestimmungen der Länder. So ist im Bayer. WohnungsaufsichtsG in Art. 6 Abs. 1 ausgeführt, daß Wohnungen nur überlassen und benutzt werden dürfen, wenn für jede mindestens 6 Jahre alte Person eine Wohnfläche von mindestens 10 qm, für jede noch nicht 6 Jahre alte Person eine Wohnfläche von mindestens 6 qm vorhanden ist.

Überbelegung kann ein Grund zur fristlosen Kündigung sein, wenn sie trotz Abmahnung weiterhin vorliegt. Eine fristlose Kündigung nach § 553 BGB wegen **Überbelegung** der Wohnung setzt neben der Abmahnung eine **erhebliche**, durch die Überbelegung verursachte **Verletzung der Vermieterrechte** voraus. Diese ergibt sich entgegen der Auffassung des OLG Karlsruhe (RE vom 16. 3. 1987, DWW 1987, 192; Weber/Marx VII/S. 39) jedoch **nicht** zwingend allein aus der Überbelegung. Obwohl die Gefahr einer übermäßigen Abnutzung oder Beschädigung der Wohnung mit dem Ausmaß der Überbelegung zunehmen wird, ist es nach dem Bundesgerichtshof (Beschl. v. 14. 7. 1993, WM 1993, 529) nicht möglich, einen bestimmten Grad der Überbelegung zu definieren, von dem ab die Annahme zwingend ist, die Abnutzung führe ohne weiteres zu einer erheblichen Beeinträchtigung der Vermieterinteressen und erfordere die sofortige Auflösung des Mietverhältnisses. Insoweit können Ausstattung und Zuschnitt der bewohnten Räume, vertragliche Regelungen über die Durchführung von Schönheitsreparaturen, Alter und Lebensgewohnheiten der Bewohner ebenso von Bedeutung sein wie die Zusammensetzung der übrigen Hausbewohnerschaft. Daher ist grundsätzlich anhand der **besonderen Umstände des Einzelfalles** aufgrund einer Abwägung der Interessen beider Parteien zu beurteilen, ob die Rechte des Vermieters in erheblichem Maße verletzt sind. Dieser Auffassung folgt auch das Bundesverfassungsgericht. Im Beschluß vom 18. 10. 1993 (WM 1994, 119) wird für eine fristlose Kündigung des Vermieters wegen Überbelegung neben dem vertragswidrigen Gebrauch (durch Überbelegung) weiter vorausgesetzt, daß die Vermieterrechte erheblich verletzt worden sind. Ob dies der Fall ist, ist durch Abwägung der konkreten Auswirkungen der Überbelegung auf die berechtigten Interessen des Vermieters mit den Belangen des Mieters vom Fachgericht festzustellen.

In einer Kündigung wegen Überbelegung sollten daher nicht nur die Umstände vorgetragen werden, aus denen sich die Überbelegung ergibt, sondern auch die Auswirkungen der Überbelegung auf die Vermieterrechte (z. B. Gefährdung der Wohnsubstanz).

Auch das OLG Hamm ist zurückhaltender. Es ist in einem Rechtsentscheid der Meinung, daß sich das Recht des Vermieters zu einer ordentlichen – nicht fristlosen! – Kündigung nach den jeweils umfassend zu würdigenden Umständen des Einzelfalles im Falle der Überbelegung richtet (WM 1982, 323; Weber/Marx, VII/S. 102).

(Vgl. auch Kündigung, Abschnitt 3.2.1.1).

Umwandlung

1 Von Umwandlung spricht man, wenn an Mietwohnungen nachträglich Wohnungseigentum gem. den §§ 3, 8 WEG gebildet wird. Voraussetzung hierfür ist eine sog. **Abgeschlossenheitsbescheinigung.** Hierin bestätigt die zuständige Verwaltungsbehörde, daß die einzelnen Wohnungen in sich abgeschlossen sind.

Jahrelang war umstritten, ob der Begriff „abgeschlossen" im bauordnungsrechtlichen Sinn zu verstehen ist. Danach sind nur abgeschlossen solche Wohnungen oder sonstige Räume, die durch feste Wände und Decken, die den bauordnungsrechtlichen Anforderungen an Trennwände und Trenndecken – insbesondere hinsichtlich des Brand-, Schall- und Wärmeschutzes – entsprechen, baulich vollkommen von fremden Wohnungen und Räumen getrennt sind. Diese Abgeschlossenheit im bauordnungsrechtlichen Sinn soll nach dieser Auffassung durch die Bescheinigung der Baubehörde nach § 7 Abs. 4 Satz 1 Nr. 2 WEG bestätigt werden (so BVerwG, NJW 1990, 848).

Der Bundesgerichtshof hatte hingegen die Auffassung vertreten, daß es allein auf die räumliche Abgrenzung der Wohnungen ankommt und die Rechtsfrage dem Gemeinsamen Senat der obersten Gerichtshöfe des Bundes vorgelegt. Dieser hat mit Beschluß vom 30. 6. 1992 (WM 1992, 671) entschieden, daß Wohnungen und sonstige Räume in bestehenden Gebäuden auch dann im Sinn von § 3 Abs. 2 Satz 1 WEG in sich abgeschlossen sein können, wenn die Trennwände und Trenndecken nicht den Anforderungen entsprechen, die das Bauordnungsrecht des jeweiligen Bundeslandes aufstellt. Der Gemeinsame Senat hat in den Gründen darauf hingewiesen, daß Fragen des Mieterschutzes sich nach geltendem Recht nicht auf dem Umweg über das sachenrechtlich konzipierte und nach sachenrechtlichen Grundsätzen auszulegende WEG erfüllen lassen.

Wohl noch nicht abgeschlossen ist ein Gesetzentwurf des Bundesrates vom 30. 4. 1992 (BT-Drucksache 12/2505) im Gesetzgebungsverfahren, der grundsätzlich der Linie des BVerwG folgen will und nur für eng begrenzte Fallgruppen Ausnahmen vom bauordnungsrechtlichen Abgeschlossenheitsbegriff zuläßt. Je nach Ausgang dieses Verfahrens wird vermutlich zur Umgehung auf Miteigentumsmodelle ausgewichen werden, die nicht unproblematisch sind. So wird beim **„Kellermodell“** wohnungseigentumsrechtlich Teileigentum nur an einem Nebenraum (z. B. an einem Keller) kombiniert mit der Vereinbarung von Sondernutzungsrechten an einzelnen Wohnungen, die ohne Bildung von Sondereigentum im gemeinschaftlichen Eigentum bleiben. Dieses Modell ist dargestellt von Pause (NJW 1990, 3178); die Zulässigkeit ist vom BayObLG mit Beschluß vom 7. 11. 1991 (WM 1991, 704) bejaht worden.

Beim **„Bruchteilsmodell“** wird Wohnungseigentum nicht gebildet. Hier wird Miteigentum zu ideellen Bruchteilen gebildet und die Verwaltung und Benutzung der vorhandenen Wohnungen im einzelnen geregelt (§ 1010 BGB). Hinzuweisen ist allerdings darauf, daß bei beiden Modellen der Erwerber eine wesentlich schwächere Rechtsstellung hat, was insbesondere bei Zahlungsunfähigkeit einzelner Miterwerber zu erheblichen Problemen führen kann.

2 Ist an den vermieteten Wohnräumen nach Überlassung an den Mieter Wohnungseigentum begründet und das Wohnungseigentum veräußert worden, kann sich der Erwerber auf berechtigte Interessen (§ 564 b Abs. 2 Nr. 2 Satz 1 BGB) nicht vor Ablauf von 3 Jahren seit der Veräußerung an ihn berufen. Wann eine Veräußerung vorliegt, ist unter „Veräußerung“ und „Eigenbedarf“, Abschnitt 16, dargestellt.

> Aufgrund des Gesetzes zur Verbesserung der Rechtsstellung des Mieters bei Begründung von Wohnungseigentum an vermieteten Wohnungen vom 20. 7. 1990 (BGBl. I S. 1456) ist diese Frist für **Gebiete**, in denen die ausreichende Versorgung der Bevölkerung mit Mietwohnungen zu angemessenen Bedingungen besonders gefährdet ist, auf 5 Jahre verlängert worden. In Art. 2 dieses Gesetzes ist bestimmt, daß die Neuregelung nicht anzuwenden ist, wenn der auf die Veräußerung des Wohnungseigentums gerichtete Vertrag vor dem Inkrafttreten des Gesetzes am 1. 8. 1990 abgeschlossen worden ist. In diesen Fällen bleibt es bei der **Sperrfrist** von 3 Jahren.

Ansonsten kann sich der Erwerber auch nicht vor Ablauf von 5 Jahren seit der Veräußerung an ihn darauf berufen, daß er die Mietsache veräußern will. Die Gebiete werden durch die jeweilige Landesregierung für die Dauer von jeweils höchstens 5 Jahren bestimmt.

Zu den Landesregierungen, die von dieser Rechtsverordnung bisher Gebrauch gemacht haben, vgl. „Eigenbedarf“, Abschnitt 16.

Eine weitere Einschränkung hat sich durch das Gesetz über eine Sozialklausel in **Gebieten mit gefährdeter Wohnungsversorgung** vom 22. 4. 1993 ergeben, welches zum 1. 5. 1993 in Kraft getreten ist (BGBl. 1993 I S. 466 ff.). Danach werden die Landesregierungen ermächtigt, durch Rechtsverordnungen Gebiete zu bestimmen, in denen die ausreichende Versorgung der Bevölkerung mit Mietwohnungen zu angemessenen Bedingungen in einer Gemeinde oder in einem Teil einer Gemeinde besonders gefährdet ist. Ist an vermieteten Wohnräumen nach der Überlassung an den Mieter Wohnungseigentum begründet und das Wohnungseigentum veräußert worden, gilt in den so bestimmten Gebieten abweichend von den Bestimmungen des BGB:

1. Bis zum Ablauf von **10 Jahren** nach der Veräußerung werden berechtigte Interessen des Vermieters (§ 564 b Abs. 2 Nr. 2 und Nr. 3 BGB) nicht berücksichtigt, d. h., der Vermieter kann sich nicht auf Eigenbedarf oder auf die Verhinderung einer angemessenen wirtschaftlichen Verwertung berufen.
2. Auch danach werden berechtigte Interessen des Vermieters (§ 564 b Abs. 2 Nr. 2 und 3 BGB) nicht berücksichtigt, wenn die nicht vertragsmäßige Beendigung des Mietverhältnisses für den Mieter oder ein bei ihm lebendes Mitglied seiner Familie eine nicht zu rechtfertigende Härte bedeuten würde, es sei denn, der Vermieter weist dem Mieter angemessenen **Ersatzwohnraum** zu zumutbaren Bedingungen nach (veröffentlicht im BGBl. I S. 487). Dieses Gesetz ist nicht anwendbar auf Fälle, in denen das Wohnungseigentum vor dem 1. 5. 1993 veräußert worden ist (OLG Stuttgart, RE v. 22. 2. 1995, WM 1995, 262). Verschiedene Landgerichte wollten von diesem RE abweichen. In zwei weiteren Entscheidungen (RE des KG v. 9. 5. 1996, WM 1996, 395 und RE des OLG Hamburg v. 22. 11. 1996, WM 1997, 29) wurde jedoch bestimmt, daß das Sozialklauselgesetz nicht auf Fälle anwendbar ist, in denen das Wohnungseigentum vor dem 1. 8. 1990 veräußert worden ist. Für Veräußerungen in der Zeit vom 1. 8. 1990 bis 1. 5. 1993 gilt nach wie vor der RE des OLG Stuttgart. Entscheidend ist immer die erste Veräußerung. Nähere Ausführungen hierzu sowie eine Aufstellung der Länder, die hiervon Gebrauch gemacht haben, siehe unter „Eigenbedarf“, Abschnitt 16.

Neu eingeführt durch das Vierte Mietrechtsänderungsgesetz (BGBl. 1993 I S. 1257 ff.) ist ein **Vorkaufsrecht** des Mieters auch bei freifinanziertem Wohnungsbau (§ 570 b BGB), siehe „Vorkaufsrecht des Mieters“.

3 Sondervorschriften gelten bei der Umwandlung von **Sozialwohnungen**: Zum einen gelten besondere Mitteilungspflichten. Der Verfügungsberechtigte ist verpflichtet, die Umwandlung unter Angabe des Namens der betroffenen Mieter unverzüglich mitzuteilen (§ 2 a Abs. 1 WoBindG). Will er die umgewandelte oder umzuwandelnde Wohnung verkaufen, hat er der zuständigen Stelle mindestens einen Monat vor Vertragsbeurkundung Name und Anschrift des vorgesehenen Erwerbers mitzuteilen. Diese Stelle ist ihrerseits gehalten, den Mieter und den Erwerber über die Rechtsfolgen, insbesondere das Vorkaufsrecht des Mieters, zu belehren (§ 2 a Abs. 2 WoBindG). Dieses Vorkaufsrecht des Mieters (§ 2 b WoBindG) entsteht mit dem Abschluß eines Kaufvertrages zwischen dem verfügungsberechtigten Vermieter und einem Dritten über die Mietwohnung als durch Umwandlung entstandenes oder noch zu begründendes Wohnungseigentum. Beim **Gesamtverkauf** eines öffentlich geförderten, mit Mietwohnungen bebauten Grundstücks entsteht das Recht zur Ausübung des Vorkaufsrechts nicht, es sei denn, die vom vorkaufsberechtigten Mieter bewohnte Wohnung ist als Teilobjekt des Veräußerungsvertrages so hinreichend bestimmt, daß sie in Verbindung mit einem Miteigentumsanteil an dem Grundstück der rechtlich selbständige Gegenstand eines rechtsgültigen Kaufvertrages sein kann (so BayObLG, RE v. 16. 4. 1992, WM 1992, 351). Zum anderen hat der Mieter einer solchen Wohnung einen verstärkten Kündigungsschutz.

> Die **Kündigung** eines Mietverhältnisses über eine Sozialwohnung, die in eine Eigentumswohnung umgewandelt worden ist, wegen Eigenbedarfs des Erwerbers, ist während der Dauer der Sozialbindung ausgeschlossen (§ 6 Abs. 7 WoBindG).

Das bedeutet, daß der Erwerber bei vorzeitiger Rückzahlung des öffentlichen Baudarlehens grundsätzlich die achtjährige Nachwirkungsfrist abwarten muß, bevor er kündigen kann. Ausnahmen von dieser achtjährigen Nachwirkungsfrist gelten bei sog. **Kleindarlehen** unter DM 3 000. Hier gilt nur die 3-Jahres-Frist (§ 564 b Abs. 2 Nr. 2 Satz 2 BGB). Komplizierter ist die Rechtslage in den Fällen, bei denen es sich nicht um ein Kleindarlehen handelt. Liegt die Wohnung in einem Gebiet mit erhöhtem Wohnbedarf (diese werden durch Verordnung der Landesregierungen bzw. der von diesen ermächtigten Stellen bestimmt), bleibt es bei der achtjährigen Nachwirkungsfrist und somit bei einer achtjährigen **Kündigungssperre** für Eigenbedarfskündigungen. Außerhalb dieser Gebiete liegende, zur Zeit der Rückzahlung nicht vermietete Wohnungen werden zu diesem Zeitpunkt frei (§ 16 Abs. 3 Nr. 1 WoBindG). Ansonsten kommt es darauf an, ob die Wohnung fehlbelegt ist, d. h. wenn das Jahreseinkommen des Mieters und der zur Familie rechnenden Angehörigen die in § 25 II. WoBauG festgelegte Grenze übersteigt.

Dies ist die Rechtslage, wenn die als Darlehen bewilligten öffentlichen Mittel vor dem 31. 12. 1989 vorzeitig zurückgezahlt wurden. Aufgrund des Wohnungsbindungsänderungsgesetzes vom 17. 5. 1990 gelten folgende Bestimmungen, wenn die als Darlehen bewilligten öffentlichen Mittel **nach dem 31. 12. 1989** vorzeitig zurückgezahlt wurden oder wenn auf die weitere Auszahlung bewilligter Zuschüsse zur Deckung der laufenden Aufwendungen oder bewilligter Zinszuschüsse aus öffentlichen Mitteln verzichtet wurde:

Werden die für eine Wohnung als Darlehen bewilligten öffentlichen Mittel ohne rechtliche Verpflichtung vorzeitig vollständig zurückgezahlt, gilt die Wohnung als öffentlich gefördert bis zum Ablauf des 10. Kalenderjahres nach dem Jahr der Rückzahlung, längstens jedoch bis zum Ablauf des Kalenderjahres, in dem die Darlehen nach Maßgabe der Tilgungsbedingungen vollständig zurückgezahlt wären (§ 16 Abs. 1 WoBindG).

§ 16 Abs. 3 WoBindG ist weggefallen. Die Wohnung behält daher die Eigenschaft „öffentlich gefördert" bei freiwilliger **vorzeitiger Rückzahlung** auch dann, wenn die Wohnung zur Zeit der Rückzahlung nicht vermietet war oder der Mieter seine Wohnberechtigung entgegen einer Aufforderung nicht nachgewiesen hatte.

Unverändert geblieben ist nur die Regelung in § 16 Abs. 2 (Kleindarlehen unter DM 3 000 pro Wohnung) und § 16 Abs. 5 (selbstgenutztes Eigenheim oder Eigentumswohnung) des WoBindG. Hier verbleibt es bei der früheren Rechtslage, d. h. Wegfall der öffentlichen Bindung zum Zeitpunkt der Rückzahlung.

Unbefugte Gebrauchsüberlassung → „Vertragswidriger Gebrauch"

Untermiete

Inhaltsübersicht Seite

1 Voraussetzung

Untermiete liegt vor, wenn der Mieter den Gebrauch der gemieteten Sache einem Dritten gegen Entgelt überläßt.

Vermietet der Eigentümer einer Sache, z. B. einer Wohnung, diese ganz oder teilweise, so ist das nicht Untermiete, der Untermietvertrag hat vielmehr einen sog. **Hauptmietvertrag** zur Voraussetzung. Die Kette setzt sich zusammen aus Vermieter (i. d. R. der Eigentümer), Hauptmieter (Untervermieter) und Untermieter. Für den Untermietvertrag, der keiner besonderen Form bedarf, gelten die allgemeinen Regelungen über die Miete. Das gleiche gilt für das Verhältnis zwischen Vermieter und Mieter (Hauptmieter).

2 Erlaubnispflicht

Grundsätzlich ist der Mieter nicht berechtigt, **ohne Erlaubnis des Vermieters** den Gebrauch der gemieteten Sache einem Dritten zu überlassen, insbesondere die Sache weiterzuvermieten. Verweigert der Vermieter die Erlaubnis, ist der Mieter zur Kündigung des Mietverhältnisses unter Einhaltung der gesetzlichen Frist (i. d. R. 3 Monate) berechtigt, sofern die Verweigerung nicht darauf beruht, daß in der Person des Dritten ein wichtiger Grund vorliegt (§ 549 Abs. 1 BGB). Erklärt der Vermieter auf Anfrage des Mieters, daß er eine in Aussicht genommene Untervermietung auf jeden Fall ablehnt, entsteht das **Sonderkündigungsrecht** des Mieters (§ 549 Abs. 1 Satz 2 BGB), ohne daß der Mieter noch einen konkreten Untermietinteressenten benennen muß (Kammergericht, RE v. 16. 9. 1996, WM 1996, 696). Die früher vertretene Ansicht, daß sich § 549 Abs. 1 BGB nur auf die Überlassung zum selbständigen Gebrauch bezieht, wurde durch den Rechtsentscheid des OLG Hamm vom 17. 8. 1982 (WM 1982, 318; Weber/Marx, VII/S. 73) dahin korrigiert, daß diese Gesetzesbestimmung auch dann anzuwenden ist, wenn der Mieter einen Dritten zum Mitgebrauch der Wohnung für dauernd in den Haushalt aufnimmt. Hiervon kann folglich nicht gesprochen werden, wenn der Mieter **Besuch** empfängt (auch für längere Zeit).

Ebenso liegt eine Gebrauchsüberlassung dann vor, wenn der Mieter **Familienangehörige** bei sich aufnimmt, etwa die Ehefrau oder Kinder. Die Gegenmeinung geht davon aus, daß es sich in diesem Fall lediglich um die Ausübung des Mietgebrauchs handelt, so daß eine Erlaubnis des Vermieters nicht erforderlich ist (so Sternel II, Rdn. 328). Demgegenüber hat aber das BayObLG (RE v. 29. 11. 1983, WM 1984, 13) entschieden, daß es sich bei der Aufnahme des Bruders stets um eine erlaubnispflichtige Drittüberlassung handelt. Dem ist zu folgen, da nach dem Rechtsentscheid des OLG Hamm (a. a. O.) kein Unterschied zwischen selbständiger und unselbständiger Gebrauchsüberlassung besteht. Bei einem Wohnraummietverhältnis ist also zu prüfen, ob die Voraussetzungen des § 549 Abs. 2 BGB vorliegen (siehe hierzu Abschnitt 3).

Der **wichtige Grund** für die Verweigerung der Erlaubnis der Gebrauchsüberlassung kann nicht beliebiger Art sein, sondern muß in der Person des Dritten liegen. Ein Grund in der Person des Dritten liegt nicht vor, wenn die aufzunehmende Person, gleich welchen Geschlechts, mit dem Mieter eine

Wohngemeinschaft oder Lebensgemeinschaft begründen will.

> Als Verweigerungsgründe kommen in Betracht:
> - persönliche Feindschaft des Dritten mit dem Vermieter oder anderen Mietern,
> - nicht vertragsgemäßer Gebrauch der zu überlassenden Sache,
> - Änderung des Vertragszwecks,
> - Wettbewerb des Dritten mit dem Vermieter oder anderen Mietern,
> - Überbelegung des untervermieteten Raumes.

So steht dem Mieter ein außerordentliches Kündigungsrecht nicht zu, wenn mit der Absicht der Untervermietung eine nicht unwesentliche Änderung des Vertragszwecks, insbesondere eine einseitige Änderung der vertraglich vereinbarten Nutzungsart verbunden ist, z. B. Kleintierarztpraxis anstelle einer Zahnarztpraxis (OLG Köln, NJW-RR 1997, 204).

Ob der Dritte oder Untermieter in der Lage ist, den Mietzins zu zahlen, spielt keine Rolle, weil nicht er, sondern der Mieter den Mietzins an den Vermieter zu zahlen und für seine **Zahlungspflicht** ohne Rücksicht darauf einzustehen hat, ob der Untermieter zahlt oder nicht.

Die Erlaubnis der Gebrauchsüberlassung kann sowohl (oft schon im voraus) generell oder für den Einzelfall erteilt werden. Die erteilte Erlaubnis kann der Vermieter aus wichtigem Grund **widerrufen**. Hier dürften im wesentlichen die gleichen Gründe in Betracht kommen, die für die Erlaubnisverweigerung gelten. Die Klausel in einem Formular-Mietvertrag, wonach der Vermieter seine Erlaubnis zur Untervermietung jederzeit widerrufen kann, verstößt nach der Rechtsprechung des BGH (ZMR 1987, 295) gegen § 9 AGB-Gesetz und ist daher wegen unangemessener Benachteiligung des Mieters unwirksam. Das Gericht stellt heraus, daß durch die Erlaubnis zur Untervermietung der Rahmen des vertragsgemäßen Gebrauchs der Mietsache erweitert wird. Diese Erweiterung der Nutzungsmöglichkeiten für den Mieter sei i. d. R. dazu bestimmt, eine rechtliche und wirtschaftlich geeignete Grundlage für seine Dispositionen als Untervermieter zu schaffen.

Der Vorschrift des § 549 Abs. 1 BGB kommt besondere Bedeutung bei langfristigen Verträgen zu, wenn der Mieter vorzeitig aus dem Vertrag aussteigen will, etwa wegen mangelnder Rentabilität des Geschäftsbetriebes. Ein vertraglicher Ausschluß dieses Kündigungsrechtes ist, abgesehen von Wohnraummietverhältnissen, grundsätzlich möglich.

> Ein **formularmäßiger Ausschluß** dieses außerordentlichen Kündigungsrechtes für den Fall der Verweigerung der Untervermietungserlaubnis, ohne daß ein wichtiger Grund in der Person des Untermieters vorliegt, ist nach der überwiegenden Meinung aufgrund eines

Verstoßes gegen § 9 AGB-Gesetz jedenfalls bei Wohnraum unwirksam (LG Hamburg, WM 1992, 689).

Umstritten ist, ob eine solche Formularklausel bei **gewerblichen** Mietverhältnissen zulässig ist (so Wolf-Eckert, Rdn. 959) oder nicht (Sternel II, Rdn. 252; IV, Rdn. 487). Der Bundesgerichtshof hat in einem Urteil zum Finanzierungsleasing (BB 1990, 1296) darauf verwiesen, daß das Interesse des Vermieters von Gewerberaum nicht als unbillig anzusehen sei, die Mietsache nur dem ihm bekannten Vertragspartner zur Nutzung zu überlassen und insoweit auf Erhaltung der vertraglichen Bindung zu bestehen. Nunmehr hat allerdings der Bundesgerichtshof (Urt. v. 24. 5. 1995, WM 1995, 481) entschieden, daß der formularmäßige Ausschluß des Sonderkündigungsrechts des Mieters von Geschäftsräumen bei Verweigerung der Erlaubnis zur Untervermietung (§ 9 AGBG) unwirksam ist, wenn eine Untervermietung nach der Vertragsgestaltung nicht ausgeschlossen ist, aber der Vermieter die erforderliche Erlaubnis nach Belieben verweigern kann.

Im Mietvertrag befand sich hierzu folgende Klausel: „Untervermietung oder sonstige Gebrauchsüberlassung an Dritte darf nur mit schriftlicher Einwilligung des Vermieters erfolgen. Diese Einwilligung kann wiederrufen werden. Die Anwendung des § 549 BGB Abs. 1, zweiter Hauptsatz ist ausgeschlossen.“

Der BGH führt aus, daß bereits der erste Satz der Klausel im Hinblick auf das Erfordernis, die Einwilligung schriftlich zu erteilen, und der zweite Satz im Hinblick auf die freie Widerrufbarkeit der Untermieterlaubnis einer Inhaltskontrolle nach § 9 AGB-Gesetz nicht standhält mit der Folge, daß an deren Stelle die gesetzliche Regelung tritt. Die Möglichkeit der Untervermietung ist hier daher mit Erlaubnis des Vermieters gegeben (§ 549 Abs. 1 Satz 1 BGB). Es bleibt offen, ob eine Untervermietung durch Formularvertrag mit einer anderen Formulierung wirksam ganz ausgeschlossen werden kann. Im vorliegenden Fall hatte der BGH lediglich die Fallgestaltung zu beurteilen, daß eine Untervermietung nicht ausgeschlossen ist und damit eine entsprechende Erweiterung des vertragsgemäßen Gebrauchs in Betracht kommt, daß aber durch die Formularklausel letztlich in das Belieben des Vermieters gestellt wird, ob er die erforderliche Erlaubnis erteilt. Möglich dürfte aber wohl eine Individualvereinbarung sein, die zum einen die Untervermietung generell und zum anderen ebenso das Sonderkündigungsrecht (§ 549 Abs. 1 Satz 2 BGB) ausschließt.

Bei unberechtigter Untervermietung hat der Vermieter keinen gesetzlichen Anspruch auf Zahlung eines **Untermietzuschlages** oder Herausgabe des von dem Mieter durch die Untervermietung erzielten Mehrerlöses (BGH, Urt. v. 13. 12. 1995, WM 1996, 216).

3 Wohnraum-Mietverhältnis

Für **Wohnraum** gilt § 549 Abs. 2 BGB: Wenn für den Mieter von Wohnraum nach Abschluß des Mietvertrages ein berechtigtes Interesse besteht, einen Teil des Wohnraumes einem Dritten zum Gebrauch zu überlassen, kann er vom Vermieter die Erlaubnis hierzu verlangen. Dies gilt nicht, wenn in der Person des Dritten ein wichtiger Grund vorliegt, der Wohnraum übermäßig belegt würde oder sonst dem Vermieter die Überlassung nicht zugemutet werden kann. Eine zum Nachteil des Mieters hiervon abweichende Vereinbarung ist unwirksam.

Der Mieter von Wohnraum hat keinen Anspruch auf Erteilung einer **generellen**, nicht personenbezogenen Untervermieterlaubnis (KG Berlin, RE v. 11. 6. 1992, WM 1992, 350). Das Gericht begründet dies zum einen aus dem Wortlaut des § 549 Abs. 2 Satz 1 BGB, zum anderen damit, daß nur dann der Anspruch des Mieters auf Erteilung der Erlaubnis geprüft werden kann, wenn dem Vermieter die Person des Dritten, der Untermieter werden soll, genannt wird. Der Anspruch ist also immer nur auf einen bestimmten Untermieter bezogen. Hiervon abweichend können natürlich die Parteien im Einzelfall andere vertragliche Vereinbarungen treffen, insbesondere kann der Vermieter generell die Untervermietung gestatten. Wie das LG Nürnberg-Fürth entschieden hat (WM 1995, 587), eröffnet auch die generelle Verweigerung der Erlaubnis zur Untervermietung das Sonderkündigungsrecht (§ 549 Abs. 1 Satz 2 BGB).

3.1 Berechtigtes Interesse

Bei der Annahme eines **berechtigten Interesses** ist die Rechtsprechung sehr großzügig, das OLG Hamm hat in einem Rechtsentscheid die Grenzen weit abgesteckt.

> Danach hat der Mieter – unbeschadet etwaiger Einwendungen des Vermieters aus dem Gesichtspunkt der Unzumutbarkeit – bereits dann ein berechtigtes Interesse an der Aufnahme Dritter, wenn er im Rahmen seiner Lebensgestaltung aus persönlichen oder wirtschaftlichen Gründen mit dem Dritten eine **auf Dauer angelegte Wohngemeinschaft** begründen will, gleichviel, ob es sich bei dem Dritten um eine Person gleichen oder anderen Geschlechts handelt (WM 1982, 318; Weber/Marx, VII/S. 73).

Eine gewisse Konkretisierung ist durch einen Rechtsentscheid des BGH erfolgt. Danach hängt es von der Darlegung der **tatsächlichen Gründe** im Einzelfall ab, ob der Wunsch des Mieters, im Rahmen seiner Lebensgestaltung aus persönlichen Gründen mit dritten Personen gleichen oder anderen Geschlechts eine auf Dauer angelegte Wohngemeinschaft zu bilden, ein berechtigtes Interesse darstellt (§ 549 Abs. 2 Satz 1 BGB; WM 1985, 7; Weber/Marx, VII/S. 75). Der bloße Wunsch des Mieters begründet also noch kein berechtigtes Interesse. Die Darlegung tatsächlicher Gründe ist deshalb erforderlich, damit der Vermieter überhaupt nachprüfen kann, ob die gesetzlichen Voraussetzungen gegeben sind.

Auch aus wirtschaftlichen Gründen kann sich ein berechtigtes Interesse zur Untervermietung ergeben, so z. B. bei Auszug eines Mitmieters (siehe „Wohngemeinschaft"). Umstritten ist, ob der Mieter auch bei Abwesenheit einen Anspruch auf Gestattung der Untervermietung eines Teils der Wohnung hat. Das LG Berlin (Beschl. v. 14. 2. 1994, NJW-RR 1994, 1289) hat im Falle einer **berufsbedingten Abwesenheit** ein berechtigtes Interesse des Mieters bejaht. Dies gilt allerdings nur dann, wenn der Untermieter die Wohnung nicht insgesamt zum selbständigen Gebrauch erhalten soll, sie also z. B. möbliert anmietet. Der bloße Wunsch, wirtschaftliche Vorteile aus der Untervermietung zu ziehen, reicht für den Anspruch auf Erteilung der Untervermietungserlaubnis alleine nicht aus. Ein berechtigtes Interesse, während eines längeren Urlaubs einen Teil der Wohnung unterzuvermieten, besteht daher nicht (LG Berlin, WM 1996, 762).

3.2 Zeitpunkt des Vorliegens der Gründe

Diese tatsächlichen **Gründe** dürfen erst **nach** Abschluß des Mietvertrages entstanden sein. Insoweit hat der Mieter eine Darlegungspflicht.

3.3 Anspruch auf Genehmigung

Liegen diese Voraussetzungen vor, hat der Mieter einen einklagbaren **Anspruch auf Erteilung** der Genehmigung.

Zwei in der Praxis immer wieder auftauchende Fälle sollen noch kurz behandelt werden:

Ein Mieter mietet die Wohnung an, und eine Zeit später wohnt auch noch der **Freund oder die Freundin** dort, ohne daß dem Vermieter hiervon Mitteilung gemacht wurde. Der Vermieter mahnt, nachdem er dies entdeckt hat, die unbefugte Gebrauchsüberlassung unter Fristsetzung ab (vgl. „Vertragswidriger Gebrauch") und kündigt nach fruchtlosem Fristablauf fristlos. Im nachfolgenden Räumungsprozeß trägt der Mieter einredeweise vor, daß er nach der höchstrichterlichen Rechtsprechung einen Anspruch auf Genehmigung der Untervermietung habe und die Kündigung deshalb unwirksam sei. Zwar hat das OLG Frankfurt a. M. in einem Rechtsentscheid entschieden, daß dann, wenn der Mieter einem Dritten den ihm unbefugt überlassenen Gebrauch der Mietsache ungeachtet einer Abmahnung des Vermieters beläßt, dieser zur fristlosen Kündigung berechtigt ist, ohne daß es der Feststellung erheblicher Beeinträchtigung seiner Rechte bedarf (WM 1989, 395; Weber / Marx, VIII/S. 42). Dies bedeutet aber nach Ansicht des OLG Frankfurt nicht, daß schon die unbefugte Gebrauchsüberlassung allein die fristlose Kündigung begründet, ob nun ein Recht dazu bestand oder nicht. In den Gründen führt das Gericht nämlich aus:

> „Die Rechtsprechung läßt zu, eine unbefugte Gebrauchsüberlassung nur dann zu bejahen, wenn der Mie-

ter keinen Anspruch auf die Erlaubnis zur Gebrauchsüberlassung hat."

Der Mieter kann also dem Räumungsanspruch des Vermieters den Einwand unzulässiger Rechtsausübung entgegenhalten, wenn die Voraussetzungen zur Erteilung der Untermieterlaubnis vorlagen, auch wenn er die Erlaubnis nicht eingeholt hat.

In dieser Richtung hat auch das BayObLG (RE v. 26. 10. 1990, WM 1991, 18) entschieden. Danach kann die vom Vermieter wegen der unerlaubten Gebrauchsüberlassung erklärte Kündigung unwirksam sein (§ 553 BGB), wenn der Mieter im Zeitpunkt der Kündigung einen Anspruch auf Erteilung der Erlaubnis hat (§ 549 Abs. 2 BGB). Anders hat das BayObLG (RE v. 26. 4. 1995, WM 1995, 378) im Fall einer ordentlichen Kündigung entschieden: Der Mieter verletzt seine vertraglichen Pflichten, wenn er ohne Erlaubnis des Vermieters untervermietet, und zwar auch dann, wenn ihm ein Anspruch auf Erteilung der Erlaubnis zusteht. Diese Pflichtverletzung kann ein berechtigtes Interesse des Vermieters an der Beendigung des Mietverhältnisses durch Kündigung (§ 564 b Abs. 1, Abs. 2 Nr. 1 BGB) begründen. Das Bestehen eines solchen Anspruchs ist im Rahmen der Prüfung zu würdigen, ob im Einzelfall eine nicht unerhebliche Pflichtverletzung vorliegt und ob der Mieter schuldhaft gehandelt hat.

Der zweite Fall, der in Zeiten knappen Wohnraums immer häufiger wird, ist folgender: Der Mieter einer billigen Altbauwohnung zieht aus, behält aber **pro forma ein Zimmer** und überläßt die Wohnung Freunden oder Verwandten. Nach dem eindeutigen Wortlaut von § 549 Abs. 2 BGB kann der Mieter von Wohnraum die Erlaubnis zur Untervermietung nur für einen Teil der Wohnung verlangen.

Die Beweislast dafür, daß der Mieter die gesamte Wohnung Dritten überlassen hat, liegt beim Vermieter, wenn der Mieter einwendet, einen Teil der Wohnung noch selbst zu nutzen.

Zwar hat das LG Berlin entschieden, daß der Rest der Wohnung für den Mieter als dessen Lebensmittelpunkt verbleiben muß (WM 1982, 58). Das LG Heidelberg ist jedoch der Ansicht, daß zeitweilige Abwesenheit nicht schadet (WM 1987, 316). Der Nachweis der Überlassung der gesamten Wohnung stößt daher oft auf Schwierigkeiten.

3.4 Verweigerung der Genehmigung

Auch bei Wohnraum kann der Vermieter diese Genehmigung verweigern, wenn in der Person des Dritten ein **wichtiger Grund** vorliegt, der Wohnraum übermäßig belegt würde oder dem Vermieter die Überlassung nicht zugemutet werden kann. Die Tatsache, daß der Untermieter Ausländer ist, genügt zur Ablehnung nicht (vgl. LG Köln, WM 1978, 50).

Ein wichtiger Grund liegt dann vor, wenn konkrete, beweisbare Tatsachen dafür vorliegen, daß der Dritte den Hausfrieden stören oder das Mietobjekt übermäßig abnutzen oder schädigen wird (vgl. Sternel II, Rdn. 255). Eine Kirchengemeinde oder eine sonstige kirchliche Institution kann als Vermieterin die Erlaubnis zur Aufnahme eines Lebensgefährten nicht allein deshalb als unzumutbar ablehnen, weil die nichteheliche Lebensgemeinschaft im Widerspruch zu Glauben und Lehre der Kirche steht (OLG Hamm, RE v. 23. 10. 1991, WM 1991, 668).

3.5 Mieterhöhung

Der Vermieter kann die Erlaubnis davon abhängig machen, daß der **Mieter** sich mit einer Mieterhöhung **einverstanden** erklärt, wenn dem Vermieter die Überlassung nur bei einer angemessenen Erhöhung zuzumuten ist (§ 549 Abs. 2 Satz 2 BGB). In welcher Höhe dieser Zuschlag zu zahlen ist, regelt das Gesetz nicht. Abgegolten werden darf dadurch aber nur die zusätzliche Abnutzung der Wohnung. In der Praxis hat die Bestimmung geringe Auswirkung. Teilweise wird die Ansicht vertreten, daß der Vermieter keinen Anspruch auf einen Zuschlag hat, wenn erst mit der Untervermietung ein der Größe der Wohnung entsprechender Gebrauch eintritt. Umstritten sind die Rechtsfolgen, wenn der Mieter sich weigert, den Untermieterzuschlag zu zahlen. Der Vermieter muß entweder auf Leistung (Zahlung) oder auf Feststellung klagen, daß er zur Genehmigung der Untervermietung nur bei Zahlung eines entsprechenden Zuschlages durch den Mieter verpflichtet ist. Einen Anspruch auf Herausgabe des vom Mieter eingenommenen Untermietzinses hat der Vermieter nicht.

Bei **preisgebundenem** Wohnraum kann ein **Zuschlag** erhoben werden, und zwar von DM 5,– monatlich bei einem Untermieter und von DM 10,– monatlich bei zwei und mehr Untermietern (§ 26 Abs. 3 NMV).

4 Rechtsverhältnis Mieter – Untermieter

Die **Rechtsverhältnisse** zwischen Mieter und Untermieter bestimmen sich nach dem abgeschlossenen Vertrag und den gesetzlichen Bestimmungen des Mietrechts. So gelten auch hier bei Wohnraum das Miethöheregelungsgesetz sowie die Kündigungsschutzvorschriften des BGB.

Enthält der Hauptmietvertrag keine Regelung über die Zulässigkeit einer Untervermietung und schließt der Hauptmieter einen Untermietvertrag ab, ohne zuvor die erforderliche Erlaubnis des Hauptvermieters einzuholen (§ 549 Abs. 1 BGB), beeinträchtigt das die Wirksamkeit des Untermietvertrages nicht. Erteilt der Hauptvermieter die Erlaubnis nicht und kündigt wegen unberechtigter Untervermietung den Hauptmietvertrag, muß der Untervermieter für den dann entstehenden Rechtsmangel eintreten (Palandt, BGB, § 549 Rdn. 21; siehe auch „Mängel“).

> Will der Untervermieter dieses **Haftungsrisiko** vermeiden, empfiehlt es sich, den Untermietvertrag unter dem Vorbehalt bzw. der aufschiebenden Bedingung (§ 158 Abs. 1 BGB) der Erlaubnis des Hauptvermieters abzuschließen.

5 Rechtsverhältnis Vermieter – Untermieter

Zwischen Vermieter und Untermieter bestehen keine vertraglichen Beziehungen. Der Untermieter ist daher auch nicht in den Schutzbereich des Hauptmietvertrages einbezogen. Endet das Hauptmietverhältnis zwischen Vermieter und Mieter, hat der Vermieter einen direkten **Herausgabeanspruch** gegen den Untermieter (§ 556 Abs. 3 BGB). Macht der Vermieter diesen Anspruch gegen den Untermieter geltend, entfällt der Mietzinsanspruch des Untervermieters gegen den Untermieter (§§ 541, 537 BGB), wie das OLG Hamm in einem Rechtsentscheid entschieden hat, egal, ob das Untermietverhältnis noch andauert oder nicht (WM 1987, 346; Weber/Marx, VII/S. 36). Gegen den Herausgabeanspruch des Vermieters kann sich der Untermieter nicht auf die Kündigungsschutzvorschriften berufen. Eine **Räumungsfrist** wird ihm aber zuzubilligen sein. Voraussetzung des Herausgabeanspruches ist, daß der Untermieter vom Vermieter zur Rückgabe aufgefordert wird.

Räumt der Untermieter nach Beendigung des Hauptmietverhältnisses nicht fristgerecht, kann der Hauptvermieter von ihm im Wege des Schadenersatzanspruchs eine **Nutzungsentschädigung** in Höhe des Mietausfalls für die gesamte Wohnung verlangen (§ 990 Abs. 2 BGB; LG Kiel, WM 1995, 540). Der Anspruch geht auch dann auf die gesamte Miete, wenn der Untermieter nur einen Teil der Wohnung nutzt (OLG Hamburg, ZMR 1958, 298), weil es dem Vermieter nicht zumutbar ist, die Wohnung in Teilen zurückzunehmen bzw. zum Teil zu vermieten. Eine abgeschlossene Wohnung kann nur als Einheit zurückgegeben werden.

Anders ist die Rechtslage, wenn der Mieter, also der Untervermieter, ein **gewerblicher Zwischenmieter** ist (vgl. „Herausgabeanspruch gegen Dritte"). Der Vermieter tritt im Falle der gewerblichen Zwischenvermietung bei der Beendigung des Mietverhältnisses Zwischenmieter – Endmieter in die Rechte und Pflichten aus dem Mietverhältnis zwischen diesen ein (§ 549 a BGB, eingeführt durch das Vierte Mietrechtsänderungsgesetz). Schließt der Vermieter erneut einen Mietvertrag zum Zwecke der gewerblichen Weitervermietung ab, tritt der Mieter anstelle des bisherigen Vertragspartners in die Rechte und Pflichten aus dem Mietverhältnis mit dem Dritten ein. Die §§ 572 bis 576 BGB gelten entsprechend, eine zum Nachteil des Endmieters abweichende Vereinbarung ist unwirksam. Damit hat der Gesetzgeber die Vorlagen einer Entscheidung des BVerfG (WM 1991, 422) erfüllt, wonach es gegen Art. 3

Abs. 1 des GG verstößt, einem Mieter, der in Kenntnis der Eigentumsverhältnisse Wohnraum von einem gewerblichen Zwischenmieter und nicht unmittelbar vom Eigentümer gemietet hat, den Kündigungsschutz des sozialen Mietrechts zu versagen.

Anders sind die Fälle zu behandeln, in denen der Hauptmieter **eigene Interessen** verfolgt, z. B. Anmietung zur Weitervermietung an Angestellte, zur Erfüllung satzungsmäßiger Bestimmungen etc. In diese Richtung geht auch der Rechtsentscheid des OLG Hamburg vom 16. 4. 1993 (WM 1993, 249). Danach kann sich ein Mieter, der von einem nicht erwerbswirtschaftlich tätigen Verein Räume zu Wohnzwecken gemietet hat und gegenüber seinem Vermieter Kündigungsschutz genießen würde, gegenüber dem Herausgabeanspruch des Hauptvermieters nach beendigtem Hauptmietverhältnis nicht auf den Kündigungsschutz berufen, wenn der Eigentümer das Mietobjekt an den Verein zur Instandsetzung und Verwaltung sowie zur alleinigen und ausschließlichen Nutzung zur Vermietung überlassen hat und der Zweck sowohl des Hauptmietvertrages zwischen Eigentümer und Verein als auch der Mietverträge zwischen Verein und Endmieter die Förderung selbstbestimmten Wohnens auf gewaltfreier Basis war und der Hauptmietvertrag vor dem Hintergrund des nicht erreichten gemeinsamen Zwecks aus wichtigem Grund fristlos gekündigt worden ist. Die Frage, ob § 549 a BGB direkt oder analog auch auf andere Fälle anwendbar ist, hat seitdem die Gerichte mehrmals beschäftigt. Bei der Vermietung einer Wohnung an einen gemeinnützigen Verein, der die Wohnung an eine von ihm betreute Person weitervermietet, kann sich letztere gegenüber dem Räumungsverlangen des Eigentümers nicht auf den Kündigungsschutz des Sozialmietrechts berufen, § 549 a BGB findet weder unmittelbar noch entsprechend Anwendung (BGH, Urt. v. 3. 7. 1996, WM 1996, 537; ebenso BayObLG, RE v. 28. 7. 1995, WM 1995, 638; sowie RE v. 30. 8. 1995, WM 1995, 642). Anders ist die Sachlage aber, wenn sich der vermietende Eigentümer ein **Mitspracherecht** bei der Auswahl des Endmieters vorbehalten hat und wenn der Arbeitgeber als Zwischenmieter bei der Weitervermietung keine in wesentlichen Punkten von den Interessen seines Vermieters abweichenden Interessen verfolgt und der Vermieter nach dem Hauptmietvertrag wesentlichen Einfluß auf die Gestaltung des Endmietverhältnisses und die Auswahl des Endmieters nehmen kann. Hier kann sich der Endmieter gegenüber dem Herausgabeanspruch des Eigentümers auf die Kündigungsschutzvorschriften des Wohnraummietrechts berufen (BayObLG, RE v. 30. 8. 1994, WM 1995, 645). Siehe auch „Herausgabeanspruch gegen Dritte“.

Wenn durch die Konstruktion eines Haupt- und Untermietverhältnisses lediglich der Kündigungsschutz des Wohnraummieters umgangen werden soll, kann dem Herausgabeanspruch des Vermieters der Einwand der Rechtsmißbräuchlichkeit entgegengesetzt werden. Das gleiche gilt bei arglistigem Zusammenwirken von Hauptvermieter und Untervermieter.

Ein Herausgabeanspruch gegen den Untermieter besteht auch dann nicht, wenn der Vermieter und Eigentümer ein Gebäude insgesamt unter Verstoß gegen das **Zweckentfremdungsverbot** gewerblich vermietet, obwohl eine Nutzung zu Wohnzwecken erfolgen müßte, und der Hauptmieter seinerseits gewerblich untervermietet, der Untermieter die Räume aber als Wohnung nutzt. Dieser genießt vielmehr Mieterschutz gegenüber dem Eigentümer (BVerfG, Beschl. v. 6. 8. 1993, WM 1994, 123).

Mieter und Untermieter haften als **Gesamtschuldner** für die Rückgabe und können gemeinsam auf Räumung verklagt werden.

Veräußerung des Mietgrundstückes

1. Im Falle der **Veräußerung** des Grundstückes **nach der Überlassung** an den Mieter tritt der Erwerber an die Stelle des Vermieters in die sich aus dem Mietverhältnis während seines Eigentums ergebenden Rechte und Pflichten gem. dem Grundsatz: **Kauf bricht nicht Miete** (§ 571 BGB). Als Veräußerungsgeschäft i. S. d. Bestimmung kommen in Betracht: Kauf, Tausch, Schenkung, Vermächtnis, Einbringen in eine Gesellschaft. Erfüllt der Erwerber die Verpflichtungen nicht, so haftet der Vermieter für den vom Erwerber zu ersetzenden Schaden wie ein Bürge (§ 571 Abs. 2 BGB).

Veräußert ist das Grundstück, wenn der **Erwerber Eigentümer** geworden ist. Voraussetzung hierfür ist die Auflassung und die Eintragung des Erwerbers als Eigentümer im Grundbuch. Das obligatorische Verpflichtungsgeschäft, etwa der Kaufvertrag, führt einen Eigentumsubergang noch nicht herbei. Deshalb führt die in einem Grundstückskaufvertrag aufgenommene Bestimmung, wonach Besitz, Nutzen und Lasten an einem bestimmten Tag auf den Käufer übergehen, noch nicht zu einem Wechsel auf der Vermieterseite. Gleiches gilt für die Eintragung lediglich einer Auflassungsvormerkung. In diesen Fällen kann also der Kaufer weder kündigen noch eine Mieterhöhung durchführen. Er muß abwarten, bis er als Eigentümer im Grundbuch eingetragen ist.

§ 571 BGB, der den Personenwechsel auf der Vermieterseite bei Grundstücksveräußerung regelt, greift nur ein, wenn der Vermieter zugleich Eigentümer und Veräußerer des Grundstückes ist. Somit ist die Identität zwischen Veräußerer, Vermieter und Eigentümer erforderlich. Diese Identität fehlt z. B., wenn bei Miteigentum an einem Grundstück nur einer der Miteigentümer den Mietvertrag geschlossen hat, das Grundstück sodann aber von allen Miteigentümern veräußert wird, außer wenn der andere Miteigentümer der Vermietung zugestimmt hat. Hier ist § 571 BGB anwendbar (OLG Karlsruhe, RE vom 10. 2. 1981, WM 1981, 179). Für den umgekehrten Fall hat das Landgericht Waldshut-Tiengen (WM 1993, 56) entschieden, daß in den von Eheleuten als Vermieter vereinbarten Mietvertrag der Sohn als Erwerber des Grundstücks auch dann vollständig eintritt, wenn allein die Mutter Grundstückseigentümerin gewesen war. Zur Begründung führt das Gericht aus, daß der hier vorliegende Fall, daß eine Wohnung von mehreren Personen vermietet, aber nur eine im Grundbuch als Eigentümer eingetragen ist, vom Gesetz nicht geregelt ist und daher eine entsprechende Anwendung des § 571 BGB geboten ist. Dagegen liegt eine Veräußerung mit der Folge der Anwendung von § 571 BGB vor, wenn die Miteigentümer eines Grundstückes, die auch Vermieter sind, Wohnungseigentum nach § 8 WEG bilden und ein früherer Miteigentümer von der Gemeinschaft durch Auflassung und Eintragung eine Wohnung erwirbt. Er tritt dann als Alleinvermieter in den Mietvertrag ein (vgl. BayObLG, Rechtsentscheid vom 24. 11. 1981, WM 1982, 46).

Der Zuschlag von Wohnungseigentum im Wege der Zwangsversteigerung ist als Veräußerung im Sinne des § 564 b Abs. 2 Nr. 2 Satz 2 BGB anzusehen. Die in dieser Vorschrift enthaltene Einschränkung des Rechts zur Kündigung wegen Eigenbedarfs ist auch dann zu beachten, wenn das Mietverhältnis gemäß § 57 a ZVG unter Einhaltung der gesetzlichen Frist gekündigt wird (RE des BayObLG vom 10. 6. 1992, WM 1992, 424). Auch in diesen Fällen gilt also die Wartefrist, während deren Lauf nicht wegen Eigenbedarf gekündigt werden kann. Nach Auffassung des KG Berlin (RE vom 26. 3. 1987, WM 1987, 138), bestätigt vom BGH (RE vom 6. 7. 1994, WM 1994, 452) stellt die Begründung von Wohnungseigentum durch Vermieter gemäß § 3 oder § 8 WEG noch keine Veräußerung dar. § 571 BGB ist nur anwendbar bei Veräußerung an einen Erwerber, der bis zum Erwerb noch nicht Vermieter war (BGH, a.a.O.).

Ob eine Veräußerung mit der Rechtsfolge des § 571 BGB vorliegt oder nicht, hat auf das Kündigungsrecht des Erwerbers erhebliche Auswirkungen: Gem. § 564 b Abs. 2 Satz 2 BGB kann sich nämlich der Erwerber auf berechtigte Interessen (Eigenbedarf) nicht vor Ablauf von 3 Jahren seit der Veräußerung berufen. In durch Rechtsverordnung festgelegten Gebieten mit erhöhtem Wohnbedarf verlängert sich diese Frist auf 5 Jahre, aufgrund des Gesetzes über eine Sozialklausel in Gebieten mit gefährdeter Wohnungsversorgung vom 22. 4. 1993 (BGBl I, 487) und der darauf beruhenden Landesverordnungen auf 10 Jahre, vgl. ausführlich „Eigenbedarf“ und „Umwandlung“.

Wie ausgeführt, bleibt der Veräußerer Vermieter, solange der Eigentumsübergang nicht vollzogen ist. Nur er ist in diesem Stadium zur Kündigung des Mietvertrages oder zu einer Mieterhöhung berechtigt. Die Mietzinsforderung als solche kann allerdings schon vor dem Eigentumsübergang abgetreten werden. Ob das auch für Gestaltungsrechte wie die Kündigung gilt, ist umstritten. Die h. M. geht dahin, daß dies nicht möglich ist, da Vermieterrechte und -pflichten nur zus. auf den Erwerber übergehen können.
Weitere Voraussetzung für den Eintritt des Erwerbers in den Mietvertrag ist die Überlassung an den Mieter, bevor der Eigentumsübergang eintritt. Der Tatbestand der Überlassung ist gegeben, wenn die Sache durch Verschaffung des unmittelbaren Besitzes an den Mieter übergeben ist, nach h. M. aber auch dann, wenn dem Mieter der Zugang zur vermieteten Sache in der Weise ermöglicht wird, daß er von ihr Gebrauch machen kann.

2. Bei **Veräußerung vor Überlassung** des Grundstückes an den Mieter gilt § 578 BGB. In diesem Fall tritt der Erwerber im Regelfall in den Mietvertrag nicht ein. Er ist nicht verpflichtet, dem Mieter den Gebrauch der Mietsache zu überlassen, hat aber andererseits auch keinen Anspruch auf die Miete. Etwas anderes gilt nur, wenn der Erwerber dem Vermieter gegenüber die Erfüllung der sich aus dem Mietvertrag ergebenden Verpflichtung übernommen hat. Dann tritt der Erwerber auch in die Rechte aus dem Mietvertrag ein.

3. Weder der Erwerber noch der Mieter kann verlangen, daß nach Eigentumsübergang ein **neuer Mietvertrag** geschlossen wird. Insbesondere können bisherige Vertragsbestimmungen nicht einseitig geändert werden. Das folgt aus dem gesetzlichen Übergang des Vertrages vom bisherigen zum neuen Eigentümer.

Rechtsfolge der Veräußerung ist also, daß der Erwerber in alle durch den Mietvertrag begründeten Rechte und Pflichten eintritt. Dies führt dazu, daß der Erwerber auch z. B. Kündigungsbeschränkungen miterwirbt und daran gebunden ist, wie das OLG Karlsruhe entschieden hat (RE vom 21. 1. 1985, WM 1985, 77; Weber/Marx VII/ S. 118).

Auch **Mängelbeseitigungsansprüche** kann der Mieter gegen den Erwerber geltend machen. Schadenersatzansprüche aufgrund eines bereits abgeschlossenen Sachverhaltes gehen jedoch nicht auf den Erwerber über.

Umstritten ist, ob der Erwerber auch für den **Ersatz von Verwendungen** des Mieters haftet, die vor dem Eigentumsübergang vorgenommen wurden. Der BGH (WM 1988, 16) hat auf den Zeitpunkt der Fälligkeit der Ansprüche abgestellt: Grundsätzlich entstehen diese Ansprüche des Mieters bei Durchführung der Maßnahmen. Liegt der Zeitpunkt vor dem Eigentumsübergang, ist der Anspruch an den früheren Eigentümer zu richten. Oft vereinbaren die Parteien aber, daß erst bei Beendigung des Mietverhältnisses für die Verwendungen eine Ablöse zu zahlen ist. Falls zwischenzeitlich eine Veräußerung stattgefunden hat, richtet sich hier der Anspruch gegen den Erwerber.

So ist auch das Problem zu lösen, wer für Entschädigungsansprüche des Mieters gem. § 547 a BGB einzustehen hat: Diese Ansprüche des Mieters entstehen, wenn er Einrichtungen aus den Mieträumen entfernen will und der Vermieter dies ablehnt. In diesem Fall hat der Vermieter eine angemessene Entschädigung zu zahlen. Da der Anspruch des Mieters erst fällig wird, wenn er die Wegnahme verlangt, ist derjenige zur Zahlung der Entschädigung verpflichtet, der zu diesem Zeitpunkt Eigentümer ist.

4. Hat der Mieter dem Vermieter für den Mietzins und für die Erfüllung seiner sonstigen Verpflichtungen Sicherheit geleistet (eine **Kaution** gezahlt), so tritt der Erwerber in die dadurch begründeten Rechte ein, § 572 Satz 1 BGB. Zur Rückgewähr ist der Erwerber nur verpflichtet, wenn die Sicherheit ihm ausgehändigt wird oder wenn er dem Vermieter gegenüber die Verpflichtung zur Rückgewähr übernimmt. Hat der Mieter eine Barkaution geleistet, umfaßt die Verpflichtung zur Rückgewähr auch die angefallenen Zinsen.

Der Erwerber kann vom Veräußerer die Aushändigung der Sicherheit verlangen. Letzterer kann sie zurückhalten, soweit er noch Ansprüche gegen den Mieter hat, für welche die Sicherheit haftet.

Die Veräußerung des Grundstückes und der damit verbundene Wechsel in der Vermieterstellung gibt dem Mieter kein Recht, die Sicherheit zurückzufordern. Wohl aber kann er verlangen, daß der Veräußerer sie dem Erwerber aushändigt.

5. Die **Folgen von Vorausverfügungen** des Vermieters vor Veräußerung sind in § 573 BGB geregelt. Von Bedeutung ist diese Vorschrift dann, wenn der Vermieter Mietzinsansprüche abgetreten oder verpfändet hat. Solche Verfügungen über den Mietzins, die auf die Zeit der Berechtigung des Erwerbers entfallen, sind insoweit wirksam, als sie sich auf den Mietzins für den zur Zeit des Übergangs laufenden Monat beziehen; geht das Eigentum nach dem 15. eines Monats über, so ist die Verfügung auch insoweit wirksam, als sie sich auf den Mietzins für den folgenden Monat bezieht.

> Eine Verfügung über den Mietzins für einen späteren Zeitpunkt muß der Erwerber nur dann gegen sich gelten lassen, wenn er sie zur Zeit des Übergangs des Eigentums kennt.

In § 574 BGB ist geregelt, wann ein Rechtsgeschäft zwischen Mieter und Vermieter über die Miete gegenüber dem Erwerber wirksam ist. Von Bedeutung war diese Vorschrift beim Wiederaufbau kriegszerstörter Häuser unter Mitfinanzierung durch die Mieter (Mieterdarlehen, Baukostenzuschuß). Solche Rechtsgeschäfte sind dem Erwerber gegenüber wirksam, soweit sie sich nicht auf den Mietzins für eine spätere Zeit als den Kalendermonat beziehen, in welchem der Mieter von dem Übergang des Eigentums Kenntnis erlangt. Erlangt der Mieter die Kenntnis nach dem 15. eines Monats, so ist das Rechtsgeschäft auch insoweit wirksam, als es sich auf den Mietzins für den folgenden Monat bezieht.

> Eine solche Vereinbarung, die nach dem Eigentumsübergang vorgenommen wurde, ist jedoch unwirksam, wenn der Mieter bei der Vereinbarung bereits von dem Übergang des Eigentums Kenntnis hatte.

6. Ein in der Praxis immer wieder auftauchendes, in der Rechtsprechung unterschiedlich beurteiltes Problem soll hier noch kurz behandelt werden: Kann sich der Erwerber auf **Kündigungsgründe** berufen, die **vor dem Eigentumsübergang entstanden** sind? Abzustellen ist auf den Zeitpunkt des Wirksamwerdens der Kündigung. Kündigt der Veräußerer wegen Eigenbedarfs oder wegen Verhinderung der angemessenen wirtschaftlichen Verwertung und veräußert er die Mietsache zwischenzeitlich, kann sich der Erwerber auf diese Kündigungsgründe nicht berufen.

Anders ist der Fall zu beurteilen, wenn der Mieter bereits vom Veräußerer z. B. wegen Ruhestörung oder verspäteter Zahlung abgemahnt wurde und sich diese Vertragsverletzungen nach Eigentumsübergang fortsetzen. Hier kann der Erwerber die Kündigung auch auf die früheren Vertragsverstöße des Mieters stützen, da es sich um objektive, nicht an die Person des Vermieters gebundene Verstöße handelt.

Die Rechtsprechung zu dieser Frage ist allerdings äußerst uneinheitlich. Den sichersten Weg geht der Erwerber und neue Vermieter, der abwartet, bis die Voraussetzungen einer Kündigung nach Eigentumsübergang entstanden sind.

Siehe auch „Eigentümerwechsel“.

Verjährung

1 Ansprüche unterliegen der Verjährung. Darunter versteht man das Recht des Verpflichteten (Schuldners), die Leistung zu verweigern (§§ 195, 222 BGB). Dieses Recht kann er als Einrede geltend machen.

Die allgemeine **Verjährungsfrist** beträgt 30 Jahre. Im Mietrecht gelten folgende Besonderheiten:

2 Der **Anspruch auf Mietzins** einschließlich der Nebenkosten verjährt in 4 Jahren (§ 197 BGB). Die Verjährung beginnt mit dem Ende des Jahres zu laufen, in dem die einzelnen Mietzinsraten fällig geworden sind (§ 201 BGB). Die Verjährung beginnt also erst ab Fälligkeit eines Anspruches zu laufen.

Dies bedeutet für Ansprüche **aus Betriebskostenabrechnung**, daß die Verjährungsfrist erst zu laufen beginnt, wenn der Vermieter dem Mieter eine nachprüfbare Abrechnung zugestellt hat (BGH, Beschl. v. 19. 12. 1990, WM 1991, 150).

Dies bedeutet jedoch nicht, daß der Vermieter in beliebig langer Zeit nach Beendigung des Mietvertrages Ansprüche aus Abrechnungen geltend machen kann. In diesen Fällen ist nämlich der Gesichtspunkt der **Verwirkung** zu berücksichtigen. Ferner ist zu beachten, daß der Mieter seinen Anspruch auf Abrechnung (siehe „Betriebskosten“) gerichtlich geltend machen kann. Er ist darüber hinaus berechtigt, weitere Vorauszahlungen zu verweigern (§ 273 BGB), falls der Vermieter in angemessener Zeit keine Abrechnung erteilt (BGHZ 91, 62, 71).

Andererseits verjähren auch Ansprüche des Mieters auf Ersatz zuviel bezahlter **Heizkosten** nicht in der allgemeinen Frist von 30 Jahren, sondern in 4 Jahren (§ 197 BGB; OLG Hamburg,

RE v. 19. 1. 1988, WM 1988, 83; Weber/Marx, VIII/S. 25). Diese Frist von 4 Jahren gilt für Ansprüche des Mieters auf Rückerstattung von Nebenkosten ganz allgemein (OLG Düsseldorf, WM 1993, 411). Sie gilt auch dann, wenn der Mieter vertraglich zur Zahlung von Betriebskostenvorauszahlungen nicht verpflichtet war, diese gleichwohl geleistet hat und nunmehr Rückzahlung verlangt (OLG Hamm, WM 1996, 330).

3 Ersatzansprüche des **Vermieters** wegen **Veränderung oder Verschlechterung** der Mietsache verjähren in 6 Monaten ab Rückgabe (§ 558 Abs. 1 BGB). Der gleichen Verjährungsfrist unterfällt auch der auf einer entsprechenden Vereinbarung im Mietvertrag beruhende Anspruch des Vermieters auf Wiederherstellung des ursprünglichen Zustandes der Mietsache (BGH, NJW 1980, 389).

Der Sinn dieser kurzen Frist ist die schnelle abschließende Regelung aller gegenseitigen Ansprüche aus dem Mietverhältnis. Die Rechtsprechung legt daher den Geltungsbereich dieser Vorschrift weit aus. Sie gilt nicht nur für den Beseitigungsanspruch bezüglich Mietereinbauten, Schadenersatzansprüchen z. B. wegen Unterlassung einer Schönheitsreparatur, sondern auch für Ansprüche aus Verschulden bei Vertragsschluß, auch wenn es gar nicht zum Abschluß eines Mietvertrages kommt oder für Ansprüche aus positiver Vertragsverletzung oder konkurrierende gesetzliche Ansprüche.

> Auch für **Sachschäden**, die nicht an der Mietsache selbst, sondern an anderen Sachen des Vermieters (z. B. bei einem Wasserschaden in anderen Wohnungen) entstanden sind, gilt die kurze Frist. Entscheidend ist hierfür der Zusammenhang mit der Nutzung der Mietsache. Der Schaden muß aber einen hinreichenden Bezug zur Mietsache haben. Daran fehlt es, wenn die Schäden weder an der Mietsache selbst noch an anderen Sachen des Vermieters entstanden sind. Hier gilt die kurze Verjährung nicht (BGH, WM 1994, 20).

Die Verjährung beginnt mit der **Rückgabe der Mietsache** zu laufen, unabhängig davon, ob das Mietverhältnis beendet ist oder nicht. § 558 BGB findet grundsätzlich auch bei fortbestehendem Mietverhältnis entsprechende Anwendung (OLG Düsseldorf, WM 1993, 272). Entscheidend ist die Rückgabe der Mietsache, sofern der Vermieter durch Inbesitznahme des Mietobjekts in die Lage versetzt wird, sich ungestört ein umfassendes Bild von Beschädigungen am Mietobjekt zu machen. Es brauchen deshalb noch nicht alle Schlüssel zurückgegeben oder sämtliche Einrichtungsgegenstände entfernt zu sein, um die Frist anlaufen zu lassen. Wenn allerdings insbesondere größere Möbel in der Wohnung stehen, kann von einem „Zurückerhalten“ noch nicht ausgegangen werden.

Die Rückgabe der Mietsache setzt grundsätzlich eine Veränderung der

Besitzverhältnisse zugunsten des Vermieters voraus (BGH, WM 1991, 550), der durch Ausübung der unmittelbaren Sachherrschaft in die Lage versetzt wird, sich ungestört ein umfassendes Bild von den Veränderungen und Verschlechterungen der Mietsache zu machen. Diese Voraussetzung ist nicht erfüllt, wenn der Vermieter nicht die Möglichkeit hat, das Mietobjekt seinerseits in Besitz zu nehmen, sondern nur während des Besitzes des Mieters einen von diesem gestatteten – damit aber gerade nicht „freien" – Zutritt erhält, um sich in den Mieträumen umzusehen. Etwas anderes soll dann gelten, wenn ein **Vergleichsverfahren** bei bestehendem Mietverhältnis läuft: Hier genügt für den Beginn der Verjährungsfrist das Angebot des Vergleichsverwalters zur Mängeluntersuchung (BGH, NJW 1994, 1858/1861). Begründet wird dies damit, daß die Vergleichsforderungen möglichst schnell nach Umfang und Höhe geltend gemacht werden sollen. Scheidet mit Einverständnis des Vermieters der bisherige Mieter aus dem Vertrag aus und tritt ein neuer Mieter ein, ohne daß der Vermieter die Mieträume zurückerhält, beginnt der Lauf der Verjährungsfrist mit dem Eintritt des neuen Mieters (§ 558 Abs. 1 BGB; OLG Karlsruhe, WM 1994, 281).

Geht ein Erfüllungsanspruch, z. B. auf Beseitigung von Einbauten oder auf die Durchführung von Schönheitsreparaturen, aufgrund einer Nachfristsetzung mit Ablehnungsandrohung in eine Schadenersatzforderung über (§ 326 BGB), gilt auch für diese Forderung die Verjährungsfrist von 6 Monaten. Voraussetzung für die Anwendung des § 326 BGB ist im übrigen, daß es sich um eine Hauptpflicht des Mieters handelt (vgl. „Schönheitsreparaturen"). Der Lauf der Verjährung der Schadenersatzforderung beginnt erst mit der Entstehung des Anspruches, d. h. mit dem Ende der Nachfrist (§ 326 BGB). Eine Anrechnung der für den Erfüllungsanspruch verstrichenen Verjährungsfrist findet nicht statt (BGH, NJW 1989, 1854 sowie KG Berlin, RE v. 2. 12. 1996, WM 1997, 32).

Wichtig: Zum Zeitpunkt des Überganges des Erfüllungsanspruches in eine Schadenersatzforderung darf die sechsmonatige Verjährungsfrist für den Erfüllungsanspruch noch nicht abgelaufen sein.

Hierzu ein **Beispiel:** Nach dem Mietvertrag war der Mieter verpflichtet, bei Beendigung des Mietverhältnisses eine von ihm eingebaute Hebebühne sowie mehrere Öltanks zu entfernen. Die Rückgabe war am 30. 6. 01. Am 13. 11. 01 setzte der Vermieter dem Mieter eine Nachfrist mit Ablehnungsandrohung bis zum 30. 11. 01. Zu diesem Zeitpunkt ging der Erfüllungsanspruch in den Schadenersatzanspruch über und die Verjährung für diesen Anspruch begann. Sie trat am 31. 5. 02 ein. War vorher Klage erhoben und alsbald zugestellt worden, war der Schadenersatzanspruch nicht verjährt.

Kommt der Mieter mit der vertraglichen Verpflichtung in Verzug, die Mietsache zum Ende des Mietverhältnisses instandzusetzen, ist der Anspruch des Vermieters auf Ersatz eines Mietausfallschadens (§ 286 Abs. 1 BGB) auf eine abhängige **Nebenleistung** im Sinne des § 224 BGB gerichtet. Soweit der Anspruch auf die abhängige Nebenleistung vor der Verjährung des Hauptanspruchs eingeklagt worden ist, findet § 224 BGB keine Anwendung. Der Entscheidung lag folgender Sachverhalt zugrunde: Der Kläger vermietete sein Haus an eine Stadt X zur Unterbringung von Asylsuchenden. Nach der Rückgabe führte die Stadt nicht die vertraglich geschuldeten Instandsetzungen durch. Der Vermieter klagte innerhalb der sechsmonatigen Verjährungsfrist, aber nicht auf Durchführung der Instandsetzungen und setzte auch keine Nachfrist mit Ablehnungsandrohung, sondern klagte lediglich innerhalb der Sechsmonatsfrist den Mietausfall ein. Dieser Anspruch war nicht verjährt, auch wenn der Hauptanspruch verjährt war (BGH, WM 1995, 149).

4 Auch **Ansprüche des Mieters** auf **Ersatz von Verwendungen** (siehe „Verwendungen") oder auf Gestattung der Wegnahme einer Einrichtung verjähren in 6 Monaten (§ 558 Abs. 1 BGB). Die Frist beginnt mit der rechtlichen Beendigung des Mietverhältnisses, unabhängig vom Zeitpunkt der tatsächlichen Rückgabe. Das ist im Fall einer fristlosen Kündigung des Vermieters, vorausgesetzt diese ist wirksam, der Zeitpunkt der Zustellung der Kündigung (OLG Hamm, WM 1996, 474). Dies gilt entsprechend für die ordentliche Kündigung oder für den Zeitpunkt, zu dem das Mietverhältnis vertragsgemäß endet. Zum Beginn der Verjährung dieser Ansprüche bei Eigentümerwechsel, siehe „Eigentümerwechsel". Auch hier ist im Interesse eines baldigen Rechtsfriedens eine weite Auslegung geboten. Darunter fallen daher auch Ansprüche des Mieters auf Ersatz solcher Verwendungen, die nicht aufgrund mietvertraglicher Vereinbarungen, sondern z. B. aufgrund eines Auftrags vorgenommen wurden. Auch Schadenersatzansprüche, die daraus entstehen, daß der Vermieter dem Mieter unberechtigterweise die Wegnahme von Einbauten verweigert hat, verjähren in 6 Monaten. Die Verjährung beginnt auch hier erst mit der Fälligkeit des Schadenersatzanspruches zu laufen (vgl. OLG Hamm, WM 1986, 281). Ebenfalls verjähren in 6 Monaten Ansprüche des Mieters auf Ersatz der erforderlichen Aufwendungen (§ 538 Abs. 2 BGB), wenn der Vermieter durch die Beseitigung eines Mangels in Verzug gekommen ist und der Mieter den Mangel selbst beseitigt hat.

Schadenersatzansprüche des Mieters (§ 538 Abs. 1 BGB; siehe „Mängel", Abschnitt 4) verjähren dagegen in 30 Jahren (§ 195 BGB). Ebenso nach 30 Jahren verjähren Ansprüche des Mieters aus Haftung des Vermieters für Rechtsmängel (§ 541 BGB) sowie Rückzahlungsansprüche vorausbezahlter Miete (§ 557 a BGB) und der Rückzahlungsanspruch bezüglich der Kaution sowie Schadenersatzansprüche im Anschluß an eine unberechtigte fristlose Kündigung (BGH, WM 1994, 203, 204) oder ordentliche Kündigung, z. B. vorgetäuschter Eigenbedarf.

5 Der BGH hatte den gar nicht so seltenen Fall zu entscheiden, daß der Mieter nach Auszug **6 Monate abgewartet** hatte und **dann seine Kaution zurückverlangte**. Dieser Anspruch des Mieters verjährt in 30 Jahren. Der Vermieter seinerseits wollte mit seinen verjährten Forderungen dagegen aufrechnen, obwohl er noch keine Kautionsabrechnung erstellt hatte. Der BGH ließ dies zu unter der Voraussetzung, daß die Schadenersatzansprüche des Vermieters innerhalb der Frist von 6 Monaten fällig geworden waren (BGH, RE, WM 1987, 310; Weber/Marx, VII/S. 88).

Nach § 390 Satz 2 BGB ist nämlich auch die Aufrechnung mit einer verjährten Forderung statthaft. Ein stillschweigender Ausschluß dieser Aufrechnungsmöglichkeit ergibt sich nicht aus der Kautionsabrede. Aufgerechnet werden kann daher, wenn die Voraussetzung des § 390 Satz 2 BGB vorliegt. Voraussetzung ist, daß der Anspruch, mit dem aufgerechnet werden soll, vor Eintritt der Verjährung dem Anspruch des Mieters auf Kautionsrückzahlung fällig gegenüberstand.

6 Oft verhandeln die Mietvertragsparteien nach Beendigung des Mietvertrages über die **gegenseitigen Ansprüche**. Nach Ansicht des BGH (WM 1987, 154) ist während des Verhandelns der Lauf der Verjährung nach § 558 BGB gehemmt. Dies bedeutet, daß während der Zeit der Hemmung die Verjährungsfrist nicht läuft und erst nach Beendigung der Hemmung weiterläuft (§ 205 BGB). Der BGH folgert dies aus § 852 Abs. 2 BGB, einer Vorschrift aus dem Recht der unerlaubten Handlung. Danach ist dann, wenn zwischen dem Ersatzpflichtigen und dem Ersatzberechtigten Verhandlungen über den zu leistenden Schadenersatz schweben, die Verjährung so lange gehemmt, bis der eine oder andere Teil die Fortsetzung der Verhandlungen verweigert. „Verhandeln“ ist weit auszulegen. Darunter fällt jeder Meinungsaustausch über den Schaden, wenn nicht sofort erkennbar eine Ersatzpflicht abgelehnt wird.

> Trotzdem ist hier Vorsicht geboten. Die Instanzgerichte sind teilweise nicht so großzügig wie der BGH. Auch liegt die Beweislast für das Verhandeln bei dem, der sich auf die Hemmung beruft. Es wird daher dringend empfohlen, den Anspruch vor Eintritt der Verjährung gerichtlich geltend zu machen. Verhandeln kann man dann immer noch. Siehe auch „Verwirkung“.

7 Derjenige, der sich auf den Eintritt der Verjährung beruft, hat dafür die **Beweislast**. Er muß also die tatsächlichen Voraussetzungen der Verjährung vortragen und unter Beweis stellen.

Die Parteien können vereinbaren, daß auf die Einrede der Verjährung verzichtet wird. Nach § 225 BGB ist diese

Vereinbarung nur wirksam, wenn sie nach Eintritt der Verjährung getroffen wird. Ein vor Eintritt der Verjährung abgegebener Verzicht auf diese Einrede hat aber nach Treu und Glauben (§ 242 BGB) die Wirkung, daß die Verjährungseinrede bis zum Ablauf der vereinbarten Frist oder bis zum Scheitern der Verhandlung zzgl. einer kurzen Überlegungsfrist unzulässig ist (Palandt, § 225, Rdn. 2).

8 Strengt der Vermieter nach Auszug des Mieters ein selbständiges Beweisverfahren (§§ 485 ff. ZPO) an, um seine Ansprüche zu sichern, wird hierdurch anders als im Kauf- und Werkvertragsrecht die kurze Verjährung des § 558 BGB **nicht** unterbrochen (BGH, WM 1995, 149). Vor Ablauf der Verjährung muß also Klage erhoben werden.

Verkehrssicherungspflicht

Die **allgemeine Rechtspflicht**, im Verkehr Rücksicht auf die Gefährdung anderer zu nehmen, beruht auf dem Gedanken, daß jeder, der Gefahrenquellen schafft, die notwendigen Vorkehrungen zum Schutz Dritter zu treffen hat. Wer ein Gebäude dem Verkehr zugänglich macht, hat gegenüber denjenigen, die ein- und ausgehen, die Pflicht, vorhersehbare Gefahren und Schäden durch die erforderlichen und zumutbaren Sicherheitsmaßnahmen abzuwenden.

Neben dieser allgemeinen Verkehrssicherungspflicht besteht noch eine besondere **Pflicht des Vermieters** gegenüber dem Mieter aus dem Mietvertrag, Schäden an Leib und Leben des Mieters, die durch einen mangelhaften Zustand der Mietsache entstehen können, abzuwenden. Diese Pflicht gilt nach § 823 BGB auch gegenüber den Personen, die berechtigterweise das Grundstück betreten (Postbote, Besucher etc.).

Welche **Vorkehrungen** im einzelnen zu treffen sind, richtet sich da nach, was nach den Maßstäben eines ordnungsgemäßen Verkehrs erforderlich und den Umständen nach zumutbar ist.

Hierbei wird hoch veranschlagt die Sorgfaltspflicht des Vermieters in Bezug auf jene Gebäudeteile, die besondere Gefahrenquellen darstellen. Dazu gehören vor allem die Zugänge zum Haus und die Treppenhäuser. Ungenügende Beleuchtung, defekte Lichtschalter mit losen Drähten, Glätte, stark abgenützte Treppen sind Beispiele für solche Gefahrenquellen.

Was die Sicherung gegen **Dachlawinen** betrifft, kommt es zunächst darauf an, ob Ortsvorschriften Schneefanggitter vorschreiben. Wo das der Fall ist, bedeutet die Nichtbeachtung eine Verletzung der Verkehrssicherungspflicht.

In ganz besonderen Fällen, etwa bei großer Steilheit des Daches, kann die Verkehrssicherungspflicht die Anbringung einer Schneefangvorrichtung auch dann erfordern, wenn sie nicht ortsrechtlich vorgeschrieben ist. Sind Schneefanggitter vorhanden, darf der Verkehrssicherungspflichtige im allgemeinen darauf vertrauen, daß der Schnee auf dem Hausdach normal abtaut. Ist jedoch erkennbar, daß der Schnee abzustürzen droht, kann sich der Grundstückseigentümer durch Aufstellen von Warntafeln oder Warnstangen entlasten.

Es ist **umstritten**, ob eine **formularvertragliche Überwälzung** der Verkehrssicherungspflicht, insbesondere der **Räum- und Streupflicht** auf den Mieter wirksam ist. Ist die Verpflichtung des Mieters im Mietvertrag selbst enthalten oder ist die Hausordnung Bestandteil des Mietvertrages, ist eine solche Formularvereinbarung wirksam (OLG Frankfurt, WM 1988, 399; zweifelnd OLG Dresden, WM 1996, 553, 555).

Wird hingegen im Mietvertrag nur auf die Hausordnung verwiesen, wird sie dem Vertrag nur als loser Bestandteil beigefügt oder ist sie auf der Rückseite des Vertrages abgedruckt, ohne daß sie unterschrieben wird, soll es sich bei dieser Verpflichtung um eine überraschende Klausel im Sinne von § 3 AGB-Gesetz handeln, die unwirksam ist (OLG Frankfurt, a. a. O.). Dies dürfte jedenfalls für die **Treppenreinigungspflicht** in einem Mehrfamilienhaus nicht zutreffen, da es sich hierbei um eine typische Verpflichtung des Mieters handelt, die für diesen keineswegs überraschend ist. Siehe auch „Reinigungspflicht des Mieters". Sicherer ist es allerdings, solche Fragen individuell in einem Zusatz zum Mietvertrag zu regeln.

Auch im Falle der **Übertragung der Verkehrssicherungspflicht** auf dritte Personen bleibt diese als eigene Verpflichtung des Grundstückseigentümers, nämlich als Kontroll- und Überwachungspflicht, bestehen. Er muß die Aufsicht darüber führen, daß der Beauftragte die Sicherung ordnungsgemäß durchführt. In diesem Fall muß der Vermieter als streupflichtiger Anlieger substantiiert darlegen und beweisen, wie er dies geregelt und daß er die Erfüllung dieser Verpflichtung auch überwacht hat (OLG Köln, Urt. v. 17. 11. 1995, WM 1996, 226).

Das gilt auch, wenn ein Mieter diese übernommen hat. An die Überwachung der Verkehrssicherungspflicht wird von der Rechtsprechung ein strenger Maßstab angelegt. Es genügt also nicht, z. B. einen Mieter im Mietvertrag zur Übernahme der Räum- und Streupflicht zu verpflichten. Der Vermieter muß sich vielmehr in regelmäßigen Abständen überzeugen, ob der Mieter seiner Verpflichtung auch nachkommt.

Die schuldhafte Verletzung der Verkehrssicherungspflicht führt zu Schadenersatzansprüchen. Ein mitwirkendes Verschulden des Verletzten ist zu berücksichtigen. Dieses kann darin bestehen, daß der Verkehrsteilnehmer die

Gefahr erkannt hat, oder hätte erkennen müssen, sein Verhalten jedoch nicht darauf eingerichtet hat. So muß z. B. bei automatischer Treppenhausbeleuchtung der Treppenhausbenutzer mit dem Erlöschen des Lichtes rechnen und entsprechend vorsichtig sein. Der Vermieter hat aber dafür zu sorgen, daß es einer gesunden erwachsenen Person nach Betreten des Hauses und Betätigen des Lichtschalters möglich ist, bei durchschnittlicher Gehgeschwindigkeit zwei Geschosse im Hellen zu überwinden (OLG Koblenz, WM 1997, 50). Leuchtet die Treppenhausbeleuchtung jedoch nur 20 Sekunden, verletzt der Hauseigentümer (Vermieter) seine Verkehrssicherungspflicht (OLG Koblenz, a.a.O.). Es muß nämlich nicht damit gerechnet werden, daß das Licht beim Durchlaufen eines Treppenhauses stets von Etage zu Etage von neuem eingeschaltet werden muß.

Bei Beschädigung von Kfzs durch **Dachlawinen** trifft regelmäßig den Fahrzeugführer eine Mitschuld. Er darf bei starkem Schneefall oder Tauwetter sein Kfz nicht im Gefahrenbereich abstellen.

In den neuen Bundesländern wird man bei der Erfüllung der Verkehrssicherungspflicht keine so strengen Maßstäbe anlegen können. Hier muß insbesondere der schlechte Zustand der Wege und Straßen berücksichtigt werden (LG Halle, DtZ 1996, 60).

Der **Umfang** der **Räum- und Streupflicht** wird von den Gerichten unterschiedlich beurteilt. Voraussetzung ist, daß diese Verpflichtung von den Gemeinden, die zunächst zuständig sind, wirksam auf die Anlieger übertragen wurde (durch Satzung oder Verordnung gemäß den Ländergesetzen). Als übliche Zeit, während der, wenn nötig auch mehrmals, zu räumen und zu streuen ist, kann die Zeit von 7.00 Uhr morgens bis 21.00 Uhr abends angesehen werden, in der ein ausreichend breiter Streifen auf dem Gehsteig freizuhalten ist. Eine Zusammenstellung einzelner Urteile zu diesem Problemkreis ist zwei Aufsätzen von Gather in DWW 1978, 281 und DWW 1996, 350 zu entnehmen. Vgl. ferner die Darstellung in Gruppe 8/II „Die Reinigungs-, Räum- und Streupflicht des Haus- und Grundbesitzers“. Kommt es zu einem Schaden, muß der Geschädigte beweisen, daß die von ihm gerügte Verletzung der Verkehrssicherungspflicht für den Schaden ursächlich war. Nach einem Urteil des BGH (WM 1994, 218) kann er sich auf den **Beweis des ersten Anscheins berufen**, was zu einer wesentlich einfacheren Durchsetzung der Ansprüche führt. In dem vom BGH entschiedenen Fall war ein Mieter auf der Treppe gestürzt und hatte sich verletzt. Er trug vor, die Treppe sei zur Zeit des Unfalls durch Behandlung mit Reinigungs- und Pflegemitteln extrem glatt gewesen. Kann er dies beweisen, dann wird nach den Regeln des Anscheinsbeweises vermutet, daß die auf der Verletzung der Verkehrssicherungspflicht beruhende Glätte eine Bedingung für das Ausgleiten war. Dieser Beweis des ersten Anscheins kann nur durch feststehende Tatsachen entkräftet werden, die die Möglichkeit eines anderen Geschehensablaufes ernsthaft in Betracht kommen lassen.

Die Anwendung des Anscheinsbeweises wurde vom BGH auch dann bejaht, wenn der Verletzte an nicht gestreuter Stelle innerhalb der zeitlichen Grenzen der Streupflicht zu Fall gekommen war (BGH, VersR 1984, 40, 41). Herrschte überall Schnee- und Eisglätte, rechtfertigt die Aussage des gestürzten Fußgängers, er sei „normal" gegangen, ohne nähere Feststellung nicht den Vorwurf, ihn treffe ein hälftiges Mitverschulden. Vielmehr bleibt es aufgrund des Beweises des ersten Anscheins bei der Haftung des Hauseigentümers (OLG Köln, a.a.O.).

Verschlechterung der Mietsache

1 Soweit der Mieter die Mieträume normal abnutzt und sie vertragsgemäß gebraucht, bringt ihm das keinerlei Nachteile. Er hat nämlich solche Veränderungen oder Verschlechterungen der Mietsache nicht zu vertreten (§ 548 BGB). Vielmehr hat der Vermieter die durch vertragsgemäßen Gebrauch verursachten Verschlechterungen auf seine Kosten zu beseitigen (§ 536 BGB).

Dagegen ist der Mieter schadenersatzpflichtig, wenn Schäden eintreten, die nicht auf normale Abnutzung zurückzuführen sind, sondern auf einer vorsätzlichen oder fahrlässigen Verletzung seiner **Obhutspflicht** beruhen. In der mietvertraglichen Verpflichtung des Wohnungsmieters, die anteiligen Kosten der Feuerversicherung zu zahlen, liegt die stillschweigende Beschränkung seiner Haftung für die Verursachung von Brandschäden auf Vorsatz und grobe Fahrlässigkeit (BGH, Urt. v. 13. 2. 1995, WM 1996, 212).

Die Pflicht, mit der Mietsache pfleglich umzugehen, beschränkt sich nicht auf die Wohnung, sondern erstreckt sich auch auf die anderen Teile des Hauses wie Hauseingang, Treppenhaus, Keller usw. Besondere Sorgfalt hat der Mieter auf die Vermeidung von **Frostschäden** zu verwenden. Neben der Schadenersatzpflicht, die bei schuldhafter Verschlechterung der Mietsache besteht, kann der Mieter auch gegenüber einem Mitmieter haftbar werden, wenn dieser infolge schuldhaften Verhaltens einen Schaden erleidet, so etwa, wenn der Mieter ein Waschbecken in seiner Wohnung überlaufen läßt, dadurch Wasser in die darunter liegende Wohnung dringt und dort Gegenstände des anderen Mieters beschädigt. Er haftet nicht nur für eigenes Verschulden, sondern auch für das seiner **Erfüllungsgehilfen**, z. B. von Gästen, Familienangehörigen oder Lieferanten.

2 Bei der gerichtlichen Geltendmachung von Schäden aufgrund von Verschlechterungen ist häufig die **Beweislast** für den Ausgang des Verfahrens entscheidend. Grundsätzlich muß der **Vermieter** beweisen, daß der Schaden bei Beginn des Mietverhältnisses nicht vorhanden war.

> Hier zeigt sich, daß **Übergabeprotokolle** bei Beginn des Mietverhältnisses wirklich sorgfältig ausgefüllt werden sollten. Hierdurch ändert sich die Beweislast zum Nachteil des Mieters (so Sternel, IV 613).

Wer beweisen muß, ob eine nachträgliche Verschlechterung auf normaler Abnutzung oder einer Verletzung der Obhutspflicht des Mieters beruht, ist strittig. Das OLG Karlsruhe hat in einem Rechtsentscheid eine Beweislastverteilung nach **Gefahrenkreisen** vorgenommen (RE v. 9. 8. 1984, WM 1984, 267; Weber / Marx, VII/S. 73):

> Der Vermieter muß beweisen, daß die Schadensursache in dem Bereich gesetzt worden ist, der der unmittelbaren Obhut des Mieters unterliegt und nicht in seinem eigenen oder dem Verantwortungsbereich eines anderen Mieters des Hauses. Ist dieser Beweis erbracht, muß sich der Mieter seinerseits sowohl hinsichtlich der Verursachung als auch des Verschuldens entlasten.

Diese Beweislastverteilung gilt auch im Falle eines Brandes (so OLG Hamm, ZMR 1988, 300). Kann, wie so oft, nicht aufgeklärt werden, ob ein Schaden durch den Mietgebrauch des Mieters oder durch andere, außerhalb des Obhutsbereiches des Mieters liegende Umstände verursacht worden ist, trägt der Vermieter die Folgen dieser Unaufklärbarkeit; er ist insoweit beweisbelastet (BGH, WM 1994, 466).

3 Die Abgrenzung zwischen normaler Abnutzung als Folge vertragsgemäßen Gebrauches und schuldhafter Verschlechterung der Mietsache ist im einzelnen schwierig. Zur Frage der Abwälzung auf den Mieter durch vertragliche Vereinbarung, siehe „Instandhaltung und Instandsetzung der Mieträume“. Auch der Verschleiß von **Armaturen**, Wasserbereitern oder Gasthermen fällt unter den vertragsgemäßen Gebrauch. Dies gilt nicht bei der Emailabsplitterung einer **Badewanne** (AG Köln, WM 1986, 85). Anders entschieden hat allerdings das LG Köln (WM 1985, 258) bei einer älteren Badewanne. Hier soll die Absplitterung noch unter vertragsgemäßen Gebrauch fallen. Auch bei baulichen Änderungen durch den Mieter ist im einzelnen umstritten, was zum vertragsgemäßen Gebrauch gehört und was nicht. So wird der Mieter z. B. **Dübel** in der Wohnung anbringen dürfen, soweit die Grenzen der Angemessenheit und Erforderlichkeit beachtet werden. Dies ist der Fall, wenn nur die üblichen Installationsgeräte oder sonstigen Vorrichtungen wie Gardinenstangen und Lampenhalter angebracht werden (LG Göttingen, WM 1990, 199). Da es sich hier nicht um eine Verschlechterung handelt, kann der Vermieter auch nicht Ersatz bzw. Beseitigung verlangen (LG Mannheim, WM 1975, 50).

Fraglich ist, ob dies auch für das Anbohren von **Kacheln** oder **Fliesen** gelten soll, da hier oft eine Neuverfliesung erforderlich ist, weil die bisherigen Fliesen nicht mehr lieferbar sind. Das LG Göttingen hat entschieden, daß der Mieter jedenfalls dann zum Schadenersatz verpflichtet ist, wenn er Fliesen über das erforderliche und übliche Maß hinaus anbohrt. Der Vermieter kann in diesem Fall die Kosten für eine Neuverfliesung verlangen, wenn Ersatzfliesen nicht mehr beschafft werden können. Er ist nicht gehalten, eine große Zahl von solchen Fliesen vorzuhalten (ZMR 1990, 145 f.). Wenn allerdings z. B. im Bad vermieterseits die üblichen Einrichtungsgegenstände wie Spiegel, Handtuchhalter, Hängeschrank nicht angebracht sind, wird man dem Mieter das Recht zugestehen müssen, zum Anbringen dieser Gegenstände die notwendigen Löcher zu bohren. Der Mieter seinerseits wird aber darauf zu achten haben, wenn möglich nicht die Fliesen anzubohren, sondern die Verfugungen zu benutzen (Kraemer in Bub/Treier, III Rdn. 948). Hat der Wohnungsmieter die Wandfliesen mit Farbe überstrichen, kann der Vermieter nach Vertragsbeendigung die Verfliesung erneuern und die Kosten als Schadenersatz verlangen, sofern der Mieter nicht nachweisen kann, daß die Farbe von den Fliesen hätte entfernt werden können. Bei der Erneuerung von 30 Jahre alter Verfliesung ist ein Abzug „neu für alt" in Höhe von 50 % der Kosten der Neuverfliesung angemessen (LG Köln, Urt. v. 26. 3. 1996, WM 1997, 41).

Dagegen muß der Mieter Schadenersatz leisten, wenn durch einen von ihm verlegten selbstklebenden **Teppichboden** bei der Entfernung der darunterliegende Bodenbelag beschädigt wird (LG Mannheim, DWW 1975, 43). Ersatz muß er, wenn z. B. bei der Entfernung von selbstklebenden Teppichfliesen mit Hilfe eines Lösungsmittels der darunterliegende PVC Bodenbelag beschädigt wurde, in Höhe der Neuverlegung leisten, sofern die Schäden anderweitig nicht zu beheben sind. Jedoch ist auch hier ein Abzug „neu für alt" zu machen (LG Mannheim WM 1976, 205).

Schleift der Mieter bei der Verlegung von Teppichböden die **Zimmertüren** unten ab, kann der Vermieter beim Auszug die Verlängerung der Türblätter verlangen, soweit dies möglich ist und der frühere Zustand in etwa wiederhergestellt wird (LG Mannheim, DWW 1977, 20). Ist dies nicht mehr möglich, besteht u. U. ein weitergehender Schadenersatzanspruch auf neue Türen, allerdings mit dem entsprechenden Abzug „neu für alt".

Infolge vertragsgemäßen Gebrauches verschlissene **Teppichböden** muß der Mieter nicht erneuern, auch wenn er ansonsten zur Durchführung von Schönheitsreparaturen verpflichtet ist (OLG Hamm, RE, DWW 1991, 145); es sei denn der Mieter verursacht Brandlöcher oder Verfärbungen auf einem noch nicht abgewohnten Teppichboden.

Umstritten ist, ob Abdrücke von Pfennigabsätzen im **Parkett** noch unter den vertragsgemäßen Gebrauch der Mietsache fallen. Zumindest bei Wohnraum sind solche Schäden vermeidbar, so daß eine Haftung des Mieters anzunehmen ist (LG Mannheim, MDR 1974, 314, sowie Kremer in Bub/Treier, III Rdn. 946). Bei einem gewerblichen Mietverhältnis hält sich dagegen das Begehen eines Parkettfußbodens mit Pfennigabsätzen noch im Rahmen des vertragsgemäßen Gebrauchs (OLG Karlsruhe, WM 1997, 211). Schäden, die mit einer solchen Nutzung verbunden sind, begründen daher keine Schadenersatzpflicht des Mieters.

4 Diese Ansprüche des Vermieters unterliegen der **Verjährung** (siehe „Verjährung“). Die Verpflichtung, die Mietsache bei Vertragsbeendigung in ordnungsgemäßem Zustand zurückzugeben, stellt als Ausfluß der Rückgabepflicht (§ 556 BGB) dann eine Hauptleistungspflicht (i. S. v. § 326 BGB) dar, wenn zur Wiederherstellung des früheren Zustands erhebliche Kosten aufgewendet werden müssen. In diesen Fällen ist also als Voraussetzung für den Schadenersatzanspruch eine Nachfrist mit Ablehnungsandrohung zu setzen (siehe „Schönheitsreparaturen“, Abschnitt 6). Trägt der Vermieter hingegen vor, daß die Schäden aufgrund vertragswidrigen Gebrauchs der Mietsache, insbesondere aufgrund der Verletzung der Sorgfalts- und Obhutspflicht durch den Mieter entstanden sind, stehen dem Vermieter Ersatzansprüche auch ohne vorherige Nachfristsetzung zu (Wolf/Eckert, 7. A., Rdn. 1190, sowie Kraemer in Bub/Treier, 2. A., III Rdn. 958a). Fällig ist dieser Schadenersatzanspruch grundsätzlich mit der Schadensentstehung. Auch bei kleinen Schäden braucht sich der Vermieter nicht auf die Beendigung des Mietverhältnisses verweisen lassen (so zu Recht Kraemer, a.a.O.). Vgl. auch „Feuchtigkeit“, „Obhutspflicht“ und „Teppichboden“.

Vertragsstrafe

Die Vertragsstrafe ist eine zwischen Gläubiger und Schuldner vereinbarte Leistung, meist Geldleistung, die zu erbringen ist, wenn der Schuldner seine Verbindlichkeit nicht oder nicht in gehöriger Weise erfüllt.

Eine Vereinbarung, durch die sich der Vermieter von Wohnraum eine Vertragsstrafe versprechen läßt, ist unwirksam (§ 550 a BGB). Wirksam ist allerdings die Vereinbarung in einem **Mietaufhebungsvertrag**, wonach der Mieter für die vorzeitige Entlassung aus dem Mietverhältnis eine Pauschale in Höhe einer Monatsmiete zu zahlen hat (LG Lübeck, WM 1985, 114). Hier handelt es sich um einen pauschalierten Schadenersatz.

Auch die in einem auf Wunsch des Mieters abgeschlossenen Mietaufhebungsvertrag über Wohnraum enthaltene Formularklausel, wonach für den erhöhten Verwaltungs- und Vermietungsaufwand eine Pauschalabgeltung in Höhe einer Nettomiete ohne besonderen Nachweis des Vermieters zu zahlen ist, ist wirksam (so OLG Hamburg, RE v. 17. 4. 1990, WM 1990, 244). Auch hier handelt es sich nicht um eine Vertragsstrafe, die dadurch gekennzeichnet ist, daß sie die Erfüllung der Hauptforderung durch einen möglichst wirksamen Druck auf den Vertragsgegner absichern soll, sondern um eine **Aufwendungsersatzpauschale**. Hiermit wird dem Mieter allerdings nicht der Nachweis abgeschnitten, daß dem Vermieter nur ein niedrigerer Aufwand als der pauschalierte entstanden ist.

Bei Mietverträgen, die **nicht** Wohnraum betreffen, kann die Vertragsstrafe für die Leistung eines jeden Vertragsteiles wirksam vereinbart werden, so z. B. für den Fall nicht pünktlicher Mietzinszahlung oder für den Fall der Nichteinhaltung eines Wettbewerbsverbotes durch den Vermieter.

Die Vertragsstrafe ist **verwirkt**, sobald der Verpflichtete in Verzug kommt. Besteht die geschuldete Leistung in einem Unterlassen, tritt die Verwirkung mit der Zuwiderhandlung ein. Bestreitet der Schuldner die Verwirkung, weil er seine Verbindlichkeit erfüllt habe, hat er die Erfüllung zu beweisen. Besteht die Leistung aus einem Unterlassen, hat der Gläubiger Zuwiderhandlung zu beweisen.

Ist die verwirkte Strafe unverhältnismäßig hoch, kann das Gericht sie angemessen herabsetzen.

Vertragswidriger Gebrauch

Der Mieter darf die Mietsache nur zu dem vertraglich vereinbarten Zweck benutzen. Der Umfang des vertragsgemäßen Gebrauchs wird also durch den **Vertragszweck** sowie durch die Verkehrsanschauung bestimmt. Bei **Geschäftsraum**mietverhältnissen ist daher die Bestimmung des Vertragszwekes im Vertrag entscheidend.

> Je allgemeiner der Vertrag gehalten ist, desto freier ist der Mieter. Es ist zu empfehlen, den Vertragszweck eindeutig festzulegen.

Ist z. B. ein Ladenlokal vermietet, darf der Mieter dort nicht eine Gaststätte oder einen Stehimbiß betreiben (OLG Düsseldorf, NJW-RR 1993, 587). Auch im Fall einer Geschäftserweiterung ist eine Interessenabwägung erforderlich (siehe „Geschäftsräume“). Bei vertragswidrigem Gebrauch kann der Vermieter unter bestimmten Voraussetzungen auf Unterlassung klagen oder fristlos kündigen (§§ 550, 553 BGB)

Erste Voraussetzung ist die **Abmahnung des Mieters**. Ohne sie ist die Kündigung unwirksam. Sie muß die Vertragswidrigkeit bezeichnen. Eine allgemeine Abmahnung (z. B. „Sie haben wiederholt die Nachtruhe im Hause gestört“) genügt nicht (vgl. „Abmahnung“). Weiter muß die **Vertragswidrigkeit** fortgesetzt werden.

Der vertragswidrige Gebrauch muß die Rechte des Vermieters **in erheblichem Maße** verletzen, wobei allerdings Verschulden des Mieters nicht erforderlich ist. Die Frage nach der Erheblichkeit läßt sich nur von Fall zu Fall beantworten.

Beispiele sind: die Nutzung der Mietsache zu anderen als im Vertrag vorgesehenen Zwecken (gewerbliche Nutzung bei Wohnraumvermietung, Nutzung zu Wohnzwecken bei Geschäftsraummiete; a. A. bei Teilnutzung zu Wohnzwecken: OLG Köln, WM 1996, 270), nicht genehmigte bauliche Veränderungen, fortgesetzte Störungen durch überlautes Musizieren bei Nacht u. a.

So hat das Landgericht Berlin (WM 1993, 39) entschieden, daß der Mieter eine ihm zum Wohnen vermietete Wohnung nicht mehr vertragsgemäß nutzt, wenn er dort im Rahmen einer sog. Großpflegestelle werktäglich fünf Kinder gegen Entgelt betreut. Das LG Hamburg (NJW 1992, 2387) hat in einem ähnlichen Fall auf die Wohnungsgröße und die Zahl der zu betreuenden Kinder abgestellt.

Nicht jede **gewerbliche Tätigkeit** in der Wohnung ist im übrigen vertragswidrig. Wie das LG Berlin (a. a. O.) ausführt, sind auch noch solche Tätigkeiten vom Wohnzweck gedeckt, die zwar einen beruflichen Einschlag haben, nach sozialtypischer Betrachtungsweise aber ihrer Art oder ihrem Umfang nach gegenüber der Nutzung der Mieträume als Wohnung nicht ins Gewicht fallen, z. B. ein Schriftsteller, der in der Wohnung schreibt, ein Lehrer, der in der Wohnung ein Arbeitszimmer hat oder ein Student, der Nachhilfeunterricht erteilt.

Überschritten ist die vertragsgemäße Grenze des Wohngebrauchs jedoch bei regelmäßiger kommerzieller Tätigkeit, wobei wichtige Kriterien für die Einordnung nach Ansicht des LG Berlin (a. a. O.) die nach außen in Erscheinung tretenden Auswirkungen der Tätigkeit, wie etwa Publikums- und Lieferantenverkehr, sind, nicht zuletzt aber auch die Höhe des mit der Tätigkeit erzielten Gewinns.

Ein **Sonderfall** des vertragswidrigen Gebrauchs liegt vor, wenn der Mieter die vermietete Sache ganz oder teilweise unbefugt einem Dritten überläßt und ihm trotz Abmahnung den Gebrauch beläßt. Vgl. „Untermiete“ und „Kündigung“.

Verwaltungskosten

Im **frei finanzierten Wohnungsbau** sind Verwaltungskosten nicht auf den Mieter umlegbar. Das OLG Koblenz hat in einem Rechtsentscheid vom 7. 1. 1986 (WM 1986, 50; Weber/Marx, VII/S. 155) entschieden, daß eine solche Vereinbarung unwirksam ist.
Die Vereinbarung eines festen Betra-

ges für Verwaltungskosten ist dagegen möglich.

Das LG Braunschweig hat allerdings entschieden (WM 1996, 283), daß eine formularvertragliche Verpflichtung des Mieters, neben der Grundmiete und den Betriebskostenvorauszahlungen einen festen monatlichen Betrag für Verwaltungskosten zu zahlen, unwirksam ist.

Es empfiehlt sich daher, diese Kosten von vornherein in die Grundmiete einzukalkulieren.

Bei **Sozialwohnungen** können die Verwaltungskosten in der Wirtschaftlichkeitsberechnung angesetzt werden. Dies sind derzeit jährlich pro Wohnung DM 420, für Garagen und Einstellplätze DM 55 (§ 26 II. BV).

Verstopfung

In Mietverträgen sind oft Klauseln vereinbart, wonach alle Mieter bei einer Rohrverstopfung anteilig haften, wenn der Schadensverursacher nicht festgestellt werden kann. Diese Vertragsbestimmungen sind unwirksam (OLG Hamm, RE, WM 1982, 201). Auch hier gelten die allgemeinen Anspruchsvoraussetzungen für einen Schadenersatzanspruch (siehe „Verschlechterung der Mietsache").

Verwendungen

1 Verwendungen sind Maßnahmen des Mieters, die nach seinem Willen darauf gerichtet sind, den Bestand oder die Benutzung der Mieträume zu erhalten, wiederherzustellen oder zu verbessern. **Aufwendungen**, die der Mieter im eigenen Interesse oder aufgrund einer vertraglichen Verpflichtung durchführt, fallen nicht darunter. Auch laufende Unterhaltskosten wie die für Wasser, Strom, Heizung und Reinigung fallen nicht unter den Verwendungsbegriff (so Scheuer in Bub/Treier, III Rdn. 383).

2 Der Vermieter ist verpflichtet, dem Mieter die auf die Sache gemachten **notwendigen** Verwendungen zu ersetzen (§ 547 Abs. 1 Satz 1 BGB), d. h. nur solche Verwendungen, die die Sache vor einer unmittelbar bevorstehenden Verschlechterung oder vor dem Untergang bewahren sollen (Emmerich-Sonnenschein, Miete, § 547 Rdn. 5). Vom Mieter errichtete **Baulichkeiten** werden i. d. R. mit dem Grundstück nur zu einem vorübergehenden Zweck verbunden (§ 95 BGB). Sie sind daher nur Scheinbestandteile und bei Beendigung zu entfernen (OLG Köln, WM 1996, 269).

Im Gegensatz zu § 538 Abs. 2 BGB ist eine vorherige Anzeige der Maßnahmen nicht erforderlich. Allerdings dürfen durch den Anspruch auf Verwendungsersatz nicht die Voraussetzungen des § 538 Abs. 2 BGB (Verzug des Vermieters) umgangen werden. § 538 Abs. 2 BGB ist die speziellere Anspruchsnorm und geht daher dem Verwendungsersatzanspruch vor (Sternel II, Rdn. 608). Dieser Anspruch des Mieters besteht nur, wenn eine nicht unerhebliche Gefahr droht und der Vermieter auch nicht erreichbar ist, (Sternel II, Rdn. 609; vgl. hierzu auch „Mängel", Abschnitt 5). Grundsätzlich können daher Aufwendungen des Mieters zur Herstellung des vertragsgemäßen Zustandes der Mieträume nur dann ersetzt verlangt werden, wenn der Vermieter unter Fristsetzung aufgefordert wurde und nichts unternimmt. Ist allerdings Gegenstand des Mietvertrages die Überlassung von Räumen in stark renovierungsbedürftigem Zustand, die der Mieter herrichten soll, kann der Mieter grundsätzlich seine Aufwendungen als notwendige Verwendungen ersetzt verlangen (BGH, WM 1994, 201).

> In solchen Fällen empfiehlt sich der Abschluß einer **Modernisierungsvereinbarung**, die den Umfang der Arbeiten und die Kostenbeteiligung des Vermieters ausdrücklich festhält.

3 Die Verpflichtung des Vermieters zum Ersatz **sonstiger** Verwendungen bestimmt sich nach den Vorschriften über die Geschäftsführung ohne Auftrag (§ 547 Abs. 2 BGB). Dieser Ersatzanspruch wird nicht durch die Regelung in § 538 Abs. 2 BGB ausgeschlossen (so OLG Düsseldorf, WM 1993, 271). Hierunter fallen vor allem die sog. **nützlichen** Verwendungen. Der Ersatzanspruch des Mieters setzt voraus, daß er den Willen hatte, mit der Verwendung ein Geschäft des Vermieters zu führen, ferner, daß die Verwendung dem Interesse und dem tatsächlichen oder mutmaßlichen Willen des Vermieters entsprach (§§ 677, 683 BGB). An das Vorliegen dieser Voraussetzung sind strenge Anforderungen zu stellen (BGH, WM 1994, 201). Ein solcher Fremdgeschäftsführerwille wird sich schwer nachweisen lassen, da der Mieter in der Regel nützliche Verwendungen in den Mieträumen auch im eigenen Interesse vornehmen wird. Vgl. z. B. OLG Köln, WM 1996, 269: An- oder Umbauten sind i. d. R. sonstige Verwendungen; der aus- oder umbauende Mieter führt i. d. R. kein fremdes Geschäft (§ 677 BGB). In diesen Fällen ist der Mieter zur Durchsetzung seiner Ansprüche auf Bereicherungsansprüche verwiesen (§ 684 Satz 1 i. V. m. §§ 812 ff. BGB). Diesen Bereicherungsanspruch kann der Vermieter dadurch abwenden, daß er den Mieter auffordert, die Verwendungen wieder zu beseitigen. Weigert er sich, verliert er seinen Anspruch, da sich der Vermieter eine solche Bereicherung nicht aufdrängen lassen muß und daher auch nicht herauszugeben braucht (mit Recht Sternel II, Rdn. 616; vgl. hierzu „Einrichtungen"). Die Verwendungsansprüche unterliegen der Verjährung (siehe „Verjährung").

4 Hat sich ein Mieter von **Geschäftsräumen** zu bestimmten Ausbaumaßnahmen vertraglich verpflichtet, hat er nach Beendigung des Mietverhältnisses hinsichtlich der geschaffenen Einrichtungen weder ein Wegnahmerecht (§ 547 a BGB) noch hat er einen Anspruch auf den Ersatz von Verwendungen (§ 547 BGB), unabhängig davon, ob es sich um notwendige oder nützliche Verwendungen handelt. In diesen Fällen sind nämlich die Leistungen des Mieters im Zweifel Teil des Überlassungsentgeltes (BGH, ZMR 1996, 122). Wird allerdings ein solches Vertragsverhältnis vorzeitig beendet, kann nach gefestigter Rechtsprechung des BGH ein Bereicherungsanspruch des Mieters gegen den Vermieter gegeben sein, der darauf beruht, daß der Vermieter vorzeitig in den Genuß des durch die Mieterleistungen geschaffenen erhöhten Ertragswertes des Mietobjekts gelangt. Dieser Anspruch bemißt sich danach (§ 818 Abs. 2 BGB), inwieweit der Vermieter durch die Investitionen in die Lage versetzt wurde, bei einer anderweitigen Vermietung einen höheren Mietzins zu erzielen oder die fraglichen Leistungen gewinnbringend zu nutzen, etwa auch durch Erlangung eines Baukostenzuschusses von dem Nachmieter (BGH, a.a.O.).

Der generelle **Ausschluß von Verwendungsersatzansprüchen** für den Fall der vorzeitigen Vertragsbeendigung kann in einer Individualvereinbarung bei Geschäftsräumen wirksam vereinbart werden (Scheuer in Bub/Treier, IV Rdn. 411).

Hat der Mieter die vorzeitige Vertragsbeendigung zu vertreten, kann eine ergänzende Vertragsauslegung zu dem Ergebnis führen, daß der Vermieter dafür nicht nach Bereicherungsgrundsätzen haftet (Scheuer, a.a.O.).

Verwirkung

Die Verwirkung ist eine Konkretisierung des § 242 BGB, wonach eine Leistung nur so zu bewirken ist, wie es Treu und Glauben erfordern.

Ein Anspruch oder ein Gestaltungsrecht ist verwirkt, wenn seit der Möglichkeit der Geltendmachung längere Zeit vergangen ist und besondere Umstände hinzukommen, aufgrund derer der zur Leistung Verpflichtete nicht mehr mit der verspäteten Inanspruchnahme zu rechnen braucht. Die Verwirkung setzt also ein Umstands- und ein Zeitmoment voraus.

Hierzu können keine **bestimmten Fristen** angegeben werden, da es auf die Umstände des Einzelfalles ankommt.

Einige Fälle aus der Rechtsprechung sind nachfolgend aufgeführt:

Nach einem Rechtsentscheid des KG Berlin (WM 1981, 270; Weber / Marx, VII/S. 153) wird der Anspruch des Vermieters gegen den Mieter auf

Nachzahlung von Nebenkosten aus Umlageabrechnungen nicht allein dadurch verwirkt, daß der abrechnungspflichtige Vermieter es längere Zeit unterlassen hat, abzurechnen und den Anspruch geltend zu machen; die längerdauernde Untätigkeit des Vermieters ist grundsätzlich nur einer der bei der Prüfung der Verwirkung zu würdigenden Umstände des Einzelfalles. Dem folgt auch der BGH: Allein ein längeres Zuwarten des Vermieters mit der Abrechnung genügt zur Annahme einer Verwirkung nicht, vielmehr müssen über den bloßen Zeitablauf hinaus besondere Umstände rechtfertigen können, der Vermieter habe die Forderung nicht mehr geltend machen wollen (RE v. 11. 4. 1984, NJW 1984, 2466). Der BGH (Urt. v. 29. 2. 1994, NJW 1994, 1684) weist darauf hin, daß der Gesichtspunkt der Verwirkung auf **Ausnahmefälle** zu beschränken ist. Die Instanzgerichte sind nicht so zurückhaltend. Teilweise wird in analoger Anwendung des § 20 Abs. 3 NMV angenommen, daß das Zeitmoment eingetreten ist, soweit Betriebskosten geltend gemacht werden, deren Abrechnungsperiode weiter als ein Jahr zurückliegt. Das Umstandsmoment soll erfüllt sein, wenn die Nebenkostenvorauszahlung mehrere Jahre nicht erhöht wurde, da der Mieter dadurch in dem Glauben gelassen wurde, seine monatlichen Zahlungen seien kostendeckend (LG Hannover, NJW E-MietR 1996, 224).

Nach Ansicht des OLG Hamm (RE, WM 1981, 257; Weber/Marx, VII/ S. 81) kann die Vollstreckung eines **Räumungsurteils**, das der Vermieter aufgrund der Kündigung des Mietverhältnisses wegen Zahlungsverzuges erwirkt hat, unzulässig sein, wenn der Vermieter mehrere Jahre aus dem Urteil nicht vollstreckt, sondern von dem Mieter, der auch nach Rechtskraft des Räumungsurteils weiterhin mit erheblichen Mietzinsbeiträgen in Rückstand geraten ist, die Zahlung von Nutzungsentschädigungen verlangt und Zahlungen entgegengenommen hat, obwohl mehrfach die Vollstreckung des Räumungsurteils für den Fall der Nichtzahlung des rückständigen Mietzinses angedroht worden ist.

Ob dies jedoch der Fall ist, richtet sich nach Ansicht des OLG Hamm nach den jeweils umfassend zu würdigenden Umständen des Einzelfalles.

Eine etwas abweichende Ansicht vertritt hierzu das LG Mönchengladbach (DWW 1990, 237): Es ist der Meinung, daß auch 4 3/4 Jahre nach Ergehen eines Räumungsurteils und zwischenzeitlich mehrmaliger Rücknahme bereits eingeleiteter Zwangsvollstreckungsmaßnahmen der Vermieter berechtigt ist, die Räumung im Wege der Zwangsvollstreckung zu betreiben. Das Gericht begründet dies damit, daß der Vorwurf, der Vermieter verhalte sich insoweit rechtsmißbräuchlich, sonst dazu führen würde, daß der rücksichtsvolle Vermieter, der trotz Räumungstitel zugunsten des erneut zahlungssäumigen Schuldners nach erneutem Ausgleich der Rückstände auf die endgültige Durchführung der Zwangsvollstreckung verzichtet, gezwungen wird, künftig diese Rücksicht nicht mehr walten zu lassen und seine Rechte aus einem Räumungsurteil unnachsichtig sofort durchzusetzen, um nicht erstrittener Rechte verlustig zu gehen.

Auch das **Kündigungsrecht** des Vermieters und des Mieters unterliegt der Verwirkung. Dies gilt sowohl für die ordentliche als auch für die außerordentliche und fristlose Kündigung. Eine fristlose Kündigung ist daher nach allgemeiner Ansicht alsbald nach Kenntnis vom Kündigungsgrund auszusprechen. Hierbei ist eine angemessene Überlegungsfrist zuzubilligen. Das OLG Frankfurt (WM 1991, 475) wendet bei einer auf Vertragsverletzungen des Mieters gestützten Kündigung die Frist des § 626 Abs. 2 BGB entsprechend an. Diese beträgt 2 Wochen ab Kenntnis des Kündigungsgrundes. Ob diese in jedem Fall ausreichend ist, erscheint zweifelhaft.

Gerade letztere Voraussetzung der Verwirkung wird von den Gerichten nicht immer ausreichend beachtet.

Im Gegensatz zur Verjährung, auf die sich der in Anspruch Genommene ausdrücklich berufen muß, ist die Verwirkung **von Amts wegen** zu berücksichtigen (BGH, NJW 1966, 345).

Auch Ansprüche des Mieters auf Ersatz von **Verwendungen** können verwirkt werden, ebenso Ansprüche des Vermieters auf Zahlung des vollen Mietzinses, wenn der Mieter mindert und neben dem Zeit- auch das Umstandsmoment erfüllt ist. Der Anspruch auf volle **Zahlung** kann daher verwirkt sein, wenn ihn der Vermieter erstmals nach Vertragsbeendigung im Wege der Widerklage gegen den Kautionsrückzahlungsanspruch des Mieters geltend macht (LG Hamburg, WM 1994, 608).

Verzug

Sowohl der Gläubiger als auch der Schuldner einer Leistung können in Verzug kommen.

1 Schuldnerverzug

Er liegt vor, wenn der Schuldner auf eine **Mahnung** des Gläubigers hin, die nach Eintritt der Fälligkeit erfolgt, nicht leistet (§ 284 Abs. 1 BGB). Ist für die Leistung eine Zeit nach dem Kalender bestimmt, kommt der Schuldner ohne Mahnung in Verzug, wenn er nicht zu der bestimmten Zeit leistet (§ 284 Abs. 2 Satz 1 BGB). Darüber hinaus muß er die Verzögerung zu vertreten haben (§ 285 BGB).

1.1 Die **Rechtsfolgen des Verzugs** sind in den §§ 286 bis 290, 326 BGB geregelt. Danach hat der Schuldner dem Gläubiger den **Verzugsschaden** zu ersetzen (§ 286 BGB). Bei Geldschulden stehen dem Gläubiger **Verzugszinsen** zu (§ 288 BGB). Hat die Leistung infolge des Verzuges für den Gläuber kein Interesse mehr, kann er unter Ablehnung der Leistung Schadenersatz wegen Nichterfüllung verlangen (§ 286 Abs. 2 BGB). Beim gegenseitigen Vertrag, worunter der Mietvertrag fällt, kann der Gläubiger dem Schuldner nach Verzugseintritt zur Bewirkung der Leistung eine angemessene Frist mit der Erklärung setzen, daß er die Annahme der Leistung nach Ablauf der Frist ablehne (§ 326 BGB). Danach kann er vom Vertrag zurücktreten oder Schadenersatz wegen Nichterfüllung fordern.

1.2 Diese allgemeinen Bestimmungen sind im Mietrecht durch folgende **Besonderheiten** ergänzt:

1.2.1 Bei **Zahlungsverzug des Mieters** ist der Vermieter zur **fristlosen Kündigung** berechtigt (§ 554 BGB). Sie ist zulässig, wenn der Mieter entweder für zwei aufeinander folgende Termine mit der Entrichtung des Mietzinses oder eines nicht unerheblichen Teils davon in Verzug ist oder in einem Zeitraum, der sich über mehr als zwei Termine erstreckt, mit der Entrichtung des Mietzinses in Höhe eines Betrags in Verzug gekommen ist, der den Mietzins für zwei Monate erreicht.

Die Kündigung ist **ausgeschlossen**, wenn der Vermieter vor ihrem Zugang befriedigt wird (d. h. der Mieter zahlt). Sie wird unwirksam, wenn der Mieter sich von seiner Schuld durch Aufrechnung befreien konnte und unverzüglich nach der Kündigung die Aufrechnung erklärt.

Das Kündigungsrecht des Vermieters wegen Verzugs des Mieters mit der Mietzinszahlung ist bei Wohnraummietverhältnissen eingeschränkt.

> Der rückständige Teil des Mietzinses ist nur dann als nicht unerheblich anzusehen, wenn er den Mietzins für einen Monat übersteigt; dies gilt jedoch nicht, wenn der Wohnraum nur zu vorübergehendem Gebrauch vermietet ist.

Ferner wird die Kündigung eines Wohnraummietverhältnisses unwirksam, wenn der Vermieter nach Erhebung einer Räumungsklage binnen 1 Monates nach Eintritt der Rechtshängigkeit (Klagezustellung) hinsichtlich des fälligen Mietzinses und der fälligen Nutzungsentschädigung befriedigt wird oder eine öffentliche Stelle (Sozialamt) sich zur Befriedigung verpflichtet. Das gilt jedoch nicht, wenn wegen der Zahlung innerhalb der Schonfrist eine Kündigung des Vermieters unwirksam geworden ist und er innerhalb eines Zeitraumes von 2 Jahren erneut wegen Zahlungsverzug kündigt. Bei Wohnraum ist eine von diesen Bestimmungen abweichende Vereinbarung unwirksam. Siehe hierzu auch „Fälligkeit des Mietzinses“ und „Kündigung“, Abschnitt 3.2.1.2.

1.2.2 Auch der **Verzug des Vermieters** mit der Mängelbeseitigung hat erhebliche Folgen: Der Mieter kann

Schadenersatz geltend machen, wenn der Vermieter mit der Beseitigung eines Mangels in Verzug gerät (§ 538 BGB). Verzug setzt eine auf Mängelbeseitigung gerichtete Mahnung des Mieters sowie Verschulden des Vermieters voraus. Verzug ist z. B. dann nicht gegeben, wenn die Mängelbeseitigung zwar angemahnt ist, die Handwerker den Vermieter jedoch trotz aller Bemühungen im Stich lassen. Darüber hinaus kann der Mieter in diesem Fall den Mangel selbst beseitigen und Ersatz der erforderlichen Aufwendungen vom Vermieter verlangen (§ 538 Abs. 2 BGB). Siehe auch „Mängel".

1.2.3 Bei **verspäteter Rückgabe** kann der Vermieter vom Mieter Nutzungsentschädigung und ggf. Schadenersatz verlangen (§ 557 BGB). Siehe „Rückgabe".

2 Gläubigerverzug

Der Gläubiger kommt in Verzug, wenn er die angebotene Leistung des Schuldners nicht annimmt (§ 293 BGB).

2.1 Folgende **Voraussetzungen** müssen erfüllt sein (§§ 293 bis 299 BGB): Der Schuldner muß zur Leistung berechtigt, bereit und imstande sein. Er muß dem Gläubiger die Leistung anbieten. Weiterhin muß der Gläubiger die Leistung nicht annehmen.

2.2 Rechtsfolgen ergeben sich aus den §§ 300 bis 304 BGB. Sie sollen am wichtigsten Fall des Annahmeverzuges kurz erläutert werden:
Die Parteien vereinbaren einen bestimmten Termin für den Beginn des Mietverhältnisses, zu dem die Räume übergeben werden. Der Mieter erscheint nicht. Da es eine Rechtspflicht des Mieters zur Abnahme, anders als z. B. im Kaufrecht, nicht gibt, der Mieter die Abnahme also nicht schuldet, kommt er nicht in Schuldnerverzug, sondern nur in Gläubiger- (= Abnahme-)verzug. Der Vermieter kann also keinen Verzugsschaden ersetzt verlangen. Er hat nur einen Anspruch auf Ersatz der erforderlichen Mehraufwendungen (§ 303 BGB). Darunter fällt aber nicht der persönliche Zeit- und Arbeitsaufwand. Zur Zahlung der Miete ab dem vereinbarten Beginn ist der Mieter allerdings auch in diesem Fall verpflichtet (§ 552 BGB).

Wenn der Mieter die Erfüllung des Mietvertrages jedoch ernsthaft und endgültig verweigert, kann der Vermieter wegen dieser Vertragsverletzung vom Vertrag zurücktreten. Da der BGH (WM 1968, 161) der Ansicht ist, daß Rücktritt dann ausgeschlossen ist, wenn ein wichtiger Grund zur fristlosen Kündigung vorliegt, empfiehlt es sich in diesen Fällen, sowohl zurückzutreten als auch fristlos zu kündigen. Siehe „Rücktritt".

Vollmacht

Vollmacht ist durch Rechtsgeschäft (die sog. Bevollmächtigung) erteilte Vertretungsmacht (§ 166 Abs. 2 BGB). Eine Willenserklärung, die jemand innerhalb der ihm zustehenden Vertretungsmacht im Namen des Vertretenen abgibt, wirkt unmittelbar für und gegen den, den er vertritt (Vertretenen; § 164 Abs. 1 BGB).

Die **Übertragung** der Vollmacht ist grundsätzlich **formfrei.** Allerdings ist § 174 BGB zu beachten: Danach ist ein einseitiges Rechtsgeschäft, das ein **Bevollmächtigter** einem anderen gegenüber vornimmt, unwirksam, wenn der Bevollmächtigte eine **Vollmachtsurkunde nicht vorlegt** und der andere das Rechtsgeschäft aus diesem Grunde **unverzüglich** zurückweist. Die Zurückweisung ist ausgeschlossen, wenn der Vollmachtgeber den anderen von der Bevollmächtigung in Kenntnis gesetzt hatte. Dies gilt nicht nur für den Ausspruch von Kündigungen, sondern auch für Mieterhöhungsverlangen. So hat das OLG Hamm entschieden, daß das von einem Bevollmächtigten des Vermieters schriftlich vorgebrachte Mieterhöhungsverlangen unwirksam ist, wenn der Bevollmächtigte eine Vollmachtsurkunde nicht vorlegt und der Mieter aus diesem Grund das Erhöhungsbegehren unverzüglich zurückweist (RE v. 28. 5. 1982, WM 1982, 205; Weber/Marx, VII/S. 132). Wie das OLG München (ZMR 1996, 557) entschieden hat, kann die Kündigung eines Mietvertrages durch einen Rechtsanwalt nicht wirksam zurückgewiesen werden (§ 174 BGB), wenn dieser den Kündigenden in mehreren Mietstreitigkeiten vertritt. Die Prozeßvollmacht beinhaltet nämlich auch die Befugnis zur Abgabe solcher sachlichrechtlichen Willenserklärungen, die im Zusammenhang mit der Prozeßführung abzugeben sind. Hierher gehört auch die Kündigung.

Oft wird übersehen, daß die **Vollmachtsurkunde im Original** vorgelegt werden muß (§ 172 Abs. 1 BGB); die Vorlage einer beglaubigten Abschrift genügt nicht (BGH, NJW 1981 S. 1210).

„Unverzüglich“ heißt ohne schuldhaftes Zögern (§ 121 Abs. 1 BGB). Eine angemessene Überlegungsfrist ist zuzubilligen.

> Ein Zeitraum von 3 Wochen ist nach Ansicht des LG München nicht mehr angemessen (unveröffentlichtes Urt. v. 17. 10. 1984, Az. 14 S 13444/83). Die Zurückweisung des Rechtsgeschäfts ist nach Ansicht dieses Gerichts nur dann als unverzüglich anzusehen, wenn dies binnen weniger Tage erfolgt, da die Feststellung, daß eine Urkunde fehlt, ohne Schwierigkeiten zu treffen ist.

Wird der Vermieter bei Abschluß des Mietvertrages von einem **Hausverwalter** vertreten und ist dies auch entsprechend zum Ausdruck gebracht (z. B. Herr A, vertreten durch die Hausverwaltung B), kann die Hausverwaltung die zu ihrem Geschäftsbereich gehörenden Willenserklärungen abgeben, ohne hierzu jeweils eine Vollmachtsurkunde vorlegen zu müssen. Hierzu gehören Mieterhöhungen, nicht aber Kündigungen. Nach der Ansicht des Kammergerichts (WPM 1984, 254) soll auch dann, wenn ein Hausverwalter einen Mietvertrag abschließt, ohne den Vermieter namentlich zu benennen, der Hauseigentümer direkt verpflichtet werden, also Vermieter werden. Anders ist der Fall, wenn der Hausverwalter im Mietvertrag nicht zum Ausdruck bringt, daß er für einen anderen handelt, also sich selbst ohne weiteren Zusatz als Vermieter bezeichnet. Hier wird der Hausverwalter selbst Vermieter (§ 164 Abs. 2 BGB).

Wird der **Vertreter** tätig, **ohne daß er bevollmächtigt ist**, ist das entsprechende Rechtsgeschäft zunächst schwebend unwirksam (§ 177 BGB). Es kommt nun auf den Vertretenen an, was aus dem Rechtsgeschäft wird: Genehmigt er es, wird es rückwirkend wirksam (§ 184 Abs. 2 BGB). Genehmigt er es nicht, hat der Gegner die Wahl, ob er vom vollmachtlosen Vertreter Schadenersatz oder Erfüllung verlangt (§ 179 BGB). Hat ein Vertreter ohne Vollmacht einen Mietvertrag abgeschlossen, bleibt es beim Schadenersatz, da ihm eine Durchführung des Mietvertrages subjektiv unmöglich ist.

Oft ist in einem Mietvertrag vereinbart, daß sich die Mieter **gegenseitig zur Entgegennahme** rechtsgeschäftlicher Erklärungen bevollmächtigen. Hierzu hat das OLG Schleswig in einem Rechtsentscheid vom 22. 3. 1983 (WM 1983, 130; Weber/Marx, VII/ S. 138) entschieden, daß ein Mieterhöhungsverlangen gegenüber allen Mitmietern rechtswirksam geltend gemacht ist, wenn das schriftliche Erhöhungsverlangen für alle Mieter bestimmt ist, aber nur einem Mieter zugegangen ist, der zur Empfangnahme von Willenserklärungen des Vermieters bevollmächtigt ist. Das Erhöhungsverlangen muß also an **alle** Mieter gerichtet sein, andernfalls ist es trotz Bevollmächtigungsklausel unwirksam (LG Darmstadt, WM 1996, 708).

> Eine derartige **Empfangsvollmacht** ist in der Vertragsklausel: „Für die Wirksamkeit einer Erklärung des Vermieters genügt es, wenn sie gegenüber einem der Mieter abgegeben wird" enthalten.

Nach Ansicht des Gerichts ist auch eine in einem Formular-Mietvertrag enthaltene Klausel gleichen Inhalts wirksam. Nach neuerer Rechtsprechung (OLG Celle, WM 1990, 103) müssen diese Klauseln eine **Widerrufsmöglichkeit** gegenüber dem Vermieter enthalten. Sehr viel strenger werden von der Rechtsprechung Klauseln beurteilt, in denen sich die Mieter gegenseitig zur Abgabe von Willenserklärungen ermächtigen (vgl. hierzu „Personenmehrheit auf Mieterseite", „Allgemeine Geschäftsbedingungen" sowie „Kündigung", Abschnitt 1.2).

Vollstreckungsschutz

Auf **Antrag des Schuldners** kann das Gericht eine Maßnahme der Zwangsvollstreckung, also auch die Zwangsräumung, ganz oder teilweise aufheben, untersagen oder einstweilen einstellen, wenn die Maßnahme unter voller Würdigung des Schutzbedürfnisses des Gläubigers wegen ganz besonderer Umstände eine Härte bedeutet, die mit den guten Sitten nicht vereinbar ist (§ 765 a ZPO). Schon die Gesetzesfassung weist darauf hin, daß die Vollstreckungsschutzbestimmung nur in ganz besonderen **Ausnahmefällen** Platz greifen kann.

Insbesondere bei der Vollstreckung von Räumungsurteilen spielt diese Vorschrift eine erhebliche Rolle. Der Schuldner versucht mit einem Vollstreckungsschutzantrag (§ 765 a ZPO) den bereits anberaumten Zwangsräumungstermin durch den Gerichtsvollzieher hinauszuschieben. Zwei Hauptfälle haben sich in der Praxis herausgebildet:

1 Räumungsunfähigkeit wegen Krankheit

Hier wird der Schuldner in seinem Antrag zumindest ein ärztliches Attest vorlegen müssen. Ggf. wird eine amtsärztliche Untersuchung notwendig sein. Dies gilt auch, wenn der Schuldner vorträgt, durch die Zwangsräumung schwere gesundheitliche Nachteile befürchten zu müssen.

2 Umzug in Ersatzwohnung

Ferner kann Vollstreckungsschutz gewährt werden, wenn der Schuldner unter Vorlage eines Mietvertrages nachweisen kann, daß er demnächst in eine **Ersatzwohnung** umziehen wird, da ein doppelter Umzug innerhalb kurzer Zeit dem Schuldner nicht zuzumuten ist.

Da diese Anträge oft im letzten Augenblick gestellt werden, kommt den **einstweiligen Anordnungen** auf die vorläufige Einstellung der Zwangsvollstreckung (Zwangsräumung) erhebliche Bedeutung zu.

Diese einstweiligen Anordnungen sind in Analogie zu den §§ 766 Abs. 1 Satz 2, 732 Abs. 2 ZPO zulässig. Zu beachten ist, daß das Gericht auf Antrag jeder Partei diese einstweiligen Anordnungen bis zur Endentscheidung bei Veränderungen des Sachverhaltes aufheben oder abändern kann. Mit der sofortigen Beschwerde sind diese einstweiligen Anordnungen nur sehr beschränkt anfechtbar, nämlich nur dann, wenn die gesetzlichen Voraussetzungen für den Erlaß eines solchen Beschlusses zu Unrecht bejaht oder verneint werden.

Die **Kosten des Verfahrens** fallen dem Schuldner zur Last (§ 788 ZPO).

Für die Anwendung des Vollstreckungsschutzes ist es gleichgültig, aus welchem Schuldtitel die Vollstreckung betrieben wird, jedoch kann Vollstreckungsschutz immer nur in besonderen

Ausnahmefällen gewährt werden. Bei der Prüfung der Voraussetzungen für die Gewährung von Vollstreckungsschutz ist ein strenger Maßstab anzulegen. Die Belange des Räumungsgläubigers sind voll zu würdigen.

Allerdings ist auch die Einwirkung der Grundrechte, nämlich Art. 2 GG, auf das Vollstreckungsschutzverfahren zu beachten. Mit Beschluß vom 3. 10. 1979 (WM 1980, 27) hat das Bundesverfassungsgericht auf den verfassungsrechtlichen Grundsatz der **Verhältnismäßigkeit** hingewiesen. Dies kann in besonders gelagerten Einzelfällen dazu führen, daß zur Vermeidung unzulässiger Grundrechtsbeeinträchtigungen eines Schuldners die Vollstreckung aus einem rechtskräftigen Titel für einen längeren Zeitraum einzustellen ist. Die Vollstreckungsgerichte haben daher insbesondere dem Vorbringen des Schuldners, ihm würde bei der Zwangsräumung eine ernsthafte Gesundheitsgefährdung bis hin zum Selbstmord drohen, sorgfältig nachzugehen, insbesondere durch Einholung amtsärztlicher Gutachten. Dies kann soweit gehen, wie das BVerfG mit Beschluß vom 15. 1. 1992 (WM 1993, 239) entschieden hat, daß Vollstreckungsschutz in einem sehr engen Kreis von Ausnahmefällen ohne zeitliche Begrenzung zu gewähren ist.

Diesem sehr weitgehenden Schuldnerschutz in der Zwangsvollstreckung, der zu einer erheblichen Beeinträchtigung der Gläubigerinteressen führen kann, ist das OLG Köln (NJW-RR 1990, 590) entgegengetreten. Danach ist die Einstellung einer Räumungsvollstreckung wegen einer mit den guten Sitten nicht zu vereinbarenden Härte aus Gründen einer Gesundheitsgefährdung nur möglich, wenn eine konkrete Gesundheitsgefahr festgestellt ist, deren Eintritt mit hinreichender Wahrscheinlichkeit anhand objektiver, feststellbarer Merkmale nachgewiesen werden muß. An die Konkretisierung der behaupteten Lebens- oder Gesundheitsgefahr sind strenge Anforderungen zu stellen. Dem Gericht muß also in einem ärztlichen Attest dargelegt werden, aufgrund welcher Umstände welche konkreten körperlichen Folgen mit welchem Grad an Wahrscheinlichkeit zu erwarten sind. Entsprechendes gilt für die Feststellung einer Suizidgefahr. Allgemein gehaltene ärztliche Atteste, in denen lediglich festgestellt wird, daß dem Schuldner die Räumung aus Gesundheitsgründen nicht zugemutet werden kann oder daß ein Aufschub aus Gesundheitsgründen erfolgen muß, sind daher nicht ausreichend.

Zuständig für die Gewährung von Vollstreckungsschutz ist das Vollstreckungsgericht, gegen dessen Entscheidung binnen 2 Wochen nach Zugang Erinnerung eingelegt werden kann. Wird nicht abgeholfen, ist die **Erinnerung** als sofortige Beschwerde dem LG vorzulegen.

Auf den Vollstreckungsschutz kann nicht wirksam verzichtet werden.

Vorkaufsrecht des Mieters

Ein gesetzliches Vorkaufsrecht des Mieters von Wohnraum gibt es in zwei Fällen:

Dem von der **Umwandlung** betroffenen Mieter steht das Vorkaufsrecht zu, wenn eine öffentlich geförderte Mietwohnung, die in eine Eigentumswohnung umgewandelt worden ist oder werden soll, an einen Dritten verkauft wird (§ 2 b WoBindG). Der Mieter kann das Vorkaufsrecht bis zum Ablauf von 6 Monaten seit Mitteilung des Verfügungsberechtigten über den Inhalt des mit dem Dritten geschlossenen Vertrages ausüben. Das Vorkaufsrecht ist nicht übertragbar. Stirbt der Mieter, geht es auf denjenigen über, der nach den §§ 569 a, 569 b BGB oder als Erbe in das Mietverhältnis eintritt oder es fortsetzt. Im übrigen gelten die Vorschriften über das schuldrechtliche Vorkaufsrecht des BGB (nämlich die §§ 504 bis 509, 510 Abs. 1, 511 bis 513 BGB). Bei Gesamtverkauf eines **öffentlich geförderten**, mit Mietwohnungen bebauten Grundstücks entsteht das Recht zur Ausübung des Vorkaufsrechts nicht, es sei denn, die vom vorkaufsberechtigten Mieter bewohnte Wohnung ist als Teilobjekt des Veräußerungsvertrages so hinreichend bestimmt, daß sie in Verbindung mit einem Miteigentumsanteil an dem Grundstück der rechtlich selbständige Gegenstand eines rechtsgültigen Kaufvertrages sein kann (so BayObLG, RE v. 16. 4. 1992, WM 1992, 351).

Durch das Vierte Mietrechtsänderungsgesetz (BGBl. 1993 I S. 1257 ff.) wurde auch im **frei finanzierten** Wohnungsbau ein Vorkaufsrecht des Mieters (§ 570 b BGB) eingeführt. Der Mieter ist dann zum Vorkauf berechtigt, wenn die vermieteten Wohnräume, an denen nach der Überlassung an die Mieter **Wohnungseigentum** begründet worden ist oder begründet werden soll, an einen Dritten verkauft werden. Dies gilt nicht, wenn der Vermieter die Wohnräume an eine zu seinem Hausstand gehörende Person oder an einen Familienangehörigen verkauft (§ 570 b Abs. 1 BGB). Die Mitteilung des Verkäufers oder des Dritten über den Inhalt des Kaufvertrages ist mit einer Unterrichtung des Mieters über sein Vorkaufsrecht zu verbinden (§ 570 b Abs. 2 BGB). Das Vorkaufsrecht geht auf denjenigen über, der das Mietverhältnis nach § 569 a Abs. 1 oder 2 BGB fortsetzt, wenn der Mieter stirbt (§ 570 b Abs. 3 BGB). Eine zum Nachteil des Mieters abweichende Vereinbarung ist unwirksam (§ 570 b Abs. 4 BGB).

Auch für diese gesetzlichen Vorkaufsrechte gelten die Bestimmungen des schuldrechtlichen Vorkaufsrechts (§§ 504 ff. BGB), soweit nichts anderes bestimmt ist. Danach gilt folgendes: Das Vorkaufsrecht kann ausgeübt werden, sobald der Verpflichtete mit einem Dritten einen Kaufvertrag geschlossen hat (§ 504 BGB). Das Vorkaufsrecht wird durch Erklärung gegenüber dem Verpflichteten, also dem Verkäufer ausgeübt (§ 505 Abs. 1 BGB). Mit der Ausübung des Vor-

kaufsrechts kommt der Kauf zwischen dem Berechtigten und dem Verpflichteten unter den Bestimmungen zustande, welche der Verpflichtete mit dem Dritten vereinbart hat. Der Verpflichtete, also der Verkäufer, hat dem Vorkaufsberechtigten, hier dem Mieter, den Inhalt des mit dem Dritten geschlossenen Vertrages unverzüglich mitzuteilen (§ 510 Abs. 1 BGB). Die Mitteilung des Verpflichteten kann durch die Mitteilung des Dritten ersetzt werden. Im Gegensatz zum Vorkaufsrecht (§ 2 b WoBindG) beträgt die Frist zur Ausübung im Falle des § 570 b BGB **zwei Monate** ab Empfang der vollständigen und richtigen Mitteilung (§ 510 Abs. 1 und Abs. 2 BGB).
Im Falle des **Todes** des Mieters (siehe „Tod des Mieters") können dessen Familienangehörige, die in das Mietverhältnis (§ 569 a Abs. 1, 2 BGB) eintreten, das Vorkaufsrecht noch ausüben. Für den Erben gilt dies nur im Falle der Umwandlung einer Sozialwohnung (§ 2 b Abs. 2 Satz 2 WoBindG), nicht bei der Umwandlung einer frei finanzierten Wohnung.

Vormietrecht

1 **Vormietrecht ist** das analog dem Vorkaufsrecht ausgestaltete Recht eines Dritten, durch Abgabe einer entsprechenden Willenserklärung dem Verpflichteten gegenüber ein Mietverhältnis mit dem Inhalt zu begründen, wie es der Verpflichtete mit einem Dritten abgeschlossen hat (so Reinstorf in Bub / Treier, II Rdn. 160).

2 Beim Vormietrecht ist der **Vermieter** also **nicht gebunden**. Er ist frei, ob er einen Mietvertrag abschließen will. Entschließt er sich dazu, kommt der Mietvertrag, wenn der Berechtigte sein Vormietrecht ausübt, dann aber mit diesem zustande. Im Gegensatz dazu begründet ein **Mietvorvertrag** (siehe „Mietvorvertrag") die einklagbare Verpflichtung der Parteien zum Abschluß eines Mietvertrages. Bei der Option (siehe „Optionsrecht") hat es dagegen der Begünstigte in der Hand, ob es durch Ausübung der Option zu einer Verlängerung des Mietverhältnisses kommt.

3 **Voraussetzung** für die Ausübung des Vormietrechts ist, daß mit einem Dritten ein Mietvertrag abgeschlossen wird. Auf die Bestimmungen dieses Vertrages hat der Vormietberechtigte keinen Einfluß; er kann nur entweder sein Vormietrecht ausüben oder nicht. Etwas anderes gilt nur, wenn der Vormietverpflichtete und der Dritte arglistig zusammenwirken, um den Vormietberechtigten von der Ausübung seines Rechtes abzuhalten (z. B. durch Vereinbarung einer unrealistisch hohen Miete).

4 **Der Verpflichtete,** i. d. R. der Vermieter, muß sich im Vertrag mit dem Dritten für den Fall der Ausübung des Vormietrechts absichern, da er sonst

diesem gegenüber schadenersatzpflichtig ist. Dies erfolgt i. d. R. durch einen ausdrücklichen Hinweis auf das Vormietrecht, zusammen mit einem Rücktrittsrecht oder der Vereinbarung einer auflösenden Bedingung.

5 Sowohl die Vereinbarung eines Vormietrechtes als auch die Ausübung dieses Rechtes sind **formlos gültig** (strittig). Für den Mietvertrag gilt aber § 566 BGB (Schriftform, siehe „Schriftform"), wenn die Vertragszeit mehr als 1 Jahr beträgt.

Die Frist zur Ausübung des Vormietrechts beginnt mit der Mitteilung des Verpflichteten, daß der Vormietfall eingetreten ist, sowie mit der Mitteilung des Inhalts des abgeschlossenen Mietvertrages; sie endet 2 Monate nach der Mitteilung (§ 510 BGB entsprechend).

Wäschewaschen in der Mietwohnung

Sofern im Mietvertrag nichts anderes vereinbart ist, darf der Mieter sog. **Kleinwäsche**, nicht aber Großwäsche, in der Wohnung waschen und trocknen. Trockenautomaten dürfen nur bei ordnungsgemäßer Ablüftungsvorrichtung aufgestellt werden (vgl. AG Mühlheim, WM 1981, 12). Zuwiderhandlungen stellen einen vertragswidrigen Gebrauch der Mietsache dar. Der Vermieter kann nach fruchtloser Abmahnung auf Unterlassung klagen. Bei fortgesetzter Zuwiderhandlung kann der Vermieter das Mietverhältnis fristlos kündigen.

> Keinen vertragswidrigen Gebrauch der Mietsache stellt die Benutzung einer **Waschmaschine** in der Wohnung dar, wenn sie in der Küche oder im Bad des Mieters aufgestellt wird.

Der Mieter kann auch dann eine eigene Waschmaschine in der Wohnung installieren, wenn sich im Keller des Anwesens eine Waschanlage befindet (vgl. LG Karlsruhe, WM 1968, 107). Das AG Solingen (WM 1982, 142) ist dagegen der Meinung, daß der Mieter bei einer ausdrücklichen vertraglichen Vereinbarung seine Waschmaschine nur in der Waschküche installieren darf.

Für Schäden, die durch die Benutzung einer Waschmaschine in der Mietwohnung entstehen, haftet der Mieter. Hierbei sind erhöhte Sorgfaltspflichten zu beachten (vgl. „Obhutspflichten").

Wartungskosten

Ob dem Mieter formularmäßig Wartungsarbeiten an einzelnen Einrichtungen überbürdet werden können, ist umstritten.

Solange die Kosten überschaubar und angemessen sind, und die Einrichtungen einzeln aufgeführt werden, hält das LG Hannover solche Klauseln für zulässig (WM 1988, 259). Keinesfalls mit umfaßt sind jedoch **Reparaturen**. Auch soll der Mieter zum Abschluß von Wartungsverträgen formularmäßig verpflichtet werden können, solange ihm die Wartungsfirma nicht vorgeschrieben wird (Wolf-Eckert, Rdn. 135 – vgl. auch „Kleinreparaturen"). Bei Wohnraum ist allerdings die Rechtsprechung des Bundesgerichtshofs zu Kleinreparaturen (siehe „Kleinreparaturen") zu beachten. Vornahmeklauseln (Beispiel: „Der Mieter ist verpflichtet, einmal jährlich die Gastherme zu warten".) sind unwirksam (BGH, NJW 1991, 1750); Kostenklauseln sind auch ohne Höchstbegrenzung zulässig (streitig, so Sternel, Mietrecht aktuell, 3. A., Rdn. 140), da es sich um Betriebskosten handelt (siehe „Betriebskosten"), die auf den Mieter umgelegt werden können, aber nur insoweit, als sie in der Anlage 3 zu § 27 II. BV ausdrücklich aufgeführt sind (vgl. Anlage 3 Nr. 4 a, d, Nr. 5 c und Nr. 7).

Werkswohnungen

1 Unter einer Werkswohnung wird Wohnraum verstanden, der im Hinblick auf ein Arbeitsverhältnis einem Arbeitnehmer überlassen ist. Das BGB unterscheidet zwischen Wohnraum, der mit Rücksicht auf das Bestehen eines Dienstverhältnisses vermietet ist, und Wohnraum, der im Rahmen eines Dienstverhältnisses überlassen ist. In der juristischen Literatur wird allgemein die erste Gruppe als Werksmietwohnung, die zweite als Werksdienstwohnung bezeichnet.

2 Das **wesentliche Kriterium** einer Werksmietwohnung besteht darin, daß neben dem Arbeitsvertrag ein selbständiger Mietvertrag geschlossen ist. Hierbei kann Arbeitgeber sowohl der Vermieter als auch ein Dritter sein. Letzteres ist insbesondere bei den sog. werkgeförderten Wohnungen der Fall. Ein Arbeitgeber schließt mit dem Verfügungsberechtigten einen i. d. R. mit einem Finanzierungsbeitrag verbundenen Vertrag, wonach dem Arbeitgeber ein Belegungsrecht an den Wohnungen des Verfügungsberechtigten sowie ein Bestimmungsrecht für die Mietbedingungen zusteht. Dieser **Werkförderungsvertrag** ist kein Mietvertrag, sondern ein Darlehensvertrag mit werkvertraglichen Elementen. Der Verfügungsberechtigte vermietet zu den vereinbarten Bedingungen an den Betriebsangehörigen.

3 Ist Wohnraum mit Rücksicht auf das Bestehen eines Arbeitsverhältnisses vermietet, hat der Vermieter ein **Sonderkündigungsrecht**. Voraussetzung ist allerdings, daß das Mietverhältnis auf unbestimmte Zeit eingegangen ist oder als auf unbestimmte Zeit verlängert gilt. Das Sonderkündigungsrecht besteht nicht, wenn der Mietvertrag auf bestimmte Zeit geschlossen ist und eine Verlängerung nicht oder nur auf bestimmte Zeit eintritt.

> In diesen Fällen ist es möglich und auch empfehlenswert, einen **qualifizierten Zeitmietvertrag** (§ 564 c Abs. 2 Nr. 2 c BGB) abzuschließen (siehe „Zeitmietvertrag“).

Arbeitsvertrag und Mietvertrag müssen nicht gleichzeitig geschlossen sein. Wohl aber muß der geschlossene oder zu schließende Arbeitsvertrag Beweggrund, wenn auch nicht der einzige Grund, für den Abschluß des Mietvertrages sein. Das Sonderkündigungsrecht gilt nach Beendigung des Arbeitsverhältnisses. Solange es besteht, kommt nur eine ordentliche Kündigung nach den allgemeinen für Wohnraummietverhältnisse gültigen Vorschriften in Betracht. Teilweise wird sogar angenommen, daß während der Laufzeit des Arbeitsverhältnisses eine ordentliche Kündigung überhaupt ausgeschlossen ist.

Der Mietvertrag muß **gesondert** gekündigt werden, nicht zusammen mit der Kündigung des Arbeitsvertrages. Die Kündigung des Mietvertrages muß nach der Kündigung des Arbeitsvertrages zugehen, kann aber noch während dessen Laufzeit ausgesprochen werden.

4 Bei **nicht funktionsgebundenen** Werkswohnungen ist die Kündigung des Vermieters spätestens am 3. Werktag eines Kalendermonates für den Ablauf des übernächsten Monats zulässig, wenn der Wohnraum weniger als 10 Jahre überlassen war und für einen anderen zur Dienstleistung Verpflichteten benötigt wird, § 565 c Satz 1 Nr. 1 a BGB. Gemäß § 565 c Satz 1 Nr. 1 b BGB kann spätestens am 3. Werktag eines Kalendermonats für den Ablauf des nächsten Monats gekündigt werden, wenn das Mietverhältnis vor dem 1. 9. 93 begründet wurde und der Wohnraum für einen anderen zur Dienstleistung Verpflichteten dringend benötigt wird. Durch das Vierte Mietrechtsänderungsgesetz (BGB 93 I S. 1257 ff.) ist also einerseits die Kündigungsfrist um einen Monat verlängert worden, dafür entfällt das Tatbestandsmerkmal „dringend". Dies gilt jedoch nur für solche Verträge, die **nach dem 1. 9. 93** abgeschlossen werden. Für die vor diesem Datum abgeschlossenen Verträge gilt die bisherige Regelung mit der bisherigen, kürzeren Kündigungsfrist weiter. Nichts geändert hat sich an der Regelung, daß dann, wenn der Wohnraum mehr als 10 Jahre überlassen war, ein Sonderkündigungsrecht nicht mehr besteht. Es gelten dann die allg. Vorschriften (Kündigung nur aus berechtigtem Interesse).

Die Sonderkündigung setzt weiter einen **Betriebsbedarf** voraus. Dafür reicht es aus, daß ein anderer Arbeitnehmer in der herauszugebenden Wohnung untergebracht werden soll, der nicht Nachfolger des Auszuscheidenden zu sein braucht. Die Kündigung ist zu begründen. Hierbei genügt lediglich der Hinweis, daß die Wohnung dringend für die Unterbringung eines aktiv Bediensteten benötigt wird, nicht (OLG Stuttgart, RE vom 22. 11. 1985, ZMR 1986, 236; Weber/Marx, VII/ S. 112). Die näheren Umstände sind daher darzulegen. Bezüglich der Darlegungspflicht in der Kündigung kommt die Rechtsprechung allerdings dem Vermieter entgegen: Führt der Vermieter eine Bewerberliste seiner Mitarbeiter, die eine neue Wohnung suchen, braucht ein konkreter Mitarbeiter im Kündigungsschreiben nicht genannt werden (LG München I, WM 1990, 153).

Die in § 75 Abs. 2 Nr. 2 BPersVG und in § 87 Abs. 1 Nr. 9 BetrVG geforderte **Zustimmung** des Personal- und Betriebsrats zur Kündigung von Wohnräumen ist Wirksamkeitsvoraussetzung für die Kündigung nur bis zur rechtswirksamen Auflösung des Dienst- oder Arbeitsverhältnisses (OLG Frankfurt, RE vom 14. 8. 92; WM 1992, 525).

Das Sonderkündigungsrecht muß nicht zum ersten zulässigen Termin ausgeübt werden, weil die Voraussetzungen auch noch später eintreten können. Allerdings kann dann Verwirkung eingewandt werden, wenn längere Zeit zugewartet wurde, so LG Aachen, WM 1985, 149. In der Regel wird also zu fordern sein, daß zwischen der Beendigung des Arbeitsverhältnisses und dem Ausspruch der

Kündigung der Werkswohnung ein enger zeitlicher Zusammenhang bestehen muß (Sternel, Mietrecht aktuell, 2. Aufl., Randnr. 496 sowie LG Bochum, WM 1992, 438).

5 Von **funktionsgebundenem Wohnraum** spricht man, wenn das Arbeitsverhältnis seiner Art nach die Überlassung des Wohnraumes, der in unmittelbarer Beziehung oder Nähe zur Stätte der Arbeitsleistung steht, erfordert hat. Hierunter fallen u. a. Wohnungen für Hausmeister, Hausverwalter, Wachpersonen. Hier ist die Kündigung des Vermieters spätestens am 3. Werktag eines Kalendermonats für den Ablauf dieses Monats zulässig. Voraussetzung ist, daß der Wohnraum für einen anderen zur Dienstleistung Verpflichteten benötigt wird. Meist wird dies der Nachfolger des Ausgeschiedenen sein.

Das Sonderkündigungsrecht bei funktionsgebundenen Wohnungen hängt nicht von der Dauer der Überlassungszeit ab.

Die kurze Kündigungsfrist bei funktionsgebundenen Wohnungen hat der Gesetzgeber aus wohl erwogenen Gründen eingeführt. So soll z. B. ein Hausmeister nicht seine Arbeit niederlegen, die Wohnung aber blockieren können, wenn sie der Vermieter einem neuen Hausmeister zur Verfügung stellen will. Auch hier muß in den Kündigungsgründen ein konkreter betrieblicher Bedarf vorgetragen werden (vgl. LG Itzehoe, WM 1985, 152). Auch hier dürfen jedoch die Anforderungen nicht überspannt werden. In der Kündigung muß der neue Hausmeister nicht namentlich genannt werden (LG Berlin, ZMR 1992, 346). Dies ist praxisgerecht, da in der Regel ein neuer Hausmeister erst zur Verfügung steht, wenn konkret absehbar ist, wann er auch die Hausmeisterwohnung beziehen kann.

6 Das **Widerspruchsrecht des Mieters** gegen die Kündigung mit abgekürzter Frist ist eingeschränkt.

Bei nicht funktionsgebundenen Werkswohnungen ist der Widerspruch an sich zulässig, jedoch sind bei der Interessenabwägung auch die Belange des Dienstberechtigten zu berücksichtigen, § 565 d Abs. 1 BGB. Das ist vor allem von Bedeutung, wenn Vermieter und Arbeitgeber nicht personengleich sind. Hier ist das betriebliche Interesse des Arbeitgebers von besonderem Gewicht.

> Der Vermieter kann die Einwilligung zur Fortsetzung des Mietverhältnisses verweigern, wenn der Mieter den Widerspruch nicht spätestens 1 Monat vor Beendigung des Mietverhältnisses erklärt hat.

Hat der Vermieter den Mieter nicht rechtzeitig vor Ablauf der Widerspruchsfrist über sein Recht belehrt, kann der Mieter den Widerspruch noch im ersten Termin des Räumungsrechtsstreites erklären.

Schlechthin ausgeschlossen ist das Widerspruchsrecht des Mieters bei funktionsgebundenen Werkswohnungen (§ 565 d Abs. 3 Nr. 1 BGB). Es entfällt ferner, wenn der Mieter das Arbeitsverhältnis gelöst hat, ohne daß ihm vom Arbeitgeber gesetzlich begründeter Anlaß gegeben war, oder der Mieter durch sein Verhalten dem Arbeitgeber gesetzlich begründeten Anlaß zur Auflösung des Arbeitsverhältnisses gegeben hat, z. B. bei erheblicher Störung des Betriebsfriedens. Neu eingeführt ist durch das Vierte Mietrechtsänderungsgesetz die Möglichkeit, einen besonderen Zeitmietvertrag (§ 564 c Abs. 2 Nr. 2 c BGB) abzuschließen, wenn der Vermieter die Räume an einen anderen zur Dienstleistung Verpflichteten vermieten will.

7 Im Unterschied zu Werksmietwohnungen besteht bei **Werksdienstwohnungen** neben dem Arbeitsvertrag kein gesonderter Mietvertrag. In aller Regel ist die Wohnraumüberlassung ein Teil der Vergütung für die Arbeitsleistung. Es handelt sich um einen gemischten Vertrag, auf den je nach Sachlage die arbeitsrechtlichen oder die mietrechtlichen Vorschriften Anwendung finden (Sternel IV, Rdn. 268; a. A.: BArbG, Urt. v. 15. 12. 1992, WM 1993, 353). Das Bundesarbeitsgericht hat entschieden, daß auch bei Vorliegen einer gesonderten Vertragsvereinbarung ein selbständiges Mietverhältnis durch die Überlassung einer Werksdienstwohnung als Bestandteil arbeitsvertraglicher Vereinbarung ausgeschlossen ist. Das MHG findet keine entsprechende Anwendung. Dem Arbeitgeber vorbehaltene einseitige Vertragsänderungen unterliegen mindestens einer Überprüfung der Einhaltung der Grundsätze billigen Ermessens. Das Nutzungsentgelt wird daher nicht nach den Bestimmungen des MHG neu festgesetzt. Im Anschluß an die Beendigung des Arbeitsverhältnisses sind die Interessen des Arbeitnehmers als Wohnungsnehmer weiter gewahrt (§ 565 e BGB), von wo ab die Bestimmungen des MHG anwendbar sind. Für die Dauer des Arbeitsverhältnisses kann die Wohnung nicht gekündigt werden (LG Frankfurt/Main, ZMR 1967, 201).

Endet das Arbeitsverhältnis, gelten hinsichtlich des an sich weiter laufenden Mietverhältnisses die Vorschriften über funktionsgebundene Werksmietwohnungen entsprechend, sofern der zur Dienstleistung Verpflichtete den Wohnraum ganz oder überwiegend mit Einrichtungsgegenständen ausgestattet hat oder in dem Wohnraum mit seiner Familie einen eigenen Hausstand führt (§ 565 e BGB). Gilt Wohnraummietrecht nicht, etwa weil der Vermieter die Werksdienstwohnung möbliert und an eine Einzelperson überlassen hat, ist die Wohnraumüberlassung vom Bestehen des Arbeitsverhältnisses abhangig. Mit seiner Beendigung verliert er das Recht zur Wohnungsnutzung.

Höchst umstritten ist, welches Gericht für Klagen, die Wohnungsnutzung betreffen, zuständig ist. Teilweise wird angenommen, daß während der Dauer des Arbeitsverhältnisses auch für Klagen, die die Wohnungsnutzung betreffen, die **Arbeitsgerichte** zuständig sind, für die Zeit danach die **Amtsgerichte;** teilweise wird angenommen, daß sowohl während des Bestehens als auch nach Beendigung des Arbeitsverhältnisses für die Wohnraumnutzung die Amtsgerichte zuständig sind.

Wertsicherungsklauseln

Der **Mietzins** für Geschäftsräume kann frei vereinbart werden. An den vereinbarten Mietzins sind jedoch dann beide Vertragsteile für die Vertragsdauer gebunden, sofern sie sich nicht über eine Änderung des Mietzinses einigen. Insbesondere hat der Vermieter bei Geschäftsräumen nicht die Möglichkeit, den Mietzins während der Vertragsdauer einseitig zu erhöhen. Dies gilt auch bei langjährigen Verträgen. Der Vermieter trägt in diesen Fällen das Risiko der Geldentwertung. Eine Anpassung an die veränderten Verhältnisse hat die Rechtsprechung nur in eng begrenzten **Ausnahmefällen** zugelassen, und zwar nach den Grundsätzen über den Wegfall der Geschäftsgrundlage. Selbst wenn ein in 15 Jahren eingetretener Kaufkraftschwund der DM um 2/3 eingetreten ist, berechtigt dies den Vermieter nicht zur Anpassung des Mietzinses (Wolf / Eckert, Rdn. 178). Ausnahmsweise eine Anpassung hat die Rechtsprechung zugelassen, wenn das Festhalten am Vertrag mit Recht und Gerechtigkeit unvereinbar wäre sowie dann, wenn die Mietverträge aus einem langfristigen Vertrag nachgewiesenermaßen der Versorgung des Vermieters dienen sollen (BGHZ 61, 31). Wann ein solches, nicht hinzunehmendes Mißverhältnis besteht, ist zweifelhaft. Wolf / Eckert (a.a.O.) weisen auf die Rechtsprechung des BGH zum Erbbaurecht hin, die bei einer Steigerung des Lebenshaltungskostenindexes in der Zeit von 1939 bis 1975 um 222,12 % und einer Steigerung des Bruttoverdienstes der Arbeiter um 875 % oder einem Kaufkraftschwund von mehr als 60 % davon ausgegangen ist, daß das bei Vertragsschluß zugrunde gelegte Verhältnis von Leistung und Gegenleistung so stark gestört ist, daß ein Rechtsanspruch auf eine Anpassung auch ohne Vereinbarung einer Wertsicherungsklausel besteht.

Das gilt auch für **Betriebskosten**erhöhungen, die nur dann überwälzt werden können, wenn eine entsprechende Klausel im Mietvertrag dies vorsieht. Der Weg zu einer Änderung des Mietzinses führt bei Geschäftsräumen somit mangels besonderer Vereinbarungen nur über die vertragsgemäße Kündigung. Insbesondere bei Mietverträgen über längere Zeit haben die Vertragsparteien ein Interesse daran, Klauseln zu vereinbaren, die eine Mietzinsänderung innerhalb der Vertragszeit ermöglichen.

Die zuverlässigste und am wenigsten zu Streit Anlaß gebende Art der Sicherung eines angemessenen Mietzinses bei langfristigen Verträgen ist die Aufnahme einer Wertsicherungsklausel in den Mietvertrag. Hierunter sind Vereinbarungen zu verstehen, die die Höhe einer Geldschuld (hier: Miete oder Pacht) von dem Preis oder der Menge anderer Güter oder Leistungen abhängig machen (Palandt § 245/4 a). Es ist zu unterscheiden zwischen genehmigungsbedürftigen **Gleitklauseln** und genehmigungsfreien **Leistungsvorbehalten** (z. B. BGH, NJW 1967, 830). Der Unterschied zwischen den beiden Arten von Wertsicherungsklauseln besteht darin, daß bei den Gleitklauseln die Höhe der geschuldeten Geldleistung unmittelbar von den Änderungen der Bezugsgröße abhängt und jede Veränderung der vorgesehenen Bezugsgröße zugleich und unbedingt (automatisch) auch zu einer entsprechenden Änderung der gesicherten Geldschuld

(Anschluß Seite W 7)

führen muß, während bei dem Leistungsvorbehalt die Klausel nur dahin wirkt, daß die Höhe der Gegenleistung zunächst unbestimmt jedoch bestimmbar bleibt. Im folgenden wird nur die automatisch wirkende Gleitklausel behandelt. Die übrigen Wertsicherungsklauseln finden sich unter „Leistungsvorbehalt“ und „Spannungsklauseln“.

Die Gleitklausel steht allerdings gemäß § 3 WährungsG unter Genehmigungsvorbehalt der Dt. Bundesbank (Wilhelm-Eppstein-Str. 14, 60431 Frankfurt, Tel.: 0 69 / 1 58-1) bzw. deren Zweigstellen in den Ländern.

Eine Gleitklausel liegt vor, wenn die Klausel ohne jedes weitere Zutun der Vertragspartner selbsttätig zu einer Anpassung an alle Veränderungen der Vergleichs- oder Bezugsgröße, d. h. des Wertmessers führt. Das Entscheidende liegt in der Automatik. Eine Zahlungsaufforderung des Vermieters ist nicht nötig. Für den Mietzins bedeutet das: Er ändert sich im gleichen Verhältnis wie die Bezugsgröße.

Manchmal übersehen beide Vertragsparteien, daß sich der Mietzins aufgrund einer Indexänderung bereits erhöht hat. Der Anspruch des Vermieters auf Zahlung ist hier jedoch, wenn nicht noch weitere Umstandsmomente hinzutreten, in der Regel nicht verwirkt, da beide Vertragsparteien sich über die Entwicklung des Indexes auf dem laufenden halten können und der Mieter dadurch in die Lage versetzt ist, geeignete Rücklagen zu bilden. Eine Ausnahme gilt nur bei Klauseln, die vertraglich so ausgestaltet sind, daß die Erhöhung erst nach einer besonderen Erklärung des Vermieters fällig ist. Diese Erklärung ist dann eine materielle Anspruchsvoraussetzung, d. h., erst nach Zugang dieser Erklärung hat der Vermieter einen Anspruch auf den erhöhten Mietzins, BGH, MDR 1979, 930. In dem vom BGH entschiedenen Fall hatten die Parteien zur Gleitklausel zusätzlich vereinbart: „Eine besondere Aufforderung des Vermieters oder des Mieters, eine veränderte Miete zu zahlen, ist erforderlich.“ Der Vermieter verlangte die Mieterhöhung auch für eine Zeit, die vor Abgabe des Erhöhungsverlangens lag, da die Voraussetzungen nach der Klausel erfüllt waren. Dies hat der BGH abgelehnt. Solche zusätzl. Voraussetzungen sollten daher nicht in Gleitklauseln aufgenommen werden.

Die **Genehmigungspraxis** der Deutschen Bundesbank hat die verschiedenen Möglichkeiten der Wertsicherung auf einen einfachen Nenner gebracht. Genehmigt wird nämlich die Wertsicherung des Mietzinses nur, wenn

a) die Laufzeit des Geschäftsraummietvertrages mindestens 10 Jahre beträgt oder wenigstens die Kündigung des Vermieters für die gleiche Dauer ausgeschlossen ist,
b) die Gegenseitigkeit verbürgt ist (bei Verschiebung der Bezugsgröße nach oben Erhöhung, nach unten Senkung des Mietzinses),
c) als Bezugsgröße der Lebenshaltungsindex (nicht etwa der Mietenindex) vereinbart ist. Zuständig für die Genehmigung sind die einzelnen Landeszentralbanken.

Seite W 8

Solange die Genehmigung noch nicht erteilt ist, ist die Gleitklausel schwebend unwirksam. Die Genehmigung heilt die Unwirksamkeit rückwirkend. Die Genehmigung kann auch noch nach Beendigung eines Miet- oder Pachtverhältnisses beantragt werden und erteilt werden, BGH, WPM 1979, 784. Haben die Parteien eine nicht genehmigungsfähige Klausel vereinbart, sind sie verpflichtet, rückwirkend eine genehmigungsfähige oder, wenn das nicht möglich ist, eine genehmigungsfreie Klausel zu vereinbaren (BGH, NJW 1967, 830). Die Rechtsprechung des BGH ist bemüht, die Unwirksamkeitsfolge bei genehmigungsbedürftigen, aber nicht genehmigungsfähigen Klauseln möglichst zu vermeiden, um zu verhindern, daß aus Anlaß einer nicht genehmigungsfähigen Gleitklausel der ganze Vertrag „gekippt" wird, obwohl hierfür oft andere Gründe maßgeblich sind, so Wolf /Eckert Randnr. 165. Oft wird es daher möglich sein, im Wege der ergänzenden Vertragsauslegung die unwirksame Klausel durch eine ihr in der Wirkung gleichkommende genehmigungsbedürftige oder auch genehmigungsfreie Klausel zu ersetzen, die die gegenseitigen Belange wahrt und wirksam ist, so BGH, NJW 1979, 2250; NJW 1975, 44. Diese Klausel gilt dann als von Anfang an vereinbart. Auszugehen ist davon, wie die Parteien den Vertrag gestaltet hätten, wäre ihnen die von ihnen nicht in Rechnung gestellte Unwirksamkeit der vereinbarten Klausel bewußt gewesen. Unter Berücksichtigung des objektiven Vertragszweckes kann dann davon ausgegangen werden, daß die Parteien eine andere, wirksame Klausel gewählt hätten, die die beiderseitigen Belange wahrt. Selbst in einem Fall, in dem der Vermieter erklärt hat, er hätte die Räume lieber nicht vermietet, wenn er gewußt hätte, daß die vereinbarte Klausel genehmigungsbedürftig, aber nicht genehmigungsfähig sei, hat der BGH entschieden (WPM 1983, 364), daß der Vermieter nach Treu und Glauben verpflichtet sei, sich auf eine wirksame Klausel einzulassen und sich nicht auf die Unwirksamkeit des gesamten Vertrages berufen könne.

Beispiel für eine Gleitklausel:

> „Falls und sobald der Preisindex für die Gesamtlebenshaltung aller privaten Haushalte (1985 = 100) ab Vertragsbeginn um mindestens 5 % steigt oder fällt, so steigt oder fällt der Mietzins im gleichen Verhältnis.

Das gleiche gilt, wenn, sobald und sooft nach einer Erhöhung oder Ermäßigung des Mietzinses der Index wiederum um mindestens 5 % steigt oder fällt."

Bei Wohnraum sind solche Klauseln eingeschränkt möglich, (vgl. „Mieterhöhung" 10, Indexmiete). Siehe hierzu auch „Leistungsvorbehalt".

Wettbewerbsschutz

1 Bei Vermietung von Geschäftsräumen spielt die Frage, ob und inwieweit der Vermieter verpflichtet ist, **Wettbewerb** von seinem Geschäftsraummieter fern zu halten, eine bedeutende Rolle. Wenn auch ein grundsätzliches Recht auf Fernhaltung jeglichen Wettbewerbs dem Mieter im allgemeinen nicht zugestanden wird, ist der Vermieter, sofern im Mietvertrag der geschäftliche Gebrauchszweck hervorgehoben ist, dennoch verpflichtet, die Vermietung anderer Räume in demselben Gebäude an Wettbewerbsunternehmen zu unterlassen. Das gilt auch dann, wenn im Mietvertrag eine Konkurrenzklausel nicht vereinbart ist.

> Die Pflicht, Wettbewerb fernzuhalten, setzt freilich die genaue Bezeichnung des gewerblichen Zweckes der Anmietung voraus.

2 Der Wettbewerbsschutz beschränkt sich auf den **Vertrieb von Hauptartikeln;** Überschneidungen in Nebenartikeln müssen in Kauf genommen werden. Dabei werden als Hauptartikel diejenigen Waren bezeichnet, die den Zweck des Geschäftes bestimmen und ihm das eigentümliche Gepräge geben. Angesichts der Vielfältigkeit unseres Geschäftslebens läßt sich eine scharfe Grenzlinie nicht ziehen, zumal die Führung von zusätzlichen Artikeln in den letzten Jahren immer mehr um sich gegriffen hat.

> **Beispiele:** Verkauf von Semmeln in einer Metzgerei = Nebenartikel; Apotheke und Drogerie, Café und Eisdiele = stets Überschneidung in Hauptartikeln.

Allerdings kann die Auslegung einer vertraglichen **Konkurrenzschutzklausel** durchaus ergeben, daß sich der Konkurrenzschutz auch auf Nebenartikel beziehen soll (BGH, MDR 1986, 46). Hierzu können formularvertragliche Vereinbarungen getroffen werden. Die Formularklausel: „Der Mieter verpflichtet sich, keine Waren zu führen, die bereits in einem anderen Geschäftslokal des Hauses geführt werden. Auch darf der Mieter kein bereits im Haus befindliches Gewerbe ausüben" verstößt nicht gegen § 9 AGB-Gesetz (OLG Celle, WM 1992, 538). Dies gelte selbst bei einer Ausdehnung auf sich überschneidende Nebenartikel.

Eine derart umfassende Regelung, die in gleicher Weise Haupt- und Nebenartikel betrifft, ist bei Vermietungen innerhalb eines Einkaufszentrums, in dem sich leicht Angebotsüberschneidungen ergeben können, sachgerecht. Dies hat zur Folge, daß ein Supermarkt nicht berechtigt ist, das Angebot eines im selben Einkaufszentrum befindlichen Fachgeschäfts ganz oder zu einem erheblichen Teil mitabzudekken, auch wenn diese Artikel für den Supermarkt nur 1 % des Umsatzes umfassen. Für das Fachgeschäft tritt nämlich eine Konkurrenzsituation ein, die durch Konkurrenzschutzklauseln gerade vermieden werden sollen. Im Sinne einer sachgerechten Auslegung der Konkurrenzschutzklausel ist daher nicht auf das breit gefächerte Warenangebot des Supermarkts, sondern auf Überschneidungen der dort geführten Artikel mit denen des Einzelhandelsgeschäftes abzustellen.

3 **Für freie Berufe** gilt der Konkurrenzschutz ebenfalls. Eine Besonderheit besteht für große **Geschäftshäuser,** die von vornherein zur Unterbringung gleichartiger Berufszweige vorgesehen sind (z. B. Ärztehaus; mehrere Anwaltspraxen). Hier ist davon auszugehen, daß der Mieter in Kenntnis einer bestehenden Wettbewerbssituation anmietet und daher keinen Konkurrenzschutz beanspruchen kann (BGH, ZMR 1977, 23).

Der Konkurrenzschutz muß ferner gewährt werden bei einer Praxis in einem reinen Wohnhaus (LG Düsseldorf, NJW 1963, 1678) oder wenn die Praxis auch von sog. Laufkundschaft lebt. Zwischen Gewerbetreibenden und Freiberuflern besteht kein wesentlicher Unterschied, daher stellt die Vermietung an eine gleichartige Arztpraxis für den Erstmieter eine vertragswidrige Gebrauchsbehinderung dar (BGH, NJW 1978, 585).

Regeln Sie bei der Vertragsgestaltung den Konkurrenzschutz ausführlich und zweifelsfrei.

4 Eine **formularmäßige Klausel,** wonach Konkurrenzschutz nicht gewährt wird, ist zulässig, z. B. bei der Anmietung einer Zahnarztpraxis (kein Verstoß gegen § 9 AGB-Gesetz; OLG Hamburg, ZMR 1987, 94). Wenn der Wettbewerber ein völlig gleiches Warensortiment anbietet, soll im formularmäßigen Ausschluß des Konkurrenzschutzes eine unangemessene Benachteiligung des Mieters liegen (OLG Düsseldorf, DWW 1992, 368). Hier wird zu differenzieren sein: In einem Einkaufszentrum sind in der Regel mehrere Betriebe der gleichen Fachrichtung, z. B. Textilgeschäfte oder Restaurants. Anders kann die Rechtslage in einem Ärztehaus sein, in dem verschiedene Fachärzte praktizieren.

5 **Rechtsfolgen:** Der Erstmieter, dessen Rechte verletzt sind, kann vom Vermieter die Beseitigung der Störung durch den Konkurrenten verlangen, auch im Wege der einstweiligen Verfügung gegen den Vermieter, dem konkurrierenden Mieter die Aufnahme des Geschäftsbetriebes zu untersagen (OLG Hamm, NJW-RR 1991, 1483). Ob der Vermieter hierzu rechtlich in der Lage ist oder nicht, steht dem Anspruch nicht entgegen (vgl. BGH, WM 1975, 163). Zur Durchsetzung des Anspruches hat er ein Zurückbehaltungsrecht (§ 320 BGB). Nach erfolglosem Abhilfeverlangen kann der Erstmieter fristlos kündigen (§ 542 BGB).

Darüber hinaus stellt die vertragswidrige Vermietung an einen Wettbewerber einen Mangel der Mietsache dar, so daß der Mieter den Mietzins mindern und ggf. Schadenersatz verlangen kann (§§ 537, 538 BGB).

Widerspruch des Mieters gegen die Kündigung

1 Voraussetzungen

Das **Widerspruchsrecht** des Mieters gegen die ordentliche Kündigung des Vermieters wurde durch das Gesetz über den Abbau der Wohnungszwangswirtschaft und über ein soziales Miet- und Wohnrecht vom 23. 6. 60 (BGBl I S. 389) als § 556 a in das BGB eingefügt. Danach kann der Mieter der Kündigung eines Mietverhältnisses über Wohnraum widersprechen und vom Vermieter die Fortsetzung des Mietverhältnisses verlangen, wenn die vertragsmäßige Beendigung des Mietverhältnisses für den Mieter oder seine Familie eine Härte bedeuten würde, die auch unter Würdigung der berechtigten Interessen des Vermieters nicht zu rechtfertigen ist.

Das Widerspruchsrecht besteht auch dann, wenn die Kündigung des Vermieters wegen dessen berechtigten Interesses wirksam ist. Die vom Mieter geltend gemachten Härtegründe und die berechtigten Interessen des Vermieters sind gegeneinander abzuwägen. Es ist deshalb durchaus möglich, daß ein Vermieter trotz nachgewiesenen berechtigten Interesses an der Beendigung des Mietverhältnisses das Mietobjekt nicht zurückerhält, siehe hierzu ausführlich „Sozialklausel“.

2 Ausschluß

Das **Widerspruchsrecht** des Mieters kann von Gesetzes wegen **ausgeschlossen** sein. Das ist der Fall bei Wohnraum, der nur zu vorübergehendem Gebrauch überlassen ist. Gleiches gilt für möblierten Wohnraum, der Teil der vom Vermieter selbst bewohnten Wohnung ist und nicht an eine Familie überlassen ist. Der Widerspruch gegen die Kündigung ist ferner ausgeschlossen bei einer zulässigen Kündigung von Wohnraum in Ferienhäusern und Ferienwohnungen sowie bei der zulässigen Kündigung von Wohnraum durch die öffentliche Hand. Die Fortsetzung des Mietverhaltnisses kann der Mieter nicht verlangen, wenn er selbst das Mietverhältnis gekündigt hat.
Das Widerspruchsrecht ist ferner ausgeschlossen, wenn ein Grund vorliegt, aus dem der Vermieter zur Kündigung ohne Kündigungsfrist berechtigt ist.
Bei Werkswohnungen unterliegt das Widerspruchsrecht gewissen Einschränkungen, vgl. dieses Stichwort.

3 Die Erklärung

Die **Erklärung des Mieters,** mit der er der Kündigung widerspricht und die Fortsetzung des Mietverhältnisses verlangt, bedarf der schriftlichen Form. Die Erklärung muß von dem oder den Mietern oder einem bevollmächtigten Vertreter unterzeichnet sein. Nach Ansicht des OLG Karlsruhe ist ein telegraphisch eingelegter Widerspruch unwirksam (DWW 1983, 278).
Die Worte „Widerspruch“ und „Fortsetzung“ braucht die Erklärung nicht zu enthalten, jedoch muß der auf Fortsetzung des Mietverhältnisses gerichtete Wille des Mieters aus seiner Erklärung erkennbar hervorgehen.

Die Begründung des Widerspruches ist nicht zwingend vorgeschrieben. Jedoch soll der Mieter auf Verlangen über die Gründe des Widerspruchs unverzüglich Auskunft erteilen. Unterläßt er dies, können ihm im Räumungsprozeß, falls die Klage des Vermieters wegen des Widerspruchs abgewiesen oder der Vermieter zur Fortsetzung des Mietverhältnisses verurteilt wird, die Prozeßkosten ganz oder teilweise auferlegt werden (§ 93 b ZPO).

4 Ablehnungsrecht des Vermieters

Der Vermieter kann die **Fortsetzung des Mietverhältnisses** ohne Rücksicht auf die sachliche Begründetheit des Widerspruchs ablehnen, wenn der Mieter den Widerspruch nicht spätestens 2 Monate vor der Beendigung des Mietverhältnisses dem Vermieter gegenüber erklärt hat. Das gilt jedoch nur, wenn der Vermieter in seinem Kündigungsschreiben den Mieter auf die Form und Frist des Widerspruchs rechtzeitig hingewiesen hat. Hierzu reicht es aus, wenn im Kündigungsschreiben der Wortlaut des § 556 a BGB vollständig wiedergegeben wird (so LG Rottweil, MDR 1980, 671).

Der Hinweis ist rechtzeitig erteilt, wenn er beim Mieter so eingeht, daß dieser noch in der Lage ist, nach einer angemessenen Überlegungszeit den Widerspruch rechtzeitig abzufassen und dem Vermieter zuzuleiten.
Wurde der Mieter über dieses Recht nicht belehrt, kann er den Widerspruch noch im ersten Termin des Räumungsrechtsstreites erklären.

5 Fortsetzungsverlangen bei Festzeitmietverhältnis

Auch bei einem Mietverhältnis über Wohnraum auf bestimmte Zeit kann der Mieter die Fortsetzung des Mietverhältnisses verlangen, wenn sie aufgrund des § 556 a BGB im Falle einer Kündigung verlangt werden könnte, § 556 b Abs. 1 BGB. Hat der Mieter bei Vertragsschluß die Umstände gekannt, die den Vermieter veranlaßt haben, nur auf bestimmte Zeit zu vermieten, wobei diese Umstände nicht Vertragsinhalt geworden sein müssen, sind zu Gunsten des Mieters nur solche Härtegründe zu berücksichtigen, die nachträglich entstanden sind, § 556 b Abs. 2 BGB.

Der Mieter kann keine Fortsetzung des Mietverhältnisses verlangen, wenn ein qualifizierter Zeitmietvertrag gemäß § 564 c Abs. 2 BGB abgeschlossen wurde, siehe „Zeitmietvertrag", Abschn. 4.

Der Mieter muß seinen Fortsetzungsanspruch spätestens 2 Monate vor Beendigung des Mietverhältnisses schriftlich geltend machen, §§ 556 b Abs. 1 Satz 2, 556 a Abs. 6 Satz 1, Abs. 5 Satz 1 BGB. Erteilt der Vermieter nicht den Hinweis auf diese Möglichkeit, kann der Mieter die Fortsetzung noch im ersten Termin des Räumungsrechtsstreites verlangen, OLG Hamm, RE vom 26. 7. 1991, DWW 1991, 368. Siehe hierzu auch „Kündigungsschutz", Abschnitt 3, „Sozialklausel".

Wirtschaftlichkeitsberechnung → „Kostenmiete"

Wohnfläche

1 Bei **öffentlich geförderten** Wohnungen und solchen, die steuerbegünstigt sind oder dem Gemeinnützigkeitsrecht unterliegen (§ 82 II. WoBauG), wird die Wohnfläche nach der II. Berechnungsverordnung (§§ 42 bis 44) ermittelt.

2 Für **frei finanzierte** Wohnungen gibt es keine gesetzliche Bestimmung zur Ermittlung der Wohnfläche. Herangezogen werden können die Vorschriften der II. BV oder der Bestimmungen der DIN-Norm 283. Diese ist nicht mehr gültig, ihre Anwendung kann aber vereinbart werden. Danach sind die Grundflächen bei jedem Raum einzeln aus den Fertigmaßen zu ermitteln.

Für **Schrägen** gilt: Grundflächen von Räumen oder Raumteilen mit einer lichten Höhe von mindestens 2 m sind voll, solche mit einer Höhe von 1 bis 2 m zur Hälfte und solche unter 1 m gar nicht anzurechnen. **Balkone** sind nach dieser Bestimmung zur Hälfte anzurechnen. Dies gilt jedoch nicht für die Flächenermittlung im Rahmen einer Mietererhöhung nach § 2 MHG (BayObLG, WM 1983, 254). Hier ist der Wohnwert des Balkones entscheidend. Eine Anrechnung kann gar nicht, in guten Lagen bis zu 1/4 und als Höchstmaß in Ausnahmefällen bis zur Halfte erfolgen. Großzügiger ist das LG Kiel (WM 1995, 307): Danach können Balkonflächen grds. mit der Hälfte ihrer Quadratmeterzahl in Ansatz gebracht werden, wenn und soweit der Wohnwert des Balkons berücksichtigt und in den Quadratmetermietzins eingeflossen ist.

3 Ist die Wohnfläche im Mietvertrag vereinbart, gilt diese bis zum Nachweis der Unrichtigkeit. Bei einer Mieterhöhung oder bei der Abrechnung von Betriebskosten ist die tatsächliche Wohnfläche maßgebend (LG Köln, WM 1986, 121). Die Vereinbarung einer Wohnfläche stellt aber nicht die **Zusicherung** einer Eigenschaft dar, so daß bei einer Abweichung der Mieter keine Gewährleistungsansprüche geltend machen kann (so zu Recht LG Düsseldorf, WM 1990, 69). Die Angabe der Wohnfläche im Mietvertrag ist nicht schon deshalb als Eigenschaftszusicherung des Vermieters zu werten, weil sie der Berechnung des Mietzinses zugrundegelegt wurde (LG Gießen, NJW E-MietR 1996, 50). Eine solche Zusicherung kann nur dann angenommen werden, wenn der Vermieter – ausdrücklich oder konkludent – erklärt, für die angegebene Größe und die Folgen einer nachteiligen Abweichung garantiemäßig einstehen zu wollen. In der Regel hat daher die Angabe der Wohnungsgröße im Mietvertrag nur beschreibenden Charakter. Allerdings hat der Mieter einen **Ersatzanspruch** aus Verschulden bei Vertragsschluß, wenn der Vermieter im Mieterhöhungsschreiben schuldhaft eine falsche Wohnfläche angibt und die Parteien sich auf dieser Grundlage über eine erhöhte Miete verständigen (LG Hamburg, WM 1978, 354). Im vorliegenden Fall hat der Vermieter darauf hingewiesen, daß Gegenstand der Einigung der Parteien letztlich die monatliche Gesamtmiete gewesen sei. Nach Ansicht des Gerichts kommt es hierauf nicht an, entscheidend ist der Preis pro Quadratmeter. Dies ist nur insoweit richtig, als bei einem Erhöhungsverlangen (§ 2 MHG) der Mietzins pro Quadratmeter angegeben werden muß, damit der Mieter die Ortsüblichkeit überprüfen kann. Dies ändert aber nichts daran, daß der Vermieter letztlich eine bestimmte Gesamtmiete – unabhängig von der Wohnungsgröße – verlangt.

Wohngemeinschaft

Von Wohngemeinschaft spricht man, wenn sich mehrere Personen zusammentun, um eine Wohnung gemeinsam zu mieten. Alle Mitglieder der Gemeinschaft sind dann Mieter. Diese sind untereinander als Mitglieder einer BGB-Gesellschaft regelmäßig verbunden. Den Mitgliedern steht ein Kündigungsrecht (§ 723 BGB) untereinander zu; bei wirksamer Kündigung kann ein Gesellschafter die Zustimmung zur Kündigung des Mietverhältnisses gegenüber dem Vermieter verlangen (KG, Beschl. v. 30. 3. 1992, WM 1992, 323). Anders, wenn nur eine Person als Hauptmieter anmietet und dann untervermieten will (siehe „Untermiete“).

Hauptstreitpunkt bei der Vermietung an eine Wohngemeinschaft ist der Wechsel von Mietern. Dies kann dazu führen, daß nach einiger Zeit die ursprünglichen Mieter verschwunden sind und der Vermieter zu seiner Überraschung völlig andere Personen vorfindet.

> Unproblematisch ist es, wenn im Mietvertrag ausdrücklich eine **Nachfolgeklausel** vereinbart ist. Wenn jedoch eine solche Vereinbarung fehlt, sind die Ansichten in der Rechtsprechung geteilt.

Dem Vertragszweck bei der Vermietung an eine Wohngemeinschaft entspricht es, daß aus der Wohngemeinschaft ausscheidende Mieter die Vertragsentlassung verlangen und die verbleibenden Mieter den Eintritt neuer Mitmieter vom Vermieter fordern können. So führt das LG Hamburg (WM 1995, 697) aus, daß bei der Vermietung an eine Wohngemeinschaft auf Mieterseite auch ohne eine ausdrückliche Regelung im Mietvertrag das Recht besteht, daß ein Mitglied ausscheidet und ein neues Mitglied in den Vertrag eintritt, wobei der Vermieter berechtigt ist, dem Eintritt eines neuen Mieters zu widersprechen, wenn dieser für ihn nicht zumutbar ist. Eine solche Auslegung ist aus verfassungsrechtlicher Sicht nicht zu beanstanden (BVerfG, WM 1993, 104). Das LG Hamburg (WM 1985, 82) macht einen Mieterwechsel von der vorherigen Zustimmung des Vermieters abhängig, und zwar auch dann, wenn gegen die Mietnachfolger keine begründeten Einwendungen erhoben werden können. Allerdings gesteht das Gericht für den Fall der Verweigerung der Zustimmung den Mietern einen Anspruch auf Genehmigung der Untervermietung (§ 549 Abs. 2 BGB) zu. Der Vermieter muß sich aber nicht damit abfinden, wenn ein Mieterwechsel stattfindet, ohne daß er gefragt wird. Vielmehr besteht für die Mieter eine Anzeigepflicht (LG München I, WM 1982, 189). Der Einzug eines Nachfolgers vor Zustimmung zerstört die Vertrauensgrundlage, so daß der Vermieter von dem neu eingezogenen Bewohner Räumung verlangen kann (§ 985 BGB; LG Göttingen, WM 1993, 341).

Auch das LG Lübeck (WM 1985, 83) besteht auf dem einverständlichen Mitwirken des Vermieters beim Wechsel von Hauptmietern. Dieser Ansicht ist auch im Falle einer Wohngemeinschaft zu folgen, da andernfalls die Vertragsfreiheit des Vermieters unzumutbar eingeschränkt wird. Wie das LG Köln (WM 1991, 483) zu Recht ausführt, besteht über die in § 549 BGB und § 569 a BGB geregelten Fälle hinaus für den Vermieter kein Kontrahierungszwang, so daß er nicht verpflichtet ist, für den Fall, daß einer von mehreren Mietern ausgewechselt werden soll, seine Zustimmung zu erteilen. Rechtlich gesehen stellt dieses Auswechseln eine Schuldübernahme im Sinne der §§ 414, 415 BGB dar. Das setzt voraus, daß der Vermieter entweder Vertragspartner des Übernahmevertrages sein muß oder wenigstens in die Übernahme als Vertrag zwischen dem alten und dem neuen Schuldner einwilligt. Dazu kann jedoch der Vermieter (so LG Köln, a.a.O.), nicht gezwungen werden. Die Belange der verbleibenden Mieter sind dadurch ausreichend geschützt, daß sie bei Auszug eines Mitglieds der Wohngemeinschaft zur Untervermietung an Dritte berechtigt sind. Ein berechtigtes Interesse hierzu ist auch dann anzunehmen, wenn nur an zwei Personen vermietet wurde, damit der verbleibende Mitmieter weiterhin in einer Wohngemeinschaft leben kann (LG Hamburg, WM 1992, 432).

Kündigen können nur alle Mieter gemeinsam, so wie auch nur allen Mietern gegenüber gekündigt oder eine Mieterhöhung ausgesprochen werden kann (siehe auch „Personenmehrheit auf Mieterseite“).

Wohnrecht → „Dingliches Wohnrecht“

Wohnungsabnahmeprotokoll

Bei Beendigung des Mietverhältnisses vereinbaren die Parteien oft die gemeinsame Besichtigung der Wohnung und erstellen hierüber ein Protokoll. Eine gesetzliche Verpflichtung hierzu gibt es jedoch nicht. Es genügt, wenn der Mieter dem Vermieter die Schlüssel übergibt und der Vermieter sich anschließend vom Zustand der Wohnung ein Bild macht.

Ein vom Vermieter und vom Mieter unterschriebenes Abnahmeprotokoll kann weitreichende Wirkungen haben. Wird dem Mieter ausdrücklich bescheinigt, daß er die Wohnung mangelfrei zurückgegeben hat, ist darin ein deklaratorisches Schuldanerkenntnis zu sehen. Entdeckt der Vermieter später doch noch Schäden, kann er sie nicht mehr geltend machen.

Umgekehrt kann sich der Mieter in einem solchen Abnahmeprotokoll verpflichten, unabhängig von dem, was er nach dem Mietvertrag leisten müßte, bestimmte Schäden zu beseitigen oder Renovierungsmaßnahmen durchzuführen. Durch ein solches konstitutives Schuldanerkenntnis wird eine vom Mietvertrag rechtlich selbständige Leistungspflicht des Mieters begründet. Die Rechtsprechung ist aber bei der Annahme solcher selbständiger Leistungsverpflichtungen zurückhaltend. Falls im Abnahmeprotokoll nur der Zustand der Wohnung festgehalten wird, bedeutet dies seitens des Mieters kein Anerkenntnis einer Leistungsverpflichtung (LG Aachen, WM 1981, 163).

Andererseits soll der Vermieter in einem solchen Fall weitere Schäden anmelden können, wenn der Mieter diese unstreitig verschuldet hat (AG Köln, WM 1986, 85). Ob allerdings alle AG dieser Rechtsprechung folgen, erscheint zweifelhaft. Vielmehr besteht eher die Tendenz, zulasten des Vermieters das Abnahmeprotokoll als abschließend anzusehen. Vor Unterzeichnung eines solchen ist daher Vorsicht und sorgfältige Prüfung geboten.

Wohnungsbeschlagnahme → „Obdachlosenunterbringung“
Wohnungsbrand → „Verschlechterung der Mietsache“
Wuchermiete → „Mietwucher“

Zahlungsverzug des Mieters

Der **Mietzins** besteht aus wiederkehrenden Leistungen des Mieters. Für sie ist eine bestimmte Zeit nach dem Kalender maßgebend. Der Mietzins ist am Ende der Mietzeit zu entrichten (§ 551 Abs. 1 BGB). Ist er nach Zeitabschnitten bemessen, ist er nach dem Ablauf der einzelnen Zeitabschnitte zu entrichten, bei monatsweiser Zahlung also jeweils am Ende des Monats. Zulässigerweise kann jedoch formularvertraglich eine **andere Fälligkeit** (z. B. am 3. Werktage eines Monats) vereinbart werden, neuerdings durch den RE des BGH vom 26. 10. 1994 (WM 1995, 28) eingeschränkt (siehe „Fälligkeit des Mietzinses"). Der Mieter kommt daher, wenn er nicht termingerecht zahlt, ohne Mahnung in Verzug. Bei verspäteter Zahlung gerät der Mieter freilich nur dann in Verzug, wenn er diesen Umstand zu vertreten hat. Das ist z. B. nicht der Fall bei ungebührlich verzögerter Bankgutschrift. Seine Zahlungsfähigkeit hat jedoch der Mieter immer zu vertreten. Für die Zeit des Verzuges kann der Vermieter Verzugszinsen verlangen. Die Geltendmachung eines weitergehenden Schadens ist nicht ausgeschlossen.

Da es sich beim Mietzins um eine Schickschuld handelt, reicht für die Rechtzeitigkeit der Zahlung der **Abgang** (die Absendung) vom Erfüllungsort, also vom Wohnsitz des Mieters aus (§ 269 BGB). Allerdings sind hier vom Gesetz abweichende Vereinbarungen möglich. I. d. R. wird vereinbart, daß der Mietzins am Fälligkeitstag beim Vermieter eingegangen sein muß bzw. seinem Konto gutgeschrieben sein muß.

In Rechtsprechung und Literatur sind die Meinungen geteilt, ob bei Zahlungsverzug in Formularverträgen pauschalierte **Mahnkosten** verlangt werden können (dafür, wenn nicht mehr als DM 5,– angesetzt werden: von Brunn in Bub / Treier, III Rdn. 122; dagegen, wenn mehr als DM 10,– pro Mahnung gezahlt werden sollen: AG Darmstadt, WM 1988, 109).

Die schwerwiegendste **Folge des Verzuges** mit der Mietzinszahlung ist die fristlose Kündigung des Mietverhältnisses (§ 554 BGB). Sie ist zulässig, wenn der Mieter entweder für zwei aufeinanderfolgende Termine mit der Entrichtung des Mietzinses oder eines nicht unerheblichen Teils davon in Verzug ist oder in einem Zeitraum, der sich über mehr als zwei Termine erstreckt, mit der Entrichtung des Mietzinses in Höhe eines Betrages in Verzug gekommen ist, der den Mietzins für zwei Monate erreicht.

Die Kündigung ist **ausgeschlossen**, wenn der Vermieter vor ihrem Zugang befriedigt wird. Sie wird unwirksam, wenn sich der Mieter von seiner Schuld durch Aufrechnung befreien konnte und unverzüglich nach der Kündigung die Aufrechnung erklärt.

Das Kündigungsrecht des Vermieters wegen Verzuges des Mieters mit der

Mietzinszahlung ist bei Wohnraummietverhältnissen eingeschränkt. Der rückständige Teil des Mietzinses ist nur dann als nicht unerheblich anzusehen, wenn er den **Mietzins für einen Monat übersteigt**; dies gilt jedoch nicht, wenn Wohnraum nur zu vorübergehendem Gebrauch vermietet ist.

Ferner wird die Kündigung eines Wohnraummietverhältnisses unwirksam, wenn der Vermieter nach Erhebung der Räumungsklage binnen eines Monats nach Eintritt der Rechtshängigkeit (Klagezustellung) hinsichtlich des fälligen Mietzinses und der fälligen Nutzungsentschädigung befriedigt wird oder eine öffentliche Stelle (Sozialamt) sich zur **Befriedigung** verpflichtet. Entscheidend ist der Zugang beim Vermieter. Es genügt nicht, daß die Erklärung innerhalb der Frist abgegeben wird oder sie dem Mieter oder dem mit dem Räumungsrechtsstreit befaßten Gericht zugeht (BayObLG, RE v. 7. 9. 1994, NJW 1995, 338). Dies gilt jedoch nicht, wenn wegen Zahlung innerhalb der Schonfrist eine Kündigung des Vermieters unwirksam geworden ist und dem Mieter innerhalb eines Zeitraumes von zwei Jahren erneut wegen Zahlungsverzuges gekündigt wird. Kündigt der Vermieter in einem solchen Fall nicht fristlos, sondern ordentlich (§ 564 b Abs. 2 Nr. 1 BGB), soll der Mieter diese Kündigung durch nachträgliche Zahlung innerhalb der Schonfrist nicht unwirksam machen können (OLG Stuttgart, RE v. 28. 8. 1991, WM 1991, 256 sowie OLG Karlsruhe, RE v. 19. 8. 1992, WM 1992, 517). Auch eine analoge Anwendung der Vorschrift des § 554 Abs. 2 Nr. 2 BGB scheidet aus; der Mieter ist dadurch ausreichend geschützt, daß § 564 b Abs. 2 Nr. 1 BGB eine schuldhafte erhebliche Vertragsverletzung voraussetzt, deren Vorliegen in jedem Einzelfall geprüft werden muß.

Bei Wohnraummietverhältnissen ist eine zum Nachteil des Mieters von der gesetzlichen Regelung der Verzugsfolgen abweichende Vereinbarung unwirksam. Allgemein anerkannt ist, daß der Vermieter bei ständiger verspäteter Mietzinszahlung kündigen kann. Voraussetzung ist allerdings, daß der Vermieter diese unpünktliche Zahlungsweise abmahnt, so jedenfalls bei der fristlosen Kündigung. Bei einer ordentlichen Kündigung wegen **Zahlungsunpünktlichkeit** ist es eine Frage des Einzelfalls, ob eine Abmahnung erforderlich ist (so OLG Oldenburg, RE v. 18. 7. 1991, WM 1991, 467; siehe „Abmahnung"). Die **Abmahnung** muß eine Kündigungsandrohung für den Fall weiterer unpünktlicher Zahlung enthalten (LG Hamburg, WM 1991, 345). Zahlt nun der Mieter nach der Abmahnung weiterhin in einem zusammenhängenden Zeitraum die Miete mit erheblicher Verspätung, ist eine fristlose Kündigung (§ 554 a BGB) möglich.

Das LG München I (WM 1991, 346) sieht Verspätungen von mehr als einer Woche als erheblich an. Wie oft sich der Vermieter eine solche erheblich verspätete Zahlung gefallen lassen muß, bevor er fristlos kündigen kann, ist durch Rechtsentscheid noch nicht entschieden. Das LG München I geht davon aus, daß nach sechsmaliger, erheblich verspäteter Zahlung nach Abmahnung der Vermieter zur fristlosen Kündigung berechtigt ist (§ 554 a BGB). Andere Landgerichte stellen teilweise erheblich höhere Anforderungen (vgl. LG Köln, WM 1991, 485).

Vgl. ferner „Fälligkeit", „Kündigung", Abschnitte 3.2.1.2 und 3.2.1.3, „Vertragsstrafe", „Verzug".

Zeitmietvertrag

1 Allgemeines

Mietverträge können auf **unbestimmte oder bestimmte Zeit** abgeschlossen werden. Letzteres liegt vor, wenn der Tag der Beendigung kalendermäßig bestimmt oder bestimmbar ist. Ein solcher Vertrag endet mit Ablauf der Zeit, für die er eingegangen ist (§ 564 Abs. 1 BGB). So begründet auch ein auf Lebenszeit des Mieters abgeschlossener Mietvertrag über Wohnraum ein befristetes, auf bestimmte Zeit eingegangenes Mietverhältnis (BayObLG, RE v. 2. 7. 1993, DWW 1993, 261).

Einer **Kündigung** bedarf es daher nicht. Eine ordentliche Kündigung ist – im Gegensatz zur fristlosen – während der Laufzeit des Vertrages ausgeschlossen.

Ändern die Parteien während der Laufzeit des Vertrages seinen Endtermin, liegt ebenfalls ein Zeitmietvertrag vor wie bei befristeter Verlängerung des Mietvertrages durch richterlichen Gestaltungsakt. Hat der Mieter ein **Optionsrecht** (siehe „Option"), d. h., kann er Verlängerung des Vertrages auf eine bestimmte Zeit verlangen, handelt es sich ebenfalls um einen Zeitmietvertrag. Sieht der Mietvertrag eine bestimmte Mietzeit vor mit der Maßgabe, daß sich das Mietverhältnis mangels Kündigung verlängert, ohne daß ein Endtermin nach der Verlängerung genannt ist, handelt es sich nicht um einen befristeten Mietvertrag. Eine Kündigung ist frühestens zum Ende der bestimmten Zeit möglich.

Es ist auch möglich, daß Mietverträge über dieselbe Wohnung mehrfach nacheinander für bestimmte Zeit geschlossen werden, wenn sich beide Vertragsparteien immer wieder darauf einlassen. Auch hier handelt es sich um wirksame Zeitverträge, selbst wenn diese nur für jeweils ein Jahr geschlossen werden (OLG Frankfurt, RE v. 19. 11. 1990, DWW 1991, 46). Zur Begründung weist das Gericht darauf hin, daß Mietverträge zwar wie alle anderen schuldrechtlichen Verträge sittenwidrig sein können und dann der Nichtigkeit (§ 138 BGB) verfallen. Bei diesen sog. **Kettenzeitmietverträgen** werden jedoch die schutzwürdigen Interessen des Mieters ausreichend gewahrt, denn der Mieter braucht sich auf den jeweils vom Vermieter vorgesehenen Neuabschluß eines Mietvertrages nicht einzulassen, wenn er das Verlängerungsrecht (§ 564 c Abs. 1 BGB) form- und fristgerecht ausübt. Ist in einem Mietvertrag über gewerbliche Räume hinsichtlich der Mietzeit eine ausdrückliche Regelung nicht enthalten, bezüglich des Mietzinses vereinbart, daß dieser für einen bestimmten Zeitraum verbindlich bleiben soll, liegt kein Zeitmietvertrag vor (BGH, WM 1978, 82). Gleiches gilt bei einem Wohnraummietvertrag, in dem hinsichtlich der Mietzeit nichts vereinbart ist, hinsichtlich des Mietzinses eine Staffelmietvereinbarung getroffen wurde.

2 Verlängerungs-Begehren

Ist ein Mietverhältnis über Wohnraum auf **bestimmte Zeit** eingegangen, kann der Mieter spätestens zwei Monate vor Beendigung des Mietverhältnisses durch schriftliche Erklärung gegenüber dem Vermieter die Fortsetzung des Mietverhältnisses auf unbestimmte Zeit verlangen. Die Erklärung muß schriftlich abgegeben werden. Es handelt sich um eine Ausschlußfrist. Ist sie versäumt, kann sich der Mieter auf diese Vorschrift nicht mehr berufen. Der Vermieter muß den Mieter auf diese Frist nicht hinweisen. Eine Begründung braucht der Mieter für seinen **Verlängerungsantrag** nicht zu geben.

Diesem Verlängerungsantrag kann der Vermieter seinerseits nur widersprechen, wenn er ein berechtigtes Interesse an der Beendigung des Mietverhältnisses hat (§ 564 c Abs. 1 BGB). Es muß also einer der Kündigungsgründe des § 564 b BGB vorliegen (vgl. „Kündigung“).

Die schriftliche Erklärung des Vermieters muß dem Mieter spätestens am letzten Tag des Mietvertrages zugehen (allgemeine Meinung, vgl. Münchner Kommentar, § 564 c, Rdn. 14 mit weiteren Nachweisen). Die Erklärung muß in Form und Inhalt einer ordentlichen Kündigung entsprechen, d. h., ebenso wie diese begründet werden (LG Hamburg, WM 1992, 252).

Legt der Vermieter sein berechtigtes Interesse dar, kann der Mieter dennoch die Fortsetzung des Mietverhältnisses verlangen, wenn die Beendigung des Mietverhältnisses für ihn oder seine Familie eine **Härte** bedeuten würde, die auch unter Würdigung der berechtigten Vermieterinteressen nicht zu rechtfertigen ist (§ 556 b BGB). Im Gegensatz zu der Möglichkeit des Fortsetzungsverlangens nach § 564 c Abs. 1 BGB besteht eine Hinweispflicht des Vermieters auf die Möglichkeit eines Fortsetzungsverlangens nach § 556 b Abs. 1 BGB. Das OLG Hamm (RE v. 26. 7. 1991, DWW 1991, 368) hat entschieden, daß der Mieter eines befristeten Wohnungsmietverhältnisses (Zeitmietvertrag mit Bestandsschutz) die Fortsetzung des durch Zeitablauf beendeten Mietverhältnisses (§ 556 a Abs. 2 und 3 BGB) noch im ersten Termin des Räumungsrechtsstreites verlangen kann (§ 556 a Abs. 6 Satz 2 BGB), wenn der Vermieter dem Mieter nicht vor Ablauf der 2-Monats-Frist (§ 556 Abs. 6 Satz 1 BGB) den in § 564 a Abs. 2 BGB bezeichneten Hinweis auf die Möglichkeit, die Form und die Frist der Widerspruchs bzw. Fortsetzungsverlangens nach § 556 a BGB (sog. Sozialklausel) erteilt hat.

Näheres hierzu findet sich unter dem Stichwort „Sozialklausel". Gibt der Vermieter keine Erklärung auf das Fortsetzungsverlangen des Mieters hin ab, wird teilweise angenommen, daß sich das Mietverhältnis auf **unbestimmte Zeit** verlängert. Dies ist nur richtig, wenn die Voraussetzungen des § 568 BGB vorliegen (siehe „stillschweigende Verlängerung des Mietverhältnisses"), was i. d. R. der Fall sein wird. Andernfalls muß der Mieter Leistungsklage gegen den Vermieter erheben (Klage auf Abgabe einer Willenserklärung, nämlich dem Vertragsangebot des Mieters auf Verlängerung des Mietvertrages zuzustimmen).

3 Ausschluß des Fortsetzungsverlangens

Das Recht, die **Fortsetzung** eines befristeten Mietverhältnisses zu verlangen, hat der Mieter einer Wohnung auch bei Vorliegen von Härtegründen nicht, wenn

3.1 Wohnraum nur zu vorübergehendem Gebrauch vermietet ist;

3.2 der Wohnraum Teil der vom Vermieter selbst bewohnten Wohnraum ist und der Vermieter den vermieteten Wohnraum ganz oder überwiegend mit Einrichtungsgegenständen auszustatten hat und der Wohnraum nicht zum dauernden Gebrauch für eine Familie überlassen ist;

3.3 es sich um Wohnraum handelt, der Teil eines Studenten- oder Jugendwohnheimes ist;

3.4 Wohnraum in Ferienhäusern und Ferienwohnungen in Ferienhausgebieten vor dem 1. 6. 1995 dem Mieter überlassen worden sind, und wenn der Vermieter den Mieter bei Vertragsschluß auf die Zweckbestimmung des Wohnraums und die Ausnahme vom Kündigungsschutz hingewiesen hat;

3.5 es sich um Wohnraum handelt, den eine juristische Person des öffentlichen Rechts im Rahmen der ihr durch Gesetz zugewiesenen Aufgaben angemietet hat, um ihn Personen mit dringendem Wohnungsbedarf oder in Ausbildung befindlichen Personen zu überlassen, wenn sie den Wohnraum dem Mieter vor dem 1. 6. 1995 überlassen und ihm bei Vertragsschluß auf die Zweckbestimmung des Wohnraums und die Ausnahme vom Kündigungsschutz hingewiesen hat.

Dies ergibt sich aufgrund der Verweisung in § 564 c Abs. 1 Satz 2 BGB auf § 564 b BGB, der damit in vollem Umfang entsprechend anwendbar ist und in dessen Absatz 7 die vorstehend aufgeführten Mietverhältnisse vom Kündigungsschutz ausgenommen sind. Welche Mietverhältnisse nun genau unter diese Ausnahmen fallen, ist unter „Kündigungsschutz" 2.7.1 bis 2.7.5 erläutert.

Im Gesetz nicht ausdrücklich geregelt ist der Fall der befristeten Vermietung einer Wohnung in einem 1- oder 2-Fam.-Haus, in dem der Vermieter selbst wohnt, was zu der Frage führt, ob der Mieter Fortsetzung des Mietverhältnisses nach § 564 c Abs. 1 BGB verlangen kann, nachdem der Vermieter bei einem Mietverhältnis auf unbestimmte Zeit ohne das Vorliegen eines berechtigten Interesses kündigen kann. Man wird analog dem Grundgedanken des § 564 b Abs. 4 BGB dem Vermieter das Recht zubilligen, das Fortsetzungsverlangen nach § 564 c Abs. 1 BGB ablehnen zu können. Allerdings wird der Vermieter aus Gründen der Klarstellung sich dem Mieter gegenüber in der Ablehnung des Fortsetzungsverlangens darauf berufen müssen, daß er diesem Verlangen nicht wegen des Vorliegens eines berechtigten Interesses, sondern deswegen widerspricht, weil es sich um ein Mietverhältnis über eine Wohnung in einem vom Vermieter selbst bewohnten Wohngebäude mit nicht mehr als zwei Wohnungen handelt.

4 Qualifizierter Zeitmietvertrag

Darüber hinaus wurde mit dem Gesetz zur Erhöhung des Angebots an Mietwohnungen vom 20. 12. 1982 der sog. **qualifizierte Zeitmietvertrag** neu eingeführt. Die gesetzliche Regelung findet sich in § 564 c Abs. 2 BGB. Hier kann der Mieter auch bei Vorliegen von Härtegründen eine Fortsetzung des Mietverhältnisses nicht verlangen.
Der qualifizierte Zeitmietvertrag ist an diese **Voraussetzungen** gebunden:

4.1 Die Laufzeit des Mietvertrages darf **nicht mehr als 5 Jahre** betragen. Entscheidend für die Berechnung der 5-Jahres-Frist ist der Anfang und das Ende des Mietverhältnisses, wie es vertraglich vereinbart wurde. Nach einem Rechtsentscheid des BayObLG vom 12. 10. 1989, WM 1989, 612, ist es möglich, ein Mietverhältnis auf unbestimmte Dauer dahin abzuändern, daß künftig ein qualifizierter Zeitmietvertrag vereinbart wird. Ausreichend ist es nach Ansicht des Gerichts, wenn allein der Abänderungsvertrag für eine (Rest-) Dauer von nicht mehr als 5 Jahren eingegangen wird.

4.2 Weitere Voraussetzung ist, daß der Vermieter die Räume als Wohnung für **sich,** die **zu seinem Hausstand gehörenden Personen** oder seine Familienangehörigen (zum Begriff „Eigenbedarf") nutzen will oder in zulässiger Weise die Räume beseitigen oder so wesentlich verändern oder instandsetzen will, daß die Maßnahmen durch eine Fortsetzung des Mietverhältnisses erheblich erschwert würden.

Strittig ist im einzelnen, wie konkret die Person, der die Wohnung überlassen werden soll, bezeichnet werden muß. Bei Familienangehörigen genügt die Bezeichnung „meinem Sohn", „einem meiner Kinder" wohl nicht, da ähnlich wie beim Eigenbedarf der konkrete Lebenssachverhalt so vorzutragen ist, daß dem Mieter eine Nachprüfung möglich ist (vgl. Sternel, MDR 1983, 265, 272). Es empfiehlt sich daher, Name und Verwandtschaftsverhältnis anzugeben. Etwas anderes wird bei erst noch einzustellenden Haushaltsangehörigen und Pflegekräften gelten. Der Name braucht nicht angegeben zu werden, wohl aber die Funktion und die Tätigkeit. Teilweise wird angenommen, daß die Benennung einer Personengruppe, bei der die spätere Nutzungsperson offenbleibt, zulässig ist, so z. B. Barthelmess WKschG, 5. Auflage, § 564 c Rn. 78. Dies soll zumindest für Personengruppen gleicher verwandtschaftlicher Nähe, z. B. Kinder, Enkel, Eltern etc. gelten. Da obergerichtliche Entscheidungen hierzu fehlen und die Ansprüche der Amtsgerichte höchst unterschiedlich sind, raten wir zur Vorsicht und möglichst genauer Konkretisierung. Zulässig ist aber die Angabe mehrerer Bedarfspersonen, z. B. „für meinen Sohn Anton oder meine Tochter Bertha". Dies gilt auch für Personen, die nicht aus der gleichen Personengruppe stammen, also z. B. „für meinen Sohn Anton oder für meine Eltern Karl und Elisabeth N." In der Schlußmitteilung (siehe unter 4.4) muß aber die Konkretisierung auf eine bestimmte Person erfolgen. Dann ist auch ein Wechsel auf eine vom Vermieter ursprünglich nicht genannte Verwendungsabsicht bzw. Bedarfsperson nicht möglich.

Bezüglich der Angaben über den Umfang der **baulichen Änderungen** gilt: Der Sachvortrag muß so konkret sein, daß der Mieter nachprüfen kann, ob die tatbestandsmäßigen Voraussetzungen gegeben sind. Ob der Mieter gemäß den §§ 541 a, 541 b BGB zur Duldung der Maßnahmen verpflichtet wäre, ist nicht entscheidend. Bei einer geplanten Veränderung oder Instandsetzung müssen die Baumaßnahmen so genau bezeichnet werden, daß das Ausmaß der vorzunehmenden Arbeiten hinsichtlich Art und Dauer der Störung für den Mieter beurteilt werden kann, so Barthelmess, WKschG, 5. Auflage, § 564 c Rn. 87. Nicht ausreichend ist daher die abstrakte Angabe einer Verwendungsabsicht, z. B. „grundlegender Umbau der Wohnung". Es kommt lediglich darauf an, ob die Durchführung der Maßnahmen ohne Mieter wesentlich erleichtert sein würde. Will der Vermieter Wohnraum beseitigen (Abbruch), wesentlich verändern oder instandsetzen, müssen die beabsichtigten Maßnahmen baurechtlich zulässig sein. Etwa erforderliche baurechtliche Genehmigungen müssen spätestens bei Beendigung des Mietverhältnisses vorliegen. Zulässig ist die Kombination einer Bauabsicht mit der Eigennutzungsabsicht, wenn die Voraussetzungen konkret genug angegeben werden, z. B. „Abbruch der Wohnung oder, wenn dies nicht zulässig ist, Einzug meines Sohnes Anton". Auch hier muß dann in der Schlußmitteilung die endgültige Konkretisierung erfolgen.

Durch das 4. Mietrechtsänderungsgesetz ist die Möglichkeit für den Abschluß eines qualifizierten Zeitmietvertrages erweitert worden (§ 564 c Abs. 2 Nr. 2 c BGB). Danach kann der Mieter auch dann keine Fortsetzung des Mietverhältnisses verlangen, wenn der Vermieter nach Ablauf der Mietzeit mit Rücksicht auf das Bestehen eines Dienstverhältnisses vermietete Räume an einen anderen zur Dienstleistung Verpflichteten vermieten will und der Vermieter dem Mieter diese Absicht bei Vertragsschluß schriftlich mitgeteilt hat. Auch hier darf das Mietverhältnis für nicht mehr als 5 Jahre geschlossen werden. Es muß sich also um eine Werksmietwohnung handeln, vgl. „Werkswohnungen". Neben dem Arbeitsvertrag muß ein selbständiger Mietvertrag abgeschlossen werden. Mit Rücksicht auf das Arbeitsverhältnis ist die Wohnung dann überlassen, wenn das Arbeitsverhältnis die Geschäftsgrundlage für die Wohnungsüberlassung bildet, Sternel IV, Randnr. 252. Es empfiehlt sich zur Klarstellung daher auf alle Fälle schon jetzt eine entsprechende Vereinbarung im Mietvertrag.

4.3 Der Vermieter muß dem Mieter die unter 4.2 dargestellte Absicht bei Vertragsschluß schriftlich mitteilen. Es ist nicht erforderlich, daß dies im Mietvertrag erfolgt; aus Gründen der Beweislast empfiehlt sich dies jedoch sehr.

4.4 Ferner muß der Vermieter dem Mieter 3 Monate vor Ablauf der Mietzeit schriftlich mitteilen, daß die dargelegte **Verwendungsabsicht noch besteht.** Eine Bezugnahme auf den bereits mitgeteilten Sachverhalt genügt nur, wenn dieser hinreichend umfassend und eindeutig ist (Sternel IV, Randnr. 315). Ein Auswechseln der Gründe ist allerdings nicht möglich.
Umstritten ist, wie lange vorher der Vermieter diese Schlußanzeige abgeben darf. Grundsätzlich ist die Wertung des Gesetzgebers zu beachten, daß die Schlußanzeige drei Monate vor Beendigung des Mietverhältnisses zugehen muß, so daß teilweise nur eine Vorfristigkeit von maximal drei Wochen zugelassen wird (so Sternel IV, Randnr. 314). Dies wird damit begründet, daß dem Mieter die Möglichkeit gegeben werden muß, zu beurteilen, ob der Vermieter seine angegebene Verwendungsabsicht auch verwirklicht. Ob der Vermieter oder die angegebene Bedarfsperson tatsächlich einzieht, wird der Mieter immer, allerdings erst nach Auszug, feststellen können. Auch liegt es durchaus im Interesse des Mieters, nochmal daran erinnert zu werden, sich um Ersatzwohnraum zu kümmern.

Zu folgen ist daher einer großzügigeren Auffassung, die die Schlußanzeige bis zu sechs Monate vor Beendigung des Mietverhältnisses zuläßt (Bub/Treier, IV, Randnr. 273).

Verzögert sich die beabsichtigte Verwendung ohne Verschulden des Vermieters, so hat er dies dem Mieter mitzuteilen. Dieser kann dann die Verlängerung des Mietverhältnisses um den entsprechenden Zeitraum verlangen.

Durch das 4. Mietrechtsänderungsgesetz (BGBl 93 I S. 1257 ff.) hat sich hier eine für den Vermieter günstigere Rechtslage ergeben: Während nach der früheren Rechtslage der Mieter die Fortsetzung des Mietverhältnisses auf unbestimmte Zeit verlangen konnte, wenn der Vermieter die Schlußmitteilung 3 Monate vor Beendigung vergessen hatte oder wenn durch die Verzögerung der geplanten Verwendungsabsicht das Mietverhältnis länger als 5 Jahre gedauert hatte, gilt nunmehr gemäß § 564 c Abs. 2 Satz 2 folgendes: Verzögert sich die vom Vermieter beabsichtigte Verwendung der Räume ohne sein Verschulden oder teilt der Vermieter dem Mieter nicht 3 Monate vor Ablauf der Mietzeit schriftlich mit, daß seine Verwendungsabsicht noch besteht, so kann der Mieter eine Verlängerung des Mietverhältnisses um einen entsprechenden Zeitraum (d. h. 3 Monate) verlangen, also nicht mehr auf unbestimmte Zeit. Dies gilt auch, wenn durch die unverschuldete Verzögerung der Zeitraum von 5 Jahren überschritten wird.

Kann der Mieter die Fortsetzung des Mietverhältnisses nicht verlangen, da die Voraussetzungen eines qualifizierten Zeitmietvertrages gegeben sind, ist er zum Auszug verpflichtet. Er kann sich auch nicht nur auf die Sozialklausel des § 556 b BGB berufen oder eine gerichtliche Räumungsfrist beantragen. Lediglich die Möglichkeit des Vollstreckungsschutzes nach der vollstreckungsrechtlichen Härteklausel (§ 765 a ZPO) bleibt unberührt.

Entfällt allerdings die Verwendungsabsicht des Vermieters im Laufe des Mietverhältnisses vor Auszug des Mieters, hat der Vermieter eine Mitteilungspflicht. Andernfalls macht er sich schadenersatzpflichtig.

Zentralheizung

Befindet sich im Anwesen eine Zentralheizung, ist der Vermieter verpflichtet, sie während der üblichen Heizperiode in Betrieb zu nehmen. Der Mieter seinerseits ist verpflichtet, die Heizleistung des Vermieters anzunehmen. Um welche Zeiten es sich hierbei handelt, ist gesetzlich nicht geregelt. Finden sich im Mietvertrag keine Vereinbarungen hierüber, wird als Heizperiode die Zeit vom 1. Oktober bis zum 30. April angesehen, teilweise auch schon vom 15. September bis zum 15. Mai.

Ob und unter welchen Voraussetzungen der Vermieter außerhalb dieser Zeit zur Inbetriebnahme der Heizung verpflichtet ist, ist im einzelnen umstritten. Entscheidend sind die Dauer der **Kälteperiode** und der **Aufwand der Inbetriebnahme** der Heizung. Fallen die Heizkosten nur bei den Mietern an, die eine Beheizung wünschen, und ist diese ohne großen Aufwand möglich, muß geheizt werden.

Schwieriger ist es, wenn ein Teil der Mieter die Beheizung verlangt, ein anderer Teil sie ablehnt und die Kosten teils nach Verbrauch, teils nach Wohnfläche ermittelt werden. Das AG Hamburg hält es für zulässig, wenn der Vermieter sich an die Mehrheitsentscheidung hält (ZMR 1981, 330), das AG Köln stellt auf die objektiven Gegebenheiten ab (WM 1986, 136). Danach soll eine Heizpflicht bestehen, wenn die Raumtemperatur einen Tag unter 20° C bleibt und mit einer Besserung in den nächsten 1 bis 2 Tagen nicht zu rechnen ist. Dem ist insbesondere im Hinblick auf sparsamen Umgang mit Heizenergie nicht zuzustimmen. Eine Heizpflicht ist erst bei dreitägiger Unterschreitung der Raumtemperatur von 20° C anzunehmen (Sternel II Rdn. 64). Eine Heizpflicht des Vermieters wird ferner dann angenommen, wenn die Innentemperatur bei geschlossenen Fenstern ohne Zusatzheizung auf unter 17° C abfällt und mit einer Erwärmung für die nächsten Stunden nicht zu rechnen ist (Kraemer in Bub-Treier, III Rdn. 13107). Im Temperaturbereich zwischen 17° C und 20° C ist dem Mieter zuzumuten, für kurze Zeit eine elektrische Zusatzheizung zu benutzen (Kraemer, a.a.O.).

In der Rechtsprechung finden sich verschiedene Ansichten darüber, welche **Mindesttemperatur** erreicht werden muß. Im allgemeinen wird eine Temperatur von 20° C von 7.00 Uhr morgens bis 23.00 Uhr abends für ausreichend gehalten (OLG München, WM 1959, 74; LG Köln, WM 1980, 17; LG Hamburg, WM 1980, 126). Dies gilt auch für Büroräume. Teilweise wird je nach Zimmer differenziert, z. B. Wohn- und Schlafzimmer sowie Küche 20° C, Bäder und Duschen 22° C, Flur 17° C (Kraemer in Bub-Treier, III Rdn. 13106). Eine **Absenkung** in der Nachtzeit auf 17° C wird allgemein für zulässig gehalten. Es bestehen erhebliche Bedenken, ob in einem Mietvertrag eine geringere Temperatur wirksam vereinbart werden kann.

Siehe auch „Betriebskosten", „Heizkostenabrechnung", „Heizkosten-Verordnung", „Minderung".

Zerstörung des Gebäudes → „Instandhaltung und Instandsetzung der Mieträume"

Zinserhöhung → „Mieterhöhung"

Zuschuß → „Baukostenzuschuß"

Zwangsräumung

1 Die Zwangsräumung kommt in Betracht, wenn sich der Mieter entweder in einem Prozeßvergleich zur Räumung des Mietobjektes verpflichtet oder das Gericht den Mieter zur Räumung verurteilt hat und der Mieter seiner Räumungspflicht nicht nachkommt.

Sind beide **Ehegatten** Mieter und wohnen noch gemeinsam in der Wohnung, muß der Räumungstitel gegen beide vorliegen (OLG Oldenburg, ZMR 1991, 268). Auch gegen einen anderen Mitbesitzer, der nicht Mieter ist, kann der Vermieter grundsätzlich aus einem Räumungstitel nicht vollstrecken, sondern benötigt hierfür einen besonderen Räumungstitel. Auf eine solche Rechtsposition kann sich aber derjenige Besitzer nicht berufen, der ohne oder gegen den Willen des Vermieters seinen Mitbesitz begründet und wider Treu und Glauben über einen erheblichen Zeitraum gegenüber dem Vermieter verheimlicht hat (OLG Hamburg, WM 1992, 548).

Ein eigener **Räumungstitel** ist auch gegen den Ehegatten des Mieters erforderlich, der den Mietvertrag nicht unterschrieben hat (LG Hamburg, WM 1992, 549, a. A.: OLG Karlsruhe, WM 1992, 493).

Zuständig für die Durchführung der Zwangsräumung ist ausschließlich der **Gerichtsvollzieher**. Er wird tätig, wenn er unter Vorlage des Vollstreckungstitels (Urteil, Prozeßvergleich) vom Räumungsgläubiger einen Auftrag erhält. Der Gerichtsvollzieher droht dem räumungspflichtigen Mieter die Zwangsräumung an und führt sie, regelmäßig nach Eingang des beim Räumungsgläubiger angeforderten Kostenvorschusses, durch.

Die **Vollstreckung** geschieht in der Weise, daß der Gerichtsvollzieher den Räumungspflichtigen aus dem Besitz setzt und den Gläubiger in den Besitz einweist. Hierbei hat der Gerichtsvollzieher die dem Räumungspflichtigen gehörigen beweglichen Sachen aus dem zu räumenden Objekt wegzuschaffen und sie dem Räumungspflichtigen zu übergeben. Bei Abwesenheit des Räumungspflichtigen oder eines Vertreters werden die beweglichen Sachen in Verwahrung gegeben. Sie können, falls der Räumungspflichtige sie trotz Aufforderung nicht abholt, versteigert oder aber bei Wertlosigkeit nach vorheriger Zustimmung des Vollstreckungsgerichtes vernichtet werden.

Leistet der Räumungspflichtige **Widerstand** gegen die Zwangsräumung, darf der Gerichtsvollzieher Gewalt anwenden und zu diesem Zweck polizeiliche Unterstützung anfordern. Von sich aus aufschieben darf der Gerichtsvollzieher im allgemeinen nicht. Nur in ganz besonderen Fällen können die Voraussetzungen für einen – zulässigen – **Aufschub** erfüllt sein, etwa wenn die Zwangsräumung das Leben des oder der zur Räumung Verpflichteten unmittelbar gefährden würde.

2 Die **Kosten** der Zwangsräumung fallen, soweit sie notwendig waren, dem Schuldner zur Last (§ 788 ZPO). Dies sind zum einen die Kosten der unmittelbaren Zwangsräumung, zum anderen die Kosten der Verwahrung und des Transportes des Räumungsgutes. Allerdings haftet der Gläubiger neben dem Schuldner für diese gesamten Kosten, auch für die Einlagerungs- und Vernichtungskosten.

Die dem Gläubiger entstandenen Kosten sind zusammen mit der Vollstreckung beizutreiben. Der Gerichtsvollzieher berechnet die Kosten und prüft ihre Notwendigkeit. Die Kosten können auch nach Beendigung der Räumung beigetrieben werden. Eine besondere Kostenfestsetzung ist nicht erforderlich, kann jedoch erfolgen. Dann ist der Kostenfestsetzungsbeschluß der Vollstreckungstitel.

Siehe hierzu auch „Räumungsklage", „Rückgabe der Mietsache" und „Verwirkung" (für den Fall, daß längere Zeit aus dem Titel nicht vollstreckt wurde).

Zwangsversteigerung

Wird das Mietgrundstück zwangsversteigert, tritt mit der Erteilung des Zuschlages der Ersteher in die Rechte und Pflichten aus dem Mietvertrag ein. Der **Ersteher** des Grundstückes ist, sofern nicht Wohnräume Gegenstand des Mietvertrages sind, berechtigt, das Mietverhältnis unter Einhaltung der gesetzlichen Frist zu kündigen, wobei die Kündigung jedoch nur für den erst möglichen Termin zulässig ist. Das **Kündigungsrecht** des Erstehers ist eingeschränkt, wenn zur Schaffung des Mietraumes Finanzierungsbeiträge geleistet worden sind. Ist Wohnraum Gegenstand des Mietvertrages, kann nach überwiegender Meinung der Ersteher das Mietverhältnis, wenn es dem Kündigungsschutz unterliegt, nur bei Vorliegen eines berechtigten Interesses (§ 564 b BGB) kündigen.

Der **Zuschlag** ist als Veräußerung (i. S. d. § 564 b Abs. 2 Nr. 2 Satz 2 BGB) anzusehen, Kündigungssperrfristen sind daher auch dann zu beachten, wenn das Mietverhältnis unter Einhaltung der gesetzlichen Frist gekündigt wird (§ 57 a ZVG; BayObLG, RE v. 10. 6. 1992, WM 1992, 424). Vgl. auch „Kündigung", Abschnitt 3.2.2.2, „Eigenbedarf".

Zwangsverwaltung

Der Zwangsverwalter wird vom Gericht eingesetzt. Dies ist der Fall, wenn Gläubiger des Vermieters die Mieteinnahmen zur Befriedigung von Forderungen beschlagnahmen lassen. Für die Dauer der **Beschlagnahme** tritt der Zwangsverwalter in die Mietverträge ein (§ 152 ZVG). Dies hat zur Folge, daß ihm alle Rechte aus dem Mietvertrag zustehen und auch der Mieter etwaige Ansprüche gegen den Zwangsverwalter richten muß.

Zweckentfremdung

1 Sozialwohnungen dürfen ohne Genehmigung der Wohnungsbehörde nicht zu anderen als Wohnzwecken verwendet werden (§ 12 WoBindG).

Bei **frei finanzierten Wohnungen** gilt Art. 6 § 1 Abs. 1 des Gesetzes zur Verbesserung des Mietrechtes vom 4. 11. 1971 (BGBl. I S. 1754). Darin wurden die Landesregierungen ermächtigt, für Gemeinden, in denen die Versorgung der Bevölkerung mit ausreichendem Wohnraum zu angemessenen Bedingungen besonders gefährdet ist, durch Rechtsverordnung zu bestimmen, daß Wohnraum anderen als Wohnzwecken nur mit Genehmigung der von der Landesregierung bestimmten Stelle zugeführt werden darf. Von der Ermächtigung haben **alle Bundesländer, ausgenommen Schleswig-Holstein und Saarland**, Gebrauch gemacht. Ein Verzeichnis der dem Zweckentfremdungsverbot unterliegenden Gemeinden findet sich im Kommentar von Schmidt-Futterer/ Blank, WohnraumschutzG (E, Rdn. 120). Nicht unter das Verbot fallen Wohnungen, die zu einer Zeit vor Inkrafttreten der entsprechenden Verordnung ununterbrochen zu anderen als Wohnzwecken genutzt wurden.

2 Der Ermächtigungsnorm des Art. 6 des Gesetzes zur Verbesserung des Mietrechtes vom 4. 11. 1971 kann nicht entnommen werden, welche Voraussetzungen im einzelnen vorliegen müssen, um von einer **Gefährdung der Wohnraumversorgung** im Sinne des Gesetzes ausgehen zu können. Sie müssen daher durch Auslegung gefunden werden.

Das Bundesverfassungsgericht hat in seinem Urteil vom 4. 2. 1975 (NJW 1975, 727) folgenden Grundsatz herausgestellt: **„Ausreichende Versorgung"** bedeutet ein annehmbares Gleichgewicht von Angebot und Nachfrage, nicht aber ein preisdrükkendes Überangebot; sie bedeutet ferner nicht ein Angebot von Wohnungen besonders gehobener oder besonders einfacher Größe und Ausstattung, sondern von Wohnungen, wie sie dem allgemeinen, für Wohnungen der entsprechenden Gegend und Lage anzutreffenden Standard entsprechen. **„Angemessene Bedingungen"** bedeutet nicht außergewöhnlich niedrige Mieten, sondern Mieten, die für Wohnungen der entsprechenden Art von einem durchschnittlich verdienenden Arbeitnehmerhaushalt allgemein tatsächlich aufgebracht werden.

3 Zweckentfremdung liegt vor, wenn Wohnraum anderen als Wohnzwecken zugeführt wird. Der Wohnraum muß subjektiv bestimmt und objektiv geeignet sein, auf Dauer bewohnt zu werden (BVerwG, NJW 1977, 2280). Räume sind nämlich nicht (mehr) Wohnräume im Sinne des Zweckentfremdungsverbotes, wenn sie etwa aus bebauungs- oder bauordnungsrechtlichen Gründen nicht mehr bewohnt werden dürfen, wenn sie wegen vorhandener Mängel oder Mißstände zumutbar nicht mehr bewohnt werden können oder wenn sie sich aus anderen Gründen zu angemessenen Bedingungen als Wohnraum nicht (mehr) vermieten lassen (BayObLG, DWW 1995, 110). Eine Vermietbarkeit „zu **angemessenen Bedingungen"** ist nicht bereits dann zu verneinen, wenn für eine Wohnung besonderer Größe (im entschiedenen Fall 190 qm) oder besonderen Zuschnitts der Mietzins auf dem Markt deutlich stärker abgesunken ist, als für „Normalwohnungen". Die Grenze zur Unvermietbarkeit wird jedoch unterschritten, wenn eine Vermietung nur noch zu einem Mietzins möglich wäre, der außerhalb jeder Wirtschaftlichkeit läge (OVG NW, DWW 1995, 20). Nach Ansicht des Gerichts bleibt die Möglichkeit der Aufteilung einer Großwohnung in zwei oder mehrere kleinere Wohnungen bei der Beurteilung der Vermietbarkeit außer Betracht. Auch die Möglichkeit einer Vermietung an eine Wohngemeinschaft ist grundsätzlich keine Vermietbarkeit zu angemessenen Bedingungen. Diese sind grundsätzlich dann gegeben, wenn die vereinbarte oder in Betracht zu ziehende Miete der ortsüblichen Vergleichsmiete entspricht.

Auch ist die **Nutzungsänderung** von Wohnraum, der dem allgemeinen Wohnungsmarkt nicht zur Verfügung steht, keine Zwekentfremdung (VG Köln, WM 1994, 488). Im entschiedenen Fall handelte es sich um eine nur von einem Betriebsleiter oder -eigentümer zu nutzende Betriebswohnung in einem Gewerbegebiet. Abbruchreifer Wohnraum fällt daher nicht unter das Zweckentfremdungsverbot. Etwas anderes gilt allerdings dann, wenn der Verfügungsberechtigte diesen Zustand absichtlich herbeiführt, eine Wohnung also absichtlich unbewohnbar macht. Hierin liegt eine Zweckentfremdung (OVG Berlin, WM 1983, 172).

Im übrigen kann sich der Verfügungsberechtigte auf den schlechten Zustand des Wohnraums dann nicht berufen, wenn dieser mit einem vertretbaren und objektiv zumutbaren Modernisierungs- und Renovierungsaufwand wiederhergestellt werden kann (BVerwG, ZMR 1985, 423). Ein **zumutbarer Aufwand** liegt nicht mehr vor, wenn die aufzuwendenden finanziellen Mittel (einschließlich der Nebenkosten) nicht innerhalb eines Zeitraums von 10 Jahren durch entsprechende Erträge ausgeglichen werden können oder die Kosten des Abbruchs zuzüglich der Neuerrichtung eines vergleichbaren Gebäudes erreichen (BVerwG, ZMR 1987, 70).

Als Aufgabe des Wohnzweckes ist es nach dem Gesetz auch anzusehen, wenn Wohnraum zum Zwecke einer dauernden **Fremdenbeherbergung**, insbesondere einer gewerblichen Zimmervermietung oder der Errichtung von Schlafstellen verwendet werden soll.

Keine Zweckentfremdung im Sinne des Gesetzes ist:

- die Umwandlung eines Wohnraumes in einen Nebenraum, insbesondere einen Baderaum;
- wenn Wohnraum, der nach dem 31. 5. 1990 unter wesentlichem Bauaufwand aus anderen als Wohnzwecken dienenden Räumen geschaffen wurde, zu anderen als Wohnzwecken vermietet wird.

Den klassischen Fall der Zweckentfremdung bildet die **Umwandlung** von Wohnraum in Geschäftsraum. Hier wird der Wohnraum anderen als Wohnzwecken zugeführt. Werden bauliche Veränderungen vorgenommen, durch die der bisherige Wohngebrauch ausgeschlossen wird, ist das noch keine „Zuführung" zu anderen als Wohnzwecken. Noch weniger kann von einem „Zuführen" gesprochen werden, wenn der Verfügungsberechtigte Wohnraum leerstehen läßt.

Während das BayObLG mit überzeugender Begründung das **Leerstehen-**

lassen von Wohnraum nicht der Zweckentfremdung zuordnet und darin keine Zuwiderhandlung gegen das Verbot erblickt (DWW 1975, 67) und der BayVerwGH den **Abbruch** eines Gebäudes gleichfalls nicht als Zweckentfremdung ansieht (BayVBl 1976, 400), nehmen das Bundesverfassungsgericht (NJW 1975, 727) und das Bundesverwaltungsgericht (BayVBL 1977, 607) den entgegengesetzten Standpunkt ein. Für Verwaltungsstreitverfahren, die Genehmigungen der Zweckentfremdung von Wohnraum betreffen, muß deshalb davon ausgegangen werden, daß der Abbruch und das dauernde Leerstehenlassen von Wohnraum dem Zweckentfremdungsverbot unterliegen. Erforderlich ist, daß der Wohnraum auf Dauer einer vorhandenen Nachfrage entzogen werden soll; dies ist nicht der Fall, wenn der Verfügungsberechtigte trotz objektiven Leerstandes beabsichtigt, den Wohnraum selbst zu nutzen (potentieller Eigenbedarf; OLG Karlsruhe, WM 1996, 565).

Das Zweckentfremdungsverbot greift nur dann ein, wenn Wohnraum **ausschließlich** zu anderen als Wohnzwekken verwendet oder überlassen wird. Darauf, ob beim Zusammentreffen mehrerer Arten der Benutzung eines Raumes die eine oder die andere überwiegt, kommt es nicht an. Bloßes gelegentliches Übernachten in zu gewerblichen Zwecken ausgestatteten Räumen stellt jedoch keine Nutzung zu Wohnzwecken mehr dar (BayObLG, DWW 1994, 252).

Für den Abbruch eines Gebäudes bedeutet das, daß neben der baulichen Abbruchgenehmigung zusätzlich eine Zweckentfremdungsgenehmigung erforderlich ist. Das Zusammenlegen von Wohnräumen innerhalb eines Hauses, auch von zwei Wohnungen in eine gemeinsame Wohnung, stellt keine Zweckentfremdung dar (BVerfG, Beschl. v. 7. 4. 1992, WM 1992, 416).

4 Die aufgrund des Art. 6 erlassenen Verordnungen beinhalten ein Verbot mit Erlaubnisvorbehalt. Somit ist von dem Grundsatz auszugehen, daß in den in Betracht kommenden Gemeinden der Bestand an Wohnraum erhalten werden soll. Die Erteilung der **Erlaubnis der Zweckentfremdung** richtet sich im übrigen nach den allgemeinen verwaltungsrechtlichen Grundsätzen. Die Erlaubnis ist dann zu erteilen, wenn dem öffentlichen Interesse an der Erhaltung des Wohnungsbestandes überwiegend anderweitige Interessen gegenüberstehen, was unter Beachtung des Verhältnismäßigkeitsgebotes und des Übermaßverbotes zu messen ist. Sowohl vorrangige öffentliche Belange als auch schutzwürdige Interessen des Verfügungsberechtigten können die Erlaubnis rechtfertigen. Ein überwiegendes **öffentliches Interesse** an der Zweckentfremdung kann gegeben sein, wenn andere nicht durchführbare städtebauliche Maßnahmen erforderlich sind, oder wenn sonstige, im öffentlichen Interesse stehende Einrichtungen errichtet werden sollen. Die Genehmigung ist auch dann zu erteilen, wenn ein überwiegendes berechtigtes Interesse des Verfügungsberechtigten oder eines Dritten an der Zweckentfremdung besteht. Dies kann der Fall sein bei **Existenzgefährdung**, wenn die Zweckentfremdung nicht genehmigt wird. Hier legt die Rechtsprechung einen strengen Maßstab an: Für eine Existenzgefährdung als Folge des Zweckentfremdungsverbotes muß aufgrund einer umfassenden Würdigung der Verhältnisse des Einzelfalles eine so überwiegende Wahrscheinlichkeit bestehen, daß ernstliche Zweifel an einem solchen Kausalverlauf auszuschließen sind (BVerwG, Urt. v. 22. 4. 1994, WM 1994, 615). Ist der Betroffene finanziell in der Lage, Ersatzwohnraum zu schaffen, kann er keine Ausnahme vom Zweckentfremdungsverbot wegen Existenzgefährdung verlangen, denn auf diese Weise kann er einen Anspruch auf die uneingeschränkte Erteilung der Zweckentfremdungsgenehmigung begründen (BVerwG, a.a.O.). Eine Existenzgefährdung liegt nicht vor bei **Spekulationsgeschäften**, oder wenn durch die Zweckentfremdung die Existenz erst gegründet werden soll.

Ein überwiegendes berechtigtes Interesse kann auch dann begründet sein, wenn **Ersatzwohnraum** angeboten wird. Nach einem Urteil des BVerwG (NJW 1982, 2269) müssen hierfür 6 Voraussetzungen erfüllt sein:

- Der Ersatzraum muß erstens im Gebiet der Gemeinde geschaffen werden, wo die Zweckentfremdung vorgenommen werden soll.
- Der Ersatzraum muß zweitens in zeitlichem Zusammenhang mit der Zweckentfremdung geschaffen werden oder geschaffen worden sein, da sonst die Gefahr besteht, daß mit dem Neubau von Wohnungen generell und auf Vorrat Ansprüche auf die Genehmigung von Zweckentfremdung begründet werden könnten.
- In der Verfügungsberechtigung muß drittens über den Wohnraum, der zweckentfremdet werden soll, und über den Ersatzraum Übereinstimmung bestehen.
- Der neu geschaffene Raum darf viertens nicht kleiner sein als der zweckentfremdete Raum und muß ihm auch im Standard in etwa entsprechen.
- Der bisherige Standard darf aber fünftens durch den angebotenen Ersatzbau nicht über ein bestimmtes, im Einzelfall festzulegendes Maß hinaus überschritten werden.
- Der Ersatzraum muß sechstens dem allgemeinen Wohnungsmarkt so zur Verfügung stehen, wie vorher der zweckentfremdete Wohnraum zur Verfügung stand.

Einzelheiten hierzu finden sich in den Ausführungsbestimmungen der Länder (vgl. etwa für Bayern Simon, BayBauO, Art. 46 Rdn. 29; für Nordrhein-Westfalen vgl. Erl. v. 30. 7. 1981, MBl NW 1981, 1588).

Die Genehmigung kann **befristet,** bedingt oder unter Auflagen erteilt werden. Als **Bedingung** wird häufig die Beschaffung angemessenen Ersatzwohnraumes zu zumutbaren Bedingungen festgelegt, sofern die Zweckentfremdung die Aufgabe der Wohnung durch die bisherigen Mieter notwendig macht. Nach Ansicht des BVerwG (WM 1994, 615) darf die Genehmigung jedoch nicht mit einer Nebenbestimmung des Inhalts versehen werden, daß der betroffene Mieter vom Verfügungsberechtigten zuvor anderweitig angemessen untergebracht wird.

Als Auflage kann die Zahlung eines **Ausgleichsbetrages** verlangt werden. Die Zahlung soll den eingetretenen Nachteil für die Wohnraumversorgung ausgleichen; sie kann bei Neuschaffung gleichwertigen Ersatzwohnraums nicht verlangt werden (BVerfG, DWW 1981, 45 – str.).

Auch wenn die Genehmigung und die Auflage aufgrund einer einheitlichen Ermessensentscheidung ergangen sind, ist die Auflage selbständig anfechtbar (BVerwGE 65, 139, 140 ff.). Die Rechtmäßigkeit einer solchen Auflage setzt aber voraus, daß die Genehmigung der Zweckentfremdung von Wohnraum nach der objektiven Rechtslage überhaupt ergehen konnte und durfte (OVG NW, Urt. v. 11. 3. 1993; DWW 1995, 20). Dies ist nicht der Fall, wenn ein Genehmigungserfordernis nicht besteht, z. B. weil es sich bei der streitigen Wohnung nicht mehr um Wohnraum im Sinne der Zweckentfremdungsverordnung handelt. Für den Fall, daß die Auflage aufgehoben wird, ist jedoch die Behörde grundsätzlich zum Widerruf der gewährten Begünstigung berechtigt (§ 49 Abs. 2 Nr. 2 VwVfG; Hess. VGH, Urt. v. 28. 8. 1991; DWW 1992, 88), aber nur dann, wenn überhaupt ein Genehmigungserfordernis bestand. Selbst dann ist aber die Hinzufügung einer Zahlungsauflage rechtswidrig, wenn auf dem Teilwohnungsmarkt (z. B. für Großwohnungen) keine Nachfrage oder ein Überangebot besteht und deshalb die Zweckentfremdung einer solchen Wohnung die Versorgung der Bevölkerung von Wohnraum zu angemessenen Bedingungen nicht zu beeinträchtigen vermag (OVG NW, a.a.O.).

5 Über die Zweckentfremdungsgenehmigung entscheidet die **Kreisverwaltungsbehörde** (kreisfreie Städte, Landkreise). Die Versagung der Erlaubnis kann mit den Rechtsmitteln der Verwaltungsgerichtsordnung angefochten werden.

Wird der Abbruch eines Gebäudes beantragt, ist zweigleisig zu verfahren. Der Antragsteller bedarf sowohl der bauaufsichtlichen Abbruchgenehmigung als auch der Zweckentfremdungsgenehmigung. Beide Verfahren sind selbständig und voneinander grundsätzlich getrennt abzuwickeln; sie sind durch selbständig anfechtbare Bescheide abzuschließen.

Ordnungswidrig handelt, wer ohne die erforderliche Genehmigung Wohnraum für andere als Wohnzwecke verwendet oder überläßt. Die Ordnungswidrigkeit kann mit einer **Geldbuße** bis DM 100 000 geahndet werden.

6 Zum **Kündigungsrecht** des Vermieters von Wohnraum im Zusammenhang mit Problemen der Zweckentfremdung ist folgendes auszuführen: Eine Kündigung ist dann möglich (§ 564 b Abs. 2 Nr. 3 BGB), wenn der Vermieter durch die Fortsetzung des Mietverhältnisses an einer **angemessenen wirtschaftlichen Verwertung** des Grundstückes gehindert ist und dadurch erhebliche Nachteile erleiden würde (siehe auch „Kündigung"). Dies kann z. B. gegeben sein, wenn ein altes, baufälliges Haus abgebrochen werden soll, um einem größeren Neubau Platz zu machen. Zu beachten ist hier, daß nach einem Rechtsentscheid des OLG Hamburg v. 25. 3. 1981 (NJW 1981, 2308; Weber / Marx, VII/ S. 94) zur Wirksamkeit der Kündigung erforderlich ist, daß eine Zweckentfremdungsgenehmigung zur Zeit des Ausspruchs der Kündigung vorliegt und der Vermieter im Kündigungsschreiben vorträgt, daß die Genehmigung erteilt ist.

Eine nachträglich erteilte Zweckentfremdungsgenehmigung heilt die vorher ausgesprochene Kündigung nicht.

Mit Beschluß vom 10. 11. 1993 (DWW 1994, 246) hat der Bundesgerichtshof entschieden, daß das **Zweckentfremdungsverbot kein Verbotsgesetz** (i. S. v. § 134 BGB) ist, das zur Nichtigkeit von Mietverträgen führt, die ohne Genehmigung abgeschlossen worden sind. Vermietet also der Vermieter Wohnraum zu gewerblichen Zwecken ohne die erforderliche Genehmigung, ist der Mietvertrag trotzdem wirksam. Begründet wird dies damit, daß das Zweckentfremdungsverbot sich nur gegen die faktische Beseitigung oder Vereitelung von Wohngebrauch richtet, nicht aber gegen die privatrechtliche Vertragsfreiheit. Allerdings kann ein Mangel der Mietsache vorliegen (siehe „Mängel", Abschnitt 1).

Im Falle der Untersagung der Nutzung wird der Mieter allerdings Schadenersatzansprüche wegen Nichterfüllung (§§ 537 Abs. 1, 538 Abs. 1 BGB) haben (vgl. LG Mannheim, MDR 1978, 406).

Zwischenablesung → „Heizkosten-Verordnung"

Zwischenmieter → „Herausgabeanspruch gegen Dritte"